華夏文明追踪

谷衍奎 编著

华语教学出版社
北京

图书在版编目（CIP）数据

华夏文明追踪 / 谷衍奎编著. --北京：华语教学出版社，2025. 7. --ISBN 978-7-5138-2587-0

Ⅰ. K203-49

中国国家版本馆 CIP 数据核字第 202523XA86 号

华夏文明追踪

出版人 王君校
编著 谷衍奎
特约编辑 张 敏
责任编辑 王 丽
装帧设计 说词解字
出版 华语教学出版社
社址 北京西城区百万庄大街 24 号
邮政编码 100037
发行部电话 010-68995871 010-68326333(传真)
编辑部热线 010-68421318 18510010655(商务微信)
网址 www. sinolingua. com. cn
电子邮箱 scjzbook@ 126. com
印刷 望都天宇星书刊印刷有限公司
经销 全国新华书店
开本 16 开（787×1092）
印张 39
字数 860(千)
版次 2025 年 7 月第 1 版第 1 次印刷
书号 ISBN 978-7-5138-2587-0
定价 80.00 元

前　言

笔者的故乡，在山东菏泽鄄城县。由于自小在外读书，毕业后又长期在北京工作，对自己的老家并没有多少了解。直到退休后，方才抽暇回乡梓走马观花探访了一番。

不访不知道，一访真骄傲。原来老家菏鄄地区，竟是三皇五帝的故乡，华夏文明的源头，中华民族的发祥地。

正如习近平同志最近在菏泽视察时所称，鄄城是“伏羲之桑，尧舜之故里”。

笔者在这次探访中，得到鄄城人大和政协诸位乡亲的热情帮助，他们一直陪同笔者探访了华胥故里、雷夏泽、穀林尧陵、舜耕胜迹、箕山许由洞、葵丘会盟台、陶丘堌堆、城濮古战场、庄子钓鱼台、计然漆园、孙膑老家孙花园、亿城寺孙膑墓、羊左合葬墓、荆轲墓、亘古清泉、杏花岗陈王读书台、三官庙、沙土庙、北王召、水堡宋江故园、黄河渡口等等数十个古迹遗址，听到了许多传说故事，真是令人大开眼界，良多感触，极有收获，很受教育。遗憾的是因时间紧迫未能对菏鄄地区作更深入、更多地探访和了解。

临别，又承蒙诸乡亲赠以书籍、资料。在此谨向诸乡亲致以崇高的敬礼和深深的谢意。

回京后，出于对祖先的崇敬、对民族的责任、对祖国与故乡的热爱，决心写一个小册子，深入探索一下华夏文明的起源及发展的过程，让今人及后代子孙了解自己的来龙去脉。于是以这次实地探访和诸乡亲提供的书籍、资料为基础，参考历史文献相关材料，生发开去编成此书，奉献给大家。若能得到大家的喜爱，则是不胜荣幸之至。

本书无关人类的起源，只讲华夏的滥觞、兴起与发展。既不着眼于考古，也不在意于叙述历史；既不主于记述访古的过程，也不在于描写古迹的风貌。只是借助笔者这次到菏鄄地区走访的见闻为由头，从号称“天下中”的菏鄄地区的雷夏泽出发，探求华夏文明是怎样起源、发展，以及是如何逐步扩大至整个中华大地的。同时以生活在雷夏泽周边的凤族华胥氏和龙族伏羲氏为起点，追寻华夏子孙是怎样起步、发展以及是如何分化、融合，一步步凝成大中华民族的。进而将其放在历史的大背景下，扩展开来，引述相关古籍资料的叙述，对比不同文献记载的差异，通过合乎情理的分析，融汇古今人物的议论，对是非正误进行判断，从而对华夏文明的起源与发展作出粗浅的追踪、简单的分析，尽量做到符合历史的真实。

本书的着眼点在于向人们介绍一些华夏文明起源、发展的历史节点及其过程中形成的一些传统文化知识，所以本书并不仅仅局限于叙述所探访的菏鄄及周边地区的古迹，而是以所探访的古迹为引子，扩展开来，梳理出一个粗略的华夏文明起源发展的脉络，并以之为线索，抓住历史演化中的节点，联系相关的历史事件，实之以传统文化知识，缀之以历史典故，参之以民俗故事，验之以民间传说，以丰富其文化内涵，最终让本书成为一本介绍华夏文明演变历史及中华传统文化知识的通俗读物。华夏传统文化知识浩如烟海，本书综合梳理的仅是沧海一粟。

华夏是中华民族的古称，至今仍作为中国的别称被人们广泛运用。汉代后开始有汉族、汉人之称。基于此，本书定名为《华夏文明追踪》。由于历史是前后连贯的，本书所述主线虽然止于三国蜀汉，然其后的历史文化乃是秦汉之前的历史文化的延续，所以本书必然也会叙及其后的不少历史文化。

本书共分五十八节。每节前以一首古诗提示本节的主要内容，行文中则以小标题点示一个个要点、事件、典故或传说故事，以便引导读者迅速理解行文内容。其中《菏泽独享牡丹城》以下诸节，因未来得及全面仔细访察，所以仅就各区县现有的主要历史文化遗迹资料加以概括介绍。

本书通过对华夏文明源流的追述、分析与认识，如能让大家对华夏文明起源与发展的脉络有一个较清晰的了解，并从中获得启发，正确认识并丰富中华文化知识，从而激发出更大的民族自豪感和爱国热情，则笔者也就心满意足了。

本书为节省篇幅，对有些文献的引述多采用意引，亦不注明出处。内容主要根据鄄城提供的文史资料和相关古籍的记载整理而成，个别参考相关地方的网上资料，由于皆取自古籍记述的史实，解说自然难免有所雷同。大家都为宣传中华文化，目的是一样的。图表基本为自行绘制，图片拍摄自亿城寺壁画，有的取自古籍，个别参考网上图片制作。鄄城人大政协史志办的同志专门组织十几位学者，对书稿进行了认真审阅，提了不少宝贵的意见。在此一并致以诚挚的感谢。编者非专家学者，舛错在所难免，还望方家不吝赐教。

由于历史上黄河的频繁泛滥，菏鄄地区的许多古迹已湮没地下，鄄城也成了贫困县，缺少更多有利发展的资源，唯一突出的优势在于其深厚而丰富的祖源文化和历史资源，适合打造祖源和历史文化特色旅游县，据说现在已着手开发。

参加本书编写工作的还有郑嘉茹、贾瑞珍、李继尊、谷道昭、张帆等同志。

谷衍奎
2017 年 9 月 9 日

目　　录

十三、战神蚩尤出羊里

十四、少昊辞鄄治东夷

十五、颛顼帝喾出濮鄄

二十一、周出帝丘在鄄城

二十二、齐桓首霸盟葵丘

二十三、晋楚争霸战城濮

二十四、计然献策越灭吴

二十五、漆园谋士生郪城

二十九、亿城古寺葬孙膑

三十、孙膑遗阵成水堡

三十一、秦祖伯益居犬丘

三十五、刘备艰难续蜀汉

三十六、谋圣张良世传扬

三十七、羊左高谊结鄄城

三十八、社稷直臣出箕山

三十九、亘古清泉解水荒

一、华夏曙光升古郓

济水流过菏郓乡，冈丘沃壤孕曙光。
千年古郓雷泽旁，华夏文明此滥觞。
三皇发迹启文明，五帝继武展华章。
颛顼遗墟天下中，八国迭起昆吾壤。
禹汤英贤纷亮相，激昂慷慨演辉煌。

“天下中”的菏郓风貌

菏泽位于我国山东省西南部，古称曹州，地处鲁豫苏皖四省交界地区，东与济宁市的梁山、嘉祥、金乡相邻；东南与江苏省徐州市的丰县、安徽省宿州市的砀山县接壤；南与河南省商丘市的虞城县、民权县相连；西与河南省开封市的兰考县、新乡市的长垣县毗邻，进而与晋东南地区遥遥相望；北与河南省濮阳市的濮阳县、范县、台前县接壤，进而与山东聊城及冀南地区遥遥相望。今黄河从其西部和北部流过。

菏泽是山东省下辖的一个地级市，下辖牡丹区（原县级菏泽市，今更名为“牡丹区”）、定陶二区，以及郓城、鄄城、巨野、成武、单县、曹县、东明七县。

郓城处在菏泽北部，黄河南岸，东邻郓城县，南连牡丹区，西北与河南濮阳、范县隔河相望。

鲁西南菏郓地区，地势西南高东北低，是华北大平原的腹心，号称“天下中”，属黄河冲积平原，数百里沃野绿原，鲜见峰峦山丘，故解放初曾一度划作平原省。

如今你站在菏郓的大地上，极目远眺，四下里都是空阔的广野，一色黄土，一马平川，一望无际，天际看不到任何山影，地上找不到一颗石子。

你或许看过泰山顶上的辉煌日出，领略过长河落日圆的荒漠夕阳。你是否见过菏郓平原广野的朝阳、落日？那可是另一番迷人的景象。

早晨一轮磨盘似的红日，从地平线爬上树梢，你会领略到什么是朝气蓬勃的壮观景象；傍晚橘红的夕阳，依依不舍地慢慢从林间隐去，那美丽的晚霞会引发你无限的遐想。

菏郓地区属于典型的大陆性季风气候，温暖湿润，四季分明且各有特色。一年四季原野上不同的景象，更会让你产生想融入其中的强烈愿望。

春天，你会看见在黄土地上，到处是扶犁驱牛而耕的农人，吱扭吱扭送粪的大车、小车，一派春耕忙碌的田园风光。

夏天，你会看到那无边的绿野，在微风中起伏，像碧波荡漾的大海似的。青纱帐起来了，高的是高粱、玉米，低的是黑豆、黄豆，不高不低的是芝麻、谷子，紧贴地皮的是红薯，错落有致。那恬静的意境，似乎让你能听到庄稼在滋滋地茁壮成长。

秋天，展现在你面前的则是望不到边的成熟的庄稼，那满眼的金黄，令人情不自禁地感受到丰收的无限希望。

冬天，翠绿的麦苗铺满平野。不时会见到在麦苗地里放羊的儿童，追逐嬉戏。据说，让羊啃啃麦苗，有利于小麦的过冬与来春的生长。而每当雪霁，展现在你眼前的则是明镜似的旷原，远近点缀着许多银装素裹的村庄。

“天子呼来不上船”新解

由于鄄城为黄河淤积平原，到处是一马平川、一望无垠的黄土地，不见山影，没有石子。生活在这样平坦的菏鄄大地上，骡马不用钉掌，人们穿的布鞋也不用钉掌，虽然鞋底只是由数层袼褙叠起来经过细密衲实的布底，讲究一点的，多叠几层，夸张地叫千层底。穿久了，鞋帮穿破啦，鞋底仍不破损。穿这种鞋，走在黄土地上，软软的，很舒服。

李白醉酒图

这不由让我想起童年在故乡穿的一种特殊的鞋。这种鞋，前脸呈正三角形，上边的尖角向上倒卷成钩，像船形，称铲鞋。京剧里的朝靴下部似有这种鞋的影子。这种鞋鞋帮下部密密地多纳几行，特别结实耐穿，一般给常干活儿的人或淘气费鞋的孩子穿。

这大概就是古代说的履。

履，甲骨文作，正是一个突出了眉毛的人穿鞋在地上行走的样子。穿的什么鞋，金文明确显示穿的是船形鞋。古文线条化，眉讹为尸，人形省为倒止，舟形上移，另加义符彳，这就是篆文的来历。其演变过程是：金文省作，从页（突出头部的人）从足，会人走路之意。籀文一形承之，另加义符舟形鞋；二形省去人，另加半条街彳和一只脚夂（止）；三形又省去夂，另加人形尸。大篆合籀文的二、三形而成。篆文承之并整齐化，遂成为从尸（人）从彳（道路）从夂（止）从舟（鞋）会意，表示人穿着船形鞋在街道上行走之意。作名词，则指走路穿的船形鞋；作动词，则表示行走。

这又使我联想到杜甫《饮中八仙歌》中的诗句：“李白一斗诗百篇，长安市上酒家眠。天子呼来不上船，自称臣是酒中仙。”

诗中的“船”何义？至今没有定论。主要有四种说法。

一说：“船”就是指“水上的船”。问题是，长安并非水城，李白不可能由一个酒家坐船沿水路进入皇宫。如果说是“唐玄宗在白莲池泛舟，召见李白，李白已经喝醉了，上不了船”，这说明李白已经到皇宫了。李白既然能从酒家到皇宫，怎么会“上不了船”呢？此说不能服人。

二说：“船”指“船形的酒杯”。解释说“李白在酒肆喝醉了，碰到唐玄宗相邀，就醉醺醺地过去了，可是去了一看，唐玄宗竟然没给他‘上船’”，即“摆上酒杯”。“船”确实可以指一种“酒杯”，《辞海》就曾引用李濬《松窗杂录》里“上因连饮三银船”作例证。然而问题又来了，诗中“不上船”的主语是李白，绝不可能是皇帝不摆上酒杯。这里的“船”十分明显不是指酒杯。

三说：认为“船”应解释为“衣领或扣子”。原因是《康熙字典》里有“衣领曰船”的义项。并解释说“当时李白在长安酒肆喝完酒后，衣冠不整，唐玄宗召见的时候，他担心自己的形象不雅，所以不去”。与此说近似的一说断定“船”是“穿”字之误，认为“李白因醉还没有穿好衣服，所以不去”。此二说未免招笑。杜甫不会把好友李白描写为邋遢的酒鬼。

四说：“船是皇权的代称，表示李白藐视皇权”。认为“李白一生不讲求功名利禄，藐视权贵，所以不听唐玄宗的招约”。此说实在牵强。李白蔑视权贵，但不讨厌皇帝，也并不拒绝追求功名利禄。

笔者认为，船，正确的解释应当就是鄄城乡俗穿的这种称之为“铲鞋”的船形鞋，“船”盖为“铲”之一声之转。

杜甫用“天子呼来不上船，自称臣是酒中仙”两句，将李白连天子传诏也不买账，并没有诚惶诚恐地急忙起身穿鞋应召，而是自豪地大呼“臣是酒中仙！”。把那种不受人间天子管辖的桀骜不驯、豪放飘逸、傲视王侯的谪仙人形象刻画得淋漓尽致，鲜明地表现出李白不畏权贵的傲岸性格。正像他自己诗中说的“安能摧眉折腰事权贵，使我不得开心颜”。

盛唐时，中国人还是脱鞋席地而坐的，入席时要脱鞋跪坐，故有高力士给李白脱靴之举。所以把诗中的“船”解释为“鞋”，比一般理解为“水上的船”“船形的酒杯”等等，更合情合理，更符合实际、更准确。

唐朝以前，我们先民的坐姿是跪坐，即甲骨文（卩）的样子，象一个跪坐的人形：两膝着地，臀部放在脚后跟上，双手放在膝上。受中华文明影响很深的日本，至今还延续着我们先民的这种坐姿。这种坐姿后来经过金文和篆文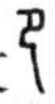的简化，演变为汉字里的“卩”字，俗称单耳旁，其实与“耳”毫无关系。《鸿门宴》中“项王按剑而跽”的“跽”字，就是由“卩”这种坐姿来的，是将臀部离开脚后跟并直起腰来，左手把剑鞘右手握剑柄欲抽的架势，是紧急情况时的警戒动作。

华夏先民繁衍的风水宝地

然而，在50000年以前的远古，这一带的地势地貌，并不像今天这样一马平川。由于菏鄄处于由北部燕山、西部太行山和伏牛山、南部大别山和东部泰沂山脉所形成的一个低陷区域的中心，在菏鄄这片广阔的荒原上，呈现的是岗丘布野、河沟纵横、湖盆属连、林木茂密的广原沼泽岗丘堌堆地貌。

至今大概15000年前后，菏鄄境内渐渐形成了雷夏泽、大野（巨野）泽、孟渚泽、菏泽等四大水泽，以及济水、濉水、沮水、濮水、瓠子河与菏水等六条著名河流；耸立着榖（今乡俗多借“谷”表示，下同）林山、历山、箕山、青山、荷山、景山、涂山、仿山、岍山、金山、独山、金宝山、金线岭、黄泥冈、凤咀山，曹南山、大陵山、栖霞山、黄土山、白马山、高平山、文亭山等二三十座山冈；还有葵丘、陶丘、左丘、楚丘、犬丘、青丘、廪丘、乘丘、襄丘、王堌堆、春柳堌堆、芦堌堆等等数百个冈丘堌堆。

据近些年来海洋地质研究工作者运用现代科学技术测定，探明8500年前的黄河，是在郑州以西、巩义以东向东南流的，越过华中平原，在苏北流入黄海。

那时的菏鄄地区还没有黄河流过，流贯该区域的主要是济水及其几个支流，没有大的水患。再加这里气候温暖，水草丰茂，野果遍地，动物众多，游鱼成群，具有适宜生产能力低下的原始人类生存的良好、平静、安宁的自然地理环境条件，遂成为中华先民理想的栖息繁衍的风水宝地。约在8000年前的石器时代已有华夏先民们定居于四泽六水岸边，使用着原始的工具，在这里狩猎、捕捞或耕种，艰难地开拓着，顽强地繁衍生息着。这四泽六水岸边现存的北辛、裴李岗、大汶口、龙山、岳石文化等300余处上古先民遗址，充分证明了这里是中华文明的重要发祥地。

历史和考古证明，济水是养育华夏先民的圣水，以鄄城为核心的菏泽及与其相连的上述晋冀鲁豫皖周边地区，是远古先民活动的中心地区，是号称"天下中"的古中原地区，是孕育华夏先民的摇篮，是中华文明的滥觞之地，其深厚的历史祖源文化，在华夏文明的发展史上占有突出的重要地位。

冈丘堌堆文化特点

从8500年前之后，由于黄河的中原河道逐渐淤积抬高，黄河便从下游的荥阳改道向东北流去，流经今河南新乡、安阳及河北邢台、石家庄的东部一带，至天津南部流入渤海。这时的黄河下游，因为人烟稀少，两岸未筑堤防，河道极不稳定，在太行山以东的豫东北、鲁西北及河北平原上，多股分流，经常移动，改道频繁。据《汉志》《水经注》等记载，河北平原上被称为"河"的水道有10余条之多，可能都是黄河某次决流改徙后的故道。

由于黄河携带大量泥沙，使之成为一条善淤易徙的滚河，发水时如同脱缰的野马，横冲直撞。故民谚有"十年河东，十年河西，一碗黄水半碗泥"的说法，就是百姓对黄河特性的真实写照。

冈丘堌堆图

这样，至4000年前的尧舜之时，鲁西南菏鄄这个低陷区的中心一带，便成了黄河倾泻泥沙的首冲之地。

《淮南子·齐俗训》记载："禹之时，天下大雨，禹令民聚土积薪，择丘陵而处之。"大禹治水成功后，"九河既道，雷夏复泽，于是民得下丘居土"。

意思是说，尧舜禹之时，这一带大雨连天，洪水泛滥，先民们则登上冈丘堌堆躲避洪水，大水退去后再下到平地生活。

这些作为先民原始居所的冈丘堌堆，便形成了鲁西南特有的冈丘堌堆文化，留下了源远流长的穀林晚钟、历山渔耕、箕山独卧、钓台阴雨、席桥横渡、红沟绿岸、杏冈春色、春柳杨花、碧水雷泽、映潭明月、沙河蛙鸣、桓公会盟台、陈王读书台、庄子钓鱼台、黄巢点将台、临濮古战场，以及尧舜禹之都会成阳，黄帝得宝鼎之宛朐（qú，也作冤句），帝喾（kù）之有莘之墟，舜生地之姚墟，夏宗邑之城三朡（jiè），商族简狄之有娀之墟，商代最早之都城景亳，秦赵祖先伯益生活之犬丘，楚文化源头之楚丘，等等许多自然景观和人文古迹。这些冈丘堌堆中发现的红陶、灰陶、黑陶、石器、骨器等遗物证明它们确实是七千年前中华先民的聚落点，也是4000年前后祖先们躲避洪水繁衍生息的圣土，古人还给它们起了一个神秘的名字——息壤，并赋予它们能大能小、能止洪水的灵性。

这些遗址也是中华九州的源头。《说文解字》关于“州”字的解释是：“水中可居者曰州。”昔尧遭洪水，民居水中高土，故曰“九州”(众多冈丘)。

至今这些山丘湖泊遗迹犹存，只是由于千百年来黄河的多次泛滥淤积及自然的风化侵蚀等多种因素，沧海桑田，除了东境巨野的几座小山还依然屹立外，其他众山如今皆已淤为平地，不见了踪影，仅留下一些堌(土堆)堆或地名而已。

华夏文明的滥觞之区

提起菏泽，或许尽人皆知，那是著名的牡丹之乡。说到鄄城，知道的人就很少了，甚至连“鄄(juàn)”字都不认识。但若论历史，菏泽属下的鄄城却是不可小觑的圣域。

鄄城历史十分悠久，文化底蕴非常丰厚，物产富饶，人杰地灵，是龙凤文化的源头之处，是华夏文明的滥觞之地，是中华民族的发祥之区，是“天下中”的核心区域。远在万年之前的新石器时代，我们的先人们就在这片土地上繁衍生息了。

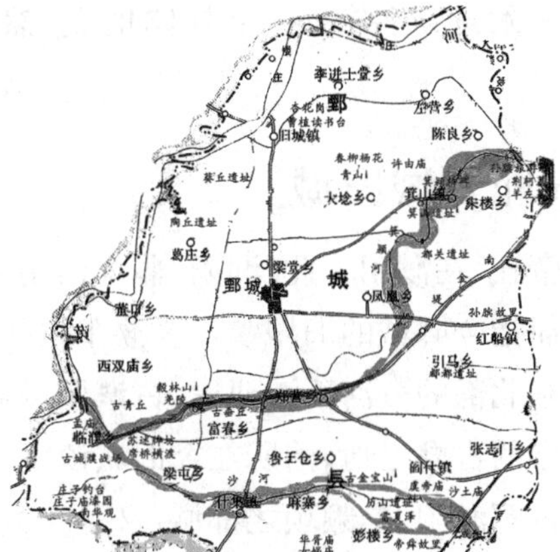

鄄城古迹图

最早的史书记载可以追溯到三皇五帝时期。燧人、伏羲、炎帝神农、黄帝、颛顼(zhuān xū)、帝喾(kù)、唐尧、虞舜皆生于鄄，治于鄄，立都于鄄。夏禹治水的活动，商汤灭夏的战争也多在菏鄄及周边地区。他们皆曾在这里生活过，创造过众多的古代文明，都与鄄城有不解之缘。鄄城号称“千古龙飞地，尧舜帝王乡”，是国家民政部命名的“千年古县”。

中华民族文明起源及国家形成过程中的不少关键地名，多出在鲁西南一带。《禹贡》仅1900字，其中说到菏鄄的地名就有15处之多。有些地名其他省份或有，那是后代迁移，不忘祖宗而带过去的。无疑，华夏文明的第一道曙光是从菏鄄的大地上升起的。

古代典籍如《左传》《吕氏春秋》《太平寰(huán)宇记》等，都对三皇五帝出生在鄄城多有记载。例如：大迹出雷泽，华胥履之，有娠，生伏羲于成，纪(系)蛇身人面；女登游华阳，有神龙首，感生炎帝于常羊；附宝游祁之野，见大电绕北斗枢星，感应而怀孕，生黄帝于寿丘；女枢梦长虹飞入腹中而生颛顼帝于姚墟，都帝丘；庆都感赤龙而生帝尧于三河；握登见大虹而生帝舜于姚墟，等等。

这些记载虽皆为传说，不会是真的如此怀孕降生的，只是为了增加这些帝王的神圣性，显示他们都是龙的传人而已，但说到的这些地方确是鄄城真实的存在。

雷泽在鄄城南部已是不争的事实，如今的菏泽电厂水库即其遗存。

那么成地、常羊、祁之野、寿丘、帝丘、三河、姚墟又在鄄城何处呢？

成地、平阳与郕都、成阳

西周武王封其弟叔武于常羊，建立郕(chéng)国，其都城称郕都，或简作成都。《水经注》记载说“瓠河之北，有郕都城”。据此可知，今鄄城县的引马北与红船西一带可能就是古常羊遗址，也就是郕国之地。后郕都城南迁30里，因在郕都之南，故又称作城阳，简作成阳，在雷泽东南岸。上古成地，五帝时代称平阳。帝尧都成阳。春秋郕国亡，复称平阳。秦代初置成阳县，属东郡。西汉高祖置成阳侯国，50多年后复为成阳县。晋代改成阳为城阳。北齐废城阳县。隋文帝于成阳故城复置雷泽县，因地近雷泽也。

三河与常羊

《地理志》《水经注》记载，濮水于河南封丘县开始从泲水(济水)分出，东北流，经古句阳县(遗址在鄄南)之小成阳东垂亭西而北流至鄄城县城南入瓠子河。瓠子北有都关县故城(遗址在箕山镇彭庙村一带)，县有羊里亭，瓠河迳(jìng，经过)其南又称羊里水(因流经地而变名)。故《汉志》云："濮渠水首受泲(济水)，东北至都关，入羊里水，而不载羊里水源，盖羊里水即瓠子河之别称也。"

这是说，北濮水自东明县北流入瓠子河，至鄄城羊里城，因又名羊里水，又东流过雷泽北，再东流过羊角城、羊晋城，又复名瓠子河。从羊里经雷泽、羊角至羊晋这70里的河道就叫羊里水。或说由于此河一水三名，故又称三河。

羊里水至宋代逐渐堙(yīn)塞，但以羊字命名的常羊、羊里亭、羊角城(义城)、羊晋等龙山文化遗址，至今仍存。三国魏贾逵征吴有功，封为羊里亭侯，即此羊里亭。

常羊，故地在今鄄城县引马北与红船西一带，是第一代炎帝的诞生地，炎帝族崇尚羊，故又作尚羊。

祁之野

《竹书纪年》说："炎帝自伊徙耆，故曰伊耆氏，伊即帝尧母家。"帝尧母是伊耆侯的闺女，帝尧初生跟母亲住在三河南的舅氏伊长儒家。祁之野，当即三河之郊野。这也恰好证明神农氏炎帝出自鄄城羊里水的常羊。

羊里水南边有个金宝山，又名鸡爪山，山上有真武帝庙。解放初，此地还有土丘高出地面约2米。遗址相当于今鄄城镇东南25里的军集南一里。金宝山今已湮(yān)于水患，但仍留下村名叫山西李庄。这一带一直流传着舜在金宝山砍柴烧炭的故事。

寿丘即桃城

《魏书·地形志》云："离狐有桃城。"远古，桃城的土丘上载满了桃树，故得名桃丘，桃丘就是寿丘。上古"寿"与"桃"同音，皆读tao。至今从"寿"取音的字，仍有读tao音的，如涛、焘、梼等。故址在今鄄城县临濮镇苏泗庄西北，今已坠于黄河。

今人《濮阳地名漫谈》云："洮，春秋卫邑，亦称桃城、姚墟，传舜生于此。"洮，即桃城，没错；说即姚墟，应是就大范围地域说；就具体地点而言，桃城在离狐县，地处今鄄城临濮镇，姚墟地处今鄄城阎(今乡俗作"闫")什镇姚刘庄附近，当不是一个具体地点，然相距不远。

帝丘即鄄城旧城

帝丘，在濮阳。此"濮阳"非今河南之"濮阳"，而指今鄄城的旧城镇。今濮阳位于今河南省东北部的黄河下游西岸，古濮阳，则指黄河东岸的古鄄之地，治所在今旧城镇。

古鄄濮阳，是颛顼之都城，又是尧舜之故里，卫成公亦曾迁都于此，素有帝都之声誉、颛顼遗墟之美称，故古称帝丘。

濮阳之名始于战国时期，濮水入古鄄东流，始有"濮阳"之名。当时还不是具体的地名，而是区域名，泛指濮水以北地区(水北称阳)，范围不会太广，主要指鄄城地区，更北部的今河南濮阳是后来之称。史载“吕不韦，濮阳人”，《礼记》中有“桑间濮上”的记载，其“濮阳”“濮上”之称皆为古濮阳之义。

秦灭卫占有古鄄之地，改卫之甄(juàn)邑为甄(juàn)城(今鄄城旧城镇)，才于鄄城县西北部原卫国楚丘(北楚丘，在今河南滑县)始设濮阳县，成为专名。北魏后濮阳县治再北迁至今濮阳市地面，遂有今濮阳市专名。所以，濮阳(泛称)、古濮阳(旧城镇)、濮阳县、今濮阳(濮阳市)不是同一个地方。

姚墟在城阳

《古迹·东昌府》云：“姚墟，在濮州东南九十里。《援神契》曰：‘舜生姚墟，应邵(劭)曰：‘姚墟与雷泽相近。’后世称为姚城。”《风俗通义·山川·墟》云：“‘舜生姚墟。’姚墟在济阴城阳县。”

如此说来，寿丘、洮、桃城、姚墟，四者实指同一地区，即鄄南之地。

综合上述记载，可见姚墟即姚城，也就是洮城、桃城、寿丘，是黄帝、虞舜之生地，皆在济阴城阳县，遗址在今鄄城南部。

炎黄子孙的老根

上述地方都在雷泽周边地区，形成一群龙山文化遗址，相距不会太远。三皇五帝及其部族都曾在这里繁衍生息。

伏羲是中华民族的人文始祖，其子孙炎黄、颛顼、尧舜、禹汤，则是中华民族由蒙昧走向文明的圣祖。成阳是帝颛顼故墟，尧舜诞生兴起之地，又是尧、舜、禹、汤四代之都城。历史记载证明，三皇五帝及夏后氏大禹的起源皆与雷泽、成阳息息相关。因此，雷泽、成阳所在的鄄城是中华文明的初起之地，有着悠久、厚重的祖源文化。雷泽虽已湮没千年，但她神圣的祖源文化永世垂存；成阳城虽已久埋于地下，但她孕育的中华早期文明则永放光芒。

所以，古鄄是华夏文明的滥觞之处，是中华民族的发祥之区、发展之地，是中华龙的故乡，是龙凤文化的源头，是炎黄子孙之老根。古鄄，是中华可敬、可歌、可爱的故园、圣地！

“鄄城”之称的由来

鄄城本称甄(juàn)邑，起于制陶，意为制陶之城。这从“鄄”字的构造上也可得到验证。

制陶图

鄄，最早本作甄(juàn)，金文作，从宀，从土，从支，从缶，会手持工具在房屋内制作陶器之意。古文一形线条化，改为从垔(yīn)，从瓦，以突出为制作瓦器之意；由于甄后来用作了地名，二形遂改瓦旁为阝(邑)旁，成了从邑(右阝)从垔会意，垔也兼表声，专用作地名。这样一来，“甄”(本读 juàn)后来遂变读作 zhēn，专用于表示制作陶器；鄄读 juàn，则专用作地名，成了两个字。篆文整齐化分别写作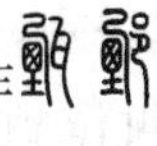。其声旁垔即用竹笼草袋盛土的意象。这不仅反映了盛土烧陶之事，也反映了鄄城濒临黄河，用竹笼草袋盛土筑堤防水乃其常态。这又从另一个角度说明了这一地区称“鄄”的缘由，那就是“鄄”字正

是黄河泛滥区域、需要经常筑堤防洪之地的反映。“唐尧”的“尧”即为烧陶的窑包之义，而尧称“陶唐氏”之“陶”，其篆文作，也是在高丘(左阝，土堆)一人持杵制缶(、)之义。可见，鄄为古制陶业的发达之地，而尧则为制陶业的推广人。菏鄄地区古称“陶”就是明证。

古鄄(今旧城镇)之所以成为制陶业的发达之地，有其特殊条件。古鄄处于一群土丘大陵环抱之中，东北有尖堌堆，北有马蜂堌堆、毛堌堆、丹朱阜，西南有陶丘堌堆、葵丘堌堆，南有春柳堌堆，形成一个丘峦起伏相连的环形山脉。这个山脉的土质特别细腻，非常适合制陶，所以这一环形山得名为甄(juàn)山，这一地区得名为鄄地。

公元4000年前，舜“陶甄河滨，其后为氏”。意思是说，舜曾在今鄄城县旧城镇西南的瓠河之滨的陶丘堌堆制陶器，这个地方遂称为甄(juàn)城，其后人并以之为姓氏。《史记·齐太公世家》记载：“诸侯会桓公于甄。”《集解》：“杜预曰：‘卫地，今东郡甄城也。’今作鄄，即山东菏泽鄄城。”可知，今之鄄城，即古之甄城。春秋时卫国称鄄邑，西汉始设置鄄城县，沿用至今。今鄄城县阎什镇西南，有一个小村叫甄(zhēn)庄，据说该村的居民皆姓甄(zhēn)，是舜的后裔。历山庙村的庙院内有《甄(zhēn)氏祖庙祭文碑》，碑文曰：“考我甄(zhēn)氏为虞舜之后裔，舜微时耕于历山，渔于雷泽，陶于甄……所居之地，一年成村，二年成邑，三年成都，是为甄城。”

意思是说，舜在河滨烧陶，烧制陶器的地方遂发展为一个城邑，叫作甄城，即制陶之城，就是后来的鄄城(今之旧城镇)。古者，甄、鄄相通，为一字之异体。甄，乃制陶之义。舜有个叫藩的三儿子，在甄城被大禹封为陶官，其后人遂以为氏，也就成了甄(zhēn)氏的来源。

随着语音的演变，为区别字义，汉末，“甄”始变读作 zhēn，专用于表示制作陶器。实际上，作为地名，“鄄”“甄”一直并用到后代。而“juàn”“zhēn”二音，直至宋朝亦未完全分清。据《三国志·吴志》裴注引《吴志》记载：“孙坚入洛，屯军城南，甄官(指甄官署，掌琢石陶土之事)井上，旦有五色气，令人入井，探得传国玺，以‘甄’与己名音叶，为受命之符，则三国以前未有音‘之人’切者。孙权即位，尊坚为帝，江左诸儒为吴讳，故改音‘真’。”宋·庄季裕《鸡肋篇》记载：“甄彻，字见独，登进士时，林摅为枢密，当唱名，读坚音，上以为真音，摅辩不逊，坐贬。”此故事可证明至宋朝时二音之读仍未完全分清的实情。

时至今日，“甄陶古风”在鄄城民间犹存。改革开放前，几乎村村有旧式竖窑，烧制的青砖青瓦及土陶器闻名周边冀鲁豫广大地区。正因为如此，菏鄄古称陶地，至今留下众多以“陶”命名的地方。

菏鄄一直被视为“天下中”，主要因为它曾是上古先民数千年间繁衍生息的活动中心，尤其是诞生了第一代伏羲的鄄城雷泽，是天下伏羲氏族子孙们的心中故乡。炎帝、蚩尤生于斯，和黄帝大战于斯，并死后葬于斯；颛顼、帝喾数百年一直活动在这里的濮水、济水流域；尧、舜、禹出生、成长、立国、定都、禅让，都没有离开历山、成阳、陶丘、鸣条这具有四泽六水的菏鄄大地及周边地区一带。这里是夏商两代千年间联络四方的通道和中心区域，是西周东方诸侯国进奉礼品的贡道，是春秋战国诸侯交易货物的枢纽，是秦汉最为富庶的经济宝地。这块土地成了天下氏族心中共同向往的圣地。

二、天地开辟追祖踪

混沌未开鸿蒙前，想象盘古生浑圆。
斧辟神蛋天地开，身化万物人类全。
远古三皇缥缈中，始为认识大自然。
创世神话意想成，史前历史空白填。
三祖解决住衣食，燧人开启文明篇。

原始初民时代

中国有文字记载的历史，公认为从尧舜开始。但之前必有一个长期发展的原始初民时代，或称神话时代，这是人类社会发展的起始阶段，因为尧舜不会是凭空出现的。各民族对自己的远古祖先的来历都有各种不同的想象，都有自己的“创世纪”故事。这些故事表面上看似乎有些荒诞不经，而实际上却有着极其深刻的内涵，那是我们的先祖对自己的来源和天地生成的大胆的想象和推测，是先民探索大自然和认识世界的开始。

人类初从动物分化出来后，先后经历了崇拜大自然、崇拜物类图腾、崇拜人祖三个阶段。崇拜自然，遂把天、地、日、月、星辰神化；崇拜图腾，就将与自己生存相关的动植物神化；崇拜人祖，就把自己的祖先神化。这种神化反映了早期人类社会发展的规律，当与凭空杜撰的“神话”不是一码事。

原始初民时代，起自盘古传说，止于燧人氏时期，大约距今400万年至前7724年。包括盘古、远古三皇、三祖等三个阶段，历经盘古、天皇、地皇、人皇、有巢氏、缁衣氏、燧人氏七位帝王。这里的“帝王”不是一个人，而是一个时代的代称，他们分别反映了中华先民的诞生、成长、发展和壮大的过程。人们一般把这段历史称之为“神话”，实际上是先民对这一未知阶段情形的意想的“神化”。

盘古开天辟地

中华民族同样对祖先的来历也有自己的想象，那就是盘古开天辟地的传说。这一传说大概先秦已有了，较完整的叙述则见于三国时代吴国徐整的《三五历纪》及《玄中记》中的类似记载，书中大体描述了盘古开天辟地的经过。

盘古是中国古代传说中开天辟地的巨人神。传说盘古开天之前，世界是一片混沌，在混沌的中央，有一块像鸡蛋似的浑圆。这块浑圆里孕育着一个巨人。大约经过一万八千年，这巨人醒来，以巨斧把这个“鸡蛋”横着劈开，那清气上升，成了天；浊气下降，成了地。

开天辟地图

其目光成了闪电；他睁眼是白天，闭目是晚上；开口为春夏，闭口为秋冬；高兴为晴天，生气为阴天。盘古在其中，双手托天，两足立地，日长一丈，则天日高一丈，地日厚一丈。如此又经一万八千年，最终天开地辟，天地远离不再相合。天极高了，地极厚了，盘古的身子也极长了。古人认为，数起于一，立于三，成于五，盛于七，处于九，故天离地九万里！这大概是后人根据鸡蛋的孵化进行的联想。

南朝梁任昉所著的《述异记》中就对盘古死后身体化为天地万物的情形做了如下的描述：

盘古凭借着自己的神力终于把天地开辟出来了，盘古也力竭身亡了。临死前，盘古左眼化为日，右眼化为月，须发成了星星；吐气成为风，喘息成为云，汗水成为雨，声音成为雷。他的身躯倒下了，躺在中原大地之上，头部朝东，变成泰山；脚趾在西，变成华山；腹部凸起，变成嵩山；右手朝北，变成恒山；左手朝南，就变成了衡山。衡山横亘云梦与九嶷之间，像一杆秤一样，可以称出天地的轻重，衡量帝王道德的高下，所以名叫衡山。就这样形成了东、西、南、北四极和雄伟的三山五岳。其血液变成了江河，筋脉变成了道路；肌肉变成了农田，骨骼和骨髓变成了矿藏；皮肤和汗毛变成了草木，盘古用他的身体化成世界万物。盘古的精灵魂魄也在他死后变成了人类，所以说，人类是世上的万物之灵。

盘古开天辟地的故事，虽是古人对始祖的神化，也恰恰体现了中华民族向往光明，为社会造福的无私奉献的伟大精神。

据考古研究，盘古氏约在距今400万年至300万年前，又称混沌氏，是传说中开天辟地创造人类世界的始祖。

远古三皇缥缈间

盘古氏之后，接下来便是虚无缥缈的天皇氏、地皇氏、人皇氏，即所谓远古三皇时代。远古三皇实乃自然、图腾、人祖崇拜的反映，亦属于天地开辟阶段。

天皇氏

号称天灵。距今约300万年至170万年前。兄弟共十二人（一说十三人，盖为闰月之源），模样长得都差不多，有着人的脑袋、蛇的身体，头上有龙角。

天皇氏统治时，曾遭遇大火高温劫难，为解天下大旱，天皇氏领导了造天降雨工程，为人类造了一片既能滤除日毒又能降下及时雨的大气层天体。天皇氏出入，像风一样迅速。当时人很少，民风淳朴。天皇氏是个淡泊无为的首领，大家不分彼此，安静地过日子而已。

天皇氏看到四季更替、万物变换的自然变化，但是生活在寒来暑往之中，却不知道时间过去了多久。于是天皇氏十二兄弟商量，便制出了原始的天干地支相配的历法，用以确定岁时节候。从此百姓方才知道时间、四季，知道一年时间的逝去。

天皇氏十二兄弟统治天下的后期，有地皇氏一姓十一人出现，天皇氏兄弟明白，天下应该由地皇氏来治理了，于是便隐退不见。

干支纪年

据《盘古王表》记载："天皇始制干支之名以定岁之所在。"可见，远古的天皇时代，已有干支历法及岁时的雏形。原始干支指"摄提"，也称"摄提格"，又名"太岁"。包括十天干和十二地支，皆以该年当值的太岁星名命名。十天干命名的纪元星名是：阏(yān)逢、旃(zhān)蒙、柔兆、强圉(yǔ)、著雍、屠维、上章、重光、玄黓(yì)、昭阳；十二地支命名的纪元星名是：摄提格、单阏(chán yān)、执徐、大荒落、敦牂(zāng)、协洽、涒(tūn)滩、作噩、阉茂、大渊献、困敦、赤奋若。各有含义。

干支原始发明的这套多音节的摄提纪元(岁)术语，后世将其对应简化为一个字。由太岁在甲曰阏逢，在子曰困敦，以此类推，遂将十天干对应简化为甲、乙、丙、丁、戊、己、庚、辛、壬、癸；将十二地支对应简化为子、丑、寅、卯、辰、巳、午、未、申、酉、戌、亥。

干支起源于上古，发展于三皇五帝时期，成熟于夏商周三代。天干地支的发明影响深远，它标志着最原始的历法出现，配合数字用来计算年月日时。直到今天，从纪年、纪月、纪日、纪时，到术数、计算、命名、称代、排序等等许多方面都还依然为我们所使用。

干支纪元法，以北斗星斗柄所指的方位作为确定月份的标准，称为"斗建"，"建"者，斗柄所指也。斗柄顺时针旋转一圈(以立春为岁首，从立春到下一立春；以交节日为月首)，谓之一岁(摄提)，亦谓之十二月建，这斗转星移，就形成一年四季、十二月令；每月令含两个节气，共 24 个节气。每月第一个节气为"节气"，第二个节气为"中气"，"节气"和"中气"交替出现，各历时 15 天，现在人们已经把"节气"和"中气"统称为"节气"了。其中表示四季更替的有立春、春分、立夏、夏至、立秋、秋分、立冬、冬至。表示温度变化的有小暑、大暑、小寒、大寒、白露、寒露和霜降。表示降水的有雨水、谷雨、小雪、大雪。表示物候的有惊蛰、清明、小满、芒种、处暑。

干支纪年、纪月、纪日、纪时四部分是干支历法的基本内容。干支历的年月日均由天象决定，是完全符合天象规律的一部历法。

二十四节气是我国劳动人民独创的文化遗产，它能反映季节的变化，指导农事活动，乃至影响着百姓的衣食住行。由于自古以来，我国的主要政治活动中心多集中在黄河流域，所以二十四节气也就是以这一带的气候、物候为依据建立起来的。对于其他很多地区来讲，只能为一种参考。

干支显示了大自然运行的规律，即时空互动和阴阳互用的结果。包含了阴阳五行的思想和自然回圜运化的规律。

十天干的缘起与阴阳

古人以地球为观察点，将环绕太阳系的恒定星座划分为二十八宿，又将由二十八宿环绕成的一个圆圈，按照春东、夏南、秋西、冬北的原则，划分出以青龙、朱雀、白虎、玄武为形象的四象、四方，作为观测天象及日月五星在天空中运行的依据。

古人将环绕太阳系的二十八宿，平分为十个部分，按顺时针旋转方向排列，然后以箕宿为起点，依次来确定甲、乙、丙、丁、戊、己、庚、辛、壬、癸十个环形天干的时空方位和运转顺序。

古籍介绍二十八宿一般以逆时针方向的顺序进行：青龙由角起，由东向北；玄武从斗起，从北向西；白虎从奎起，从西向南；朱雀由井起，再由南返东。这样，四象的交界处就构成了四个夹角：斗与箕宿构成东北夹角，角与轸宿构成东南夹角，井与参宿构成西南角，奎与壁宿构成西北角。

在这四个夹角中，箕、斗间这个夹角最重要，因为古人就是以这个夹角中的箕宿为天干的定位起点、以斗宿为天干的定位终点来划分的，然后按顺时针方向将360°的圆周划分为十等份，从而确定出甲、乙、丙、丁、戊、己、庚、辛、壬、癸等十个天干来。又将甲干的位置确定为太阳系在宇宙空间环绕运动的开始时间的基点，这样一定后，每一个天干的时间就占据了太阳系运行视角中的36°，于是，十天干各自就有了一个固定的时间序号。

在所属空间关系上，甲干与己干直线对应，乙干与庚干直线对应，丙干与辛干直线对应，丁干与壬干直线对应遥望，戊干与癸干直线对应。

十天干各自占有的空间区域跨度相同，因此每一天干运转所走的时间也就相同；但十天干各自拥有的星宿数却并不相同且各有差别。

甲干拥有箕、尾、心三宿，乙干拥有房、氐、亢三宿，丙干拥有角、轸、翼、张四宿，丁干拥有星、柳、鬼三宿，戊干只有一个井宿，己干拥有参、觜(zī)二宿，庚干拥有毕、昴二宿，辛干拥有胃、娄、奎、壁四宿，壬干拥有室、危、虚三宿，癸干拥有女、牛、斗三宿。

为什么把天干周期的起点"甲"一定要选定在箕宿的位置上呢？因为古人通过观察发现，当太阳系运行到箕宿的时空位置上时，是五行之气阴消阳长变化状态的开始点，"水"气逐渐消退，"木"气显现形成，所以，箕宿就被定为阴阳之气相互消长变化的每个周期的起始点、定位点和基准点。

由于天干有阴阳之分，单数为阳，双数为阴，所以太阳系在天干轨道周期性运行中，甲乙处于阴消阳长的木气显现状态，阳甲显现为木气不断增长，阴乙显现为木气逐渐衰落；丙丁处于阳气极盛的火气显现状态，阳丙显现为火气不断增长，阴丁显现为火气逐渐衰落；戊己处于土气阴阳平衡状态，阳戊显现为土气不断增长，阴己显现为土气不断衰落；庚辛处于阳消阴长的金气显现状态，阳庚显现为金气不断增长，阴辛显现为金气不断衰落；壬癸处于阴气极盛的水气显示状态，阳壬显现为水气不断增长，阴癸显现为水气不断衰落。由这十干显现的五气变化状态，可定出阴阳之气相互消长的变化曲线。

知道了十天干各自拥有的固定空间位置、时间序号、五行性质，那么只要说出某一天干，人们也就知道了其性质属性和时空定位。

天干体系的形成，说明我们的祖先早就认识到了天地及日月五星在天空中运行的规律。

各天干的含义

天干地支的意义皆来自树木，干者，犹树之干也；支者，犹树之枝也。而植物的生长、发育、成熟、死灭又皆与岁时节气有关。十干之所以将原始的用当值太岁星名命名，改为用甲乙等十个简单的文字来代替，是因为这十个字的字义，从甲金文看，正好与岁时节候物象相应：甲()，表拆裂，对应惊蛰，指万物破甲而萌。乙()，表抽芽，对应清明，指万物屯然生长。丙()，表显明，对应芒种，指万物炳然显着。丁()，表挺强，对应小暑，指万物挺然丁壮。戊(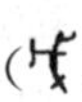)，本读mào，借作茂，表荣茂，对应立秋，指万物繁荣茂盛。己()，表纪结，对应处暑，指万物有形可识。庚()，表更续，对应白露，指万物收敛有实。辛()，表新成，对应寒露，指万物新获收成。壬()，表妊承，对应大雪，指阳气任养万物。癸()，表揆量，对应小寒，指万物揆度闭藏。

十二地支的缘起与生肖

十二地支的产生是古人对自然界长期观察的结果。十二地支亦源自古代二十八星宿的运行，是“年”的另一种表示方式。为了观察天体运行，古人把天体中黄道附近的一周天，分为星纪、玄枵(xiāo)、诹訾(zōu zī，也作娵訾)、降娄、大梁、实沈、鹑首、鹑火、鹑尾、寿星、大火、析木十二次(次舍，星次)。古人误认为木星也是围绕着太阳运转的。木星在黄道上运行，由西向东每年行经一个“次”，大约十二年绕天球一周，为一个循环周期。当其运行到某一“次”时，就用这一次的星名来称该年，这就是前面提到的十二地支的原始纪元星名称：摄提格、单阏(chán yān)、执徐、大荒落、敦牂(zāng)、协洽、涒(tūn)滩、作噩、阉茂、大渊献、困敦、赤奋若。这种根据木星在天体中运行的规律来纪年的方法，叫岁星纪年法，所以中国古代把木星又称为岁星或太岁。此法起源于周朝，战国、秦汉时亦颇盛行。在当时诸侯割据，各国都用本国的年号纪年的情况下，岁星纪年的运用，避免了混乱，便于人们交往。然而，木星的岁星纪年法用久了，便跟实际天象不符。后来遂废止不用，仍沿用干支纪年法。

十二生肖与十二地支相应，其运转皆受木星运转规律的影响。木星、太阳、地球三者在运行时构成了一定的角度关系，它们本身放射出来的能量场由于每年所处时空方位不同，在地球上形成的能量场也就不同，当形成的能量场适合鼠的生长时，这年鼠就显得特别多、生机特别旺，于是就称这年为子年，而这年出生的人多少都带点鼠气的性格特点。当三者间构成的角度关系放射出来的能量场适合牛的生长时，牛就膘肥体壮，于是就称这年为丑年，这年出生的人就多少带有点牛气。依此类推，从而形成了十二地支与十二生肖的相应关系。天上木星的这种运转规律决定着地球上十二地支与十二生肖的变化。

十二地支各自的含义

十二地支采用的这几个字，不是随便拉来用的，从其甲骨文形体看，就已隐含着生物生长、发育、成熟、死灭的阴阳变化之理，反映着岁时节候的运转规律，体现着我国动物的地理分布方位特点，甚至可以认为十二属相的形象源于古人对银河形状变化的归纳。

子(甲，初生婴儿)，滋也，阳气动万物滋萌，子时鼠最为活跃，北方多鼠，银河形状像鼠，故子居北方，生肖为子鼠，居第一。丑(甲，手揪扭)，扭也，草木纠屈而出土，丑时牛正在反刍，牛肥体壮，银河形状像牛，故丑居东北偏北，生肖为丑牛。寅(甲，引出)，引也，万物迎阳而伸展，寅时虎游荡觅食，东北多虎，银河形状像虎，故寅居东北偏东，生肖为寅虎。卯(甲，剖分而出)，茂也，万物皆冒地而出，卯时玉兔捣药忙，兔月出东方，银河形状像兔，故卯居东方，生肖为卯兔。辰(甲，三月阳气动，农耕时)，震也，万物震起而生长，辰时神龙行雨，东方青龙，银河形状像龙，故辰居东南偏东，生肖为辰龙。巳(甲，成形的胎儿)，起也，万物盛长而尽起，巳时阳盛蛇活跃，东南多鳄，银河形状像蛇。故辰居东南偏南，生肖为巳蛇。午(甲，五月阴气午逆阳)，铻也，阴阳交万物丰满，午时马最为活跃，天马行空，银河形状像马，故午居正南，生肖为午马。未(甲，树重枝叶)，味也，万物皆成有滋味，未时最宜羊吃草，西南多羊，银河形状像羊，故未居西南偏南，生肖为未羊。申(甲，闪电舒张)，神也，万物之体皆长成，申时猴灵动活跃，西南多猴，银河形状像猴，故申居西南偏西，生肖为申猴。酉(甲，酒坛子，酒成)，就也，阳气敛万物成熟,酉时鸡开始归窝,西方多鸡,银河形状像鸡,故酉居西方,生肖为酉鸡。戌(甲叶,兵器大斧),灭也,阳气微万物尽灭,戌时狗开始守夜,西北多犬,银河形状像狗,故戌居西北偏西,生肖为戌狗。亥(甲 亐,刻猪),劏也,阴气杀万物收藏,亥时猪正在酣睡,西北多猪,银河形状像猪,亥居西北偏北,生肖为亥猪。

干支纪元的应用

传说,干支是由黄帝时代的一位大臣,名叫大挠的最先创作的。从古代的史实看,干支和干支纪元法的产生应是广大劳动人民在生产和生活的长期实践中形成并逐步发展起来的,并不能归功于某一个人,也不能划定其准确年代。从殷墟甲骨片中已有干支列表刻辞看,殷朝已有干支纪元应是毫无疑义的。殷代帝王也多用天干名字作为自己的代号即是证明。

所以,干支纪元从商朝便已开始,但其顺序到春秋时代有无间断或错乱过,尚不能确定。但从春秋鲁隐公三年(公元前 720 年)二月己巳日起到清宣统三年(公元 1911 年)止,2600 多年中从未间断和错乱过,这是 2013 年 6 月已确切判定了的。1912 年民国元年采用公元纪年后,汉族民间仍沿用干支纪元法,百年来也未错乱。干支纪元法是商朝历法的最大成就,这是现今已知世界最长的纪元法,对于我国历史学,尤其是科学技术发展史的考证和研究,都具有极为重大的意义,是中国一份珍贵的科学文化遗产。

干支纪年法,由甲子相配为第一年起,六十年为一循环,周而复始,一直循环下去以至无穷。干支纪月法,未得到普遍实行,仅用为星相家推算生辰八字。干支纪日法,与干支纪年法相同。只是十干纪日在我们今天,已改用"旬"这种单位代替。十干纪日由甲日至癸日循环一周为十日,我们今天用"上旬""中旬"和"下旬"将一月分三旬,大体仍依十日为一旬。干支纪时法,以二十四小时配十二地支,由夜间十一点至一点为子时,每一地支代表两个时辰,共二十四小时。

十二生肖

干支纪元法,用"十天干"和"十二地支"两两搭配,来表示年、月、日的序号,六十年为一循环周期。为了便于民间百姓记忆,古人还专门选取了 12 种动物作为"十二生肖"与"十二地支"互相对应搭配,即子鼠、丑牛、寅虎、卯兔、辰龙、巳蛇、午马、未羊、申猴、酉鸡、戌狗、亥猪。每一生肖表示一岁。可以说,十二生肖是十二地支的形象化代表。干支的历元是立春,生肖的转换也以立春为界。

在阴阳五行理论中,干支依其顺序分为阴阳,单数为阳,双数为阴。在这个基础上,根据相生相克的理论,用以推算人事的和谐、冲突、兴衰及生灭。常用在婚姻、人生、年运等方面,成为民间文化中的形象哲学。每一种生肖都有丰富的传说,并以此形成一种象数、风水和命理观念的阐释系统。

如此一来,天干地支这样一套符号就被赋予了神秘的文化内容,成了了解古代中国人思维习惯和生活方式的重要材料。

古人认为,天干承载的是天之道,地支承载的是地之道。天道与地道决定着人道,在天成象,在地成形,在人成运;故设天干地支以契合天地人事之运。天地以定位,干支以定时空,时空以定世界。干象天而支象地,万物虽长于地,然而其荣盛兴衰却离不开天。故用十天干与十二地支的组合,来阐述天地人三界。

地皇氏

距今约 170 万至 70 万年前,相当于旧石器时代早期。中国的蓝田人(距今约110万年)即处于这一时期。

传说地皇氏共有兄弟十一人，当时天皇氏的统治已经衰落，十一人，各领一支队伍在水草繁茂的华北平原占一块高地，建立起新的氏族部落，并推举一人为领袖，号称地皇。

地皇时期有三大贡献：一是“定三辰”，即确定了日、月、星的名称；二是“分昼夜”，即明确了有太阳的时间称为“白昼”，有星星、月亮的时间称为“黑夜”，二者合称为“一日”；三是“划岁月”，以三十日月亮变化为一个小循环，称作“月”，以十二个月四季变化为一个大循环，称作“岁”，形成“岁月”。

地皇时期的社会组织属于血缘家族公社，是血缘群居群婚。食物主要是猎取动物和采集野果野菜，用磨制出锋刃的石块做武器打猎，切割猎物分享。此时人们还无羞耻感，男女老少常年都赤裸着身体。也没有男婚女嫁，男女随意交合，生了孩子由女人照看，男人负责外出猎取食物。

人皇氏

生活在距今约70万至20万年前，相当于旧石器时代的早期和中期。人皇氏又称九头氏、居方氏，实为弟兄九人各据一方，分设九个方群，共称人皇。兄弟九人，各率本部落群体，划定势力范围，建立统治区域。部落之间各自为政，互不侵犯，和平共处，即所谓的九州。古人以“九”为多，这里的九州是指很多区域的意思。

这个时期，华北平原曾发生海浸，人们在大洪水的逼迫下，化整为零，分散成众多小的部落群体，或数十人，或数百人，在头人的带领下，逃亡至理想的高地，遂使中华人种向四方扩散，足迹遍布中华大地，还有部分人群甚至走出中国，进入西亚、南亚和东南亚，甚至走向非洲和欧洲。

人皇时期的社会组织依然是血缘家族公社，婚姻形式仍为血缘群婚。不过此时他们已经知道了羞耻，开始用串起来的树叶和树皮做衣服遮体。

三祖解决住衣食

天地开辟后，另有史前文明的远古三祖的神话传说出现。传说，远古在鲁西南菏鄄及周边一带，生活着有巢氏、缁衣氏和燧人氏，人称三祖。三祖约当距今20万年至7724(年表为8000)年前。由于年代久远，没有很多具体的文字记录。直到唐尧时，尧欲让位于隐居在鄄城箕山的许由、巢父，这巢父就是有巢氏的后裔，才有了历史的记录。

有巢氏

又称大巢氏。当时人类少而禽兽多，人类居住在地面上，经常遭受禽兽的攻击，时刻都有伤亡的危险。开始人们受鼠类动物的启发，在山坡上打洞，用石头或树枝挡住洞口，安全了许多。后来有人受鸟类在树上筑巢的启发，发明了“巢居”。指导人们用树枝和藤条在高大的树干上建造房屋，周围用树枝遮挡得严严实实，既挡风避雨，又可防禽兽攻击，解决了住的问题。人们感激他，便选他为部落酋长，称他为有巢氏，尊他为“巢皇”。

《庄子·盗跖》篇始有关于有巢氏的如下记载：“且吾闻之，古者禽兽多而人民少，于是民皆巢居以避之。昼拾橡栗，暮栖木上，故命之曰有巢氏之民。”《韩非子·五蠹(dù)》中亦有此类说法：“上古之世，人民少而禽兽众，人民不胜禽兽虫蛇。有圣人作，构木为巢以避群害，而民悦之，使王天下，号曰有巢氏。”《路史》记载：“昔在上世，人固多难，有圣人者，教之巢居，冬则营窟，夏则居巢。未有火化，搏兽而食，凿井而饮。桧(guì)秸以为蓐(rù)，以辟其难。而人说之，使王天下，号曰有巢氏。”

有巢氏时期的社会组织已经进入母系氏族阶段。社会活动主要是男子打猎和捕鱼，女子采集野菜和挖掘块根。婚姻形式也已有了很大改变，即兄弟姐妹间不能通婚，同族内部的同辈男女也禁止通婚。也就是说甲族群的男子(或女子)只能和乙族团的女子(或男子)通婚，这便是母系氏族社会的族外群婚。族外群婚只准男子夜里到另一族群那里与女子过性生活，而且不准许留在女子所在的族群里，而女子一生都不准许离开本族团。这种族外群婚相比血缘群婚，显然已经有了很大的进步。

有巢氏，应是我国远古先民中发明巢居的英雄，从此民众才由穴居到巢居，有了原始的房屋。人们拥戴他，让他做了远古时期部落联盟的首领。有巢氏时期代表着人类发展的一个阶段，即从原始的山洞居住发展到建造房屋的阶段，这是历史进步的一个标志。到了有巢氏时代，先民才与动物区别开来，从此开始了人类的历史。

有巢氏王天下百余代，皆筑巢而居。《逸周书·史记解》记载：“昔者有巢氏，有乱臣而贵任之，以国假之，以权擅国而主断，君已而夺之。臣怒而生变，有巢以亡。”这是说有巢氏的统治，最后因乱臣发难而结束。

在有巢氏的晚期，约在距今7万年时，地球上最近一次冰期来临，冻结了大面积的海洋，白令海、鄂霍次克海、日本海、黄海、东海、南海、台湾海峡及东南亚海都完全冻结，与大陆架连成一体。原来曾经阻碍人类和动物通行的海洋障碍消失了，中国通往日本列岛的路直接相通，生活在我国的族群和动物群，可以越过海冰面一路直接进入日本，继而通过白令海峡进入美洲，或通过东南亚，从冰海上去澳大利亚。

这大概就是美洲玛雅人与中国人同种、印第安人是从亚洲过去的、同属蒙古利亚种、玛雅人酷似中国人的原因吧。如今专家已经找到拉美玛雅文明是传自殷商时期的“风(凤)”族的一些文字方面的证据。

缁衣氏

有关缁衣氏的传说，古书提到的很少。原始时代的族群皆赤身裸体，天寒地冻时，会有不少人死于寒冷中。后来有人根据禽兽的毛羽和鱼鳞的作用，想出将树叶或兽皮串联起来，发明了原始的衣服，教先民用树叶蔽体，以兽皮御寒，从此人们不再裸体，有衣可穿，解决了衣的问题，使人们摆脱了裸体的习俗，人类的生活又进入了一个新的阶段。人们感谢他，拥立这位圣人为王，号曰“缁衣氏”。

有巢氏和缁衣氏距今约20万至5万年，相当于旧石器时代中期。此时人类已经进入早期智人(古人)阶段。

燧人氏

燧人氏时代，距今约5万年至前7724年，相当于旧石器时代晚期。此时人类已经发展到晚期智人(新人)阶段。北京周口店龙骨山发现的“山顶洞人”(距今约3万年)即处于此一时期。

燧人氏时代仍为氏族公社的母系氏族时期。婚姻形式依然是族外群婚。

燧人氏时代的后期，发明了“钻木取火”与“燧石取火”。火的使用使人类从动物界中脱颖出来，开创了人类历史的新纪元，这不仅成为中国9000年文明史的开篇！也从而让燧人氏成为中华民族进入远古文明时代的第一始祖，因此燧人氏在历史传统上又被列为“三皇五帝”之首。详细内容见下《燧皇薪火传菏郪》专章。

据专家研究，燧人氏晚期，距今约1.2万

年时，更新世最后一次冰河时代结束，地球逐渐转暖，冰冻的海水开始融化，连接欧亚大陆和美洲的桥梁消失了。曾进入美洲和澳洲的中国人再也无法返回欧亚大陆，便在当地定居下来，成为永久性居民。

开始进入母系社会时代

盘古及远古三皇的传说，可以说是古人运用经典中的哲理和自己的想象，创造出来用以填补鸿蒙时代这段空白历史的神化人物。

盘古的传说虽为想象，但却是中华民族悠久的历史文明的见证，是世界四大文明古国中保存最原始、最完整、最古老的创世神话。这个创世神话，数量巨大，内容丰富，类目齐全，举世独步，无与匹伦。至今还在迁往边鄙的少数民族中流传，这里不再一一列举。

由盘古到三祖是个漫长的历史时期，是我国人类由类人猿、猿人，到初期人类的时代。猿人时代人与野兽为伍，已能直立行走，大脑较野兽发达，可用石块等自然武器自卫，茹毛饮血，群居群婚群谋生。

三祖时期，先民有了极大的进步，形成了几乎与现代人类相似的形体，头脑的进化也有了飞跃。尤其是火的使用，不但有了熟食，而且开始懂得制造和使用工具、器皿，有了羞耻的意识，与动物有了根本的区别，脱离了愚昧，开始进入母系社会。母系社会，由母、祖母、曾祖母或太祖母为纽带，自然形成家族，自由交配，人只知其母不知其父。女性受到男性的尊重，因为男女都是由母体中生产出来的。

三皇三祖的推想切近我国历史演进的真实

对三皇三祖的传说，鲁迅在其《自文字至文章》一文中做了精到的分析："至于上古实状，则荒漠不可考，君长之名，且难审知，世以天皇、地皇、人皇为三皇者，列三才开始之序，继以有巢、燧人、伏羲、神农者，明人群进化之程，殆皆后人所命，非真号矣。降及轩辕，遂多传说，逮于虞夏，乃有箸于简策之文传于今。"意思是说，这些名号都是后人追加的，盖为战国时的思想家根据社会进步阶段而推想出来的名词。

现代历史学家钱穆先生也从人类历史文化演进的视角，有过如下的论述，分析得很有道理："中国古代历史传说，极富理性，切近事实，与并世其他民族追述古史之充满神话气味者大不相同。如有巢氏代表巢居时期，燧人氏代表熟食时期，庖牺氏代表畜牧时期，神农氏代表耕稼时期。此等名号，本非古所本有，乃属后人想象称述，乃与人类历史文化演进阶段，先后符合。此见我中华民族之先民，早于人文演进，有其清明之观点与合理的想法。"

鲁、钱二家的分析，点明我国先民对中国史前情状的追述，虽属后人推想虚拟，然非全然神话，而是先民代代相传的对远祖印记的反射，是汉族先民坚持生存斗争的投影，是切近我国历史文化演进的事实的。这种推想竟然与人类历史文化演进的过程大体上符合，与科学的考证也基本吻合，这不能不让人感到吃惊与佩服。

盘古是中国人类的起源，历经远古三皇、三祖若干万年，进入上古中期的氏族联盟时代，即后"三皇"时代，中国祖先开始进入母系氏族社会。

三、济水菏鄄颂清流

济列四渎享盛名，世誉清流古今荣。
三伏三出敢畏难，再接再厉定朝宗。
未缘穿河成浊水，岂因隐身弭大功。
顽强追求人敬仰，历代祭祀封号隆。
养育先民慈母水，恩泽万物德行崇。

济水源流

济水，是我国历史上一条著名的古老河流，早在有人类活动之前就已经奔流在祖国的大地上了。由于济水是独流入海的，不受其他河流的干扰，它和黄河、长江、淮河一起并称为“四渎”，渎也者，独流也，它与“五岳”齐名，受到历代朝廷的隆重祭祀。

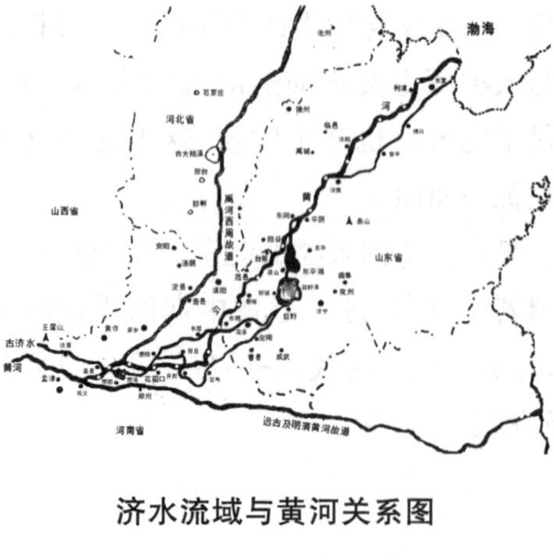

济水流域与黄河关系图

济水从王屋山发源，东流至温县，然后南流至荥泽，出荥泽后向东流去，经由山东菏鄄大地，流过济宁、济南、邹平，在博兴入海。

早在8500年前，济水就已在滋润着广袤的菏鄄大地，养育着那里的先民，孕育着华夏文明的曙光，跟我们祖先的活动紧密联系在了一起了。那时菏鄄大地还没有黄河流过，只有济水。

8500年前的黄河是从郑州巩义向东南流的，经今华北平原的南部，从苏北入海。从8500年前之后，黄河改道，变成由河南温县北折经新乡，走河北，由天津南入海。直至春秋以前，黄河并不流经菏鄄大地，流经这一地区的主要河流只有济水及其支流，而这一时期正是华夏文明高度发展的时期，所以哺育中原华夏文明源头的不只是黄河，而主要是济水。那时的济水与黄河并不相交，只是从春秋以后黄河才与济水一起孕育着中原华夏的文明。

我们今天所看到的关于济水的记载，最早出于《尚书·禹贡》，它是大禹治水时治理的九条河流之一。其河道流向就是现在荥阳以下的黄河下游河道，计流程2500余里，流量很大。

《尚书·禹贡》对大禹治理济水的情况做了如下的描述:“导沇水,东流为济,入于河,溢为荥;东出于陶丘北,又东至于荷;又东北,会于汶;又北,东入于海。”

这段话概述了济水的源流,意思是:济水从河南省济源市王屋山上的太乙池发源,源头的水以伏河的形式向东潜流70余里,到济渎(北海)和龙潭涌出地面,形成两条河流向东流去,未出济源市境就交汇成一条沇水,流至温县西北沇水始称济水。此后清澈的济水第二次潜流地下,横贯黄河而不浑,至河南荥阳又神奇地溢出黄河南边的平地,汇为荥泽,仍然清澈,未被浑浊的黄河所污。

济水从荥泽流出后分为南北两支,都向东北山东菏泽地区流去,之后又都汇入菏泽的巨野泽。

南济水流经河南原阳南时,第三次潜伏地下,经封丘南、开封西、兰考北、济阳(刘秀生于济阳,今东明城关满城村)南、定陶南,浮出地面与北济水相汇合于巨野泽。

北济水流经的地方,据《水经注》所载,是经过今河南原阳县南,封丘县北,长垣县西南,流入山东菏泽吕陵店南、鄄城东南,至郓城县南入于巨野泽。北济的故道在今河南境内的皆已湮没无存,在山东境内的则为后来的赵王河。济水两条水道形成一个菱形区域,黄河穿越其间。后来黄河改道侵占了济水河道。

南济与北济汇合流入巨野泽后,又在梁山、东平一带出巨野泽,成单一的河道东流,在收纳了清澈的汶水后,继续向东北流去,经过济南,成为济南诸泉的水源,并溢为大小清河,经邹平,然后从今天山东省东营市垦利区黄河口镇境内渤海与莱州湾的交汇处,流入渤海。

清济浊河

《东原考古录》记载:“水清莫如济,故济以清名。”

“清济浊河”的说法出现于战国时期,这说明济水到战国时仍是清澈的。原因很明确,此前,济水未受浊河影响。济水从太行山发源,本来就是清的,流经的地区,没有像黄土高原那样的泥沙,进入鲁西南后,地势平缓,水流自是波澜不惊,接纳的支流也是清澈的,说清济浊河是真实的。

只是从8500年前之后,黄河改道北流才横断济水,从此对济水造成极大的伤害,以至使其最终湮灭消失。

济水既是被黄河横贯,再分流出来的支流,照理应是浊的,但还是清的。究其原因,一是济水由黄河分流出来后,很快就流到荥泽中,经过荥泽的沉淀,水中的泥沙自会有所减少,使济水显得不是那样浑浊;二是古人说济水三伏三出,时或潜流地下,可能济水的行水道上,有的地方是透水层,水流渗入地下,遇到不透水层再溢出地上,有似泉水,自会变清,所以济水一路上多泉水也是明证;三是南北济水汇入巨野泽,又经沉淀,下游接纳的支流也都是清的,所以济水下游一直是清澈的,毫无疑问。

《水经·济水注》在叙述济水和汶水汇合时,说汇合的地方叫作清口,这就证明由巨野泽流出的济水和汶水都是清的。

直到后来荥泽、巨野泽都因黄河的泛滥而逐渐淤塞,济水上游水源断绝了,下游的汶水实际成为济水的主流,于是就用大清河的名称代替了济水之名。

由于黄河的反复泛滥淤塞,使由黄河南岸至巨野泽之间的一段济水逐渐断流,但巨野泽以下,由于支流众多,并没有受到多大影响。

济水是条大水，这段济水的断流，不是一下子完成的，而是经过若干次的通通塞塞，断断续续，最后才彻底断流的。

济水功德

济水不同于一般的河流，作为一条古老的河流，它曾对我国古代的社会政治、经济、文化产生了巨大的影响。春秋以前，济水畅流时期，它曾单独横贯“天下中”的菏鄄大地，以它那充沛而清洁的水量，滋润着两岸庄稼，推动了古代农业的发展，孕育了古代文明的形成。

济水之所以名“济”，正由于这一点。这从“济”字的金文字形可以得到验证。“济”的金文作，从水从齊（甲骨文，禾苗出齐），表示能灌溉农田帮助庄稼生长的利物之水之意。篆文整齐化作，隶变后楷书写作濟，如今简作济。故“济”字有济世、救济之意。

济水流域包括今天河南省北部和山东省西部，这一地域正好是今天的黄河——华夏民族的母亲河的下游，是华夏文明的主要发祥地。而且，济水河道后来与黄河相交叉，很难从地域上将二者截然分割开来。因此，在黄河下游地区，是济水和黄河一起用它们丰富的资源，孕育了华夏古代文明的形成和发展，哺育了千秋万代的华夏儿女。

据山东《定陶县志》记载，定陶春秋时称为曹国，而曹国因“得济水之利，富甲天下”。济水流经曹国，加上当地的各条支流，水路四通八达。人们利用济水种植农桑，发展制陶业，并通过水路漕运，到淮河流域的楚国等地经商做生意，使曹国成为当时民富国强之邦。

济水之用

济水和黄河都是古代经学家划分九州等地域的重要地理坐标。《吕氏春秋》对九州的叙述最为明确：“河汉之间为豫州，周也；两河之间为冀州，晋也；河、济之间为兖州，卫也；东方为青州，齐也；泗上为徐州，鲁也；东南为扬州，越也；南方为荆州，楚也；西方为雍州，秦也；北方为幽州，燕也。”

济水又是九州向帝都进献贡品的主要水路通道。三皇五帝皆起于菏鄄，建都于成阳（在今鄄城东南部），后虽或迁于周边他处，然皆距济水不远，所以古代贡品多通过济水运达帝都。《禹贡》说九州有 8 条贡道，其中 4 条都与济水有关：兖州的贡品“浮于济、漯（tà，山东徒骇河），达于河”；青州的贡品“浮于汶（济水支流），达于济”；徐州的贡品“浮于淮、泗，达于菏”；扬州的贡品“沿于江、海，达于淮、泗（再进入济水至菏泽）”。可以想见，年年岁岁，济水之上千帆竞发，万橹齐摇，官船往返于各州与王都之间，那是一种何等壮观的景象啊。至今鄄城仍留有红船镇“红沟绿岸水流东”的遗迹，为“鄄城八景”之一。

济水还是古人界定夏王朝统治区域的四至之一。《史记·孙子吴起列传》记载：“夏桀之居，左河济，右泰华（即华山），伊阙在其南，羊肠在其北，修政不仁，汤放之。”这里的河济即指黄河、济水，反映了济水在古人心目中的重要地位。

著名古战场

远古以菏鄄为中心的济水流域，由于气候适宜，土地肥沃，可事农桑，物产丰富，从上古起，三皇五帝就出生在这里，生活在这里，建都在这里，征战在这里，虽然他们后来有的迁徙到他处，这里也永远是他们的故乡。正因为如此，这里也往往成为古代部落、王侯的争夺之地。中国历史上最早的阪泉之战、涿鹿之战、鸣条之战、牧野之战，以及后来的城濮之战、桂陵之战和马陵之战等等都发生在这里，春秋诸侯会盟也多在这儿。皆因这里得益于济水，有丰富的资源，有舟楫之利。古今战争无不是实力（武器）和国力（经济）的比拼。透过这些战争，我们也可以体会到古济水给这一地区带来的财富，既使其“富甲天下”，又让它成为争夺的战场。

济水玉成阿胶

《尚书·禹贡》记载：“济水所经，清冽而甘，汲出日久不变味，煮黑驴皮为胶，可疗风疏疾。”这里记述的就是闻名天下的山东省的阿（ē）胶，因原产地东阿（ē）县而得名，由于政区的变迁，如今以平阴县东阿镇生产为主。阿胶早在春秋时期就是当地名产，阿胶之所以名贵，就贵在其水，东阿是济水经过的地方，其水正是济水，这里的人们取井水熬胶，故称之为“阿胶”。据说，将阿胶放入浊水中搅动，浊水就会变清；人们服用阿胶，能够疏通食气、化瘀痰、止呕吐，所以被用于治疗食气瘀滞混浊及不能通下的病症。阿胶之所以成为这样的药食名品，也正是由于济水清而不滞，重而不浊，急疾趋下的天然质性。正如宋代罗泌在《沇水辩》中说的：“东阿之井，正济所溢，故今阿胶止浊住吐，下嗝而疏痰，以济之性趋下，清而下重，故治淤浊逆上之疴。”可见，正是济水，玉成了天下驰名的阿胶。

济水成就大蒜

还有济水源头的济渎大蒜，也因济水而知名。济渎大蒜是古代皇家贡品，其产地就在济渎庙一带的那片“合瓦宝地”。说是“宝地”，实际只是一片由济水溢出造成的低洼沼泽地带。相传早在元末明初，人们为了根治这片洼涝地，以兴利除弊，发挥济水的作用，有人就想出一个办法，开挖地下水沟，顺着地沟用瓦覆盖筑成“非”字形、“井”字形或“米”字形互相沟通的地下排水系统，上覆黄土，下流清泉，既防旱，又除涝，称为“合瓦地”。泉水冬温夏凉，可以调节地温。在大雪纷飞，地冻如铁的严冬，“合瓦地”上片雪不存。“合瓦地”就像个“天然温床”，效果胜过如今的塑料大棚，人们在这块“合瓦地”上种植的大蒜，既早熟，又个大，经久耐放，味道鲜美，进贡皇宫，很受青睐。

济水祭祀

济水不仅为两岸百姓的生产生活提供了便利，哺育了千秋万代的华夏儿女，而且凭借着自己鲜明的特色，也对中华民族优秀品性的形成产生过积极作用，因而赢得历代的隆重祭祀，享受到无上的荣耀与骄傲。

先民最早的祭祀对象是人祖和山川。人祖是先民的生命之根，山川则是先民的生存之本。祭祀的人祖，以伏羲为先；祭祀的水流，则以济水最早。事见《左传·僖公二十一年》，其中说：“任、宿、须句、颛臾（zhuān yú），风姓也，实司太皞（hào）与有济之祀。”这里提到的任、宿、须句、颛臾四个春秋时期的诸侯小国，都在今山东境内的济水流域，皆为风姓太皞之后。这里太皞指伏羲氏。由此可见，济水早已被太皞部落的后人奉为水神，然而并未提及长江、黄河、淮河。这说明，济水在古人心目中的地位，是与太皞一样的，一直被风姓太皞之后人所崇拜、所祭祀，而到了东周春秋时期，仍由任、宿、须句、颛臾四个诸侯小国共同负责，专司祭祀活动。注意：最早的文献记载虽见于《左传》，但并非从《左传》时才开始祭祀太皞与济水。另据《论语·季氏》记载，孔子曰：“夫颛臾，昔者先王以为东蒙主。”东蒙，即蒙山，在今山东蒙阴县南。可见颛臾国除了和任、宿、须句共同祭祀太皞、济水外，还负责主持蒙山的祭祀。足见，蒙山、济水早已被太皞部落奉为山川之神，而且与太皞是并列的。济水为什么有这种殊荣呢？很显然，因为济水是最早养育先民的生命之水。

济水封号

历代不仅对济水进行祭祀，而且还对济水水神进行了多次加封。唐玄宗天宝六载，河渎封灵源公，济渎封清源公，江渎封广源公，淮渎封长源公。此后历代有加，宋徽宗加封济渎为“清源忠护王”，元仁宗则加封济渎为“清源善济王”。

朱元璋改封五岳、五镇、四海、四渎神号

到了明代，朱元璋登基之后，为了显示皇权的地位，悉数革去了历代帝王对天下岳渎镇海和忠臣烈士的封号（孔子封号未改），颁布了《太祖改正岳渎神号诏》，重新对天下五岳、五镇、四海、四渎神号进行命名。

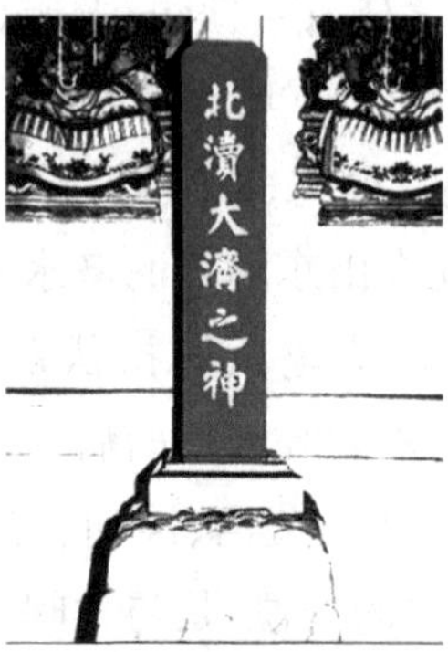

济渎神位图

五岳分别改封为：东岳泰山天齐仁圣大帝，西岳华山金天愿圣大帝，南岳衡山司天昭圣大帝，北岳恒山安天玄圣大帝，中岳嵩山中天崇圣大帝。

五镇分别改封为：东镇（在山东临朐）沂山之神，南镇（在浙江绍兴）会稽山之神，中镇（在山西霍州）霍山之神，西镇（在陕西宝鸡）吴山之神，北镇（在辽宁北宁）医巫闾山之神。

四渎分别改封为：东渎大淮之神，南渎大江之神，西渎大河之神，北渎大济之神。至今在北京地坛仍可看到四渎神位仍为此名。

四海改封为东海之神，南海之神，西海之神，北海之神。

济水神灵异的神话故事

对济水的崇拜，从本质上来说，是人类对大自然的一种诉求，祈求天无灾祸，风调雨顺，国泰民安，因此在官方和民间都盛行祭祀大济之神。只是相对而言，官方的济水崇拜表现为规范的礼仪程式，而民间的济水崇拜则比较贴近生活，体现为神话传说。例如：

“裕兴超灭”的预言

《酉阳杂俎》记载有这样一则故事：南北朝时南燕有一位长白山人，名叫邵敬伯，收到一封信函，写信人自称是吴江的使官，上司令他到北方拜谒济水神并送去书函，使官听说敬伯要前往济源，遂请他代为送达。敬伯进入水府，豁然见宫殿宏丽，一位九十老翁坐于殿堂，发函开书说了一句话：“裕兴超灭”。果然就在这一年（公元 410 年），宋武帝刘裕灭掉了南燕慕容超政权。

李货郎传书解旱情

济渎庙有一石碑，记载着这样一则故事：济源有个李货郎，常到云南做生意。有一年，云南大旱，李货郎告诉云南地方官，济水神有求必应，应该前去求雨。地方官为解百姓苦难，不远万里，苦行来到济源，当晚在睡梦中见到济水神，求其前往云南降雨。济水神只说了一句“心诚则灵”就飘然而去。这位官员回到云南后，率众祈雨，果然甘霖普降，解除了旱情。地方官见济水神如此灵验，遂写信托李货郎捎给济水神，以表感谢。从此，云南

一带每逢干旱，就托李货郎传书济水神，每每有求必应。李货郎因此成为云南贵客，生意也越做越好。

济水清、坚、善的品格

济水不仅是一条神化了的河流，也是一条人格化了的河流。

济水以其顽强的精神与高洁的品性闻名于世，历代文人将济水看作一位谦谦君子，对其大加称赞，写下了众多诗文。济水是我国古代除黄河之外，被人格化程度最高的一条河流。从古至今，济水那种顽强拼搏、含贞自洁的高贵品性一直和“愚公移山”的精神一起，激励着勤劳、勇敢的人民去创造一个又一个辉煌。

济水优秀而崇高的品德，可用下边三个字来概括。

一是“清”。正因为它的清，老百姓才称它为“清济”，唐玄宗才封它为“清源王”，白居易才临水而叹：“自古称一字，高洁与谁求。惟独是清济，万古同悠悠。”就像一个人应该保持气节一样，济水似乎也在坚守着一种鲜明的自律意识，为了自身之“清”，济水流到黄河岸边，宁可从黄河底下穴地伏流而过，也不与浑浊的黄河水同流合污。“清能独守，浊不可染，至柔成性，所谓和而不同者也；至清立德，所谓挠之不浊者也。”多么清高的一条河流啊！一条河尚能如此，做人尤其是做官，不更应该是这样吗？

二是“坚”。作为一条河流，最向往最远大的理想莫过于奔向大海。每一条河流都有源头，却不是每一条河流都能独流入海。济水虽细，但正如唐代达奚珣在《游济渎记》中所说的：“从此而东，截河道汶，不以险阻殊其势，不以清浊汩其流，终能独运长波，滔滔入海，沉潜刚克（以柔克刚），斯君子之量欤！”唐代诗人白居易在《题济水》中也说：“朝宗未到海，千里不能休。”这些，都是对济水独运长波，刚毅坚卓，力求进步，发愤图强，勇往直前，坚忍不拔，永不停息的意志和精神的赞美。

三是“善”。济水与黄河为邻，却不像黄河那样恃强为暴，泛滥祸民。古人曾将济水与长江、黄河、淮河进行过比较，唐人达奚珣在《游济渎记》中说：“彼三川者，或在幽僻，远而貌奇，伊何足贵。”断然贬斥了长江、黄河、淮河。当他谈到济水时则赞美道：“体清淳之气，据函夏之中，平地开源，分空正绿（求真务实），表里皆净，似若非深，舟楫既加，乃知无底，冲和自挹（通‘抱’），斯君子之量欤。”唐太宗李世民在谈到济水时曾悟出济水之“善”。唐人李甘在《济为渎问》一文中，极力赞扬了济水之善，他说济水“或平地开源，为河为渠；或穴地洑流，为泉为井”，默默地滋润着两岸的稼穑，养育着两岸的人民，成全了济南泉城的美名。在李甘眼里，济水是温和慈祥，宽厚仁爱，从善而流，惠泽千秋的。

古人云：“上善若水，厚德载物。”这说的不就是济水吗！它从源头一路走来，三起三伏，或平地开源，为河为渠，或穴地伏流，为泉为井，出地则有舟楫灌溉之利，入地则不争不躁，遇河而不与泥沙混杂，发泉则膏腴除疾，流经豫鲁两省诸州县，默默地滋润着两岸的农田，哺育着两岸的儿女，推动着古代的农业文明，并在济水流域创造了灿烂辉煌的历史文化。济水如此拥百利而无一害，不正是“上善”之水吗！

济水以其舟楫灌溉之利造福人民，而多潜流地下，不在地面上显摆，更不横行霸道泛滥殃民。在古籍中，从未看到过济水为患的记载。可见，济水真乃水中之至贤，世间之大善，自然界中之君子，四渎中之楷模。济水有如此高尚的品质和美德而受到人们的崇敬，诚为实至名归！

济水品格的成因

济水之所以会具有这种顽强、高洁与和善的品质，很明显，是跟济水的质性与其独特的行水方式密切相关的。

一脉济水虽然细微，却能够位列四渎，伏地潜行，虽时断时续，却能三隐三现，其行水是神秘莫测的，这些无不令人敬仰和神往；济水曲折千里，独流百折赴海，这表现出一种不屈不挠、坚韧不拔、不达于海誓不罢休的顽强拼搏精神，是极其顽强的；济水虽被黄河横断，却能穿越浊河而不受污染变浑，能做到至清远浊，坚守其节，其品格是无上高洁的；这种情操，正是中国古代文人士子们毕生追求的境界。济水虽然位尊四渎，却波澜不惊，温文尔雅，泽流华夏而润物无声，这种润泽万物，泽被万世而不伐其善的品德，其恩德是无量的，这正是君子们必备的恩泽天地、不求闻达的秉性的体现。

正因如此，济水在古代被人格化，将其与中国古代仁人君子们所毕生追求与恪守的修身准则联系起来大加赞扬，并把品德高尚、不慕荣华的知识分子比称为“清流”。也正是基于这种秉性，济水受到历代文人的热情歌颂，绝不是偶然的。这也是为什么千百年来，这条早已消失的河流一直没有被人遗忘，始终流淌在每一位中国人心里的原因。

济水的颂歌

济水是一条古老的自然水系。初称沇水，发源于王屋山天坛太乙池，涌北海，出龙潭，透黄河，造就了荥泽、菏泽、巨野泽等浩瀚的湖泊，抚育了济源、济阴、济阳、济宁、济南等古老的州城。历史上《尚书》《山海经》《史记》《淮南子》《汉书》《水经注》《尔雅》等古代文献，都为之著书作传。

济水流域不仅物产丰富，而且人文荟萃，名人辈出，物华天宝，地杰人灵，贤相名将，文人墨客不乏其人。在古济水滋养下，天下之中的菏鄄及其周边地区，是古代产生名人最多的地方。正是这些时代的精英，推动着历史的发展，创造了辉煌灿烂的华夏文明。更古的三皇五帝及其时代的名人这里不再多说，下面自有专章叙述。单就从孔子算起，在这一地区出生、活动的各方面的名人就不计其数，著名的如孟轲、墨翟、孙武、计然、庄周等等许多人都曾接受过济水的洗礼。另外，济水的清丽、秀美和神秘，也是历代诗人和名家向往的，历代文坛上都活跃着一种独特的“济水热”。自唐以来，像李白、杜甫、白居易、韩愈、李商隐、李颀、苏轼、司马光、文彦博、文徵明、王铎、蒲松龄等历代文人墨客，都曾相继到济水之畔游赏，并写下了许多不朽的诗篇。有些是称赞济水造福百姓的，而更多的则是赞扬济水的顽强精神、高洁品格和伟大德性的。

因此，济水对我国古代文学，尤其是诗歌文学，曾产生过重大影响。有人说“济水东流诗千首”，足见当时“济水热”的程度。济水是一条神秘的河流，历经数千万年的沧桑变化，早已淡出人们的视野，因此，今天要了解济水的远古风貌，只能借助于古人留下的诗文歌赋了。

在古诗文中，最早描写菏鄄济水流域风情的诗篇是**《诗经·邶风·匏有苦叶》**：

匏有苦叶（葫芦有叶味发苦），

济有深涉（济水虽深也能渡）。

深则厉（水深连衣游过去），

浅则揭（水浅提衣蹚着步）。

有瀰济盈（济水满漕白茫茫），

有鷕(yǎo)雉鸣(野鸡咯咯鸣声长)。
济盈不濡轨(济河虽深不湿轴),
雉鸣求其牡(雌鸡鸣叫求其偶)。
雝雝鸣雁(大雁嗈嗈和谐鸣),
旭日始旦(东方天亮日初升)。
士如归妻(你若真心来娶我),
迨冰未泮(pàn)(趁冰未化快过河)。
招招舟子(船夫摇船摆渡客),
人涉卬(áng)否(别人过河我不过)。
人涉卬否(别人过河我不过),
卬须我友(我等恋人来接我)。

诗中描写的是一位姑娘站在济水岸边盼望恋人迎娶自己的风情故事。八月的葫芦刚刚长足,肉嫩皮薄,然而叶是苦的,借以象征一个豆蔻年华的少女正为等待恋人而急苦。少女想涉过济水去寻男友,她不怕水深难涉,连渡河的办法都想好了。她临河眺望对岸,等待心上人的出现。她盼有一天,恋人能驾舟摇橹来接她。这是一个少女唱出的发自肺腑的渴望爱情的恋歌。让今人有幸从中想见3000年前菏郓济水两岸的风光和动人的风情。

唐代诗人白居易在济水河畔游历时,望着济水那川流不息、奔腾向前的滔滔清流,感悟到人生追求理想也应该像济水一样奔腾不息,不到大海誓不停留。遂写下《**题济水**》一诗,赞扬济水的顽强与高洁:

盈科不数尺,岸柳难通舟。
胡为来自古,列渎宗诸侯。
兹水异乎众,顾我知所由。
至清远外浊,有本其何修。
朝宗未到海,千里不能休。
一道截中贯,肯随浊河流。
山川自改色,湛湛澄霜秋。
岂徒宅神物,亦足容鰕鳅。
我思古之人,洁志为身谋。
衣冠坐涂炭,恶恶心忧幽。
不但听渔父,扬波自贻羞。
自今称一字,高洁与谁求。
惟独是清济,万古同悠悠。

唐代诗人李颀在《**与诸公游济渎泛舟**》诗中,盛赞了济水清之美,给我们描绘了济水的昔日风光,完全是一幅美妙的山水写照:

百谷趋潭底,三光悬镜中。
浅深露沙石,蘋藻生虚空。
晚景临泛美,亭皋轻霭红。
晴山傍舟楫,白鹭惊丝桐。

北宋文彦博在《**题济渎**》中,则对济水顽强、高洁的品性做了高度的概括:

导沇灵源祀典尊,湛然凝碧浸云根。
远朝沧海殊无碍,横贯黄河自不浑。
一派平流滋稼穑,四时精享荐蘋蘩。
未尝轻作波涛险,惟有沾濡及物恩。

诗人满怀深情,高度赞美了济水的美与善。济水波澜不惊,从未发生过水患。它给两岸人民的是灌溉之利,五谷丰登。

从这些诗文中不难看出,济水在诗人们的眼中,不是一条简单的河流,而是一位洁身利物、坚韧不屈的君子,具有文人们无限向往的美好品性。

济水真的消失了吗?

自周朝黄河改道,至秦汉之后,济水受黄河多次泛滥改道的影响,或被淤埋,或潜流地下,三隐三现,时断时续,流量逐步减小。致使唐太宗李世民曾发出这样的疑问:"天下洪流巨谷不载祀典,济甚细,而在四渎,何也?"

前边所引白居易的《题济水》诗,开头也提出了这一疑问。可见,济水在这一时期内流量确已是极其微小了。无法与江、河同日而语。

北宋沈括在《梦溪笔谈》中做了这样的解

释:济水自王屋山东流,有时隐伏地下,是在地下潜流的。现在济南一带,只要掘地就都是泉水,相传是因为济水经过其地下。

南宋学者郑樵也说:“济水多涸竭,自今观之,济水劲疾,能穴地伏流,隐见无常,乃其本性,非真涸竭也。济水既伏流地中,则发地皆泉,又不特历下诸邑为然。是故一见为济源,再见为荥水,三见为山东诸泉水,而溢为大小清河,其实皆济水也,又何尝见其涸竭耶!”

照此说法,济水并没有真的消失。

然而,沧海桑田,岁月变换,济水,这条曾孕育众多城镇、哺育万千中华儿女的慈母般的大河,现在确实已看不到它那川流不息的碧水清波了。在我国古代四大河流中,济水是唯一现今已消失不存的河流,现在只能在河南的济源市尚可看到它的源头踪迹,或从济南的名泉发现它的影子。济水被桀骜不驯的黄河强横地夺占了,无情地淹没了,当今山东境内的黄河基本上就是济水的故道。

但是,往昔济水河畔的城市,至今仍依旧深情地忆念着这条消失的河流。从济水发源地的济源,到济水北面的济阳(今东明),到济水南面的济阴(今山东定陶),到济水下游平静的济宁,以及大名鼎鼎的泉城济南,这些地方都是以济水而得名的,它们凝聚着济水的历史沧桑,是济水的活化石,是对济水最好的纪念,也是济水流域物质文明辉煌灿烂的有力佐证。

远古济水像母亲般养育着华夏先民

客观地讲,华夏文明的起源是由济水发祥的。在黄河北流以前,是济水及其支流滋润着天下之中的菏鄄大地,其清澈、平静、隐伏的性格,像慈祥、温柔、谦恭的母亲,养育着华夏先民。黄河改道北流之后,与济水交叉,其雄浑、磅礴、凶猛的性格,像刚烈、勇猛、强大的严父参与进来,形成双亲共同养育着华夏民族的架势。温顺的济水赋予了中华民族和善、谦恭的品格,暴戾的黄河则形成了中华民族抗争多舛命运的不屈不挠的个性。随着济水的消失,黄河这位严父也就兼起了严父和慈母的双重责任,成了中华民族的母亲河。

啊,济水!往事越万年,您曾在古老的中原大地上不息地奔流过,您曾在这片土地上创造了丰富灿烂的历史文化。您虽然在大地上消失了,但您永远奔流在中华民族辉煌壮丽的文明历史中,永远活在亿万华夏儿女的心坎里。我们说,您没有消失!正如清《济源县志》中说的:“沇水发源于王屋山,东出为济,经流于徐、兖,入海于青,凡三伏四见,枯而复通,通而复枯,然其潜行于地中者未尝绝也。历下(济南)、东阿发地得泉,皆济水也。”

四、黄河中原驰纵横

黄河蜿蜒贯国中，宛似中华龙图腾。
携带泥沙下高原，号称浊河驰纵横。
淤高河床成悬河，小溃大决时不停。
文化遗迹几泯灭，拊膺长叹心难平。
天性刚烈似严父，暴怒之下不留情。
提供水源利先民，淤积沃壤育群生。
功过谁人与评说，居安思危铸民精。
修起金堤障河防，保为人民消灾眚。

黄河概貌

黄河发源于青海省青藏高原的巴颜喀拉山脉北麓的卡日曲，全长约 5464 公里，是中国第二长河，世界第五长河。黄河在中国北方蜿蜒奔流，从青藏高原穿过青、川、甘三省的崇山峻岭，横跨宁夏、内蒙古的河套平原，奔腾于陕、晋之间的高山深谷，破“龙门”而飞流泻下，冲华岳而转头向东，斜穿华北平原的河南、山东，历经九省（区），咆哮着直趋渤海之湾，宛然像一个巨大的“几”字，又隐约像我们民族独一无二的龙图腾，又依稀像一头脊背弓起、昂首欲跃的雄狮。

黄河流域面积 75.2 万平方公里。天然径流量约年平均为 574 亿立方米，年平均输沙量为 16 亿吨。流域内有耕地约 1.8 亿亩，人口约 8959 万。如包括下游河南、山东两省沿河关系密切的地区，总耕地达 2.8 亿亩，总人口约为 1.57 亿。因此黄河被誉为中华民族的母亲河。

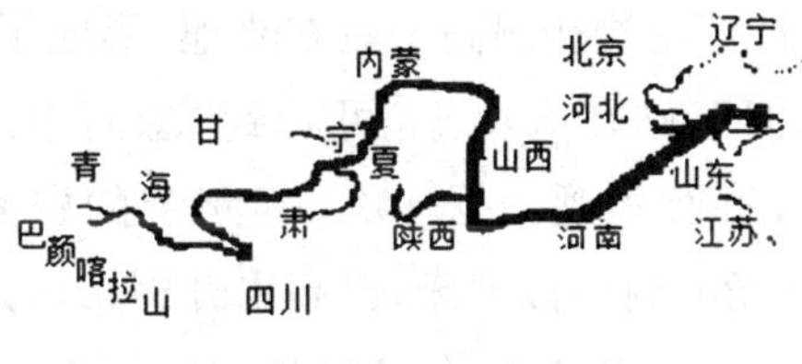

黄河走势图

远古的黄河，河面宽阔，水量充沛，水流清澈。当初只称河，或河水，或上河，或九河，或大河，《汉书·西域传》中则称为中国河。因河水中段流经黄土高原地区，挟带了大量的泥沙，遂使下游河水中的泥沙含量增多而浑浊，后来《汉书》始称其为“浊河”或“黄河”，然尚未被普遍认可，直到唐宋时期，黄河这一名称才被广泛使用。由于黄河大量泥沙堆积在河床上，日积月累，河床淤高，全靠人工不断修筑堤防来约束。

这从“河”字的甲骨文也可看出，从水从丂（捣击），繁体作，从何（担荷），会需要担土石筑捣修堤防护的水道之意，故特指黄河。篆文作，简为从水从可（歌本字）会意，成了大水奔流涛声如歌了。

高堤悬河

黄河，是世界上含沙量最大的河流。世界上其他含沙量较多的大河中，平均每立方米含沙量最多也不到 3 公斤，而黄河则高达 37 公斤。它每年向下游输入的 16 亿吨泥沙中，有四分之一沉在河底。

黄河冲至三门峡，奔腾在豫西峡谷，水流本甚湍急。然自出孟津，河道渐宽，流速骤降，水流平缓，遂造成泥沙大量淤积。据记载，近 500 年来，开封段河床以年均 2 厘米左右的速度向上抬升。

为了约束河流，黄河大堤不得不逐年增高加厚。随着河床泥沙的不断淤积与抬高，遂使河床主槽普遍高于左右滩地，形成了“二级悬河”，站在大堤上，可看到“悬河中之悬河”的特有景观。据 1993 年测定的资料表明，下游开封一段河床，已高出开封市区地面 13 米之多，甚至高出了城墙，因而又称“悬河”。每逢伏秋大汛，防守不力，轻则漫口决溢，重则河水改道。

黄河进入鲁西南菏泽地段，流经东明、牡丹区、鄄城、郓城四县区 16 个乡镇，河道全长 185 公里，河床普遍高出流域内的城市、农田 2 米至 5 米，河水全靠大堤约束，否则就将给流域的人民带来灭顶之灾。

这样一来，这一段黄河便形成了宽、浅、散、乱的游荡型河道，主流位置迁徙不定、摆动频繁，河势变化幅度大，极易发生横河、斜河，造成冲堤的危险。

大体上以孟津为顶点，在北抵天津海河、南界淮河的这样一个纵横 25 万平方公里的大三角洲上，不断来回移动，造成洪水遍地，故又称“滚河”。

由于东部泰沂山脉的阻挡，数千年来黄河决口，不是从北部渤海入海，就是从南部夺淮入黄海，对我国冀鲁豫大地上的海、黄、淮流域这一广大地区的地理环境造成了巨大的影响，滚滚泥水，将山岗湮于地下，使丘陵变成平原。

金堤与黄河豆腐腰

为约束黄河之水，秦统一中国后，曾修筑黄河大堤，顶宽 20 丈，兼作御道。

西汉黄河从瓠子决口，武帝亲率官吏、将士数万人到濮阳堵塞，并增筑秦堤。东汉在著名水利专家王景主持下，濮阳人民又新筑堤千余里，此后历千余年作为河防，固若金城，保护了一方百姓，故俗谓之金堤，意谓其坚固无比。

1855 年，清咸丰五年，黄河又由河南兰封县（今兰考县）铜瓦厢决口，最后一次改道北徙，分三股漫流数百里向东北流去，夺大清河北上流入渤海，祸害数十州县百姓达 20 年。

1875 年，光绪元年，菏泽贾庄河决堵塞成功后，山东巡抚丁宝桢奏请批准，在黄河南岸又修筑了一道新堤以抵御黄河水患，军民合力，历经五月而堤成，障漫流之水而东之，百姓始得安居，故谓之“障东堤”。由于南岸的“障东堤”与黄河北岸的东汉王景修的金堤相对并行，故后也称南金堤。

南金堤西南起东明的谢家庄，东北至东平的十里铺，蜿蜒 250 余里，堤高 14 尺，底宽

100尺，顶宽30尺。其中横贯鄄城县临濮、董口、富春、什集、郑营、引马、凤凰、红船、箕山等9个乡，64个村，近80里，然后进入郓城水堡之地。当初为临黄堤，后经两次黄河改道，成了第二道河防线。笔者童年曾登临水堡金堤游玩远眺，今记忆犹新。

由于这里原有的堤防多是在民堰基础上修建而成的，堤身为沙质土，外面仅一层黏土，当地人形象地称这样的堤防为“豆沙包”。历史上这里就曾多次发生重大的险情，是黄河著名的“豆腐腰”河段，是全省黄河防汛的重中之重。

老话说黄河是“铜头铁尾豆腐腰”。所谓“豆腐腰”，即是说从花园口向下到台前县孙口，这一段黄河经常决堤泛滥，大堤像豆腐一样松软，经不起风浪。

住在这像豆腐一样软的河段两岸的民众，黄河就像悬在人们头上，“豆腐腰”一旦坍塌，黄河就成了“落河”“掉河”“滚河”，村庄就因河道的改变而被冲毁。“十年河东，十年河西”，在这里是人人皆有的切身体验。许多村庄的村碑都有落河的记载。如鄄城县旧城镇北李庄的村碑就这样写道：“明代成化年间李氏十二世祖相兰从旧城南街北迁河滩内建村，名李相兰庄。1961年村庄落河移此，以方位改称北李庄。”

金堤古槐忆沧桑

南金堤上原植槐树10万余棵，葱郁繁茂，绵延不绝，每当5月来临，槐花盛开，洁白似雪，飘香四溢，沁人心脾，蜂飞蝶舞，赏心悦目，令人流连忘返，形成一道遮天蔽日的绿色长廊，构成鄄城西南至东北的一条交通要道。再加沿线有庄子庙、孟庙、尧陵、孙膑故里、亿城寺、荆轲墓、羊左墓等历史古迹，又形成一道黄河风情旅游风景带。

可惜的是，富春村后金堤上原有的大片刺槐，20世纪90年代末全部被伐，只有富春村民将路口的两棵槐树保留了下来，才算为金堤留下了一点儿纪念。那耸立在富春路口金堤上的两棵古槐，距今已有140多年，皆高约21米，直径2.7米多，像卫士一样守卫着富春的北大门。如今古槐仍枝繁叶茂，无比壮观，每年开花季节，白花一片，如香雪飘空，成为金堤线上一处亮丽的风景。

现在就这两棵古槐已向当地政府申请国家保护，古槐周围已用水泥砖进行了加固，上方用不锈钢管做成护栏，防止遭受人为破坏。

经过百余年风雨的侵蚀，如今金堤已是千疮百孔。只有沿线那几十万株后植的白杨树，仍像立起的一道绿色屏障。

早在1952年10月30日上午，毛主席在开封北郊黄河柳园口观察“悬河”时，就指示：“要把黄河的事情办好。”

近来，鄄城开始对南金堤进行大规模的整治维护，并计划栽植12万株速生法桐。如今金堤路面平整，路边整齐，土牛（堆在堤坝上以备抢修用的土堆，远看形似牛，故称）规整，树木生长茂盛，又呈现出一派生机勃勃的新景象。

如今黄河山东东明段标准化堤防建设主体工程已竣工。等标准化堤防全部建成后，这段黄河著名的“豆腐腰”河段将彻底改观，能抵御黄河花园口站洪峰流量22000立方米每秒的洪水，防洪能力就会大大增强，确保两岸人民生命财产的安全。

远古黄河

据近些年来海洋地质研究工作者运用现代科学技术测定，探明8500年前的黄河，是在郑州以西巩义以东向东南流的，越过华北平原南部，在苏北流入黄海。这一时期，史书虽无记载，但黄河三角洲的西顶点在河南巩义以东，这一基本地质状况，可以证明这里曾经是史前黄河的河道。

黄河孟津以上被夹束于山谷之间，几乎无大的变化。从8500年前之后，由于黄河的中原河道逐渐淤积抬高，黄河便从孟津以下的荥阳，汇合洛水等支流，改向东北流去；经今河南省北部的新乡、安阳，再向北流入河北省的邢台、石家庄东部一带。这时的黄河与太行山基本是平行的，又汇合漳水，流入今巨鹿以北的古大陆泽中；然后出大陆泽，黄河开始向东北方向分为几支漫流，顺地势高下向东北方向流至天津南部进入渤海。这条北线河道就是《尚书·禹贡》中说的“禹贡黄河”或“禹河故道”，这是有文字记载以来的最早黄河河道。

至西周前期的黄河下游，基本上是顺着这条河道入海的。只不过是因为当时人烟稀少，两岸未筑堤防，河道极不稳定，在太行山脉以东的豫东北、鲁西北及河北平原上，多股分流，东西移动，改道频繁。据《汉志》《水经注》等记载，河北平原上被称为“河”的水道达10余条，可能都是黄河某次决流改徙后的故道。

黄河六次大改道

据历史记载，截至1946年前的三四千年间，黄河下游河道经历了从北到南，又从南再到北的大循环摆动。其中决口、改道不计其数。

从春秋时期的周定王五年(公元前602年)黄河第一次大改道到南宋建炎二年(公元1128年)的1700多年间，黄河的迁徙改道大都在现行河道以北地区，侵袭海河水系，流入渤海。

自1128年黄河改道，流向东南由泗水夺淮入海，至清咸丰五年(1855年)的700多年间，黄河改道摆动都在现黄河河道以南地区，侵袭淮河水系，流入黄海。

1855年，黄河在河南兰考铜瓦厢决口，才又改道走现行河道，夺山东大清河道(即古济水)，再度由渤海入海。《水经注》云：“河水又东经鄄城县北，故城(今鄄城旧城镇)在河南十八里，王莽之鄄良也。兖州旧治，魏武创业始于此。”

据历史记载，截至新中国成立前的2000多年中，黄河下游发生决口泛滥1590多次，其中大决口1000多次，大改道26次，特大改道6次。决口泛滥年份总计有543年。

黄河之所以如此在整个华北平原反复滚动漫流游荡，是因其活动范围已被周围山脉所严格限定：黄河流出山陕峡谷以后，北有燕山，南有大别山，西有太行山，东有泰沂山丘高地，黄河已被天地造化框在这一巨大冲积扇面之间，而鲁西南地区的丘陵高地，作为冲积扇的中轴，则成为华北平原上淮河、海河两大流域的分水岭。大禹治水主要就是在这一范围内进行的。

据文献记载，黄河历史上有以下六次重大的改道，造成黄河下游的洪泛区。

第一次大改道

周定王五年(公元前602年)，黄河发生了历史上有记载的第一次大改道。洪水从宿胥口(今淇河、卫河合流处)夺河而走，东行漯(tà)川，至长寿津(今河南滑县东北)又与漯川分流，北合漳河，至章武(今河北沧县东北)入海。这条新河在禹河之南。

至战国中期，黄河下游地区开始修筑堤防，由于人口尚稀少，两岸堤距宽达50来里，使主流得在堤内游荡，河道蓄洪能力较强，不易发生决口，河道固定下来，从此结束了长期以来多股分流、改道频繁的局面。

第二次大改道

至汉武帝元光三年(公元前132年)黄河在今河南濮阳西南瓠子决口,再次向南摆动,决水东南经巨野泽,由泗水入淮河。23年后虽经堵塞,但不久复决向南分流为屯氏河,六七十年后才归故道。

以后随着人口渐多,在大堤内河槽两旁淤出的大片滩地上进行了垦殖,使河床受迫束而变窄,再加河身多曲折,于是淤高迅速,险情迭出。西汉末年,今河南浚县境内河道,河水高于平地百姓家,明显已成"悬河"。

第三次大改道

王莽始建国三年(公元11年),黄河在今河北临漳县西决口,东南冲进漯川故道,经今河南南乐,山东朝城、阳谷、聊城,至禹城别漯川北行,又经山东临邑、惠民等地,至利津一带入海。此次改道,河水一直泛滥至清河郡以东数郡,造成河、淮之间水灾延续了60年之久。

此后,随着大量游牧民族入居黄河中游,退耕还牧,次生草原和灌木丛代替了耕地,水土流失相对减弱。同时在王景领导下,对西汉末漫流的下游河水进行了全面治理,将河水固定在今黄河和马颊河之间的一条新的河道里。再加黄河下游沿途有一些大小湖泊和沼泽洼地,都起着分洪、排沙与调节流量的作用。所以,此后至唐末近千年的时间里,黄河下游河道有过一个相对稳定的局面,偶尔有决溢,也未造成大规模改道。

然而经近千年的堆积,到唐末开始,黄河下游河口段已逐渐淤高,决口的频率又明显增加,平均不到3年就有一次泛决。河道在河北平原逐渐向北摆动。1048年黄河在今濮阳东昌湖集决口,北流经今滏阳河与南运河之间,下游合今南运河、海河至今天津入海。

河南浚县、滑县之间原是黄河下游的窄道,由于这一段河道的控制,其下河道决口后摆动的范围,基本上限制在太行山以东、山东丘陵以北的河北平原上。

北宋初期,决口不断,短时期、短距离的分流河道不少。直到宋仁宗庆历八年(1048年)六月,黄河再次改道,冲决澶(chán)州商胡埽(sào),向北直奔大名,经聊城西至今河北青县境与卫河相合,然后入海。这条河宋人称为"北流",12年后,黄河在商胡埽下游今南乐再度决口,分流经今朝城、馆陶、乐陵、无棣入海。宋人称此河为"东流"。东流行水不到40年便断流。

第四次大改道

至宋金之时,北边的河道又逐渐淤高。南宋建炎二年(1128年),为阻止金兵南下,宋东京留守杜充竟然在今河南滑县西南,人为决开黄河堤防,造成黄河大改道,使黄河从荥阳一路向东南冲去,流经河南东北、鲁西南地区,分由济水和泗水南流夺淮入海。

至此,黄河本由北流入渤海,又改道为由南流入黄海。截至公元1855年前,黄河主要又在南面摆动。虽然时有北冲,但均被人力强行逼堵南流,由泗水,或汴水,或涡水,或颍水,或同时分几支南流夺淮入海。直到明代后期潘季驯治河以后,黄河才基本被固定在荥阳、郑州、原阳、延津、封丘、中牟、开封、兰考,山东的曹县、单县,安徽的砀山、萧县,江苏的丰县、沛县、徐州、邳州、睢宁、宿迁、泗阳、淮阴、涟水、阜宁、滨海等一线行水,然后在连云港南流入黄海。

此后的700多年中,黄河离开了春秋战国以来流经今浚、滑一带的故道,不再进入河北平原,以向东南流经淮河入海为常。直至清咸丰五年六月(1855年8月),黄河在河南省兰阳(今兰考县境)铜瓦厢决口之前,黄河基本在此河道行水。

清朝前期曾经大筑堤防，南行河道有过一段相对安流时期。由于金元以后黄河长期夺淮入海，大量泥沙排到海口，河口不断延伸，使坡降变缓，加速了河口以上河道的淤积。

进入近代，河道淤废不堪，决口连年发生，更兼国内政治动荡，治河不力，发生新的改道已不可避免。黄河在1841年、1842年、1843年、1851年发生了4次大的溃决。原因除特大洪水外，下游河道淤垫变高是最主要的原因。这种连续大范围的溃决，是一个危险的信号，那就是黄河已经到了要改道的前夜。

第五次大改道

终于在清咸丰五年六月十九日（1855年8月1日），黄河在河南兰阳（今兰考县境）铜瓦厢决口大改道，先是向北淹到封丘、祥符各县村庄，又往东漫流至兰仪、考城、长垣等县。然后分成3大股，漫衍于菏郓大地，从北面的濮州、范县南界的北金堤，到南面的曹县、单县、砀山一线，东至运河这几百里范围的三角洲冲积扇上自由漫流，水势分散，正溜无定，不断或南或北迁徙摆动达20多年，不但使鲁西平原上很多河道被冲断或淤废、迁改，河水漫流所及之处造成广泛的淤积。

至同治六年，散漫的洪水始有集中的趋势，大溜在方向上和水力上已明显占据主导地位。正因为如此，才得以在贾庄堵口后，大溜全趋临濮、箕山一带。随着南北两岸修起大堤，黄河水被约束于两岸堤防之间，使河溜归一，终于在光绪十一年，3股河流汇合后，新河道形成，穿过张秋运河，流入古济水的下游大清河，由利津牡蛎口流入渤海。

这条新河道，就是现在山东境内的黄河河道，基本上是夺占了济水的河道，于是让名列四渎之一的济水彻底消失在人们的视线里，以致今天我们看不到济水，甚至人们已不知道有济水这条河流了，只剩下沿路留存的济阳、济阴、济宁、济南等一串地名而已。

黄河下游河道中自铜瓦厢至陶城埠一段，由于决口经常发生，遂有“豆腐腰”之称。

这次大改道，黄河再次冲破南面原有的河道，摆回到北面，改为东北走向，使黄河下游结束了700多年夺淮入黄海的历史，又回到由渤海入海。

这一次是黄河距今最近的大改道。河决之后，黄水将口门刷宽达七八十丈，一夜之间，黄水北泻，豫、鲁、直三省的许多地区顿被殃及，成了黄水泛滥的重灾区。而被风起云涌的农民革命和帝国主义的武装入侵震撼的摇摇欲坠的清王朝政权，采取“暂行缓堵”的放任态度，更加剧了这场灾难的广度和深度。一时间黄水浩瀚奔腾，水面横宽数十里甚至数百余里不等。据《再续行水金鉴》记载：“泛滥所至，一片汪洋。远近村落，半露树梢屋脊，即渐有涸出者，亦俱稀泥嫩滩，人马不能驻足。”从此原本穿过苏北汇入黄海的黄河迅速断流，而铜瓦厢以东数百里的黄河故道遂为遗迹，即今之所谓明清故道。

清初，康熙皇帝曾任用靳辅大治黄河，取得了明显成效。但由于不治海口，而唯务泄涨，导致海口渐淤，河底渐高。自清中期以来，黄河下游的决口日渐频繁。据统计，清初至鸦片战争近200年间，黄河决口达361次，平均约每6个月一次，与明代平均约7个月决口一次相比，总体来说可谓每况愈下。

第六次大改道

黄河最后一次改道是抗日战争时期。1938年6月，国民党政府消极抗日，企图用洪水来阻止日军西侵郑州，蒋介石命令扒开郑州花园口黄河大堤，用洪水来阻隔日军西进。于是黄河又改道向南奔流，沿贾鲁河、颍河、涡河夺淮入海。洪水漫流，灾民遍野。直到 1947 年堵住花园口后，黄河才回归今天的北道，由山东垦利县(今东营市垦利区)入海。

这次决口改道，河水南下，淹没豫东、皖北和苏北大片土地，造成遍布 3 省 44 个县的黄泛区，89 万人成了牺牲品，1250 万人流离失所，无家可归，形成巨大的黄泛区，造成严重损失，境况惨不忍睹。

黄河故道

黄河第五次改道后，在菏泽曹县和单县南部留下了一条长近百公里，平均宽 5 公里的废弃河道，称黄河故道，形成了与河南商丘市、虞城县及安徽砀山县的自然分界线。

黄河故道图

自 1855 年到新中国成立前近百年间，黄河故道基本上是废河。每逢旱季，河床及两岸滩地干裂；雨季则往往是河水漫溢，泛滥成灾，给两岸人民带来了深重灾难。

故道区内大堤、滩涂，地域宽广，新中国成立后，党和政府十分注意改造和治理黄河故道。在此植树造林，护堤固沙，还修建了多个水库，基本做到涝能排、旱能抗的局面，为农业生产发展提供了便利的条件。

黄河故道，地形地貌独特，森林密布，水产资源丰富，自然环境优美，如今已形成了一条绿色长廊，开发出一条独特的自然景观旅游线。旅游景点有黄河故道国家级湿地公园、八里湾风景区、太行堤河公园、浮龙潭水寨、万亩荷塘、万亩玫瑰园等等，每年盛花期，万紫千红，争奇斗妍，引来大批游客观赏。

黄河精神

正是黄河频繁泛滥成灾的特点，逼使先民千方百计战胜困难求得生存，从而造就了中华民族“居安思危”的性格、顽强不屈的精神、勇敢勤劳的品德和深谋远虑的创造性聪明才智。可以说，黄河在塑造中华民族性格和引导中华文明的走向等方面，发挥了决定性作用。

从石器时代起，黄河与济水就养育着“天下中”的菏鄄及周边大地上的华夏先民。燧人氏、伏羲氏、神农氏在这里创造发明了人工取火技术、原始畜牧业和原始农业，他们拉开了黄河文明发展的序幕。黄河流域就成了我国远古文化的发展中心，因此黄河被视为四渎之首，享受着被历代祭祀的殊荣。

在中国的历史上，黄河给华夏文明带来了巨大的影响，它用淤积的肥沃土壤和提供的丰沛水量，抚育了我们的先人，成为中华民族最主要的发祥地，被誉为中华文化的摇篮，称为中华民族的“母亲河”。

黄河孕育了中华五千年灿烂的文明，维系着亿万炎黄子孙的血脉，是中华民族民族精神与民族情感的象征。

但黄河自古也给我国人民带来了巨大的灾害，又被称为“中国的忧患”。历朝历代虽都在努力地综合治理黄河，但由于政治腐败，治理不力，又缺乏科学的指导，再加不断的战乱，终未改变黄河“三年两决口，百年一改道”的状况。其历史功过谁人能予评说!

古鄄辉煌沉泥沙

从前文对古鄄历史的追怀，我们了解到，古鄄历史上有过辉煌的一页，古迹很多，地灵人杰，出了许多贤能俊杰。鄄城是远古燧人氏、伏羲氏、神农氏的发祥地，是上古的颛顼之墟，是尧舜的故乡，大禹曾在这里治水、商汤曾来此伐国灭夏。总之，尧、舜、禹、汤等都在这里留下了较多的足迹。桓公九合诸侯、城濮之战、庄周钓台、孙膑故里、亘古清泉、曹植读书台等等一批遗迹都在鄄城。今县城老城区至今仍保持着古城风貌。

上古鄄城曾有箕山、历山、谷(穀)林山、金宝山、青山、孤崻山等六山。由于黄河一次又一次的泛滥，泥沙淤积，六山今已湮灭成平地，仅留存些比地面略高的堌堆，有的则只剩下地名而已。

仅以两汉为例，400 年间，黄河就决口达 16 次之多，鄄城淹没在黄水之中累计长达 60 年之久，人民流离失所，一片荒凉。

考古发现，即便两汉时期的遗迹，如今也已被埋在地表下 10 米以上，何况更远时代的呢。再加地处中原腹地的鄄城又是战争频仍之地，中国最早的战争就发生在这里。长期战乱的摧残、历史典籍佚失，使古鄄历史上的辉煌与文明，现在几乎荡然无存，令人痛心。

让辉煌的历史重放光彩

新中国成立后，人民政府十分重视黄河治理，毛泽东主席提出“一定要把黄河的事情办好”。经过科学家们的多次勘察，反复研究，揭示了黄河改道的内在机理。据此，人民政府组织了大规模的清淤护堤、加大洪峰通过能力，使黄河溃决改道的现象得到抑制。

经过近来的努力，情况开始改观。如今鄄城是全国平原绿化先进县、桐木生产基地县、小尾寒羊育种基地县、国家级鲁西黄牛育种和斗鸡保种基地。

祈愿鄄城子孙努力，能让历史上的辉煌与文明重放光彩。

黄河颂歌

黄河与我们的关系太密切了，自古以来，围绕着黄河，引发出众多的历史人物，产生了各样的故事传说，留下了不少壮美的景观，催生出许多歌颂黄河的诗文，形成了特有的黄河文化。历代赞颂黄河伟大气魄的诗篇有许多很著名的，例如：

唐代王之涣的《**登鹳雀楼**》：

白日依山尽，黄河入海流。

欲穷千里目，更上一层楼。

刘禹锡《**浪淘沙九首**》的第一首：

九曲黄河万里沙，浪淘风簸自天涯。

如今直上银河去，同到牵牛织女家。

李白则在诸多诗篇中赋写了许多赞扬黄河气势的名句：

黄河之水天上来，奔流到海不复回。

黄河西来决昆仑，咆哮万里触龙门。

黄河落天走东海，万里写入胸怀间。

黄河万里触山动，盘涡毂转秦地雷。

欲渡黄河冰塞川，将登太行雪满山。

这些诗句描写的是黄河的气势，赞颂的则是中华民族的气概和精神。

民歌最有名的则数《**黄河船夫曲**》“天下黄河九十九道弯”：

九曲黄河图

你晓得天下黄河几十几道弯哎？

几十几道弯里，几十几只船哎？

几十几只船上，几十几根竿哎？
几十几个那艄公嗬呦来把船来扳？
我晓得天下黄河九十九道弯哎，
九十九道弯上，九十九只船哎，
九十九只船上，九十九根竿哎，
九十九个那艄公嗬呦来把船来扳。

这支民歌是陕北老船工李思命在民间词曲的基础上编创而成的，它通过一个伟大民族的普通成员对山河、对历史发出的追问，展开了一幅具有五千年悠久历史的民族的广阔场景，使人想到黄河的宽阔深广，让人仿佛看到了黄河迂回曲折的急流，以及无数疾驰的帆船和勇敢的艄公。它气势磅礴，不同凡响。可以说，勇敢的艄公是驾驭黄河的中华民族的象征，是中华民族精神的体现。

现代诗歌中最有名的则数著名诗人光未然（张光年）为配合音乐家冼星海创作的大型民族交响乐而写的《**黄河颂**》：

我站在高山之巅，
望黄河滚滚，奔向东南。
惊涛澎湃，掀起万丈狂澜；
浊流宛转，结成九曲连环；
从昆仑山下奔向黄海之边，
把中原大地劈成南北两面。

黄河奔腾图

啊！黄河！你是中华民族的摇篮！
五千年的古国文化，从你这儿发源；
多少英雄的故事，在你的身边扮演！
啊！黄河！你伟大坚强，
像一个巨人出现在亚洲平原之上，
用你那英雄的体魄，
筑成我们民族的屏障。
啊！黄河！你一泻万丈，浩浩荡荡，
向南北两岸伸出千万条铁的臂膀。
我们民族的伟大精神，
将要在你的哺育下发扬滋长！
我们祖国的英雄儿女，
将要学习你的榜样，
像你一样的伟大坚强！
像你一样的伟大坚强！

全诗热情歌颂了黄河宏伟的气势，源远流长的历史，养育中华儿女的功德。展示了黄河桀骜不驯的品性，表现了中华民族的英雄气概和黄河儿女坚强不屈的意志。它激励中华儿女要以英雄的气概和坚强的决心保卫黄河，保卫祖国。它壮阔的音乐，激昂的旋律，磅礴的气势，热切的深情，充满了强烈的冲击力和震撼力。

黄河故事

历史上还流传着不少与黄河有关的故事传说：

河伯冯夷

不少古籍都记述有河伯故事，沿岸也不乏传说。大体说，古时候，华阴潼乡有个叫冯夷的人，不安心耕种，一心想成仙。他听说人喝上 100 天水仙花的汁液，就可化成仙体。于是就到处找水仙花。

冯夷东奔西跑找水仙花，就经常渡黄河、跨黄河、过黄河，和黄河打交道。转眼过了 99 天，再找上一棵水仙花，吮吸了它的汁液，就可成仙了。冯夷很得意，又要过黄河去一个小村庄找水仙花。这里的水不深，冯夷蹚水过河，到了河中间，突然河水涨了，他一慌神，脚下打滑，跌倒在黄河中，活活被淹死了。

因此民间有八月庚辰日冯夷被淹死的这天都不乘船远行的忌讳。

冯夷死后，一肚子怨气无处发，就到玉帝那里去告状。玉帝听说黄河没人管教，到处横流撒野，危害百姓，也很上火。他见冯夷已吮吸了99天水仙花的汁液，也该成仙了，就问冯夷愿不愿意去当黄河水神，治理黄河。冯夷喜出望外，愿意成为一名河伯，实现了自己成仙的心愿。

望洋兴叹

《庄子》里有一段对河伯的记述：秋水时至，百川灌河；泾流之大，两涘渚崖之间不辩(通辨)牛马。于是焉河伯欣然自喜，以天下之美为尽在己。顺流而东行，至于北海，东面而视，不见水端。于是焉河伯始旋其面目，望洋向若而叹曰："野语有之曰，'闻道百，以为莫己若'者，我之谓也。且夫我尝闻少仲尼之闻而轻伯夷之义者，始吾弗信；今我睹子之难穷也，吾非至于子之门则殆矣，吾长见笑于大方之家。"

望洋兴叹图

【语译】意思是说：秋天的雨水应时降下了，众多大川小溪的水流汇注入黄河，河水暴涨，河面陡然变得宽阔起来。两岸及与河中沙洲之间，隔水望去，连对岸牛马之类的大牲畜也分辨不清了。于是啊河伯站在岸上，望着滔滔东流的河水，不由地扬扬得意起来，认为天下的美景是都集中在自己这里了。他便顺着水流向东行去，到了北海边上，朝东面一望，啊，一片汪洋，无边无际。他仰头迷惘地呆看了一会儿，才转过脸来对着海神若，深有感触地叹息说："俗话有这样的说法，'道理懂得稍多一点，就以为没人能赶得上自己了'，这话说的就是我这样的人啊！而且我曾听到有人说孔子懂得的知识并不多，伯夷的节义也没什么了不起，起初我还不相信；现在我看到了您的浩瀚的海洋，竟如此地难以穷尽啊！才明白，我如果不是来到您的北海，那就太危险了，我将永远被有见识的人笑话了。这就是"望洋兴叹"和"见笑于大方之家(见笑大方)"两个成语的来历。

大禹治水的故事

传说，大禹治理黄河时有三件宝：一为河图，二为开山斧，三为避水剑。传说河图是黄河水神河伯授给大禹的，开山斧相传是盘古开天辟地后传下来的，避水剑是龙王给的。

黄河流出山陕夹谷(同峡谷)后，一下冲到地势比较平坦的中原，没有了固定的河道，经常漫流，泛滥成灾。当了河伯的冯夷对于治水，束手无策，自己道行浅，没什么法宝仙术，只好又去向玉帝讨教办法。玉帝让他先画黄河水情图，有河图为依据，治理黄河就省事多啦。

河伯按着玉帝的指点，决心要画个黄河水情图。他先到自己的老家，找乡亲们帮忙。村里有个老汉听说他要给百姓办好事，就答应帮帮他。从此，河伯和老汉风里来雨里去，跋山涉水，察看黄河水情，两人一跑就是好几年。老汉累病了，剩下河伯继续沿黄河察看水情。分手时，老汉再三嘱咐河伯："千万不要中途而废啊，画好图来找我，我就动员乡亲们帮忙治理黄河。"

终于河伯把河图画好，但也已年老体弱了。河伯看着画得一清二楚的河图，可叹自己没有气力去治理黄河了，很伤心。河伯想，总有一天会有能人来治理黄河的，到那时，把河图授给他，也算自己没有白操心。河伯从此就在黄河底下安度晚年，再没有露面。

后来河伯听说大禹带着开山斧、避水剑来到黄河边治水，他就带着河图从水底出来，寻找大禹。一天，河伯看到岸边站着一个头戴斗笠的人，正是大禹。大禹了解到河伯画了幅黄河水情图，正要找河伯来求教。大禹对河伯说："我是大禹，特地来找您求教治理黄河的办法哩。"河伯就把河图献给了大禹，并向大禹介绍了他了解到的黄河的情况。大禹很高兴，正要谢谢河伯，一抬头，河伯跃进黄河早没影了。大禹得了黄河水情图，日夜不停，根据图上的指点，疏通水道，终于治住了黄河。

关于"河图""洛书"

"河图""洛书"是华夏文化的源头。

传说，伏羲对日月星辰运行、季节气候变化、草木荣枯兴衰等等，有一番深入的观察与研究。但是，对这些观察他还没理出个所以然来。一天，黄河中忽然跑出了一匹"龙马"，背上画着图，伏羲看着此图，他突然发现龙马身上的图案与自己一直观察万物自然的"意象"心得暗合，就这样，伏羲通过龙马身上的图案，结合自己的观察，触发灵感，创造出太极和八卦。

这实际是先民对一分为二的阴阳概念和天文历象变化认识的结果。龙马身上的图案就是著名的"河图"。后来周文王又依据伏羲八卦研究出文王八卦和六十四卦，流传下来形成了《易经》。

龙马负河图图

又相传大禹时，有神龟从洛水浮出，背上刻有数字，就是"洛书"。大禹依此定下了治理社会的九章大法，流传下来就是《尚书》中的《洪范·九筹》。

神龟献洛书图

"洛书"也称龟书，是阴阳五行术数之源。大概"洛书"夏代之前已经产生，因为传说黄帝之时就依"洛书"而画出了"九宫"。在中国文化的发展中，大禹的功劳最大，因为他治水以后，中国九州才开始以农业立国，一直传下来几千年。治水可以说是大禹的一件划时代的工作，所以把"洛书"按在了大禹时代，说"洛书"启示了他的灵感，才把中国的水患平定下来了。

《易经·系辞上》说"河出图，洛出书，圣人则之"，指的就是这两件事。"河图"与"洛书"是中国古代流传下来的两幅神秘图案，是关于中国古代文明起源的传说，是中华文明八卦之始、阴阳五行术数之源。演变为后来的太极图，被称为"中华第一图"，传布很广。从孔庙大成殿梁柱，到老子楼观台、三茅宫、白云观的标记物；从道士的道袍，到算命先生的卦摊；从中医、气功、武术及中国传统文化的书刊封面、会徽会标，到韩国国旗图案、新加坡空军机徽、玻尔勋章族徽等等，太极图无不跃居其上。这种广为人知的太极图，其形状如阴阳两鱼互纠在一起，因而被习称为"阴阳鱼太极图"。

双鱼八卦太极图

双鱼八卦太极图，又称太极八卦图、太极图、阴阳图、双鱼图等等，有很多称法。八卦指乾、坤、震、巽、坎、离、艮、兑，象征天、地、雷、风、水、火、山、泽八种自然现象；黑白双鱼代表阴阳，阴阳表示万物的相互关系。阴鱼黑色，阳鱼白色，象征日夜。阳鱼的头部有个阴眼，阴鱼的头部有个阳眼，表示万物都在相互转化，互相渗透，阴中有阳，阳中有阴，阴阳相合，相生相克，意谓任何人、事、物，皆不能做得太满太盈；鱼头与鱼尾衔接表示阴（或阳）极必反，到时旧的必然会灭亡，新的定然会产生；俩鱼间的弯曲线，则表示阴阳变化也不是一刀切的。所以，双鱼图反映的是华夏先民的辩证思维，体现的是矛盾对立统一的法则。

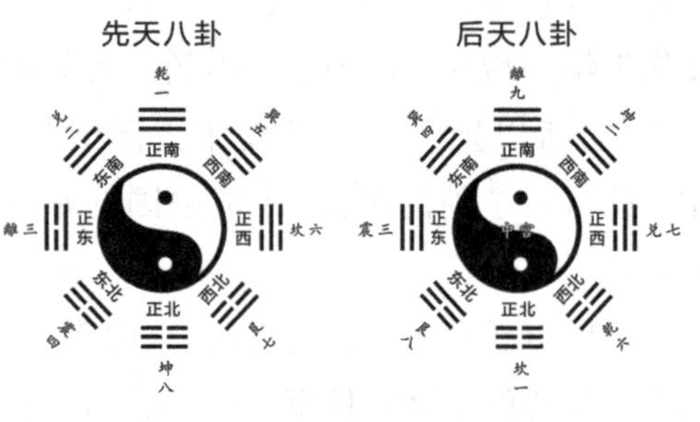

双鱼八卦图

由于世间万物皆可分类归至八卦之中，因此，双鱼图既是古代用以推测自然和社会的变化依据，又是现在电子计算机的古老始祖。

八卦图，是伏羲依据燧人氏造设的“河图”与“洛书”这两幅星图所作。其中“河图”演化为先天八卦，“洛书”演化为后天八卦。后天八卦与先天八卦仅只位置不同，含义无别。

伏羲的先天八卦，指的是自然的本然原则和法则；文王的后天八卦，指的是人类利用本然原则与法则而有所作为的规律。先天反映的是原生态，而后天揭示的是变化态；先天八卦图是体，后天八卦图是用。双鱼的左旋右转，顺逆各有道理，均无定数，形成一种动态平衡，正象征着太极八卦的千变万化。

先天八卦图是乾坤定南北，离坎定东西；后天八卦图是离坎定南北，震兑定东西。后天八卦图是五行顺时针流转相生，与我们生存的自然环境相合，即东木，西金，南火，北水；也与中国的土壤分布颜色一致，即东土青色，南土红色（云贵多红土），西土白色（多沙漠），北土黑色。西方是金位生水，故长江、黄河皆源自西方，而东流入海。先天八卦图体现的是阴阳消长，自然天成，生生不息，循环变化之律；后天八卦图表现的是五行相生，变易发展之道，与河图之东木南火西金北水五行顺生一致。

太极和八卦组合成了太极八卦图，后为道家所利用。道家认为，太极八卦意为神通广大，镇慑邪恶。道家讲求虚无圆转，没有定式；虚实无向，随心而遇；虚实皆有，相互转化。这也正是宇宙万物统一之源。

对“河洛”的思辨

“河图”“洛书”最初到底是什么样子，今天我们已无从知晓。但从一些古籍留下的描述中，我们不难看出，它不是什么神秘的东西，而是我们的先民对自然物象的观察、对长期生活经验的积累、对万物变化规律的认识等成果的体现，是中国先民心灵思维的结晶。

也正是受“河图”“洛书”的启发，先民才模仿创造出了在龟背和兽骨之上刻写占卜之辞的甲骨文。只是后来逐渐被人们视为神灵祥瑞之物，并形成了先民对龟龙的崇拜。

先民认识世界是从天象、数字开始的。“河图”由 1 至 10 排列而成，5 和 10 构成中宫，奇数为阳，白色，代表天数(生数)；偶数为阴，黑色，代表地数(成数)，图上排列成数阵的黑点和白点，蕴藏着无穷的奥理。其所表示的意思是：一六共宗，为水居北；二七同道，为火居南；三八为朋，为木居东；四九为友，为金居西；五十同途，为土居中。

“洛书”由 1 至 9 排列而成，其纵、横、斜三条线上的三个数字，其和皆等于 15，十分奇妙。图中圆点的结构是：戴九履一，指头上是九，下面是一；左三右七，指左边是三，右边是七；二四为肩，指上面右角是两点，左角是四点，如同在肩膀上；六八为足，指下面右角是六点，左角是八点，像两只足；以五居中，指五方白圈为阳数，四隅黑点为阴数。

“洛书”的数字摆法，是后天的用，“河图”的数理则是体。

古人对“洛书”推崇备至，认为它能涵盖人间万事万物，尤其是纵、横、斜的每条直线上的 3 个数之和均等于 15，遂成为我国古代都城制度的规划模式。如西汉长安城和隋唐城都是经纬各长 15 里的方形结构。

“河图”“洛书”形式不同，本质一样。“河图”“洛书”表达的都是一种数学思想。只要细加分析便知，数字性和对称性是“图”与“书”最直接、最基本的特点，“和”或“差”的数理关系则是它的基本内涵。同时也蕴含了“一弦三周”的数理内容。因此，河图在构图上也体现了古代勾股方圆数学数理的应用。认真分析还可以发现，“河图”“洛书”与算盘、“万字符”也存在着一定程度的联系。

上古先民仅用一到十的十个自然数和勾股方圆数学数理，便创造出“河图”“洛书”两幅结构简单严谨的数理图，就把十月八节的太阳历与伏羲、女娲的阴阳合历的天文历法内容，以及先民对天地日月阴阳变化规律的数理认识，尽囊括其中。可谓是达到了“范围天地之化而不过，曲成万物而不遗，通乎昼夜之道而知，故神无方而易无体”的最高智慧境界。从“河图”“洛书”我们看到了中国古代天文的成就和数学的成果。“河图”“洛书”排列成一个正方形，其奇妙结构和无穷变化令中外数学家为之叹服！“洛书”开了幻方世界的先河，成为组合数学的鼻祖。

“河图”“洛书”，通过图解和数学数理的象数形式，展示了中国古代的天文历法成就、数学水平、宇宙观念。它们是以伏羲、女娲为代表的先民，在上古时期创造的科学文化成果，是数千年中华先民社会生产、生活和文化的结晶。因此说“河图”“洛书”是东方宝典，是中华文明之源，毫不为过！

“河图”“洛书”的实质

“河图”“洛书”过去被认为很神秘，在今天看来，究其本源，它们实际上是一种数学思想，是数学中的一支。只是在它们问世时，已先被古人加以神化；后又在历史过程中，被《易》学家们加入了五行、阴阳、四时和方位之说。这无疑丰富了其科学内容，进一步阐明了节气、阴阳与万物生、壮、荣、衰的相互关系；但也增多、加深了迷信的成分，使人陷入恍惚迷离之中。

“河图”“洛书”是华夏先人对称思维特性的体现，是我国古代唯物论和辩证法的滥觞。古人将其用于解释自然现象和探求自然规律，将其广泛应用于自然科学、社会科学和现实生活的各个领域。天地对称、阴阳对称、建筑对称……施政讲究一张一弛、恩威并用；做事讲究中庸，过犹不及；连我们的语言也对称，词语多为双音节，诗歌讲究对偶。总之，无不体现对称，也就是无不体现辩证，无不体现对立统一。

“河图”“洛书”及其延伸出的《周易》和

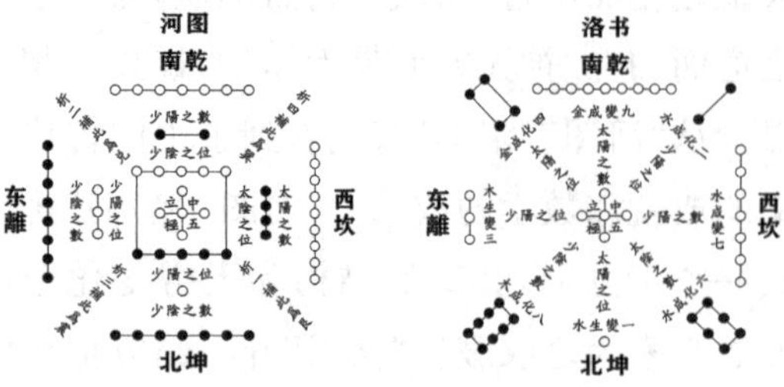

河图洛书图

《洪范》两书，在中华文化发展史上有着重要的地位，在天文、地理、数学、哲学、政治学、军事学、伦理学，甚至美学、文学诸领域都产生了深远影响。

我们应当驱散千百年来笼罩在河图、洛书上的神话迷雾，还其科学的原本含义和真实面容。

古人对数字、时间的崇拜

古人对数字、时间的崇拜，源自“河图”“洛书”。“河图”“洛书”是天地生成的数图，将我国的数字分为阴阳两类，对数字排列虽有所不同，实质是一样的。其奇妙的结构和无穷的变化，反映的是天体运动的时空规律，体现了古人对自然的深入观察和对数理的深刻认识，是古人长期生活经验的总结，是中国先民由形象思考到哲理分析的心灵思维的结晶，是《易经》太极阴阳双鱼八卦图的源头。其神奇不仅引发了古人对数字、时间的崇拜，也令现在的中外数学家为之叹服。

汉字的十个数字，在“河图”“洛书”中各有这样或那样的特殊寓意。

古人云：无极生太极，太极生两仪，两仪生四象，四象生八卦，八卦化万物。这与老子说的“道生一，一生二，二生三，三生万物。万物负阴而抱阳，冲气以为和”的含义是一样的，都是说：事物的发展，皆是由阴阳二气，从少到多，逐步发展的。

这里的“无极”和“道”，都指以阴阳二气的形式飘荡于宇宙的一片空虚，是天地未开、混沌未分之前的状态，是天地的本原、世界产生的源泉。对应的是象征空洞、虚无、神秘而又代表永恒、本质的数字“0”。

这里的“有极”和“一”，表示天地的发端起始，本身包含阴阳二气，是由阴阳二气相交而形成的一种和谐均衡的混沌状态，万物在这种状态中产生。所以代表一个完美的整体，具有不可分性。“一”处于河图、洛书数列的下方，是基础、成就、地位和尊荣的象征。

所谓“太极生两仪”，意思就是“一生二”，也就是由混沌的“一”，生出代表天地的阴阳。“两仪”和“二”都指阴阳。天地万事万物，莫不分阴阳。“二”是偶数，代表二元，表示复合。所以人类有阴阳两种性别，地球有南北两个极点，连计算机都是二进制的。“二”又常与女性关联，象征着统一、情爱、繁殖和生长，并表示在创造与毁灭中更替变换。

“二生三”，三代表多；多种事物相互组合就会生成更多的事物，即所谓“三生万物”。所以数字“三”为起始数字，是万物的开端。像三生、三魂、三元、三思、三原色、三巨头等，皆含众多之意，自带吉祥之兆。

至于“两仪生四象”的“四象”，说法较多，一般指由阴阳两仪产生的少阳、太(老)阳、少阴、太(老)阴。其形象代表物即青龙、白虎、朱雀、玄武。东方青龙代表木，西方白虎代表金，南方朱雀代表火，北方玄武代表水，它们又可以分别代表东、西、南、北四个方向。

为了便于理解，古人又用“青龙、白虎、朱雀、玄武”所代表的“木金火水”四种常见的物质来代替四象，具体的代替关系是：木代少阳；火代太阳；金代少阴；水代太阴。如此“木火金水”就变成了“四象”，并被人们赋予哲理的概念，用以类推其他类似的事物和现象。

四象对应于数字，根据“奇数为阳，偶数为阴”，则太阳、少阳对应一、三，太阴、少阴对应二、四。然而阴与阳是互根互生的，根据“阴极则阳生，阳极则阴生”的规律。太阴是极阴，为阴之所终而阳之所始，太阳则反之；而一为阳之始，二为阴之始，照此，也可理解为太阴为一，太阳为二，少阳为三，少阴为四，隐含的是辩证统一的哲理。

四象对应于时序，它们可分别代表春、夏、秋、冬四个阶段，表示由春到夏，阳气渐升；由秋到冬，阴气渐升。四象对应于生命，它们可分别代表生、长、老、死，表示生命从无到有（生），从有到强（长），从强到弱（老），从弱到无（死）的四个连续的过程。时序也好，生命也好，在天地的运行中，皆成循环不已、生生不息之态。

由此看来，四象变化具有明显的周而复始的性质，反映出事物发展变化的普遍规律。

数字“四”的最初意义来自四方形，是大地的标志，代表稳固、全面，又是组织、权利、睿智、正义和全能的象征，所以神灵有四大天王、四大金刚，地域有四方，一年有四季，印刷有四色，桌椅有四腿，动物有四肢，等等。四方形在全世界都是宫殿、寺庙等神圣建筑采用的地基形状。西方传统中还表示土、火、气、水四种基本元素。

至于“四象生八卦，八卦化万物”，意思更明确：就是四象衍生出乾、坤、震、巽、坎、离、艮、兑八卦，八卦组合衍生出世间万物。反映的也是由一生多的道理，阐明的是宇宙从无极而太极，以至于万物化生的过程。

数字“八”是宇宙调和统一的标志，世俗认为是更新、重生或祈福的象征。八边形被看作调和了方形和圆形的一种形式，集稳固与完整于一体。“八”还代表了宇宙空间中的八个方向。

“八”和“发”谐音。寓有发财、发达的意思，所以带“八”的数码都很珍贵，象征着吉利幸运。

“河图”“洛书”所列出的数字，阳数中“九”最高，居正位；“五”居正中，表示“阴阳在天地间交午”，象征吉利。中国传统文化崇尚“中正”，“九五”既得“中”，又得“正”，故寓大吉大贵之意，称之为“九五至尊”，象征帝王的权威。故《周易·乾》有“九五，飞龙在天”之卦。

“九五”也是皇宫修建的规制。例如故宫、天安门城楼的正面横向开间皆为九，前后纵深开间皆为五，就既是九五之尊的标志，也符合美学的和谐原则。当然，这种建筑规制只有帝王才能用。

数字“五”，处于“河图”“洛书”数列的中央，代表中心，象征整体和完满。故元素有五行，地域有五方，音乐有五音；滋味有五味，颜色有五色，庄稼有五谷；动物五虫，人有五脏、五指，等等，皆含整体和完满之意。

数字“六”为阴数，是阴极，代表老阴；它与作为阳数之极的老阳数字“九”，一正一反，都是变数。物极必反，所以，“九六”包含了事物的诞生及正反两面的变化，是统一、整体与和谐的象征，代表机会和走运。“九”寓意为长长久久、最多或无数，故天有九重，地有九层。“六”寓意六六大顺、牛牛、禄禄。人有六腑，音有六律，佛讲六根，天地叫六合，怀子叫身怀六甲（整体的婴儿），亲戚统称六亲，心神叫六神（六腑之神），等等，皆含整体、圆满与和谐之吉，是个福禄俱备的数字，很受大众的喜爱。

数字“十”在“河图”里居中，可看作太极，是全体、完满和创造的象征。“十”可分为两个“五”，是阳性和阴性数字的结合，因此又象征婚姻。“十”又表示一个轮回，象征着历史的转折点。“十”表示“十全十美”，也是个吉祥的数字。

由于十个数字，各有特殊的寓意。所以产生了人们对某个数字的特别崇拜或偏爱的现象。这种现象在世界上很多国家都存在，而中国为甚。数字和时间崇拜，中国古代早已有之，而如今更几乎无处不在。

人们崇拜或偏爱某个数字，是因为他们认为某个数字寓意着吉利或祥瑞，能给自己带来好运或避免晦气，或能帮助自己升迁或发财。这大多与数字的发音有关。例如：喜欢“九”的，取其含长久与尊贵之意；喜欢“六”的取其含顺利与福禄之意；喜欢“八”的，取其与“发”谐音。皆取决于自己的理解与爱好而已。

结婚、开业、建房等等，总要拣个好日子；手机、电话、车牌都要选个好号码；就连住酒店和办公楼都要选取好的楼层和房间号，等等，这些都属于“数字和时间崇拜”的现象。

当然，有偏爱也就存在着对某个数字的避忌。比如“四”和“七”，由于它们音近于“死”和“凄”，如今成了最让人避忌的数字。

神秘的数字“七”

汉字“七”是古人非常崇拜的一个特殊的数字，给人一种神秘、神奇与神圣之感，充满着魔力。

我国古代根据天体的运转将二十八宿按“七曜”（日月加金木水火土五星）的次序排列，七日一循环，周而复始，称为“星期”；“星期”者，星宿七天循环一周也。如今把作息七日一循环的日子叫作星期，就源于此。

传说女娲在造人前，先用六天分别造出了与人类关系密切的“鸡狗猪羊牛马”六畜，到第七天才完成了造人，于是正月初七成了人类自己的节日，称人日。所以“七”就与人的命运有了紧密的关系。

“七”反映的是时间的阶段性，体现的是自然界天体运行的一种轮回更替的规律，象征着完整、圆满、统一与和谐，代表一种最高等级的肯定、荣誉与崇敬。

古今有很多与“七”有关的现象和事物。例如：

算盘有“七”珠之奇：我们过去常用的算盘为什么每列的珠数都是“七”个呢？这与中国古时的计算是16进制有关。上面的两珠每珠代表5，合两珠之数为10；下面的五珠每珠代表1，合五珠之数为5；上下加起来正好是15，如再加增就“满16”，该向前档进1了，所以我国传统的算盘是为适应十六进制而形成的。这与“洛书”的数字排列，纵、横、斜三条线上的三个数字，其和皆等于15暗合，体现的是“洛书”数理规律的运用。

婚姻有七年之痒：婚姻走到第七个年头，激情淡去，进入平淡的生活，各种现实问题很容易引发婚姻危急。所以“七”是一个周期。

疾病有七日节律：像感冒、头疼、发烧、怕冷、虚汗、咳嗽等，如果没有发生其他合并症或并发症，你不去治疗，到第七天它会自己就好了。这都与生命盛衰周期性轮回规律有关。

潮来潮去有七天周期：潮汐是太阳、月亮共同作用的结果，随着它们相对地球位置的不断变化，也会使潮汐产生变化。在新月时，日和月在地球的同一侧，有最大的引潮力，因而引起“大潮”；在满月时，日和月在地球的两侧，日和月的引潮力你推我拉也会引起“大潮”。在月相为上弦和下弦时，太阳引潮力和月球引潮力成90°，互相就抵消了一部分，因此会发生“小潮”。最大潮和最小潮的潮期大约为半月（14.8日），故潮汐的呈现一般以七天为一个周期。这全是由天体运行的周期性规律决定的。

在山海关孟姜女庙上挂着这样一副对联："海水朝朝朝朝朝朝朝落，浮云长长长长长长长消。"形象生动地描绘了潮水涨落、浮云生消的大海奔腾、浮云纷飞的壮阔景象，气势磅礴，十分巧妙。相传为南宋状元王十朋所撰。其读法一般是：其中的"朝"1、4、6字通"潮"，其余读 zhāo；其中的"长"1、4、6字通"涨"，其余通常。也有其他读法。

又如：彩虹有七种颜色，音乐有七个音符，人有七窍七情，僧塔要造七级，等等，都寓有完整统一、和谐尊重、神奇崇敬之意，皆有规律可循。

最让人觉得神奇的是，人的一生也是以"七"年为一个循环周期的。人长到七岁是第一个周期，大脑已趋成熟，人的生理、心理、体力和智力都已成型，以后成为什么样的人基本上是不会有大的改变的，故俗谚云"从小看大，七岁看老"，说的就是根据一个人小时的情况，就能推断出他未来的状况。

《黄帝内经·素问·上古天真论》云："男不过尽八八，女不过尽七七，而天地之精气皆竭矣。"说的就是生命周期性问题。男子以八岁为一个周期，女子以七岁为一个周期，身体盛衰变化一轮回。

按中医说法：女子七岁肾气盛，换牙齿发变长；二七就来月经，可以生子；三七肾气平均，最后的牙齿长齐，发育完全成熟；四七筋骨坚挺，头发长极，身体盛壮，到了顶点；五七阳明脉衰，面容开始焦黄，头发开始掉落；六七三阳脉衰，面皆焦，发始白；七七任脉虚，太冲脉衰，天癸竭，地道不通，故形坏而无子。这是女子七七生育周期的过程和结束。男子这一过程则以八八形成盛衰周期。

如今人们都知道，每隔七八年身体就会有一个盛衰周期性的变化过程，这一周期性的过程，正是天道运行阴阳交互循环变化规律的反映。所以，《易经》有"七日来复，天行也"的说法，讲的就是"七"是天道运行的轮回周期数。

生命的诞生是按这个过程运转的，生命逝去时古人也是按这个过程相送的。古时人死之后，每七天要举行一次祭奠，直到七七四十九天进行七次祭奠之后才算结束。这既反映了人们对生殖的崇拜，也体现了人们对生命的尊重，更证明了先民对天人和谐的深刻认识。

"七"与"吉"谐音，是个吉利的数字。故"七七"寓有双吉之意。正好"喜"字的草书（）字形恰似连写的"七十七"，所以古人把77岁称为"喜寿"。七月则被称为"喜中带吉"的月份。

七月是黍熟的月份，七日又为阳数，故"七月七日"这个"重日"是吉日良辰。古人把这天作为庆贺秋收的吉庆日子，汉代把这一天作为集会游乐的日子。这天还是天宫的神仙们聚会的日子，又是牛郎织女相会的日子，也是如今恋人会面的日子。所以"七"与"七七"皆寓有吉利、美好、希望之意。

古人非常崇拜"重日"，认为是"天地交感""天人相通"的日子。所以古代民间把正月正、二月二、三月三、五月五、六月六、七月七、九月九这七个"重日"均列为吉庆之日。这充分显示出古人对数字和时间的崇拜。

当然现在也有人不喜欢这个"七"，因为"七"谐音"凄"，而又含"切断"之义，不免有些伤感的意味。

"不见黄河不死心"与"不到乌江心不死"

《神仙传》中有这样一个传说：家住彭城的彭祖800岁了，子孙们正大摆宴席为他庆寿。恰巧八仙之一的麻姑从这里经过，听人说彭祖在做800岁大寿，笑着说："小孩子价做什么寿？"彭祖的子孙们见这个貌若十七八岁小姑娘竟如此口出不逊，就不依不饶地吵闹起来。彭祖听说有人称他"小孩子"，知道来者必非一般人，赶紧让家人快开门迎接。见了麻姑就问道："我今年800岁了，你怎么还说我是'小孩子'?"麻姑不回答，而笑着问他："你看我多少岁?"彭祖说："十七八岁吧。"麻姑说："我已经三次看到东海变桑田了；黄河1000年变清一次，我也无数次见黄河变清又变浑了。"彭祖似信非信，就问她："那你说现在离黄河水变清还要多少年?"麻姑说："还要一二百年吧。"彭祖说："到了那一天，你带我去看看怎么样?"麻姑说："好吧。"

一百多年后，黄河水又变清了，麻姑特地来邀彭祖去看，一问才知道彭祖已经死了。麻姑说："彭祖人死心还没死，你们开棺就知道了。"棺材打开，果然彭祖尸身都烂了，而一颗心还是鲜活的。麻姑捧着彭祖的心来到黄河边，站在岸上说："彭祖，黄河变清了，你看到了吧?"随着这一声叫，彭祖的心就化作滴滴鲜血滴入到黄河里，随之黄河水又慢慢变浑了，而且从此再也没清过。"不见黄河心不死，见了黄河就死了心"，这一俗语就是这样来的。

而民间则流传着下面这样的故事：

从前有户姓关的人家，几辈子都过的是贫苦日子，生了个儿子，两口子就给起了个名字叫"财"。几年过去了，关财长大了，学什么会什么。

关财8岁这年，遇上天灾，爹娘都饿死了，撇下关财靠要饭为生。关财每天要饭回来，就在邻居黄员外的墙头下边练吹箫。日子长了，关财吹得大有长进，引来很多人天天听他吹箫。

黄员外有个闺女，名叫黄河，闲着没事，也天天趴在窗口听关财吹箫。后来都听迷了，经常差丫鬟把关财叫到绣楼底下吹。有一回，黄小姐听得入了神，把一方丝帕掉到了楼下，正好落到关财的箫上。关财心想，这肯定是小姐暗中送情，打那就产生了相爱之心。这样，关财一有空就到黄小姐的绣楼底下吹箫。黄小姐越听越欢喜，后来就偷偷地看关财的相貌。

时间长了，这事被黄员外知道了，便派家丁把关财抓进府来，狠揍一顿，并告诉他以后不准在小姐绣楼下吹箫。

关财被打得不轻，回家就病了，除了要口饭吃，哪还有心思去吹箫。

黄小姐多日听不到关财吹箫，整天闷闷不乐。这天她实在忍不住了，就瞒着她爹叫丫鬟去找关财，这才知道关财挨打得了病。心想：人家是为了我挨打得的病，得想个法子去看看呀！可是家法太严，再说员外家的小姐，怎能去看一个要饭的呢？这时，关财的病一天比一天厉害，没有办法，黄小姐只好差丫鬟一天一趟前去打听消息。

过了几天，丫鬟从关财家回来说："关财的病一天比一天厉害，睡得昏昏沉沉，还一个劲儿叫你的名字，是因为你把丝帕掉到他的箫上，他才得了相思病。你要不救他，怕他活不成了。"最后，还是聪明的丫鬟把小姐说通了。

这天，黄小姐偷偷去看关财，哪知道在这天清早，关财已经死了。黄小姐来到关财的坟前，扑上去大哭了起来。小姐的眼泪落到关财的坟头上，就听关财的坟头"叭"的一声裂开了。关财终于见到了小姐。

这就是传说的"不见棺材不落泪，不见黄河心不死"。其实"不见黄河心不死"，原是由"不到乌江心不死"演化来的，本指项羽乌江自刎的故事。

“浊河”之称来历的传说

从前，有个打鱼的老头儿，生了个女儿叫黄荷。有一天，老头儿在河中捞起一个男孩儿，他和黄荷一般大。老头儿将他带回家，起了个名字叫黄河。

黄河渐渐长成一个英俊威武的男子，老头儿便把黄荷嫁给黄河。有一年过年时，老头儿得了一种病，什么也不吃，急得家人又求神又请医，还是治不好他的病。这事乐坏了一个对黄荷不怀好意的财主，他叫人装神弄鬼，说若要治好老头儿的病，就得用悬崖草、河底沙做药引，小两口一听便去取药引子，黄河去河底取沙，黄荷去悬崖摘草。谁知黄河一去不复返，死在河里，家里人知道后痛苦不堪。不久，黄荷的爹娘相继去世，财主一见时机到了，便千方百计地要黄荷嫁给他，黄荷为给爹报仇，就假装同意，不过她让财主向黄河取沙的那条河叫三声“爷爷”。那天，黄荷全身洁白，站在河边，泪水像断了线的珠子，在财主面对黄河叫“爷爷”时，趁财主不注意，将他推入河中，然后她也跳进去，河水马上掀起大浪，浊水滚滚，从此，黄河被称为浊河，水再也没有清过，好像是在向人们诉说着黄荷、黄河的不幸遭遇。显然，故事从侧面反映了黄河给人们造成的灾难。

三门峡的由来

三门峡是黄河进入平原以前最后一段峡谷中最险的一座山峡。这里地势峻峭，水流湍急，两岸石壁陡立，河中两座石岛把急流分为三股。人们把这三股水路分别叫作“人门”“神门”“鬼门”，“三门峡”的名称由此而来。鬼门、神门中水势险恶，似乎只有鬼神才能通过；人门水势稍缓，但也是水深流急，舟船难行。

如今，“三门天险”已经没有了，取而代之的是一条横亘峡谷的大坝，像一条银色的缎带把山西、河南两省连接起来，这就是 1957 年动工兴建的黄河干流上第一座大型水利工程——三门峡水利枢纽。

中流砥柱

中流砥柱位于三门峡大坝下方的激流之中。相传砥柱是大禹治水时留下的镇河石柱，又说是一位黄河老艄公的化身。

很久以前，一位老艄公率领几条货船驶往下游，船行到神门河口，突然天气骤变，狂风不止，大雨倾盆。刹那间，峡谷里白浪滔天，雾气涌腾，看不清水势，辨不明方向。老艄公驾船穿越神门，眼看小船就要被风浪推向岩石。老艄公大喝一声：“掌好舵，朝我来!”说完，他纵身跳进了波涛之中。船工们还没明白是怎么回事，就听到前面有人高呼“朝我来，朝我来”，原来是老艄公站在激流当中为船导航。船工们驶到跟前正要拉他上船，一个浪头将船推向下游，离开险地。船工们在下游将船拴好，返回去找老艄公，见他已经变成了一座石岛，昂头挺立在激流中，为过往船只指引航向。因此，人们把这座石岛称作“中流砥柱”，也叫“朝我来”。从此以后，中流砥柱就成了峡谷中的航标，船只驶过三门以后，就要朝砥柱直冲过去。眼看船就要与砥柱相撞时，砥柱前面波涛的回水正好把船推向旁边安全的航道，避开了明岛暗礁，顺利驶出峡谷。

水浅的时候，砥柱露出水面两丈多；洪水季节，它只露出一个尖顶，看上去好像马上就被洪水吞没了，惊险万分。千百年来，无论狂风暴雨的侵袭，还是惊涛骇浪的冲刷，它一直力挽狂澜，巍然屹立于黄河之中，如怒狮雄踞，刚强无畏，被视为中华民族精神的象征。

五、碧水雷泽潴鄄中

雷夏既潴鄄东南，滩沮汇成生命泉。
碧水浩渺桑漆茂，瓠濮清澈葫芦圆。
土地肥沃适耕作，气候温润宜滋蕃。
华胥泽畔履神迹，伏羲降生龙族传。
华夏文明始滥觞，中华民族此发源。

雷泽的位置

雷泽在山东菏泽东北的鄄城县境内。历史文献对古鄄有着很多的记载，最早见于《尚书·禹贡》："济河惟兖州。九河既道，雷夏既泽，灉沮会同。"

意思是说：济水与黄河之间是兖州。黄河下游的九条支流疏通了，雷夏也已经聚成了湖泽，滩水和沮水汇合流进了雷夏泽里。

滩、沮二水从雷泽西北平地涌出，盖以济水伏流形成的泉水为源。陶丘堌堆北有自然洞穴一处，人称双龙无底洞，其深难测，称"陶丘一窦"，或即古籍所说为滩、沮二水之源泉。后因河泛而淤平。

雷夏，即夏泽，因有雷神居之，故称雷夏泽，简称雷泽，是远古形成的天然大湖。

对于雷泽的具体位置，《地理志》曰："在济阴城阳县西北。"《括地志》曰："雷夏泽在濮州雷泽县郭外西北，雍、沮二水在雷泽西北平地也。"《史记·五帝本纪》曰："舜耕历山，渔雷泽。"五帝之一的舜主要活动在这一带地区。汉代始设成阳县，晋代改名为城阳，隋代更名为雷泽县。雷泽县在今山东省鄄城县东南部，因其西北有雷夏泽而得名。唐《元和郡县志·濮州》条下："雷泽县，本汉成阳县，成伯国，周武王封弟季载(应为武)于成阳，汉以为县，属济阳郡。隋开皇六年，于此置雷泽县，因县北雷夏泽为名。"

雷泽水域面积在上古时甚大。这从当今鄄城东南的10多个龙山文化遗址的分布中，可印证四五千年前的水域面积。然经数千年的黄河的淤积，到北魏时已如《水经注》所云，只有"东西二十里，南北十五里"了。宋建炎后，黄河屡决，水走菏鄄之境达500年之久，境内的四泽六水被湮淤为平地，十几座汉唐古城均被淹埋地下6至8米。

7000年前的古雷泽，就今天的地理范围看，其西北岸是今鄄城郑营乡刘堌堆的古犬丘即垂都遗址；西南岸为今彭楼镇西北部麻寨乡舜城集一带，是舜诞生地历山姚墟遗址；东南岸是尧都所在的成阳遗址；东北岸是鄄城县红船镇的张堌堆大汶口文化遗址；北岸为今引马南部一带。也就是说，今鄄城县的东南部为古代雷泽的水域。从泽西南至西北至东北，有数山环湖半圈而立，古称甄（鄄）山山脉。

《水经注·瓠子河》曰："雷泽西南十许里有小山，孤立峻上，亭亭嶕（jié）峙，谓之历山。山北有小阜，南属迤泽之东，北有陶墟，缘生（郭缘生）言舜耕陶所在，墟阜连属，滨带瓠河也。"

南宋史学家罗泌在《历山考》中称，天下雷泽不闻有二，即濮州之雷泽。谭其骧主编的《中国历史地图集》是当今千百学者的科研成果，也把雷泽、历山标在成阳城的西北。这充分说明古雷泽在今山东省鄄城县东南一带，已成为古今学者的共识。

雷泽是养育先民的一池宝水

古雷泽周边地区，西有榖林山，西南有历山，北有金宝山、箕山、青山等多处高大的堌堆，洪水来临时，先民可以躲到这些高大的堌堆上居住，洪水退去，人们走下来继续生产生活。著名的濮水绕其南，古老的瓠子河流其北。气候温润，适宜于桑漆成长和葫芦繁衍，可供先民衣食之用。

所以古雷泽之滨是非常适宜先民渔猎、农耕和生存、繁衍的风水宝地。周边聚居着母系社会后期的不少部落。《禹贡》记载："桑土既蚕，是降丘宅土。厥土黑坟，厥草惟繇（yáo，草茂），厥木惟条，……厥贡漆丝，厥篚织文。"

意思是说：（洪水退后）栽种桑树的地方都已经养蚕，于是人们从山丘上搬下来住在平地上。那里的土质是黑肥的，那里的草是茂盛的，那里的树是高长的，……那里的贡品是漆和丝，还有一筐筐有花纹的锦绣。这就是流传至今的鄄城特产鲁锦。

中华龙族的源头

《山海经》记载说："雷泽中有雷神，龙首而人颊（身），鼓其腹则雷。"雷，甲骨文作，是闪电发出的滚动声音，古人不理解闪电现象，遂神化作奇异的动物，这就是甲骨文的"龙（）"字的来源；甲骨文中的"虹（）"字，是饮于河的两头动物，其实也是龙形象的另一种反映。可见，雷神即是龙神，所以雷泽，又叫龙泽，也叫负泽，因其旁有古负夏城。

取名为"雷"，当然不是真的有雷神，实际反映的是这一带气候温润，雷鸣电闪，行云布雨，农时应节，风调雨顺，故又取名为"夏"，盖取周边土壤肥沃，渔猎农耕发达，五谷丰登之意，因为"夏"的甲骨文就是一个手持锄头的奘大的农夫形象。

我国上古原始社会发达极早的母系氏族部落"华胥氏"就生活在雷泽湖畔，是华胥履迹生伏羲之地。

从文献和传说故事中，可以显现出鄄城雷泽一带是中华龙族的发源地，而雷泽全国只有鄄城这一个，所以鄄城是唯一的伏羲故里，现有伏羲庙、伏羲碑、华胥故里等遗址作证。历史上的学者对太昊伏羲为东方氏族，其氏族大本营就在济濮流域的雷泽周围，也是没有疑义的。

所以，雷泽在历史上居于神圣地位，是养育中华先民的生命之泽，鄄城是中华民族的发祥地是确定无疑的。

雷泽的变迁

在数千年的漫长岁月中，由于黄河的不断泛淤，古雷泽的水面由东北向西南不断淤浅和退缩。到北魏时，其水域仅有东西 20 里，南北 15 里之广了。

雷泽至唐末五代时尚存。五代以后，澭、沮二水为黄河迁徙所淤积，雷泽逐渐失去了昔日的规模，逐渐干涸湮没，继续向西南退去。以历山为坐标，北魏时雷泽在历山之东北数里。北宋时，历山已在雷泽之中，雷泽成为环绕历山的水泊了。至元代，历山庙又在雷泽之北了，历山东北已无水域。至清朝，雷泽已退至富春以南、彭楼乡适(kuò，今乡俗或写作郭)北口村西北了，这就是现在的菏泽电厂水库的位置，已完全不再是上古时代的雷泽了。不过，水库那碧波荡漾、清澈透底的景象，仍能让你依稀想象出它昔日浩渺的容光。

雷泽虽已湮淤近千年之久，但它深厚的祖源文化底蕴，将永远书写在中华文明起源的史册之中。

六、燧皇薪火传菏鄄

燧皇用火起菏鄄，肇始熟食薪火传。
钻木取火费工夫，发明击石用火镰。
结束茹毛饮血史，烧陶制器创新篇。
燧人弇兹合雄氏，开创文明新纪元。
设教导民离蒙昧，三皇之首无愧惭。

燧人氏时代

燧人氏时代，约当公元前 5 万年至前 7724 年，是原始初民时代的最后阶段，也是氏族联盟时代的起始阶段，当是二者的过渡阶段，故燧人氏既属于三祖之末，又归于三皇之首。

燧人氏属于传说人物，这里所说的燧人氏并非是一个人，而是一个氏族的总称，是新石器初期生活在中原菏鄄地区的一个母系氏族部落。因为在燧人氏时期还没有完整的帝王世系记录，我们还无法知道每位燧人氏帝王的在世年代。

据《太平御览》引《尸子》云：“燧人上观辰星（即心宿），下察五木，以为火也。”《左传·昭公十七年》记载：“若火作，其四国当之，在宋卫陈郑乎。皆火房也。”意思是说，大辰即大火，大辰星对应的分野是宋卫陈郑四国。

据专家考证，燧人氏所处的“宋卫陈郑四国”这一区域涉及今河南东部、山东西南部、江苏西北部、安徽西北部地区。今山东鄄城的雷泽一带就是其活动的主要区域。

何谓分野，下边做简单介绍。

分星、分野学说缘起

分野学说源于上古根据天象来预卜人间事务的一种方术，又称占星学或星占学、星占术，起源于人类原始社会中文化发展的早期阶段。由于当时人们的知识水平和生产力发展水平都很低，对自然现象中的一些规律没有科学认识，于是从一些表面现象出发，把人们生活中的吉凶祸福与某些自然现象联系起来。

二十八宿分野图

古代占星家为了用天象变化来占卜人间的吉凶祸福，将天上的星空区域与地上的州国互相对应，认为在该天区发生的天象预兆着对应地方的吉凶。就星空说，叫作分星；就地理说，叫作分野。

占星家如何确定旱涝发生的地区呢？这就要知道天文学上九州分野的概念。中国自古以来就有九州的说法。帝喾高辛氏始建九州，舜帝时增至十二州，大禹治水以后又确定“兖冀青徐，扬荆豫梁雍”为九州，并铸了九鼎，以确定九州。九州每一州对应着天上星域的一个分区，叫九州分野。多星夹角的矢力线所指的分野，地球上对应的九州就会有旱涝冰雹或火山地震等灾变。后世由此分支发展出占星术。

占星家还将天上的星象与地上的个人相对应。《三国演义》第七回：“蒯良谓刘表曰：‘某夜观天象，见一将星欲坠，以分野度之，当应在孙坚。’”又如，当年严光与刘秀睡在一起，严光睡熟了把脚压在刘秀的肚子上。第二天，太史奏告，有客星冲犯了帝座，很厉害。刘秀笑着说：“我的老朋友严子陵与我睡在一起罢了。”所以，星象家将天界星区与地理区域相互对应，最初目的就是为了配合占星理论而进行天象占测。当然，这种联系纯属迷信。所谓的天地间的关系全是由人定的，无怪历代各家颇有参差出入。

九州起源

“九州”之说可追溯到黄帝，正式定名见于《禹贡》。相传古代大禹治水时，把“天下”分为九州，成了古代华夏的代名词。九州区域范围划分各代也有不同。《尚书》中的《夏书·禹贡》记载，大禹受舜命治水，平治水土后，将天下分为“九州”，即九个区域，分别为豫州、青州、徐州、扬州、荆州、梁州、雍州、冀州、兖州。

禹贡九州图

豫州，位于九州之中，故也称中州。范围极大，当今鲁西南、晋东南及河南省大部，故河南简称“豫”。舜以冀州广大，分置并州。燕、齐辽远，分燕置幽州，分齐为营州。加上原来的九州，是以九州有时又被称为十二州。

至秦，《吕氏春秋》对九州的叙述更具体，曰：“何谓九州？河、汉之间为豫州，周也。两河之间为冀州，晋也。河、济之间为兖州，卫也。东方为青州，齐也。泗上为徐州，鲁也。东南为扬州，越也。南方为荆州，楚也。西方为雍州，秦也。北方为幽州，燕也。”

《尔雅》记载中，没有青、梁，而有幽、营，将青州合并入徐州，将梁州合并入雍州，从冀州之地分出营州和幽州。《周礼》的记载中，没有梁、徐，而有幽、并，将徐州合并入青州，将梁州合并入雍州，从冀州之地分出并州和幽州。

十二星次

古人分野的划分有两种。

一种将天空的星宿根据日月行星的位置和运行，将黄道一带的星空分为寿星、大火、析木、星纪、玄枵、诹訾、降娄、大梁、实沈、鹑首、鹑火、鹑尾等十二个部分，称为黄道十二星次。简称十二星次，或十二舍、十二度，并与每个星宿照耀下的地面上的州国的位置一一对应。认为根据某一天区星象的变异可占卜、预测相应地区人世间的吉凶祸福。

星次是按赤道经度等分的，并和二十四

节气相联系。古人把黄道附近一周天等分为十二星次，太阳运行到某次就交某节气，实际上二十四节气就是地球围绕太阳公转轨道上的24个不同的位置。如星纪次的起点为大雪节气，中点为冬至中气。

这种分野大约起源于春秋战国。大体以十二星次为准。最早见于《左传》《国语》等书，其所记载的故事最早的是：武王伐纣这天的天象是岁星在鹑火，因而周的分野为鹑火。

二十八宿

战国以后也有以二十八宿来划分分野的，如《淮南子》《史记》等。

《史记·天官书》中，就将二十八宿分别对应于东周的十三国及汉武帝时的十二州地理。

古代天文学认为，天空可命名的星座有320个，共有星2500颗(有不同说法)。

其中日月加五星(金、木、水、火、土，即古代的太白、岁、辰、荧惑、镇五星)为七曜，也称七政，得失由政，故称政。七政有吉凶之象，可据其变动进行占卜。

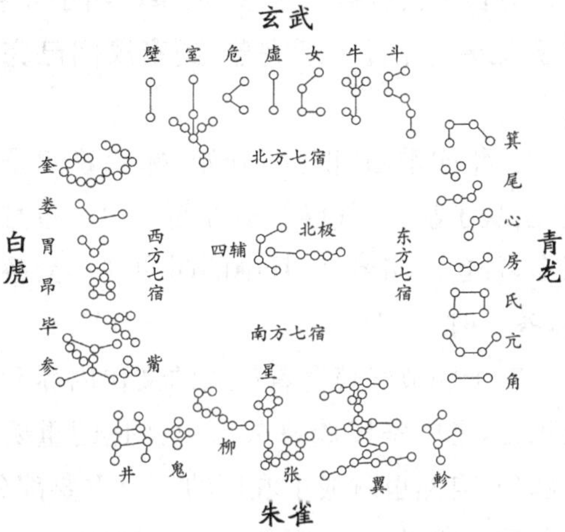

二十八宿仰视图

北斗是天上最尊贵的星，在它周围划分为“紫微、太微、天市”三垣。紫微垣：包括天北极附近的天区，大体相当于拱极星区，如大熊、小熊、天龙、仙王、仙后等。中国古代多以皇家贵胄命名，如天皇大帝、太子、太尊。太微垣：包括室女、后发、狮子等。中国古代多以大臣官职命名，如三公、九卿、虎贲、从官、幸臣等。天市垣：包括蛇夫、武仙、巨蛇、天鹰等。中国古代多以市井商贾命名，如斗、斛、肆、楼等。

由这个中心辐射出去的，就是根据日月星辰的运行轨迹和位置，给黄道附近的星象划分的二十八个编组，即二十八宿。分为四大组，各包括七宿。东方青龙七宿：角亢氐房心尾箕，像一条腾空而起的飞龙，角像龙角，氐房像龙身，尾箕像龙尾，五行中东方属木，其色青，故称青龙或苍龙；西方白虎七宿：奎娄胃昴毕觜参，像一只飞跃的虎，觜为头，参为爪，娄胃昴毕为身，奎为尾，五行中西方属金，其色白，故称白虎；南方朱雀七宿：井鬼柳星张翼轸，像一只展翅飞翔的鸟，鬼为头，柳为颈，星为嗉，井为左翅，张为右翅根，翼为右翅，轸为尾，五行中南方属火，其色赤，故称朱雀或朱鸟；北方玄武七宿：斗牛女虚危室壁，像缓缓而行的龟蛇组合，斗牛为头，室危为尾，五行中北方属水，其色黑，故称玄武或龟蛇合。二十八宿以角宿起分，左青龙，右白虎，前朱雀，后玄武为四象。

二十八宿，分别代表日月星辰在天空中的位置。古人以之为坐标，来观测天象。因为它们环列在日月五星这七曜的四方，很像日月五星的栖宿场所，所以称作“宿”。是中国古代天文学家的重要创作。

此外，天文学家还把突然出现的星空异象或流星、彗星都称为客星，客星中又分妖星、瑞星二种。

二十八宿也各有相对应的地上分野。如王勃《滕王阁序》：“豫章故郡，洪都新府。星分翼轸，地接衡庐。”是说江西南昌地处翼宿、轸宿分野楚地域之内。李白《蜀道难》：“扪参历井仰胁息，以手抚膺坐长叹。”参宿是益州（今四川）的分野，井宿是雍州（今陕西、甘肃大部）的分野，蜀道跨益、雍二州。扪参历井是说入蜀之路在益、雍两州极高的山上，人们要仰着头摸着天上的星宿屏住呼吸才能过去。

星宿、星次、星座与分野

古人说的“星宿”或“星次”指的就是“星座”，也就是星星的组合体，可能是一颗，也可能是多颗星。分野既然是地域的区分，后来也就用作划分的范围、界限等的代称，或者喻指政治、思想等方面的分歧。如朱光潜《谈读书》：“近代科学分野严密，治一科学问者多故步自封。”徐特立《五四运动和知识分子改造》：“随着阶级斗争的深入，他们的政治分野也就日益明显起来。”

黄道十二宫

在天文学上，以太阳为中心，地球环绕太阳自西向东运行，所经过的轨迹称为“黄道”。黄道面包括了所有行星运转的轨道，也包含了星座，恰好约每 30°范围内各有一个星座，总计为十二个星座，称为“黄道十二宫”。即白羊宫、金牛宫、双子宫、巨蟹宫、狮子宫、室女宫、天秤宫、天蝎宫、人马宫、摩羯宫、宝瓶宫和双鱼宫。地球上的人在一年内能够先后看到它们。

在希腊人眼里，星座是由各种不同的动物形成，这也就是十二个星座名称的由来。在古希腊人看来，太阳是阿波罗神，它休息的地方定然是金碧辉煌的宫殿，因此，他们就把黄道上的一段叫作一宫。

同样反映太阳在运行轨道上的位置，西方有黄道十二宫，中国有二十四节气。其与天干地支、十二星座、二十八星宿都存在密切关系。

占星家认为日、月、行星在天空运行的位置、互相交会的方式或与恒星交会的方式等，能影响并预示着大地上人们的行为，据此构建出一整套复杂而庞大的星占学体系。

相学家将黄道十二宫，对应颜面的十二个部位，把人生经历的主要内容及关涉命运的主要因素分成十二个项目，以此来测断一个人的吉凶祸福，命运前途，即所谓“谋事在人，成事在天”。其实这只是一种心理安慰，虽然有一定道理，但不可痴迷误身。

二十四节气

二十四节气起源于黄河流域，是上古农耕文明的产物。二十四节气最初是依据北斗七星斗柄旋转指向（斗转星移）制定的，北斗七星斗柄按顺时针旋转一圈为一周期，谓之一年。把太阳周年运动的轨迹划分为 24 等份，以反映十二个月中四季、气温、物候的情况，就是二十四节气，即：立春、雨水、惊蛰、春分、清明、谷雨、立夏、小满、芒种、夏至、小暑、大暑、立秋、处暑、白露、秋分、寒露、霜降、立冬、小雪、大雪、冬至、小寒、大寒。始于立春，终于大寒。经过不断完善，到秦汉间已完全确立。

一年四季由“四立”开始，标示着四季轮换，反映了物候、气候等多方面变化。每月有两个，月首的叫节气，月中的叫中气。交替出现，各历时 15 天。

二十四节气蕴含着悠久的文化内涵和历史积淀，是中华民族悠久历史文化的重要组成部分，自然也就成了农历的一个重要部分。在国际气象界，二十四节气被誉为“中国的第五大发明”。2016 年 11 月 30 日，二十四节气被正式列入联合国教科文组织人类非物质文化遗产代表作名录。

十二月建与四时八节

二十四节气与十二月建，是干支历的两大基本内容。十二月建是依据二十四节气而来的节气月。以斗柄所指的方位作为确定月份的标准，称为斗建(月建)。斗柄顺时针旋转一圈为一周期，谓之一“岁”。每岁之中，斗柄顺时针旋转而依次指向十二辰，称为“十二月建”，分别为：正月建寅，二月建卯，三月建辰，四月建巳，五月建午，六月建未，七月建申，八月建酉，九月建戌，十月建亥，十一月建子，十二月建丑。“十二月建”的划分以节令为准，即以立春、惊蛰、清明、立夏、芒种、小暑、立秋、白露、寒露、立冬、大雪、小寒，分别作为寅月、卯月、辰月、巳月、午月、未月、申月、酉月、戌月、亥月、子月、丑月之始。

二十四节气科学地揭示了天文气象变化的规律，它将天文、自然节律和民俗实现了巧妙的结合，衍生了大量与之相关的岁时节令文化，成为中华民族传统文化的重要组成部分。为了更准确地表述时序的特点，古人又根据天气和物候，将节气分为“分、至、启、闭”四组。“分”指春分和秋分，古称“二分”；“至”指夏至和冬至，古称“二至”；“启”指立春和立夏，“闭”指立秋和立冬，合称“四立”，这些加起来号称“四时八节”或“年时八节”，也泛指一年中的各个节气。对应这八个节气，还产生了八个民俗节日，即上元节、花朝节、清明节、立夏节、端午节、中元节、中秋节、重阳节(也有不同说法)。

农历十二个月的不同代称

一年十二个月，根据每月的物候不同，后代十二个月又有各自的不同代称，多出自古人的诗文。

一月又称：孟春、孟阳、寅月、嘉月、首阳、献岁、早春、元月、端月、梅月、正月。

二月又称：建卯、夹仲、酣春、花朝、花月、仲春、仲阳、丽月、杏月、皓月、酣香。

三月又称：季春、阳春、末春、蚕月、姑先、桃月、辰月、桐月、莺时。

四月又称：孟夏、槐夏、阳月、槐月、槐序、除月、麦候、麦春、乾月。

五月又称：建午、炎月、午月、幕月、仲夏、天中、蒲月、榴月、姬月、鸣蜩。

六月又称：季夏、未月、焦月、荔月、荷月、林钟、征暑、遁月、精阳。

七月又称：建中、孟秋、肇秋、早秋、首秋、上秋、相月、巧月、瓜月、兰月、兰秋。

八月又称：仲秋、仲商、中秋、壮月、获月、桂月、南宫。

九月又称：季秋、暮秋、菊月、朽月、霜序、无射、咏月。

十月又称：孟冬、初冬、应月、檀月、子春、良月、坤月、吉月。

十一月又称：仲冬、复月、畅月、葭月、冬月、建子、黄钟、寒月。

十二月又称：建丑、严月、腊月、嘉平、残月、季冬、暮冬、栎月、冰月。

北斗

北斗七星是北半球天空的重要星象。它由天枢、天璇、天玑、天权、玉衡、开阳、瑶光七星组成。我国先民把这七星联系起来想象成古代舀酒的斗形。天枢、天璇、天玑、天权组成斗身，古曰魁；玉衡、开阳、瑶光组成斗柄，古曰杓。北斗星在不同的季节和夜晚不同的时间，出现于天空不同的方位，所以古人就根据初昏时斗柄所指的方向来决定季节：斗柄东指，天下皆春；斗柄南指，天下皆夏；斗柄西指，天下皆秋；斗柄北指，天下皆冬。从“天璇”通过“天枢”向外延伸一条直线，大约延长

5 倍多些的距离，就可见到一颗和北斗七星差不多亮的星星，这就是北极星。

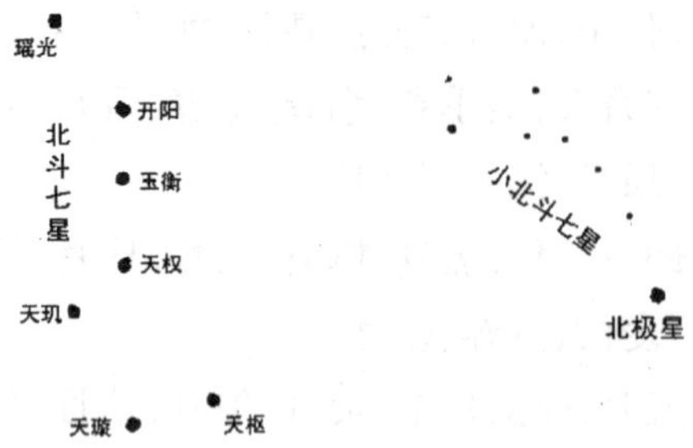

北斗七星图

北极星是出现于天空北部的一颗亮星，距地球北极很近，位于地球地轴的北端，差不多正对着地轴。从地球上看，它的位置几乎不变，而在轴边上的北斗星看起来就像围绕着北极星转一样，这就产生了“斗转星移”的天象。因此，人们常用它来辨别方向，定季节，定十二月份。

南斗

有北斗，也有南斗，即斗宿。与北斗七星一样，南斗六星在天空中的形状也很像斗，故名。但南斗的范围和亮度较之北斗就有所不及了。斗宿与东方七宿中的箕宿同属于人马座，黄道就从斗把子的斗宿二和斗宿三之间穿过。苏轼《赤壁赋》有“月出于东山之上，徘徊于斗牛之间”。这里的“斗”即指斗宿。

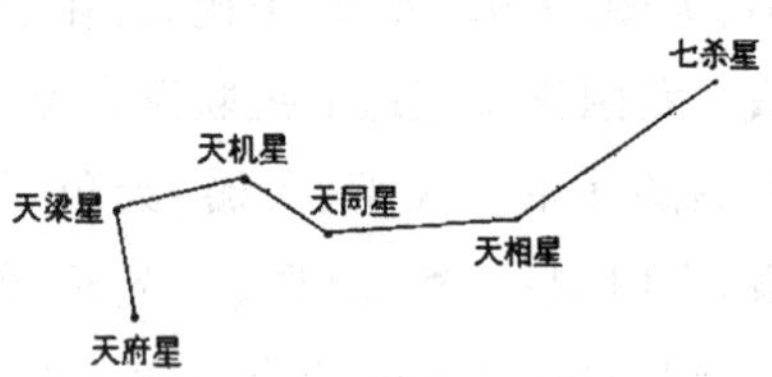

南斗图

地球上为何会有四季

科学家告诉我们：太阳系的八大行星，本来都是在黄道面上垂直着轴围绕太阳逆时针运转的。地球围绕太阳公转一圈是一年，自传一圈是一天，地球上每个地方的阳光都是一样的，并没有四季之分，就一个季节，十分单调。不巧，在 45 亿年前发生了一次大碰撞，八大行星被撞了个东倒西歪。天王星撞得最惨，被撞得躺下去转了。金星也被撞得很厉害，被撞翻了个儿，结果它自个儿成了顺时针围绕太阳在转了。地球除了被撞出了一个女儿月亮外，自己也被撞残了，撞歪了 23.5°，成了地轴斜身围绕着太阳逆时针运转了。这样，地球上同一个地方转到不同的位置，其接受的阳光就不相同了。这一歪刚好是春分，地球上就成了春天；再转过三个月，到了夏至，我们的北半球正面向着太阳，这就是夏天了；再转过三个月，到了秋分，就成了秋天；再转过三个月，地球的南半部正面对着太阳，所以南半球就成了夏天，我们的北半球就成了冬天，这样地球上就形成了分明的春夏秋冬四季。所以如今世界上任何地方制作的地球仪都是斜着的。与地球一样被撞歪 23.5°的还有火星，所以火星上与地球一样也有四季。

二十四节气的确定方法

斗指法，即斗柄指向法。二十四节气是上古农耕文明的产物，它原是以北斗七星的斗柄旋转指向来确定的。北斗七星在不同的季节及夜晚不同的时间，会出现在北半球天空不同的方位上，它是古人定方向、定季节、定节气的依据。北极星位于地球地轴的北端，由于地球的自转，而北极星正好处在天球转动的轴端上，所以相对不动，而在轴边上的北斗星看起来就像围绕着北极星运转一样，这就形成了“斗转星移”。斗柄旋转一圈谓之一岁，表示寒暑交替一匝。斗柄指向法确立的二十四节气，以斗柄指寅为起点，是为立春；以斗指丑为终点，是为大寒。一岁始于正月立春，终于十二月大寒。周而复始，正月又复还寅位，所以，立春是春季之首、四时之首，又是一岁之首。二十四节气虽是古人根据北斗星斗转星移制定的，其实造成斗转星移的原因则是地球绕太阳公转，因此斗柄指向法定的节气与现行的太阳黄经法定的节气，其交节时间基本相一致。

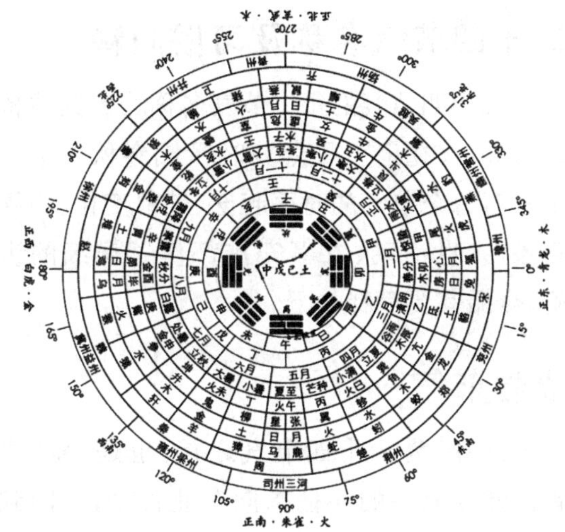

二十四节气运行图

平均法，即平均时间法，本是汉代使用的圭表测影法。平均法与斗指法测定的节气的起始时间点完全不同，只是用了“二十四节气”同一个名字而已。平均法以冬至日为二十四节气的起点，以大雪为终点，将冬至与下一个冬至之间的日期平均分成十二等份，称为中气，再把相邻中气之间的时间等分为节气。平均每月有一个中气与一个节气，这样共平分为 24 段（每段 15 日），统称二十四节气。这种方法称为平均法或平气法。冬至日因为影子最长，其相邻几天的影长变化最为明显，更利于观测记录，这大概是平均法产生的原因。但由于其不考虑太阳在黄道上运动快慢不匀这一因素，与实际天象并不完全相符。因为在冬至前后，地球位于近日点附近，运行的速度稍快，这造成了在一年中太阳直射南半球的时间比直射北半球的时间约短 8 天，因此北半球的冬季比夏季要略微短一些。

现行的定气法，即太阳黄经法，是一种根据太阳在回归黄道上运行的位置来确定二十四节气的方法。即在一个为 360°圆周的黄道上，划分为 24 等份，每 15°一等份，以春分点为 0°起点，按黄经度数编排，但排序时仍把立春列为首位。太阳在黄道上每运行 15°为一个节气，每个节气之间度数均等，但因太阳在黄道上运动快慢不匀，故时间不均等，这种方法称为定气法。这种方法以太阳直射点在赤道（0°）时的春分为起点，此后北移到夏至，太阳直射点在北回归线（23°26′N）上；此后回头南移至秋分，太阳直射点又回到赤道（0°）；此后又继续南移到冬至，太阳直射点在南回归线（23°26′S）上；在此之后又返回向北移动。共历 24 个时间点，即二十四节气。“点”具体落在哪天，是天体运动的自然结果。现行按黄经度数划分的节气，也始于立春，终于大寒。

黄道、赤道、白道、银道

地球绕着自转轴自西向东旋转称自转，自转轴比较稳定地指向北天极，从北极上空看是逆时针旋转的。天体的东升西落和地球的昼夜更替现象就是这种自转产生的结果。地球自转的平面是赤道平面，地球自转的轨道是赤道，赤道是通过地心的一个大圆。

地球在轨道上绕太阳自西向东的运动叫公转，地球公转的轨道面为黄道平面，与之相垂直的是黄极。地球公转的轨道为黄道，像一个接近圆形的椭圆，太阳位于椭圆的焦点上。每年 1 月初，地球运行到离太阳最近的一个点，称为“近日点”，在近日点地球运行会快一些。7 月初，地球运行到离太阳最远的一个点，称为“远日点”，在远日点地球运行会

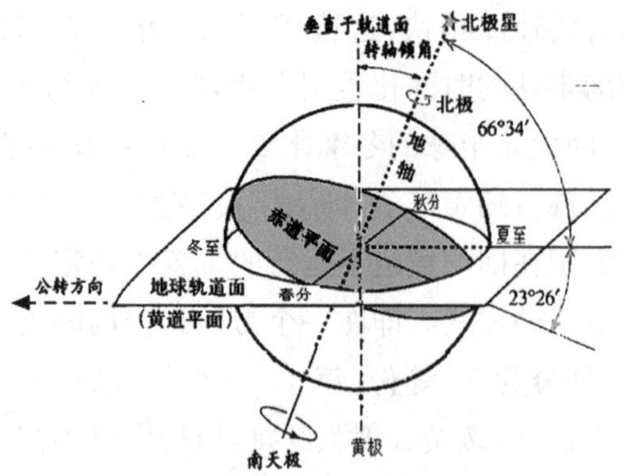

黄道、赤道与二分、二至关系图

慢一些。这是由于月球和其他行星等天体的引力影响地球的公转运动造成的，不管黄道面在空间的位置怎样变化，在任一时间这个平面总是通过太阳中心的。

由于地球是歪着身子围绕太阳公转的，也就是其自转轴垂直于赤道平面而不垂直于黄道平面，所以，赤道平面与黄道平面既不平行，也非共面，而是构成一个 23°26′的“黄赤交角”，也就是地球自转轴的倾角。因此，在一年中不同的时间，南半球和北半球受到的阳光照射不相等，这正是地球上会有四季变化和五带区分的根本原因。这种不平行也使地球自转轴与黄道面形成了 66°34′的交角。

两个平面与地球的交集所形成的大圆就是赤道和黄道，这两个平面的交叉点正好是一条地球直径线的两个端点，就是著名的春分点与秋分点。每年春分日太阳直射赤道，大约在公历的 3 月 21 日左右；之后太阳直射点开始向北移动，最北到达太阳直射北回归线，即为夏至，约在公历 6 月 22 日前后。之后太阳直射点开始回头向南移，再次直射赤道时就是秋分日，约在公历 9 月 23 日前后。之后太阳直射点继续向南移动，最南到达直射南回归线，就是冬至日，约在公历 12 月 22 日前后，然后回头再转向北移，重回到直射赤道，就是第二年的春分了。如此往复循环形成一年四季。地球围绕太阳公转，就是在太阳直射南北回归线和赤道这三条线之间来回移动的反复变化过程。

以地球为静止坐标系，月球绕着地球旋转，其轨道平面被称为白道面，其运动的轨道称白道。

天球上沿着银河画出的一个大圆称为银道，银道所在的平面称为银道面。

二十四节气名称及习俗简释

二十四节气的每个节气名称均有其独特的含义。《礼记 · 月令》和《吕氏春秋 · 十二纪》，对每个节气的时序起讫、气象变化、物候现象、人世活动、农事安排都作了详细的讲解，今撮其要简释如下。

立春节气

立春，为二十四节气之首，也是“岁”之首。北斗七星的斗柄指向东北艮位，太阳到达黄经 315°时为立春，交节在公历 2 月 4 日左右。之所以不确定，这是因为同一个节气，每年都要比前一年滞后 6 小时或 5 小时，遇到闰年则要提前 24 小时。这样，同一个节气在平年与前一年保持不变或滞后一天；在闰年与前一年保持不变或提前一天。所以，同一个节气的起始点就可能有三个不同的公历日期。

立，起始也；春，日暖草萌也；立春者，表示春季开始，阳气升发，万物复苏，开启了新一个轮回也。立春为节气“岁”首，春节为节日“年”首，二者不同。岁岁有立春，不一定年年有立春，某年可能无立春，也可能有双立春，如上所述，这是由于阴阳历转换造成的，即由于农历年长度有的年份短于回归年、有的年份长于回归年的缘故。回归年，指太阳自西向东沿黄道，从春分点到下一个春分点运行一周，所经历的时间，又称为太阳年。1回归年为365.2422日，即365天5小时48分46秒。

立春时节的气象变化，西风开始减弱，偏南风频数增加，气温明显回升。时序进入春天，呈现春草长莺飞，鸟语花香，万象更新之景象。立春是准备春耕播种的时节。立春为古代“四立”（立春、立夏、立秋、立冬）之一，“四立”为四季开始，其农业意义为“春种、夏长、秋收、冬藏”。

乡俗有一个验证“地气上升”的有趣方法：立春这天，用一根木棍插入地下尺余，然后拔出，将一根鸡毛放在地面留下的圆空上，立春时刻一到，鸡毛就会飞起来，以此证明地气萌动，春天到来。

立春时节的物候现象，显示为“一候（五日为一候）东风解冻，二候蛰虫始振，三候鱼陟负冰”。意思是：头五天东风送暖，大地开始解冻；中五天蛰居的虫类慢慢在洞中苏醒；后五天鱼上游到冰面下，因水面上还有没完全融化的碎冰片，故如同被鱼背负着一般浮在水面。

立春时节的民俗活动

当日天子率百官往东郊举行迎春之礼，祭祀上帝，祈求丰收。选日亲耕藉田，教民修整田界，准备春耕春种；禁止伐木，不毁鸟巢，不杀幼兽，不掏鸟卵，不聚众筑城，不举兵征伐。

祭迎春神句芒，并借句芒的服饰预告当年的气候状况：使戴帽则示春暖，使光头则示春寒，使穿鞋则示春雨多，赤脚则示春雨少。还有祭太岁，目的是化煞消灾、祈福纳吉。

制作春牛图像，外糊以红黄色纸，以象征当年五谷丰登。打春牛、鞭土牛，以提醒农人，春天已到，应不违农时，及时播种，以祈一年的五谷丰登。把鞭碎的春牛泥土，撒在牛圈，据说可以促进牛的繁殖。

民间还有吃春饼，赠春盘，食春菜、春卷等习俗，借以迎春、庆春。

民俗此时多出城探春、踏春。明袁宏道的《满井游记》就是写初春出城踏春的名篇。

阴历

也叫太阴历，古人把月亮叫“太阴”，所以叫阴历。主要是以月亮围绕地球运转的规律制定的，一个月叫“朔望月”。每月初一亏为朔日，十五盈为望日，月相盈亏循环一个周期，就是“朔望月”一月。由于阴历不考虑地球绕太阳的运行，因而使得四季的变化在阴历上就没有固定的时间，不能反映季节变化。

阳历

是按照太阳在黄道上运行的规律制定的，故称阳历。将360°圆周的“黄道”均分为24个节点，以春分为0°起点，每运行15°为一个“节气”，每个“节气”之间度数均等。但由于太阳运动快慢不匀，所以时间不均等，这样实际天象与节气日就不能完全对应，前后会波动一两日。节气日大体在2月4日左右。公历是一种阳历，因是从西方引进的，所以又叫西历或新历，相对于农历，则叫老历或旧历。

农历与闰年

由于太阳和月亮的运行周期不能完全匹配，这就造成了阴历与阳历每年大约相差11天。如果完全按照阴历来，有可能不出15年，我们就要在夏天过春节了。怎么办？

为解决这一问题，古人于是在阴历基础上融合阳历的成分，加入了阳历的二十四节气（二十四节气最初是依据干支历“斗转星移”制定的；现行的是依据太阳黄经度数制定的），作为指导农业生产的参考，从而形成一种兼顾太阳、月亮与地球关系的历法。由于二十四节气对农业生产有重要指导作用，所以人们就把这种历法称为“农历”，实属阴阳合历。因为农历原是从夏代开始发展下来的，所以，俗也误称为夏历。皇帝每年要在午门发布第二年的历法，所以农历又叫皇历，后讹为黄历。

为了弥补阴历与阳历每年的时间差，农历采用大约每 19 年中设置 7 个闰月，有了“置闰法”月的年份一年为 383 天或 384 天，称为闰年，比回归年多 19 天左右；无闰月的年份为 353 至 355 天，比回归年少了 11 天左右。这样，太阳回归年的平均长度就成了 365.2422 天，与阳历平均年的长度 365.2425 天，相差无几，两者就基本相适应了。

由于农历采用了这种闰月的方法，使农历无闰月的年份比回归年少了 11 天左右；而有闰月的年份又比回归年多了 19 天左右，于是闰年就有了 25 个节气，而无闰的平年则只有 23 个或 24 个节气。所以立春在农历年中的位置会呈现出 4 种情况：或在年初，或在年末，或在年初又在年末，或全年无立春日。

雨水节气

雨水，是二十四节气的第 2 个节气。斗柄指向壬位，太阳到达黄经 330°时为雨水，交节在公历 2 月 19 日左右。雨者，动词，降落也；水者，云所含水也；雨水者，意谓降雨开始时也，多为小雨或毛毛雨，有利于越冬作物的返青或生长，故俗言有“春雨贵如油”之说。

进入雨水节气，气候严寒多雪之时已过，气温回暖；北方地区尚春寒料峭，南方则已春意盎然，一幅早春的景象。然天气仍不稳定，忽冷忽热，乍暖还寒，多有寒潮。

雨水的物候现象，显示为“一候獭祭鱼，二候鸿雁来，三候草木萌动”，雨水节正处在数九的“七九”中，水面冰块融化，水獭开始捕鱼了，水獭喜欢把鱼咬死后放到岸边依次排列，像是祭祀一般，所以有了“獭祭鱼”之说；过五日，大雁开始从南方飞回北方；再过五日，地中阳气上腾，草木开始抽出嫩芽；菜花、杏花、李花渐次开放，像准时为雨水三候报信似的，大地渐渐呈现出一派欣欣向荣的景象。

农业方面，要做好小春越冬作物的田间管理，以及大春选种、春耕、春播的准备工作。雨水前后早晚温差大，不宜过早脱减外衣，注意“春捂”。此时养生重在调脾胃，防湿邪，重点是养肝。

主要的民俗有：①拉保保，或称拉干爹、撞拜寄，即父母给孩子认干爹干妈，为的是让子女能顺利、健康、平安地成长，取“雨露滋润容易成长”之意。②接寿，意为祝岳父岳母长命百岁。这天出嫁的女儿要同夫婿一起，带上礼物“罐罐肉”回娘家拜望父母，以感谢父母的养育之恩，女婿则对岳父岳母表示感谢和敬意。如是新女婿，岳父岳母还要回赠雨伞，让女婿出门奔波，能遮风挡雨，也有祝愿女婿人生旅途顺利平安的意思。③补天穿，节俗是象征性地补天。有的地方是把薄而圆的煎饼，放在或撕了扔在屋顶上，或以红丝缕系煎饼置于屋上。相传神话时代，天出了窟窿，大雨倾盆，洪水成灾。而天穿日又与雨水节时间接近，故人们以补天穿来祈祷“雨水之日，屋无穿漏”，所以也称之为补天漏、天穿节。④客家习俗则是，这天早上，家里的妇女、老人早早起来煎甜粄（bǎn），煎好后，家里人都不能吃，而是拿着煎好的甜粄到房屋里有墙缝、钉眼的地方抹上一点儿甜粄，以祈求新的一年美美满满，风调雨顺。

惊蛰节气

原名启蛰，因避汉景帝刘启之讳而改“启”为“惊”。是二十四节气中的第3个节气。斗柄指向丁位，太阳到达黄经345°时为惊蛰，交节日在公历3月5—6日，相当于阴历二月五日前后。惊者，雷动使惊起也；蛰者，冬眠的虫豸也；惊蛰，意谓春雷发声，惊醒蛰虫使惊起而出走也。实际上，昆虫是听不到雷声的，是大地回春，天气变暖，使昆虫结束冬眠而出。

惊蛰时节，正是大好的“九九”艳阳天，阳气上升，气温回暖，雨水渐多，春雷乍动，万物生机盎然，是万物生长的好时光，一年的春耕自此开始。正如农谚云“春雷响，万物长”“惊蛰到，闻雷声，震醒蛰伏越冬虫”。

惊蛰物候现象，显示为“一候桃始华，二候仓庚（鸧鹒，即黄鹂）鸣，三候鹰化为鸠”。意为惊蛰时节已进入仲春，桃红梨白，莺鸣燕飞，鹰也化为布谷鸟，温柔起来。桃花、棣棠、蔷薇渐次开放，像准时为惊蛰三候报信似的。所以，惊蛰是反映自然物候变化的一个节气。

惊蛰，是春耕开始的时节，该种的农作物都可以开始耕种了。农谚云“到了惊蛰节，锄头不停歇”“到了惊蛰节，九尽桃花开，春耕不能歇”。我国大部地区都已进入春耕大忙时节。

惊蛰习俗：①吃梨。惊蛰节气，乍暖还寒，气候比较干燥，很容易就让人感到口干舌燥，身体不舒服。因此，民间素有惊蛰吃梨的风俗习惯。②蒙鼓皮。民俗认为惊蛰这天响雷，是天庭雷神在击天鼓，所以，人间多在这时来蒙鼓皮，认为能让鼓声最响亮。《周礼·挥人》云：“凡冒鼓必以启蛰之日。”这是古人天人和谐思想的体现，认为凡事要顺应天时，才能达到最好的效果。③打小人。广东传说，白虎是口舌、是非之神，犯之会在年内遭邪恶小人兴风作浪，阻挠前程发展，引致百般不顺。因此，大家这天都要买纸，绘制一个黄色黑斑纹的纸老虎祭拜或击打，以化解是非。港澳地区则称“打小人”。

春分节气

春分，是二十四节气中的第4个节气。斗柄指向卯位，太阳直射赤道，达到黄经0°时为春分，交节在公历的3月21日前后。春者，春天也；分者，平分也；春分者，正当春之半也，所谓阴阳相半，昼夜均而寒暑平也，故名为春分，古时也称日中、日夜分。

从这天起，太阳直射位置渐向北移，北半球逐渐昼长夜短，南半球与之相反，故春分也称升分。春分一到，严寒逝去，雨水增多，气温回升较快，进入明媚的春天，中国大部分地区的越冬作物进入春季生长阶段。

春分物候现象，显示为：“一候玄鸟至，二候雷乃发声，三候始电”，意即头五日燕子返回，中五日春雷震发，后五日电光闪射。大地上，岸柳青青，莺飞草长，小麦拔节，油菜花香，桃李迎黄。

春分时节，大忙季节将要开始，春管、春灌、春耕、春种进入繁忙阶段。同时要预防倒春寒。俗话说“春分麦起身，肥水要紧跟”“一场春雨一场暖，春雨过后忙耕田”。

春分习俗

主要有：①立蛋。民谚有“春分到，蛋儿俏”。每年春分节，世界各地的人都会玩中国的这一古老而富有趣味的习俗，做“竖蛋”试验，已成为“世界性游戏”。②祭日。早在周朝就有春分祭日习俗，《礼记》有“祭日于坛”的记载。之后这一习俗为历代所承传。日坛坐落在北京朝阳门外，又叫朝日坛，是明、清两代皇帝在春分这一天祭祀大明(太阳)神的地方。体现了先民对自然的崇拜。③吃春菜。孔子有言:“不时,不食。”意思是,食物要吃应时节的。春菜顾名思义,是春天的蔬菜。我国自古有春分吃春菜的风俗。“春菜”有名的是野苋菜,乡人或称“春碧蒿”。春分到来,人们都会去采摘些野春菜,采回来做成“春汤”食用。民俗赞道:“春汤灌脏,洗涤肝肠;阖家老少,平安健康。”④送春牛。春分有些地方有送春牛图的习俗。把二开红纸或黄纸印上全年农历节气,再印上农夫耕田图样,名曰“春牛图”。送图者主要说些春耕和吉祥不违农时的俗语,每到一家即景生情,说得主人乐而给钱为止。⑤祭百鸟、粘雀子嘴。春分这天,农家都要吃汤圆,并把 10 多个煮好的无心汤圆,用细竹扦叉好置于田边地坎,名曰祭祀百鸟,或称粘雀子嘴,为的是避免雀子来破坏庄稼,承载着人们对于农耕丰收的期盼。春分,也是人们出门踏青、放风筝,进行户外活动的时节。有的地方还有春分时簪花喝酒习俗。

此外,春分时节,日常饮食要遵循阴阳平衡原则,保持机体功能的平衡、协调、稳定也十分重要。

春分虽是中国的农历节气,世界上伊朗人、土耳其人、阿富汗人、乌兹别克斯坦人、墨西哥人和美国印第安后裔也都传承着欢庆春分的习俗。二十四节气在 1000 多年前已传入日本,有的还被列入日本的法定祝日(节日)。在越南的传统历法中,也保留了大部分“二十四节气”。

清明节气

清明,是二十四节气中的第 5 个节气。斗柄指向乙位,太阳黄经到达 15°时为清明。兼具自然与人文两大内涵,既是二十四节气之一,也是传统祭祖节日。清者,吐故纳新,生气旺盛,万物皆洁齐也;明者,大地呈现春和景明之象也;清明者,万物皆新生而清洁,呈春和景明之象也,故曰清明。(详见《十一、黄帝兴起菏郢地》)

谷雨节气

谷雨,是二十四节气中的第 6 个节气,春季的最后一个节气。斗柄指向辰位,太阳黄经为 30°时为谷雨节气,交节在公历 4 月 20 日前后。谷者,指百谷也;雨者,绵绵春雨也;谷雨者,言助生百谷之雨也。此时,田中秧苗初插,作物新种,最需要雨水的滋润,降雨充足及时,才利于谷物茁壮成长。是古代农耕文化对于节令的反映。

谷雨气候特点,主要是气温升高,春雨绵绵,空气中的湿度进一步加大,是庄稼生长的最佳时节。

谷雨物候现象,显示为“一候萍始生,二候鸣鸠拂其羽,三候戴胜降于桑”,意思是说,谷雨后降雨量增多,浮萍开始生长;接着布谷鸟便开始飞来提醒人们该播种了;然后是桑树上开始见到戴胜这种织网之鸟,提示蚕妇该养蚕了,所谓“女功兴而戴鵟鸣”也。

农事活动。谷雨,意为雨生百谷,正是播种的好时机,也是越冬作物冬小麦的抽穗扬花期,又是春播作物玉米、棉花的幼苗期。这些作物都需要充沛的雨水来促进发育生长。

谷雨民俗

主要有:①喝谷雨茶。谷雨茶指谷雨这天上午采的鲜茶叶制成的茶,色泽翠绿,叶质柔软,富含多种维生素和氨基酸,香气宜人。传说谷雨这天的茶喝了会清火、辟邪、明目等。所以谷雨这天不管是什么天气,人们都会去茶山摘一些新茶回来喝。②赏牡丹。俗谚“谷雨三朝看牡丹”，牡丹花被称为谷雨花、富贵花，谷雨时节赏牡丹已绵延千年。至今，山东菏泽、河南洛阳都会在谷雨时节举行牡丹花会，供人们观赏游玩。③祭仓颉。清明祭黄帝，谷雨祭仓颉，是自汉代以来流传千年的民间传统。据《淮南子》记载，黄帝于春末夏初发布诏令，宣布仓颉造字成功，当天下了一场谷子雨。仓颉死后，人们把他安葬在他的家乡陕西白水县史官镇北，并在墓门上刻了一副对联“雨粟当年感天帝，同文永世配桥陵”，故每年的谷雨，陕西白水县都会如期举行仓颉庙会。④吃春。谷雨前后，鲜椿芽中含丰富的蛋白质、胡萝卜素和大量的维生素C，其叶、芽、根、皮和果实均可入药，具有健胃理气、止泻润肤等多种功效，既醇香爽口又营养价值高，故有“雨前香椿嫩如丝”之说。故人们把春天采摘、食用香椿说成是“吃春”。香椿分紫椿芽、绿椿芽，以紫椿芽最佳。⑤祭海。在中国北方沿海一带，渔民们过谷雨节祭海已有2000多年的历史。海祭时刻一到，渔民便抬着供品到海神庙、娘娘庙前摆供祭祀，有的则将供品抬至海边，敲锣打鼓，燃放鞭炮，面海祭祀，场面十分隆重，这一习俗在今天胶东荣成一带仍然流行。所以，谷雨节也叫渔民出海捕鱼的“壮行节”。⑥走谷雨。古时谷雨这天青年妇女有走村串亲或到野外走一圈就回来的习俗，叫走谷雨。寓意与自然相融合，强身健体，体现了天人和谐的思想。⑦谷雨贴。谷雨贴指谷雨以后气温升高，病虫害进入高繁衍期，为了减轻病虫害对作物及人的伤害，农家一边进田灭虫，一边张贴谷雨贴，进行驱凶纳吉的祈祷。这一习俗反映了人们驱除害虫及渴望丰收平安的心愿。谷雨贴，形式类似年画，上面刻绘神鸡捉蝎、天师除五毒形象或道教神符，有的还附有诸如“太上老君如律令，谷雨三月中，蛇蝎永不生”“谷雨三月中，老君下天空，手持七星剑，单斩蝎子精”等文字说明。

立夏节气

立夏，是二十四节气中的第7个节气，夏季的第1个节气。斗柄指向东南方，太阳黄经到达45°时为立夏，交节在公历5月6日前后。立者，起始也；夏者，大也；立夏者，万物至此皆开始长大也。是标示万物进入生长旺季的一个重要节气。

立夏表示告别春天，夏天开始。日照增加，气温升高，雷雨增多，农作物进入了茁壮成长阶段。万物繁茂，槐花飘香。南方进入汛期，北方天气则仍十分干燥。进入立夏时节，人们的新陈代谢也加快，心脑血液供给常显不足，因感暑热之气，常使人出现烦躁不安，倦怠懒散，食欲不振，心烦气虚等症状，称为疰(zhù)夏。也当合理安排作息，补充营养，进行正确养生保健。

立夏物候现象，显示为“一候蝼蝈鸣，二候蚯蚓出，三候王瓜生”，意思是说，在这时节，青蛙开始聒噪着夏日的来临，蚯蚓也忙着帮农民翻松泥土，乡间田埂的野菜也都争相出土速长。描述了孟夏之初的物候景象。

农事活动。立夏时节，夏收作物进入生长后期，冬小麦扬花灌浆，油菜接近成熟，夏收作物年景基本定局，故农谚有“立夏看夏”之说。水稻栽插以及其他春播作物的管理也进入了大忙季节。尤要注意防治各种病虫害等。

立夏民俗

主要有：①迎夏仪式。立夏的气候变化关系到自然节律和农业生产。古人非常重视立夏的礼俗，在立夏这天，有举行迎夏仪式的习俗，天子率百官迎夏于南郊，并祭祀炎帝和祝融。君臣一律穿朱色礼服，配朱色玉佩，连马匹、车旗都要朱红色的，以表达对丰收的企求和美好的愿望。民间以立夏日的阴晴测一年的丰歉，认为立夏时下场雨最好，民谚有“立夏不下，旱到麦罢”“立夏不下雨，犁耙高挂起”。②尝新活动。南方地区有“立夏尝三鲜”的风俗。人们先以“三鲜”祭祖，然后人们尝食。三鲜有地三鲜（蚕豆、苋菜、黄瓜），树三鲜（樱桃、枇杷、杏子），水三鲜（海蛳、河豚、鲥鱼）。所指各地不同。各家酒店立夏这天还有对老顾客奉送酒酿、烧酒的习俗，不取分文，因此也把立夏叫作“馈节”。③斗蛋游戏。斗蛋是小孩子玩的游戏。用白水带壳煮囫囵蛋（蛋壳不能破损），经冷水浸过，然后装在用彩丝线编成的网兜里，让孩子挂在脖子上，比比谁的蛋壳硬。办法是：各自手持鸡蛋，尖者为头，圆处为尾，蛋头撞蛋头，蛋尾击蛋尾，一一斗过去，斗破了壳的，为输，自己把蛋吃掉。最后留下的那个斗不破的被尊为“蛋王”。斗蛋的作用，据民间说法是“立夏胸挂蛋，小人疰夏难”。“立夏蛋，满街甩”也算一道风景。④立夏称人。立夏吃罢中饭有称人的习俗。人们在村口挂起一杆大木秤，秤钩悬一个凳子，大家轮流坐到凳子上面称人。司秤人一面打秤花，一面讲着吉利话。据说立夏称人可给人带来福气与好运。

小满节气

小满，二十四节气中的第 8 个节气，是夏季的第 2 个节气。斗柄指向巳位，太阳达黄经 60°时为小满，交节在公历 5 月 21 日前后。小者，初始，小有也；满者，雨水盈满，夏熟作物籽粒开始灌浆也；小满者，雨水渐满，夏熟作物籽粒开始灌浆，小得盈满也。小满是反映降水的节气，意味着开始进入了大幅降水的雨季。

小满节气期间，在南方地区一般会降雨多、雨量大，会出现持续大范围的强降水，造成暴雨或特大暴雨。小满中的“满”，是指雨水盈满，如民谚所说“小满小满，江河渐满”。小满时节如果雨水不足，就可能造成田坎干裂，甚至芒种时也无法栽秧，即民谚所谓“小满不满，干断田坎”“小满不满，芒种不管”。小满前后，冷暖交汇频繁，强对流天气也时有发生，要特别警惕暴雨、狂风、雷电等天气。

在北方地区，小满节气期间，降雨则很少或无雨，但气温上升很快。小满的这个“满”不是指降水多了，而是指小麦等夏熟作物籽粒开始灌浆，只是小得盈满，还没有完全饱满成熟，所以叫小满，是表示物候变化的节气。

小满时节的物候现象，显示为“一候苦菜秀，二候靡草死，三候麦秋至”，意思是说小满节气后，苦菜已经枝叶繁茂；之后，喜阴的一些枝条细软的草类在强烈的阳光下开始枯死；在小满的最后一个时段，麦子开始成熟。

农事活动。小满时节，中国大部分地区已相继进入夏季，南北温差进一步缩小。降雨量充足而及时，谷类作物能茁壮成长。在一些稻作区，小满及时插秧，可保证收获季节开镰割稻。江南地区有“小满动三车，忙得不知他”的谚语。北方地区以旱田为主，农作物品种及其生长状况则有明显的不同。北方冬小麦已进入产量形成的关键阶段，应加强后期肥水管理，促进冬小麦充分灌浆，提高籽粒重量。还要防御高温、干旱和大雨、大风造成的危害。

小满民俗

主要有：①祭车神。这是一些农村地区古老的习俗。旧时水车对农村车水排灌是大事，水车在小满时节启动时，要祭车神白龙，车水前，在基座上放鱼肉、香烛等举行祭拜，祭品中有白水一杯，祭时泼入田中，有祝水源涌旺之意。这充分表示人们对水利排灌的重视。②祈蚕节。中国农耕文化有“男耕女织”的风俗。北方女织以棉花为主,南方以蚕丝为主。南方农村养蚕兴盛,相传小满为蚕神诞辰,江浙一带有在小满节气期间过祈蚕节的风俗。③食苦菜。苦菜是中国古人最早食用的野菜之一。《本草纲目》记载:苦苦菜久服,有安心益气,轻身、耐老的作用。医学上多用来治疗热症,古人还用它醒酒。俗谚“春风吹,苦菜长,荒滩野地是粮仓”,所以小满民间有食苦菜的习俗。④抢水。小满时节容易出现干旱,对农作物非常不利,旧时农民用水车车水排灌,以缓解旱情。所以浙江海宁一带流传有抢水的习俗。由年长执事者召集各户,在确定好的日期的黎明时分燃起火把,在水车基上吃麦糕、麦饼、麦团,待执事者以鼓锣为号,众人以击器相和,踏上小河汊上事先装好的水车,数十辆一齐踏动,把河水引灌入田,至河汊水干方止。抢水反映了人们对水的重视。

芒种节气

芒种,是二十四节气的第 9 个节气,夏季的第 3 个节气。斗柄指丙位,太阳黄经达 75°时为芒种,交节在公历 6 月 6 日前后。芒者,指有芒(植物顶端的芒刺)的作物;种者,播种也。芒种者,意为北方有芒的麦子赶快地收,南方有芒的稻子紧忙着种,过此即失机矣,故称芒种,也称忙种。

芒种时节,气候特点是气温显著升高,雨量充沛,空气湿度大,高温闷热,进入梅雨时节。适宜黍、稷、晚稻等谷类作物种植。也是种植农作物时机的分界点,过此之后再种,成活率就越来越低了。

芒种物候现象,显示为“一候螳螂生,二候鵙(jú,即伯劳)始鸣,三候反舌无声”,意思是,芒种节气中,螳螂在上一年深秋产的卵因感受到阴气而破壳生出小螳螂;喜阴的伯劳鸟开始在枝头出现,并感阴而鸣;与此相反,能够学习其他鸟叫的反舌鸟,却因感应到了阴气的出现而停止了鸣叫。

农事活动。芒种节气,是谷类作物收获或播种的节令,是一年中最忙的时节。南方地区人们忙着插秧种稻,北方地区人们则忙着割麦打场。必须抓紧时间,抢收抢种。农谚云“芒种忙,忙着种”。民间有“芒种不种,再种无用”的谚语,意味着这时节已是较晚的播种期了,必须抢时播种。从芒种开始一直到大暑,都是一年中万物狂长的旺季,这是古代农耕文化对于节令的反映。

芒种民俗

主要有:①送花神。农历二月二花朝节上迎花神。芒种已近五月间,百花开始凋残、零落,已无鸟语花香,民间多在芒种日举行祭祀花神仪式,饯送花神归位,同时表达对花神的感激之情,盼望来年再次相会。此俗今已不存。然从《红楼梦》第二十七回中,人们仍可一窥大户人家芒种节为花神饯行的热闹场面。②安苗祭。这是皖南的农事习俗。芒种时节,插完水稻,为祈求秋天有个好收成,各地都要举行安苗祭祀活动。农家用新麦面蒸发包,把面捏成五谷六畜、瓜果蔬菜等形状,然后用蔬菜汁染上颜色,作为祭祀供品,以祈求五谷丰登、村民平安。③打泥巴仗。贵州东南部一带的侗族青年男女,每年芒种前后都要举办打泥巴仗节。当天,新婚夫妇由要好的男女青年陪同,集体插秧,边插秧边打闹,互扔泥巴。活动结束,身上泥巴最多的,就是最受欢迎的人。④煮梅。南方的五六月是梅子成熟的季节,青梅含有多种天然优质有机酸和丰富的矿物质,具有净血、整肠、降血脂、消疲劳、美容颜、调节酸碱平衡、增强人体免疫力等独特的保健功能。但是，新鲜梅子大多味道酸涩，难以直接入口，需加工后方可食用，这种加工过程便是煮梅。所以，南方承三国时“青梅煮酒论英雄”之典故，有煮梅的习俗。端午节煮梅，斗转星移，每隔两年就有一次端午节出现在芒种期间，所以，端午节也有煮梅子的习俗。

夏至节气

夏至，是二十四节气的第 10 个节气，也是民间“四时八节”中的一个节日。斗柄指午位，太阳黄经 90°时为夏至，交节在公历 6 月 21—22 日。夏至这天，太阳几乎直射北回归线，正午时分会出现短暂的“立竿见影”现象。夏者，大也、最也；至者，达于极也。夏至者，太阳最北，角度最高，气温最热，白昼最长，日影最短，皆达于最极也，故曰夏至。夏至是太阳北行的转折点，夏至过后太阳将回头向南移动。我国北回归线以北的地区，夏至日过后，正午太阳高度开始逐日降低，北回归线以南的地区，正午太阳高度经过南返的太阳直射后也开始逐日降低。

夏至，理论上是最热的一天，但实际上未必。而是意味着炎热的天气才正式开始，之后的天气会越来越热，故民间有“夏至不过，不热”的说法。夏至后虽然太阳直射点逐渐南移，北半球大部分地区白天一天比一天缩短，黑夜一天比一天加长，但由于太阳辐射到地面的热量仍在继续积蓄，地面受热强烈，故在以后的一段时间内，气温将继续升高，还可能出现桑拿天。

热在三伏

“热在三伏”是民间的口头语。三伏，夏至后的第三个庚日为初伏 10 天，第四个庚日为中伏 10 天，立秋后第一个庚日为末伏 10 天。如果立秋日及其后两天出现庚日，则中伏为 10 天，否则中伏为 20 天。故有些年份伏天 30 天；有些年份伏天则 40 天，并居多数。

伏，潜伏也，是五行家对季节的另类安排。五行家以“伏”为“土”，故“伏”表示阴气受阳气所迫藏伏地下。三伏天是全年中天气最热、气温最高、阳气最盛的三四十天，是按农历计算的，大约处在公历的 7 月中旬至 8 月上旬之间，所以，“伏”又称“长夏”，人宜伏不宜动。

夏至以后地面受热强烈，空气对流旺盛，午后至傍晚常易形成骤来疾去的小范围雷阵雨，故俗言“夏雨隔田坎”。正如刘禹锡所描写的“东边日出西边雨，道是无晴却有晴”。民间把夏至后的 15 天分成 3“时”，头时 3 天，中时 5 天，末时 7 天。这期间中国大部分地区气温较高，日照充足，作物生长很快，生理和生态都需要较多的水。故俗有“夏至雨点值千金”之说。《荆楚岁时记》云：“六月必有三时雨，田家以为甘泽，邑里相贺。”反映了此时降雨特点。不过夏至期间，正值长江中下游、江淮流域梅雨季节，频频出现暴雨天气，容易形成洪涝灾害，甚至对人民生命财产造成威胁，应注意加强防汛工作。梅雨季节，正是江南梅子黄熟期，空气非常潮湿，冷、暖空气团在这里交汇，会导致阴雨连绵的天气。器物发霉，人体也觉得不舒服，蚊虫繁殖速度很快，肠道性的病菌也很容易滋生。要注意饮水的卫生，尽量不吃生冷食物，防止传染病发生和传播。

夏至物候现象，显示为“一候鹿解角，二候蝉始鸣，三候半夏生”，意思是说，夏至日阴气生而阳气始衰，所以阳性的鹿角便开始脱落；而麋鹿因属阴，所以在冬至日角才脱落；雄性的知了在夏至后因感阴气之生，于是开始鼓翼而鸣；半夏是一种喜阴的药草，因在仲夏的沼泽地或水田中出生，所以称半夏；在炎热的仲夏，喜阴的开始出现，而阳性的生物则开始衰退。

农事活动。夏至前后，淮河以南早稻抽穗扬花，加强田间水分管理，既满足水稻结实对水分的需要，又能透气养根，保证活熟到老，提高籽粒重。俗话说“夏种不让晌”，夏播工作要抓紧扫尾，已播的要加强管理，力争全苗，并应及时间苗定苗，或移栽补缺。农谚有“夏至不锄根边草，如同养下毒蛇咬”，夏至时节农作物生长旺盛，杂草、病虫迅速滋长蔓延，所以要抓紧中耕锄地，确保增产。

夏至民俗

主要有：①拜神祭祖。这是自古就有的习俗。夏至日正是新麦收后，农家为感谢神祖恩赐并庆祝丰收，都举行祭祀神祖活动，以祈求秋丰消灾，民俗称为“过夏麦”节。②消夏避伏。夏至日，妇女们有互相赠送折扇、脂粉的习俗，借以生风，以散体热，消除浊气，防生痱子。③夏至吃面。自古以来，中国民俗有“冬至饺子夏至面”的说法。夏至吃面是很多地区的重要习俗。夏至新麦下场，吃凉面，既是尝新，也取清凉之意。④歇夏避暑。夏至既是节气，也是民间的重要节日，古称夏节或夏至节。清代之前还曾全国放假，以便回家与亲人团聚畅饮，并避夏日酷暑，名曰歇夏。宋代《文昌杂录》有“夏至之日始，百官放假三天”。⑤有的地方，夏至食粽，并取菊为灰用来防止小麦受虫害。⑥有的地方擀面烙薄饼，夹以青菜、豆腐、腊肉，祭祖后食用或赠送亲友。⑦有的地方到外婆家吃腌腊肉，说是吃了就不会疰夏。各地风俗各有差异。

小暑节气

小暑，是二十四节气的第 11 个节气。斗柄指丁位，太阳到达黄经 105°时为小暑，交节在公历 7 月 6—8 日。小者，少加也；暑者，炎热也；小暑者，小热也，意为天气开始炎热，但还没到最热，故曰小暑。小暑虽不是一年中最炎热的季节，但自小暑起开始进入伏天，预示最热的大暑时期就要到来。民间有“小暑大暑，上蒸下煮”之说。俗言“热在三伏”，三伏天通常出现在小暑与处暑之间，是一年中气温最高的时段。阳光强烈，高温潮湿多雨，雷暴频繁，是万物狂长之时，极有利于农作物的成长，但也容易造成灾害。

小暑开始，江淮流域梅雨季先后结束，盛夏开始，气温升高，多连晴高温，开始进入伏旱期，出现东旱西涝的现象。华北、东北地区则进入多雨季节。

小暑物候现象，显示为“一候温风至，二候蟋蟀居宇，三候鹰始鸷”，意思是说，小暑时节大地上便不再有一丝凉风，而是所有的风中都带着热浪；小暑节气，由于炎热，蟋蟀离开了田野，到庭院的墙角下以避暑热；在这一节气中，老鹰因地面气温太高，便带领幼鹰，从鸟巢中飞出来，在清凉的高空中翱翔，并先已感知肃杀之气将至，开始教幼鹰学习飞行搏杀猎食的技术。

农事活动。小暑前后，除东北与西北地区收割冬、春小麦等作物外，农业生产上主要是要忙田间管理。小暑节气期间早稻、春玉米处于灌浆乳熟期，是籽粒形成的关键之时。农事活动以防止早衰、促进灌浆、提高千粒重为目标，生产上需注意预防高温逼熟和干旱灾害。中稻、夏玉米处于营养生长向生殖生长转换期，需水量大，过早断水不利于有效分蘖形成和幼穗分化，夏玉米则可能出现卡脖旱而导致严重减产。棉花处于花铃期，晚稻处于秧田期，需注意保持沟渠通畅，防止渍涝。此外，小暑期间天气条件好，是开展病虫防治等田间作业的有利时机。

小暑民俗

主要有：①食新。是南方民间的习俗。农民将新打的米、麦等磨成粉，制成各种面饼、面条，先供祀五谷大神和祖先，然后全家吃尝新酒，或同邻居乡亲分享，以表达对丰收的祈愿，恳请保佑风调雨顺。②吃饺子。北方地区有“头伏饺子二伏面，三伏烙饼摊鸡蛋”的说法。头伏吃饺子是传统民俗，伏日人们食欲不振，俗谓之苦夏，而饺子在传统习俗里正是开胃解馋的食物，俗语云“好吃不过饺子”。且饺子的外形像元宝，兼有“元宝藏福”的意味，所以，吃饺子象征着福气满满。

大暑节气

大暑，是二十四节气中的第 12 个节气，也是夏季最后一个节气。斗柄指未位，太阳黄经为 120°时为大暑，交节在公历 7 月 22—24 日。大者，最也、极也；暑者，热也。大暑者，指炎热之极，热到顶点也；是一年中日照最多、最炎热的节气，其烈甚于小暑，故曰大暑。

大暑气候，正值“三伏天”里的“中伏”前后，是一年中最热的时段。阳光猛烈，高温酷热，雨量充沛，雷暴台风频繁。所谓“湿热交蒸”，令人难熬，然却有利于农作物成长，农作物在此期间成长最快。

大暑物候现象，显示为“一候腐草为萤，二候土润溽暑，三候大雨时行”，意思是说，每到大暑时节，由于气温偏高又有雨水，细菌容易滋生，许多枯死的植物潮湿腐化，到了夜晚，经常可以看到萤火虫在腐草败叶上飞来飞去寻找食物。另外土壤高温潮湿，很适宜水稻等喜水作物的生长。在这雨热同季的潮热天气，天空中随时都会有大雨落下。

农事活动。大暑前后是一年中温度最高的时候，农作物生长也最快。农耕生产与地理气候条件密切相关。我国的降水主要集中在夏季，尤其是大暑节气，高温酷热，雨量充沛，是万物狂长的时节。在高温季节，农作物生长旺盛，需要大量水分，而夏季正是我国降水最多、最集中的季节，高温期与多雨期一致，水热搭配好，对农作物的生长十分有利。光照充足、降水丰沛、高温湿润的雨热同期是我国非常优越的气候资源，十分适宜农作物生长。

大暑民俗

主要有：①喝伏茶。大暑是一年中天气最热、湿气最重的时节，此时养生保健的重点自然是防暑和祛湿。所以，自古以来，民间有大暑三伏天饮凉茶的习俗；因是三伏天饮的茶，故称伏茶。这种用金银花、夏枯草、甘草等十多味中草药煮成的茶水有清凉祛暑的作用。古时，农村还有个习俗，就是在村口的凉亭里放些茶水，免费给来往的路人喝，体现了中华民族的爱心。②送“大暑船”。浙江沿海地区，大暑节前后常有疫病流行，为保一方平安，好多渔村都有送“大暑船”习俗。人们抬着制作好的大暑船，载着“五圣（五瘟神）”和各种祭品，鼓号喧天，鞭炮齐鸣，把“五圣”送出海，然后点燃，任其沉浮，意在送暑祈福，保民平安，以此祈盼五谷丰登、生活安康。③晒伏姜，是山西、河南等地的习俗。三伏天时人们会把生姜切片或者榨汁后与红糖搅拌在一起，装入容器中蒙上纱布，于太阳下晾晒，待充分融合后食用。据说对老寒胃、伤风咳嗽等有奇效，并有温暖保健的功效。④烧伏香。有的是在伏天里用药香熏烤特定的穴位，可以治疗多种顽固的疾病。有的则是因大暑节气气温最高，旱、涝、风灾频繁，因此百姓有烧香祈福，以祈求风调雨顺、百谷丰登的习俗。⑤台州有大暑节气吃姜汁调蛋的风俗，能祛除体内湿气，有“补人”作用。也有的老人喜欢吃鸡粥，谓能补阳。莆田人家有吃荔枝、羊肉和米糟的习俗，叫过大暑。台湾地区则有大暑节气吃凤梨的习俗。日本则大暑吃冷面，以防中暑。

立秋节气

立秋，是二十四节气中第 13 个节气，秋季的第 1 个节气，也是古时“四时八节”之一。斗柄指向西南，太阳到达黄经 135°时为立秋，交节在公历 8 月 8 日前后。立秋阳气渐收、阴气渐长，是由阳盛逐渐转变为阴盛的节点。立者，起始也；秋者，庄稼枯黄也；立秋者，庄稼开始从繁茂成长趋向成熟枯黄之时也。所以，也是一年中万物开始从繁茂成长趋向萧索枯萎的转折点。

立秋节气候，降水、湿度等趋于下降或减少，开始由夏季的多雨湿热过渡向少雨干燥气候。万物随阳气下沉而逐渐萧疏而枯黄，并开始落叶。然并不代表酷热天气就此结束，立秋还是在中伏暑热时段，尚未出暑，天气仍然很热。民谚有“大暑小暑不算暑，立秋处暑正当暑”。立秋不是热与凉的分水岭，立秋后至少还有一伏的酷热天气，故有“秋后一伏”之说。所以，暑气一时难消，想要马上凉爽为时尚早，还有“秋老虎”的余威。故中医把立秋至秋分前这段日子称为“长夏”。真正有凉意一般还要到白露节气之后。

立秋物候现象，显示为“一候凉风至，二候白露生，三候寒蝉鸣”，意思是说，立秋过后，刮风时人们会感觉到一丝凉爽了，此时的风已不同于夏天的热风；接着，大地上早晨会有雾气凝露产生；随后秋天感阴而鸣的寒蝉也开始鸣叫了。

农事活动。立秋是庄稼快成熟的时期，对农民十分重要，有农谚说“雷打秋，冬半收”“立秋晴一日，农夫不用力”。立秋前后大部分地区气温仍然较高，各种农作物生长趋熟。中稻开花结实，单晚圆秆，大豆结荚，玉米抽雄吐丝，棉花结铃，甘薯薯块迅速膨大，此时对水分要求都很迫切，若受旱会给农作物最终收成造成难以补救的损失。所以有“立秋三场雨，秕稻变成米”“立秋雨淋淋，遍地是黄金”之说。双晚稻生长在气温由高到低的环境里，则必须抓紧温度较高的有利时机，追肥耘田，加强管理。

立秋民俗

主要有：①祭土地神。立秋节，是期望收获的季节，古代民间有祭祀土地神，庆祝丰收的习俗。还有以西瓜、四季豆尝新、祭奠祖先的风俗。在南方有立秋“啃秋瓜”的习俗。民国时期出版的《首都志》记载：“立秋前一日，食西瓜，谓之啃秋。”既为防秋燥，也有迎接秋天到来之意。②晒秋。这是一种典型的农俗现象，具有极强的地域特色。在湖南、广西、安徽、江西等生活在山区的村民，由于地势复杂，村庄平地极少，只好利用房前屋后及自家窗台屋顶架晒、挂晒农作物，久而久之就演变成一种传统农俗现象。③有的农村地区，在立秋这天的白天或夜晚，有预卜天气凉热之俗。宋时，立秋这天，宫内要把栽在盆里的梧桐移入殿内，等到立秋时辰一到，太史官便高声奏道：“秋来了。”奏毕，梧桐应声落下一两片叶子，以寄寓报秋之意，即成语所谓的“落叶知秋”“一叶知秋”。④贴秋膘。在清代，立秋节这天会流行悬秤称人，并和立夏日所称之数相比，以验夏中之肥瘦。瘦了就需要“补”，即所谓“贴秋膘”，在立秋这天吃各种各样的肉，炖肉、烤肉、红烧肉等等。各地习俗不一，补的食物也是五花八门，吃小赤豆、吃饺子、吃清凉糕、吃西瓜、吃秋桃、吃龙眼等等，总之，尽显中华节日美食之风俗。

处暑节气

处暑，是二十四节气之第 14 个节气。斗柄指申位，太阳黄经达 150°时为处暑；交节在公历 8 月 23 日前后。处者，终止隐退也；暑者，炎热也；处暑者，即出暑，暑气至此而止，炎热隐退离去也。

时至处暑，太阳直射点继续南移，辐射减弱，气温下降，天气由炎热向凉爽过渡，暑气逐渐退去。但并未真正凉爽，仍会出现“秋老虎”短期回热天气。真正开始有凉意一般要到白露之后。三北地区随着雨季结束，则率先开启了秋高气爽的天气。

处暑物候现象，显示为“一候鹰乃祭鸟，二候天地始肃，三候禾乃登”，意为，处暑之初，老鹰开始大量捕猎鸟类；接着天地间万物开始凋零；随后成熟的黍、稷、稻、粱等农作物，纷纷收割登场。

农事活动，处暑时节，中国大部分地区林果和农作物陆续进入成熟期，由于日夜气温差增大，庄稼成熟很快，农民加紧采收。故农谚有“处暑谷渐黄，大风要提防”“处暑满田黄，家家修廪仓”之语，说明处暑节气后，作物很快要收获了。

处暑民俗

主要有：①祭祖迎秋。处暑节气前后有庆祝中元节的习俗，其间都会举行普度布施活动。由七月初一开鬼门起始，搭建普度坛，架设孤棚，穿插抢孤等行事，然后竖灯篙，放河灯，招致孤魂，最后至月末关鬼门结束。如今已成为祭祖的重大活动。②吃鸭子。俗谚有“七月半鸭，八月半芋”之说，古人认为农历七月中旬的鸭子最肥美有营养。处暑这天，老北京人都会去买处暑百合鸭；而江苏地区，做好鸭子菜要端一碗送给邻居，所谓“处暑送鸭，无病各家”。③放河灯。即在水中放河灯，任其漂流，借以悼念逝者，祈保平安。④开渔节。处暑以后，是渔业收获期，沿海地区常会举行多种活动，欢送渔民出海，期盼渔业丰收。⑤拜土地爷。处暑节气正值农作物收获时刻，农家纷纷举行各种仪式来拜谢土地爷。或杀牲到土地庙祭拜，或把旗幡插到田中央表示感恩。这天从田里干活回家不能洗脚，恐把到手的丰收洗掉。民间还盛行祭祀土地和庄稼之俗，将供品撒进田地，再用剪成碎条的五色纸，缠绕在农作物的穗子上，表示对土地和庄稼的感谢。传说可以避免冰雹袭击，获得大秋丰收。⑥泼水狂欢。云南西双版纳有泼水狂欢的习俗，既是庆祝丰收，也可降温防秋燥。

白露节气

白露，是二十四节气中的第 15 个节气，秋季第 3 个节气。斗柄指向庚位，太阳达黄经 165°时为白露；交节在公历 9 月 8 日前后。白露，秋露也；秋属金，金色白，以白形容秋露，故称之曰“白露”，意为靠近地面的水汽夜间遇冷凝结成的白亮小水珠。这个节气表示孟秋结束而仲秋开始，是个反映自然界寒气增长的节气。

白露节气，夏季风逐渐转为冬季风，冷空气转守为攻，加上太阳直射点南移，北半球日照时间变短，光照强度减弱，地面辐射又散热快，所以温度下降速度加快，基本结束了暑天的闷热，秋高气爽，丹桂飘香，天气转凉，寒生露凝。白昼阳光虽还尚热，但傍晚后气温下降迅速，故昼夜温差大。俗有“白露秋分夜，一夜凉一夜”之说。

白露物候现象，显示为“一候鸿雁来，二候玄鸟归，三候群鸟养羞(馐)”，意思是说，白露之日，候鸟鸿雁从北方归来；又五日燕子也南飞避寒；又五日百鸟开始贮存干果粮食以备过冬。民谚有云“白露秋风夜，雁南飞一行”“立秋知了催人眠，处暑葵花笑开颜，白露燕归又来雁，秋分丹桂香满园”。

农事活动。白露时节，正是中国各地大忙时节。相继开始收获谷子、高粱、大豆、水稻；一些地方开始采摘新棉。秋收的同时，还要加紧腾茬、整地、送肥，抢种小麦。晚秋作物如玉米、甘薯等要加强田间管理，促使其早熟，避免低温霜冻造成危害。同时注意防治病虫害。

白露民俗

主要有：①收清露。《本草纲目》记载：“秋露繁时，以盘收取，煎如饴，令人延年不饥。”“百草头上秋露，未晞时收取，愈百病，止消渴，令人身轻不饥，肌肉悦泽。”“百花上露，令人好颜色。”因此，收清露成为白露节气最特别的民间习俗。②饮白露茶。白露茶指在白露时节采摘的茶叶，民间有“春茶苦，夏茶涩，要喝茶，秋白露”的说法。白露茶既不像春茶那样鲜嫩，也不像夏茶那样涩苦，给人一种刚刚好的感觉，深受人们喜欢。③吃番薯。番薯即红薯，富含蛋白质、淀粉、果胶、纤维素、氨基酸、维生素及多种矿物质，有抗癌、减肥、保护心脏、预防肺气肿和糖尿病等功效，中医视为良药，有“长寿食品”之誉。白露吃番薯可使饭后不会发胃酸，故旧时农家在白露节以吃番薯为习。④啜米酒。南方一些地方，每年白露有家家用糯米、高粱等五谷酿酒的习俗，招待客人必喝“土酒”，称白露米酒。⑤祭禹王。江苏太湖畔的百姓有在白露时节祭禹王的习俗。禹王是治水英雄，太湖畔的渔民称他为“水路菩萨”。清明、白露举行的春秋两祭，规模最大。⑥吃龙眼。福建福州民间传统，在白露这天有吃龙眼的习俗，因为龙眼有益气补脾、养血安神、润肤美容等多种滋补奇效，还可以治疗贫血、失眠、神经衰弱等疾病，而且白露时的龙眼个大味甜口感好，所以，白露吃龙眼是最好的。⑦食十样白。浙江地区过白露节，有食十样白的习俗。人们在这天采集 10 种带“白”字的草药，称“十样白”，以与“白露”之“白”相应。然后煨以乌骨白毛鸡，据说食后可滋补身体，祛风气(关节炎)。⑧举行秋社。秋社和春社都是古代祭祀土地神的“社日”。秋社一般在立秋后的第 5 个戊日举行，大约在立秋后 40 余日，约当白露、秋分前后，是一种欢庆丰收、祭祀神灵的喜庆活动。宋时有食糕、饮酒、妇女归宁等习俗。唐韩偓(wò)《不见》诗有“此身愿作君家燕，秋社归时也不归”之句。

秋分节气

秋分，是二十四节气的第 16 个节气，秋季第 4 个节气。斗柄指酉位，太阳达黄经 180°时为秋分。交节在公历 9 月 23 日前后。秋分这天太阳直射地球赤道，全球各地昼夜等长。秋者，秋季、秋天也；分者，平分、半分也；秋分者，昼夜、秋季被平分为两半而阴阳、寒暑均平也，即所谓“平分秋色”，所以称“秋分”。秋分日后，太阳光直射位置南移，北半球开始昼短夜长，昼夜温差加大，气温逐日下降，故秋分也称降分。

气象变化，从秋分这一天起，气候主要呈现三大特点：一是太阳光直射的位置继续由赤道向南半球推移，北半球昼短夜长的现象将越来越明显，白天逐渐变短，黑夜变长；二是昼夜温差逐渐加大，南半球则正好相反；三是秋分后，太阳光直射位置向南移，气温降低，我国长江流域及其以北的广大地区先后进入了秋季，大部分地区雨季结束，凉风习习，碧空万里，风和日丽，秋高气爽。然由于北半球得到的太阳辐射越来越少，而地面散失的热量却较多，气温降低的速度明显加快。故农谚有“一场秋雨一场寒”“白露秋分夜，一夜冷一夜”之说。

秋分物候现象，显示为“一候雷始收声，二候蛰虫坯户，三候水始涸”，意思是，由于秋分后阳气衰退而阴气开始旺盛，所以不再打雷，秋寒开始；随着天气变冷，蛰居的小虫开始藏入穴中，并且用细土将洞口封起来以防寒气侵入；接着因天气干燥，水汽蒸发快，所以湖泊与河流中的水量变少，使一些沼泽和水洼处进入干涸状态。

农事活动。秋季降温快的特点，使得秋收、秋耕、秋种的“三秋”大忙显得格外紧张。秋分棉花吐絮，烟叶由绿变黄，正是收获的大好时机。华北地区开始播种冬麦，长江流域及南部广大地区则忙着晚稻的收割，抢晴耕翻土地，准备油菜播种。“三秋”大忙，及时抢收秋作物可免受早霜冻和连阴雨的危害，适时早播冬作物可争取充分利用冬前的热量资源，培育壮苗安全越冬，为来年奠定下丰产的基础。

秋分民俗

主要有：①吃秋菜。岭南地区秋分有吃秋菜的习俗。秋菜指野苋菜，乡人称之为秋碧蒿。逢秋分那天，村人都去采摘秋菜。制作方法和春汤一样，和鱼片一起制成秋汤，春分的顺口溜也就变成“秋汤灌脏，洗涤肝肠。阖家老少，平安健康”。②粘雀子嘴。秋分这一天，客家人都按习俗放假，每家都要吃汤圆，而且还要把不用包心的汤圆一二十个煮好，用细竹扦着置于室外田边地坎，名曰粘雀子嘴，免得雀子破坏庄稼。③放风筝。秋分期间是客家孩子们放风筝的好时候。尤其是秋分当天，甚至大人们也参与。④送秋牛图。“秋牛图”是在二开红纸或黄纸上印上全年农历节气和农夫耕田的图样，秋分时节，一些民间善言唱者，挨家挨户去送，每到一家便即景生情，见啥说啥，主要说些秋耕吉祥、不违农时的话，说得主人乐而给钱为止。俗称“说秋”，说秋人便称作“秋官”。⑤祭月。自古民俗有“春祭日，秋祭月”之说。传统的“祭月节”最初定在“秋分”这一天，不过由于这一天在农历八月里的日子每年不同，不一定都有圆月，而祭月无圆月岂不大煞风景。于是后来就将“祭月节”由“秋分”调至中秋，所以，现在的中秋节日是由传统的“祭月节”演变来的。⑥竖蛋活动。每年的秋分这天，世界各地也都会有无数的人玩“竖蛋”游戏。玩法虽简单易行，但极富有趣味：选择一个光滑匀称、刚生下四五天的新鲜鸡蛋，轻手轻脚地在桌子上把它竖起来。固然失败者颇多，然竖立成功者也不乏其人。由于秋分和春分之日，正好是地球轨道面与赤道面的交叉点，刚好处于一种力的相对平衡状态，所以此二日是竖蛋游戏的最佳时光，故俗也有“秋分到，蛋儿俏”的说法。

寒露节气

寒露，是二十四节气的第 17 个节气，秋季的第 5 个节气。斗柄指向辛位，太阳到达黄经 195°时为寒露节，交节在公历 10 月 8 日前后。寒者，寒冷也；露者，露水也；寒露者，露水更冷且带寒意而将欲凝结也，故称为寒露。是深秋反映气候变化的节令。

气象变化，寒露节气后，冷空气南下，雨季结束。白昼渐短，夜晚渐长，日照减少，热气退去，寒气渐生，昼夜的温差较大，晨晚已感丝丝寒意。南方秋意渐浓，气爽风凉，少雨干燥，蝉噤荷残；北方则已呈深秋景象，白云红叶，气温更低，偶现霜冻，与南方秋色迥然不同。随着寒气增长，万物也逐渐萧索，寒露是热与冷交替的季节。

寒露物候现象，显示为“一候鸿雁来宾，二候雀入大水为蛤，三候菊有黄华”，意思是，此时，鸿雁从北方排成“一”字或“人”字形大举南迁；随着深秋天寒，雀鸟都不见了，古人看到海边突然出现很多贝壳条纹及颜色与雀鸟相似的蛤蜊，误以为是雀鸟变成的；接着秋菊遍开金黄之花。

农事活动。寒露时节，北方应赶快播种完小麦，再迟，则可能影响收成。南方应适时播种油菜、点种蚕豆等，以免绵雨影响“三秋”的进度与质量。

寒露民俗

主要有：①赏红叶。寒露时节“霜叶红于二月花”，北方很多地方有赏枫叶的习俗。北京香山是国内最有名的赏红叶地点。寒露时节到香山赏红叶，早已成为北京市民的传统习俗与秋季出游的重头戏。②吃芝麻。寒露天气转向寒冷，中医有“春夏养阳，秋冬养阴”说法，根据芝麻有养阴防燥、润肺益胃的作用，民间有“寒露吃芝麻”的习俗。尤其是芝麻与绿豆都具有排毒的功能，故俗谚有“芝麻绿豆糕，吃了不长包”的说法。用芝麻榨的香油，同样也用于食疗解毒，是热菜和凉拌菜的调味佳品。此外，由于寒露与重阳节往往相距较近，人们在这个时节还兴吃花糕，寄寓“步步高升”之意。③饮菊花茶。菊花与春夏盛开的众花不同，是反季节的花，越是霜寒露重，越是开得艳丽。寒露三候中正是黄菊开放之时，故农历九月又有菊月之称。由于接近重阳节，一些地区每逢寒露节气有饮菊花茶、菊花酒的习俗，所以重阳节也称菊花节。菊花是药用植物，有主治风热感冒、头痛眩晕、目赤肿痛、眼目昏花、疮痈肿毒之效，对人的身体非常有益处。传说菊花还是吉祥、长寿之花。所以寒露这天，古人多取井水来浸泡滋补五脏的丸药或药酒，今人则多喜欢饮枸杞菊花茶，据说可以使人精神焕发。④秋钓边。寒露时节，在江南地区，人们除了赏菊花，还有吃螃蟹、钓鱼的习俗。钓鱼叫“秋钓边”，因为寒露时节，气温快速下降，鱼儿都向水温较高的浅水区游去，故要到水边去钓。⑤醉江蟹。寒露前后，虾蟹繁多，是吃蟹的最佳季节。南方有寒露节气蒸螃蟹的习惯。除饱尝鲜活美味的肥蟹之外，更喜欢用米酒醉制别有风味的江蟹。当然要注意螃蟹忌与柿子同吃，以免生成胃石。此外，各地还有不少自己的独特习俗。

霜降节气

霜降，是二十四节气的第 18 个节气，秋季的最后一个节气。斗柄向指戌位，太阳黄经为 210°时为霜降；交节在公历 10 月 23—24 日。霜者，地面水汽遇冷而凝结成冰花也；降者，气温骤降致昼夜温差加大而寒凉也；霜降者，因气温骤降而水汽遇冷而寒凝也。霜降是一年之中昼夜温差最大的时节。霜降是始寒的节气，并不一定进入霜降节气就会降下霜。

霜降时节，是秋季到冬季的过渡，万物毕成，阳下入地，阴气始凝，冷空气频繁南下，气温骤降，天气开始寒冷。早晚天气较冷，中午则较热，气温的起伏使昼夜温差加大，秋燥明显。南方呈现深秋景象，而北方部分地区则已是一派“寒风落叶”的初冬景象。

物候现象。我国古代将霜降分为三候：“一候豺乃祭兽；二候草木黄落；三候蛰虫咸俯。”意思是，进入霜降，豺类动物开始捕获猎物过冬；接着树叶都枯黄掉落；随后冬眠的动物也都藏在洞中不动不食进入冬眠状态中。

农事活动。霜降时节，北方大部分地区已在秋收扫尾。即使耐寒的葱也不能再长了，俗言“霜降不起葱，越长越要空”。在南方，则是“三秋”大忙季节，开始收割单季杂交稻、晚稻，忙着种早茬麦，栽早茬油菜；同时摘棉花，拔除棉秸，并进行耕翻整地。

霜降民俗

主要有：①迎霜祭祖。山东一些地方，霜降这天人们有去西郊迎霜的传统习俗，并扫墓祭祖，以祈祛凶消灾，求得风调雨顺、生活幸福安康。②饮酒赏菊。霜降节气，正值菊花盛开，是赏菊的好时节，故把早霜称为菊花霜。古有“霜打菊花开”之说，所以登高山，赏菊花，是霜降节令的雅事。很多地方会在这时举行菊花会，赏菊饮酒，以示对菊花的崇敬和喜爱。③吃红柿子。中国的一些地方，霜降时节有吃红柿子的习俗，据说这样不仅可以御寒保暖，还能补筋强骨，是不错的霜降食品。所谓“霜降吃丁柿，不会流鼻涕”。有些地方则认为，霜降这天要吃柿子，不然冬天嘴唇会冻裂开。④吃鸭子。闽台地区，霜降这天进补品，有吃鸭子的习俗，相当北方的“贴秋膘”。民间有“补冬不如补霜降”的说法。因此霜降时节，民间还有吃“煲羊肉”“煲羊头”“迎霜兔肉”的食俗，充分表达出闽台民间对霜降这一节气的重视。⑤吃牛肉。广西地区居民习惯在霜降这天吃用牛肉制作的餐饭，来补充能量，祈求冬天里身体和暖与强健。⑥送芋鬼。广东地区，霜降前有“送芋鬼”的习俗。人们用瓦片堆砌成河内塔形，在塔里面放入干柴点燃，等火把瓦片烧红，再将塔推倒，用烧红的瓦片热熟芋头，最后把瓦片丢到村外，就叫“送芋鬼”，据说这样可以辟凶迎祥。⑦登高远眺。霜降时，山林高山空气新鲜，大气中的浮尘和污染物较少。登高远眺，既可使肺的功能得到舒畅，同时登高极目远眺，舒缓心情，可使心旷神怡。

立冬节气

立冬，是二十四节气中的第 19 个节气，是冬季的第 1 个节气，也是“四时八节”之一。斗柄指向西北，太阳黄经达 225°时为立冬，交节在公历 11 月 7—8 日。立者，起始也；冬者，终结也；立冬者，开始进入一年最后的冰冻冬藏阶段也；意味着冬季自此开始，生气进入闭伏蓄积阶段，万物也藏起来处于冬眠休养的状态。

气象变化。立冬后，日照继续缩短，太阳高度继续降低。由于地表贮存的热量还有一定的能量，所以一般初冬时期还不是很冷。南方地区，还会出现风和日丽、温暖舒适的“小阳春”天气。但随着时间推移，北方地区冷空气活动频繁，盛行北风，气温下降加快。秋季的红黄景象业已褪去，雪花开始飘落；有的地区，则已异常寒冷，已现大雪纷飞的景象。

物候现象。我国古代将立冬分为三候：“一候水始冰；二候地始冻；三候雉入大水为蜃。”，意思是，立冬后，水已经能结成冰了；接着土地也开始上冻；随后，野鸡一类的大鸟便不多见了，而海边却可以看到外壳与野鸡的线条及颜色相似的大蛤。于是古人便误认为野雉到立冬后就变成了大蛤。

农事活动，立冬后，秋作物全部收晒完毕，收藏入库。北方农林作物全面进入越冬期，江淮地区的“三秋”也接近尾声，南方则是抢种晚茬儿冬麦的最佳时期。冬季也是享受丰收的季节。

立冬民俗

立冬节气自古被人们高度重视，各地庆

祝活动也非常丰富。主要有：①祭祀。立冬在我国部分地区有祭祖、饮宴、卜岁等习俗，以时令佳品向祖灵祭祀，以尽为人子孙的义务和责任，并祈求上天祖先赐给来岁的丰年。②补冬。古时农民劳动了一年，从立冬这天开始可以休息一下了，顺便犒赏一家人的辛苦，即谚语所谓“立冬补冬，补嘴空”。于是便在立冬这天杀鸡宰羊，改善伙食；或将山白芷等一些药草根，加入鸡鸭、兔肉或猪蹄、猪肚等熬制成汤食用，进补一下亏损的身体，据说具有补肾、健胃、强腰膝的功效。③吃饺子。立冬之日，改善一下生活，最好吃的莫过于饺子。饺子来源于“交子”之时，与秋冬之交的立冬相应，所以有吃饺子的习俗。有些地方还特别要吃倭瓜饺子，因为倭瓜经存放后做饺子馅别有一番滋味。还有饺子外形似耳朵，据说吃了饺子，冬天不冻耳朵。④酿黄酒。冬季水体清冽、气温低，可有效抑制杂菌繁育，又能使酒在低温长时间发酵过程中形成良好的风味，是酿酒发酵最适合的季节。因此绍兴人有酿黄酒的习俗，称为“冬酿”，以祈求福祉。⑤扫疥。过去立冬，河南、江苏、浙江一带民间还有用各种香草、菊花、金银花煎汤沐浴的习俗，称为“扫疥”，以求治愈疾病，保证身体健康过冬。⑥舂交冬糍。立冬漳州乡村有舂“交冬糍”的习俗，以庆祝好收成。将糯米蒸熟后倒入石臼，舂得韧韧黏黏的，揉成小糍粑团，然后滚以白糖和花生粉，食用时用筷子串上几颗，就像拨浪鼓似的，所以称为“拨浪糍”。食前先敬一敬土地爷，以感谢他慷慨的给予。⑦吃生葱。立冬，南京人有吃生葱的风习，以抵抗南京冬季的湿寒，减少疾病的发生。因为，葱性温味辛，能发散出汗，使体内郁滞不通的阳气随着汗液排出，阳气运行通畅了，病邪也就随汗被驱除了。所以南京俗语云“一日半根葱，入冬腿带风”“立冬嗖嗖疾病盘，大葱再辣嘴中盘”，为了入冬后的健康，南京人也学着北方人吃起了生葱。

小雪节气

小雪，是二十四节气中的第 20 个节气，冬季第 2 个节气。立冬后 15 日，斗柄指亥位，太阳黄经为 240°时为小雪，交节在公历 11 月 22—23 日。小者，寒未深而降水未大也；雪者，天气寒冷水汽初凝也；小雪者，寒未深降水未大，天冷水汽初凝时候也，故称小雪。小雪是反映降水与气温的节气，也是寒潮和强冷空气活动频数较高的节气。并不指下雪小，这天也不一定下雪。

小雪气候，寒流活跃、降水渐增，天气越来越冷。会有大规模的冷空气南下，东南部会出现大范围大风降温。农谚道：“小雪雪满天，来年必丰年。”意思是说，小雪落雪，来年雨水均匀，会无大旱涝；而雪可冻死一些病菌和害虫，可减轻来年病虫害的发生；再加积雪有保暖作用，利于土壤的有机物分解，增强土壤肥力。所以预示来年必是个丰收之年。

物候现象，我国古代将小雪分为三候：“一候虹藏不见；二候天气上升地气下降；三候闭塞而成冬。”意思是，由于不再有雨，彩虹便不会出现了；“天气”为阳气，“地气”为阴气，古人认为小雪时节阳气上升，阴气下降，一升一降，难达平衡；于是导致天地不通，阴阳不交，致使自然界万物失去生机，天地闭塞而转入严寒的冬天。

农事活动。小雪节气，东北土壤冻结已深达 10 厘米，俗话说“小雪地封严”，随后大小江河陆续封冻。我国古代为农业社会，此时，地光场净，粮食入仓，农具归库，进入冬闲。

小雪民俗

主要有：①小雪腌菜。俗语云“小雪腌

菜，大雪腌肉。”北方小雪节气有腌咸菜的习俗，主要是腌雪里蕻，渍酸菜。②小雪酒。是在小雪后，用新粮食酿的酒，《诗》所谓“十月获稻，为此春酒，以介眉寿”。③腌腊肉。很多地方都有冬季吃腊肉的习俗，所以，民间有“冬腊风腌，蓄以御冬”的说法。小雪时节气温急剧下降，天气变得干燥，是加工腊肉的好时候。一些农家开始动手做香肠、腊肉，以便把多余的肉类用传统方法储备起来，等到春节时正好享受美食。④吃糍粑。南方一些地方小雪时节有吃糍粑的习俗。糍粑是用糯米蒸熟捣烂后制成的一种食品，最早是农民用来祭牛神的供品。⑤晒鱼干。小雪时台湾地区海边的渔民们有晒鱼干、储存干粮的习俗。⑥吃刨汤。土家族则有“杀年猪，迎新年”民俗，用热气尚存的上等新鲜猪肉，精心烹饪而成的美食，称为“刨汤”。

大雪节气

大雪，是二十四节气中的第 21 个节气，冬季的第 3 个节气。斗柄指壬，太阳到达黄经 255°时为大雪，交节在公历 12 月 6—8 日。大雪节气标志着仲冬时节正式开始。是反映气温与降水的节气。

大者，程度更大更强，寒更深而降水更大也；雪者，天气更冷水汽甚凝也；大雪者，天气寒甚降水更多，天寒水汽深凝时候也，故称大雪。大雪是个气候概念，表示气温显著下降、降水明显增大，并不表示下大雪。

大雪节气气象的特点是气温显著降低、降水量增多，天气更冷，降雪的可能性比小雪更大了。我国大部分地区已进入冬季，最低温度都降到了 0℃或以下。在冷暖空气交锋的地区，会降大雪，甚至暴雪。此时，黄河流域一带已渐有积雪，在更北的地方，则已是大雪纷飞了。在珠三角一带，则依然草木葱茏，但也会出现霜冻；南方地区冬季虽少雪然却多雾。

物候现象。我国古代将大雪分为三候：显示为“一候鹖鴠（hé dàn）不鸣；二候虎始交；三候荔挺出。”意思是说，进入大雪时节，因天气寒冷，寒号鸟也不再鸣叫了；接着是阴气达到最盛，然盛极必衰，阳气已有所萌动，所以，老虎开始求偶交配；随后马兰草（即马兰花），也因感受到阳气的萌动而抽出新芽。

农事活动。大雪封河封山，雪量不断加大，一般来说对于来年地表水分的积蓄起着关键性的作用；这时的积雪，也可以给冬小麦保温保湿，防止冬季干吹风，为来年生长储存所需水分；又能冻死土壤表面的一些虫卵，减少小麦返青后的病虫害发生。当然雪太大，也会对一些农业设施产生不利影响，所以一些必要的农事活动仍不能放松。

大雪民俗

主要有：①腌咸肉。老南京有俗语云“小雪腌菜，大雪腌肉”。大雪节气一到，家家户户都忙着腌制咸肉。将大盐加八角、桂皮、花椒、白糖等入锅炒熟，待凉透后，涂抹在鱼、肉和光禽内外，反复揉搓，直到肉色由鲜转暗，表面有液体渗出时，再把肉连剩下的盐放进缸内，用石头压住，放在阴凉背光的地方；半月后取出，将腌出的卤汁倒入锅里加水烧开，放入晾干的禽畜肉，一层层码在缸内，倒入盐卤，再压上大石头，十日后取出，挂在朝阳的屋檐下晾晒干即成，形成一道亮丽的风景，作为迎接新年的美食。②封河冰嬉、打雪仗。俗言“小雪封地，大雪封河”，到了大雪节气，河里的冰都冻住了，如逢天降大雪，人们都会热衷于在冰面尽情地滑冰嬉戏，在冰天雪地里打雪仗玩耍，赏雪景，其乐融融。

冬至节气

冬至是二十四节气中的第 22 个节气。斗柄指子位，太阳黄经达 270°时为冬至，交节在公历 12 月 21—23 日。冬至是太阳直射点南行的极致，这天太阳光直射南回归线，北半球最为倾斜。冬者，终结也，是一年最后的冰冻阶段也；至者，达于极也。冬至者，太阳最南、角度最低、气温最冷、白昼最短、夜晚最长，皆达于最极也，故曰冬至，也称日南至。

冬至也是太阳直射点北返的转折点，这天过后它将走“回头路”，太阳直射点开始从南回归线（23°26′S）向北移动，我国所处的北半球太阳高度回升，太阳光渐强，白天越来越长。冬至标示着太阳新生、太阳往返运动进入新的循环。古人也把冬至看作大吉之日。

冬至日虽然太阳最南、角度最低，但是温度并不是最低；冬至之前不会很冷，因地表尚有积热，真正寒冬是在冬至之后。

数九寒天。冬至之后，虽然太阳高度角渐渐升高了，但这是一个缓慢的恢复过程，每天散失的热量仍旧大于接收的热量，到了“三九、四九天”，积热最少，温度最低，中国各地气候就都将进入一个最寒冷的阶段，也就是人们常说的“进九”和“数九寒天”。所谓“数九”，是指从冬至当天算起，九天为一个单位，谓之“九”，过了九个“九”，刚好八十一天，即为“出九”或“完九”。从“一九”数到“九九”，冬寒就变成春暖了。冬至开始“数九”，冬至日也就成了“数九”的第一天。关于“数九”，民间流传着的歌谣是：“一九、二九不出手，三九、四九冰上走，五九、六九沿河看柳，七九河开，八九燕来，九九加一九，耕牛遍地走。”由于冬至前后，地球位于近日点附近，运行的速度稍快，这造成了在一年中太阳直射南半球的时间，比直射北半球的时间约短 8 天，因此北半球的冬季比夏季要略微短一些。

物候现象。我国古代将冬至分为三候：“一候蚯蚓结；二候麋角解；三候水泉动。”意思是说，进入冬至，土中的蚯蚓仍然蜷缩着身体；麋鹿俗称“四不像”，与鹿虽同科，但阴阳不同，古人认为麋鹿的角朝后生，所以为阴，而冬至一阳生，麋鹿感阴气渐渐退去，阳气新生，头角会自动脱落；又由于冬至后太阳直射点往北回返，太阳高度自此回升，白昼逐日增长，所以此时山中的泉水始可流动并逐渐温热起来。

农事活动。古代冬至后称作农闲，如今冬至前后是兴修水利、大搞农田基本建设、积肥造肥的大好时机；同时也要施好腊肥，做好防冻工作。我国江南地区更应加强冬作物的管理，清沟排水，培土壅根，对尚未犁翻的冬壤板结要抓紧耕翻，以疏松土壤、增强蓄水保水能力，并消灭越冬害虫。已经开始春种的南部沿海地区，则要认真做好水稻秧苗的防寒工作。

冬至习俗

冬至，兼具自然与人文两大内涵，既是二十四节气中一个重要的节气，也是中国民间的传统节日，素有“冬至大如年”之说。民俗参见“冬至节日”。

小寒节气

小寒是二十四节气中的第 23 个节气，冬季的第 5 个节气。斗柄指癸位，太阳黄经达 285°时为小寒，交节在公历 1 月 5—7 日。小寒，是表示气温冷暖变化的节气。小者，不大也；寒者，寒冷也；小寒者，天气寒冷但还没有到极点也。

小寒之后，太阳还在南半球，北半球白天吸收的热量少于夜晚释放的热量，因此气温还在持续降低。历史气象记录表明，在北方地区小寒节气比大寒节气更冷些，故民谚有“小寒时处二三九，天寒地冻冷到抖”“小寒胜大寒，常见不稀罕”之语。小寒节气，我国大部分地区已进入严寒时期，土壤冻结，河流封冻，加之北方冷空气不断南下，天气寒冷，人们叫作“数九寒天”。但南方部分地区，四九时处大寒节气内，比三九小寒更冷，所以最低气温出现在大寒节气内。

物候现象。我国古代将小寒分为三候：“一候雁北乡，二候鹊始巢，三候雉始鸲(gòu)。”意思是说，候鸟大雁是顺阴阳而迁移的，此时阳气已动，所以大雁开始向北迁移；随后北方到处可见到感觉到阳气的喜鹊，开始筑巢；接着雉鸠在接近四九时也感阳气的滋长而开始求偶鸣叫了。

农事活动。由于中国南北地域跨度大，所以，同样的小寒节气，不同地域会有不同的生产农事。在北方，大部分地区田间已经没有太多的农活，都进行歇冬，主要任务是在家做好菜窖、畜舍保暖、造肥积肥等工作。在南方地区则要注意给小麦、油菜等作物追施冬肥，华南大部分地区则主要是做好防寒防冻、积肥造肥和兴修水利等工作。小寒、大寒是一年中雨水最少的时段。

小寒民俗

主要有：①喝腊八粥。腊八节，即每年农历十二月八日，又称为“法宝节”“佛成道节”“成道会”等。本为佛教纪念释迦牟尼佛成道之节日，后逐渐也成为民间节日。腊八节主要流行于我国北方地区，节日习俗是喝腊八粥。详见“腊八节”。②吃糯米饭。吃糯米饭是南方广州的习俗。把糯米煮熟，配上炒好的腊肠腊肉、香菜、葱花等材料，吃起来特别香，可以耐寒。数着九九过寒冬，“数九歌”见上文。

大寒节气

大寒，是二十四节气中的最后一个节气。斗柄指丑位；太阳黄经达 300°，交节在公历 1 月 20—21 日。大寒同小寒一样，也是表示天气寒冷程度的节气。大者，至顶至极也；寒者，冷气也；大寒者，天气寒冷到极致也。

大寒节气处在三九、四九时段，此时寒潮南下频繁，是一年中最寒冷的时期。民谚有“小寒大寒，无风自寒”的说法。虽然冬至节气是北半球太阳高度最低的时候，但一年中最冷的时候却是在冬至节气以后的小寒、大寒节气，因为此时北半球白天吸收的热量仍少于夜晚释放的热量，所以气温还在持续降低，到大寒节气温度降到最低点，时常出现大范围雨雪天气和大风降温。由于我国幅员辽阔，南北地区在气候上有很大的差异。根据以往的气象记录，在北方地区大寒节气是没有小寒冷的；但对于南方大部地区来说，却是在“四九”的时候最冷，因此大寒节气要比小寒节气更冷。小寒、大寒是一年中雨水最少的时段。

农事活动。大寒时节，在农业生产中要掌握好冷暖变化规律，根据不同的年份和不同的地理位置、地形条件等，随时关注气象部门对各个时期的预测预报，合理种植农作物，避免出现不必要的冻损。大棚作物根据天气变化，做好温湿调控，中午前后揭开大棚两端进行通风，下午 4 时以前关好，以保持棚内温度。大寒节气期间，天气寒冷、湿度低，植物已经停止生长，比较干枯，要特别注意在野外烧荒用火或在家取暖烤火等用火安全，提防发生火灾。

大寒民俗

主要有：大寒迎年。大寒在岁终，过了大寒是立春，迎来新一年的节气轮回。年节恰在立春前后，大寒一到年味渐浓，民间充满了喜悦与欢乐的气氛。人们开始忙着除旧饰新，准备年货，因为中国人最重要的节日——春节就要到了。作为年尾最后一个节气的大寒，虽是农闲时节，但家家都在忙过年，此即“大寒迎年”的风俗。在大寒至农历新年这段时间，民间围绕着祭祀神祖会有一系列活动，归纳起来至少有十大风俗，分别是：食糯、纵饮、做牙、扫尘、糊窗、腊味、赶婚、趁墟、洗浴、贴年红等。食糯，就是吃蒸煮的糯米饭。大寒节气这天，古人流行吃糯米制作的食物，拌以腊味、虾米、干鱿鱼、冬菇等，食之具有御寒滋补功效。喝粥，即俗话说的喝腊八粥。纵饮，即放开宴乐，纵情喝酒。做牙，原本是祭祀土地神的仪式。土地载生万物，长五谷以养育百姓，每到播种或收获的季节，人们都要立社祭祀，以祈求或酬报土地神，故土地神也称社稷之神。按照民间的习俗，每在祭祀完后，全家坐在一起痛快地美餐一顿，所以也叫作牙祭、打牙祭。做牙有“头牙”和“尾牙”之分，头牙在年头农历的二月二，尾牙则在年尾腊月十六，全家坐一起“食尾牙”；但对雇工来说，尾牙可不好吃，因为雇主往往会在餐桌上决定雇工来年的去留，故有“吃头牙粘嘴须，吃尾牙面忧郁”之说。尾牙餐很丰盛，硬菜少不了一只鸡。过去不好明说解雇，便用鸡头示意，鸡头朝谁表示解雇谁，这是种“潜规则”。为了让辛苦一年的雇工好好用完年终大餐，有好心的雇主会将鸡头朝自己或是直接去掉鸡头。现代企业流行的“年会”，盖即尾牙祭的遗俗。除尘，又称除陈、打尘，就是大扫除，所谓“家家刷墙，扫除不祥”，把穷运扫除掉；如果“腊月不除尘，来年招瘟神”。除尘一般放在腊月二十三、二十四进行，即“祭灶”日，除尘时要忌言语，讲究“闷声发财”。糊窗户，就是用新纸裱糊窗户，不仅为了美观，也寓有“糊窗户，换吉祥”之意。有的人家还会剪一些吉祥图案贴在窗户上，故又称“贴窗花”，一般在腊月二十五进行。蒸供，就是准备祭祀用的供品，过去供奉用的糕点、饽饽、馒头都是用面蒸制的，故称。赶婚，腊月底诸神上天“汇报一年工作情况”去了，这时的人间百无禁忌，赶在这时婚娶不用挑日子，又是农闲，所以旧时民间景象是“岁晏乡村嫁娶忙”。赶集，即传统的赶年集，购买腊祭用品，置办年货。洗浴，与“除尘”用意相同，搞好个人卫生，寄寓洗去一年烦恼和晦气之意。所以年底再忙也得理个发、洗个澡，即老话所说的“有钱没钱，洗澡过年”。另外，大寒前后，清代皇家会举行溜冰比赛，算是宫廷里的一项体育运动。当时冰上表演的有打冰球、冰上杂技等，种类十分丰富。大寒节气正值“三九”严寒，北方民间有“画图数九”的习俗。图样有铜钱形、梅花形、文字形、葫芦形等多种，其中以描红帖“庭前垂柳珍重待春风”最为著名。这种描红帖共九字，每字皆九笔；从头九第一天开始起，每天填描一笔。每填写完一字，便过一九，全句填完正好九九八十一天，数九完尽。

二十四节气与二十八宿、干支等的对应关系表

后来，古人又将二十四节气与二十八宿互相联系，两种分野也在西汉之后逐渐协调互通。于是十二星次、二十八星宿在占星学中得到广泛的应用，并与十二地支、十二宫、九州、七曜、四季、动物、四方、四色等都关联了起来，一起组成了东方占星学的庞大系统。

古代星象文化本出于古人对天的神圣性、威权性的认可，而天的权威又借助“分野”观与人间发生了关系。

为节省篇幅，下边列表将它们之间的对应关系展示出来。

二十四节气	斗柄指向	二十八宿	七曜	动物	十干及岁星名	十二支及星名	十二次	十二宫	十二分野	九州	四象四方四色	八卦
立春	艮	斗	木	獬	癸	丑	星纪	摩羯	吴越	扬州	玄武	
雨水	木寅	箕	水	豹	甲 阏逢	寅 摄提格	析木	人马	燕	幽州 营州		
惊蛰	甲	尾	火	虎								艮
春分	木卯	心	月	狐		卯 单阏	大火	天蝎	宋	豫州	青龙 东青	
		房	日	兔	乙 旃蒙							震
清明	乙	氐	土	貉								
谷雨	木辰	亢	金	龙		辰 执徐	寿星	天秤	郑	兖州		
立夏	巽	角	木	蛟	丙 柔兆							
小满	火巳	轸	水	蚓		巳 大荒落	鹑尾	室女	楚	荆州		巽
芒种	丙	翼	火	蛇								
夏至	火午	张	月	鹿		午 敦牂	鹑火	狮子	周	司州 三河	朱雀 南赤	离
		星	日	马	丁 强圉							
小暑	丁	柳	土	獐								
大暑	火未	鬼	金	羊		未 协洽	鹑首	巨蟹	秦	雍州 梁州 益州		
立秋	坤	井	木	犴	戊 著雍							
处暑	金申	参	水	猿	己 屠维	申 涒滩	实沈	双子	魏			坤
白露	庚	觜	火	猴						冀州		
秋分	金酉	毕	月	乌	庚 上章	酉 作噩	大梁	金牛	赵		白虎 西白	兑
		昴	日	鸡								
寒露	辛	胃	土	雉	辛 重光					徐州		
霜降	金戌	娄	金	狗		戌 阉茂	降娄	白羊	鲁			
立冬	乾	奎	木	狼								
小雪	水亥	壁	水	貐		亥 大渊献	诹訾	双鱼	卫	并州		乾
大雪	壬	室	火	猪	壬 玄黓							
冬至	水子	危	月	燕		子 困敦	玄枵	宝瓶	齐	青州	玄武 北黑	坎
		虚	日	鼠								
小寒	癸	女	土	蝠	癸 昭阳							
大寒	水丑	牛	金	牛		丑 赤奋若	星纪	摩羯	吴越	扬州		

二十四节气与二十八宿等的对应关系表

二十四节气歌

春雨惊春清谷天，夏满芒夏暑相连。
秋处露秋寒霜降，冬雪雪冬小大寒。
上半年在六廿一，下半年是八廿三。
每月两节不变更，最多相差一两天。

牵牛、织女星及其命名

初秋时节，晴朗的夜晚，你若仰望星空，会发现一条横贯南北的白亮的星河，俗称天河，也叫银河、星汉、云汉、天汉、河汉、银汉、天杭、银潢、明河、高寒等。在河的西边，有一颗亮度为0星等(衡量星星明暗程度的等级)的星宿，即织女星，是天琴座中最明亮的恒星，含有3颗。在河东偏南处有一颗亮度为1星等(星等值越小，星星就越亮)的星宿，就是牛郎星，属于天鹰星座，又叫“大将军”。两星隔河相望。

牛郎星和织女星本是远古时代古人观察天象所认识的两个星宿。位于银河东岸的牛郎星在古代星宿体系中，是二十八宿中玄武七宿里的牛宿，全名叫作牛金牛，由6颗星组成，像两个倒置的三角形，一上一下，形成了一个头上有两角的三足牛形，因之古人称其为“牵牛”。其对应的分野为吴越之地。牵牛星包括三颗星，古代叫作河鼓三星。中间的河鼓二即牛郎星，在其两边的河鼓一和河鼓三，在后来的牛郎织女的神话中衍化为俗称的扁担星，成了牛郎挑着的一对儿女。

织女星位于牛宿的北部，也有三颗星，其中的织女一星是全天空的第五亮星，常直接称之为织女星，与其附近较暗的织女二和织女三组成一个等腰三角形，合称织女三星。织女星的下方有四颗较暗的小星，组成一个小平行四边形，它们在后来的神话传说中衍化成了织女编织美丽云霞和彩虹的梭子。俗将“牛郎星”与“织女星”合称为“牛郎织女”。

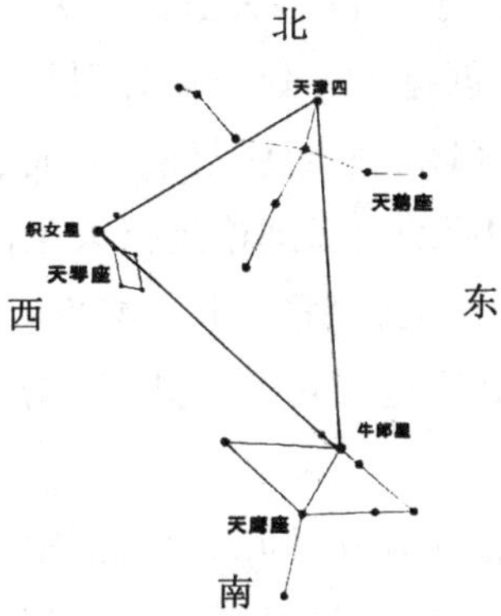

牛郎织女星图

斗转星移，天体星象是有规律运动的。一年之中，不同的时间，同一组星象，会以不同的姿态出现在不同的位置上。在科学尚不发达的远古，人们觉得很神秘，于是产生了一种星象崇拜的情结。

星象运转形成了时空观念，与人们的生活、生产活动有密切的关系。古人通过星象的变化来判断时节、安排生活、指导生产。这样天上的星宿便与地上人们的活动联系在了一起了。

天上的星宿本无名称，是人们给它起的，具有特定的意义，一般与时令、农时或作用等物候有关。牛郎、织女名称的出现，当与原始农耕和手工编织的产生有关，是农业社会男耕女织形态的反映。

星河运转，每到七月的黄昏，织女星便高悬夜空，作为七月到来的标志。而七月孟秋，寒气乍起，天气开始转凉，妇女们忙着连夜纺织，为即将到来的肃秋和寒冬制作御寒的衣服。与此同时，蟋蟀入户，也陪伴着夜绩的纺织娘们吟唱，似在催促妇女们赶快织绩，于是也获得了“促织”或“纺织娘”的雅号。在这纺织娘夜绩，蟋蟀促织之时，那颗照耀着纺织娘劳作的明星，便被命名为“织女”，作为织女们的守护神，也就顺理成章了。

古人出于对自然天象的崇拜，为探索宇宙的奥秘，创建了一套完整的观星文化，将星宿与地面区域一一对应起来，形成了一种“分星”与“分野”的占星理论进行天象占测。

《史记·天官书》记载：“婺女，其北织女。织女，天女孙也。”可见“织女”与“婺女”本不同。

婺女也叫须女，即二十八宿中的女宿，全名叫作女土蝠，与牛宿牵牛，皆在二十八宿中早有命名。作为两个分星，其对应的分野牵牛为越，须女为吴。

织女星本不在二十八宿之内。不知何时，人们将织女与婺女混同起来，于是把牛郎织女套在了牛宿和女宿身上，并将本是自然天象而与神灵无关的牛郎、织女二星宿，演绎成了七夕牛郎会织女的神话传说。

牛郎织女神话传说的形成

织女的名称最早见于周代的一部记录农事活动的古书《夏小正》，其中有两次提到：一次是“七月，初昏，织女正东乡（向）”，意思是：在七月的黄昏，织女三星在头顶上方时，由两颗暗星形成的底边开口朝向东方。另一次是“十月，织女正北乡，则旦”，意思是：十月织女星的开口朝向北方，就天亮。

在这里“织女”还只是用来判断七月或十月到来的星象，但已隐含了对织女星的崇拜，因为在古人的眼里，天上明亮的星宿就是神的化身。

还有，在周代的《诗经·小雅·大东》中，不但出现了织女星，也出现了牵牛星：“维天有汉，监亦有光。跂（qí，分叉）彼织女，终日七襄。虽则七襄，不成报章。睆（huàn，明亮）彼牵牛，不以服箱。”意思是：天上银河闪亮光，不能用来照模样；三颗鼎足织女星，一天七次移动忙，尽管终日奔走忙，没见织出好花样；亮晶晶的那牵牛，不能用来拉车厢。

这大概是后来牛郎织女传说的滥觞。在这里牛郎和织女仍只是指天上的星星而没有涉及爱情。但在古人眼中它们却已都是星神了。

七夕乞巧节

纺织娘们既然把这颗高悬头顶的明星称为“织女”，并视之为天上的织女之神，自然会祈求这颗星神能够赐予自己灵巧的双手、聪慧的心灵，能织出像云锦天衣一样美丽的织物。所以，织女成了星宿中唯一一颗属于女性的明星，七夕节也就随之成为古代唯一一个属于女性的节日。

这样看来，《诗经·豳（bīn）风·七月》中吟唱的“七月流火，九月授衣”，所描写的很可能就是七月纺织娘们夜绩的情景。照此推算，牛郎织女的神话传说应在两三千年以前就滥觞了。

牛郎和织女在农历七月初七于银河鹊桥相会的神话传说，随着人们对天文星象崇拜的加深和纺织技术的发展，到汉朝得到进一步的充实与传播。

《史记·天官书》说织女“是天帝外孙”，这是“天孙”的由来。据西汉的《西京杂记》记载：“汉彩女（宫女）常以七月七日穿七孔针于开襟楼，人俱习之。”可见汉代七夕乞巧的风俗已渐普及。

在出土的一块汉代画像石上，就有这样的画面：以白虎为中心，白虎前刻着织女星，其图像为高髻坐姿，周围有四颗星；白虎后刻着牵牛星，其图像是一位农夫牵着一头牛，牛体上方横刻着河鼓三星。

到汉代的《古诗十九首·迢迢牵牛星》里，对牵牛和织女的描写又进了一步：“迢迢牵牛星，皎皎河汉女。纤纤擢素手，札札弄机杼。终日不成章，泣涕零如雨。河汉清且浅，相去复几许？盈盈一水间，脉脉不得语。”在这里，牵牛和织女两个星宿已被描写为天上的一对相互思念的恋人了。到东汉二十四孝里的“董永卖身葬父”，人间“天仙配”的故事已初露端倪。

西晋文学家傅玄的《拟天问》里已说到“七月七日牵牛织女会天河”的故事内容。

到南北朝时的《荆楚岁时记》里，就描写得更详细了：“天河之东有织女，天帝之子也，年年织杼劳役，织成云锦天衣。天帝哀其独处，许配河西牵牛郎，嫁后遂废织纴。天帝怒，责令归河东，唯每年七月七日夜一会。”在这里，已将两个单纯的星宿转化为“牛郎织女”的神话故事，七夕相会的情节，已经初具轮廓，并带有了悲剧色彩。在《述异记》里也有类似的记载。

在以后的衍化中，这一传说不断得到加工补充。如说狠心的西王母用玉簪划成一道银河，把牛郎和织女隔开了，只答应每年七夕遣喜鹊搭成天桥，让他们渡河相会一次。

织女女神，又被描写为远古精于织锦的仙女，是天帝的第七个孙女，称作天孙。民间则称之为七姐、七仙女、天仙娘娘、七星娘娘、七娘妈等。传说七月七日是七姐的诞辰，每年这天的夜晚，她都与牛郎在天上的鹊桥上相会，故至今七夕的夜晚民间仍有坐看牵牛织女星的传统习俗。

经历代文人“加工”，这一由古人对天上星象的臆想引发出的神话越来越丰满生动了，后来遂整合成为黄梅戏的《天仙配》，演绎为一个名叫董永的农夫的近乎完美的一段天上人间的爱情悲剧故事，七夕也就成了象征爱情的节日，一个中国最具浪漫色彩的传统节日。

七夕文化的内涵

“七月七”“乞巧节”“七夕”等词语在宋代以前的文献中已多有出现。至宋代将七夕定为国家法定的节假日，才正式出现了“七夕节”一词。

七夕节是由星宿崇拜衍化而来的，在衍化的过程中不断充实以民俗元素，遂成为一个以“牛郎织女”传说为载体，以祭拜七姐为内容，以祈福、乞巧、爱情为目的，以女性为主体的综合性中国民间传统节日。

七夕节作为民间的传统节日，其活动，是围绕拜祭“七姐”展开的。相传七月七日是七姐的生日，这天夜晚也是她与牛郎在天上的鹊桥相会的时刻，所以祭奠活动在七月七日的晚上举行，故名“七夕”。

织女七姐是一个美丽聪明、心灵手巧、善于织锦的仙女。祭拜七姐，就成了爱美的靓女们的盛大节日。这天，靓女们皆于闺中邀访密友、切磋女红（gōng）。晚上姑娘、媳妇们则皆设置香案，摆上时令瓜果，对着天上的明星，朝空拜祭，举行各种仪式，祈福许愿，虔诚地乞求织女星神能赋予她们聪慧的心灵、灵巧的双手、娴熟的女红、真挚的爱情、幸福的婚姻、美满的家庭、健康的儿女。所以织女星神被奉为纺织业者、情侣、妇女、儿童的保护神及守护健康的天仙。

七夕拜祭七姐的活动，有乞巧节会、穿针乞巧、浮针验巧、斗巧宴、五生盆、储七夕水等众多形式。故七夕又有双七、七夕、重七、七夕祭、乞巧节、七巧节、穿针节、赛巧、斗巧、巧夕、七姐节、女节、七姐诞、七娘会、七娘妈诞、牛公牛婆日等等名称。牛女相会，据传织女要涂脂粉梳妆打扮，以至于香飘满天，故又称香日；乞巧、乞文等俗多由少女、童子为之，故又称女儿节、少女节、小儿节；农历七月古称兰月，故七夕又称兰夜。

牛郎织女，一年才能一相遇，故这日特称为“星期”，即二星相见的日期。其实，这不过是人们的美好愿望而已。牛郎和织女二星相距16光年之遥，就算没有银河阻隔，俩人坐火箭一百年也见不上一面。民俗之所以传说七月七日牛女相会，这是由二星所在的特别方位使然：原来每年的七月初七，半个月亮正运行在银河附近，月光让人们看不见银河，古人便误以为这时天河消失，牛郎织女于此时相见了。还说每到这天，普天下的喜鹊都会飞去银河边，给牛郎织女搭鹊桥，好让夫妻俩渡河相会，所以这日人间无鹊；转至次日，人们会看到鹊首鹊尾都变秃了，据说是修桥造成的。牛女相会当然也会洒泪倾吐衷情，故这天如果遇雨，则谓之“洒泪雨”。

据传，宋朝七夕节的祭拜活动十分盛大，喜庆气氛、热闹景象及商业气息皆臻于顶峰。乞巧习俗形式多样，十分隆重；乞巧的物品繁多，京城还设有专卖的乞巧市。人们从七月一日，就开始置办乞巧物品，乞巧市上人流如潮，车马难行，一直持续到七月七日深夜方散。除了传统的设供、乞巧、拜星、祈愿等活动外，后来还增加了购买泥塑童人偶“磨喝乐”、蜡塑水禽“水上浮”等新习俗。这些都反映了宋代手工业的发达与商品经济的繁荣。

元、明与有清三代，七夕节未断。到了现在，七夕节虽是传统节日，由于其蕴含着浪漫的感情色彩，如今也颇受年轻人的喜爱，七夕节又增添了新的内涵，被称作“中国的情人节”。2006年5月20日，七夕节被列入首批国家级非物质文化遗产名录。

七夕节发源于中国，在部分受中华文化影响的亚洲国家，如日本、朝鲜、越南等也有庆祝七夕的传统。可见其影响之广之大。

燧人弇(yǎn)兹合雄氏

相传在距今三万年前，燧人氏的后代首领与弇兹氏织女结合，建立了互为婚姻的血缘联盟，称燧人弇兹合雄氏。

弇兹氏织女以玄鸟为图腾，又称青鸟氏，创立了“氏族图腾徽铭制”，自立了中华历史上第一个姓氏“凤”姓，开始为人类命名。“凤”姓即风姓。古无“风”字，借“凤”字表示。

根据《左传》记载，凤(风)姓，望族出于平阳，在今鄄城雷夏泽东南，这也可证明燧人氏也生活在古鄄雷夏泽一带。

弇兹氏织女是中国历史上最早的一位氏族女首领，后世人追尊她为女帝，又称玄女、玄帝、素女、须女、帝弇兹等。后来黄帝封弇兹为西海神。照历史演变的过程看，弇兹氏应是有娲氏的后裔。(详见《九、女娲创世救灾荒》)

弇兹氏生活的区域

弇兹氏生活在何处呢?《山海经·大荒经》中说：“西海渚中有神，人面鸟身，珥两青蛇，践两赤蛇，名曰弇兹。”

今兖州城西30公里处有山名嵫山，因其附近有奄国，所以嵫山又名崦嵫山或奄山，为神话中日所入之处，其上有神称弇兹。

弇兹氏生活在西海渚中，西海即古之巨野泽，也叫大野泽，因在嵫山之西故称西海。这里的西海之渚，实即弇州。州者，水中陆地也。

《列子·黄帝》篇曰：“华胥氏之国在兖州之西。”兖州即弇州。兖州之西即弇州之西，弇州之西即巨野泽之西，巨野泽之西即鄄城雷泽。可见弇兹氏也生活在今鄄城的雷夏泽畔。

燧人弇兹氏风姓共分为十部：一为天穹

部，二为天齐部，三为天乙部，四为合雄部，五为天阳部，六为天阴部，七为候鸟部，八为候虫部，九为雷雨部，十为天皇部。

燧人弇兹氏的后代分好多支，几乎遍布中原大地，其中重要的族系有弇兹氏、婼氏、华氏、胥氏、仇夷氏、雷泽氏、盘瓠氏等。

弇兹氏是神，雷泽氏也是神，又生活在相距不远的地区。这样，燧人氏传说中成了雷神，做了华胥氏之夫，成了伏羲的父亲，也就可想而知了。

照此看来，与华胥氏结合的应是燧人弇兹合雄氏的后代雷泽氏，而不是第一代燧人氏。

推其实，当是生活于雷泽一带的华胥氏部落的一位女子，与同样生活在雷泽一带的雷泽氏部落的男子婚配，生下了中华的初祖伏羲，后来继太昊燧人氏称王天下，故也称太昊伏羲氏。

薪火相传

最初的人类不懂得用火，看见雷电击中树木燃起大火，便吓得迅速逃跑，跑得慢的，便在火海中葬身。大火过后，当他们返回去寻找同伴尸体时，发现许多被烧死的野兽散发出诱人的香气。他们便撕扯被烧熟的野兽的肉吃，觉得比生吃味道鲜美多了。

到了地皇时期，人们认识到树木可以着火，并感到了火能烧熟食物的可贵，开始知道用天然火。于是他们在天然大火出现时，便拣来许多树枝，将雷火接续点燃，把火种保留起来，每天都有专人轮流守护，让火种日夜燃烧经年不熄，用来烧烤食物，取得熟食。这就是成语“薪火相传”的来历。古代波斯有拜火教，大约也是由看管火的重要性发展起来的原始宗教。

这种保存火种的办法一直持续了数十万年。但这种保存自然火种的方法既笨又很不容易，稍有疏忽就会使火种熄灭。一旦熄灭，只能以重礼向附近部落求取，否则只能等待下一次天火的出现。

燧人氏早期，人类居住的中原地区多雨，气候潮湿，火种很难保存，经常发生多个部落同时断绝火种的事。为了寻求火种，只好向遥远的陌生部落去求助，有时因为遭到拒绝，被迫去盗火、抢火，从而引发起部落之间的战争。在失去火种的日子里，人们只能继续吃那些腥膻的生肉。然而许多人已经吃惯了熟食，再吃生肉就要闹病。因为没有火，一些野兽夜里也时常出来袭击人类。失去火种给人类带来诸多烦恼和不便。

燧人氏发明钻木取火

这样经过数百代数十万年的发展。至燧人弇兹合雄氏，圣人出现了，有人受啄木鸟的启发，首先发明了钻木取火，结束了人类靠天取火的历史，开始自主取火解决吃熟食问题。

燧人氏钻木取火图

接着又发明了“燧石取火”，使取火变成了很容易的事。人们十分尊敬这位圣人，遂被各氏族首领共同推举为氏族联盟大酋长，称为燧皇。

燧人氏发明钻木取火的记载最早见于《韩非子·五蠹》：“上古之世，人民少而禽兽众，人民不胜禽兽虫蛇……民食果蓏(luǒ)蚌蛤，腥臊恶臭而伤害腹胃，民多疾病。有圣人作，钻燧取火，以化腥臊，而民说（悦）之，使王天下，号之曰燧人氏。”《古史考》亦云：“太古之初，人吮露精，食草木实，穴居野处。山居则食鸟兽，衣其羽皮，饮血茹毛。近水则食鱼鳖螺蛤，未有火化，腥臊多害肠胃。于是有圣人以火德王，造作钻燧出火，教人熟食，铸金作刃，民人大悦，号曰燧人。”《三坟》亦云：“燧人氏……教人炮食，钻木取火，……有传教之台，有结绳之政。”

这是说，上古洪荒时期，人们不知道用火。由于没有火，人们只能吃生的食物，经常生病，寿命也很短，是燧人氏为人们解决了熟食问题。

发明“钻燧取火”的过程

《拾遗记》记载：“燧明国有大树名燧，屈盘万顷。后有圣人游至其国，有鸟啄树，粲然火出，圣人感焉，因用小枝钻火，号燧人氏。”

意思是说，有个“圣人”听说燧明国一带的森林里有种燧木时常发火，便到燧明国找火。当他走到一棵叫“燧木”的大树下休息时，突然眼前有亮光一闪一闪的，他连忙站起来，四处寻找光源。他发现在燧木树上，有几只大鸟正在用短而硬的喙啄树上的虫子。只要它们一啄，树上就发出明亮的火花。受到启发，他立刻折了一些燧木的树枝，用小树枝去钻大树枝，树枝上果然闪出了火光，于是他发明了钻燧取火的方法。

这个“圣人”发明了钻燧取火，让先民得以吃到熟食，又为先民取暖、烧陶、铸金作器提供了条件，人们感谢他，推举他做首领，于是称他为“燧人”。

这个记载同时告诉我们，燧人氏不是燧明国人，而是游至燧明国的其他部落的人。

燧人氏是何处人？传说，燧人氏名允婼，是有巢氏之子、华胥氏之夫、伏羲与女娲之父。如照此说分析，燧人氏生活的地区也当离鄄城雷夏泽不远，才能与生活在雷夏泽畔的华胥氏结为夫妻。所以，燧人氏最大的可能就是生活在菏鄄雷夏泽周边的燧人弇兹合雄氏部落的人。

“燧”字，古文作，从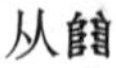（巷道）从火会意，表示穿越黑暗隧道成功找到用火之意，遂也兼表声；今篆简作。燧人氏，即成功找到火的人。他比希腊神话中的普罗米修斯的偷火要高明、现实、伟大得多了。

火的发明，结束了人类茹毛饮血的蒙昧时代，开创了人类文明的新纪元，开启了华夏文明的曙光，所以，燧人氏一直受到人们的敬重和崇拜，被奉为“火祖”，尊称为燧皇，并把他列为“三皇五帝”之首。

皇，金文作，象点着的灯形，下边是灯座，中间是灯碗，一点表示里面盛满了油，上边是灯焰，会光焰盛大明亮之意。籀文作，大同，下边讹为王。篆文作，承接籀文并整齐化，上边又讹为自。隶变后楷书写作皇。上边省作白，更近古意。实际上，皇既不从自，也不从王，更非从白，而是灯火辉煌。燧人列为三皇之首，正与他发明用火相应。

传说燧人氏部落延续了数百代，历时数万年。据传首代燧皇死后葬于今天商丘古城西南 3 里处的燧皇陵，大概是为纪念他在这里发现了钻燧取火的方法。

用钻木取火十分艰难，没有得到普遍使用。如今只有黎族钻木取火的技艺被视为非物质文化遗产得到保护，并经国务院批准被列入第一批国家级非物质文化遗产名录。

火石取火的产生

于是，燧人氏又受到打猎时石斧误击在山石上迸出火星的启发，发明了火石取火的方法。这种方法既简便省力，又不受环境条件及天气的限制，所以一直流传到现在。这种方法在新中国成立前鄄城的农村还普遍使用。

其办法是：用一种易于产生铁屑的铁做成月牙形的火镰，配一块易于产生火花的打火石，火石棱角越多效果越好；再备一卷用粗糙的黄草纸卷成的火纸煤，也叫火纸捻儿，一端带着燃过的灰头。打火时把火石放在火纸煤的灰头处，用火镰击石，火星碰到灰头上便会点燃，然后对着灰头一吹，火纸煤就着了起来。可以用来点灯、点烟、点火做饭，不怕阴天下雨，十分方便。用后把火纸煤插在一个削成斜口（便于插入火纸煤）的小竹管里以保持灰头，备下次使用。

在农村，你会发现，会抽烟的老头儿，将这几样东西都装在一个带松紧口的小布袋里，挂在烟袋杆儿上，算得上是一道不错的风景呢。这种取火方法，如今有些偏僻地区的农民可能仍然在使用。

燧人氏发明的钻木取火的方法，称之为木燧；击石取火的方法，叫作石燧。到后代的西周时期，人们又发明了用磨成凹形的铜镜，利用它来汇聚阳光使之形成焦点，用来点火的方法，叫作阳燧。这当然是后话。

燧人氏的其他重大贡献

据传，燧人氏除了发明钻木取火外，还立木祭天观察星象，始作大山扶木纪历，发现了“天道”；因天道而受到启发，始为山川百物命名，而有了“地道”。地之德孕育万物，而人为万物之尊，燧人氏又创立了姓氏，以姓氏作为区分人的出处的标志，对人的婚姻交配有了血缘上的限制，使人与兽有了严格的区分，这是人类早期的伦理道德，也就是“人道”。由天道生地道，由天地道而生人道，这便是古人说的“一生二，二生三，三生万物”的天道观。天、地、人始于无名，成于有名。有名则天地开辟，人趋文明。中国约9000年的文明历史由此开始。所以燧人氏是较早的有文化的人类，他们崇拜太阳、火等“自然灵”。

一说，燧人氏受《河图》《洛书》的启发，又发明了“陶文”，创造了“十天干”，这是人类早期的符号文字，开创了远古文明。此说提前了《河图》《洛书》的年代，盖是文字、八卦出现的前奏。

燧人氏时代还发明了拿树皮搓绳用以结绳记事的方法，是燧人弇兹合雄氏的弇兹氏织女发明的。单股的绳称作“玄”，两股合成的称作“兹”，三股合成的称作“索”。她用柔软而有韧性的树皮搓成细绳，然后将多条细绳排列有序地悬挂在一处，在上边打结记事。大事打大结，小事打小结，先发生的事打在里边，后发生的事打在外边。为了能够记录更多的事情，他又利用植物的天然色彩，把细绳染成各种颜色，每种颜色分别代表一类事物，使所记之事更加清楚明白。

燧人氏经过细心观察，还把所有动物划分为四类：天上飞的命名作“禽”，地上跑的命名作“兽”，有脚爬行的命名作“虫”，无脚爬行的命名作“豸（zhì）”。

燧人氏为了向人们传授各种自然知识和社会知识，在住处专门筑了个土台，称作“传教台”。他时常站在台上向大家讲演，教人如何用火来烧烤食物，如何用火来取暖，如何用火来攻击猎物。据说中国的师道之兴就是从燧人氏设“传教台”开始的。

燧人氏来自西部辨

或说伏羲的先祖是居住在青藏高原的古羌戎燧人氏的一个分支。距今约三万年时，居住在昆仑山上的燧人氏族群因雪线下移，被迫分两路转移。一路由南部往东，进入长江以南，发展成为燧人氏苗蛮集团黑虎支；一路由北部向东，进入黄河流域太行山以东，发展成为燧人氏伏羲集团的白虎支和牛羊支。

人类的滋蕃生息，理当在气候温润、水源丰沛、植物繁茂、动物众多、鱼虾成群之处，才能供其采摘、猎取，哪有起源于高寒、干旱、不宜生存之地的呢？青藏高原如今尚且不便于人类生存，何况万年之前。把最发达的中原地区的英雄人物都说成是边远地区的部族入主中原的结果，这是本末倒置，完全不符合社会历史发展的规律。

至于说某地有什么庙宇、陵寝、纪念建筑等，更不足以为凭，这些东西，后代有钱是就可以伪造的。

遗憾的是鲁西南地区是数千年黄河泛滥的重灾区，许多古迹多淤埋在十数米的地下，现在还没有能力展开大规模发掘。将来发掘了，谁能说不会有大量的文物遗迹来证明鲁西南及其周边地区是中华民族的发祥地呢？

燧人氏时代的结束

古史记载表明，自人皇至黄帝，中间有一段漫长的历史时期，共经历了“十纪”的过程，最少也有三十万年。在这数十万年间，中华人种在神州大地上繁衍生息，不断地分支扩散。

至燧人氏晚期，有许多分支几乎遍布中华大地，而其活动的中心则在黄河下游的中原地区。在这一区域存在着大大小小许多部落。这些部落原本各自居住在一个地方，互不侵犯。但随着人口的增加，原先各部落的那点小地方不够用了。为了部落的生存和发展，大小部落间开始你争我夺。胜利的扩地发展，失败的逃亡他乡。哪个小部落也不愿被侵占，然单独反抗又无能为力，于是两个或三四个部落就抱团联合起来共同维护自己的生存，遂形成部落联盟。部落联盟是靠利益维系的，并不牢靠。今天跟你联合的，明天就可能跟其他部落联合要你的命，今天居住在这里，明天就可能被迫迁徙。于是在不断的争夺和被迫迁徙中，有的部落强大了，有的部落被吞并了。强大的还想更强大，于是进行了更大更多的联盟。就这样，原始初民时代便逐渐过渡到氏族部落联盟时代。

这个过程约从公元前 7800 年开始，至公元前 7724 年，数百个部落联合罢免了燧人氏的最后一位大酋长，推举伏羲氏为帝，取代了燧人氏政权，成为各地氏族联盟集团公认的领袖为止，原始初民时代正式过渡到氏族部落联盟时代。

《尚书大传》记载说：“遂（燧）人为遂皇，伏羲为羲皇，神农为农皇也。遂人以火纪，火，太阳也。阳尊，故托遂皇于天。”三皇依人类历史文化发展的合理顺序分析，依次应为燧人氏、伏羲氏和神农氏。

七、华胥履迹生伏羲

华胥履迹雷泽旁，孕生伏羲在成阳。
世界华族太祖母，传下龙人称炎黄。
建成如华神仙国，功德华夏万世扬。
创制八卦天人谐，改革血亲子孙昌。
初造书契代结绳，发明网罟畜牛羊。
象天法地作历度，指导农耕丰稻粱。
制作琴曲行乐教，民归正道向善良。
分部设官成治式，肇起中华文明长。
四海寻根拜龙源，九州永怀古郢乡。

氏族联盟时代

原始初民时代结束，便进入氏族联盟时代，又称传说时代或三皇五帝时代。从公元前 7724 年伏羲政权开始，历经 12 个氏族联盟政权，共含有帝王 181 位。其中伏羲女娲政权 78 帝，炎帝神农氏政权 14 帝，史皇仓颉氏政权 1 帝，九黎蚩尤氏政权 7 帝，黄帝轩辕氏政权 16 帝，少昊金天氏政权 7 帝，颛顼高阳氏政权 12 帝，帝喾高辛氏政权 21 帝，帝挚青阳氏政权 17 帝，帝尧陶唐氏政权 6 帝，帝舜有虞氏政权 2 帝。至公元前 2071 年帝舜有虞氏政权结束，历时 5653 年。

这里要注意的一个概念是：所谓“三皇五帝”之称，既指称人，也指称时代。指称人，是指一个部落的开创人；指称时代，是指这个部落主政的整个时期。他们之间的传承，不是开创人之间直接传承，开创人之间可能间隔着相当长的岁月，是不可能直接相传的；所谓传承是指一个部落主政时期的转换，而且一个部落让位于另一个部落，并不意味着让位部落的消失，他们的部落仍在延续，只是不再主政而已。

这一时代是人类社会从原始蒙昧状态向文明时代迈进的阶段。由于氏族的发展和人口的猛增，为了生存，一些部落开始入侵相邻部落的领地，胜利者拥有土地，战败者逃亡他乡。于是一些部落为求自保便与相邻的部落结盟，共同对付外敌。这便出现了不断地联盟、破裂、征战、迁徙的情况。在这种状况下，有的氏族衰亡了，有的氏族强大了。强大的氏族又与周边的氏族联姻，于是形成以图腾为标识的更加强大的氏族联盟。随着这些强大的氏族联盟的再结盟，逐渐形成了以黄河流域为中心的氏族联盟中央政权，这种以“帝”为核心的中央氏族联盟机构，就是后来“国家”的前身。

氏族联盟时代曾多次遭受洪水或海水倒灌之灾，黄河下游低洼地带成了一片汪洋。水灾迫使生活在华北平原的部分居民向西部高原和东部平原转移，从而引发了大规模的争夺生存空间的残酷战争。

至氏族联盟时代的中晚期，各氏族间的征战和结盟，打破了原先静止、独立、封闭的原始部落文化，从而促进了不同区域间的物质和文化交流，促进了社会的进步和发展，也促进了各氏族的交往和融合，为中华民族以后的统一打下了良好的基础。

华胥履迹生伏羲

据唐司马贞《三皇本纪》记载：“太皞庖牺氏，风姓，代燧人氏，继天而王。母曰华胥，履大人迹于雷泽，而生庖牺于成，纪（系）蛇身人首。”

这是说，华胥氏踩了雷泽中雷龙的足迹意感怀孕而生伏羲，故伏羲生下来就是蛇身人首；伏羲的妻子叫女娲，也是蛇身人首，龙蛇一体，故有龙的遗传基因。所以由二人生的后人都是龙的后裔，这就是华夏子孙自称是龙的传人的根源所在。

记载所说的“成”，即古鄄雷泽东南岸的成阳。踏巨人迹的大体位置当在今鄄南适北口村一带，因是雷龙之迹，故当初这一带称龙源，这里至今犹有华胥故里、华胥庙等遗址。

据《国语·郑语》记载：（太史伯曰）“若克二邑[指虢（guó）、郐]，鄢、蔽、补、丹、依、畴、历、华，君之土也。”这里的“历”，就是生活在鄄城历山一带的部落，后为历邑。记载将“历”“华”并提，可见相距不远，华就是古华胥国，历后为蒙地，因在华胥国之南，后称南华。庄周是蒙人，故唐玄宗封庄周为南华真人，《庄子》一书遂名《南华经》。此一记载证明华胥氏生活在鄄城雷泽一带，确定无疑。

“巨人迹”为何物之迹

这里的“巨人迹”，自然不可能真是什么雷神的足迹。

上古时候，菏鄄境内有雷泽、大野泽、孟渚泽、菏泽和济水、濮水、沮水、濉水、瓠子河、菏水，这“四泽六水”是北方巨型湾鳄的最佳栖息之地。因为这里当时气温比现在高，雨量充沛，很适宜鳄鱼的生存，这已被考古发掘所证明。据此可知，所谓“巨人迹”乃北方巨型湾鳄的足迹。华胥氏部落是世居济水、濮水、雷泽岸边的土著居民，正处于渔猎社会。鳄为水陆两栖动物，既是水中霸王，又是陆地猛兽，既是渔猎社会人类的敌人，又是其捕猎的主要生活来源。

履迹也好，梦龙也好，吞卵也好，上古先王诞生之所以附以各种神话色彩，只是为了增加其神圣性。推其实，实乃是母系氏族社会婚配自由，知母不知父的时代反映。照现在的说法，是野合而孕，非婚生子，总要给个生育的理由。

华胥氏为何许人

当然，踩了鳄鱼迹，是不能怀孕生子的，那实际情况是什么呢？这里一个“雷”字，无疑给我们透露出了答案的信息。雷是闪电，闪电是火。这“巨人迹”理应是发明火的“燧人氏部落”后人的足迹，因为鳄鱼是不能与人类婚配的。所以古籍记载说，燧人为华胥氏之夫、伏羲与女娲的父亲，不是空穴来风。

依事理分析，这里的燧人氏决不是第一

华胥氏像

代燧人，而是燧人氏部族下的以龙为图腾的雷泽氏的男子，与同是生活在雷夏泽畔的东夷弇兹织女青鸟氏部族的一支，即以昊鸡为图腾，崇拜凤凰的凤族凤姓（即风姓，古无风字）华胥氏部落的一个姑娘，两人结合，生下了华夏第一个有姓名的龙祖伏羲，华胥则成为母系氏族社会被记住名字的始祖母。从此，华夏族进入父系氏族社会。

远古母系氏族时代，"姓"表示所出，故从女，所以伏羲从母，亦为风姓。这样，龙族与凤族的结合，便肇起了龙凤文化的源头。然从春秋以来，人们把母系、父系相合，遂统称为太昊伏羲氏。

太昊是谁？当是生活在鲁西菏鄄地区的燧人氏部族下的一个母系氏族社会部落，为东夷弇兹织女青鸟氏的一支，是少昊的继父族。太昊者大明也，这正与燧人氏发明用火相应，也与少昊的父族为太白金星相合。照此看来，太昊之称实来自燧人弇兹合雄氏。

华胥故里所在地

华胥故里在鄄城南部雷夏泽南岸，遗址位于彭楼镇适（kuò，乡俗或作郭）北口村东头，距东边的舜王城不远。现有庙堂高耸，数碑耸立，一碑上勒书"华胥故里"四个大字，这里才是真正的华夏的人文始祖伏羲母亲华胥的故里。

华胥故里碑碑文云："宋罗泌的《历山考》曰，雷泽不闻有二。《水经注》曰，瓠河又左经雷泽北。唐初设县，治于雷泽。瓠河故渎，胜迹犹存，雷泽瓠河在鄄城之域不可移也。世之华胥国，附会之说（颇多），（皆）字同音谐之谬也。雷泽湖畔、瓠河之滨之古鄄，为华胥故里无可疑也。"

既然雷泽没有第二个，那么华胥故里也就只能有一个，那就是鄄城适（郭）北口村的华胥故里。至于其他地方的所谓"华胥故里"，只能是后来子孙迁徙名随复制的，无非是想攀"龙"附"凤"而已。

"华胥"二字的含义

华胥氏为燧人氏时代的一个氏族部落，是伏羲氏的母族，处于原始母系氏族公社的末期。

诸多古籍都有"华胥于古鄄雷泽湖畔履大人迹有娠而生伏羲"之类的记载。

远古部落的生存发展，多托于气候温润、有丰富的水源、草木繁茂、食源丰富易得、环境利于生存繁衍之处。华胥氏所生活的古鄄雷泽周围就具备这一条件。

雷泽北边，有一条古老的瓠子河，南边则有濮水，再南则是济水，皆经菏鄄之地而东流，水源充足，又气候适宜，植物丰茂，花果众多，盛产桑、漆、葫芦。

《水经注·瓠子河》记载：瓠河又左经雷泽西北，其泽在大成阳县故城西北十一余里。

瓠子河在我国历史上是很有名的一条河流，并且是历史上中华大地唯一的一条以瓠子命名的河流，这条河对华胥氏的生存繁衍和当时的原始农业发挥了重要作用。

瓠子河的"瓠（hú）"就是葫芦，瓠子河，即葫芦河。以瓠子命名河流，肯定与这一地区当时盛产瓠子有关。葫芦易种速长，既可食用，又可器用，还可用作渡水救生器械。这在远古的菏鄄地区是很有用处的。葫芦多子，又寄托着先民多子多福的愿望。

葫芦是原始社会人们由生食向熟食发展过程中所食用的重要素食食物。葫芦开花多，产量大，人们能吃饱。在雷泽居住的氏族部落喜爱葫芦和葫芦花，并以其作为自己部族的图腾和名字，叫作“华胥”，也就自然顺理成章了。这样看来，“华胥”之“华”应是取自葫芦花（华）。这从语音上也有蛛丝马迹可寻。无怪闻一多认为“华胥”“伏羲”与“葫芦”是一音之转了。

“华”在甲骨文中，就是挂满花朵的植物；“胥”本义为美味的蟹酱，可见瓠子河、雷泽皆产蟹。瓠蟹二物皆是令人喜欢的东西，所以“华胥”乃是盛产葫芦和蟹胥的美好欢乐的地方之意，即《诗经》所谓的“乐土”。又由于华胥氏首领具有“赫然之德，使民胥（相）附”，故又称“赫胥氏”。

瓠子河出东郡濮阳，由董口镇入鄄城县境，经鄄城城南东流，经雷泽湖北入郓城然后汇入济水，这就是瓠子河故道，史称瓠河故渎。

至汉武帝元光三年（公元前 132 年）五月，黄河在瓠河口决口，“泛郡十六”“濮阳一带，尽成泽国”。经历二十多年方才堵塞成功，汉武帝还为此作《瓠子歌》两首作为纪念。

此次河决，河水向东南在鄄城境内冲出一条新的瓠河，于清丘（现北王召）东富春一代与濮水汇合东南流，经向阳村、适北口村、刘大楼村、张河涯村、历山西侧、金宝山（今军集村南）东南侧，流入巨野泽。新瓠河与古老的瓠子河不是一回事。

如今鄄城境内瓠子河两岸遗迹犹存，民间故事流传广泛。例如：今之向阳村古称瓠河里，适北口村南瓠河故道仍依稀可辨；张河涯村因临瓠河而得名；刘举人庄村的名宦刘光佩别号瓠南，墓表犹存。

伏羲女娲非兄妹

传说伏羲的妻子是女娲，这可以成立；又说他们是兄妹结成的夫妻，则未必然。伏羲既然改革了婚姻习俗，将血缘婚改为族外婚，不可能自己破坏自己的改革，再去行近亲结合的血缘婚。

那么，与伏羲结为夫妻的女娲是谁？

首先要明确，决不是创世的女娲，二者在时间上相差极远。

与伏羲结为夫妻的女娲也应是有娲氏的后裔。有娲氏本是生活在湖泽岸边的以蜗牛为图腾的古老氏族。因用于人，后遂改为女旁作“娲”，“有蜗”即“女娲”之源头。

燧人弇兹合雄氏时代，其下有弇兹织女氏部落，是有娲氏的后裔。作为伏羲妻子的女娲，当是弇兹织女氏部落下某个氏族部落的女儿，与华胥同出于以昊鸡为图腾、崇拜凤凰的青鸟氏的凤族凤姓（即风姓）。从历史的真实分析，合理的情形当是：以凤鸟为图腾的弇兹氏某部落的姑娘女娲，嫁给了以龙为图腾的雷泽部落的男子伏羲。龙凤二族结合，在雷泽周围共同创造了华夏的祖源文明。

由于弇兹氏和雷泽氏都是燧人氏部落的后裔，又都同为风（凤）姓，而华胥与女娲又同属于弇兹氏下的某个部族，所以，古人不但误认为伏羲和女娲同是燧人氏与华胥氏的儿女，是兄妹关系，更把创世的女娲与作为伏羲妻子的女娲混为一谈，把造人、补天的事都按在伏羲妻子女娲身上，这样就与后来作为伏羲妻子的女娲所做的事混为一谈，结果成为历史上缠夹不清的一笔糊涂账。

伏羲时代与九州的滥觞

伏羲氏与女娲氏，是同属于太昊伏羲集团下的两个世代联姻的族系。两族互相交替，共同执政，形成了伏羲氏女娲政权。伏羲是伏羲氏女娲政权的首任帝。伏羲去世后，女娲接掌伏羲氏女娲政权，成为二任帝。

伏羲氏时代约当新石器时期，历史悠久，枝繁叶茂。原始畜牧业得到发展，原始农业开始起步，可说是农牧并举，社会文明有了较大进步。

据《易坤灵图》记载："伏羲立九部，而民易理，九部之立，以兄弟九头，各理一方。"这里的"九部"即"九夷"，也就是后来的"九州"，可见九州之说在伏羲时已经滥觞。所谓"九部易理"，这是说，伏羲逐渐把黄河下游流域的九夷(东夷)各氏族部落联合起来，都认同第一代伏羲为始祖，形成了庞大的伏羲族系，并将其分为九部而治之，使当时的"四海""九州"形成了天下一统。当然，彼时的"四海""九州"，皆不出菏鄄及周边地区，不同于今之四海、九州。

相传，从第一代伏羲女娲政权起，共传了78帝，从公元前7724年至前5008年，共历2771年，皆袭用第一代伏羲的名号，因此伏羲氏，应指一个庞大的族群。随着其子孙后代的繁衍扩大，后世子孙，或因分封，或因水灾，或因战乱，或因谪戍，或因另谋发展，陆续外迁，流散四方，足迹遍及九州，迁至边远之地的，有的甚至化为蛮、夷、戎、狄等少数民族，这就是全国不少地方都留下了大量关于伏羲的神话传说的原因。

华夏、中华名号的缘起

由于华胥母子和伏羲夫妇经营有方，把华胥部落治理得非常富饶美好，随着雷夏泽畔华胥子孙繁衍生息日益壮大，便于此建立了美丽富饶的华胥国，成为中华第一国。后世敬祖追宗，遂取"华胥"之"华"和"雷夏泽"之"夏"，组成"华夏"作为故国之称。华者，花也，象征美丽富饶；夏者，农人也，表示农耕发达。"华夏"，即为美丽富饶、农耕发达的家园之意。

这就是"华夏"一词的来源，所以"华夏"最初指以菏泽鄄城为中心的古中原地区，又因华胥国所处的菏鄄之地古代号称"天下中"，故又称"华夏"为"中华"。

《列子·黄帝篇》记载："黄帝昼寝，梦游于华胥之国。"并说"其国无师长，自然而已。其民无嗜欲，自然而已。不知乐生，不知恶死，故无夭殇。不知亲己，不知疏物，故无所爱惜。不知背逆，不知向顺，故无利害。都无所爱惜，都无所畏忌。入水不溺，入火不热，斫挞无伤痛，指擿无痛痒。乘空如履实，寝虚若处床。云雾不碍其视，雷霆不乱其听，美恶不滑其心，山谷不踬其步，神行而已"。因此大赞其为神仙之国。

这一记载，虽是后人理想化的推想，但也透露了有关母系氏族时代原始共产主义社会人们生活的一些信息，反映了人们追求美好理想社会的愿望。

"华夏"一词延续到今天，依然有着无限的生命力和强大的亲和力，并与炎帝治理下的窑火照耀下的"赤县"、黄帝治下的仙境般的"神州"，以及大禹划分的"九州"等，后来都成了中国的别称，并且范围逐渐扩大，泛指整个中国，总称"中华"。

华胥国乃华夏雏形

华胥国的建立，培育了华夏父系社会的幼苗，推动了我国远古社会由母系部落到父系部落的嬗(shàn)变，并最终过渡到父系社会时代。所以，华胥是中华的老祖母，其功德是无可比拟的。

华胥国可以说是华夏的肇基和雏形，华夏就是在华胥国的基础上发展起来的，华胥国为以后一统天下的局面打下了基础，伏羲任命官员进行社会管理，也为后代治理社会提供了初步的模式。

后代黄帝主政后，遂以之为榜样，也把自己的邦土治理得物阜民丰、人众幸福，成为人们理想的家园、富裕的神仙国度，故其所统辖的国土地域后遂被称作神州。此为中国称“神州”的源头。

华胥氏乃民族之母

华胥氏，作为我国神话传说中的人物，应是我国上古时期母系氏族部落的一位杰出而有名有姓的女首领，由于她在鄄城雷夏泽畔生下了我们的人文始祖伏羲，自然也就是所有炎黄子孙的祖先。所以华胥是中华之祖、华夏之根、民族之母。而古鄄雷夏泽之畔，自然也就成了华胥氏之故里，伏羲诞生之圣地，先民生存之根基，龙的传人之源头。

伏羲之称的含义

司马迁著《史记》，从黄帝开篇，这反映了作者对待历史考证的非常严谨的态度。实际上，中国有文字记载的历史，伏羲时代已有简单的符号文字，八卦的创制就是符号文字的萌芽。

伏羲，历史上有伏戏、伏牺、包牺、炮牺、庖牺、宓羲、宓戏、虙牺等不同的写法，皆为因事立称，一音之转。又称春皇、木皇、泰帝、太昊、太皞等，这不同的称谓，也都隐含着远古社会的某种信息。例如：春皇、木皇，说明伏羲出自东方，因按五行之说，东方属春、属木。伏羲教人做网罟以田以渔，烹制牺牲，以供祭

伏羲像

祀，以充庖厨，故天下号曰炮牺、庖牺。或说伏羲有圣德，像日月之明，故称太昊，喻其明德覆照八区。于是伏羲被传为神话中华夏民族的始祖。

其实，远古先人没有那么复杂，这些说法都是后人出于好心的理解。伏羲之所以有这么多称谓，主要是由于上古没有文字，先民事迹多赖后人口耳相传，随着时代的变迁，语音的演化，后来用文字记录时，按音署字，不同的时代便出现了不同称谓。一般定名为“伏羲”，其义最为明确：伏者，制服也；羲者，牺（犠）之本字，甲骨文作，金文作，篆文作，乃宰羊杀猪之象也。故“伏羲”，盖为制服野兽、驯养家畜，以供祭祀以充庖厨之意，是社会进入父系时代的渔猎、养殖、开始农牧生活的反映。

伏羲是中华民族的始祖

无论是文献，还是历史传说，都显示鄄城雷泽一带就是中华民族的发源地，鄄城应是唯一的伏羲故里，而华胥作为中华民族的始祖母，直至今天，生活于雷泽之滨的鄄城人仍将华胥奉为始祖奶奶，立庙祭祀，香火不绝，并非偶然。

如今，所有伏羲的后代子孙，无论是炎黄、尧舜、禹汤，还是四方少数民族，皆以伏羲为人文始祖，都自称是龙的传人。

伏羲不仅是中华民族的始祖，也是东亚不少民族共同敬奉的始祖，受到崇高的景仰。周边国家的代表团不时到鄄城来寻根认祖，进行祭祀。朝鲜和韩国就自称是伏羲后裔。至今韩国的国旗上仍飘扬着太极八卦图，这不是偶然的，说明其民族文化深深地烙着伏羲文化的印痕。

要振兴一个民族，首先要振兴这个民族的文化，要灭亡一个民族，首先要灭亡这个民族的文化。我们在21世纪要迎接中华文化的伟大复兴，首先要复兴伏羲文化，要牢记开创华夏文化的伏羲时代。

鄄城是唯一的伏羲故里

中华民族有个优良传统，就是祖先崇拜。他们敬祖、祭祖、敬神、祭神，因为祖先养育了自己，神灵保佑了自己。所以，伏羲的后裔各个族群，向四方迁移时，一路走来，迁移到新地后，由于不忘故国，都会复制下相同的地名、风习或标志，并在新居住地建畤（zhì，古祭天地五帝之所）、立祠、造庙、修墓，供奉自己的祖先、神灵。这就形成了全国不同的世系及众多的姓氏，分布在中华大地的东西南北各地，这也就造成了多个地方都有伏羲的足迹和出生地遗迹的存在。这当然不可能都是第一代伏羲真的到过这些地方，更不可能出生在这些地方，一个人只能出生一次一地。在远古的条件下，说实在的，伏羲也没有能力到达这么多地方。

或说伏羲都于陈，即今河南淮阳，死后葬于今山东鱼台县，鱼台东北凫山有伏羲冢，这不会是第一代伏羲，而是后代子孙伏羲。

再说，伏羲的历史影子，最早出现在战国后期的《庄子》，其时已距伏羲时代十分遥远；而伏羲后裔迁徙的故事，又都是故老口耳相传的，定会有失真和变异。传到后世，就产生了以迁徙之地为伏羲始生之乡的讹误。所以，后来秦汉的史书所记载的伏羲出生、活动地域，不仅遍布各地，并且互有抵牾，原因也就不言而喻了。

事实上，伏羲出生地只能有一个，那就是号称“天下中”的古鄄雷夏泽畔的成阳。

从先秦至两汉隋唐的历史文献，关于伏羲、炎帝、黄帝、颛顼、尧、舜、禹、皋陶、伯益兴起于雷泽成阳的记载不绝于书。如《禹贡》《庄子》《吕氏春秋》《史记》《淮南子》《汉书》《水经注》《元和郡县图志》《太平寰宇记》《历山考》等诸多古籍都记载说：雷泽是古濉水、沮水汇聚而成的；瓠河左经雷泽北，其泽在成阳西北，那里有尧冢、灵台；雷泽在濮州，即今鄄城旧城镇；雷泽的西北岸有尧陵穀林山，西南岸有历山，舜耕历山、渔雷泽、陶河滨、灰于常羊，并在陶丘认识了大禹；雷泽不闻有二，耕、渔必不相远，其间有舜豢龙井；雷泽的西岸有犬丘，或曰垂都，垂地之称“都”，说明此处是秦赵之祖伯益族人的故居、都邑和宗庙所在地；濮水枝渠又东北经小成阳东、垂亭西，北入瓠河；雷泽的东北岸有郕（成）都故城遗址，是周文王第七子姬武的始封之郕国，后因水患，郕迁国都于郕城之阳（南），故曰郕阳，亦作成阳，或曰大成阳，唐宋为雷泽城；成阳距大禹外家有莘之墟不远；南华县因在华胥国之南得名，古称鄚，后作蒙，垂钓濮水之滨的庄周为蒙人，被封为南华真人；华胥之国，在弇州之西，弇州即兖州，古兖州西部正是古鄄地域；成阳周围有一群龙山文化遗址。

这些记载证明，只有古鄄雷泽湖畔、瓠河之滨，才具有上述全部条件，才是真正的华胥故里，才是唯一的中华始祖伏羲的诞生之地，这是毫无疑义的。

其他所谓伏羲出生地，皆不具备以上全部条件，一般只能具备一两条，最多三四条。

很明显，其他所谓伏羲诞生地的出现，如前所说，是伏羲后裔外迁时一路带过去的。鸟飞回故巢，狐死必首丘，何况有感情的人呢。君子曰："乐乐其所自生，礼不忘其本。"走到哪里，就把故国家乡的名字、习俗、标志带到哪里，这是不忘所自、不忘本的浓浓乡情，是对故国、故乡的永远思念。安土重迁，游子必返乡。落叶归根，一直是中华民族的传统美德，这是不忘祖的一种体现。再说，谁不愿意本地是始祖伏羲的故乡呢！此种现象的出现情有可原。

伏羲起于西部说辨析

如今有关伏羲的发迹地，主要有东部和西部两种说法。东部说已如上文所述。

西部说，以《帝王世纪》所载"燧人之世，有巨人迹，出雷泽，华胥以足履之，有娠，生伏羲于成纪，蛇身人面"为依据，将"生伏羲于成，纪(系)蛇身人面"，另断句为"生伏羲于成纪，蛇身人面"，这样"成"就变作了"成纪"，因而断定伏羲生于汉代才有名字的甘肃天水的"成纪"。又引《帝王世纪》云："(成纪)以庖羲氏孕十二岁生得名，汉于其地建县。"为证，并解释说："十二是古人认定的天之大数，把十二年作为一纪，以一纪传说伏羲之育成，充分反映出先民对伏羲伟大降生的崇敬心理。"

岂不知，引文本身就已作了自我否定。人怀孕十二年始生绝无可能，成纪乃汉所建县，如此生拉硬扯，还哪里是对伏羲的崇敬！即便硬与伏羲扯上关系，"成纪"之名也应理解为"对成阳的纪念"，是伏羲后裔西迁时带过去的，以寄托对故乡成阳的怀想。又引《巩昌府志》云："殷，小乙二十六世，戎侵豳，成纪尽为戎侵。"并据此说"将成纪这一地名的出现推到商代"。很明显，这是把"地区"与"地名"混淆了，一个地区古今是永远无法移动的，地名则可改换，怎可拿后代的名称来说事？即便推到商代，距伏羲时代也已几千年了。说者也觉不当，故不得不退一步说"但此资料据何而来，至今不明"。可见，"西部说"是理由不足的。历史文献和近现代史学的研究，都证明伏羲出于东部，即伏羲为东夷氏族，是东方之人，具体说，是在鲁西南的古鄄雷夏泽畔发迹的，这已是不争的事实。

之所以西部也有伏羲的历史遗迹和传说故事，如前所说，是随着伏羲部落的发展壮大，从发迹的东方，沿河向西部迁移发展时带过去的，而不是相反。

因为，从人类发展史的实际分析，人类的出现，必当于气候温润、草木繁茂、食源丰富易得、环境利于生存繁衍之处，哪有出现在高山老林、气候干寒、猛兽成群、食源缺乏、环境恶劣之地的道理呢？这样的地方，脆弱的人类初民能够存活吗？

我国伏羲时代的上古文明是以渔牧和农业的产生与发展为基础的文明，因此，具有发展渔牧及农业的条件也是出生伏羲的重要因素，我国西部有这个条件吗？

具有上述条件的，只有黄河下游的鲁西南及其周边地区最为突出。具体情况在第一部分里已有较详细说明。

再说，主张西部说的书籍，一般都是汉以后的著作，而证明出于东方的书籍，则有先秦及更早的历史文献。

不幸的是，由于黄河的不断泛滥和频繁的战乱，菏鄄地区的有关古迹已多淤埋在地下或毁于战乱及"文革"。随着经济的发展，新修复的其规模也大不如前。

传说伏羲的生日为农历三月十八日。至今鄄城仍有在农历三月十八日祭祀伏羲的风俗。

伏羲时代的功绩

伏羲在中华民族的初始文明上做出了巨大贡献，影响是深远的。他的主要功劳，古人归纳有以下几个方面：

创造了八卦图形

伏羲受燧人弇兹氏首领传授的“河图”“洛书”的启发，“仰则观象于天，俯则观法于地，观鸟兽之文与地之宜，近取诸身，远取诸物”，初创出简单的符号文字，用于记事，以代结绳之政。符号文字虽还不是真正的文字，但已开文字之先河。

伏羲又从天上云雾、雨雪、风雷的变化，到地上飞鸟、走兽的活动规律，以自身和自然界万物的形体做象征，根据天地间阴阳变化之理，借助一阴“⚋”一阳“⚊”两种简单却寓意深刻的符号文字，用三道儿为一组，组成八种图形，创造了八卦图形，命名为乾、坤、震、巽、坎、离、艮、兑，分别象征“天、地、山、泽、风、雷、水、火”八种物质，概括出天地之间的万事万物变化的规律。这就是后人神化成龙马献数、白龟献图，启发伏羲画出了八卦的故事。

八卦图

八卦开启了华夏文明的源头，奠定了我们民族天人谐和的整体性、形象思维的直观性、矛盾统一的对称性和哲理分析的辩证性这一思想方式的基础，产生了原始的哲学。

伏羲依据对自然与人事的观察，将天道与人道融为一体，把宇宙万物变动不居的永恒规律，通过简单的符号象征来表示，足见我们的先民对世界认识的深刻与高远，比一些民族将宇宙万物的运动规律归之于“神”的主宰要高明得多。所以我们没有走宗教的途径去发展出自己的宗教，而是一下子便走上了自然法则的大道，让我们早一步走上了文明的时代。

形成中华民族的特性

这也从而形成了中华民族的特性，让中华民族屹立世界八九千年，至今而不衰。中华民族的特性是什么？

那就是：不信天，不信地，不信神仙，只相信自己。这体现在：

中华民族与自然斗争的不屈不挠的进取精神。在西方的神话里，火是上帝赐予的；在希腊神话里，火是普罗米修斯盗给人间的；在中国的神话里，火是先人燧人氏坚忍不拔钻木取火发明出来的，这就告诫子孙，要与自然作斗争！

在洪水到来时，大水连天吞噬民众，西方人只会躲在挪亚方舟里听天由命；中国人则奋起与灾难作斗争，大禹率领民众治理大水，三过家门而不入，终于制服洪水，使民众安居乐业。这就告诫子孙，只有抗争，与天斗方能其乐无穷！

地震带来天塌地陷，女娲炼石补天，进行抗震救灾；大山挡住去路，愚公就率领子孙搬山，而不是躲避搬家；天上十日灼人伤稼，尧命后羿射掉九日，给人间带来温凉，而不是被太阳神的权威吓倒；夸父为要太阳听人的话，他奔走追日要捉住太阳，虽累死而不息；刑天被天帝砍去了头，仍要舞动干戚进行不屈的斗争，这就告诫子孙，斗争可以失败，但不能屈服；霍去病誓言“匈奴未灭，何以家为”，表达了消灭敌虏的决心；炎帝的少女女娃，泳于东海，溺而不返，她的灵魂化为精卫之鸟，日日衔西山之木石，要填平东海，表达了虽死也要复仇的决心；大诗人屈原喊出“身既死兮神已灵”，女诗人李清照唱道“生当作人杰，死亦为鬼雄”，表达的都是死而不屈；等等。

总之，在历史的长河中，中华民族与天斗，与地斗，与敌人斗，既不躲避困难，屈服于大自然的淫威，也不听由神的安排，听天由命，而是敢于跟看起来难以战胜的力量作斗争。敢于抗争，决不服输，这就是中华民族的精神特征，早已凝缩进许多成语里，激励着中华儿女永远奋进。

变革婚姻习俗

华胥时代，人类只知其母不知其父，就连伏羲自己也不知其父为何人。于是伏羲变革婚姻习俗，始制嫁娶，以俪皮为礼，倡导男聘女嫁的夫妻对偶制婚礼习俗，彻底结束了氏族内的血缘群婚状态，改为族外婚，奠定了人道纲常，初立了父权伦理，将我国从母系氏族社会推进到父系氏族社会，促进了社会的发展，开启了以后的君臣、父子、夫妇之道。

发明网罟

伏羲又模仿自然界中的蜘蛛结网而结绳制出了网罟，用以打鱼、捕兽、捉鸟、擒鳄，供先民食用，以延续生存。同时开始教民驯养牲畜家禽，以供祭祀，以充庖厨，故被称为庖牺。当时的经济生活虽仍以渔猎生活为主，但也出现了原始的种植业，人们获得了较充足的食物，这不但改善了人们的饮食，提高了生产能力，也提高了人们的寿命。

创设管理机制

伏羲凭其崇高的圣德，团结统一了华夏各个部落，创建了部落联盟的管理机制，将其统治地域分为九部而治之。以龙纪官，以龙命名部落称谓，以龙图腾昭示四方，龙文化由此而生。伏羲任命官员进行社会管理的结构，为后代社会治理提供了初步的模式。

制定原始的历法

为了掌握日月岁时变化，伏羲又“象天法地，始作历度”，作甲历定四时，有了原始的历法，用以教民熟悉物候知识，适时耕获，指导生产及生活活动。《历法典》认为伏羲发展了天文历法，时人已知干支相配为 12 个时辰、一年为 360 天。

制乐导民

伏羲烧土为陶埙（xūn）、制桑丝为琴瑟，创作歌谣乐曲，将音乐带入人们的生活，用以陶冶人们的情操，提高了人们的生活质量和文明程度。《礼记·乐记》记载说：“先王之制礼乐也，非以极口腹耳目之欲也，将以教民平好恶而反人道之正也。”

意思是说先王制定礼乐的目的，不是为了满足口腹耳目的嗜欲，而是用以教训百姓，使有正确的好恶之心，从而归于人道的正路上来。因为动人心者莫如乐，乐可调民气，舒民怨，所以乐，是先王治国之“礼乐刑政”四术之一。伏羲发明乐器，创作乐曲，开了乐教之源。

姓的产生

原始初民时代是群婚制，兄弟姐妹之间可以通婚，子女只知其母，不知其父。所以神话故事多用“圣人无父，感天而生”的办法来解释这一现象。

到母系氏族社会时期实行“族外婚”，同一个氏族部落的男女因都是由同一个老祖母生出来的，所以不能结婚。如何确定呢？这就需要有个共同的符号作标志，这就促使了“姓”的产生。每一个氏族都有自己特有的“姓”作为血统家族标志的族号，而这种族号最早是由女性来确定的，所以“姓”从女，随母系。中国最古老的姓氏，如“姜、姚、妫(guī)、姞(jí)、姬、安、晏、娄、嫪(lào)、妘”等上古之姓多从“女”旁，就是母系氏族社会共同血缘关系的标志。

所以“姓”的产生是出于“别婚姻”的需要。

伏羲和女娲继承了华胥氏的风(凤)姓，进而以动物、植物、居处或官职等为来源创制了代表个体符号的姓氏办法。“姓”是血统家族的标志，“氏”是姓的分支。姓氏的基本功能是区别血统，辨别婚姻，作为出处的标志，以防止乱婚和近亲结婚，开启了同姓不婚的优生传统。这说明当时人们已经懂得“男女同姓，其生不蕃”的道理，有利于民族的优化。同时也肇起了中华的姓氏文化，绵延至今。

由于姓氏是以母系氏族划分的，所以“姓”最初多为母系氏族部落首领的名字。华夏最早的姓是凤(风)姓。华夏始祖伏羲的母亲华胥氏即为风姓，伏羲从母姓，所以也姓风。

为避免近亲婚配产生不良后代的恶果，古代在女子的称谓中都一定要标明姓，以便辨别男女姓的异同，从而决定是否嫁娶。这也就是周代贵族只有女子才称姓的原因。例如：“齐姜”“宋子”是两个未婚女子的称呼，其中“齐”“宋”是自己的国名，“姜”“子”是自己的姓；“江芈”“栾祁”是两个已婚女子的称呼，其中“江”“栾”是夫家的国氏名，“芈”“祁”是女子自己的姓。如此称法，能显示妇女与夫家之姓有所区别，可以通婚。这一称法一直延至后世，旧时称已婚妇女一般都要标明父姓或夫姓，如“张王氏”，即夫姓张父姓王。

“姓”世代相传，一般不会更改，比较稳定。但可由于某种原因而衍生出一些新的他姓。比如帝舜因生于姚墟(遗址在今鲁西鄄城闫什镇姚刘庄附近)而姓姚，又因迁居妫水之旁而姓妫；禹时封帝舜之子商均于虞，故又有子孙以封地虞为姓者；商均33世孙妫满被周武王封于陈，谥胡公，其子孙又有以国号姓陈者，或以谥号姓胡者，或以尊讳姓满者；再后胡公满10世孙陈完为避祸奔齐而改姓田，称田完。所以妫、虞、胡、陈、田五姓同根同源，皆由帝舜姚姓衍生而出。

注意：古代“百姓”一词最初指的是众多的氏族，与今不同。战国前，贵族有姓，奴隶没有姓，故“百姓”后又指贵族百官族姓，即所谓“九族既睦，平章(辨别章明)百姓；百姓昭明，协和万邦”。战国后“百姓”才渐指平民，刘邦登基后在庆功宴上说：“镇国家、抚百姓、供军需、给粮饷，我不如萧何。”这里的“百姓”就已指平民了。

氏与姓的区别

氏与姓关联，但又不是一回事。

“氏”字，本义为根柢(dǐ)，而人们的姓氏标志着祖宗的来源，表示人之所由生，子孙之所从出，当然也是一种根柢，所以“氏”遂顺理成章地引申为姓氏的专用字。

如上所说，上古母系氏族社会妇女是繁衍后代、保证氏族延续的主体，地位崇高。那时，生女则留在族里继续生儿育女，延续族群；生男则要分出去倒插门“嫁”到别的部落另立门户，就产生了“氏”。所以，“氏”是姓的分支，是用以区别子孙之所由出的。最初的氏是男性部落首领的称号，可以是封邑(解氏）、住地（西门氏）、官名（司马）、职业（陶氏）、祖先的字（孔氏）等等。

秦汉之前，氏与姓分的很清楚，女子称姓，男子称氏。例如孔子，子是姓，孔是氏，丘是名，因男子称氏不称姓，故称之为孔丘，而不叫子丘。

随着社会生产力的发展，母系氏族制度过渡到父系氏族制度。至伏羲氏族社会时期，一祖所繁衍的子孙越来越多，一个部族往往会分成若干支系散居各地。各个分支的子孙除了保留原姓之外，为了相互区别并表示自己的特性，便要取一个称号，这称号就是“氏”。所以，上古有姓又有氏，姓为氏之本源，氏是姓的分支，可以自立，能够改变。如果说“姓”是一个家族所有后代的共同称号，那么“氏”则是从姓中派生出来的不同支系的标志。

到了夏、商、周时期，氏族制度渐被阶级制度代替，于是便有了“天子建德，因生以赐姓，胙之土而命之氏”的做法，就是说一个氏从大宗分出来，另立门户要经周王认可。氏的出现是社会进步的又一个重要标志。据说，黄帝治理天下时，已有“胙土命氏”的做法。

至周代，由于大规模分封诸侯，这些诸侯国的后人就以封国之名为氏；而各诸侯国又以同样的方式对国内的卿大夫进行分封，卿大夫的后人也以受封之国的名称为氏。这样“氏”的数量就大增起来，并远远超过了姓的数量。

“氏”既然是分封产生的，所以三代时也只有贵族才能有氏，贫贱者则有名无氏，于是“氏”遂成为古代贵族表示宗族系统的独有标志。一般平民，则只能以其职业相称，如“庖丁”就是对一个叫“丁”的“厨师”的称呼。所以《通志·氏族略》有“姓所以别婚姻，氏所以别贵贱”之说。

周代，姓氏制度是宗法制度的一部分，“礼不娶同姓”已以法律的形式确定下来。同姓同根，异氏同源，氏同姓不同，可以通婚；姓同氏不同则不可以通婚。

姓不能变而氏则可随着封邑、官职的改变而改变，父子两代同姓可以不同氏。姓氏与人名共同构成一个人的名字。

也正由于“氏”表示根柢，古代又常用在远古的帝王、国名、国号、朝代后作为称呼，如伏羲氏、神农氏、夏后氏等等。后也用在官职、姓名、亲属后表示尊称，如太史氏、左氏、异史氏、舅氏、母氏等等。

姓、氏相别的制度沿用到秦朝时，由于西周封建宗法制度瓦解，旧的姓氏制度也遂被废除。姓和氏的区别已不明显。至司马迁作《史记》时，干脆把姓氏混而为一，例如称秦始皇为“姓赵氏”，称汉高祖为“姓刘氏”。从此姓与氏合用并称不再区分，姓即氏，氏即姓，使用起来简单省事，更无贵贱之别，皆可用以别婚姻，而另以地望明贵贱。

但在特殊场合，已形成了习惯用法，姓和氏的使用仍有些区别。例如不相识的人见面，常礼貌性地说“请问贵姓？”而未有说“请问贵氏？”的；而在族谱或家谱题名上，则只能题《某氏族谱》或《某氏家谱》，从未见有题《某姓族谱》或《某姓家谱》的。这是因为“氏”在古代是男子的标识符号，族谱、家谱是记录男子家族成员的血缘关系的图册，所以题名只能用“氏”；再说“氏”与“死”音近，说“请问贵氏？”未免“犯忌”。

中华姓氏文化源远流长，历经了五千年始终延续和稳定地发展着，每一种姓都有其独特而丰富的文化内涵，都有其代表人物，没有贫富、高低、贵贱之分，这得益于同姓聚居和联宗修谱的习俗。中华姓氏文化，以一种血缘文化的特殊形式促进了中华民族的形成，在中华文化的融会与国家的统一上起过独特的凝聚作用。所以，姓氏不仅是维系文化传统的纽带，团结宗族的磁石，形成尊祖敬宗美德的保证，同时也是维护祖国统一的力量。一个中国人，不管他迁徙到何国何乡，都会念念不忘自己的祖国、祖籍、祖先，并不忘回中国寻根拜祖，续谱认宗。

古人的字号称谓

除了姓氏，古人还有各种字号称谓，可以说多种多样，使用频繁。

人生而承母之姓，是公共的。孩子初生先取乳名，表示长辈对儿女的喜爱，称为小名。及三月而由父正式命名，叫大名，是个人的代号，多反映长辈的愿望。男子二十加冠，女子十五及笄(jī)，视为成人而可取字。俗话说："名以正体，字以表德。""字"是根据各人的"名"而取的，故二者之间存在着一定的关联，一般是对"名"的解释或补充。或相同相通，如屈平，字原，是并列关系；或互为辅助，如李渔，字笠翁。蓑笠是渔翁的象征，为辅助关系；或相反相成，如朱熹，字元晦，熹是天亮，晦是黑夜，是进行关系；或补充解释，如赵云，字子龙，云从龙，风从虎，是相顺补充关系；或延伸解释，如李白，字太白，太白指太白金星，是延伸关系；等等。"字"是对"名"解释的，故又称"表字"，因此"闻名即知其字，闻字即知其名"。

交往中，对名、字的称呼是十分讲究的。一般说，熟人相见，对己，在别人面前称名，以示谦虚；对别人称"字"而不称"名"，以示尊重和亲切，也显得有教养。平辈之间，一般相互称字，是有礼貌的表现，只有十分熟悉的平辈之间才会相互称名。"名""字"连说时，一般先称"字"后称"名"。上对下、长对少，如以"字"相称，则是特示尊重。直呼别人的"名"，是不礼貌的。下对上、卑对尊写信或呼唤时，可以称字，但不能称名。特别是君主或父母长辈的名，是绝不能提的，否则就是"大不敬"，被视为"大逆不道"。

名字之外，古人还有各种"别号"。个人起什么号，与一个人的爱好、经历有关，也不是随便的，多体现其志向和情怀。苏轼被贬黄州，在城东一块坡地开荒，种田补贴家用，并筑起草屋，效白居易忠州东坡之名，命曰"东坡雪堂"，遂自称东坡居士。陆游被权贵讥为不守礼法，他索性自号"放翁"，以示对他们的蔑视。明末画家朱耷，在明亡后取号"八大山人"，"八大"二字上下连写，似哭非哭，似笑非笑，寓哭笑不得意，寄托着自己对故国怀念的悲愤之情。又如：李白号青莲居士；杜甫号少陵野老；白居易号香山居士。

字号外还有绰号、浑号等，多是别人给起并得到公认的，都算别号、外号。都有着鲜明的含义，往往是人物面貌或性格特征的一种折射或写照；浑号则有的带有戏谑的意味。《水浒》里有很多这样的号。

此外，还有些对人的尊称，可算名字的一部分。如：大成至圣先师孔子、亚圣孟子、兵圣孙武、兵家亚圣孙膑、药王孙思邈、书圣王羲之、奇情才子蒲松龄、木工宗师鲁班、千古贤相诸葛亮等。

除了上述的字、号，历史上称呼的方式还有多种。籍贯、地望、居官之地，以及官职、封号、住处、书斋之名都可用来称人。如东汉孔融称为孔北海、唐代韩愈称为韩昌黎、柳宗元称为柳河东或柳柳州、三闾大夫屈原、杜工部杜甫、饮冰室主人梁启超等。这些名号不仅可以称人，也可用来名文集。

现在人的名字简单明了，体现了社会的进步。

帝王的各种称号

古代帝王也有很多称号，一般都有特定的意思。

尊号，是对帝后或其先王及宗庙等的尊崇称号。始于秦始皇时。《史记·秦始皇本纪》载有："古有天皇，有地皇，有泰皇。泰皇最贵。臣等昧死上尊号。"唐代起又在帝、后称号之上再加尊号。如武则天加尊号曰圣母神皇帝。

庙号，是君王死后在庙中被供奉时所称呼的名号，起源于重视祭祀与敬拜的商朝。有三种：创基立业者加"太"（太宗太甲），功高者加"高"（高宗武丁），中兴者加"中"（中宗太戊）。

谥号，是人死之后，后人按其生平事迹进行评定后、用一两个字所给予的或褒或贬的概括性评价的称号，算是盖棺定论。始于西周，曾广泛通行于汉字文化圈。皇帝、皇后及诸侯大臣等由朝廷给一个谥号；一般社会地位较高人物，由社会朋友给以谥号。像桓、文、武、明、睿、康、景、庄、宣、懿都是褒谥，厉、灵、惠、炀、哀、思都是贬谥，但还带有点同情的意味。这些特定的字，根据《谥法》都有特定的含义。如齐桓公、晋文公、鲁庄公；周厉王、晋灵公等。质帝、冲帝、少帝、废帝、末帝，为后人称呼，不是正式的谥号。

年号，皇帝纪年的名号，起自汉武帝建元元年（前 140 年），之后历代皇帝都立年号，如贞观、康熙等。多与其当政时期遇到的"天象祥瑞"或"内讧外忧"等大事、要事有关。

中华民族很重礼法，故等级尊卑不同，称法也有别，谦称、敬称、昵称、贱称，形形色色，阅读古籍时要分辨清楚，以免影响理解文意。

古人年龄的多种别称

古人年龄的别称，是指代替年龄的一些称呼。古人的年龄并不都用数字表示，而是用与年龄相关的一些生理特征或比喻来表示。大多是古籍中就有而沿用至今的。有的同一年龄还有多种代称。

中国古人从出生到去世，每个年龄段表现出来的特征都不一样，从而为每个阶段赋予的称谓也不同。有的称谓既形象又含诗意，显示了人们在那个年龄段的特点。关于年龄，除了上述我们熟知的"而立"等称呼外，还有许多。简介如下：

婴儿：指人初生，人初生父母珍爱，称作"宝贝儿"，故称婴（颈饰）儿，即戴颈饰的"宝贝儿"。或说，"婴"通"膺（胸）"，婴儿，即抱在胸前喂奶的初生儿之意。又称度，即小儿初生之时。

汤饼：指婴儿出生 3 天。婴儿出生 3 日，家人设筵邀亲友吃汤饼庆祝，故又称汤饼筵、汤饼宴、汤饼会、汤饼之期。出刘禹锡《送张盥赴举诗》："尔生始悬弧，我作座上宾。引箸举汤饼，祝词天麒麟。"

赤子：刚生的婴儿，浑身红赤，故名赤子。

襁褓：初生不满周岁的婴儿，因皆包裹在小儿被中以宽带捆扎，故借指婴儿。

初度：指婴儿周岁。出自《离骚》："皇览揆余初度兮，肇锡余以嘉名。"后亦泛称生日为初度。也称作周晬，出清袁枚《祭妹文》："两女牙牙，生汝死后，才周晬耳。"

孩提：指 2—3 岁的儿童，也作提孩。孩，小儿刚会笑；提，尚需提抱。故借指刚会发笑尚需提抱的幼儿。故也称孩提。韩愈《符读书城南》："两家各生子，提孩巧相如。"

生小：指幼年。出自《孔雀东南飞》："昔作女儿时，生小出野里。"

膝下:泛指幼年。出自《孝经·圣治》:“故亲生之膝下。”意谓子女仅能依附父母的膝下玩耍。也称稚年。

垂髫:称三四岁至八九岁的儿童。髫(tiáo),儿童未成年时不戴帽子,尚未束发,而是头发自然下垂着,故称垂髫,也称垂发。借指童年,或儿童时期。陶渊明《桃花源记》:“黄发垂髫,并怡然自乐。”

始龀:指儿童七八岁,也泛指童年、童年时期。龀(chèn),孩子乳牙脱落长出恒牙,称为“龀”。按生理常规,男孩8岁、女孩7岁时开始换牙。故名始龀,也称童龀、髫龀,也通称毁齿。出自《韩诗外传》:“男八月生齿,八岁而龆(tiáo,换牙)齿;女七月生齿,七岁而龀齿。”所以男孩称龆年,女孩称髫年。

悼年:古代7岁的孩童如果犯了法,出于悼悯之情,考虑其生理特点,会考虑给予相对轻的处罚,这是古代法律人性化的体现。所以7岁,也称作悼或悼年。

黄口:本意指雏鸟的嘴,多嘴角发黄。故借指10岁以下的幼年。

教数之年:指儿童9岁。可教六艺之术数。也称指数之年。

外傅:指10岁。是出外拜师就学的年龄,故名。也称外傅之年。又称幼学,出自《礼记·曲礼上》:“人生十年曰幼,学。”

孺子:指儿童。出自《孟子·离娄上》:“有孺子歌曰。”后也用于老人称年轻后生。《史记·留侯世家》:“父去里所,复还,曰:‘孺子可教矣。’”

总角:指八九岁至十三四岁。此时儿童将垂发分作左右两半,在头顶各把头发聚拢扎成两个小髻,形如两个羊角,故称“总角”。也借指幼童阶段或幼年。

金钗之年:指女孩12岁。

舞勺:本为古代13岁的男孩学习的一种文舞。故借指13—15岁男孩的代称。

豆蔻:借指女子13—14岁。出自唐代诗人杜牧的《赠别》诗:“娉(pīng)娉袅袅十三余,豆蔻梢头二月初。”

及笄:借指女子15岁。笄(jī),古代的簪子,用来插住盘结成髻的头发。古代女子15岁盘发簪笄绾住,称及笄,表示已成年,到了出嫁的年龄。语出《礼记·内则》:女子“十有五年而笄”。也称上头。

志学:指15岁。出自《论语》:“吾十有五而志于学。”故后代称15岁为志学之年。

束发:指古代15岁成童之年的别称。束,捆扎之意。古代男子到了15岁,要把原先的总角解散,扎成一束盘在头顶。出自《大戴礼记·保傅》:“束发而就大学,学大艺焉。”意谓这时儿童已长成少年,到了应该学会各种技艺的年龄了。

舞象:本是古代的一种武舞名,意谓舞武。古代男子15—20岁成童,都要学习舞象,熟悉干戈射御之事,作保家卫国的准备。故用以指代男子15—20岁。《礼记·内则》:“成童,舞象,学射御。”

结发:扎结头发,古人男20岁束发而冠,女子15岁束发而笄,举行加冠礼、加笄礼,作为成年的标志。

待年:指女子15岁成年后待嫁的年岁。只要没出嫁,不问多大皆称待年。语出《后汉书·曹皇后记》:“小者待年于国。”又称“待字”,出自《礼记·曲礼上》:“女子许嫁,笄而字。”意谓女子许嫁,上头加笄而取字。《文选》:“爰自待年,金声夙振。”

破瓜:指女子16岁。古代文人把“瓜”字拆开,成为两个八字,称二八年纪,省称二八,意谓二八十六岁。因称16岁的女子为“破瓜之年”。宋谢幼词:“破瓜年纪小腰身。”注意:“破瓜之年”也指64岁。《通俗编》云:“若吕岩赠张洎诗:‘功成当在破瓜年’,则八八六十四岁。”

碧玉:指女子16岁,也称碧玉年华。出晋人孙绰的《碧玉歌》:“碧玉破瓜时,郎为情颠倒。”唐李群玉《醉后赠冯姬》亦云:“桂形浅拂梁家黛,瓜字初分碧玉年。”用以形容二八妙龄少女的清新美好。

弱冠:古代男子20岁束发戴冠,行冠礼,表示已经成年,但体犹未壮,故称“弱冠”,也称加冠、冠者。故借指男子20岁。语出《礼记·曲礼上》:“二十曰弱冠。”

桃李年华:指女子20岁。桃李,比喻人的青春年少,意思是说这个时期的女子正像桃李盛开的时候一样艳丽动人。语出陆游的诗句:“粉淡香清自一家,未容桃李占年华。”

花信年华:指女子24岁。花信,开花时期、花期。花信年华,犹如“如秋月将满,春花方盛”,形容女子正处在年轻貌美,当嫁之时。出宋范成大《元夕后连阴》:“谁能腰鼓催花信。”

摽梅之年:比喻女子已到了出嫁的年龄。出自《诗经·召南·摽有梅》:“摽(biào)有梅,其实七兮。求我庶士,迨其吉兮。”

始室,指男子30岁。出自《礼记·内则》:“三十而有室,始理男事。”意谓男子娶妻而有家室。男子30岁正当壮年,故又称克壮。男子30岁当立身、立志,故又称而立。

有室:也称有家。指男子娶妻、女子出嫁之年。出自《孟子·滕文公下》:“丈夫生而愿为有室,女子生而愿为有家。”朱熹集注:“男以女为室,女以男为家。”故“有室之年”就是结婚之年。若女子30岁则称半老徐娘矣。

强仕:又称不惑。男子40岁,智慧、气力皆强盛,可以出仕做官,故借指男子40岁。出自《礼记·曲礼上》:“四十曰强而仕。”

艾年:指50岁,又称半百,也称知天命、知命之年。出自《礼记·曲礼上》:“五十曰艾,服官政。”艾(ài),茎枝叶均被灰白色短柔毛,人年老发苍白如艾,故借指头发苍白如艾的50岁。古者40始命之仕,50始命之服(担任)官政。后因称50而做官从政,与闻邦国之大事为艾服、艾服之年。

圣人之年:《论语·述而》:“子曰:‘加我数年,五十以学《易》,可以无大过矣。’”邢昺疏:“此章孔子言其学《易》年也。加我数年,方至五十,谓四十七时也。”陆希声著《易传》云:“今年四十有七,已及圣人之年,于是作《易传》以授门人。”

杖家之年:出《礼记·工制》:“五十杖于家,六十杖于乡,七十杖于国,八十杖于朝,九十者天子欲问焉,则就其室。”意思是说:50岁可以拄杖行于家,60岁可以拄杖行于乡里,70岁可以拄杖行于国都,80岁可以拄杖出入朝廷。

知非之年:出自《淮南子·原道训》:“伯玉年五十,而知四十九年非。”意谓春秋卫国遽伯玉,不断反省自己,到50岁时知道了以前49年中的错误,后世因用“知非”代称50岁。

大衍之年:大衍,出自《周易》以50根蓍草演算占卜的方法。原作“大衍之数”,借指50岁。

六九年:六九相乘,即54岁。

花甲:指60岁。古以天干地支纪年,天干有十,地支有十二,用十天干之首甲,与十二地支之首子,按照顺序搭配,60年一个循环,叫作“六十花甲子”,简称“花甲”。用到人的年龄上,遂以年届花甲、花甲之年或花甲,来指称人到60岁。也称“耳顺之年”,或简称“耳顺”。人60岁可以拄杖行于乡里,故也称杖乡之年。

耆年:出自《礼记·曲礼上》:“六十曰耆

(qí),指使。”指使,指事使人也。后遂以耆年、耆指,称呼 60 岁以上老年。也称耆艾。

还历寿:指 61 岁。按干支纪年法,60 年为一轮,61 岁正是新一轮重新算起的时候,故称“还历寿”。古人以 60 为下寿,所以 60 岁以上,又称下寿。

古稀:指 70 岁。出自杜甫《曲江》诗:“酒债寻常行处有,人生七十古来稀。”亦作古稀之年,省作“古稀”。人 70 岁时,自己可以做到随心行事,故也称从心之年或从心。人年过 70,可以拄着拐杖在都城、国都内行走,故又称杖国之年。官吏年 70,可以将执政的权柄职事交还给君主退休,辞职归家,故又称致政之年、致事之年。

悬车之年:悬车,指古人至 70 岁辞官家居,废车不用,遂借以称 70 岁。出自《晋书·刘毅传》:“昔郑武公年过八十,入为周司徒,虽过悬车之年,必有可用。”

喜寿:指 77 岁。草书喜字(𢘓)形似七十七,故代指 77 岁。

伞寿:指 80 岁。因“伞”字大体形似“八十”,故称。80 岁也称杖朝之年。意思是年过 80 就可以允许拄着拐杖入朝了。80 岁又称中寿。至于朝枚之年、朝枝之年,或说指姜子牙 80 岁垂钓渭滨遇文王之事,用来指 80 岁的人。实为杖朝之年的讹误。

耄耋:毛发至老之意,借指 80—90 岁。出自《诗经·秦风·车邻》:“逝者其耋。”《盐铁论·孝养》:“七十曰耄。”《礼记·曲礼》:“八十九十曰耋。”合为“耄耋(màodié)”,指人八九十岁的年纪。又称大耋、耄寿、长寿、久寿、暮齿、晚年、暮年、万寿、大寿、高寿、眉寿(人老眉长)、遐龄等老年之称。曹操《对酒歌》:“人耄耋,皆得以寿终。”

龙钟:泛称 80 岁以上老人。龙钟者,竹也,谓老者如竹之摇曳,不能自持也。又称“潦倒之年”,潦者,路上流水也,形容老人颠倒阻滞不能自保也。80 岁以上,又称中寿。

米寿:指 88 岁。因米字拆开好似八十八,故借称 88 岁。此外,“米”还含有年事虽高,但食欲旺盛之意。

皓首:泛指老年。皓,白也,故也称白首。出自《后汉书·吕强传》:“垂发服戎,功成皓首。”

斑白:泛指老人。老年人头发斑白,因代指老人。

黄发:人老,头发会随着年龄增长由白转黄,故借指长寿老人。出自《诗·鲁颂·閟(bì)宫》:“黄发台背。”

冻梨:因人到九十暮年,皮肤上生出老年斑如冻梨之皮。故名。

白寿:指 99 岁。“百”字少“一”横为“白”,即 99,故名。

鲐背:借指 90—100 岁长寿老人。出自《诗·大雅·行苇》:“黄台背。”“台”通“鲐”,“鲐背”,高寿老人背上生斑如鲐鱼背上的斑纹。

期颐:指 100 岁,也称期颐之年或上寿。期,百周年为期;颐,享美食为颐;期颐,指百岁老人待孝子护持享颐养之乐者。出自《礼记·曲礼上》:“百年曰期,颐。”

桑榆:本指桑树与榆树。日落时光照桑榆树端,因以指日暮。比喻晚年,垂老之年。出自唐代王勃《滕王阁序》:“东隅已逝,桑榆非晚。”

茶寿:指 108 岁。茶字上面“艹”头为“二十”,下面为“八十八”,二者相加得 108。

天年:指 120 岁,就是天赋的自然寿命。人的生命是有一定期限的,古代养生家、医家一般认为,如果一个人既未患疾病,又未遭到意外,则单纯性寿命,要老衰到 120 岁,才出现生理性死亡。《尚书·洪范篇》:“寿,百二十岁也。”《养身论》亦云：“上寿百二十，古今所同。”

双稀：指140岁。古稀为70岁，双稀即两个古稀，故借指140岁。70岁已为古稀，值得庆贺，所以“双稀”又称“双庆”。

有一寿联：上联是“花甲重开，又加三七岁月”；下联是“古稀双庆，更多一度春秋”皆指老寿星的年龄是141岁。因为：花甲重开是120，加三七（3乘7），为21，合计141；古稀双庆为140，更多一度春秋为1，合计亦为141。

华胥伏羲开华夏文明之先河

这一系列的发明创造，结束了人们茹毛饮血、结绳记事的蒙昧时期，犹如永不熄灭的明灯，照亮了中国几千年的历史，为中华古代文明做出很大的贡献，给后世以巨大的影响，开启了中华文明的先河。

后人崇敬伏羲，把这些创造发明都归功于伏羲一人的伟大业绩，所以说伏羲并不仅指一个人，而是指以伏羲为代表的整个伏羲氏族部落和这个氏族部落活动的一个历史时代。“伏羲”是这个历史时期的文化象征、文化符号，具有特定的文化意义。

这些都反映了伏羲对华夏文明和中华文化所起的不可估量的开创性作用。所以，伏羲被尊为中华民族的人文初祖，当之无愧。

与中华民族另外两个重要始祖炎帝和黄帝相比，炎帝是农业文明之初的代表，主要是对农业生产的贡献；黄帝是农业文明进化时期的代表，主要是华夏各族政治和制度上统一的象征。而伏羲所代表的是比炎黄二帝更早的渔猎和农牧初起的文明时期，是中华文化最早的源头，是文明初始的象征。

所以，作为伏羲的诞生地，作为神州文化发祥地的鲁西南菏鄄地区，应是引领当时华夏文明的先驱。

呜呼，无华胥焉有华夏民族？无伏羲焉有中华文明？巍巍乎，始祖之功上与天齐，盖莫大焉！所以，华胥至今仍为鄄城人民呼为始祖母，伏羲被全国各族奉为始祖，享受子孙的隆重祭祀。

为弘扬始祖功德，历代皆于鄄城建庙供奉，终日烟火不断，寻根报本者纷至沓来。然因多罹水患，屡遭兵燹（xiǎn），至今伏羲故居原庙已不存在。有幸的是，为对扬圣母之功，歌颂始祖之德，展示华夏之源，圆上海内外赤子寻根之梦，抒发子孙报本之情，表达实现华夏民族复兴之志，今之贤者效法古人发起重修圣母之庙、伏羲故居的募捐，得到各方支持，慷慨捐资相助，虽规模大不如前，能让今人晓知始祖之故址，仍不失为一大快事。欢迎天下有识、有志、有财之士助一臂之力。

八、龙凤呈祥古鄄乡

雷泽出龙岸产凤，雷神弇兹合婚成。
共生伏羲创华夏，龙凤文化源此生。
鳄鱼鸵鸟是本源，化为龙凤为图腾。
鄄城斗鸡非偶然，物候鸟官有传承。
蕴含福美呈祥瑞，象征中华古文明。

龙凤文化孕于雷泽

如前所述，以凤鸟为图腾的弇兹氏部落的姑娘女娲，嫁给了以龙为图腾的雷神部落的男子伏羲。这样，先于龙文化而发展存在的凤文化，与在凤文化的基础上诞生和发展起来的龙文化，因龙凤二族的结合，从而形成了以伏羲为代表的华夏龙族和以女娲为代表的东夷凤族两大族群，在雷泽周围共同创造了华夏龙凤文化的祖源文明，龙和凤便都成了中华民族传统文化的象征，雷泽、濮水也就成了龙凤文化的融合之处，成了中华龙凤文化的滥觞之地，成了养育中华先民的生命之水，成了中华民族的发祥之区。

龙文化的源头

《庄子·列御寇》里有这样一个故事："朱泙漫学屠龙于支离益，单(通'殚'，尽)千金之家(家产)。三年技成，而无所用其巧(技巧)。"咱们先不管寓言的寓意，单说这则寓言提到的"龙"古代有吗？古代真有屠龙的事吗？不错，寓言不是空穴来风，古代还真有龙。

《左传·昭公二十九年》记载，古代廖国国君叔安有个叫董父的后裔，乃颛顼子孙，非常喜欢龙并擅长养龙。他懂得龙的饮食、爱好，许多龙都飞到他的身边。舜听说此事后，非常高兴，当即命其在陶丘(在今鄄城西北陶丘堌堆)养龙，并赐其为豢龙氏。

《史记·夏本纪》记载：夏朝第13代国君孔甲在位时，一日，天上突然降下一雌一雄两条龙(可能是被强风暴裹挟至空中而恰落庭中，也就是这两条龙种下了褒姒灭周的祸根)，便找来曾经在豢龙氏那里学过养龙本领的、帝尧的后代子孙中一个叫刘累的，替他养龙、驯龙、御龙，并赐其姓为御龙氏，还把豕韦氏后代的封地封给了他。后来一雌龙死去，刘累就把龙肉加工成美食，送给孔甲吃，孔甲吃后，感到味道鲜美，又向刘累要，刘累怕死龙的事发被问罪，便逃走了。刘累子孙后来便以刘为姓，成为我国刘姓的最早的始祖。

屈原在《九歌·河伯》中曾高唱“乘水车兮，荷盖；驾两龙兮，骖螭”，这恐怕也不是全然想象出来的。很可能当时先民已掌握了驾驭龙的技术，尤其是南方。古籍有关于养龙、屠龙、食龙的记载很多，更不必说大家都熟悉的叶公好龙、周处杀蛟的故事了。

十二生肖中，十一个都是常见的动物，只有龙，不知为何物，这恐非正常。

龙为到底是何物呢？如前所述，雷泽是北方巨型湾鳄的产地，龙正是雷泽湖里鳄鱼的化身。

夏王孔甲之所以把豕韦氏后代的封地封给刘累，原来豕韦国是个出鳄鱼的地方。据说今河南滑县东南50里距菏鄄不远还有个韦城，就是古豕韦氏之国，本为风姓包氏，与彭祖嫡长子之后的彭姓同宗。后来北迁的一支建立蒙古国成为包姓包尔之金氏，讹为孛儿只斤氏；南迁南的一支建立了韦国，为韦姓之始。

国之称“豕”者何义？豕者，乃猪婆龙也，猪婆龙，即鳄鱼也。这里的豢龙氏、御龙氏，说穿了，实际就是养鳄、驯鳄人。

大禹的“禹”，在金文里作，就是以叉捕鳄鱼的形象。据说鳄鱼群居水中，每遇雷雨，群吼如雷，故被先民奉为雷神，既视为神物，遂以之为崇拜的图腾，所以夏人用“禹”来称自己的首领，盖为信奉龙图腾的滥觞。龙是先民的尊崇之物，这恐怕也是“宠”字从“龙”取义的原因。

龙图腾的形成

我们再来看看古文字中的龙字，甲作，金作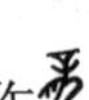，古作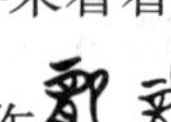，篆作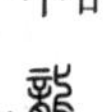，是象形兼会意字。甲骨文、金文下边是张着大嘴拖着尾巴的鳄鱼形，上边是一把辛刀。这一形象正是《夏小正》中说的“剥鱓（tuó）”的意象，鱓即鼍，也就是鳄鱼，意思是“剥取鳄鱼的皮，用来制鼓”。古文一形身子稍讹，二形辛刀与嘴巴讹为左旁，右边身子繁化。篆文承之并整齐化。隶变后楷书写作龍，如今简化作龙，就全无鳄鱼的影子了。

早期秦汉时的龙是短身子，这与甲、金文字形完全相符。到了中后期，龙身才逐渐变长，终于演变成当代龙的造型，成为中华民族的龙图腾。

更有趣的是，上海世博会上，土耳其馆的墙上挂着一张1000多年前土耳其人曾使用过的东方农历十二生肖图，那是隋唐时期突厥族外迁带过去的。土耳其是突厥的后裔，在未阿化之前与中国文化有着诸多相同的渊源。这张十二生肖图，在龙的位置上明显是一条鳄鱼，如图，与中国现今的十二生肖图中的龙截然不同。这足以证明，我国古代先秦文献中说的龙，不是今天说的龙，而是鳄鱼。

鳄鱼在我国古籍中记载不少。《礼记·月令》有“季秋七月，伐蛟取鼍”，这里的鼍就是鳄鱼。《说文》解释“鼍，水虫，似蜥蜴，长丈所”，这显然就是鳄鱼的形象。《汲冢周书》《山海经》、西晋张华的《博物志》中都说到过鳄鱼。唐代韩愈写过《祭鳄鱼文》讨伐鳄患。明代李时珍的《本草纲目》将鳄鱼入药。总之，鳄鱼从上古起就与我国先民的生活有着密切的联系。

远古时期黄河下游流域鳄鱼很多，人们除了食用，主要用鳄鱼的皮制鼓。早在《诗经·大雅·灵台》中就有“鼍鼓逢（péng）逢”之句。朱熹注曰：“鼍似蜥蜴，长丈余，皮可冒鼓。”

可见，中国早期驯养鳄鱼龙有着很长的

历史且相当普遍。先民将这些巨兽捕获饲养、驯化，积累了丰富的经验，并已形成了一套比较成熟的屠宰技术。所以，学习屠龙术的故事不是虚构。

后来河洛流域的鳄鱼因捕杀和气候变干旱，至虞夏商周时北方鳄鱼渐少，人们要用鳄鱼已不得不要人工饲养了，故有“豢龙氏”和“御龙氏”这样的专业户产生。至战国北方河洛地区大概已无鳄鱼，屠龙术遂无用武之地。但南方长江流域还有，即现在的扬子鳄。

那么，鳄鱼是怎样演变成如今的龙图腾的呢？

渔猎时代，原始部落的先民靠猎取动物生活，各有自己宠爱的动物作图腾。

华夏第一次大结盟之后，伏羲氏集中九大部落图腾的特色，以蟒蛇图腾为基础，选用鳄鱼图腾的头、雄鹿图腾的角、老虎图腾的眼、巨蜥图腾的腿、苍鹰图腾的爪、红鲤图腾的鳞、白鲨图腾的尾、长须鲸图腾的须，组成了一个新的图腾，涵盖了天下之物，代表着众多部落。新图腾的形成，标志着伏羲已经初定四海，始一九州。

这也就是传说“伏羲有蟒蛇的身，鳄鱼的头，雄鹿的角，猛虎的眼，红鲤的鳞，巨蜥的腿，苍鹰的爪，白鲨的尾，长须鲸的须”的来历。伏羲的这一形象，很明显已不是单纯的鳄鱼形象，而是今天中华民族龙图腾的雏形了，龙的传人也由此而来。但这一形象的滥觞则是鳄鱼。

前边说了，雷泽里有雷神，雷神不是别的，而是闪电。闪电相击发出震天动地的轰隆隆巨响，古人不理解闪电现象，便将其神化为奇异的动物。譬如，甲骨文的虹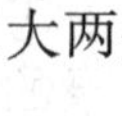字，本象天上的长虹形。但初民却把这一天象视为一种伸头到地上来饮水的神异的巨大两头动物。由此产生了后来二龙吸水的联想。甲骨文里就有“有出虹，自北饮于河”的记载。

这样，随着龙文化的演化，后人就将鳄鱼与屈曲游动的闪电及虹的形象联系起来，想象出一个神异动物，这就有了《说文》中对“龙”字的如下附会：“龙，鳞虫之长。能幽能明，能细能巨，能短能长，春分而登天，秋分而潜渊。”显然，这种能兴云布雨，善于变化，并掌管天下水系的神异动物，就是雷神，就是闪电和虹的形象化。

可见，《说文》描绘的龙已不是当初的鳄鱼，而是后来的综合了多种动物的新图腾。

龙图腾图

所以，今天说的龙的形象，是从最初的鳄鱼出发，综合多种动物的特点，再加雷电和虹的想象联想而形成的神化物，进而赋予其神秘的闪电的光华和威力，终于成就了今天华夏民族的龙图腾，成了中华的象征。

几千年来亿万民众喜欢龙，视为丰收之神，又象征圣贤和英雄，故诸葛亮称卧龙。而宛若游龙的成语，又是柔和轻盈的美的形象。丰富多彩的龙文化，影响到中国的各个方面，从观念、现象、风俗到物品、制度，无不有龙的影子。龙，沟通了中华大地上不同民族和信仰的人们的精神，让海内外龙的传人心心相印，息息相通。

在中国的封建社会，龙又是皇权的象征，皇帝使用的器物也都用龙形作装饰，历代帝王都自命为真龙天子，无非是借闪电的威力神化自己而已。

可见今天龙的形象是在历史的发展中逐渐形成的,已是完全被神化为祥瑞图腾,与最初的鳄鱼没什么关系了。

伏羲是龙的第一传人

伏羲既为雷神所生,那就是龙种,所以伏羲是中华龙的第一传人。伏羲和女娲生下了儿子少典,少典生下了后代的炎、黄二帝。那么,炎黄及其子孙当然也都是龙的传人,因此伏羲自然也就成了中华民族的文明始祖,而雷泽自然也就是中华龙的故乡了。

凤文化的源头

太古之时,雷泽、濮水一带盛产落凤鸟,这由本地及周边地区不少地名皆从“隹”(鸟)即可证明。例如:滩水(雷泽西)之“滩”,獲水(曹县北)之“獲”,淮水(单县东南)之“淮”,睢水(曹县西南)之“睢”,顧(顾)国(鄄城东北)之“顧(顾)”,焦国(嘉祥县焦城)之“焦”,均含“隹”字。

燧人弇兹合雄氏原本就以玄(凤)鸟为图腾,又称青鸟氏,风姓。那么其后代部落,自然非常崇拜凤鸟,并以凤为图腾,以凤为姓。凤姓,即风姓。因为古无风字,风皆借凤(凰、[illegible]、[illegible])来表示。

凤古音又与濮相通,所以濮水即凤水,濮水之名源自于凤。如此看来,濮州即产凤之州,即今菏泽市鄄城县。所以,凤文化源于山东鄄城,雷泽也当是中华凤文化的发源地。

凤为何物

龙既为雷泽里的鳄鱼,那么凤到底是什么动物呢?

据今人研究,传说中的凤,实乃古代生活在雷泽地区的鸵鸟。

鸵鸟初凤图

传说凤凰高丈二(古尺小,约当今六至八寸),自歌自舞,见则天下安宁。《尔雅·释鸟》郭璞注曰:“凤,瑞鸟。鸡头,蛇颈,燕颔,龟背,鱼尾,五彩鸟,其高六尺许。”这明显是鸵鸟的形象。鸵鸟是现存最大型的鸟类,高约7—9尺,其颈细而柔长如蛇颈,其背部隆起如龟背,其羽毛有花纹似五彩。古代传说中关于凤凰的形态描写,就其主要动物特征而言,恰恰与鸵鸟的形态和生态相吻合。更有趣的是根据动物学的研究,鸵鸟能辨别音乐,并且极善舞蹈,这就是说,鸵鸟恰恰就是神话传说中的那种“自歌自舞”的“五彩鸟”凤的形象。如此看来,凤乃鸵鸟的神化,它曾在古雷泽一带生存过,只是周秦以后绝灭了,故孔子有“凤鸟不至,河不出图”之叹。古人视“凤至图出”为“文明之祥”。所以,从凤的神话传说中不难看出,神话不过是远古人类现实生活经验的一种升华。

鸵鸟演化成斗鸡

鸵鸟与鸡同类,更有趣的是,鄄城有斗鸡的悠久传统,应非偶然。斗鸡是鸵鸟崇拜的反映,只是后来作为凤凰的鸵鸟在鄄城消失了,但后人却不知驯化后的鸵鸟演化成了今天的鄄城斗鸡,其实这是顺理成章的事。

中国是世界上驯养斗鸡的古老国家,有记录的历史已有2300多年。

早在《左传》里就记述了季氏与郈(hòu)氏斗鸡的事。斗鸡时季平子以胶漆鸡羽毛，使之类似铠甲；郈昭伯在他的鸡距上套着金属钩子，犹如人手执利器。

鄄城鲁西斗鸡的特点

鲁西斗鸡，古称唆鸡，俗称咬鸡，是我国特有的观赏型珍贵鸡种。斗鸡体态雄健威武，高大英俊，身似鸵鸟；鹅颈长曲，尾羽镰举；肌肉发达，结实有力；头小脸长，皮薄而紧；毛稀而细，白绿红黄；冠呈瘤状，耳叶平小，肉垂不显；眼大有神，眼窝幽深，睛泛虹彩；腿高肉色，胫无毛羽，趾间距宽；鹰嘴弧形，短粗坚硬；举止稳重，不乱躁动，呆若木鸡；呆而不笨，动作敏捷，生性善斗；厮斗之时，嘴咬爪蹬，翅打并用，具有宁死不屈的性格。这些特点，极有利于厮斗时攻击对方，而又能尽量避免被对方咬伤。

斗鸡青黑紫红为羽，貌丑而不俗；鸣声洪亮，夜深人静，声闻数里。

主要品种有三：一为青黑羽鸡，全身羽毛黑中带绿，富有光泽，恰似黑缎，背部毛羽，里绒雪白，形成外黑里白，俗称乌云盖雪；尾部有三四根黑白相间的长镰形尾羽，此种最佳。

鸡斗图

二为红紫羽鸡，公鸡背部颈部毛羽枣红色，背部羽底绒毛为浅灰色，腿胸尾羽黑色，也有黑中带白尾根者次之；母鸡羽毛黄中透白，俗称豇豆白，黄色略重者则称豇豆黄。

三为白玉羽鸡，全身羽毛洁白如玉，闪光发亮，干净利索；带红毛者稍次。

鲁西斗鸡有中国四大斗鸡(鲁西斗鸡、漳州斗鸡、河南斗鸡、皖北斗鸡)之首的美誉。

鲁西斗鸡，2001 年 10 月被农业部畜牧总局命名为“中国斗鸡”加以保种，是我国唯一的斗鸡保护品种。

鄄城斗鸡之风历代盛行，描写斗鸡的诗文不在少数。例如曹植的《斗鸡诗》，就描写了斗鸡的激烈场面：

群雄正翕赫，双翘自飞扬。

挥羽激清风，悍目发朱光。

觜落轻毛散，严距往往伤。

长鸣入青云，扇翼独翱翔。

如今民间丹凤朝阳的图画，或许就是模拟古代斗鸡飞腾的形象。

凤文化的实质

凤文化作为古代先民的鸟崇拜，实际上应是物候崇拜的产物。原始人从不同种类候鸟的迁徙往还中，意识到了鸟的来去出没，与四季转换之间存在着紧密联系，逐渐摸索出了原始的动物历法。在他们看来，鸟是传达上天敕命的使者，因而出现了“日载于乌”或“日中有三足乌”等神话。

凤凰来仪图

中国自古以农立国，历法在农时中占主导地位，所以古时便以“凤鸟氏”作为管理历法的官职。有一次郯(tán)国君主郯子，到鲁国访问时，鲁昭公问他：“少昊氏为何以鸟官名呢?”郯子回答：“少昊是我的祖先，他登位时有凤凰飞来祝贺，为了纪念，便以各种鸟命名各种不同的官职，凤鸟氏便成为管理历法的官员。”

“凤凰来仪”，是我国上古一种极为祥瑞的象征，司历之官称“凤鸟氏”，就是表示四时都能风调雨顺、国泰民安的意思。由于上古有这个官，在当时以官为姓的普遍风气下，我国就出现了“凤”这个姓氏，数千年来凤姓子孙繁衍全国各地。

凤凰是古代传说中的百鸟之王、吉祥之神，是中华民族文化中的重要组成部分。凤凰性格高洁，非梧桐不栖，非楝实不食，非醴泉不饮。凤凰是雌雄的统称，分开说，雄为凤，雌为凰，象征祥瑞、和美、天下安宁，体现了先民追求美好生活的良好愿望。

龙凤呈祥

凤与龙一样，在中国传统观念中，是一种被神化、美化、理念化的祥瑞之物。汉代孔鲋《孔丛子·记问》篇云：“天子布德，将致太平，则麟凤龟龙先为之呈祥。”后来简化为“龙凤呈祥”，寓意着高贵、华丽、喜庆，代表着吉祥如意。历史上有不少关于龙凤的传说，有名的如弄玉和萧史“龙凤呈祥”的动人故事。

龙凤呈祥图

龙凤不仅为中国普通百姓所崇奉、所喜爱，也一向为艺术家们所钟意。但鉴于最高统治者历来把龙的意象视作皇权的象征，不容他人僭越，致使龙的造型通常仅见于皇宫内苑。倒是被女性化了的凤，却能以其特有的装饰美步入了民间。至明清之际，新娘的凤冠霞帔(pèi)就成为民间的例用礼服；而丹凤朝阳、凤凰穿花等图案，则是绣品、剪纸艺术品常用的造型，遍及海内；其他如陶器、木器、瓷器、漆器、雕刻、壁画等民间工艺品中的凤凰图案，更是代代传承。

龙凤文化是祖源文化

中华龙凤文化源于上古先民各氏族的图腾崇拜，代表了龙凤两大族群的列祖列宗。龙凤文化实质是祖源文化，伏羲为中华共祖，其源头在鲁西南。而所谓淮阳、天水新乐的伏羲文化，则兴起于汉代以后，最多是伏羲后裔外迁时带过去的，反映出他们对伏羲文化的认同，怎么能是发祥地呢！认为鲁西南伏羲是由天水东迁过来的，更完全颠倒了本末。

九、女娲创世救灾荒

女娲出自有蜗乡，传下凤族奔兹昌。
后代女娲嫁伏羲，龙飞凤舞呈吉祥。
生殖崇拜成造人，补天折射救灾荒。
做媒牵线配男女，规天矩地调阴阳。
福佑社稷始母神，延嗣续后功德长。

传说中的女娲应早于伏羲

女娲是中国古代神话传说中的创世女神，中国上古原始部落的一位首领，又称娲皇。被道教神化为女娲娘娘、后土娘娘。是华夏民族的人文始祖之一，福佑社稷之正神。

女娲像

《风俗通》云：天地初开之时，天下本没有人，女娲抟（tuán）黄土造人。照此看来，女娲很可能是盘古开天辟地后的创世人物，与伏羲神话相比较，女娲神话显然更古老一些。所以古有“盘古身化万物，唯独无人，女娲出而造人”之说。以此而论，此女娲则非作为伏羲之妻的女娲了。

各民族的历史发展有一个基本的共同点：即原始社会母系氏族阶段均先于父系氏族阶段。女娲无疑是母系氏族时期部落的酋长，而伏羲则理应是历史进入父系氏族时期的部族首领。创世女娲应早于龙祖伏羲无疑。

“女娲”之称的来历

“女娲”之称何来？据楚帛书《创世篇》说：“（尾）子之子，曰女皇。”“尾子”或是传说中的有蜗氏。尾者，河之下游或水之边畔也。尾子，盖为生活在湖泊沼泽河流岸畔、以捕捞青蛙蜗螺等为主要生活来源的原始部族。原始渔猎时代，青蛙蜗螺是先民的重要食源，而“蛙”又是繁殖力很强的生物，母系氏族的先民用作氏族的图腾加以崇拜，并以蜗为部族的名字，象征母系社会化生万物的女性，这正是有蜗氏之名的由来。“蜗”，古文作，正象蜗牛之形。篆文改作[illegible]，成了从虫从咼的会意字，本义为蜗牛。因用于人，后遂改虫旁为女旁作“娲”。有蜗，即女娲之源头。

女娲生活的地区

女娲出于何地，文献不见记载，后代古籍多有不同的说法。例如有山西洪洞说、河南陕州说、山东济宁说等。

根据女娲族后来与伏羲拉扯在一起，创世女娲的故里也应离鄄城雷泽不会太远。否则很难走到一起。从他们“以捕捞蜗螺为主要生活来源”并称为有蜗氏看，其活动范围当在黄河下游及济水流经的雷泽与大野泽一带，决非在山西洪洞或河南陕州；山东济宁说有些沾边，因其与雷泽、大野泽接近。参照上文分析，创世的女娲氏很可能是上文所说的弇兹织女氏部族的先人。

女娲造人是生殖崇拜的反映

女娲造人的传说见于《太平御览》的记载。传说女娲在造人前，想到人没东西吃也不行，于是就在造人之前，先用泥于正月初一至初六分别造了鸡、狗、羊、猪、牛、马。有了六畜，人们不仅有了充足的食物，干活也有了帮手。

到初七这一天，女娲开始用黄土和水，仿照自己的样子造出了一个个小泥人，这就是华人称“黄种人”的原因，也是这一天称“人日”，即人的生日的来源。她造了一批又一批，觉得太慢，于是用一根藤条，沾满泥浆，挥舞起来，一点一点的泥浆洒在地上，都变成了人。先前用黄土捏出的人是达官贵族，后来用藤条甩泥方式造出的人则是平民百姓。这无疑反映的是后来封建社会的等级观念，不足为信。

女娲抟土造人，被奉为创造之母，实质是远古女性崇拜的集中体现。这是与母系血缘时代的社会历史相吻合的。因为那时的家族以妇女为中心，女性能生儿育女，占据着人口生产的主导地位，在族里掌握一切大权。

原始时代，部落与部落为生存争夺十分残酷、频繁，而且全靠人力对抗，死亡者众多。所以，人们期望女性大量生育，使氏族人丁兴旺，如此才能避免灭亡的命运。而所造出的人类产生富贵贫贱之分，则是人类进入等级社会的反映，也是奴隶社会和封建社会统治者为了向民众灌输“天命论”的基础。

女娲补天是对神秘天象的力图索解

《山海经·大荒西经》云：“女娲功烈，非仅造人，又兼补天。”女娲补天的传说见于《淮南子·览冥训》记载。据说在洪荒时代，水神共工与帝喾（或说与火神祝融）为争王打了起来，共工因打败而羞愤地朝西方的不周山撞去，不周山崩裂，撑天柱断折，西北的天穹出现一个大窟窿，山林烧起大火，洪水从地下涌出，天不能覆盖大地，大地无法承载万物，凶禽猛兽也纷纷攫（jué）拿吞食善良的百姓。

女娲补天图

西北天穹因失去撑持而向下倾斜，使拴系在北方天顶的太阳、月亮和星星不能再保持在原来位置上，身不由己地朝低斜的西天滑去，遂成就了我们今天所看见的日月星辰由东向西运行的现象，解除了当时人们所遭受的白昼永是白昼，黑夜永是黑夜的困苦。另一方面，悬吊大地东南角的巨绳被剧烈的震动崩断了，东南大地塌陷下去，也成就了我们今天所看见的西北高、东南低的地势，于是形成了江河东流、百川朝宗东海的情形。

这种传说当然不是真的，应是后人为索解日月星辰由东往西运行这一天象，以及地势西北高东南低、江河东流入海这种情形而虚构的神话。

女娲目睹人类遭此灾难，便用五色石子，将它们熔化成浆，炼成五色石把残缺的天窟窿补好，又斩下大龟的四脚，当作柱子把倒塌的半边天支起来。接着擒杀了残害人民的黑龙等凶禽猛兽，最后收集起大量芦草，把它们烧成灰，噝(qī)干了四处漫流的洪水。终于天补上了，地填平了，水止住了，龙蛇猛兽敛迹了，人民又重新过上安乐的生活。传说当天空出现彩虹的时候，那就是女娲所炼的补天的五色神石的光彩。

五色一般是指与五行对应的黄、青、红、白、黑。补天用的五色石一说是指黄、蓝、红、白、纯青，这里的纯青就是深黑色。青色在传统里既可指绿(青春)，也可指蓝(青天)，又可指黑(青丝、煮青)，而主要指黑。而青既可指绿，故绿也可指黑(绿云)。补天的五色神石也不应理解为五种石头，而应理解为熔炼好的五彩石头。要是理解为用五种颜色的石头去一种一种的补，该是多么麻烦而又难以和谐啊。

女娲补天反映的社会现实

女娲补天的神话，纯属虚构，然亦非空穴来风。实际上是母系氏族社会时的人们，对远古洪荒时期火山爆发、洪水泛滥、陨石如雨、地震不断等自然灾害的深刻记忆的反映；也是当时进行大规模治水活动或抗震救灾情景的再现，折射出了女娲时代华夏民族生活的现实；又是先民“穴居野处”的原始“山洞”的“洞顶”或庐屋被地震震塌，人们烧瓦盖房防漏情况的曲折反射；同时也是人类文化史上烧陶技术的发明在神话中的投影；更是古人对中国地理地貌不得索解的一种想象。女娲补天的神话在世界其他民族中似乎未曾见过，堪称中国一大特色。

“炼石补天”的神话充分反映了女娲为人类的生存，勇于战胜自然灾害和战胜猛禽恶兽毒蛇，为子孙后代创造良好的生态环境的伟大功绩。

女娲炼石补天和用黄土造人这两个传说，虽属无稽之谈，但却传递出史前人类与洪水抗争及对生殖崇拜的生活信息，反映的是原始母系社会女性崇拜的观念。

历史上有关两个女娲缠绞不清的传说很多。既然都是虚构的神话故事，也没必要硬去区分是哪个女娲的了。

下边介绍几个与女娲有关的习俗的传说：

女娲始创婚姻制度

据说女娲造了女人和男人后，心想他们是人，总会有死的一天。死了怎么办？再做一批太麻烦了。为了让人类能永远地延续下去，女娲祷告上苍，祈求上苍任命她做女媒。于是女娲就安排男女两性配对，定下男婚女嫁的制度，创造了嫁娶之礼，并教会他们自己“造人”的方法，于是人有了生育功能，凭自己的力量，就能传宗接代，繁衍不息。这当然只是神话，也不是创世女娲做的事，倒反映了伏羲时代对婚姻制度的改革。

《周礼·地官·媒氏》中记述：“中春之月，令会男女，于是时也，奔(朋合)者不禁。”意思是说，在仲春二月，情投意合的姑娘小伙自由结合，谁也不能干涉。这无疑是原始时代氏族群婚的遗风。

结婚饮交杯酒的缘起

又传，女娲抟黄土造的人，最初日耕夜息，没有欢乐。女娲十分怜悯他们，于是化甘露为美酒，赐予他们。人们饮之，甚觉醇美，又能解劳顿、舒筋血，让心情愉悦。人们感谢女娲既赐之身，又调之健，所以后来男女结婚时都以酒敬之，便形成了结婚以酒敬天地和饮交杯酒的习俗，传流至今。

媒人与送子娘娘

由于女娲替人类建立了婚姻制度，使青年两性相互婚配，繁衍后代，后人感念女娲的恩赐，尊奉女娲为媒神，称作“高禖”，被视为主管姻缘与情爱的婚姻之神、生育之神、媒婆之祖。

由此，后代纷纷建起女娲娘娘庙或高禖庙进行祭祀。在每年春天二三月间，庙前不但有青年男女在交际尽欢，追寻龙凤配，而那些久未生养的人家，也纷纷到女娲庙祈求生儿育女。于是，女娲又成了送子娘娘。

中国传统上求子之祀的习俗

如今凡有女娲庙的地方，都盛行到女娲庙求子祭祀的习俗，这虽没有什么科学依据，却浸透着一种原始的生殖崇拜文化。

在我国的文化里，追求“多子多福”一直占有重要地位。早在《诗经》里就有许多歌颂多子多孙的诗篇。例如：

《大雅·绵》首句“绵绵瓜瓞(dié)”，诗人以瓜藤绵绵不绝起兴，比喻周族由小而大，子孙众多。

《周南·芣苢》一诗则用反复歌唱“采采芣苢(yī)，薄言采之”来表达期望家族得以多子多福的心愿。因为“芣苢(即车前子)”，是一种可治妇女不育症的草药。

《唐风·椒聊》一诗则又取花椒多子为喻，对妇女多子表达了无限赞美之情。汉朝人将皇后的住处称为“椒房”，就是取其多子吉祥之意。

《周南·麟之趾》更借咏“麟”这种仁兽，来赞美子孙繁多，家族兴旺，并象征子孙贤德高尚之意。

《诗经》时代的人们希望多子多孙、子孙贤德，已成为普遍的一种民俗心态，从统治阶级到平民百姓无不如此。

至今，一些农村还在新娘的被子里放些红枣、花生、栗子，或放些红枣、花生、桂圆、莲子，表达希望新娘婚后能早立子或早生贵子之意。

不仅如此，在汉字里也有不少体现祭祀求子的文字。例如“祀”字，甲骨文作(巳)，象个胎儿形；或另加义符示作。金文作，繁化。篆文作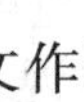，整齐化，成为从示从巳会意，巳也兼表声。本义为求子之祀，即向神祖进献祭品，请求赐予子嗣的祭礼。

繁衍后代在成活率较低的古代是民族延续的根本任务。《诗经》有“螽斯羽，诜诜(shēn，众多的样子)兮；宜尔子孙，振振兮”的祝愿；俗有“多子多福”的追求；古有“不孝有三，无后为大”的批评；全国有遍布各地的送子娘娘庙；泰山顶上有碧霞元君祠极盛的香火；谚语有“遗子黄金满籯(yíng)，不如一经”的教导。这都说明，中华民族对繁衍后代、教育子女的一贯重视。正因为如此，才成就了今天如此繁盛的中华民族。

从鼙扭到笙簧的产生

传说伏羲在位110年，去世后由女娲氏继王。女娲承袭伏羲制度，亦有神圣之德。

女娲在管理族人中，深感人们生存的艰难，很是怜悯子孙生活的穷苦枯涩，于是又发明了笙簧这种乐器，借音乐欢歌，来舒解子民的苦闷，从而得到安详。同时又作为青年男女自由地谈情说爱时的媒介，以相娱乐，促进感情。此即《诗经·周南·关雎》中所谓的“窈窕淑女，琴瑟友之”“窈窕淑女，钟鼓乐之”。在少数民族中，这种吹笙恋爱的风俗一直流传至今。于是人们又奉女娲为音乐之神。

据传乐器发明的过程是从“鼙(bì)扭”开始的：女娲发现初春时的嫩柳细枝，拧动外皮，抽去木质部分，将其外边的皮筒，从一头加工出吹嘴，便成了一种能吹响的小喇叭，而且还可根据柳枝的粗细长短，加工成吹出不同声音的型号。如今一到春天，鄄城的小朋友还都喜欢自制这种乐器吹着玩，土话叫作鼙扭。笔者童年就吹过鼙扭。

由于这种乐器受时间限制，女娲便多方寻找，发现一种细竹子能代替嫩柳细枝儿，可常年使用。于是，女娲用这种细竹研制出一种新型乐器，这就是“笙簧”。

伏羲和女娲的天赐良缘

传说，华胥氏时代在一次大水灾中，遭受了灭顶之祸，全族的人几乎都被淹死了，唯伏羲和女娲兄妹(上文已说非兄妹)两个抱着一个大葫芦顺洪水漂流至一座山上才得以逃生。为了人类延续，他们对天发誓说：“若苍天允许我们兄妹结为夫妻，繁衍人类，就让四山的云烟相聚，让滚下山的两个磨扇并合。”发完誓，他们两个人就把磨扇推下沟去，果然只见四山之云烟聚合，两个磨扇也紧紧地合在一起，于是两人结为夫妻。由于伏羲和女娲的婚配是“天之作合”，故称为“天赐良缘”，所以至今结婚都要拜天地。

蒙头红的来源

相传伏羲和女娲成亲时，女娲因害羞顺手摘了一片桑叶遮住脸，所以至今中国婚嫁习俗中，有新娘子用珠帘或红绸蒙头遮羞的风俗，叫蒙头红，就是那时传下来的。

此种神话传说，作为后人对先祖伏羲、女娲的尊崇和纪念，寄托一种良好的愿望，无可厚非。很显然，再大的洪灾也不会把人全都淹死。这不过是后人仿照圣经故事编造的中国式的挪亚方舟的故事而已，目的只是为“伏羲与女娲是兄妹夫妻”找个依据。

历法与法制观念的萌芽

伏羲与女娲，发现旧历法已不能顺应农业生产的天候，不再合时宜，常常因延误种植而一无所获。于是二人便重新推算天体运行，制订了新的女娲历法。女娲执规，伏羲执矩，用以“规天矩地”，这体现了天圆地方的观念。女娲背靠大地、怀抱青天，调谐阴阳之气，疏理阻塞不通，让春天温暖，让夏天炽热，让秋天肃杀，让冬天寒冷，于是四季各归其常。从此粮食增产增收，为世人带来丰衣足食、安居乐业。

这种神话传说，显然不是伏羲和女娲夫妻所能完成的，更不是创世女娲能制定的。但却反映出古人对宇宙运行规律已有所认识，说明伏羲时代先民已经认识到治理天下要讲究阴阳谐调，要有规矩纪律，社会才能有秩序讲文明，这应是先民法制观念的萌芽。

女娲深远的影响

由于创世女娲炼石补天，抟土造人，制嫁

娶之礼，延续人类生命，造化世上生灵万物，并照顾先民免受天灾，使女娲成为创造生命，创造人类社会的被民间广泛而又长久崇拜的创世神和始母神。女娲随之也就有了娲皇、灵娲、帝娲、女阴、女皇、女帝、女希氏、神女、阴皇、阴帝、帝女等多种名号，被视为古代传说中的大地之母、福佑社稷之正神。

女娲作为中国历史神话传说中的一位女神。在先秦古籍《史籀篇》《楚辞》《礼记》《山海经》及秦汉以来的《淮南子》《史记》《汉书》《风俗通义》《帝王世纪》《独异志》《路史》《绎史》等文献中都有记载，在整个古文化系列中占有重要地位。

女娲的传说在中国各民族中有广泛的传播，这说明了母系社会是人类社会的重要组成阶段。至今中国云南的苗族、侗族还将女娲作为本民族的始祖加以崇拜。女娲的影响是深远的。

女娲之后，社会逐渐由母系氏族社会转向父系氏族社会。人类历史由父系社会取代母系社会的进程，是以人口生产为主导的血缘社会向以物资生产为主导的物缘社会的转变来完成的，社会的主要意识形态，便不再是血缘情结，而转变成为物缘情结以至金钱情结。物缘关系即物质的依赖关系，成为此时人类社会群体的主要人际关系和功能要素。在此“物缘时代的父系社会”中，即使是“血缘关系”，也逐渐由女性为中心转变成为以男性为中心。女性地位的下降，主要是因为她们没有掌握物资生产过程中的物资所有权、生产控制权以及产品分配权所致。

女娲氏没，神农氏继起为王。

十、神农炎帝生尚羊

烈山焚林创火耕，遴选五谷称神农。
流经雷泽有羊水，出生尚羊在鄄城。
姓姜盖出牧羊女，崇羊因作族图腾。
特产小尾叫寒羊，盛行斗羊传古风。
推动农牧齐发展，开启农业新文明。

炎帝神农氏生于鄄城

第一代炎帝神农氏石年，生在古羊里水之滨，相当于如今鄄城(旧称王堌堆、崇兴集)以东地区。部族以牧羊为主业，他们崇尚羊，以羊为图腾，故称其出生地为尚羊，也写作常羊，即《水经注》中的羊里城。其后帝尧也诞生于此，又为舜三徙成都之地。炎帝在此建有伊耆国。西周初武王封其弟姬武于此，建立郕国，国都称郕都城。汉置郕都县，为侯国。东汉废入廪丘县。

从伊耆国的羊里城向东有羊角城，汉朝于此置廪丘县，故址在今鄄城东北箕山镇东的亿城寺，后移至数里外今属郓城县的水堡集。

廪丘是炎帝的后裔散居于山东西南部建立的一些小国之一，这也足以证明神农氏炎帝生于羊里水岸边的尚羊。

《述异记》说，“炎帝神农于成阳山下捣药”，这都说明炎帝神农氏部族确实活动在羊里水、雷泽和成阳一带。

《竹书纪年》说：“炎帝自伊徙耆，故曰伊耆氏，伊即帝尧母家。”伊耆，遂成复姓，后简作伊姓。帝尧母是伊耆侯的闺女，帝尧就生在鄄城三河舅氏伊长儒家，这也从另一个角度证明神农氏出自鄄城羊里水。

“炎帝神农”称号的含义

神农氏部族的首领称炎帝，首任帝名石年，姓姜，以羊为图腾，系原始社会时期部落的首领。为伏羲子孙，少典之后，包括炎帝、蚩尤、共工、伯夷四大部族，共传 17 世，从公元前 5008 年起，至前 4513 年，炎帝神农氏政权被黄帝姬芒所灭止，延续了 495 年。

《易·系辞下》曰：“包牺氏没，神农氏作，斫木为耜(sì)，揉木为耒，耒耨(nòu)之利，以教天下。”这是说，神农氏继伏羲氏而王天下，是中国传说中的三皇的最后一位，是耒耜的发明者，是农耕的开创者，是华夏民族农业文明的始主。

史载：伏羲氏末世，无怀氏生少典氏，娶有蟜氏女，生长子石年，即炎帝神农氏；生次子勖(勖,xù)其,勖其的后代为黄帝轩辕氏,故炎黄为世胄共主,繁衍了伟大的中华民族。

《帝王世纪》则将其神化说:炎帝神农氏母曰女登,是有蟜氏之女。一日游华阳,被神龙绕身,感应而孕,于尚羊生下炎帝。长子石年又名为柱,因其母是负责执掌日天杆晷(guǐ)度的柱下史(周秦官名,即汉以后的御史。掌管中央的奏章、档案、图书以及地方上报的材料,因其常侍立殿柱之下,故名),是神农氏炎帝族部落联盟政权的首任帝,号魁临,定都于伏羲旧墟古雷泽东南岸的成阳。

尚羊在雷夏泽北岸的羊里水之滨,水草丰美,牧羊是炎帝族群的重要生活手段。所以炎帝部族崇尚羊,以羊为图腾,故称其出生地为尚羊,称羊里水为羊水;又因两岸牧羊女众多,人皆姓姜,故又称此水为姜水,是第一代炎帝成长的地方。对此史学界已有先论。

雷泽是华胥氏生活的地方,故也叫华泽。这里的华阳,指雷夏泽的南边,是其母感孕的地方。因与南边历山地区、伏羲旧墟、华胥故里相去不远,故《礼记》又称其为历山氏。

历山或称鬲山,鬲,甲骨文作鬲,金文作鬲,篆文整齐化作鬲,皆为烧土为陶釜之象,故历山又称烈山。炎帝孕于华阳烈山,故又称烈山氏。

烈山氏之称,说明神农氏炎帝时已能烧土为陶釜,已懂得全面用火。燔(fán)山焚林,烧荒垦田,发展农耕,烧陶制器,照明取暖,改善熟食,燎柴祭祀,这些活动皆离不开火。其首领因懂得用火,故遂得承木德帝王伏羲以火德王,号称炎帝或赤帝;又因其对农业的巨大贡献,被尊为神农或农皇。可见古人的名号不是随意定的,这些称号皆是炎帝神农氏生平、业绩、贡献的反映。

赤县神州之称的来历

炎帝,在后世还被尊奉为火神、太阳神及灶神。其所统辖的地区因能普遍用火,故称作赤县。黄帝以他梦中仙境般的华胥国为榜样,把自己治下的国土治理得很好,遂以土德王,故其所统辖的地方便被称为神州。后来与炎帝治下的赤县合称为"赤县神州",借指中国。

炎帝神农氏承传了龙凤文化

神农氏炎帝的母族有蟜氏,是凤族有娲(娲)氏之后。所以旧说神农氏炎帝是女娲氏族的外孙,自然也属凤族。

炎帝神农氏的父族当然不可能是所谓神龙。炎帝神农氏既是继龙族伏羲氏之后而称王,是伏羲氏部族晚期的一个氏族部落无怀氏(或说是朱襄氏)少典的后代,当然也是龙族。

所以,由凤族的女子与龙族的男子合婚而生于尚羊的炎帝神农氏,自然是龙凤文化的继承者。

《吕氏春秋·古乐》云:"昔古朱襄氏之治天下也,多风而阳气畜(蓄)积,万物散解,果实不成,故士达作为五弦瑟,以来阴风,以定群生。"高诱注:"朱襄氏,古天子炎帝之别号。"这有可能,因为朱襄氏也处于伏羲氏部族的晚期,而且与炎帝神农氏有相似的作为,如制琴。可备一说。

精卫填海

《山海经·北山经》里有一则"精卫填海"的神话故事说:"有鸟焉,其状如乌,文首、白喙、赤足,名曰精卫,其鸣自詨(xiào)。是炎帝之少女,名曰女娃,女娃游于东海,溺而不返,故为精卫,常衔西山之木石,以堙于东海。"

西山或即鄄城雷泽北岸的金宝山,那么东海就是巨野泽,也叫大野泽。巨野泽在雷

精卫填海图

泽之东，故这里的人称之为东海，而巨野泽之东的人们则称其为西海，这并不矛盾，因为远古人们的活动范围有限，皆以自己的所在称说。

一说，西山指巨野泽的崦嵫山，东海则指鲁西东平湖、南阳湖、独山湖、昭阳湖、微山湖一线的南北水系形成的河流，古称东河，也称"江"。因上古与海通连，也称东海。

这一传说也无疑反映出了炎帝与女儿女娃曾在雷泽和大野泽一带活动的信息。

上古五湖四海所指

这里既然说到了东海，顺便推测一下远古之"五湖四海"。

五湖应当比较明确，当指鲁西的东平湖、南阳湖、独山湖、昭阳湖、微山湖。

《尚书·益稷》曰："予决九川，距（至）四海。"这是说大禹疏导洪水形成九条河流，让洪水顺之流入四海，实即四个大蓄水湖。也就是《孟子·告子下》说的："禹之治水，水之道也，是故禹以四海为壑。"大禹治水所疏之"九河"皆在鲁西兖州地区。这里说的"四海"肯定不是后代的四海。远古的四海是围绕着"天下中"的鲁西之地来确定的。

如果"东海"指"大野泽"，那么"西海"则指"雷夏泽"。若果"西海"指"大野泽"，那么"东海"则应指"五湖形成的水域"。

其他二海呢，也当在鲁西及周边地区。《左传·僖公四年》叙述"齐桓公伐楚"时记载："君处北海，寡人处南海，唯是风马牛不相及也。不虞君之涉吾地也，何故？"齐所处之"北海"或即鲁西北临清市的"大陆泽"。楚国当时的北鄙已达河南东部接近鲁西之地的楚丘（楚国的发祥地），照此，楚所处之南海当指菏泽南部处于曹县、单县的孟诸泽。《禹贡》有"导菏泽，被孟猪"之语。"孟猪"也叫"望诸""明都""盟诸"，今统称孟诸。

这完全符合大禹"决九川，距四海"的实际情况。既然是"距四海（流进四海）"，就不可能指雷泽以西的湖泊，因为水不可能倒流。《论语·颜渊》中说"四海之内，皆兄弟也"，恰恰说明当时的四海，仅指绕着"天下中"的菏鄄鲁西及周边地区，生活在这里的先民都是伏羲的子孙，皆为同源共祖、血脉相连、一脉相传的同宗族的弟兄。

神农、炎帝辨

历史上神农氏是否是炎帝，历来有相反的两种观点。

一种观点，将整个炎帝神农氏政权，分为炎帝魁隗氏政权 6 帝（公元前 5008 年—前 4766 年），和炎帝神农氏政权 8 帝，（公元前 4766 年—前 4513 年）两个阶段。

笔者认为，炎帝、神农出自同一个部族，包括各代炎帝神农氏首领，应作为一个延续了整个时代的政权看待。与黄帝同时的只是炎帝神农氏部族的末代炎帝榆罔。

榆罔被黄帝打败后让位与黄帝，其后裔不愿做顺民，便迁至南方又延续了多代。从主盟的第一代炎帝石年，到主盟的末代炎帝榆罔，他们是同一个炎帝神农氏部族，是早于轩辕氏黄帝主盟的整个一个时期的部落联盟盟主。

炎帝神农氏部族一系，世代居住在黄河下游的鲁西南。几代神农之后，部族得到发展，其族人便有沿大野泽东迁泗水以曲阜为都者，有沿濮水西上晋东南定居者，有沿济水、渭水西进陕、甘定居者，有南下两湖定居者。这也就是炎帝故里目前有陕西宝鸡、湖南会同县连山、湖南株洲炎陵县、湖北的随州、山西高平、河南柘城六地之争的原因。

山西长治羊头山的炎帝像解辞为史学家所撰，其词云："炎帝来自鲁西南"，也就是说，其他各处都是神农氏炎帝后裔部族迁徙过去的，足可证明炎帝神农氏出生在鄄城尚羊。

传说，炎帝神农氏因相貌长得很丑，牛首人身，脾气又暴，所以少典不大喜爱，就把他和女登母子俩封在遥远的陕西宝鸡的清姜河畔。这同样说明神农文化的发祥地、原生地在古鄄羊里水，不在陕西等其他地方。且清姜河明显不称姜水。

鄄城的斗羊风俗

炎帝部族崇尚羊，以羊为图腾，养羊畜牧很发达。故至今鄄城特产有青山羊、小尾寒羊，又有斗羊的风俗。无疑也说明鄄城是炎帝神农氏部族的发祥地。

用作斗羊的是小尾寒羊。小尾寒羊，体质结实，鼻梁隆起，耳大胛高，背腰平直，体躯高大，前后躯发育良好，脂尾短小，略呈椭圆，成年公羊一般在150斤左右。

鄄城斗羊，是民间的一项传统娱乐活动，角斗场面惊险生动，令人豪气顿生，深受群众喜爱。一出精彩的斗羊大赛，经常吸引周边冀鲁豫苏皖五省的斗羊爱好者携羊前来参赛，以致数百只斗羊云集。十里八乡观赛的群众人山人海。

比赛根据羊的齿龄分等级进行角逐，异常激烈。斗羊开始，只听一阵悠扬的丝竹音乐，伴着富有鲁西南特色的唢呐声，两只虎气生生的威武雄性大绵羊出场了。它们先是悠闲地散步，走到一起，彼此挠毛、接吻、甚是亲密，看不出一点武斗的架式。一会儿，随着音乐节奏的逐步加快，并伴以紧锣密鼓，一派武将即将登场的气氛突然形成。两只决斗的绵羊眼圈渐渐红了，彼此用角互蹭，口中还"咝咝"作响。待到角蹭频乱，只听裁判员一声哨令，两家主人便把羊拉开约50米距离。这时音乐骤然停止，只听"当"的一声锣响，主人用力一拍羊屁股，两只羊像猛虎下山般互相抵去，霎时，两个羊头四只大角相撞，迸发出"嘭"的一声山响，那情景真是惊心动魄，蔚为壮观。如此反复，大约要斗上几个回合，方能决出雌雄。有的羊虽然挂彩了，但还是那么有气势，这就是山东斗羊的英雄性格。

有人担心，羊儿这样剧烈冲撞，会不会脑震荡呀？不会。两只羊相撞瞬间力度确实非常之大，但由于这种羊的脑体是海绵状组织，有缓冲作用，所以不会有致命伤害。

选斗羊时一般是"以外貌长相论英雄"，斗羊需要体高大，羊角粗，腿挺细，脸门宽，鼻梁高，耳下垂，这样的羊有性烈，大赛中肯定英勇善战，所向披靡。一只天资好的羊还要经过长期训练，训练它的体能、速度、耐力，之后才可以参加比赛，有了许多实战经验，日后才可能获得冠军。

炎帝神农开辟农耕和医药新生活

农耕的开辟是一个长期的过程，不是一下子完成的。

据《白虎通》说："古之人民皆食禽兽肉，至于神农，人民众多，禽兽不足，于是神农因天之时，分地之利，制耒耜，教民农作，神而化之，使民宜之，故谓之神农也。"

远古时候，人们没啥吃的，靠捋草籽、采食野生瓜果，或猎鸟、捕兽、捉鱼，生吃动物维持生活。虽然腥臊恶臭损伤肠胃，有时吃了不该吃的东西，甚至经常会中毒或得病而死，但当时毕竟民众少而瓜果禽兽多，还不至于挨饿。到了神农的时候，人众多了起来，禽兽之肉和野生瓜果能吃的东西，已经不足以供给，人们常常挨饿或因病死亡，寿命很短。

神农帝看到这种情况，决心尝百草，寻找可吃的和能治病的植物。他跋山涉水，亲自尝遍所有的草木植物，了解什么可以吃，什么不能吃；什么有害，什么能够治病。终于，经过多年的摸索，筛选出了可供种植使用的五谷和许多能够治疗不同疾病的药用植物。

接着神农又制作了犁锄等生产工具，教导民众焚荒垦田，种植庄稼作物，彻底解决了人民的饥饿问题，百姓终于得以更好地繁衍生息。

伴随着原生植物驯化为农作物的过程中，野生动物也逐渐驯化为家畜，而医药的概念也逐步形成。

这些都需要长期技术进步和知识积累，绝不是一朝一夕就能做到的，更不是一个人能做到的。所以说，神农氏炎帝政权应是一个相当漫长的时代。

根据历史演变的规律推测，在神农氏中期，中国就已经基本培育出了五谷这些主要农作物品种。这样，神农带领民众用智慧与勤劳，告别了荒蛮时代，开辟了中华民族的农耕新生活。

神农为找寻治病解毒的良药，亲自品尝，以致自己一日之中多次中毒，最后因误食“火焰子”肠断而死。他是为了拯救人们而牺牲的，人们称他为“药王菩萨”。后人为了永远地纪念他，便依托他著作了《神农本草经》。旧时的药铺里，常挂着一幅画像，一个浓眉大眼、笑容可掬、腰围树叶、手执草药的人，他就是神农氏。

《庄子·盗跖》篇载：“神农之世，卧则居居（安然恬静），起则于于（悠闲自得），民知其母，不知其父，与麋鹿共处。耕而食，织而衣，无有相害之心，此至德之隆也。”看来，这时还是原始的农业社会，一派朴拙的景象，一幅原始村社生活的图画。

炎帝开无为而治之端

炎帝管理部落，治理天下有其明确的理念，他主张“民惟邦本，食为民天”。

《越绝书》称：“昔者神农氏之治天下，务利之而已矣，不望其报；不贪天下之财，而天下共富之；不以其智能自贵于人，而天下共尊之。”《纲鉴》云：“炎帝治天下以德以义，不赏而民勤，不罚而邪正，不忿争而财足，无制令而民从，威厉而不杀，法省而不烦，人民无不敬戴。”这或许就是后来黄帝无为而治的发端。

伟大的炎帝精神

炎帝开创了丰富多彩的原始物质文明和精神文明，对人类的发展做出了巨大的贡献。展示出伟大的炎帝精神。炎帝精神首要的是艰苦奋斗的创业精神，公而忘私的奉献精神，敢为人先的创造精神，百折不挠的开拓精神，自强不息的进取精神，厚德载物的团结精神，成为后来中华民族自尊、自立、自信、自强精神的源头和典范。

炎帝精神使中华后裔在与自然和社会的斗争中，在摆脱愚昧和野蛮、追求先进与文明的过程中发挥了巨大作用。这种精神使华夏民族获得了高度的团结和统一。今天，“炎黄”作为中华五千年文明的象征已被载入世界文明的史册，这是“炎黄子孙”的光荣与骄傲。

炎帝神农氏的贡献

传说神农炎帝牛首人身、马尾鹿衣，生下

来三天能说话，五天能走路，三年知稼穑，少而聪颖。这当然是后人为推崇他而作的神化，但却反映出神农炎帝已进入畜牧农耕时代。

炎帝一生为百姓办了不少好事。下边是古人总结出的神农炎帝对中华民族的繁衍和发展做出的十大贡献：

一、制作耒耜以利耕耘。神农始播五谷以为民食，从而奠定了农业基础，解决了民以食为天的大事，促进了农业生产的发展，为人类由原始游牧生活向农耕文明转化创造了条件。

二、遍尝百草以疗民恙，开医药之先河。在与大自然与疾病做斗争中，为后世医药事业的发展奠定了基础。

三、首辟市场进行交易，以利民生。神农创日中为市，开展以物易物的市场交易，是我国货币、商业发展的起源和基石。

四、治麻为布以御民寒，使民有衣着之用。这是人类由蒙昧社会向文明社会迈出的重大一步。

五、削桐为五弦之琴，以怡民情。神农削桐为琴，结丝为弦，谱宫、商、角、徵、羽五音为乐，以道天地之德，以表神农之和，以乐万民之心。

六、剡(yǎn)木为矢以安民居，削木为弓以威天下。神农发明了弓箭，有效地防止了野兽的袭击，有力地打击了外来部落的侵犯，保卫了人们的生命安全和劳动成果。

七、陶冶器物以储民用，改善民众生活。陶釜陶器的烧制，人们可以对食物进行蒸煮加工，可以酿酒消毒、贮存物品，改善了人类的生活条件，对人类的饮食卫生和医药发展产生了深远的影响。

八、重演八卦，以探天象。炎帝正气节，审寒温，定四季，以为早晚之期；开历日，立星辰，分昼夜，定日月，月为三十日，十一月为冬至。使人们有规律地生活，按季节栽培农作物，促进了文明的发展。

九、建造房屋，使民安居。《路史》载，神农“相土停居，令人知所避趋”，就是说使人们有了遮风挡雨的地方，进退有所。

十、开创教育，以启民智。神农教民使用工具、播种五谷、知医懂药、烧陶制器、制弓用箭、习武健身、学习乐舞绘画，重视开发民智民德，从而使民众德智体美都得到全面发展，成为我国教育的始祖。

凡此种种，皆使百姓得以丰衣足食，安居乐业，故为后世所称道，被称作神农氏。道教则尊之为神农大帝，或称五榖(谷)神农大帝。传说炎帝还发明了蜡烛，后来被人们尊为照明之神。

总之，神农开启了我国史前农耕文化，创造了灿烂的华夏文明。古鄄作为中华民族之根的神农故里，也是最早的农耕发达的地区，繁荣的桑间濮上就在这里。

炎帝所处的历史阶段

人类社会发展进化的历史，依其各个不同的历史时期，按其当时生产、生活的主要社会形态特点，都会形象地命定一个名称，以表述那个历史时代。

我国社会发展进化的历史，依次为：人猿揖别之初的兽处群居蒙昧时代，发展到夏处树上筑巢以避猛兽之害、冬居山洞以避风雪的有巢氏时代，而后是发明了人工取火熟食、以去腥臊的燧人氏时代，再发展到降服野兽、进行人工饲养、以备无猎获物时杀而食之免受饥饿的伏羲氏时代，之后便进入到以耕种谷物为普遍社会经济生产的、史前文明的神农氏时代。

神农时代是三皇的最后阶段，之后便步

入从原始社会到奴隶社会之间的过渡时期。在我国历史上，这个过渡时期可以溯源到传说中从黄帝开始的五帝时期，直到夏代前期，持续了近 2000 年（公元前 4053 年—前 2071 年）之久。在这个时期，从血缘性的氏族部落到地域性的部落联盟，其间多有曲折和反复，出现过许多冲突和战争，终于奴隶制度最后代替了原始社会的氏族制度。

炎帝神农氏时代的结束

从首帝神农炎帝石年开始，至榆罔共传 14 代，皆世袭神农炎帝之号，历经数百年，其著名后裔有蚩尤氏、共工氏、四岳氏等。

最后一位炎帝榆罔被蚩尤所败，已无能力领导部落联盟，便把盟主让与黄帝轩辕氏，并组成炎黄联盟，在阪泉打败了僭称炎帝的蚩尤。后蚩尤发展起来，又到中原争夺地盘儿，于是炎黄联盟又通过涿鹿之战大败了蚩尤。

末代炎帝榆罔把盟主让与其叔伯兄弟黄帝轩辕氏后，其部分后裔不愿做顺民，便南下迁都于今湖南省株洲，此后长期活动于两湖一带。在株洲建有“炎帝陵”。

神农的时代要早于黄帝，所以《周易·系辞下》说：“神农氏没，黄帝、尧、舜氏作。”

十一、黄帝兴起菏鄄地

伏羲子孙炎与黄，繁衍五帝及禹汤。
兴起雷泽在羊里，封迁异地到四方。
新居再多非祖处，古鄄永远是故乡。
炎帝开辟兴农路，蚩尤冶炼铸刀枪。
阪泉涿鹿两征战，融合三族奠华邦。

炎黄皆出自伏羲氏

黄帝亦为伏羲子孙，父为龙族少典，母曰附宝，也是凤族有蟜氏之女，生黄帝于鄄城寿丘。黄帝生有二子，长子玄嚣(后承太昊，故称少昊)，玄嚣生蟜极，蟜极生帝喾。次子昌意，昌意生颛顼。

黄帝轩辕氏政权共传 16 帝，从公元前 4513 年至前 4053 年，历经 461 年。

从华胥氏起，经过伏羲氏的经营，以菏鄄为中心的中原地区的正统地位业已形成，随着炎黄两部族的融合，便奠定了华夏的基础。

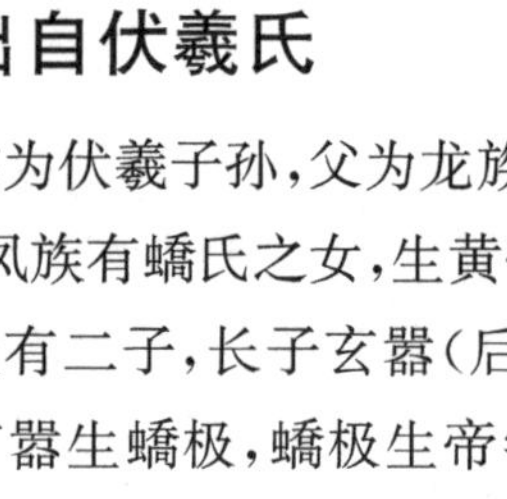

黄帝像

少典氏妃有蟜氏曰女(安)登，生长子石年，封于鬲(历)山，号烈山氏，即三皇之一的炎帝神农氏，其第十四任炎帝为榆罔；女登生次子勖其，封于有熊，号有熊氏，其第十四世裔孙姬芒，即五帝的第一位黄帝轩辕氏。榆罔和姬芒，就是人们常说的炎黄，他们同是少典氏的第十五代子孙，又分别是烈山氏石年和有熊氏勖其两弟兄的第 14 代后裔，虽不同族，但为远代叔伯兄弟。他们同源共祖，共同繁衍了伟大的中华民族。

最初炎帝神农氏部族为盟主，有熊氏部族只是炎帝神农氏部族主盟下的一个氏族。炎帝神农氏部族到晚期榆罔之世，势力渐衰，有熊部族到黄帝姬芒时则迅速兴起，并最终代替炎帝神农氏而主盟天下，于是两部族融合形成了“炎黄”，后来共同被尊为中华民族的人文祖先和龙的传人。

炎黄的出生地

《国语·晋语》云：“昔少典娶于有蟜氏，生黄帝、炎帝，曾祖母华胥氏。黄帝以姬水(即济水，‘济’‘姬’古音相近)成，炎帝以姜水成。成而异德，故黄帝为姬，炎帝为姜。”这是中国历史最早记载炎帝、黄帝诞生地的史料。

据《帝王世纪》云：“炎帝神农氏母曰女(安)登，有蟜氏之女，为少典氏正妃，于尚羊生炎帝。及神农氏炎帝之末，少典氏又取附宝，亦为有蟜氏之女，之祁野，见大电绕北斗枢星，感而怀孕，生黄帝于寿丘，长于姬水(即济水)，因以为姓。”

这一记载，告诉我们，少典乃华胥氏之孙、伏羲之子，是炎帝与黄帝的父族。华胥、伏羲既然生活在郓城雷夏泽畔，那么其子少典及其后辈子孙炎黄也必出于古郓雷泽，其后裔不管封迁到何地，到何处发展，号称“天下中”的古郓都是他们永远的故乡。

这一记载，还告诉我们，这里的少典氏不是指具体的人而是指一个氏族部落，由于炎帝母家有蟜氏之女，世与少典氏男子通婚，故《国语》“兼称焉”，即将不同时代的两次通婚放在一块说了。炎帝与黄帝同是少典氏族的子孙，同出于一祖，但不属于一个部族，也不处于同一个时代。后来分部而处，一个住在姬水，即济水；一个住在姜水，即羊里水。二水都流经菏郓大地。

尚羊，上章已讲明，在郓城雷泽北岸羊里水，羊里水又称姜水。

《路史》云：“炎帝出生于伊，建国于祁(耆)，以地为氏，人称‘伊祁(耆)氏’。”

又《史记·正义》云：黄帝“母曰附宝，之祁野，见大电绕北斗枢星，感而怀孕，二十四月而生黄帝于寿丘”。《正义》所云可能出于《帝王世纪》之“少典氏又取附宝，见大电光绕北斗枢星，照郊野，感附宝，孕二十五月，生黄帝于寿丘”。

如此说来，“祁野”即伊地，也即伊祁，也即尚羊所在的羊里水。联想到，祁为烈山氏肇国、有熊氏之胤胙，尧的父亲高辛氏就娶了炎帝族伊祁侯之女庆都为妻，尧就生养在母亲娘家——伊侯之国的伊长儒家，所以尧从母姓为伊祁氏，称伊尧。伊长儒家在三河，即流经郓城雷泽北边的由濮水、瓠子河、羊里水三段构成的一条河流，一河三名，故称三河。

可见“伊祁”当在郓城羊里水，即姜水。既然附宝游祁野感而怀孕，其居当不会离此太远，在远古一个姑娘不可能到百里之外去游玩。这样看来，黄帝当与炎帝一样，也出生并生活在古郓济水、雷泽、羊里水一带是无疑的。

寿丘的具体位置，如前文所分析，在今郓城县西南的李二庄，古桃城之地，是真正的寿丘所在地。

也有的说在梁山，或在曲阜，或在聊城，虽皆距羊里水不太远，然作为游玩跑到这些百里以外的地方去，可能性不大，最多说明烈山氏和有熊氏为相邻的部落群体而已。

“寿丘”原地当在郓城

《魏书·地形志》云：“离狐有桃城。”在今郓城西南的李二庄，是真正的寿丘原地，是黄帝的出生地、建都地，也是空桑之地。

汉初于此置离狐县，本在濮水南，因城垣常为神狐所穴穿，后遂移(城)于濮水之北，故曰离狐。桃城，或谓之洮或洮邑，或说即姚城(姚墟)，在青丘西北。

远古，桃城的土丘上栽满了桃树，故得名桃丘，桃丘就是寿丘。“桃丘”是怎样成为“寿丘”的呢？

从语义上说，古谚有“桃养人，杏伤人，李子行里抬死人”之语，桃在百姓眼里，自古就是一种延年益寿的果品，至今人们在祝寿时还仍用献桃或桃形面食来寄寓增寿之意，故称桃为“寿桃”。

从语音上说，上古“寿”与“桃”同音，皆读tao。至今从“寿”取音的字，仍有读 tao 音的，如涛、焘、帱、梼等。中古以后“寿”从 tao 音分化出 shòu 音。“桃丘”自然转化为“寿丘”了。

正如《史记·五帝本纪》中说：“舜耕于历山，陶于河滨，渔于雷泽，灰（烧炭）于常羊，作什器于寿丘，就时于负夏。”舜既在寿丘做过各种家用器物，必在家乡，哪有跑到百里之外去做家用器物的？寿丘在今鄄城西南的历山、姚墟、雷泽附近应当无所疑。

黄帝出生地寿丘辨

寿丘，一说在寿张，一说在梁山，一说在曲阜，当皆是后代的迁移名称。因为阳谷县的寿张镇原名“王陵店”，明洪武十三年（公元1380 年）县治迁于此地，故遂更名为寿张。寿张原名寿良，因境内有寿邑和良山，西汉时期为纪念汉相张良而得名，东汉因避光武帝叔叔刘良名讳，遂改寿良为寿张县，“张”字仍含思慕怀念张良之意。

至于在梁山和曲阜二说，应是当时少昊被派去管理东夷九黎时，将故乡之名带过去的。

由于黄河的为患，部族的迁徙，战争的毁灭，族群的分合等诸多因素，有的文化出现了断层，不少传承迷失了，黄帝出生地桃丘即为之一。桃丘因黄泛而废，黄帝部落大部分西迁，小部东移，以致数千年来人们不知道桃丘在何地。

炎黄出处辨异

一说，炎黄族源于陕西宝鸡的清姜河和武功的漆水河，约于 5000 年前后进入中原，这绝无可能，完全颠倒了本末。这些地方的炎黄遗迹，当是后代西迁时带过去的。因为，有“济水”“雷泽”和“祁野”之地才有“寿丘”，才是黄帝出生与生活的地方。而陕西的宝鸡等地，则不具有山东古济水区域这些条件。实际上，宝鸡等地的名称是黄帝“东成西就”时，在抵达西北后，为安慰手下人思乡之情，把家乡的山水地名复制过去的，而他却不会把自己的出生地寿丘复制过去，因为出生地只能有一个。这说明是山东的文化向西延伸，而不是从西向东挺进。

炎黄部落早期曾迭为华夏族的盟主，在其从弱到强，从小到大的发展过程中，会不断向外迁移，活动空间也就不断伸展扩大，这也就是陕西、湖北、湖南、山西、甘肃、河南、河北及山东他处等多个地方都留下有关炎黄发祥地或生平活动区域的传说与历史遗迹的原因。

“炎黄”含义解析

这里要弄清的是“炎黄”的含义。“炎黄”有三种意思：一指炎帝、黄帝两个部族，二指炎帝、黄帝两个时代，三指炎帝、黄帝两个人。

作为部族，这两个部族最初都是从少典氏部族衍生分化出来的。一个起于烈山（鄄城历山），一个外封于有熊（今河南新郑）。烈山氏部族繁衍成以姜石年为第一代首领的炎帝神农氏一系，有熊氏部族繁衍成以姜勖其为第一代首领的轩辕黄帝一系。烈山氏部族走上了农业化的道路，成为中原诸部落的首领，而有熊氏部族则继续过着游牧生活。黄帝所率领的“熊、罴、貔、貅、兕（sì）、虎”六支军队都是猛兽名，这或许说明该系是由六个游牧部落组成的部落联盟，以动物熊为图腾。甲骨文黄字，或可视为剥下的黄熊之皮形。

作为时代，这两个氏族部落，处于先后掌权的两个时期，炎帝神农氏掌权在前，轩辕氏黄帝掌权在后。

据《帝王世纪》云，烈山氏部族由炎帝神农氏姜石年开始掌权统率各个部落，历经14代，至末代炎帝榆罔，凡掌权495年。有熊氏部族由封于有熊的勖其开始，至黄帝姬芒，也是14代，原是炎帝神农氏政权下的一个部落，被其兄石年封于有熊，故称有熊氏。

有熊氏第14代黄帝姬芒兴起，战胜了第14代炎帝神农氏榆罔，接掌了统治大权，轩辕黄帝时代遂正式开始，从前4513年至前4053年，历16帝，共继续掌权460年。二者前后相差数百年。

作为个人，榆罔和姬芒二人皆为少典氏部落之后裔，第一代炎帝神农石年，与第一代有熊氏部落首领勖其，是亲兄弟。我们一般所说的"炎黄"，有两类含义：一类指炎帝神农氏部族及其整个主盟时期，以及从轩辕氏姬芒开始主盟的黄帝部族及其当政的整个时期；二类指末代炎帝神农氏榆罔个人，以及轩辕氏首任黄帝姬芒个人。榆罔与姬芒，都是少典的第14代子孙，两人同辈，是叔伯兄弟，同祖，但不同部，不同时代。

综上所述，炎帝神农氏与黄帝轩辕氏的关系是同源共祖、前后相承的关系，他们各自代表着一个部族、一个时代，既非父子，亦非亲兄弟，当然也不是异类。

黄帝的兴起

《史记·五帝本纪》记载："轩辕之时，神农氏世衰。诸侯相侵伐，暴虐百姓，而神农氏弗能征。于是轩辕乃习用干戈，以征不享，诸侯咸来宾从。而蚩尤最为暴，莫能伐。炎帝欲侵陵诸侯，诸侯咸归轩辕。轩辕乃修德振兵，训练熊罴貔貅貙(chū)虎六枝军队，以与炎帝战于阪泉之野。三战，然后得其志。蚩尤作乱，不用帝命。于是黄帝乃征师诸侯，与蚩尤战于涿鹿之野，遂禽杀蚩尤。而诸侯咸尊轩辕为天子，代神农氏，是为黄帝。"

这一记载的意思是说，末代炎帝榆罔势力渐衰，而黄帝姬芒兴起。两个部落为争夺领地和盟主地位，在阪泉打了一场远代叔伯兄弟间的内战。黄帝在兼并融合了炎帝部族后，又通过涿鹿一战，在青丘擒杀了炎帝的同宗蚩尤。

这里就有一个疑问：炎帝既然是"天下共主"，又怎么可能去"侵凌诸侯"，所以有人把"侵凌诸侯"的炎帝，解释为炎帝的同宗而自称炎帝的蚩尤，才能讲得通。其实，不必如此曲解。这里的"蚩尤最为暴，莫能伐。炎帝欲侵陵诸侯"三句顺序可能传抄有误，正确的顺序应为"蚩尤最为暴，欲侵陵诸侯，炎帝莫能伐"。

历史上，人们对这两次战争的双方、地点的记载，也认为多有矛盾之处，因而不少人提出了怀疑。

有人认为，炎帝和黄帝部族之间盟主地位的转移，不是通过兵戎相见的战争形式进行的，而是通过庙堂的论战来判定输赢的，用今天的话说，也就是通过谈判解决的。因为炎帝和黄帝本为一家，后来分封去治理不同的地域，家族的第一原则就是和谐，而不是杀得你死我活。

谈判的结果是，炎帝榆罔因已无力控制整个氏族部落联盟，不得不将盟主的地位拱手让给强大起来的黄帝姬芒。末代炎帝榆罔不愿做顺民，便带着部分族众，南迁两湖一带，一路留下了众多炎帝文化遗址。留下来的族众则与黄帝族融合，形成炎黄部落联盟。

阪泉之战的真相

那么，阪泉之战，黄帝是跟谁打的呢？应是黄帝与蚩尤之间的战争。

真实的情况应是：炎帝和黄帝是由少典部落分离出来的两个族群。炎帝族靠农业经济的稳定发展，首先强大起来，成为中原各族群的领袖。包括黄帝所属的有熊氏族、蚩尤为首领的九黎氏族在内的各族群都要听从炎帝的号令。

炎帝族的盟主地位传到第14世，末代炎帝榆罔日渐衰落下去，而与此同时的黄帝族、蚩尤族则发展强大起来。当时部落间为争地盘互相侵伐，社会混乱，炎帝榆罔已德薄势衰，不能驾驭蚩尤，蚩尤反而起兵驱逐炎帝榆罔，占据涿鹿，恃强侵凌各个部族。炎帝不能制，就求助于黄帝。此时黄帝正“修兵振旅，诸侯宾从”，势力大强，便接受了炎帝的求援。于是炎黄二族就联合起来，在阪泉打败了僭称炎帝的蚩尤，这恐怕才是阪泉之战的真相。

据此可以推定，在阪泉与黄帝作战的炎帝，是僭称炎帝的蚩尤而不是真炎帝榆罔。

蚩尤不服，不久，再次为争盟主发起战争，炎黄二帝又联合起来大败蚩尤于涿鹿，并在青丘擒杀了蚩尤。

由于这两次对蚩尤的战争，都是以黄帝为主力。炎帝自知实力已不能再号令诸侯，于是就把盟主之位让给黄帝。黄帝遂成为中原各部族的共主。

此后两个部落的民众逐渐融合、统一，最终结成了炎黄部落联盟，共同形成了华夏民族的雏形，并把华夏推进到农业文明时代。所以，这次融合，对开启中华的文明史、实现中华民族的第一次大统一有重要意义，为大中华的形成进行了奠基。此后又逐渐融合了其他一些族群，遂形成了中华民族。

阪泉和涿鹿之战的实际地点辨

关于阪泉和涿鹿之战的地点有保定说、巨鹿说、延庆说、彭城说，最多的是涿鹿说，然皆不可信，故至今没有定论。这也说明战争并非发生在今天河北的涿鹿。

实际上，中华先民以战争形式进行氏族融合的阪泉、涿鹿两次战争，皆发生在菏泽鄄城地区，而且都是发生在黄帝与蚩尤之间。各种古籍所载，也多认为两次战争均是黄帝战蚩尤，并且发生地阪泉和涿鹿相距不会很远，应在同一地区的所谓“中冀”，即“涿鹿之野”。理由是多方面的。

所谓“阪泉”，顾名思义，即山泉，阪，山坡也。青丘之野处于济水流经的菏鄄大地，清济三伏三出，一路留下不少泉水。阪泉及阪泉之战也应在青丘之野。

炎黄两大族群都是从少典部落分离出来的。均出生于鲁西南，活动于古“天下中”的菏鄄及其周边地区，也就是今晋、冀、鲁、豫交界地区，他们如有冲突，发生战争也只能在这两大部落活动区的结合点上，即华夏集团活动地域的东半部去进行。怎么会跑到遥远的河北涿鹿、阪泉去打呢？

黄帝发起的战争既然是征服中原各族的，当然也理应在中原。远古的中原所指即古所称之“天下中”的菏鄄地区，与今不同。据此，战争也不会发生在河北的北鄙涿鹿。

而同样兴起并生活于现在的冀、鲁、豫交界地区的九黎族蚩尤，也不会跑到涿鹿之野去争夺只适于牧猎和浅耕的地带。

《山海经·大荒北经》载：“蚩尤作兵伐黄帝。黄帝乃令应龙攻之冀州之野。”

冀州之野，即涿鹿之野，也即中冀之野。所谓“中冀”，指中原冀州，非后世所谓河北冀州。《尔雅·释地》曰：“两河间曰冀州。”郭璞注：“自东河至西河。”西河，即西边的黄河，指沿太行山东麓向东北流的黄河；东河，指由东平湖、南阳湖、独山湖、昭阳湖、微山湖一线水系形成的河流，古也称“江”。或说“两河间”

指济水与黄河之间，即河济之间。

两种说法所指之地域基本一致，并不矛盾。很明显，“两河间的冀州”，即所谓中冀，也即浊陆之野，即今太行山与泰山之间的古清济、浊河流经的广阔原野，即所谓九淖之地，也即九河之地，就是鲁西南菏鄄之地，并不包括今晋地与河北涿鹿之地。

两河间，如果指晋陕间南北流之西河与沿太行山东麓向东北流的黄河（东河）之间，则仅指晋地，这倒与《吕氏春秋》对九州的叙述“两河之间为冀州，晋也”相符。如果指沿太行山东麓向东北流的黄河（东河）与五湖形成的南北水线之间，则显然不包括晋与河北涿鹿之地。皆不确。

《归藏·启筮》云：“蚩尤出自羊水，登九淖以伐空桑，黄帝杀之于青丘。”《山海经·大荒东经》记有：“青丘之国，有狐，九尾。”《淮南子·地形训》曰：“中央之美者，有岱岳以生五谷桑麻。”《淮南子·本经训》曰：“尧乃使羿诛凿齿于畴华之野，缴大风于青丘之泽。”这里的“中央”即天下中的菏鄄之地，青丘之泽即雷夏泽。

这些记载，传递了以下一些信息：蚩尤出生在羊里水；与黄帝大战于九淖之地；被擒杀在青丘之野；其地有九尾狐，盛产桑麻，有雷夏泽。

这些条件只有鲁西南的菏鄄之地具备。

鄄城有全国唯一的雷夏泽；泽北岸有蚩尤出生地羊里水；鄄城处于九淖之地；鄄西南有青丘，是齐、晋、鲁、卫、宋、曹会盟共谋抗楚之处，遗址在今鄄城什集镇北王召、苏老家一带；青丘之野有道家漆园基地，广植漆树，濮水、雷泽岸畔桑林茂密，《禹贡》早有记载，鄄城“厥贡漆丝，厥篚织文”，至今犹以出产鲁锦而著名；其东边不远即古鹿城龙山文化遗址，惜乎如今皆已因黄泛而淤为平地。据说如今在这里已发现汉代地下城，经专家们认定是西周成国故都成阳，实际上，这很可能就是真正的黄帝战蚩尤的古鹿城（涿鹿）所在地。

青丘，顾名思义，必是以冈丘为地貌的地方，菏鄄一带就是冈丘堌堆最多的地域。这里远古是湖泽连属，河流纵横，冈丘堌堆遍地，著名的就有青丘、犬丘、楚丘、陶丘，等等数百个，形成所谓九淖之地。

中国从古就有分野的说法，即天上的二十八宿跟人间的地域及一种动物相对应。心宿的分野对应的地域是宋国，即山东西部的菏鄄一带，对应的动物是狐狸，青丘之国当是以狐狸为图腾的国家。菏鄄一带古有离狐县，后改为南华县，至唐时仍有神狐出没。

居住在青丘的九黎族，其后裔东夷族的保护神就是九尾狐，蚩尤墓自古就在菏泽的巨野地区。

所以黄帝与蚩尤的大战地阪泉、涿鹿及杀死蚩尤的青丘皆在菏鄄无疑，且相距不远。

这些都不但与古籍记载一致，也与苗族传说中，说黄帝、赤（炎）帝与蚩尤沿着黄河作战一致。

历史学家吕思勉认为炎、黄、蚩尤大战在菏泽之境，打败蚩尤后就都于涿鹿，即鹿城，后来尧、舜、禹又皆定都于此。查符合这一地望条件的，只有地处鄄城东南古濮水之滨的古成阳城：其位置正在今鄄城东南部；成阳城南10里有古鹿城龙山文化遗址；三皇发祥于此，五帝定都于此；蚩尤战败被杀于此，尸首被黄帝分葬，头葬于附近的大野泽东岸（在今嘉祥县梁宝寺乡阚城遗址）；肩胛骨葬于大野泽南岸（在今巨野城东北9里），五千年墓冢犹存，皆离此古鹿城不远。不少学者都认为这里才是真正的黄帝战蚩尤的古涿鹿城。可见，所谓“涿鹿之野”，必不指河北涿鹿地区。

刑天舞干戚

黄帝平定了蚩尤后，其余部邢天氏不服，继续叛乱，被黄帝征讨，砍去头颅，故又称刑天，天，头也，“刑天”即砍头之意。这一事件，后被民间演化为神话，记录在《山海经·海外西经》中，即：“邢（刑）天与天帝争神，帝断其首，葬之常羊之山。乃邢天以乳为目，以脐为口，操干戚以舞。”这样，邢天遂被后人称颂为不屈的英雄。东晋诗人陶渊明还写诗赞其曰：“刑天舞干戚，猛志固常在。”（见《读山海经》）。这一神话也从侧面说明了蚩尤生于常羊（即尚羊）并英勇善战的事实。

黄帝一统，炎黄融合

黄帝平定了邢天氏叛乱后，最终一统天下，海内安然。同时考虑到炎帝众望所归，民望犹盛，后来将其召回辅政，合称炎黄。

炎帝神农氏榆罔二十六年（公元前 4513 年），轩辕氏大酋长姬芒取代炎帝神农氏榆罔正式称帝，号黄帝，史称黄帝轩辕氏。

古代对于黄帝的称谓，种种不一。因为他是有熊部落的后裔，故称有熊氏；他是少典氏的子孙，故姓公孙；因长于姬水（即济水），故又姓姬；因发明舟车，又称轩辕；即位后天现彩云，故曰缙云氏；以土德而王，故又称黄帝；其神中央后土，故又称中央之帝；又或称帝鸿氏。总之，都跟他的生平、业绩、贡献有关。

唯“帝鸿氏”的来历需要解释一下，原来鲁西由东平湖、南阳湖、独山湖、昭阳湖、微山湖组成的一线水系为人工形成的河流，古称“江”，这条江是每年大雁南来北往所遵循的迁徙路线，在这条路线上飞翔的大雁称作“鸿”，故“鸿”字从江从鸟会意。此江两侧的平原本是蚩尤族的地盘，人们尊其首领为帝鸿，本是蚩尤之号；黄帝打败蚩尤后占据了这一地区，人们遂将这一称号移称新首领黄帝，故黄帝也就有了“帝鸿氏”之称。

上巳节

传说黄帝的诞辰是农历三月初三，即上巳节，是古时人们在水边饮宴修禊（xì）、郊外游春的节日。中国自古有“二月二，龙抬头；三月三，生黄帝”的说法。

中国的传统节日

中华民族经过五千年历史文化的积淀，形成了众多的传统节日。这些从上古先民阶段发展而来的中华传统节日，既是中华民族丰富而多彩的社会生活的写照，也是中华民族博大精深的历史文化的载体。有的是自然节气，有的是民俗节日；有的是由自然节气延伸出来的；有的源于历史事件；有的起于民间习俗，有的出于远古神话，有的本为故事传说，有的来自少数民族，有的引自国际，等等，可以说多种多样。

古老传统节日的起源，皆与上古原始信仰、祭祀文化，以及天象、历法等人文和自然文化内容有关。崇拜天地自然万物神灵和祖先，是人类最原始的两种信仰。古老节日多数源于古人祭祀天地神灵和祖先的活动，体现的是报谢天地神灵和祖先恩德的思想，蕴含着祇（zhī）敬神灵和礼乐文明等深邃的文化内涵，反映的是古人对自然的崇拜及固本思源的人文精神。

如今承传传统节日的意义在于，继承中华民族“天人合一”思想，让社会经济与环境保护形成和谐一致，实现绿色发展、可持续发展目标；通过节日文化宣传，进一步传承和发扬儒家思想的基本精神，促进基本的道德教育，让民众潜移默化地受到传统文化的感召，增强爱国思想，形成民族精神。

中国的春节，过去叫元旦，据传说起于三皇五帝之一的颛顼，距今已有四千多年的历史。是中国年的第一个大节。

春节与立春的缘起

春节是我国最重要的综合性古老传统节日。早在殷商时期人们就已在开春祭祀天地神祖，祈求一年的丰收。春节之所以成为我国最重要的传统节日，这里包含着多层含义：既体现了先民通过农耕经验得出的对天时变化规律的深刻认识，又寄托着人们对万象更新的未来一年的希望；既是对一年来辛苦的犒劳，又是对往日隔阂的化解，拜个年，磕个头，相视一笑泯恩仇。老百姓俗称“春节”为“过年”，“年”者，收获也，甲骨文正是人背禾形。“过年”者，就是对过去一年收获成就的庆祝，人人喜气洋洋，欢乐无限，作个揖，拜个年，含义深矣！

春节，就其起源论，来源于立春节候，是立春的演化。

在早期观象授时的年代，先民感受到四季的更替及万物变换的自然规律，根据“斗转星移”的变化，制定出了原始的天干地支相配的干支历法，用以确定岁时节候，人们有了四季、年岁的时间概念。

先民发现北斗星的斗柄每到指向东北方位的时候，万物就开始复苏，然后顺时针方向旋转，万物经过生长、繁荣、结实、枯萎四个节点，循环往复，周而复始。于是古人把这个万物起始又枯萎的交节点定为立春，把另三个节点定为立夏、立秋、立冬，把一个完整的循环叫作一年或一岁，也叫作十二月建。这就形成了一年四季、十二月令。所以年岁的概念起于立春，因此人们把这个节点叫“春节”，即“立春的节点”（不是今天正月初一“新年”这个意义上的“春节”），旧岁于此结束，新岁由此开始。立春为岁首，交节日为月首。

有了日月运转，才有四季农时，有了风雷雨露，才有风调雨顺；有了山川土地，才有五谷丰登。所以先民感恩日月星辰、风雷雨露、大地山川的馈赠，对大自然充满着无限的崇拜和敬畏之情。

古人认为，祖先养育并教导自己成长，虽然去世了，但他们的在天之灵，仍时刻在关心和注视着后代的子孙，赐福并保佑着后代子孙。祖先同天地神灵一样也应得到虔诚的崇敬和膜拜，以表达自己对祖先的孝心和感恩之情。

于是，在这岁月交接的节点，先民置备供品向天地神灵和祖宗先人行礼敬拜举行祭祀，以报赛天地众神及祖宗英灵的恩德，目的是祈祷天地神祖降福免灾、保佑风调雨顺、五谷丰收，即所谓“祈年”，这就成了春节期间最重大的活动。

所以，春节，是上古原始的天地崇拜、祖先敬仰、祭祀感恩等民俗文化，及星象运行、四时节候、甲子历法等自然文化的综合载体，蕴含着岁节（年节）起源的自然规律与礼乐文明的人文哲学等多方面的内容，具有深远而重要的意义。

春节的演变

后来，由于历法制度的变化，节令（立春）与节日（新年）发生了分离，但许多节令民俗仍旧保留了下来。

春节的起源和发展是一个逐渐形成、潜移默化地完善与普及的过程。春节文化作为中华传统文化的重要组成部分，承载着博大精深的中华文明的底蕴，也记录着古人丰富多彩的社会生活文化内容。

在历史发展演变中，由于朝代更迭、历法

变动，中国历代的岁首设定，即新年的日期也有不同。

上古时代，用干支纪元法(《资治通鉴》就是以这套干支术语纪年的)，以北斗的“斗柄指寅”为春正(正月)，“建正”之月为寅月，立春为岁首，表示大地回春，万象更新，新岁开启。夏历(农历)正月在孟春，商历正月在冬十二月，周历正月在冬十一月。秦始皇统一六国后，使用秦历，正月在冬十月。

至汉朝武帝太初元年(公元前104年)，会集天文学家制定了《太初历》，将冬季十月一日为岁首改为以春季一月一日为岁首。经过历代的发展和逐渐完善，此后，历代一般皆用夏正，以一月朔(一)日为岁首，即新年，一直沿用至今。历史上“新年”也曾称过元朔、元日、元旦、元正、新元、新正、正日、正旦、三朝(为岁月日之始)、三正、元辰等三十多个名称；民俗则称“过年”或“年节”，并不称“春节”。把“农历正月初一”称为“春节”这一节日名称，是民国创造的。民国时期，引进了公历纪年(属阳历的一种，又称格里高利历)，而将夏历作为进行农事活动的标准。1913年7月，袁世凯批准以正月初一为春节，同意春节例行放假，1914年起开始实行。自此，夏历岁首就由以往的“过年”改成了“春节”，视为夏历年的开始。

1949年9月27日，中国人民政治协商会议第一届全体会议正式决定采用“公历纪年法”，将公历1月1日称为“元旦”，夏历正月初一仍称“春节”。

后来为区别夏历和公历两个新年，鉴于夏历一月一日恰在二十四节气之一的“立春”节气前后，因此1970年我国将“夏历”改称为“农历”(阴阳合历)。便把农历一月一日正式改称为“春节”，公历一月一日则改称为“元旦”。

秦汉以前，我国作为传统的农耕社会，古人所重视的不是阴历正月朔(一)日岁首，而是春回大地、万物更生的干支历二十四节气的立春岁首。民俗在这一天都要举行以拜神祭祖、祈岁纳福、驱邪攘灾、除旧布新等为主题的节庆活动，以答谢神祖的恩赐，从而形成了后世民俗岁首节庆活动的雏形。

这样，上古农事节气的周期也就成了庆典的周期，所以有些节气也就是节日。春节就是由节气演化来的，兼具了自然与人文两大内涵。

至汉代，随着经济的发展和文化的交流，风俗习惯逐渐互相融合，节日习俗也得到传播与普及，于是出现了“正月之旦，是谓正日；躬率妻孥，絜(洁)祀祖祢(mí)”的新年岁首祭祀的记载(见崔寔〔shí〕《四民月令》)，过新年的习俗活动在民间逐渐多起来，也越来越丰富。

至魏晋时，又出现了除夕守岁习俗的记载：“除夕之夜，长幼聚欢，祝颂完备，终岁不眠，以待天明。”(见周处《风土记》)

延至唐代，人们除登门拜年外，还发明了一种“拜年帖”，称为“飞帖”。

过年放鞭炮缘起

据说缘于驱逐能让人患寒热病的山臊。人们为赶走山臊，直接把竹子投入火中燃烧，用竹子的爆裂声吓唬山臊，使其远遁，此为爆竹的缘起。到了唐初，瘟疫四起，有个叫李田的人，把硝石装在竹筒里，点燃后不仅可发出大声，还能产生浓烈的烟雾，借以驱散山岚瘴气，制止疫病流行，是为装硝爆竹的雏形。后来火药出现，人们将火药填充在竹筒内燃烧，就成了如今的“爆仗”。

宋代时，民间开始普遍用纸筒和麻茎裹火药编为串做成“编炮”，即今鞭炮之源。除夕、春节放爆竹之俗随之逐渐盛行。《东京梦华录》记载:“是夜,禁中爆竹山呼,闻声于外。”

至明代,祭灶神、贴门神、除夕守岁、十五赏灯会已颇盛行。

至有清一代,过年受到普遍重视,新年家家户户都要举办各种庆祝活动,拜神祭祖、除旧迎新、祈年纳福、贴红对联、燃放鞭炮、烛光守夜等等。宫廷过年更是十分奢华,皇帝亲写福字下赐群臣。节期要一直延续至猜灯谜取乐的元宵佳节才算基本结束。春节已成为中国特有的、集中体现中华文明的、最盛大最活泼、最重要的古代传统节日。

辛亥革命后,进入全新的时代,政府提倡新历,把以前跪拜或者作揖等礼节全部废除,改用脱帽、鞠躬、握手、鼓掌等新礼节,并逐渐成为中国人际交往的新文明仪式。

2006年5月20日,“春节”民俗经国务院批准已列入第一批国家非物质文化遗产名录。

春节习俗举例

春节在几千年的历史发展中,已形成了一些较为固定的风俗习惯延续至今。虽然各地略有不同,但基本格局和内容无大差别。

腊八拉开春节序幕

春节是中国最重大的传统节日,从民俗的观念说,并不仅指正月初一这一天,而是从腊八实际上已进入过年的氛围,直到农历二月初二,才算真正的结束。所以,北方俗语有“小孩小孩你别馋,过了腊八就是年”之说,意思是:过腊八就意味着拉开了过年的序幕。

腊八节,指农历十二月八日,十二月又称腊月,故称腊八。腊八节是典型的北方节日。每到腊八节,北方地区忙着剥蒜买醋,泡腊八蒜,喝腊八粥。

传说这天是释迦牟尼成道为佛的日子,所以“腊八节”又称“法宝节”“佛成道节”“成道会”等,原本是佛教的盛大节日。佛教传入中国后,经过历代演变,逐渐成为中国家喻户晓的民间节日。

这天各寺院皆举行法会,效法佛陀成道前牧女献乳糜的典故,用香谷和果实等煮粥供佛,名为“腊八粥”,寓意五谷丰登。也有的寺院在腊月初八以前,就由僧人持钵,去沿街化缘,将收集来的米、栗、枣、果仁等,混煮成腊八粥散发给穷人。人们认为吃了可以得到佛祖保佑,所以贫穷人家称它为“七宝五味粥”“福寿粥”“福德粥”“大家饭”“佛粥”等。这天寺院要煮很多味美的佛粥,以满足来寺院参加纪念法会的善男信女的需要。由于信众认为腊八供佛的粥象征吉祥,所以还有人专门奔“粥”而来,不仅自己食用,还带回家供家人享用。岁月既久,寺院做腊八粥的传统便广泛传播到民间,在我国北方地区逐渐形成了过“腊八节”喝“腊八粥”的习俗。

或说“腊八”是由先秦时期我国一些地方的“腊祭”习俗演变来的,当初日期并不固定。佛教传入中国后,遂与“腊八节”联系在一起。

腊八粥,最早见于南宋吴自牧的《梦粱录》:“此月八日,寺院谓之腊八。大刹等寺,俱设五味粥,名曰腊八粥。”至今已有千年以上历史了。每逢腊八这天,不论是朝廷官府、寺院庙宇,还是黎民百姓家,都要做腊八粥。元人孙国敉的《燕都游览志》亦云:“十二月八日,赐百官粥,以米果杂成之。品多者为胜,此盖循宋时故事。”明朝《永乐大典》也有“腊八日,煮粥以供佛饭僧”记述。到了清代,更有“雍和宫,每逢腊八日,在宫内万福阁等处,用锅煮腊八粥并请来喇嘛僧人诵经,然后将粥分给各王公大臣品尝食用,以度节日”的活动。清代苏州文人李福曾的诗,则作了如下概括:"腊月八日粥,传自梵王国,七宝美调和,五味香糁入。"喝腊八粥的风俗已普遍盛行。

不过在演变过程中,腊八粥原有的宗教意味逐渐淡化,如今已成为节令美食。用来煮粥的食材,也越来越丰富多彩,既有大米、小米、糯米、高粱米、紫米、薏米等谷类,也有黄豆、红豆、绿豆、芸豆、豇豆等豆类,更少不了红枣、花生、莲子、枸杞子、栗子、核桃仁、杏仁、桂圆、葡萄干、白果等干果,总计不下20多种。而且人们在腊月初七晚上就开始洗米、泡果、剥皮、去核,半夜时分开始用微火炖上,直到第二天清晨,腊八粥才算熬好了。

传统腊八节习俗,除了腊八粥,还有腊八醋、腊八蒜。即在腊八这天用醋泡大蒜,将剥了皮的蒜瓣儿放到一个可以密封的罐子或瓶子里,然后倒入醋,封上口放到一个冷的地方。慢慢地,泡在醋中的蒜就会变绿,最后会变得如同翡翠碧玉般通体碧绿。要泡到大年初一,吃饺子时,蘸着腊八醋吃,别有一番风味。"腊八醋"不仅味道醇正,而且久放不坏。初一要吃素饺子,寄寓一年素素净净之意。

至于各省地方的腊八风俗更是五花八门,多种多样,各具特色。比如,有的地方吃腊八冰,据说这天的冰很神奇,吃了它在以后一年不会肚子疼。有的地方不吃腊八粥,而吃腊八豆腐、腊八面,或吃麦仁饭,等等。

关于腊八的起源,历史上还有一些附会的传说。

较早的认为:腊八节来自"赤豆打鬼"的风俗。传说上古五帝之一的颛顼氏,有三个儿子,死后皆变成恶鬼,专门出来惊吓小孩。古人缺乏科学知识,普遍迷信,害怕鬼神,认为大人小孩中风得病、身体不好都是由于疫鬼作祟。而这些恶鬼天不怕地不怕,单怕赤(红)豆,所以,在腊月初八这天以红小豆、赤小豆熬粥,可以驱鬼祛疫,迎来福祥。

至于传说"腊八"起于秦始皇修建长城时,为了悼念饿死在长城工地的民工;或说起于人们对忠臣岳飞的怀念,以及起于朱元璋落难时在牢监里受苦等,皆离谱太远,不可取信。

腊月二十三,糖瓜粘

从这天开始,人们便为迎接新年忙起来了,民间称为过"小年"。这天家家户户都要清扫厨房和灶台。灶台是个小方台,修在厨房锅台前灶口旁,在上方墙上贴上灶君画像,并略向锅台倾斜,表示有饭先让灶君尝。像两旁贴对联"上天言好事,下界保平安",横批是"一家之主"。

灶君又称灶王爷,《庄子》最早说她"着赤衣,状如美女";道家说她是昆仑山上的一位老母,叫"种火老母元君";《淮南子》认为"黄帝作灶,死为灶神";《论衡》认为"炎帝作火,死而为灶";《五经异议》则认为"火正祝融为灶神"。总之,皆与火食有关,是掌管人们饮食的神。民以食为天,民俗祭灶,实则源于古人对火的崇拜。据说灶君受一家香火,保一家康宁,察一家善恶,每年向玉皇奏报一家功过。大过减寿三百天,小错减寿一百天。所以百姓都要供奉灶君。或说姜太公助武王平定天下后,有功将领都封了神,众士卒没受封,便聚众闹事,姜太公便把他们封为灶神,一家有一个。后来又衍生出许多说法,都只不过是神话而已,不足为信。

民俗每年腊月二十三晚上祭祀灶君,送灶王爷升天。祭祀时,由家庭主妇把事先用秫秸扎好的纸马放在灶台前,用鏊子反过来作马槽,饲以草料。灶台上摆设用黍子特制的又黏又甜的饼状半圆形"祭灶糖",燃烛,焚香,用"祭灶糖"粘在灶王爷像的嘴上,使灶王爷上天告状时张不开嘴,意在让他多报喜,少报忧。然后把旧灶君像取下，与纸马一起焚化。同时口中念道：“又有草，又有料，喂得小马咴咴叫；灶君骑马好上天，多报好事保平安。”之后捧手磕头，祭灶结束。至除夕日晨早再把新灶君像贴上，所以俗语又有“二十三日上天去，初一五更下界来”。一送一迎，都要进行祭祀。

民间祭灶，源自古人拜火习俗，火，照亮黑夜，给人带来光明、温暖和熟食。所以祭灶，主要表示对灶神的感激，体现了中国百姓对“衣食有余”的梦想和追求。

腊月二十四，扫房子

家家户户都要打扫环境，清洗各种器具，拆洗被褥窗帘，洒扫六闾庭院，掸拂尘垢蛛网，疏浚明渠暗沟，故也叫扫尘。因“尘”与“陈”谐音，新春扫尘，寓意“除陈布新”，把一切穷运、晦气统统清扫出门。到处洋溢着欢欢喜喜搞卫生、干干净净迎新春的欢乐气氛。这一习俗寄托着人们辟邪除灾、辞旧迎新、迎祥纳福，以祈求来年吉利美满的愿望。

腊月二十五，磨豆腐

据说灶王上天汇报后，天皇和玉帝在二十五日要亲自下界查访，看各家各户是否如灶王所奏报的那样，以定来年祸福。所以家家祭之以祈福，称为“接玉皇”。这一天人们起居、言语都十分谨慎，争取好的表现，以博取玉皇欢心，降福来年。于是各家各户就磨豆腐，吃豆腐渣以示清苦，瞒过玉皇的惩罚。而“豆腐”又与“头富”谐音，也承载着人们祈祷富贵、平安的心愿。南方则用“照田蚕”，以火焰来占卜新年，火焰旺则预兆来年丰收。

送灶神上天后至除夕，其间诸神上天，人间无神管辖，百无禁忌，民间多在此时娶媳妇、聘闺女，不用择日子，称为赶乱婚，可以省去三天回门。岁末年终，人们有了闲暇与积蓄，对于平时难得有精力操办大事的人来说，也是一个闲暇娱乐好时机。所以又称“赶乱岁”。

腊月二十六，割年肉

是说这天要筹备过年的肉食。家里养有猪羊的纷纷开始杀猪宰羊，没有养的人家，则到集市上去割一块肉回家，因此，称之为“年肉”。吃“年肉”讲究要吃红烧肉，因为肉本身就代表着富裕的意思，而红烧肉则更能表示来年的日子红红火火。

腊月二十七，宰公鸡

这一天，家家户户要宰杀自养的鸡鸭，鸡要宰公的，这是父系社会男权的反映，又象征着大吉大利。宰后整只鸡要盘在一个碟子里摆放在桌子中间，甲金文“彝(甲 金)”字，就是双手捧着宰好的祭鸡形。宰好的鸡不能在当天吃，要一直放到除夕才能吃，而且要先供奉神祖。除夕夜家宴吃的时候也不能一下吃完，每次稍吃点，整个节日期间，天天都要在餐桌上有它，这样大吉大利才算圆满，这反映了人们祈求吉祥圆满的心愿。

这天人们纷纷前往集市，采办年货。给全家老少都买套新衣服、鞋袜，购买烟酒鱼肉、蔬菜瓜果，油盐酱醋、春联年画、纸钱香烛、鞭炮起火，以及赠送小孩子的各种礼品、女孩子的各种头花饰物、走亲戚用的礼品等等各种年货，称作“备年”。北部地区，还要磨米做年糕，又叫“甜粑”，寓意来年能种好田，日子过得甜甜蜜蜜。

至此，一切迎新的脏活累活都干完了，过年的食料也都准备齐了，全家人都要洗澡、洗衣，除去一年的晦气，洗掉一年的疾病，叫作洗疚疚，俗称“洗福禄”，好迎接将要到了的新春，以祈来年能健健康康，无病无疾！最后还要理发，因为节日期间，一直到二月二，是不能理发的。剩下的就是制作各种食物了。

腊月二十八，把面发

至腊月二十七，一切迎新的准备都做完了，到了二十八这天，就该准备面食了。发面不易坏，过年主食馒头要用发面制作，而且要蒸很多，至少需要蒸出够正月初一到初五吃用的量，以至够一直吃到正月十五的量，甚至够吃到二月二的量。因为初一到初五期间，习俗不能动火蒸馒头和炒菜。“蒸”“炒”谐音“争吵”，不吉利。因此，这天要发很多面。发面需要一定温、湿度，面团才能发起来；腊月天气寒冷，所以要在二十八这天提前发面。我国利用酵母发面的历史悠久，这是中国古代劳动人民在食品微生物方面的一项伟大发明。

腊月二十九，蒸馒头

腊月二十九，是除夕的前一日，也叫小除夕，是最忙的一天，家家都抓紧蒸馒头。馒头，别称“馍”“馍馍”“蒸馍”，外形为半球形或长圆形，是中国传统主食之一。“蒸圆馒头”寓意着新的一年日子越过越好，蒸蒸日上，合家团团圆圆，幸福美满。

馒头，传说是诸葛亮发明的。最初意为“蛮头”，是作为“蛮人之头”的替代品制作的，后来民间承此风俗，利用通假写作“馒头”，这大概就是“馒头”的起源。馒头有各种样式，无馅的有白馍、花卷、花馍、带枣的花糕等等；有馅的有菜馍、肉包、豆包等等。其他面食还有面条、油条、麻食、烧饼、饺子、馄饨、麻花等等，品种繁多，风味各异。这天蒸的“馒头”，包括各种面食，都要精心制作。因为过年时民间有邻居互相馈送食物的习俗，串亲戚也要带着各种馒头，祭祀神祖的供桌也要摆上馒头，等到大年初一互相拜年时，也免不了有人会对着馒头品头论足，所以要做得既好看又好吃，才显得吉利又有面子。

腊月二十九，上坟请祖上大供，也是这天的重要活动。出于对祖先的崇拜，我国民俗，每逢节庆，都要对祖先告祭一番，这既是孝道的重要标志，也是尊老敬老的美德，寄托着后人对祖先的感恩与思念。春节是大节，请祖仪式也就格外庄重。据汉代崔寔的《四民月令》记载：“正月之朔是为正月，躬率妻孥，洁祀祖祢。及祀日，进酒降神毕，乃室家尊卑，无大无小，以次列于先祖之前，子妇曾孙各上椒酒于家长，称觞举寿，欣欣如也。”可见，早在汉代我国的祭祖习俗就已经是春节中一项十分重要的活动了。

春节是个传统大节，无论是供献先祖，还是家人团聚，宴请宾朋，都少不了酒，所以，“二十九，去打酒”也是必须做的事。旧时由于人们买不起瓶装酒，多用自己的葫芦、瓶子等去酒家买酒，故而称“打酒”。器物上均贴“倒酉”二字，象征“财宝到了金钱就有”，寄托着人们希望幸福美满之意。有了酒，就可家置酒宴，邻里往来拜访，这叫别岁，焚香于户外，叫天香。

总之，祭灶过后，人们就开始忙起来，打扫卫生，置办年货，蒸炸煮制，准备过年期间的食品，数量很大，缸满盆尖，充满了迎新过年的气氛。这几天如同是春节的序幕，就像童谣里所唱的：“二十三，祭罢灶，小孩拍手哈哈笑。再过五六天，大年就来到。”反映了人们，尤其是儿童盼望过年的欢乐心情。

三十晚上熬一宿

腊月的最后一天称为“岁除”或“除日”，晚上叫除夕，即岁除之夜，是新一年的前夕，也叫大年夜、除夕夜、除夜等。半夜零点是两年的分界点，含有旧岁至此而除（离去），新年即将来易（交替）之意，所谓“挨年近晚、岁穷月尽”也。俗语称“一夜连双岁，五更分二年”。除夕，在国人心中是具有特殊意义的、最重要的日子，漂泊再远的游子，也要赶着回去与家人团聚。

这天家家户户张灯结彩，主要活动都围绕着除旧迎新、消灾祈福进行。

贴神祃，即张贴各种纸印的神像。先贴天爷神像，一般在堂屋门东侧设一香台，用秫秸箔围成一个近两米高的坐北朝南的小屋，把天爷神像贴在里面，用以摆供祭祀。灶君祃贴在灶台上方墙上；财神祃贴在堂屋东间北墙上；牛王、马王祃贴在槽头上方的墙上。门神祃贴在门扇上，每个门上都要贴，然后在两侧的门框上张贴春联，门楣上贴横批，以与对联相配；批者，表示揭示、评论之意，对整副对联的主题内容具有补充、概括与提高的作用。

贴年红，“年红”是春联、门神、年画、福字、横批、窗花等的统称，因为这些都含红色喜庆元素，所以统称为“贴年红”。贴年红是中华传统过年习俗，既增添了喜庆的节日气氛，给人美的享受，又寄托着人们对新年新生活的美好期盼。春节贴“福”字要倒着贴，取其谐音“福到了”。还有挂吊钱，即把带有“钱”字的贴红，挂在门前檐下，预示着新的一年会财源滚滚而来。这些都是民间由来已久的风俗。

请主挂谱，“请主”是除日的重要活动。“主”又称“挂谱”“家谱轴子”，即画有祠堂和绘有祖先牌位的巨幅挂图，除日上午从经管人族长那里请出来，挂在堂屋当门，表示迎祖宗回家过年；正月十五下午再卷轴收起珍藏。中华民族自古就有慎终追远的传统，过节更不会忘记祭拜祖先，以此表达对先人的怀念，报祭祖先的恩德，并祈求祖先的庇佑。

拜神祭祖，安排好众神和祖先牌位后，开始举行隆重的拜神祭祖仪式。在正厅祖先牌位前，陈列供桌，摆上鱼肉碗菜、倒上清香美酒，然后按长幼顺序，上香焚纸，跪拜祈祷，同时鸣放鞭炮。拜神则讲究以三牲（太牢）饭菜及三茶五酒奉祀。最前面一排摆三杯茶，对应玉清元始天尊、上清灵宝天尊和太清道德天尊；后面再摆五杯酒，对应五方五老天君，为东青南赤西白北黑中黄五方之天神。

吃团圆饭，祭祀之后，中午（或晚上）全家吃团圆饭，又称团年饭（或年夜饭）。如有分居的父母、祖父母或兄长的，饭前须先盛一碗菜，端上四个馍，分别送去，以示孝敬之意。团圆饭是年前最重要的一顿聚餐，不但丰富多彩，而且很有讲究。席上一般要有鸡（寓有计）、鱼（寓年年有余）、蚝豉（寓好市）、发菜（寓发财）、腐竹（寓富足）、莲藕（寓聪明）、生菜（寓生财）、生蒜（寓会计算）等以求吉利。下午包饺子，准备初一五更吃，要包很多。

节期禁忌，过去初一忌讳很多，早晨忌挑水，忌泼水倒尿，忌抱柴，忌扫地，忌动针线，忌打破器皿，忌说不吉利的话。初一全天休息，忌干活，可打牌、聊天、尽情玩乐

所以，除日，缸中要打满水，灶里要备足柴；锅里放两个馍，称“压锅”，可期望来年有粮吃；在院内撒满芝麻秆，叫撒岁，寓意生活节节高，又可防铁扫帚星（姜子牙老婆）进院；大门外还要横一根“挡门棍”，据说可挡住鬼怪进不了院；院中要架设好高悬灯笼的高杆，以备初一升“天灯”之用。

须特别注意，除日大年夜，一定要将院内和大门外都打扫得干干净净，来迎接新年。因为俗传年初一为扫帚生日，不能动用扫帚，不能倒垃圾，不能往外泼废水（可备一大桶，以盛废水），否则把“扫帚星”引来，扫走运气，会招致霉运而破财。假使非要扫地不可，也要从外头向里边扫。

给压岁钱

除夕全家老幼欢聚一堂，饮辞岁酒。然后，由长辈给小辈分发压岁钱，也叫“带岁钱”或“压腰钱”。有的人家则是父母在夜晚待子

女睡熟后，放在他们的枕头下。据说压岁钱的初意是用来镇恶驱邪的，人们认为小孩容易受鬼祟的侵害，晚辈得到压岁钱就可以平安度过一岁；所以，过年给压岁钱可以压祟驱邪，保佑孩子平安，同时也寓意全年有钱花。这体现了长辈对晚辈的关切之情和祝福之意。

秉烛守岁

除夕之夜，全家团聚在一起，吃过年夜饭后，点起灯火，围坐炉旁闲聊。青少年则结伴联欢，秉烛守夜，每个房间都要整夜灯火通明，彻夜不眠，谓之“守岁”，又叫熬“囫囵年”“照虚耗”“守岁火”“照岁”等。据说如此照岁之后，就会使来年家中财富充裕，又象征着把一切邪病瘟疫照跑驱走，期待着新的一年吉祥如意。

正月初一过大年

从除夕零点起，正月初一开始，千家万户鞭炮齐响、烟花满天，便进入辞别旧岁、迎接新禧，祈求丰年的各种庆贺活动中。正月初一只是春节的高潮，实际上春节是一个过程，从除日到正月十五，欢庆将持续半月之久。更宽泛地说，从祭灶，甚至从腊八，一直到二月二，都处在春节的欢庆气氛中。

初一早起，叫“起五更”。起五更时不准叫，没睡醒的可放爆竹把他惊醒。起来，穿上新衣，打扮整齐。盥洗后，由家庭主妇燃烛焚香，先将祖先灵位前的一对大烛点燃一支，用这支烛再将其他神位前的蜡烛一一引点，并用烛燃香焚纸。年轻妇女到厨房下饺子，饺子要煮多些，够用后必须有余。少年儿童则在院中升起天灯，象征吉星高照，故也叫“高照”，这时你若站在房顶上观望，远远近近，高高低低，红灯闪烁，就像天上的繁星落在了人间，星海灿烂，那景象犹如仙境一般，美极了。

饺子煮好后，先在各神位前摆上供饺，接着放鞭炮，这叫“开门炮仗”，寓意新年开门大吉。爆竹声后，碎红满地，灿若云锦，称为“满堂红”。由于各家的鞭炮也同时响起来了，此起彼伏，遥相呼应，远近声音，大小不同，就像合奏一部神妙的天乐，令人振奋与激动。随后由家长领着向诸神和祖先牌位磕头，年轻人给长辈拜年磕头，这叫家拜。

然后全家吃饺子。饺子又名“交子”。吃饺子取“更岁交子”，新旧交替，寄寓“喜庆团圆”“吉祥如意”之意。饺子形似元宝，也兼有“招财进宝”的吉祥寓意。饺子馅料的选择也有寓意，韭菜馅寓意久财，白菜肉馅寓意百财，等等不一而足。

吃饺子，除每人一碗外，还要多盛一两碗，寓意希望人丁兴旺；如有在外未归的人，也要给他盛一碗，象征全家都在吃团圆饺之意。饺子不宜盛满碗，意在让人多吃几碗，传说如此可让人长寿。五更的饺子要吃素的，寓意可使全年素静。邻里互相馈送饺子也是传统习俗。

吃完饺子后，要进行近拜，即给五服内的长辈拜年，家里请着“主”的，要先给“主”拜年，再给长辈拜年。然后是远拜，就是给出了五服的长辈和邻里的老者拜年。妇女如带着小孩拜年，主人要分发糖果。出村互相拜年的也不少，人来人往，像赶集一样。旧时拜年行叩头礼，农村仍颇为盛行。早晨不能把鸡鸭鹅放出来，以免人来拜年磕头时弄脏了新衣服。

春节拜年能增加人们之间的感情，化解平日的隔阂，拜个年，磕个头，相视一笑泯恩仇，人人喜气洋洋，欢乐无限。

初一上午用斋菜拜祭太岁神，叫斋日。早饭须吃斋，用粉丝、腐竹、发菜、冬菇等制作，寓意这一年该吃的素菜都在这一早吃完，往后便可以吃大鱼大肉了。

春节期间,城乡都有很多娱乐活动,踩高跷、跑旱船、耍狮子、舞龙灯、玩武术,唱大戏等等,为节日增添了无限欢乐的气氛。

初二姑爷节串亲访友

串亲访友是春节的一项重要活动,一般从初二开始,至十五结束。初二开始就可以走亲戚访朋友了,你来我往,拜个年,道声祝福,说些恭贺新禧、恭喜发财、过年好的话,是亲朋好友之间联络感情、增进友谊、表达美好祝愿的最佳时机。

这天出嫁的女儿回娘家,夫婿同行,所以俗称"迎婿日",是传统的"姑爷节"。姑爷们纷纷去给岳父母家拜年,要带着丰厚的礼物,美酒、糕点、馍馍、枣花;另有两支山药,大篮盛之;外加猪肉十斤,割成长长的礼条,上端劈开,岳家留一半,押回一半。岳家要盛宴招待,摆"三八"席,即二十四个盘子,外挂四大件,取其成双成对之意。回娘家的女儿必须携带一些小礼品,分给娘家的小孩,并且在娘家吃午饭,但女儿和姑爷必须在晚饭之前回到自己的家。

一般亲戚所带礼物较少,大多是馍馍、花糕,且皆为双数。押回的礼物中须有两个肉馍,这是主家对客人家老人的敬意。

按传统说法,初一迎新吃斋,初二解除斋戒,表示崭新的开始,俗称"开年""开斋日"。开年习俗要吃"开年饭"。餐饭一般备发菜、生菜、鱼等,寄寓生财利路之意。一些地方还有"放生"的习俗,买活鲤鱼,用红纸盖上鱼眼,拜神之后到河塘放生。

初三贴赤口

民俗大年初三,通常不会外出,因为这一天里易发生口角,不宜拜年。早上要贴"赤口"(禁口),即用约长七八寸、宽一寸的红纸条,上面写上一些出入平安吉利的话。意在让人们心理上觉得一年到头都能出入平安,不会与人发生口角或各种不幸的灾难,万事如意。这天与大初一一样,不宜动刀剪,不宜打水扫地,还应祭爂(biāo)怒之神,故称"小年朝"。并且把年节时的松柏枝及节期所挂门神门笺等一并焚化,表示年已过完,又要开始营生了。故俗谚有"烧了门神纸,个人寻生理"。

初四是羊日

初四是女娲造羊的日子,故称"羊日"。在这一天里,人们不能杀羊;如果天气好,则意味着这一年里,羊会养得很好,养羊的人家会有个好收获,所以俗语"三羊(阳)开泰"正是吉祥的象征。这天也是恭迎灶神回民间的日子。

破五送穷土

春节大年至初五已过完,人们开始安排营生,所以破五习俗的主要内容是送穷,迎财神,开市贸易。

旧时,中国民间过春节有很多禁忌,至年初五日即告破除,故称此日为"破五"。这天,中国民间通行的食俗是吃饺子,俗称"捏小人嘴",据说,这样可免除谗言之祸。

正月初五叫"破五",推其初意在于"破除"。民俗上有多重含义,一指上述过年时的一些禁忌至此可以解禁消除;二指因禁忌从除夕夜开始存留不能动的污水、垃圾等可以全部倒掉清除,俗称"泼污";三指"送穷土",将"穷娘娘"扫地出门。这一项实际是第二项的延伸,民间还为此演化出一个传说:当初姜子牙把背叛他的妻子封为"穷神",令她专管茅厕和脏土。大年三十,人们请神时,忘了请这个"脏神"。她气不过,便找弥勒佛闹事。弥勒佛不得已说:"这样吧！今天是初五,你过来让人们再为你放几个炮仗,包一次饺子,破费一次吧!"这个"穷神""脏神"毕竟令人讨厌，人们便用纸造了个妇人，称为“扫圊(qīng)娘”“五穷妇”，让她身背纸袋，将屋内垃圾秽土扫到袋内，送门外远处燃炮炸之，这便是俗所谓“送穷土”“送穷媳妇出门”“送穷”“送五穷”“送穷衣”等等。更有破五饱食或汲水满瓮的，称“填穷坑”，认为这样可以崩除穷气，求得财运，反映了中国人民普遍希望辞旧迎新、送走旧日贫穷和困苦、迎接新一年的美好生活的愿望。

“破五”还有“破吾”之说，即破除自己的坏毛病，反省自己的过失，塑造一个新我。

中国民间传统，破五也称“忌针节”，这天妇女不能做针线活。

破五迎财神

初五迎财神，也叫“接财神”“祭财神”，民间称“接五路”，即迎接“东西南北中”五路财神，寓意出门五路皆能得利，全方位“来财”，故又称接路头，即路头神。据说最早接到的财神才是真神，才灵验；所以，为争利市，正月初五零时零分，人们即打开大门和窗户，焚香，放爆竹，点烟花，争先迎接“财神”进家门，叫“抢路头”。“路头”，指户、灶、土、门、行五祀诸神中的“行神”。迎接财神要供羊头与鲤鱼，寓意“吉祥”“有余”之意。把远道而来的“财神”迎进门后，用新的财神像换下旧的财神像，并把旧的财神像烧掉，送“财神爷”上天，祈求新年财运亨通，大吉大利。随后还要吃路头酒，祈求在新的一年里财神爷能把金银财宝带到家里来。

正如俗语说：正月初五迎财神，迎到家来财源滚；正月初五送穷土，送走困苦和穷贫。

财神的来历

民间传说，正月初五是财神的生日，所以各家置办酒席，为财神贺辰。

财神的来历，民间传说不少，而且财神分文武。较普遍的说法认为，财神姓赵名公明，《封神》说他原在峨眉山罗浮洞修道，死后被封为“金龙如意正一龙虎玄坛真君之神”，统领“招宝天尊”“纳珍天尊”“招财使者”“利市仙官”四个部下，其职责都与财有关。道教认为其本为终南山人，秦时就隐居深山，精修至道，功成之后，玉皇大帝封他为“正一玄坛元帅”，简称“赵玄坛”。旧时财神庙和各家各户所供的财神像，乌面浓须，头戴铁冠，一手执钢鞭，一手捧元宝，怒睁圆眼，尊容颇凶，身下还跨有黑虎，极其威武，故又有“黑虎玄坛”之称。这个赵公元帅原本掌除瘟翦虐、驱病禳(ráng)灾之职。但因其能为有冤难伸者主持公道，为买卖求财者可使之获利，民间遂把他看作了财神，显然是个武财神。考此二说，实当为一说之异变，不必拘泥。

初五接财神，赵玄坛最受尊拜。许多商店、住宅都供奉他的木版印刷神像。因此被尊为“正财神”。此外，民间还有五显财神、君财神、财帛星君等文武财神。

五显财神，相传本为南齐柴姓五兄弟五人，打猎为生，生前劫富济贫，死后仍惩恶扬善，保佑穷苦百姓，深受人民爱戴，逝世后，民间尊他们为神仙，称之为五显神、五显王。因其封号首字皆为“显”字，故称“五显财神”，当是武财神。北京广安门外有五显财神庙。当时香火很盛；财神灵验，故有“南有金山寺；北有财神庙”之说。

君财神为五代后周世宗皇帝柴荣，俗称柴王爷，他称帝后，南征北战，开疆拓土，百战百胜。他爱民如子，他在宫中打造了农夫和农妇的雕像，以提醒自己不忘百姓疾苦。他开拓市场，以供经商之用；设立官办民用定窑，以满足民需；大兴水利，耕者有其田，商者有其行，以富百姓。宋元时期，柴荣便被尊为掌管升官发财的武财神爷，同时也是矿工、窑工、建筑工的保护神。

财帛星君，也称“增福相公”。俗名李诡祖，三国时山东人，曲周县令。去世后葬于城东安上村并立祠祭祀。他清廉爱民，传说为太白金星下凡。被唐高宗赐封“财帛星君”，后又被赐封“神君增福相公”，元代又被赐封“福善平施公”。民间奉为文财神，其像白面长发，锦衣玉带，冠冕朝靴，面带笑容，手捧宝盆，寓意招财进宝。一般崇文的人家春节悬挂其像于正厅供奉，以祈求财福双运亨通。

被民俗视为文财神的其他人物，还有比干、范蠡和福禄寿三星中的禄星。

文财神比干，是帝辛（纣王）的叔父，官少师（丞相）。受其兄嘱托，忠心辅佐侄儿（幼主纣王）。因纣王好酒淫乐，乱用酷刑，民心尽失，于是比干强行进谏纣王，纣王发怒说，吾闻圣人心有七窍，于是杀了比干，刳视其心。比干生前正直，死后无心，故不会心存偏袒成见，所以民众遂把他视为管理分配财富的文财神。显然这体现了大众对于财富公平分配的渴望。

文财神范蠡，楚国人，博学多才，辅佐越国勾践兴越灭吴，一雪会稽之耻。功成名就之后急流勇退，三次经商成巨富，又三散家财，是我国儒商鼻祖，称为商圣。忠以为国，智以保身，商以致富，名满天下，世人誉之，被民众奉为财神，顺理成章。

武财神关羽，公认的武财神是关圣帝君关羽关云长。传说关云长管过兵马站，长于算数，发明日清簿，并且讲信用、重义气，故为商家所崇祀。一般商家以关公为他们的守护神，关公遂被视为招财进宝的武财神爷。尚武的人家多供奉武财神关公。

民间供奉财神，寄托了中国劳动人民的一种辟邪除灾、迎祥纳福的美好愿望。

送财神闹剧，传说赵财神性懒散而随意，一年中只在正月初五走下玄坛一次，不定去往哪一家，所以人们都在这天赶早燃放鞭炮，焚香献牲，抢在前头迎接他。由此导致出一种“送财神”的风俗：一些贫民乞丐，戴起面具，扮成财神模样，到民家或店铺门前“送财神”，或叫“跳财神”，大声吵闹，主人为避免围观者哂（shěn）笑，不得不破费一点，当场送上钱币酬谢，快把这班“活财神”送走完事。

据说，财神爷是有钱人家供奉的，没钱的人供奉是不会显灵的。由此民间衍生出“财神菩萨休妻”的故事。

破五商家开市，旧俗春节期间大小店铺从大年初一起关门，至初五春节禁忌解除，这天各行各业正式开张营业（也有的地方在初六）。由于民俗以初五为财神生日，在这天商家都要一大早就供上牲醴，燃放爆竹，烧纸祭拜，迎接祭祀财神，祈求财神保佑一年财运亨通。门板要贴上“开市大吉，万事亨通”的大红对联，以示吉利。认为选择这一天开市必能招财进宝。

相传，初五还是盗贼开门之日，盗贼开始行盗，且必有所获，以示开门大吉。为避免被盗，这天人们都要包饺子，吃饺子，意为捏贼头。

正月初六为马日

农历正月初六，又称马日。汉代东方朔《岁占》收录的古俗认为，正月初一为鸡日，初二为狗日，初三为猪日，初四为羊日，初五为牛日，初六为马日，初七为人日。中国民间传说这是因为女娲创造万物生灵的时候，先造的六畜，后造的人，因此初一到初六都是六畜之日。

也有的地方在这一天送穷，从初一以来一直不能打扫粪便，这天都要做一次大扫除，并祭拜厕所神明，将平日污秽的厕所清扫干净。所以称为“挹肥”。

初七为人日

人日，亦称"人胜节""人庆节""人口日""人七日"等。传说女娲于第七天造出了人，所以这一天是人类的生日。在文字记载上，汉朝开始便有人日节俗，魏晋后开始重视。

古代人日有戴"人胜"的习俗。"人胜"是一种头饰，从晋朝开始或剪彩为花，或剪彩为人，或镂金箔为人，用来贴屏风，也戴在头发上。南方一些地区，人们有在人日节"捞鱼生"的习俗。西南夔府人重诸葛武侯，以人日倾城出游八阵碛（qì）上，谓之"踏碛游"，妇人则拾取可穿的小石，系于钗头，作为新一岁的祥瑞。

初七也是火神的生日。相传，在远古时期，燧人氏钻木取火，给人类带来了光明，并使人类进入了熟食阶段。为了纪念他，人们尊称他为"火神"，以之为火祖，配祭火星，成为中国传说中的司火之神，是人们信奉的诸神中资格最老的神祇之一，因此古人在这一日祭祀火星，以示不忘最初用火的始祖。汉代以灶为火神。唐、宋、明代则都以祝融为火神。祝融，一说系炎帝的第五代玄孙，一说是黄帝之后颛顼之孙，或称回禄，又称火德星君。祝融为火正（掌管火的官员），这样神话中的火神祝融，到了春秋战国时期已经逐步演化成了司火的官职。

鲁西南一带有在火神节送火神的习俗。这天晚上以村为单位送火神。青少年各用柴草绑一长长的火把，先后点燃，拉开一定距离，排成长队，跑向郊外，边跑边喊，火焰飘飞，犹如一条长长的火龙在乡野飞腾。送到野外路口，将火把掷作一堆，任其燃烧。妇女们则手持一把燃着的香，送至路口掷于火中，并跪下磕头，祷告火神保佑一年没有火灾。南方属火，送火神宜向南方。

北京第一座火神庙，位于地安门外后门桥西北侧，正名为"敕建火德真君庙"。是唐代贞观年间李世民东征高丽驻兵北京时修建的，用以祭奠阵亡的将士，祈祷他们能够浴火重生。

这天还是玉皇大帝"七姑娘"的生日，此日女孩子们用秫秸和花布扎制一个"七姑娘"，用来占卜年景收成和婚嫁吉凶。然后扶着"七姑娘"先转井台，再转磨碾，边转边唱："七姑娘，转井台，教俺绣花做绣鞋；磨道去，碾道来，针线笸，不离怀。"

初八为开工日

年初八是开工日，派发开工"利是"，是老板过年后第一天上班首要做的事。也作"利市""利事"，"利是利是"，寓有一年都能利利是是，大红大紫之意。"利市"一词《易经》中古已有之，意谓本少利多，寄寓好运之意。据《易杂注》所说："营商利市，营达利事"，"利市"，盖取其有利于做任何事情的意思。

这天又是谷生日，即谷子的生日。这天天阴则主年歉，天晴则主年丰。谷日节体现了我国的重视农业、珍惜粮食的思想。

又是祭星日，正月初八为众星下界之日，民间制小灯燃而祭之，称为顺星，也称"祭星""接星"。

还是八仙节，民俗取八字的读音，将这日演变成了敬八仙节。八仙指传说中的李铁拐、汉钟离、张果老、何仙姑、蓝采和、吕洞宾、韩湘子、曹国舅八位神仙。因其不畏强权，藐视富贵，经常深入民间，解危济困，深受劳动人民喜欢。所以这天，民间习惯备佳肴水果来祭祀八仙。

初九为天公生

正月初九是天日，俗称"天公生"。传说此日是天界最高神祇"玉皇大帝"的诞辰，称为"玉皇诞"。俗称"玉皇会"，传说这天天上地下的各路神仙，都集中在一起庆贺，人们都会举行祭典以表庆贺。有些地方，这天妇女备下香烛、斋碗，摆在天井巷口露天地方膜拜苍天，求天公赐福，保佑百姓安居乐业，寄托了劳动人民对幸福生活的向往，反映出人们对上天的敬畏，相信只要一心向善，一定会得到上天的庇护和保佑。

初十开灯酒宴

正月初十，南方部分地区有开灯酒宴的习俗。该日，男孩之父必购八角纸灯一盏，悬挂在祠堂或庙堂正中央，以求让祖先认识自己的子孙而加以荫佑和保护。

初十还是石头生日，北方这日家家向石头焚香致敬。凡石制工具既不能动，更不能使用，故称“石不动”。山东郓城等地则有抬石头神习俗。初九夜，在一块平滑的捶布石上撒些草木灰，浇上水，将一瓦罐冻结其上，罐耳系绳穿棍，由十个小伙子或小姑娘轮流抬着瓦罐走，借以占卜年景的丰歉。石头不落地则预示当年丰收，落地则是歉年。然后姑娘们包饺子，其中一个藏有针，十个姑娘吃饺子，吃出针的为“巧姑娘”。

旧时有不少地区，有正月初十举行祀鼠活动的民俗。山西平遥县初十日将面饼置墙根，名曰“贺老鼠嫁女”。还有的地区在老鼠娶妇日很早就上床睡觉，为的是不惊扰老鼠。俗谓你扰它一天，它扰你一年。

正月十一为子婿日

正月十一是“子婿日”，俗有“十一请子婿”的说法，岳父们在这一天宴请子婿。相传，这是因为初九庆祝“天公生”的食物到初十还吃不完，所以，就在十一这天用来请子婿吃饭，娘家也不必再因此破费。

正月十二搭灯棚

从正月十二起人们就开始了准备庆祝元宵佳节的活动。有童谣云：“十一嚷喳喳，十二搭灯棚，十三人开灯，十四灯正明，十五行月半，十六人完灯。”这期间搭灯棚，购灯笼，举行舞狮、飘色、游神、庙会等各种预演活动。

正月十三是杨公忌日

又称“杨公十三忌”，有四个来源：其一，世传为唐代风水宗师杨筠松的事。杨公用所学的堪舆之术救助了不少善良有德的贫苦人，但恶人让他点地堪舆，他却总是拒绝不从。恶人恨他，就设计陷害他，一共有十三次。其弟子遂把他这十三次受害的日子定为杨公忌日，即正月十三、二月十一、三月初九、四月初七、五月初五、六月初三、七月初一、七月廿九、八月廿七、九月廿五、十月廿三、十一月廿一、十二月十九。这些忌日不能选为开张、动工、嫁娶、签订合同等的日子。

其二，传说古时有户姓杨的人家有13个儿子，他的邻居没有儿子。于是，他常常在邻居面前摆出志得意满的样子。邻居很生气，就咒他：“不要嚣张显摆！生老病死各自有命，谁知道你的儿子会不会长命百岁呢？”杨公仰天大笑：“哈哈！我有13个儿子呢！即使碰上三灾六祸我也不怕！就算老天妒忌我，一个月收去我一个儿子，也会留一个儿子为我送终的！”没想到，有一年发生了瘟疫，刚好又凑巧这年闰月，杨公的儿子得了疫病，第一个儿子就死于正月十三那天。紧接着，儿子一个个接着死去了。到十二月，杨公的十三个儿子全部死掉，只剩下他自己，晚景十分凄凉。人们都说，杨公的遭遇全都应在他自己说的大话上。于是“十三”这个数也被认为是个不祥之数。凡婚姻嫁娶的喜事，都不用农历十三这一天。因为这一天阴气太重，这天出生的人命运多半不好。

其三，认为“杨公忌日”是纪念宋代抗辽名将杨家将一家的。杨老令公一直打胜仗，可总有几天老打败仗，后来总结出杨公忌日不能打仗。传到民间，形成“头一个杨公忌，做啥啥不利”之说。

其四，源于明朝嘉靖进士杨继盛。杨继盛揭发了严嵩的十大罪状，严嵩恼恨，将杨继盛捉拿下狱，从正月十三第一个审日，以后每二十八日审一次，杨公受尽酷刑后被处死。人们感念他忠贞不阿，为纪念杨公，便将一年内的十三个审日，定为忌日，称杨公忌。民谚说：“犯了杨公忌，百事不如意。”

这天还是“灯头生日”。民间在这一天要在厨灶下点灯，称为“点灶灯”，从正月十三开始上灯，正月十八落灯。

正月十四试花灯

为元宵节灯会观灯预演。这一天民俗有喝亮眼汤的活动。

正月十五闹元宵

农历正月十五为元宵节，又称元夕、灯节。起源于先民的月、星崇拜。古人祭祀“太乙(即帝星，北极星)”，从黄昏至天明，发展为后来的燃灯之俗。

作为节日则起于汉代。周勃平定“诸吕之乱”，汉文帝于正月十五日正式登基，为了纪念，他定下每年的正月十五夜晚都出宫与民同乐，官民也都要张灯结彩庆祝。因为一月又称“元月”，夜又称“宵”，正月十五是一年中第一个月圆之夜，所以文帝遂将正月十五定为元宵节。(参见《三十三、汉王刘邦菏酆缘》)东汉明帝明令元宵节悬挂彩灯，万民同乐。南北朝萧纲著的《列灯赋》就描绘了当时灯节的盛况，说明元宵赏灯已成风俗。

延至唐代，推崇道教，道家提出“三元说”：正月十五为上元，乃天官赐福之日；七月十五为中元，乃地官赦罪之日；十月十五为下元，乃水官解厄之日。从此，元宵节又称上元节。天官喜乐，故上元节要燃灯。唐统治者特爱观灯之乐，元宵节观灯之俗遂固定下来。

宋朝元宵张灯风俗越发盛行，汴京的灯会非常有名，有“灯山上采，金碧相射，锦绣交辉，各出新奇”之描绘；南宋临安灯景更为繁盛，有“南自龙山，北至北新桥，四十里灯火不绝”之记载。

明代南京元宵节，在秦淮河上燃放花灯万盏，灯彩绚丽，景色迷人。

延至有清一代，彩灯制作日益精巧，品种繁多，宫灯、棚灯、壁灯、金鱼灯、走马灯、飞龙灯等等，应有尽有。

鲁西地区欢度元宵节风俗至今未断。早上家家放鞭炮，吃饺子。上午摆供送众神，焚化天爷像，午饭全家分食神位前的大花糕。下午落下堂中挂谱，送祖灵归坟。晚上点自制的萝卜灯、黏面灯，观灯后，把一个个黏面灯揉作一块，擀成大饼，放于锅拍之上，以备次日早晨煎年糕。

这天，习俗主要有赏灯、游灯、押舟、放烟花等活动。各种民间游艺也竞相演出，游抬阁、踩高跷、跑旱船、要狮子、舞龙灯、演武术，等等各种活动，不一而足。夜幕降临，家家挂彩灯，村村放烟花，但见火树银花，灯火辉煌，焰火满天，景象万千。烟火过后，雄狮腾跃，火龙翻滚，锣鼓喧天，呼哨响亮，男女老少，人山人海，观灯赏景，热闹非凡，夜半方休，故称“闹元宵”。

正月十五吃元宵，相传始于宋代。元宵用糯米面做皮，各种果料做馅，制成圆形，因在锅里煮熟后就浮起来，故最初叫“浮元子”，后称“元宵”；又因这一节日有观灯习俗，故又称灯节。生意人则美其名曰“元宝”，寄寓团团圆圆，招财进宝之意。1912 年，袁世凯当了大总统，由于“元”“宵”与“袁”“消”同音，他忌讳“袁消”，便在下年正月十五前，将“元宵”改为“汤圆”。袁世凯下台后又恢复了“元宵”之称。

灯会，元宵节自古以来就以热烈喜庆的

灯会观灯习俗为主。据唐《两京新记》云："正月十五日夜，敕金吾弛禁，前后各一日以看灯，光若昼日。"

庙会，逛庙会也是传统民俗活动之一。广州越秀庙会与北京地坛庙会并称中国两大庙会。涵盖木偶荟萃、中华绝活、武林大会、元宵灯会等多种主题活动，包含有祈福文化、民俗文化、美食文化、商贸休闲文化等丰富的内容。

演社火，在北方一些地方，正月十五还有几个村子聚集在一起演社火的习俗。社火里包括踩高跷、跳钟馗、游花车等表演。

"押舟"驱邪，就是道公先用竹扎做一条长约2米的纸船，由两个人扛着，收集村民投放到船里的如头毛、鸡毛一类的东西（这些东西被称为邪魔恶煞），最后由菩萨"押"到某些地方烧掉。至此，年例才算结束。该习俗是寄寓驱邪避恶、保佑平安的集体活动，依照传统，每年元宵节各村都会举办押舟活动。

造型舞蹈抬阁

抬阁起源于春秋战国时期，当时卫国曲沟一带战乱频繁，被人称为"干戈沟"。有一年，孔子周游列国途经此地，有感于当地民风淳朴，便用老家曲阜之"曲"代替"干戈"，将其更名为"曲沟"，意在希望两地结缘，让曲沟远离战争，村民非常感激。孔子临行时，村民们击鼓相送，并选择唱歌好的男童、女童，站到高桌上，由众人抬着，边行边唱，以便让远去的孔子能回望到高桌上的歌舞。

后来，村民们在喜庆欢乐的日子，便让这种歌舞形式沿用了下来。因为是抬着歌舞，故初名"抬歌"。经过不断的传承演变，后来，艺人们将高桌装饰成亭台楼阁的样式，给人以云里雾里空中楼阁的感觉，故更名为"抬阁"；又因在高台上演出，也称"台阁"。随着科学技术的发展，抬阁艺人们的制"阁"手法不断创新，"阁"也逐渐向高、峭、奇、险、美的方向发展。抬阁艺术遂发展成为集戏剧与杂技为一体，集木艺、铁艺、画艺、扎艺、布艺等于一身的成熟的高台表演艺术形式。

又因为表演是在由若干人推着的一座经过精心巧妙的彩色装饰而成的华丽基座"色板"上进行的，且高离地面，而色板上安排好的固定人物形象又呈现凌空飘举之姿，给人以美感，所以又称飘色。有的"色板"还可以转动。

飘色最大的亮点在于"色仔""色女"的挑选，以及他们的装扮、演示的水平和精神状态。因此，"色仔""色女"都要经过精挑细选，可说百里挑一，年龄在7至9岁之间，容貌俊俏，精灵乖巧，且有一定的表演天分。

飘色的核心是色梗的制作。色梗是支撑"色仔""色女"的支架，一般用钢枝制成，根据力学原理，做到"色台"重心平衡，以免翻台。并巧妙地安排好"色仔""色女"的艺术结构造型布局。

"抬阁"是集历史故事、神话传奇于一体，融绘画、戏曲、彩扎、纸塑、杂技等艺术为一身的民间大型造型舞蹈，是中原地区民间春节社火活动的重要组成部分。绵延传承至今的中原"抬阁"被誉为"华夏一奇"，在中华民俗和中国民间艺术领域影响甚广。

福禄寿三星

迎接新年的"三星"是猎户星座中由左向右的参宿一、参宿二和参宿三。乡俗叫"参明(mei)"。

"三星在天"原本是天文现象，指每年除夕夜这三颗星会在南面天空达到一年中的最高位置，所以民间遂有"三星高照，新年来到"的说法。由于这三颗亮星象征吉祥幸福、禄厚富贵和健康长寿，民间遂把这"三星"视为福、禄、寿三星，并演化为分别掌管福气、功名、寿命的神仙。福、禄、寿三星常见的形象是：福星手拿一个“福”字，禄星捧着金元宝，寿星托着寿桃、拄着拐杖。其象征形象则是画上蝙蝠、梅花鹿、寿桃，用它们的谐音来表达福、禄、寿的含义。这体现了人们追求幸福、富贵和长寿的心愿。从此，“三星高照”也就成了一句表示吉利的话。

福星，又称福神，在道教里被称为紫微大帝。福神掌管人间福气的分配，根据人们的善行施赐幸福。

古人称木星为岁星(不是太岁)，所在有福，故又称福星。是说岁星照耀的地方，百姓也能够得到好运和幸福。于是有了福星的称呼。早在西汉，人们就把木星作为赐福之星看待了。在民间地位相当尊崇。其形象是天庭饱满、地阁方圆的富贵之相，与财神赵公明有些像。

福表示吉祥，包容了世俗生活中一切美好的愿望与目标。古人曾将其内容概括为五福，即福禄寿财喜。各代所指又略有不同。新年是人们祈求来年万事如意的时候，人人都在门上贴个福字，正是人们心目中福神的象征，并且倒着贴，取其谐音“福到了”，希望福神降临，含有祈祷福神赐福之意。

与许多神灵一样，福星也经历了由自然神灵到人物神灵的演化历程。最初的福神为星辰，是自然神灵，称“福星”。福神人格化后，又附会上了多种说法。通行的说法是：福神是由唐代道州(今湖南道县)刺史阳城死后担任的。传说唐代道州有侏儒，唐德宗觉得有趣，命令每年要进贡几名作宫奴，供他观赏、玩乐。道州刺史阳城认为这不合人道，便冒着犯上的危险，要唐德宗废除这项进贡，并拒绝皇帝征选侏儒的要求。州人感其恩德，遂祀为福神，并认为他是福星下凡，便世代供奉，成为福星的具体人格化。

禄星，又称禄神，原是星神，称“文昌星”“文曲星”。在北斗星之上有六颗星，分别为上将，次将，贵相，司命，司中，司禄，合起来称为文昌宫。其中的第六颗星即是人们崇拜的职掌功名利禄的禄星，是读书人的保护神。隋唐科举制度产生之后，禄星遂成为士人命运的主宰神，天下士人莫不对之顶礼膜拜。其形象是一派朝廷大员的气度，手下小厮前呼后拥，高贵不凡。

禄星后由星神演化为人神。最有影响的说法是梓潼神张亚子，又称“文昌帝君”。张亚子是蜀人张育与亚子两位人物合并而成的神灵。张育乃是在东晋时期为抗击前秦苻坚而战死的起义领袖，蜀人将他与原先的梓潼神亚子合称张亚子，供奉为梓潼神。至宋朝遂将其附会成人格化禄神，成了掌管文运利禄的神灵。禄星后来又莫名其妙地有了专送状元的功能，苏洵称苏东坡兄弟便是禄星给他送的。

禄，即官吏的俸禄，高官厚禄是士人一心向往的，于是便产生了禄神崇拜。由于古代的科举考试主要是做文章，禄神崇拜自然也包含对文运的祈求，所以禄神不仅仅是士人的主宰神，也是一般崇拜文化、崇拜文才的百姓所喜爱的吉祥神，或称文神。

民间有不少张亚子显灵的故事。传说唐玄宗、僖宗逃蜀时，途经梓潼县七曲山文昌宫，都举行过隆重祭祀，并追封张亚子为左丞相、济顺王，于是张亚子逐渐由地方神演变为全国性的主宰功名利禄的大神。士大夫经过梓潼祠，如果有风雨相送，必中状元，官至宰相。凡四方士子求名赴选者皆祷之，香火极盛。每年农历二月初三是文昌帝君诞辰，士人必到当地文昌宫拜祭文昌帝君，秉烛焚香，献上祭品，祈求文昌帝君保佑科举应试顺利，赐给功名利禄，升官发财。由此，禄神又被民俗视为财神。

祭祀禄神，民间还有新年贴禄神年画的习俗。一种禄神年画绘文昌帝君着官帽官袍，两侧绘两位侍童，俗称“天聋”“地哑”。之所以要在禄神旁绘聋哑人作为侍童，是因为“真君为文章之司命，贵贱所系，故用聋哑于侧，使其知者不能言，言者不能知，天机弗泄也”。

这是说，科举考试的试题是由禄神定的，决定着士人的命运。安排聋哑人为侍童，是要让能说话的不能知情，能知情的不能说话，保证试题得以保密不会泄露。另一种禄神民俗年画，则采用谐音借代的方法，用鹿来代替禄神。鹿为吉祥物，是种仁兽。君王施行仁政、天下太平时，瑶光生成的散发着五色光辉的鹿就会出现，称为天鹿，寓意天降吉祥，是能带来富贵的瑞兽，成为禄神的象征，含有功名利禄之意。

主管功名利禄的神灵，除了禄星，还有魁星及魁星人神。魁星本是北斗星斗部四星的总称。魁为第一的意思，士人科试都想得第一，因而崇拜魁星，以魁星为赐科试第一名的神灵，士人拜祭魁星，都含有祈望高中的意思。魁星的形象是一个如鬼的神灵用脚踢一只斗，或一鬼立于鳌头之上，举足起斗，回顾以笔点之，称为“魁星点斗，独占鳌头”。

寿星，本是一个星宿，一般认为是南极老人星，也称南极仙翁，十二星次之一，是天空中亮度仅次于天狼星的恒星，也是南极最亮的星。寿星在夜空中能持续不断地发光，这应了人们“人寿长久”的意愿，因此备受世人欢迎，民间多祠之以祈福寿。作为人格化的长寿之神，世人多以为古代长寿之人彭祖死后演化成寿星。寿星主管君国及人的寿命的长短，是长寿的象征。秦始皇统一天下后，追求长寿，在长安附近的杜县建有寿星祠。后来寿星遂演变成仙人名称。

早在汉代，已有祭祀寿星的活动，并且与敬老仪式结合在一起。祭拜时，朝廷还向70岁以上的老人赠送一个顶端雕着斑鸠鸟的鸠杖，也称“王杖”，并成为一种制度。

汉朝时老人凭王杖可以出入官府，行走驰道，到市上买卖可以免税；若有殴辱持鸠杖老人者，按大逆不道论罪，会被判斩首弃市。这种为70岁以上老人赠鸠杖的习俗一直延续到了明清，可见历代对老者的尊敬与重视。这是中国孝道文化和敬老养老思想的体现。这种国家祭祀寿星的制度今天虽然已经废除，但其精神现在仍然继续得到发扬，如今人们仍常用“福如东海，寿比南山”来祝愿长辈幸福长寿。

寿星的形象，在年画上是一个持杖的白须老翁，额头隆起，鹤发童颜，精神饱满，老而不衰，慈祥可爱，并常衬以鹿、鹤、仙桃等，象征长寿。给人们印象鲜明而深刻的，是寿星的大额头，追其源，多半是由被古人视为长寿象征的头部有高高隆起的丹顶鹤的形象演化来的，也融合了王母娘娘蟠桃会上特供的长寿仙果的意象。

正月十六小年下

农历正月十六，是元宵节的延续，春节的尾声，故有“小年下”之称。这天早晨，家家放鞭炮，吃饺子。在娘家过十五的新媳妇，都要纷纷回婆家。谚语有“正月十六不空床，空床死了婆母娘”。这天的传统风俗活动主要有“跑百龄”“放云灯”等。

正月十六这天一大早，全家人都早早起床，穿上节日的盛装，跑向野外，称“跑百龄”。人们先跑向村头的老井，绕井转三圈，磕个头，再往井中投一个坷垃，传说可一年不害眼。妇女则三五成群相伴跑到种过谷子的地里，捡回几个谷疙瘩，将锅台扫了又扫，说是一年不生蚂蚁。人们还抱来柴禾和柏枝，放在大路上烤火，说是可以驱走百病，长命百岁。年轻人则骑上牛马驴骡，在大路上奔跑。老人、儿童也牵着山羊绵羊到野地里遛达；如是爱抵头的斗羊，若遇对手，还会拉开阵势，"砰砰"地抵起头来。一些养鸟的老头，便提着鸟笼，学着鸟语，走向野外树林，便见树枝上挂满各式各样的鸟笼，鸟儿亮开歌喉，就开始了一场百鸟争鸣的大合唱。另外，一些有久治不愈的病患者，则故意把钱丢在路上，谁拾去，就算把病卖给了谁，俗称"卖病"。这天被认为是"绝户日"，不成集市，不做交易。

俗谚有"跑一跑，不见老""早起跑百龄，一年不生病"的说法，这都是人们希望消灾祈福，健康长寿的良好愿望的反映。

正月十六放云灯，也是民间最富有诗情画意的传统的风俗。

据说，云灯是诸葛亮发明的，故也称孔明灯。孔明有一次被司马懿围困在平阳，全军上下束手无策。于是他便让士兵糊了无数灯笼放飞到天空，并命令军队高呼"诸葛先生坐天灯突围啦！"果真吓退敌军，因而又称天灯、云灯。所以，云灯本是一种军队传递信息的工具。后来逐渐演变为民间的一种烘托节日喜庆气氛的习俗，人们在灯上写下祝福，或许下愿望，让天灯带着飞上蓝天，借以表示人们的美好心愿。抗争战争时期，人们就用云灯传递过书信。

制作云灯各地略有不同，大体都是要做成像一个倒扣在地上的大水桶状。鄄城的做法是：先把一个石磙(gǔn)立在平地上，用白绵纸糊成一个上端封住下端敞口的纸筒，然后用一根细竹篾绑一个与下口一样大小的圆圈，粘在纸筒下口作支撑，再将用细铁丝做成的十字架绑在下口处，中间绑上一束绵纸灯芯并浇上煤油。夜幕将临，便可点燃灯芯，置于地上，待纸筒内充满热气，就放开摁住的手，云灯便会自行飞升。其他云灯随之相继升空，一队红星便在夜空中越升越高，越飞越远。或将许多云灯同时放飞，就像一颗颗明亮的星星，闪烁在初春的夜空。云灯可飞升高达数百米，远达数里，待到煤油燃尽，云灯便会自行下落。将其捡回，稍加修理，又可再次放飞。放灯时会吸引很多人仰观，并招引儿童疯狂追逐，也是春节期间的一道美丽的风景。

过完小年，春节也就基本过去，接下来就要开始进入春耕农忙时节了。

二月二，龙抬头节。(详见《十六、尧陵钟韵响谷林》《四九、古鄄民俗传统长》)

清明、寒食节及习俗

清明节

清明节，是中华民族一个古老的节日。作为自然节气，指太阳黄经到达15°，北斗斗柄指向正东偏南的"乙"位时刻，即为清明节气，交节时间在农历三月，在公历4月5日前后，所以古时也叫三月节。这一时节，阳气旺盛、阴气衰退，天气转暖，草木萌发，大地呈现出春和景明之象，正是郊外踏青春游、亲近自然、放风筝、赏春光、享受春天乐趣的欢乐时节，故又叫踏青节。

作为民俗节日，源自上古时代的祖先信仰与春祭礼俗，是古人行清祭祖、上坟扫墓、缅怀先人的重大传统春祭节日，故也称祭祖节、扫坟节，民间称为鬼节、冥节，与七月十五中元节、十月十五下元节，合称三冥节，都与祭祀鬼神有关。自古以来就起着弘扬孝道亲情、唤醒家族意识、促进家族乃至民族的凝聚力和认同感的作用。

所以，清明节既是二十四节气之一，也是传统祭祖节日，兼具自然节气与人文风俗两大内涵。体现着中华民族对自然规律的认识与遵循，对顺应与利用天时地宜的重视，承载着中华民族礼敬祖先、慎终追远的一种祭祀文化传统，凝聚着中华民族精诚团结的家国精神和继志述事的道德情怀，寄寓着中华民族追求天地人和谐统一的传统理念。扫墓祭祖与踏青郊游是清明节的两大礼俗主题，如今又是祭扫烈士陵墓、悼念先烈的日子。

寒食节

清明前一天为寒食，与清明节本是两个节日，在历史的发展中，清明节又融汇了流行于北方地区的禁火冷食的寒食节的习俗，两个节日于是合而为一，称作清明，也称寒食。

民间传说，寒食节是春秋时代为纪念晋国的忠义之臣介子推而设立的。其实寒食的起源，与介子推并无关系，而是来自上古中原一带的改火习俗。

“寒食”节最初只是一个节时，每年仲春时节，气温上升，气候干燥，不仅人类保存的火种容易引起火灾，而且春雷发生也易引起山火。古人在这个节时，为了防火，往往要进行隆重的祭祀活动，把上一年传下来的火种全部熄灭，即是“禁火”。然后重新钻燧取出新火，作为新一年生产与生活的起点，谓之“改火”或“请新火”。在禁火与改火期间，在新火未到之前，人们不能生火做饭，故必须准备足够的熟食而以冷食度日，故又称禁烟节、冷节、寒食。寒食节一般在冬至后第 105 日，故也称百五节。所以民间有“冬到寒食一百五，家家祭祖添坟土”之说。

汉代寒食这天百姓人家不得举火，但皇宫到了晚上却可以点烛，并将火种传至贵戚重臣家中。这就是唐韩翃的《寒食》诗“春城无处不飞花，寒食东风御柳斜。日暮汉宫传蜡烛，轻烟散入五侯家”所描写的情景。

最初的“寒食”时间较长，要近 1 个月，故俗有寒食一月节之谚。这自然影响民众的生产和生活，对人的健康也不利。到唐代，寒食节缩短至 3 天，分别叫大寒食、官寒食、小寒食；也有的地区，人们将清明称为“寒食”，将清明的前一天称为“大寒食”，将“大寒食”的前一天称为“一百五”。

随着寒食节逐渐式微，又因其与清明节日期相近，至宋元时期，清明节遂上升到取代寒食节的地位，并融汇了寒食节的禁火、冷食等习俗。

清明节还融合了另一个较早出现的“上巳节”习俗的内容。上古以干支纪日，三月上旬的第一个巳日，谓之“上巳”。魏晋以后，上巳节定在农历三月初三，故又称“重三”或“三月三”，是古代举行“祓除衅浴”活动的最重要的节日，这天人们结伴去水边沐浴，以祈福消灾，称为“祓禊（fú xì）”。后来又增加了扫墓祭祀宴饮、曲水流觞、郊外游春等内容。上巳节的主要风俗是郊外游春、春浴、祓禊等。晋代陆机的诗句“迟迟暮春日，濯秽游黄河”，唐代杜甫的诗句“三月三日天气新，长安水边多丽人”，就是当时人们在上巳节祓禊、踏青的生动写照。

这样，清明节在后世的发展中又逐渐增加了上坟祭扫、荡秋千、蹴鞠、牵钩、斗鸡等风俗，便成为一个杂糅了多地多种民俗的、具有极为丰富的文化内涵的中华民族的春祭大节了。

清明节在全国范围盛行并设扫墓假期是在唐宋之后。据记载，唐代由于官吏回乡扫墓，时有耽误职守的事，唐玄宗便颁布政令解决假期的问题。开始规定寒食节放假 4 天，后增至 7 天。宋代也放假 7 天，据宋《梦粱录》记载：每到清明节，“官员士庶俱出郊省墓，以尽思时之敬”。

清明节的习俗

扫墓祭祖

清明扫墓，起于“墓祭”，谓之“思时之

敬”,汉朝叫上陵。从一万多年前有墓葬起,即有此礼俗,其由来远矣!扫墓祭祖是对先人的缅怀方式,是清明节习俗的中心。表达的是对祖先的孝心、思念和关怀之情,是礼敬祖先、慎终追远的一种文化传统。墓祭之所以被称为扫墓,主要是祭奠前一天要先上坟整修坟墓,清除杂草,给坟头培添新土,并在坟顶压放白纸条。在古人的信仰里,祖先的坟墓和子孙后代的兴衰福祸有极大的关系,所以扫墓添坟是墓祭的重要内容。次日清明节上午举行祭奠,供奉祭品,挂烧纸钱,敬送冥币,给祖宗神灵叩头行礼祭拜。所以清明又称鬼节。

这天早饭,劳伤病患者要喝菠菜汤,吃小米饭和鸡蛋,要尽量吃,俗叫“撑劳伤”。鸡蛋在民间象征祥瑞,寄寓着赐福之意。

这天还要给牛马驴骡等牲畜煮一锅米饭,让它们饱餐一顿,算是一年劳苦的犒赏,同时要说“打一千,骂一万,单等寒食吃顿饭”,这天不能役使牲口,更不能打骂。这充分体现了人们对牲口的爱惜之意。

踏青

清明时节,春回大地,到处呈现出一派生机勃勃的景象。在扫墓之余,人们因利趁便,一家老少都会在山间乡野游乐一番,这是中华民族自古就有的清明踏青习俗。古人叫探春、寻春等,犹似如今的春日郊游、观花赏景。

踏青的源头,可追溯到远古农耕社会祭祀迎春的习俗。古人于立春之日,天子亲率百官诸侯,迎春东郊,祭祀祖先、后土、春神,劝民农桑,祈求农业丰收。趁此春和景明之时,帝王贵族们常借迎春之仪游览春色;青年男女们则顺便踏青春游,歌舞欢会,择偶婚配,这就催生了春天踏青的古俗。

西周,迎春郊游已成礼制。至春秋战国,春游踏青逐渐固定在上巳节进行。《论语·先进》记载:“莫(暮)春者,春服既成,冠者五六人,童子六七人,浴乎沂,风乎舞雩(yú),咏而归。”这里描写的正是当时的迎春踏青春游活动。汉代基本上承袭了先秦的“迎春”习俗。皇帝率百官举行迎春之仪,各郡县也有迎春之礼。《后汉书·祭祀志下》记载:“立春之日,皆青幡帻(zé),迎春于东郭外。令一童男冒青巾,衣青衣,先在东郭外野中。迎春至者,自野中出,则迎者拜之而还,弗祭。”武帝曾“三月行幸河东,祠后土,令天下大酺(pú)五日”。汉代还有春日采风的习俗,可见汉代的踏青风俗之盛。

魏晋之后,上巳节改定在三月初三日,上巳节的古俗逐渐被水滨祓禊、曲水流觞、踏青等活动取代,而成为游春娱乐的盛会。

曲水流觞,是在水溪旁相聚宴饮,也称“流杯曲水”。晋朝会稽人王羲之曾于永和九年(公元353年)三月三日与谢安、孙绰等人在会稽山阴的兰亭相聚,赋诗,流觞宴饮,写了一篇流传千古的名作《兰亭集序》,文章实际描写的是春日郊游盛会。春日踏青习俗在民间已是非常普遍。

隋朝时期,踏青也十分普及。尤其士女游春活动最盛。从唐代开始,清明扫墓,多伴之以踏青游乐的活动。因此,清明节也被人们称作踏青节,“清明”与“上巳”融合后,踏青更为盛行。从农历正月十五至清明节的近两个月的时间里,一直有人热衷于踏青。唐代诗人很多都描写过踏青活动。至宋元时期清明节终于形成了一个以祭祖扫墓为中心、伴以春游踏青的传统大节日。宋代画家张择端的风俗画《清明上河图》就极其生动地描绘了以汴京外汴河为中心的清明时节热闹的踏青盛况。南宋踏青更盛,西湖“都人士女,两堤骈集,几于无置足地。水面画楫栉比如鱼鳞,亦无行舟之路”。元代踏青更像是一种常见的民间体育活动。明代踏青，除了登山临水，游览春光之外，人们还同时开展各式各样的体育娱乐活动，除放风筝、荡秋千、蹴鞠、牵钩（拔河）等外，还有百戏活动，纷然丛集。清代踏青风俗亦然。每至春回大地、草木皆绿的清明时节，人们纷纷兴致勃勃结伴前往郊外踏青，游玩、放风筝。直到今天，春游踏青活动仍为人们所喜爱。

植树

清明节植树，是我国悠久的传统习俗，每到清明前后，人们都要到山野种树，所以有人也把清明节叫"植树节"。如今清明植树风气更盛，已成为国家法定的节日，节期定在3月12日。

清明节植树的习俗，或说源于纪念教民稼穑耕作的祖师神农氏，这大体不差。至于说与晋文公纪念介子推而形成的清明戴柳插柳的风俗有关，这当是后世的联想。

从根本上说，清明时节植树的传统当源自远古先民对自然的崇拜。原始初民生活在深山老林，构木为巢而居，采摘野果而食，缀连树叶而衣，树木为先民撑起一片生存的天空，起一种呵护作用，是先民的依托，所以，先民对树木自然而然会产生浓浓的感恩之情，视为自己的守护神。进化到熟食时代，族群扩大，为寻求更好的生活，他们走出山林，进入平原，开始农耕，建立村落，树木依然对他们来说是种不可或缺的依托和呵护，所以，为组建的新村种植树木成为必然。这就是为什么至今农村家家户户、大街小巷都种有树木而周围都有树木环绕的原因，树木将村落罩在浓浓的树荫之下，成为村落的保护神，而且树木的繁茂和生存期长，也寓有健康长寿之意。

至于为什么要在清明种树，也很明白。清明前后，春阳照耀，春雨迷蒙，树苗容易成活，成长也较快。俗话说"有心栽花花不发，无心插柳柳成荫"，清明植树正当其时。杨柳有强大的生命力，将柳条插入土里就能活，可以说，插到哪里，活到哪里。过去下葬，最后通常把柳棍儿做的哭丧棒，竖着埋在葬坑四角，过后就能发芽长成四棵大树。

墓地植树

在墓地种树也是传统文化习俗。

《吕氏春秋》曰："死而弃之沟壑，人之情不忍为，故有葬死之义。葬者，藏也。"所以《礼记·祭义》曰："众生必死，死必归土，此之谓鬼。"鬼者，归也。入土为安，这种文化观念，正是汉族普遍采用土葬的原因。《孝经》曰："身体发肤，受之父母，不敢毁伤，孝之始也。"在古人的意识里，十分重视身体，不仅生前不能毁伤，死后也绝对不能受到损害。所以古人都祈求死后可以安详地长眠于地下，并希望能继续积累福德为后人庇护，因此，"长眠不朽"也就成了每个人的终极愿望。这也就是朱熹说的："使其形体全而灵魂得安，则其子孙盛而祭祀不绝。"这也是历代帝王生前就为自己修建陵墓的原因。

事死如生，与给村落植树一样，在坟墓左右前后植树，对坟墓来说也是一种守护与依托，树木的浓荫覆罩住坟墓，既避免了夏天烈日对死者的炙烤，又是对死者的一种呵护与敬重。同时表示有靠山，后代子孙会得到贵人的帮助，蕴含着逝者可以长眠不朽，子孙也能兴旺发达的内涵。尤其是多种松柏，其苍劲的外表，象征着美好与坚毅，更寄寓着吉祥与长寿之意。这样，就形成了人们在墓地种树的风俗，尤其是崇尚种植松柏的风气。至于民间传说，因为专门吃尸体的怪物魍魉惧怕柏树，因而可在墓碑前种上柏树来防止被魍魉吃掉的说法，故事而已，不必当真。

或说将植树与清明祭祖结合到一起的是

汉高祖刘邦。刘邦多年征战，无暇回到故乡。当了皇帝后才想起回家祭祖，由于连年兵荒马乱，他找不到祖先的坟墓，在臣子的帮助下最后只找到一块墓碑，他便在旁边种了棵松柏作为标志。恰巧这一天是清明节气，于是他下令将清明作为祭祖节告示天下。以后每到清明，刘邦都会举行祭祖、植树活动，清明、植树与祭祖就这样结合到一起。唐代，人们清明祭祖踏青时，常常会在坟头插上柳枝，成活的柳枝也就相当植了树。

《吕氏春秋·节哀》篇曰："尧葬于穀林，通树之。"古代墓葬皆封树之，因此坟地过去也称"林"地。无论是古时的陵墓，还是现代人的墓地，周围都有郁郁葱葱的树木，静谧的浓绿给人一种肃穆的感觉。

墓地除了植松柏，也栽柳树。因为坟墓埋的是鬼魂，而柳树号称"鬼怖木"，在坟地栽柳，自然可以驱鬼辟邪。北魏贾思勰（xié）《齐民要术》里就有"取杨柳枝著户上，百鬼不入家"的说法，这大概是由佛教观世音手持柳枝蘸水普度众生衍生来的。

清明是鬼节，为了驱鬼辟邪，遂形成人们清明插柳戴柳以辟邪的习俗。由此，人们又将这一习俗与晋文公纪念介子推的故事联系起来，清明插柳戴柳又成了纪念介子推的一种象征。

由柳树容易成活的特点，有的地方人们还在清明节把柳枝插在屋檐下，用以预测天气，所以古谚有"柳条青，雨蒙蒙；柳条干，晴了天"的说法。

三槐九棘，植树是中华民族的优良传统，蕴含着多重的历史文化和环保的意义。自古人们对植树就十分重视，凡有空地之处都会种上树木。连周代朝廷也还特种三槐九棘，公卿大夫分坐其下，后因以"槐棘"指代三公九卿之位或三公九卿。为何种"三槐九棘"，汉·郑玄解释说："树棘以为位者，取其赤心而外刺，象以赤心三刺也；槐之言怀也，怀来人于此，欲与之谋。"意思是说：棘树象征赤心刺奸，意味公正无私；槐树寓意怀来，意在招揽人才共同谋划施政。所以古者断狱，必讯于三槐九棘之官，谓其能公正处理也。既象征着皇权的威严和秩序，又体现出官员的等级和地位。

行道植树，更是普遍现象，连黄河千里金堤的大道上也种植着10万多棵槐树，像一道绿色长廊。据记载，历史上最早在路旁植树的是一位叫韦孝宽的人，他是西魏、北周时的一位名将，因军功被授予雍州刺史。他上任后，就将古代官道上每隔一里在路边设置一个用以计算道路里程的土台，一律改为种一棵槐树作标志，成为全国道路绿化的先驱。如今行道两旁植树已成普遍现象。

放风筝

风筝古时称为鹞，又称鸢儿，是清明时节人们所喜爱的体育活动。每逢清明时节，人们不仅白天放，夜间也放。夜里在风筝下或风筝拉线上挂上一串串彩色的小灯笼，在夜空中像闪烁的明星，被称为"神灯"。

关于风筝的起源，或认为是春秋战国时，墨子在鲁山（山东潍坊）制作的木鹞，虽然还不是真正的风筝，但当是风筝最早的雏形。至东汉蔡伦发明造纸术后，才有了用纸糊的风筝，称为纸鸢。或认为风筝是古人为了怀念故去的亲友，所以在清明节鬼门短暂开放时，将慰问故人的情意寄托在风筝上，传送给死去的亲友。

传说楚汉相争时，项羽的军队被刘邦的军队围困在垓（gāi）下，韩信用牛皮作风筝，上拴竹笛，迎风作响，汉军配合笛声，齐唱楚歌，借以涣散楚军士气，这就是"四面楚歌"的故事。

南北朝时风筝开始成为传递信息的工具。从唐朝起，风筝逐渐成为玩具。至晚唐或五代，风筝上开始绑有用丝弦或竹笛做成的响器，风吹鸣声似筝，从而有了“风筝”之名。

过去，有的人把风筝放上蓝天后，便剪断牵线，任凭清风把它们送往天涯海角，据说这样疾病会像风筝一样，随风吹散，寓意着除病消灾，给自己带来好运。

拔河

拔河，是中国古代的一项体育活动。据说产生于春秋。《墨子·鲁问》中记载，在楚、越两国水军交战时，鲁国的工匠公输班设计了一种叫“钩强”的兵器，用于钩住和阻挡敌船。在钩拉和阻挡时，需要战士具有极其强大的力量，所以，这种钩牵对拉就成了一种军事训练的重要方式，因而又称“钩强”或“牵钩”。

后来流传至民间。南朝梁宗懔的《荆楚岁时记》记载，立春之日，为施钩之戏，以絙作篾缆，鸣鼓牵之。故牵钩又称“施钩”。水乡的渔民们仿效“钩强”制作成类似近代带“挽子”的篙，用以使船；有的地区则把这项军体运动变成一种民间的体育娱乐活动，由人数相等的两队，对拉一根篾缆，以比试力量。这样，每逢佳节举行“牵钩”之戏进行庆贺就成了习惯。

到了唐代，更名为拔河。用柔软的麻绳替代了篾缆，减小了对手掌的磨伤，并完善了游戏规则。唐玄宗时曾在清明节举行过大规模的拔河比赛，曾“令壮士千人，分为二队，名拔河于内，实耀武于外”，其壮观场面“喧呼动地”，导致“蕃客、士庶观者，莫不震骇”，甚至使“匈奴失箸，再拜称觞曰‘君雄若此，臣国其亡’”。唐中宗李显还组织过女子拔河比赛。由此可知唐代社会拔河游戏之盛况，拔河之习俗已成为清明节的重大活动。

宋代，拔河活动渐衰。元明至晚清，拔河游戏在民间仍有流行。胜者踊跃欢呼，负者颇为失意，并以扯势之胜负，以占年景之丰歉。

荡秋千

荡秋千，是儿童特别是女孩子非常喜欢的一项活动。是清明节的重要习俗之一，有着非常悠久的历史。

秋千源于几十万年前的上古初民时代。原始的先民以采摘野果为生，他们不善攀缘，为了获得高处的食物，在猴子的启发下，他们于是抓住粗壮的藤蔓，像猴子一样，用力晃荡，借助摆动爬上高树或跨越分枝以获取果实，这就是秋千最原始的发端。

据古籍记载，秋千来自北方山戎的习俗，初始只是一根绳子，双手抓绳而荡，本是用以锻炼身体灵巧性的器械。齐桓公打败山戎后，这项游戏便随即传入了中原。秋千起初是挂在树杈上的，其绳索也是用兽皮制成，这由“秋千”的繁体字“鞦韆”，皆从“革”，从揪省、从遷，会揪着皮绳而迁移之意，揪、遷也兼表声，即可证明。后来悬挂于木架而下加踏板的双绳秋千，春秋后期也已出现在我国北方。

“秋千”初也称“千秋”。据唐人高无际在《汉武帝后庭秋千赋》的序中写道：“秋千者，千秋也，汉武祈千秋之寿，故后宫多秋千之乐。”意思是说，后宫中为汉武帝祝千秋万岁之寿，有荡秋千的游戏。后来为避忌讳，于是遂将“千秋”倒写作“秋千”来称呼这项游戏。所以，“秋千”一词来自“千秋”的倒写。

到了唐宋时代，秋千已成为专供妇女、儿童玩耍的游戏，借以练习轻捷、矫健与勇敢。据孟元老的《东京梦华录》记载：“有两画船，上立秋千，船尾百戏人上竿，左右军院虞候监教鼓笛相和,又一人上蹴秋千,将平架,筋斗掷身入水,谓之'水秋千'。"这里的"水秋千"极似今天的跳水运动,对中国的杂技也颇具影响。民间传说,荡秋千可以祛除疾病,而且秋千荡得越高,寓意生活也就越来越美满。

蹴鞠

蹴鞠,是古代清明节北方人喜爱的一种游戏。鞠,即皮球,外用皮革做成,内里塞满毛发,与今充气不同。蹴鞠就是用足去踢球。

鞠,源于数万年前原始初民狩猎用的石球,后来出现了镂空的陶球,大概已是用脚踢的游戏运动器材。相传黄帝发明了蹴鞠,最初目的是用来训练武士的。还有马球,是骑在马上,持棍击打的球,古称击鞠,用来训练骑士。曹植《名都篇》中就有"连翩击鞠壤"之诗句。战国帛书记载,黄帝杀蚩尤后,"充其胃以鞠,使人执之,多中者赏",大概是手球。

《战国策·齐策》记载齐国首都临淄人的生活时说:"甚富而实,其民无不吹竽、鼓瑟、击筑、弹琴、斗鸡、走犬、六博、蹋鞠者。"这说明,战国时期蹴鞠在民间已发展为一种盛行的娱乐活动方式,只是当时还叫"蹋鞠"。

两汉三国时期,蹴鞠进一步发展,普遍到"康庄驰逐,穷巷踏鞠"的盛况;更有足踢、膝顶、双腿齐飞、单足停鞠、跃起后钩等多种技术动作,成了百戏中的重要节目;还出现了专设的鞠场,开展蹴鞠比赛,并用以训练武士和娱乐。

唐代以后出现充气球和进球门,比赛时鸣笛击鼓为号,开球、传球、射门(当时叫"风流眼"),过者为胜,已不逊于今天的足球赛了。

宋代蹴鞠活动更为普及,从皇宫内院到平民家庭,都以蹴鞠为乐,并专有"打球乐"舞队。民间还有少女踢球,或男女对踢的情景,随处呈现"举目则秋千巧笑,触处则蹴鞠疏狂"的场面。

辽金元时,蹴鞠是朝廷节庆的节目之一,节日打马球也已成风俗。明代蹴鞠、马球仍广泛流行,皆已成为文体娱乐活动,还出现了专门制作鞠的手工业作坊。史载明成祖曾数次往东苑击球、射柳。明《宣宗行乐图》长卷中绘有宣宗赏马球的场面。清代天坛一带还有马球运动,至清中叶之后,马球渐消失。

清初每年冬天在太液池(今北海)举行冰嬉典礼,冰嬉的内容出现了冰上蹴鞠。清代中叶以后,随着西方现代足球的传入,中国传统的蹴鞠活动减少,被欧洲的现代足球所取代。然踢毽子活动作为"蹴鞠"的遗存,倒得以继承与发展。

斗鸡

古代清明盛行斗鸡游戏,斗鸡由清明开始,斗到夏至为止。中国最早的斗鸡记录,见于《左传》。到了唐代,斗鸡成风,不仅是民间斗鸡,连皇帝也参加斗鸡。如唐玄宗特喜欢斗鸡。(详见《八、龙凤呈祥古郪乡》)

射柳

射柳是一种练习射箭技巧的游戏。据明朝人的记载,就是将鸽子放在葫芦里,然后将葫芦高挂于柳树上,弯弓射中葫芦,鸽子飞出,以飞鸽飞的高度来判定胜负。

蚕花会

江南蚕乡清明节期间则举行一种特有的民俗文化"蚕花会",有迎蚕神、摇快船、闹台阁、拜香凳、打拳、龙灯、翘高竿、唱戏文等十多项活动。有的在岸上进行,多数在船上进行,极具水乡特色。每年蚕花会人山人海,热闹非凡。

端午节的名称及习俗

端午节在中国所有传统节日当中是叫法最多的,达20多个,每个名称,其由来皆与一定的习俗有关。

端午节在农历五月初五,“端”者,正也,初也;“午”者,中也;“端午”者,“中正”也。五月初五这天是五月的第一个午日,而此日午时又恰是正中之正,故这日谓之端午节、端五节、端礼节。

上古用干支纪元法,纪年、纪月、纪日、纪时皆用干支。根据干支历,五月,按十二地支顺序推算为午月,“五”“午”古通用,端午即为干支历的午月午日,故又称之为重午、重五节、五月节、午日节、五月初五、五月当午等。

仲夏端午,此时苍龙七宿的主星大火,恰处在全年周天运行至正南中天最高、最“正中”的位置,既得“中”又得“正”,是大吉大利之象,所以端午又称天中节、龙日节、夏节。

古人把这个“飞龙在天”的日子定为龙的节日。五月的午日飞龙在天,是阳气最盛的时刻,称作“阳辰”,所以端午又叫端阳、正阳节。

端午阳气最旺,草木长势最为茂盛,是植物药性在一年里最强的一天,这天采摘的草药治皮肤病、祛邪气最为灵验、有效,所以端午节又称草药节。基于此,民间形成了在端午采兰草,煲水沐浴,以除毒气的习俗,故端午后来又有浴兰节、天医节、浴兰月之称。

菖蒲、艾草有避邪的作用,于是这天人们又有在门上挂菖蒲或艾草以辟阴邪的习俗,因此端午节也称菖蒲节、艾节。

道教把全年分为五腊,五月五日为地腊。是五帝攒会之日,以查生人祖考及见世子孙所行善恶,来定罪福,校定生人官爵。故地腊日是良辰吉日,适合祭祀祖先和诸神以获得福佑,所以端午节也称地腊节。

端午节的起源

节日的起源和发展有一个逐渐形成和慢慢完善与普及的过程。

“端午”一词,虽然最早出现在晋代的《风土记》中,但端午的习俗则早已有之。早在7000年前,就有了用独木舟和木桨作龙舟竞渡以祭祀神龙的习俗。

端午节,当源自于上古的龙崇拜。龙为何物?如前所述,远古时期黄河下游流域鳄鱼很多,雷泽就是北方巨型湾鳄的产地,龙正是雷泽湖里鳄鱼的化身。

端午节的两个标志性习俗划龙舟和食粽子,应是当年在雷泽湖水面上举行龙舟竞渡以祭祀龙神的遗俗。把龙舟做成刻画有龙形(即鳄鱼形)的独木舟进行竞渡,正是当年在湖面追逐猎捕鳄鱼情形的写照,粽子则是由当初祭祀时投放的祭品演变而来。这也就是端午节又称龙节或龙舟节的缘故,也是如今划龙舟竞赛习俗的由来。至于“五龙分治五方之说”,其实也不过是上古先民龙崇拜的延伸而已。

南方吴越之民,有断发文身“以像龙子”的习俗,盖为捕鳄时的一种避害的自我保护办法,流传下来遂成为古代五月初五用“五彩丝系臂”“粽子用五彩绳缠束”的民间风俗,这应是“像龙子”的文身习俗的遗迹。传到后世,遂发展成长命缕、长命锁、香包等多种饰物。

不举五月子,北方古人,认为五月五日是“恶月恶日”的观念,当也是由捕鳄时会造成伤亡的危害形成的。后演变为“不举五月子”的习俗,即五月五日所生的婴儿不能抚养,否则会害父害母。另外还有“五月到官,至免不迁”“五月盖屋,令人头秃”等说法,皆源于此,从而形成了“躲端午”的习俗。于是有的地方便在端午节这天,把未满周岁的儿童,送到外婆家去躲藏以避恶,故端午节又称“躲午节”。又由于北方夏季天气燥热,瘟疫容易流行,人易生病;加上蛇、蝎、蜈蚣、壁虎、蟾蜍五毒繁殖,易咬伤人,于是形成了民间五月“避五毒”的各种习俗。

古老节日的由来皆与古老文化密切相关,是传承古老文化的载体。端午文化充分体现了中华民族“天人合一”的自然观。端午节不仅清晰地记录着中华民族先民丰富而多彩的社会生活内容,也积淀着博大精深的历史文化内涵。

端午节本来源于上古先民拜祭龙神以祈福辟邪的习俗。后来注入了夏季时令纯阳正气“辟邪祛病防疫”的风尚,又附会上了纪念历史人物的内容。这样,端午节遂成为集祈福辟邪、欢庆娱乐和饮食为一体的、内容丰富多彩、传承着中华民族博大精深传统文化、影响最大、覆盖面最广的盛大民俗节日,寄托了人们迎祥纳福、辟邪除灾的愿望。在世界上影响广泛,亚洲的一些国家和地区同样有庆贺端午的民俗活动。

把历史人物与端午节联系起来的“历史人物纪念”说,可能因为某些历史人物碰巧与该日有关联,而大多则出于善良民众对历史人物的悲悯同情之心。

流传最广的“历史人物纪念”说,是认为端午节起源于纪念屈原,出于吴均的《续齐谐记》和宗懔的《荆楚岁时记》。此外,附会的还有纪念伍子胥、孝女曹娥、介子推、廉吏陈临、越王勾践等说法。

纪念屈原说

屈原,名平,字原,本芈(mǐ)姓,战国楚人,楚怀王时任左徒。他倡导举贤授能,富国强兵,力主联齐抗秦,遭到令尹子兰等人的强烈反对和谗毁,被黜为三闾大夫,流放汉北。因忧伤国事,写下了《离骚》《天问》《九歌》等诗篇,以倾诉其眷念祖国和人民的深情。顷襄王时,再遭谗毁,被流放到沅、湘流域。他见楚国政治腐败,自己无能为力,而秦楚交兵,楚国又接连丧师失地,怀王被骗入秦,更客死不返;他感到自己的政治理想既无法实现,又没法挽救楚国的灭亡,遂于公元前278年,秦军攻破楚国京都,顷襄王迁都于陈,在心如刀割的痛苦中,他便怀着满腔的哀怨与愤怒,于五月五日,在写下了绝笔作《怀沙》之后,抱石投汨(mì)罗江殉国,以自己的生命谱写了一曲壮丽的爱国主义乐章。

屈原投江后,江边群众得知,便纷纷驾舟打捞屈原尸体,但始终也没有捞到。为纪念这位伟大的爱国诗人,后人把这天定为端午节以寄托哀思。从此民间遂形成这天佩香囊、吃粽子、赛龙舟的习俗。香囊表示屈原的品德节操万古流芳;粽子则本是出于防止鱼虾糟蹋屈原的尸体,而纷纷投入江中进行祭奠的米团,后来就形成了吃粽子的习俗;划龙舟则表示去营救屈原,称为“龙舟竞渡”,后逐渐发展成如今的划龙舟竞赛。

虽然端午的许多习俗实际与屈原无关,但千百年来,屈原的爱国精神和感人诗辞,已广泛深入人心,把端午节的龙舟竞渡和吃粽子习俗,与纪念屈原联系在一起,已成为一种文化,为民众广泛接受,也就不必拘泥于是否为端午的来源了。

纪念伍子胥说

端午节的第二个“历史人物纪念”说,是五月五日纪念春秋时期的伍子胥。伍子胥,楚国人,父兄均为楚王所杀,他跳奔吴国,助吴伐楚,兼报家仇。又帮夫差登上王位,并打败越国。越王勾践请和,夫差不听子胥应彻底消灭越国的建议而许之。再加吴国大宰,受越国贿赂,谗言陷害伍子胥,夫差信之,遂赐子胥宝剑令其自尽。伍子胥本为忠良,视死如归,在死前对邻舍人说:“我死后,将我眼睛挖出悬挂在吴都东门之上,以看越国军队入城灭吴!”便自刎而死。夫差闻言大怒,令取子胥之尸体装在皮革里于五月五日投入大江喂鱼。由于伍子胥尸沉钱塘江之事比屈原投江为早，有些文献则认为，中国端午节的习俗是为纪念伍子胥的而非屈原。如划龙舟与食粽子，也是因为伍子胥忠心为国，却惨遭赐死且沉尸水底，后人遂尊他为海神。王充《论衡》说："子胥恚恨，驱水为涛，常溺杀人。故会稽、丹徒大江、钱塘浙江，皆立子胥之庙。盖欲慰其恨心，止其猛涛也。"（参见《二十四、计然献策越灭吴》）

至于纪念介子推说、夏至说、勾践操练水军说、孝女曹娥说等，其联系比较牵强，俗无流传，文人自悦而已。

端午节的习俗

端午节除了拜龙、祭祖外，赛龙舟、吃粽子是两大习俗活动。其他还有喝雄黄酒、佩香囊、挂菖蒲艾草、悬钟馗像、采草药、洗草药水、打午时水、拴五色丝线、熏苍术等诸多民俗。

赛龙舟

赛龙舟，古称扒龙舟，是端午节最重要的节日民俗活动之一，在中国远古时期，南北方地区皆普遍存在。后来北方水网减退，除在靠近河湖的城市仍有赛龙舟习俗之外，大部分地区已改为划旱船的形式。

赛龙舟的真正起源，如前文分析，原本是上古渔猎时代，初民在水上追逐猎鳄捕鱼的劳动生活情形的真实写照。包括湖南沅陵五溪的苗、瑶、侗、土、畲（shē）、黎各族，其祭巫请神为其共同的始祖盘瓠招魂而举行的龙舟竞渡活动，究其起源，也当是渔猎时代，初民在水上驾舟追逐猎鳄捕鱼劳动而遇险死亡现实生活的曲折反映。

这种捕猎生活，承传下来形成一种祭祀龙神水神的龙舟竞渡习俗。进入农耕时代，龙舟竞渡祭祀龙神水神的习俗，又增加了祈求风调雨顺、农业丰收的内容，体现了人们禳灾祛邪，追求福祥的良好愿望。

传至战国，这种划着刻有龙形的独木舟，在水面的竞渡，淡化了祭祀龙神水神的迷信色彩和严肃气氛，逐渐成为人们的一种娱乐游戏，一项水上运动。

汉代《淮南子》有"龙舟鹢首，浮吹以娱"的记载，指的就是划着龙船、在水上奏乐游玩的活动。

这种龙舟竞渡，延至汉魏六朝，已成为风气，同时又附会上一些历史人物，自此，端午竞渡这一民俗在附会了"纪念屈原"之后，具有了更厚重的历史文化内涵。

传至唐宋，端午龙舟竞渡蔚成风气，在官府支持下，竞渡之风堪为鼎盛。《旧唐书》就记载有穆宗、敬宗"观竞渡"之事。

宋代，《东京梦华录》记有北宋皇帝于临水殿看金明池内龙舟竞渡之俗。其中有彩船、乐船、小船、小龙船、虎头船等供观赏。除皇帝坐的长达 40 丈的大龙船外，其他船皆列队布阵，争标竞渡，作为娱乐。宋张择端《金明池夺标图》就描绘了此景。《梦粱录》则有南宋杭州"龙舟六只，戏于湖中"的记载。

明代皇帝，在中南海紫光阁观龙舟，看御射监勇士跑马射箭。清代在圆明园的福海举行竞渡，乾隆、嘉庆帝均往观看。

明清时期，北方无江水之便，自不存在竞渡，然跑旱船则长盛不衰。南方的龙舟竞渡，则规模愈来愈盛，成为轰动一时的盛举，而且也已不限于端午一天。

发展至今天，龙舟竞渡基本上已变成一种单纯的竞技活动。标志为 1976 年举行的香港龙舟邀请赛，从此，龙舟竞赛成为现代体育项目，热潮席卷全球 30 多个国家。1980 年，赛龙舟被列入中国国家体育比赛项目，并每年举行"屈原杯"龙舟赛。1991 年农历五月初五，在湖南岳阳市，又举行了首届国际龙舟节。并在传统仪式中注入了新的现代因素的“龙头祭”，使龙舟赛更具有了文化内涵。从此，湖南省汨罗市于每年端午皆举办国际龙舟节。

赛龙舟不仅先后传入周边邻国。随着华人华侨的足迹遍布世界各地，西方国家也渐渐兴起了端午热，庆典活动并以龙舟竞渡的方式展开。

赛龙舟2010年成为广州亚运会正式比赛项目。2011年5月23日，赛龙舟经国务院批准列入第三批国家级非物质文化遗产名录。

食端午粽

粽子与龙舟一样，原本皆源于上古初民祭祀龙神的活动。粽子最初是祭祀龙神时投入水中的祭品。炎黄子孙号称是龙的传人，故殷、周时端午又加入了用黍和鸡祭祀先祖的内容，因为古人认为，五月五日为恶月恶日，必须在此日祭祀祖先神灵，以驱除瘟邪，祈求吉祥。

春秋时期，已有用菰叶裹黍米包成牛角状的“角黍”，或说寄寓阴阳尚相裹未分之意。战国时期用竹筒装米密封烤熟，称“筒粽”。

西汉时一些地方端午则吃“枭羹”，以其为恶鸟，故食之。由于枭不易捕获，此俗没有留传下来。

历史上关于粽子的记载，最早见于东汉许慎的《说文解字》，本作“糉，芦叶裹米也。从米，嵏声”。东汉用菰叶裹黍米，煮成尖角形，称“角黍”，或做成“棕榈叶形”，也称“粽”，从米，棕省声，作为“糉”的简化异体字。此后，民间开始有了粽子。

到了晋朝，这种最初用来祭祀祖先神灵的供品，逐步演变为用黍米做的食用粽子，并正式被定为端午节食品。这一传统承袭下来，形成人们端午节吃粽子的习俗。

汉晋时的粽子，多做成角形，也有的做成正三角形、正四角形、尖三角形、方形、长形等各种形状。

南北朝时期，出现了杂粽，米中掺杂禽兽肉、板栗、红枣、赤豆等辅料，制作成尖角状或四角状，称“粽籺（hé，米麦的碎屑）”，俗作粽子。

南朝梁文学家吴均的《续齐谐记》记载：“屈原五月五日投汨罗而死，楚人哀之，遂以竹筒贮米，投水祭之。”由此，端午节开始与屈原的事迹联系起来。传说米粮投入江中则被蛟龙所食，于是人们想出用楝树叶裹米，缠以绿丝，就可以免遭蛟龙吞食，盖此二物，乃蛟龙所惮。后改为用艾叶包裹，再绑以五彩绳，传说可以驱邪，这才有了后来的粽子。

唐代，粽子用米，做成锥形或菱形，煮出“白莹如玉”。另有蜂蜜凉粽，只用糯米，无馅，煮熟后凉凉，吃时切片，浇以蜂蜜与黄桂酱。

宋朝时，有了“蜜饯粽”，始以果品入粽。元朝时期，粽子的包裹料已从菰叶变为箬（ruò）叶。

明清时，一般用芦苇叶包粽子，辅料增加了松子仁、枣子、胡桃，红豆、豆沙等等，品种颇为丰富，还出现了火腿粽子。

明清两代，粽子已成为吉祥食品。相传，当时凡参加科举考试的秀才，在赴考前，要吃家中特意给他们包的“笔粽”，样子细长很像毛笔，谐音“必中”，为的是讨个口彩。

粽子，是中国端午节的传统节庆食品。传至今天，每年端午，中国百姓家家户户都要浸糯米、洗粽叶、包粽子。馅料花色品种及形状，更加丰富多彩。包料有柊（zhōng）叶、箬叶、菰叶或芦叶，统称粽叶。由于各地的特产、风俗和饮食习惯不同，粽子的风味南北也有差异，但吃粽子的风俗一样，千百年来，盛行不衰。粽子作为中国历史文化积淀最深厚的传统食品之一，传播甚远，古时就流传到朝鲜、日本及东南亚诸国，如今世界不少国家都吃粽子。

2019 年 9 月，中国商业联合会提出的“粽子国际标准”提案在第 21 届国际食品法典委员会亚洲区域协调会上通过立项审查。此举将有助于中国传统裹粽非遗传承技艺走向国际，更好地推动中国味的粽子走向世界

中国诗人节

每年的五月初五端午节，也是国人为纪念伟大的爱国诗人屈原而设立的“诗人节”，这天诗人们怀念屈原，以诗歌形式纪念屈原、唤起中华民族的团结。

中国诗人节，是 1941 年由诗人方殷，在重庆的一次诗歌座谈会上提出倡议，由郭沫若、老舍、臧云远、高兰等诗人、作家发起在重庆创建的。宣言中明确提出：“我们决定诗人节，是要效法屈原把他的精神发扬光大，是要使诗歌成为民族的呼声。”宣言决定每年屈原忌日为中国诗人的节日。在节日期间，举行诗人集会，交流创作，朗诵诗歌，抒发爱国热情。首届诗人节就举行了诗歌朗诵会，对团结人们抗日救亡起到了积极作用。此后“中国诗人节”举办过多次庆祝活动。

关公磨刀节

农历五月十三日，为关公磨刀节，是纪念忠勇仁义的关公，并祈求风调雨顺、国泰民安的一种民俗，历史悠久，富有特色。

关羽，本字长生，后改字云长。生前封为汉寿亭侯，俗称其为关公、关二爷、关二哥、关老爷、美髯公。关羽去世后，后主刘禅（shàn）追谥为壮缪侯（武而不遂曰壮，名与实爽曰缪），故关羽又称关壮缪（miù）。

中国有人死为神的观念，不少历史上的名人，由于知名度高，死后被民间奉为神灵来崇拜。关羽就是其中的一个，而且是名号最多的一个，成为最忙碌的神仙，世间几乎没有他不管的事，足见人们对他的崇拜，连关公磨刀都被人附会出一个“磨刀节”出来。

关壮缪成神后，民间尊为关公、关王、关帝。关羽以其忠诚和勇武的形象，历代朝廷也对其多有褒封，先后被封为忠惠公、武安王、武安英济王、崇宁真君、翼汉天尊、关圣大帝、关圣帝君、关帝君、恩主公、伏魔大帝等。还被儒教尊为五文昌之一、文衡帝君，被佛教尊为护法伽蓝菩萨、盖天古佛，被道教尊为协天大帝、翊汉天尊等。

清朝雍正时期，更尊为武王、武帝、武圣、武圣人，与“文圣”孔子地位等同，并称“文武二圣”。正因为关羽如此显赫，成为许多行业的尊神，备受推崇。譬如民间奉他为武财神。

关羽经历了“侯而王，王而帝，帝而圣，圣而天”的过程，成为国家祭祀的主神，达到了与文圣孔子并驾齐驱的地位。

关于“关公磨刀节”的由来，各地说法略有差异，反映了各地不同的风土人情和民俗。

山东传说，五月十三这天是关公单刀赴会之日。赴会之前要磨刀，磨刀要用水，所以这天前后数日必会打雷下雨。民俗认为，打雷是关圣霍霍的磨刀声，下雨是关圣磨刀从南天门洒下的水。乡间有“五月十三青龙刀，关爷拿刀杀曹操，曹操吓得无处跑，泪流如雨遍地浇”的民谣。如果这天不下雨，而且骄阳似火，则表示旱灾来临，俗便会抬出关公塑像举行祈雨的仪式。

关公磨刀节，推其本源，当出于古代五月十三祈雨的风俗。中国古代是农业社会，生产生活严重依赖雨水。尤其是在农作物的生长关键期，对水的需求更是紧迫。就农耕的过程来看，五月初是庄稼出苗的节点，若五月

中旬还没有下雨，这一年的收成必会大打折扣。久而久之便形成了五月中旬于十三日祭天祈雨的习俗。

每年农历五月十三日，处于夏至与小暑季节间的前后，气温升高，正常的气候是一年中降水量最多的时节，一般都有降雨的过程，民谚所谓“大旱不过五月十三日”。所以，农历五月十三称为雨节；当然，气候不正常的年份也有不下雨的。

民间传说，此日若下雨，表示关公在磨刀，下雨是吉兆，雨越大越好，预示当年的光景必将“风调雨顺，国泰民安”。倘若此日不下雨，则是不吉之兆，预示当年兴许会发生“自然灾难肆虐”或“社会动荡不安”，民间并以此作为观察天气迹象和社会动态的参考。这样，民间便将下雨与关公磨刀联系起来，附会出这天是关公磨刀日，关公也成了“雨水神”。民俗之所以将此日与关公磨刀的典故附会在一起，为的是增强这一祈雨习俗的合理性和神圣性。

随着关公信仰的传播，关公磨刀节，在明清时期，就已经成为全国各地蔚为壮观、盛况空前的民间节日。如今关公磨刀日已是民间的传统节日，为越来越多的人所知晓。关帝庙则到处都有，五月十三举行庙会祭祀关帝，祈雨望丰收，也成为普遍民俗，香火极盛。

湖北当阳关陵有一副对联，提及了“五月十三”关公磨刀节，概括了关羽一生的功业和品格。上联是：“东拒孙吴，西定巴蜀，南镇荆襄，北吞曹魏，普天率土，只想那两朝八百”；下联是：“情怜兄弟，义重君臣，生全忠节，死显威灵，众姓皆知，共庆这五月十三。”可资参考。

关于“磨刀节”来历的传说还有一些。如说：在曹操与袁绍的对峙中，关羽得知刘备在袁绍处，便毅然挂印封金，护送刘备两位夫人千里迢迢去寻刘备。关羽知道此去路上千难万险，免不得连番厮杀，于是想提前磨好自己的青龙刀。磨刀需用雨水，不然刀不锋利，怎奈晴空万里，一片云彩也没有。关羽暴怒，怒斥东海龙王，龙王畏惧关羽神威，只得下雨。所以，若是五月十三这天刚好下雨，此雨便称为“关帝暴”。皆为附会，不再赘述。

六月初一小年下

农历六月初一，是我国传统庆丰收、祈丰年的节日。这时，山东、河南、江苏一带地区，麦子刚刚打下，丰收的喜悦洋溢在农民的心头，展现在人们的眉梢，所以将这个节日称作“新麦节”，也称小年下、半年节、炒面节。意思是一年已过去了一半。

此时，特别是农村，这天要拜天、祭祖，庆祝小麦丰收。一般是在屋中、院内或麦场里摆上供桌，放上用新麦面蒸的馍馍、枣山（带枣的一种馍），以及刚成熟的桃、梨、西瓜等时令水果，用斗盛满新收的小麦，斗上贴上红色的“福”字，然后点燃香烛，焚纸放炮，奠酒敬茶，跪下磕头，感谢上天赐福，祖先保佑，让粮食瓜果取得了丰收，同时祈祷秋季风调雨顺，五谷丰登，国泰民安。祭祀礼毕，一家人高高兴兴地吃上一顿用肉、青菜、粉条、海带做成的“杂烩菜”。大人们高兴地在麦场里猜拳行令，算是对半年辛苦的犒劳；孩子们则边吃边闹，欢乐无限。有的地方这天早晨要包饺子，中午蒸馒头、炸面泡、煎煎饼等，全家聚餐，欢庆丰收。

俗谚有“六月初一洒一丢，白面馒头撑死狗”的说法，意思是，如果六月初一这一天只要下一点点雨，就预示着这年的秋收会很好，有充足的余粮，连狗也能足吃白面馒头。这从侧面反映了雨水对农作物的重要，以及老百姓盼丰收吃饱饭的愿望。因为以前大多数农民不但吃不起白面馒头，连吃饱肚子都困难，在靠天吃饭的旧时代，老百姓总是饥一顿饱一顿的。所以，民间流传下“有钱难买五月旱，六月连阴吃饱饭”的俗语。

过去如小孩种牛痘，亲戚往往会在这天带着馍馍、烧饼、麻花、水果等前来探望，称为“揭疙疤”。如今天花绝迹，这一习俗也随之消失。

晒衣节

农历六月初六，是传统的晒衣节。六月初六正处于小暑过后，天气炎热，多雨少晴，进入农闲。相传这天阳光最具消毒作用，所晒物品不会起霉，不会遭蛀。所以，民间有“六月六，士晒书，女晒衣，农禳田”的俗语。晒衣节这天，读书人搬出珍藏的书籍一一摊开，少女们捧出心爱的首饰仔细擦拭，人们在院里闲话家常，人和物都接受了一场阳光的洗礼。所以俗话说“晒晒不生虫”，故也称晒霉节。

除了晒书晒首饰，最重要的还是晒衣。家中的长者当天会早早起床，指挥年轻人有秩序地把箱子、柜子及衣服、鞋子等搬到房外晒谷坪，摊开在苇席上或搭在竿子上，等候烈日曝晒，整个院子顿时色彩斑斓，成了衣物的世界。待一天的充分晾晒后，人们把衣物放回原处，对着西沉的太阳频频招手，表示对太阳的感激和崇敬。晒衣节的意义，不仅是对传统民族文化的传承，也是对健康家居生活的提倡。

中国新闻网介绍的少数民族的“晒衣节”，尤为精彩。如广西红瑶族，因穿红色服装而被誉为“桃花林中的民族”。他们的晒衣节是一片灿烂夺目，远远望去，晒出的连片红衣与龙脊梯田、吊脚楼相映成趣，每每吸引大批中外游客前来领略当地多彩的民族风情，寨子里宾客盈门，热闹非凡。再加红瑶女有个从小开始留长发的习俗，遂传下“头发当草帽戴、手镯当耳环戴、衣服全是丝线带”的三怪奇装异服，每当古老的《长发谣》歌声响起，数十名瑶嫂缓缓解开盘在头顶的长发，乌黑亮丽的长发犹如瀑布般地滑落，更是令慕名而来的中外游客叹为观止。

六月六这天，农村还盛行晒做出的（酒）曲的习俗，传说用这天做的曲拌醋，做出的醋特别酸，味道特别醇美。

六月六，正是谷子抽穗的时节，民间有“六月六，看谷秀”的谚语。所以，六月六又称望夏节，祈望天晴，助庄稼成长。

六月初六，还有个风俗，就是这日各家各户都要把出嫁的姑娘接回家，款待后再送回婆家。所以，俗语有“六月六，请姑姑”“六月六，挂锄钩，叫了大姑叫小姑”。因此，六月六又称闺女节、回娘家节。由此还引出个故事：传说春秋战国，晋卿狐偃骄傲自大，气死亲家赵衰。女婿想乘狐偃过生日之时，为父报仇，杀死狐偃。女儿知道后，星夜赶回娘家报信，让父亲有个准备。狐偃深知自己办了错事，悔恨不已。他不仅不怪女婿，还改正了自己的毛病。事后，每年农历六月六日，狐偃都把女婿、女儿接回家里，合家团聚。后来传到民间，逐渐成了妇女回娘家的节日，也称为姑姑节。其实，六月正是农闲期间，为女儿回娘家提供了方便条件。

过去“人生七十古来稀”，活到66岁，就算高寿了，所以，66岁的生日，女儿是要好好给父母庆祝的。此外，民间还有“六月六，吃闺女一块肉”俗语，这天出嫁的闺女一定要回娘家给父母祝寿，礼物是六斤六两重的一块猪肉。

晒衣节，最早可追溯到汉朝，但还没有具体到六月的哪一天。传说，当年唐僧历经千难方险从西天取回的佛经，在回国的途中不幸坠入海中。上苍被他们师徒不辞劳苦的精神所感动，就特意赐给一个大晴天，让他们把经卷晒干，这一天正是六月初六。又传说宋真宗元符四年六月初六，有人报告降下天书，所以他将这天定为天贶节，晒天书。到了明朝之后，晒衣服的习俗也定在了六月初六。到清朝，传说当年乾隆皇帝下江南，下雨打湿了衣服，他在这一天把衣服晒干了，所以民间又有“人晒衣服，龙晒袍”的俗语。

有关晒衣节的传说，各地都有自己的版本，而各地的民俗内容也不尽相同。但实质是大同的，都祈望在湿热、多雨、易霉、易病的六月，多给些阳光充足的晴天，让庄稼顺利生长，让牲畜平安度夏，让物品少受损失，让人调养身心不生疾病。反映的是人们祈求健康、丰足、美好生活的愿望。

七月半与中元节、盂兰盆节。（另见《十三、战神蚩尤出羊里》）

八月十五。（另见下文《中秋起源》）

重阳节及习俗

每年农历九月初九是中国传统的重阳节。“九”为阳数，“九九”两个阳数相重，故曰“重阳”；又因这天的“月”与“日”皆逢“九”，故又称“重九”。

重阳节，源自上古时代先民在季秋九月庆祝农作物丰收时，举行的祭祀天帝、祖先的活动，借以感谢天帝、祖先的恩德；同时还要举行大型饮宴活动进行庆祝，这就是重阳节当初的原始含义。体现了远古初民对天象和祖先的崇拜，是个具有深刻文化意义的古老节日。这在《吕氏春秋·季秋纪》中已有记载。

重阳节，为何要祭天？这与时节相关。我国上古用干支纪元，人们根据日月星辰的运行轨迹和位置，作为确定季节的时间坐标，并据之来安排生产和生活。春天农耕开始之际，苍龙七宿在东方夜空中开始慢慢上升，最先露出的是明亮的龙首角宿；夏天作物生长，苍龙七宿高悬于南方夜空；而到了秋天，庄稼丰收，苍龙七宿则开始在西方退落；冬天万物伏藏，苍龙七宿就隐藏于北方地平线以下去了，意味着漫漫长冬的到来。因此，在季秋“大火（心宿二）”退隐的时节，人们要举行相应的送行祭天仪式，这就是所说的重阳节“辞青”的风俗，反映的是天象崇拜。

又为何要祭祖？这与孝文化有关。中国古代属于农耕社会，农业文明，是极其重视祖先的生产经验的，在季秋九月庆丰收之时，自然是要祭祀祖宗表示感激的。这是中华民族自古就有的礼敬祖先、慎终追远的礼俗观念，以示孝敬不忘根本，反映的是祖先崇拜。

所以，祀天祭祖，饮宴庆祝，以祈丰足长寿，构成了重阳节的主体内容。

重阳节的演变

先秦时期，各地习俗尚未融合流传，记录重阳节风俗的文字还很少。最早的记载见于《吕氏春秋·季秋纪》，其中提到古人在九月丰收时有祭飨天帝和祭祀祖先的活动。说明战国时代，重阳已在一些地方受到人们重视。

随着汉代的统一，经济的发展，南北各地文化的交流和融合，节俗得到传播，重阳习俗开始普及。汉代的《西京杂记》中就有宫人“九月九日，佩茱萸，食蓬饵（即最初的重阳糕），饮菊花酒，云令人长寿”的说法，这是关于重阳节求寿之俗的最早记录。

“重阳节”的名称，始见于三国时代。魏文帝曹丕在《九日与钟繇书》中对重阳节就作了这样的描述：“岁往月来，忽复九月九日。九为阳数，而日月并应，俗嘉其名，以为宜于长久，故以享宴高会。”

至魏晋时，节日气氛渐浓，有了赏菊、饮酒的习俗。晋代陶渊明在《九日闲居》诗的序文中说：“余闲居，爱重九之名。秋菊盈园，而持醪靡由，空服九华，寄怀于言。”意为：“我闲居无事，颇喜‘重九’这个节名。秋菊满园，想喝酒但没有酒可喝，独自空对着秋菊丛，因而写下此诗以寄托怀抱。”这就是证明。

南北朝梁宗懔《荆楚岁时记》云：“九月九日，四民并藉野饮宴。”则显示这时已有登高饮宴之风习。

唐朝时，重阳节被定为正式节日。从此以后，宫廷、民间一起庆祝重阳节，并且在节日期间各地都举行各种各样的民俗活动进行庆祝。

宋代，重阳节民俗更为热闹，《东京梦华录》曾记载了北宋时重阳节的盛况。《武林旧事》则有南宋宫廷“于八日作重九排当”，以待翌日隆重游乐的记载。

明代，皇宫中宦官宫妃从初一时就开始一起吃花糕庆祝，九日重阳，皇帝还要亲自到万岁山登高览胜，以畅秋怀。清代，风俗依旧盛行，北京重阳节还有把菊花枝叶贴在门窗上，祈求“解除凶秽，以招吉祥”的风习。

延至近代，重阳节被赋予了新的含义。2006 年 5 月 20 日，重阳节被国务院列入首批国家级非物质文化遗产名录。2012 年全国人大常委会正式确定，将每年的九月九日定为老人节。这样一来，传统与现代就和谐地结合在一起了，使这一传统佳节遂成为尊老、敬老、爱老、助老的新式节日。

重阳节的民俗

重阳节，在历史发展演变的过程中，还逐渐融入多种民俗内容和文化意蕴，使之成为一个杂糅多种民俗的大节日，承载着丰富的文化内涵。

除了上述初始的祀天、祭祖为主体民俗活动之外，重阳节还有秋游赏景、登高眺远、观赏菊花、饮菊花酒、制药酒养生、遍插茱萸、摆敬老宴、吃重阳糕等具有众多丰富文化内涵的民俗活动。

登高秋游

古代民间在重阳节有登高的风俗，故重阳节也称“登高节”。重阳登高习俗，既源自古人对山岳的崇拜，也缘于大自然的节气。西汉戴圣《礼记・祭法》云：“山林川谷丘陵，能出云，为风雨，见怪物，皆曰神。”古人认为山川有灵，故传下“登山祈福”的习俗。由此还附会出一个“桓景登山避灾”的神话故事。

吴均的《续齐谐记》记载，东汉汝南桓景随费长房游学累年，长房谓曰：“九月九日，汝家中当有灾。宜急去，令家人各作绛囊，盛茱萸，以系臂，登高饮菊花酒，此祸可除。”景如言，全家登山。夕还，见鸡犬牛羊一时暴死。长房闻之曰：“此可代也。”受此影响，世人遂误认为九日登高饮酒，妇人佩茱萸囊，盖始于此，实乃后世附会之说。“登山祈福”的习俗早在春秋战国时期已流行。

就大自然的节气论，按照天地日月运行规律，重阳节期间，秋高气爽、景色宜人，正是游览的好季节，此时是“清气上扬、浊气下沉”的节气；地势越高，清气越聚集，所以，古人认为重阳节登高山上楼台，眺望云天广野，可“畅享清气”，既可以陶冶情趣，又可达到心旷神怡、健身祛病的目的，于是人们这天竞相登高，遂成重要民俗活动。由此还延伸出另一个“登高辞青”的习俗。

祭天“辞青”

登高辞青，也缘于大自然中的节气。如上文所述，这是在季秋时节，人们举行的送行祭天仪式。

重阳节秋游登高“辞青”与清明节春游“踏青”是对应的春秋大节。“踏青”是人们度过漫长冬季后出室在阳春三月进行春游的节日，那么“辞青”则是在秋寒新至、人们即将隐居时，进行的告别夏秋的具有仪式意义的秋游，这就是重阳节“辞青”风俗的来历。

享宴敬老

重阳节享宴，是由古人庆祝农作物丰收而举行的祭祀神祖时的宴饮发展来的，意在庆贺丰收，祈寿延年，是重阳节的主体民俗。

重阳节在农历九月初九。古人认为，“九”是阳数，又是极数，所以是最大的阳极之数，表示最大最高；而“九”又与“久”同音，九而又九、九九归一，一元肇始，万象更新；所以重阳节又是个吉祥的日子，寓有长长久久、天长地久、生命长久、健康长寿、吉祥尊贵之意，寄托着人们对老人健康长寿的祝福。

传承至今，又添加了感恩敬老的内涵，形成了重阳之日登高赏秋、摆敬老宴祈寿的新风俗，并已成为如今重阳节活动的两大主题。现在每到九九重阳这天，各地都有组织老年人登山秋游、锻炼身体的活动。不少家庭也由晚辈搀扶长辈到郊外秋游的活动。基于此，2012 年，重阳节被全国人大常委会正式确定为老人节。这不仅使从古至今的重阳节敬老之风绵延不绝，又有着增强家族和社会凝聚力的作用。

重阳赏菊

重阳节，自古就有观赏菊花的风俗，所以古又称为菊花节。菊花，本为药用植物。种类众多，花形各异，颜色五彩，是中国十大名花之一、花中四君子(梅兰竹菊)之一，也是世界四大切花(指菊花、月季、康乃馨、唐菖蒲等，可剪切下来作插花)之一。菊花以其不同的形色和独特的品性，不仅赢得了诸多别称，又隐含有多种寓意；既是美妙的观赏之花，也是十分有价值的药用和食用植物，从而形成了赏菊、赞菊的菊文化。所以，中国人自古就有重阳节赏菊和饮菊花酒的习俗，历史上多为文人墨客所赞美。从三国魏晋以来，重阳节聚会饮酒、赏菊赋诗已成时尚。如孟浩然《过故人庄》诗句“待到重阳日，还来就菊花”，对重阳节赏菊和饮菊花酒就念念不忘。

菊花作为药用植物，能入药治病，是“养性上药”，具有“轻身延年”的功效，久服或饮菊花酒、菊花茶能令人长寿。被誉为“十二客”(指十二种花：牡丹称贵客、梅花称清客、菊花称寿客、瑞香称佳客、丁香称素客、兰花称幽客、莲花称静客、荼蘼称雅客、桂花称仙客、蔷薇称野客、茉莉称远客、芍药称近客)中的“寿客”，称长寿之花，象征吉祥长寿。

菊花，因多为黄色，又被称为“黄花”，黄色在中华文化里是代表大地的中正之色；菊花在寒秋九月凌霜怒放，被赋予坚贞不屈的品格，所以菊花象征着中华民族的正直不屈的精神。

古人以菊花比喻品行高洁的、不与世俗同流合污的人。屈原在《离骚》中高唱“朝饮木兰之坠露兮，夕餐秋菊之落英。苟余情其信姱(kuā，美好)以练要(精诚专一，操守坚贞)兮，长顑(kǎn，面黄肌瘦)颔亦何伤。”这是说：早晨我饮木兰上的露珠，晚上我餐菊花的落英。只要我的精神坚贞不易，虽形销骨立又有什么关系。因此菊花成了高尚纯洁的象征。

陶渊明的《饮酒》诗：“采菊东篱下，悠然见南山。”描绘了隐士隐居乡野的悠然自得生活，后世遂把菊花称为隐逸花，并借指潇洒隐逸之士。

饮菊花酒

由于菊花具有上述独特的品性，含有养生成分，是生命力的象征。所以重阳佳节饮菊花酒，是中国的传统习俗。菊花酒是药酒，饮之可使人目明脑清，被视为祛灾祈福的“吉祥酒”。晋代葛洪《抱朴子》就有“南阳山中人家饮用遍生菊花的甘谷水而益寿”的记载。

菊花酒汉代已有。梁简文帝《采菊篇》“相唤提筐采菊珠，朝起露湿沾罗襦”之句，即是采菊酿酒的事例。直到明清，菊花酒仍是盛行的健身饮料。

菊花还可以做成不少精美的食品，比如：菊花肉丸、菊花鱼丸、菊花瓣炒蛋、花瓣烧豆腐、菊花鱼片粥、菊花羹、菊花糖、菊花糕等等，都是别有风味、脍炙人口的佳肴。

登山插茱萸

重阳节，古代还盛行插茱萸的习俗，所以又叫作茱萸节。茱萸是一种果实可以入药的植物，味浓香，具有明目醒脑、祛火除湿、灭蚊驱虫、逐风邪、避瘟疫的作用，并能消积食，治寒热，也可制酒用以养身祛病。所以古人在重阳节这一天有登山插茱萸的习俗。一般把茱萸插在头上，或将其磨碎盛在香袋里佩戴在手臂上。大多妇女、儿童都佩戴，有些地方男子也佩戴。重阳节清气上扬，浊气下沉，人们插茱萸意在调整体魄，使其适应自然气候的变化，以保证健康。

晋代周处《风土记》中就有“九月九日折茱萸以插头，避除恶气，以御初寒”的记载。到了唐代，这一习俗已很普遍。王维的《九月九日忆山东兄弟》诗句“遥知兄弟登高处，遍插茱萸少一人”，描述的就是重阳节登高插茱萸的习俗。

重阳节早期的民俗，强调的是避邪消灾，随着人们生活状况的改善，人们对未来的生活则给予了更多的期盼，民俗所祈求的已转为长生与延寿。因此，茱萸这个“避邪翁”已让位于菊花这个“延寿客”。

茱萸的传说

茱萸，又名“越椒”“艾子”，是一种常绿带香的植物。主要包括山茱萸和吴茱萸。

相传，春秋战国时期，弱小的吴国每年都得按时向强邻楚国进贡。有一年，吴国将本国的特产“吴萸”药材献给楚王。楚王看不上这土生土长的中药材，认为吴国戏弄他，于是大发雷霆，将吴使赶了出去。楚王身边有位姓朱的大夫，将吴使接回家中，加以劝慰。吴使说，吴萸乃我国上等药材，有温中止痛、降逆止吐之功，善治胃寒腹痛、吐泻不止等症，因素闻楚王有胃寒腹痛的痼疾，故而献之，想不到楚王竟然不知好歹。朱大夫听罢，派人送吴使回国，并将他带来的吴萸精心保管起来。

次年，楚王受寒旧病复发，腹痛如刀绞，群医束手无策。朱大夫见时机已到，急忙将吴萸煎熬，献给楚王服下，片刻止痛，楚王大喜，重赏朱大夫，并询问这是什么药？朱大夫便将去年吴使献药之事说与楚王。楚王听后，非常懊悔，一面派人携带礼品向吴王道歉，一面命人广植吴萸。没过几年，楚国瘟疫流行，腹痛的病人遍布各地，全靠吴萸挽救成千上万百姓的性命。楚国百姓为感谢朱大夫的救命之恩，便将“吴萸”改为“吴朱萸”。后世医学家在朱字上加个草字头，正式命名为吴茱萸，沿用至今。

重阳“晒秋”

重阳节，天高气爽，阳光灿烂，不仅是出游赏秋的好时候，也是南方一些山区村落晾晒农作物的最佳时机。南方一些山区村落由于地势复杂，村庄平地极少，新收获的农作物缺少场地晾晒，只好利用房前屋后及自家窗台屋顶，架晒或挂晒农作物，久而久之遂演变成这种村民晾晒农作物的特殊生活方式和场景，并被画家、摄影家捕捉到作为创作的素材，还为之起了个充满诗意的“晒秋”名称。“晒秋”是种典型的农俗现象，具有极强的地域特色。如今去乡村赏民俗，看“晒秋”已成为乡村旅游的一种时尚。

重阳放纸鸢

放纸鸢(一种风筝)，也是南方过重阳节的一种习俗。放纸鸢，除了因重阳时节天高云淡，风轻日丽，纸鸢容易乘风而上外，还传说，重阳时节放纸鸢，可以“放晦气”，纸鸢飞得越高越远，则晦气也放得高飞远离。为了彻底驱走晦气，有的还特意把牵线剪断，让纸鸢消失到云天之外。目的自然是祈求“吉祥”和“福气”，所以另一种相反的说法是，重阳放纸鸢是“放吉祥”“放福气”，纸鸢飞得越好，则福气越浓。照此说，当然就不能弄断牵线，而要千方百计保护了，因为若是牵线断了，“吉祥”“福气”也就飘走消失了。其实二说本质一致，解释不同而已。

食重阳糕

民间重阳节有吃重阳糕的习俗。重阳糕又称花糕、菊糕或五色糕。“糕”与“高”同音，古人九月做糕，图个吉利，寄寓百事俱高之意。民俗，于九月九日天明时，将片糕搭在儿女额头，口中念念有词，可以祝愿儿女百事俱高。所以，讲究的重阳糕要做成九层，像座宝塔，上面还要做两只小羊，以符合重阳(羊)之意。有的还在重阳糕上插一小红纸旗，象征茱萸，并点燃蜡烛灯。盖用“点灯”“吃糕”，隐喻“登高”“高升”之意。

下元节。(另见《十三、战神蚩尤出羊里》)

寒衣节及习俗

寒衣节，在农历十月初一，又称十月朝，是我国传统的祭祀节日。农历十月是庄稼收获进仓的月份，北方的人们在这一天会用新收获的黍米来祭祀祖先，不忘让祖先尝新，以纪念仙逝的亲人，故又称祭祖节、秋祭。十月又是立冬的月份，十月初一是进入寒冬的第一天，标志着严冬的到来，所以这天，不管是家祭、还是墓祭或是族祭，除了上供祭拜，都还有所谓“烧献”，即祭奠时将冥币、香箔奠而焚之送给祖先在阴间使用，尤其是还要把用彩帛或彩纸制作的冠带衣履，于坟前焚烧，谓之送寒衣，让祖先御寒。这反映了生者对先人的哀思与崇敬，是尽孝文化传统。坟祭多在晚上，因为传说地府清明节收鬼，十月初一放鬼，祭早了，怕鬼魂还没有放出来，无法享受祭祀。所以，十月初一又称鬼开门节、冥阴节、鬼节，是中国的三大“鬼节”之一。还有的人家，在坟头画圆圈时，还在旁边另加个圆圈，一是救济那些无人祭奠的孤魂野鬼，二也是避免他们抢走自家祖先的衣物。

过去儿女们守孝，三年孝满之时，也多在十月初一换穿常服。先人坟墓的迁移或合葬等仪式，民间也总是习惯在十月初一日进行。

《礼记·月令》云：“是月也，天子始裘。”也就是说，十月天气渐凉，天子以穿冬衣的仪式，昭告百姓：冬天已经来临。妇女们会在这一天将做好的棉衣拿出来，让父母、丈夫、儿女试穿一下；男人们则在这一天整理火炉、安装烟筒，并试着生一下火，以保证天寒时顺利取暖。所以，给鬼魂送寒衣，应缘于人们这一准备御寒衣物习俗。活着的人要御寒，自然会想到过世的先人也要御寒。同时，人们也没忘记，在自己加衣避寒的同时，将冬衣捎给远在外地戍边、经商、求学的游子，以示牵挂和关怀。

相传，寒衣节起于周代。这天，天子率三公九卿到北郊举行迎冬礼，礼毕返回，要奖赏为国捐躯者，仪式就是为他们“送寒衣”，并抚恤他们的妻子儿女。于是上行下效，遂相沿成俗。秦代，农历十月初一是岁首，延续了用新收获的黍米做成的黍臛(huò，杂以黍米的肉羹)祭祀祖先并送寒衣的习俗。汉初仍得以沿用。延至唐宋，仍有遗存。相传明初朱元璋在南京称帝后，为了显示顺应天时，在十月初一这天早朝，举行过“授衣”之礼，并用新收获的黍米做成热羹赐给群臣尝新。故南京民间有“十月朝，穿棉袄；吃豆羹，御寒冷”之谚语。

过去至十月一日，地净场光，农事结束，农村进入“农闲”，所以寒衣节，在祭祖之后，有的地方还要大摆宴席、举行庙会和集资唱大戏，以示庆祝。

或说这中间有断档，认为寒衣节习俗的形成不会早于宋代，推断而已。

孟姜女千里送寒衣

在历史的演变中，后来寒衣节又与孟姜女哭长城联系起来。相传孟姜女配夫范杞良。杞良被抓去北疆修筑长城，孟姜女千里寻夫送寒衣，寻到长城脚下，不想丈夫已死，被埋筑在城墙里。孟姜女悲愤交加，向长城昼夜痛哭，终于感天动地，哭倒长城八百里，露出丈夫尸骨。最后孟姜女怀抱丈夫遗骨，纵身跳海殉夫。就在跳海的刹那，海上波涛汹涌，缓缓拱起两方礁石，是为海上孟姜女坟。传说，海潮再大也不能淹没坟顶。从此，长城内外的人们便将农历十月初一这天称作寒衣节，并形成凭吊已故亲人的风俗。

冬至节及习俗

冬至，在“大雪”后 15 天，约当 12 月 22 日左右，既是二十四节气中的一个重要节气，也是中国民间的一个传统祭祖节日，兼具自然时节与人文习俗两大内涵，是“四时八节”之一，被视为冬季的大节日，古代民间有“冬至大如年”的说法，所以又称亚岁、小年。

冬至是反映太阳光直射变化的节气，冬至这天太阳南行到极致，太阳光直射南回归线，是北半球一年中白天时间最短、黑夜时间最长的一天，故又称日南至、冬节。也就从这天起，太阳直射点往北回返，北半球各地太阳高度逐渐升高，太阳光渐渐增强，白昼逐日加长，所谓“冬至一阳生，是以日晷初长”。俗谚云“吃了冬至饭，一天长一线”。所以，冬至是“日行南至、往北复返”的转折点。从节气规律来说，立春是阳气生发的始点，标示着万物更生、新轮回开启；而冬至则是太阳回返的始点，标示着太阳重新往返运动进入一个新的循环。所以古人认为冬至是“大吉之日”，其重要程度不亚于立春。

画九数九，从冬至开始就入“九”了。民俗在这天要绘一枝素梅，上画 81 朵蓓蕾，名为“九九消寒图”，实则是冬至后计算春暖日期的图。每天用红色染一朵，染尽就出“九”了，“数九”之说盖缘于此。北方的气候，冬至后比冬至前更冷，民俗有“一九二九不出手；三九四九凌上走；五九半，凌花散；立春六九，沿河看柳；七九六十三，行路的君子把衣宽；八九七十二，黄牛遍地是；九九杨花开；十九寒不来”之谚语。

冬至习俗

古人对冬至十分重视，认为冬至阳气生而君道长，是乱而复治之机。所以，从汉代以来都举行庆贺仪式，宋代达到顶峰。冬至前后共三天节期，依次称小至、大至、至后，百官朝贺，君不听政，民间歇市，学生放假。妇女为儿童做御寒的棉衣，为老人做风帽；儿童则进行斗拐、磕城、拿焦营等御寒游戏；青壮年则开始练武术健身。

吃饺子，在我国北方许多地区，每年冬至日，有吃饺子的习俗，因为饺子有“消寒”之意，至今民间还流传着“冬至不端饺子碗，冻掉耳朵没人管”的民谚。盖取“饺形如耳”之意。

葭灰飞，杜甫诗有“冬至阳生春又来”之句，《幼学琼林》提供的验证的办法是“冬至到而葭（芦苇）灰飞”，意思是用芦苇灰可测出冬至到了的时刻。就是在密封的室内置一律管，在律管的两端堵上芦苇灰，等到冬至时刻，阳气生发，会将灰吹得飞起。

祭祖宴饮，冬至，历来为民间所重视，各地冬至都有祭祖、宴饮的习俗。

先秦时期，南北各地风俗文化各异，各地的风俗尚未融合普及，很多节日民俗活动古籍上鲜有记载。

据现存著作记述，住在陕西一带的周人以冬十一月为正月，冬十一月一日为岁首。周人的冬十一月一日岁首，与现行“二十四节气”的冬至日期同在阴历十一月，因此有人说从周代起，周人就有在冬至（十一月）举行祭祀活动的习俗。

《易》曰：“先王以至日闭关，商旅不行。”《后汉书·礼仪志》记载：“冬至前后，君子安身静体，百官绝事。”还要挑选“有能之士”，鼓瑟吹笙，奏“黄钟之律”，以示庆贺。唐宋时，把冬至和岁首并重。南宋孟元老《东京梦华录》云：“十一月冬至。京师最重此节，虽至贫者，一年之间，积累假借，至此日更易新衣，备办饮食，享祀先祖。官放关扑（赌掷财物的博戏），庆祝往来，一如年节。”据《嘉兴府志》记载：“冬至祀先，冠盖相贺，如元旦仪。”

吃番薯汤果，在宁波的传统习俗中，番薯汤果是冬至必吃的美食之一。“番”和“翻”同音，在宁波人的理解中，冬至吃番薯，就是将过去一年的霉运全部“翻”过去。汤果，跟汤团类似，但个头要小得多，而且里面没有馅。汤果也被叫做圆子，取其“团圆”“圆满”之意。老宁波也有“吃了汤果大一岁”的说法。宁波人在做番薯汤果时，习惯加酒酿。在宁波话中，酒酿也叫“浆板”，“浆”又跟宁波话“涨”同音，取其“财运高涨”“福气高涨”的好彩头。

马扎尔人的卡拉琼日，卡拉琼日是最古老的欧亚文化习俗之一。在哈萨克斯坦称之为纳尔图甘日，即中国的冬至日。在这天，古代的突厥人会聚集在一起，点燃巨大的篝火，庆祝漫漫寒夜的结束，也兼有通过火焰的温暖，战胜寒冷长夜的意思。今日，马扎尔人仍然延续着庆祝这一节日的传统。匈牙利各地也都过这个节日。

此外，各少数民族也都保留着自己的传统节日，诸如傣族的泼水节、蒙古族的那达慕大会、彝族的火把节、瑶族的达努节、白族的三月街、壮族的歌圩、藏族的藏历年和望果节、苗族的跳花节，等等。

如今国家的法定的节日

元旦（1 月 1 日）、春节（农历正月初一）；清明节（4 月 5 日前后）、国际劳动妇女节（3 月 8 日）、植树节（3 月 12 日）；国际劳动节（5 月 1 日）、中国青年节（5 月 4 日）；端午节（农历五月五日）；国际护士节（5 月 12 日）；儿童节（6 月 1 日）；中国共产党诞生纪念日（7 月 1 日）；中国人民解放军建军纪念日（8 月 1 日）；教师节（9 月 10 日）；中秋节（农历八月十五日）；国庆节（10 月 1 日）；记者节（11 月 8 日）。

大飨城

黄帝打败蚩尤后，曾在菏泽举行大型祭天活动。《史记·封禅书》记载：“黄帝得宝鼎于宛朐（qú）。”是说黄帝擒杀蚩尤，得到了蚩尤的重器宝鼎。公元前 132 年瓠子河决时淹淤在地下。顾炎武考证宛朐即今菏泽城。此城位于古冤水之滨，故也作冤句，是个有众多遗址包围的大型古文化遗址。

菏泽东北有重丘，传说是颛顼之子重的居地。实际当是因黄帝在此得蚩尤的重器宝鼎而得名，是《左传》中多次说到的会盟争夺之地。《旧唐书·地理志》云：春秋时，宛朐又名重丘，秦置宛朐县，汉因之。后人为纪念黄帝，又称此城为大飨城。

无为而治

传说黄帝曾到崆峒山，向广成子请教无

为而治天下的道理。于是，黄帝便制定简明法律，让百姓都能安心守法。黄帝仁义远播，四方民众都相率来归，无为而使天下大治。天上呈现五彩祥云，黄帝遂用彩云名官。这或是黄帝被尊为道家之祖而并称“黄老”的原因。

黄帝到底死葬何处？

《史记·五帝本纪》记载：“黄帝崩，葬桥山。”桥山在陕西省中部，今黄陵县西北。对此，自古就有不同的说法。黄帝的死葬地到底在哪里呢？

一般而论，一个帝王的死葬地，应在其政权活动的中心之区。如上所述，黄帝政权的活动中心在菏鄄所在的中原地区。准此，黄帝去世后理应葬在中原某处。其继位的孙辈颛顼，就出生并建都濮阳帝丘（今鄄城旧城镇），死葬鄄城西部的顿丘，距鄄城不远。

那么，执政于中原的黄帝何以反而葬在遥远的桥山呢？黄帝又在何处去世呢？《辞源》只说“黄帝在位百年而崩”，历史上也没有更多文字说明。黄帝去世时既然已过百岁，当不会因征战死于陕西桥山吧？根据“黄帝生于寿丘，长于姬（济）水，执政于中原”来断，理当死葬于中原某地。只是现在还没有发现确切的地点和显明的陵寝。

只在《淇县志》中记载说：“相传轩辕黄帝死后葬于沬。”“轩辕坟在城东北五里小庄村东南。”《封神演义》也说：“朝歌南门外，离城二十五里有轩辕坟。”朝歌即沬地，也就是今之淇县，淇县赵沟村东原有黄帝陵，俗称轩辕坟。据说墓门工艺粗糙，两石柱之间嵌一石匾，上镌“轩辕坟”三个篆字。石门北侧原有石门村，曾有三户人家，种地兼为轩辕看坟。这里埋葬的有可能是黄帝真身，黄帝真坟在淇县也较合理，因为淇县离黄帝出生地、执政中心鄄城不远。鄄城自古即为黄泛区，把黄帝向西一点埋葬以免水淹，也是一种思考。

今人认为既然黄帝的政治中心和家族儿孙都在中原鄄城地区，百多岁的黄帝怎可能远赴陕西死在那里，更不可能是把死在中原的黄帝尸体，长途运送去桥山埋葬。

比较可信的解释是，陕西的黄陵是黄帝的衣冠冢。这种说法也有根据。《淇县志》里有“相传陕西黄陵系黄帝衣冠冢”之语。《抱朴子·极言篇》引《列仙传》亦云：“黄帝自选亡日，葬于桥山，山陵忽崩，墓空无尸，只有剑和鞋在。”《史记·封禅书》中则记载汉武帝曰：“黄帝不死，今有冢何也？”或对曰：“黄帝已仙上天，群臣葬其衣冠。”可见自古就有陕西黄陵是衣冠冢之识。此说，陕西有关人士也有人认同。

那么，何以会在桥山建黄帝衣冠冢呢？据传黄帝有子 25 人，继位者只能一位，其他子孙多有迁徙四方者。迁陕的一支不忘故国，为寄托怀乡之情，选择桥山这一风水宝地为黄帝建衣冠冢当在情理之中。安土重迁，人情怀乡，走到哪里，把祖宗带到哪里，这是中华民族的传统。狐犹首丘，何况人乎！这里无黄河水患，故得以长期保存下来。

阪泉之战和涿鹿之战的意义

阪泉之战和涿鹿之战，是中国历史上见于记载的最早的“战争”，是中华民族在发轫时期决定日后基本面貌的历史性“战争”，对于古代华夏族由野蛮时代向文明时代的转变产生过重大的影响。涿鹿之战的结果，有力地奠定了炎黄集团在广大中原地区的基础，并起到了进一步融合各氏族部落的催化作用。

炎黄同是伏羲氏的后代，在联合起来两次大败蚩尤后，炎黄部落联盟迅速发展壮大，最终确立了统治地位，号令遍行天下，遂成为古华夏各部落联盟的首领。炎黄二帝都担任过中原各族的共主，深受中原华夏各族的敬重，所以后人将二人，或者说将炎帝、黄帝两个部族视为中华民族的人文始祖和共同祖先。炎帝被列为三皇之一，黄帝也被尊为五帝之首。传至今日，亿万万海内外同源共祖、血脉相连的华人，都宣称是炎黄子孙、龙的传人。正像子夏说的“四海之内皆兄弟”。

炎黄的贡献

取得两场战争胜利的炎黄部族首领的贡献是全面的，对后世产生了巨大的影响。

生产方面，继承了神农以来的农业生产经验，教民耕稼，播厥百谷，发展生产，将原始农业发展到高度繁荣阶段，保障了民众生活。

政治方面，创立分土建国体制，划野分疆，设官司职，提出以德治国，是后来政治制度、社会管理制度、井田制的萌芽。

精神方面，发明律历、算数、甲子纪年；发展中医科学；创造书契、图画；发明乐器、音乐、舞蹈；制定祭祀、婚丧、占卜制度，等等。

物质文明方面，发明养蚕、缫丝、机杼，进行纺织；制作衣冠、陶器、釜皿。尤其是继承了蚩尤部族的冶炼铸造技术和宗教、刑法观念；冶炼铜铁，铸造鼎彝、刀兵、弓矢、钱币；建造宫室、舟车、指南车，等等。

总之，炎帝、黄帝和蚩尤及其后代共同创造了上古几乎所有重要的发明，开发了丰富多彩的原始物质文明和精神文明，成为中华文化、技术文明的始祖。他们展示出的伟大炎黄文化，成为后来中华民族自尊、自立、自信、自强精神和中华文化的源头。炎黄文化博大精深，绵延不衰，培育了一代又一代中华儿女，激励着一代又一代炎黄子孙，为中华民族的崛起而奋斗不息，为中国的社会进步和人类文明的发展做出了卓越的贡献。海内外炎黄子孙都有着对自己伟大民族和共同祖先的认同感和自豪感，炎黄精神和文化已成为维系海内外炎黄子孙爱国情结和中华民族团结、奋斗的巨大精神动力。

伟大的炎黄精神

后人用64字概括了炎黄精神，谓之初祖八德：

修德振兵，抚顺讨逆；敦厚慈仁，有容善蓄；

睿智文明，遵礼守义；多所改作，革故创新；

克勤克俭，不挠不屈；协和辑睦，天人合一；

同源同根，聚心聚力；励精图治，自强不息。

黄帝没后，古鄄由其孙颛顼治理。颛顼是黄帝次子昌意的儿子，被立为帝，都于帝丘。帝丘在濮水之北，故称濮阳，即今鄄城旧城镇；又因地处甄山（古鄄北部群山）之南高丘，故号高阳氏。所以，古鄄号称颛顼遗墟。

十二、仓颉造字濮鄄地

符号象形先民创，仓颉整理功德长。
奠定殷商甲骨文，开启华夏文明窗。
先人生活全写照，民族精神得传扬。
照耀中华五千年，一脉相承无断章。
子孙今日继祖武，文化传统再辉煌。

仓颉身世

仓颉，风姓，名颉。其先祖为燧人弇兹氏的一支，其祖为伏羲女娲后裔。父属伏羲氏族，母属史皇氏族。母亲是史皇氏部落的一位女首领，名侯冈，故仓颉随母姓，又叫侯冈颉。传说史皇氏侯冈感天地之灵气，生下仓颉。

史皇氏是炎帝神农氏治下的一个氏族部落。据说仓颉生于炎帝神农氏政权帝承二十六年(公元前4666年)。仓颉从小聪明好学，成人后被族人推选为史皇氏大酋长。仓颉不愿遵别人为帝，于是拒绝朝拜炎帝，遂率族人占领了太行山以东黄河以北的大片土地，于公元前4637年自立为帝，尊号仓帝，故又称仓颉，都于阳武(今河南新乡市原阳县东南)，是我国氏族联盟时代史皇仓颉氏政权的首任帝，从公元前4637年起，至前4527年被黄帝征服止，共传5帝，历时110年。是炎帝主政部落联盟时期的一个因不服而自立的地方政权。

史官之始

据说仓颉29岁称帝，在位执政42年，享年71岁。卒后遗体葬在濮地(今河南南乐县梁村西北)。仓颉死后又传了四任帝。至公元前4527年，轩辕氏侵入了仓颉氏的统治区域，仓颉五世无力抵抗，率族人投降了轩辕氏。后来轩辕氏称帝，建立黄帝轩辕氏政权，仓颉氏的后人被黄帝封为典史官，负责记录和整理历史典籍，此为史官之始。

仓颉生活在濮鄄地

仓颉生卒在何地？古籍说法不一。由于仓颉做出了巨大贡献，影响深远，所以有关仓颉的遗迹，全国现在已发现的共有8处。先有南乐说、开封说、虞城说、寿光说、东阿说和白水说。后又发现阳武、洛宁也有仓颉遗迹。上述几处皆有大致相同的仓颉陵、仓颉庙和造书台等古迹。

仓颉，其先祖既然为燧人弇兹氏的一支，父属伏羲氏族后裔，母属史皇氏族后裔，是炎帝神农氏治下的一个部族，卒后遗体葬在濮地，根据这些历史记载，再考虑到燧人、伏羲、炎黄均出生或活动在菏鄄濮水之域的东方平原的情况来进行分析，那么作为炎帝部下和黄帝史官的仓颉氏其生活的地域乃至其整理文字的活动，也当同样在菏鄄濮水之域的东方平原。

因为“濮地”就是濮水流域，“濮阳”就是濮水北边附近地区，远古所指地域不会太广远，当达不到今河南濮阳市之地。濮水北岸就是鄄城，所以古所称“濮阳”，一直指鄄邑，又称“帝丘”，乃颛顼旧墟，即今鄄城旧城镇，而非今河南濮阳市。所以仓颉氏长时间随炎黄活动在濮鄄及周边地区，并在这一时期整理文字，是顺理成章的。

只是由于黄河的频繁泛滥，这里仓颉活动的遗迹可能早已被深深地淤埋在地下，所以现在暂时还没有被发现。但也不能完全排除将来在这里会发现仓颉遗迹的可能。再说濮鄄虽还未发现仓颉生卒地，也不等于仓颉没在这里生活过。

在上述现已发现有仓颉墓及遗迹的几说中，河南南乐、开封、虞城和陕西白水等 4 说始建于汉代；山东寿光和东阿说始建于晋代；余下的河南阳武、洛宁说则为宋代以后始有。从历史的可信度来论，一般说始建越早，距事件发生的时代就越近，可靠性就越大。

就现在已知的始建于汉代的 4 处仓颉陵墓和遗迹来分析，在南乐的一处是真迹的可能性较大。河南南乐的仓颉墓位于县西北十多公里的吴村，原称仓颉祠，始建于东汉永兴二年（公元 154 年），时间较早，离濮鄄之地较近。仓颉庙中现存的一通旧碑，上有北宋名相寇准专程祭拜仓颉庙时留下的联语：“盘古斯文地，开天圣人家”。还有一通元代延佑年间的残碑，上有：“仓颉生于斯葬于斯，乃邑人之光也”的碑文。在历史的长河中，由于兵燹和天灾，南乐仓颉庙屡遭劫难，又屡毁屡建，然“未尝稍替”。在“文革”的毁灭性劫难中，仓颉庙成为废墟，坟墓被挖开。挖出的碎烂盆罐、石斧石镰等，经过专家鉴定，竟是龙山文化遗物。后经过有计划的考古发掘，出土文物十分丰富，主要为龙山和仰韶时期的器物。这意外的发现，使南乐仓颉陵墓的真实身价倍增。于是南乐县多方筹资着手重修仓颉陵及仓颉庙，已于 2000 年全部完工，后又在南乐县梁村乡吴村隆重举行了首届仓颉汉字文化节。

其余的几处，当为仓颉后代子孙的移居地。白水一处大概是仓颉后裔随着黄帝后裔躲避黄河水患而西移迁徙过去的。另几处皆在菏鄄濮水附近地区，有仓颉后裔居住，将仓颉陵庙带过去，更是很自然的。

汉字的起源

在遥远的原始社会，人类的祖先如同动物，没有语言，彼此交流只靠手势和身体动作。后来产生了表示感叹的“啊”“呀”等单音词，慢慢又发展出双音词。又经过数百万年的进化和发展，到了距今约 10 万年前的有巢氏时代的后期，才有了人类的初级语言。到了燧人氏时代，人类虽已有相当丰富的语言，但仍然没有文字。

当时人们记住重大的事情先是用“堆石记事”，这太麻烦；后又发明了“结绳记事”和“契刻记事”。

大约公元前一万年的燧人氏晚期，燧人氏发明了最早的“符号文字”。符号文字最初主要由“○”“△”“米”三个符号构成，是在“契刻记事”的基础上，受“结绳记事”的大结、小扣和叠结的启发而发明的，可以长久保存。

据《河图玉版》记载说：“仓颉为帝南巡，

蹬阳虚之山，临于元扈洛汭之水。灵龟负书，丹甲青文以授之。”意为仓颉于此拜受了“洛书”。仓颉所受之“洛书”当是燧人弇兹氏所创造的原始“洛书”。全书仅由“○”和“●”两个上古符号文字构成。“○”代表天，为阳；“●”代表地，为阴。该书以简单的符号通过不同的组合，融天文、地理、数学、玄学为一体，可说是内涵丰富，高深莫测。这为仓颉了解之前的符号文字和后来整理象形文字提供了条件。夏、商、周历代开国君王也都曾假借“河图”“洛书”托古以证明自己是天命所归的。

随着代替不同事物的符号文字陆续被发明出来，我国远古时代最初的文字就萌芽了。

我国远古约五千余年的早期文化历史就是用这种符号文字记录下来的。黄帝以前已有专门负责记录的职官上柱史、大典氏、少典氏等，所以中国的文明历史并非始于黄帝，此前已有了数千年的历史。只是这几千年的历史是用这种密码性的符号文字记录的，局外人很难破译理解，因此无法普及。

于是先民便又由图画发展出了图画文字，即照实物用简单的画面来表现出该事物。比如画个山形( )代表“山”，画几道水波( )代表“水”，画个圆形( )代表“太阳”，画半个圆( )代表“月亮”等等，这种文字不用谁教，一望便知，深受人们欢迎。这虽还不是真正的文字，但已孕育着汉字的雏形，再发展就成了最初的象形字。

据今人研究，神农氏炎帝时代已有了这种文字，传说炎帝还用这种文字撰写了一本医药书《本草》。

关于仓颉造字

黄帝统一了华夏后，随着部落的壮大，狩猎、捕鱼、种植等生产的发展，仅靠堆石、结绳、契刻、符号等记事来帮助记忆，已不能满足人们交际的需要，所以黄帝下令仓颉造字。前文已讲明，黄帝命为史官的是侯冈颉的后人，所以仓颉造字的仓颉不会只指侯冈颉，而应是仓颉氏族的人。

仓颉氏“仰观天象，俯察万物”“见鸟兽之迹，体类象形”，首创了“鸟迹书”，“以代结绳之政”。仓颉遂被后人推为创造文字的大师、尊为文字之“始祖”。

像这样仓颉造字的相似记载古籍里多有。例如《说文解字·叙》云：“黄帝之史仓颉，见鸟兽蹏(蹄)迒之迹，知分理之可相别异也，初造书契。”《春秋元命苞》则进一步增补神化说：“仓帝史皇氏……龙颜侈哆(chǐduō，大嘴阔口)，四目灵光。实有睿德，生而能书。及受河图录字，于是穷天地之变，仰观奎星圆曲之势，俯察龟纹鸟羽山川指掌而创文字。天为雨粟，鬼为夜哭，龙乃潜藏。”

据说仓颉造字后，黄帝深感其功绩过人，乃赐以“仓”(倉)姓。“倉”者，为“君上一人，人下一君”，黄帝认为仓颉的智慧超过了自己，是君王上边独一无二的人，表示了对仓颉极高的推崇。仓颉则认为自己是一代草民，遂在“倉”字上面加了一个草头“艹”作“蒼”(苍)，这样便形成了历史上“仓”与“苍”两种写法。如今规范化作“仓”。

“仓颉造字”的传说在战国时期已经广泛流传。最早提到的是《荀子·解蔽》，文中称：“好书者众矣，而仓颉独传者壹也。”这既说明造字者并非仓颉一人，也说明文字不是仓颉一人所创造的。仓颉造字只是一个传说。

如前所述，仓颉之前文字已经产生，且为人们已在生活中所运用。

实际上，汉字是先民在生活、生产劳动中为适应交际的需要而共同不断创造出来的，不是某一个人一时能办得到的，也并非起自黄帝时代。事实上中国的文字早在仓颉以前数千年就已经萌芽了。

谷雨节的来历

传说仓颉造字，是一件惊天动地的大事，所以也感动了上天，当黄帝于春末夏初仓颉生日的3月28日发布仓颉造字成功的诏令，并号召天下人民共习之的这一天，天上下了一场不平常的雨，落下了无数的谷米，后人因此把这天定名谷雨，成为二十四节气中的一个。也在此时，却愁得鬼怪啾啾夜哭起来，此即古书所记载的“仓颉作书，天雨粟，鬼夜哭”的来历。

这种带神化性的描述，反映了人们对仓颉造字的崇拜，对汉字的敬重，也透露了汉字来自先民生活实践的真谛。中国民间至今仍有“敬惜字纸”和爱护书籍的传统，因为字纸和书籍是文明的象征，所以是人们珍惜文化、崇尚文明的表现，也是对仓颉等先贤的一种追念。

仓颉的功劳与影响

既然传说仓颉造字，也非空穴来风。仓颉与汉字也必有紧密关系。

作为黄帝史官的仓颉，其功绩就在于，他可能在研究了“洛书”古符号文字的基础上，又广泛地搜集了民间的图画文字，然后加以整理和系统化，从而创立了有系统的象形文字。仓颉应是第一个对汉字进行系统整理的人，为后来殷商发现的相当成熟的甲骨文打下了坚实的基础。

汉字是我们上古先民社会生活全方位的真实写照，从中我们可以了解先民的生产生活、思想观念、道德品格、对自然的认识以及对人生和社会的态度。所以汉字是中华文明的源头，是中华文明发展进程的记录，是中华文化的标志，是中华民族的精魂，是我们民族特性的集中体现。

汉字不只是记录语言的符号，而是世界上唯一自身就饱含着丰富的民族文化信息的文字。这就是汉字的本质。

仓颉整理了已有的汉字使之形成系统，构成了中华五千年文明之根基，从而促进和加速了中华文明的发展进程。被后人尊奉为中华文字始祖、字圣、三教之祖、万圣之宗，视为中华民族的英雄人物，是当之无愧的。

仓颉之子邙继承父业，黄帝遂以职官赐邙为史姓。后来周朝的史仪、史籀，汉朝的史高、史晨，皆是仓颉之裔孙。

关于六书造字法的提出

传说象形、会意、形声、指事、假借、转注等六种汉字造字法是仓颉的发明。其实六书之说，不是仓颉一人先发明了六种汉字造字方法，然后照法去造字的，而是后人在分析文字构造的规律中逐步提出的。开始时称呼和顺序也并非一种，是东汉学者许慎在编著中国第一部字典《说文解字》时，总结前人不同的说法，归纳出来了这一比较合乎实际的为大家普遍接受的说法。

关于白水仓颉庙中的《仓圣鸟迹书碑》

关于《仓圣鸟迹书碑》，最早的记载文献是宋朝郑樵著的《通志》，书中记载说：“仓颉石室记二十八字，在北海仓颉墓中，土人呼为藏书室。周时无人识，至秦李斯识其八字，曰‘上天作命，皇辟迭王’。汉叔孙通识十三字，孔子至齐尝访焉。”照此看来，白水县仓颉庙的《仓圣鸟迹书碑》出于寿光仓颉墓较为可信。庙中《仓圣鸟迹书碑》立于清乾隆十九年（公元1754年）十月。碑面所镌28字由白水

《仓圣鸟迹书碑》

知县梁善长摹写。28字，相传为仓颉当年所造象形文字之原形。字形若图若画，不易辨识。甲骨、金文俱无其形。

宋代王著所编的《淳化阁帖》破译为："戊己甲乙，居首共友，所止列世，式气光名，左互乂家，受赤水尊，戈矛釜芾。"

认为内容记述了黄帝与炎帝联合中部和东部诸部落，筹谋与蚩尤开战，并一举打败蚩尤及庆祝胜利的过程。因此，这篇鸟迹书堪称华夏民族第一篇用文字记载的史记。

今人马贺山释为："化己，庇，乃尼山艾友所。草米并刈，乞少子左互。学耒，彵雨水，儿纠叔兵朱。"

意思是：身体变化，需要庇护。于是尼山是养老送终的好地方（老有所终）；杂草庄稼一并割下，求少子帮助（壮有所用）；学使农具，取水灌地，小儿缠着叔叔玩弄兵器上的红飘带（幼有所长）。

《仓圣鸟迹书碑》所记载的内容，既与《礼记·礼运》篇所讲的大禹以前的社会情况（大道之行也，天下为公……使老有所终，壮有所用，幼有所长……是为大同）相吻合，又是从孔子到孙中山两千多年来，中华民族的仁人志士所追求和向往的大同世界理论的来源。

十三、战神蚩尤出羊里

伏羲后裔炎帝宗，生长羊里在郪城。
带领九黎种五谷，开拓农业创文明。
发明冶炼熔金术，研制农具铸刀兵。
首创刑罚肃不法，英勇善战著威名。
华夏始祖三之一，至今民俗祀不停。
秦皇奉之为战神，将帅出征祭其灵。
三代彝器著头像，借其神武振国戎。
千载蒙冤成饕餮，今当为其洗雪清。

九黎首领蚩尤生于郪

九黎蚩尤氏的先祖为古三苗，古三苗的先祖为燧人弇兹氏。蚩尤氏的父系为伏羲氏后裔，母系为弇兹女娲黑虎族苗裔。蚩者，蛇虫之意，故以龙蛇为图腾。蚩尤族以农业为主，崇拜黑色，古称黑色为黎色，故蚩尤族又称九黎族。

九黎蚩尤氏政权，姜姓，炎帝同宗，存在于公元前 4584 年至前 4405 年间，历经 179 年，共传七帝：首任帝为帝虺，下依次为帝吼、帝蚩尤、帝蚩啄、帝回虻、帝螭、帝蚒。蚩尤氏政权也是炎帝主政部落联盟时期的一个因不服而自立的地方政权。

帝蚒遭黄帝轩辕氏政权四任帝姬本攻击惨败被杀。少数幸存者败逃燕山东部，今青龙、卢龙、黎城（今昌黎）一带，销声匿迹，直至黄帝政权灭亡，他们才敢公开对外宣称自己是炎帝之后。

史载，蚩尤是九黎部落联盟的首领。九黎之名最早见于《国语》。炎帝部族当政时期，其下有一部族，首领叫蚩尤，有兄弟九人，

战神蚩尤像

称九黎，即九个黎姓部落。黎者犁也，善农耕，故又号有苗氏。苗者，善于育苗耕种之意，所以九黎是中国最早进入农业时代的部

族集团，具有先进的农耕技术。九黎居住并发展于鲁西南的鄄城一带，是炎帝部族的一支，与炎帝同宗，他们生活的区域和姜姓炎帝部族生活的伊耆国大致相同。

从伊耆国的羊里城沿羊里水向东，是羊角城，春秋时为齐国城邑，汉朝于此置廪丘县，故址在今鄄城东北箕山镇东的亿城寺，后移至数里外今郓城县的水堡集。羊角城再向东是羊晋城，其东 9 里有古黎丘城，即古九黎族所立之国，为蚩尤的诞生地，也在羊里水岸边。遗址相当于今鄄、郓之间陈坡乡一带，此处至商朝时仍称黎，乃古黎国之地，春秋属卫国之地，是子贡的故乡，为春秋战国时的战略要地。西汉时于此置黎县，东汉时，废黎县并入廪丘县。这大概是九黎族留在北方的一支族人的后裔。

有人说“耆”即“黎”，二字古音相通，伊耆国，即黎国，这是把相邻的两个部族混为一谈了。

有记载说，蚩尤是炎帝之后，本为姜姓，跟炎帝一样都以牛为图腾，这与传说中蚩尤面如牛首、背生双翅的形象一致。蚩尤，或因活动于青丘阪泉，故又称阪泉氏。

阪泉之战和涿鹿之战的作用

炎帝神农氏主政后期，中原各部族互相攻伐，战乱不止。黄帝便乘时而起，打败不同的部族，于是形成炎帝、黄帝、蚩尤三族鼎足而立的局面。

据说蚩尤有兄弟 81 人（实为 81 个氏族部落），个个铜头铁额，本领非凡，勇猛凶悍，擅长角抵。为了争夺适于放牧和浅耕的中原地带的控制权，他先驱逐炎帝族，后又乘势攻击黄帝族，爆发了阪泉和涿鹿两次大战，最后战败被杀，成为三大部落集团得以融合的契机和起点。

“天坛祭天”与“君权天授”的来历

当年黄帝与蚩尤在菏鄄济水流域一带作战，因蚩尤能十里吐雾，率领所属 81 个氏族，利用浓雾天气大摆“迷魂阵”，围困了黄帝族。黄帝族率领以熊、罴、狼、豹、貙（chū）、虎等为图腾的 6 支氏族军队，屡战不胜。黄帝吃了败仗，退到太乙池王屋山的主峰天坛山上。黄帝“清斋三日，登山至顶，于琼林台祈祷天帝破蚩尤之策。天帝遂敕王母降于天坛”，王母召东海青童君和九天玄女，授黄帝破蚩尤之法。黄帝依命杀蚩尤于冀，天下乃无不克，海内从此安然。

此一神话盖为后来的“天坛祭天”和“君权天授”的源头。

祭祀的起源

祭祀起源于原始部落时期的先民对自然的崇拜和敬畏，对祖先的追思和感恩。

祭祀发展于部落联盟时代黄帝祭天；大行于夏商时期，在发现的甲骨文里最多的是商朝各种祭祀活动的记录；成熟于周朝礼制的完成；普及于秦汉以至今日。古人云“国之大事在祀与戎”，数千年以来，祭祀一直都是华夏文化传统礼仪的一个很重要的部分。

上古渔猎时代，在原始部落的先民面前有三件大事：一是要生存下去，二是要延续族群，三是要消弭灾祸。

要生存下去，就要有食物。开始先民没有生产能力，全靠大自然的恩赐，只能采集野果或捡拾螺贝充饥。甲骨文的责（），下从贝，上从朿（刺），就是上古先民捡拾螺蚌用锐器刺取其肉而食之的渔猎生活的写照。《淮南子》云：“古者，民茹草饮水，采树木之实，食螺蚌之肉。”最初的“责”就是为部落谋取食物，是族群的大事。

要延续族群，就要生儿育女，没有子孙，族群就会消亡。所以生育是族群的大事。初民阶段，人类为什么是母系社会，妇女为什么处于主导地位，因为妇女是生殖的主体。原始社会生活条件极差，再加上疾病的折磨，灾荒的减损，猛兽的伤害，外族的侵袭，人的死亡率很高，而又无医疗条件，婴幼儿的存活率却又极低。所以，先民普遍有生殖崇拜，追求儿孙满堂，这是永远的目标。这集中反映在一个“祀”字上。祀的甲骨文作，从巳（胎儿）从示（祭台）会意，本义为求子之祭，即向神祖进献祭品，请求赐予子嗣的祭礼。尧王的母亲就曾到神母庙祭拜求子。繁衍后代永远是涉及到国家前途和民族命运的大事。

要消弭灾祸，也得祭祀神灵与祖先，求助于他们的保佑。在原始社会，大自然既为先民提供了生存的条件，赐给他们植物种子和禽兽等食物，也给他们带来意外的灾害。他们既十分感激，又充满了恐惧。那时先民不懂科学，面对威严而神秘的大自然的一切现象，既不能理解，又无能为力，连抵御猛兽也要集体行动，更无法控制自然灾害的发生，只有敬畏和崇拜。在这种情况下，他们认为冥冥中有神灵在主宰，便产生了万物有灵的观念。每当遇到灾荒、疾病与侵袭，他们只能祈祷神灵和祖先的保佑，来帮他们消灾除祸，赐给吉祥福祉。这样便产生了各种各样的祭祀活动。“祭”便成了先民心目中的大事。甲骨文祭字，正是以手持肉置于祭台上进行祭祀之意，小点象征撒向土地的酒肉，至今祭祀仍是如此。毫不夸张地说：三事成人世，仨字贯古今。

祭祀的初衷与意义

祭，是置备供品向天地神灵或祖宗先人行礼敬拜的活动。古代先民遇到水旱灾荒、地震山崩、鬼怪祸祟、疾病瘟疫等自然灾害，或逢到征战抗敌、奏凯归来、结交订盟，擒贼御政，以及生儿育女、健康长寿、夭亡寿终，等等各种天象人事、红白喜庆，总之凡有重大活动都要进行祭祀，目的是祈祷天地神祖降福免灾、保佑风调雨顺、五谷丰收，即所谓“祈年”。

从初民的祭祀活动，可以看出，他们显然是把神明当成了和自己一样的生物看待了，他们相信，通过祭祀给天地神灵、祖宗先人贡献祭品，神灵与先人会启示他们，示以办法，帮助他们消灾弭祸，获得幸福与丰收，这样便催生出中国先民天地和谐共生、人神交感沟通的理念。他们认为祭祀可以沟通天人之际，协调天地神人之间的关系，使之达到精神意志与外在行为的和谐统一，这就是祭祀的初衷，这充分显示出先民对天地神祖的尊崇和信任。也正是这种观念，使中华民族没有走向宗教而走向了现实。

古人认为祭祀是国之大事，是宗族之盛举，所以祭典皆庄重而肃穆，一丝不苟，以示对神灵祖先的诚敬。

祭祀完毕之后，还要把祭肉拿给臣下分享，叫作“赐胙（zuò）”，即所谓“祀有执膰（fán，祭祀用的熟肉），戎有受脤（shèn，祭社用的生肉，盛以蜃器，故谓之脤）”。这是“神之大节”，即祭祀的关键，因为执膰、受脤就是接受上天的成命，必须要毕恭毕敬，不恭不敬，就是不诚不信，人神无法沟通，是自弃天命，神祖是不会保佑赐福的。

随着社会的发展，人类的生产能力增强了，有了科学观念，有了战胜各种灾害的强大手段，不再靠天地神祖的佑助，然祭祀活动并没消失。几千年来皇帝祭天地，庶民祭祖先，普遍祭神灵，以至今天的祭黄陵，祭孔子，“祭”已经融入了我们的生活之中，成了一种历史文化、一道可观的风景。祭祀神灵、祖先，不是简单的迷信问题。在科学不发达的古代，祭祀是不忘本的朴素思想与追求人与自然和谐关系的良好愿望的反映，是对大自然的敬畏和对祖先的尊崇，是感谢大自然的无私赐予和祖先的养育之恩。而今的祭祀，更不是简单的祈请神灵和祖先的赐福与保佑，而是颂扬祖先德烈、传承民族文化、凝聚民心、团结宗族、进行爱国主义教育、创造和谐社会的大事。

古代祭祀的对象

古人祭祀的对象，概括有三：天神、地祇(qí)、人鬼。天神指日月自然神灵；地祇指山川大地神灵；人鬼指祖先圣贤神灵。

有了日月运转，才有四季农时，有了风雷雨露，才有风调雨顺；有了山川土地，才有五谷丰登。天地是万物之源，人类的生存要依靠天地提供资源，所以人们感恩日月星辰风雷雨露大地山川的馈赠，因而要祭天祭日祭月祭地祭山祭川。

祭祀在规格、名称、时间、地点、方式上都有规定。天子祭天地，诸侯祭社稷，大夫祭五祀；祭天神曰祀，祭地祇曰祭，祭宗庙曰享；春祭曰祠(献食物)，夏祭曰礿(yuè，薄，献新菜)，秋祭曰尝(尝新谷)，冬祭曰蒸(蒸进熟)；祭日在早晨，祭月在夜晚；祭天曰燔(fán)燎，祭地曰瘗(yì)埋，祭山曰庋(guǐ，置放)悬，祭水曰沉浮，祭星曰布(布散于地)，祭风曰磔(割裂牲体)。

先祖是人之根本，是己之所由出，祖先传授给自己生存的经验，所以要祭祀祖先，这是不忘本的表现，是对祖先开创之功的感激，是对祖先的追思、尽孝和感恩之情，是表达尊敬的方式。除了祭祖，人们也祭祀圣贤等伟大的人物，因为他们对人类的生存也做出了巨大贡献。

祭祀并不是因为人们真的认为有鬼神存在，更不是宗教迷信，而是对人与自然关系的深刻认识，这一认识让华夏没有走宗教的途径，而走上了自然法则的大道，使我们早一步走上了文明的时代。

祭天的形式和地点

祭天，即祭祀天神，是古代的重大祭祀，起源于上古，是人与天的“沟通交流”形式。一般由“天子”主持，用来表达人们对上天滋养、哺育万物的感恩之情，并表达祈求皇天保佑风调雨顺、丰衣足食的朴素愿望。

祭天礼仪十分复杂，祭前，要进行大量的准备工作，包括择日、斋戒、习仪、省牲器、告庙、有司陈设等；祭仪有迎神、行礼、进俎、初献、亚献、终献、送神等一系列过程，隆重、肃穆而尊崇。常在冬至进行，称为“祭冬”或“拜冬”。

祭天用燔柴，即“尞(燎)”祭，“尞”甲骨文作，下从火，上象架柴焚烧、烟火飞飘，上达天庭，借以传递人间敬天之意，正是古代焚柴祭天之象。

祭天在皇城南郊举行，祭天之坛一般为圆形，称为“圜丘”。“圜丘祀天”与“方丘祭地”，寓意着天圆地方，都在郊外，所以也称为“郊”或“郊祀”。

仪式上有诵读祭文，奏雅乐，报知天帝降临来享祭，并点燃燎柴焚烧祭品，让烟火升腾于天，使天帝嗅到气味。称为燔燎，也叫“禋(yīn)祀”。借以表示人们把自己的劳动成果贡献给上天，作为对上天滋润养育万物的报答。

终献送神之后，还要迎“尸”登上圜丘。尸由活人扮饰，作为天帝的化身，代表天帝接受祭享。尸就座后，向尸献牲血、五酒、全牲、黍稷饮食。荐献后，尸用酒答谢祭献者，称为酢。饮毕，天子与舞队同舞黄帝时的《云门》之舞。最后，祭祀者还要分享祭祀所用的酒醴，由尸赐福于天子等，称为“嘏(gǔ，致福)”，后世也叫“饮福”。天子再把祭祀用的牲肉分赠给臣下，称“赐胙”。后代的祭天礼多依此周礼制定，但逐渐简化，以神主或神位牌代替了事。

古代祭祀用品

古代祭品，在原始采集和狩猎时代，主要是瓜果蔬菜和猎获的兽肉。原始农业和畜牧时代时，增加了粮食五谷，称为“粢盛”，但肉食还是献给神灵的主要祭品。古代用于祭祀的肉食动物叫“牺牲”，指马、牛、羊、鸡、犬、豕等牲畜，后世称“六畜”。六畜中最常用的是牛、羊、豕三牲，祭祀时，三牲全备的为“太牢”，这就是古文的[illegible](犧，今简作牺)字，字形里牛、羊、豕皆有；只有羊、豕没有牛的为“少牢”，这就是金文的[illegible](羲)字，字形里只有羊、豕无牛。其他鱼、兔等野味也可用于祭祀，但不在“牺牲”之列。

另外，金银、玉帛、美酒也是祭祀神灵的常用祭品。

古代祭祀也有用活人的，但不叫“牺牲”或“人牲”，只说“用人”，后世称“人祭”。人祭起源于原始社会的部落战争。那时人的生产能力水平低下，价值不大，所以战争中的俘虏，女性可供玩弄，儿童可被收养，而成年男子都被杀掉祭祀神灵。尤其是出兵征战时的社祭，会用活人祭祀，一般是用敌军俘虏的脑袋来祭旗。目的是与神灵沟通、得到庇护和相助，以祈祷军队能获得出兵征战的胜利。

商代的人祭比较盛行，其用人之多，手段之残忍，在甲骨卜辞里有大量记述。人祭的形式有火烧、水溺、活埋、沥血和砍头，甚至把人剁成肉酱，蒸为肉羹，可谓触目惊心，惨不忍睹。春秋以后人祭渐少，但也并不罕见。《史记·陈涉世家》就有“为坛而盟，祭以尉首”之记载。

或许古人认为用活人祭祀只是祭祀的一种形式而已，人祭更能与神灵沟通，得到神灵的庇护，这是正常的事情，并不是犯罪。

随着后来封建制度不断地发展，人们对神明的崇拜转移到了对皇帝的崇拜上。用活人祭祀就比较少见了。但以活人殉葬也当是一种变相的以活人祭祀。

祭天与王权

中国古有“神不歆(享)非类，民不祀非族”之训，故祭祀有严格的等级和族别界限。天神地祇只能由天子祭祀。诸侯大夫可以祭祀山川。士庶民众则只能祭祀自己的祖先和灶神。

天以高为尊，地以厚为德。祭天体现的是“尊崇”。君王通过祭天，可以证明自己的合法性，增加权威，强化王权。所以，到了春秋战国时期，祭天便与王权形成了“政教合一”之势。

至秦汉之际，祭天则更有了正规的仪式，这就是到泰山封禅(fēng shàn)。

泰山封禅当是一项非常古老的祭祀活动，始于何时，今已经无从知晓。传说三代已有封禅，管仲曾列出无怀氏、虙羲、神农炎帝、黄帝、颛顼、帝喾、唐尧、虞舜、夏禹、周成王都进行过封禅大典。

泰山封禅，真正有文字记载的是秦始皇嬴政统一六国之后，东巡到泰山举办的封禅大典。从这之后，历史上一些自认为英明有为的君主，在太平盛世或天降祥瑞之时，均会前往泰山举行祭祀天地的封禅大典，泰山封禅也就成了表现君主有为，国家强盛的或用来粉饰太平的一种祭祀活动。

封禅时，帝王亲自到泰山上封土为圆坛祭天，向上天报告受命改制成功，天下太平，特答谢上天佑护之功，故“祭天”曰封。又到泰山下小山梁父之阴清除平土为方墠（shàn，场）祭地，以报谢大地之功，故“祭地”曰墠，后改换义符土旁为示旁作禅，故曰禅。

至唐宋之世，封禅祭天则已完全成为一种必不可少的政治仪式，历代帝王不论是开国者，还是中兴者，甚或是丧国者，都不敢忘记封禅祭祀天地。

祭地用社

祭地，用“冢（zhǒng）土”，即封土为大社（大土坛），作为土地的象征，借以祭祀土地神，称为社祭或祭社。古人之所以“立土为大社”祭地，源于人们对土地的自然崇拜，因为在古人的眼中，土地是生命及万物繁衍的载体，也是人类一切生存资料的来源，有土才有五谷，有地才有国有民，所以人们依赖它、敬畏它、感谢它，因而上至天子下至庶民皆立“社”来恭敬地祭地。

古代立社的位置，天子在国都城中，处于正寝（即路寝，古代天子、诸侯治事的宫室正厅）的西面，与东面的祖庙相对应，谓之“左祖右社”，相当于现在的天安门及其东边的劳动人民文化宫和西边的中山公园。

封土为社坛，要用五色土，青东、赤南、白西、黑北、黄中，与五方相配，如今中山公园里的社稷坛即为天子之社。民间的社大都置于郊外，或立石或以木为社主，并植松、柏、栗、梓、槐等为社树。

社祭，祭祀的是土地神。传说的土地神为后土句龙，是水神共工氏的儿子，因其能平治九州，有功于民，故祀以为社。土地神也称为社神，如果细分，二者的区别在于：社神是国家祭祀的，常与五谷之长的稷相连，称为社稷，表示整个农业，而农业又关系到王朝兴衰，所以“社稷”便成了国家政权的代称，同时也作为重要的祭祀对象传承下来，只有一处。后来官方的社祭只剩下了外在形式。而民间的社祭则演变成了城隍神与土地神，是各地方庶民都祭祀的，俗称城隍爷和土地爷，各地皆有。

土地广大，地界的神灵也众多。有些神灵在人们心中虽不占重要的地位，但因其与人们的日常生活与生产息息相关，人们也会进行一些祭祀，所以祭祀的对象很不少。除了祭祀地神社神外，人们也会祭祀山神、水神、石神、火神等一些地界的神灵，因为山林、川谷、丘陵都能供给民众生存需要的物资，都有功于人类，所以祭社场所非常普遍。

祭地的礼仪与祭天基本相似，所不同者，是因为天在上，故祭天用燔燎升烟；而地在下，故祭祀土地、山林、川泽用埋、沉掩藏，即于祭后在地上挖一坑穴，将牺牲等祭品埋入地中，或将祭品沉入水中直达于神灵享用，体现的是“亲近”。

传说周代祭地的正祭，是在每年夏至之日，于国都北郊水泽之中的方丘上举行祭典。祭地用玉为黄琮（cóng，是一种内圆外方的筒形玉器），黄色象征土，琮形象征地；用牺牲取黑色，象征水泽。

古代正常年份，社祭一岁按春、夏、秋、冬四季举行四次，冬社最为重要，热闹隆重，与蜡祭构成仅有的两大带普遍意义的时令节日。这与后世社祭在春秋两季举行不同。

社祭，可分官祭和民祭两类。官祭，拘于礼仪，肃穆而庄重，又往往同时兼祭稷神、山川诸神。民祭，不拘一格，比官祭更生动活跃，万人空巷，争往参与，歌舞表演，娱乐欢宴，场面热闹；同时献出自己生产的水陆物品祭神，以报土地之功，并祈求社神能保佑来年风调雨顺，有个好收成。唐代诗人王驾的《社日》就生动地描绘了祭社日的欢乐喜庆的热闹情景：

鹅湖山下稻粱肥，豚栅鸡栖半掩扉。

桑柘影斜春社散，家家扶得醉人归。

祭祖习俗

祭祖，源于祖先崇拜，古人认为祖先是人之始，祖先养育并教导自己成长，祖先虽然过世了，但列祖列宗的灵魂仍然存在，他们的在天之灵，时刻在关心和注视着后代的子孙，赐福并保佑着后代子孙。饮水思源，祖先同天地神灵一样也应得到虔诚祭祀和顶礼膜拜，以表达自己对祖先的孝敬之心和感恩之情，这是不忘本的思想和慎终追远的传统。

中国数千年来承袭了祭祖的传统，现在祭祖的古老习俗仍很盛行，而墓祭随着祖先崇拜和亲族意识的越来越浓，远古没有的也纳入了规范的墓祭，如今也已成为不可或缺的礼俗活动。史前时期的燧人氏、伏羲氏、神农氏炎帝、轩辕氏黄帝被尊为中华民族的人文始祖，至今每年全球各地的华人都以各种方式祭祀中华民族共同的这些人文始祖。

尤其是过节时，更不会忘记祭拜祖先。一年中，清明、寒食、端午、中元、重阳等节都是祭祖的日子。祭祖已成为我们宣示自己是炎黄子孙最直接的方式。

在多个祭祖的节日里，春节祭祖是一年中最后也是最隆重的一次祭拜，通过祭祖表达孝敬，缅怀先人，激励后人。天子在祖庙里拜，族群在祠堂里拜，百姓在家里拜。各地习俗不一，一般在年午夜前后祭拜，也有上坟祭拜的。形式大体相同，一般是请神（摆出神主牌位或画像或族谱）、上供、烧香，叩拜、烧纸、祭奠，将祭品掐下些碎屑抛在地上，把祭酒酹(lèi)在上面，象征祖先来享用。

祭祖用血食祭，即以牲血滴于地上，血渗于地下，活动于地下的鬼魂神灵就可直接享用了。根据“神不歆（享食）非类，民不祀非族”的遗训，血食必须由与死者有血统关系的男系男性子孙来提供，否则鬼魂是不能享用的，同时牲血又隐含有血统之意。

在血食观念的基础上，俗又衍生出了以祭祀祖先为目的的男系宗统的继承制度。女子死后可享受子孙的血食祭祀，但由于血食的提供者只限于男系男性子孙，所以女子不能参与祭祀，也就丧失了宗祧（tiāo）的继承权。从而确立了男子在社会中的统治地位。

年终腊祭

在这个新旧交替的岁末冬十二月里举行的祭祀又称“腊祭”。“腊”或说是“猎”的通假字，即“猎祭”，意思是猎取禽兽祭祀先祖之意。所以，十二月有腊月、腊冬、末冬、季冬、严冬等别称。这个月的天气最适合把猎取的兽肉风干制作腊味，叫腊肉。

腊祭，除了祭祖，也兼祭五祀和与农业相关的“八神”，可以说是岁末祭祀百神的一种酬神大合祭，以感谢天地诸神给农业带来的丰收，并祈求上苍保佑来年风调雨顺，昆虫不作，灾害不生，再来一个好收成。“五祀”，指门神、户神、井神、灶神，以及中霤（中央天窗，宅神）神等五个家居的小神。“八神”指农业的创始神神农、农官后稷、农神、河渠神、堤坝神、昆虫神，以及猫神和虎神，因为它们也消灭了破坏庄稼的田鼠和野猪，对丰收有帮助。

据传，神农的子孙始举行腊祭，来祭祀先祖神农。初作褚（zhà）祭，夏曰嘉平（收成嘉好），殷曰清祀、周曰大蜡（zhà），秦汉改为腊（là）祭。后来还增加了驱邪禳灾的仪式和共享劳动果实的祝福宴饮、欢庆丰收的场面。

腊祭遂成为我国古代天子国君年终祭祀农神的定制，也形成了今天的过年风俗。或说蜡祭是祭祀“黍、稷、稻、粱、禾、麻、菽、麦”八谷星神，是主岁收丰俭之神。

祭祖的意义

祭祖的意义，一是传扬孝道，要后代子孙对于死去的长辈尽孝，表达子孙对长辈的尊敬和孝顺。二是继承“慎终追远”的传统，告诫子孙对死者要慎重安葬，在死后要不忘继续纪念、怀思，不能忘本。三是加强对家族的认同感、向心力和血脉联系，保持家族的团结、互助、完整与永续。四是可固家安邦，孝顺与修身、齐家、治国是一体相通的。祭祖是治国之本，人行孝道祭祖，可使家庭、社会、国家安定巩固。因此祭祖具有加强家族意识、整合社会的功能。

由此可知，祭祖之根本意义在于教人返本报始，知恩报恩，是古圣先贤提倡孝道的一种教育活动，是使“民德归厚”的重要措施，是以德治国、创造和谐社会的基本途径。孝是中国文化的精气神，没有了孝，中国文化就失去了神魂。人人能孝敬祖先，热爱父母，社会就安定，国家就繁荣，天下就太平。

古代的宗庙制度

为“追远、报本”，古人为先人的亡灵建立了寄居之处，即宗庙，作为供奉与祭祀祖先或先贤的场所。宗庙，夏朝称“世室”，殷商称“重屋”，周代称“明堂”，秦汉称“太庙”，通称宗庙，俗也称祠室、宗祠、祠堂、祖庙、祖祠等。上古宗庙为天子专有，周代有了宗庙制度，天子七庙，诸侯五庙，大夫三庙，士一庙，庶人不准设庙。到宋代，著名理学家朱熹提倡每个家族可建立一个奉祀高、曾、祖、祢（nǐ，亡父）四世神主的四龛祠堂，岁时由族长率领族人共同祭祀，庶民家族才有了祠堂。

宗庙设置的位置，天子设于宫门内左侧。如今位于北京天安门东侧的北京市劳动人民文化宫，就是中国明清两代皇帝的宗庙。

宗庙之祭，不只有对祖上的祭祀，还有对远代帝王的祭祀。凡于民有功的远代先帝，如伏羲、炎帝、黄帝、颛顼、帝喾、唐尧、虞舜、大禹、商汤、文王、武王等都要祭祀。自汉代起始专修陵园立祠祭祀先代帝王。明太祖则始创在南京建历代帝王庙，嘉靖时在北京阜成门内建立了历代帝王庙，祭祀先王三十六帝。历代帝王庙遂成为中国明清皇家祭祀三皇五帝和历代帝王的场所。

庙中设木制长方形神主牌位，祖先牌位上不直书其名，而另起一个尊号以示崇敬，通常使用祖、宗二字，如汉高祖、唐太宗、清太宗等。

宗庙或宗庙中神主的排列有一定次序，始祖居中，以下父子递为昭穆。左昭右穆，二世、四世、六世，位于始祖之左方，称“昭”（通佋，音绍，继也）；三世、五世、七世，位于始祖之右方，称“穆”。祭祀时子孙排列行礼及墓地葬位同此，以此来区分宗族内部的长幼次序、亲疏关系。

祭祖要行三跪九叩的大礼。所谓三跪九叩，就是一跪三叩拜，跪时先出左脚，手背向上，叩头触地，跪一次叩头三次；如此重复三回，即为三跪九叩之礼。

庶民祭祀祖先则在本族家庙，清明节扫墓，中元节上坟都要祭祀。

宗庙是族权与神权的交织点，具有家国一体的特征，是凝聚民族团结的场所，体现着中华传统文化，具有深远影响和历史价值。所以，“七庙”可作为王朝的代称。如《过秦论》：“一夫作难而七庙隳（huī）。”

明清以来的祠堂，不仅是宗族祭祀先祖

的场所，也是举办宗族事务、修编宗谱、议决重大事务的场所，族人的冠、婚、丧礼，基本上都是在祠堂进行的。甚至还是族人之间或族人家庭之中发生争执时进行裁决、执行族规家法的地方，更使祠堂具有了家族公堂的性质。

每个家族，都有本家族的祠堂，并取一个名号，叫堂号，目的是让子孙们说起自家堂号，就知道本族的来源，以纪念祖先功德。

宗祠，虽是过去遗留下来的，但在当今仍有其存在的意义和社会作用。随着改革开放和全球华人寻根热潮的兴起，许多宗祠被重建或修复，族谱被重修或复续；海外华人也不断翻新旧宗祠，借以联络族众。如今的宗祠，实际上已具有帮助人们寻根问祖、缅怀先祖、激励后人、互相协作的积极意义，对加强中华民族的凝聚力和中华民族的团结具有巨大的作用。

古代九拜之礼

九拜之礼，不是前文说的“三跪九叩”这一礼仪，而是中国古代人们在社交中相见时，常用的九种跪拜的礼仪，为人们长期广泛使用，直到辛亥革命才被废除。这九种跪拜礼仪是：

一曰稽（qǐ）首：是最隆重的见面礼节。行礼时，施礼者双膝跪地，左手放右手上，拱手至地于膝前，手不分散，再慢慢俯身伸头至手前地上，以头触地并停留一会。是下对上见面时表示毕恭毕敬的大礼。宗庙祭祀拜祖先，郊祀拜天拜神，以及臣拜君，子拜父，学生拜老师，新婚夫妇拜天地、拜父母，都行稽首大礼。

二曰顿首：又称稽颡（sǎng）、叩颡，俗称叩头。施礼动作与稽首大同；所不同者，叩头时，头要急遽伸下触地，稍顿立即抬起，不在地面停留。这是拜礼中的次重者，通常是古代地位相等或平辈之间互相表示敬意的礼节。演变为后之请罪之拜，亦用于书信的开头或结尾，含义如同今天书信中的“您好”“致敬”等等。

三曰空首：又称拜手，简言曰拜。是古代上级对下级表达谢意时使用的还礼，或君王祭天，为不失至尊，使用的礼仪。施礼时身体呈跪姿，先跪而拱手，再俯下头，但不接触地面，头与心平即可。相对于稽首、顿首的头着地而言，是拜礼中较轻者。

以上三种礼节均都属于吉事之正拜。以下三种属于凶事之拜。

四曰振动：是丧礼相见中最隆重的跪拜礼节。这种礼节的形式不仅要“顿首”，还要双手相击，振动其身，哭天喊地，浑身战栗不已。先拜而后擗踊（捶胸顿足），表示对丧者的极度悲痛与哀悼的样子。

五曰吉拜：吉事为吉拜，是正拜，男尚左（左手在外），女尚右。古代有守孝三年的礼俗，三年期后和丧家相见时行吉拜礼。动作是先“空首”拜，然后“顿首”拜。

六曰凶拜：凶事为凶拜，是丧礼时或服丧三年期内，丧家答拜宾客用的礼节，男尚右，女尚左。这一礼节形式是先“顿首”拜，然后“空首”拜。以表示悲痛和感谢之意。

以下三拜无关吉凶。

七曰奇拜：奇为单数，即拜一次。屈一膝而拜，又称“雅拜”。

八曰褒拜：褒为报，即再拜多拜，拜两次或两次以上。褒拜是行拜礼后为回报他人行礼的再拜，也称报拜。

奇拜和褒拜都是指拜的次数，不是独立的跪拜形式，体现跪拜的隆重或严肃程度。

九曰肃拜：肃拜是古代女子跪拜的一种礼仪。先跪双膝，后两手到地，再拱手，同时低头至手为止，故又称“手拜”。肃者，手拜地也。所以，后来书信来往中，为表示对对方的尊敬，往往写上“谨肃”。妇女行礼也称“端肃”。

九拜是不同轻重等级、不同身份的社会成员，在不同的场合所使用的不同规定的礼仪。

作揖的基本手势是右手握拳在内，左手成掌包在外，这样的作揖手势是“吉拜”；反之则为凶拜，一般用于吊丧。女性的手势和男性是相反的。

古代中国为何要行跪拜礼呢？这是因为古人是席地屈膝而坐的，坐姿是两腿屈膝，臀部靠脚后跟上，以两膝拄地为跪坐之姿。跪坐时俯身向下行礼自然成为跪拜之姿，十分方便，不像后来那样繁缛复杂，所以遂形成中国的跪拜礼仪。

七月半与中元节、盂兰盆节

古代祭祖，除了年终大祭，一年中，清明、寒食、端午、中元、重阳等节日也都祭祖。这里交代一下“中元节”。

这个节日源于上古的“七月半”。古人为何选择在七月半祭祖呢？因为七月恰逢夏末秋初，是天地运行，阴阳交替的节点，即《易》所谓“反复其道，七日来复，天之行也”。又时逢小秋，开始秋收，农作物新获。古人相信，关心子孙的祖先会在七月半返回家中探望子孙，看看收获怎样，而子孙也正好想把丰收的新禾与祖先分享，所以，为感谢神祖保佑取得丰收，并祈祷预祝来年的好收成，都要举行秋尝祭祖仪式，这就是七月半尝新祭祖的来历。这种祭祖活动，体现的是慎终追远、思源报本的文化传统，表达的是不忘祖德、敬祖尽孝的感恩观念。所以农历七月称报恩月。

七月半尝新祭祖节，后被误为了“中元节”。

“中元节”，本源于东汉之后（大约北魏时期）道教的“天官上元赐福，地官中元赦罪，水官下元解厄”之“三元说”。延至到推崇道教的唐代，中元节开始兴盛，并固定在七月十五日，遂糊里糊涂将二者混为一谈，相沿迄今。

据道教说法，三官是天帝派驻人间的代表，分别在“三元日”替天帝检校人间功罪以定赏罚。地官所管的为地府，检校的是诸路鬼众。据说中元之日，是地狱开门之日，众鬼都要离开冥界，接受考校，有主的鬼回家去了，没主的就在人间游荡，徘徊觅食，所以这日普遍进行祭祀鬼魂的活动，人们点燃荷灯为亡魂照亮回家之路，道观举行法会祈福吉祥道场，道士建醮祈祷，超度亡魂，因此称为鬼节，而七月也成了鬼月，被视为不吉祥的“诸事不宜”的月份。其实，七月是个吉祥的月份，鬼节与七月半祭祖毫不相干。

“七月半”也与“盂兰盆节”无关。

照佛教的说法，农历七月十五是僧徒功德圆满的日子，佛家弟子在这天举行“盂兰盆法会”。梵语，“盂兰”的意思是“倒悬”；“盆”的意思是“救器”。“盂兰盆”是用来解救倒悬痛苦的器物，引申出的意思是：用盆子装满百味五果，供养佛陀和僧侣，借以拯救入地狱的苦难众生。所以七月又称欢喜月、佛欢喜日、吉祥月、报恩月。这种仪式最早是从目连救母的法会开始流行的。

一般认为，七月半祭祖节，就是中元节，也是“盂兰盆节”，这实在是种误解。七月半秋尝祭祖是本土世俗文化，先秦时代已有；中元节是后来的道教文化，是祭祀世间游魂野鬼的鬼节；盂兰盆节更是后传入的佛教文化，是拯救入地狱的苦难众生的超度活动，三者根本不是一回事，更非一个节日的三个不同名称，而是三个毫不相关的并列节日。

后来以讹传讹，日久这三个不相关的节日遂混合为一个节日。为何会发生这样的相混呢？大概是都与鬼魂有点关系的缘故吧。

北京的天坛、日坛、月坛、太液池和北海来历

自黄帝上天坛祭天擒杀蚩尤后，每年八月十五黄帝都到天坛上设坛祭天，故名曰天坛山。以后历代皇帝每年也都到天坛山设坛祭天。自明代朱棣皇帝把京城设在北京后，嫌来此祭天路途遥远，就在地球同一轴线上的北京仿天坛山建起了天坛进行祭天，这就是现在天坛公园里的天坛的来历。天坛山有日精峰、月华峰、太乙池、小北海，北京仿之则建有日坛、月坛、太液池和北海。

黄帝发明指南车擒杀蚩尤

黄帝又总结了过去战斗中失利的教训，和谋臣风后、应龙、常先、大鸿等，根据天上北斗星的斗柄围绕北极星转动的原理，创造了六架指南车。每个车上安装一个假人，一只手永是直指南方。打起仗来，军队只要看着指南车所指的方位，就能辨别出东南西北，而不会迷失方向了。

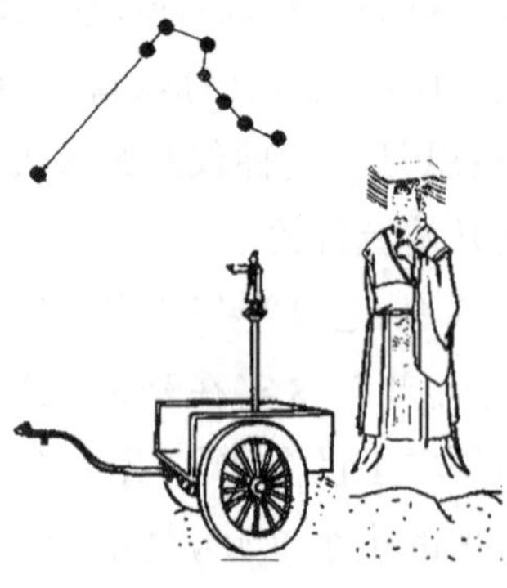

黄帝指南车图

如此黄帝得到玄女族的帮助，吹号角，击夔鼓，乘蚩尤族迷惑、震慑之际，冲破重重迷雾，击败蚩尤，终于在中冀之野将其擒杀。蚩尤被杀时据说只有 42 岁。

蚩尤的影响

蚩尤战败后的结果，一说是被黄帝擒杀，如前所述。另一说是受到黄帝重用，如《龙鱼河图》所言：“黄帝制服蚩尤，帝因使之主兵，以制八方。”这后一说法，承认了蚩尤的在历史上的地位。逮至秦汉，民间尚有以蚩尤为兵主而行礼祠之俗，以致秦始皇东游时，从民俗去礼祠蚩尤。

由于蚩尤擅长铸造铜器，武器精良又勇猛善战，因而留下“铜头铁额”“威震天下”的英名，蚩尤遂被视为是战神和兵器之神（兵主）的化身而受到崇拜。蚩尤的勇猛形象又让人敬畏，故黄帝把他的形象画在军旗上，用来鼓励自己的军队勇敢作战，以威慑天下。据传，天下都以为蚩尤不死，诸侯见蚩尤之像，多不战而降。

也正因为如此，古代钟鼎彝器上多刻蚩尤头部形状作为装饰，这应是一种英雄崇拜。体现着商周的尊神、敬天、法祖的意识，代表着神秘和威武，表达了王权的神圣与威严。所以刘邦举义的头一件事就是祭蚩尤，他当了皇帝以后在长安首建的也是蚩尤庙，他继承了先秦对蚩尤的崇敬。

蚩尤被冠以“饕餮”的恶名

不幸的是，这种具有敬天、法祖、镇国寓意的威严形象，后来被附会为贪婪凶残的化身，并冠以“饕餮（tāo tiè）”的恶名。其实商周两代的饕餮纹类型以虎形纹为最多，这反映出当时人们对神圣威严的蚩尤还是敬重的。

这里的原因，可能是由于蚩尤氏最早发明了冶炼金属与制作兵器的技术，握有犀利

的兵器,是一个实力雄厚而强悍善战的部族,因此人们便把他们看成一群可怖的怪物。在后来的传说中,他们遂被丑化为“饕餮”。

饕餮纹

《吕氏春秋·先识》曰:“周鼎著饕餮,有首无身。”《左传·文公十八年》云:“缙云氏有不才子,贪于饮食,冒(贪污)于货贿,侵欲崇侈,不可盈厌;聚敛积实,不知纪极;不分孤寡,不恤穷匮。天下之民以比三凶,谓之饕餮。”这完全有悖于商周时的社会文化本意。

后代门首置石狮的来由

相传,饕餮是蚩尤战败后,被黄帝斩下的首级,身首异处,怨气集结所化成的,有吞噬万物之能,于是被黄帝用轩辕剑所封印,并由狮族世代看守,这就是后来门首石狮的来历。

炎黄、东夷、苗蛮三大集团的融合

蚩尤在涿鹿之战被擒杀后,九黎族众被迫流散,经过长期交往、斗争,一部退到炎黄集团的东部成为东夷人,形成了东夷部落集团;一部分退到到南方不毛之地,建立了三苗部落联盟,苗即蛮,系一音之转,尧舜时称三苗,春秋时称蛮,形成苗蛮集团,演变为后来的苗、瑶、畲、羌等少数民族;一部分继续南徙东南亚,故东南亚至今仍有不少人视蚩尤为祖;一部分被俘虏,变成奴隶,融入黄炎部落联盟,成为后来周朝分封制下的所谓“黎民”,以与炎黄部族的各姓氏“百姓”相区别;也有一部分留在北方,建立了黎国,后来西伯勘黎,被周朝灭掉。

所以东夷集团和苗蛮集团皆为古九黎族的后裔支系。

这样一来,到原始社会中晚期,生活在华北大平原西部的中心地带,即鲁西南菏鄄及其周边地区,也就是古所称“天下中”的伏羲后裔的各个氏族部落,经过争斗、战争、融合、迁徙,逐渐形成了同为华夏族血脉的,语言、习俗皆相同的三个大集团,即炎黄集团、东夷集团、苗蛮集团。

此后,炎黄集团与东夷集团首先融合,形成最初的华夏部落联盟。之后,经过五帝、夏、商、周几个时代的长期的战争与交往,到春秋时期又基本上与南方的苗蛮集团逐步同化,最终彼此之间的差异完全消失,大华夏族也就在春秋时期最后定型。于是三个集团也就成为后来秦汉时所说的“中国人”的三个主要来源。

这期间只有苗蛮集团出现了多元分化情况,一部分并入华夏族;一部分发展形成南方楚族,但最终也融入了华夏民族;一部分则分离出去,成为现代苗、瑶、畲、羌等诸少数民族的先民。所以这些民族中至今还盛传着有关蚩尤的故事。

据《拾遗记》记载:“轩辕去蚩尤之凶,迁其民善者于邹屠(鲁中)之地,迁恶者于有北之乡。”蚩尤部落中一部分被迁到北方极地,成为荤粥(xūn yù,今作獯鬻)部族的先人,二者当有族源关系。司马贞《史记索隐》释“荤粥”曰:“匈奴之别名也,唐虞以上曰山戎,亦曰熏粥,夏曰淳维,殷曰鬼方,周曰猃狁,汉曰匈奴。”

如此说来,蚩尤,作为上古时代九黎部落酋长,不仅是今天的苗族的远祖、羌族的先祖,甚至是匈奴的先祖,当然也是如今部分汉族人的祖先,所以应是中华三大人文始祖之一。

蚩尤的贡献

上古时期，蚩尤带领的九黎氏族部落其生产力水平较华夏集团略高，在鲁西南一带兴农耕、冶铜铁、制五兵、创百艺、明天道、理教化，作五虐之刑，发明了最早的刑罚，有人认为后来的五刑即由此而来。这些文化对于后来的华夏族有深刻的影响，为中华早期文明的形成做出了杰出的贡献。

"天道"，是指天文历法岁时月令的经验知识。熟悉这些知识，是安排农业部落生产生活、管理好农业部落社会的关键。

自古以来，都说"炎黄文化""炎黄子孙"，其实这样的提法有些片面，这里泯灭了九黎族蚩尤的功劳与贡献。

蚩尤虽被杀，然作为苗族等少数民族的祖先，一直具有非常崇高的地位。即便中原民间也一直有崇拜蚩尤的传统，华北地区的河北、山西一带都有相关的崇拜活动。秦始皇亲祭蚩尤，列其为八神之一的战神；后世帝王、武将出征之前都要祭拜蚩尤以求庇佑。可见蚩尤在中国历史上的崇高地位和受崇敬的程度。

蚩尤是中国古代文明的伟大缔造者之一，是中华民族三大始祖之一，为中国古代文明做出了重大贡献。

第一，蚩尤部族开拓了农业文明，发明了谷物种植，开始由采集、渔牧、游牧向农业发展前进。同时，还创制出较精美的陶器，使手工业也开始发展起来。这都是对中华文明的重大贡献，促进了历史和文明的大进步。

第二，蚩尤部族是金属冶炼和金属兵器制造的最早发明者。冶炼业的出现具有划时代意义，从此，人类开始进入了使用金属工具的时代，它标志着原始社会生产力的一次新的飞跃。这是为中华古代文明做出的又一个重大的贡献。

第三，蚩尤首创法规，实施刑事法，以肃纲纪，是建立法规和实行法制的最早创造者和施行者。这在古代树立了威严的形象，产生了深远影响，后来被黄帝部落集团效法。故三代彝器，著其形象，以示神圣和威严，以威天下。这是蚩尤对我国古代法制的重大贡献。

正由于蚩尤的这些巨大贡献和威名，数千年来，在广大民间，祭祀蚩尤的遗迹、遗俗、传说历久不衰。据《皇览·冢墓记》记载，在蚩尤冢附近一带，每年十月都有祭祀蚩尤的风俗。十月一，鬼穿衣，鄄城、阳谷及周边地区，每年农历十月初一，家家户户都要上坟烧纸祭祖，出嫁的姑娘也要回娘家上坟。这该是祭蚩尤的遗俗。

十四、少昊辞鄄治东夷

黄帝长支号青阳，生长古鄄邑穷桑。
德比太昊称少昊，封于东江九夷乡。
开启华夏凤文化，百鸟立国东海旁。
命名鸟官传奇制，分工管理治有方。
传为金星白帝后，郯国尊为高祖皇。

少昊金天氏政权的兴衰

少昊金天氏政权，远祖是太昊。

太昊是谁？据推断当是生活在鲁西菏鄄地区的燧人弇兹合雄氏部族下的一个母系氏族社会部落，为东夷弇兹织女青鸟氏的一支。太昊者大明也，这正与燧人氏发明用火相应，也与传说中少昊的父族为太白金星相合。照此看来，太昊之称实来自燧人弇兹合雄氏。燧人弇兹合雄氏之后，伏羲女娲氏当政，太昊当是伏羲女娲氏政权治下的、以凤鸟为图腾的弇兹青鸟氏族的领袖，是凤文化的创造者，其中心聚落在古济水沿岸。

太昊曾做过伏羲女娲政权的五任帝，继承了先祖伏羲所创造的远古文明，故又称太昊伏羲，尊称白帝，都于汶上。太昊执政期间，进行农田改革，在河水冲淤形成的低洼平原（古称息土、息壤、宿沙或夙沙）上开沟挖渠，史称“畎田”，既可灌溉，又可排涝，促进了农业文明的发展。还对大风雨表进行了改革，将木主改用石主，又称石晷。又发明了用草编织的蓑衣，以适应恶劣天气。文化上的重大贡献是发明了十二地支。

少昊金天氏政权的创立者是伏羲女娲氏政权的七任帝少昊，是风姓伏羲氏的后代子孙。

由于少昊的父族为太白金星，故他的族人称少昊为金天氏，世世代代居住在穷桑。经历了伏羲女娲氏政权、炎帝政权和黄帝政权，氏族不断扩展壮大，遂成为东夷集团势力最为强大的部族。

约在公元前 4436 年，黄帝政权的三任帝姬豕封少昊青阳玄嚣（又名鸷）为东夷鸟师大司马，赐姓为己（姬），称作己鸷。从那以后风姓少昊氏遂改为己姓，己鸷被他的后裔子孙们尊称为帝鸷。

少昊金天氏一族经过百余世 3000 余年的繁衍、发展与扩张，至黄帝轩辕氏政权末期，少昊清做部族集团大酋长时，已经发展成为拥有 25 个分支的势力最为强大的部族集团，称作东夷少昊集团，如日中天。而这时的黄帝轩辕氏政权则如日薄西山，两个集团争夺盟主的斗争已不可避免。

史载，黄帝轩辕氏政权的末任帝祁号次执政时，东夷少昊集团的大酋长清甞(即玄嚣)，便率领他们的25族，并且联合了炎帝后裔共工、祝融、桃林寨的夸父族，以及蚩尤氏的九黎三苗族群，大举进攻黄帝轩辕氏政权，最终于公元前4053年击败了祁号次，迫使其让出帝位。黄帝轩辕氏政权结束，少昊金天氏政权正式成为中原盟主。

这年玄嚣于穷桑登基即位，建立起少昊金天氏政权，清甞做了少昊金天氏政权的首任帝，号帝清甞，称穷桑氏，或谓之穷桑帝。

晋代王嘉《拾遗记·少昊》云："至六国时，有桑丘子著作阴阳书，盖为少昊后裔。"其后代郯子国尊其为高祖。(见《春秋》)

传说即位时，有凤鸟飞来，在宫廷上空盘旋，认为是天意吉祥，于是少昊政权便以鸟名官以凤为图腾。

少昊金天氏政权从公元前4053年至前3790年，共传7帝，历经263年。

大约在公元前3790年，少昊金天氏政权末任帝清阳(匠敬)禅位给了自己的外甥颛聆(即颛顼)，少昊金天氏政权结束，黄帝的孙子颛顼接任了东夷部族联盟首领的职务。颛顼高阳氏政权开始。

少昊玄嚣的身世

《帝王世纪》记载："少昊帝，名挚，字青阳，姬姓也。母曰女节，黄帝时有大星如虹，下流华渚，女节梦接意感，生少昊，是为玄嚣。邑于穷桑，以登帝位，都曲阜，故或谓之穷桑帝。地在鲁城北。"

这段话告诉人们这样一些信息：少昊就是玄嚣，名挚，字青阳，母梦大星感孕，生于华渚，住在穷桑，登位称少昊帝，也称穷桑帝。

但未明言是黄帝之子，这大概因为古籍有不同说法。

过去一般认为，黄帝时的少昊清，是黄帝长子玄嚣青，称青阳氏、青天氏、穷桑氏、云阳氏，或称朱宣。《史记·五帝本纪》持此说："嫘祖为黄帝正妃，生二子，其后皆有天下：其一曰玄嚣，是为青阳，青阳降居江水；其二曰昌意，降居若水。"

而传说则认为少昊本是皇娥和太白金星的儿子，故称少昊金天氏。其母皇娥将其送给黄帝夫妇抚养，遂成为黄帝长子，养于老家鄄城的寿丘，起名玄嚣，又名挚，号青阳，风姓，长于鄄城空桑之地，故称空桑氏，本华夏部落人氏。

这一说法，与《逸周书·尝麦解》记载大体相同：在黄帝轩辕氏战胜东夷后，对东夷族实行了绥靖政策，乃命少昊清为鸟师大司马，让其管辖剩下的东夷部落。

玄嚣是黄帝的亲子也好，养子也好，无关大局，关键是他被派去管理东夷部族，做了东夷太昊的承继者。

传说，玄嚣从小具有神异的禀赋，在黄帝的精心培养下，形成了超凡的本领。长大后被封于江水(即今鲁西五湖一带，远古与海通连，或称东海)地区，负责管理东夷九黎部落，"邑于穷桑"。

玄嚣被派去管理东夷九黎部落后，娶了东夷部落联盟里最大的部落凤鸿氏部落的姑娘为妻，遂成为凤鸿部落的首领，后又成为整个东夷部落的大首领。这样，玄嚣便成了凤鸟氏东夷人氏，因其继承了太昊的道德事业，后来便被称作了少昊，也写作少皞、少皓、少颢，或称作小昊。因此，玄嚣便没有继承黄帝轩辕氏的名号，而由其侄儿颛顼继承了。少昊玄嚣是后来唐尧与伯益、后稷的先祖。

后来，少昊玄嚣在东海(指鲁西五湖)之滨建立了少昊金天氏政权。

“空桑”与“穷桑”辨析

《归藏·启筮》云：“蚩尤……登九淖以伐空桑，黄帝杀之于青丘。”可见青丘即“空桑”之地。

《淮南子·本经训》云：“尧乃使羿……缴大风于青丘之泽。”“青丘之泽”即舜“渔雷泽”的“雷泽”，即上文说的“华渚”。“雷泽”在郓城是确定无疑的。照此看来，空桑在菏郓之地也是无疑的。

所谓“空桑”，意指该地区的空旷广野的土丘上到处种满了桑树，故又曰桑丘，也称广桑。这正是当时鲁西菏郓之地的特点，广植桑树，盛产蚕丝，其贡为丝织。至今郓城仍以产鲁锦名满天下。

古籍有：轩辕氏，作于空桑之北；帝颛顼实处空桑，乃登为帝；赤帝神农九世孙帝榆罔也居空桑等记载。

所以“空桑”当是兖州菏郓地区的古代泛称。这里发生过蚩尤伐空桑、共工氏水淹空桑、大禹治水等不少重大历史事件，也出了不少名人。远古中国的帝王，如伏羲、神农、黄帝、少昊、颛顼等的治所都设在这一地区，又是中国嬴、秦、徐、黄、江、李等数百个姓氏的始祖地。

只是后来古籍将“空桑”混同于“穷桑”，所以古籍又多有“穷桑”是黄帝、少昊、颛顼三帝登基地之说。如此一来，“穷桑”指何处遂成了疑案。如前文所述，黄帝生于寿丘，颛顼生于姚墟，皆在郓城。所以，少昊登位的“穷桑”实是“空桑”的讹变。

为什么会出现这种混乱呢？盖因“空”“穷”古音义相近；也许还因为“空桑”乃指当年商相伊尹所生之空心桑树，为避免误会，才改成了“穷桑”。

少昊登位的“穷桑”到底指何地？古籍并没有具体说，大概也不知道。晋王嘉《拾遗记·少昊》云：“穷桑者，西海之滨。”还说，穷桑有孤桑之树，服其实能使人长生不老。这大概就是这里的“穷桑”又称“寿丘”的来历吧。

“西海之滨”当指巨野泽畔，也就是少昊“邑于穷桑”之地。这就是“寿丘在梁山”一说的来历。后来少昊迁都于曲阜，这则是“寿丘在曲阜”之说的来历。“梁山寿丘”也好，“曲阜寿丘”也好，皆不是本有的，而是少昊东迁时不忘老家，将老家郓城空桑的寿丘复制过去的。

或说穷桑在今山东半岛的嵎夷日照一带，少昊既然登位于西边巨野之畔的穷桑，后来又迁都于曲阜。照此看，东海不会是现在的东海，也不可能国都在曲阜，而国家却在更远的胶东半岛的嵎夷日照一带。嵎夷日照的“穷桑”应当也是东夷部落继续东迁时带过去的，皆源自于菏郓的空桑。

启明星的传说及乐器“箫”和“琴瑟之好”的来历

或说少昊之所以被称为“穷桑氏”，是出自一个民间传说：传说皇娥负责对北斗星和北极星的观测，地点在璇宫，工具是一支玉管，称作璇玑玉衡。每天夜里，她通过玉衡窥管可以准确地观察到星象的移位情况。她一边观测天象，一边用麻纺线制作准绳。寂寞时便吹玉衡的圆孔，玉衡便发出悦耳的音乐。这便是箫的前身，故传说乐器“箫”是皇娥发明的。

皇娥累了常到西海之滨的一棵大桑树下休憩玩耍。也正是在这棵树下面，她认识了白帝太昊之子启明星。二人一见钟情，启明星将手一伸，召来了一把银光闪闪的琴。他双手抱琴，倚着穷桑树，弹奏出美妙的乐曲。皇娥情不自禁地跟着乐曲轻轻地唱起了歌。

通过琴声和歌声两人诉说着倾慕之情。他们依偎在一起，沉浸在爱情的幸福中。此即“琴瑟之好”的来历，也是少昊精通音乐的起因。

不久，他们的爱情结晶——儿子少昊诞生了，这时天空有五只色彩斑斓的凤凰腾空飞舞，因此少昊又称为凤鸟氏。传说后来皇娥将少昊送给黄帝夫妇抚养，成为黄帝之子，遂演绎出嫘祖在江水寿丘(今鲁西五湖一带)生下少昊的故事。

当然，这都不过是后人为神化少昊而编的传说而已。

基于此传说，少昊后来成了神话中的西方之神，又称金天氏、金穷氏，或称朱帝、白帝、西皇，以金德王天下，被后世尊为祖先神帝、大华夏显宗康皇帝。

东夷人的鸟崇拜

查东夷部族，大概是一万年前五湖一带弇兹织女部落的后裔，以玄鸟为图腾，又称青鸟氏，创立了“氏族图腾徽铭制”，创立了中华历史上第一个姓氏“凤”姓，也即风姓。这样，在远古就形成了以伏羲为代表的华夏龙族和以弇兹织女为代表的东夷凤族两大族群。

少昊做了东夷部族的首领后，开始也以玄鸟，即燕子作为本部的图腾。传说他在穷桑即大联盟首领之位时，又有凤鸟飞落庭中，大喜，于是改为以凤鸟为族神，号凤鸟氏，崇拜凤鸟图腾。这样，少昊遂继承了原始的凤文化，成为中华民族的龙凤图腾之一。

后来少昊迁都曲阜，并将其所辖各氏族皆以鸟命名，计有鸿鸟氏、凤鸟氏、玄鸟氏、青鸟氏，共24个氏族，形成一个庞大的以凤鸟为图腾的氏族部落集团。东夷人崇拜鸟达到了登峰造极的程度。少昊，名鸷，就是一只鸷鸟。

凤凰涅槃，浴火重生

少昊以凤凰作为图腾，相传还有个动人的故事。传说少昊是一个极为喜欢音乐的帝王，少昊特别喜欢听百鸟齐鸣的声音，他每天都会在海边看着百鸟飞过，听百鸟一同发出极为动听的鸣声。少昊有时候也会对着海边抚着琴，跟着鸟儿一同唱歌。后来偶然的一天，少昊看到了一种从来都不曾见过的奇异鸟儿，相传已经存活在世间500年了，少昊看到了那只鸟儿之后，鸟儿竟然在梧桐树上面自焚，少昊为那只自焚的鸟儿伤心不已。痛哭流涕之余，却隐约地看见了那只鸟儿又重生了。当那只鸟儿再次飞过头顶的时候，少昊十分欣喜，便为那只鸟儿取名为“凤”，从此便以凤凰为少昊国的图腾，烧焦的桐木也成了制琴的最佳材料，并延伸出“凤凰涅槃，浴火重生”的故事。

少昊鸟官立制

少昊建立了一套奇异的制度，他以各种各样的鸟儿作为文武百官的名称。具体的分工则是根据不同鸟类的特点来进行。

《左传·昭公十七年》对此有详细的记载：“秋，郯子来朝，公与之宴。昭子问焉，曰：‘少皞氏鸟名官，何故也?’郯子曰：‘吾祖也，我知之。昔者黄帝氏以云纪，故为云师而云名；炎帝氏以火纪，故为火师而火名；共工氏以水纪，故为水师而水名；大皞氏(伏羲)以龙纪，故为龙师而龙名。我高祖少皞挚之立也，凤鸟适至，故纪于鸟，为鸟师而鸟名。’”

就是说，他的百官以鸟命名，还对各种鸟的分工作了具体介绍：

凤凰为百鸟之王，故总管百鸟。凤凰是吉祥的神鸟，是知天时的，所以主管历数正天时的官历正，叫凤鸟氏；燕子称玄鸟，它春分飞来，秋分离去，故掌管春分和秋分的官叫玄鸟氏；伯劳称伯赵，它夏至开始鸣叫，冬至停止，故掌管夏至、冬至的官叫伯赵氏；青鸟就是鸽鸬，它在立春开始鸣叫，立夏停止，故掌管立春、立夏官为青鸟氏；丹鸟即雉，它立秋来，立冬离去，故掌管立秋、立冬官为丹鸟氏。这四种鸟都是凤鸟氏的属官。

又派五种鸟来管理日常事务：孝顺的鹁鸪掌管教育，凶猛的鸷鸟掌管军事，公平的布谷掌管建筑，威严的雄鹰掌管法律，善辩的斑鸠掌管言论。另让九种扈鸟掌管农业，使人民不至于淫逸放荡。让五种野鸡分别掌管木、漆、陶、染、皮等 5 个工种。做到鸟尽其材，物尽其用，各司其职，协调治国。少昊根据众鸟官的汇报，来论功行赏，论过行罚，一切都是那么井井有条。

听了郯子这番话，满座人无不佩服他的学识渊博。孔子当时 27 岁，在鲁国做个小官，之后就前去拜见郯子求教，《师说》中“孔子师郯子”即指此。

这就是传说中的鸟官。当然只是个传说，但也反映出少昊治国有方。

凤国盛世

少昊看到自己的百鸟之国到处呈现繁荣向上的景象，十分欣慰。他请来年幼的侄儿颛顼帮助料理朝政。颛顼不负所望，干得十分出色，深得叔父的赏识。

少昊擅长弹琴，他见侄子非常辛苦，就教颛顼弹琴。颛顼聪慧好学，很快就成为抚琴高手。他的精湛琴艺，赢得了百鸟的齐声喝彩，自然而然地超过了叔父少昊。几年后，颛项长大成人，便回到自己的领地古鄄。颛顼一离开，少昊便觉得空荡荡的，心里别提有多寂寞了。每当他看到那张琴，就会增添无限的思念和烦恼。他觉得人去物在，易引离愁，于是便拿起琴扔进了东海。从此，每当夜静更深、月朗星稀的时候，那平静的海面便飘荡着婉转悠扬、凄凄切切的琴声，让人流连忘返，惊叹不已。

少昊在位期间，修太昊之法，设工正、农正，分别管理手工业和农业，以发展生产。同时还“正度量”，即订立度量标准，并观测天象，制定历法。同时，还发明乐器，创作乐曲，并与黄帝部族建立了密切的交流关系。为中华文明做出了巨大贡献。

公元前 3790 年，少昊金天氏政权末任帝匠敬公（又称清阳）禅位给外甥颛聆，少昊金天氏政权宣告结束。颛聆改名颛顼，建立颛项高阳氏政权。

东夷与华夏两大部落的融合

少昊时期，是华夏凤文化的繁荣时期，至今江、黄姓等有少昊血缘的族裔的姓氏图腾里仍带有凤鸟或燕子的图案。作为华夏族主干之一的东夷部落的少昊部族，一直是东夷势力的代表。

少昊氏部族存在于大汶口文化时期，并延续到龙山文化时期，这期间经过不断的迁移和发展，部族势力不断壮大、文明水平也不断提高，完成了从古国到方国的社会转变。

到龙山文化末期，少昊氏部族走向衰亡，被东夷新崛起的皋陶、伯益等部族取代。

但直到春秋时期，在今山东、苏北、淮北还留存着两昊（太昊、少昊）后裔仍称为东夷的许多方国。夏朝与商朝均与三代的东夷有一部分共同的渊源关系。

夏启破坏禅让制后，引起了东夷部落与夏王朝的对抗。到夏朝后期，东夷之商族在首领汤的带领下，重新入主中原，华夏两大集团加快了融合的速度。到纣王时期，欲完全吞并东夷，多次发兵征讨东夷，西部的周族趁机占领商族的中心而取代了商朝。

周武王建立周朝后,周公与太公先后发动了几次大规模的征伐东夷的战争,东夷势力范围被大大压缩,直到春秋末期,东夷完全融入了华夏族。凤文化和龙文化两大文化支柱遂奠定了华夏文化的基础。

少昊子嗣

少昊氏有好几个儿子,他们的外貌、性格、品德、才能等各有不同,史书中有记述的是以下几位:

一为蟜极,是帝喾(姬夋)、业父(大业的父亲,简称业父)和挥公(即张挥,是张姓始祖)的父亲,是大业的祖父、伯益的曾祖父,又是赵国、秦国、江国、黄国、梁国、徐国、费国的嫡系祖先。

二为重,长着人面、鸟身、四方脸,穿白衣,驾两龙。古籍中多称为句芒(句者毕出,达者尽芒),是中国古代神话中的木神,掌管春天及春天大地万物的生命。句芒还兼任着生命之神,给多行善事、为国家做出突出贡献的人增寿。

三为该,长着虎爪、人脸,浑身白毛。古籍中多称蓐收,是中国古代神话中的金神,掌管西方。负责查看太阳落山时霞光是否正常。蓐收还掌管天上的刑罚,对做了坏事、危害国家的人,进行惩罚,视轻重减少其寿命或剥夺其生命。

四为穷奇,长得像老虎,肋下有一对翅膀。他能听懂天下各地的语言。是个是非不分的恶神,他看见两个人打架,就把正直有理的一方吃掉,而让凶恶闹事的无赖逍遥法外。但每年腊八,他和他的伙伴们也到处寻找吃人的害虫,把它们赶跑或吃掉。

五为般,发明了弓和箭。

六为昧祖,其孙昧,担任水官,被称为玄冥,昧的儿子台骀(dài),因为治水有功,被封为汾川之神。

七为穷申,穷奇之弟,帝颛顼的堂兄弟,皋陶(gāo yáo)的堂祖父。

八为瞽(gǔ)穋,也作瞽目,只有一只眼睛能看东西。史书称他是一目国的建立者,封迁在遥远的北方,其部落的图腾是“一目人”。

“东方金字塔”少昊陵墓

据传少昊在位 84 年,寿百岁而终,葬于鲁故城东门之外的寿丘。位于山东省曲阜市城东 4 公里处的高阜上,古称云阳山,传为少昊的墓地,是我国著名古陵之一。

少昊陵何时建筑,已不可考。宋代皇帝“推本世系,遂祖轩辕”,即以黄帝为赵姓始祖。宋真宗因此改曲阜为仙源县,将县城迁往寿丘以西,于寿丘兴建辉煌的景灵宫奉祀黄帝。宋徽宗政和元年(公元 1111 年),为纪念黄帝出生,叠石成丘,故曰“寿丘”,寿丘俗称万石山,因其外形似金字塔,又有“东方金字塔”的美誉。

景灵宫规模宏大,有殿、堂、亭、庑等 1320 楹,并在宫前立巨碑 2 通。元末明初皆毁,清乾隆年间有两次大修。1992 年在少昊陵前修建碑院,将修复的两块巨碑置于院中碧水畔。西为“庆寿”碑,上刻“庆寿”两字,字高 1 米多,为元代燕山老人补刻。东为“万人愁”碑,上无字,通高 16.45 米,为中国石碑之最。

十五、颛顼帝喾出濮鄄

颛顼帝喾继炎黄，承前启后续辉煌。
初都帝丘在鄄城，继世帝挚称青阳。
创制九州设官职，规范婚姻定纲常。
禁绝巫教民俗化，改革甲历四时昌。
洞察民情顺民意，造福遗墟昆吾壤。
倡导诚信兴平等，太古盛世人颂扬。
水神后土名后世，共工治水修东江。
生育尧舜及禹汤，继统周秦一华邦。

颛顼身世

颛顼高阳氏政权，从公元前3790年至前3380年，共传12帝，历经410年。首任帝为颛顼高阳氏，姓妘，名颛聆，号高阳，先祖是黄帝轩辕氏政权的首任帝姬芒。

少昊金天氏末帝把帝位传给了辅佐自己表现突出的侄子颛顼，让他去承继了黄帝的名号，东夷华夏并由颛顼治理，这对两族的融合起了促进作用。

据《帝王世纪》记载，昌意的正妃昌仆，又名女枢，某晚看到天空有“瑶光之星贯月如虹”的异象，于是心有所感而怀了身孕，后来便于若水(在鲁西聊城)生下了颛顼。

然而据今人研究，颛顼居濮水，即今菏泽城北鄄城古濮水。东汉泰山太守应劭著《风俗通》(亦称《风俗通义》)也记载说：颛顼生于姚墟，在汉济阴郡成阳县。故颛顼乃今之菏泽鄄城人，为有虞氏始祖。

颛顼像

颛，篆文作，从頁从耑，会头端正恭谨的样子；顼，金文作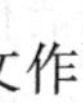，象一人头戴玉饰玉冠的样子，篆文改为从頁从玉会意。“颛顼”即头戴玉冠恭谨的帝王之意。据说，颛顼所戴的玉，是夷玉，东方之美者，乃医无间山所出之珣玗琪。或说珣玗琪即玛瑙，东夷语。颛顼爱玉戴玉，这与其母女枢因感“瑶光”而生

相应；瑶光即琼瑶美玉之光，可见古人笔下的颛顼帝，天生就与美玉玛瑙有着天然的情缘。孔子极其推崇玉，说美玉的种种特征能表达出君子的美德，从颛顼执政的特点来看，他是一位把各项制度都制定得清晰有条理的智慧型领导，正是孔子“十一德”中的“缜密以栗（威严），知（智）也”的典型人物。

颛顼主政帝丘

颛顼本名乾荒，年幼即聪敏过人，性格深沉而有谋略，很有才干。12 岁而冠，15 岁辅佐伯父少昊治理九黎地区，帮助少昊料理朝政，他不负众望，干得很出色，深得伯父的赏识。因辅佐少昊有功，被封于高阳，故号高阳氏。史籍赞其颇“有圣德”。

少昊死后，共工氏与颛顼争夺帝位，颛顼打败了共工，继少昊主政，建立了颛顼高阳氏政权，成为继黄帝后“五帝”的第二位。

颛顼 20 岁登上帝位，因辅政少昊，初居穷桑，为戡平九黎之乱，又迁到曹县南部的亳（bó）城。后定都于濮阳帝丘，即今之鄄城旧城镇。

据说颛顼在位 78 年，活到 98 岁逝世，葬于东郡濮阳（治鄄城）顿丘广阳里中，故鄄城有“颛顼遗墟，昆吾旧壤”之称。后来因为受到蚩尤战败的影响其后裔才南迁至今河南新郑，并带去了昆吾之名。

据后来的五德始终说，帝颛顼所居玄宫为北方之宫，北方色黑，五行属水，因此古人说他是以水德为帝，在神话传说中被神化为北方天帝，又称黑帝或玄帝。这是后人的附会。

共工触不周山与女娲造人补天的实情

共工原是我国远古时代一个较大部落的名称，是燧人氏的一个分支，早在伏羲女娲政权以前就已经存在了。传说伏羲时，在榆中不周山重建天齐表木，表木名大风雨表。以共工氏为上相，主管不周山上的天齐表木观象台，主持大风雨表的观测，用八索（地维）判断方向，为历法天象总管，掌握祭天权，其权位仅次于伏羲。后又命共工管地，负责水利。

共工触山图

由于共工氏不肯听命于女娲，欲自立为帝，女娲怒而命火正祝融攻伐共工，发生远古史上最早的一次大规模群体战争。大战的结局是共工氏失败，他便怒而袭击祭天圣地不周山，砍倒了天齐建木，割断了八索准绳，定表向东南倾斜，表绳断绝，八维失准。由于天齐表木遭到破坏，天象观察和天气变化的预测都不能正常进行，结果这年夏天大洪水来临，人们在毫无知觉的情况下被突然而来的洪水吞没，许多族人都葬身于大洪水中。当时女娲等人居住在高地得以幸免。她立刻组织存活下来的族人砍伐树木，绑制简易木排，下水营救被困的人。他们奋战了三天三夜，救出了数百名青年男女，这些获救的青年都向她磕头致谢，尊称她为圣母。

这段女娲率族人与洪水搏斗的历史，后来在民间广为流传，遂被神化，演绎成了共工怒触不周山，以及女娲炼石补天、用黄土造人的神话故事。

共工氏对水利的贡献

这里与颛顼争位的共工，应当不是上述神话中怒触不周山的共工，而是彼共工氏的后代。传说这个共工姓姜，是炎帝的后代。他的部落生活在今天的鲁西豫北一带。共工对农耕很重视，尤其对水利工作抓得很紧，发明了筑堤蓄水的办法，这对从事农业生产是至关重要的。共工氏是神农氏以后，又一个为发展农业生产做出过贡献的氏族。

《汤诰》云："东为江，北为济，西为河，南为淮，四渎已修，万民乃有居。"这里的"东为江"，是指鲁西地区的五湖一线水系。这个五湖一线水系，显然是由上古时期历代共工氏组织大规模治水而形成的。所以"江"从"工（筑杵），从水会意"，即人工修筑的水道之意。

共工有个儿子叫后土，对农业也很精通。他们为了发展农业生产，把水利的事办好，就一起考察了部落的土地情况，发现有的地方太高，田地浇水很费力；有的地方太低，容易被淹，不利于农业生产。于是他们便把高处的土运去垫低处的地，开展农田水利建设，既扩大了耕种面积，又利于水利灌溉，对发展农业生产有极大的好处。

水神与社神的来历

据说，颛顼不同意这种做法，认为自己是部族联盟的最高首领，共工氏不能自作主张。于是，颛顼与共工氏之间发生了一场十分激烈的斗争，表面上是对水土治理的争论，实际上是对部族领导权的争夺。

结果共工氏被打败，但他治理水土的做法得到了人们的好评。所以在他死后，人们奉他为水师，即掌管水利的司水之神；他的儿子后土也被人们奉为社神，即土地神。后来每当人们发誓时，全都说"苍天后土在上"，可见人们对他们的敬重之深。

颛顼的贡献

颛顼是一位颇具文治之功的帝王。《史记·五帝本纪》记载：颛顼"静渊以有谋，疏通而知事，养材以任地，载时以象天，依鬼神以制义，治气以教化，洁诚以祭祀。北至于幽陵，南至于交阯，西至于流沙，东至于蟠木，动静之物，大小之神，日月所照，莫不砥（dǐ，平定）属。"

意思是说：他沉静、博识、有谋略，通达而知事理。他养殖各种庄稼牲畜以充分利用地力，推算四时节令以顺应自然，依顺鬼神以制定出各种礼仪制度，理顺四时五行之气来教化人民，洁净身心以祭祀鬼神。北到幽陵，南到交阯，西到流沙，东到蟠木。各种动物植物，大神小神，凡是日月照临的地方，全都平定了，没有不归服的。

传说颛顼视察所到之处，都受到部落民众的热情接待，在民众中有很高的威信。

颛顼在位期间创制了九州。黄帝时代虽然统一了中原地区，但和蚩尤部族长期形成对立局面。直至颛顼，才形成各部族真正统一。在此基础上，颛顼对中国区域的建制进行明确规划，确定兖、冀、青、徐、豫、荆、扬、雍、梁九州的名称和分辖区域。使中国首次有了版图界线，完成华夏统一。

颛顼以帝丘为都城，设五官建立了统治机构，以句芒为木正、蓐收为金正、祝融为火正、玄冥为水正、句龙为土正，合称五官。

颛顼处在原始社会晚期，氏族制已经解体，实行了男娶女嫁，人们有了家室，知其母不知其父的时代已让位于父系氏族，他规范婚姻嫁娶，提出男女有别，长幼有序，还规定兄妹不准结婚等，确立了"父权制"，男尊女卑的观念开始出现。

他改革甲历(用甲子记载岁时的日历),定下四季和二十四节气,教导百姓遵循自然的规律从事农业生产,鼓励人们开垦田地。生产力较前有了很大的发展,被后人推戴为“历宗”。

黄帝晚年,九黎信奉巫教,崇尚鬼神而废弃人事,一切都靠占卜来决定,百姓每家都有人当巫师搞占卜,不敬祭上天,也不专心农业生产。颛顼为解决这个问题,决定改革宗教,亲自清心敬祀天地祖宗,为万民做出榜样。任命南正重负责祭天,以和洽神灵;任命北正黎负责民政,以抚慰万民;下令民间禁绝巫教,要求九黎族遵从黄帝族的教化,推行天地正道,促进了族与族之间的融合。颛顼又重视人事治理,整饬秩序,规矩子民。禁断民间以占卜通人神的活动,一切严格遵循黄帝的政策办事,遂使社会恢复正常秩序,达到安定太平。成为一位泽被宇内、功德盖世的帝王。

《吕氏春秋·古乐》记载:帝颛顼,住在穷桑,二十登帝位,其德行正与天合,八方纯正之风按时运行,风雨雷电,天地间发出熙熙、凄凄、锵锵的声音。帝颛顼喜好这样的声音,于是乃命令飞龙作乐,仿效八风的声音,命名这首乐曲为“承云”,以此来祭祀上古帝王。又命令鱓(tuó,同鼍,扬子鳄)以鼓先为乐曲领奏;鱓就仰面躺下,用它的尾巴敲击腹部,发出嘤嘤的声音。

颛顼生有六个儿子,四贤二恶,都很有名:

舜祖穷蝉

一子叫穷蝉,生孙敬康,曾孙句望,玄孙桥牛,来孙瞽叟,其第六代昆(kūn)孙即虞舜。虞舜之子商均的33代孙,为陈胡公,是陈国的开国君主。(参见《十七、舜耕历山渔雷泽》)

禹祖鲧曾

二子叫鲧(gǔn)曾。《路史》记载:邹屠氏有女,履龟不践,颛顼帝内之,感应而生鲧曾于山东濮州(今鄄城旧城)。说明禹之祖鲧曾以龟为图腾。鲧曾生鲧祖,鲧祖生鲧父,鲧父生鲧,鲧生禹,是颛顼第五代来孙,即帝禹。禹生启,启建立夏朝。传至帝少康时,为延续禹王陵的守护与祭祀工作,帝少康便封其庶子无余于会稽,号曰“禹越”,乃越国之祖。(参见《十九、大禹治水九淖地》《二四、计然献策越灭吴》)

蚕丛开国

三子即古蜀王,乃庶支所出,分封到蜀地作侯伯。其后裔有位能人擅长养蚕,故名蚕丛。传说蚕丛纵目、椎髻、左衽,装束奇特。

蚕丛为了养好蚕,迁到了很适宜桑叶生长的若水流域江边,大力劝农种桑养蚕,发展农副业。后来在川西平原建立了古蜀国。蜀,甲骨文作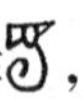,正是一头蚕形,金文作,下另加一虫。蜀国,乃养蚕之国也。

同时蚕丛还帮助从川西北高原上沿邛崃(qióng lái)山脉走下来的羌人定居下来,也让他们跨入了农桑时代。由于蚕丛巡行郊野时常着青衣,以此人们呼之为青衣神。

淳厚质朴的古羌人感谢蚕丛的恩德,在蚕丛死后,将其安葬在蜀山(瓦屋山),修建了川主、圣德、薄山、遣福、万安等庙宇,来祭祀青衣神蚕丛,使蜀山(瓦屋山)成为闻名遐迩的“青羌之祀”。同时他们仿照青衣神之衣着,着青衣,裹青帕,代代相传,作为永久的纪念。

为了让青衣神的业绩永志不忘,他们将蚕丛的出生地叫作青神县,并将他推广蚕桑地区的若水改称青衣江，这是四川唯一一条用人名命名的江。蚕丛的古蜀国创造了独特的三星堆文明。

三星堆文明

“三星堆”之称，源自三个大土堆，古遗址位于四川省广汉市西北的鸭子河南岸的三星堆镇。分布面积12平方千米，距今已有5000年至3000年历史，是迄今在西南地区发现的范围最大、延续时间最长、文化内涵最丰富的古城、古国、古蜀文化遗址。现有保存最完整的东、西、南城墙和月亮湾内城墙。所谓“三星堆”，像是夯土城墙拐角处的残垣，似是其西南角。三星堆遗址被称为20世纪人类最伟大的考古发现之一，昭示了长江流域与黄河流域一样，同属中华文明的母体，被誉为“长江文明之源”。

三星堆文化涉及面极广。其中出土的文物是宝贵的人类文化遗产，在中国的文物群体中，属最具历史、科学、文化、艺术价值和最富观赏性的文物群体之一。在这些出土的古蜀秘宝中，有高2.62米的青铜大立人、有宽1.38米的青铜面具、更有高达3.95米的青铜神树等，均堪称独一无二的旷世神品。而以金杖为代表的金器，以满饰图案的边璋为代表的玉石器，亦多属前所未见的稀世之珍。从祭祀坑内出土遗物的年代及其高贵规格来分析，这里当是一座古蜀国的王都遗址。

三星堆文化大约分宝墩、三星堆和十二桥等三个时期。考古认为三星堆文化是夏人的一支从长江中游经三峡并与三峡地区土著文化联盟，再西迁成都平原，征服当地土著文化后形成的综合文化，是以夏文化和鄂西川东峡区土著文化的联盟为主体的文化。以后的二里岗期商文化也是通过这样的传播路线与三星堆文化发生联系的。三星堆文明是华夏文明的延伸，是大中华文化的一支。

“购盐垒”与“八阵图”

蚕丛之后是鱼凫称王的时代，鱼凫即鱼鹰，是渔猎生活的痕迹。古蜀国缺盐，须从三峡地区购盐。鱼凫曾派出一支队伍驻扎在瞿塘峡白帝城西的河滩上垒石扎营，据说石垒纵横8行，共64垒。或说古蜀国的这些营垒，被后人误传为诸葛亮阻击东吴陆逊追兵而摆的“八阵图”。

杜鹃啼血

到春秋初期，王位传到了望帝杜宇手中。传说，杜宇是从天上降下来的，被尊称为“望帝”。他很关心老百姓，教百姓种植庄稼，叮嘱要遵循农时，搞好生产，百姓十分拥护他。

蜀国那时经常闹水灾。有一年，忽然从河里逆流漂来一具男尸，人们十分惊奇。好事者把尸体打捞上来，更令人吃惊的是，尸体随即复活，开口说自己是楚国人，名叫鳖灵，因失足落水，从家乡一直漂到这里。望帝知道后，便把他叫来，谈得十分投机。望帝觉得鳖灵是个难得的人才，便任命他做蜀国的宰相。

不久，蜀国又发洪水，老百姓深受其害，死逃无数，国家陷入一片混乱。望帝派鳖灵治理洪水，他带领民众打通巫山，洪水向东流去，即今之长江，水患从此根除，百姓又可安居乐业了。杜宇十分感激，自愿把王位禅让给鳖灵。鳖灵遂成为新蜀王，号称开明帝或丛帝。

不幸的是，鳖灵统治下的古蜀国很快就灭亡了，望帝杜宇也悲伤而死。死后化为杜鹃，别名杜宇、子规、鹈鴂（tí jué），整日在林中悲鸣，其声哀怨凄绝，动人肺腑，啼得嘴巴流血，滴滴鲜血洒在山野间，染红了漫山的杜鹃花。每至春耕农忙，便飞临蜀国田间一声声鸣叫，鸣声似唤醒百姓“快快布谷！快快布谷！”催农夫播种、插秧，故又称布谷鸟、催耕鸟、催工鸟。杜鹃的啼叫又好像是说“不如归去，不如归去”，听其啼叫容易触动人们的乡愁乡思，故在古典诗词中常与悲苦之事联系在一起。鄄俗模拟其鸣声称作“咣咣调雏”。

历代有很多吟唱杜鹃的诗词，著名的如李白《蜀道难》中的“又闻子归啼夜月，愁空山”；白居易《琵琶行》中的“杜鹃啼血猿哀鸣”；李商隐《锦瑟》中的“望帝春心托杜鹃”；成彦雄《杜鹃花》中的“杜鹃花与鸟，怨艳两何赊。疑是口中血，滴成枝上花”；辛弃疾《贺新郎·别茂嘉十二弟》中的“绿树听鹈鴂，更那堪、鹧鸪声住，杜鹃声切”；文天祥《金陵驿二首》中的“从今别却江南路，化作啼鹃带血归”。都是歌吟悲苦之事的凄美词句。

楚祖伯称

颛顼长子名称，也叫伯称、服称、伯服，后来迁居东海之外，建立一个颛顼国，是原帝丘的颛顼国的延续。《山海经》记载：颛顼之子服称自立的颛顼国在东海之外，与羲和国、少昊国的大壑在同一位置。东海之外，即指今天的胶东半岛。地址学家考证过，几千年前时的海平面比现在的要高，胶东半岛与大陆是有海水隔开的，这里说的海水，即现在的鲁西五湖一带。

伯称生卷章（老童），卷章生重黎（为帝喾高辛氏火正火神祝融）和回。共工氏作乱，帝喾使重黎（火正祝融是夏官，负责军事）讨伐而未全歼，帝乃诛重黎，而以其弟吴回为重黎后，复居火正之位，封于吴，称为吴回（仍为火神祝融）。吴回生陆终，其支庶为陆终氏。陆终娶鬼方氏，生子六人：其一曰樊，封于昆吾；其二曰惠连，是为参胡，生南陆；其三曰篯（jiān）铿，即彭祖，善调羹，以事帝尧，为尧所赏，封于彭城，是我国第一位专业厨师，被尊为厨行的祖师爷，有雉羹、羊方藏鱼等名菜传世，是古之长寿者，故又称老彭；其四曰求言，是为郐（kuài）人；其五曰晏安，是为曹姓；其六曰季连，是为芈（mǐ）姓。季连为楚人始祖。因此春秋战国时的楚人也是颛顼的后裔。所以屈原在《离骚》中自称为“帝高阳之苗裔兮”。

魍魉、梼杌

其他二子为魍魉和梼杌（táo wù）。

传说魍魉生而早死，冤魂不散，化作魍魉到处为害，传为疫鬼瘟神。或说魍魉是“山精木怪”的总称。或因其来去无踪，又代指影子。也写作“蝄蜽”“罔两”“方良”。

梼杌又叫傲狠，难训。根据《左传·文公十八年》记载：“颛顼有不才子，不可教训，不知话言，告之则顽，舍之则嚚（yín，愚顽），傲狠明德，以乱天常，天下之民，谓之梼杌。”傲狠和穷奇、混沌、饕餮一样，后来成了四凶之一，被舜流放，投诸四裔。这四个不可教训的恶人死后最终演化成上古著名的魔兽。

古昆吾旧壤

《拾遗记》记载：昆吾山，其下多赤金，色如火。昔黄帝伐蚩尤，陈兵于此地。地中多丹石，炼石为铜，铜色青而利。据此看，昆吾山当在菏鄄之地域无疑。

又据《吕氏春秋·通诠》记载：“昆吾，颛顼之后，吴回之孙，陆终之长子，己姓，本名叫作樊，传说中陶器制造业的发明者。”照此，“昆吾”又为陆终之长子己樊之号，擅长制作陶器。做官为陶正，负责制陶工作，因此，古陶官又称“昆吾”。“昆吾”，慢读即为“壶”。故《说文》云：“壶，昆吾，圜器也。”《说文释例》亦称:"昆吾者,壶之别名也。"可见,"昆吾"之称源自善于制作圆陶器壶。

帝喾继位后,颁赐颛顼玄孙陆终长子樊为己姓,封邑为昆吾,号昆吾之国,故址在今鄄城。故《汉书·地理志下》记载:"帝丘,今之濮阳是也。本颛顼之虚,周朝在此建鄄邑,因处于大土丘之地,故谓之帝丘。夏后之世,昆吾居之。"所以《太平寰宇记》说:"濮州,今治鄄城县。古昆吾旧壤,颛顼遗墟。"

《史记·殷本纪》记载说:"汤自把钺以伐昆吾,遂伐桀。"夏亡,昆吾氏的一支遂南逃迁至河南。故《左传·昭公十二年》记载:楚灵王说"昔我皇祖伯父昆吾,旧许是宅",昆吾己樊是楚国的始祖季连的兄长,旧许国在今河南的许昌。

公元前 1600 年,商汤灭夏,将夏之有苏国(或说在今邢台西南沙河市苏庄一带)移封于甄(鄄),以奉祀颛顼之祀。

至殷纣王时发兵伐有苏氏,有苏氏献出牛羊、马匹、美女,还有自己的女儿苏妲(dá)己。

《山海经·中山经》记载:"昆吾之山,其上多赤铜。"郭璞注:"此山出名铜,色赤如火,以之作刀,切割玉石如割削泥也。"

意思是,昆吾山特产赤铜,色彩鲜红,如同赤火一般。用赤铜制作的刀剑,非常锋利,切玉如削泥。周穆王伐昆戎,昆戎曾献昆吾之剑。

帝喾其人

据说帝喾缘母亲踏了巨人足迹怀孕而生。"巨人"为何物?原来是大猩猩"夒"。夒,甲骨文作,简形作,象一个行动迟重的大猩猩之形。金文承之作与,篆文整齐化作与。隶变后楷书写作夒与夋,二者为一字。甲骨卜辞载有商人高祖为"夒",据王国维考定,"夒"为"帝喾"之名,而帝喾正好姓姬,名夋,又称帝夋(俊),可为明证。这很可能与帝喾部族当初以猴类为图腾有关。帝喾在后来的《山海经》等古籍中被神化成了天帝俊。

帝喾被封高辛氏

帝喾氏族形成于少昊金天氏政权时期,其父系先祖为黄帝氏族,母系先祖为炎帝氏族,故帝喾高辛氏政权,姓姜。

帝喾从小好学多智,品德高尚又聪明能干,十二三岁便有才名,15 岁时,便做了堂叔颛顼帝的助手,因功被封于高辛,在曹县北莘冢,称为辛侯,史称高辛氏。是颛顼政权下帝喾族的大酋长。

帝喾像

帝喾作为颛顼的帮手,出了不少好主意。当时有 9 个部族作乱,帝喾就对颛顼说:"9 个敌人都想独占我们的地盘,他们彼此之间必然互不相让。我们若能叫他们之间互相打起来,不就好平灭了吗?"颛顼说:"这个办法很好。"于是就派人分别到 9 个敌人中挑拨他们的关系,很快使他们彼此打了起来。后来颛顼没费多大力气,就平灭了九族之乱。

那时,颛顼所处的辛这个地方经常闹水灾,水来了,老百姓就往另一个地方迁徙。不久新迁徙的地方又闹了水灾,老百姓便又重新迁回来。这样迁来迁去，老是不能安居乐业。帝喾又想了一个办法：带领大家把住处的地势加高。但是加高的速度却赶不上水涨的速度，头天加高的，第二天又被水淹没了。

传说，一天夜里，帝喾睡不着，便跑到天上跟玉皇辩理，说："天既然生了人，为什么又故意与人们为难，不叫人们活下去呢？"玉皇辩不过他，便派天神下来，一下子把"辛"这个地方的地势抬高到了水面以上。这儿的老百姓再也不被洪水赶得乱跑了。从此"辛"地便称为"高辛"了，帝喾遂被封为"高辛氏"。

颛顼高阳氏末任帝颛佳琚时，共工势力再次强大起来，多次逼迫颛顼族向其臣服。帝喾立刻率本部族东征反叛的共工氏族，共工氏兵败后逃窜。因颛顼政权这时已经完全衰落，中原各大部落遂共同推举大酋长帝喾为盟主，代替颛顼政权。于是，帝喾正式建立了帝喾高辛氏政权，成为天下的共主，以木德为帝，列为"五帝"的第三位。从公元前3380年至前2799年，共传21帝，历经581年。

帝喾继位后，初都帝丘（鄄城旧城镇），后迁于亳（曹县南），因为这里的土地以山和丘陵为主，一旦洪水暴发，百姓能迅速转移到山上去，可避免部落受洪水侵袭。同时也方便将军队迅速投放到南部前线战场，有利于彻底解决逃窜的共工氏余部不断作乱的问题。

帝喾帝挚一脉传

至帝喾高辛氏政权末任帝姜巴加执政时，东海水上涨，平原洼地一片洪水。姜巴加只顾享乐，不顾百姓死活，各氏族纷纷叛离。其族下帝挚青阳氏部落的大酋长姜角挺身为民解难，赢得了各大氏族的一致好评。姜巴加去世后，各大氏族头领便联合起来共同推举姜角为帝，拥立他为中原盟主。公元前2799年，姜角遂正式即位，建立"帝挚青阳氏"政权，从前2799年至前2357年，共传17帝，历经442年。

姜角是帝喾高辛氏的十九世孙，所以帝挚青阳氏政权实际上是帝喾高辛氏政权的延续，稍有不同的是，青阳氏代表着母系少昊族的血统。

帝挚青阳氏第16任帝姜斯遂（帝喾），娶陈锋氏女庆都，生下一子，取名尧。公元前2357年，帝挚青阳氏政权的第17任帝姜匡二将帝位禅让给唐尧。是为"帝尧陶唐氏"政权。

可见帝尧陶唐氏的远祖才是帝喾高辛氏，先祖则为帝挚青阳氏。

所以，史载帝喾是黄帝长子少昊玄嚣的孙子，其父为蟜极，颛顼是其伯父。

实际上这是不可能的。从黄帝时代到帝喾时代，中间相隔1000多年，帝喾怎可能直接是黄帝的曾孙、颛顼的侄子、帝尧和挚的父亲呢？这只能是就整个部族说的，不是就个人说的。

帝喾创上古太平盛世

帝喾为人，生活俭朴，大公无私，庄重静穆，养性自律。他能洞察民情，了解民间的疾苦，顺从民意，为老百姓着想，注意提高人民的生活质量。他以仁爱治国，广施恩惠，让民获利，恩威并用，因势利导，抚教诲民，尤其明察善恶，倡导诚信和平等。他在位70年，天下大治，人民安居乐业，成功创造了上古时期的太平盛世，成为一位深受兆民悦服和爱戴的帝王，为历代帝王所推崇。即至今日，仍有积极意义。

帝喾在颛顼的基础上，继续科学探索天象，把握物候变化规律，按照四时节令，指导人们从事农牧活动，极大地促进了社会生产力的发展，使华夏农业出现一次伟大的革命，农耕文明走进了一个崭新的时代。

帝喾知人善任，让神箭手羿担任射官，赐他彤弓、蒿矢，一举平定了叛乱。

帝喾非常喜爱音乐，他任命擅长音乐的咸黑、柞卜为乐官，创作出九招、六列、六英等歌曲；又命乐垂作鼙鼓、磬、管、埙等新乐器。让64名舞女穿着五彩衣裳，随歌跳舞。于是招徕凤凰、大翟等云集殿堂，翩跹起舞，以彰显帝喾的美德，因为只有德行高尚的人才能招徕凤凰。

对帝喾的评价

司马迁在《史记》中评论说："高辛生而神灵，自言其名。普施利物，不于其身。聪以知远，明以察微。顺天之义，知民之急。仁而威，惠而信，脩身而天下服。取地之财而节用之，抚教万民而利诲之，历日月而迎送之，明鬼神而敬事之。其色郁郁（有文采），其德嶷嶷（德高峻）。其动也时，其服也士。帝喾溉（平允）执中而遍天下，日月所照，风雨所至，莫不从服。"

曹植写有《帝喾赞》曰："祖自轩辕，玄嚣之裔。生言其名，木德治世。抚宁天地，神圣灵宾。教讫四海，明并日月。"

帝喾有四个在中国历史上很有名的儿子：

一为周祖后稷

元妃有邰氏女姜嫄生子名弃，史称后稷。后被派往陕西武功县驻守边疆，统治当地的西迁炎帝部落——有邰氏部落。其后代子孙姬发（周武王）建立了周朝。周成王桐叶封弟，将三弟叔虞封于古唐国，是为晋国之祖。（详见《二十一、周起帝丘在鄄城》）

二为商祖契

次妃有娀（sōng）氏女简狄生子名契（xiè），后被派往滦河以东驻守边疆，统治当地的东夷部落——有娀氏部落。他的后代子孙成汤建立商朝。（详见《二十、商汤祖上起菏鄄》）

三为帝尧放勋

三妃陈丰氏庆都，生子放勋，即唐尧氏，是五帝的第四位，历史上有名的圣贤之君。（详见《十六、尧陵钟韵响穀林》）

四为让贤的帝挚

四妃娵訾（jū zī）氏常仪，是远古娵（陬）訾氏（娵与訾的合婚族）部族之女，（陬氏部族，在今山东省曲阜一带；訾氏部族，古姜姓纪国，在今山东寿光），生子挚，继帝喾之位，后禅让给其弟族唐尧。

嫁女盘瓠

传说帝喾刘氏皇后一夜梦天降娄金狗下界托生，醒来耳内疼痛，召名医医治，引出一条三寸长的希奇美秀的金虫，于是用玉盘贮养，拿瓠叶覆盖。金虫一日长一寸，很快身长一丈二，形似凤凰，取名麟狗，号称盘瓠，身纹如锦绣，头有二十四个黄斑点。

这时恰遇犬戎兴兵来犯，帝喾发榜下诏求贤，提出谁如果能斩番王之头来献，便将女儿三公主嫁他为妻。盘瓠于是揭榜即往敌国，乘番王酒醉，咬断其头，口衔回国献给帝喾。帝喾因他是犬而想悔婚。三公主听说后认为不应该违背承诺，请求出嫁。于是帝喾同意了女儿的要求，盘瓠与公主结了婚。婚后，公主随盘瓠入居深山，以狩猎、山耕为生。生三子一女，长子姓盘，名能，次子姓蓝，名光辉，三子姓雷，名巨佑，女儿嫁给钟智深。畲族人世代相传，以盘瓠为畲族崇拜的图腾，其先民还以拟人化的手法，把盘瓠描塑成神奇、机智、勇敢的民族英雄，尊崇为畲族的始祖加以歌颂。

濮鄄是三皇五帝的故乡、龙文化的圣地

颛顼、帝喾是上古时期“三皇五帝”中的第二位和第三位帝王，前承炎黄，后启尧舜，衍生出禹汤、周秦，奠定了华夏的根基，是华夏民族的共同人文始祖，为开创生生不息的华夏文明做出了突出的贡献。范文澜在《中国通史简编》中说：“汉以前人相信黄帝、颛顼、帝喾三人为华族祖先，当是事实。”

从先秦至两汉隋唐的历史文献，关于伏羲、炎帝、黄帝、颛顼、尧、舜、禹、皋陶、伯益兴起于鄄城雷泽、成阳的记载不绝于书。他们生活活动的雷泽、濮鄄是中华文明的重要发祥地是确定无疑的，“龙”文化的基因及艺术形象在这里逐渐形成并得到进一步发展。

20 世纪 80 年代末，曾在濮阳西水坡仰韶文化遗址内，出土过三组蚌壳摆塑的以龙为主题的图案，成为“华夏第一龙”，可以毫不夸张地说，濮鄄一带是龙文化的圣地。

由此可见，夏、商、周、秦，都是黄帝的后裔所建立。

颛顼、帝喾陵墓位于河南省内黄县梁庄镇三杨庄村，俗称“二帝陵”，民间称“高王庙”。河南省商丘市睢阳的高辛镇则有帝喾陵。

十六、尧陵钟韵响穀林

放勋生鄄都成阳，善于制陶称尧王。
亲询刍荛求民谤，民主施政早西洋。
钦明文思安百姓，奖善惩恶协万邦。
遍访贤人公天下，禅让美德世称扬。
穀林尧陵穆清风，晚钟千古遗韵长。

帝尧陶唐氏政权来历

一般认为，帝尧陶唐氏是黄帝的玄孙，帝喾的儿子，13 岁辅佐帝挚，20 岁代其兄帝挚为天子。这只是笼统的说法。

实际上，唐尧离黄帝远了去了，帝喾高辛氏已是他的远祖，帝挚青阳氏只能算他的先祖。帝挚青阳氏的第 16 任帝姜斯遂（帝喾）及其妻子陈锋氏女庆都，才是唐尧的亲生父母，而于公元前 2357 年，让位给他的是帝挚青阳氏政权的第 17 任帝姜匡二。所以，唐尧的父亲为姜斯遂，兄长为姜匡二。

唐尧即帝位后，建立了“帝尧陶唐氏”政权，从公元前 2357 年起，至前 2128 年，共传 6 帝，历经 230 年。

唐尧身世

史载，尧生于鄄城古羊里水边的常羊，都于成阳，而去世后葬于成阳西北 40 里的穀林山下的穀林，称为小成阳。山下有穀林寺，位于今鄄城县富春乡的赵仟庄一带。

尧王像

尧的母亲是伊耆侯的闺女，名叫庆都。庆都常到三河地方游玩，有赤龙附身而怀孕，十四个月生下尧。尧一生下来就与凡人不同，长得龙颜日角，眉睫八彩。尧出生时，正巧他的祖母去世了，他父亲帝喾是个孝子，为他祖母一连服孝三年。母亲庆都便带着尧寄居在三河之南的娘家（在今鄄城什集镇），直把尧抚养到 10 岁，才带他回到父亲帝喾身边，所以帝尧小时先随外祖父伊耆侯伊长儒家的姓为伊祁（耆）氏，称为“伊尧”。

尧母求子

民间传说，尧王的父亲帝喾共有四个王妃：姜嫄（yuán）、简狄、庆都、常仪。本来常仪的地位最低，可自从生了长子挚，众人就另眼相看了。庆都一直为没有儿子而烦恼。有人告诉她，神母庙求子很灵验，只要真心实意，没有不成的。庆都于是在元宵节这天，去庙里摆上供品，恭恭敬敬地磕头合十，祈求神灵赐子。

尧母求子图

赶巧这年大旱，百姓生活困苦。天上有条赤龙，看见人间凄惨的境况，心生怜悯，私下里下了一场雨。这事被玉皇大帝知道了，就把赤龙压在了一座山底下。百姓为赤龙求情，玉皇大帝发狠说："只有金豆子开花才可放。"谁知，二月二这天，不知从哪里来了个老婆婆，一个劲地喊："卖金豆子！"人们很奇怪，买回家一看，是些黄豆。于是把这些黄豆放在锅里一炒，噼里啪啦地都开了花。"金豆子开花了！"百姓们嚷开了，玉帝得知，只得把那条赤龙放了出来，贬下凡间。

庆都从神母庙求子后，一天夜里，她梦见一条赤龙追随，从此就怀了孕。到了第二年的二月二，先是电闪雷鸣，后又艳阳高照，院子里一道金光照耀，孩子降生了，起名叫放勋，放勋者，寓意功勋达四海也。就是后来的尧王爷。

二月二龙抬头节

放勋从小聪明伶俐，15 岁封唐侯，20 岁代兄长挚为帝，是为陶唐氏帝尧。帝尧每到自己生日二月二这天，就同百姓一起开始春耕。这样就形成了帝王亲耕的习俗传了下来。每逢年节，集上卖木版年画"皇帝爷爷使金牛"，便源于此。

这样，尧的生日农历二月初二，后世遂演变为中国民间的一个重要的传统节日"龙抬头节"。龙抬头节最初形成于黄河流域地区，后来逐渐传播到其他地区，以至于全中国，就连一些少数民族也过此节，遂成为全国性的节日。

从科学的角度看，农历二月初二正是"惊蛰"前后，地气上升，大地开始解冻，天气逐渐转暖，春回大地，万物复苏。传说中主管云雨的龙神也从沉睡中抬头醒来，升天行云布雨，雷声始发。从此以后，雨水逐渐增多。因此，这天又叫"春龙节"。同时冬眠蛰伏的昆虫也开始苏醒出土，各种动物恢复了活力，即俗话所说的"二月二，龙抬头，蝎子、蜈蚣都露头"。因此人们把这个节令命名为"惊蛰"，这当是"二月二，龙抬头"之说的实际由来。有的蛰虫如果这时还没有醒来的话，那隆隆的雷声就会把它们唤醒。这天农民也告别农闲，开始下地劳作了。所以，古时把"二月二"也称为"春耕节"，俗话说"二月二，龙抬头，大家小户使耕牛"，生动地描绘了一幅繁忙的春耕图。

颐和园里的耕织图

"二月二"是农业兴起的反映。实际上早从伏羲氏时代，帝王就有"重农桑，务耕田"的良好传统。据说每年二月初二，"皇娘送饭，御驾亲耕"。后来黄帝、唐尧、虞舜、夏禹纷纷效法先王。到周武王时，每年二月初二还举行盛大的开犁仪式，号召文武百官都要亲耕。这种做法一直延续到清代，皇帝每年二月初二都要到先农坛或圆明园举行隆重的“御驾亲耕”仪式，皇帝象征性地在那自己的“一亩三分地”或“一亩园”上扶犁耕田，祈福这一年农业大丰收，百姓能丰衣足食。北京颐和园里的“耕织图”就是这一传统的写照。

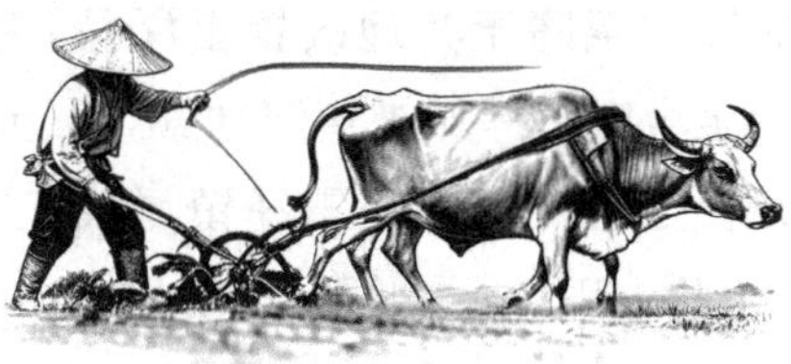

耕稼图

传说中的龙虽然实际上没有，但这一节日却真实地反映出人们期望龙出来行云布雨，带来丰收，并镇住一切有害的毒虫。民间广泛流传的“二月二，龙抬头；大仓满，小仓流”的民谚正是这种愿望的强烈反映。（详见《四十九、古鄄民俗传统长》）

唐尧名号含义

尧，名放勋，黄帝后裔，帝喾远孙。13 岁因辅佐帝挚政权末帝，封于陶（菏泽古称陶），15 岁改封为唐侯，故称陶唐氏。20 岁，代帝挚末帝为天子，因初封于陶（制陶烧窑），故帝号为尧，又因曾封作唐侯，故定国号为唐，定都于平阳，即后来鄄城之成阳。

“尧”与“陶（yáo）”二字古同源同音义。甲骨文尧作，上从二土，即古丘字，是烧陶器的窑包；下从人，会人在窑包前烧窑之意。篆文作，繁化为从三土重垒（垚），强调土堆成的高高的窑包之意；从兀，表示人头高处，隶变后楷书写作堯，如今简化作尧，本义为烧制陶器的窑包。陶，甲骨文作，从阜，表示高高的土堆；从人，会人登上窑包烧窑之意。篆文作，改为从阜从匋（，人持杵制作陶器）会意，匋也兼表声。二字皆反映出尧时制陶业非常发达，这也正是菏鄄地区远古称“陶”的原因。

唐，甲骨文作，从口（说话），从庚（钟铃类乐器），表示说话像钟铃一样响大，会名声响亮之意；金文作，大同；篆文作，整齐化。《白虎通·号》就解释“唐”为“荡荡也，道德至大之貌也”。可见“唐”最初当为封号。陶唐氏者，乃善于制作陶器的大名鼎鼎的部族也。

后来“唐”由封号变成了地名。“唐”作为地名，最早见于《春秋·隐公二年》记载：“公及戎盟于唐。”此“唐”即今鲁西鱼台县北的武唐亭，西距菏鄄不远。其他诸如河北唐县之“唐”，山西太原之“唐”，山西晋南之“唐”，河南唐河县之“唐”，其南邻湖北随县唐县镇之“唐”，皆是陶唐氏部族后裔因水灾、战争或分封迁徙，人走名随，以旧国之名命其新居之地形成的，以示不忘旧国之意。

在颛顼遗墟雷夏泽三河地区（今菏泽鄄城）建了唐国并以成阳为都城的陶唐氏部族，当时已经掌握了建筑大型茅屋的技术，更精于制作陶器。其部族后裔外迁时，都把这些技术带到了那些新迁的居地并传授于土著，共建了水乳交融的新家园。

据今人研究，大约 4000 年前，从历山辗转迁徙的一支群体，就落脚在翼城县北撖乡枣园村。《括地志》也记载说：“故唐城在绛州翼城县西 20 里，即尧裔子所封。”这足以证明山西晋南之“唐”不是陶唐氏部族的发源地，而是后裔迁处之地。皇甫谧曰：“穀林即城阳。尧都平阳，于《诗》为唐国。”可见唐国当初确在鄄城，哪有都城在鄄地，而国家却在山西的呢！

成阳地望辨

《史记》记载："昔尧作于成阳。"《集解》引如淳曰："作，起也，成阳，在定陶（菏泽古称）。"意思是说：帝尧从成阳兴起而为帝，并建都于成阳，在菏鄄。

《史记正义》引《括地志》云："濮州（鄄城）雷泽县本汉郕阳县，古郕伯姬姓之国，周武王封弟季载（当是姬武）于郕，其后迁城之阳（南）也。"很明确，周武王封其弟姬武于鄄城雷夏泽北岸的郕地，筑城建立郕国。西汉初于郕都故城设置过成都县。汉武帝时，曾一度置城（郕）都侯国。故明、清鄄城尚有成都乡。故址皆在今鄄城县城东南12公里的引马集。

后因水患，都城南迁30里至雷泽东南岸古平阳一带，离舜生地姚墟不远。因在旧郕都之南，故曰郕阳，后省作成阳，也就是大成阳。

可见，成阳不是郕国故都城郕都，而是郕都南迁之地。郕都城在古常阳（尚羊），与汉之成阳县城并非一处，二地相距有30里之遥。

所以，尧都之"平阳"，指在鄄城雷泽湖畔的"成阳"已无异议，决不是山西临汾之"平阳"。再说，鄄城之"平阳"早在《左传》里已有记载，而临汾之"平阳"，最早则出现于半个多世纪之后的《竹书纪年》里，为韩武子所筑。

平阳、成阳、小成阳、郕阳与鹿城析

地处今鄄城雷夏泽东南畔的平阳，上古曰成，五帝时代曰平阳。"平"与"成"，古义相同。成，金文作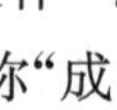，以秤称物形，表示平衡。故"平阳"亦称"成阳"。

周代郕国，都城南迁30里于古平阳之地，在今鄄城闫什镇张志门村，称作"郕阳"，后省作成阳，即大成阳，这样遂与平阳混称，实为一地。

平阳，据其地理位置看，其实应是当年黄帝战蚩尤时的古鹿城遗址所在地。

至春秋郕国被齐国灭亡，成阳地复称平阳。秦汉在此复设成阳县，即大成阳，至北魏废，将其迁至瀫林尧陵之东二里之小成阳处，称今成阳。至隋于其地改置雷泽县，因地近雷泽。至金时雷泽城被黄河冲毁，金、元降为雷泽镇。至明时河决淹雷泽镇，仅剩三尺城墙，遂于此屯田，改称平阳屯，沿用古名称，清初仍之（沿用）。

一说郕国在公元前408年，被齐国灭掉后。其后人迁至郕都西南的瀫林尧陵东二里，称为小成阳。

对照《水经注》记载："今成阳城西二里有尧陵。"皇甫谧也说："瀫林即城阳。"照此看，"小成阳"就是西迁的"今成阳"。那么，鄄东南的汉置"成阳"当是"平阳"，也就是"鹿城"遗址，这样，也就一切顺理成章了。

所以，有人考证，古成阳、雷泽城遗址当在尧陵东二里，即今鄄城富春乡东部。有人根据20世纪在鄄城东南发现古城垣遗址，认为就是古成阳城，也就是古平阳或古鹿城遗址，有待文字上的证明。

这里还要交代一下的是，有人认为有两个郕国，封在古鄄的是文王幼子姬载，封在宁阳的是文王第五子姬武。实际是，在今山东省宁阳县东北的"郕"当是古邑名。而文王幼子季载，在二哥周武王克殷时，年纪尚幼，并未加封。直到四哥周公旦摄政时，姬载长大，助周公平"三监之乱"，因功才封为聃国国君，子孙后改称沈国。

还有，或说1975年在陕西岐山县发现了早周时期刻有文字的一片甲骨中刻有"宬叔用”三字，还发现了“成伯孙父鬲”，因此推断郕国本封于西周王畿内，春秋时随平王东迁，改封于中原古鄄之地。不过“郕国”既为初封，不大会马上错写作“宬国”或省作“成国”。后来史籍有写为“成国”者，而写为“宬国”者则无，此为孤证，不足以证明“宬叔”就是“郕叔武”“成伯”就是“郕国之伯”而不是另外的人。且“郕”为伯爵，周灭商建国后才始分封诸侯，“早周时期”何时分封过诸侯？再说，地方不能移动而物件是可以搬动的，东西在陕西出土，不一定原是陕西的。

陶唐盛世

尧代挚为天子，即位后，以其“敬事节用，照察四方、经纬天地、虑深通敏”之“钦明文思”四德治理天下。他举荐本族德才兼备的贤者，使九族亲密团结；又考察百官的政绩，奖善罚恶，使政务井然有序；同时注意协调各邦间的关系；提倡以德治国，教育百姓讲道德，讲诚信，懂礼貌，互相尊重，和睦相处。于是形成了九族亲睦、万邦协和、黎民时雍（百姓友善和谐）、助人为乐的淳朴民风，史称“陶唐遗风”，千古流传。出现了天下安宁、政治清明、世风祥和、路不拾遗、夜不闭户的太平盛世。

古籍中有许多关于帝尧的传说记载，赞扬尧深明安邦治国之道，文治昌明，武功赫奕，文治武功俱臻美备，被称为古昔圣王。因而帝尧深受百姓爱戴，备受推崇。

孔子在《论语·泰伯》中曾这样赞美帝尧说：“大哉，尧之为君也！巍巍乎，唯天为大，唯尧则之；荡荡乎，民无能名焉；巍巍乎，其有成功也；焕乎，其有文章！”

意思是说：伟大啊，尧做君主！崇高啊，只有天最高大，只有尧能效法天。恩泽浩荡啊，百姓无法用语言来赞美他。崇高啊，他成就的伟大功绩。光辉啊，他制定的礼乐法度！

司马迁在《史记·五帝本纪》中对尧也给予了热情的赞颂：说他仁德如天，智慧如神。接近他，就像太阳一样温暖人心；仰望他，就像云彩一般覆润大地。他富有却不骄傲，尊贵却不放纵。他戴的是黄色的帽子，穿的是黑色衣裳，乘坐的是朱红色的车子，驾着白马。他能尊敬有善德的人，使九族相亲相爱。同族的人既已和睦，又去考察百官。百官政绩昭著，各方诸侯邦国都能和睦相处。

数千年来，在后人的心目中，帝尧一直作为一个仁德之君的榜样，被后世传颂。

建设政制

帝尧当政期间，采取了一系列英明措施治理国家，政绩卓著。

尧执政初期，还没有基本的国家制度，国家只是部落联合体，非常松散，不利于国家的统一管理，所以在尧积累了一定的施政经验后，开始逐步建立国家政治制度，其中很重要的一条就是按各种政务设立专职官吏，根据才干分配任务，各司其职。

他任命舜为司徒，主掌教化百姓；先后用鲧和禹治理洪水灾害；派大羿率兵东征西战，平定了附近的敌对部落；命奚仲做工师，主管百工；让后稷教国民种植五谷，鼓励人们从事农业生产，勤劳为本。尧还倡导凿井定居，发展市井文化；修路便利交通；广泛联络友好部落，安邦抚疆。

知人善任

在《尚书·尧典》中就详细记叙了帝尧审慎地选贤任官的情况：

帝尧问：“谁善治四时之职啊？我要提拔任用他。”

大臣放齐推荐说：“您的儿子丹朱很开

明。”帝尧指出:“唉,他说话虚妄,又好争辩,难道可以吗?”

尧帝又问:“谁善于处理政务呢?”驩兜推荐说:“共工善于组织人力,很能干。”尧帝说:“哼!他花言巧语,阳奉阴违,貌似恭谦,其实对老天也轻慢不敬。”

尧帝又问:“谁能使洪水得到治理呢?”大臣们都说:“啊,鲧吧!”尧帝说:“哦,他违背人意,不服从命令,危害族人。”四方诸侯之长说:“不如这样吧,先试试,不行就算了。”尧帝说:“去干吧!鲧,可要谨慎啊!”

在《尚书·尧典》中记叙了尧议定和考察帝位继承人的情况,我们更能看出帝尧知人善任的英明:

帝尧说:“四方诸侯之长,我在位70年,你们谁能顺应天命,取代我的帝位?”

四方诸侯之长说:“我们德行鄙陋,不配取代帝位。”

帝尧说:“可以明察贵戚中的贤良,也可以推举地位卑微的贤良嘛。”

众人提出说:“下面有一个穷困的平民百姓,名叫虞舜。”

帝尧说:“是的,我也曾经听说过,这个人怎么样呢?”

四方诸侯之长回答说:“他是乐官瞽叟的儿子。他的父亲心术不正派,后母说话不忠诚,弟弟傲慢不友好,而舜能同他们和谐相处。他以孝行美德感化他们,又加强自身修养,不流于邪恶。”

帝尧说:“让我试试吧!我要把两个女儿嫁给舜,以便我观察舜的德行。”

就这样,帝尧在实践中,逐步在我国历史上第一次建立了较为系统的政治制度和用人原则,为以后奴隶制国家的诞生奠定了基础。

命鲧、禹治水

尧所处的时代,正是传说中的上古洪水泛滥时期。据《尚书·尧典》记载:“咨!四岳,汤汤洪水方割,荡荡怀山襄陵,浩浩滔天。下民其咨,有能俾乂?”

意思是说:啊!四方诸侯之长!滔滔的洪水普遍危害人们,水势奔腾包围了山岭,淹没了丘陵,浩浩荡荡,弥漫接天。臣民百姓都在叹息,有谁能使洪水得到治理呢?

面对这种情况,尧非常关切而着急。为了稳定民心,让百姓都有个安定的家园,当务之急,就是要赶快找一个能治水的人。他征询四岳(四方诸侯之长)的意见,问谁可以治理水患。四岳推荐了鲧。尧觉得鲧这个人靠不住,不适宜承担这项重要的工作。但四岳说当前再也找不到更合适的人了,请尧先让鲧试一试,尧无奈,于是就任命鲧去治理水患。鲧采用堵塞的办法去治水,结果九年毫无功绩,被流放到羽山之野。后来舜任命鲧的儿子夏禹接着治水,禹采用疏导的方法治水,才终于成功。

制定历法

尧钦定历法,创立尧历。据《尚书·尧典》记载:尧“乃命羲和,钦若昊天,历象日月星辰,敬授民时. 分命羲仲,宅嵎夷,曰旸(yáng,阳)谷. 寅宾(蓬莱阁有寅宾楼)出日,平(pián)秩东作。”为了指导农业生产,帝尧命令羲氏、和氏,遵循上天的意旨,根据日月的出没、星辰的位次,制定历法,敬慎地教给民众从事生产的节令。分别命令羲仲,住在东方的旸谷,恭敬地迎接日出,辨别测定日出的时刻,有秩序地安排春季的耕作。春分日,白昼与黑夜一样长,朱雀七宿(xiù)中的星宿初昏时出现在正南方,据此来确定仲春之时。这时候,民众分散劳作,鸟兽生育交尾。

又命令羲叔,住在南方的交趾,辨别测定太阳往南运行的情况,分步骤安排夏季的农活儿，敬慎地干好。夏至日，白昼最长，苍龙七宿中的心宿（又称大火）初昏时出现在正南方，据此来确定仲夏之时。这时候，人们就居高处，鸟兽毛羽稀疏。

又命令和仲，居住在西方的昧谷，恭敬地送太阳落下，有步骤地安排秋天的收获。秋分日，黑夜与白昼一样长，玄武七宿中的虚宿初昏时出现在正南方，据此来确定仲秋之时。这时候，人们又移居平地，鸟兽换生新毛。

又命令和叔，住在北方的幽都，辨别观察太阳往北运行的情况，认真安排好冬季的收藏。冬至日，白昼最短，白虎七宿中的昴（mǎo）宿初昏时出现在正南方，据此来确定仲冬之时。这时候，人们都进屋取暖，鸟兽都长满柔软的细毛。一年有366天，用置闰月的办法来校正春夏秋冬四季。帝尧真诚地告诫百官各守其职，于是各种事情都办起来了。

从这段文字里，我们可以了解到，尧时人们已能很好地观测天候，并能根据星象的运行，来确定一年的春分、夏至、秋分和冬至等节气，用以指导和管理农业生产活动。

置谏鼓谤木

尧设置谏言之鼓，使天下百姓能尽其言；竖立诽谤之木（华表的雏形），让天下百姓指刺他的过错。为了把国家治理好，帝尧十分注意倾听百姓们的意见。他在简陋的宫门前设了一面“欲谏之鼓”，谁要是对他或国家有什么意见或建议，可随时击鼓，尧听到鼓声，立刻接见，认真听取来人的意见。后代衙门前的鸣冤鼓，即此之遗制。

为方便民众找到朝廷，他还让人在交通要道设立有“进善之旌”“诽谤之木”，即在地上立一旗幡或一根木柱，让樵夫百姓在上面写谏言，也可以向看守的人陈述意见，如来人愿去朝廷直陈，看守人会立即给予指引。后演变成如今的华表，开创了民主之先河。由于尧能及时听到各方的意见，他对百姓的疾苦就非常了解，能迅速加以解决。

访贤选能

尧选贤任能，广纳群言。史载尧的功臣有九人，已是人才济济。但他仍然担心野有遗贤，埋没了人才。所以，为了治理好天下，尧还是经常深入穷乡僻壤、山野林间去寻查细访，求贤问道，察访政治得失，选用贤才。传说他曾去参拜过方回、善卷、蒲衣、许由四位有道之名士。

方回，或说即方雷，因甲骨文回“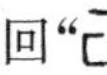”字与甲骨文雷“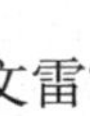”字或古文雷“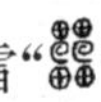”字相似。方回传说是炎帝八代孙榆罔长子，因帮助黄帝打败蚩尤有功，封于方山，后人因以方字为姓。是上古方雷氏支族方姓的著名人物，也是传说中的古仙人。相传于唐尧时曾隐于五柞山。尧请他掌管闾中政令。方回善养生，他烧炼并吞食云母，也替百姓治病。至夏启末年，曾在宫廷中任小官。一次有人劫持他，把他关在密室里，要求他传道。方回却化身走出密室，并用自己的名字为印，改封了密室的门。当时人们传言，只要用方回的一粒泥丸涂在门上，门就永远打不开。方回的寿命很长，历尧、舜时代至夏启末年才化作仙人而去。

善卷，东夷族雷泽人，是族中影响很大的政治领袖、氏族首领，因善道术，有德行，被时人尊称为单父，又叫单卷。因其曾居住于菏泽南部，古人为纪念他，把其所居之地称为单父，夏商置为单父邑，秦置单父县，直到明洪武初年，去父字而直为单县，即今菏泽单县。单父城是菏泽具有四千年历史的名城之一。（详见《五十六、单县源于帝师居》）

善卷，是位重义轻利、不贪富贵的贤人。尧自觉德行智谋不如善卷，认识到对贤德的人，不能自我骄傲，必须谦恭有礼，所以，尧以平民对待长者、学生对待老师的礼节去拜访他，让善卷居主位，自己站在下边，面向北施礼求教。从此，善卷便以"帝者师"的美称名闻天下。舜继位后，听到很多关于"帝者师"善卷的事迹，便专程去拜会善卷。经过交谈，由衷佩服，要将天下禅让善卷。善卷回答说："我生在天地间，冬穿皮衣夏穿葛布，春种秋收，有劳有逸，日出而作，日落而息，逍遥自在，心满意足，我要天下干什么！你太不了解我了。"善卷因此离开北方，移居湖南枉山，即今常德德山隐居。隋朝刺史樊子盖莅任常德，听说善卷曾居枉山，遂将此山易名"善德山"，后人简称德山。于是便有"常德德山山有德，长沙沙水水无沙"的民谚（一说到今江苏宜兴县的一溶洞中隐居）。后裔遂以单为姓。

蒲衣，庄周说："尧之师曰许由，许由之师曰啮缺，啮缺之师曰王倪，王倪之师曰披衣。"这里的披衣即蒲衣，或写作披衣、蒲伊，人称蒲伊子，以其穿蒲衣而得名。蒲衣居住在蒲谷山，尧尝亲往拜访，拜之为老师。今山西省临汾市蒲县太林乡有蒲伊村，传为蒲衣隐居之处，蒲伊村也由此而得名。蒲伊村附近有帝尧与蒲衣谈论大道的地方，后称讲道台。有帝尧休息过的地方，后称税驾坡。蒲衣所在的方国后称蒲子国，即后来的蒲子县，今简称蒲县。清人诗句"蒲谷贤人怀宝去，平阳圣帝策辇来"，写的就是帝尧访蒲衣的故事。

许由与"越俎代庖"的来历

帝尧访贤，古籍中记载最多的首推访许由的故事。许由为当时名士。他崇尚自然无为，不贪求名利富贵，坚持自食其力，生活简朴，无求于世。他得知帝尧要来访他，便躲开了。

恰巧啮缺碰到他，问他要到哪里去？他说："为逃避帝尧。"啮缺又问："为什么呢？"许由说："尧这个人啊，轰轰烈烈实行仁义，我怕他要被天下人耻笑，后世会有人吃人的事发生。老百姓嘛，不难笼络。爱护他们，他们就和你亲近；给他们利益，他们就会为你所招徕；表扬他们，他们就会勤奋。做他们厌恶的事，他们就要逃散。爱护百姓，使百姓得利是出于仁义，真诚实行仁义的少，借仁义取利的多。这样仁义的行为，不仅不能真正实行，而且还会成为虚伪的工具。这种想用一个人的决断来使天下获利的事，不过是一刀切罢了。尧只知道贤人可以利天下，而不知贤人也能害天下。只有那不重用贤人的人，才知道这个道理。"（这话实际是庄子在宣传无为思想）

许由像

过了一段时间，帝尧去拜访许由。尧对许由说："太阳出来了，火把还不熄灭，在光照宇宙的太阳光下要它放光，不是多余的吗？大雨下过了，还去浇园，不是徒劳吗？作为天子，我很惭愧，占着帝位很不适宜，请允许我将天下嘱托于先生，天下必然太平。"许由对帝尧说："你治理天下，已经升平日久，既然天下已经治理好了，还要让我代替你去做一个现成的天子，我为了名吗？名，是实的从属物，我对那个虚名不感兴趣。鹪鹩即使在深林里筑巢，也不过占上一枝就够了；鼹鼠就是跑到黄河里去喝水，也不过喝满肚子就足了。你就回去吧！天子于我没有什么用处。厨子就是不做供品，掌管祭祀的人也不会去代替他烹调的。”此即成语“越俎代庖”的来历。

颍水洗耳

于是许由躲到箕山之下，颍水之阳，耕田而食去了，非常快活，终身不贪求帝位。

传说，尧以天下让许由，许由以为耻辱不堪入耳，就到颍水里去洗耳朵。正好巢父牵牛去河里饮水，碰见许由洗耳，问明原因之后，便说：“你洗耳朵把这里的水弄脏了，我不想让我的牛喝这污水。”就牵着牛到河的上游去饮水了。新中国成立前鄄城箕山镇还有洗耳石和饮犊坡遗迹。（详见《十八、箕山高卧隐巢由》）

俭朴勤政

尧为政勤谨俭朴，以身作则。传说尧当政后住的是用茅草覆盖的没有修剪和加工彩绘的茅草屋，喝的是野菜汤，穿的是用葛藤织就的粗布衣，用的是黏土烧的陶器，等等。

姜太公在《六韬》中对尧王的俭朴为政给予了如下的赞扬：“帝尧王天下之时，金银珠玉不饰，锦绣文绮不衣，奇怪珍异不视，玩好之器不宝，淫佚之乐不听，宫垣屋室不垩，甍桷椽楹不斲（斫），茅茨遍庭不剪。鹿裘御寒，布衣掩形，粝粱之饭，藜藿之羹。不以役作之故，害民耕织之时，削心约志，从事乎无为。吏忠正奉法者尊其位，廉洁爱人者厚其禄。民有孝慈者爱敬之，尽力农桑者慰勉之。旌别淑德，表其门闾。平心正节，以法度禁邪伪。所憎者有功必赏，所爱者有罪必罚。存养天下鳏寡孤独，赈赡祸亡之家。其自奉也甚薄，其赋役也甚寡。故万民富乐而无饥寒之色，百姓戴其君如日月，亲其君如父母。”

行仁爱民

尧施行仁政，为民除害。对帝尧的仁政，贾谊在《新书·修政语》中作了详细的描述：帝尧曰“吾存心于先古，加志于穷民，痛万姓之罹罪，忧众生之不遂也。故一民或饥，曰：‘此我饥之也。’一民或寒，曰：‘此我寒之也。’一民有罪，曰：‘此我陷之也。’仁行而义立，德博而化富。故不赏而民劝，不罚而民治，先恕而后行，是以德音远也。”

大意是：帝尧说我对先古治国的经验非常留意，对贫苦百姓的生活尤其关怀；对众生陷于罪愆十分痛苦，对人民没能过上遂心的日子更是忧心。所以，有一人没有饭吃，我就说这是我让他饿肚子；有一人没衣穿，我就说这是我让他受冻；有一人犯罪，我就说这是我没教育好而让他犯罪。正由于帝尧以这样的仁义之心勤劳国事，把一切责任都担在自己肩上，才达到仁道大行，信义树立，道德博大，教化广布。所以不用去奖赏，民众就会努力去做；不用去处罚，民众就会遵纪守法。他是先实施宽恕的仁政，而后再去推动，所以才做到德音传播，没有什么遥远的地方达不到的。

所以庄周说：“尧之治天下也，使天下欣欣焉，人乐其性。”

康衢、击壤歌颂仁政

由于帝尧把国家治理得很好，天下太平，万物安宁，百姓无事，生活富足，老幼欢悦，人们自然会情不自禁地歌唱自己的幸福生活，这就催生了民歌的出现。

《康衢》歌：是我国见诸文字的最早的童谣。据《列子·仲尼》记载：尧治天下五十年，不知天下治否，不治否？愿戴己否？乃微服游于康衢。闻儿童谣云：

立我烝民(你养育了我们亿万民众),

莫匪尔极(无不是你英明政策的赐给)。

不识不知(虽然我们不了解也不认识你),

顺帝之则(但我们都会照您的教导去做)。

《击壤歌》:是我国最早的民歌。又据《帝王世纪》记载:“帝尧之世,天下大和,百姓无事。有八九十老人,击壤而歌。”这位八九十岁老人的歌词是:

日出而作(我太阳出来就起床去劳动),

日入而息(太阳落山就回家来休息)。

凿井而饮(打井就有水喝),

耕田而食(种地就有粮吃)。

帝力于我何有哉(我自得其乐,这跟帝尧有什么关系呢)!

这两首歌谣,描绘的都是上古帝尧时代的太平盛世的情景,老幼都过着无忧无虑的欢乐生活。连八十多岁的老头也乐于在道中玩起击壤的游戏。人们认为,这是伟大帝尧的功德,带给了人们恬静闲适的太平盛世生活。老头却说:“帝力于我何有哉?”

这最后一句实际也是赞扬帝尧的功德的:表示尧王的功德已好到了老百姓无法用语言表达的程度。(详见《四十九、古郪民俗传统长》)

童谣民歌的出现,反映了人们对精神生活的追求,从而促成了音乐的产生。

兴乐起舞娱人神

据《吕氏春秋·古乐》记载:“帝尧立,乃命质为乐。质乃效山林溪谷之音以歌,乃以麋革冒缶而鼓之,乃拊石击石,以象上帝玉磬之音,以致舞百兽。瞽叟乃拌(剖割)五弦之瑟,作以为十五弦之瑟。命之曰大章,以祭上帝。”

意思是:尧帝即位,于是命大臣质创作音乐。质就仿效山林溪谷的声音而作歌,遂用麋鹿的皮革蒙在瓦盆上造鼓而击之,又拿来石块石片敲击出声,来模仿天帝玉磬的乐音,因而招来百兽起舞。瞽叟又在五弦瑟的基础上制造了十五弦瑟,用来演奏名为“大章”的乐曲,以此祭祀天帝。

当然,这并不是说音乐舞蹈始于帝尧时代,其由来是相当久远的。音乐舞蹈是生活的反映,有生活,就会有原始的音乐舞蹈。原始人欢乐时的一声呼啸,一个跳跃,就是最最原始的音乐舞蹈。音乐舞蹈不是由哪一个时代创作而来的,历代皆创作有自己的音乐舞蹈。远古葛天氏三人操牛尾、踏足以歌八阕,就是那个时代的音乐舞蹈。甲骨文的舞()正象人手持牛尾等舞具翩翩起舞之形;金文舞()人形繁化,另加出街道和足,以突出舞动之意;篆文()整齐化,另加出义符“舛”(双足),用以强调手舞足蹈的样子,还能看出舞人的影子。

历代创作自己的音乐舞蹈,无非是用来答谢祖宗神灵的恩赐,赞美帝王治国的功德,娱乐人们辛勤的劳动,欢乐民众日常的生活,抒发人们的喜怒哀乐之情。古今是一样的。

统一中原

尧作为古昔圣王,不能仅有文治,自然也有武功,正因为文治武功兼备,帝尧才被称为古昔圣王。

传说,帝尧当政之初,天下还没有平定。有些部落方国,割据称雄,独霸一方,尚未归附。如《吕氏春秋·召类篇》记载:“尧战于丹水之浦,以服南蛮。”说明帝尧曾在大羿的支持下,亲自出征,削平周围尚未归附的部落方国，统一了中原。

羿射九日

武功方面记载较多的，是帝尧命大羿射九日和除六害的传说。

尧任用大羿，为民除害。传说在东海边，有一棵神树扶桑，枝间栖息着十只三足乌。它们都是东方之神帝俊的儿子，规定每日轮流上天遨游放射光芒，就是人们看见的太阳，所以太阳也称三足乌。

羿射九日图

后来，十只乌一时兴起，一齐飞出，天上就同时出现了十个太阳。于是烈日炎炎，发生了严重旱灾，树木和庄稼都被晒得焦黄枯死，土地龟(jūn)裂，田间绝收，百姓没有吃的，嗷嗷待哺。同时，一些猛禽恶兽，也趁机纷纷从干涸的江湖和枯焦的森林里跑出来残害人民，威胁民众的生存，民众无以为生，濒于绝境。帝尧为此忧心忡忡。

消息传到天上，帝俊于是赐给箭神大羿一张红色的弓、一袋白色的箭，叫他下凡到人间，铲除凶禽恶兽，同时也教训教训他的太阳儿子。于是大羿下凡做了帝尧的射师。

这样帝尧就命大羿射日除害。山东长岛上有大羿射日雕塑。

大羿带上他那红色的弓，取出他那白色的箭，开始了射日的战斗。他登上一个高地，张弓搭箭，对准一个太阳猛力射去，一声响亮，一个太阳射落地上。人们跑近一看，原来是一只带箭的三足乌鸦。这就是太阳称金乌的来历。接着大羿又连射八箭，九个太阳都落了地，天空只剩下一个太阳。帝尧说就留下它继续为百姓效力吧。这样天上就剩一个太阳，天气一下子凉爽了许多。从此地上气候适宜，万物得以生长。

铲除六害

接着大羿又按照帝尧的命令去诛杀 6 个吃人的恶兽。第一个被大羿射杀的，是在中原作恶的人面蛇身、叫声像婴儿般啼哭的怪物猰貐(yàyǔ)。

第二个是大野猪封豕，住在桑林(今商丘市夏邑县桑堌乡)，也被大羿活捉。

接着大羿又到北狄的凶水去诛杀恶兽九婴，九婴有九个头，是水火之怪，既能吐水，又能喷火，十分厉害，大羿避开凶险的水火之网，看准机会连发九箭，才结束了九婴的性命。

然后就前往洞庭斩杀修蛇，据说它体长 180 米，头蓝、身黑，曾经生吞了一头大象，过了 3 年才把骨架吐出来；大羿首先用箭射中了修蛇，然后追上它，将其斩为两段。修蛇也称巴蛇，它的尸体化作一座山丘，遂称为巴陵，即岳阳。

在南方畴华的荒野里，住着一个叫凿齿的怪物，它的牙齿形状像凿子，能把金石戳穿，凿齿一见大羿吓得转身逃跑，大羿追上去，一箭正中凿齿后心将它杀死。

之后，大羿在务成子的帮助下又在青丘之泽射杀了大风(实即大鹏)。大风是个凶恶的鸷鸟，非常大，一展双翅能遮住半边天，一振翼则刮起飓风，拔树掀屋。

大羿凭借高超的箭术，为民除害，万民喜悦，民间奉他为“箭神”。

射九日除六害的实质

大羿射落九日，铲除六害，无疑是后人想

象出的神话。推其实际，它既是古代人们与旱灾作斗争、征服自然的强烈愿望及弓箭崇拜的反映，也是帝尧征服并统一东夷十个崇拜太阳的部落的军事行动的折射，又是乐于献身、敢于挑战、勇于胜利的精神的体现。大羿征服十个部落使之合为一体，这正暗合了“羿射九日”之说，也是《山海经》中记载的“十日国”的来历。

《山海经·大荒南经》载：“羲和者，帝俊之妻，生十日。”这是说少昊帝俊与羲和氏族联姻繁衍了十个部族分支，皆以日命名，统称为十日族。帝挚青阳氏末，十日族认为帝挚政权气数已尽，便率先反叛，接着东夷的其他部族也相继效仿，先后有方夷封豨部落、人夷修蛇部落、风夷风伯部落、少昊凿齿部落、黄夷窫窳（yā yǔ，即猰貐）部落、于夷九婴部落等，纷纷叛离宣布独立。于是唐尧统率大军，联络忠诚的部落，共同讨伐叛乱的东夷各部。他首先与羿族联合击败了十日族，诛杀了九个日族的首领，只留下一个甘愿臣服的首领，加封其为日族大酋长，让其统领整个日族。接着他又率众进攻那些反叛的部落，如《淮南子·本经篇》说的：诛凿齿于畴华之野，杀九婴于凶水之上，缴大风于青丘之泽……断修蛇于洞庭，擒封（豕）于桑林。最后终于取得了全面胜利。

大羿所除六害，就今天分析，应是以这六种动物为图腾的尚未归附的六个部落氏族。比如，驩兜就是一个以修蛇为图腾的部落的首领。大羿射除六害，实际上是帝尧命大羿征服这六个部落的战争。

白皮松与射阳县之得名

传说，大羿射日时一口气射了九个太阳，留下最后一个太阳，把剩下的一支白箭杆插在了紫云山上，后来就繁衍生长为白皮松。大羿射日的地方，即后来射阳县名的来源。

大羿与后羿不是一人

这里要注意的是：大羿与传说中夏王朝东方部族有穷氏的首领后羿，不是同一个人，盖因二人都善于射箭，后世遂混为一谈。这两个人相差600多年，应该没有任何关系，最多或可推为祖先与后裔的关系。后羿，又称夷羿，他曾一度夺得夏太康的王位，不久又因沉迷于游猎，不理民事，被家臣寒浞（zhuó）杀死。

嫦娥奔月

大羿由于扫除兽害、射落九日和征服方国立下了大功，受到帝尧的褒奖，被封于古阏伯之墟，即今商丘之地，还迎娶了帝喾之女嫦娥为妻。西王母（西方一个部族的首领）赞赏他的贡献，赐其不老之仙药。后羿没舍得吃，而交给妻子嫦娥保管。

大羿的门徒逄（páng）蒙觊觎仙药，逼迫嫦娥交出仙药，嫦娥在情急无奈之下吞下仙药，谁知顿感身轻如燕，便飞向了天空。当日正是八月十五，月亮又大又亮，嫦娥难舍后羿，便飞到了离地球最近的月中，从此便在广寒宫里寂寞地生活着。她想到丈夫没有了仙药，不能长生，便在夜里幻化成蟾蜍捣制仙药，打算送给丈夫也让他长生成仙。

不久月宫中来了个吴刚，他本是天将，因二郎神点卯时误唱其名为胡刚，他拒绝唱领，被罚往月宫砍伐桂树。桂树被砍倒会自己立即站起来，这样吴刚也就只能不停地伐树，没法陪伴嫦娥。

还好，有一对修行千年的兔子夫妇，得道成了仙，有四个可爱的女儿，个个生得洁白如玉。一天，玉皇大帝召见雄兔去天宫，它听说了嫦娥的事，很同情她。回来便与老伴商议，想送一个姑娘去陪伴嫦娥。老伴起初不同意，经再三劝说终于答应，最小的姑娘玉兔也愿意去。从此嫦娥身边才有了玉兔的陪伴。

玉兔接过嫦娥的玉杵，替她捣药，团成蛤蟆丸，据说吃了可以长生成仙。

蟾蜍、玉兔

后来便成了月亮的代名词。古时文人赋诗填词，常用“玉兔”“银蟾”象征月亮。例如白居易《中秋月》：

万里清光不可思，添愁益恨绕天涯。
谁人陇外久征戍？何处庭前新别离？
失宠故姬归院夜，没蕃老将上楼时。
照他几许人肠断，玉兔银蟾远不知。

在道教中，玉兔常与金乌相对，表示金丹修炼的阴阳协调。例如宋先生《沁园春》词所写：

速速修行，惜取身中，无价元珍。
把金乌玉兔，炉中炼用，阴阳造化，养就阳神。
虎啸龙吟丹田里，顶内时时仙乐声。
泥丸里，烹煎水火，铅汞成真。
夜来端坐澄心神。见真人颜貌新。
用河车搬载，充开牛斗，星辰洁皎，光射分明。
服了刀圭功成后，自知道、仙班有姓名。
诸仙请，待玉皇宣至，朝拜三清。

中秋起源

每年农历八月十五，寂寞的嫦娥都会步出广寒宫，遥望人间。后羿回家后不见嫦娥，痛心不已，也于每年八月十五摆下宴席对着月亮与嫦娥团聚，这就是八月十五盼团圆的中秋节的起源。也正因为八月十五的团圆，所以八月十六的月亮才显得特别的圆。

中秋节，作为中国民间的传统秋季节日，最早是源于先民的天象崇拜。太阳运转一个循环是一年，月亮运转一个循环是一个月，皆与古人的生活息息相关，所以先民崇拜日月，敬祀日月。先民认为月亮的运行同农业生产和季节变化有很大关系，因此在丰收的秋季祭月就成了一项重要祭祀活动。

中秋节，就是由上古这一秋夕祭拜月神的习俗演变而来的。最初的“祭月”是在二十四节气“秋分”这天，正好是秋季的中间，为的是感谢上天赐予的秋季大丰收。后来改用了农历，遂将“祭月”由“秋分”调至农历的八月十五（也有些地方定在农历八月十六）。在农历中，一年分为四个季节，每个季节又分为孟、仲、季三个月，而八月十五又正处在秋季中间“仲秋”之中，所以“祭月”遂改称为中秋，或仲秋，俗称“八月十五”，成为民俗拜月、赏月、喜庆丰收的佳节。

中秋的演变与习俗

“中秋”一词最早出现在成书于汉代的《周礼》（世传为周公旦所著，实际上成书于两汉之间），书中记载，先秦时期已有“中秋夜迎寒”“中秋献良裘”“秋分夕月（拜月）”的活动。随着汉代经济的发展，推动了文化的交流、融合与传播，所以汉代中秋节已开始普及，并且还在中秋或立秋之日增加了敬老、养老、赐饼等活动。

中秋节成为官方确定的全国性节日，大约是在唐代。唐时中秋赏月风俗已颇为流行，当时许多诗人的名篇中都有咏月的诗句，并已将嫦娥奔月、吴刚伐桂、玉兔捣药、杨贵妃变月神、唐明皇游月宫等神话故事与中秋结合在一起，更增加了节日的浪漫色彩，玩月之风遂大兴盛。这样，中秋就成了秋季时令与民间习俗的综合节日，使其包含的节俗因素更具有了古老的传统渊源。唐代是中秋传统节日与习俗糅合定型的重要时期，其主要内容一直传承至今。

中秋节民间有馈送月饼吃月饼的习俗，大约起于唐代。唐高祖年间，匈奴连年侵犯边疆，大将李靖率兵出征获胜，于中秋节凯旋而归。为庆祝胜利，长安城鸣炮奏乐，通宵狂欢。有个来中国经商的吐蕃(bō)商人给皇帝献饼祝捷。高祖接过饼盒取出圆饼，分与文武群臣共食。于是中秋吃圆饼就流行开了，这就是吃月饼的缘起。

至北宋时期，中秋节已经成为盛行的民俗节日，并正式规定在农历八月十五为中秋节。苏东坡有诗云："小饼如嚼月，中有酥和饴。"这已是节令食品月饼的雏形了。

相传中秋节正式吃"月饼"始于元代。当时，中原广大人民不堪忍受元朝统者的残酷统治，纷纷起义抗元。朱元璋联合各路反抗力量准备起义，但朝廷官兵搜查十分严密，传递消息非常困难。军师刘伯温便想出一个计策：命令属下把藏有"八月十五夜起义"的纸条藏入"饼子"里面，再派人分头传送到各地起义军中，通知他们在"八月十五日晚上起义"响应。到了起义的那天，各路义军一齐响应，很快，徐达就攻下元大都，起义成功了。消息传来，朱元璋高兴得连忙传下口谕，在将来的中秋节，让全体将士与民同乐，并将当年起兵时用以秘密传递信息的"饼子"称之为"月饼"，作为节令糕点赏赐群臣。后来，"月饼"的制作越来越精细，品种也越来越多。这样，中秋节吃月饼的习俗便在民间广泛流传开来。

延至明清，赏月活动，一直盛行不衰。中秋节已与春节、清明节、端午节并称为中国四大传统节日，成为中国民间的主要节日之一。中秋这天各家都设"月光位"，在月出方向"向月供而祭拜""其祭果饼必圆""人家各置月宫符象，符上兔如人立；陈瓜果于庭，饼面绘月宫蟾兔；男女肃拜烧香，旦而焚之""其有妇归宁者，是日必返夫家，曰团圆节也"。

中秋节日，时属肃秋，天高云淡，月光皎洁明亮，民间都会举行祭月、走月、追月、乞月、照月、赏月、吃月饼、玩花灯、赏桂花、饮桂花酒、祝福团圆、玩兔儿爷、舞草龙、砌宝塔，等等各种各样的活动，流传至今，经久不息。发展至今天，吃月饼已是全国各地过中秋节的必有习俗，此外，各种时令鲜干果品也是中秋夜的美食。

中秋节还有一项活动，就是各家在厅里摆台设祭，置祖先神主牌位，献上各色供品祭祖。祭毕，把祭品逐样烹调，合家欢聚晚餐。

中秋俗称"八月十五"，此外还有许多别称：先民祭月，有秋分夕月(拜月)的活动，故又称"祭月节""月夕"；因节日在八月十五，故又称"八月节""八月半"；中秋节的主要活动都是围绕"月亮"进行的，故又俗称"月节"；中秋节月亮圆满，民间以月饼相送，象征团圆，家人团聚，出嫁的女儿也回娘家团圆，故又称"团圆节""女儿节"；仲秋时节各种瓜果成熟，故又称"果子节""南瓜节"；还有的称"月光诞""端正月"。所以月饼，又叫月团、丰收饼、宫饼、团圆饼等。

中秋节以月之圆满寓兆人之团圆，成为寄托乡思，怀念亲人，庆祝丰收，祈盼幸福，缅怀先人之愿的载体，是中华民族丰富多彩、弥足珍贵的文化遗产。

中秋节也是受中华文化的影响的东亚和东南亚一些国家，尤其是当地华人华侨的传统节日。2006年5月20日，国务院将其列入首批国家级非物质文化遗产名录。2008年起中秋节又被列为国家法定节假日。

唐明皇游月宫与《霓裳羽衣曲》

《唐逸史》载：唐开元年间，中秋之夜，方士罗公远邀玄宗游月宫，掷手杖于空中，即化为银色大桥。走过大桥，行数十里，到达一大城阙，横匾上有“广寒清虚之府”几个大字，罗公远对玄宗说：“此乃月宫也。”见仙女数百，素衣飘然，婀娜多姿，随音乐翩翩舞于广寒庭中。玄宗看得如痴如醉，默记仙女优美舞曲，回到人间后，即命伶官依其声调整理出一首优美动听的曲子，然后配上模仿月宫仙女舞姿的舞蹈，这就是闻名后世的《霓裳羽衣曲》，成为千古佳话，月宫从此也有“广寒宫”之称。

桃符镇鬼

大羿有个弟子叫逄(páng)蒙，在学到了大羿的箭术后，觉得天下只有师父比自己强了，就有意除掉老师，好称雄天下。便趁大羿在醉酒中，用桃木棍将大羿打死。大羿死后被封为宗布神，是神话传说中统领冥府万鬼的神，即鬼神。古书记载，鬼神住在一棵桃树下，牵着一只老虎，每个鬼都要前去接受检验，宗布神一闻，如果是恶鬼的话，就会让老虎吃掉。

由于大羿是被桃木棒打死的，所以传说天下的鬼都怕桃木。由此又演化为桃木能镇鬼辟邪的传说，并延伸出春节挂桃符的习俗。

最早的桃符就是桃梗和桃枝。《庄子》记载：“插桃枝于户，连灰其下。童子入而不畏，而鬼畏之。”后来将桃枝稍事加工，刻成桃木锏形，挂在门旁用以驱鬼辟邪。还有的削制个二三寸长的微型桃木锏，系在孩子胸前的纽扣上，借以保护孩子不受疫鬼侵害。这就是最初的桃符。笔者幼时就佩过这样的桃木锏。制作方法是：将一桃木棍削成四棱形，在四个棱上刻出锯齿形疙瘩状，故又称桃木疙瘩锏；锏把镟成圆形，前有锏格护手，后有锏镦，钻眼系绳悬挂。

千门万户曈曈日

这句诗出自唐宋八大家之一的北宋政治家王安石的《元日》诗，所吟咏的即此一风俗：

爆竹声中一岁除，春风送暖入屠苏。

千门万户曈曈日，总把新桃换旧符。

作者选取民间过年时最典型的习俗作素材，抓住有代表性的燃放爆竹、饮屠苏酒、升起天灯、更新桃符等生活细节，运用白描的手法，形象、鲜明、生动地展现出一个充满欢乐和希望的意境。不仅淋漓尽致地表达出了古代民间过年的欢乐气氛，极富浓厚的生活气息，也传达出了诗人对革除旧政，施行新政的决心与信心，以及对变法胜利和将要到来的新生活的期待与喜悦之情，表现得含而不露，颇有哲理。

这首诗一般都理解为：一片爆竹声送走了旧的一年，饮着醇美的屠苏酒感受到了春天的气息。初升的太阳照耀着千家万户，家家门上的桃符都换成了新的。

这种理解大体不差，然对第三句“千门万户曈曈日”所展示的意境的认识尚有不足。说“家家户户都沐浴在初春朝阳的光照之中”，认为“曈曈”表现“日出时光辉灿烂的景象”，这不合实情。

曈，古文作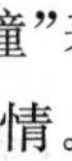，篆文整齐化作，从日从童会意，童，金文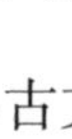从東(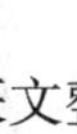，灯笼)取义，表示初日像红灯笼一样微明之意。《说文·日部》新附：“曈，曈昽，日欲明也。”用作“曈昽”“曈曈”，本义为太阳初出由暗而渐明的样子，表示不甚分明。所以，说“曈曈”形容“光辉灿烂”是不恰当的，也是不符合大年初一的情

景的。

这恐怕是因为不太了解古时民间过年的习俗造成的。古代过年，大年初一除了燃放鞭炮、喝屠苏酒、换新桃符以及焚香祭祖、拜年吃饺子，等等诸多习俗外，还有很重要的一项就是升天灯。年前各家各户都在自己的院子里竖起一根高杆，越高越好。有的找不到更高的杆子，就把杆子绑在院中的树上。到大年初一的零时，家家户户都在杆上升起一盏红灯笼，寓意着吉星高照，象征着新一年的好运。这时你若站在房顶上观望，远远近近，高高低低，红灯闪烁，就像天上的繁星落在了人间，星海灿烂，那景象犹如仙境一般，美极了。孩子们见面最感兴趣的就是比谁家的天灯高。这同时，各家的鞭炮也响起来了，此起彼伏，遥相呼应，远近声音，大小不同，就像合奏一部神妙的天乐，令人振奋与激动。

别忘了，这时天还没亮，哪来的“家家户户都沐浴在初春朝阳的光照之中”？所以“千门万户曈曈日”的真正意境，是形容“千家万户的红灯升起来了，像初升的旭日般，闪烁明亮”。

门神的由来

由大羿充任的宗布鬼神，后来又演化为早期的神荼（shēn shū），郁垒（yù lǜ）两个门神。

初始门神图

古书记载：东海之中，有桃都山，上有大桃树，枝叶覆盖三千里，其枝间东北是鬼门，万鬼每天从此出入。树梢上有一只大金鸡，每当凌晨日出金鸡长鸣，天下的公鸡就都跟着鸣叫起来。这时，夜晚在外面活动的鬼都要赶回鬼门。树下住着神通广大神荼、郁垒两个鬼神，掌管天下万鬼。每年岁末，他们站在大树下检阅众鬼，凡发现祸害人的凶鬼，他们就用一种神奇的“苇绳”将它紧紧捆起来，让专吃恶鬼的神虎充饥，来为民除害。这也是春节大门左右置二眠虎形灯的来源，以驱不祥。人们崇拜桃木，不仅是它能够制鬼驱怪，消灾避邪，民间还认为桃木是多子多福、喜庆长寿的象征。古代“桃”“寿”音同。

神荼和郁垒毕竟只有两个，不可能尽除天下恶鬼和保证每家每户的平安。于是每到春节前夕，家家户户就用桃梗刻成神荼、郁垒的神像，在除夕那天下午悬挂在门前，来代替二神驱鬼。同时，在大门上端悬挂苇索，门板上各画一只猛虎，用来驱鬼祈福，避免妖魔鬼怪的侵扰。这无疑是桃符的发展。

到后来，人们嫌刻木人太麻烦，就直接用两块长二三尺，宽四五寸的桃木板，画上两个神像，写上神荼、郁垒的名字，在除夕下午挂在门两旁，用以镇邪驱鬼，这样桃符就慢慢地转化为最初的门神了。

《荆楚岁时记》记载：“岁旦，绘二神贴户左右，左神荼，右郁垒，俗谓之门神。”

桃符、对联、门神

由插桃梗，挂桃木铜，到刻桃木人，用这样的桃符辟邪镇鬼，发展到在门上画神荼、郁垒转化为门神，让它们看家护院。

再到后来，由桃符辟邪镇鬼的功能演化为祈福纳祥、吉祥喜庆的对联。对联始于五代十国，据《宋史·蜀世家》记载，五代后蜀主

人物门神图

孟昶每岁除,命学士为词,题写在桃符上,置寝门左右。公元964年蜀主孟昶令学士辛寅逊题桃木板,由于他写的不工,孟昶遂自命笔题云:“新年纳余庆,嘉(今作佳)节号长春”,这便是中国的第一副春联。不过这时的对联仍是在桃符上题写联语。

到后来,由神荼、郁垒两个鬼神充当的阴间门神,转变为由秦琼、尉迟恭两个武将充当的两个人间门神。

据说有一阶段唐太宗李世民情绪很不好,晚上睡觉常常听到卧室外边有抛砖掷瓦、鬼魅呼叫的声音,弄得后宫夜夜不宁。他很害怕,将此事告诉群臣。大将秦琼说:“臣戎马一生,杀敌如切瓜,收尸如聚蚁,何惧鬼魅?臣愿同敬德披坚执锐,把守宫门。”李世民同意。当夜果然无事。自此以后,便让二将夜夜守卫。后来李世民念及他们彻夜辛苦,于是吩咐画师,绘二位将军的真容贴到门上。以画代人,倒也顶事,邪祟从此自息。民间沿袭,遂成为门神。民俗相传,此后每逢除夕,人们都将秦琼、敬德的画像贴在临街的大门上,用以避邪驱灾,纳福迎祥,保佑合家平安。这个习俗一直延续到如今,造型也渐多样,有立式金瓜门神、立式鞭锏门神、立式执锤门神、骑式鞭锏门神和坐式祈福门神,等等。

后又由大羿屈死被封为管理阴间恶鬼的神明,转化为遭冤撞死被封为“赐福镇宅圣君”的人间打鬼的英雄钟馗。

钟馗嫁妹

传说钟馗是唐初长安终南人,才华横溢、满腹经纶,为人刚直不阿,因生得铁面虬髯,相貌奇丑,应举不被录取,气愤不过,撞死殿阶。死后成为鬼王,誓除天下恶鬼妖孽,被玉帝封为“驱魔帝君”。钟馗死后,同乡好友杜平将其隆重安葬。钟馗做鬼王以后,为报答杜平生前的恩义,遂亲率鬼卒于除夕时返家,将妹妹嫁给了杜平。这就是著名的“钟馗嫁妹”的故事。

传说,有一年唐明皇从骊山校场回宫,忽然得了重病,御医们费尽心思,也不见转机。一天深夜,明皇梦见一牛鼻小鬼,偷走了杨贵妃的香囊和明皇的玉笛。明皇大怒,大声呵斥。这时突然出现一个大鬼,头顶破帽,身穿蓝袍,腰束角带,一下捉住小鬼,撕成两半吃掉了。明皇忙问大鬼名讳,大鬼上前奏道:“臣是终南进士钟馗。”忽然不见。唐明皇大梦醒来,霍然痊愈,于是召大画家吴道子依梦中所见,画了张“钟馗捉鬼图”,并将其悬于后宰门,用以镇妖驱邪。从此钟馗遂为头号镇鬼门神。

实际历史上并无钟馗其人。究其实,钟馗应源于由桃木锏转化出的古代一种用于驱鬼的棒槌,即椎。椎,慢声为“终葵”,后音转为“钟馗”,并演化成多个钟馗的故事。

由桃符、对联、门神到秦琼、敬德、钟馗,这是一个长期的过程,这里既有形式的变化,也有内容的改变。但有一点是不变的,那就是都表达了消灾除难,祈求安宁吉祥、期盼幸福康乐的强烈愿望一直没变。

新中国成立以后,随着人们科学意识增强,如今的门神已大多换成了表示吉祥、喜庆、福寿、丰登,等等一类内容的年画,而春联也大多表达的是对平安、幸福的向往或对长寿、发财、快乐的追求。

洞房花烛的来历

传说鹿仙洞中住着一个鹿仙女，长得十分漂亮。她心地善良，好济困扶危，为民除害。仙洞沟附近的黑龙潭中，潜伏着一条黑龙，经常兴风作浪，惊扰行人，还到鹿仙沟一带伤害鹿群。鹿仙女为保护百姓的安全和鹿群的生存，决心制服黑龙。一天她来到黑龙潭边，向黑龙挑战，黑龙从潭中奋身腾起，张牙舞爪，直奔仙女。鹿仙女伸手向黑龙一指，黑龙一下子瘫软在河滩上，向鹿仙女求饶，表示愿终身为仙女效劳。鹿仙女饶它不死，将它关押在黑龙洞里，变为自己驾乘的坐骑。从此，仙洞沟一带生灵的危害得以消除。

传说一天，帝尧到鹿仙洞牧马坡巡视，牧民们顺便也向他讲述了鹿仙女制服黑龙为民除害的故事。帝尧便微服到姑射山访察，走到仙洞附近，遇到黑虎仙幻化成的蟒蛇意欲加害帝尧，正惊恐之时，鹿仙女出手相救。帝尧感谢鹿仙女救命之恩，于是相随回鹿仙洞中，互相倾诉衷情。鹿仙女敬仰帝尧匡扶天下的大志，表示愿扶助尧光大帝业，帝尧听后，十分高兴。遂订婚约，择吉便于仙洞中成婚，对面的蜡烛山上光华耀眼，照得仙洞如同白昼一般。后来人们便称新婚之夜为“洞房花烛夜”。

第二年鹿仙女生了一个男孩起名“朱”，因封于丹地，故称丹朱。后来天帝罚鹿仙女与帝尧割断尘缘，帝尧遂另娶散宜氏之女为妻，生了七男二女。尧的长子丹朱，傲慢残忍，荒淫无度。帝尧因长子丹朱不肖，便把丹朱迁到山西长子县，县名即由此而来。

这只不过是神话传说。丹朱实为尧所娶散宜氏之女所生。《世本·帝系篇》记载：“尧取散宜氏之子，谓之女皇，女皇生丹朱。”

尧王考舜

尧在位70年，年老后，他认识到自己的儿子丹朱凶顽不可用，需要赶快挑选一个好的继任者。为找到合适的继任贤者，他到处寻访，并与四岳商议，请他们推荐优秀人才。四岳推荐了舜。

尧决定先对舜全面考察一番，然后再行决定。

尧于是先把自己的两个女儿娥皇、女英嫁给舜，通过两个女儿考察舜的行事品德，看他是否真能理好家政事务。这就是修身、齐家、治国、平天下的思路。

尧又派舜负责推行仁教德教，让舜在明堂（古代天子进行各种政教活动的公共礼堂），负责接待四方前来朝见的诸侯。

尧更让舜独自去山野林中，经受严酷大自然的考验。舜逐一通过了考验，显示出很强的战胜艰难困苦的生活能力和勇气。（详见《十七、舜耕历山渔雷泽》）

禅让美德

在尧的传说中，最为人们称道的，是尧开创禅让之先河。他不传子而传贤，禅位于舜，不以天下为私有。经过三年各种各样的考察，尧觉得舜这个人品德优秀，且很有能力，办事可靠，定能建树业绩，于是尧放心地把帝位让给了舜，而没有留给不肖子丹朱。这就是历史上传颂的“禅让”美德，尧王也因此以勤劳、节俭、开明、让贤和爱护人民而流芳后世，受人民敬仰和拥戴。尧退位28年后去世，百姓无比悲哀，就像死丧了父母，三年之内，四方无人举乐，以表达对帝尧的深挚怀念之情。

发明围棋

围棋，中国古代称为弈，是棋之鼻祖。晋张华在《博物志》中认为："尧造围棋，以教子丹朱。"照此，围棋至今已有 4000 多年的历史。相传，上古时期尧都平阳，平息协和各部落方国以后，农耕生产和人民生活呈现出一派繁荣兴旺的景象。但有一件事情却让帝尧很忧虑，就是长子丹朱，虽十几岁了却不务正业，游手好闲，聚朋嚣讼斗狠，经常招惹祸端。帝尧心想："要使丹朱归善，必先稳其性，娱其心，教他学会几样本领才行。"帝尧先是要丹朱学射箭打猎，丹朱不干。尧叹了一口气说："你不愿学打猎，那就学行兵征战的石子棋吧。"丹朱听父帝不叫他打猎，改学下石子棋，心里稍有转意，便扔掉弓箭，要父亲立即教他下棋。帝尧说着就拾起箭来，用箭头在一块平滑山石上用力刻划了纵横十几道方格子，让卫士们捡来一堆白石子给自己，捡一堆黑石子给丹朱，便将自己在率领部落征战过程中如何借助石子排兵布阵、指挥进退的作战谋略，以及狩猎中如何诱捕、围追的变换方法，甚至将农业生产中怎样打垄、布苗、间株的经验，统统讲解传授给丹朱。丹朱初始倒也听得进去，帝尧很高兴。对散宜氏说："石子棋包含着很深的治理百姓、军队、山河的道理，丹朱如果真的回心转意，明白了这些道理，将来接替我的帝位，也就放心了。"岂料，丹朱棋还没学得透，又听信先前狐朋狗友的挑逗，犯了以前的老毛病，终日不务正业，惹是生非，甚至想用诡计夺取父帝的位置。散宜氏气得大病一场而逝。帝尧也十分伤心，再也不想看到丹朱，而把帝位禅让给经过他三年严格考察认为德才兼备而又智勇双全的虞舜。此后的陶器上便有了围棋方格的图形，史书也有"尧造围棋，以教子丹朱"的记载。

开儒墨之宗

在先秦时期，以儒家和墨家两个学派最有势力，号称"显学"，两家都以尧舜为号召。从那时起，尧就成为古昔圣王，既是伦理道德方面的理想人格，又是治国平天下的君主楷模。随着孔子对尧王的赞美及儒家在中国文化传统中的地位渐趋重要，帝尧的美德也日益深入人心。后来儒家即以"祖述尧舜，宪章文武"为标帜，到唐代韩愈以至于宋明理学，大倡"道统"之说，尧遂成为儒家精神上的始祖。在整个封建时代，从未有人怀疑过尧在历史上的存在和他的业绩。

一日十瑞、历草生阶及箑蒲生厨

为了神化帝尧的美德，古人还把当时出现的一些自然变异现象，视为吉祥的征兆，编出了天现祥瑞的神话。影响较大的有所谓"圣朝十瑞"。

《述异记》中记载："尧为仁君，一日十瑞。宫中刍化为禾，凤凰止于庭，神龙见于宫沼，历草生阶，宫禽五色鸟化白神，木生莲，箑(shà)蒲生厨，景星耀于天，甘露降于地。"其中奇特的有：

历草生阶：就是一种奇异的瑞草，从宫阶的边沿长出来，由每月的初一开始，每天生出一个荚果，至十五日生出十五个荚果；十五天后，每天落一个荚果，至月末最后一天，刚好落尽；如果该月为小月(少一天)，最后的那个荚果就只凋零而不落下。所以从荚果数的多少，可以知道某天是何日。帝尧奇之，呼为"蓂荚"，又名"历草"。人们认为这是祥瑞的象征。

箑蒲生厨：就是在尧的厨房中，自然生出一种神奇的植物，形如扇而薄，自己会摇动生风，使存放在厨房中的食物变得寒凉，不会因天热而腐烂发臭，故名曰箑蒲。

注意："箑蒲"不宜写作"箑脯"。写作"箑蒲"，作为植物出现是可能的，更合实际；写作"箑脯"，解释为薄肉片，是不可能产生的，可信性反而更差。

榖林尧陵

帝尧从帝位退下来后 28 年而寿终，享年 118 岁。

古籍记载，成阳西北 40 里有小成阳，在榖林山下，乃尧葬所在。鄄城民谚云"尧王虚葬八百墓，唯有真身在榖林"。榖林山因尧墓丘封土上长满了榖树而得名，这种树很奇特，只长在尧陵墓丘的封土上，其他地方都不长。元代吴律曾在山之阳富春丘建富春园，故此山后又称富春山。遗址在今鄄城县城南七公里处的富春乡富春村西南。尧陵南靠黄河金堤，北临箕山河。陵前立有明"尧陵祭文"碑和清"帝尧陶唐氏墓"碑。据《大清一统志》"唐尧陵"条记载："陵高四丈五尺，广二十八丈。"据清《濮州志》"尧陵古图"所示：尧陵为坐北朝南三进式长方形陵园，山门前立有"石门"牌坊，四周围有砖墙。进门内两侧有东西更衣亭。二进院门为一正两偏，门内左右是东西偏厢房，其后建有"享殿"等建筑。殿后是第三进院，古松柏掩映下，陵墓巍然屹立。院内有石碑数通及清末所植古柏 246 棵。旧有祀田 120 亩，濠地 40 亩，今为榖林苗圃。现在仅存墓、碑、龟及少许柏树等稀有文物。

乾隆四年立于榖林尧陵前的"榖林云日"石坊，日前出土，也将复立于陵前。额板雕刻的"榖林云日"四个字，出自《史记·五帝本纪》中对帝尧的赞语"其仁如天，其知如神，就之如日，望之若云"，意为"榖林帝尧"。

《吕氏春秋·安死》曰："尧葬于榖林，通树之。"《通鉴辑览》亦载："尧即位百载，崩于成阳，葬榖林。"这已成定论。

榖林尧陵图

所以，从东汉光武帝刘秀于公元 26 年祭祀榖林尧陵起，至公元 1905 年清末为止，近 1880 年，历代皇帝遣使祭祀尧陵，一直未断，皆有文献记载。此外，地方官员和文人雅士祭奠尧陵，代不乏其人，且留下了许多赞颂帝尧功德的诗词文章。又有历代重修尧庙的碑刻作为实证。尧葬榖林无可置疑。

尧葬榖林析

尧兴于鄄，都于成阳，尧母庆都殁后，尧把她也葬在了成阳，陵墓叫灵台，尧殁后也被葬于成阳。就大范围说，这已没有异议。但就尧陵具体位置论，尧葬在大成阳还是在小成阳，则有不同意见。一种意见认为就葬在上述小成阳的榖林，另一种则认为葬在鄄东南的大成阳。

帝尧已逝去 4000 多年，又经历此后多次的黄河泛滥，尧陵早已重修淤埋、淤埋重修，层层湮于地下，已无确切性文物出土证明。但就见于史料早晚看，葬于榖林说更有说服力。葬于榖林最早见于战国的《吕氏春秋》，而葬于大成阳说，则最早见于东汉桓帝时"追远复旧"，才"复治黄屋"，并修建了尧庙。

皇甫谧曰："榖林即城阳。"现在也有学者

认为成阳就在今小成阳所处的富春乡，如果此说成立，那尧葬縠林则更确定无疑了，鄄东南的成阳当是古平阳、鹿城之地。即便成阳确在鄄东南，尧都于成阳，殁后葬于縠林也不成问题，成阳是个县，不只是一座城，縠林也在成阳县境内，作为墓地，不必非在城里不可。

《竹书纪年》记载：尧禅舜后迁居陶丘。陶丘即小成阳北边的陶丘堌堆，尧死后葬在离他隐居的陶丘堌堆不远的小成阳縠林，也是顺理成章的事，那里离黄帝出生地寿丘也不远。

还有传说，尧王去世时，怕丹朱没能继承王位而生恨扒坟，叮咛舜不要让丹朱知道自己所葬之处。于是舜让人做了八百棺材，将尧的遗体装入倒数第二个棺材里亲自抬着向西北走了很远，偷偷把棺材埋到了縠林。这就是《吕氏春秋》说的"尧王虚葬八百墓，唯有真身在縠林"。这恐怕也是尧葬縠林的原因。

所以尧葬縠林更有说服力。至于桑钦的《山海经》云："尧葬狄山之阳，一名崇山。"尧墓不会移动，而地名不同，没有别的解释，这说明"狄山""崇山"，也就是"縠林山"，"狄山之阳"及夏禹所封之"崇地"，也即小成阳之地。"狄""崇""成"古音近相通。

《水经注》记载："今成阳城西二里有尧陵，陵南一里有尧母庆都陵，称曰灵台，乡曰崇仁，邑号修义，皆立庙。四周列水，潭而不流，水泽（指雷泽湖）通泉，泉不耗竭，至丰鱼笋，不敢采捕。"既然尧陵所在之乡曰"崇仁"，可见"崇山"就是"縠林山"。尧陵既在成阳城西二里，可见成阳就在縠林之地。

至于山西临汾说，更不值得一驳。

由于帝尧的功德昭四海，所以天下人民争相为尧修陵建庙，可以理解。现在，尧寺、尧王陵在中国不下几百座，这是百善孝为先的中国文化中一个体现，人走名随，总要带着祖宗，不忘所出。我们应该从中国文化中吸取营养，而不能因拼抢祖先而迷失了历史的真实。

尧母庆都陵

尧陵南五百米处有尧母庆都陵。庆都生前曾居成阳。东汉章帝追封为"灵台大母"，在伊祁山附近建有"尧母灵台"。据碑文记载："庆都者为古地名，尧之母以地氏也。今治古成阳地为庆都属。倚尧山下，北里许为伊祁山，庆都为母地。"照此可知，"庆都"为成阳之地名，庆都娘家所在，尧小时就住在外公伊祁氏家，皆在成阳。

尧妃中山夫人墓

在縠林尧陵北陶丘堌堆，有尧妃中山夫人墓，占地 180 亩，位于葛庄西二里，黄河大堤东侧。因夫妻合葬之俗汉代以后才有，故未与帝尧葬在一处。《濮州志》记载："中山，相传尧妃葬处，在州治（今河南濮城镇）西南三十里武集里陶丘堌堆。"据此"中山"即鄄城旧城镇西南二十多里之"陶丘堌堆"。后为防黄水泛滥筑堤时，已被压在堤下。

需要明确的是，此陶丘堌堆，古籍既云是尧之都，舜禹陶处，当在鄄城，不会在定陶，与陆终氏第五子曹安居住的、与商汤灭夏相关的、在今定陶仿山一带者应不是一地。因为定陶彼时尚无河水流过，更无历山、雷泽。

仲山甫墓及伍员祠

尧陵北有仲山甫之墓，二墓之间有伍员祠。仲山甫，又作仲山父，本夏朝发明了两轮马车的工匠奚仲之后，其子孙以祖字命姓，遂为仲姓。奚仲 12 世孙仲虺（huǐ）曾任商汤的左相，仲山甫即仲虺之后。周宣王元年，仲山甫受举荐入王室，任卿士（相当于后世的宰相），位居百官之首，是“宣王中兴”的功臣。但《春秋》中没有仲山甫的记载。现存最早的关于仲氏起源的记载，以东汉永康元年（公元167年）《济阴太守孟郁修尧庙碑》为最早，碑中记载说“维序仲氏祖统所出，本继于姬周之遗苗。天生仲山甫，翼佐中兴。宣平功遂，受封于齐。周道衰微，失爵亡邦。后嗣乖散，各相土择居。帝尧萌兆生长，葬陵于成阳，圣化常存。慕巍巍之盛乐，风俗之美，遂安处基业，属都乡高相里，因氏仲焉，以传于今。”意思是说，仲山甫去世后，因成阳墓有尧帝，风水极好，因此仲山甫的后裔，因“慕巍巍之盛乐，风俗之美”，将仲山甫葬在了成阳城西二里的尧陵附近，其中一支后裔以仲为氏，世代留居成阳守墓，安居置业，以传于今。所以菏泽鄄城的成阳是仲山甫后裔的第一个聚居地，也就是仲氏的故里。（详见《二十一、周出帝丘在鄄城》）

穀林晚钟

穀林除有尧王陵外，陵南侧还有一座穀林寺，元朝尚有记载，清末犹存，并住有僧人，官拨香火田 60 亩，后毁于河患。20 世纪 50 年代还存有铁铸大佛像一尊，高约 3 米，后被炸毁。甚为可惜。

每当夕阳西下，余晖映照着高大的穀林山，殿宇的琉璃瓦在晚霞中流光溢彩；周围村庄的炊烟袅袅，鸡犬之声相闻，一片祥和太平的肃穆景象。这时，穀林古寺的僧人，开始了晚课，悠扬的钟声响起，传向天宇四方，经久不绝；诵经的声音抑扬顿挫，悦耳悠扬。这就是著名的鄄城八景之一的“夜听穀林撞晚钟”，一道好迷人的风景！

高丽人参的来历

当地传说，穀林寺里有个十几岁的小和尚，童心未泯，可寺里无人跟他玩，整天闷闷不乐。有天晚上突然有个小男孩来找他玩，小和尚高兴极了。两个人玩起捉迷藏，小和尚无论藏在哪里，小男孩总能找到，可小男孩一藏，小和尚怎么都找不到，心里很不服气。这事后被老和尚发现，老和尚便责问小男孩是从哪里来的，小和尚说没问过他是哪村的，不知道，只看见他每次都朝尧王墓那儿走了。老和尚听后想了想说，我不责怪你，你明天还照样跟他玩，但不许告诉他我知道了这事；另外你要照师父说的做，等他玩完要走时，你把这根带长线的针别在他衣服上，你紧紧抓住线头别放手，回来把线头交到我手上。第二天他俩玩完后，小和尚照师父说的做了。次日一大早起来，老和尚顺着长线找过去，一直到尧王墓东北角一丈远的地方，线消失在草丛里。老和尚举起铁锨照草丛就挖下去，只两下，就露出两棵巨大的人参，老和尚伸手抓住上面的那棵带针的人参，另一个眨眼间遂遁入地下，向东北高丽逃去，所以后来东北高丽盛产人参。

穀林晚钟的来历

另一棵被庙中的和尚煮着吃了。老和尚不知道这是棵千年的人参精，吃了它不仅能延年益寿，长生不老，还能飞天成仙。刚吃完，就听得耳边风响，和尚和庙宇一起向天空飞去了，穀林寺消失了；从此，每当夜幕降临，附近的村民便能听到天上隐隐响起钟声。这就是“夜听穀林撞晚钟”的来历。后人有《穀林晚钟》诗写此一景：

刁斗无声静莫闻，闲轩独自养元神。
寒风飒飒难成寐，入耳晚钟撞穀林。

明代以来由于水患，穀林山已淤成平地，只留存山前的穀林尧王墓遗址、石碑和东富春、西富春两个村名。穀林尧陵为第三批省级文物保护单位。近悉，鄄城已斥资 4 亿元，准备重修尧陵，蓝图已请有关单位设计好。愿早日竣工。

尧王去世后，围绕榖林尧陵，当地有不少民间传说。例如：

大水不漫尧帝陵

榖林尧陵西边十多里就是黄河。以前的黄河经常溃堤决口，混浊的河水滚滚下来，汹涌澎湃，势不可挡，房屋淹没，大树仅露树梢。但非常奇怪，从西边浩浩荡荡过来的河水好像有了人性，一至榖林尧陵就变得温顺了好多，缓慢地沿着尧陵周边流过去，就是不往陵山上漫。因此，尧陵就成了当地百姓躲避大水最安全的地方。

榖林北边不到一里有个村子，从前叫榖林庄，现在改叫赵仟庄。据老年人传说，明朝以前，村前的榖林山还在，每逢黄河发大水，全村的人都躲到山上避水。明朝中后期，山渐被黄河发水淤平。嘉靖年间，鄄人尚宝司少卿李先芳还说“片石依稀尚可凭”。榖林山虽然没有了，一到发大水村上的人仍然往尧陵逃，因为水不往尧陵上漫。人们传说，这是因为龙王爷保护尧陵。有个买馍的人不信，就说：“哪里有龙王爷呀？谁看见了？”话刚说完，就见一条小蛇爬上他的馍馍簸箩里翻腾打滚，这下可把他吓坏了，赶忙祈祷：“龙王爷饶了我吧！我再也不敢说这话啦！”小蛇还是不走，有人提醒他，给小蛇上了一台大供，小蛇才慢慢爬走了。

传说只是反映了人们对尧王的崇敬。实际上也并不是龙王保佑，而是山陵高大，水漫不上去。早在《禹贡》已有记载：“桑土既蚕，是降丘宅土。”远古鄄城处于华北洼地的中心，地平少山，多高丘堌堆。洪水来时，民众登上高丘堌堆；水害既除，于是百姓下丘居于平地，从事生产活动。这种情况直至清末仍是如此。

乾隆梦尧王

传说，一天晚上乾隆做了个奇怪的梦，他梦见山东濮州东南 60 里有一片榖树林，杂草丛生，一片荒凉。在那片树林下面十几丈深的地方，有一座破烂不堪的庙宇，里面有个老头睡在又湿又冷的石板上，睡得很沉。他正想看看是怎么回事，便突然醒了，醒来一直惦记着这个梦。

上朝时，他问：“哪个爱卿能为朕解这个梦？”无人回答。最后，《四库全书》的总编、学识渊博的大学士刘统勋，出来给乾隆解梦说：“皇上梦见的是 4000 年前尧王的陵墓，那片树林叫榖林，地下睡的老头就是中国古代的圣君尧王。古今圣君在梦中相逢，说明皇上是尧王转世，这是我大清之福，百姓之幸呀！”乾隆听了很是高兴，又问：“你说的有根据吗？一代圣君怎么埋在这样一个荒凉的地方？”接着刘统勋引经据典，说明尧王是濮州鄄城人，居于陶（菏泽古称陶），长于濮（鄄城），建国称唐，都于平阳，皆以鄄城为中心活动。“魂归故里，埋骨乡梓”是中国的传统习俗。尧陵北依榖林山，南望濮水河，背山面河，地势平广，树木茂盛，青山绿水，本是灵魂安息的仙乡，因年久失修，才显得如此破败。

了解了尧陵的历史情况和现状，乾隆于是传旨：拨白银 6000 两重新修建榖林尧陵，赐祭田 120 亩，濠地 40 亩；将陵墓加高至 4 丈 5 尺，广 30 丈，建三间大殿、东西朝房及更衣厅各三间；重修陵园大门，门前立牌坊；植柏树千株。一切事宜交由山东巡抚岳睿办理，一年办好。并决定下年要派钦差代表自己到尧陵宣读祭文进行祭祀，于是留下了乾隆祭尧陵碑。从此清朝皇帝每年都派钦差去祭祀尧陵，直到清末。各次祭祀详情皆在《濮州志》里留有记录。

历代尧陵祭奠

作为三皇五帝之一的帝尧，其墓葬在鄄城穀林尧陵已是不争的事实。《吕氏春秋·安死》记载："尧葬于穀林，通树之。"可见鄄城尧陵先秦已经存在了，至于山西临汾的尧陵，乃唐代始建，不可能为始墓，不言自明。所以史载自汉朝以来 2000 多年历代皇帝都一直在鄄城尧陵进行国祭，直到清末 1905 年，由于黄河水患肆虐 40 年不退，帝尧陵的国祭盛典才因陵地被淹而不得不放弃。近年借全国大力提倡传统文化、弘扬尊祖孝悌、宣传礼仪良俗的东风，在鄄城县政府的支持下，在国祭盛典停了 111 年后的 2016 年的清明节，又首次恢复在尧陵举行隆重的祭祀大典，重新让尧陵走进国人的视野，使更多的人了解真实的尧陵所在，发掘千年古鄄的始祖文化，确立其华夏文明发祥地的历史地位。

十七、舜耕历山渔雷泽

舜生姚墟成阳旁，弱冠孝名播四乡。
耕在历山农退畔，渔于雷泽人让场。
身陶河滨器不苦，功德遗风民向方。
尧王嫁女禅帝位，世传榜样称圣王。
礼乐施教用象刑，从谏纳言任贤良
五典行政和诸侯，治国典范仁名扬。

帝舜有虞氏政权身世

上文已说明，帝尧陶唐氏政权，从公元前2357年起，至前2128年止，共传6帝，历经230年，所以公元前2128年，传位于帝舜的，不是首任帝唐尧自己，而是帝尧陶唐氏政权的末任帝姜密。不然的话，舜需活200多岁才能接帝位，这是不可能的。

舜受禅后，建立起了帝舜有虞氏政权，成为五帝的最后一位，从公元前2127年起，至前2071年止，共传2帝，历经57年。帝舜先祖是东夷少昊下有虞氏部族的后裔，故国号称虞，谥曰舜，故称虞舜。

帝舜是帝颛顼的直系后代子孙。其父为瞽叟，母曰握登，因见大虹意感而生舜于姚墟，故又姓姚；名重华，盖取重续华胥之意，或说是因其重瞳子；字成都，尊称都君，盖为所居三年成都之意。或说因院内有一株木槿花，即舜华，又称孝草，故起名为舜，大概是希望他长大成为孝子吧。明显是后人追加的名号。

舜帝故乡析

帝舜出生于姚墟，遗址在今山东菏泽鄄城县东南部、雷夏泽南的历山脚下，相当于今鄄城县南的闫什镇的姚刘庄一带，古籍也称诸冯，盖为大范围。舜从小就生活在这里，已为历史记载所言明。或说诸冯在山东诸城，此乃望文生义。或说生于山西临汾，乃为后代仿造，皆不可信。

据《史记全本新注》言："妫汭（guī ruì），妫水河湾，舜所都之地，妫水源出山西省永济市南之历山。"郑樵《通志·氏族略》言："虞有二姓，曰姚曰妫。因姚墟之生而姓姚，因妫水之居而姓妫。"《东夷源流史》记载："山西永济之妫水，为舜移居后而产生的移植地名。"

据此分析，舜既生在鄄城姚墟，做了部落联盟首领后定都鄄城成阳，就不可能住在山西妫汭。因"住在山西妫汭"而姓"妫"之说，当是因其后裔"移居后而产生的移植地名"。

由此来论，尧舜时代的鄄城历山当有“妫河”存在，这样，舜“因姚墟之生而姓姚，因妫水之居而姓妫”才顺理成章，而继帝位后定都附近的成阳，才合情合理。

据《舜帝亲缘碑》记载：舜母握登乃有黎氏之女，是尧臣重黎的姑母。重黎是尧时掌管时令的官，与舜为姑表之亲。有黎氏是生活在今鄄郓之间的一个部族，舜帝老娘（外祖母）家就住在今郓城县林集（一说是江楼），离西南的姚墟五十来里。

历山虞帝庙

历山虞帝庙始建于东汉初，毁于 1967 “文革”，历时 1900 多年，规模恢宏，影响深远，民众悯焉。据古庙碑记载，东汉光武帝时开始修庙立碑，南北朝至明、清，历代皆有修复。现存建筑有舜王殿、寝宫殿、三黄殿、苦奶奶庙、龙泉舜井亭、周边院墙、山门及筹建委员会办公室。2006 年，被山东省人民政府批准为“省级重点文物保护单位”。

如今规划于闫什镇历山庙村西历山庙古遗址，闫什、彭楼两镇交界处，在舜耕历山遗址上恢复元代建筑景点。建筑项目以舜王殿为中心，以戏楼、山门、舜王殿、祭台、重华宫、古历山虞帝庙为中轴线，将马棚、东西朝房、舜井亭、舜渔亭、历山书院、甄氏家祠、苦奶奶庙、真武庙、天皇阁等设施分列两旁。还有东西舜河苑、甄王殿（供奉甄藩）、甄庙（供奉甄氏族人历代贤臣名人）、千努殿、藏书阁、尊师堂、授徒堂等建筑。在历山虞帝庙南面建虞舜姓氏文化广场，广场中央建天坛式建筑，三层石砌月台上面烘托虞舜石雕像，四周刻虞舜后裔姓氏，广场周围展示舜裔历代名人事迹及雕像，作为国内外甄氏族人观光、游览、祭祖的活动场所。

少以孝名

相传舜少年丧母，其父瞽叟无能无德，另娶新妇壬女，而生弟象，因其鼻子比一般人长，故名象。瞽叟爱后妻与象，后母为人阴毒，经常打骂虐待舜，在她的撺掇下，一家人处心积虑想害死舜。象性情特别倨傲粗蛮，事事都要压舜一头。此即古籍所谓“父顽，母嚚（yín，愚顽奸诈），象傲”。即便如此，舜也不放在心上，不忌恨，而是以德报怨，一如既往，孝顺父母，友于兄弟，甚至做的比以前更好，绝不失为子之道，为兄之德，而以父母弟弟的忧乐为自己的忧乐，希望能感化他们。舜采取在家人要加害他的时候，就及时逃避；稍有好转，便马上回到他们身边，尽可能给予家人帮助，所以古籍称赞舜说“欲杀，不可得；即求，尝（常）在侧”。

舜多年如一日，就这样孝顺父母，友于兄弟，没有丝毫懈怠，深得百姓赞誉。所以，舜 20 岁就以孝顺父母闻名远近。因此，后代重视孝道的儒家，把舜的人格形象作为伦理学说的典范，舜与尧一样，被先秦时期儒墨两家推崇为古昔圣王。

孝是中国古代重要的伦理思想之一，元代郭居敬辑录了古代 24 个孝子的故事，编成《二十四孝》，并为序而配诗，用以训教童蒙，成为宣传孝道的通俗读物。虞舜年轻时“孝感动天”的故事被列为“二十四孝”的第一孝。

孔子继承了帝舜的孝道，成为儒家仁孝治天下的核心。孔子提倡孝道，主张对父母要尊敬、奉养，不违背父母的意愿。父母生时要事之以礼，殁后要以礼安葬，以礼祭祀，经常追思。他用孝悌为“仁之本”的学说教育弟子，自己更是身体力行。

孔子 3 岁丧父，母亲颜征在，含辛茹苦地把他养育成人，他对母亲十分孝敬。在他 17

岁那年，母亲去世，以礼父母应当合葬，但他不知道父亲葬于何处。孔子便将父亲的棺柩，停在鲁国繁华的五父之衢，长跪涕泣求问，终于感动了一位名叫挽父的赶车人的母亲，并在这位老妪的指引下，使父母合葬在一起。孔子父母合葬墓，在曲阜城东15公里的“梁公林”，至今仍有游人前往拜谒。孔子的弟子在他的教育下，出了好几个孝子，名在“二十四孝”之列。

如何看待“二十四孝”

对于“二十四孝”，这里要提醒的一点是：同一件事，不同的人有不同的看法，仁者见仁，智者见智，各有其理，不强求一致。二十四孝中有的故事，在今人看来，既不合情理又充满迷信，如果全用今天的眼光去看，未免胶柱鼓瑟，有点冒傻气。古代神话多有不合理处，我们能否定吗？科学是科学，神话是神话，不能混为一谈。对于二十四孝的故事，后人应体会其精神，着眼其对孝道的传扬，以此激励人们要尊老、敬老、孝老，用好人得好报来鼓励人们践行孝道；同时，这里也包含着古人“天人感应”的理念，即古谚所说的“皇天不负苦心人”。至于细节，不能用俗眼观之！出些神奇怪诞之事，无非强调吉人天相而已，何必当真！仁孝历来是中华民族的传统美德，全盘否定，斥之为糟粕，恐不妥当。也不必拿鲁迅来否定二十四孝，鲁迅的作品提到二十四孝，主要是借几则故事来对当时反对白话文、提倡复古的倾向予以尖锐的抨击而已。

啮指痛心

这是孔子的得意门生曾子的故事。曾子，名参，字子舆，春秋鲁国人，以孝著称，世尊称曾子。他学识渊博，“吾日三省吾身”就是曾子提出的修养方法，相传他著述有《大学》《孝经》等儒家经典。后世儒家尊他为“宗圣”。曾子少年时家贫，常入山打柴。一天，家里来了客人，母亲不知怎么办，就用牙咬自己的手指。曾参忽然觉得心疼，知道母亲在叫自己，便背着柴急速返回家中，跪问原因。母亲说：“有客人忽然到来，我咬手指盼你回来。”曾参于是以礼接见了客人。

这实际上是一种心灵感应，体现了一种深切的思念之情。俗谚“母子连心”，可为曾子故事最好的注解。

百里负米

仲由，字子路、季路，孔子的得意门生，春秋鲁国人，性格直率勇敢，十分孝顺。早年家中贫穷，自己常常采野菜充饥，却从百里之外负米回家侍奉双亲。父母去世后，他做了大官，随从的车马有百乘之众，所积的粮食有万钟之多。坐在重叠的锦褥上，吃着丰盛的筵席，他常常怀念双亲，慨叹说：“即使我现在想吃野菜，为父母亲去负米，哪里还能够再得呢？”孔子赞扬说：“仲由侍奉父母，可以说是生时尽力，死后思念哪！”

芦衣顺母

闵损，字子骞，春秋时期鲁国人，孔门高足，在孔门中其德行与颜渊并称。他生母早亡，父亲娶了后妻，又生了两个儿子。继母经常虐待他，冬天，两个弟弟穿着用棉絮做的冬衣，给他穿的却是用芦花做的“棉衣”。一天，父亲出门，闵损拉车时因寒冷打战，将绳子掉落地上，遭到父亲的斥责和鞭打，芦花随着打破的衣缝飞了出来，父亲方知闵损受到虐待。父亲返回家，要休掉后妻。闵损跪求父亲饶恕继母，说：“留下母亲只是我一个人受冷，休了母亲三个孩子都要挨冻。”父亲十分感动，就依了他。继母听说，悔恨知错，从此对待他如亲子。孔子曾赞扬他说:“孝哉,闵子骞!”

除了孔门弟子的孝行,春秋时代还有两个有名的故事。

鹿乳奉亲

郯子,春秋郯国(今山东郯城)国君。年幼好学,知识渊博,聪慧仁德,孔子年轻时曾拜其为师,向其请教少昊氏用鸟来命名官爵的情况。郯子非常孝敬父母。父母患眼疾,人说鹿乳可以治愈,郯子便四处寻求,未能得到。郯子见父母受眼疾折磨,心急如焚,便披着鹿皮,假扮小鹿,混入山野鹿群中觅取鹿乳。鹿生性机警,胆小怕人,又善于奔跑,郯子连去几日,终未如愿。一日,少年郯子又裹着鹿皮,到野外觅取鹿乳,恰与猎人相遇,见猎人正要张弓相射,郯子急忙站起来,将实情相告。他的孝行感动了猎人,猎人以家中驯养的母鹿之乳相赠。郯子得到鹿乳,赶回家中为父母治疗眼疾。

戏彩娱亲

戏彩娱亲,赞老莱子之孝。老莱子,春秋时期楚国隐士,为躲避世乱,自耕于蒙山南麓。他孝顺父母,尽拣美味供奉双亲。70岁犹不言老,常穿着五色彩衣,手持拨浪鼓如小孩子般戏耍,以博父母开怀。一次为双亲送水,进屋时自己跌了一跤,为了不让二老伤心,索性躺在地上模仿小孩子啼哭,二老大笑。

颠簸生活

帝舜自五世祖穷蝉起都是平民。舜从小家境清贫,生计艰难,颠沛流离,为养家糊口而到处奔波,曾从事各种体力劳动,经历坎坷。

《史记·五帝本纪》中说:“舜耕于历山,陶于河滨,渔于雷泽,灰(烧炭)于常羊,作什器于寿丘,就时于负夏。”

意思是说,舜年轻时曾在历山种过庄稼,在河滨烧制过陶器,在雷泽湖里打过鱼,在常羊一带的金宝山打过柴、烧过炭,到寿丘做过手艺活,到负夏临时做过小买卖。

历山,在雷泽西南十多里,孤立峻上,亭亭杰峙,为舜耕陶所在。东汉在山上建有历山庙。元代此山犹存,历山公千努曾在山下建历山书院教育乡里子弟,成为当时远近闻名的学府。清嘉庆年间山还高出平地二丈多。今山形已淤为平地,历山庙遗址犹存。今人在原址重建历山庙,奉祀舜帝。遗址在今闫什镇西三里的历山庙村西。

河滨遗址在今鄄城县的旧城镇西南葛庄集西二里的陶堌堆村,古为瓠河之滨,如今其西一公里即今黄河。或说河滨在南边的济水之滨,也有可能,因为做陶器不一定在一个地方。

或说“寿丘”在今山东曲阜、负夏在今兖州,恐非远古所指,当为后世所命之名。因为在4000年前的尧舜时代,交通不便,人们不可能步行跑到数百里之外去做些手工活或小买卖,在几十里范围内,一天打个来回才是可能的。舜年轻时的活动范围主要在菏泽鄄城县境内,这已为当今学者所共识。

所居三年成邑

舜聪明勤劳,又十分善良,待人至诚,有一颗仁爱之心,凡是跟他接近的人,没有不为他的品德所感化的。由于受舜的德行的感染,凡是他劳作生活的地方,便兴起礼让之风,都会很快发展成为一个富庶而民风良好的乐土。

人们都喜欢舜,希望跟他为邻比居,追随的人愈来愈多,他住在哪里,人们就朝那里聚集。一年后那里就变成了村庄，两年后就变成了镇子，三年后就变成了城邑。传说，舜在自己生活的古雷夏泽附近曾建有负夏城，大概说的就是这一情况。据说，负夏城的百姓相处和睦，社会和谐，经济发展，成为人们向往的地方。舜创建的负夏城遂成为中华和谐社会的源头、华夏文明的第一城。舜由此就更出名了。

负夏城的遗址在哪里，说法不一。或说在今鄄城南部的舜城集，也有的说在今箕山东部的亿城寺，其实也很可能就是古甄城，即今鄄城的旧城镇，总之离雷夏泽不远，因为雷夏泽也叫负泽，必是因附近有负夏城而得此名。负，背也；背，北也。“负夏”即“夏泽之北”。古雷夏泽之北，有今之鄄城旧城镇和箕山镇东的古亿城寺遗址；若将“背”理解为背负，则指雷夏泽之南，今鄄城南部的舜城集就正当其位。

孝感苍穹

由于舜生性至孝，品德高尚，在民间有很好的声望，流传着不少有关虞舜孝感天帝的故事。

舜的父亲，原是一位民间音乐家。一年，舜父得了眼疾，医师说需要到深山里采一种草药来治疗。舜在深山采药时，突然听得一声吼叫，一只猛虎向他扑过来。舜赶快举起草药对虎友好地摇了摇，虎似乎懂得了舜的意思，便温顺地摇摇尾巴走开了。舜虽然千方百计采药、请医、伺候，其父疾终不见好转，最后失明，故称瞽(gǔ)叟。

有一次，后母趁夜里舜睡觉时，把舜住的草房锁上，点着一把火，想要烧死他。舜急得大呼：“老天哪，快来救救我！”霎时乌云密布，电闪雷鸣，倾盆大雨浇灭了熊熊大火。

舜在20岁的时候，就以孝行而闻名。因为能对虐待、迫害他的父母坚守孝道，故在青年时代即为人称扬。当时，尧要选接班人，众人荐舜，为了对舜进行考察，尧便将两个女儿嫁给舜，以观察他的品行和能力。舜不但使二女与全家和睦相处，而且在各方面都表现出卓越的才干和高尚的人格。尧得知这些情况很高兴，赐予舜絺(chī)衣(细葛布衣)和琴，赐予牛羊，还为他修了一个仓房。

舜得到了这些赏赐，瞽叟和象很是眼热，他们又想杀掉舜，霸占这些财物。瞽叟让舜修补仓房的屋顶，弟象就搬掉梯子，瞽叟在下面纵火焚仓，想要烧死舜。舜正着急之间，见仓后有棵大槐树一枝直伸到后房檐边上，舜来不及多想，伸手揪住槐枝猛地一甩，一个秋千便荡上了大槐树，这才大难不死。

后来舜做了帝王，一日，来到曾搭救过性命的大槐树下，焚香叩拜，封赠大槐树为万年神树。世人发现，这棵槐树无论酷热的炎夏还是寒冷的严冬，都枝繁叶茂，常年结籽，树皮常青。民间传说，这是由于受过舜帝的拜封之故。

后来瞽叟又让舜掘井，井挖得很深时，瞽叟和象却从上面填土，要把井堵上，将舜活埋在里面。幸亏井下连着一条潜河，舜得以潜水游出。由于舜暂时在外躲了几天，瞽叟和象以为阴谋得逞，象说这主意是他想出来的，分东西时他先要了琴，还要尧的两个女儿给他做妻子，把牛羊和仓房分给父母。象进到舜的房子，弹奏起舜的琴来，这时舜进来了，象大吃一惊，老大不高兴，嘴里却说：“我思舜正郁陶(我想念你正想得忧苦厉害啊)！”舜也不放在心上，一如既往，孝顺父母，友于兄弟，而且比以前更加诚恳谨慎。

黑豆的来历

虞舜从小就做农活。有一天，继母让舜

和象一块去离家十多里的历山去开荒种豆，交给每人一袋豆种，并交代说："谁种的豆子出了苗，谁就回来；豆子没出苗，饿死在外也不准回来。"

兄弟二人带上吃的到了历山，在一个破草房住下，着手开荒整理田地。地没整理完，带的干粮却吃完了，两人便吃各自带的豆种，舜的豆种越吃越香，象的豆种越吃越难吃，象便强要与舜交换豆种，舜答应了。过后两人开始种豆子。又过了几天，舜种的豆子开始长出豆苗，象种的豆子却总不见发芽，又等了几天，还是没长出豆芽来。舜劝象一块回家吧，但象不敢。舜无法，便跪在山上，祈求天帝："老天啊！保佑弟弟的豆子快发芽吧，都是我的错，弟弟的豆种原本是我的，就让我去死吧！"舜的行动感动了上天，霎时，乌云密布，雷声滚滚，天下起了雨。雨过天晴，一看象种的豆子也齐刷刷地都出了苗。乐得二人连蹦带跳回了家。

后母问："你俩的豆子都长出来了吗？""都长出来了！"二人同口回答。后母不信，让瞽叟去看，果然没错。后母很诧异，但又不好说什么。

到了秋天，打下了豆子，有的黄，有的黑。原来生豆种长出的仍然是黄豆，后母暗中炒熟后给舜的豆种，长出来的都成了黑豆，从此就有了黄豆和黑豆之分。

黑豆是炒过的，有香味，牲口爱吃，所以就做了饲料；因此，至今农民在制作饲料时，仍然要先把黑豆炒一炒，再磨碎做饲料。

豆独结多角

传说，远古时候五谷中的稻、黍、稷、麦、菽，都是长着多穗的，庄稼长得非常好，年年丰收，打的粮食吃不完，人们就不爱惜了，霉烂浪费很多。又用粮食大量酿酒，人都喝成了酒鬼，熏得天上的玉皇大帝都受不了啦，于是玉皇大帝就派太白金星到民间查访，看民间到底怎么了。

太白金星扮成一个要饭的老头，端个破碗，拄着拐杖，下到人间。看见地里的庄稼无人收，都长了芽，坑洼里扔着白面馍馍，很伤心。他走到一户人家，见孩子的尿布用的竟然是烙饼。他叹了口气，对主人说："大哥、大嫂行行好吧，可怜我这老头子，两天都没吃饭了，就把你们的剩馍给点吃吧！"男主人没好气地说："懒汉，你睁眼看看天，还没到吃饭的时候，要馍没有。"太白金星说："把孩子当尿布的烙饼给点充饥也行啊！"女主人恶狠狠地说："快滚，俺还放着喂狗咧。"

太白金星气得直哆嗦，立刻升天向玉帝回奏。玉帝听了十分震怒，立即派天兵天将下凡，把五谷穗子都给捋掉，这可把人们都吓坏了。动物们都跪下求告天神说："人们糟蹋粮食，俺牲灵们可没敢浪费呀！您发发善心，给俺牲灵们留口饭吃吧。"太白金星一听也有道理，便让天兵天将们将稻、黍、稷、麦的每棵庄稼只留梢上一个穗子，算是给动物们留点口粮。

天兵天将们又来到豆（菽）地里，准备把豆角捋去，太白金星忙说："豆角不能捋，你们忘了，这是玉皇大帝赐给大孝子虞舜的救命豆角啊。当年舜的后母给舜种下的是熟豆种，本不能出芽，玉帝为救虞舜的性命，都让它发了芽，豆角我们可是捋不得啊。"天兵天将听后齐说："看在虞舜的面子上，豆角就不捋了。"

从此，只有豆棵上结满了许多豆角，稻、黍、稷、麦则只在梢上结一个穗。杂粮玉米虽没被捋穗，但同样讨厌人们浪费粮食，也只结一两个穗以警告世人。

当然，这只是个传说，但其传达的天佑善

人孝子的信息，及不要浪费粮食的告诫，则至今仍不失警示作用。

舜命名四瓜

舜耕历山，种植五谷杂粮，唯缺瓜果蔬菜。舜听说隐居箕山的名贤许由善种甜瓜，并在自己的《箕山歌》中称赞自己的瓜说“河水流兮缘高山，甘瓜施兮叶绵蛮”。舜于是到50里外的箕山去拜访许由，请教种甜瓜的技术，顺便讨些瓜种。许由热情接待了舜，并摘些甜瓜让舜品尝。临行，许由从陶罐里取出一些甜瓜种相赠，舜感激不尽，致礼而回。

春天，舜在历山四坡种下许多甜瓜。随着时间的推移，历山四坡爬满了瓜蔓，结了大大小小各种各样的瓜。一天大早，舜到瓜地里巡察，发现四坡的瓜长得都不一样，而且没有一坡的瓜像甜瓜，不知是发生了变异，还是水土与箕山不同。甜瓜本像拳头般大小，青黄而圆。可是舜发现山南坡的瓜，长如枕头，瓜皮全是黑青色；山西坡的瓜，圆如篓斗，瓜皮青绿而有花纹；山北坡的瓜，形状虽跟南坡的一样，可都是白色；山东坡的瓜，像水桶般大小，全是青色，瓜皮上像是落了一层霜。舜分析，这可能跟太阳光照射的程度不同有关。山南坡的瓜，因太阳光照射强烈，瓜皮呈现黑色；山北坡的瓜，因太阳光照到的机会很少，所以就成了白色；山东坡的瓜，因早晨太阳光照射微弱，落在瓜上的霜未能融化，才长出像霜一样的白毛；山西坡的瓜，因太阳光照射强弱不一，于是在青皮上留下花纹。于是舜就把长在南坡的黑色瓜命名为南瓜，把长在西坡的青绿色花瓜命名为西瓜，把长在北坡的白色瓜命名为北瓜，把长在东坡长着霜样白毛的瓜命名为东瓜。

几千年过去了，至今人们还沿用着这一命名。只是由于北瓜是白色，人们习惯上已称之为白瓜；东瓜则因其耐越冬存放，人们已习惯叫它冬瓜了。

旋风为何不直行

历山庙大殿西侧有个小殿，内供奉一年轻女子塑像，面容愁苦，人们都称她为苦奶奶。苦奶奶姓王，是历山西三里的王村人。14岁嫁给舜为妻。舜父眼瞎，管不了悍毒的继母。继母怕舜与自己的儿子争夺财产，屡生奸计，欲置舜于死地，幸亏每次都被舜逃脱，方得大难不死。舜妻王氏生活在这样的环境中，自然也受尽折磨，痛苦不堪，整日郁闷寡欢，遂忧愁成疾，刚满17岁就不幸而亡了。

舜做了部落盟主后，把天下治理得很好，百姓安居乐业，舜深受人们的拥戴。一日舜率随员出巡，恰从亡妻坟前经过，突然从坟头升起一股旋风，在舜左右不肯离去。舜一下子明白过来，这风可能是亡妻的阴魂。舜于是向风一揖，对旋风说：“你若是我妻，就请左转三圈。”那风果然左转了三圈。舜又说：“你若是我妻，就请右转三圈。”那风果然又向右转了三圈。舜忙说：“你既是我妻，就请随我回宫，我为你修建祠庙，设立灵牌长年供奉。”那旋风听后，于是左旋右转地随着舜的人马回宫去了。舜自是金口玉言，说到办到。旋风自此也在行进中都呈左旋右转之状而不是朝一个方向旋转。

后人在修建历山庙时，就照虞舜说的在大殿之侧建一小殿，供奉舜之亡妻王氏，容貌塑成满面愁容，双目含悲的样子，称作苦奶奶。

苦奶奶心地善良，非常同情受苦的人们。人如遇有愁苦之事，在苦奶奶像前烧炷香，将愁苦之事默祷，往往能化险为夷，转危为安，百姓说非常灵验。

这当然是出于对弱者的同情，对善者敬仰而形成的古老传说。

舜耕历山与象耕鸟耘

相传，舜父瞽叟更娶继母壬女之后，舜经常受后母的打骂，依然孝顺不减，继母壬女还是想方设法赶舜走，免得他以后争夺家产。当后母策划的兄弟种豆事件失败后，就挑动瞽叟发怒，将舜赶出家门。

有家不能回的舜就到了历山妫水边搭个茅棚住下，开始烧荒垦地。初始阶段，舜只能以野果充饥，他日出而作，日落而息。有一日在田间垦荒，累得筋疲力尽，实在支持不住就晕倒了。等他醒来，看见几头大象用鼻子替他松土，象力大无穷，一个时辰不到就拱出了一大片地。此后大象天天到历山帮舜拱地，久而久之，舜就与大象建立了感情，于是开始训练大象耕地。耕地多了，种上庄稼后，地里杂草丛生，忙不过来，正自发愁，地里忽然飞来一群小鸟，蹦蹦跳跳地帮助啄去杂草和害虫。这样“象耕鸟耘”的故事也就成了千古美谈。

这一传说自然是后人对虞舜至孝美德的感动与赞颂，实际上则是舜当时驯象助耕的曲折反映。由此历山后也叫舜耕山了。

舜每到秋天就把收获的粮食和瓜果，挑出最好的，给父母送去，而自己则一直过着清苦的生活。

农人让畔

原来历山一带的农人常因争夺田界而打架。舜到历山耕田后，他助人为乐，帮助大家驯象开荒，把开出的熟地好地分给大家，自己则种新开垦的贫瘠生地。这样，为人谦和的舜，很快就感化了他周围的人。在舜的行为带动下，不久历山的农人们都互相推让田界，不再争抢好地。舜以自己的行动，使历山的民风变得和睦、良善而淳朴。

创作《思亲操》

舜是个心地善良而又至孝的人。有天他锄地时，看到一对斑鸠鸟带着小鸟飞来飞去，大鸟衔了食物来喂小鸟，全家在一起其乐融融，心中感慨万千，就情不自禁地思念起自己的亲生母亲来，倍加希望自己也能有这样的父母，也能有这样其乐融融的家庭。于是在思念中创作了一曲发自内心的《思亲操》：

陟彼历山兮崔嵬（登上那历山啊多么雄伟），

有鸟翔兮高飞（有两只斑鸠啊在空中高飞）。

瞻彼鸠兮徘徊（看那斑鸠啊不停地徘徊），

河水洋洋兮清泠（济水盛大啊如此清澈）。

深谷鸟鸣兮嘤嘤（山谷中鸟鸣啊嘤嘤动听），

设置张罟兮思我父母力耕（布好网罟啊想我父母苦耕）。

日与月兮往如驰（日月交替运行啊逝如奔驰），

父母远兮吾将安归（父母在远方啊我将怎么回去）！

舜从小就跟父亲学会了五弦琴，在苦难的生活中，常常如此弹着琴唱歌，借以排遣内心的郁闷和忧伤。

舜渔雷泽

虞舜时代，雷泽水产丰饶，附近的人们都以打鱼为生。经常为争夺好的渔场而打架。舜到泽边打鱼，看到这种情形，挺着急，决心用自己的行动改变这一不良风气。舜勤劳又聪明，他先了解水情，然后动脑筋，想一些好的方法，这样，捕的鱼总比别人多。别人认为他捕鱼的地方好，他就让给别人，可别人一去，捕的鱼就又不多了。于是舜就教给人如何了解水情，在什么水域用什么渔具，帮助渔民提高捕鱼的技能。当初人们用木棍打鱼，或用竹签子插鱼，或用竹木编的圆囤罩鱼，这些办法只能在浅水处捕鱼，效果都不好。于是舜又教给人们用细绳结成一长方形的网，再用两个棍子穿起两边做成一张抬网，到较深的水域去抬鱼；舜又灵活地把长条网放在流水口去堵鱼或截鱼，效果就好多了。后来舜又教人们编织成大撒网去捕鱼，更极大地提高了捕鱼的效率。方法改进了，效果好了，在舜的感召下，渔民们不再争渔场，反而互相推让。人们都希望跟虞舜一块捕鱼，争着让舜住到自己窝棚里。

舜陶河滨

舜自幼多才多艺，尤其善于用淤泥捏成各种器皿烧制陶器，外形美观，质地优良，经久耐用。农闲时舜常到北边的瓠子河畔的陶丘或南边濮水岸的甄庄去烧制些陶器出售。鄄城古称甄（juàn），金文作，正会手持工具在房屋内制作陶器之意。篆文改为从瓦，以突出制作瓦器之意。“唐尧”的“尧”本是烧陶器的窑包，而尧称“陶唐氏”之“陶”也是一人持杵制缶之意。可见尧为制陶发明人，舜为陶业发展者，而鄄也就成了古制陶业的发达之地。菏鄄地区古称“陶”就是证明。“陶丘”之“丘”，甲骨文作，正是窑口坍塌的废窑包之形，故有空、大、废墟等义，引申泛指土丘之义。所以，陶丘是当时有名的烧制陶器的中心。（详见《一、华夏曙光升古鄄》）

起初那里的陶器烧制得很粗糙，品种既少又易破碎。舜去了之后，经过调查研究，反复试验，他在淤泥里掺进适量的沙子，大大改进了陶器的质地；他又制作了陶轮，使制作出的陶坯厚薄均匀，形体端正美观；同时还研究出了很多新品种，并改进了窑体的结构，使之更完善。舜亲自动手，言传身教，把技术耐心地传授给窑工们，使当地的制陶水平得到了普遍提高，鄄城也成了制陶业的中心，商贩云集，所制陶器远销各地，舜也受到了人们的尊敬与爱戴。至今鄄城民间仍保留着烧制陶盆陶罐的风俗，销往四乡。

砍柴金宝山

历山北有座金宝山，遗址在今鄄城县军集村南。传说女娲炼五色石补天时，有一块顽石落在了雷夏泽岸边，形成了一座小山，每天夜里会时隐时现地闪烁着金光，于是人们都叫作金宝山。

砍柴金宝山图

山脚下住着一个懒汉，穷得叮当响，连媳妇也没娶上。有天夜里他向闪光走去，发现是一个山洞里的金子在闪光。他高兴得手舞足蹈，一趟又一趟地往家搬，恨不得都搬回家去。天亮了还没搬完，他怕别人知道了，把金子拿走，就在剩余的金子上撒土盖了起来，临走还朝上撒了一泡尿。瞬间金子没了光亮，等他回到家中一看，搬回的金子都变成了石块，从此，金宝山就再也不闪光了。

这无疑反映了人们对懒人的憎恶与惩罚

心态。

好多年过去了，山上长满了杂草荆棘，矮树丛林，成了一座荒山。舜在农闲时，就带着干粮到山上砍些柴，既供家用又可换些米面。每天一大早舜就上山，不停地挥动柴刀，饿了啃口干粮，渴了喝口泉水，双手磨得满是水泡，被荆棘扎得鲜血直流。不几天他就砍了好几堆柴火。有时遇到来砍柴的，舜都热情招呼，还让人家背自己的柴，别人不好意思，他便主动给人捆上一捆叫别人背走。

金宝山西面有个山西庄，不知何代来了一户姓李的落脚，后遂称山西李庄。一天舜遇到庄里的一个老汉，拄着拐棍上山砍柴，舜便捆了一捆自己砍的柴，亲自背着送老人回家，并说："老人家，以后您不要再来砍柴了，我每次砍柴都给您老背一些去就够用了。"老人千恩万谢说："这叫我咋着谢你呢？我连你的名字都不知道。"舜说："老人家，你把我当作您的儿子好了，哪有晚辈给长辈办事还要感谢的道理呢！"后来人们知道了给老人送柴的是舜，都称赞他孝敬老人的美德。

又过了许多年，人们为了纪念虞舜，在金宝山修建了舜王庙。如今金宝山虽已因黄河泛滥淤平，而每年正月二十五日，祭祀舜王的庙会至今仍香火不断。

赶集黑岗店

金宝山北边 8 里有个黑岗店集，一天舜挑着一担柴去赶集，打算换点蔬菜吃。赶到集上已是中午，又渴又饿，正想放下担子找口水喝，只见一位慈祥的老妈妈向他走来，笑眯眯地问舜："小伙子，卖柴吗？"舜抹了一把汗说："老人家，你要柴的话，我就给你送去。"老妈妈说："我就住在村东奶奶庙里，麻烦你就送去吧！"舜担着柴跟老妈妈到了奶奶庙，把柴放下，老妈妈进屋去了，就没再出来。舜想，可能老妈妈岁数大了，把买柴的事忘了，舜就悄悄走了，饿着回到金宝山。一进窝棚让他吃了一惊，只见石板上放着干粮，地上放着几把蔬菜，舜怎么也想不出是谁送的。以后舜又接连去集上几次，都是这样遇见老妈妈，回来就有饭吃。过了一些天，舜又去赶集，却没见老妈妈，心想老妈妈是不是病了不能出来买柴，就担着柴送到庙里，放下柴，也不见老妈妈出来，便进到大殿里，看见殿中的塑像正是老妈妈，舜顿时明白了一切。

传说无疑反映了人们对舜敬老美德的赞颂。后来，人们为了纪念虞舜，在黑岗店也修建了舜王庙。如今黑岗店及附近十几个村的民众还集资重将舜王庙修整一新。

尧王考舜

尧在位 70 年，年老后，他认识到自己的儿子丹朱凶顽不可用，需要赶快挑选一个好的继任者。为找到合适的继任贤者，他到处寻访，并与四岳商议，请他们推荐优秀人才。四方官员和各地百姓，全都推荐负夏的虞舜。说这个人非常孝顺，父顽经常迫害他，母嚚时时虐待他，舜仍对父亲、继母孝顺没有二心，弟弟对他不恭，他仍然对弟弟友好，并且想方设法去感化他们，让他们改恶从善，把家庭关系处理得十分妥善，与邻里相处得也非常和睦。

这些，尧平时也有所耳闻，便打算先对舜全面考察一番，然后再行决定。于是尧王亲自到负夏、历山微服私访进行考察。

黑牛黄牛

传说有一天，舜在历山耕地，日已偏西，仍舍不得收工，但两头牛已经累出了汗，他便停下来少歇，在地头上薅些嫩草，送进牛嘴里，让它们慢慢嚼吃。就在这时，从山坡上走来一个老者，到了舜耕作的地头上，突然停了下来，仔细地看他耕过的地。看了一会儿，满面笑容地问舜："小伙子，这是你耕过的地吗？"舜点点头说："是。""这地耕得太好了，又细又匀！"舜说："老人家，这地里活马虎不得，特别耕种这关，一马虎就歉收。"老者又转过身看舜的犁子和牛，见驾犁的是一头黄牛和一头黑牛，奇怪的是在牛屁股后犁辕上绑着一个簸箕，尧王问："你绑这个是干什么呢？"舜说："牛不走时，我要打牛，打黄牛黄牛痛，打黑牛黑牛痛，绑上簸箕，打在簸箕上，黄牛黑牛都听见了，黄牛以为打黑牛，黑牛以为打黄牛，就都赶快拉，但谁也没受挨打的痛苦。"尧王听了，不胜感佩，心想这个人对牲畜尚能如此爱怜体恤，若让其承继帝位，定会爱民如子。随后尧王笑着又去打量他的牛，看了这头看那头，看完用手摸摸，很认真地问："小伙子，你这两头牛，黄的好还是黑的好呢？"舜回答道："老人家，我这牛，黑的力大，但走得慢，黄的力短，但走得快，各有所长，分不出孬好。"尧王想，这样的人连牛都能知其短长而用之，若让他摄政当能发挥各个官员的才华啦。

尧王便走上前去拉住舜的手，亲热地说："小伙子，你叫什么名字？"舜说："我叫舜。"尧王说："我是尧王，可找到你了。"两人就这样越聊越知心，像亲兄弟那样热乎，最后尧说："你别保守了，快跟我走吧，把你的这一套种田本领教给天下人，让他们都过上好日子吧！"

后来传说，两人走后，在舜犁过的地头上，每到春秋耕地的季节，晚上就会看到一面金光闪闪的犁子，贪心的人想得到它，但一走近却没有了。

尧嫁二女

经过初步考察，尧认为舜是个忠孝双全、德才兼备、堪当重任的人。为了进一步考察，尧于是决定先把自己的两个女儿娥皇、女英嫁给舜，让她们观察舜治家的本领。同时让九个儿子与舜相处，来考察舜的教化才能。因为修身、齐家、治国、平天下，能修身治家，方能治国平天下。婚后，二女都对舜十分敬顺，恪守妇道。尧经常通过两个女儿考察舜的行事品德，看他是否真能理好家政事务。

于是尧便派大臣到历山去提亲。舜说："我是个乡野之人，怎配做君王的女婿？"大臣说："尧王看中了你，你就不要再推辞了。"于是把带来的新衣交给舜就回去了。

婚事就这样定下了，舜真是喜出望外。邻居们听说也很高兴，自动帮舜盖了两间草房作新房，又帮助他准备了婚宴酒席。

骡子为何不能生驹

娶亲这天，娥皇、女英姊妹俩商定：先进舜家门者为正室，后进者为偏房。一大早迎亲的队伍就到了尧都平阳，娥皇骑上紫骡、女英骑上红马，并辔而行，迎送亲的队伍就浩浩荡荡出发了。

队伍快到历山时，忽然刮起一阵旋风拦住去路。吃这一惊，娥皇骑的紫骡忽然卧地挣扎，不一会，生下一个骡驹，地上流了一片血。娥皇心急如焚，骑上紫骡，猛抽一鞭，狠狠地说："今后不许骡子生驹！"娥皇金口玉言，骡子从此果然不会生驹了。那一片染血的茅草，由于血洇到地下染红了茅根，至今骡子生驹的那片地方的茅草根还都是红色的。

娥皇由于迟进家门只好做了偏房。但毕竟是姊妹俩，没因偏正失和，她们仍然和睦相处，协助舜处理好家务。舜也不以正偏相分，一视同仁，夫妻三人平等相处，恩爱有加。

在舜的调教之下，二女"甚有妇道"。娥皇、女英以帝女之尊，下嫁庶人，以千金之躯，侍奉匹夫族亲，克尽妇道，爱护弟妹，孝敬公婆，毫无怨言。

“媵”婚习俗

氏族社会有一种婚俗，就是娶妻的男人有一种选择权，在岳父母同意的情况下，可以决定是否要将妻子家中待嫁的姐妹也一起娶回去。这种制度，在周朝时还正式成为一种贵族特有的礼制，写入礼法中，被称为“媵(yìng)制”。《礼仪·婚礼》中明确记载：“嫁女必以侄娣从，谓之媵。”充当“媵”的女子，基本上都是男人正式妻子的亲姐妹或堂表姐妹们。“媵”的身份，比妾高，比正妻低，从属于正妻。据此推测，尧帝嫁女时，就使用了这种媵制。正式出嫁的应该是姐姐娥皇，妹妹女英则是姐姐的媵。娥皇无子，女英为帝舜生了一个儿子，取名为商均。

经过一段时间的观察，皇、英禀告帝尧，都说舜有智有勇，品德高尚，尊老友弟，治家有方。与舜相处的九子，也皆回禀说，舜诚实谦让，待人以礼，关爱百姓，深孚众望。

处险不惊

尧王还想测试一下舜的胆量和辨别方向的能力，看他身处险恶的境地能否过关。于是让舜进入一片茂密的原始森林，里面沟壑纵横，扑朔迷离，悬崖峭壁，山陡林密，豺狼虎豹毒蛇极多，就是好猎手也不敢一个人进入。

从小在历山长大的舜，遇到过各种艰险，善格猛兽，能攀陡岩。林区最多的是毒蛇，有的有碗口粗，张着血盆大口，令人毛骨悚然，小的只有七寸，穿草如飞，十分厉害。舜毫不惧怕，都一一制服了。

正走着，一只豹子从密林深处窜出拦住去路，舜捡起两块带刃的顽石，在距离两米处，使尽全力朝豹子头上猛砸过去，豹子见势不妙，扭头逃走了。

舜跋涉了一天，有点疲惫了，天色也暗了下来，到处一片漆黑，不断听到虎啸狼嚎，十分阴森可怕。须臾间，暴风雨骤起，雷电交加，大雨倾盆，霹雳裂空，树木狂舞，山洪怒吼，天地变成一个恐怖的世界。这时舜仍处在森林的腹地，虽然他并不害怕，但要走出去并不容易。舜根据经验，知道只有顺着野猪走过的小径才能摸索出去。于是他深一脚浅一脚，钻树洞，攀石崖，过激流，终于在黎明时分安全走出了密林。尧王见舜回来了十分满意。

参与政事

经过多次考察，帝尧觉得，舜智慧深邃，温和谦逊，忠厚贤良，德才兼备，堪继君位；然尚缺乏从政经验，还须从各方面加以历练。于是帝尧命30岁的舜来到平阳，让他参与政事，辅行政务。

尧派舜负责推行仁教德教，舜便提出以“五典”教导臣民，即让官民以父义、母慈、兄友、弟恭、子孝这五种美德指导自己的行为。结果臣民都乐意听从他的教诲，人们都能遵循这五种伦理道德规范行事。

尧又让舜总理部落联盟的一切政务，管理百官，处理日常事务，结果百官称职，无不服从舜的指挥，于是百事兴举，无一荒废，各种政务都处理得井井有条，毫不紊乱。

尧还让舜在明堂的四门，负责接待四方前来朝见的诸侯。舜不仅与诸侯们相处得很好，也使诸侯们都能和睦相处。远方来的诸侯宾客都非常满意，都对舜肃然起敬。

施行象刑

舜倡导薄刑，他反复告诫说：谨慎啊，谨慎啊，刑罚要慎重啊！

据说三苗对尧将帝位让与舜很不服气，禹请攻之，舜曰："以德可也。"于是舜修政偃兵，执干戚而舞之。行德三年，而三苗服。

传说，舜治国方略中有一项是象刑。《尚书·舜典》记载："象以典刑，流宥五刑，鞭作官刑，扑作教刑，金作赎刑。眚灾肆赦，怙终贼刑。"

意思是说：在器物上画出五种刑罚的形状，起警戒作用，用象征性的刑罚代替对实体的执法，办法是：受墨刑的，让犯人蒙着黑头巾；受劓(yì)刑的，让犯人穿着用草缨编的衣服；受刖刑的，让犯人穿上草鞋；受宫刑的，让犯人在膝盖上裹着艾草做的蔽膝；受大辟之刑的，让犯人穿上没领的粗布衣。即所谓"画衣冠，异章服以为僇(辱)"，就是用犯人与常人有不同的穿戴，使犯人受到人们的谴责和心灵的压力从而自省，收到施"刑"而民不服，用"僇"而民不犯的效果。

这种刑罚虽以不伤害犯人的肉体而达到惩罚犯罪者和警戒其他人的作用，似是一种相对温和的惩罚形式，但对人的精神和人格的摧残，并不见得比肉体刑罚的伤害轻松多少，因为"象刑"是持续一生的，实际上是一种隐形的"无期徒刑"。

舜用流放的办法宽恕犯五刑的罪人，用鞭打作为对官府犯罪人的刑罚，用木条打作为对管教化的犯罪者的刑罚，用铜作为赎罪的刑罚，因过失犯罪的可以赦免。但对有所依仗不知悔改的，就要施加严厉的惩罚。

严惩四凶

传说，昔少昊氏有不才子，毁信恶忠，崇饰恶言，庸俗谄媚，诬陷盛德，常行穷极，谄谀奇异，天下谓之穷奇。据说穷奇是共工死后的怨气所化。

昔帝鸿氏有不才子，掩义隐贼，为非作歹，顽嚣不友，好行凶慝，道德败坏，天下谓之混沌。据说混沌是驩兜死后的怨气所化。

昔缙云氏有不才子，贪于饮食，冒于货贿，侵欲崇侈，不可盈厌，聚敛积实，不知纪极，不分孤寡，不恤穷匮，天下之民谓之饕餮(tāo tiè)。据说饕餮是三苗族蚩尤死后的怨气所化。

昔颛顼有不才子，不可教训，不明是非，告之则顽，舍之则嚣，傲狠明德，以乱天常，天下之民谓之梼杌(táo wù)。据说梼杌是鲧死后的怨气所化。

这四个人，远古传说成了四个神魔凶兽，实际他们是四大部落酋长，他们都很有才干，部落人口多、领地大，经济比较富裕，实无什么"罪过"。尧在位的时候，还常听取这四人的意见，甚至还让共工和驩兜部落参加会议。而舜所信用的，除伯益外，其余大部分都是东夷氏族的部落首领。由于这四人不服从舜的领导，且有反叛不臣之心，舜遂加以"四凶"之名，将"四凶之族"流放到边远蛮荒之地，以保证政权巩固和天下太平。

舜把共工流放到幽州，把驩兜流放到崇山，把三苗驱逐到三危，把鲧流放到羽山，可能鲧最顽强不屈，随后又把他处死。

这实质上反映了东夷部落与炎黄部族争夺"最高领导权"的斗争，也是新的部落联盟开始融合成华夏族的前奏。

这四个人处罚了，再无部落敢反抗了，天下的人都心悦诚服。这些措施的落实，充分显示了舜的治国方略和政治才干。

象棋的起源

据传，我国的象棋是舜发明的。舜的弟弟象很坏，好几次想害死舜。在舜摄政后，象又仗势欺人，舜怕他惹是生非，后来就把象软禁起来，又怕他无所事事，寂寞难耐，就特制了象棋送给他，进行教育和娱乐。“象棋”的意思，就是弟“象”玩的棋。这一传说有其社会历史根源，不会是空穴来风。但有人不相信，认为“象”并不指舜的弟弟，而是指我国以南产象地区曾与舜结成兄弟同盟的民族，或认为象棋很可能是从印度经过泰、缅等地而传入中国的。这后一说法更不可信，远古尧舜时代，中原的舜不可能跟遥远的缅甸领袖结盟，即便结盟，也当是中原某个以大象为图腾的部落，远古中原是有大象的，舜就曾驯象助耕。

“象棋”一词出现在战国，屈原的《招魂》里就讲到过“象棋”，指当时盛行的一种棋戏，即每方六枚棋子的“六簙”象棋。唐代的象棋只有“将、马、车、卒”四个兵种。宋代，中国象棋基本定型，因火药的发明又增加了炮，另外还增加了士、象。宋代《士林广记》就记载着中国目前所能看到的最早的象棋谱，它比西方15世纪出现的最早的国际象棋谱早200多年。这些记载足可以推翻国外长期以来流行的中国象棋起源于印度的说法。

楚河汉界

中国象棋与秦末的“楚汉相争”又有关联。传说当年赤帝子刘邦斩白蛇，故象棋的帅方为红色，代表刘邦的军队；项羽骑乌骓(zhuī)马穿黑盔甲，故将方为黑色，代表项羽的军队。据《史记·项羽本纪》记载：“项王乃与汉约，中分天下，割鸿沟以西者为汉，鸿沟而东者为楚。”即指楚汉相争两军对峙，项羽与刘邦曾约以鸿沟为临时分界线，鸿沟以西为汉，鸿沟而东为楚。鸿沟指从荥阳下引黄河，东南走向与济汝淮泗相通的古运河，这就是象棋上“楚河汉界”的来历。

丹朱治范水

尧娶散宜氏之女，生丹朱，因出生时全身红彤彤，故取名“朱”，是尧王之嫡长子。又因丹朱受封于丹水，(上古菏泽“四泽六水”之一，或说指今河南淅川，恐非)，故称之为丹朱。丹朱自幼聪明，智慧极高，是世界围棋界的始祖，并传为史上围棋第一高手，从小极受尧王宠爱。但其个性刚烈，做事坚决有主见，但欠和顺和政治智慧，被尧视为“不肖乃翁”。尧王年老禅让帝位时，因丹朱性情刚烈，脾气暴躁，尧王未能把帝位传给儿子丹朱，而传给了舜。

舜在范水一带另封赐给丹朱一块疆土，让其去治理。丹朱带领范水一带部落的人们，耕耘播种，兴修水利，发展农业，烧陶制器，建偃朱城池，使这一带的政治、经济、文化得到了发展。通过治理使这里的人们，人无袖手，田无荒亩，路人互让，长幼有序，与舜的治国本领不分上下，很受百姓的爱戴。丹朱的故事传说在当地广为流传。

丹朱死后，部落的人们对他皆抱怀念之情，遂在濮城东8里聚土为巨冢葬之，其墓望之如山，名曰丹朱墓，亦即偃朱故城。传说自濮城遥望东8里外的丹朱墓，能看得清清楚楚。

《括地志·濮州》则云：“偃朱故城，在县(今鄄城旧城镇)西北十五里。”这是从另一角度定丹朱墓的地望。

而《濮州志·考古录》则记载：“州(濮城)东南三十里，武集里有陶丘堌堆，相传尧妃中山夫人葬于此。”《姓氏词典》则云：“帝尧子(丹朱)居陶丘。”陶丘堌堆在今旧城镇西南二十多里。

禹践天子位。仍封尧子丹朱于陶丘，以奉尧祀。陶丘尧妃中山夫人墓址今尚存。其南为穀林尧陵，其北有丹朱墓，皆在鄄城。今丹朱墓已划归河南范县管辖，地处县西南25公里辛庄乡北丹朱村(今名丹徐庄)，离鄄城更近了。

舜伐丹朱之战

尧为何未把天下授予丹朱，而授予舜呢？

有一说认为，当尧之时，尧的部落联盟首领的统治地位并不完全巩固，一些部落首领都想争夺尧的统治地位。属东夷族的舜和益为争部落联盟首领的地位，便在尧帝面前进谗言，诽谤尧子丹朱，挑拨其父子关系，其目的就是想动摇尧将帝位传于丹朱的打算。于是舜设法说动帝尧，把丹朱改派到离尧很远的南方丹渊（今河南淅川县的丹水，应是人走名随，带过去的）去做诸侯。实际上等于把丹朱流放到那里。

后来，尧老了，让舜代理执政。丹朱知道了，非常气恼，就趁三苗之君亦不满尧以天下让舜之机，便率“三苗”之兵伐舜。双方在丹浦遭遇，展开了一场决战。据传丹水里有一种丹鱼，每临夏至便从水底游到岸边，鳞片闪动，红光如焰，此时把它捕来，剖开取血，涂抹在脚上，便可在水面行走如飞。因此初战，丹朱率领有此本领的水军，让舜军连吃败仗，伤亡很大。于是舜便将丹军骗到陆地厮杀。由于丹朱的得力大将巨人部落的首领夸父因“逐日”误入大泽而死，丹朱便失去了重要帮手；而帝舜有以射箭闻名的后羿部落的助阵，丹朱遂在与舜争夺帝位的战争中失败。丹朱战败后，其后裔分散到河南、湖南、河北、山东等地。据说有一部逃到南海，建立了一个讙头国，与三苗后裔建立的三苗国相近。

丹朱虽然失败了，但他作战神勇，凶猛无比，给后人留下了很好的口碑。所以，在一些部落中都把丹朱形容成“凶神”或主管灾祸的“邪神”，甚至有一支后代被称为“狸姓”，遇到灾荒之年朝廷还要请狸姓人出来代为祈祷消灾。故狸姓，为丹朱之后。

这样看来，尧不传子而让位于舜，必非尧子一定不肖，而是当尧之时，是家天下还是公天下，仍处于激烈斗争当中，而舜的地位已不可动摇，尧便顺遂人情传位与舜。后世“尧舜禅让”之说，应是后代人们向往上古盛世，因而将尧舜时代美化为自己心目中的理想社会形象，遂作为太平盛世的榜样传了下来，同时也寄托着人们希望“公天下”的心愿。

夸父追日

传说远古时候，北方荒野中，有座高山曰成都载天，山林深处，生活着一个巨人部落，首领叫夸父，耳挂两黄蛇，手把两黄蛇。或说是出生于鄄城的炎帝神农氏的后裔。族人个个身强力壮，高大魁梧，意志力坚强，而又心地善良，勤劳勇敢，这正是山东大汉的特性。其后代曾参与丹朱与舜帝的抗争。

那时候大地荒凉，毒蛇猛兽横行。夸父为让本部落的人们能够活下去，每天都率领众人跟猛兽搏斗。夸父常将捉到的黄蛇，挂在两只耳朵上作为装饰，或抓在手上挥舞，引以为荣。

夸父觉着太阳只在白天出来一段时间，晚上一片漆黑，很不方便。他就告诉族人，“要捉住太阳让它听人的指挥，为大家服务”。族人劝他说：“太阳那么热，你会被烤死的。”

夸父心意已决，说：“为了大家的幸福生活，我一定要去！”他从东海边上太阳升起的地方，迈开大步追去。

太阳在空中飞快地移动，夸父在地上疾风似的飞奔，追呀追。他跨过一座座大山，蹚过一条条河流。夸父追着太阳跑啊跑，又渴又累，离太阳越来越近了，他也渴得越来越厉害。

经过九天九夜，在太阳要落山的地方，夸父终于追上了它。太阳像个红彤彤、热辣辣的火球，悬在他头上。夸父无比兴奋地张开双臂，想把太阳抱住。可万分炽热的太阳，使夸父感到焦渴难耐，他就跑到黄河边上，一口气把黄河之水喝干了，又把渭河的水也喝光了，仍不解渴。夸父就向北跑去，想去那里纵横千里的大泽贝加尔湖，喝足够的水解渴。

但是，夸父还没有跑到大泽，就在半路上渴死了。夸父临死的时候，心里充满遗憾，他牵挂着自己的族人，于是将自己手中的木杖扔出去。木杖落地的地方，顿时生出大片郁郁葱葱的桃林。据说其地约当今河南灵宝市以西、陕西潼关县以东的桃林塞地区，是巨人族的原居地。

传说，巨人族以猴为图腾，其后裔分布到了世界许多地方。在我国台湾、内蒙古地区和美洲各地大量的猴崇拜遗物就是夸父族的遗存。秘鲁查文文化时代的“大人国”其人像都是猴头。

后来，这片桃林终年茂盛，为往来的过客遮阴，结出的鲜桃，为勤劳的人们解渴，让人们能够消除疲劳，精力充沛地踏上旅程。

夸父逐日的故事是个含义深刻的寓言。和太阳竞走，就是与时间赛跑，跑得越快越觉得饥渴，越须要补充知识，才能跑得更快，不致落后。夸父要捉住太阳照亮黑夜，无疑也是“盗火英雄”，是中国的普罗米修斯。夸父认定目标就去毕生追求的精神，对为实现自己美好的梦想而奋斗的我们，也是个深刻的启迪。

夸父部族应当已进入农牧业生产的阶段，他们已经认识到，阳光对农业及其他的生产活动的重要性，所以才想要把太阳捉住，让它更好地为人们服务。

夸父追日很可能是中华民族历史上的一次寻求更好生存条件的部族迁徙行动的反映。

尧墓八百

据说，尧晚年到雷泽西北的小成阳拜谒其母庆都墓灵台时，回来就病倒了，此时是舜摄政的第 28 年。尧王之病日渐沉重，一天尧王在交代了让舜继位和如何办理丧事后，便闭目而逝。尧王一生崇尚节俭，舜也就把尧王的葬礼举办得十分俭朴。只不过是“衣衾三领，榖木之棺，葛以缄之”而已。所以尧王坟上只生长榖树。

尧王去世时，怕丹朱因没能继承王位而生恨扒坟，叮咛舜不要让丹朱知道自己所葬之处。于是舜与四岳商议，让人做了八百口棺材，并告诉丹朱说，这是为了让天下的人都能随时悼念尧王。

在出殡时，舜让自己最忠实可靠的心腹，把尧王的遗体放进倒数第二口棺材里。舜又叫丹朱用麻布蒙住自己的眼睛，用丝绒塞住自己的耳朵。丹朱不耐烦地说：“这是干什么？”

舜解释说：“你是孝子，送先人灵柩入墓，理应目不斜视，耳不旁听，才能真诚哀悼。你要为天下人做个榜样啊！”丹朱无话可说，只得听从舜的摆布。据说孝子披麻戴孝，就是从丹朱开始的。

丹朱接连送出了两口棺材，就不干了，说：“这样做我受不了，你安排让人把余下的棺材埋掉算了。”说完就离开了，只等办完丧事继位做部落联盟的首领。舜对四岳说：“我带人把尧王的遗体安葬后就回历山。你们把其余的空棺找人适当埋葬了吧。”

舜让人抬着装殓有尧王遗体的棺材向西北走了很远，就让抬的人回去了，而又另找了几个人抬着，继续走到榖林，便又打发抬的人走了。又另找了几个生人说：“有个老人去世了，运棺材很费事，请帮忙把棺材埋了吧。”埋葬尧后，舜向众人道了谢，让他们走了，便在埋葬处做了记号，回历山去了。这就是《吕氏春秋》说的“尧王虚葬八百墓，唯有真身在穀林”。

说实际的，全国有那么多尧王墓，应是因崇敬尧王而争建遗迹形成的。

尧过世后，舜没有正式即位，他须为尧守孝三年，三年之内全国不举乐，表示对尧的崇敬。

谦让丹朱

帝尧的丧礼结束后，舜接见了丹朱，并表示谦让，愿意将自己摄政的地位让给丹朱，让丹朱当部落联盟首领。实际上这不是舜的谦让，而是三年居丧期间，舜不能正式继位，再说舜也不怕丹朱暂时摄政，因为舜有 28 年的摄政基础，已掌握了实际大权，他知道没有执政基础和经验的丹朱是斗不过他的。

果然，丹朱称帝三年期间，据说“有失于德”，诸侯朝觐时，都不去丹朱那里，而是跑去朝见舜。舜认为这是“天意”，于是遂顺应天意和大臣们的呼声，赶走了丹朱，正式践行天子之位，成为天下的共主。

丹朱改封于房邑

由于丹朱为三苗首领并曾称帝三年，故在南方的少数民族聚居地区的地位非常崇高，湖南、广东等地的民众奉其为衡山皇或丹朱皇。

舜继位后，据说又改封丹朱于房邑（今河南遂平附近），以奉尧王之祀。因为封地上有一座上古女娲的神庙称“房”，故而得名房邑。据说古代祭祀男性先人的建筑物，谓之“宗”或“宗庙”；祭祀女性先人的建筑物，谓之“房”或女神庙。丹朱本来就是诸侯，故称丹朱为房邑侯。为了表示对尧王的尊重，舜不敢以臣下视之，待丹朱为上宾，谓之虞宾，待房人也“优礼有加”。

后来，丹朱的儿子陵，以其父封之地为姓，称“房陵”。所以丹朱是房姓的始祖，遂平是房姓的宗祖地。

舜受禅继位

舜 20 岁有孝名，30 岁被征用，佐尧王施政 20 年，50 岁代行天子事，尧王最终完成了对舜的考验。舜通过尧王的言传身教，在各方面都表现出了卓越的才干和高尚的人格，真正具备了一个做帝王的才干，终于得到尧的认可。尧王于是选择吉日，举行大典，禅位于舜。舜 61 岁登帝位，国号为有虞，称有虞氏帝舜，简称虞舜。

《书·舜典》记载：正月的一个吉日，舜在尧的太庙接受了禅让的册命。他用璇玑玉衡观察了北斗及日月五星的运行，向天帝报告了继承帝位的事，说明自己承天理民，以顺天命。然后祭祀了天地四时，山川群神。

大典后，舜选择吉月吉日，接受四方诸侯君长的朝见，把圭玉颁发给各位君长。遂与四方诸侯君长谋划政事，打开明堂四门，广开言论，明四目，达四聪，宣布政教，使四方见得透彻，听得明白。

舜又制定了公、侯、伯、子、男五等诸侯爵位，以及所执五瑞。规定朝觐必执瑞玉圭璧，又规定了朝觐时，诸侯、卿，大夫、士所呈送的贡品，分别为美玉、羔羊、大雁及野雉。

接着舜决定巡守四岳。二月舜先巡视东方，到达泰山，举行了柴祭（烧柴祭天）。对于其他山川，都按地位尊卑也依次举行了祭祀。然后，接受了东方诸侯君长的朝见，并宣布几项新政：校正春夏秋冬四时的月份，确定天数；统一音律、度量衡；制定了公、侯、伯、子、男朝聘的礼仪；修正了吉、凶、宾、军、嘉等五种典礼礼节。五月，舜到南方巡视，到达南岳。八月，舜到西方巡视，到达西岳。十一月，舜到北方巡视，所行的礼节同前边一样。回来后，到尧的太庙祭祀回报。

舜还规定以后每五年巡视一次，诸侯在四岳朝见，向帝舜报告政务，然后考察他们的政绩，明定赏罚，决定升降，赏赐车马衣物作为酬劳。

舜全面施政

虞舜为人处世、治国理政，皆以德为先导，以和谐为依归，一生追求和合、和平、和谐。尧帝去世之后，舜帝办事更加谨慎，他征聘贤人辅政，立诽谤之木，设进谏之鼓，让人民提意见，以改正自己的过失。在位期间，他举贤任能，整顿礼制，以父义、母慈、兄友、弟恭、子孝五典治天下，要求人民体行厚德，孝敬父母，和睦邻里，亲近贤良之人，疏远邪恶之徒。他制定法律，减轻刑罚，驱逐四凶等等，采取了一系列的重大政治行动，进行了一番兴革，展现出一派励精图治的气象。

舜申命了九官十二牧

尧时已举用的大禹、契、弃、皋陶、伯夷、夔、龙、垂、益等人，职责原都不太明确，舜在了解了各人的长处后，将其官责予以明确规定，谓之“九官”。

舜命禹担任司空，总理百官，治理水土，界定九州，并叮嘱：“你要努力做好‘百揆’这件事啊！”

命弃担任后稷，掌管农业，并教导说：“人们忍饥挨饿，你要好好教人们种植各种谷物啊！”

命契担任司徒，推行教化，并提醒说：“现在百姓不亲，父母兄弟子女都不和顺，你要谨慎地施行五常教育，注意仁爱宽厚，使百姓亲睦。”

命皋陶担任“士”，即狱官，执掌刑罚，并提醒说：“五刑各有使用的方法，要明察案情，主持公平，处理公允！”

命伯夷担任秩宗，掌管礼仪，主持祭奠，接待宾客，并指出：“你要早晚恭敬行事，做到正直清明。”

命夔为乐官，掌管音乐教育，并吩咐说：“你要教导好年轻人，使调和五声，做到人神和谐。”

命龙担任纳言，负责发布政令，传达下情，并提醒说：“谗毁的言论和贪残的行为，会使民众震惊，转告下面的意见，要真实。”

命垂担任大匠卿，掌管百工，并嘱咐：“你要让他们尽责致力作出成绩。”

命益担任虞官，掌管山林湖泽，繁殖鸟兽。

还规定三年考察一次政绩，由三次考察的结果，决定升黜赏罚。帝舜又命划定十二牧的疆界，任命了十二牧的君长，并告诫他们说：“生产民食，必须依时！要安抚远方的臣民，爱护近处的臣民，亲厚有德的人，信任善良的人，拒绝邪佞(nìng)的人，这样，边远的外族都会服从。”舜非常注意与地方的联系，加强对地方的统治。

起用“八元”“八恺”

舜还举用了尧未能起用的“八元”“八恺”这些优秀人才。他们都保持着先人的美德，没有败坏先人的名声！

“八恺”指苍舒、隤敳(tuí ái)、梼戭(chóu yǎn)、大临、龙降、庭坚、仲容、叔达八人，是昔时高阳氏颛顼的八个德高才全的子孙，皆温文谦让，敦厚和睦，世人称赞他们为“八个和顺的人”。舜举用八恺的后代，让他们做掌管土地的官职，颁行历法，以处理各种事务。

他们都办得合情合理，井然有序！

“八元”指伯奋、仲堪、叔献、季仲、伯虎、仲熊、叔豹、季狸八人，是昔时高辛氏帝喾的八个德艺双馨的子孙，皆能恤贫扶弱，与人为善，世人称赞他们为“八个善良的人”。舜举用八元的后代，让他们向四方传布五教，使得做父亲的有道义，做母亲的讲慈爱，做兄长的能友善，做弟弟的懂恭谨，做儿子的尽孝道。于是使家庭和睦，邻里真诚，天下太平！

大舜盛世

上述这些人“咸成厥功”，都作出了辉煌的业绩：皋陶为大理，刑罚公正；伯夷主礼，上下咸让；垂主工师，百工致功；益主虞，山泽开辟；弃主稷，五谷丰茂；契主司徒，百姓亲和；龙主纳言，群情上达；夔典乐，神人以和；十二牧行而九州莫敢辟违（行邪僻背理之事）；唯禹之功为大，披（劈）九山，通九泽，决九河，定九州，各以其职来贡，不失厥宜。结果是“庶绩咸熙”，各项工作都振兴了起来，出现了崭新的面貌，完成了尧未完成的盛业。

在舜的治理下，政教大行，百姓安居乐业，百业兴旺发达，天下升平和谐，整个社会一派祥和景象，远方臣民戴德宾服，四海咸颂舜功，呈现出前所未有的清平局面。于是帝舜作诗曰：

普天之下，莫非王土；

率土之滨，莫非王臣。

《史记·五帝本纪》赞舜说：“天下明德皆自虞帝始。”太史公用一个“德”字，概括了帝舜一生的功绩；用一个“皆”字，赞扬了帝舜对黄帝以来的事业的全面完成；用一个“始”字，指出了舜帝开创性的贡献及其对后世的深远影响。

中华五千年文明史由黄帝肇始奠基，经过颛顼、帝喾添砖加瓦，通过帝尧的竭力推进，至帝舜最终全面完成。所以，舜被后代推崇为道德最完美的贤明圣王，成为五帝的最后一位压轴者，受到百姓的敬仰、儒墨的颂扬。

据《中庸》记载，孔子称赞帝舜说：“舜其大知也与！舜好问而好察迩言，隐恶而扬善，执其两端，用其中于民。其斯以为舜乎！”

意思是说：舜可真是具有大智慧的人啊！他喜欢向人问问题，又善于分析别人浅近话语里的含义。隐藏人家的坏处，宣扬人家的好处。对过与不及两端的意见他都听取，采纳适中的用于老百姓。这就是舜之所以为舜的地方吧！

帝舜的盛德与贡献

帝舜的盛德，综上所述可概括为：孝感天地、厚德载物、举贤任能、从谏纳言、定制考官、重教省刑、惩治奸佞、敬敷五常、礼乐施教、开辟疆土、继续禅让等多项内容。

帝舜的贡献，可分为：实现了中华民族的初步融合和团结，建立了早期的国家体制，奠定了传统的伦理观念和制度，铸造了艰苦奋斗、自强不息的民族精神等四大方面。

总之，舜为缔造中华文明的伟大工程，做出了一系列开创性贡献。

狱神皋陶

颛顼后裔的女修嫁给东夷少昊嬴姓为妻，生下大业，即皋陶。皋陶在帝尧时被派去做东夷族的首领，舜时被任命为理官，即士师，相当于国家司法长官。

皋陶主张刑教兼施。他制作“五刑”：甲兵、斧钺、刀锯、钻笮（zuó）、鞭扑，用以正民；提倡“五教”：父义、母慈、兄友、弟恭、子孝，用以养德；制定“五礼”：吉、凶、宾、军、嘉，用以成敬；树立“九德”：宽而栗（行事谨慎如履薄冰）、柔而立（办事柔和立场坚定）、愿而恭（与人为善严肃负责）、乱而敬（治事公平而持重）、扰而毅（耐心随顺极其果敢）、直而温（严以律己宽以待人）、简而廉（平易近人坚持原则）、刚而塞（做事果敢而实在）、强而义（能力强善于协调好关系），用以树人，遂使社会和谐，天下大治。

皋陶的“法治”“德治”思想，实为儒家的源头，又与今天的“依法治国”和“以德治国”有着历史渊源。

皋陶以正直闻名天下。是史学界和司法界公认的司法鼻祖，又因其决狱公正，被奉为狱神。

獬豸决狱

传说皋陶用一种叫獬豸（xiè zhì）的独角兽来决狱。獬豸类似羊，只有一只角，十分有灵性，具有分辨曲直、确认罪犯的本领。皋陶判官司决狱有疑难时，如双方是非曲直难以确定，便放出獬豸，獬豸就会顶触理亏的一方；如果疑犯有罪，獬豸也会顶触他。所以史载“皋陶为大理，天下无虐刑、无冤狱”。

这当然只是神话传说而已，既是种击溃罪犯心理防线的办法，也强调了皋陶判官司非常公正。獬豸作为正义的象征，一直受到后代推崇。春秋战国时期，獬豸冠在楚国就已成为时尚，秦代执法御史也戴这种帽子。东汉皋陶像与獬豸图是衙门中不可或缺的饰品，而獬豸冠也成了法冠之名，于是执法官遂被称为獬豸。清朝时，监察御史和按察使等监察司法官员都一律戴獬豸冠，穿绣有獬豸图样的补服，獬豸成了历代王朝刑法和监察机构的标识。

舜帝非常赞赏皋陶的成绩，封他的后代于六。鉴于皋陶做出的巨大贡献，孔子称皋陶是与尧、舜、禹齐名的“上古四圣”之一。

皋陶因做理官，其后世子孙有以官为氏者，称理氏，后逐渐演变成李氏。道家学说的创始人老子就自称姓李，唐玄宗以李氏始祖皋陶为荣，于天宝二年追封皋陶为德明皇帝。

乐教治国

子曰：“教民亲爱，莫善于孝；教民礼顺，莫善于悌；移风易俗，莫善于乐；安上治民，莫善于礼。”

上古先王十分重视“乐”的社会教化作用。把孝悌礼乐放在一起，作为修身、齐家、治国、平天下的重要手段。一再强调统治者要利用音乐来教化人民，提倡弘扬乐教，以乐治国，认为音乐有助于道德教育。

《乐记》云：“昔者，舜作五弦之琴以歌南风，夔始制乐以赏诸侯。”帝舜非常重视乐教，自己也很精通音乐。据传，舜的父亲瞽叟是一个盲人音乐家，曾经发明了琴和十五弦之瑟；而舜受环境熏染，音乐的造诣也相当深，不但把父亲的瑟改为二十三弦，还发明了管箫，创作了著名的琴曲《思亲操》和《南风歌》。

大舜盛世，景星耀空，群瑞毕臻，德被天下。舜让乐师夔修制了“九韶”等古乐，以明帝德。因是用箫来演奏的，故又称“箫韶”。这种古乐，雍容典雅，清扬婉转，演奏起来，据说凤凰也会飞来起舞。舜帝本人很爱音乐，古琴也弹得极好。有一次，他登上熏风楼，面对浩渺的雷夏泽，弹唱着自己谱写的《南风歌》：

南风之薰兮（南风温和阵阵吹啊），

可以解吾民之愠兮（可以解除万民的愁苦啊）。

南风之时兮（南风适时吹起来啊），

可以阜吾民之财兮（可以增加万民的财富啊）。

《史记·乐书》曰：“舜歌《南风》而天下

治。"《南风》借舜帝的口吻抒发了对"南风"的赞美与祈盼之情，表达了为民着想、以民之忧为己之忧的思想，实际是颂扬帝王煦育万物、播福万民之恩泽的赞歌，含有帝王体恤百姓的比兴之意。艺术形式上，诗句错落，诗节对称；押韵讲究，重章复唱；辞达而意显，声曼而情婉；有似楚辞的格调，具有浓浓的美颂色彩。

音乐家夔

舜不但亲自制作乐器配诗歌唱，还设置了音乐部长，让夔做乐师，即主管乐舞之事的乐官。

夔是中国最早见于记载的一位音乐家，出生在荒僻民间，具有非凡的音乐才能，当时即以精通音乐著称。后受到舜的赏识，遂提拔为乐官。夔在东夷俗乐的基础上，创作了著名的舜乐《韶》，即《韶乐》，又名"箫韶""韶箫""韶箾"，因《韶乐》有九章，故又名"九韶""九歌"，是一种集诗、乐、舞为一体的非常高雅的综合古典乐舞，主要是用以歌颂宣示帝王的德行的。

夔不但是民族乐舞的创作者，而且具有高超的音乐演奏技能和出色的组织、指挥大型乐舞的能力。夔在远古音乐创立中做出了历史性贡献，对后世产生了深远的影响。

《尚书·舜典》记载了帝舜对夔的教言："夔！任命你主持乐官，教导年轻人，使他们正直而温和，宽大而肃敬，刚毅而不粗暴，简约而不傲慢。诗是表达思想感情的，歌是唱出来的语言，五声是根据所唱内容而制定的，六律是和谐五声的。八类乐器的声音要能谐调和奏，不能乱了次序，那么神和人就都会因此而和谐了。"

指挥箫韶乐舞演出

帝舜做了天子后，大胆起用禹，让他主持治水。取得了空前成功。帝舜又起用皋陶做大法官，皋陶秉公执法，惩恶扬善，由此迎来了一个辉煌的时代。

帝舜让乐官夔制作了《韶》乐，欢庆天下太平。夔于是组织了一场大型乐舞"箫韶"的演出进行庆祝。

大型乐舞演出开始，夔做指挥，宣布："敲起玉磬，打起搏拊，弹起琴瑟，演唱起来吧。"这时祖考的灵魂降临了，前代帝王的后裔、舜帝的宾客也都就位了，各方国的诸侯、首领们揖让着也到齐了。于是庙堂下吹起管乐，钟瑟齐奏，笙歌悠扬。乐队用箫管将《韶》乐演奏了九次，每一次都有着美妙的变化，扮演鸟兽的舞队踏着节奏，翩翩而舞，扮演凤凰的舞队也出来表演了。夔说："来！我敲着石磬，各位官长也和着乐曲一同跳起来吧！"这时，从远方飞来一只凤凰，落在朝廷庭院，聆听着这美丽的乐曲，也优美地跟着翩跹起舞起来。

舜帝高兴地说："我谨奉上天的旨意治理人民，惟(唯)在顺时，惟(唯)在慎微。"于是当场作歌，兴奋地唱道：

股肱喜哉(大臣们乐意建立功业啊)！

元首起哉(君王的事业就会振兴啊)！

百工熙哉(众事也就都蒸蒸日上啦)！

陪着的皋陶于是起拜相和，接着唱道：

元首明哉(天子圣明啊)！

股肱良哉(大臣贤良啊)！

庶事康哉(众事也就顺遂、国泰民安啦)！

又接着唱道：

元首丛脞哉(天子委琐无大志啊)，

股肱惰哉(大臣们就会懈怠啊)，

万事堕哉(什么事都要荒废啦)！

舜帝拜谢说："你说的对呀！往后，大家都要努力干啊！"可以说这是历史上第一场真正辉煌的大型乐舞演出！

音乐的教化功能与“韶山”的来历

我们的祖先，从伏羲起，几千年来历代都很重视音乐强大的社会教育功能。这种功能的强大影响力，下边的故事可以给我们以充分的显示。

相传，舜南巡时，到达位于汉、苗交界之地的一座山上。舜帝率众登至一个最高峰，忽听鼓角齐鸣，手执弓矛的苗民土著将其团团围困了三天三夜，形势非常危急。舜帝于是命人迅速演奏起美轮美奂的乐舞，一时间凤凰降临，随乐起舞，舞姿非凡，百鸟和鸣。这时虎视眈眈的苗民在妙不可言的乐声中，都情不自禁地慢慢放下了武器并伴着乐舞的节奏跳起舞来，霎时一场干戈化为玉帛。舜帝演奏的乐曲就是“箫韶”，奏乐的山峰由此得名为“韶山”。就这样，帝舜将中原文化传入到了苗地。

夔创作的《韶乐》，如此奇妙感人，以至在数千年后的春秋时代仍魅力不减，并用作祭祀天地神祖的国家大典之乐。

夔一而足

史载鲁哀公有一天问孔子：“听说尧舜时代有一个国家乐师叫作夔，他只有一条腿，是真的吗？”孔子解释道：“那时舜要将音乐教育普及天下，于是命令重黎推举了一个名叫夔的平民来制定基本音调。重黎后来又想举荐其他的人，舜说不必了，‘夔一，足也’而非‘夔，一足也’。”意思是：“只要像夔这样的一个能人便足够了，不是夔只有一条腿。”这是因为断句有误，遂使得哀公误以为夔只有一条腿。

注意：远古还有一种动物夔牛，与音乐家夔毫无关系。《山海经·大荒经》记载：“东海中有流波山，入海七千里。其上有兽，状如牛，苍身而无角，一足，出入水则必风雨，其光如日月，其声如雷，其名曰夔。黄帝得之，以其皮为鼓，橛(jué)以雷兽之骨，声闻五百里，以威天下。”或说“夔，神魅也，如龙一足”。

夔龙纹

在商朝晚期和西周时期青铜器的装饰上，多以夔龙纹作纹饰，形象多为张口、卷尾的长条形，外形与青铜器饰面的结构线相适合，以直线为主，弧线为辅，具有古拙的美感。

虞舜让贤

帝舜晚年，接班人问题提到了日程上。舜有二妃，娥皇无子，女英为帝舜生了一个儿子，取名为商均。商均无才，舜决定让位于贤人。

舜先去拜访子州支伯，说要把天下让给他。子州支伯说：“我正有隐忧之患，刚要治疗它，没有闲暇时间去治理天下。”便拒绝了。

舜又要把天下让给善卷，善卷说：“我生活在宇宙之中，冬天穿皮毛，夏天穿细布；春天耕田种地，身体足可以负担这种劳动；秋天收获足可以用来休养安食；太阳出来去劳动，太阳落了就休息，逍遥自在于天地之间而心情悠然自得。我何必去治理天下呢！可悲啊，你是不了解我的！”也没有接受。于是离开舜而进入深山，没有人知道他的去处。

舜又要把天下让给他的朋友石户地方的一位农夫，这位石户的农夫说：“实在是尽心尽力啊，君后的为人，真是个勤苦劳累的人！”认为舜的德还没达到最高的境界，于是丈夫背着东西，妻子顶着物品，携带子女隐居大海之中，终身没有返回。

舜又要把天下让给他的朋友北人无择，北人无择说：“真奇怪啊舜的为人，本来在历山之麓从事农耕，却要结识唐尧并且接受禅让！不仅接受了禅让，又想要用那样的丑行来玷污我。我见到他真是感到羞辱。”于是跳进一个叫清泠的深渊而死去。

舜觉得这几个人虽然有才华，但只图个人安逸，不顾天下百姓，这让他很伤心。于是他也仿照尧的样子召开继位人选会议，民主讨论继位人选问题。大家都说禹功劳最大，一致推举禹来做继承人。

大舜禅禹

据《尚书大传》记载：舜在位的第十四年，一日正在举行祭礼，忽然钟磬管龠变声，狂风大作，雷雨疾至。舜帝点头而笑曰：“明白了，天下非一人之天下啊，天意乃展现于钟石！”

于是舜将禹推荐给上天，让他代行天子之事。立时和气普应，天现卿云（即庆云，祥瑞喜庆之云），若烟非烟，若云非云，郁郁纷纷，萧索轮囷（稀疏屈曲）。百官相和而歌《卿云》。

舜帝乃首唱道：

卿云烂兮（卿云灿烂如彩霞啊），
糺缦缦兮（瑞气缭绕呈吉祥啊）。
日月光华（日月光华相照耀），
旦复旦兮（明亮而又明亮啊）。

八伯稽首相和道：

明明上天（至明至尊的上天），
烂然星陈（灿烂遍布着星辰）。
日月光华（日月光华相照耀），
弘于一人（嘉祥大降于圣人）。

舜帝接着再唱道：

日月有常（日月依序交替），
星辰有行（星辰循轨运行）。
四时从经（四季变化有常），
万姓允诚（万民恭敬信诚）。
于予论乐（鼓乐铿锵和谐），
配天之灵（配祷上苍神灵）。
迁于圣贤（帝位禅于贤圣），
莫不咸听（普天莫不欢腾）。
鼚（chāng）乎鼓之（鼚鼚鼓声动听），
轩乎舞之（翩翩舞姿轻盈）。
菁华已竭（精力才华已竭），
褰裳去之（便当撩衣退耕）。

《卿云歌》相传是功成身退的舜帝禅位给治水有功的大禹时，同群臣互贺的唱和之作。

首章是舜帝对“卿云”这一祥瑞之兆的赞美，昭示着又一位圣贤将顺天承运受禅即位，这是舜帝的歌唱，也是万民的心声和愿望。

次章是舜帝的群臣百官和畿外八州首领的和歌。八伯进而赞美了上天的英明洞察，把执掌万民的大任，再次赋予一位至圣贤人。这是对“明明上天”的赞美，更是对舜禅让美德的歌颂。没有舜帝效法先圣，荐禹于天以为后嗣，便没有禅让的美谈。尧舜之举比上天更值得称颂。

三章是舜帝的接续之歌，帝舜以日月的交替、星辰的运行作比，说明人间的让贤同宇宙的运行一样，是一种必然的规律。只有遵循这种规律，才能使国家昌盛，万民幸福。表达了一代圣君贤王的崇高境界和伟大胸怀。

君臣这一互唱，可谓激情澎湃，气韵高亢，文采风流，千古传扬。

《卿云歌》描绘了一幅政通人和的清明图景，表达了上古先民对美德的崇尚和对上古盛世的梦想，体现了人们向往礼让治国的愿望。此诗在民国初年与北洋军阀时期曾一时被徐世昌内定为“中华民国国歌”。

尧舜“禅让”的传说，反映了原始公社的

民主制度，体现了“以人为本，任人唯贤”的思想。自战国、秦汉以来，禅让传说和《卿云》之歌，代代相传，深入人心，对形成以礼让为美德的民族精神和创造团结、和谐社会，具有积极而深远的影响。

中国古代这种礼让的美德，以民意为准，方伯协商推举领导人的做法，为创造团结、和谐社会提供了基本模式。传至现在，不就是我们今天的人大代表选举领导人及政协多党协商施政的制度嘛。这与西方的两党斗狠、各为私利、拼比金钱的假民主相比，要高明得多，这才是真正的人民做主，真正的为民谋福利，才能实现真正的全民团结统一，才能创造一个真正的和谐的理想社会，才能把我国建成富强民主文明和谐美丽的社会主义现代化强国。

在艺术上，《卿云歌》辞藻华美，意境超迈，孕育了骚赋句式，足可与《诗》之《风》《雅》《颂》相媲美。

虞舜去世

舜 30 岁被征召，施政 20 年，50 岁代行天子事，61 岁登天子位，83 岁正式把王位禅让给禹。17 年以后，舜以百岁高龄在南巡视察时逝世。

禹为舜守孝三年，也曾表示谦让，将帝位让给舜的儿子商均。但天下的诸侯都离开商均去朝见禹，狱讼者不找商均而找禹，讴歌者不讴歌商均而歌禹。这样，在诸侯的拥戴下，大禹于是正式即天子位，以平阳为都城，国号为夏。仍封尧子丹朱于陶丘（今山东鄄城旧城西），封商均于虞（今河南商丘），封三子甄藩于甄城（今鄄城旧城）做陶官，是为甄姓之来源。改定历日称为夏历，以建寅之月为正月。

禹为舜修祠建庙

禹不忘舜帝的功德，在姚墟（今山东鄄城南部姚刘庄）修建了舜祠。在历山舜耕处（今山东鄄城南部历山庙村）修建了舜庙，供奉舜帝塑像，百姓称作舜王爷。舜像左塑女英立像为大，面含笑意；右立娥皇塑像为次，微含愠色；稍远塑舜发妻王氏，面带愁容，人称苦奶奶。

院中有一水井，称龙泉舜井，相传当年舜淘井时，弟象下石，舜就是从地下潜河游到此井才逃出来的。

对舜逝世的不同说法之辨析

关于舜的逝世，除了南巡视察时逝世说外，还有舜帝南征三苗病死说，民间则传说是到九嶷山为民铲除孽龙累死的。此三说皆有不合情理之处。舜晚年退位后，已近百岁高龄，跑到遥远的江南去巡视，既非必要，也无可能。至于去征三苗，哪有在位帝王不出征，而让一个退位高龄帝王出征的呢？至于说舜为民铲除孽龙累死，哪有满朝官员不动，而让百岁高龄的退位帝王去与孽龙厮杀的呢？

还有一个问题，那就是舜逝世后出于什么原因，非要葬到九嶷山去不可？对此后人多有质疑，认为不可信。首先“苍梧郡”是汉朝才有的名称，上古尧舜时代今湖南宁远并无“苍梧之地”这一称呼。其次，上古尧舜时代零陵九嶷还是蛮荒部落居地，没有任何理由把中原天子葬到那遥远的蛮荒之地。

大诗人屈原在《离骚》中有言：“朝发轫于苍梧兮，夕余至乎县（悬）圃。”“县圃”是西方日落之处，那么对应的“苍梧”无疑当在日出之东方。《竹书纪年》记载：“四十九年，帝（舜）居于鸣条。五十年，帝陟（逝世升天），鸣条（在河南封丘东）有苍梧山，帝崩，遂葬焉，今海州。"南宋王应麟在《困学纪闻》中也说："苍梧山在海州界。"这里的"苍梧"可能指今连云港的苍梧山。舜是东夷人，晚年居住在海州养老，病逝后就葬于苍梧山，是有可能的。遗憾的是，至今在连云港也没有发现"舜帝陵"的遗迹。

对虞舜的葬地在鸣条，古今学者无大分歧。然对于鸣条的地望在哪里，则说法不一。除上述海州说外，主要的还有两说：汉代学者认为在古济水之滨的平丘一带。《困学纪闻》云："舜卒鸣条，东夷之地，或云陈留（今河南开封市陈留镇）平丘里。"那里有鸣条亭。现在学者则认为定陶境内的左丘左山寺遗址，应是古鸣条遗址。

意者，《竹书纪年》既说舜居鸣条，崩，遂葬焉。而鸣条在河南封丘东，正是菏鄄之地，舜去世后就葬在古鄄，亦非不可能。只是因历经黄泛而深埋地下，现在尚未发现而已。

再者，海州离鸣条很远，舜时还可能是荒凉之地。疑"海州"义为"海中之洲"，这里的海最有可能的是指古之四海（雷夏泽、巨野泽、大陆泽、孟诸泽）之中的"孟诸泽"，其位置在封丘东不远处，与现在学者认为的定陶遗址相符。

九嶷山舜陵

不管舜帝因何逝世吧，也不管遗体真的葬在哪里吧，今湖南省零陵九嶷山下有舜陵，则是个现实。而且历代已形成丰富的历史文化。我们不能视而不见。

九嶷山的舜陵是中国目前唯一的一座舜帝陵墓，陵区内古木参天，传说常有大象来为舜耕种祀田。陵庙建筑上的石雕、楹联、壁绘栩栩如生，令人流连忘返。陵庙内保存有历代祭碑 36 方。附近有娥皇峰、女英峰、美大峰、梳子峰、三分石、箫韶峰、斑竹岩、舜池、舜溪等古迹，皆与舜帝奏九韶之乐及二妃泪洒斑竹的传说有关。

三分石，又名三峰石，是九嶷山的最高峰。因是舜的葬身之地，故又名舜峰。三分石如三支玉笋，鼎足而立，峰间相距各 5 里，峰势险绝，直插云霄。《九嶷山志》言："三峰并峙如玉笋，如珊瑚，其上有仙桃石、棋盘石、步履石、马迹石；又有香炉石，有足有耳，形质天然。其间有冢，以铜为碑，字迹泯灭不可认，或疑为舜冢。"

相传舜帝南巡之时，有一天登上此峰，考察山川形胜。中午时分，他和侍从们在峰头野餐，不觉沉醉，酒壶遗忘在峰头上。有一只大鹏恰巧飞临此山，见有一壶酒，便俯冲下来，用如钩的尖嘴一啄，当下壶石分成三块，化作三峰石。那壶中剩下的玉液，化成了长流不息的泉水，成为潇水之源，西流至九嶷山下。

民间则传说舜帝因斩杀孽龙而死。九嶷山一带处五岭山脉中段，每到春夏时节，冷暖空气交汇，经常出现暴雨，引起山洪暴发，给山民带来灾难，这本是自然现象。山民却说洪灾是由于三分石下孽龙作祟造成的。舜帝决定亲自到三分石一带去看一看，果然看到九条孽龙在山下的湖泊里兴风作浪。于是舜帝乘木排与九条孽龙进行了殊死搏斗，终于斩杀了八条孽龙。第九条孽龙趁舜帝体虚力疲之际，将舜帝的身体紧紧缠住，舜帝虽然费尽最后一点力气，砍下了孽龙的头，但自己也因筋疲力尽，重重地倒在了木排上，微笑着离开了人世。

舜帝逝世后，父老乡亲们感激舜帝的厚恩，特地用瓦棺装殓，埋葬在九嶷山南麓。据传九嶷山上有一群仙鹤，朝朝夕夕地到南海衔来一颗颗灿烂夺目的珍珠，撒在舜帝的坟上，便成了一座珍珠坟。据说三块巨石，是舜帝剿灭孽龙用的三齿耙插在地上变成的。

这些传说，反映了人们对帝舜的敬仰与思念。

湘妃斑竹

传说，娥皇、女英久久盼不到舜的音讯，便决心跋山涉水，到南方去寻找丈夫。她们在过扬子江时遇到了大风，一位渔夫把她们送上了洞庭山上。不久，她俩得知舜帝已经去世，埋在九嶷山下，悲痛万分，便天天扶竹向九嶷山方向泣望，一直哭了九天九夜，眼睛哭肿了，嗓子哭哑了，眼泪哭干了，最后哭出的是血泪。她们不想就这样与多年恩爱的夫君隔离，便乘船溯湘流而上，打算与夫君相会。此时，突然间狂风卷着暴雨呼啸而来，她们似乎看见帝舜踏着层层波浪向她们走来。她们情不自禁地朝舜奔去，携手消失在湘流之中。天晴了，波澜不惊，人们发现落在丛丛翠竹上的雨点，都变成了斑斑点点的血泪之痕。原来娥皇、女英的悲痛与思念，感动了上苍，天神将她们流出的血泪都收集起来，洒在了江南的翠竹上，成了二妃对舜帝的一片至情的象征。这便是"潇湘竹"或"湘妃竹"或"斑竹"的来历。有的竹子上好像还印有指纹，传说是二妃手扶竹遥望而泣时印上的。

湘妃竹图

洞庭君山

后来，娥皇、女英成了湘水之神。楚人哀怜娥皇、女英，将洞庭山改名为君山，并在山上为她俩筑墓安葬，造庙祭祀。湘江岸边则建有相思宫和望帝台，雾蒙蒙之中，似可遥见娥皇、女英二神站在台上凝眸眺望的身影。

湘君、湘夫人与《九歌》中二诗赏析

自秦汉时起，湘水之神与湘君、湘夫人的爱情神话，便被演绎成舜帝南巡与娥皇、女英江南寻夫的故事传说。后世因而附会称帝舜是"湘君"，二女为"湘夫人"。历代以来，娥皇、女英二妃美丽动人的形象，遂成为吸引众多诗人、画家进行创作的题材。中国最伟大的爱国诗人屈原所写的《九歌》中的《湘君》《湘夫人》二诗，就是最早歌颂舜与二妃的不朽诗篇。

《九歌·湘君》：

君不行兮夷犹（湘君啊你犹豫不走），

蹇（jiǎn）谁留兮中洲（为谁停留在啊水中的沙洲）？

美要眇兮宜修（为你打扮好啊美丽的容颜），

沛吾乘兮桂舟（在急流中我驾起啊桂舟）。

令沅湘兮无波（下令沅湘啊不要掀起波浪），

使江水兮安流（还要让江水啊缓缓地安流）。

望夫君兮未来（盼望那湘君你来啊你却没来），

吹参差兮谁思（吹起排箫啊我为谁情思悠悠）？

驾飞龙兮北征（驾起龙船飞快啊向北远行），

邅（zhān）吾道兮洞庭（转道去啊那优美

的洞庭)。

薜荔柏(通帛)兮蕙绸(用薜荔作旗啊用蕙草作缠柄),

荪桡兮兰旌(用香荪为桨啊用木兰饰旌)。

望涔阳兮极浦(眺望涔水啊那遥远的北岸),

横大江兮扬灵(横江也难挡啊神驰飞扬的心灵)。

扬灵兮未极(神驰飞扬的心灵啊无处安止),

女婵媛兮为余太息(多情的侍女啊为我发出叹声)。

横流涕兮潺湲(眼泪纵横啊潸潸而下),

隐思君兮陫侧(暗想湘君你啊我忧思伤情)。

桂棹兮兰枻(yì,玉桂制长桨啊木兰作短楫),

斲冰兮积雪(划开水波啊浪花似凿冰堆雪)。

采薜荔兮水中(想在水中啊把薜荔摘取),

搴芙蓉兮木末(想在树梢啊把荷花采撷)。

心不同兮媒劳(两心不相同啊空劳媒人),

恩不甚兮轻绝(相爱不深啊感情便容易断绝)。

石濑兮浅浅(清流在石滩上啊湍急地淌过),

飞龙兮翩翩(飞船掠过水面啊轻盈迅捷)。

交不忠兮怨长(交情不忠诚啊让我怨恨深长),

期不信兮告余以不闲(不守信约啊却对我说没有空闲)。

鼌骋骛兮江皋(早晨在江边啊奔驰赶路),

夕弭节兮北渚(傍晚把车停靠在啊北岸)。

鸟次兮屋上(鸟儿栖息在啊屋檐之上),

水周兮堂下(水儿回旋在啊华堂之前)。

捐余玦兮江中(把我的玉环啊抛向江水之中),

遗余佩兮醴浦(把我的佩饰啊丢在澧水之畔)。

采芳洲兮杜若(在流芳的沙洲啊采来杜若),

将以遗兮下女(想把它送给啊陪侍的女伴)。

时不可兮再得(流失的时光啊不可能再得),

聊逍遥兮容与(暂且放慢脚步啊逍遥盘桓)。

《湘君》由女神扮演者演唱,表达了因男神未能如约前来而产生的失望、怀疑与哀伤、埋怨的复杂感情。

第一段写湘夫人乘小船来到与湘君约会的地点,却不见湘君前来,于是在失望中抑郁地吹起了哀怨的排箫,来倾吐对湘君的无限思念。

第二段写久等湘君不至,湘夫人便驾舟往洞庭寻找,可是除了眼前浩渺的湖水和小船外,一无所见,湘君的失约使深情企盼的湘夫人止不住泪流满面,心中伤痛。

第三段描写湘夫人的失望与怨恨之情,直接宣泄为对湘君“心不同”“恩不甚”“交不忠”“期不信”的埋怨。正所谓爱之愈深,责之愈切。

第四段描写湘夫人兜了一大圈仍回到约会地“北渚”时，还是没有见到湘君。生气之下把湘君给的定情物玉环抛入江中，把佩饰留在岸边。当湘夫人心情逐渐平静下来，她采集杜若送给安慰她的侍女，一种再等等的感觉油然而生。这样的结尾使歌曲余音袅袅，给人留下了无限想象的悬念。

《九歌·湘夫人》：

帝子降兮北渚（湘夫人降落在啊北洲之上），

目眇眇兮愁予（极目远眺啊使我惆怅）。

袅袅兮秋风（树木轻轻摇啊秋风初凉），

洞庭波兮木叶下（洞庭起波啊树叶落降）。

登白薠（fán）兮骋望（登上长满白薠的高坡啊纵目四望），

与佳期兮夕张（与佳人举行相会啊在今晚铺张）。

鸟何萃兮蘋（pín）中（鸟儿为何聚集在啊水草之中）？

罾（zēng）何为兮木上（渔网为何挂结在啊树梢之上）？

沅有芷兮澧有兰（沅水芷草绿啊澧水兰花香），

思公子兮未敢言（思念湘夫人啊却不敢明讲）。

荒忽兮远望（神思恍惚啊望着远方），

观流水兮潺湲（只见江水啊缓缓流淌）。

麋何食兮庭中（麋鹿为什么啊在庭院里觅食）？

蛟何为兮水裔（蛟龙为什么啊在水边游荡）？

朝驰余马兮江皋（清晨我驱马啊在江畔奔驰），

夕济兮西澨（shì，傍晚我渡到啊江水的西旁）。

闻佳人兮召予（我听说湘夫人啊在召唤着我），

将腾驾兮偕逝（我将驾车啊与她同往）。

筑室兮水中（我要把房屋啊建筑在水中央），

葺之兮荷盖（还要用荷叶啊盖在屋顶上）。

荪壁兮紫坛（用荪草装点墙壁啊用紫贝铺砌庭坛），

播芳椒兮成堂（四壁撒满香椒啊用来装饰成厅堂）。

桂栋兮兰橑（lǎo，桂木作栋梁啊木兰为桁椽），

辛夷楣兮药房（辛夷装门楣啊白芷饰卧房）。

罔薜荔兮为帷（编织薜荔啊做成帷幕），

擗蕙櫋（mián）兮既张（析蕙草做的隔扇啊也已设张）。

白玉兮为镇（用白玉啊做成镇席），

疏石兰兮为芳（各处陈设石兰啊一片芬芳）。

芷葺兮荷屋（用芷草覆盖在啊荷屋之上），

缭之兮杜衡（用杜衡啊缠绕四方）。

合百草兮实庭（汇集各种花草啊布满庭院），

建芳馨兮庑门（建造那芳馥的啊门廊）。

九嶷缤兮并迎（九嶷山的众神啊都来欢迎湘夫人），

灵之来兮如云（他们簇簇拥拥的啊像彩云一样）。

捐余袂（通褹，yì）兮江中（把我那夹衣啊抛到江中去），

遗余褋(dié)兮澧浦(把我那单衣啊扔到澧水旁)。

搴汀洲兮杜若(我在小洲上啊采摘着杜若),

将以遗兮远者(将用来馈赠给啊远方的姑娘)。

时不可兮骤得(美好的时光啊不可多得),

聊逍遥兮容与(我姑且悠闲自得啊徘徊游逛)。

《湘夫人》由男神的扮演者演唱,写湘君企待湘夫人而不至,产生的思慕与哀怨之情。全篇从湘君思念湘夫人的角度着笔,描绘出湘君那种驰神遥望,祈之不来,盼而不见的惆怅心情。

《湘君》和《湘夫人》是两个姊妹篇,作为祭神歌曲,应是一个前后相连的整体,甚至可以看作是同一乐章的两个部分。因为两篇作品都以相同的约会地点"北渚"做舞台,而情节、内容、语意、段落几乎完全相同,以至被认为是祭祀时歌咏者的合唱。

《湘夫人》所写湘君赴约来到约会地北渚之时,正是湘夫人久等湘君不至而转道洞庭之际,因时间上的误差造成了爽约悲剧。然而两诗以候人不来为线索,所描绘的在怅惘中向对方表示的深长怨望,正是彼此之间始终不渝的爱情的体现,也影射了湘妃终未能与舜帝谋面的深深遗憾。

毛泽东《七律·答友人》

这也是以湘妃的故事为题材的名诗:

九嶷山上白云飞,帝子乘风下翠微。

斑竹一枝千滴泪,红霞万朵百重衣。

洞庭波涌连天雪,长岛人歌动地诗。

我欲因之梦寥廓,芙蓉国里尽朝晖。

本诗虽然也是以湘妃的故事为题材的著名诗篇,但一反原来的悲情,而描绘了一幅湘妃踏着庆云驾着祥风,从九嶷山上飘飘降临的美丽图景。女神的形象既象征着杨开慧的英灵,斑竹的刻画又寄托了对爱侣深沉的相思。万朵的红霞则表示英烈的牺牲已换来如霞般绚丽的祖国新貌。诗人告慰牺牲的亲人,故乡的建设热潮已蓬勃掀起,正激励着故乡儿女,再创家乡锦绣般的辉煌,诗人似乎梦到自己回到芙蓉盛开、朝霞满天的家乡。这是一首借湘妃将临而思念爱妻、赞美祖国社会主义建设热潮的诗篇。

十八、箕山高卧隐巢由

由隐箕山辞尧让，颍水洗耳免污脏。
敝屣天子荣华贵，羞杀恋栈贪饕郎。
清高处世隐士祖，三代宗师名传扬。
尚逊巢父移犊饮，高风亮节真风光。
纣叔胥余封箕山，因谏被囚作佯狂。
周王释之曾问政，拒做顺民赴海疆。
创建朝鲜君子国，华夏流风遗韵长。

箕山与箕山镇

箕山镇，在鄄城县城东北 30 里的箕山脚下，是一座有着深厚历史文化的古镇。

箕山在箕山镇东街，镇西有箕颍河。箕山遗址如今只剩南北长 120 米、东西宽 100 米的高地，上边已建有民居，高地南是大坑，许由洞已无迹可寻。我村谷庄就在镇西，两村隔颍水相连。箕颍河从谷庄村南由西向东流来，为箕山所阻，遂折而向北从两村之间流过，然后绕山阴经后寨村向东北郓城流去。

箕山取名

箕山也叫鸡山。传说古代有个老翁每天起早拾粪，有天在箕山镇东街的位置发现了一座山正在生长，但就在生长的过程中遇到了鸡鸣，生长的山受了惊吓，便停止了生长，所以此山后来被称为鸡山。我小时候也称之为鸡山。传说箕山形似箕，故又名箕山。或说因箕子曾封于此而得名。箕山镇亦因处在箕山山麓而得名。

许由隐居箕山与消失的箕山寺

明《濮州志·古迹》记载说，箕山“在州治（今鄄城旧城镇）东 50 里，相传许由所居”，同时记载着许由“洗耳颍水”的故事及许由所唱的《箕山歌》。还记载说“颍水在箕山寺环绕而北”，从位置上看，大概讲的就是上述这座箕山寺。另外记载还说“黄店（在箕山西北 4 里）旧有许由庙，今已废”。今箕山西北确有个许黄店村，村内许姓从古至今皆尊许由为祖先。村里原来也确有许由庙，“文革”中当四旧被拆除了。真可惜！

还记得小时候，谷庄村东南角，颍河西岸，有一座已经破败荒凉的寺庙，前排的房子成了边区小学的教室，后排大殿里供奉着一尊青石雕的石像。当时笔者和姐姐在那里上小学，常到大殿去玩，有时还坐到神坛上去摸石像。那时年幼，不知供奉的是谁。其后长期在外，也无机会打听。再后，古庙扒掉了，在那里建了鄄城二中，寺庙便随之完全消失。估计就是箕山寺。

洗耳与饮犊

相传上古高士发明在树上筑巢而居，以避野兽，时人谓之巢父，其后裔也隐居于箕山。帝尧曾经想把帝位禅让给巢父，被巢父谢绝了。帝尧又想把帝位禅让给许由，许由也不肯接受，便也遁耕于箕山之下颍水之旁隐居起来，与巢父成为密友。

洗耳石饮犊坡图

尧又欲召许由任九州长，许由认为这话玷污了他的耳朵，便跑到颍水边掬水洗耳。他的好朋友巢父这时正好牵着牛犊走到河边饮水，便问许由为什么洗耳朵，许由说了原因。巢父听了嘲讽说：“你如果隐居山中，不与世人交往，尧怎么会来打扰你呢？你这样做，不过是故作清高，作秀罢了，其实是为了沽名钓誉。我还怕你洗耳朵的水弄脏了我牛犊的嘴巴呢！”说完便牵着牛犊到上游去饮水了。许由尴尬地目送着巢父，口吟《箕山歌》，悠闲地回山洞去了。

后来有人仰其高洁，拟作了他的《箕山歌》如下：

登彼箕山兮，瞻望天下。山川丽崎，万物还普(周遍)。

日月运照，靡不记睹。游放其间，何所却虑？

叹彼唐尧，独自愁苦。劳心九州，忧心后土。

谓予钦明，传禅易祖。我乐何如，盖不盼顾。

河水流兮缘高山，甘瓜施兮叶绵蛮。

高林肃兮相错连，居此之处傲尧君。

鄄城八大景之一

太史公曰：“余登箕山，其上盖有许由冢。”许由死后即葬在箕山之上。清朝箕山未淹没前，山南有个洞，世称许由洞。《濮州志》中有一首“鄄城八大景”诗云：

映潭明月舞西风，红沟绿岸水流东。
杏岗春色红十里，席桥斜渡小舟横。
春柳时见杨花落，钓台阴雨雾蒙蒙。
修真独卧箕山侧，夜听毂林撞晚钟。

其中“修真独卧箕山侧”一句，即指此处。

据记载，清光绪末年，箕山尚有 5 米多高。如今因黄河多年的泛滥淤积，风雨的侵蚀流失，已基本夷为平地了。记得小的时候，还高出周围的地区。现在只有遗址存留了。

箕颍桥碑

在箕山集北头东西大街西端通往谷庄的路北，箕颍河东岸，立着一座“箕颍桥碑”。碑高 215 厘米，宽 81 厘米，厚 28 厘米，如今碑座已受损，碑身断裂，现用水泥修补连接，碑帽为二龙戏水浮雕。碑身正面中央刻着“箕颍桥”三个楷书大字。上款为“中华民国十七年岁次戊辰蕳月中浣谷旦(中旬美好吉日)”；下款为“明经进士素兰仪芳田书丹”。石碑背面的碑文，记录着修桥的缘起、经过、赞助人、施工的组织者及碑文的撰稿人、书丹人。

原来1925年黄河再度决口，给这一带百姓造成很大损失和不便。于是，1928年众多人提议修桥。由于首倡者热诚，百姓们踊跃捐资并参与，不到一个月便把桥修好了。从此，人们过河不用再蹚水、撑船了。

不过在笔者小的时候，已经没有桥了，箕颍桥碑也已有些歪斜。那时到箕山镇赶集水深时要坐小船，水浅时可以卷起裤腿蹚水过去。后来箕颍河水越来越浅，人们便在原桥处垫起一条土埂，中间留一个流水洞，就不再用坐船或蹚水了。箕颍河经过多年淤积，本就不宽不深，淡季水更浅，宽度不过几十米。如果赶上大雨，谷庄和箕山之间，则会变成一片汪洋，到箕山去赶集只有蹚水或坐船了。

当地民俗古来就有修桥补路积阴德的说法，这座石碑作为修桥的见证，见出了这一带百姓热心公益事业所体现的中华民族的美德。

为了使这块碑得以长期保存，鄄城县政协、箕山乡政府以及县文化、文物部门将这通“文革”中遭劫曾沉睡了二十余年的石碑于1991年重新竖起并采取相应的保护措施。水泥碑楼的两侧新书一副对联，上联是：昔日先贤隐居箕山留奇涧；下联是：今朝石碑重立颍河变通途。如今石碑尚存，然而，碑座已埋地下。70多年的沧桑变换，当年的“箕颍桥”早已不复存在。现在这里建起了钢筋水泥板桥，石碑更显现出其历史价值，还应加大保护。

箕山历史悠久，留下的古迹众多。著名的景点有孙膑故里、亿城古寺、羊左墓、荆轲墓、疙瘩庙等等多处，而洗耳石、饮犊坡则早已无迹可寻。

箕子封地

箕山还是箕子的封地。

箕子，名胥余，纣王叔父。性耿直，有才干，在纣王朝里任太师辅政。因封于箕地，就是鄄城箕山，爵为子，故称箕子。箕子辅政时，见纣王餐必用象箸，甚为奢华，担心纣王腐化起来危害殷商政权。果然，后来纣王愈加奢靡，旦夕饮酒作乐而不理朝政。比干、箕子、微子等大臣纷纷进谏，纣王执意不听。比干因谏遭挖心而死。有人劝箕子离去，箕子曰：“为人臣子，进谏不听而去，是彰显君王之恶而自己取悦于民，吾不忍为也。”于是佯狂而独自隐居箕山。为抒发自己郁郁不得志的苦闷心情。遂作乐曲《箕子吟》曰：

嗟嗟，纣为无道杀比干。
嗟复嗟，独奈何！
漆身为厉，被发以佯狂。
今奈宗庙何！
天乎天哉！欲负石自投河。
嗟复嗟，奈社稷何！

纣王闻知，遂将箕子囚禁起来。

周武王灭商后，释放了箕子，并携归镐京，并向箕子咨询治国大道，箕子以禹《洪范·九畴》传授之。

进入朝鲜创箕子王朝

后来周武王放箕子回到箕山。箕子不愿做周的顺民，便带领遗老故旧一大批人从今胶州湾东渡到朝鲜，用华夏的礼仪和制度，创立了箕子王朝，被称为东方君子之国，其流风遗韵，至今犹存。今朝鲜平壤的箕子陵，即其遗迹。

若干年后，箕子思念故国，重返箕山。并南到汤陵（在今曹县土山集）和太甲陵（在今鄄城历山庙）祭祖。箕子终老故土，葬北亳，在今曹县郑庄镇，墓冢犹存。

箕子带去的5000人中，大多都是对殷商有感情的知识分子精英。今天韩国的韩、齐等姓氏，都把箕子当作先祖，每年都有许多韩国的氏族宗亲不远万里到朝歌寻根谒祖。

麦秀歌

箕子曾路过殷朝旧都朝歌，见宫室毁坏荒凉，遍地野生麦黍，心甚伤悲，欲哭而不可，欲泣则近于妇人，乃作《麦秀歌》曰：

麦秀渐渐兮，禾黍油油。

彼狡童兮，不与我好兮。

箕子借歌以抒其怀。其格调为后世屈原、杜甫、李煜、陆游、辛弃疾等众多文人所推崇、效仿。

箕子作为中国文化诸子的第一子，是儒家前驱，其思想上承大禹，下启周公"明德保民"和孔子的"仁"政。其《洪范·九畴》详细阐述了行政的方式、准则及决策，成为中国历代专制王朝的一部行政大法，对于中国专制社会的形成有着特别重要的意义，同时也为阴阳五行说奠定了基础，提供了中国人传统思维的框架。

十九、大禹治水九淖地

禹生有莘在鄄城，立国成阳夏氏兴。
治水立功受舜禅，奠定华夏成一统。
三过无暇入家门，劳身焦思救苍生。
艰苦拼搏作奉献，廉洁勤政树高风。
公而忘私民为上，大禹精神传无穷。

王族分封时代开始

氏族联盟时代之后，是王族分封时代。王族分封时代始于夏禹，止于西周幽王十一年，西周王朝灭亡，即从公元前 2070 年至前 771 年止，历时近 1300 年。王族分封时代共有夏、商、西周三代 63 位帝王，其中夏朝 19 王，商朝 31 王，西周 13 王。

夏朝将公天下改为家天下，公有制变成私有制，禅让传统结束，出现了由分封而产生的拥有特权的贵族阶级，以及由贫民和战俘转化来的没有任何自由的奴隶阶级，进入了奴隶社会，所以，也可称为奴隶制时代。

从周平王迁都洛邑（今河南洛阳），建立东周王朝，历史则进入诸侯争霸时代。

鲧禹身世

夏禹系黄帝后裔，先祖是颛顼高阳氏。颛顼的后裔鲧是唐尧政权六任帝姜密的大臣，受封于崇邑，号称崇伯鲧。崇伯鲧本是一个部落的酋长，取有莘氏之女叫脩己的姑娘为妻，生下了儿子禹，即大禹。据说鲧因建造城郭有功，尧把位于崇山（即穀林山）附近的崇地（小成阳之地）封给了他，故称崇伯鲧，“崇高”因此而得名。

禹长大后，为舜帝朝司空，奉舜帝之命治理洪水。公元前 2130 年，禹治水成功凯旋，都城百姓欢声雷动，大家夹道欢迎治水英雄入城。禹入朝拜见虞舜，并献上自己亲手绘制的九州图。公元前 2089 年，禹已经完全掌控了朝政，因其治水大功，舜遂决定禅让天下于禹。公元前 2071 年，禹正式继位称帝。

由于禹在尧帝时被封为夏伯，称夏后氏，遂称夏禹，故称帝后改国号为夏。其子启建立了中国历史上首个奴隶制王朝，从公元前 2070 年起至前 1600 年止，共传 19 王，历经 470 年。

《礼纬》云：“禹母修己吞薏苡（yǐ）而生禹，因姓姒氏。”禹生于母家有莘之墟，在富春之南的城濮，即今鄄城临濮镇一带（或说有莘氏族原居地在曹县莘冢集）。城濮之战时，晋文公曾登有莘之墟阅兵，可证。如今有莘氏之墟虽已无迹可寻，然其地仍在。

夏禹，姒姓，名文命，字高密，号禹，亦称戎禹、崇禹、伯禹，因其治水之功，后世尊称为大禹，即伟大的禹之意。

大禹从小生活在鄄城陶丘、雷泽和历山一带，成年后，遂与生活在鄄城南部姚墟的虞舜在河滨制陶时相识。故战国人鲁仲连说："舜耕历山而友(伯)益，舜陶河滨(陶丘堌堆)而交禹。"这正与尧封鲧于崇山(即縠林山，与陶丘堌堆相近)称崇伯鲧相应。

所以，今人研究，认为夏后氏兴起于鄄城的陶丘堌堆、雷夏泽、历山一带，立国于成阳。

大禹治水在古兖州，即今鲁西、豫东已成共识。商汤灭夏的四次战役全部在菏泽境内，汤灭夏"放桀之历山"，即在鄄城历山庙遗址。夏后氏的同姓及姻亲之族也多在鲁西、鲁中及豫东。尧、舜、禹三代数百年，上下传承，关系密切，是一体的部落联盟，他们取得了天下盟主后，皆定都于古鄄成阳。当时华夏族人口不过几十万人，皆聚居菏泽及周边地区。在鲁西、豫东、淮北一带有近七百处龙山文化遗址，而菏泽境内就达三百余处，这表示境内有四泽六水的菏泽，一直是三皇五帝以及禹、汤生活的中心。

鲧禹祖居地辨析

古文献上关于大禹的祖居地的说法很乱。有河南说、山西说、甘肃说，甚至有四川汶川说。很明显，这只不过是后来夏后氏族人的迁徙而形成的。

禹死后其子夏启继位建立了夏王朝，称夏后氏。有夏一代，共有 9 次迁都，或南迁阳翟(在今河南省禹州)，或西迁大夏(在山西南部汾浍一带)，以至大禹的陵墓出现在浙江省绍兴城东南的会稽山麓。这些都不足以证明是鲧、禹的祖居地。

近代学者提出的鄄城雷泽说，这才真是夏后氏最原始的居住之地。

据《史记·夏本纪》注引《帝王纪》记载："禹本西夷人也。"夷，在春秋之前，是海岱地区先民的统称。"夷"乃因当地居民发舌上音，将"人"转读之称。岱，即是泰山，当时对华夏民族做出卓越贡献的夷人，因地域或风情差异，又分为东夷、西夷、淮夷、莱夷、徐夷等等九夷。鲧部落应是西夷人。西夷即山东泰沂山丘以西鲁西平原一带，正是菏鄄地区。鲧、禹的家在鄄城雷泽一带有莘之墟无疑。

伯鲧治水

唐尧虞舜时期，黄河泛滥(或说是海水倒灌)，由于泰沂山地的阻挡，不得入海，中原地带洪水遍地，无边无际，淹没了庄稼，淹没了丘陵，淹没了房屋，水患给人民带来了无穷的灾难。在这种情况之下，尧决心要消除水患，于是就开始访求能治理洪水的人。

鲧由四岳群臣和部落首领的推举，受命治水。尧虽觉得鲧这个人很任性，听不得不同意见，可能办不成大事，不太可信，但眼下又没有更合适的人选，于是就暂且将治水的任务委任给鲧。

鲧采取筑堤防水的堵截方法治水。据说鲧治水先修了"古防河堤"，在今清河、临西、临邑等县，称为"鲧堤"，也叫金堤，即现存最大的金堤河堤，是鲧治水时所筑。结果堵住了直泄北流的黄河洪水去路，使洪水拐弯向东，淹没了濮阳以东帝都成阳所在的菏鄄一带。这样就开罪了东夷的舜部落，舜便联合西夷的祝融部落向鲧部落开战兴师问罪。鲧败在了联军手下，舜遂以鲧治水失败，将其殛于羽山(今之鱼山)之下。

鲧窃息壤堵水失败

另据《山海经·内经》记载："洪水滔天，鲧窃帝之息壤以堙洪水，不待帝命，帝令祝融杀鲧于羽郊。"息壤，是一种自己会生长的土壤，能不断增长与水势相抗衡，永不会耗减，故可以湮塞洪水。据传，息壤，是女娲炼石补天留下的圣山上的黏土，是不可侵犯的，动用圣山的一沙一土，都要向天子申请，得到批准后方可按规定动用。崇伯鲧私自动用圣山的土石，就等于是藐视天子，因此招来帝尧震怒被杀。就此事还在荆州古城留下一处遗迹——一个方圆400米的土丘。对此后代出现多种解释。

这当然是后人编的故事，为鲧用筑堤防水的堵截方法治水没有成功被杀找个借口而已，世上是没有这种土壤的。但息壤传说的出现，既反映出先民已懂得用砂土填塞水眼治理管涌险情的道理，也是对先民与水患险情坚持不懈地抗争精神的崇敬，才使息壤罩上了神秘的面纱，成为一块神壤。

鲧窃息壤是为治水，帝尧杀他，究出何因？据今人的分析，是因为当时农业生产还不发达，更没有牛耕，疏松土地非常困难，再加上还没有施肥的概念，维持土壤的肥沃全靠休耕。鲧要在短期内兴建大量土堤封堵洪水，必然只能取已经种植过的休耕土地上的松软熟土，也就是能长庄稼的"息壤"，加之治水需要花费大量人力和时间，这样一定会严重影响接下来的农业生产，进一步加剧水灾后出现的饥荒。鲧没有及时上报这种情况，破坏了本来不多的耕地，占用劳动力又影响农时，再加上封堵洪水失败，洪水决口，导致灾情更加严重，所以舜便罚鲧以谢天下。

后来舜开始操理朝政，他首先革去了鲧的职务，再将他流放到羽山，鲧遂最终死在那里。

舜命大禹继续治水

鲧被流放后，舜又征求大臣们的意见，看谁能治水，大臣们都推荐禹，说："禹虽是鲧的儿子，但是比他的父亲德行能力都强多了，这个人为人谦逊，待人有礼，做事认认真真，生活也非常简朴。"

舜早年曾在陶丘制陶时认识禹，有所了解。舜并不因他是鲧的儿子而轻视他，于是当机立断，封禹为司空，把治水的大任交给了禹，让他继承父亲鲧的事业，继续治水。

大禹是个贤明的人，他并不因舜处罚了他的父亲就嫉恨在心，而是欣然接受了这一任务，并暗下决心：一定努力再努力，把水治好。

舜考虑治水是一特殊的任务，责任重大，就又派伯益和后稷两位贤臣协助禹工作。禹与伯益、后稷一起率领服劳役的人，东奔西走，进行治水。

后代《大禹治水图》和大禹治水玉山雕刻

《大禹治水图》是宋代的一位佚名画家所作，曾是清宫旧藏，现珍藏于我国台湾省台北故宫博物院。画面精心描绘了大禹领导人民凿石开山，刨沙筑渠，疏通河道，导流洪水的宏大场面。

清代乾隆皇帝钦定以内府所藏宋人所画的这幅《大禹治水图》上的景象为稿本来雕琢一座高大的玉山，将大禹治水这一不朽的题材雕刻在一块气势磅礴的玉山上，希望能够永久地流传。历代的大禹治水图如今大都已经无法见到了，只有这件大禹治水的玉山子(圆雕山林景观)完整地留存了下来。

用以雕刻的巨型玉材，出自距北京万里

之外的新疆密勒塔山，为致密坚硬的青玉，重达万斤。据专家估算，光从开采到运至京城大概用了三年时间，所费人力物力数以千计。

这块青玉玉料运到北京后，先在清宫廷造办处按前、后、左、右四个面的画样做初步加工。然后以宋人《大禹治水图》画轴为稿本，画出大禹治水纸样，由画匠贾全在大玉上临画。再用蜡塑出玉山的式样，然后于乾隆四十六年（1781 年）一起发往扬州，由当地的优秀玉工精雕细琢。后来怕蜡样因天热融化变形，又雕刻了一座木样发送过去。如此这般，又用了 6 年时间，于乾隆五十二年（1787 年）玉山终于雕成，并从水路运回北京紫禁城。乾隆五十三年（1788 年），乾隆帝又命宫中造办处如意馆的刻玉匠朱泰将乾隆御制诗和两方宝玺印文刻制在玉山上。前后共用将近十年的时间。最后巨大的玉山安置在乾隆皇帝为自己建造的太上皇寝宫——乐寿堂后部，至今已有二百余年的历史。

大禹治水玉山子，高 224 厘米，宽 96 厘米。座高 60 厘米，为嵌金丝山形褐色铜铸成。玉山上雕出峻峰高耸，重峦叠嶂，瀑布飞落，疾流湍急，遍山古木苍劲，洞穴深秘；在山崖峭壁上，工匠们使用着不同器械在劳作，成群结队的劳动者正开山治水；玉山上部，有奔跑跳跃的麋鹿和猿猴，有快要登上巅峰的老者及仆从，顶巅有云雾升腾，有神仙以雷火来帮助开山。玉山正面中部山石处，刻乾隆帝阴文篆书“五福五代堂古稀天子宝”十字方玺。玉山背面上部阴刻乾隆皇帝《题密勒塔山玉大禹治水图》御制诗，下部刻篆书“八徵耄念之宝”六字方玺。

禹娶涂山氏

据《吕氏春秋·音初》记载，大禹治水时，往来于涂山一带，在涂山之阳遇到了青春靓丽的涂山氏之女曰女娇的，正在采桑，两人一见钟情。禹想到自己 30 岁了还没成婚，决定治水回来一定要娶此女为妻。女娇也一往情深，在禹走后的日日夜夜里，无时不在盼望着重会的时刻。

禹治水回来，见女娇在涂山之阳等候，并唱着自创的发自内心的中国历史上的第一首情歌：“候人兮，猗！”于是二人在台桑（景山，后改名为楚丘，在今菏泽曹县境内）成婚。

因为涂山氏尚处于母系氏族社会的后期，禹只能做“夫从妇居”的上门女婿。禹不以私害公，婚后四日，便即受命外出继续治水。妻子涂山氏是一位贤惠的妇女，支持丈夫前去，大禹告别后就踏上了征程。不久涂山氏生下一个儿子，取名叫启，意在纪念他婚后几天就启程去治水之意。

就此，传说中另一种说法是，大禹经常叫妻子中午去送饭，有一次她去得早了，却发现一头巨大的熊在用爪子开山，原来这就是她的丈夫，涂山氏大惊之下，往回逃去，大禹发现后紧紧追赶，涂山氏竟变成了一块山石，当时她已经怀孕了，大禹无奈之下叫道：“归我子。”石头居然裂开，大禹的儿子从石头中蹦了出来。于是禹便为他取名为启，就是开启而生的意思，这个启后来就是上古中国第一个王朝夏的开国之君。此传说意在赞美大禹公而忘私的品德与艰苦奋斗的精神。

三过家门而不入

大禹在外治水 13 年，三过家门而不入。有次他治水路过自己的家，听到小孩的哭声，那是妻子涂山氏刚给他生的儿子启，他很想回去看一眼妻儿，但一想到治水的艰巨任务，他只得向家里的那座茅屋行了一个大礼，又狠心快步离开而去。

大禹花了 13 年的时间，最终获得了治水的胜利。制服了咆哮的洪水，东方水患得到治理，于是人民可以“降丘宅土”，筑室而居，发展农业生产了。农田变成了米粮仓，人民又能过上安静的生活了。

望夫石

民间还有个关于禹的望夫石的传说。禹在外治水 13 年，三过家门而不入。妻子女娇日夜思念夫君，每天向丈夫治水的方向远眺，但望穿秋水，也不见禹的归来。她朝思暮想，最终精诚所至，化作一块望夫石，站立在涂山的东端，后人把它叫作启母石。

涂山地望之辨析

涂山，又名土山，在今菏泽曹县城南土山集一带，是涂山氏族的发源地，历史悠久。涂山氏是上古陶唐尧帝时期生活在涂山一带的东夷的一个强大部族。因为与涂山氏的联姻，大禹治水得到了整个东夷的支持，加之夫妻二人两情相悦，可说是天作之合。

或说涂山在今安徽怀远县，那里有涂山氏祖庙。当不可信。涂山氏族既然是唐尧时东夷的一个部族，怀远不属于东夷，故涂山必不在南方。南方的涂氏跟绝大多数姓氏一样，当初也是由号称“天下中”的菏鄄地区播迁过去的，而不是在江南土生土长的。《姓氏族谱笺释》就指出：“涂山氏，晋新吴侯涂钦渡江南至豫，为东南涂氏之祖。”

或说：“嵞（涂），会稽山也。”更不可信。从大量考古和文献资料来看，夏族活动的中心地区在今菏鄄之济、濮流域，大禹治水不可能远涉今安徽、浙江一带。

传说涂山氏是九尾狐仙的化身。《吴越春秋·越王无余外传》记载：禹三十未娶，行到涂山，恐时之暮，失其度制，乃辞云：“吾娶也，必有应矣。”乃有白狐九尾造于禹。禹曰：“白者，吾之服也。其九尾者，王之征也。涂山之歌曰：‘绥绥白狐，九尾庬（máng）庬。我家嘉夷，来宾为王。成家成室，我造彼昌。天人之际，于兹则行。’明矣哉！”禹因娶涂山，谓之女娇。

这当然是后人为神圣化大禹而编的故事。但这一故事也恰好证明涂山在菏鄄地区。《周书》曰：“成王时，青丘献狐九尾。”青丘在菏泽鄄城之间，汉初于此置离狐县，本在濮水南，因城垣常为神狐所穿穴，后遂移（城）濮水之北，故曰离狐。由于庄周曾在这里的濮水岸边垂钓，唐天宝元年遂改为南华县。至今这一带仍有狐出没，夜间出来盗食民鸡。

这个故事说明涂山氏族世居青丘一带，九尾狐乃是其族图腾，各地的灵狐都是涂山氏后代，都出自于青丘。由于这个氏族十分庞大，各地都有其子孙。

禹疏九河之地

《孟子·滕文公上》记载：“禹疏九河，瀹（疏通）济漯（tà）而注诸海。”所谓九河，是古代黄河下游许多支流的总称，非死数。实际上这里较大的河流就有十几条流贯于冀南、鲁西、豫北这一黄河下游平原一带，仅菏鄄就有菏泽、雷夏泽、大野泽、孟诸泽四泽和济水、濉水、沮水、濮水、瓠子河、菏水、汜水、汳水、黄沟水、包水等十水流过。

濮水流经春秋卫地，即所谓“桑间濮上”之“濮”。上游二支，一支首受济水，一支首受河水，合流于长垣县西，东流至滑县东南，又分为二：南濮水经东明县南，东流经菏泽牡丹区北注入巨野泽；北濮水经东明县北，东北至鄄城县南注入瓠子河。由于古代上下游各支时或此通彼塞，时或此塞彼通，故古书所载经流不尽相同。后因济水涸竭，黄河改道，故道渐堙。明清之际余流残存于长垣、东明一带，俗称普河。

汳水，即自今河南省开封市东北分狼汤渠水东流至今商丘市北的一段水道，古称汳水，即汴水、丹水，又称"古汴渠"，是泗水的一条重要支流。晋以后被认为是汴水的下流，"汳水"之名遂废弃不用，通称汴水。

包水上承大荠陂，东经贯城北，又东经己氏县故城北，又东经孟诸泽，又东经部成县故城南，又东经单父县故城南，又东经平乐县，右合自萧县来之泡水，再左合成武来之黄沟水，三水合流后称丰水，东流经沛县入泗。后被黄泛淤塞。

黄沟枝水，又称棠水。由山东省菏泽市曹县东南出包水，东北流，经单县、成武西境，曹县、定陶区东境，北流入菏泽。是《禹贡》"导菏泽，被孟猪（今作诸）"的关键河道，也是汉以来楚丘与单父、成武与济阴、定陶与成武的分界线。后亦堙废于黄泛。

这一带是三皇五帝时代先民生活的主要地区，也是大禹治水的主要活动区域。即今太行山与泰山之间的古清济、浊河流经的广阔原野，即所谓九淖之地，也即九河之地，就是鲁西南菏鄄之地。

五帝时生产力还不发达，没有什么好的生产工具，也没有什么交通设施，部落方国都不会太大，夏代初期的版图也就在这一区域。

徒骇河得名

禹接受任务后，便带领着伯益、后稷和一批助手，跋山涉水，风餐露宿，走遍黄河中下游，考察山川形势，历尽了艰险。据传有一次他们走到山东的一条河边，突然狂风大作，乌云翻滚，电闪雷鸣，大雨倾盆，山洪暴发了，一下子卷走了不少人。有些人在咆哮的洪水中淹没了，有些人在翻滚的水流中失踪了。大禹的徒众受了惊骇，因此后来有人就把这条河叫徒骇河（在今山东禹城和聊城市一带）。

禹疏导治水成功

大禹治水，到处得到人民热情的支持与帮助，这也让大禹的决心和信心倍增。大禹吸取了父亲采用堵截方法治水的教训，决定有系统地疏通河渠，把洪水疏导出去。大禹顺水势之自然，把主流干道加深加宽，着眼于疏通水道，让大水能够顺利地东流入海，使上流有所归，下流有所泄，众河则不再为患了。

"禹步"的来历

大禹每治一地，都到各个部落去发动群众，他和民众一起，吃住在工地，挖山掘石，披星戴月地干。他不畏艰苦，身先士卒，长期泡在水里，腿上的汗毛都在劳动中被磨光了。因为治水积劳过度，两腿落下偏枯的毛病，就是半身不遂，亦称半枯、偏瘫，即一侧肢体瘫痪，行走困难，两腿不能前后交替行走，一腿前迈而另一腿拖行。大禹这种步伐久而久之被后世称为"禹步"。又因禹为圣人，后禹步为巫术所利用，巫觋（xí，男巫）作法时故意模仿禹步行走，赋予它非同一般的神力，禹步遂成为"万术之源"，大禹也就被强加上巫觋之祖的名号。

四季节令命名的来源

传说大禹有一块祖传的宝石。这块宝石一年变四次颜色，就是四季；每种颜色还会变六次不同的深浅，一年变二十四次，正好二十四个节令。禹就是靠这块宝石掌握天气、节令的变化，来分辨农事季节，并按时下令治水的民众分批轮换回家生产和休息，从而保证了农事的生产和治水的成功。据说，一年分四季和二十四节令的历法就是从此而来的。

禹定九州贡赋

大禹治水是把整个中国的山山水水当作一个整体来治理的，他先治理土地，或疏通，或平整，开辟出大片大片肥沃的田地。并根据山川地理情况，将中国分为冀、兖、青、徐、豫、扬、荆、梁、雍九个州。

然后又根据九州土壤的性质，分为壤、黄壤、白壤、赤植坟、白坟、黑坟、坟垆、涂泥、青黎等九种。并依据各种土壤的肥力不同，又分为三等九级。根据肥力的等级，安排农业生产，制定适当的田赋，当时称为"贡"，即土地税。因田赋是国家收入的大宗，同时为了要使"贡"的负担合理，在辨别九州各类土壤肥力等的基础上，还注意到当时土壤的实际使用状况，实际收入的多寡以及交通条件，来制定田赋的等级。

在治水的过程中，禹走遍天下，对各地的地形、习俗、物产等都了如指掌。禹还以帝畿为中心，规定了不同的地区及其承担的贡品和劳务：天子帝畿以外五百里的地区叫甸服，再外五百里叫侯服，再外五百里叫绥服，再外五百里叫要服，最外五百里叫荒服。甸、侯、绥三服，进纳不同的物品或负担不同的劳务。要服，不纳贡服役，只要求接受管教、遵守法制政令。荒服，则根据其习俗进行管理，不强制推行中朝政教。

九州贡赋之辨

九州贡赋都是大禹制定的吗？后人颇有疑点。古文献所记九州的名称，如在《尚书·禹贡》《周礼·职方》《吕氏春秋·有始览》中所记，三代"九州"的内容并不一致。

经考证《禹贡》中提到的地名、山川名，也都是战国时代才出现的。《禹贡》实作于战国时代，因此禹划九州的事，当为后世附会，纯属神话。这样看来，禹根本没有划定过九州，更不必说以前。

再说，夏代《禹贡》的土壤分类，是世界上土壤科学史上的创举。其分类的主要标志，是以土壤肥力为主，并依据土壤颜色、质地、植被和土壤水文状况等作为鉴别土壤的标准。这种分类在四千多年前能办得到吗？

事实上，说大禹根据不同的水系，划天下（全国）为九州，其实夏代初期的疆域绝没有如此之大。以四千年前夏代的施工技术水平，时人治理大江大河是不可能的，绝对完成不了这么大的工程。禹所做的只是治理当时的洪涝灾害。自古以来，西来客水至巨野泰沂高地，不是北流由济水入海，就是南入泗水通淮入海。长此以往，这一带河沟淤塞，排水不畅，遂有四泽十水泛滥成灾。这种情况一直延续了整个封建社会。大禹没能力跑到东西南北遥远的地方，去治理滔滔的长江、滚滚的黄河。史载，禹都平阳，即鄄城成阳，夏后氏始终在以济濮为中心的菏鄄及周边地区活动，区域面积不大，不可能有甸、侯、绥、要、荒服之广远的划分。

鲤鱼跳龙门

历史上传下来不少大禹治水的故事，鲤鱼跳龙门就是其中之一。

龙门位于壶口瀑布南面约 65 公里处，在晋陕峡谷的最南端。龙门之南，就是开阔平坦的关中平原。黄河之水从狭窄的龙门口突然进入宽阔的河床之中，河性发生很大变化。龙门的形成，是其东面的龙门山和西面的梁山各伸出山脊，相互靠拢，形成一个只有 100 米宽的狭窄的口门，好像巨钳，束缚着河水，形成湍急的水流。每当洪水季节，由于峡口中的水位抬高，而出了峡谷后，河谷骤然变宽，水位则突然下降，于是在龙门形成明显的水位差，故有“龙门三跌水”之说。传说中“鲤鱼跳龙门”的故事，就是指鲤鱼跳过此处的跌水。

禹门口两岸不通车马，只有黄河从中间奔腾而下。传说每年一到暮春，就有很多黄色的鲤鱼，从大海及各大支流来到龙门，争着向龙门上跳跃。但只有那些百折不挠的鲤鱼，才能最终跃过去。鲤鱼一旦登上龙门，就有云雨跟随着它，天降大火从后面烧它的尾巴，于是鲤鱼就变化成龙能在天空飞了。但一年之中，登上龙门的鲤鱼，总共不超过七十二条，据说这也就是孔子的贤徒只有七十二人的原因。

据传，河水流到梁山时，龙门山挡住去路。大禹察看了地形，觉得这地方非得凿开不可，但偌大一个龙门山搬不走，大禹就只开了一个 80 步宽的口子，将水引了过去，因而龙门又被称为“禹门口”。

这不过是由于古人对龙门峡这种自然奇观的形成感到不可思议，便想象为是大禹所凿开的一条峡口，意在赞美神化大禹而已。

4000 年前夏代的生产力、生产工具和施工技术水平，是绝不可能完成这么大的开凿工程的。因此才有了禹化为黄熊用爪子开山的说法，用来加以解释。

再说，假如龙门是大禹开凿的，那么在大禹之前，黄河又是从何处流的呢？很显然，龙门是千万年河水冲刷形成的。

“鲤鱼跳龙门”，虽然只是个传说，但千百年来却一直激励着炎黄子孙顽强拼搏、奋斗不息的精神。

大禹与筷子

有关大禹治水的传说还有很多，“大禹与筷子”的传说就是其中之一。大禹受命治水后，为清除洪水之患，他日日夜夜和凶水恶浪搏斗，别说休息，就是吃饭、睡觉也舍不得耽误一分一秒。有一次，大禹乘船来到一个岛上，饥饿难忍，就架起陶锅煮肉。肉在水中煮熟后，因为烫手无法用手抓食。大禹不愿等肉锅冷却而白白浪费时间，他要赶在洪峰到来前治水，所以就砍下两根树枝把肉从热汤中夹出，吃了起来。从此，为节约时间，大禹总是以树枝、细竹从沸滚的热锅中捞食，这样可省出时间来制服洪水。久而久之，大禹练就了使用细棍夹取食物的本领。手下的人见他这样吃饭，既不烫手，也不会使手上沾染油腻，于是纷纷效仿，就这样渐渐形成了筷子的雏形。

其实，上古初民时代，人类生活在茂密的森林、草丛、洞穴里，最初是生食的，没有筷子。据箸从“者”取义推断，筷子萌芽于初民懂得用火之时。当时人们发现拨动柴火，火才会旺，所以，筷子当初应是拨火用的，即烧火棍，这从筷子最初叫“箸”可以得到证明。箸，金文作 ，篆文整齐化作 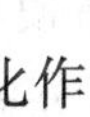，从竹从者（烧火燎柴），会用竹棍拨火使明之意。当时初民捕到野兽烤着吃，不能用手直接拿着，要用棍子夹着，于是烧火棍箸就逐渐演变为吃饭的筷子。初始先民最方便的从火中或热汤中取食的材料就是木棍、竹枝。因此，小木棍、细竹枝就成了先民取食烫手食物时的夹棍，再到蒸煮谷物时的搅棍，逐渐形成了筷子，这是人类在特殊环境下必然的发展规律。筷子的诞生，应是人民群众的集体智慧，并非某一人的功劳。筷子可能在禹王时代得到发展，到了商代已成了普遍使用的餐具。至今已经有 4000 多年了。

筷子由最早的木棍、竹枝，发展到如今各种各样的材质，由最初称箸、挟、筯，到今天统一称呼筷子，不管其如何演变，至今仍然带有原始竹木细棍的特征，其原始的质性并没有大的改变。

筷子承载的中华文化

筷子虽小，但却携带有中华不同寻常的文化内涵与用筷礼仪，被视为东方文明的象征。筷子的标准长度是七寸六分，代表人有七情六欲，以示与动物有本质的不同；又大约相当25厘米，五代表着五行，表示大自然都是由木、火、土、金、水五种物质组成的。中国文化讲究阴阳，筷子必有两根成一双，含有太极和阴阳的理念。太极是一，阴阳是二；一就是二，二就是一；一中含二，合二为一。太极生两仪，两仪生四象，四象生八卦。这是中国人的哲学，包含着深刻的道理，西方人不懂。筷子直而长，挺而不弯，被古人视为刚正不阿的象征；一头圆一头方，表示天圆地方；方形属坤卦，圆形为乾卦，如此乾坤之象就呈现出来了。乾卦象征着天，象征着第一；坤卦含把柄之象，意味着使用；而筷子的使用很自然地把人们的五指分成三部分，拇指、食指在上，无名指、小指在下，中指在中，此乃天、地、人三才之象，天、地、人三才之道，“天人合一”，就存在于其中了。使用圆头夹饭菜，古人言民以食为天，盖源于此。用筷子夹菜不是两根同时动，而是一根主动，一根从动；一根在上，一根在下，两根筷子就组成就一个变化无穷的太极，这就是乾坤两仪之象。主动的一根为阳，从动的那根为阴；在上的那根为阳，在下的那根为阴，不能两根都动或者都不动，讲究的是一个阴阳平衡，阴阳相济，百病不生。做任何事都要讲究一个平衡，不能过或不及。阴阳互动，方能和谐得用；阴阳分离，则太极不存，这就是对立统一，阴阳互根。

筷子最初曾称箸、称挟、称筯。船家行船忌讳住，后来改称筷，筷谐音“快”，不只寄托了“行船畅快无阻”的美好心愿，更寄托着人们免灾趋吉的美好希望。寓意着“快快乐乐，快乐一辈子”。

筷子历来被视为吉祥之物，在生活中，送筷子给人，代表着对美好生活的诸多祝福和希望。送筷子给结婚的新人，寓意成双成对，快生贵子；给小孩，寓意着快快长高长大，永远快乐；给搬新家的人，寓意乔迁快乐，快快发家；给好朋友，寓意双木成林，同甘共苦；给合作伙伴，寓意同心一意，精诚合作；给老人，寓意长长久久，快乐安康；给老外，寓意国际友谊，源远流长；给爱人，寓意双宿双飞，永远厮守。

筷子的数量不同，寓意也不同。一双寓意一生平安，合家和谐；两双寓意两情相悦，成双成对；三双寓意三羊（阳）开泰，合家欢乐；四双寓意四季平安，全年发财；五双寓意五福临门，五谷丰登；六双寓意六六大顺，一顺百顺；八双寓意大吉大发，吉祥如意；十双寓意十全十美，团团圆圆。

在我们华夏民族的餐桌上使用筷子，民俗有许多讲究：用餐前筷子一定要整齐码放在饭碗的右侧，用餐后则一定要整齐地纵向码放在饭碗的正中；使用筷子，两端一定要对齐；夹起食物之后，不能再放回盘碟；不能在同一道菜里连续夹三次以上；不能筷子上蘸着东西时去夹别的菜；赴宴时不应先于主人动筷子；每次用完筷子要轻轻地放下，尽量不要发出响声。尤其是不能有下边不合礼仪的行为：

三长两短，指筷子参差不齐，这大不吉利，代表“死亡”，因棺材是三长两短。

仙人指路，指吃饭时不能食指伸出，或用筷子指人，这表示总在不停地指责别人。

品箸留声，指把筷子的一端含在嘴里，咂嘬出声，这是种无礼的行为，令人生厌，缺少家教。

击盏敲盅，即用筷子敲击盘碗，是乞丐要饭行为，为人所不齿。

泪箸遗珠，指夹菜时，将菜汤流落到其他菜里或桌子上，是严重失礼的行为。

当众上香，指把筷子插在饭菜上，像烧香一样，这是咒人早死。

互相触碰，指两个人同时夹菜时筷子碰撞在一起，这表示要跟人打架。

分放两边，指把筷子摆放在餐具的左右两边，这样会被认为是要和别人绝交。

执箸巡城，指手拿筷子，旁若无人，在菜盘里翻找，是缺乏教养的表现，令人反感。

颠倒乾坤，指将筷子颠倒使用，近乎饥不择食，不顾脸面，被人看不起。

定海神针，就是用一只筷子去插菜，这是对其他人的大不敬。

交叉十字，指把筷子随便交叉着放在桌子上，近似处决犯人，很不吉利，这是对全桌人的否定。

落地惊神，指吃饭时，筷子掉在地上，发出了声音，这会惊扰了祖先，被认为大不敬。

千夫所指，指喝酒或者闲聊不用筷时而把筷子架放在盘碟与桌案间，筷尖翘起指向会餐者，很不礼貌。

迷箸刨坟，指用筷子在菜盘里不住扒拉，像盗墓刨坟一般，是缺乏教养的做法，令人生厌。

在中华几千年的文化宝库中，简单的一双筷子一直寓意着吉祥快乐、和睦相处等诸多好兆头。所以历史上有不少文人墨客写诗作歌对筷子加以赞美。

宋代文人程良规的筷子诗：

殷勤问竹箸，甘苦乐先尝。

滋味他人好，乐空来去忙。

就是对筷子的奉献精神的生动描绘。

筷子的发明与使用，说明中华民族是个勤劳、智慧、优秀、伟大的民族。通过筷子可以见证古老而悠远的中华文明，无论身在故土的国人，还是旅居他乡的游子，对筷子都会有一种特殊的情怀，见筷则爱国，执箸则思家。犹记先辈教导，一根筷子易折，十根筷子难撅，中国筷子自从问世以来就以团结拼搏的精神激励着每一位炎黄子孙，虽然俭朴无华，却有持久韧性的战斗精神、无坚不摧的品格。

筷子，作为中国饮食文化的内容之一，比西方的刀叉在使用上更灵活方便多能。用筷子吃饭使人手巧，可以训练大脑使之灵活，筷子早在唐朝以前就传到了亚洲各国，特别是东南亚。韩国从 1995 年下半年起，在小学一年级开设了“筷子课”，并向教师提出了“让孩子们用筷子夹豆子”的教学方法。日本继承中国固有的制筷工艺，又别有用心地将其本土化，并把每年的 8 月 4 日定为筷子节。风格独具的中国筷子，已成了国际友人来华访问前的“必修课”，1972 年美国总统尼克松访华期间，对中国筷子的神奇更是津津乐道，赞不绝口，其用筷的娴熟成为当时的一个热门新闻。目前全世界有 15 亿以上的人使用筷子，足见中国人发明的筷子已成了当今世界风格独具的重要餐具之一。可以说通过筷子，世界认识了中国，中国也融入了世界。

勤俭爱民

大禹非常关心百姓的疾苦。有一次，看见一个人穷得卖孩子，禹就把孩子赎了回来。见有的百姓没有吃的，他就让后稷把仅有的粮食分给百姓。禹穿着破烂的衣服，吃粗劣的食物，住简陋的席篷，每天亲自手持耒锸，带头干最苦最脏的活。几年下来，他的腿上和胳膊上的汗毛都脱光了，手掌和脚掌结了厚厚的老茧，躯体干枯，脸庞黧黑。所以，在鄄城三官庙里黑脸的塑像为大禹。经过十三年的努力，他们开辟了无数的山，疏浚了无数的河，修筑了无数的堤坝，使中原的河川都流向大海，终于治水成功，根治了水患。

史载，洪水退去后，一块块平地露出了水面，禹带领人们在田间修起条条沟渠，让益发给民众种子，教他们种植粟、黍、豆、麻等农作物，农业生产也取得了进步。孔子曾颂扬禹治水的功德说：我简直找不到他的一点缺点，他的宫室简陋却没有想到改善，而是尽全力平治水土，开沟洫，发展农耕，鼓励人民从事劳动。

舜褒奖大禹

由于大禹治水成功，帝舜在隆重的祭祀仪式上，把一块黑色的玉圭赐给禹，黑色在“五行”观念中，居于最高地位，是“五色”之原，又兼表水之玄色，故借以表彰他的功绩，并向天地万民宣告治水成功和天下大治。禹在天下的威望达到顶点。万民称颂说：“如果没有禹，我们早就变成鱼和鳖了。”帝舜称赞禹说：“禹啊禹！你是我的胳膊、大腿、耳朵和眼睛。我想为民造福，你辅佐我。我想观天象，知日月星辰、作文绣服饰，你谏明我。我想听六律五声八音来治乱，宣扬五德，你帮助我。你从来不当面阿谀背后诽谤我。你以自己的真诚、德行和榜样，使朝中清正无邪。你发扬了我的圣德，功劳太大了！”

大禹继位

由于大禹在济、濮流域治水成功，舜在年老的时候，众人一致推举禹为部落联盟的首领。舜也认为自己的儿子商均不肖，就确定了威望最高的禹为继任者。舜与尧一样，都是禅位让贤的圣王。

舜死后，禹起初并没有马上接受，而是把帝位谦让给了商均(历史上的禅位都是要再三谦让的)，自己躲到封地去为舜服孝去了，所以当时的都城仍在舜都平阳(在今鄄城)。禹守孝三年后，人们都归向禹而不跟商均，于是禹即天子位。

禹取代舜成了天下盟主，在涂山大会天下诸侯，诸侯皆献上玉帛前来朝见，到会的诸侯竟达万名之众。

为纪念这次盛会，后来夏启把各方诸侯部落酋长们送来的青铜铸成九个鼎，象征统一天下九州，成为夏王朝的象征。

政权建设

大禹是古代一位具有雄才大略的伟人和政治家。他将治水与治国、养民结合进行，在治水害的同时，还指导人们恢复和发展农业生产，大兴水上运输，重建家园。每治理一个地方，都主动团结氏族部落酋长，完善政权建设，使百姓安居乐业。

当了天子的禹更加勤奋地为万民谋利，诚恳地招揽士人，广泛地听取民众的意见。有一次，他出门看见一个罪人，竟下车问候并哭了起来。随从说：“罪人干了坏事，你何必可怜他！”帝禹说：“尧舜的时候，人们都和尧舜同心同德。现在我当天子，人心却各不相同，我怎能不痛心？”

禹即位后，中原各部落逐步形成以夏族为中心的领导集团。禹在这个集团中的地位已初具王权性质。他让治水时专司刑罚的皋陶制定了一些规定，各氏族部落如有不听号令的，就要以刑罚来惩办。禹还有组织地对不听教化而多次叛乱的苗族进行征伐，杀死了三苗酋长，势力范围达到江淮流域。从此“四方归之，辟土以王”。

禹继帝位不久，就推举皋陶当继承人，并

让他全权处理政务。在皋陶不幸逝世以后又推举伯益为继承人，负责政务。

教化民众

东南地区古称“九夷”，即九个较大的部落。禹为加强对其统治，几次出巡该地区，传播中原文化和礼教，受到当地百姓的尊敬和礼遇。他沿途向当地人询问习俗，鼓励农耕，告其农时，播种五谷，教育部族酋长们讲礼仪，知法度，不以强凌弱，和睦相处。同时又宣布，若有不听教化者，要以兵征讨，决不客气。当时，古越部落酋长防风氏，总想独霸一方，自称越人各部落之长，不听禹的命令。禹在苗山大会上当众命令将他处死，并暴尸三天。各地诸侯、方伯深知夏王朝的威力和禹的神圣，再不敢冒犯禹王。那些没有参加朝见禹王的氏族部落听说此事，也纷纷向夏王朝进贡称臣。

仪狄造酒

仪狄造了些酒，帝禹喝了以后感到味道很醇美，就给仪狄下命令，要他停止造酒，说：“后代一定会有因为酒而亡国的。”

建立治国大法

传说，神龟献洛书给禹，大禹以之治好了洪水，并以之提出了治理国家必须遵循的9条大法，这就是《尚书·洪范·九筹》。据说实际是周武王灭殷后，殷商遗臣箕子与周武王论述天人关系时提出的。其基本内容为：

一是五行，即水、火、木、金、土。水曰润下，其味咸；火曰炎上，其味苦；木曰曲直，其味酸；金曰从革，其味辛；土曰稼穑，其味甘。

二是敬用五事，即一曰貌，态度要恭谨，人们就严肃；二曰言，说话要和顺，办事就顺利；三曰视，认识要清楚，就能辨别是非；四曰听，听事要聪敏，谋事就能成功；五曰思，思虑要通达，就能圣明。

三是农用八政，即管理民食、财货、祭祀、建筑、教育、司法、接待宾客和治理军务。

四是协用五纪，就是要与岁、月、日、星辰、历数协调一致。

五是建用皇极，即树立皇极的威信，并建立遴选官员和赏罚的标准。

六是义用三德，即治理众民要以“正直”为本，必要时又要刚柔并用，或者以刚制胜，或者以柔制胜。

七是明用稽疑，就是通过龟卜和筮占以探询上天的旨意，并参照卿士、众民和自己的意见作出判断和决定。

八是念用庶徵，就是通过雨、晴、暖、寒、风等的气候变化以判断年景和收成。

九是飨用五福，威用六极，就是通过寿、富、康宁、好德、善终等“五福”劝导人向善；通过夭折、多病、忧愁、贫穷、丑恶、懦弱等“六极”警戒和阻止人们从恶。

大禹斩蛟

相传舜帝死后，他的两个妃子千里寻夫，奔赴三峰石下，哭死在舜帝墓前。舜帝墓后有个石匣子，上刻有“舜封”字样。二妃死后，她们的侍女捧着石匣回京交给了禹王。禹王打开石匣，拿出里面的遗书，上面写着：30年前，禹凿龙门之时，有一条蛟龙东逃，潜入天湖池清水岩中，这条龙角尖直立，角上长有绿毛。舜曾等了三年没见它。舜嘱禹一定要除掉这条蛟龙。

大禹看完遗书，气愤填膺。立即令火神伯益布下天罗地网，大力神应龙下天湖池去擒蛟。可恨那蛟龙就是不出洞。大禹急令用火烧。于是，大火烧了七天七夜，烧死了老蛟龙。青石岩也烧成了紫红色，在阳光下，如同西天彩霞一样美。激战过后，伯益想收回他的天罗地网，谁知绳子解不开了，那天河、北斗、游龙、狮子、麒麟等都留在了洞壁上。所以，位于九嶷山舜帝陵景区的紫霞岩的石壁上，至今有金龙戏水、玉凤朝阳、七星布斗、紫微排罡、犀牛望月、麒麟呈祥等奇观，岩洞口的石壁上有条绿角龙头，龙口里倾泻出天河泉水。据说，这就是跑到洞口被烧死的老蛟龙。那蛟龙死后，皮肉化成了肥土，肠子掉到紫霞洞底，弯弯曲曲，盘旋九转，变成了一条阴河，河水哗哗奔流，清而不浊，这是因为龙喝的是天湖池里的天河水，人称为“九曲黄河”。那龙骨，碎成颗颗骨珠，被山风吹进洞底，滚进九曲黄河之中，被河水浸蚀打磨，变成了洁白晶莹、五棱六角的小石子，黑暗中，拿灯笼一照，像颗颗红透了的杨梅，故谓之为杨梅石。

禹葬会稽之辨

《史记·夏本纪》说：“帝禹东巡狩，至于会稽而崩。”又说：“或言禹会诸侯江南，计功而崩，因葬焉，命曰会稽。会稽者，会计也。”

一直在鲁西治水的大禹怎么会跑到江南去会诸侯呢？更不可能死葬会稽。《左传·哀公七年》明明写着：“禹会诸侯于涂山，执玉帛者万国。”上文也已证明，涂山在今菏泽曹县城南土山集一带，是禹入赘的妻家。禹既没到过浙江，死后却葬在遥远的会稽，更难以理解。

这里必有认识之误。据今人研究，越与夏古音相同，越、夏为同族。《水经注》记载：“会稽之山，古防山也，亦谓之茅山。”“茅山”，杜注：“高平西南有茅山，在今兖州府金乡县西北四十里。”其地正在今菏泽地区。管子有“古封禅者，皆封泰山而禅则多异”之言。注曰：“独禹则封泰山而禅会稽。或说会稽在泰山下。”这样看来，此“会稽”决非浙江之“会稽”明矣。

考之古音，“会稽”即“余”的慢声复音，“会稽”急读则为“余”，会稽山即余山，余山即涂山，在鲁西，当毫无疑义。因此，大禹巡狩会稽和死葬会稽的事，不过是个传说故事而已，是南方民众也渴望治水的强烈愿望的反映。

究其实，这个故事，当是越王勾践强大以后，为了军事上、外交上和内政上的需要，有意编造出来并加以散布的，是托古以自重之词。少数民族为了政治上的原因而编造一种传说以自称华夏后裔的事，在以后的历史上也一直存在，不足为奇。南方越人（勾践越国）为山东越人的南迁，会稽之名是山东越人南迁时带过去的。

这也不奇怪。因为大禹治水本是神话传说，是古代劳动人民战胜自然的神奇表现，是古代劳动人民在治水活动中共同创造共同认可的神与英雄，是劳动人民心理的一致反映。大禹在远古历史中，至少在水事活动中，具有保护神的地位，禹王庙和后来的关帝庙一样，在民众心中占据重要位置。大禹治水具有非凡的同构能力，这也是全国各地都有禹迹、禹庙和大禹传说故事的原因。

鄄城禹王碑

鄄城也有禹王碑，原立于鄄城县苏泗庄引黄闸管理所院内。因长久荒置，已倾倒于地、碑座散失，唯存碑身。后捐赠给菏泽市河务局，今立于东明黄河碑廊，供人观瞻。

此碑由马开玉在清光绪十九年（公元1893年），篆刻复制原禹王碑，立于黄河南岸大堤江苏坝险工处，借之镇物以降水害。大禹治水主要活动在菏鄄，在这里立禹王碑最有意义。

马开玉为治河统军，在鄄城一带，领导治理河患，因尽心治河，做出成绩，于光绪二十一年九月保为二品顶戴尽先补选用道。

关于禹王碑，最早的文字记载见于西晋和南北朝时期。至唐代当还在衡山上，唐代韩愈、刘禹锡皆有诗作咏禹王碑。

韩诗云：

岣嵝山前神禹碑，字青石赤形朴奇。

蝌蚪拳身薤叶披，鸾飘凤泊拿蛟螭。

事严迹秘鬼莫窥，道人独上偶见之。

我来咨嗟涕涟洏，千搜万索何处有？

刘诗云：

常闻祝融峰，上有神禹碑。

古石琅玕姿，秘文螭虎形。

但二人并未亲见其碑文。转至宋朝，就谜一般地消失了。

直至南宋嘉定五年（公元 1212 年），何致游南岳，在衡山岣嵝峰，遇一樵夫导引他至藏碑处，始见禹王碑，并摹拓其碑文。

后何致过长沙时，将禹王碑复刻于岳麓山上，碑宽 140 厘米，高 184 厘米，碑文 9 行，每行 9 字，末行空 4 字，凡 77 字。末行空处补有寸楷书“古帝禹刻”4 字。

碑文字体奇古，既不同于甲骨钟鼎，也不同于籀文蝌蚪，很难辨认，著名甲骨文专家郭沫若钻研 3 年仅识得 3 字，很可能是道家的一种符录，也有的说是道士们伪造的。1935 年建一石亭保护，亭侧有清欧阳正焕书“大观”石刻，为湖南省重点文物保护单位。

至明嘉靖十二年（公元 1533 年），潘镒剔土得碑，遂摹拓流行于世。后世西安碑林、绍兴禹陵、云南法华山、武昌黄鹤楼等处之禹王碑，均以此碑为蓝本翻刻。

禹王碑因最先发现于衡山岣嵝峰，故又称岣嵝碑，为南岳“镇山之宝”。据史料记载，禹王碑是中国最古老的名刻，它与黄帝陵、炎帝陵被文物保护界誉为中华民族的三大瑰宝。

传说碑文内容记述和歌颂了大禹治水的丰功伟绩，为一块功德碑。大禹继父治水，“七年闻乐不听，三过家门不入”的美谈，流传至今。

明代杨慎、沈镒、杨时桥、郎瑛，清代杜壹，及当代亦有人先后作过“岣嵝碑释文”。

现代一些学者认为“禹王碑”并非禹碑。或认为内容是战国越国太子朱句代表他的父亲越王不寿上南岳祭山的颂词，或认为是楚庄王（公元前 611 年）时所立，内容是歌颂楚庄王灭庸国的历史过程与功勋的。至今说法不一。

鲁迅在《汉文学史纲要》第一篇中断言：“虞夏书契，今不可见。岣嵝禹书，伪造不足论。”

大禹夫妻树

那么，大禹到底死于何处呢？鲁西宁阳县“大禹夫妻树”的传说可为我们提供一个可参考的信息。

传说当年大禹治理汶水，积劳成疾，病死在汶水之滨，人们为了纪念大禹，把他葬在后来建禹王庙的那个位置上。不久，在埋葬大禹的地方，长出了一株翠柏，表示大禹死后也在镇守汶水。大禹由于常年在外治水，他的妻子非常想念他，便化作一只凤凰来找他，正巧落在大禹化身的这株柏树枝上。当得知自己日夜想念的丈夫已不在人世后，心中十分悲痛，遂哀鸣不止，泣血而死，一头栽到树下，离开了人间。人们就把凤凰葬在这株树的西边，过了些时，葬凤凰的地方又长出了一株新柏树，人们纷纷议论说：大禹夫妻活着不能团聚，死后化作夫妻树、连理树，永不分离。后来人们围绕两棵树在这里建了禹王庙来祭奠大禹。奇异的是，东侧的树树干笔直劲挺，极具凌霄之势，树冠的枝梢盘旋生长，形成夭骄形的树顶，向东南斜伸的枝条像高昂的凤头，西北树枝如展开的凤尾，人们都把这树冠叫作“凤凰架”；西侧的一株略低于东柏，树冠蓊郁，犹如淑女。有趣的是这株柏树向东斜长，似有偎依夫怀之意蕴。

这个传说虽不能肯定大禹病死葬在汶水之滨，但说明大禹病死在治水的任上，病死在他治水的鲁西地区，这应是肯定的，决不会死葬在浙江的会稽。但由于一直没有发现大禹的确切葬处，而相传夏禹曾大会诸侯于此计功，死葬浙江会稽的传说已渐为后代熟习，如今作为著名景点已为人们所接受。

大禹精神

大禹治好了水土，他在治理的过程中出色的表现，升华凝成了大禹精神，这就是：

公而忘私，忧国忧民的奉献精神；
不畏艰难，坚忍不拔的创业精神；
自强不息，艰苦奋斗的拼搏精神；
尊重实践，求真务实的勇敢精神；
尊重规律，因势利导的科学精神；
积极探索，革故鼎新的创新精神；
以身作则，身先士卒的律己精神；
谦虚谨慎，勤政廉洁的高尚精神；
严明法度，公正执法的治法精神；
民族融合，九州一家的团结精神；
以人为本，心系民生的民本精神。

这种大禹精神，为历代帝王所仿效和推崇，为历代民众所爱戴和敬仰。

大禹，以其大仁大智大勇大德，集五帝之大成，开文明之发端。大禹一生疏九川，平水土，为以后的九州，为华夏民族的生存、发展奠定了基础，使松散的部落联盟逐步形成多民族统一的国家，为建立华夏第一个王朝——夏朝创造了条件，使中华民族由原始社会进入到文明的奴隶制社会，对中国历史的演进和发展产生深远的影响。

由于大禹的伟大功勋，后代人们感念他，为他修庙建殿，尊他为“禹神”，把他治理的中国称为“禹域”，以至在我国到处都有关于大禹的遗迹和传闻。这些遍布中国的大禹遗迹，记刻着大禹的丰功和人们的思念。大禹是我国古代伟人中极受人们崇敬的一个。

大禹精神，是中华民族传统文化和民族精神的化身，是中华民族精神的基石，是中华民族精神的象征，是华夏文化的灵魂。大禹精神历经数千年而巍然屹立，其博大的思想、丰富的内涵、崇高的风范，哺育、鼓舞和激励了一代又一代华夏子孙成为民族的脊梁。

夏启继位家天下

禹死后，其子启继位，在雷夏泽之畔召开各部落酋长会议，宣布建立中国历史上第一个中原世袭制朝代夏王朝，称夏后氏，定都于冀，即前边提到的中冀地区，具体说即鄄东南之成阳，并封颛顼之后昆吾于鄄北为诸侯，都帝丘，所以古鄄有昆吾旧壤之称。同时还封了斟灌国、雇国等一些宗族邦国，结束了禅让制，公天下成了家天下。古代中国部落联盟制的时代随之结束，中国历史进入了奴隶制社会时期，是中国古代社会发展史上的一个重要里程碑。

天乐九辩、九歌源头

传说夏启喜好音乐，曾上天偷取了天帝的音乐，这就是后来的九辩、九歌等，后来楚国的诗人屈原就是借鉴这些音乐创作出了许多优美的诗篇。

夏铸造九鼎

启建立夏王朝后，夏朝发展到蜚廉时代，

已达到了相当繁荣的高度。尤其是其遗址在今鄄城地区的宗族邦国昆吾，已成为华夏文化的中心地带。

昆吾是一个古老的部族，不仅农业发达，制陶和冶铜技术也处于领先地位。历山原称鬲山，鬲，陶釜也，足以证明其制陶业之发达。昆吾人不仅擅长制作陶器，后来又发展出制作铜器，一直到周代，还把制作铜器的官叫作昆吾。由于昆吾手工业发达，到夏代发展成为大国。

夏朝完成的一项重大工作就是铸造了象征王权的青铜礼器——九鼎。这一艰巨任务，就是由昆吾部族承担完成的。

当年涂山大会之后，为表示敬意，各方诸侯常来都城献金(即青铜)，后来，九州所贡的铜年年增多，为了纪念涂山大会，就准备将各方诸侯进献的金，铸造成九个大鼎。所铸九鼎，为冀州鼎、兖州鼎、青州鼎、徐州鼎、扬州鼎、荆州鼎、豫州鼎、梁州鼎、雍州鼎。九个鼎上镌刻着夏朝各方国的名称、位置，以及九州山川美景、珍禽异兽、神灵怪异之物。历史典籍上称之为“贡金九牧，铸鼎象物”。九鼎的铸成，标志着中原地区进入了以建立国家为标志的文明时代的来临。九鼎集中到夏王朝都城，借以显示夏王大禹成就了九州，天下从此一统。

九鼎后来继而成为“天命”之所在，是王权至高无上、国家统一昌盛的象征。

九鼎的变迁

九鼎经过夏、商、周三代相传，到秦时一只失落于泗水。在前后约2000年间，文献中记载了“成王定鼎”“楚子问鼎”“秦齐求鼎”“九鼎护国”“泗水捞鼎”等有关九鼎的许多故事。“泗水捞鼎”还成为汉代画像砖艺术作品的主要题材之一。

鼎本是中国古代的一种炊烹器，类似于今天的锅，石器时代为陶质，商周以后发展成为青铜器。其形制有盆形、鬲形、釜形、方形等几个类型。鼎多用于王公贵族宴享、祭祀、朝聘、丧葬等场合。国君、诸侯、大夫用鼎的规制有着严格的规定。天子用九鼎、诸侯用七鼎、大夫用五鼎、士用一鼎或三鼎。因此，“鼎”很自然地成为国家传国宝器。成语“钟鸣鼎食”之家，就是等级礼制的体现。后世也因此把天子所用九鼎视为王权的象征、传国的宝器，以及天命和人心所归的依据。九鼎制成后，成为传国之宝、礼之重器，商灭夏，周灭商，皆首先夺取九鼎，藏于太庙，所谓“毁其宗庙，迁其重器”，说的就是这一传统。

周公平定管叔、蔡叔叛乱后，营建了洛邑(今洛阳市)并把九鼎迁到这里，今天的洛阳市有“定鼎路”。公元前606年，楚庄王在陆浑(今嵩县一带)大破戎狄，兵临洛阳，向周王炫耀武力。周定王派王孙满慰劳楚国军队时，楚庄王向王孙满问起九鼎之大小、轻重，史称“问鼎中原”。周定王时，秦国兴兵索要九鼎，周王派颜率斡旋此事。颜率以把鼎送给齐国为条件向齐求救。解围后，又想办法谢绝了齐国的要求。

后来秦武王不但堂而皇之地参观“九鼎”，还和别人比赛举鼎，结果被大鼎砸断腿骨，不久一命呜呼。也正因如此，天下有勇力的人多投其麾下，比较有名的是孟贲、乌获、任鄙等人。

公元前256年，周赧王与诸侯联合抵御秦军的进攻。秦攻进周王城，周王投降，周贵族弃城向东逃亡，九鼎落入秦人之手。秦昭王携带九鼎向东攻城略地，路过今山东泗水时，其中一鼎落入水中，剩下的八鼎被带回秦国。

秦始皇统一后的第二年(公元前220

年),秦始皇到东海蓬莱、瀛洲三神山求仙,班师回朝路过彭城时,想到当年秦昭王失落泗水的那只鼎,于是斋戒祷祠,命一千将士入泗水捞鼎,最终没能成功。

九鼎没了,后代武则天和宋徽宗都还重造过鼎。

夏桀腐败

夏朝到夏桀姒履癸统治时,已是危机四伏。他宠信王后妺(mò)喜,重用佞人,残杀忠臣关龙逄(páng),对民众及所属方国、部落进行残酷的压榨和奴役,引起普遍的憎恨与反对。

《国语·晋语一》记载:"昔夏桀伐有施,有施人以妺喜女焉。"夏桀娶了妃子妺喜后,纵情声色,恣意享受。《通鉴外纪》记载:"桀作瑶台,罢(pí)民力,殚(dān)民财。为酒池糟堤,纵靡靡之乐,一鼓而牛饮者三千人。"妺喜爱听"裂帛"之声,桀就命各地每天进贡丝绸一百匹,让人轮流撕帛给妺喜听。夏桀专宠妺喜,不理朝政,还把自己比作太阳,说:"天上有太阳,正像我有百姓一样,太阳会灭亡吗?太阳灭亡,我才会灭亡。"民众指着太阳气愤地诅咒他道:"时日曷丧 吾与汝偕亡(太阳啊你什么时候灭亡,我们愿意跟你一起灭亡)!"

夏桀如此腐败纵情声色,浪费民脂民膏,逼得百姓家破人亡,走投无路,各方国部落也更加离心离德,夏桀陷入了内外交困的境地。

商汤兴起

在夏朝逐渐衰落的过程中,在黄河下游的商部落逐渐强盛起来。从契到汤,已经传了十四世。商部落从菏鄄地区日益向着黄河中游发展势力,相土、王亥都是有名的商侯王。汤即位后,任用伊尹和仲虺为左右相,国力日益强大,汤积极做着灭夏的准备。

夏朝从孔甲以后日益衰败,到夏桀时国内矛盾以及与部落属国的矛盾都十分尖锐。汤认为灭夏的时机已经成熟,汤采取了逐个剪除夏桀羽翼,以削弱夏桀统治,最后取而代之的策略。汤先灭掉附近的葛国,接着又灭掉十几个小国和部落,又进而连续攻灭了韦、顾、昆吾。这三国是夏朝在黄河下游的重要支柱,特别是昆吾的灭亡,使夏桀失去了最亲近的依靠力量和东部屏障,夏朝处于正面受敌的地位。

夏桀想挽救他垂危的统治,号召属国联合攻汤。在有仍地方会盟,有缗氏带头叛夏,夏桀众叛亲离,陷于孤立。

夏朝灭亡

经过十多年剪除夏桀羽翼以削弱夏桀势力的征战,约在公元前1600年,商汤下令兴兵伐夏。商汤精选良车70乘,"必死之士"6000人,联合各方国军队,会同汤军在鸣条(遗址在菏泽定陶境内的左丘)展开了决战。决战中商汤军队奋勇作战,一举击败了夏桀的主力部队,夏桀败退后归依于属国三朡(jiè,亦作"艐",在今菏泽定陶东一带)。商汤乘胜攻灭了三朡,夏桀率少数残部逃往南巢(今安徽省巢湖市),被俘后关押在郓城历山,所谓"放桀之历山",不久病死。正式地宣告了夏王朝的灭亡。

夏后氏后裔繁衍成匈奴

夏朝灭亡后,夏桀的族人主要留在中原活动。有一支从历山南迁至南巢。另一支则北上进入今蒙古平原,与当地原有的山戎、猃允、薰粥等蚩尤后裔诸族融合,皆成为后代所说的匈奴。所以,匈奴人的先祖一部分是夏王朝的遗民。

司马迁在《史记·匈奴列传》中记载说："匈奴，其先夏后氏之苗裔，曰淳维。"又说"唐虞以上有山戎、猃允、薰粥，居于北边，随草畜牧而转移"。《山海经·大荒北经》则称："犬戎与夏人同祖，皆出于黄帝。"《史记索隐》引张晏的话说："淳维以殷时奔北边。"意思是，夏桀的后裔淳维，在殷商时，带着父亲留下的族人，逃到北边，避居北野，随畜移徙，子孙繁衍成了匈奴。

王国维在《鬼方昆夷猃狁考》中，对有关匈奴名称的演变作了如下系统的概括：他认为商朝时的鬼方、混夷、獯鬻，周朝时的猃狁，春秋时的戎、狄，战国时的胡，都是后世所谓的匈奴。

二十、商汤祖上起菏郓

帝喾生郓继为王，迁都景亳启殷商。
狄吞燕卵生祖契，留下红蛋习俗长。
佐禹有功赐子姓，兄弟不谐分参商。
后世子孙有成汤，爱民施仁势渐强。
履癸无道失民心，伐国灭夏建殷邦。

商朝的始祖契

商朝约当公元前 1600 年至前 1046 年间，共传 17 世 31 王，延续 554 年。是中国历史上的第二个朝代，也是中国第一个用自己的文字记载自己的历史的王朝。

商王朝始祖为契，其父是高辛氏的后代帝喾，母是有娀氏女子简狄。史载：帝喾次妃简狄，是太昊后裔有娀氏（故地在曹县西北安陵堌堆）之女。一天与伙伴三人在菏郓境内的济水行浴，见玄鸟堕其卵，简狄取而吞之，遂于郓城寿丘生契。

生子吃红鸡蛋缘起

由此，后世留下了产妇怀孕坐月子时，谁能吃上玄鸟蛋，就能生贵子的传说。而玄鸟蛋很难得，后人便在白鸡蛋上贴上红纸，染成红色，当作玄鸟蛋送给产妇吃或小孩子过生日吃。郓城至今仍有结婚生子吃红鸡蛋的习俗。笔者小时候，过清明节就用红纸贴染过红鸡蛋。

生子吃红鸡蛋的缘起，古籍还有卵生神话说、鸟图腾崇拜说、生殖崇拜说、辟邪禳灾说和祥瑞之物说等多种。究其实，吃红鸡蛋的习俗，当是由原始社会人们对生殖的崇拜文化演变来的。演变的结果，遂将人类生子与鸡生蛋，蛋又孵出鸡联系在一起。这样，由鸟转化来的鸡和鸡蛋，便成了这一文化的载体，遂形成结婚和生子吃红鸡蛋的习俗。鸡成了百禽之长，阳出鸡鸣，万鬼避藏，于是具有了辟邪镇魅禳灾的作用；而红鸡蛋在民间也成了祥瑞之物，寄寓着赐福送子的喜庆之意。至于为何要吃红鸡蛋，也不难理解，赤子降生，血水淋漓，红色则是最鲜明的象征。

契受封于商

契是唐尧的异母弟，自幼能干，长大成人后，受命辅佐大禹治水有功，因功赐姓子，被舜任命为司徒，掌管教化，封于商（北亳，今曹县南土山集）。

所以，商族为高辛氏帝喾的后裔，以玄鸟为图腾，是一个以畜牧业为主的古老部落，世居黄河下游今菏泽南部一带繁衍，有着悠久的历史，是夏朝的一个属国。舜帝时，契已成为商族部落的杰出首领，被商人称作“玄王”，视为始祖，简狄则成为商人的始祖母。此即所谓“天命玄鸟（燕），降而生商”。

后来契在商地建立了一个地域不过 70 里的小国，遂命名叫商，就定都于北亳。

商国从始祖契开始，其后裔或因受封，或因战争而迁居，到第 14 代商侯汤的时候，已经将都城迁了 8 次。到汤继位为商侯，建都于南亳（今商丘）。汤建立商王朝之后，后代又迁都了五次。即史书所谓“前八后五”之说。因此商都在哪里，就有北亳、南亳、西亳等等很多说法，这都是帝喾的后裔子孙们崇拜向往祖先，在迁徙时不忘祖居，名随人走，带过去的结果。

动如参与商的来历

契生有二子，大的叫阏伯（è bó），小的叫实沈。他们原生活在一起，因经常打架干仗，帝喾没有办法，只好把阏伯迁于商地（今菏泽曹县南部一带），让他管理东方的商星；迁实沈于大夏（太原上古时期之称），去管理西方的参（shēn）星。从此，兄弟二人各居一方，永不能相见了。所以每当商星从东方升起，参星就已没于西方的地平线下；而当参星从东方升起，商星也则已没于西方地平线下，二星在天空中绝不会同时出现。古人以此譬喻彼此对立，不能和睦，亲友隔绝，不能相见。杜甫在《赠卫八处士》中写下的“人生不相见，动如参与商”的名句，即源于这一传说。

三星在天

《诗经·唐风·绸缪》有：“绸缪束薪，三星在天。”诗句。这里的“三星”何指？指的就是参星。参星属西方白虎七宿之一，西方天文学中属猎户座。古代只包括猎户中央腰带上的三颗星，又称将军星，乡俗叫参明（mei）。参，三也，三星相连成一线，亮度较强，星等相当，民间称之为“福、禄、寿”三星。这三颗闪亮的蓝星，是冬季夜空中最具代表性的标识。过去没有钟表，乡民根据参星在天空中的位置来确定夜晚的时辰。

除夕之夜，仰望夜空，看见三星高挂南天，就是中国春节之时。所谓“三星高照，新年来到”，即是对这一景象的生动描述。如果月亮已落，三星西斜，所谓“月落参横”，即表示天色将明。

商朝开国之君成汤

商王汤是契的 14 世孙，名履，又称天乙、太乙、高祖乙；殷墟甲骨文又称之为成、唐、啺，故又称成汤；又因以武力灭夏，故又称武汤。汤是商朝的开国之君，为儒家推崇的上古圣王之一。

商汤像

商汤之所以能凭不过 70 里之地灭夏，全凭他任用了贤臣伊尹和仲虺两位能人为左右相的帮助。

中药汤剂创始人伊尹

伊尹（前 1649 年—前 1549 年），姓伊，名挚，官拜阿衡，又叫保衡，“尹”是官名，相当于后世之“宰相”。甲骨文“尹()”本是手持针给人治病之意。上古巫医不分家，巫师也兼有治病的功能，这一现象一直延续到后代，直到今天有的地方还不乏请巫师治病的事。“尹”在维吾尔语里就是医生的意思。可见伊尹当初应是一位大巫师，也是一位高明的医生。有资料记载说，中药汤剂创始人就是伊尹，医家都认为古代的医籍《汤液经法》也是他所作的。

甲骨文的出现

商是一个非常崇信鬼神的朝代，国家大小事情都要通过祭祀占卜来决定，所谓“国之大事，在祀与戎”。占卜时先在打磨好的龟甲的里面錾凿出一个凹坑，再凿成形如“卜”字的样子，然后在凹坑处烧灼，因受热，龟甲的正面随着爆裂声卜卜作响便裂出纹路，故称这种占术为卜。巫师细看裂纹的样子，即兆，来判断所卜之事的吉凶，并把所卜结果刻录在龟甲上，这就是我们今天看到的甲骨文。

商朝的这种祭祀占卜活动催生了甲骨文的产生，殷墟甲骨文也就成了殷商时代留给我们的最珍贵的一大笔遗产。

我们看到的最早的汉字就是甲骨文，距今已有四五千年的历史，已是一种相当成熟的文字体系。

汉字作为世界上最古老的四种文字之一，是世界上唯一长盛不衰、一直使用至今、硕果仅存的古老文字。

几千年来，社会发生了巨大的变化，世界上其他几种同属人类最早的文字(苏美尔和巴比伦人的楔形文字、埃及人的圣书文字、中美洲的玛雅文字)，早已湮灭在历史的尘烟里，而且该地区现行的文字和这些古文字也已没有历史渊源关系；而汉字却驾着历史的风云，一脉相承，从容发展至今，历久弥新，仍有效地为我们所使用，从而让数千年后的我们，仍能毫无障碍地阅读古代的文献，顺利地理解先民的生产生活、思想观念、道德品格、对自然的认识以及对人生社会的态度。

中华文化能如此完整地得以保存与继承，这完全得益于汉字以象形为基础的表意性及其不与语音直接相联系的超方言性质这一最大特点和优点。

这一特点使汉字数千年来没有发生根本的变化，让我们今天使用起来仍毫无困难，从而为我们保留下了光辉灿烂的古代文化遗产，使中华民族源远流长的文明得以毫无间断地承传。这在世界上是绝无仅有的，是表音文字无法办到的。

伊尹是有莘氏人氏

商朝的这种祭祀占卜活动都是由巫师主持的，所以巫师在商朝具有崇高的地位。

治病与治国其理是一样的，所以由调治医病的巫医，转化为施政治国的贤相也是自然的。

伊尹是有莘(shēn)氏人，生于今菏泽之鄄城西南，即古有莘之墟，也就是城濮之战晋文公观兵之地。有的说伊尹生于菏泽曹县莘冢集大集乡殷庙村，这当是后迁之地。殷庙村是商都景亳(bó)之地，伊尹做了商右相，自然要在这里工作，所以曹县莘冢集大集乡应是伊尹的工作之地，不是出生地。有文献说“伊尹葬于亳”，出于同样原因，伊尹去世后埋葬在这里也是很自然的。

伊尹生于空桑

传说伊尹母亲生他之前曾梦见神人相告：“臼出水而东走，毋顾。”第二天，她果然发现舂臼内出水如泉涌。这个善良的采桑女赶紧通知四邻向东奔逃十里，回头看时，村庄已成一片汪洋。因她违背了神人的告诫，身子遂化为一株空桑。有莘氏采桑女发现空桑中有一婴儿，便带回去献给有莘王，有莘王便命家奴厨师抚养。这就是伊尹生于空桑成为厨师的儿子的故事。

商汤数聘陪嫁奴

伊尹聪明好学，从小跟养父学得了高超的烹调技术。他虽身为奴隶主贵族的厨师，但却向往尧舜之道，对三皇五帝和大禹等明君的施政方略颇有研究，于是做了贵族子弟的“师仆”。由于他深谙治国之术远近闻名，以致求贤若渴的商汤三番五次带着礼物，前往有莘国去聘请他。但有莘王不答应，商汤只好娶有莘王的女儿为妃。于是，伊尹便以陪嫁奴隶的身份来到商汤身边。

庖人出身的宰相

伊尹出身厨师，精通厨艺又深知治国之道。他提出的“五味调和说”与“火候论”，至今仍是中国烹饪的不变之规，被尊为烹饪之圣，中华厨祖，中原菜系创始人。

伊尹见夏桀荒淫，百姓陷于水深火热之中，便借负鼎俎为汤炊烹之机，以烹调五味为喻，向商汤进说治国平天下的为政之道，也就是后来老子所说的“治大国若烹小鲜”的理论。

伊尹为商汤分析了天下大势，劝汤承担起灭夏拯救苍生的大任。商汤由此知道他有经天纬地之才，遂命伊尹为右相，成为中国奴隶社会唯一的出身庖人的宰相。

左相仲虺

仲虺(huǐ)，姓任，又名莱朱，山东省菏泽市曹县潘白刘村人。其先人为奚仲，封于薛国，是夏王车正，乃发明舟车的大发明家，被后世奉为车神。传说仲虺出生时雷声虺虺，闪电如蛇，大雨倾盆，解了薛国多年不遇的旱灾。于是他的父亲薛君便给儿子起名叫“虺”，还为他文了一身赤色蛇纹，又因为他排行老二，故称任仲虺。仲虺从小就显示出非凡的治国才能，把薛治理得国泰民安。仲虺作为奴隶主，从他先祖起就世代在夏王朝做官。但到夏桀时，仲虺看出夏桀日子不会太长了，便果断投奔了势力最大的商汤。商汤知人善任，遂拜仲虺为左相，与右相伊尹一起成为辅佐商汤灭夏的股肱。

制定伐夏方略

伊尹是商朝初年著名的贤相、政治家、思想家，也是最早的道家人物。他和仲虺二人替商汤制定了效法尧舜以德治天下、为救民于水火而伐夏的方略。

商汤在伊尹和仲虺的辅佐下，首先是整顿吏治，洞察民情，鼓励商民安心农耕，饲养牲畜，治理好内部；又广施仁政，爱护百姓，深得民众的拥护。同时团结与商友善的诸侯、方国。在汤的仁义感召及伊尹和仲虺二人的鼓动下，一些诸侯陆续叛夏而慕名归顺商汤，商汤的势力于是迅速强大起来。

网开三面

《吕氏春秋·孟冬纪·异用》篇记载了这样的一件事：传说有一次，汤出，见野地张网四面，张网人祝曰：“从天堕者，从地出者，从四方来者，皆入吾网。”汤曰：“嘻！尽之矣。非桀其孰为此也?”汤收其三面，置其一面，更教祝曰：“昔蛛蝥作网罟，今之人学纾。欲左者左，欲右者右，欲高者高，欲下者下，吾取其犯命者。”汉南之国闻之曰：“汤之德及禽兽矣!”于是四十国归之。人置四面未必得鸟，汤去其三面，置其一面以网其四十国，非徒网鸟也。这就是“网开三面”的故事。它说明商汤广施仁政的政策取得了非常好的效果。

成汤起兵伐夏

成汤时，夏王朝正是昏君姒履癸夏桀执政。夏桀昏庸腐败，不顾百姓们的死活，横征暴敛，在国都斟鄩（xún，今河南巩义市西南，太康迁此）修建豪华的宫殿，荒淫无度，残害人民，遭到老百姓的愤恨和反对。成汤见夏朝国势渐衰，矛盾异常尖锐，决定乘机起兵伐夏。

成汤在伊尹等大臣协助下，以亳为据点，先灭掉了附近的葛伯等十几个小国和部落，扩大了商国的势力范围。

然后兴兵伐夏。成汤亲自领军，统率众诸侯之师，伊尹随军出征。成汤坐在战车上，手里拿着大板斧，浩浩荡荡，先灭掉了夏王朝的三个重要同盟国韦（在今菏泽东明西）、顾（在今鄄城东北部）、昆吾（今鄄城，故昆吾旧壤），使得夏王朝孤立无援。随后乘胜进攻夏王朝的国都斟鄩。夏朝的军队毫无斗志，纷纷放下武器投降。夏桀见势不妙，连他以往曾经宠幸的贵妃妺（mò）喜都顾不得带走，仅带着少量的军人逃窜。成汤率领威武之师，一直追到鸣条（遗址在今菏泽定陶区境内的左丘）进行会战。

会战开始之前，汤为了鼓动士气，召集了参加鸣条会战的商军和前来助商伐夏的诸侯、方国的联军进行宣誓，宣读了一篇伐夏的誓词，就是《尚书》里的“汤誓”。《尚书·序》记载：“汤与桀战于鸣条之野，作汤誓。”商联军经汤动员以后，士气大振，都表示愿意与夏军决一死战。

两军交战的那一天，正赶上大雷雨的天气，商军不避雷雨，勇敢奋战，夏军败退不止。夏桀见兵败不可收拾，遂败逃，东依属国三朡（jiè，今菏泽定陶区东一带）。商汤乘胜攻灭了三朡，夏桀率少数残部逃往南巢（今安徽省巢湖市），后被俘囚禁在鄄城历山，不久病死。

夏朝灭亡

商汤回师西进，很快就占领了夏都斟鄩。汤和伊尹安抚了夏朝的臣民后，就在斟鄩举行了祭天的仪式，仲虺写了一篇重要文告《仲虺之诰》诏告天下，说明夏后氏的“历数”（帝王相继的世数）已尽，商取代夏是上天让汤吊民伐罪的，不是犯上作乱。夏朝的亲贵大臣们都表示愿意臣服于汤。于是正式地宣告了夏王朝的灭亡。

商朝建立

商汤随后又率军回到了祖居的北亳，在今山东曹县南土山集一带；因此地有景山，也叫景丘，故又称景亳；又因为此地古称“蒙”，故又称“蒙亳”，后又为薄县之地，亦称景薄。商汤在此召开了众多诸侯参加的“景亳之命”大会，得到3000诸侯的拥护，正式登上了天子之位，取代夏王朝，建立了我国第二个奴隶制国家——商王朝，定都于亳。

商汤革命

汤灭夏建立商朝后，对内减轻征敛，鼓励生产，安抚民心，从而扩展了统治区域，就连远居黄河上游的氐人、羌人等部落都来纳贡归服。由于商汤灭夏的四次主要战役全部是在菏泽鄄城境内进行的，夏桀最终也被囚禁在老家鄄城历山，直至死去，所以汤遂以帝丘（今鄄城旧城）为其陪都。又由于商汤以武力灭夏，打破了国王永定的说法，从此中国历代王朝皆如此更迭，因而史称“商汤革命”，即改变天命。

祈雨桑林

大战后必有大灾。汤灭夏后，连续 7 年的大旱，粮食绝收。汤于是祭祀占卜祈求上天降雨。许多巫觋穿上五彩绣花的衣服，手执牛尾，盘旋歌舞，来娱神求雨，雨就是不下。汤遂即亲自歌舞娱神求雨，天还是不下雨。汤于是沐浴斋戒，剪去指甲，把自己当作牺牲，亲自到亳都东部的桑林祈祷，宣读了一篇责备自己的祷辞，终于感动了上天，祷得大雨降下。就这次祷雨，伊尹作了《大濩（huò，降水救护）》之乐作为纪念，来颂扬商汤的功德。汤死后，汤的后代就把《大濩》作为祭祀祖先的乐舞，保留下来。

商汤二十七年，迁九鼎于亳都。二十九年，商汤百岁而崩于亳都，死葬当年誓师伐夏的景丘之上，其上修有汤陵。

共和执政

商汤死后，伊尹又继续辅佐了外丙、仲壬、太甲、沃丁五代君主五十余年，并做了汤王长孙太甲的师保。

传说，太甲不遵守商汤的大政方针，为了教育太甲，伊尹将太甲安置在成汤墓葬之地的桐宫（在今河南商丘虞城），他本人与诸大臣代为执政，史称共和执政。伊尹著《伊训》《肆命》《徂后》三篇训词，告诫太甲如何为政。经过三年深刻反省和学习三篇训词，太甲逐渐认识了自己的错误，悔过向善。伊尹便亲自到桐宫接回太甲，并将王权交给他，自己仍继续当太甲的辅佐。太甲感谢伊尹，尊之曰阿衡。顾炎武《日知录集释》云：太甲之书曰，王徂桐宫居忧，此古人庐墓之始。后来“桐宫”遂借指被贬的帝王或幽禁帝王的地方。或说伊尹放太甲于桐宫，是篡权自立。

元圣伊尹逝世

沃丁八年，为商朝立下了汗马功劳的伊尹逝世，享年百岁。沃丁以天子之礼将伊尹安葬于亳都附近，以表彰他对商朝做出的伟大贡献，被后人奉祀为“商元圣”，比孔圣早出一千多年，故史称元圣人。

盘庚迁殷

汤经过二十年的征伐战争，最后灭了夏王朝，统一了自夏朝末年以来纷乱的中原，控制了黄河中下游地区，其势力所及，远远超过了夏王朝，汤灭夏后奠定了商王朝疆域的基础。

汤灭夏，定都于亳。由于受水患、战争等多方面的影响，商数次迁都，到其后裔盘庚时迁都于殷（今河南安阳）后，国都才稳定下来，在殷建都达 273 年，所以商朝又称为“殷”或“殷商”。

纣都朝歌

商朝最后一位君主名受或受德，谥帝辛，史称纣王，小说或称其为寿王。“纣”是“残义损善”的意思，是后人加给他的贬损谥号。

殷纣王在位 30 年，其父帝乙迁都沬（mèi），纣继都之，并就武丁城扩而大之，因城西有朝歌山，遂改沬都为朝歌（zhāogē，在今河南淇县），后人因纣王腐败，遂演绎成“高歌黎明，喜迎朝阳”之意。纣王时代，朝歌非常繁华，史载“朝歌夜弦五十里，八百诸侯朝灵山”。

纣王的功绩

帝辛自幼聪敏过人，是个有本领的人。《荀子·非相篇》记载说帝辛“长巨姣美，天下之杰也；筋力超劲，百人之敌也。”《史记·殷本纪》也记载说"帝纣资辨捷疾，闻见甚敏，材力过人，手格猛兽"。

帝辛继位后，重视农桑，发展社会生产力，国力强盛。他继续发起对东夷用兵，打退了东夷向中原的扩张，把商朝势力扩展到江淮一带。特别是讨伐徐夷的胜利，把商朝的国土扩大到山东沿海、安徽、江苏、浙江、福建沿海。帝辛对东南夷的用兵，保卫了商朝的安全。

毛泽东在评价帝辛时说："其实纣王是个很有本事、能文能武的人。他经营东南，把东夷和中原的统一巩固起来，在历史上是有功的。纣王伐徐州之夷，打了胜仗，但损失很大，俘虏太多，消化不了，周武王乘虚进攻，大批俘虏倒戈，结果商朝亡了国。"

帝辛统一东南以后，把中原先进的生产技术和文化向东南传播，推动了社会进步和经济发展，促进了民族融合。

殷商时期，中国社会得到了较大的发展，甲骨文的创造和应用，青铜器的冶炼与制造，已达到较高的水平，是其突出的贡献。从安阳小屯村发现的大量甲骨文来看，说明殷商时代甲骨文已相当成熟，汉字的结构在甲骨文中已经基本形成，并已经得到充分广泛的应用，使殷商成为中国第一个能用自己的文字记载自己的历史的王朝。通过甲骨文的记录，我们今天才可以了解到商朝多方面更为详细可靠的历史。那里面有商朝关于天文天象的记载，有商朝关于干支纪时法运用的记录，有商朝关于农业和畜牧、养殖业发展状况的记录，有商朝关于手工业、青铜器的冶炼与制造业发展水平的记录，有商朝各种精美的常用器具和礼器、酒器情况的记录。后代发现的重达832.84千克的著名的后母戊鼎，又称司母戊鼎、司母戊大方鼎，就是其时最杰出的代表。

纣王的奢靡腐化

不幸的是，帝辛60岁，发兵攻打有苏部落时，有苏部落抵挡不住，遂献出美女妲(dá)己。纣王自从载回自己的战利品妲己，年过六十的他非常宠爱，本就喜好喝酒、沉湎音乐、迷恋女色的纣王，一发不可收拾，完全奢靡腐化起来。

造酒池肉林与炮烙之刑

纣王为讨好妲己，满足自己的奢靡腐化的生活，加重赋税，大兴土木，扩建了沙丘花园，建造了鹿苑鹿台，方圆三里，其高百丈。把搜刮来的天下奇珍异宝、珍禽奇兽、众多金银和美女都聚在台上，并在里面凿地为池，注酒其中，还在池边竖起树林似的木桩，上面满挂烤肉，同姬妾嬖幸在其中通宵宴饮游戏，并让男女脱光衣服相互追逐打闹取乐，饿了抬头就啃，渴了趴下就饮，酒足肉饱，接着疯玩。每次宴饮多至3000人，常作7日7夜的长饮狂欢，致使君臣姬妾都忘了日月时辰。

他又造了炮烙之刑，把炭火置于铜柱之中烧红，谁反对他，就叫人在上面爬行，烙得皮焦肉烂而死。

靡靡之音

纣王对妲己言听计从，干了不少伤天害理的事。妲己喜欢音乐，纣王叫乐师涓为作淫荡之曲，鄙俗之舞，靡靡之乐。严冬之际，妲己见有人赤脚走在冰上，认为其生理构造特殊，纣便将那人的双脚砍下，研究其不怕寒冻的原因。妲己看到一孕妇大腹便便，十分好奇，纣便剖开孕妇肚皮，看其腹内究竟。三公之一的九侯有位女儿长得十分美丽，九侯把她送给殷纣王。因这个姑娘不喜淫荡，纣王恼怒便杀了她，并把九侯剁成肉酱。

箕子佯狂

箕子，名胥余，纣王诸父，官居太师。纣王最初制作象牙箸时，箕子就悲叹道：“他现在制作象牙箸，将来就一定还要制作玉杯；制作玉杯，就一定想把远方的稀世珍宝占为己有。车马宫室的奢侈豪华也必将从此开始，看来国家肯定无法振兴了。”

果然，不久纣王腐化起来，纵情声色，不理朝政，残忍暴虐，荼毒四海，宠幸奸臣，重用小人，不敬祖先，不信忠良，凡此种种，罄竹难书。各种矛盾非常尖锐，把国家搞得一团糟。

面对纣王这样荒淫残暴，他的异母哥哥微子劝他不听，惧祸只得偷偷离开了他。他的堂兄弟箕子劝他不但不听，反而把他囚禁起来，吓得箕子佯狂为奴，后来躲到鄄城箕山隐居起来。他的叔叔比干好言规劝他悬崖勒马，他居然杀死比干，剖胸摘心，以印证传说中的“圣人之心有七窍”的说法。纣王这样残暴，吓得谁也不敢再规劝他。大臣或装病不出，或上朝一言不发，有的干脆偷走太庙里的祭器、乐器，投奔了周武王。

武王伐纣，商朝灭亡

周武王见纣王已失去了天心、民心和士气，于是遂率诸侯伐纣。纣亦发兵拒之牧野。甲子日决战，纣兵大败。纣走登鹿台，衣其宝玉，赴火而死。周武王遂斩纣头，悬之白旗，并杀妲己。释箕子之囚，封比干之墓，表商容之间。封纣子武庚、禄父，以续殷祀，令修行盘庚之政。殷民大说。周武王遂为天子。其后世贬降帝号，改称为王。

可惜，一个原本很有本事的人，一旦误入歧途，遂致身败名裂，国破家亡。

总的来说，商朝是处于奴隶制的鼎盛时期，奴隶主贵族是统治阶级，形成了庞大的官僚统治机构和军队。《诗·商颂·殷武》颂道：“昔有成汤，自彼氐羌，莫敢不来享，莫敢不来王”，反映了商王朝在汤及其子孙的统治下，已经成为强盛的国家。

二十一、周出帝丘在鄄城

姜嫄野践巨人迹，孕生后稷视非祥。
善稼传为农耕祖，出身帝丘承炎黄。
西迁鬼方杂戎处，东望故乡筑台昂。
遭囚羑里演周易，际遇帝师磻溪旁。
敬老礼贤行仁政，牧野灭商立周邦。
运祚八百分西东，封建诸侯酿祸殃。

周祖起源

周朝分为西周和东周。西周约当公元前1046年至前771年间；东周约当公元前770年至前256年间。共传30代37王，延续近800年之久。

史载，西周王朝始祖后稷，姬姓，本名弃。其父是高辛氏的后代帝喾，母亲是炎帝后裔有邰氏之女姜嫄。姬弃应是这两大民族融合的结晶，他既有黄帝氏族的血统，又有炎帝氏族的血脉。黄帝、炎帝皆兴起于鄄城雷夏泽地区。

后稷像

弃是都于古鄄帝丘的帝喾的后代。帝喾后迁都于景亳（遗址在今菏泽曹县南土山集一带）。《诗·大雅·绵》所谓："民之初生，自土沮漆。"土即土山集，漆水即济水，其支流濉沮汇于雷夏泽，所以，弃亦生于古菏鄄之地，是周王的先祖。

有邰氏，是炎帝神农氏姜姓的一个部落。据《左传·昭公元年》记载：金天氏少昊有子叫昧，是水官之长，昧生台骀（tāi），台骀继承了父亲水官的职务，早于大禹，疏通了汾河与洮（táo）河（洮河在闻喜县），因其驯服汾河的巨大功绩，帝喾封台骀于汾河下流，称台骀国，由人名转为国邑，后遂称有邰氏，台骀后来也被尊为汾水之神。

"弃"名由来

传说弃的母亲姜嫄出野，见巨人足迹，践之而有孕，生一子，以为不祥。弃之狭窄的小道，牛羊过而庇护乳哺他；又移弃之树林，恰遇人多不死；又迁弃之渠中冰上，飞鸟以其翼藉而覆盖着他。姜嫄以为神，遂又收养之。因初欲弃之，故名曰弃。

骡不下驹另一说

民间传说：姜嫄的母亲见女儿未婚而孕(实为野合，母系氏族社会知母不知父的反映)，非常羞愤，待女儿临盆时，就命她骑着雌骡到野外去生。姜嫄不得已含泪出门，骑着骡骡到了个僻静的山坳里，正要生产，骡骡也要下驹，姜嫄一急，用针缝住了骡骡的产门，从此骡骡就再也不会下驹了。姜嫄将婴儿扔进一个水池中，时值盛夏，池水忽然结冰，婴儿竟未淹着，遂收而养之。此传说与史载稍有差异。

农耕始祖

弃是帝尧的异母兄弟，在孩提时，就有远大志向。他在游戏时，喜欢效仿大人种植麻、菽，长大后很热爱耕种农田。他种的庄稼因耕作适时适宜，管理得好，都能取得丰收，大家都向他学习种植技术。消息传到朝廷，帝尧便请他做农师，指导大家种庄稼。帝舜见后稷对农事有研究，就继续让他当农师，官名为后稷，后世视为农耕始祖。舜封弃于绛邑古台骀之国，弃遂做了有部氏部落的酋长。

有部氏与犹太人

夏朝建立后，有部氏世代事夏为农官。商灭夏后，有部氏与夏人一起逃向西北陕西的武功，有的到达了内蒙古伊克昭盟(今鄂尔多斯市)的朱开沟；有的继续向西迁徙，到达了敦煌地区；还有的据说到达了地中海东岸，后裔成为犹太人。从声音上说，“犹太”即是“有部”，犹太人又自称“西伯来”，从语音推断，实即“西亳来”，也就是“从西亳迁徙来的人”；还有一部分落脚在甘肃省庆阳一带的鬼方，与戎狄杂处。

至今庆阳市肖金镇北门仍存有后稷庙和周先祖望乡台，即怀念眺望故乡帝丘(今鄄城旧城镇)的高台。

最早田园诗

至后稷之曾孙公刘时期，庆阳一带的有部氏开始强盛起来并迁都于豳(bīn，同邠，古都邑名，在今陕西省彬县西北)，成为周族部落的发祥地。《诗经》十五国风之一的《豳风》，共七篇，就是先秦时代豳地华夏族的民歌。多描写豳地的农家生活和辛勤劳作的情景，可以说是中国最早的田园诗。

其中最有名的是第一首《七月》，全诗描写了农民一年四季的日常劳动生活，涉及到衣食住行各个方面，是一幅农村田园风俗画，反映了周代早期的农业生产状况，不仅有重要的历史价值，也是一首杰出的叙事兼抒情的佳作。《七月》诗曰：

七月流火(huǐ)(七月大火星下向西移)，
九月授衣(九月妇女着手缝寒衣)。
一之日觱发(bìbō)(十一月北风呜呜吹)，
二之日栗烈(十二月寒气正凛溧)。
无衣无褐(没有好衣和粗衣)，
何以卒岁(怎么越冬到年底)？
三之日于耜(正月开始修锄犁)，
四之日举趾(二月春耕忙下地)。
同我妇子(连带妻儿同出力)，
馌(yè)彼南亩(把饭送到南亩里)。
田畯至喜(chì，同“饎”)(田官过来吃了很欢喜)。

七月流火(七月大火星下向西移)，
九月授衣(九月妇女着手缝寒衣)。

春日载阳(二月春光始暖和),
有鸣仓庚(黄鹂婉转唱着歌)。
女执懿筐(姑娘提着深竹筐),
遵彼微行(沿着小道走匆忙),
爰求柔桑(伸手攀枝采嫩桑)。
春日迟迟(春季白天日渐长),
采蘩祁祁(采蒿多多沃蚕忙)。
女心伤悲(姑娘心中好悲伤),
殆及公子同归(怕被公子带回房)。

七月流火(七月大火星下向西移),
八月萑(huán)苇(八月长成割苇子)。
蚕月条桑(三月蚕月剪桑枝),
取彼斧斨(qiáng)(取来斧头真锋利)。
以伐远扬(砍掉长长高条枝),
猗(jī,同掎)彼女桑(攀采嫩桑好便利)。
七月鸣鵙(jú)(七月伯劳声声啼),
八月载绩(八月开始纺麻织)。
载玄载黄(染丝有黑又有黄),
我朱孔阳(我的红色很鲜亮),
为公子裳(好给公子做衣裳)。

四月秀葽(yāo)(四月远志结了籽),
五月鸣蜩(五月知了鸣吱吱)。
八月其获(八月田间收获忙),
十月陨萚(tuò)(十月树上落叶黄)。
一之日于貉(mà,同祃)(十一月猎前行貉祭),
取彼狐狸(猎取狐狸取毛皮),
为公子裘(好给公子做皮衣)。
二之日其同(十二月会猎人齐同),
载缵(zuǎn)武功(继续操练打猎功)。
言私其豵(zōng)(打到小猪归自己),
献豜(jiān)于公(猎到大猪献王公)。

五月斯螽(zhōng)动股(五月蝈蝈擦腿叫),
六月莎鸡振羽(六月纺织娘振翅鸣)。
七月在野(七月蟋蟀在田野),
八月在宇(八月来到屋檐阶),
九月在户(九月蟋蟀进入屋门口),
十月蟋蟀入我床下(十月蟋蟀钻进我床里头)。
穹窒(zhì)熏鼠(堵塞墙缝熏鼠洞),
塞向墐户(封好北窗涂门缝)。
嗟我妇子(叹我妻儿好可怜),
曰为改岁(旧岁将过又新年),
入此室处(搬入陋屋把身安)。

六月食郁及薁(yù)(六月吃李及葡萄),
七月亨葵及菽(七月煮葵和豆角)。
八月剥(pū)枣(八月开始打红枣),
十月获稻(十月下田收割稻)。
为此春酒(酿成春酒美又香),
以介眉寿(为求主人寿命高)。
七月食瓜(七月里来吃瓜熟),
八月断壶(八月到来摘葫芦)。
九月叔苴(jū)(九月捡拾秋麻子),
采荼薪樗(chū)(采摘苦菜砍柴樗)。
食我农夫(用来养活我农夫)。

九月筑场圃(九月修筑打谷场),
十月纳禾稼(十月收割庄稼忙)。
黍稷重(tóng)穋(lù)(黍子高粱早晚稻),
禾麻菽麦(粟麻豆麦皆入仓)。
嗟我农夫(叹我农夫真辛酸),
我稼既同(庄稼刚刚收完),
上入执宫功(还得去官家服劳役)。
昼尔于茅(白天前往割茅草),
宵尔索绹(夜里搓绳不辞劳),
亟其乘屋(赶紧上房修屋好),

其始播百谷(开春播种百谷得争早)。

二之日凿冰冲冲(十二月凿冰声嘭嘭),
三之日纳于凌阴(正月搬进冰窖中)。
四之日其蚤(二月取冰早祭祖),
献羔祭韭(献上韭菜和羔羊)。
九月肃霜(九月天高气肃爽),
十月涤场(十月清净打谷场)。
朋酒斯飨(两坛美酒大家尝),
曰杀羔羊(宰杀羔羊供宴享),
跻彼公堂(全族齐聚登庙堂)。
称彼兕(sì)觥(高举酒杯共庆祝):
万寿无疆(齐声欢呼寿无疆)!

全诗共分为八章。第一章从岁寒写到春耕开始,是总叙;第二章写妇女蚕桑;第三章写布帛衣料的制作;第四章写猎取野兽;第五章写一年将尽,为自己收拾屋子过冬;第六章写采藏果蔬和造酒,这都是为公家的,为自己采藏的食物是瓜瓠麻子苦菜之类;第七章写收成完毕后为公家做修屋或收拾室内的工作,然后修理自家的茅屋;末章写凿冰的劳动和一年一次的年终宴饮。

此诗通篇用"赋"的手法,围绕着一个"苦"字,按照季节的先后,农事活动的顺序,从年初写到年终,从种田养蚕到打猎凿冰,展示了全年辛苦的劳动和艰难的生活。这正是我国千百年来农村农民一年生活的真实写照。全诗以平铺直叙的手法,逐月展开各个画面,语言朴实无华,语调凄切清苦。

姬亶建立周国

至后稷第11代孙姬亶(dǎn,又称古公亶父)时,因受到戎狄猃狁的攻击,被迫迁都周原岐邑(岐山县),结束了和戎狄杂处的生活;继承祖上技能,努力发展农业;设立五官,将有邰氏部落更名为周国。

古公死后被追谥为太王,其最小的儿子季历继位。季历臣事商,商王封季历为"牧师",做商西部的诸侯之长,并把任姓女子嫁给他,就是文王的母亲太任。后商王文丁怕季历凭借着西方诸侯坐大,构成对商朝的威胁,于是囚杀了季历。季历被杀后,其长子昌继位,即西伯姬昌,就是周文王。

姬昌继位后,曾被纣王任为三公之一。由于他广施仁德,礼贤下士,发展生产,深得人民的拥戴。由此引起殷纣王的猜忌和不满,他听信谗言,借故将姬昌囚禁于羑里监狱(也作"牖里",古邑名,在今河南汤阴县北),并以种种野蛮手段对其进行侮辱和折磨,甚至将其长子伯邑考杀害后做成肉羹逼姬昌吞食,为的是从精神上彻底摧垮他。

羑里画卦

姬昌在被囚禁的7年中,他韬光养晦,总结前人的经验,全身心投入到对《易经》的钻

周文王像

研中。他将伏羲的先天八卦演绎成后天八卦。伏羲八卦,将世间万事万物的性质抽象为乾、坤、震、巽、坎、离、艮、兑八种,代表世间万物的八种基本性质,但具体的事物又是无穷无尽的,不可能只有八种,更不能反映出复杂的变化。姬昌以伏羲八卦为基础,根据自己研习夏代《连山》和商代《归藏》两部卦书的心得,"引而伸之,触类而长之",通过自迭、互

迭而演化成清晰完整的六十四卦体系，并系以卦爻辞(对各卦爻下的断语，即说明卦爻的意思的文辞)，用以反映宇宙间不同事物间的复杂变化。这便是历史上著名的“文王拘而演《周易》”的故事。《周易》者，言易道周普，无所不备也，它以占筮的形式推测自然和社会的变化，内容几乎涵盖了人类社会的全部内容，被誉为“群经之首”，故又称《易经》，是一部千古不朽的哲理著作。

行贿鼻祖

为救西伯昌，其手下的大臣散宜生和闳夭商议出一条妙计：乃求有莘氏之美女、骊戎之文马、有熊之九驷，以及其他奇怪之物，通过纣王嬖臣费仲而献给纣。纣中计大悦，曰：“此一物足以释西伯，况其多乎!”乃赦西伯，赐之弓矢斧钺，使西伯得专征伐。并自暴“谮(zèn)西伯者，崇侯虎也”。西伯昌又献洛西之地，以请纣去炮格(烙)之刑，表示周对商的“忠诚”。纣许之。

闳夭遂成为行贿者的开山鼻祖，纣王也开了出卖进言者的先河。

西伯昌被释放，一是由于其实力已经达到了“三分天下有其二”的程度，殷纣王不得不考虑杀他的后果；二是西伯昌有名满天下的圣人威望，令纣王不敢轻举妄动。纣王释放文王实在是万不得已的无奈之举。

奠基周邦

姬昌在位50年，遵后稷、公刘之业，则古公、公季之法，笃仁，敬老，慈少，礼下贤者，士以此多归之。他实行许多正确的政策，征灭犬戎、密须、崇等国，国力逐渐强大，然后迁都丰邑(西安南沣河中游西岸)。姬昌逝世时，天下三分已得其二，为灭商奠定了基础。

姬昌逝世后，次子姬发(青铜器铭文多称其为珷)继立，谥武王，再次迁都于镐(hào)邑(沣河中游东岸)。继续用姜子牙为国相，以兄弟周公旦、召公奭(shì)为助手，进一步整顿内政，增强军力，积极为灭商准备条件，审时度势，等待时机。

由于纣王的暴政，商朝已很难统治下去了。这时周武王在姜尚和四弟周公旦的协助下决定讨伐商朝。

姜尚家世

姜子牙，名尚，字子牙，别号飞熊。东海边上人，或说即今山东黄海之滨的日照、莒县一带。其先祖为炎帝后裔，曾任四岳(管理四方部落首领)之职，族姓姜，因佐禹平水土之功，被封于吕，又为吕氏，子孙承之，故亦称吕尚。

姜子牙出生时，家境已经败落了，曾屠牛朝歌，卖食棘津。虽然贫穷，然不坠青云之志，始终刻苦勤奋地研习天文地理知识、军事谋略及安邦治国之道，希望有一天能为国一展才华。可是直到70岁还是一直没有机会，闲居在家。

据说姜子牙曾是妇家的赘婿，后来因为不擅长营生而被老婆逐出家门，所谓“齐之逐夫”。

磻溪垂钓

商末，纣王无道，姜子牙听说姬昌贤德，关心尊重老年人，遂离商西行至周地。已72岁的姜子牙在渭水之滨的磻溪(今陕西宝鸡境内)垂钓，等待机会求见姬昌。传说姜子牙用的鱼钩是直的，也没挂鱼饵，而且鱼钩还悬在水面三尺以上的地方。一边钓鱼，一边自言自语地念道：“宁向直中取，不向曲中求。不钓水中鱼，只钓王与侯。”如此标新立异，自然不为钓鱼，而是作秀，好吸引人传闻，以便让姬昌知道。即所谓“姜太公钓鱼，愿者上钩”。

磻溪垂钓图

有一天，姬昌准备外出狩猎，行前卜了一卦，卦辞显示的内容是：“所得猎物非龙非螭，非虎非熊；所得乃是成就霸王之业的辅臣。”于是姬昌高兴地去渭滨打猎，果然在渭河北岸遇到了姜子牙，与姜子牙谈论之后，姬昌大喜，认为姜子牙是个奇才，并对姜子牙说：“我先君太公曾说：‘定有圣人来周，周会因此兴旺。’说的就是您吧？我们太公盼望您已经很久了。”因此姜子牙又称“太公望”，俗称太公。于是二人一同乘车归朝。

周朝八百

民间传说，文王请姜子牙一起回朝时，姜子牙提出让姬昌背着走，到背不动为止；又让其儿子为姜子牙拉车，到不乐意拉为止。姬昌背着姜子牙走了四十八步，实在走不动了，就让儿子拉着太公坐的车，走了八百零八步，也拉不动了。于是姜子牙向文王父子宣称：“你背我四十八步，我保你周朝出四十八位皇帝；你儿子拉我八百单八步，我保你周朝八百零八年。”这当然纯属虚构，但却反映了姜子牙的超人本事及丰功伟绩，也说明文王真是求贤若渴。

姜太公建立齐国

姜子牙因辅佐文王，与谋“翦商”，被周文王封为“太师”（武官名），武王则尊之为“师尚父”；又因辅佐周武王灭商之功，被封于齐地营丘（今淄博市）建立齐国，成为周代齐国的始祖，俗称姜太公。姜子牙作为齐君，治国有方，遂使齐国成为泱泱大国，遗风累世相继，为后来齐桓公“九合诸侯，一匡天下，成为五霸之首”奠定了基础。

成语覆水难收来源

姜子牙整天只知道钓鱼，家里生计很是困难，其妻马氏嫌他没有出息，不愿再和他共同生活，要离开他。姜子牙劝她说：“我有朝一日会得到荣华富贵的，你可别这样做。”马氏认为他在说空话骗她，不听劝告，姜子牙无可奈何，只好让她离去。后来姜子牙帮助周王建立了周朝，又封侯建国，马氏见他既富贵又有地位，懊悔当初离开了他。便找到姜子牙想和他破镜重圆。但姜子牙早已看穿了马氏的为人，不想和她恢复夫妻关系，就将一壶水泼在地上让马氏去收回来。马氏赶紧趴在地上去收覆水，但只能收到一堆泥浆。于是姜子牙便对她说：“若言离更合，覆水已难收。”这就是成语“覆水难收”的来源。

姜子牙辅佐文王修德振武，以求兴周倾商；协助武王出谋划策，讨伐纣王。作为建立周朝的首席谋主、最高军事统帅，可以说立了首功，是西周的开国元勋，也是我国古代的一位影响深远的杰出的谋略家、军事家与政治家。

太公六韬

姜太公著《太公六韬》，简称《六韬》，又称《素书》，是一部集军事思想之大成的著作，对后代的军事思想有很大的影响，被誉为兵家韬略理论之开山鼻祖。司马迁称：“后世之言兵及周之阴权，皆宗太公为本谋。”我国古代的兵论、兵法、兵书、战策、战术等一整套的军事理论学说，就发端自齐国，源自太公，所以说太公为兵家宗师、齐国兵圣、中国武祖。我国古代著名的军事家孙武、鬼谷子、黄石公、诸葛亮等都学习并汲取了太公《六韬》的精华。而时至今日，世界上不仅军事、政治方面，连经济、管理、科技等各个领域，都还在继续借鉴太公《六韬》的谋略。

发榜封神

人们崇拜姜太公的高尚人格，追念他的丰功伟绩，以崇敬的心情创造出很多歌颂他的神话故事。说他曾在昆仑山学道，后奉师命下山助周灭商，灭商之后又奉师命发榜封神。《太平御览》和《封神记》等书已逐步把他神化了。到了明代许仲琳，便以全神的面目，编著了一部《封神演义》，把他说成是管天下所有神的神了，太公的神奇和威严，成为驱邪扶正的偶像。这些虽然超出了历史的真实，但却反映出姜子牙在人们心目中的崇高地位。据说姜太公寿至139岁，先后辅佐了6位周王。

孟津观兵

文王去世，次子姬发即位，他继承父亲遗志，仍然以太公望为国师，以周公旦为辅相，作为自己最为得力的助手。在继位第九年，姬发依照太公的谋划，开始准备伐商。先在盟津（孟津）大会诸侯，前来会盟的诸侯达800个，共同举行了一次伐商的演习，这次大会或称“孟津观兵”。

牧野会战与天洗兵

继位第十一年，姬发见时机已到，便率领兵车300辆，虎贲（bēn，近卫军武士）3000人，士卒45000人，会合各小国部队，到达孟津南的黄河渡口。过河后，太公命把船全都沉到河底，表示一往无前，宁死不回。大军继续向商都朝歌进发，天突然下起暴雨，旗杆也被大风吹为三截。大雨三天不停，武王很是忧惧，太公宽慰说：“旗杆折为三，启示我们应把大军分为三队；大雨不停，是天洗兵，帮助我们洗去浊气，可以更加意气风发地奋勇前进”。于是周军继续前进，天亮前赶到商都朝歌西南郊外的一片开阔地带，就是著名的牧野。

周武王在牧野，竖起伐纣大旗，在誓师大会上，武王历数了纣王腐败荒淫、凶恶残暴的种种罪恶，然后对将士们宣誓说：“举起你们的戈，拿起你们的盾，竖起你们的矛，我们要执行对纣王的惩罚，你们要像猛虎那样杀向敌人，奋勇战斗啊！”这就是《尚书》里那篇有名的《牧誓》。

于是武王指挥大军向商军发起了勇猛的进攻。

“貔貅”的来历

传说姜子牙在协助武王伐纣的一次行军途中，偶遇一只猛兽，当时无人认识。姜子牙看到它长相威猛非凡，就设法将它收服并当做了自己的坐骑，骑着它打仗屡战屡胜。周武王见貔貅如此骁勇神奇，还给它封了一个官叫“云”。这就是“貔貅”，后来遂成为威猛善战的军队的代称。例如徐震的《咸阳怀古》：

阿房宫殿对南山，阁道萦回霄汉间。
伯业终随烽火尽，游魂俄载属车还。
三千童女空浮海，十万貔貅已入关。
留得当年遗恨在，长城血泪土犹斑。

殷商灭亡

此时纣王正带着他的爱妃妲己和宠臣在

鹿台上饮酒作乐，欣赏歌舞。当臣下把周军进攻的消息告诉他时，他才慌忙召集大臣商量对策。因这时商军主力正在东南地区对付东夷，一时调不回来，纣王只好临时把大批奴隶武装起来，共 70 万人，开赴前线，抵抗周军的进攻。

当周殷两军在距离朝歌（今河南淇县）70 里外的牧野摆开阵势，准备厮杀时，殷奴隶军在阵前纷纷起义，掉转矛头和周军一起杀向纣王。纣王大败，带着少数卫士逃回朝歌。他知道自己的末日来临了，就把各种宝贝围在腰上，在鹿台放一把火，把自己烧死了。商朝就这样灭亡了。

周武王姬发建立了周王朝，定都于镐京（今陕西省西安市西部），追封其父亲为文王，而称其祖居地帝丘（今鄄城）一带为东国。

封建诸侯

周王吸取商朝灭亡的教训，为治国安邦，决定将古时已有但还未完全形成的宗法制度进一步完善和确定下来。同姜太公、周公旦等商议，要把全国分成若干个侯国。于是大封姬姓宗室子弟和功臣为列国诸侯，号称八百，共分公、侯、伯、子、男五等，不及等者为附庸。目的是让这些诸侯立国建都，充当周朝统治中心的屏障，即所谓“封建亲戚，以藩屏周”。其中姬姓子孙的封国最多。这就是中国封诸侯建同姓的“封建”一词的由来。武王实行的这种封邦建国的方略，相对于商朝的那种原始小邦林立的状况来说，是一种进步，具有趋向一统天下的意义，对巩固和加强全国统治有很大作用。

其中封在鄄城的有胙（zuò）国，是周公之子胙伯的封地，在今鄄城东境。

姬发凭着他卓越的军事、政治才能，终于成为中国历史上的一代明君。在位 19 年而崩，谥号“武王”。

周公旦像

周公摄政

武王去世时，其子姬诵尚幼，当时天下刚刚平定，作为武王四弟的周公旦，扶助姬诵做了国君，史称周成王。周公旦害怕众诸侯叛周，便摄政主持国家大事。三兄管叔鲜、五弟蔡叔度、七弟霍叔处等弟兄，怀疑周公旦的行为将不利于成王，于是挟持纣王的儿子武庚，并联合东夷部族叛乱。周公旦秉承周成王的命令，经过三年战争讨伐诛灭了武庚，杀死了叔鲜，流放了叔度，叔处被降为庶人。遂收服殷之遗民，改封康叔于卫（今鄄城），封微子于宋，让他奉行殷之祭祀。

康叔，武王同母九弟，初封畿内之地康国（今禹州西北），故称康叔。康叔因参与平定三监之乱有功，改封于殷故都朝歌（河南淇县），成为卫国第一任国君。康叔赴任，周公作《康诰》《酒诰》《梓材》等治国法则，用以告诫康叔，务必明德宽刑、爱护百姓，多向殷商故地贤长者询问殷商兴亡之道。康叔治国有方，很快使卫国经济繁荣、社会稳定、百姓安居，成为卫国和卫姓的始祖。

桐叶封弟

传说，唐国叛乱被平定后，有一天，成王和弟弟叔虞一起在宫中玩耍，便随手捡起了一片落地的桐叶，把它剪成玉圭的样子，送给了叔虞，并且对他说：“把这个玉圭送给你，我要封你到唐国去做诸侯。”史官们听后，把这事告诉了周公。周公赶快去问成王：“你要分封叔虞吗？”成王说：“怎么会呢？那是我跟弟弟说着玩的。”周公却认真地说：“天子无戏言啊！”于是成王只得选择吉日，把叔虞正式封为唐国的诸侯，史称唐叔虞。后来，叔虞长大后，励精图治，带领百姓兴修水利，改良农田，大力发展农业，使唐国百姓逐渐过上了安居乐业的生活，成为唐人爱戴的封建诸侯。

唐叔虞死后，他的儿子燮（xiè）继位，因为境内有晋水，便改国号为“晋”。山西简称晋，由此而来。为了祭祀唐叔虞，人们在晋水源头—悬瓮山下修建了一座祠堂来祭奠他，这就是“晋祠”。“天子无戏言”也因此流传下来，并演变为“君子无戏言，言出必行”的传统。这就是“桐叶封弟”故事，也是晋国的缘起。

陕西与“界石”起源

鉴于周初天下还不稳定，周公旦和召（shào）公奭（shì）决定以陕塬（今三门峡陕县张汴塬）为界分陕而治。凿了一根高三米五的石柱栽于分界处，所谓“立柱为界”，把周王朝的统治区分为东西两大行政区。周公管理陕之东，召公管理陕之西，此即陕西之名和界石的最早渊源。

周公旦是文王的第四子，武王的同母弟。因采邑在周，称为周公。武王死后，他辅佐成王，摄政当国，大行封建，还政成王，在巩固和发展周王朝的统治上起了关键性的作用，对中国历史的发展产生了深远影响。周公在当时不仅是卓越的政治家、军事家，而且还是个多才多艺的诗人、学者。他平定“三监”叛乱，将势力扩展至海边。后又建成周洛邑，作为东都。相传他制礼作乐，建立了典章制度。其言论见于《尚书》中的《康诰》《酒诰》《梓材》《多士》《多方》《无逸》等诸篇。

握发吐哺

周公曾对将要到鲁国封地居住的儿子伯禽说：“我是文王之子、武王之弟、成王之叔父，论身份地位，在国中是很高的了。但是我时刻注意勤奋俭朴，谦诚待士，唯恐失去天下的贤人。你到鲁国去，千万不要骄狂无忌。”

周公非常尊重贤人。洗一次头时，曾多回握着湿漉漉的头发，急匆匆地去接待来访的能人；吃一顿饭中，有时也要数次吐出口中的食物，迫不及待地去接待贤士，生怕失去一个对国家有用的人才。这就是成语“一沐三握发，一饭三吐哺”的来历。

周公被尊为儒学奠基人，是孔子最崇敬的古代圣人，《论语》中记载孔子曾说：“甚矣吾衰也！久矣吾不复梦见周公。”

周公终生意在辅国安邦，这正是孔子一生所追求的事业。而周公“敬德保民”的政治思想，则是儒家政治思想的直接来源。周公的人格典范则成为后世的最高典范，周公的仁政则是为政者最高的政治理想，所以孔子终生倡导周公的礼乐制度。

厉王弭谤与“共和行政”

周朝到了周厉王在位时，因连年对外征战，造成国内消耗巨大、国库空虚。于是周厉王任命荣夷公为卿士，实行专利政策，将山林湖泽改由天子直接控制，不准国人进入谋生。国人对此十分不满，纷纷指责，周厉王遂命卫巫监谤，禁止国人谈论国事，违者杀戮，这就是《邵公谏厉王弭谤》一文所写的内容。周厉王的高压政策最终导致了国人暴动。

公元前841年，周厉王三十七年，镐京的

国人因不满厉王暴政，集结起来，手持武器围攻王宫，要杀厉王。厉王沿渭水一直逃到彘(今山西霍州)。国人攻进王宫，没有找到周厉王，转而寻找太子静。召穆公将太子静藏了起来，国人围住召穆公家，要召穆公交出太子，召穆公被迫用自己的儿子冒充太子交出，太子静得以幸免于难。

国人平息怒气离去后，周室无主，诸侯推举召穆公、周定公(一说共伯和)代行天子职务，史称“共和行政”。

宣王中兴

公元前 828 年，共和十四年，厉王死于彘，太子静在召穆公家长大了，召穆公、周定公以及诸侯拥立太子静继位，即周宣王。

周宣王继位，面临的是厉王统治下的吏治败坏、百姓离散。宣王于是下令修复公室、广进谏言、安顿百姓、修缮武库；兴畋狩礼乐，效法周文王、周武王、周成王、周康王遗风；任用召穆公、仲山甫、尹吉甫等贤臣辅佐朝政，任命仲山甫为卿士(相当于后世的宰相)，发展经济，陆续发动对周边部族的战争，使衰落的周王室权威得到恢复。于是诸侯又重新朝见天子，四夷咸服，史称“宣王中兴”。

首辅仲山甫

仲山甫，又作仲山甫父，本夏朝工匠发明了两轮马车的奚仲(东夷薛国人，今山东省滕州)之后，其子孙以祖字命姓，遂为仲姓。奚仲 12 世孙仲虺曾任商汤的左相，辅佐汤治理天下，立有殊勋。仲山甫即仲虺之后。仲山甫虽家世显赫，但本人却是一介平民。早年务农经商，在农人和工商业者中有很高威望。周宣王元年，受举荐入王室，任卿士，位居百官之首，封地为樊，从此有一支子孙便以樊为姓，为樊姓始祖，所以又叫“樊仲山甫”。

发展经济

仲山甫的突出政绩是进行经济体制改革，即废除“公田制”和“力役地租”，全面推行“私田制”和“什一而税”，鼓励农民开垦荒地，大力发展商业等。这些改革的成功，造就了周宣王时期的繁荣景象，史称“宣王中兴”，仲山甫可谓中兴之功臣。《诗经·大雅·烝民》就是专门颂扬仲山甫的诗歌，说他“既明且哲，以保其身”，品德高尚，为人师表，不侮鳏(guān)寡，不畏强暴，总揽王命，颁布政令，天子有过，他来纠正，所谓“衮职有阙，维仲山甫补之”。

但《春秋》中没有仲山甫的记载，因为周宣王干涉鲁政，废长立幼，有违旧制，宣王不听仲山甫的劝谏，因而引发鲁国内乱。孔子“为尊者讳”，所以“仲山甫缺失”。

征伐方国

周宣王时，玁狁再次进攻西周，直接威胁到镐京的安全。于是周宣王命尹吉甫率军反攻，击败玁狁，继而追击至太原(今甘肃平凉附近)；又派南仲率兵至朔方筑城设防，缓解了玁狁的威胁。

西戎长期威胁西周王朝的西部边境。宣王多次命诸侯征讨西戎。公元前 825 年(秦仲二十年)宣王任命秦仲为大夫，命其带兵征讨西戎。秦仲战败身亡，宣王继召其子秦庄公兄弟五人，命令其继续讨伐西戎。秦庄公击败西戎，宣王封秦庄公为西垂(今甘肃一带)大夫。

淮夷是淮河、汉江一带的东夷部族，自周穆王时期开始强盛，多次入侵伊水、洛水流域。周厉王时淮夷震慑于周朝的武力，稍加臣服。周宣王时，命召穆公率军征讨，消灭了淮夷的冉、翼、铃、达四位首领，获得大批俘虏、牲畜及财物，取得战功。此战过后，淮夷彻底臣服于西周。

徐国在西周时期是东夷的强国，宣王命卿士南仲率大军前往征讨，经过激烈战斗，周军击败徐国。徐国臣服后，于是四周各方国、部族皆臣服于周。

楚国又称荆蛮，虽然被周天子封为子爵，但楚国极少承担周王室的职责义务，后楚国君主僭（jiàn）越称王，宣王以元老重臣方叔为将，率兵车三千进攻楚国，大获全胜。

经过以上一系列战争，西周的疆域以及国家声望得到大幅扩大。

命作史籀

周宣王曾命太史籀作大篆《史籀》十五篇，作为太史教授学童的课本教材。秦始皇统一天下后，决定统一各国文字为小篆，于是令李斯作《仓颉》七章、赵高作《爰历》六章、太史令胡毋敬作《博学》七章，作为全国规范字帖，皆取材于大篆《史籀》。《史籀篇》中的文字又被称为籀文、籀篆，到汉光武帝时已失传六篇。

石鼓文

经过考证，《陈仓石鼓文》是现今仅存的、最近似于《史籀篇》的文字。

石鼓文，秦刻石文字，因其刻石外形似鼓而得名。于唐初在天兴三畤原（今陕西省宝鸡市凤翔三畤原）发现，共 10 枚，高约 3 尺，径约 2 尺，依次称为马荐、汧殹（qiān yì）、霝雨、虞人、作原、銮车、田车、而师、吾车、吾水，分别刻有大篆四言诗 1 首，共 10 首，计 718 字。内容早先认为是记叙周宣王出猎的场面的，故又称“猎碣”；今人研究认为，是颂扬秦诸王事迹的。原石现藏故宫博物院石鼓馆。石鼓刻石文字多有残损，北宋欧阳修录时存 465 字，明代范氏天一阁藏本仅 462 字，而今之“马荐”鼓已一字无存。1956 年在北京故宫展出。

冤魂射杀宣王故事揭秘

古书记载，周宣王有宠妃叫女鸠，她看上了英俊的杜伯，想方设法勾引他。杜伯不为所动，女鸠恼羞成怒，在周宣王面前诬告杜伯欺侮她。周宣王听信了女鸠的话，不顾劝谏，将杜伯杀害。后来宣王遭杜伯冤魂袭扰，又接连杀了司空锜（qí）和大臣祝二人。杜伯之子隰（xí）叔则逃亡至晋国，成为晋国六卿之一范氏的始祖。

有一天周宣王游猎圃田（今河南省中牟西）时，杜伯的冤魂乘白马白车，由司空锜护左，大臣祝护右，杜伯戴着红帽子从道边突驰而来，执红弓搭红箭，一箭射中宣王心脏，周宣王脊梁折断后倒伏于箭囊而死。

冤魂杀人这不过是障眼法。周宣王的死因，还得从当年鲁国内乱说起。当初周宣王因喜欢鲁武公之少子戏，便废掉武公之长子括而立少子戏为懿公。括之子伯御，在邾国国君邾娄颜公的支持和帮助下，杀死了周宣王亲选的鲁国国君姬戏，而当上了鲁国君主。周宣王得知后，勃然大怒，在率军杀死鲁国国君伯御后，又挥军攻打邾国，杀死了邾娄颜公，并选叔术做了邾国新君。邾娄颜公的夫人是个美女，她发誓说：“有能为我杀杀颜者，吾为其妻！”

为了得到这位早已倾心的美人，叔术便策划了一次极为秘密的刺杀行动。当周宣王带领一帮臣子到野外打猎时，叔术就已经把装扮成杜伯样子的刺客派出了。当扮成杜伯的刺客突然出现时，周宣王及其随从都被吓呆了，刺客趁大家惊呆之际，一箭射死了宣王。当人们还没清醒过来时，刺客利用熟悉地形地貌的便利，已消失得无影无踪。于是叔术顺利地娶到了这位美人为妻。

周人为了维护周宣王的尊严，才编出了杜伯冤魂射杀周宣王的故事。不过从刺客刺杀宣王所穿的衣服、所用的弓箭都是“朱”色，编故事的人还是为后人留下了真实的蛛丝马迹。“朱”与“邾”同音，这就告诉人们：周宣王其实是死于“邾”人之手。

褒姒之来历

公元前781年，西周第12代君王，也是最后一代君王姬宫涅(shēng)继位，谥为幽王。

幽王继位后，赶上天灾频繁，交替发生旱灾和地震，生产遭到严重破坏，又加伐戎失败，已使周朝社会秩序陷入混乱和动荡中。昏庸腐败的幽王对此竟然不闻不问，整天沉醉在花天酒地的生活之中。他重用“为人佞巧，善谀好利”的虢(guó)石父，加重剥削，激起了民众强烈的不满。

周幽王时，太史伯阳父查阅史籍记载，夏朝时有两条神龙自称褒国国君，停留在夏王的庭院中。经太卜占卜，杀死或赶走神龙都是凶兆，只有收集神龙留下的涎沫才是吉兆。夏王于是下令向神龙祷告，收集神龙留下的涎沫，封存于匣中，传至周厉王时从没有人打开过此匣。

周厉王末年时，下令打开匣子观看。涎沫流淌于庭院，无法清除。周厉王决定用巫术除去，命女人赤身裸体向它大声呼叫，涎沫化为黑色的蜥蜴，消失在后宫一名7岁宫女身上。宫女长大行笄礼时竟未婚而孕，于是将生下的女童抛弃。

宣王时有民谣唱道：“檿(yǎn)弧箕服，实亡周国。”恰巧有夫妇二人贩卖弓矢，周宣王立即下令抓捕并处死，二人遂逃往褒国，途中发现了被遗弃的女童，便收养了女童。后来褒国国君褒姁(xū)，得罪了周幽王，被囚入狱。其子为救其父，献褒国美女褒姒于周幽王，以赎其父之罪，这个女童就是褒姒。骆宾王在《讨武曌(zhào)檄》中说的“龙漦(chí)帝后，识夏庭之遽衰”，就是这回事。

烽火戏诸侯

幽王得到褒姒后，很是宠爱。褒姒生得艳如桃李，却冷若冰霜，自进宫以来从没笑过一次，幽王为博得褒姒的开怀一笑，想尽了一切办法，可是褒姒就是不笑。佞臣虢石父想了个法子，叫幽王启动烽火台试试。

烽火台本是古代敌寇侵犯时紧急传递军情的报警信号。西周为了防备犬戎的侵扰，在镐京附近的骊山修了20多座烽火台，一旦犬戎进袭，首先发现的哨兵就立刻在台上点燃烽火，邻近烽火台也相继点火，向附近的诸侯报警。诸侯见了烽火，知道京城告急，天子有难，就都起兵勤王救驾。

幽王带着褒姒登上骊山烽火台，命令守兵点燃烽火。霎时烽火冲天，狼烟四起，各地诸侯一见警报，以为犬戎打过来了，果然带领本部兵马急速赶来救驾。到了骊山，连个敌人的影儿也没见，却听到台上的笑声。接着幽王派人传话诸侯说，辛苦大家了，这儿没什么事。诸侯们始知被戏弄，皆怀怨悻悻返回。褒姒见千军万马召之即来，挥之即去，如同儿戏一般，觉得十分好玩，禁不住嫣然一笑。幽王大喜，之后又如法数次戏弄诸侯们，诸侯们渐渐地也就闻警不来了。这就是“烽火戏诸侯”的故事。

另一版本改为“昔周幽王悦褒姒，姒不笑，王乃击鼓举烽以征诸侯，至而无寇，褒姒乃笑”将烽火改为击鼓，那就是“击鼓悦褒姒”了。

褒姒亡西周

周幽王为进一步讨褒姒欢心，又违背祖制，废黜王后申氏和太子宜臼，册封褒姒为后，而让褒姒生的儿子伯服当太子；还下令废去王后之父申侯的爵位，并准备出兵攻伐他。申侯得到这个消息，先发制人，勾结犬戎之兵，于公元前771年进攻镐京。周幽王听到犬戎进攻的消息，惊慌失措，急忙命令烽火台点燃烽火，可是诸侯们因多次受愚弄，这次就都不再理会。

结果幽王与伯服均被犬戎杀死于骊山之下，褒姒被俘虏。公元前771年，西周王朝就这样灭亡了。

西周王朝从公元前1046年至前771年，共传12王，历经275年。

由于周朝后来将都城东迁洛邑（今河南洛阳）称东周，所以称之前的周朝为西周。

东周迁都洛邑

幽王死后，申侯、鲁侯、许文公等共立原太子姬宜臼为天子，继位于申（今河南省南阳市北），即周平王。因镐京已遭战争破坏，西边的大部土地也被犬戎所占，平王恐镐京难保，遂于公元前770年在秦护送下迁都洛邑，在郑、晋辅助下重新立国，史称东周。

东周平王依仗晋、郑、虢等诸侯的力量，勉强支持残局。衰微的周室，天子已失去其天下共主的地位，各诸侯国之间的兼并越来越多，中国从此进入春秋战国时期。

诸侯争霸时代开始

王族分封时代至西周结束，从东周开始进入诸侯争霸时代。起于公元前770年东周平王即位，止于前221年秦王嬴政（秦始皇）统一六国，历时549年。诸侯争霸时代包括春秋和战国两个时期。

这时，东周王室开始衰微，只保有天下共主的名义，已无实际的控制能力。中原各国随着社会经济的发展，各诸侯强势崛起，各拥重兵，并自主掌握财政和司法大权，有了争霸的条件，大国间争夺霸主的局面就出现了。强大起来的诸侯为了获得更多的利益，于是积极地发动战争，而弱者为了生存也要进行反抗的战争。

这种社会的大动荡大兼并，虽然造成了破坏和死亡，也加速了各个地区的融合与统一，为全国性的统一准备了条件。

诸侯争霸时代主要有12个王国的160位帝王。其中东周29王，楚国27王，吴国7王，越国10王，齐国5王，魏国6王，韩国5王，燕国8王，赵国6王，中山国5王，宋国1王，秦国6王。

春秋战国时期

公元前770年至前476年为春秋时期，这期间一些较大的诸侯国，为了争夺土地、人口以及对其他诸侯国的支配权，不断进行兼并战争。谁战胜了，谁就召开诸侯国会议，强迫大家承认他的“霸主”地位。先后起来争当霸主的有：齐桓公、宋襄公、晋文公、秦穆公、楚庄王。历史上把他们称为“春秋五霸”。后期则有吴王夫差和越王勾践。

公元前475年至前221年，是中国的战国时期，经过春秋长期激烈的争霸战争，到战国开始，主要的诸侯国就只剩齐、楚、燕、韩、赵、魏、秦等七国了，历史上称之为“战国七雄”。

东周灭亡

东周传至周赧王姬延，是东周第25位国王，也是最后一位国王，又是两周在位时间最长的君主。在位时期，时值战国，群雄并起，东周王室的影响力已仅限于首都洛邑。当时以西戎霸主自居的强秦，开始左右出击，南攻楚，东击三晋（韩、赵、魏），向中原地区扩展。周赧王五十九年（公元前256年），秦军把东周灭掉，周赧王向秦昭襄王投降。秦王剥夺其“天子”身份，改封为“周公”，安置于梁。东周于是灭亡。

周朝是中国历史上继商朝之后的第三个也是最后一个世袭奴隶制王朝，也是华胥后裔，龙的传人。

王朝的覆灭与红颜祸水

《国语·晋语一》对夏商周的灭亡作了如下评议：“昔夏桀伐有施，有施人以妹喜女焉，妹喜有宠，于是乎与伊尹比而亡夏。殷辛伐有苏，有苏氏以妲己女焉，妲己有宠，于是乎与胶鬲比而亡殷。周幽王伐有褒，褒人以褒姒女焉，褒姒有宠，生伯服，于是乎与虢石甫比，逐太子宜臼而立伯服。太子出奔申，申人、鄫人召西戎以伐周。周于是乎亡。”

这一历史教训的总结，把王朝的灭亡归结为“红颜祸水”，当然有失偏颇；但也揭示出一个道理：那就是堡垒是从内部攻破的，一个王朝的覆灭必是从自己腐败开始的。

二十二、齐桓首霸盟葵丘

子牙祖上炎帝后，因功封齐国兴旺。
桓公雄才倡尊王，抑强扶弱人所望。
弃瑕举火爵上卿，不计射钩任贤相。
九合诸侯安天下，会盟葵鄄想盛况。
五霸之首非偶然，承传民本好风尚。

齐国兴起

齐国是周朝分封的诸侯国之一。西周初年，周武王为酬谢周朝的功臣和宗室，封军师吕尚(姜太公)于齐，纳其女邑姜为武王夫人，生周成王。封地初在湖南，后来由于三监之乱的发生，周公被逼东征，最后将齐国改迁到现今山东半岛一带，并命太公说："东至海，西至河，南至穆陵，北至无棣，五侯九伯，实得征之。"齐国遂获得征伐的权力，政治上成了东方大国，建都于营丘(今淄博)。因国君为姜姓吕氏，故称"姜齐"或"吕齐"。"齐"甲骨文象"禾麦吐穗整齐"或"禾菽出苗齐整"之形，盖取义农业发达，盛产菽麦之意。

或说因为临淄附近有天齐渊，故名齐。天齐者，天之肚脐也，表示齐地乃天之中心。若以鲁为首，燕为足，则首足中间是为脐(齐)，这是齐国国名由来的又一说法。

太公东去就国，近邻的夷人莱侯率军与太公争夺营丘。太公至营丘后，因其风俗，简化礼节而修政。发展工商业，利用当地鱼盐之利，而人民多归齐，人口大增，齐也随之成为经济强国。其后齐国通过不断兼并周边小国，国力进一步强盛，其疆域大致为今山东省偏北的大部及河北省东南部。东靠海，西南和莒、杞、鲁等小国接界。北和燕接界，西和赵、卫接壤。迁国都于临淄。

及瓜而代

春秋时齐襄公的表弟公孙无知的父亲去世得早，襄公的父亲釐公很喜欢公孙无知，以太子的待遇对待他，齐襄公很是妒忌。齐襄公一当了国君，马上就除去了公孙无知的待遇。

后来，齐襄公派连称和管至父去戍守鄄城葵丘(一说在今山东临淄县西)，瓜熟时派他们去的，答应等到第二年瓜熟时就派人代替他们，让他们回来。可是一年过去了，戍守的期限到了，瓜都烂在地里了，齐侯的命令却没有来。连称和管至父请求齐侯派人来替换，齐襄公也不派人去代替，有人提醒齐襄公，齐襄公也不管。

这两个人很生气，于是联合公孙无知，带领部队回到都城，冲进王宫，杀了齐襄公，立其堂弟公孙无知即位。而后大夫雍廪又杀了无知、连称。立公子小白为君，即齐桓公。

此后遂把任期已满换人接替称为瓜代，用“瓜期”“瓜戍”“瓜时”“及瓜”等指官吏就任或任期届满。

管鲍之交

春秋时期，鲍叔牙和管仲二人是好朋友，相知甚深。他们两人曾经合伙做生意，分利的时候，管仲总要多拿一些。别人都为鲍叔牙鸣不平，鲍叔牙却说：“管仲不是贪财，而是他家里穷呀。”管仲几次帮鲍叔牙办事都没办好，而且他三次做官都被撤职，别人都说管仲没有才干。这时，鲍叔牙又出来替管仲说话：“这不是管仲没有才干，只是他没有碰上施展才能的好机会而已。”尤其是，管仲曾三次被拉去当兵参加战争，而且三次逃跑。人们讥笑地说他贪生怕死。鲍叔牙再次直言：“管仲不是贪生怕死之辈，他家里有老母亲需要奉养啊！”

后来，鲍叔牙当了齐国公子小白的谋士，管仲却为齐国公子纠效力。由于齐襄公无道，诸公子纷纷外逃。其一弟纠奔鲁，另一弟小白奔莒。齐襄公死，纠与小白争归齐国为君。在两位公子回国继承王位的争夺战中，管仲曾驱车拦截小白，引弓射箭，正中小白的腰带钩，小白弯腰装死，骗过管仲，日夜驱车抢先赶回国内，继承了王位，就是齐桓公。公子纠失败被杀，管仲不肯自杀，甘愿受辱，做了阶下囚，转而投向了小白，鲍叔牙却不认为这是无耻。他知道管仲不羞小节而耻功名不显于天下，所以后来管仲说：“生我者父母，知我者鲍子也。”

这就是著名的“管鲍之交”。

桓公弃仇相管仲

小白登位后，要拜鲍叔牙为相，并欲杀管仲报一箭之仇。鲍叔牙坚决辞掉相国之位，指出管仲之才远胜于己，劝说齐桓公不要计较前嫌。鲍叔牙说：“难得的是臣下忠于其主啊，如果你重用了管仲，以他的加倍忠心和才能，可以替你射得天下，岂射钩可比呢？君上现在成了国君。如果君上只想让齐国成为强国，那么有叔牙和高傒就够了。如果君上想成就天下霸业，那么非管仲不可。管仲到哪个国家，哪个国家就能强盛，不可以失去他啊！”桓公听从了他的建议，假装要杀管仲报仇，骗得鲁国允许桓公把管仲押解回齐国。桓公和管仲谈论霸王之术，大喜过望，决定不计前嫌，任用管仲为相。管仲在齐国推行了一系列的改革，成就了齐国的霸业，而齐桓公也成为春秋五霸之首。

齐桓公像

一鼓作气及再衰三竭

鲁国是周公姬旦的封地，周公在奄地（今曲阜）建立了鲁国。因周公辅佐周王治国，所以由其子伯禽代封就国。

齐桓公对鲁国公开支持公子纠争夺王权不满，公元前 684 年，齐桓公不顾管仲的劝说，执意要攻打鲁国。鲁庄公得知齐国大军来犯，决定动用国家力量来和齐国抗衡，这时曹刿(guì)自荐想要参与战争。

曹刿论战图

曹刿问鲁庄公："你凭什么相信自己的部下会为您付出生命?"鲁庄公说："我将自己的东西分享给百姓，从不亏待他们；我尊敬神明，都祭祀他们；我在受理案件的时候一定明察秋毫，给百姓一个交代。"曹刿认为他尽到了作为君王的责任，具备了与齐国一战的资格。

两军在长勺展开决战，等到列阵完毕，鲁庄公想要击鼓出击，来个先发制人，曹刿建议鲁庄公严守阵地，以逸待劳，等待击败敌军的关键时机，鲁庄公同意了。齐国军队凭借自己的强大兵力，分外嚣张，士兵们也是急功近利，齐军擂起第一通战鼓，士气正旺，鲁军却纹丝不动，只是防卫得很严；齐军擂起第二通战鼓，鲁军就像没听见一样，还是紧密防守，齐军认为鲁军怯战，都不在意了；齐军擂响了第三通战鼓，鲁军突然也擂起了战鼓(鲁军的第一通战鼓)，猛地冲杀过来，势如迅雷不及掩耳，杀得齐军七零八落，大败而奔。

鲁庄公问曹刿为什么鲁军一鼓胜齐军三鼓时，曹刿说：打仗以气为主，有勇气就能打胜仗，气衰就打败仗。鼓，是用来鼓气的，第一次擂鼓气势正旺，第二次擂鼓气势就开始衰落了，第三次擂鼓气势就已经衰竭了。鲁军第一次擂鼓对齐军第三次擂鼓，怎么能不胜呢?

鲁庄公见时机已经成熟，想要乘胜追击，曹刿先看了敌人撤退时留下的车印是否凌乱，敌军的战旗是否整齐，判断齐军真的是逃跑而不是战略撤退或半路埋伏后，才同意鲁庄公追击，结果鲁国大胜。

桓公庭燎招士

庭燎，是春秋时期天子和国王在接待外国使者或商讨国家大事时的一种最高规格的接待礼仪，就是要在大庭中燃起火炬。

齐桓公因求贤若渴，遂以这种最高规格的接待礼仪设"庭燎招士"，但一年过后，没有一个贤士前来。这时，东野那里有个地位低下的人求见，齐桓公很高兴地登堂接见，他问来人有何才能，来人回答："我会九九算术。"桓公讥笑说："会九九算术也能算一技之长吗?齐国这样的人到处都是。"来人回答道："大山不拒绝细小的石子，所以才成了大山；大海不拒绝细小的溪流，所以才成为大海，九九算术不算什么，但您如果对我以礼相待，还怕比我高明的人不来吗?"桓公深感有理，便设庭燎之礼接待来人。果不其然，一个月后四面八方的贤士接踵而至。

宁戚饭牛干桓公

卫国有个叫宁戚的人，很有才干，想要到齐桓公那里去求取官职，因穷困而无法前往接近桓公，就受雇替商人赶车到齐国去。夜晚在齐城门外露宿，桓公正好到郊外迎接客人，打开城门，让所有赶车的人都回避，跟随桓公的人很多，都拿着明亮的火把。宁戚在车前喂牛，看到桓公便敲打着牛角而悲歌：

南山矸(gàn，山石白净)，
白石烂。
生不逢尧与舜禅。
短布单衣适至骭(gàn，小腿)，
从昏饭牛薄夜半。

长夜漫漫何时旦!

桓公听见后,走下车说:“奇怪啊,这个唱歌的人不是一般的人啊。”桓公便命令,用后车装载同归。桓公回到朝廷,手下人请示如何处置宁戚。桓公说:“赏给他衣帽,我要接见他。”宁戚见到桓公,游说桓公统一四境;第二天再见,更劝说桓公统一天下。桓公非常高兴,将重用宁戚。群臣纷纷劝桓公说:“宁戚是卫国人,离我们齐国只有五百里路,不是很远,不如我们派人去打听打听他的情况,如果他确实是个贤能的人,再重用他也不为晚。”齐桓公说:“不可这样,打听可能会听到一些小毛病,因为小毛病,而忘记人家的主要美德,这就是君主往往错失天下人才的原因。况且一个人很难十全十美,治政只用他的长处即可。”于是不经考查,就连夜点燃庭燎火炬,提拔重用了宁戚,授给他卿相的大官,参与国事。此举为齐桓公赢得了天下的人心,这就是他成为春秋五霸之首的原因啊。

斫轮老手与得心应手

齐桓公在堂上读书,轮扁在堂下砍削木材制作车轮,轮扁放下椎凿工具走上堂来,问齐桓公说:“请问,公所读的是什么书呀?”桓公说:“是记载圣人之言的书。”又问:“圣人还在吗?”桓公说:“已经死去了。”轮扁说:“那么您所读的书不过是圣人留下的糟粕罢了。”桓公很生气地说:“我读书,你一个做轮子的匠人怎么能议论?说出道理就可以放过你,没有道理可说就要处死你。”轮扁说:“道理嘛,有。我是从我做的事情看出来的。砍削木材制作轮子,榫头做得太紧了,就会滞涩而难以进入,做得过于宽缓了,又会松动而不牢固。我却能够做得不宽不紧,得心应手,口里说不出来其中的奥妙,但其中自有度数分寸在。这些我无法明白地告诉我的儿子,我儿子也不能从我这里得到做轮子的经验和方法,所以我已70岁了,还在独自做车轮。古人和他们所不能言传的真东西都已随他们一起死去了,所以您读的所谓圣人之书,就只不过是古人留下的糟粕罢了!”桓公听了觉得很有道理。

尊王攘夷,成就霸业

齐桓公为了成就霸业,凭借其雄才大略,举贤任能,采取了一系列措施。他任命管仲为齐相,主持国政。管仲相齐后,对齐国进行了一系列的改革。在政治上,他推行国、野分治的参国伍鄙之制,即由君主、二世卿分管齐国,并在国中设立各级军事组织,规定士、农、工、商各行其业;在经济上,实行租税改革,采取了一些有利于农业、手工业发展的政策;在管理上,他号召礼法并用,知礼可以使民众懂得廉耻,明法可以让民众遵守规矩,两者结合起来,便可以使国力大增。

在国内政治经济形势得到改善和稳定的基础上,管仲又积极促使齐桓公采取尊王攘夷、争取邻国的手段,以建立霸权。

春秋初期,齐国与主要竞争对手鲁国之间经常发生战争。齐国曾几度与鲁展开战斗,结果都没有取得多少胜利。这使齐桓公与管仲看到,仅靠齐国自己的力量,是不能称霸于天下的。于是,他们想到了利用天子。齐桓公于是先与周王室结亲,他迎娶了周庄王之女共姬,向全国诸侯表明自己与周天子的亲近关系。在拉拢到周天子之后,齐桓公又以尊崇周天子为口号,进行会盟,以取得各国诸侯的支持。

当初桓公逃亡时曾路过谭国,谭君待桓公不好,于是桓公二年(公元前684年)首先出兵灭掉了谭国,谭国君主逃向了莒国。

正好在这时,宋国发生了宋万之乱。公

元前681年，齐桓公便召集诸侯在齐国的北杏（今山东东阿）会盟，他借用周天子的名义，说要与诸侯共同帮助宋国安定政局。但是以鲁国为首的一些国家，却没把齐国提出的会盟当回事，齐桓公便以此为借口，杀鸡骇猴，南下灭掉了拒绝入盟的遂国，迫使鲁与齐言和，盟于柯，终于制服了鲁国。随后，齐桓公又软硬兼施，把卫国和郑国拉入同盟。

管仲的这些政策为齐国称霸准备了物质条件和政治基础，齐国日益强盛。

此后，桓公、管仲又多次会盟诸侯，抑强扶弱，存亡国，继绝世，匡正天下于一统，即所谓“九合诸侯，一匡天下”，终于成就了霸主伟业，成为春秋时期的第一个霸主。

“九合诸侯”第一盟之北杏之盟

齐桓公四年（公元前682年），宋国内乱，大夫南宫万杀了宋闵公。次年（公元前681年）春，齐桓公邀宋、陈、蔡、邾等国在齐北杏（今山东东阿）相会，商讨平定宋乱。为诸侯会盟之始，齐桓公成为历史上第一位以诸侯身份代替天子主持天下会盟的盟主，这是“九合诸侯”的第一次。

齐鲁柯之盟，齐还鲁地

桓公五年（公元前681年），齐桓公率兵攻打鲁国，鲁国失败，鲁庄公请求割地以和。庄公十分喜好勇士，曹沫凭借勇力侍奉庄公，为鲁国将军，与齐国作战，三战三败。鲁庄公害怕了，就献上遂邑这块地方求和，但仍然用曹沫为将。

齐桓公答应和鲁国在柯地（今鲁西阳谷县阿城镇）会盟订约。桓公与庄公已经在坛上订了盟约，曹沫手持匕首突然登坛胁迫齐桓公，桓公近旁的人没敢动手，问道：“你想干什么？”曹沫说：“齐国强鲁国弱，而贵国侵犯鲁国也太过分了。如今鲁国的都城的城墙倒塌，就能压到齐国的边境了，大王一定要考虑考虑这件事！”桓公于是答应全部归还鲁国被侵占的土地。桓公说完话，曹沫就扔掉匕首，走下盟坛，朝北回到群臣的位置上，脸色不变，言辞从容如故。桓公大怒，要背弃自己的誓约，管仲说：“不能这样。贪图小利来使自己痛快，就会在诸侯中失去信义，失去各国的帮助，不如给他。”这样，桓公就割还了侵占的鲁国领土，曹沫三次战役所失去的土地，全部都还给了鲁国。

据《左传·庄公十四年》记载：公元前680年春季，宋国违背北杏之盟，齐桓公即约请曾参加“北杏会盟”的陈、蔡二国一起出兵伐宋。齐桓公先派人带着丰盛的礼物去朝拜周天子，说宋国不尊重周天子，随便废立国君，请周天子兴师问罪。周天子也想借齐国的力量来树立天子的威望，便答应齐桓公的要求，派大夫单伯带部分兵力，会同齐、陈、蔡三国合兵伐宋。宋国看到齐国打着周天子的旗号来讨伐，不想背负抗御王师、与天子作对的罪名，请求归顺王室，遂与诸侯和好。

齐桓公觉得“拉大旗作虎皮”的办法比自己直接出兵更有效，便又在第二年冬天，拉着周天子的代表单伯，约集卫、郑、宋三国之君一起在甄（juàn，即鄄，卫地，在今鲁西菏泽鄄城县城北的旧城镇）地葵丘会盟，各国看到周天子支持齐国，诸侯国君遂共推齐桓公为盟主，齐桓公的霸主地位开始确立。所以《史记·秦本纪》说：“齐桓公伯（霸）于鄄 。”

春秋中期，中原华夏各诸侯苦于周边戎狄等部落的攻击，于是齐桓公打出“尊王攘夷”的旗号，联强助弱，于公元前664年，北击山戎救燕；又逐狄存邢救卫，制止了戎狄对中原的进犯。公元前656年，又联合中原诸侯，南伐蔡楚，迫楚会盟于召陵；同时平定了周室内乱，安定了周室，受到周天子赏赐，齐国的霸业达到高峰。

鄄城葵丘

鄄，春秋卫邑，后改称濮。卫国是当时比较发达的地区，有发达的农业，随着农业的发展，也带动了手工业的进步，促进了商业的兴旺，涌现出一批城镇，所以很多活动都是在濮鄄进行的。春秋时，诸侯在卫国共进行过14次会盟。仅在鄄城葵丘，齐桓公就四次召集天下诸侯会盟，留下了著名的会盟台、会台泉、塔院寺等古迹。

葵丘遗址位于今鄄城县旧城镇西南5里的葵丘堌堆村。据明《濮州志》记载：葵丘崇岗盘薄（广大雄伟），占地二百余亩，上可容纳万人；前锐后方，像四足踞地的灵龟的形状，西边紧靠黄河大堤。汉唐以来，项羽追章邯，曹操夜袭吕布，四次到过这里。至石勒、邴元真、王仙芝，相继为难，历来为兵家征战之地。

后来历代不同时期又有祠、庙先后落成。据村老介绍，有桓公庙、关帝庙、龙王庙、奶奶庙等。其中以宋仁宗年间集贤殿大学士李迪告老还乡后所建塔院寺规模最大，寺内铸有七级铁塔。明正统十二年（公元1447年），李迪后人扩建庙院，占地16亩，另有庙地18亩。清乾隆十二年（公元1747年）又进行了重修，气势雄伟，每年四月初八为庙会。清咸丰五年，黄河自铜瓦厢决口改道之后的二十年间没有堤防，河水一直漫流。葵丘堌堆紧邻河道，古建筑被冲毁，遗址也被深埋于地下，现仅存汉白玉柱杵一尊及明正统十二年（公元1447年）重修塔院寺庙碑一截。

老马识途

公元前663年，北方的山戎国（在今河北省东北部）侵略燕国。燕国的国君向齐国求救，齐桓公亲自率领大军去救助。齐桓公的军队赶到燕国时，山戎国的军队已带着掠夺的财物，逃到东部的孤竹国去了。齐桓公命令军队继续追击敌人。山戎国和孤竹国的军队听说齐国的军队打来了，就吓得躲进了深山荒林中。齐桓公顺着敌人的踪迹攻进深山老林。最后，把敌人的军队打得四散逃奔。齐桓公取得了胜利，并把敌人掠夺的财物也夺了回来。

当他们要返回齐国时，他们却迷了路。因为齐军来的时候是春天，山青水绿，道路容易辨认。而返回去时已是冬天，山野白雪皑皑一片，山路又弯曲多变，所以走着走着就辨不清方向了。这时，管仲说："大王，狗、马都有辨认道路的本领。我们挑几匹老马，让它们在前边引路，就可以走出山谷。"齐桓公立刻让人挑选了几匹老马，放开缰绳，让它们在前随意地走，军队跟在马的后边。没有多久，在马的带领下，齐国的军队果然走出了山谷，找到了回齐国的路。这一成语比喻阅历多的人富有经验，熟悉情况，能起到引导作用。

据说，马的脸很长，鼻腔也很大，嗅觉神经细胞也多，这样就构成了比其他动物更发达的"嗅觉雷达"，不仅能鉴别饲料，水质好坏，还能辨别方向，自己寻找道路；马的耳翼很大，耳部肌肉发达，转动相当灵活，位置又高，听觉也非常发达。马通过灵敏的听觉和嗅觉等感觉器官，对气味，声音以及路途形成牢固的记忆，所以，老马能够识途。

庆父不死，鲁难未已

周惠王十五年至十七年（公元前662年至660年）的两年里，庆父先后杀了两位鲁国君主，故鲁国大乱。庆父、叔牙、季友三人是鲁庄公的三个弟弟，因均出自鲁桓公，后人称为“三桓”。鲁庄公晚年,三桓为争夺君位而展开残酷的斗争。鲁庄公生病时,向叔牙询问谁能继承自己的事业,叔牙说庆父有才能,可以即位。季友为了让子般即位,便杀死了叔牙。鲁庄公三十二年(公元前662年)病逝后,子般在季友支持下即位。此年冬,庆父派圉人荦在党氏家刺死子般,立庄公子开为君,即鲁闵公。鲁闵公二年(公元前660年)秋,庆父指使鲁大夫卜齮(yǐ)杀闵公,欲自立,国人愤怒而反抗,迫使庆父逃奔莒国。流亡在外的季友得以返鲁,并立公子申为君,是为僖公。季友又以财货求莒国遣返庆父,并迫使庆父自杀。此所谓“庆父不死,鲁难未已”也。

桓公助邢抗狄

齐桓公二十七年(公元前659年)春,齐桓公不顾伐山戎的辛苦,又同宋、曹之君各率本国兵马数次出兵帮助邢国与赤狄人交战,共同救邢。狄人退兵后,三国决定把邢国迁到离狄族远些的地方,于是齐桓公着手帮助邢国把都城迁到了靠近齐国较为安全的夷仪(今聊城西南)。

风马牛不相及

春秋初年,楚国发展起来,向中原挺进,先后灭掉了申、息、邓等小国,并伐黄服蔡,多次向郑国进攻。郑国支持不住,已准备背齐向楚。

为了救郑,齐桓公于公元前656年春,率领鲁、宋、陈、卫、郑、许、曹、邾八国联军侵蔡。蔡溃,遂伐楚。楚国见盟军强大,不敢率军交战,派使者质问齐桓公说:“君处北海,寡人处南海,唯是风马牛不相及也(这就像牛马发情,完全不相干啊)。没有想到君王竟不顾路远来到我国的土地上,这是什么缘故?”这就是“风马牛不相及”成语的来历。

齐楚盟于召陵

管仲回答说:“以前召康公命令我们的先君太公说:‘五侯九伯,你都可以征伐他们,以便辅助王室。’赐给我们先君的征伐范围,东边到大海,西边到黄河,南边到穆陵(淮南穆陵关,楚地),北边到无棣(辽西孤竹)。你不进贡王室的包茅,使天子的祭祀缺乏应有的物资,不能漉酒请神,我为此而来问罪。昭王南征到楚国而没有回去,我为此而来责问。”使者回答说:“贡品没有送到,这确是我君的罪过,今后岂敢不进贡?至于昭王没有回去,君王还是到水边去问吧!”诸侯联军前进,驻扎在陉地(今河南漯河市郾城区南),两国军队从春天相持到夏天,都不敢轻易进攻对方。

屈完走后,齐国和诸侯联军又拔营前进,一直到达召陵(河南漯河)。楚成王又派屈完去探问。齐桓公为了显示自己的军威,请屈完一起坐上战车去看中原来的各路兵马。屈完一看,果然军容整齐,兵强马壮。齐桓公趾高气扬地对屈完说:“你瞧瞧,这样强大的兵马,谁能抵挡得了?”不料屈完不卑不亢地回答:“您要是凭武力的话,我们楚国以方城(楚长城)作城墙,用汉水作濠沟,你们就是再来更多的军队,也未必打得进来。”听屈完说得挺强硬,齐桓公估计也未必能轻易打败楚国,而且楚国既然已经认了错,答应进贡包茅,也算有了面子。就这样,中原八国诸侯和楚国一起在召陵订立了盟约,各自回国去了,史称“召陵之盟”。这是齐桓公“尊王”的又一次胜利,其霸主地位更加巩固。

共辅太子之盟

公元前655年,周惠王觉得太子郑不听使唤,想废掉太子郑,立自己爱妃生的儿子王子带为太子。

这件不合礼制的事引起了很大的轰动，齐桓公觉得这是一个很好的机会，为了保住太子的地位，就以诸侯要拜见太子为借口，在5月，召集八国诸侯在首止（春秋卫地，在今河南睢县东南）开大会，太子郑在首止和诸侯见了面，一起住了几个月。

这使周惠王很是生气，可又无力和齐桓公抗争，就偷偷派人去劝告郑国不要参加结盟。郑国听了周王的话，就离开了首止，剩下的七个诸侯共同缔结了共辅太子的盟约。

齐桓公觉得郑国这样的举动是对于自己威严的一种冒犯，于是就起兵攻打郑国，迫使郑国也参与到辅助太子的盟约当中来。

鄄城洮之盟

不久，周惠王死了，公元前652年，齐桓公约集鲁、宋、卫、许、曹、陈等国之君在洮（洮邑，即桃城，在今鄄城西南）会盟，正式将太子郑扶上周天子宝座，是为周襄王。

桓公称霸再盟葵丘

周襄王对齐桓公当年的帮助十分感激，于是派卿士宰孔作使者，给齐桓公送了祭肉、珍贵的弓箭和车子等许多礼品。

齐桓公利用这个机会，遂于公元前651年夏天，召集鲁、宋、卫、郑、许、曹等国之君与周王室的使者宰孔，大会于葵丘。大家热情招待周王的使者。周王的使者，也对齐桓公极力加以表彰。这是葵丘会盟的第一个阶段，目的在于表彰齐桓公的功勋。

对这次大会，《史记·齐太公世家》作了如下记述："（齐桓公）三十五年夏，会诸侯于葵丘。周襄王使宰孔赐桓公文武胙、彤弓矢、大路（辂），命无拜。桓公欲许之，管仲曰'不可'，乃下拜受赐。"

同年秋天，齐桓公又在葵丘召集各国诸侯举行了正式盟会，是葵丘会盟的第二阶段。这个阶段的会盟，目的是要同与会的各国诸侯缔结一个共同遵守的盟约，让各诸侯结盟修好，共图太平盛世。史称"葵丘之盟"。

在这次葵丘盟会上，齐桓公代表诸侯各国宣读了共同遵守的盟约。其主要内容是：凡同盟诸侯都要和好，不要互相攻伐，不要乱筑堤坝壅塞水流把水祸引向别国；不准因为别国饥荒就刻意不卖粮食；不准更换太子；不准以妾代妻；不准让夫人参与国家大事；不要擅杀大臣，等等。最后条约规定，"凡我同盟之人，既盟之后，言归于好"。

这个盟约有序言、有条文、有誓词，结构完整，应当是一部经过齐国官员认真修订、各国集体讨论过的非常严谨的盟约。

总体来说，盟约涵盖了水利、粮食买卖和一些经济问题，有的是各国经济上互相协作的要求，有的是维护宗法统治秩序的需要，有的还涉及重大的内政问题，显然是对春秋以来各国内政外交的总结，其主旨是维护周礼，稳定"国际"秩序。这说明齐桓公主持的盟会是做了些顺应时代潮流的事情的，这在当时是很有针对性和重要意义的。

这次在葵丘分两阶段进行的会盟，是齐桓公多次召集诸侯会盟中最盛大的一次，会上齐桓公俨然代周天子号令诸侯。通过葵丘这次盛会，齐桓公的霸业也达到了顶峰。

会与盟的不同及意义

所谓会盟，包括集会与订盟两种。夏天的那次叫"会"，会者，合诸侯也；秋天的那次叫"盟"，盟者，誓约也，歃血以结信也。这次葵丘会盟，桓公成了名副其实的春秋第一霸主。

《谷梁传》还对这次会盟的形式作了如下的解释："葵丘之盟，陈牲而不杀，读书加于牲上。”就是说，这次只将作牺牲(古指供祭祀用的纯色全体牲畜)的动物捆绑起来，将写有誓约事项的盟书(写在绢、竹简上)，加在被捆束动物的背上，而不像以前那样将牲杀死进行“歃血”，然后宣读盟誓，盟誓里面还要加诅咒之词，作为誓约的象征。可见葵丘之盟，采取了一种新的形式。这种形式也博得了众诸侯的一致响应，最后，宣布了盟约，没有杀牺牲，也没有歃血。诸侯都表示相信和遵守。葵丘会盟，应是一次非常文明的会盟。

孔子也曾对葵丘之会给了如下积极的评价：“管仲辅佐齐桓公，称霸诸侯，统一天下，老百姓到现在还受到他们的恩赐啊！没有管仲，我们都要披散着头发，衣襟开向左边，变成蛮族统治下的人了。”

齐桓公称霸的作用

齐桓公时，强楚北上，戎狄南下，形成“南夷与北狄交攻，中国不绝如缕”的局势，中原受伤甚剧。齐桓公的霸业不是对弱小诸侯的征服，而是帮助它们抵抗外来侵略，在周王朝权势丧失后，齐桓公遂成为领导中原防御外患的核心力量。

说实在的，桓公和管仲几十年的奋斗，顺应了当时王室衰微、大国崛起的形势，采取了一系列符合当时形势的对内对外政策，对齐国的社会发展，对捍卫中原先进文化免受戎狄等落后民族的破坏，是建立了一定的功绩的。

管仲临死谏桓公

80 多岁的管仲病得不能动了，齐桓公赶去问他：“仲父，你不能死呀，你死了，我可怎么活？请问群臣之中，究竟有谁可以接替你的相位呢？请仲父务必推荐一个合适的人选出来。”

管仲交代说：“易牙、竖刁、开方这三个人绝不能接近和信任。”齐桓公问：“易牙把他亲生儿子烹了给寡人吃，表明他爱寡人超过爱他儿子，为什么不能信任？”管仲说：“人世间亲情莫过于爱子，他对亲生儿子都敢下毒手，怎么会爱你国君！”齐桓公又问：“竖刁阉割自己进宫侍候寡人，证明他爱寡人超过爱自己，为什么不能信任？”管仲说：“他对受之于父母的皮肉都不爱惜，怎么会爱你国君呢！”齐桓公再问：“卫国公子开方放弃太子之尊到我手下称臣，他父母死了也不回国奔丧，这表明他爱寡人超过爱父母，为什么不能信任？”管仲说：“人生在世，孝道为先。卫公子不当太子、不回国奔丧，证明他有更大的政治野心，这种人你还去信任吗！”

管仲否决了齐桓公身边最亲近的三个小人，却没有向齐桓公推荐自己的好友鲍叔牙来接替他的位置。

所以齐桓公问：“鲍叔牙，您看行吗？”管仲回答说：“不行。我最了解鲍叔牙了。鲍叔牙这个人，清白廉正，对不如自己的人，不屑与之为伍，偶一闻知别人的过失，便终生不忘。若是不得已的话，我看那个隰朋大概还行吧。”

公元前 645 年，管仲去世了，齐桓公顿时就像失去了支柱一样。

桓公惨死

管仲死后，齐桓公迫于管仲的遗嘱和大臣们的压力，不得不将易牙、竖刁、开方三人免职，但因长期听不到他们拍马奉承的肉麻话，感到非常难受。过了不久，又将这三人复职。这三人被召回宫廷后，便沆瀣一气，朋比为奸，培养奸佞，打击忠良。后来齐桓公病重，他们用桓公的名义张贴了一张布告，禁止任何人入宫，又在桓公寝室周围筑起三丈高的围墙，不给送饭送水，终于把桓公活活饿死在宫禁中，桓公尸体在床上放了六十七天，尸虫都从窗子里爬了出来。直到新立的齐君无亏才把桓公收殓。可怜齐桓公英明一世，称霸天下，到晚年却糊涂一时，任用三个奸佞小人，活活害死了自己。当国君的警惕啊！

晏子辅政

公元前 643 年，齐桓公卒，齐国从此失去霸主地位。公元前 589 年，齐、晋大战于鞍（今山东济南），齐遂大败。但凭着桓公的根基，直到灵公、景公时，齐依旧是仅次于晋国的中原强国。同时，也因为这期间尚有著名政治家、思想家、外交家晏子历任齐灵公、庄公、景公三朝相国，辅政长达 50 余年。留下了不少有名的故事。

南橘北枳

晏子将要出使楚国。楚王听到这个消息，对身边的大臣说："晏婴是齐国最能言善辩的人，我想羞辱他一下，用什么办法呢？"侍臣回答说："在他来的时候，大王请允许我绑着一个人从大王面前走过。大王就问：'他是什么人？'我就回答：'他是齐国人。'大王接着再问：'他犯了什么罪？'我就回答：'他犯了偷窃罪。'"楚王觉得这是个妙计。

晏子到了楚国，楚王请晏子喝酒，酒喝得正高兴的时候，两名公差绑着一个人到楚王面前来。楚王问道："绑着的是什么人？"公差回答说："他是齐国人，犯了偷窃罪。"楚王看着晏子问道："齐国人本来就好偷东西吗？"晏子离开座位回答道："我听说淮南的柑橘，又大又甜；种到淮北，就只能结又小又苦的枳果，只是叶子相似，果实味道却完全不同，这是因为水土不同所致！同样道理，齐国人在齐国安居乐业，好好地劳动，一到楚国，就做起盗贼来了，莫非楚国的水土使百姓善于偷东西吗？"楚王笑着说："圣人是不能同他开玩笑的，我反而自讨没趣了。"

出使狗国

晏子出使到楚国，楚王知道晏子的身材矮小，就命令人在大门旁边开了个小洞，请晏子从小洞进去。晏子知道楚王要戏弄他，严词加以拒绝。他说："到了'狗国'，才走狗洞，我现在是出使楚国，不应该走狗洞。"招待晏子的官员只好请晏子从大门进去。

挥汗如雨

晏子进去拜见楚王。楚王故意问："齐国没有人可派吗？竟派您做使臣。"晏子回答说："齐国首都临淄大街小巷挤满了人。人们'张袂成荫，挥汗成雨，比肩继踵'（意思是：把袖子举起来，可以遮住太阳；甩一把汗，就是一阵雨；街上行人肩膀擦着肩膀，脚尖碰着脚跟），怎么说齐国没有人呢？"楚王接着问："既然如此，那么为什么派你出访呢？"晏子答："我们齐国派使节出访很有讲究：对那些精明能干的人，就派遣他们出使那些道德高尚的国家；对那些愚蠢无能的使臣，就派他们出使那些不成器的国家。我是使臣中最愚蠢、最无能的人，所以就派我出使楚国来了。"晏子的话使本打算要戏弄他的楚国君臣们面面相觑，半天说不出话来。

二桃杀三士

田开疆、公孙接、古冶子侍奉齐王，皆勇猛异常，但居功自傲，不讲礼仪。晏子视为祸患，建议景公杀之。景公担心武力无法制服，于是晏子让齐景公赏赐二桃，让他们论功而食。公孙接以曾搏击野猪和幼虎，救了国君，拿得一桃；田开疆以曾奉命讨伐徐国使之臣服亦拿得一桃；古冶子曾陪景公渡河，斩鼋除怪，保住国君的性命，自恃功高，便拔剑而起，表示不服。这时田开疆和公孙接一看，同对古冶子说：“论勇论功，我们都比不上你，拿桃不让，是贪心，不敢自杀，是没勇气。”因而都退还了桃子自杀了。古冶子也认为三人结为兄弟，誓同生死，如今他俩人已死，自己独生不仁；耻人以言，而夸其声，不义；不死无勇，也自杀了。

三士既死，景公以士礼安葬。晏子以二桃杀三士，消除了政治隐患，其智慧非同寻常。现存三士冢。

窃钩者诛，窃国者为诸侯

齐国衰落，卿大夫相互兼并。景公时，陈桓子施惠于民，民归陈氏，陈氏因而逐渐强大。以后陈氏又一步步兼并齐国的栾、高、鲍、阚等族，至陈成子遂专齐政。公元前 386 年，陈成子的玄孙陈和为齐相，废齐康公，自立为国君，并得到衰微的周王朝的承认。公元前 379 年，康公卒，姜齐绝祀。

对这一事件，只有庄子有句辛辣的评论道“彼窃钩者诛；窃国者为诸侯，诸侯之门而仁义存焉”。由于古音“陈”与“田”相近，古书往往读陈作田，故陈和也称田和，其作为第一代齐侯，沿袭姜齐之旧，遂改称田齐。

设稷门学宫

田齐立国时，已经进入战国中期。由于田氏代齐的时间还不久，新生的封建政权有待巩固，而人才又十分匮乏。于是桓公田午（田齐的第三位国君，非姜齐桓公）继承齐国尊贤纳士的优良传统，在齐都临淄的稷门附近建起了巍峨的学宫，设大夫之号，招揽天下贤士。到了齐威王当政，在邹忌等人的辅佐下，采取革新政治、整顿吏治、发展生产、繁荣

稷下学宫图

经济、选贤任能、广开言路等一系列政治、经济和思想文化措施，终于又使齐国最强于诸侯。

战胜于朝廷

这个成语出自《战国策·齐策一》。《战国策》是记载战国时各国史事的一部史书。中学教材《邹忌讽齐王纳谏》一文选取了其中齐国谋士邹忌劝说君主纳谏，广开言路，改良政治的故事。齐王接受了他的建议，果然收到了富国强兵的政治效果，从而达到了“在朝廷上就战胜了别国的理想境界”。故事如下：

邹忌身高八尺多，形体容貌光艳美丽。一天早晨穿戴好衣帽，照照镜子，然后问他的妻子说：“我与城北的徐公相比，谁更漂亮？”他的妻子说：“您漂亮多了，徐公怎能比得上您呢？”城北的徐公，是齐国出了名的美男子。邹忌不相信自己会比徐公漂亮，因而又问他的小妾说：“我与徐公比，哪一个更漂亮呀？”妾回答说：“徐公怎么能比得上您呢？”第二天，有位客人从外边来，邹忌同他坐着聊天，又问他：“我同徐公比，谁更漂亮？”客人说：“徐公不如您漂亮呀。”又过了一天，徐公来了，邹忌仔细地打量他，自己认为不如他漂亮；再照照镜子仔细端详自己，更觉得远远不如徐公漂亮。晚上在床上躺着苦苦思索这件事，恍然大悟说：“我妻子认为我漂亮的原因，是偏爱我；小妾认为我漂的原因，是害怕我；客人认为我漂亮的原因，是想对我有所求。”

于是邹忌上朝廷去拜见齐威王，说：“我确实知道我不如徐公漂亮。但我的妻子偏爱我，我的小妾害怕我，我的客人有求于我，他们都认为我比徐公漂亮。如今齐国国土面积方圆有上千里，有一百二十座城池，宫里的妃嫔、侍从们没有一个不偏爱大王的，朝廷的大臣没有一个不害怕您的，在全国范围内没有一个不对大王您有所求的。由此看来，您被蒙蔽得太厉害了。”

齐威王说：“好。”于是就下命令：“大小官吏、百姓能当面指责我的过错的，受上等奖赏；能上书劝谏我的，受中等奖赏；能在公共场合议论我的缺点，使我听到的，受下等奖赏。”命令刚下达的时候，大臣们纷纷向国王进言劝谏，宫门口和院子里像集市一样热闹；几个月之后，不时有人偶然进谏；一年之后，即使有人想进谏，也没什么可说的了。

燕、赵、韩、魏等的君王听说了这件事情，都到齐国来朝见。这就是人们所说的在朝廷上就战胜(别国的理想境界)

“火牛阵”，田齐灭亡

随着田齐的强大，公元前 353 年，齐大败魏军于桂陵；公元前 341 年，齐又大败魏军于马陵。公元前 334 年，齐威王正式称王。

齐宣王时燕国发生“子之之乱”。公元前 314 年，在孟轲劝说下，宣王命匡章率“五都之兵”“北地之众”伐燕，五旬克之，一度占领燕国。田齐成为战国七雄之一。

其子齐愍王穷兵黩武，好大喜功。结果于公元前 284 年，招致燕王以乐毅为上将军，合燕、秦、韩、赵、魏五国攻齐，打进临淄，连下七十余城。齐城没被攻下的只有莒和即墨。齐愍王逃入莒地，被淖齿杀死。王孙贾与莒人又杀淖齿，立愍王子法章为齐襄王。燕引兵东围即墨，城中推举田忌为将。双方相持达五年之久。

公元前 279 年，田单组织反攻，用“火牛阵”大败燕军，收复失地。齐虽复国，但元气大伤，无力再与秦抗衡。公元前 221 年，秦灭韩、魏、楚、燕、赵后，使将军王贲从燕地南攻齐国，俘虏齐王建，齐国灭亡。后虽于公元前 208 年复国，至前 202 年又被汉将韩信所灭。

齐愍王与垂脊兽骑凤仙人

金銮殿上的脊兽

故宫里的金銮殿是“重檐庑殿”式建筑，有 1 条正脊，8 条垂脊，4 条围脊，总共有 13 条殿脊。每条屋脊上都有脊兽。

正脊两端有正吻 2 只，因它口衔正脊，俗称吞脊兽。在大殿的每条垂脊上，各施垂兽 1 只，8 条脊就有 8 只。在垂兽前面是 1 行跑兽，从前到后，最前面的领队是一个骑凤仙人，然后依次为：龙、凤、狮子、天马、海马、狻猊(suān ní)、押(狎)鱼、獬豸、斗牛、行什，共计 10 只。8 条垂脊就有 80 只。此外，在每条围脊的两端还各有合角吻兽 2 只，4 条围脊共 8 只。这样加起来，就有大小吻兽 106 只了。如果再把每个殿角角梁上面的套兽算进去，那就共有 114 只吻兽了。

古建屋顶脊兽的作用

其一，古建的屋顶由房梁和青瓦构成，多无光照，长期不见阳光，屋顶的地方都是比较阴暗的。古人从道家的阴阳之说和风水之论出发，认为这些地方的阴气重，容易滋生邪物，因此，需要有神物来镇住它，所以在屋脊上设计安放一些“避邪”的神兽，可以驱逐厉鬼，守护家宅的平安，并可祈求丰衣足食、人丁兴旺。既可庇护房屋，又标显宅主的权位。

其二，中国古建大多为木质，不利避雷，火灾是其最大威胁，古人没有更好的办法，便将龙王的儿子请来镇宅。正脊两端的那两个像鱼一样的神兽便是鸱(chī)吻,龙生九子的第九子。汉代,宫廷经常发生火灾,道士们纷纷献计,提出要在屋顶上施设镇压之物以禳(ráng)除火灾,就于屋脊设了鸱鱼之像,以厌(yā)火灾,即今世之鸱吻。直到清代,在国家工程中,还保留着十分郑重庄严的迎鸱的仪式。负责营造的官员以鼓乐、彩亭、仪仗等,自琉璃窑厂迎脊龙(正吻等)入宫,并叩首焚香,备极恭敬。

其三,宫殿屋脊两端是木构架的关键部位,为了使榫(sǔn)卯结合的木构件接合紧密,需要在这里施加较大的重量加以稳固,这就逐渐演化为脊兽。鸱吻是固定正脊、岔脊的构件,其他小兽也都起着稳固屋脊和瓦垄的作用,所以鸱吻是中国古代建筑不可缺少的一部分。这些琉璃吻兽经数百年风吹日晒,一直牢牢地屹立在殿脊上,成为中国建筑上特有的一道风景。

其四,宫殿屋脊和檐角是殿顶两坡的交会点,都有倾斜坡度,雨水容易从交会点的缝隙渗入。吻兽的设置也起到了严密封固缝隙和瓦垄的作用,使脊垄既稳固又不渗水。同时,瓦片也容易在大风雨雪等恶劣天气中滑落,为了防止各斜脊瓦件的下滑,需使用钉子把它们钉到大木结构上加以固定,又为了避免钉孔漏雨,就要加盖钉帽,古代匠师巧妙地把钉帽加以美化,也就形成了各斜向屋脊的吻兽。这样既加固了瓦件,具有防止屋脊滑动的作用,又掩盖了加固的痕迹,避免了铁钉淋湿后的腐蚀。

其五,此外,精美庄严的脊兽还有装饰建筑物的作用。建筑匠师们把实用构件与艺术造型巧妙地结合起来,作为装饰大大丰富了中国古代建筑屋顶的美感。这种建筑装饰的典范形式成为中国建筑的特色。古代已流传到日本、韩国等地,在他们的一些建筑物的房脊上有类似的装饰。

垂脊上的吻兽

垂脊上的吻兽除叫垂脊吻外,还叫屋脊走兽、檐角走兽、仙人走兽等。

垂脊檐角最前面的一个叫"骑凤仙人",也叫"仙人骑鸡"。它的作用是固定垂脊下端第一块瓦件。在未形成"仙人骑鸡"这一造型之前,是用一个大长钉来固定的。

其后是一排小兽,最后面有一个较大的兽头,便是"垂兽"。垂兽又称角兽,是古建筑垂脊上的兽件,为屋顶檐角所用装饰物。内有铁钉,作用是防止垂脊上的瓦件下滑,加固屋脊相交位置的接合部。

仙人与垂兽之间的小兽称"走兽"。从"骑凤仙人"向后上方排列着若干小兽,统称垂脊兽。其排列有着严格的规定,数量的多少是依宫殿的大小、建筑的等级而定的。走兽最多可达九只,只有最高等级的金銮殿上才具有。随着建筑等级的降低而递减,减少的顺序是从最后一只依次往前减。

骑凤仙人的传说

站在垂脊兽最前的是"骑凤仙人",也称为"仙人骑鸡"或是"仙人指路",又称真人或冥王。据说这位仙人是昏庸无道的齐愍王的化身,由于他遭到群众的憎恨,连珍禽异兽也对他穷追猛打,故把他放到屋檐这样走投无路的地步。故民间有"日晒愍王,走投无路"的说法。

为什么把齐愍王做成仙人骑凤的形象,传说齐愍王在一次作战中被燕将乐毅所败,仓皇出逃四处碰壁,无人接纳他,结果被敌人追到一条大河边,眼看就要走投无路了,突然,一只大鸟飞到眼前,齐愍王急忙骑上大鸟,飞渡过大河而化险为夷。因此人们把他放在建筑屋脊的顶端,寓意着绝处逢生,逢凶化吉的意思。

骑凤仙人图

另一传说，说他是姜子牙的小舅子，想利用姜子牙的关系往上爬。古代的建筑师们根据这个传说，把他放在了檐角的最前端，讽刺他如果再往上爬一步就会摔得粉身碎骨。

“骑凤仙人”的主要作用是固定垂脊下端的瓦件，最初只是用一只长钉来固定，随着建筑美学的发展，逐渐变为精美的建筑构件，在宋代角脊上是“力士”，大约从元代开始，道教思想开始在建筑中表现出来，明清时期，“骑凤仙人”的形象大量出现。

稷下学宫盛况

齐宣王在位期间，借助强大的经济军事实力，一心想称霸中原，完成统一中国的大业。为此，他广招天下贤士而尊宠之，在国都临淄大办稷下学宫。为稷下学者提供优厚的物质与政治待遇，“开第康庄之衢”，修起“高门大屋”；政治上，授之“上大夫”之号，享受大夫的政治地位和政治待遇，勉其著书立说，展开学术争鸣，鼓励他们参政、议政的热情和积极性，吸纳他们有关治国的建议和看法。因此，吸引了众多的天下贤士汇集于稷下。

稷下学宫在其兴盛时期，曾容纳了当时“诸子百家”中的儒、道、墨、法、名、兵、农、阴阳、纵横等几乎各个学派，汇集了天下贤士多达千人左右，其中有孟子（孟轲）、淳于髡、邹子（邹衍）、田骈、慎子（慎到）、申子（申不害）、接子、季真、涓子（环渊）、彭蒙、尹文子（尹文）、田巴、倪说、鲁连子（鲁仲连）、驺子（驺奭）、荀子（荀况）等著名学者76人。尤其是荀子，曾三次担任学宫的“祭酒（学宫之长）”。

由于稷下学宫集中了一大批知名学者，因此便出现了《黄帝四经》等一大批著名的著作。除了已经佚失的《田子》《蜎子》《宋子》等书之外，留存至今的还有《慎子》《尹文子》，以及与黄老道家关系密切的鸿篇巨制《管子》。

当时，凡到稷下学宫的文人学者，不问其学术派别、思想观点、政治倾向，以及国别、年龄、资历等如何，都可以自由发表自己的学术见解，他们互相争辩、诘难、吸收，成为真正体现战国“百家争鸣”的典型。更为可贵的是，当时齐国统治者采取了十分优礼的态度，封了不少著名学者为“上大夫”，并“受上大夫之禄”，即拥有相应的爵位和俸养，允许他们“不治而议论”“不任职而论国事”。因此，稷下学宫具有学术和政治的双重性质，它既是一个官办的学术机构，又是一个官办的政治顾问团体，从而使稷下学宫成为当时各学派荟萃之地，成为东方学术文化的中心。这种盛况，既是齐国政治稳定、经济繁荣的产物，也是当权者重贤用士、思想开放所产生的必然结果。

到了战国晚期，稷下学宫衰落，稷下黄老学派的传人也逐渐散去。不久，时任秦相的吕不韦大力召集门客，这些人便纷纷投奔吕不韦门下，成为吕不韦的谋士和助手，并在编撰《吕氏春秋》过程中发挥了非常重要的作用。

进入诸子百家争鸣的时代

稷下学宫的开设终于导致了百家争鸣局面的正式出现。

百家争鸣出现在春秋后期，延续至整个战国时期，是中国历史上群星闪烁、思想文化最为活跃的辉煌灿烂时代。期间，知识分子中涌现出各种不同学派，形成诸子百家。各家竞相著书立说，广收门徒，高谈阔论，发表见解，彼此诘难，思想领域出现了盛况空前的百家争鸣、争芳斗艳的繁荣局面。

据《汉书·艺文志》记载，数得上名字的就有189家，著作4000多篇。据后世统计，“诸子百家”实有上千家。其中流传较广、影响较大、发展成学派的有十家。即便西汉刘歆在《七略·诸子略》中把小说家去掉，也有“九流”，此即俗所谓“十家九流”。最著名的有以孔子、老子、墨子为代表的三大哲学体系，其学术思想成就，足以与同期的古希腊文明争辉。

只是到了汉武帝时，推行“罢黜百家，独尊儒术”的政策，地主阶级统治思想确立，封建大一统的国家形成，春秋战国时期那种“百家争鸣”的盛况便很难再现，所以，以孔孟为代表的儒家思想遂成为正统，统治了中国思想文化两千余年。

百家争鸣局面出现的原因

春秋战国时期，生产力的飞速发展促进了商业繁荣和城镇兴盛，传统的社会秩序受到猛烈冲击，社会处于大动荡、大变革的时期，社会矛盾异常尖锐，兼并战争接连不断。各诸侯国为了在争斗中取得霸主地位，竞相招贤纳士，进行改革，以便运用不同思想学说使自己的国家富足强大起来。

于是各诸侯国对“士”往往都采取宽容的政策，允许学术自由。这就为“士”人的著书立说、发表个人意见创造了良好的条件，从而大大促进了战国时期的思想解放，给百家争鸣创造了一个宽松的政治学术氛围。

经济的发展，也带来了科学技术的进步，让人们的认识水平提高了，扩展了人们的精神世界，而物质生活的富裕，则使某些人成为有闲阶层，有充裕的时间从事自己的学术活动。

文化上，随着周天子“共主”地位的丧失，“天子失官，学在四夷”，即“学在官府”的局面被打破，贵族垄断的文化学术向社会下层扩散，下移于民间，这种“文化下移”的现象，又促使了私人办学的蓬勃兴起。

在这种形势下，拥有文化知识的士人极大地开阔了视野，促使他们去独立思考和创造性地探索。他们四处游说、讲学，对各种问题提出不同的见解，形成了不同政治思想派别、学术团体。他们虽从不同的社会集团的利益出发，著书立说，议论时事，阐述哲理，成一家之言，但他们并非一定要依附于某个诸侯国势力，而是“用我则留，不用我则去”，可以独立于政治权势之外，自由地往来，自由地从事学术活动。

汲汲于争霸事业的诸侯对人才的渴求，更助长了士阶层的声势。士的崛起，意味着一个从事精神性创造工作的专业文化阶层的形成，从此中华民族的物质生活与精神生活无不受到他们的深刻影响。

“士”阶层的活跃及其作用、影响，促使了当时社会的“养士”之风盛行。各诸侯或大夫除了在政治、经济、军事等方面加强自己的实力外，为了逐鹿中原，都需要借重“士”的力量，因此纷纷“养士”。如春秋晚期，齐国的田常，就多方施惠于“士”；战国初期的魏文侯尊贤礼士，在他周围吸引了一大批知识分子，形成了“西河学派”。战国中期的齐威王、宣王设立谡下学宫，广招天下文人学士，在那里讲学和著书立说、议论朝政。后来齐国的孟尝君、魏国的信陵君、赵国的平原君、楚国的春申君，号称战国“四公子”，均争相“养士”。战国后期秦国的吕不韦，更有“食客三千”，皆为有一技之长者。当时“士”中的许多优秀人物都受到重用，甚至出为卿相，如商鞅、吴起等，学术活动普遍受到鼓励和资助。

各学术团体各个学派之间、同一学派的不同流派之间的相互斗争又相互学习和借鉴，也进而促进了百家争鸣局面的繁荣。

总之，从战国早期魏国的“西河之学”，到战国中期齐国的稷下学宫，再到战国晚期吕不韦招三千门客编撰《吕氏春秋》，所实行的学术政策都是宽容的。各国对“士”给以十分优厚的待遇，尤以齐国威王、宣王时期的稷下学宫尤为突出，是当时的学术文化中心，是百家争鸣的发源地。即便倡导黄老之学的田齐政权，对各家各派的学者也并不排挤打击，而是兼容并包，都给予礼遇和高爵厚禄。学者们可以自由地讲学和著书立说，可以随意议论政事。比如孟子与齐威王、宣王的政见不同，但在稷下学宫仍然受到重视，齐宣王多次向孟子问政；后来虽终因为彼此政见不合，孟子离开齐国，但齐宣王还是尽量挽留他，并“欲中国而授孟子室，养弟子以万钟”。

春秋战国时期，诸侯这种对“士”的宽容政策，允许其“合则留不合则去”，让“士”像自由的鸟儿那样，可以“择木而栖”，又从而促进了各国人才的流动。比如商鞅在魏没有得到重用，听说秦孝公求贤，于是西入秦，终得委以重任。邹衍是齐国人，在稷下学宫位列上大夫，因不满齐王暴政，而到燕做了燕昭王之师；后又回到稷下学宫，也并未受到非议。吴起一生中曾在鲁、魏、楚等国为官，每当遭到诬陷，便另投明主，等等类似的例子很多。

上述种种因素，为诸子百家的形成和“百家争鸣”局面的出现创建了良好的条件，于是气象恢宏盛大的诸子百家争鸣的局面便应运而生，为中华民族思想文化的创新精神的发展提供了一种千载难逢的契机。

下边对百家著名流派作个简介。

儒家学派

以春秋时孔子（公元前551年—前479年）为师，以六艺为法，崇尚“礼乐”和“仁义”，提倡“忠恕”和不偏不倚的“中庸”之道，主张“德治”和“仁政”，重视道德伦理教育和人的自身修养。著作有《诗》《书》《礼》《易》《乐》《春秋》，被后人称为“六经”。至战国时，儒家分有八派，重要的有孟子和荀子两派。

孟子（公元前372—前289年）是战国中期儒家的代表人物。名轲，字子舆，邹国人，是孔子的嫡孙子思（名孔伋）的弟子，有“亚圣”之称。孟子主张复古，被诸侯认为不合时宜。他提出“民为贵，社稷次之，君为轻”。主张“性本善”。著作为《孟子》。

水则载舟，水则覆舟

荀子（公元313年—前238年）名况，时人尊称荀卿。他主张“仁义”和“王道”，“以德服人”，提出“君者舟，庶人者水也。水则载舟，水则覆舟”。他坚持“天行有常”，“制天命而用之”。荀子主张“性恶论”，认为人生来就有感官上的要求，饿了要吃饭，冷了要穿衣，故“好利”“好声色”是人本性的需求。认为通过学习礼仪，通过法治，可以使小人变为君子，普通人变为圣人。荀子改造了儒家思想，综合了法家和道家思想中的积极合理成分，使儒家思想更能适应社会的需要，更加的完整，故战国后期的儒学发展成为诸子百家中的大宗。著作为《荀子》。

道家学派

是战国时期的重要学派之一，又称“道德家”。以春秋末年老子关于“道”的学说作为理论基础，来说明宇宙万物的本质、本源、构成和变化。认为天道无为，万物自然化生，否认上帝鬼神主宰一切，主张道法自然，顺其自然，提倡清静无为，守雌守柔，以柔克刚，理想是“无为而治”。老子的哲学思想包含有丰富的辩证法思想。指出事物都有矛盾对立的两个方面并可以互相转化。老子以后，道家分化为庄子、杨朱、宋尹和黄老四大学派。

道家学派的创始人是老子（公元前 571 年—前 471 年），姓李名耳字聃（dān），楚国人，约与孔子同时，出身于没落贵族。著作为《老子》，又名《道德经》。

庄子名周，战国宋国人，出身于没落贵族家庭，做过漆园小吏，后厌恶官职，“终身不仕”。著作为《庄子》，又名《南华真经》，是与《道德经》齐名的道家经典。（参见《二十五、漆园谋士生鄄城》）

墨家学派

创始人墨翟（dí，公元前 468 年—前 376 年），战国初期宋国人。以“兼相爱，交相利”为学说基础：政治上主张尚贤、尚同和非攻，任用官吏要重视才能，打破旧的等级观念，使“官无常贵，而民无终贱”；经济上主张强本节用；思想上提出尊天事鬼。同时，又提出“非命”的主张，强调靠自身的强力从事。

墨家组织严密，纪律严明，相传“墨者之法，杀人者死，伤人者刑”。成员多来自社会下层，相传皆能赴火蹈刃，以自苦励志。其徒属从事谈辩者，称“墨辩”；从事武侠者，称“墨侠”；领袖称“巨（钜）子”。墨翟死后，分裂为三派。后期，汇合成二支：一支注重认识论、逻辑学、数学、光学、力学等学科的研究，是谓“墨家后学”，另一支则转化为秦汉社会的游侠。

著作为《墨子》。墨家思想代表平民百姓的愿望。

墨子之“行不在服”

公孟子戴着礼帽，腰间插着笏，穿着儒者的衣服，来会见墨子，说：“君子是先穿戴一定的服饰，然后有一定的作为呢？还是有一定的作为，再穿戴一定的服饰？”墨子说：“有作为并不在于服饰。”公孟问：“凭什么知道是这样呢？”墨子回答说：“从前齐桓公戴着高帽子，系着大带子，配着金剑木盾，治理国家，国家的政治得到了治理；从前晋文公穿着粗布衣服，披着母羊皮的大衣，皮带上配着剑，治理国家，国家的政治也得到治理；从前楚庄王戴着鲜艳的头冠，系着丝带，治理他的国家，国家也得到了治理；从前越王勾践剪断头发，用针在身上文了花纹，来治理他的国家，国家也得到了治理。这四位国君，他们的服饰不同，但作为是一样的，我由此知道有作为不在服饰。”公孟说：“说得好！我听人讲过：‘让好事停止不行的人是不吉利的。’让我舍弃笏，换了礼帽再来见你可以吗？”墨子说：“希望就这样见你，如果一定要舍弃笏，换了礼帽然后再见面，那么是有作为真在服饰了。”

法家学派

主张以法治国，“不别亲疏，不殊贵贱，一断于法”。春秋时期的管仲、子产是法家的先驱。战国初期，李悝（kuī）、商鞅、申不害、慎到等开创了法家学派。至战国末期，韩非综合商鞅的“法”、慎到的“势”和申不害的“术”，遂集法家思想学说之大成。

法家、法家学派代表新兴地主阶级的利益。经济上主张废井田，重农抑商，奖励耕战；政治上主张废分封，设郡县，君主专制，仗势用术，以严刑峻法进行统治；思想和教育方面，则主张禁断诸子百家学说，以法为教，以吏为师。其学说为君主专制的大一统王朝的建立，提供了理论根据和行动方略。其重要的著作为《商君书》和《韩非子》。

韩非是荀子的大弟子，与李斯是同学，出身于韩国的贵族家庭。是法家学派的集大成者。韩非认为历史是向前发展的，当代必然胜过古代，人们应该按照现实需要进行政治改革，不必遵循古代的传统。提出了系统的法治理论，主张“以法为本”“法不阿贵”。主张君主要利用权术驾驭大臣，以绝对的权威来震慑臣民。韩非主张建立君主专制的中央集权的封建国家，国家大权集中在君主一人手里，符合建立大一统专制国家的历史发展趋势。（参见《三十一、秦祖伯益居犬丘》）

兵家学派

鼻祖是春秋晚期杰出的军事家孙武。其代表作为著名的《孙子兵法》，是世界上最早的兵书，今天在世界上也享有盛誉，很多西方的军事学校都把它列为教材。其名言“知己知彼，百战不殆”就出自这本书。（详见《二十四、计然献策越灭吴》）

战国时期，孙武的后代孙膑继承发扬了他的军事思想。他主张：“事备而后动”，著作有《孙膑兵法》。（详见《二十九、亿城古寺葬孙膑》）

此外，还有吴起，强魏扶楚，作《吴子兵法》；尉缭，魏国人，著名军事家，入秦游说，被任为国尉，因称尉缭，作《尉缭子》。北宋朝廷加上吕尚的《六韬》、司马穰苴《司马法》、黄石公的《三略（策略、谋略、战略）》和李靖的《李卫公问对》，编成《武经七书》作为官书颁行的兵法丛书，是中国古代第一部军事教科书。

名家学派

萌芽于春秋末期，郑国大夫邓析（公元前545年—前501年）为先驱。名家并没有共同的主张，仅限于研究对象的相同，而各说差异很大。主要有“合同异”和“离坚白”两派。

所谓“合同异”，即认为万物之“同”与“异”都是相对的，皆可“合”其“同”“异”而一体视之，强调事物的统一性。此派的代表人物是宋国人惠施。他提出了著名的“历物十事”，即“天与地卑，山与泽平”“泛爱万物，天地一体”等十个命题。

所谓“离坚白”，即认为一块石头，用眼只能感觉其“白”而不觉其“坚”，用手只能感觉其“坚”而不觉其“白”。因此“坚”和“白”是分离的、彼此孤立的，强调事物的差异性。此派的代表人物是赵国人公孙龙，提出“白马非马”“坚白石二”等命题。

后期墨家对二者的片面性有所纠正，提出了“坚白相盈”的观点，荀子亦强调“制名以指实”。

邓析之“赎尸诡论”

洧水发了大水，淹死了郑国富户家的一员。尸体被别人打捞起来，富户的家人要求赎回。然而捞到尸体的人要价太高，富户的家人不愿接受，他们找邓析出主意。邓析说：“不用着急，除你之外，他还会卖给谁?”捞到尸体的人等得急了，也去找邓析要主意。邓析却回答：“不要着急，他不从你这里买，还能从谁那里买?”

同一个事实，邓析却推出了两个相反的结论，每一个听起来都合乎逻辑，但合在一起就荒谬了。邓析或许是希望他们相持一段时间后，双方都可以找到一个可以接受的价格平衡点。

后来，子产不胜其辩，便“执而戮之”，把邓析杀了，就是因为子产认为他“以非为是，以是为非，是非无度，而可与不可日变”。可见，邓析是一个没有原则的人。身为讼师，邓析善于辞辩，而不跳出诡论寻找客观的解决办法。严谨的逻辑推理固然具有说服性，但最终还是要回到现实中来。

邓析生在春秋末年，与老子和孔子基本同时，是战国名家的鼻祖，著名的讼师，他的著作已经失传。邓析现在通常被当作中国律师的先驱。

楚弓楚得

公孙龙的“白马非马”论令他声名远扬。孔子的六世孙孔穿专程到平原君处找公孙龙辩论。

孔穿对公孙龙说：“一向听说先生道义高尚，早就愿为弟子，只是不能同意先生的白马不是马的学说！请你放弃这个说法，我就请求做你的弟子。”

公孙龙回答说：“先生的话错了。我所以出名，只是由于白马的学说罢了。现在要我放弃它，就没有什么可教的了。”接着公孙龙又批评孔穿的求学态度说：“想拜人家为师的人，总是因为智力和学术不如人家吧；现在你要我放弃自己的学说，这是先来教我，而后才拜我为师。先来教我，而后再拜我为师，这是错误的。”

他又接着引经据典地说：“白马非马的说法，也是仲尼所赞同的。孔子所赞同的，你孔穿还能不赞同吗？”

接着公孙龙又对孔穿讲了这样一个故事：“当年楚王曾经张开繁弱之弓，装上亡归之箭，在云梦的场圃打猎，结果把弓弄丢了。随从们请求去找。楚王说：‘不用了。楚国人丢了弓，楚国人拾了去，又何必寻找呢？’仲尼听到了说：‘楚王的仁义还没有做到家。应该说人丢了弓、人拾了去就是了，何必要说楚国呢？’”

然后公孙龙评论道：“照这样说，仲尼是把楚人和人区别开来的。人们肯定仲尼把楚人和人区别开来的说法，却否定我把白马与马区别开来的说法，这是错误的。”

末了，公孙龙又总结说：“先生遵奉儒家的学术，却反对仲尼所赞同的观点；想要跟我学习，又叫我放弃所要教的东西。这样即使有一百个我这样的人，也根本无法做你的老师啊！”孔穿无法回答。

阴阳家学派

提倡阴阳五行说，用以解释社会人事。这派当源于上古执掌天文历数的统治阶层，该派的宇宙观以“阴阳消息，五行转移”为理论基础。

阴阳学说认为阴阳是事物本身具有的正反两种对立和转化的力量，可用以说明事物发展变化的规律。五行学说认为万物皆由木、火、土、金、水五种元素组成，其间有相生和相胜两大定律，可用以说明宇宙万物的起源和变化。邹衍综合二者，根据五行相生相胜说，把五行的属性释为“五德”，创“五德终始说”：

凡帝王者之将兴也，天必先见(xiàn)祥乎下民。黄帝之时，天先见大螾大蝼，黄帝曰“土气胜”，土气胜，故其色尚黄，其事则土。

及禹之时，天先见草木秋冬不杀，禹曰“木气胜”，木气胜，故其色尚青，其事则木。

及汤之时，天先见金刃生于水，汤曰“金气胜”，金气胜，故其色尚白，其事则金。

及文王之时，天先见火，赤乌衔丹书集于周社，文王曰“火气胜”，火气胜，故其色尚赤，其事则火。

代火者必将水，天且先见水气胜，水气胜，故其色尚黑，其事则水。

并以此作为历代王朝兴废的规律，为新兴的大一统王朝的建立提供理论根据。

该派代表人物为战国末期齐人邹衍，是稷下学宫著名学者，因他“尽言天事”，当时人们称他“谈天衍”。他活动的时代后于孟子，与公孙龙、鲁仲连是同时代人。

《汉书·艺文志》著录阴阳家学派著作21种，已全部散佚。《礼记·月令》《管子》《吕氏春秋·应同》《淮南子·齐俗训》《史记·秦始皇本纪》中保留了一些阴阳家的零散材料。

“牛鼎之意”何意

司马迁《史记·孟子荀卿列传》评议邹衍说：“伊尹负鼎而勉汤以王，百里奚饭牛车下而缪公用霸，作先合，然后引之大道。驺衍其言虽不轨，傥亦有牛鼎之意乎？”后来“牛鼎之意”便用来指代有争王图霸的远大抱负。

邹衍吹律

传说邹衍至燕，听说渔阳郡有寒谷，地美而寒，不生五谷。

这年春天，邹衍来到渔阳郡，当时的气候已经开始转暖，邹衍发现这里却还是冬天，天气非常寒冷，植物都无法生长，所以百姓的生活很苦。于是邹衍上了一座小山，站在山上吹起了一支用竹管或金属管制成的叫“律管”的定音器具。邹衍用它演奏了春之曲。之后，令人惊奇的景象发生了，随着邹衍律管飘扬的乐音，从这座小山上飘来了阵阵的暖风，一时间渔阳郡阳光明媚，冰消雪化，树叶绿了，花也开了，渔阳郡真的有春天了。从此人们终于感受到了春意，也摆脱了寒冷的困苦，过上了幸福快乐的生活。

后来，后人把邹衍当时吹律的小山命名为黍谷山，还在山上建了邹夫子祠，立了“邹衍吹律”碑。明洪武十年建密云城时，后人重新修建了祠堂和碑。

六月飞雪

燕昭王非常佩服邹衍，把他请到燕国，亲自拥彗扫除，还为他盖了碣石宫，让他住在里面，并拜他为师，让他在燕国从事起发展生产的工作。公元前284年，燕昭王联合了秦、楚、韩、赵、魏一同攻打齐国，而作为齐国人的邹衍拒绝参与这一次的战争。后来燕惠王继位，他不信任原先的旧臣，再加上邹衍齐国人的身份，在奸佞的挑唆之下，燕惠王听信了谗言，下令将邹衍逮捕入狱。

邹衍入狱的时候，仰天大哭。那时正值夏天，可是天竟然飘下了雪，夏天燕国的土地落有一层白雪。当时对于邹衍入狱，有很多人都为他鸣不平，现在他们看到夏天飘雪，便让燕惠王赶紧把邹忌放了。因为天气这么反常，燕惠王也觉得冤枉了邹衍，连老天都在为他鸣不平。于是燕惠王听后，赶紧下令放了邹衍，这就是六月飞雪的最初典故。后来《窦娥冤》的作者关汉卿把邹衍六月飞雪的故事用到了受冤屈的窦娥身上。随着《窦娥冤》的广泛传播，窦娥六月飞雪的故事遂被人们熟知。其实六月飞雪最初讲的是邹衍的事。

纵横家学派

纵横即合纵连横。纵横家是中国战国时以纵横捭阖之策游说诸侯，从事政治、外交活动的谋士。战国时南与北各国相合为纵，西秦与东方各国相连为横。苏秦力主燕、赵、韩、魏、齐、楚合纵以拒秦，张仪则力破合纵，连横六国分别事秦，故称纵横家。纵横家朝秦暮楚，事无定主，反复无常，设策划谋多从主观的政治要求出发。他们的活动对于战国时政治、军事格局的变化有重要的影响。《战国策》对其活动有大量记载。主要人物是：鬼谷子、苏秦、张仪，之后齐国又出了一位著名

的纵横家鲁仲连，人称布衣丞相，布衣之士！他最后一次操纵六国抗秦，以失败告终。（详见《三十一、秦祖伯益居犬丘》）

杂家学派

杂家活跃于战国末至汉初，以博采各家之说见长，以"采儒墨之善，撮名法之要"为特点，对诸子百家兼收并蓄，所谓"于百家之道无不贯通"，故又称综合学派，然略嫌庞杂。又因杂家著作中含有道家思想，故或认为杂家实为新道家学派。

战国末期，经过激烈的社会变革，封建制国家纷纷出现，新兴地主阶级便要求在政治上、思想上的统一。在这种呼声下，学术思想上遂产生了把各派思想融合为一的趋势，所以，杂家的出现是统一的封建国家建立过程中思想文化融合的结果。

杂家著作以战国《吕氏春秋》、西汉《淮南子》为代表，分别为秦相吕不韦和汉淮南王刘安招集门客集体所作。后人赵蕤的《反经》对杂家进行了综述。

农家学派

源自上古管理农业生产的官吏。他们认为农业是衣食之本，应放在一切工作的首位，即孔子主张的"所重民食"。农家尊奉神农氏。

农家学派主张推行耕战政策，奖励发展农业生产，研究农业生产问题。有助于农业生产技术经验的总结与推广，具有朴素辩证法思想。其思想主张散见于《管子·地员》《吕氏春秋》《荀子》中。代表人物为许行。

许行，楚国随地人，约与孟子同时。他依托远古神农氏"教民农耕"之言，主张"种粟而后食""饔飧（yōng sūn）而治"，反对不劳而食。他以农事为主业，同时也从事手工业生产，他还意识到市场货物交换的重要作用，并对物价方面有较深入的研究、认识。主张依据产品的长短、大小等数量、质量规定价格，反对抬高物价的欺诈行为。许行以其独到的农家思想见解和实践活动，对后世的农业社会和农业思想模式产生了巨大的影响。

许行的主张反映了战国时期贫苦农民的利益和要求，是小农经济平均主义的反映，集中显示了劳动人民自食其力的淳朴本色，表达了企图解除现实压迫的强烈愿望，充满对想象中平均社会的美好憧憬，对后世产生了很大影响。

许行的事迹在先秦史籍中记载很少，其主要言行在《孟子·滕文公》等著作有一些记述。

小说家学派

小说家，是先秦与西汉杂记民间古事的学派。《汉书·艺文志》曰："小说家者流，盖出于稗官；街谈巷语，道听涂说者之所造也。"意即小说家所做的事以记录民间街谈巷语，并呈报上级等为主。小说家虽然自成一家，但被视为不入流者，刘歆列九流十家，小说家不在九流之列，影响很小。然而小说家反映了古代平民思想的侧面，是其他九流学派都不能代替的。

方技家学派

方技家以医学为理论基础，但研究范围远宽于医学，当包括后世之医家与方士。房中、神仙二家后世多归入道家。方技家甚至还由治身及治国，《艺文志》指出其有"论病以及国，原诊以知政"的特点。后世"方技"一词则泛指医、卜、星、相之术。

方技家代表人物，远古有岐伯、俞拊，战国有扁鹊、秦和，汉初有仓公，其中以扁鹊最为知名，写有《难经》。

《汉书·艺文志》录有“方技三十六家，八百六十八卷”，今大多亡佚，只有《黄帝内经》流传下来，现分为《灵枢》《素问》二书。

扁鹊评三兄弟

魏文王求教于名医扁鹊：“你家三兄弟都精于医术，谁的医术最好呢?”扁鹊说：“大哥最好，二哥差些，我是最差的一个。”魏王不解地说：“请你介绍的详细些。”

扁鹊解释说：“大哥治病，是在病情发作之前，那时候病人自己还不觉得有病，但大哥就下药铲除了病根，使他的医术难以被人认可，所以没有名气，只是在我们家中被推崇备至。我的二哥治病，是在病初起之时，症状尚不十分明显，病人也没有觉得痛苦，二哥就能药到病除，使乡里人都认为二哥只是治小病很灵。我治病，都是在病情十分严重之时，病人痛苦万分，病人家属心急如焚。此时，他们看到我在经脉上穿刺，用针放血，或在患处敷以毒药以毒攻毒，或动大手术直指病灶，使重病人病情得到缓解或很快治愈，所以我名闻天下。”

魏王大悟地说：“事后控制不如事中控制，事中控制不如事前控制，可惜大多数的事业经营者均未能体会到这一点，等到错误的决策造成了重大的损失才寻求弥补。弥补得好，当然是声名鹊起，但更多的时候是亡羊补牢，为时已晚。”

二十三、晋楚争霸战城濮

鄄城向为征战场，晋楚交兵濮水旁。
退避三舍践诺言，诱敌深入弱胜强。
桐叶封弟立晋国，肇起三晋与盛唐。
重耳罹难十九年，文公称霸缘出亡。
筚路蓝缕荆山下，巫歌楚辞得发扬。
一鸣惊人相期思，大启群蛮强楚庄。

鄄城临濮

鄄城位居中原腹地，自古一直是征战之场，向为兵家必争之地。临濮处黄河要津，春秋时称城濮。晋楚城濮之战就发生在这一带。城濮，隋朝于此设置临濮县，因临近古濮水而得名，金代黄河泛滥，县城被淹，遂废置降为临濮镇，沿用至今。临濮镇，是鄄城西南的门户和历史重镇，素有“南数临濮北数阁（齐王阁，在东明庄寨村，因齐王路此曾在阁内避过暑）”之美称。城濮之战的战场就在如今临濮境内金堤西端南数里。

晋国缘起

晋国（公元前 1033 年—前 376 年），姬姓诸侯国。西周初，周成王桐叶封其弟叔虞于古唐国（本唐尧帝后裔居所），故称唐叔虞，因为境内有晋水，其子燮父遂改称晋。晋与周同祖，出于后稷，皆是都于古鄄帝丘的帝喾的后代，也当出于古鄄之地。

桐叶封弟图

晋国后曾迁都于曲沃（今山西闻喜）、绛（即翼，今山西翼城）、新田（今山西侯马）等地。西周末年，晋文侯拥戴平王东迁洛邑，杀死在西周故地自立的携王，为东周的缔造立下大功，受到平王奖赏。

晋最初只限于今山西南部的汾水流域一带。进入春秋后，晋献公（公元前 676 年—前 651 年在位）迁都于绛，并大力扩张，先后伐灭霍、魏（此魏非战国之魏国，却是其龙兴之地）、耿，又通过借道于虞而灭虢、虞等国，并战胜骊戎、赤狄等族。最终形成了地跨今山西、河北大部，西到黄河西岸，据有崤山，南到今河南北部的广大疆域。

晋公子重耳出亡

当初晋献公攻打骊戎的时候得到骊姬，对她倍加宠爱，想立她的儿子奚齐为太子，就命太子申生居曲沃，公子重耳居蒲，公子夷吾居屈，导致晋国因争夺君位而发生短期内乱。

骊姬进谗诬太子申生及公子重耳、夷吾不轨。年底，申生含冤不辩而自杀，恰遇重耳、夷吾入朝，闻讯而逃归，守城自保。献公怒重耳、夷吾不辞而归，发兵问罪，派人去蒲城攻打重耳。蒲城人打算抵抗，重耳不同意，说："我依靠君父的命令享有养生的俸禄，得到所属百姓的拥护。有了百姓拥护就同君父较量起来，没有比这更大的罪过了。我还是逃走吧！"于是重耳逃到了狄国。同他一块儿出逃的人有狐偃、赵衰、颠颉、魏武子、司空季子及介子推。

则就木焉

狄人曾征伐廧(qiáng)咎(gāo)如部落，俘获了部落首领的两个女儿叔隗、季隗，狄人便把她们送给重耳。重耳娶了季隗，生了伯儵(tiáo)、叔刘；把叔隗送给赵衰做妻子，生了赵盾。重耳想到齐国去，对季隗说："等我25年，我不回来，你再改嫁。"季隗回答说："我已经25岁了，再过25年改嫁，就该进棺材了。还是让我等您吧。"重耳在狄国住了12年才离开。

割股疗饥

有一年重耳逃到卫国，卫文公不礼遇他。一个叫作头须(一作里凫须)的随从又偷光了重耳的资粮，逃入深山。重耳无粮，饥饿难忍。他从卫国的五鹿东出，向村野里的人要饭，不但没要来饭，反被农夫戏谑了一番，用土块当成饭送给了他。重耳非常恼怒，就要鞭打这人，狐偃说："这是上天赐予你土地。"重耳拱手低头接受了这土块并把它装了起来。

后来重耳都快饿晕过去了，为了让重耳活命，介子推到山沟里，把腿上的肉割了一块，与采摘来的野菜一块煮成汤给重耳。当重耳吃后知道是介子推腿上的肉时，重耳大受感动，声称有朝一日做了君王，要好好报答介子推。在重耳落难之时，介子推能如此肝脑涂地，忠心耿耿，实属难能可贵。

怀与安，实败名

重耳辗转到了齐国，齐又为他娶了妻子，还赠给二十乘马匹，重耳对这种生活很满足，但随行的人认为不应这样待下去，要想去别的地方谋发展，便在桑树下商量这件事。有个养蚕的女奴正在桑树上采桑，回去把听到的话报告了重耳的妻子姜氏。姜氏把女奴杀了，对重耳说："你有远行四方的打算吧，偷听到这件事的人，我已经把她杀了。"重耳说："没有这回事。"姜氏说："你走吧，贪恋享受和安于现状，会毁坏你的功名。"重耳不肯走。姜氏与狐偃商量，用酒把重耳灌醉，然后把他送出了齐国，重耳酒醒之后，拿起戈就去追打狐偃。

曹共公观骈胁

重耳到了曹国，曹共公闻其骈胁(听说重耳的肋骨长得连在一起)，想看看他的裸体。趁重耳洗澡时，曹共公走近去看他的肋骨。曹国大夫僖负羁的妻子对她丈夫说："我看晋国公子的随从人员，都可以担当治国的大任。如果让他们辅佐公子，公子一定能回到晋国当国君。回到晋国当国君后，一定能在诸侯中称霸。在诸侯中称霸而讨伐对他无礼的国家，曹国恐怕就是头一个。你为什么不趁早向他表示自己对他与曹君不同呢？”于是僖负羁就给重耳送去了一盘饭，在饭中藏了一块璧玉(璧环形表示交好)。重耳接受了饭食，将宝玉退还了。

重耳到了宋国，宋襄公赠送给他二十乘马匹。

郑国遇之不礼

重耳到了郑国，郑文公也不礼遇他。郑国大夫叔詹劝谏郑文公说：“我听说上天要赞助的事情，人力是不可扭转的。晋公子有三方面的优势，上天或许将要树立他吧，你还是要以礼招待他为好。男女同姓而婚，生殖不会繁盛。姬姓的重耳，也是姬姓女子所生，他能活到今天，这是第一；遭受到出逃的患难，在他遭难时上天不使晋国安宁，大概是赞助等他回来，这是第二条；他身边有三个谋士，足以成为人上人，而能跟随着他，这是第三条。晋国、郑国地位同等，来往的子弟应当以礼相待，何况晋公子是上天所赞助的人呢！”郑文公不听叔詹的话。

楚成王礼待重耳

重耳到了楚国，楚成王以国君的礼仪招待他，请他赴宴，说：“公子如果返回晋国，那用什么来报答我？”重耳回答说：“男女奴隶、金玉丝帛，君王都有；鸟羽、象齿、皮革，您的土地上生长着，这些能流散到我们晋国的，都是您的剩余物，那我用什么来报答呢？”楚成王还是说：“尽管如此，你还是要用什么来报答我啊！”重耳回答说：“如果靠您的威灵，能够返回晋国，晋、楚两国军队在中原相遇，那时我会退避三舍(90 里)。如果得不到您退兵的命令，我就只好左手拿着马鞭和弓梢，右边挂着箭袋和弓套奉陪您较量一番了。”楚国大夫子玉请求成王杀掉公子重耳。楚成王说：“晋公子志向远大而生活俭朴，言辞文雅而合乎礼仪。他的随从态度恭敬而待人宽厚，忠诚而尽力。现在晋惠公没有亲近的人，国内外的人都憎恨他。我听说姓姬的一族中，唐叔的一支是衰落得最迟的，恐怕要靠晋公子来振兴吧？上天要让他兴盛，谁又能废除他呢？违背天意，必定会遭大祸。”于是楚成王就派人把重耳送去了秦国。

重耳返国

秦穆公把 5 个女子送给重耳作姬妾，秦穆公的女儿怀嬴也在其中。有一次，怀嬴捧着盛水的器具让重耳洗手，重耳洗完便挥手让怀嬴走开。怀嬴生气地说：“秦国和晋国是同等的，你为什么瞧不起我？”公子重耳害怕了，脱去衣服把自己关起来表示谢罪。

又有一天，秦穆公宴请重耳。狐偃说：“我比不上赵衰那样擅长辞令，让赵衰陪你去吧。”在宴会上，公子重耳朗诵了《诗经·小雅·沔水》一诗，借诗中“沔彼流水，朝宗于海”表示尊王之意。秦穆公则朗诵了《诗经·小雅·六月》一诗，借“王于出征，以匡王国”，勉励重耳要像伊吉甫一样担起抗敌卫国的重任。所以赵衰赶快说：“重耳快拜谢君王恩赐！”重耳赶紧走下台阶，拜谢，叩头。秦穆公也走下一级台阶表示不敢接受叩谢的大礼。赵衰说：“君王提出要重耳担当辅佐周天子的使命，重耳怎么敢不拜谢？”

白水作证

鲁僖公二十四年，春天，周历正月。秦穆公派兵护送晋公子重耳回国。到了黄河边上，子犯拿了一块宝玉献给公子重耳，并说：“我牵马执缰服侍您走遍了天下各国，(一路上)得罪您的地方太多了。连我自己尚且知道有罪,何况您呢?让我从此走开,到别国去吧。"公子重耳说:"我要是不同舅舅一条心,就请白水作证。"说着把那块宝玉扔到了河里,以示求河神作证。

重耳终于在秦军的护送下回到了晋国,做了国君,史称晋文公。

介子推抱树而死

晋文公初即位,时值周室内乱,"未尽行赏",便出兵勤王。事后晋文公赏赐跟随他逃亡的人,介子推没有提及禄位,禄位也就没有赐到他身上。对此,介子推也没有像壶叔等人那样,去主动请赏。他认为,晋文公返国,实为天意,忠君的行为发乎自然,没必要得到奖赏,并以接受奖赏为耻辱。于是带着母亲隐居到绵山,成了一名不食君禄的隐士。

介子推临行赋诗一首,表达自己的这种心意:

有龙于飞,周遍天下。
五蛇从之,为之丞辅。
龙反其乡,得其处所。
四蛇从之,得其露雨。
一蛇羞之,槁死于中野。

邻居解张为子推鸣不平,夜里写了封书信连诗挂到城门上。晋文公看到这首诗,后悔自己忘恩负义,赶紧派人召介子推受封,才知道他已隐入绵山。晋文公便亲带众多人马前往绵山寻访。谁知那绵山蜿蜒数十里,重峦叠嶂,谷深林密,竟无法可寻。晋文公求人心切,听信小人之言进行烧山。晋文公叫人在山前山后放火,周围绵延数里,火势三日才熄,没料到也没见介子推的影子。介子推终究没有出来。

后来有人在一棵枯柳树下发现了介子推母子的尸骨,晋文公悲痛万分,在介子推的尸体前哭拜一阵,然后安葬遗体,发现介子推脊梁堵着个柳树树洞,洞里好像有什么东西。掏出一看,原来是片衣襟,上面题了一首血诗:

割肉奉君尽丹心,但愿主公常清明。
柳下作鬼终不见,强似伴君作谏臣。
倘若主公心有我,忆我之时常自省。
臣在九泉心无愧,勤政清明复清明。

"足下"的来历

晋文公将一段烧焦的柳木,带回宫中做了一双木屐,每天望着它叹道:"悲哉足下。"此后,"足下"作为下级对上级或同辈之间相互尊敬的称呼,据说就是来源于此。

改绵山为介山

介子推,又名介之推,后人尊为介子。死后葬于介休绵山。晋文公重耳深感愧疚,遂改绵山为介山,并立庙祭祀,并用绵上的田作为他的祭田,说:"以此记下我的过错,并用来表扬有德之人。"介子推忠君赴义、鄙弃功名利禄的气节,流芳百世,感人至深。后人不仅造了个"寒食节"(清明节前一天)来纪念他,历代诗家文人还留有大量吟咏缅怀他的诗篇。

寒食节起源

寒食节原本叫"禁烟节""冷节",源自远古的改火之习。远古每到初春气候干燥,人们保存的火种容易引起火灾,春雷也易引起山火。所以古人这时要举行隆重祭祀,把上年的火种全部熄灭,叫"禁火",然后重新钻燧取新火,作为新一年的起点,称为"改火"或"请新火"。相沿成俗,便成了后来的禁火节。在这段无火的时间里,人们只能吃寒凉的预先准备的熟食,故又称为"寒食",遂得名"寒食节”。

至春秋，禁火节转化成的寒食节，又与纪念介子推联系起来。

寒食节在清明节前1日，冬至以后105日，这一天要禁火，从上到下只吃瓜果点心一类冷食，故也称“百五节”。传说晋文公为哀悼介子推，下令全国在介子推被焚的三月五日为禁火日，即清明节的前一天，禁止烟火，仅食冷食，从此“寒食”便成了中国古代一个著名的节日——“寒食节”。

由此民间便普遍认为寒食起源于晋文公火烧介子推的故事。人们为了纪念介子推，就在那个月不生明火，吃饭也吃冷的食物。后来一个月渐渐减少到清明节的前一天，即为“寒食节”。过节的当天，家家门上插柳枝、烧纸钱、在野外祭祀、吃冷饭，这些都是为了纪念介子推。

清明戴柳扫墓

虽然寒食节的真正起源并非来自介子推，但将纪念介子推作为寒食节起源的说法却广泛流传，甚至后来寒食节逐渐演化为清明节，于是许多人又把纪念介子推说成清明节的起源。

公元前635年，晋文公领着群臣，素服徒步登介山祭奠，表示哀悼。行至坟前，只见那棵被烧死的老柳树死而复活，绿枝千条，随风飘舞。晋文公望着复活的老柳树，就像看见了介子推一样，以为柳树是介子推转化，便赐名柳树为清明柳。他敬重地走到跟前，珍爱地掐下了一条柳枝，编了一个圈儿戴在头上，表示祭奠亡灵，招魂超度转生。晋文公还要求晋国百姓这日家家门上挂柳枝，在房屋村后栽柳，青年男女要上山踏青，并要头顶戴上用柳条编织的柳冠或柳环，借以表达思念之情。当时有民谣说：“清明不戴柳，红颜成皓首。”

还规定寒食前一日为“炊熟日”，人们要做许多蒸饼，称作“子推蒸饼”；也有人家用面粉和枣泥做成燕子状饼（三角馅饼），然后用柳条串起挂在门据上晾晒，称作“子推燕”。

在介山，有“思烟台”遗址。传说文公焚林，有百鸦绕烟而噪，或围在介子推周围，用躯体遮挡烈焰。晋人感其功德，在此筑起一高台，纪念这些义禽。

大致到了唐代，寒食节与清明节合而为一，遂又形成人们在清明寒食节纪念死去的亲人的习俗。

晋楚争霸

周襄王二十年左右，北方强国晋国自晋文公即位以来，实力逐渐恢复。南方楚国的势力也颇为强盛，亦欲北上，称霸中原。晋文公知晓楚王图谋，遂先下手为强，与楚国发生战争。

公元前632年，晋、楚两国在魏国城濮（山东鄄城西南）地区进行了争夺中原霸权的首次大战。

先是，楚国发兵进攻宋国，宋国派人向晋国求救。文公因自己在流亡时宋公曾待他很好，便召集众将商量，看如何救宋。

后来想出了一个办法。先答应宋国，并说明原因，叫他先和齐、秦联系，请齐、秦与楚交涉，送些礼物给齐、秦。利用秦、齐“喜贿怒顽”的心理，运用外交谋略制造秦、齐与楚的矛盾。而晋则先出兵伐曹、卫，把曹、卫灭掉，然后将他们的土地分一些给宋，来弥补宋人的损失，以坚其抗楚决心。又一面暗许曹、卫复国，劝其与楚绝交。

楚成王听到晋欲去救宋，便叫其大将子玉不要去逼近晋师，不可跟晋师打仗。说晋侯在外面逃亡了19年，才回到了晋国，什么危险他都经历过，人情世故他都明白，此是天意所决定的，像这样的人是不能和他打仗的，告诫子玉要知难而退。可是这个子玉却不肯听话，不顾楚成王的告诫，仍要和晋人打仗。

于是派人向成王求战，说："我不敢说一定要立功，只是想堵一堵那些说闲话人的嘴。"成王听了不大高兴，就给他比较少的部队。

退避三舍

子玉发兵，并派使者对晋人说，你们如果放了曹、卫的国君，我们也就释去宋国之围。晋人听了以后，一面将楚使者扣留以激怒子玉，一面私下对曹、卫说，许他们复国，并使曹、卫告绝于楚。

楚军主帅子玉听了果然被激怒。就带兵进逼晋师，晋文公便叫晋师向后退却，为此，一些将领很不满，说我们是国君率领队伍，他们是臣子作帅，现在君避臣，不是太丢脸了吗？而狐偃说："出兵要理直，士气才会壮盛。理亏士气就会衰败。我们国君曾受过楚君的恩惠，也曾说过要退三舍以避之。若我们忘恩失信，那就是理亏，他们就理直，士气就会高。如果我们退了以后，他们仍不撤兵，那就是他们理亏。"于是退了三舍（九十里）。这就是"退避三舍"成语的来历。

城濮之战

没想到，子玉竟然追了上来，于是，战争开始了。

子玉率军冒进，依托丘陵险阻扎营。楚军居于优势，晋军处于劣势。晋文公为兑现当年流亡楚国时许下的"退避三舍（一舍三十里）"的诺言，令晋军主动退让九十里至城濮，以避其锋芒。

晋文公退避三舍，既是报答以前楚成王给予的礼遇，也是运用"卑而骄之""怒而挠之"的诱敌之计，子玉上钩了。两军对峙于城濮。

周襄王二十年，楚成王四十年，晋文公五年，公元前 632 年四月，楚军和晋军在城濮交战。

四月初一日，楚军背靠着险要的地方扎营，晋文公还有些担心。听到士兵念诵说："原田每每，舍其旧而新是谋。"意思是说：原野上的田地多的是，舍去那些乏力的，来耕种那些肥沃的。这是手下的人用这种办法在告诉文公，办法有的是，要有所舍弃，善于选择；劝他舍弃旧恩而建立新功。这就是"舍旧谋新"成语的来源。

晋文公还是很有些疑惑。子犯说："出战吧！战而得胜，一定得到诸侯；如果不胜，我国外有大河，内有高山，一定没有什么害处。"晋文公说："对楚国的恩惠怎么办？"栾枝说："汉水以北的姬姓诸国，楚国都把它们吞并完了。想着小恩惠，而忘记大耻大辱，不如出战。"

晋文公梦中和楚王搏斗，楚王伏在自己身上咀嚼自己的脑浆，因而害怕。子犯说："吉利。我得到上天，楚国伏罪，而且我们已经安抚他们了。"

子玉派遣鬬（dòu）勃向晋国挑战，说："请和君王的斗士作一次角力游戏，君王靠在车横板上观看，得臣可以陪同君王一起观看。"晋文公派遣栾枝回答说："我们国君知道您的意思了。楚君的恩惠，没有敢忘记，所以待在这里。我们以为大夫已经退兵了，臣下难道敢抵挡国君吗？既然大夫不肯退兵，那就烦大夫对贵部将士们说：'准备好你们的战车，忠于你们的国事，明天早晨将再见面。'"晋国战车七百辆，装备齐全。晋文公登上有莘的废墟（城濮南）观兵（阅兵检验军容），说：

"年少的和年长的，排列有序，合于礼，可以使用了。"就命令砍伐山上的树木，以增加武器。

城濮交战时双方的阵容是：晋三军，先轸为元帅，统率中军，郤溱辅佐；狐毛统率上军，狐偃辅佐；栾枝统率下军，胥臣辅佐。

楚国也是三军，令尹子玉以若敖之六卒统率中军；子西（鬬宜申）统率左军；子上（鬬勃）统率右军。楚的仆从国郑、许军附属于楚左军，陈、蔡军附属楚右军。

初二日，晋军在莘北城濮摆开阵势严阵以待楚军，子玉用若敖的180乘率领中军，子西率领左军，子上率领右军。子玉狂傲地说："今天一定灭掉晋国了。"

当两军接触之时，晋下军副将胥臣迎战楚国联军的陈、蔡两国右路军。陈、蔡军队的战马多，来势凶猛，胥臣便制造自己强大的假象，以树上开花之计，用虎皮蒙马吓唬敌人，陈、蔡军队的战马和士卒以为是真老虎冲过来了，吓得纷纷后退，胥臣乘胜追击，打败了陈、蔡军队，楚右军溃败。楚子玉、子上见右军溃败，怒火中烧，加强对晋中军和上军的攻势。晋右翼上军狐毛设将、佐二面旗帜，令二旗后退，引诱楚军。晋下军栾枝所部也以车辆曳树枝奔驰而伪装后退。楚子玉以为晋右翼败退，令楚左军追击，因此对陈、蔡及右翼军溃败并未理会。楚左军追击晋上军时，侧翼暴露，晋先轸、郤溱率中军拦腰截击，狐毛、狐偃率上军夹攻楚左军，楚左军溃败。楚子玉见左、右军皆败，遂下令中军停止进攻，得以不败。子玉率残兵退出战场。

兵不厌诈与百世之利

《吕氏春秋·孝行览第二·义赏》对这次战争，做了如下的评议：从前晋文公要跟楚国人在城濮作战，召来咎犯问他说："楚国兵多，我国兵少，怎样做才可以取胜？"咎犯回答说："臣闻繁礼之君，不足于文，繁战之君，不足于诈（我听说礼仪繁杂的君主，对于礼仪的盛大从不感到满足，作战频繁的君主，对于诡诈之术从不感到满足）。您只对楚国实行诈术就行了。"文公把咎犯的话告诉了雍季，雍季说："把池塘淘干了来捕鱼，怎能不获得鱼呢？可是第二年就没有鱼了；把沼泽地烧光了来打猎，怎能不获得野兽呢？可是第二年就没有野兽了。诈骗的方法，虽说现在可以苟且得利，以后就不能再得利了，这不是长久之计。"文公采纳了咎犯的意见，因而在城濮打败了楚国人。回国以后行赏，雍季居首位。文公身边的人入谏说："城濮之战的胜利，是由于采用了咎犯的谋略。您采纳了他的意见，可是行赏却把他放在后边，这或许不可以吧！"文公说："雍季的话，是百世之利，咎犯的话，只是顾及一时。哪有把只顾及一时的放在对百世有利的前面的道理呢？"孔子听到这件事以后，说："遇到危难用诈术，足以打败敌人；回国以后尊崇贤人，足以报答恩德。文公虽然不能坚持到底，却足以成就霸业了。"赏赐重人民就羡慕，人民羡慕就能成功。靠诈术成功，即便成功了，最终也必定毁坏，即便胜利了，最终也必定失败。普天下取得过胜利的人很多，可是成就霸业的才五个。文公作为其中的一个，知道胜利是如何取得的。取得了胜利如果不知这胜利是如何取得的，那就跟没有取得胜利一样。秦国战胜了戎，但却在崤打了败仗；楚国战胜了中原国家，但却在柏举打了败仗。周武王懂得这个道理，所以打了一次胜仗就称王于天下了。各种诈术充满国家，国家不可能安定，祸患不只是来自国外啊！

晋文公称霸

楚军退去后，晋军进占了楚军营地，休整

三天，吃楚军留下的粮食。到初六日，胜利班师，起程回国。

初九日，晋军进入郑国衡雍（河南原阳县西，当时在黄河南岸），二十七日在践土（距衡雍较近，当时亦在黄河南岸，今在河南花园口黄河北岸）为天子建造了一座行宫，向周襄王献俘。周襄王策命晋文公为“侯伯”。在天子的庭院里与诸侯盟誓，晋文公要求诸侯“皆奖王室，无相害也。有渝此盟，明神殛之，无克祚国”。大意是：要全部辅助王室，不要互相伤害！谁要违背盟约，就要受到神的诛杀，使他军队颠覆，不能享有国家，直到他的玄孙，不论老小。

后人认为，晋国在这次战役中能够坚守信用，凭道德来进攻，所以取得胜利。于是晋文公在“尊王”的旗帜下，顺理成章地登上了霸主宝座。晋拥有了代表周王室行使征伐大权的“尚方宝剑”。

城濮一战，晋国大胜，晋文公建立了霸权，楚国北进锋芒受到挫折，被迫退回桐柏山、大别山以南地区。中原诸侯无不拥戴晋国。楚国大将子玉羞愤自杀。

城濮之战后，晋被周襄王正式赐命为霸主。这时能长期和晋较量的只有楚国，但双方互有胜负，形成两强更迭把持中原霸权的局面。

晋灵公不君

襄公卒，太子夷皋年少，赵宣子使先蔑、士会入秦迎襄公之弟雍，而贾季则使人入陈迎襄公之弟乐，赵盾怒而逐贾季。公元前620年4月，夷皋之母抱夷皋哭号于朝，赵盾遂与诸大夫背秦而拥夷皋继位，即晋灵公。

晋灵公不遵守做国君的规则，大量征收赋税来满足奢侈的生活。他从高台上用弹弓射行人，观看他们躲避弹丸的样子。厨师没有把熊掌炖烂，他就把厨师杀了，放在筐里，让宫女们用头顶着经过朝廷。大臣赵盾和士季看见露出的死人手，便询问厨师被杀的原因，并为晋灵公的无道而忧虑。他们打算规劝晋灵公，士季说：“如果您去进谏而国君不听，那就没有人能接着进谏了。让我先去规劝，他不接受，您就接着去劝。”士季去见晋灵公时，往前走了三次，到了屋檐下，晋灵公才抬头看他，并说：“我已经知道自己的过错了，打算改正。”士季叩头回答说：“哪个人能不犯错误呢，犯了错误能够改正，没有比这更大的好事了。《诗·大雅·荡》说：‘靡不有初，鲜克有终。’如果这样，那么能弥补过失的人就太少了。您如能始终坚持向善，那么国家就有了保障，而不止是臣子们有了依靠。《诗·大雅·烝民》又说：‘衮职有阙，维仲山甫补之（天子有了过失，只有仲山甫来弥补）。’这是说周宣王能补救过失。国君能够弥补过失，君位就不会失去了。”

鉏麑触槐

可是晋灵公并没有改正。赵盾又多次劝谏，使晋灵公感到讨厌，晋灵公便派鉏麑去刺杀赵盾。鉏麑一大早就去了赵盾的家，只见卧室的门开着，赵盾穿戴好礼服准备上朝，时间还早，他和衣坐着打盹儿。鉏麑退了出来，感叹地说：“这种时候还不忘恭敬国君，真是百姓的靠山啊。杀害百姓的靠山，是不忠；背弃国君的命令，是失信。这两条当中占了一条，还不如去死！”于是，鉏麑一头在槐树上撞死了。

提弥明死战救赵盾

秋天九月，晋灵公请赵盾喝酒，事先埋伏下武士，准备杀掉赵盾。赵盾的车右提（chí）弥明发现了这个阴谋，快步走上殿堂，说：“臣下陪君王宴饮，酒过三巡还不告退，就不合礼仪了。”于是他扶起赵盾走下殿堂。晋灵公唤出猛犬来咬赵盾。提弥明徒手上前搏斗，打死了猛犬。赵盾说：“不用人而用狗，虽然凶猛，又有什么用！”他们两人与埋伏的武士边打边退。结果，提弥明为赵盾战死了。

翳桑饿人

当初，赵盾到首阳山打猎，住在翳桑。他看见有个叫灵辄的人饿倒了，便去问他的病情。灵辄说：“我已经三天没吃东西了。”赵盾便给他东西吃，他留下了一半。赵盾问为什么，灵辄说：“我给别人当奴仆三年了，不知道家中老母是否活着。现在离家近了，请让我把留下的食物送给她。”赵盾让他把食物吃完，又另外给他准备了一篮饭和肉，放在口袋里给他。后来灵辄做了晋灵公的武士，他在晋灵公暗杀赵盾的搏杀中把武器倒过来抵挡晋灵公手下的人，使赵盾得以脱险。赵盾问他为什么这样做，他回答说：“我就是在翳桑的饿人。”赵盾再问他的姓名和住处，他没有回答就退走了。赵盾自己也逃亡了。

赵氏孤儿

赵盾立年幼的灵公即位，“益专国政”，甚至以卿大夫的身份会盟诸侯，隐隐有僭越公室的迹象。灵公长大，不满赵盾屡谏，欲害赵盾，其弟赵穿怒弑灵公而立晋成公，遂赐赵氏为公族大夫，其他的卿大夫更加不满，诸卿遂借口伐赵。那时赵盾已死，其子赵朔将下军救郑，打败楚国归来，却见韩厥来劝自己避难，赵朔不从。至景公时，近臣屠岸贾与赵氏不睦，进谗欲灭赵氏，景公惑其言发兵袭赵朔（赵盾之子）之族，最后屠岸贾率众发难于下宫，杀赵朔、赵同、赵括、赵婴齐，皆灭其族。史称“下宫之难”。赵朔遗腹子（赵武）被公孙杵臼、程婴（赵朔门客）调包出城而幸免于难。其后，在韩厥、程婴、公孙杵臼等人的帮助下，赵氏孤儿赵武长大成人，顺利报仇而灭掉屠岸贾一族，继续赵氏的发展。赵武死后谥为文子，故也称赵文子。

美轮美奂

有一天，赵武新建的宫室落成，晋国的大夫发礼前往致贺。张老说：“多么高大，多么华美（即所谓‘美轮美奂’）！您将在这里祭祀奏乐，在这里居丧哭灵，在这里与国宾、宗族聚会了。”赵武说：“武能够在这里祭祀奏乐，在这里居丧哭灵，在这里与国宾、宗族聚会，这就是全尸而跟从先大夫葬于九原了。”于是向北面再拜叩头，表示感谢。

君子称他们是一个善于赞美祝福，一个善于祈祷免祸。后来“美轮美奂”便成为形容新屋高大美观的成语，后泛指装饰、布置等美好漂亮或美好绝妙。

楚材晋用

由于晋楚长期对峙，两国那些在政治斗争中失败的大夫或家族往往会选择逃往敌对国家一方，以保存自己，成语“楚材晋用”就是指楚国的人才为晋国所用的典故。比如晋国的伯宗被三郤所害后，其子伯州犁便逃往楚国为官；而仕晋的苗贲皇、申公巫臣原本都是楚臣，因为家族被灭或与权贵不睦才出走逃到晋国。

楚囚南冠，四德公，钟仪琴

钟仪为楚共王时楚国郧（yún）邑的行政长官，称作郧公，钟氏，名仪，是最早的古琴演奏家。楚共王七年（公元前584年），楚令尹子重率兵攻打郑国，钟仪随军出征，由于战败，钟仪沦为战俘，郑国把他抓住后，又转送晋国，成了"楚囚"。在被囚期间，钟仪怀念故国，不忘家乡，他想到楚国的战败，不禁潸然泪下，爱国之情，溢于言表。

过了两年的囚禁生活，到楚共王九年，有一次，晋景公到军府视察，看见了钟仪。他问随从说："兵器库里那个头戴南方式帽子的人是谁？"随从回答说："那人是郑国转送来的楚囚。"景公对这个被关押了两年，还仍然戴着楚国帽子的人，十分感佩。他下令把钟仪释放出来，并立即召见他，以示抚慰。钟仪对晋侯的宽宏大量十分感激，两次向晋侯下拜行礼。晋侯问钟仪的身世，他说世代都是宫廷琴师。又问他是否会奏乐，钟仪说："这是我家祖传的职业，我不敢做其他事，只会奏乐。"晋侯命人拿来了琴，让钟仪演奏。钟仪弹起了楚国的民间乐曲，其声伤感。晋侯问起他楚王的情况，钟仪不作正面回答，只推辞说："君王的事，我怎么会知道呢？"拒不评论。

后来，晋侯将见到钟仪的事告诉了范文子，文子很感动地对景公说："这个楚国俘虏真是了不起的君子呀。他不说自己的姓名而说他父亲，这是不忘本；弹琴只弹楚国的音乐，这是不忘旧；问他君王的情况，他只说楚王小时候的事，这是无私；只说父亲是楚臣，这是表示对楚王的尊重。不忘本是仁，不忘旧是信，无私是忠，尊君是敬。他有这四德，给他大任务必定能办得很好。君侯何不放了他，让他回去为晋楚友好出力呢？"于是晋景公以对外国使臣的礼仪待他，为了促进两国和好，叫他回楚国谈判和平。钟仪便被称为四德公。钟仪回到楚国后，如实向共王转达了晋国愿意与楚国交好的意愿，并建议两国罢战休兵。共王采纳了钟仪的意见，与晋国重归于好。后人用"楚囚南冠"的典故形容困居他乡，怀恋故土，或被囚禁的人。

钟仪爱国的故事，对后世影响是很大的。王粲在《登楼赋》中对钟仪大加赞赏："昔尼父之在陈兮，有归欤之叹音。钟仪幽而楚奏兮，庄舄显而越吟。人情同于怀土兮，岂穷达而异心。"杨炯在《和刘长史答十九兄》诗中，还把"钟仪琴"与汉代著名的爱国者苏武的"苏武节"相提并论，对钟仪那种大义凛然，不顾个人安危，深切怀念故国的爱国情操给以深情的赞颂。

晋国灭亡

自赵盾弑君更立晋灵公，开晋国大臣专权的先例。以后，各异姓大臣的势力愈来愈大。至晋昭公以后，晋国形成强大的范、中行、知、韩、赵、魏六卿，晋公室已成摆设，六卿之间争权夺利的斗争更加激烈。晋定公时，范、中行两家首先败亡。晋哀公四年（公元前453年），韩、赵、魏三家又共灭知氏，三分其地，晋国实际上已被三家瓜分。晋烈公十三年（公元前403年）周威烈王正式承认韩、赵、魏三家为诸侯。公元前376年，韩、赵、魏三国废静公，建立近700年的晋国灭亡，进入战国时代。

楚国缘起

楚人乃黄帝苗裔，帝高阳颛顼之后，直系祖先则是季连。楚人先世本居淮水下游，与奄人徐人等同属于东国，因受周人所迫，季连第30世孙熊狂的父亲，即首领熊丽率领族人举族南迁至睢山与荆山之间自称楚人。周成王时，周公避祸于楚，楚人敬之如上宾，周公大感其德，回朝后诉说此事，于是，周成王封熊狂的儿子熊绎为楚君。赐田地，姓芈（mǐ）氏，居丹阳。这便是周朝楚国（公元前1115年—前223年）的来历。据说楚王之所以是熊氏芈姓，很可能是因为被封在祝融之墟（河南新郑）附近的华阳，祝融之墟也叫有熊之墟。或因“華(华)”与“芈”二字,在古文字中写法相似而误。

巫歌楚辞

“楚人信巫鬼,重淫祀”,故多神话、多巫术、多巫歌,形成后来的一种地域性的巫文化,这是一种充满神秘的人类文明,它不仅渗透、影响了阴阳说、老庄思想,直接催生了楚辞。屈原《九歌》,实为巫歌的升华,使用的是楚地的语言、表达的是楚地的音乐、记录的是楚地的风物面貌、描写的是楚地的风俗人情。巫文化甚至还影响了禅道、中医、宗教,从而丰富了华夏民族的哲学、科技和艺术,极大地推动了华夏民族的成长。

楚先民以凤为图腾,楚地出土的文物,凤的图像特别多,屈原《远游》云:“祝融戒而跸御兮,腾告鸾鸟迎宓妃。”宓妃是伏羲氏(宓羲)的女儿,可见楚之先人应为菏鄄龙凤族的分支。

楚人偷牛

熊绎受封建国,到达丹阳封地后,建了一个占卜和祭祀的宗祠类的庙宇楩(pián)室,当时很穷苦,庙堂的房子建好了,却没有可以用来祭祀的供品,没办法,就在太阳落山后,翻过对面的析隈山(朱连山)到鄀(ruò)国去偷了一头还没长角儿的小牛犊,又怕鄀国小牛的主人找来,于是趁天黑连夜宰杀后,又连夜举行了祭祀。所以直到今天,楚人的祭祀都还在夜里进行。

筚路蓝缕

熊绎立国之初,来到这荒蛮之地,环境非常艰苦。为发展生产,扩大疆土,驾着以荆竹编的简陋的柴车,穿着破烂不堪的衣服去开辟山林,进行耕种狩猎,即所谓“筚路蓝缕,以启山林”。后来用以形容创业的艰辛。

苞茅缩酒

楚人立国后,与中原诸侯一样,必须按时述职进贡。熊绎当时携带的贡品只能是当地的一些特产,一些便宜的桃弧棘矢及用以缩酒(滤酒)的苞茅等。在岐阳盟会上,熊绎负责管理置茅缩酒,并与鲜卑酋长一起“守护祭天的燎柴”,是无资格参加诸侯盟会的。这说明当时楚国地位低下,其君主还须亲自主管缩酒仪式和“守燎”祭天。

楚国兴起与宣威盛世

经过熊绎后数代君主的努力,楚国疆域不断扩展,国力不断增强,由一个方圆仅有50里的小国发展成泱泱大国。

楚国在武王、文王之世开始崛起,占有江汉,史称“大启群蛮”,即大举进攻蛮人,扩张疆土。公元前704年,熊通僭越称王,是为楚武王。楚成王时,楚国在令尹子文的治理下更显强盛。

楚庄王时,任用虞邱子、孙叔敖等贤臣,问鼎周室,邲之战大败晋国从而称霸,开创春秋时期楚国最鼎盛的时代。

进入战国,楚悼王任用吴起变法,一时间兵强马壮,初露称雄之势。楚宣王、楚威王时期,疆土西起大巴山、巫山、武陵山,东至大海,南起南岭,北至今河南中部、安徽和江苏北部、陕西东南部、山东西南部,幅员广阔。楚国至此进入了最鼎盛的“宣威盛世”时期。

楚怀王时期灭越国,但因为怀王用人不当以及秦相张仪欺诈导致国势渐衰。公元前223年,秦军攻破楚都寿春,楚国灭亡。公元前209年,楚地起义军将领项梁起事,在薛城立楚怀王的孙子“熊心”为新“楚怀王”,重新建立楚国,后项羽自立为西楚霸王,派人杀死楚怀王熊心。项羽在楚汉战争中兵败自杀，刘邦建立了汉朝。

昭王南巡不返

约公元前 982 年，周昭王派祭（zhài）公辛伯攻楚，这次渡汉水时，阴风骤起，气候恶劣，将士惊恐，军队大部丧失。这次失败周归咎于天时不利，实际上是周王朝军队遭到了楚军强有力的伏击。

约公元前 977 年，周昭王全军覆没，周人讳言此事，模糊地说“南巡不返”。实际是楚人起而抗周，设计献上用胶粘接的船只，船驶至中流，胶液融化，船只解体，周昭王及其部众溺水而死。此后，周王朝由盛而衰，楚国则日益发展强大，逐步走上与周王室分庭抗礼的道路。

京观与止戈为武

城濮之战后过了几年，楚穆王又开始北上扩张势力。公元前 597 年，穆王子楚庄王围郑，迫使郑降，晋派兵救郑，两军于邲会战，晋军大败，中军、下军几乎全军覆没。《左传》中描写当时晋军渡河逃跑的惨状：“中军下军争舟，舟中之指可掬也。”

楚国大夫潘党，劝楚庄王把晋国军人的尸体在黄河边堆积起来，筑成一座“京观”，即高大的“骨髅台”，作为战争胜利的纪念物，留给子孙后代看，借以炫耀楚国的武力，威慑诸侯。

楚庄王却不同意这种做法，他说：“战争不是为了宣扬武功，而是为了禁止强暴，给百姓带来安定的生活。从文字组成上讲，这个‘武’字是由‘止’和‘戈’两个字组成的，‘止戈’才是‘武’！止息兵戈才是真正的武功。武功应该具备七种德行：禁止强暴、消除战争、保持强大、巩固基业、安定百姓、团结民众、增加财富。这七种德行，我一种也没有，拿什么留给子孙！晋国的军卒为了执行国君命令而战死的，他们也没有什么错。怎么可以用他们的尸体做‘京观’呢？”楚国的军队按照楚庄王的命令，到黄河边祭祀了河神，修筑了一座祖先宫室，很快就班师回国了。此即成语“止戈为武”的由来。

春秋末期，孔子曾到访楚国，称楚庄王的政治思想与儒家学派的“仁”的思想基本相符。

武，甲骨文作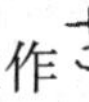，从戈从止（脚），会持戈行进之意，是阅兵或征伐示威之象。非停止干戈之意。如今“止戈为武”指不用武力就能化干戈为玉帛，才是武功的最高境界，应是后来延伸的理解。

楚庄王问鼎

楚庄王讨伐陆浑之戎（在洛阳附近），于是来到洛河，陈兵于周王室境内。周定王派王孙满慰劳楚庄王。楚庄王问起了九鼎的大小和轻重（意谓楚庄王有夺取周朝天下之意）。王孙满回答说：“大小、轻重在于德行而不在于鼎。以前夏代刚刚拥立有德之君的时候，描绘远方各种奇异事物的图像，以九州进贡的铜铸成九鼎，将所画的事物铸在鼎上反映出来。鼎上各种事物都已具备，使百姓懂得哪些是神，哪些是邪恶的事物。所以百姓进入江河湖泊和深山老林，不会碰到不驯服的像山精水怪之类的恶物，因此能使上下和谐，而承受上天赐福。夏桀昏乱无德，九鼎迁到商朝，达六百年。商纣残暴，九鼎又迁到周朝。德行如果美好光明，九鼎虽小，也重得无法迁走。如果奸邪昏乱，九鼎再大，也轻得可以迁走。上天赐福有光明德行的人，是有个尽头的。成王将九鼎固定安放在王城时，曾预卜周朝传国三十代，享年七百载，这个期限是上天所决定的。周朝的德行虽然衰退，天命还未更改。九鼎的轻重，是不可以询问的。”

如今“问鼎”一词已成为图谋夺取政权或夺取某些体育运动项目顶尖成绩的常用词。

鼎，甲骨文作，金文作，小篆作，大同小异，皆象鼎形，与实物一致。本是古代的烹饪器，相当于现在的锅，三足而圆，或四足而方。最早用黏土烧制，后来用青铜铸造。自从有了禹铸九鼎的传说，鼎就从一般的炊器而发展为传国重器。国灭则鼎迁。历商至周，都把定都或建立王朝称为“定鼎”。

鼎被视为传国重器、国家和权力的象征，“鼎”字也就被赋予了“显赫”“尊贵”“盛大”等引申意义，如：一言九鼎、大名鼎鼎、鼎盛时期、鼎力相助，等等。鼎又是旌功记绩的礼器。周代的国君或王公大臣在重大庆典或接受赏赐时都要铸鼎，以记载盛况。这种礼俗至今仍然有一定影响。为庆贺联合国 50 华诞，中华人民共和国于 1995 年 10 月 21 日在联合国总部，向联合国赠送一尊青铜巨鼎——世纪宝鼎。西藏和平解放 50 周年庆典之际，中央政府向西藏自治区赠送“民族团结宝鼎”，矗立于拉萨人民会堂广场，象征民族团结和西藏各项事业鼎盛发展。香港回归也铸鼎纪念，意义深远，文化内涵丰厚。

一飞冲天与一鸣惊人

传说楚庄王熊旅执政三年，没有发布一项政令，也没有一样政绩上的作为。右司马伍举来到君王座驾旁，对楚庄王讲了一段微妙的谜语，说：“有一只鸟停驻在南方的阜山上，三年不展翅，不飞翔，也不鸣叫，沉默无声，这是什么鸟呢？”楚庄王说：“三年不展翅，是为了生长羽翼；不飞翔、不鸣叫，是为了观察民众的态度。虽然还没飞，一飞必将冲天；虽然还没鸣，一鸣必会惊人。你放心，我知道了。”此为成语“一飞冲天”与“一鸣惊人”的来源。

绝缨大会

楚庄王为了庆贺打了胜仗，设“太平宴”犒赏三军。席间，庄王与众将推杯换盏，好不痛快，他还请出宠妃许姬为众将把盏劝酒，以示尊荣。那许姬美艳异常，更为众将平添了十分酒兴。这顿酒由午时直喝至掌灯，君臣兴致未减。忽然一阵怪风，将堂烛尽灭，左右取火未至。席中有一人，见许姬美貌，暗中以手牵其袂。许姬左手绝袂，右手揽其冠缨，缨绝，其人惊惧放手。许姬取缨在手，快步至庄王之前，附耳奏曰：“妾奉大王命，敬百官之酒，内有一人无礼，乘烛灭，强牵妾袖。妾已揽得其缨，王可促火察之。”庄王急命掌灯者曰：“且莫点烛！寡人今日之会，约与诸卿尽欢，诸卿俱去缨痛饮，不绝缨者不欢也。”于是百官皆去其缨，方许秉烛，竟不知牵袖者为何人也。席散回宫，许姬奏曰：“妾闻‘男女不渎’，况君臣乎？今大王使妾献觞于诸臣，以示敬也。牵妾之袂，而王不加察，何以肃上下之礼，而正男女之别乎？”庄王笑曰：“此非妇人所知也！古者，君臣为享，礼不过三爵，但卜其昼，不卜其夜。今寡人使群臣尽欢，继之以烛，酒后狂态，人情之常。若察而罪之，显妇人之节，而伤国士之心，使群臣俱不欢颜，非寡人出令之意也。”许姬叹服。后世名此宴为“绝缨会”。

到后来庄王伐晋大败，被困阵中，眼看丧命。一将唐狡舍死忘生，闯重围救出庄王。庄王脱险，要重赏唐狡，唐狡不受。楚王怪而问他道：“我平时对你并没有什么特殊的恩宠，你为何对我这么好呢？”唐狡跪拜在地含泪答道："我就是早先在殿上被揪下帽缨的那个人啊。罪将只有将功折罪之理，而无领功受奖之德。想当初大王宴上不仅不治罪于我，还给足了罪将面子。大王仁义之至，小人敢不以死报效大王？"

庄王叹曰："当日孤念众将酒醉，偶有失态之事，不足为怪，方令折去盔缨。不想昔日种因，今日得报，一念之仁，反救自家性命，看来，孤真乃一'幸运'人也！'"

《诗》曰："有漼(cuǐ)者渊，萑(huán)苇淠(pèi)淠。(广阔的水潭啊，芦苇多么丰茂)"说的是宽阔伟大的胸襟，是什么都能容得下的。故事说明，做人要有容人之量，不要斤斤计较、睚眦必报，往往能得到意外收获。此乃楚庄王之所以能成就春秋五霸之功绩欤！

大器晚成与大音希声

经过半年，楚庄王就亲自听取朝政，被废除的有十项政令，被启用的有九项政令，诛杀大奸臣五人，提拔隐士六人，从而国家大治。又带兵讨伐齐国，在徐州大败了齐军，在河雍战胜了晋军，在宋国大会诸侯，终于使楚国称霸天下。庄王不因为小事加害忠善的人，故能有好的名声；没有事先显示，故能有好的功绩。所以说："越是有大才能的人通常越晚成功，越是有大成就的往往越不露声息(不可估量)。"此所谓"大器晚成，大音希声"也。

生于忧患，死于安乐

楚庄王时，楚国贵族蔿(wěi)贾遭陷害，幸有忠臣相助，其子蔿敖与母亲避难于期思邑(今河南省淮滨县期思镇)，改名孙叔敖。遇恩公收留，并将毕生学识倾囊相授。

时遇淮河洪灾频发，孙叔敖主持治水，倾尽家资，历时三载，终于修筑了中国历史上第一座水利工程——芍陂(què bēi)，借淮河古道泄洪，筑陂塘灌溉农桑，造福淮河黎民。后来又修建了安丰塘等大量水利工程，至今仍在发挥着作用。于是孙叔敖受到楚庄王赏识，开始辅佐庄王治理国家。

孙叔敖辅佐楚庄王施教导民，宽刑缓政，发展经济，政绩斐然。他主张以民为本，止戈休武，休养生息，遂使农商并举，文化繁荣，翘楚中华。因出色的治水、治国、军事才能，孙叔敖后官拜令尹(宰相)，辅佐庄王独霸南方，使庄王成为春秋五霸之一。可惜因积劳成疾，年仅38岁孙叔敖便病逝他乡。

《孟子·告子下》中有这样一番论生死的话："舜发于畎亩之中，傅说举于版筑之间，胶鬲举于鱼盐之中，管夷吾举于士，孙叔敖举于海，百里奚举于市。故天将降大任于是(或作'斯')人也，必先苦其心志，劳其筋骨，饿其体肤，空乏其身，行拂乱其所为，所以动心忍性，曾益其所不能。人恒过，然后能改；困于心，衡于虑，而后作；征于色，发于声，而后喻。入则无法家拂(bì)士，出则无敌国外患者，国恒亡。然后知生于忧患而死于安乐也。"

司马迁《史记·循吏列传》将孙叔敖列为这样的第一人。毛泽东在视察淮河时多次提到孙叔敖，说他是一个了不起的治水专家。

孙叔敖斩两头蛇

孙叔敖年少的时候，有一次出去游玩，碰到了两头蛇。时俗认为见此蛇者必死，他想：要死只我一人，不要再叫旁人看见。于是，他杀了这条蛇，埋入山丘。回到家中就哭起来，母亲问他哭的原因，孙叔敖说："我听说见到两头蛇的人一定会死，今天我见到了，我恐怕要抛下母亲先死了。"母亲说："两头蛇现在在哪里？"孙叔敖说："我怕后来的人又会看见，就把它杀了并且埋了起来。"母亲说："我听说暗中助人的人上天对他必定有善报，你一定不会死的。”

等到孙叔敖长大成人，出任楚国令尹，还没有推行自己的治国主张而国人就已经信服他的仁义了。可见楚人对孙叔敖的尊崇和敬仰。传说期思城西南有埋蛇岭，就是孙叔敖埋蛇处，也叫埋蛇冢。因期思县后划入固始，所以“寝野歧蛇”为固始县八景之一。

人有三怨

孙叔敖做了楚国的宰相，一国的官吏和百姓都来祝贺。有一个狐丘丈人，穿着麻布制的丧衣，戴着白色的丧帽，最后来吊丧。孙叔敖整理好衣帽出来接见了他，对丈人说：“楚王不了解我没有才能，让我担任宰相这样的高官，人们都来祝贺，只有您来吊丧，莫不是有什么话要指教吧?”丈人说：“是有话说。人有三怨，你知道吗?”孙叔敖请问：“什么是三怨?”丈人说：“当了大官，对人骄傲，百姓就要离开他；职位高了，又大权独揽，国君就会厌恶他；俸禄优厚了，却不满足，祸患就可能加到他身上。”孙叔敖向老人拜了两拜，说：“您说的非常对，我诚恳地接受您的指教，我牢牢记住它们!”然后接着说：“我地位越高，我就态度越谦虚；我官职越大，我就处事越小心谨慎；我俸禄越丰厚，我就越加广施博与。您看我用这‘三原则’来避免三怨，您说可以吗?”老人说：“说得好啊！这种事连尧、舜他们都感到担心。”

孙叔敖作为宰相，权力在一人之下、万人之上，但他轻车简从，吃穿简朴，妻儿不衣帛，连马都不食粟。孙叔敖患疽病去世，家里竟穷得徒有四壁，连棺木也无力备办。他死后，儿子穷得穿粗布破衣，靠打柴度日。

孙叔敖以自己为相的“三原则”打破了狐丘丈人高位必遭三怨的世间断言，表现了一位名相高尚的处事方式。

寝丘之志

孙叔敖病危，临死前，告诫他的儿子说：“楚王多次封赏我，我都没有接受，我死后，楚王就会封赏你，一定不要接受肥沃的封地。楚国和越国交界的地方有块叫‘寝丘’的乱坟岗子，这地方土地贫瘠，名声又坏。楚国人敬畏鬼神，而越国人好拜神求福，他们都忌讳，不会垂涎惦记抢占这里。因此，可以长时间享有的，大概只有这个地方。”孙叔敖死后，庄王果然封其子以肥饶之地。其子辞而不受，请受寝丘之地。庄王遂将寝丘的四百户分封给他，用来祭祀孙叔敖。以后一直不曾断绝祭祀，故一直不失。

孙叔敖之知(zhì)，知不以利为利矣。知以人之所恶为己之所喜，此有道者之所以异乎俗也。后因谓与世无争、知足知止之心为“寝丘之志”。

优孟衣冠

优孟，是楚国著名的乐工。身高八尺，能言善辩，常以谈笑的方式对君王进行讽谏。

楚相孙叔敖知道他是个贤德之人，一直很好地对待他。孙叔敖病重将死时，嘱咐他的儿子说：“我死之后，你会贫困。那时你可以前去见优孟，说‘我是孙叔敖的儿子’。”几年后，孙叔敖的儿子果然穷困到要靠卖柴谋生。

一次他碰到优孟，对优孟说：“我是孙叔敖的儿子。父亲临死时嘱咐我贫困时就前去拜见你。”优孟说：“你不要远行到别的地方去。”

于是他穿戴起孙叔敖的衣冠，模仿着孙叔敖的举止言谈。一年多后，学得酷似孙叔敖，连楚王的左右大臣也无法分辨。

一次楚庄王设宴，优孟上前敬酒，庄王见

了大为吃惊,以为孙叔敖复活了,要任命他为楚相。优孟说:“请让我回去和妻子商议一下,三天后我再回来担任相职。”庄王答应了。

三天后,优孟来了。庄王问:“你妻子怎么说?”优孟说:“妻子说千万不要做,楚相不值得当。像孙叔敖担任楚相,竭诚尽忠,廉洁奉公,以此来治理楚国,楚王得以称霸。如今死了,他儿子却没有安身之地,穷得卖柴为生。要是像孙叔敖那样,还不如自杀。”于是唱道:“居山耕田太辛苦,难以得食饱肚腹。出仕去当官,贪婪卑鄙才能富,全然不顾耻和辱。一心想要身后家室富,又怕受贿枉法干坏事,犯罪身遭杀戮家灭无。贪官怎可做,莫糊涂!要想做个奉法守职清廉吏,至死不敢胡作非为遭嫉恨,廉吏又怎么做,多气苦!楚相孙叔敖一生清廉人敬慕,到头来妻儿穷困卖柴把口糊,楚相怎么值得当,君王早不顾!”于是庄王谢优孟,乃召孙叔敖之子,封之寝丘四百户以奉其祀,后十世不绝。

弭兵之会

中原诸小国,苦于连年战争,期盼和平,于是宋国的向戌多方奔走,约合晋楚两国,并会同各诸侯国召开了盛大的“弭兵之会”,“弭兵”是停止战争的意思。公元前546年,弭兵之会在宋国举行。晋、楚、齐、秦、宋、鲁、郑、卫、陈、许、曹、邾、滕、蔡等14国参加了会议。会议决定:晋国和楚国共为盟主,各国共订盟约,不再打仗;除齐、秦外,各国都要向晋楚两国同样朝贡。弭兵之会的结果是晋楚两国平分中原霸权。

吴起变法

吴起,战国初期卫国左丘(今山东定陶西)人。先至鲁国学习儒家,后又改学兵法。公元前410年,齐国进攻鲁国,鲁穆公用吴起为将,大败齐军,初步显示了吴起在军事上的才能。但鲁穆公听信谗言,不信任吴起,吴起又来到魏国。公元前409年,魏文侯用吴起为将,讨伐秦国,夺得秦国西河之地,于是魏国任命吴起为西河的地方长官。吴起驻守西河二十多年,使秦兵不敢东向,拓地千里。但魏武侯即位后,受人挑拨离间,撤了吴起的职务。吴起只好离开魏国,来到楚国。

楚国正是楚悼王(公元前401—前381年)在位,当时三分晋国的韩、赵、魏屡次联军攻楚,楚国向北发展正屡屡受挫,而国内又大臣专权,封君众多,奢靡之风滋长。悼王早已知道吴起才能过人,十分欢迎吴起的到来,想起用他来富国强兵。悼王先用吴起为楚国北部重镇宛(今河南南阳)地的地方长官,一年后,又提拔为令尹,执掌楚国军政大权。吴起执掌朝政后,实行变法革新,执行安邦定国、伺机发展的方针。楚东拓疆土至泗水之上,尽有江淮以北之地。楚国国力又迅速强大起来。公元前381年,楚联合赵国大败魏国。

吴起变法触动了权贵集团的利益,遭到旧贵族的反对。前381年,由于楚悼王不幸早逝,吴起失去了坚强的靠山。于是旧贵族趁楚悼王驾崩政局不稳之机,群起反抗,发动叛乱,包围王宫。贵族们用箭射向吴起使其受伤,吴起逃向楚悼王停放尸体的地方,把箭拔出来插在楚悼王的身上,大叫道:“来人哪,有叛贼谋杀楚王。”然而贵族们在追到停尸房射杀吴起的同时也将箭射到楚王尸体上。

当时楚国的法律规定伤害已故国王的罪人也要被诛杀三族,因此新的楚肃王登基后,将当时射中楚悼王的相关人员全部斩首,并诛杀了七十几家族人,贵族的封地全数没收。

同时,吴起也惨遭车裂。吴起之死是悲壮的,他是历史上第一个为改革事业献出生命的人。但他雷厉风行、大刀阔斧式的作风也为后人称颂。吴起立志改革的精神是值得肯定的，在战国，不改革只有死路一条。

虽然吴起变法时间不长，但变法的成果还是有些保留了下来，比如之后的楚国封君的继承不得超过三代，没有了自己独立的武装，一切财政大权听命于中央等等。至楚威王时代，楚国的领土已扩张至巴蜀、吴越，兴盛一时。

楚国衰亡

楚怀王即位后，开始重用屈原等大臣，针对主要弊政进行一系列的革新，却引来楚国贵族一致性的反对。日久，难以抵挡反对声浪的楚怀王遂意兴阑珊，变法终告失败。公元前299年，楚怀王晚年被秦昭襄王骗去秦国，客死在咸阳，欲兴兵夺回楚王的楚国军队又被秦将白起击败。楚国国势迅速衰弱。

公元前280年楚顷襄王时代，秦伐楚，楚军败。秦昭襄王诈以公主许配给楚顷襄王，屈原长跪城外力谏不果。公元前278年，秦军趁顷襄王开城迎亲，长驱直进，攻入楚国郢都。屈原投汨罗江自尽。楚顷襄王迁都于陈（今河南省淮阳县）。

公元前263年，楚考烈王继位，任用春申君为令尹，春申君派兵助赵国解邯郸之围，又领兵灭鲁国，楚国一度复兴。

公元前241年，春申君组织东方国家最后一次合纵，但被秦军所败，楚考烈王怕秦国报复，再次迁都至更东面的寿春。公元前238年，楚考烈王死后，春申君门客李园发动政变杀害春申君，楚国国力更加一蹶不振。

秦王政亲政后，知楚将项燕善战，先遣李信为将，领20万兵马，欲灭楚，全军覆灭。再遣老将王翦，统秦师60万，相持一年，终于在公元前223年，大败楚军，俘虏楚君负刍。项燕扶持的熊启也很快被俘杀，楚国灭亡。

二十四、计然献策越灭吴

无余守陵封会稽，大禹裔孙越国先。
勾践拒谏遭吴辱，卑辞厚礼得身全。
卧薪尝胆图励治，十年生聚练兵员。
采纳计然强国术，范蠡助越霸东南。
太伯避贤奔江东，建立句吴周同源。
季札辞国事农耕，守信挂剑成美谈。
夫差强吴破楚越，违谏争霸征中原。
亡国自刎布遮面，遗恨不听子胥言。

越国起源

越国亦伏羲苗裔、颛顼后代，黄帝子孙，是兴起于鄄城的大禹直系后裔。大禹死后，其子夏启变“禅让制”为家天下，建立夏朝。传至帝少康时，为延续禹王陵的守护与祭祀工作，便封其庶子无余于会稽，号曰“禹越”，为越之始祖，即最初的越国，所以越也是由华夏族在中国东南方建立的诸侯国，地处东南扬州之地。越、扬一音之转，皆高远之意，上古东南的长江中下游流域就称为扬越。越国，或乃象征无余跋山涉水远迁扬州之意，其封地处欧余山之南，核心统治区域主要以绍兴禹王陵为中心的今天的浙江绍兴、金华一带，都城在该区域内多次迁移，后定都会稽（绍兴）。

欧阳、欧、区三姓来历

欧余山，又名欧亭台，在浙江湖州东郊。东晋孝武帝宁康、太元间王羲之任吴兴太守，公事之暇常与宾客登临欧余山，后遂名之升山，今属升仙乡。

春秋时有匠人居住在欧余山，因以善冶炼锻造兵器出名，故以欧冶为姓，名欧冶子。欧冶子后来移居福建闽侯县冶山，为越王铸造过湛卢、巨阙、胜邪、鱼肠、纯钧（亦称纯钩、淳钧）等五种利剑，名噪一时。后来其徒弟又为楚王铸造了龙渊、太阿、工布三把利剑。其后代以祖先的名字为姓氏，形成了欧姓。

到了越王无疆时，被楚所灭，其子被封于欧余山之阳，为欧阳亭侯，他的子孙因而姓“欧”或“欧阳”。

到了汉朝，富商欧安乐善好施，深得人们

尊敬，汉景帝很赏识他的为人。有一天，景帝对他说："卿才德兼备，何欠之有，应去欠为区。""欧""区"古音同。这样，欧安便改姓为"区"，从此子孙也就为"区"姓。故"欧""区"二姓不通婚。

吴国起源

吴国是都于古鄄帝丘的帝喾的后代南迁所建立的诸侯国，与周朝同宗，亦华夏苗裔。

当初周太王古公亶父生有三子，长子太伯（泰伯）、次子仲雍、小儿子季历。季历的儿子姬昌（周文王）聪明早慧，深受太王宠爱。周太王想传位于姬昌，但据当时传统应传位于长子，太王为此郁闷不乐。泰伯明白父亲的意思后，就和二弟仲雍便假说去为父亲采药，一起躲避到西边宝鸡的吴山；古公亶父临终为顾念传统又留下遗言，要季历把王位还给泰伯，泰伯坚辞不受，又带着仲雍逃到蛮荒的江南以避让季历，定居于梅里（今江苏无锡的梅村），自创基业，建立了国家，缘于从吴山到江南水曲，定名为句吴古国；后季历被商王杀害，其子姬昌又要泰伯回中原继位，泰伯再次辞让。吴泰伯"三让天下"，终于成就了周王室的千秋霸业；其高风亮节也令世人赞不绝口，肃然起敬，成为中国历史上无与伦比的道德楷模，"至德至圣"。

太伯死，无子，弟弟仲雍继位。仲雍死，历经季简、叔达，至曾孙周章继位时，正值武王已灭殷商建立周朝，武王遂派人寻找太伯、仲雍的后代，于是找到了周章。这时周章已经是第五位吴君，武王遂仍封周章于吴。同时又把周章之弟虞仲召回，封在中原夏都（今山西省南部夏县和平陆北一带）故址，就是虞国，皆位列诸侯。

匹夫无罪，怀璧其罪

意思是说：人本无罪，身藏璧玉，因而获罪。原指财物能致祸。后引申比喻有才能也会遭受忌恨，从而招来罪过的。故事出自《左传·桓公十年》的记载：虞仲有个耳孙，春秋时继位做了虞公，他有个弟弟叫虞叔，得到了一块价值连城的宝璧，虞公听说便带着随从到了虞叔家，笑眯眯地说："听说二弟得到一块宝璧，我特地前来祝贺！不知弟弟能否拿出来，也让哥哥欣赏欣赏呀？"

虞叔不敢不答应，就赶紧走进内室，恭敬地捧出璧玉，呈到虞公面前。虞公拿着璧玉，仔细观赏，还不断地赞叹着："好玉啊，真是好玉！"看着虞公贪婪的样子，虞叔心里直打鼓，生怕虞公向自己索要璧玉。果然，虞公看完宝璧后，就满脸堆笑说："兄弟啊，哥还从没见过这么漂亮的宝璧，能不能借给我欣赏几天啊？"

虞叔懂得这"借几天"的含义，就是"据为己有"。就非常为难地支吾拒绝说："璧玉我也是刚得到，还没来得及细细欣赏，我想……"虞公见虞叔不肯献出宝玉，就非常生气地甩袖离去了。

虞公走后，虞叔就后悔起来，心想："俗话说得好，'匹夫无罪，怀璧其罪（一个人本来没有罪，如果他藏有宝璧，就会招来罪过）'，我留着这东西干什么，用它来招灾引祸吗？"虞叔越想越后怕，于是次日一大早就带着宝璧去献给了虞公。

献出宝璧后，虞叔的心情轻松多了。不料，虞公得到宝璧后仍不满足，又派人来找虞叔，说听说虞叔还有一把锋利无比的宝剑，希望虞叔也能把宝剑献给他。虞叔被逼到这步田地，气愤不已。便对身边的人说："虞公索取个没完没了，他这样贪得无厌，我有再多的财宝，恐怕也满足不了他的欲望。与其等他来加害于我，还不如先发制人，保护自己。"于是，虞叔趁虞公不备，发兵攻打虞公。虞公被打败，只好逃到共池去躲避。

这个故事，至今仍有着普遍的现实意义，给人以启发与教益。且不说人有些财产会招祸，即便你有些才华，也可能会引来无妄之灾。时至今日，不是仍有一些有才能、才干、才智的人得不到重用，甚至因此而招来嫉恨、打击，以至灾祸吗！而有权势的虞公们，也不要得意扬扬，如果得到了财宝仍不知满足，最终也会因为贪得无厌而引来灾难的！

假途灭虢

周章死后，至其12代孙句卑继位时，晋献公贿赂虞公以价值连城的屈产之乘（马）与垂棘之璧，假说借道虞国征伐虢国。大夫宫之奇劝阻虞君，虞君说："晋国和我国同姓，是不会攻伐我国的。"宫之奇说："虢国与晋国的血缘比虞国与晋国的血缘还近，现在晋国连虢国都要灭掉，还会对虞国有什么爱怜之心呢？虞国同虢国，就好比颊骨和齿床互相依靠，就像嘴唇保护牙齿，嘴唇没了牙齿就会受冻。"虞公还是不听劝告，答应借道给晋国。于是晋国灭掉虢国后，趁回军之际灭掉了在中原的虞国，这就是著名的"假途灭虢""辅车相依""唇亡齿寒"三个成语的来源。

季札辞国

句卑死，其孙寿梦继位，吴国开始日益强大，自称为王。至此，距太伯创建吴国已传十九代了。

吴王寿梦有四个儿子：长子叫诸樊，次子叫余祭（zhài），三子叫余昧，四子叫季札。季札最为贤能，寿梦想让季札继位，而季札也学他的祖宗泰伯，避让坚辞不受，于是让长子诸樊继位。诸樊服丧期满，又要把君位让于季札，季札便抛弃了家室财产去当了农民。吴王诸樊死后，留下遗命把君位传给其弟余祭，目的是想按次序以兄传弟，一定要把国位最后传至季札为止，来满足先王寿梦的遗愿。兄弟们都赞赏季札让国的高风亮节，也都想把君位传给他。余祭死，余昧立。余昧死，又叫季札做吴王，季札又辞不受并隐居起来种地去了，结果余昧之子僚立。后公子光使专诸刺杀僚而自立，即吴王阖闾。吴人没法，只好封季札于延陵（江苏常州），因此号延陵季子，后又封州来，称州来季子。季札多次让国，传为美谈，成为春秋时代的风云人物，被后人传颂。

季札贤明博学，曾为孔子的老师，与孔子齐名，并称"南季北孔"，是孔子最仰慕的圣人，也是历史上南方第一位儒学大师，被尊为"南方第一圣人"。

季札论乐与自郐以下

为了打开与中原诸侯交往，吴王余祭多次派季札到中原各诸侯国访问，会见过晏婴、子产、叔向等许多名人。

公元前544年，他到鲁国访问时，请求观赏周朝的音乐和舞蹈。鲁国让乐工为他演唱了当时各种音乐舞蹈。当乐工为他演唱《周南》和《召南》时，季礼说："美好啊！教化开始奠基了，但还没有完成，然而百姓辛劳而不怨恨了。"乐工为他演唱《邶风》《鄘风》《卫风》时，季礼说："美好啊，多深厚啊！虽然有忧思，却不至于困窘。我听说卫国的康叔、武公的德行就像这个样子，这大概是《卫风》吧！"乐工为他演唱《王风》时，季札说："美好啊！有忧思却没有恐惧，这大概是周室东迁之后的乐歌吧！"乐工为他演唱《郑风》时，季札说："美好啊！但它烦琐得太过分了，百姓忍受不了。这大概会最先亡国吧。"乐工为他演唱《齐风》时，季礼说："美好啊，宏大而深远，这是大国的乐歌啊！可以成为东海诸国表率的，大概就是太公的国家吧？国运真是不可限量啊！”乐工为他演唱《南风》时，季札说：“美好啊，博大坦荡！欢乐却不放纵，大概是周公东征时的乐歌吧！”乐工为他演唱《秦风》时，季礼说：“这乐歌就叫正声。能作正声自然宏大，宏大到了极点，大概是周室故地的乐歌吧！”乐工为他演唱《魏风》时，季礼说：“美好啊，轻飘浮动！粗犷而又婉转，变化曲折却又易于流转，加上德行的辅助，就可以成为贤明的君主了。”乐工为他演唱《唐风》时，季礼说：“思虑深远啊！大概是帝尧的后代吧！如果不是这样，忧思为什么会这样深远呢？如果不是有美德者的后代，谁能像这样呢？”乐工为他演唱《陈风》时，季札说：“国家没有主人，难道能够长久吗？”再为他演唱《郐风》以下的乐歌时，季礼就不再作评论了。这就是成语“自郐以下”的出处，后用以比喻从某某以下就不值得评论了。

叹为观止

乐工为季札演唱《小雅》时，季礼说：“美好啊！有忧思而没有二心，有怨恨而不言说，这大概是周朝德政衰微时的乐歌吧？还是有先王的遗民在啊！”乐工为他演唱《大雅》时，季礼说：“广阔啊！曲调婉转而有正直之体，这大概就是周文王的盛德吧！”乐工为他演唱《颂》时，季礼说：“好到极点了！正直而不傲慢，委曲而不厌倦，哀伤而不忧愁，欢乐而不荒淫，利用而不匮乏，宽广而不张扬，施与而不耗损，收取而不贪求，安守而不停滞，流行而不泛滥。五声和谐，八音协调；节拍有法度，乐器先后有序。这都是拥有大德大行的人共有的品格啊！”

之后又给他看了跳《象箾》（武舞）和《南龠》（文舞）两种乐舞，季札评议说：“美好啊，但还有美中不足！”他看了跳《大武》（周武王乐舞）时说：“美好啊，周朝兴盛的时候，大概就是这样子吧。”看了跳《韶濩》（商汤文舞）时说：“圣人如此伟大，仍然有不足之处，做圣人实在不容易啊！”看了跳《大夏》时说：“美好啊！勤于民事而不自以为有功。除了夏禹外，谁还能作这样的乐舞呢！”

当他最后看了跳《箫韶》乐舞时，季札则兴奋地大加赞赏说：“德至矣哉！大矣，如天之无不帱（dào，覆盖）也，如地之无不载也！虽甚盛德，其蔑（没有）以加于此矣。观止矣！若有他乐，吾不敢请已！”

意思是说：“德行达到顶点了！伟大啊，就像上天无所不覆盖一样，像大地无所不容纳一样！虽然有超过大德大行的，恐怕也超不过这个了。观赏达到止境了！如果还有其他乐舞，我也不敢再请求观赏了！”这就是“叹为观止”成语的来历。

尽善尽美

《韶》后来又吸收了民间的俗乐，增强了地方色彩，除用于祭典外，还用于迎宾、宴乐等。屈原《离骚》中就有“奏九歌而舞韶兮，聊暇日以媮乐”这样的诗句，说明屈原在齐国时，曾欣赏了包括《韶》乐在内的乐舞。《韶》入宫廷而成为宫廷雅乐，再接触俗乐，形成雅俗共赏，从而进一步增强了它的艺术魅力而臻至完美。所以，公元前 517 年，当孔子入齐，在高昭子家中观赏齐《韶》乐之后，由衷赞叹说：“《韶》尽美矣，又尽善也！”并感叹道：“不图为乐至于斯！”竟然到了“三月不知肉味”的地步。

季札评诸侯

季札对《风》《雅》《颂》都一一都作了评议，并根据各国的音乐预言了各国的未来前途，成为先秦时代最伟大的预言家、美学家和艺术评论家。

季札离开鲁国，又到了齐国。劝晏平仲说："你快些交出你的封邑和官职。没有这两样东西，你才能免于祸患。齐国的政权快要易手了，易手之前，国家祸乱不会平息。"因此晏子通过陈桓子交出了封邑与官职，所以在栾、高二氏相互攻杀的祸难中得以身免。

季札离开齐国又到郑国。见了郑相子产，如见故人。对子产说："郑国掌握政权的人骄奢欺人，大难将临，政权定落于你身上。你执政时，要小心地以礼治国，否则郑国将要衰败！"离开郑国后，季札又到了卫国。非常欣赏蘧瑗（qú yuàn）、史狗、史鳅（qiū）、公子荆、公叔发、公子朝，说："卫国君子很多，因此国家无患。"

从卫国又到了晋国，季札住在宿（qì）邑，听到鼓钟作乐之声，说："奇怪！我听说有才无德，祸必加身。这孙文子正是为此得罪国君，小心翼翼尚恐不够，还可以玩乐吗？孙文子在这里，就如燕巢于帷幕之上那样危险，而且国君尚在棺中停殡未葬，难道可以作乐吗？"于是离开了。孙文子听说后，一辈子不再听音乐。

季札到晋国，很欣赏赵文子、韩宣子、魏献子，说："晋国政权将要落到这三家吧。"临离开晋国时，对叔向说："你要勉力而行啊！晋国国君奢纵而良臣又多，大夫很富，政权将落于韩、赵、魏三家。你为人刚直，定要慎思如何免于祸患。"

太史公说："孔子说过'太伯可以说是道德的巅峰，三次把天下让给别人，人民都不知用什么言辞来称赞他才好。'我读《春秋》古文，才知道中原的虞国和荆蛮的勾吴是兄弟啊。延陵季子的仁爱心怀，向慕道义终生不止，能够见微知著辨别清浊。啊，又是多么见多识广、博学多知的君子啊！"

季札挂剑

季札初使北方诸侯时，曾北行路过徐国。徐君特别喜欢季札身上的佩剑，但嘴里不好意思说。季札心里已经猜到，由于要出使上国，礼仪上还要用，故未能献出。等他出访回来，再路过徐国时，徐君已死，于是他就解下身上的宝剑，系在徐君坟茔的树上就离开走了。随从说："徐君已死，为何还要给他？"季子说："你不懂得。当初我心里已经答应他了，怎么能因为他死了就违背自己的诺言呢！"沧浪亭五百名贤祠像赞曰："有吴君子，让国退耕；脱屣千乘，永垂令名。"季札遂成为中华文明史上讲礼仪和诚信的代表人物。

伍子胥出奔

伍子胥，春秋末期吴国著名的军事家、谋略家。名员（yún），字子胥（xū），楚国椒（今安徽阜南县焦陂镇）人。伍员的父亲为伍奢，祖父是伍举，因侍奉楚庄王时刚直谏诤而显贵，其子孙在楚国很有名气。

楚平王（公元前528—前516年在位）早年，曾是个有作为的君王，却因贪恋女色，重用佞臣费无极，从而把楚国引向歧途。费无极作为太子建的少傅因不受太子建重用，便阴谋谗害太子建与太子建的太傅伍奢。他先劝说楚平王为太子建迎娶秦国公主，待到秦国公主来到楚国，又挑诱楚平王将漂亮的公主据为己有。太子建因此被发配到成父守边。费无极又谗言说太子建有怨言，要谋反，并牵连伍奢被捕。费无极担心伍奢的儿子伍尚和伍员报仇，于是召他们来想一并杀害，遂假说来了就放过伍奢，不来就马上杀了他。伍尚和伍子胥明白去了也只是一同受死，伍尚不忍父亲独自受死，于是伍尚入宫，与伍奢一同为楚平王所杀。伍子胥则逃走，发誓要为父兄报仇。

伍员与申包胥是好朋友。他逃亡时，对申包胥说："我必覆楚。"申包胥说："勉之！子能覆之，我必能兴之。"

一夜白头

楚平王画像张贴悬赏捉拿伍子胥。伍子胥逃到吴楚两国的交界的昭关时，昭关上的官吏盘查得很紧，他一连几夜愁得睡不着觉，连头发也愁白了。幸亏遇到一个人叫东皋公的很同情他，把他接到家里躲藏。东皋公有个朋友，长得有点像伍子胥，东皋公让他冒充伍子胥过关。守关的人逮住了假伍子胥，而真伍子胥因为头发全白，守关的官吏认不出来，就让他蒙混过关了。

千金报德与千金小姐

伍子胥在逃离楚国途中，有一次他饥困交加，见一位浣纱姑娘竹筐里有饭，于是上前求乞。姑娘顿生恻隐之心，慨然相赠。伍子胥饱餐之后，出于安全原因，要求对方为他的行为保密。姑娘觉得人格受辱，她随即抱起一石，投水而死。伍子胥见状，伤感不已。他咬破手指，在石上血书："尔浣纱，我行乞；我腹饱，尔身溺。十年之后，千金报德！"后来伍子胥报了大仇之后，又想到要报恩，但苦于不知姑娘家地址，于是就把千金投入她当时跳水的地方。这就是"千金小姐"的由来。

龙渊宝剑、渔丈人与丐帮始祖

伍子胥出了昭关，急忙往前奔跑，遇到一条大江拦路。正急时，有个渔丈人划着小船过来，把他渡了过去。伍子胥感激万分，拜谢辞行，走了几步，心有顾虑又转身折回，从腰间解下祖传三世的七星龙渊宝剑，送给渔丈人说："这把宝剑是楚王赐给我祖父的，值一百两金子，聊表我的心意。"并嘱托渔丈人千万不要泄露自己的行踪，渔丈人接过七星龙渊宝剑，仰天长叹，对伍子胥说道："我搭救你只因为你是国家忠良，并不图报。楚王为了追捕你，出了五万石粮食作为赏金，还答应封告发人为大夫。我不贪图赏金、爵位，怎么还会贪图你的宝剑呢？"伍子胥连忙向老渔人致歉，收了宝剑，正要告别而去，就听渔丈人说："而今，你仍然疑我贪利少信，我只好用剑自刎以示高洁了。"说完，横剑自刎。伍子胥悲悔莫及。

伍子胥逃出楚国后，盘缠用尽，只好拖着病躯，沿路乞讨。后人因此将其奉为丐帮始祖。

专诸进炙刺王僚

伍子胥辗转奔波，最终逃到了吴国。吴王僚刚刚继位执政，公子光做将军。伍子胥通过公子光的关系求见吴王。伍子胥知道公子光有野心，想杀掉吴王而自立为王，又不能说穿此事，于是就将专诸推荐给公子光，自己退出朝廷躬耕于田野去了。

专诸是个大孝子，公子光厚待专诸并敬其母，专诸深感其恩，以死相许。针对王僚爱吃"鱼炙"，商量好藏剑鱼肚，伺机行事。为此，专诸特往太湖边学得一手炙鱼的好技艺，然后回见公子光。

王僚十三年春，楚平王死，王僚派两位兄弟起兵伐楚，派儿子往收郑、卫之兵，又让延陵季子去晋国观察中原局势，意图称霸。

公子光见内部空虚，时机已到，就密召子胥与专诸商议行事。四月的一天，公子光预伏甲士于地室中，又命伍员暗约死士百人，在外接应。于是，入见王僚，说：有庖人从太湖来，善炙鱼，味甚鲜美，请王来尝鱼炙。王僚欣然允诺，但恐公子光有阴谋，为防不测，赴宴时戒备森严，从王室到光家厅堂内外布满甲士，皆操长戟，带利刃，身旁亲信更是不离左右。

酒过数巡，公子光托言脚痛难忍需用帛裹紧，便躲入地室。过一会，专诸告进鱼炙，手托鱼盘，赤膊跪地膝行而前，武士把利刃架在专诸的肩膀上。岂知专诸已将锋利的“鱼肠”剑暗藏于烧好的鱼肚之中，行至王僚座前，忽地掏出匕首，猛刺王僚，力透胸膛，王僚大叫一声，立即死亡。旁边卫士一拥而上，将专诸砍为肉酱。

公子光知大事告成，即令伏兵齐出，将王僚卫士尽数扑灭。此即著名的“专诸进炙刺王僚”的故事。

公子光既杀王僚，便自立为吴王，即著名的吴王阖闾。事后根据专诸生前遗愿，将其葬在泰伯皇坟旁，并封专诸之子专毅为上卿。如今鸿山东岭有“专诸墓”。

孙武入吴

孙武（约公元前 545—前 470 年），字长卿，齐国乐安（今山东博兴北，一说惠民）人。古代著名军事家、政治家、中国古代军事学说的奠基人。

相传其祖先本为陈国公族，原为妫姓。公子完携家奔齐，改姓田，称田完。田完五世孙田书为齐国大夫，因伐莒有功，封邑乐安，并赐姓孙氏，因称孙书。其孙即孙武。

春秋末期，因齐国内乱，孙武携家出走吴国。他精通韬略，写下兵书 13 篇。经吴国重臣伍员（即伍子胥）推荐，向吴王阖闾进呈所著兵法 13 篇，被重用为吴国将军。后来吴国被越国灭亡，孙武之孙孙操逃离吴国，在齐国鄄邑境内孙古路沟（今鄄城孙老家）定居，生下第三个儿子名膑，字伯灵。

三令五申

孙武携带自己写的《孙子兵法》去见吴王阖闾。吴王看过之后说：“你的 13 篇兵法，我都看过了，能否拿我的军队试试？”孙武说可以。吴王又问：“用妇女来试验可以吗？”孙武说可以。于是吴王召集 180 名宫中美女，请孙武训练。

孙武将她们分为两队，用吴王宠爱的两个宫姬做队长，并叫她们每个人都拿着长戟。队伍站好后，孙武便发问：“你们知道怎样向前向后和向左向右转吗？”众女兵说：“知道。”孙武再说：“向前就看我心胸；向左就看我左手；向右就看我右手；向后就看我背后。”众女兵说：“明白了。”于是孙武便命搬出铁钺（古时杀人用的刑具），三番五次向她们申诫。说完便击鼓发出向右转的号令。怎知众女兵不但没有依令行动，反而哈哈大笑。

孙武见状说：“解释不明，交代不清，应该是将官们的过错。”于是又将刚才的一番话详尽地再向她们解释了一次。就再击鼓发出向左转的号令。众女兵仍然只是大笑。孙武便说：“解释不明，交代不清，是将官的过错。既然交代清楚而不听令，就是队长和士兵的过错了。”说完命左右随从把两个队长推出斩首。吴王正坐在高台上兴致勃勃地看热闹，忽然看见那两个宠姬被押出去斩首，大吃一惊。他做梦也想不到孙武会这样认真，就马上派人跑去对孙武求情说：“我已经知道将军是很能用兵的了。但是，要是没有这两个女姬，我吃东西都没味了，请不要杀她们。”孙武说：“将军统兵在外，即使是君王的命令，有时也可以不听从。”他坚决把两个姬妾斩了，同时另外任命两位宫女做队长。宫女们很害怕，孙武再次发令时，所有的宫女都整齐认真地操练，不敢再当作儿戏了。吴王也不得不佩服孙武的才能。

不久，孙武向吴王报告说："军队已经操练完毕，请大王检阅。您可以随心所欲地指挥她们，即使是命令她们赴汤蹈火也不会违抗命令了。"吴王因为失去两个宠姬，正在痛心后悔，就没好气地说："你回宾馆休息吧，我不想检阅了。"孙武有些不满，叹口气说："大王只是欣赏我的兵法理论，却不支持我实际施行啊！"

不过吴王终究还是赏识孙武卓越的军事才能，后来仍任命他做了大将，统率吴军大破楚军，一直攻入楚国的郢都。吴国遂威震中原，成为崛起东方的霸主，连晋、齐等大国也甘拜下风。这就是成语"三令五申"的来历。

"三令五申"如今表示反复多次向人命令或告诫的意思。其实"三令五申"在古代是有具体所指的。据宋代曾公亮撰写的《武经总要》一书记载，"三令"，一令指观敌人之谋，视道路之便，知生死之地；二令指听金鼓、视旌旗，以齐耳目；三令指举斧钺，以宜其刑赏。"五申"，一申指赏罚，以一其心；二申指视分合，以一其途；三申指画战阵旌旗；四申指夜战听火鼓；五申指听令不恭，视之以斧钺。实际上，它是教导将士应该在战争中和军事行动中明确作战原则的。

子胥孙武辅吴伐楚

伍子胥助公子光登上王位，是为吴王阖闾(hé lǘ)。阖闾继位后，志得意满，就召伍子胥赐官行人，与他共商国是，受到重用。

当时吴、楚为争夺霸权，长期战于江淮。孙武与伍员等辅助阖闾制定了"扰楚疲楚"方略，对楚国进行轮番攻击，使楚疲于奔命，国力耗损。吴国遂"西破强楚，北威齐、晋，南服越人"，以一隅之地而称霸，伍子胥、孙武起了重要作用。

这时，楚国令尹子常为政，虽然诛杀了费无极，但对外又欺凌小国，使楚国陷于孤立被动局面。

公元前506年，子常因贪婪而羞辱唐、蔡两国国君，吴国趁机联合两国共同出兵。于是吴王阖闾在伍子胥、孙武的帮助下，调动全部兵力攻打楚国，与楚国军队在汉水两岸列兵对阵，袭击楚国将军子常，子常大败而逃。吴王乘胜前进，与楚军五次交战后，连战连胜，终于攻入楚国郢都，楚昭王逃亡到随国。次日，吴王进驻郢都。吴军进入郢都后，大肆抢掠。楚几乎覆亡。

扒坟鞭尸与日暮途穷、倒行逆施

吴兵攻进郢都，伍子胥寻找平王，平王已死。伍子胥为了泄杀父兄之愤，于是掘开楚平王的坟墓，挖出尸体，抽打了300鞭才罢休。即所谓"扒坟鞭尸"。

在这种情况下，申包胥逃到山中，让人对子胥说："您报仇的手段，也太过分了吧！我听说，人能战胜天，天也能毁灭人。您曾是平王的臣子，亲自拱手称臣侍奉他，今天竟至污辱死人，这难道不是违背天理到了极点了吗？"伍子胥对来人说："替我谢谢申包胥，就说'吾日暮途远，吾故倒行而逆施之'。"意思是说，我好像在天已黑时，还要赶很远的路，所以我只好颠倒不按常规行动，违反常理办事了。这就是"日暮途穷"和"倒行逆施"两个成语的来历。后用来形容走投无路和做事违背情理。

申包胥秦廷之哭

申包胥对伍子胥劝诫不成，只好以实际行动来践行"兴楚"的誓言。申包胥想，自己"赴强敌而死，此犹一卒也"，不若奔诸侯求助。去求谁？当时的局势，只有秦国与晋国有实力帮助楚国击败吴国。而晋国与楚国是长期争霸的对手，吴国也正是晋国扶植起来用以削弱楚国的。所以只有秦国可去，楚昭王是秦国公主所生，也就是秦哀公的外孙，秦国与楚国有着紧密的亲缘关系，而且在春秋时期由于要共同对付晋国，两国又长期保持联盟关系，因此也就只有秦国有实力也能够帮助楚国复兴。

于是申包胥不等接受楚王命令就奔赴秦国请求出兵援助。他赢粮潜行，跋山涉水，层茧重胝，七日七夜，至于秦廷。一开始秦不答应，申包胥便在秦城墙外哭了七天七夜，滴水不进。申包胥的忠诚和坚毅终于打动并惊醒了秦哀公，秦哀公说："楚王虽残暴，但有像这样的臣子，怎能不保存楚国呢？楚国有这样的臣子还亡了国，我没有像这样的臣子，我灭亡的日子没有几天了。"于是决定发兵救楚。秦哀公为他吟诵了《无衣》这首诗，发战车五百乘，遣大夫子满、子虎救楚，与楚军会合，不久，在稷地打败了吴兵。吴国因受秦楚夹击，加之发生内乱便迅速退兵了。

吴国退兵后，楚昭王复国，奖励申包胥。申包胥说："辅佐君王安定国家，不是为了自己；拯救急难铲除祸害，也不是为了名声；功成了就接受奖赏，这是出卖自己的勇力。国君已经得到安定，又还追求什么呢？"于是逃避赏赐，带着一家老小逃进山中隐居起来。

君子说："申先生不等接受楚王命令就奔赴秦国，这是忠心；七天七夜哭声不断，这是对国家感情深厚；不接受赏赐，这是不夸耀功劳。但赏赐是用来勉励善行的，拒绝赏赐，也不应是经常可以用的法则。"

吴国走向强盛

吴国以太湖流域为核心，先后吞并淮夷、徐夷等小国而扩张到今苏皖两省全境、浙中北、赣东北地区。国都由梅里后迁至吴（今苏州）。至吴王阖闾、夫差时达到鼎盛。在军师孙武和相国伍子胥的帮助下，吴国于柏举（今湖北麻城）之战西破楚，于夫椒（今太湖中洞庭山，又称马山、包山）之战南服越，于艾陵（今山东莱芜东南）之战北败齐，与诸侯盟会于黄池（今河南封丘），争霸中原，成为春秋中后期最强大的诸侯国之一。

勾践兵困会稽

春秋前期，越国渐趋强大起来，至第37代越君夫镡之子允常，开始称越王，开疆拓土，奠定了霸业的基础。制定了联楚扼吴的国策。

允常死后，其子勾践即位。吴王阖闾兴兵伐越，越王勾践用死士在阵前自杀的战术，败吴于槜（zuì）李（今浙江嘉兴），阖闾被射伤而死，其子夫差即位，立志要报杀父之仇。

公元前494年，勾践听说吴国日夜演练士兵，准备向越国报仇。勾践打算先发制人，再来个槜李大捷。谋臣范蠡极力以"盈而不满，盛而不骄，功而不夸，天之道也（意即天道要求我们盈满而不过分，气盛而不骄傲，辛劳而不自夸有功）"相谏，认为时机不成熟，预料此战必凶多吉少。

勾践不听范蠡劝谏，执意出兵。两国在夫椒大战，结果越王勾践轻敌冒进，遭遇大败，勾践率5000残兵逃入会稽，被吴兵围困在会稽山上。

范蠡劝勾践答应吴国的任何条件以求保全性命，并断言"越必兴，吴必败"，让勾践"屈身以事吴王，徐图转机""忍以持志，因而砺坚，君后勿悲，臣与共勉"！

于是勾践答应了吴国的所有条件以求保全性命，"卑辞厚礼以遗之，不许，进而身与之市"。勾践派大臣文种贿赂吴国宰伯嚭，向吴国求和，表示夫妻愿以奴仆侍奉吴王。吴王夫差于是不听伍子胥“今不灭越，后必悔之”的进言，答应勾践求和，罢兵而归。

范蠡陪同勾践夫妇则前往吴国为奴，用各种办法讨好吴王夫差。送给夫差最喜欢的东西，讨夫差欢心；进献美女西施来消磨夫差的意志；夫差生病，勾践亲自去喂汤药服侍，还亲尝夫差的粪便以诊断病情，向夫差表示忠心等，终于令吴王动了恻隐之心，三年后赦免勾践归国。

夫差赐死伍员

夫差打败了越国，越王勾践投降，伍子胥认为应当一举消灭越国。但是夫差听信伯嚭的谗言，不听伍子胥“联齐灭越”的主张，反而打发伍子胥出使齐国。伍子胥对他的儿子说：“我多次规劝大王，大王不采纳我的意见，我现在已看到吴国的末日了；你与吴国一起灭亡，没有好处啊！”于是将他的儿子托付给齐国的鲍牧，就返回吴国向夫差汇报。伯嚭乘机进谗言，诬陷伍子胥有投齐谋反之心。

公元前484年，夫差便赐死伍子胥，赠剑令他自尽。伍子胥仰天长叹说：“唉！奸臣伯嚭作乱，大王反而杀我。我使你的父亲称霸诸侯。在你还未被立为太子的时候，几位公子都争立为太子，我与先王冒死力争，你差点不能被立为太子。你被立为太子后，想将吴国分一半给我，但我并不敢有这种奢望。可是如今你竟听信奸佞小人的谗言而杀害长辈。”伍子胥在愤恨之余，留下遗言，要家人在他死后把他的眼睛挖出来，挂在城东门上，他要亲眼看着越国军队灭掉吴国。

吴王夫差极为愤怒，于五月初五乃自断伍子胥之头，置于盘门城楼之上；取其尸用鸱夷革（榼形马革）裹着让人抛弃在钱塘江中，并恨恨地说：“日月炙汝骨，鱼鳖食汝肉，汝骨变成灰，复何所见！”吴人哀怜他，为其在江上立祠，命名为胥山。

端午起源另说

由于伍子胥尸沉于钱塘江之事比屈原投江为早，有些文献则认为，中国端午节的习俗与伍子胥有关，而非屈原。如划龙舟与食粽子，也是因为伍子胥忠心为国，却惨遭赐死且沉尸水底，后人将他尊为海神。王充《论衡》说：“子胥恚恨，驱水为涛，常溺杀人。故会稽、丹徒大江、钱塘浙江，皆立子胥之庙。盖欲慰其恨心，止其猛涛也。”此一说比屈原投江为早。

夫差黄池争霸，打通黄沟水

吴王夫差连续征服了越国、鲁国和齐国后成为东南一霸。吴王雄心勃勃，又继续向西北进军，打算一鼓作气征服晋国，争霸中原。于是吴王倾全国之兵逐鹿中原，决心与晋定公在黄池（今河南省新乡市封丘县南）会盟争夺领导权。为此，吴王乃自淮入泗，自泗入沂，将不连贯的水道凿通，东自江苏沛县，经山东单县、曹县及河南兰考、封丘等县，西达济水，到达黄池，大会诸侯，与晋争做盟主，史称黄沟水。这一路在菏泽留下了春申君黄歇的葬地春申冈、曹县的莘国故城、楚文化发祥地楚丘等十余处龙山文化遗址。

夫差观兵，如火如荼

然而，正在这个时候，越王勾践抄了吴王的后路。他带领军队一直打到吴国的国都姑苏（苏州），又派人马占据淮河，把吴王的退路也切断了。

这消息传给吴王夫差，犹如当头泼了一盆冷水，他非常震惊，立即封锁后方消息，召集文臣武将商量对策。大家说，现在退回去等于两头都打了败仗；如果能打败晋国，就等于在诸侯国中当定了霸主，再回去收拾越王勾践也不算晚。大主意已经拿定，当务之急是尽快征服晋国。吴王夫差考虑再三，决定出奇制胜。

一天傍晚，吴王下达了命令。全军将士吃得饱饱的，马也喂足了草料。从全军中挑出三万精兵强将。每一万人摆成一个方阵，共摆三个方阵。每个方阵横竖都是一百人，每一行排头的都是军官司；每十行，也就是一千人，由一个大夫负责；每一个方阵由一名将军率领。中间的方阵白盔白甲，白衣服，白旗帜，白弓箭，由吴王自己掌握，称为中军；左边的方阵，红盔红甲、红衣服、红旗帜，红弓箭，由一名将军掌握；右边的方阵则一水儿黑色，也由一名将军掌握。三路大军，半夜出发，黎明时分到达离会盟地点附近仅有一里路的地方，摆开阵势。天刚蒙蒙亮，吴王夫差亲自击鼓发令，三万人一齐大声呐喊，那声音简直像天崩地裂一般，惊动了到会的各路诸侯。晋军从梦中醒来，一看吴军那三个方阵和声威气势，简直都惊呆了：那白色方阵，“望之如荼”，就像开满白花的茅草地；那红色方阵，“望之如火”，就像熊熊燃烧的火焰；而那黑色的方阵，就像深不可测的大海。

见吴军军容如此盛大，军威如此整肃，各国诸侯都不敢和夫差相争，不得不承认吴国为盟主。黄池之会，在吴王夫差对晋国以武力相胁后，最终得以主盟，达到了吴国北上称霸的目的。但黄池之会并没有给吴国带来实际利益，反而加速了吴国的灭亡，成了吴国霸业终结的标志。

这就是成语“如火如荼”的来历，后多用以形容某种人群或事物阵容之大，气势之盛。

谋臣范蠡

范蠡（公元前 536—前 448 年），字少伯，是范姓始祖范武子的玄孙，华夏族，春秋时期楚国宛地三户（今河南淅川县滔河乡）人。春秋末著名的政治家、军事家、经济学家，早期道家学者，楚学开拓者之一。

范蠡出身贫贱，但博学多才，与楚宛令文种相识，交情甚笃。因皆不满当时楚国政治黑暗、非贵族不得入仕，而一起投奔越国，辅佐越王勾践，帮助勾践兴越灭吴，一雪会稽之耻。

家在古郢的谋略家计然，学业有成后，曾周游列国，干鲁卫而不被用，遂南游荆楚与吴越。

计然到了越国，越国大夫范蠡知道计然是一个道德高尚、学识渊博的名士，就拜他为师。当时越国刚被吴国打败，越王勾践卧薪尝胆，发誓要灭吴报仇，便问计于范蠡，范蠡就将计然推荐给越王勾践。计然授范蠡“七条计谋”，向勾践提供发展农工商的策略，被勾践采纳，勾践用其五计，行施 10 年，遂灭吴称霸天下。

勾践卧薪尝胆

勾践被释回国后，为了时刻提醒自己复仇，不要被安乐的生活消磨了斗志，他生活俭朴，睡在茅草屋的柴草堆上面，头前悬一苦胆，不时地舔一舔，专思报吴之仇。他洗心苦志，勤奋工作，亲自耕作，委曲求全；礼贤下士，赈济乏穷；悼慰死者，与百姓同甘共苦。在文种和范蠡的辅助下，励精图治，遂致国富民强，兵精粮广。

拟定兴越灭吴九术

《越绝书》记载说，回国后，范蠡与文种拟定了兴越灭吴的九术：

一是尊天地，以事鬼神。这条意在鼓励勾践继承先祖大禹的奋斗精神，坚强意志，树立起必胜的信念。

二是重财币，以遗其君。就是大量赠送吴王财货，促使夫差腐化，削去其防越的意识。

三是贵籴粟槁，以空其邦。就是先向吴国借次粮，再以蒸过的好粮食归还，吴王欣喜，发给农民当谷种，结果稻不生长，使吴缺粮大饥。

四是遗之好美，以劳其志。就是赠送夫差美女西施、郑旦等，使其迷恋美色，不理朝政。

五是送之巧匠，使起宫室高台，尽其财，疲其力。就是赠送给他能工巧匠，引诱吴王大起宫室台榭，耗尽吴国的财力民力。

六是遗其谀臣，使之易伐。就是贿赂吴王左右的奸臣，让他败坏朝政，减轻伐吴的难度。

七是强其谏臣，使自杀，以弱其辅。就是离间夫差的忠臣，迫其将伍子胥赐死，弱化其辅佐的力量。

八是富邦家而备器。就是积蓄粮草，充实国家财力，做伐吴准备。

九是坚厉甲兵，以承其弊。也就是铸造磨砺好武器，训练好士卒，待吴弊而攻之。

概括起来说，就是建议勾践劝农桑，务积谷，不乱民功，不逆天时，先抓经济；继而稳定社会，施民所善，去民所恶，亲民爱民；进而协和内部，上亲群臣，下义百姓，使百姓得到安定；重建都城，故意建得残缺不全，面对吴国的方向，不筑城墙，用以迷惑夫差；暗中发展军事力量，谨之慎之，不让吴国有所察觉；大力加强军队训练，组织敢死队，重奖勇士，增加战斗力；想方设法投吴王所好，送给他最喜好的东西，以讨夫差欢心；进献美女，以消磨夫差的意志，为此范蠡亲自跋山涉水，终于在苎萝山浣纱河访到了德才貌兼备的美女——西施，西施深明大义，为国不惜献身吴王，里应外合，为兴越灭吴做出了巨大贡献。

经过十年发展生产，积聚物力；又经过十年练兵，增强了战力。同时，范蠡请来了自己的老师计然，献出七策，采纳范蠡的纵横之术，煽动吴国到中原与晋齐争霸。据说越王勾践只用了其中五策就得意成功，最终灭了吴国，雪了会稽之耻。

沉鱼落雁与闭月羞花

西施是中国四大美女之首。她在故乡溪边浣纱时，溪中游鱼贪看她的美貌，因而忘了游动而沉入水底。这就是“沉鱼落雁”中“沉鱼”的来历。至于“落雁”，说的则是汉元帝时美女王昭君。她在出塞远嫁匈奴王时，天空飞过的大雁惊艳她的美丽，竟忘了飞行而跌落到草地上。

与“沉鱼落雁”连用的还有“闭月羞花”，这里的“闭月”说的是东汉末的貂蝉。貂蝉是三国时汉献帝的大臣司徒王允的养女，她在后花园拜月时，那皎洁的明月自愧不如，迅速躲到了云彩后面。

“羞花”说的则是唐代的杨玉环。杨玉环被选进宫后，关在宫内，虚度青春，不胜叹息，她对着盛开的花说：“花呀，花呀！你岁岁还有盛开时，我什么时候才有出头日？”她刚要摸一下花，花就立即收合起来低下头去。这就是“羞花”的来源。其实她要摸的原来是含羞草。然在这时，被一宫娥看见。宫娥到处说，是杨玉环和花比美，花儿都含羞地低下了头。

范蠡适时建议兴兵伐吴

勾践卧薪尝胆，经过近 20 年的精心准备，国力强大。此时夫差正倾全国之力，北上中原争霸，国力严重消耗，后方空虚，唯独老弱与太子留守。范蠡建议勾践立即兴兵伐吴，结果吴军全线崩溃，吴王夫差逃到姑苏台上固守，同时派出使者向勾践乞和，希望勾践也能像20年前自己对他那样加以宽恕，保留吴国社稷，自己也会像当年的勾践一样来服侍越王。勾践有点动摇了，这时范蠡站出来，陈述利弊，扭转了勾践动摇的心态，拒绝了夫差。夫差眼见无望，遂饮恨自杀。

勾践灭吴，夫差白布蒙面而死

公元前482年，越王勾践趁吴王夫差北上会盟争霸无暇顾及越国之际，发兵伐吴，俘获吴国太子友。吴王夫差在中原与晋定公争夺霸主后，急迫归国。由于吴军疲惫，国力空虚，吴国遣使携重礼与越国媾和。公元前478年，越国再度攻打吴国，在笠泽大败吴军。吴国自此一蹶不振。公元前473年，越军围困吴国都城，吴王夫差使人肉袒请和，范蠡进言不允，勾践听从，越军破城，吴王夫差自尽殉国，吴国灭亡。勾践一雪当年亡国之耻。夫差自杀时悔恨当初没听伍子胥的进言，自觉羞于在阴间与伍子胥见面，遂用白布蒙住双眼举剑自尽。传统在死者脸上蒙以白纸或白布，以便让死者安息，盖源于此。

吴国文化

吴国虽然灭亡了，但在其延续期间，创造了灿烂的文化。吴有通习中原礼乐的季札；有孙武、伍子胥等文武名臣，诞生了《孙子兵法》，影响持续了几千年；吴开凿了邗沟（今京杭大运河前身）；吴拥有高超的铸剑技术和欧冶子、干将、莫邪等著名的冶金专家，制作了著名的锋锷犀利兵器吴钩等名剑，千年不朽，代表着当时兵器冶金的最高水平；吴有由伍子胥督造的水陆双棋盘格局的国都姑苏古城，2500多年来原貌仍存。公元前486年吴国联合鲁国讨伐齐国，一路从泗水进攻，另一路从海上进攻齐国，这是中国发生的最早的海战，后世把这次海战看作是中国海军的滥觞。

吴国王室原本就来源于华夏族的周室，至春秋时通过与周朝各诸侯国广泛地交流，已经成为华夏民族的一个重要组成部分，吴国文化也成为中华文化重要的一支。

越国成为春秋最后一个霸主

勾践灭掉吴国后，越国进入全盛时期，便北渡淮水与齐晋会于徐州争霸。向周王纳贡，周王赐封勾践为伯。当时，越军在长江、淮河以东畅行无阻，诸侯们都来庆贺，越王遂号称霸王。越国势力范围一度北达齐鲁，东濒东海，西达今皖淮、赣鄱，雄踞东南。勾践由会稽（绍兴越城）迁都琅琊（山东临沂附近），号令中原。此时，春秋行将结束，霸政趋于尾声，勾践遂成春秋最后一个霸主。

兔死狗烹、鸟尽弓藏

勾践成为霸主之后，勤政之心逐渐怠惰，而猜忌之心日渐增长。范蠡作为越王勾践的谋臣，辅佐勾践成就霸业，在越国最困难的时刻，他侍奉越王勤奋不懈，为越王运筹谋划二十余年，终于辅佐越王报仇雪恨、荣登霸主权位。越王表示要与范蠡平分越国，但范蠡受老师计然的教导，深知“鸟尽弓藏、兔死狗烹”之道，他了解越王为人阴险狡诈，工于心计，于是灭吴后便带着西施离开越国，泛舟五湖，隐姓埋名，北上定陶，做了富翁陶朱公。

范蠡离开越国后，曾从齐国写信给文种说：“蜚（飞）鸟尽，良弓藏；狡兔死，走狗烹。越王为人长颈鸟喙，可与共患难，不可与共欢乐。子何不去？”

文种在收到信后便称病不上朝，但最终

还是未能逃脱赐死的命运。后来勾践借口他谋反，赐给文种一把剑说："子教寡人伐吴七术，寡人用其三而败吴，其四在子，子为我从先王试之。"文种最后被逼自杀，结局十分悲惨。

此后"鸟尽弓藏"便成为了一个成语，比喻事成之后，把曾经出过力的人一脚踢开或处死。后代不少名臣武将都难逃此祸。功高震主，有几个帝王卧榻之侧能容他人安睡。

越国灭亡

公元前306年，越王勾践六世孙无疆，欲重振越国昔日雄风，北上伐齐，打算重新建威中原。趁此齐威王遂派遣使者游说越国，齐使称说，楚国正分兵与列国争胜，国内空虚，诱引越国伐楚。越王无疆误听齐使奸计，遂中计转头伐楚。然而楚威王早已准备充分，于是领军进攻越国，大败越军，无疆被杀，越国灭亡。

越亡后裔南迁

越亡，子孙纷纷率民南下向东南沿海逃迁，退居闽越，所谓"滨于江南海上"或"走南山"，散居在瓯、闽、粤等地，分别在浙闽地区建立了东越国、闽越国，在瓯地的则谓之瓯越。后来越人驺摇因佐汉灭秦有功，汉惠帝立其为东海王，以东瓯为都邑，俗称东瓯王。

"瓯"最初作"区"，甲骨文作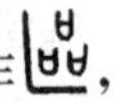，表示逃到山曲处藏匿之意。"区"曼声则为"具区""且瓯"，指多水泊丘岛处之意，故"区"又作沤，另加义符水旁，强调逃居地是多水泊山窝之意。又作瓯，另加义符瓦旁，突出居住地为多水泊丘岛的小块盆地之意，也表明此时越人已使用陶器并进入农耕时代。又或作欧，另加义符欠（张口），表示居住地盛行山歌渔唱之意。总之，这几个字同音同义，从不同的角度反映了越人迁居地的不同地理生态环境特点。

说简单点，"瓯越"，乃是迁徙到遥远的多水泊丘岛的东南角落之意。于是这一地区也就叫东越、东瓯、闽越、瓯越；建立在这一地区的小国也就叫东越国、东瓯国、闽越国、瓯越国；居住在这一地区的人也就叫越人、瓯人、闽越人、瓯越人；流经这一地区的水、坐落在这一地区的山、建造在这一地区的城，也就叫瓯江、瓯山、瓯邑；生活在这一地区的鸟也就称瓯鸟了，后来类化作鸥鸟。这一地区的文化也就被人们称为瓯越文化。

越国从夏代无余建国，到汉武帝最后灭越，总共持续1900多年，是存在时间最长的诸侯国，也是强盛时间最长的东方大国。

二十五、漆园谋士生鄄城

葵丘谋士名计然，避祸隐居濮水边。
开辟漆园供读书，精研道德发新谈。
前承老聃无为论，后启范蠡经商篇。
多谋划策助勾践，五计灭吴后世传。
如今经商成盛事，几人还知有计然。

商业理论家计然

计然，姓辛氏，名钘，字计然，号文子，又写作计倪、计研、计砚。他品行刚直，酷爱山水，常泛舟出游，因此又号称渔父。其先祖是晋国逃亡公子，避居于鄄城濮上葵丘，在临濮镇南置漆园读书。计然曾师事老聃，悟《道德经》真谛，也是道家祖师，被尊为太乙玄师，专研《道德经》，是春秋时期著名的谋士、思想家、经济学家，是中国第一位商业理论家，主要从事研究国家的经济发展问题。

鲁锦

漆园在鄄城西南部孤峙山下，地处今庄子庙村。鄄城雷泽湖畔是古代盛产桑漆之地，自古“其贡漆丝”，这在《尚书·禹贡》中早有记载。

所以鄄城的特色工艺品有鲁锦，已有两千多年的历史，是山东菏泽民间独有的纯棉手工提花纺织品，称为织锦或鲁锦。它具有花纹精致、色彩鲜艳、质地紧密、美观实用的特点。它的织造工序极为复杂，从采棉纺线到上机织布要经过 72 道工序。其图案用色浓艳，对比强烈，体现了山东人豪放爽朗的性格特点。在菏泽市各县区中，鄄城鲁锦最为知名，曾作为贡品晋献宫廷。

谋士计然

计然在临濮南广植漆树，作为道家学派的经济支柱，遂成道家学派的基地，故名为漆园。

计然像

计然天资聪慧，博学强记，满腹经纶，无所不通，学究阴阳，善于知人，能见微而知著，尤善计算与出谋划策，通晓富民强国之道。计然貌似平庸愚钝，所谓大智若愚者。计然学业有成后，曾周游列国，干鲁卫而不用，遂南游楚与吴越。

他游到楚国时，楚平王问他治国之道，他回答说："用高尚的道德纠正低下的邪恶，就能使国家安宁；要使人人都注意道德修养，使天下安定，关键在于君主一人；君主对百姓恩德深厚，国家就会兴旺，暴虐积怨，国家就要灭亡。唐尧、虞舜以仁德治天下，百姓拥戴，国家昌盛；夏桀、商纣虐待百姓，众叛亲离，国破家亡。"楚平王说："我知道如何才能使国家安定富强了。"但终未能重用计然。

计然遂又到了越国，越国大夫范蠡拜他为师。急于要灭吴报仇的越王勾践，问计于范蠡，范蠡就将计然推荐给勾践。计然向勾践提供了发展农工商的策略，被勾践采纳，行施10年，国富民强，兵精粮广，遂灭吴称霸天下。

经济学家计然

计然献策的主要内容是：一个国家要应付战争，必须有所储备，而储备战争物资又必须选择适当时机，这正如知道货物的生产季节和社会需求的关系，才能看清楚货物的供需行情一样。

国家要长治久安，须兼顾农商利益。商人无利可图，货物就不能在市场上流通，国家税收就要减少；农民无利可得，良田就会无人耕种，荒地就无人开垦。谷物出售价格随市场物价的高低而起伏，关卡上的税收和市场上的货物都不缺乏，这就是治国的基本的道理。

关于囤积货物，其原则是：购进质量好、适销对路、易于久藏的谷物；容易腐败的货物，就不要久藏以求高价；看货物的有余与短缺，把握物价的涨跌。涨到极点就会跌，跌到极点又会涨。价涨时，就要把囤积的货物尽快卖出去，价跌时，就要把便宜的货物迅速购进来。

计然的这些基本经济理论，后来得到范蠡的发展，至今对现代的经济建设仍有积极的现实意义。计然著有《文子》(《通玄真经》)、《万物录》《计然子》等书。成语"研桑心计"，就是赞计然、桑弘羊等善于经商致富的。

道家传人计然

计然，可能就是老子的弟子文子。北魏李暹为《文子》一书作注时，曾指出："(文子)姓辛，葵丘濮上人，号曰计然，范蠡师事之。本受业于老子，录其遗言为十二篇。"此注与计然的生平完全相符，是计然即老子弟子文子的重要文献证据，这样范蠡上承老子学术的脉络就衔接起来了。

从年代上来看，范蠡在老子之后四五十年，而计然正好处在老子与范蠡之间，他就是老子之弟子文子是很可信的。

司马迁说：老子修道德，其学以自隐无名为务。居周久之，见周之衰，乃遂去。至关，关令尹喜曰："子将隐矣，强为我著书。"于是老子乃著书上下篇，言道德之意五千余言而去，莫知其所终。

老子是中国古代的哲学家、思想家、道家学派的创始人。他曾在洛阳任周守藏室(皇家图书馆)之史达三十年之久，在这期间，征集、采编、保管进而饱览和研究了周王朝及诸侯国的大量典籍，为创立学说奠定了基础。或于此时计然拜老子为师。

从《史记·货殖列传》《越绝书》《吴越春秋》《文子》等古籍的材料看，计然继承了老子的思想，并在实践中对老子的道论、自然无为的思想和治国治身的理论都有所发挥和运用。特别是计然提出了关于天地阴阳、刑德吉凶，以及时变因循的理论，是对老子道家学说的重要发展，这些理论又为范蠡所承袭并进一步运用发挥，后来成为战国时期以《黄帝四经》和《管子》等为代表的道家黄老之学的重要内容。文子学派与列子学派和齐国的黄老学派共同形成了北方道家。

黄老并称

据说黄帝即位30多年，因思天下大治之事，三个月无心治理政事。忽一日梦游到华胥氏之国，其国没有统治和被统治之分，人民没有超出必需的欲望，也淡然面对生死。对人对物，以一待之，毫不偏废；既不爱惜什么，也不畏惧什么；一切都顺其自然，是一个没有人间利害得失的奇妙极乐世界、理想之国、神仙之国。黄帝醒来，如获养身治国之道，此后黄帝便以此治国，28年之后，天下大治，几乎和华胥国完全一样了。其实黄帝所谓的道，不过就是道家之道——自然无为，无为而无不为而已。因此，后世将黄老并称，共同看作道家的创始人物。

《黄帝四经》是马王堆汉墓帛书出土发现的，包含《经法》《十大经》《称经》《道原经》四部经典。它与《易经》《老子》《论语》《庄子》同是中华民族的几部源头性经典，这些著作不仅是道德根文化的重要载体，而且是古代圣哲修身明德、体道悟性、天人合一的智慧结晶。

道家思想的实践成就

由于计然和范蠡，在长期的政治、军事和实业活动中对老子思想加以运用和创新发展，终于形成了道家思想成功指导社会实践的新局面，开辟了道家学说理论发展的新领域和新方向。道家学派在北方流传发展的最重要结果，就是稷下黄老之学的出现。汉初采用黄老无为而治取得文景之治的成就，不是偶然的。

道家学派创立在北方

或说道家学派创立在南方的荆楚、吴越等地，按其实应出于北方。一是，因为老聃是北方宋国相人，是宋之左司马将军老佐家族的后裔。宋为商后，老聃在这样一个有着深厚文化传统的家族里，才可以受到极好的教育，使他有条件担任周守藏室之史；二是，老聃任周守藏室史达30年之久，其学说必在洛阳时创立；三是，战国时道家黄老之学，主要兴盛于北方列国，特别是齐国，没有根据说是由南方传入北方的。

实际过程应是，道家学说由老子在洛阳创立，由其弟子计然带到南方越国，传授给范蠡，后来计然与范蠡都回到了北方齐地的鄄城、定陶，后由计然曾孙计都又传授给庄周，得到进一步发扬光大。

军事家范蠡

作为军师的范蠡约公元(前520年—前447年)，事越王勾践20余年，苦身戮力，终于灭吴，成就越王霸业，被尊为上将军。

范蠡的军事观是“持盈者与(合乎)天，定倾者与人，节事者与地”。意思是，万事万物都有其自然的规律，就像日月更替，月圆月缺一样，所以要按照规律办事，遵守天地间自然的法则，这样才能达到战争的目的；同时，也要发挥人的主观能动性在战争中的作用，即人要在遵守自然规律的同时积极谋划准备，把人事的作用发挥到最大；还要重视发展生产的重要性，既重视本国生产的发展，也要对敌国发动“粮食战”，譬如把熟种子卖给吴国。他指出，强则戒骄逸，处安有所备；弱则暗图强，待机而动；用兵善乘虚蹈隙，出奇制胜。这一种朴素的唯物主义战争观，为后世称道并沿用。

在具体的战争实践和战争指挥中，他主张“后则用阴，先则用阳；近则用柔，远则用刚”这种灵活多变的战术观。也就是在战场上，如果要后发制人，则要谨慎周密；如果要采取先发制人的战术，就必须坚定不动摇，且须行动迅速，速战速决；当敌人靠近的时候，可以主动示弱，引诱敌人，而后出奇制胜；当敌人距离较远时，则要以强大的气势来震慑敌人。范蠡还主张在合适的时刻，要尽力促成主客的变化，灵活运用主客这一对矛盾来赢得战争的胜利。

范蠡提出，“审备则可战，审备慎守，以待不虞，备设守固，必可应难”。就是说，要想战胜别人，首先要经过周密的准备，准备周密并谨慎防守，这样才能应对未知的挑战，准备充分才会在面对危险困难时有备无患。

范蠡充分认识到了战争准备的重要性，在这一主导思想的指导下，他提出了这样的富国强民的国防战备观：“知斗则修备，时用则知物，二者行，则万物之情可得而观已。”也就是要取得战争的胜利，就必须搞好战备物资，战备问题牵扯到方方面面，首先要发展生产，才能富国裕民强兵。

范蠡泛舟五湖

范蠡想，老师的计策既然能用来经国，当然也能用来经商，于是更深深地敬佩、尊敬老师计然，虚心向他学习。

计然在协助范蠡兴越灭吴后，告诉范蠡：“越王为人，长颈鸟喙，可与共患难，不可与共荣乐。”劝其离开，自己也回卫国鄄邑隐居起来，专心研究并传授《道德经》。

范蠡深知勾践为人，容不下功大的臣子。所以听从老师计然的教导，不久也急流勇退，携西施遨游五湖七十二峰去了。

野史则记载，西施被越王灭吴后以“亡国之女”沉江。

据说，范蠡在大摆庆功宴的那天夜里，悄悄地带了西施，偷偷出了城门，坐上早就等在那里的阿得大叔的小木船，穿过护城河，转了一个圈子，直向太湖划去。他们到了太湖北边的五里湖边，见这里风景优美，山明水秀，就搭了几间草房子，隐姓埋名住了下来。这期间文种被杀，范蠡为了保住性命也曾三迁其地，但由于西施非常喜爱五里湖风光，最后二人还是定居在五里湖。五里湖是太湖之内湖，环湖一周约 21 公里，相当于杭州西湖 1.3 倍。

五里湖之称作蠡湖，是中华民国时期，无锡人根据范蠡偕西施曾在此逗留，才把五里湖改称为蠡湖的。相传范蠡曾在蠡湖泛舟养鱼并著《养鱼经》一书。

商圣范蠡

后来为了安全，范蠡还是离开了五里湖辗转到了齐国，变姓名为鸱夷子皮，在海边结庐而居。他努力耕作，兼营捕鱼、晒盐等副业，很快积累了数千万家产。范蠡仗义疏财，施善乡梓。他的贤明能干齐人非常赏识，齐王把他请进国都临淄，拜为主持政务的相国。他喟然感叹说：“居官致于卿相，治家能致千金；对于一个白手起家的布衣来讲，已经到了极点。久受尊名，恐怕不是吉祥的征兆。”于是不过三年，他再次急流勇退，向齐王归还了相印，散尽家财给知交和老乡。一身布衣，范蠡第三次迁徙至今菏泽定陶。

菏泽地区，东邻齐、鲁，西接秦、郑，北通晋、燕，南连楚、越，司马迁称之为“天下中”，是最佳经商之地。范蠡操计然之术，根据时节、气候、民情、风俗等，人弃我取，人取我予，顺其自然，待机而动的原则，来治产业，没出几年，经商积资又成巨富，遂自号陶朱公。

范蠡三次经商，三成巨富，又三散家财。世人誉之为“忠以为国，智以保身，商以致富，成名天下”。后代生意人皆供奉其塑像，谓之财神，被后人尊称为“商圣”，为“南阳五圣(谋圣姜子牙、商圣范蠡、科圣张衡、医圣张仲景、智圣诸葛亮)”之一。

《太平御览·人事部·富下》记载：“猗顿，鲁之穷士也，耕则常饥，桑则常寒。闻朱公富，往问术焉。朱公告之：‘子欲速富，当畜五牸。’于是乃适西河，大畜牛羊于猗氏之南，十年之间，其孳息不可计，资拟王公，名驰天下。以兴富于猗氏，故曰猗顿。”

这是说，鲁国有个叫猗顿的穷士，闻听陶朱公经商很快致富，欣然前往拜问其术。范蠡回答说：“子欲速富，当畜五牸(即母马、母牛、母羊、母猪、母狗)。”猗顿依计，千里迢迢前往西河(今晋南一带)经商，定居于猗氏王寮，大畜牛羊，又兼营盐业，十年间获其息不可胜计，从此与陶朱公齐名，誉满天下。猗顿后成为战国初年著名的大手工业者和商人。

范蠡的经商理论

范蠡继承了老师计然的经济思想。太史公司马迁在《史记·货殖列传》中大致介绍了他们的主要经营理论。

范蠡首先注意选择经商环境，把握有利时机，运用市场规律，做事有准备，不盲目行动。所谓“据时而动，则得失均衡；待乏而运，超时以待”。待乏原则，实际上是要求经营者站在时机的面前；超时以待，就像以网张鱼须迎之方能捕获。

范蠡指出：知道货物何时需用，才能懂得货物的价值。只有把“时”和“用”这两者的关系搞清楚了，那么各种货物的供需情况和行情才能看得清楚。所以夏天要投资毛皮，冬天要投资细布，天旱时要投资舟船，雨水多时要投资车具。这是储备它们来等待需要的时候，就是说要预先投资市面上暂时不需要的东西，等待这些东西需求量大增而市面缺乏时，价格大大提高，才能实现赢利。这样做符合事物发展的规律。

范蠡认为，时不再来，天予不取，反为之灾。所以要抓住现时，得时无怠，从时而追，犹如救火，要讲究一个快字。范蠡主张要合理地贮存商品，加速资金周转，要薄利多销，追求十一之利，不求暴利，还要保证货物质量，讲求信义。

对于积贮货物，他强调应当务求货物的完好牢靠，不要使用需要支付利息的钱。买卖货物，凡属容易腐败和腐蚀的物品不要久藏，切忌冒险囤居以求高价。研究商品过剩或短缺的情况，就会懂得物价涨跌的道理。

范蠡的销售理念是贵出贱取。当商品价格涨到最高点时，就要果断出手，如弃粪土，否则贵极则反贱。当商品价格跌落到最低点时，要及时购进，就像买进珠玉一样坚决，否则贱极则反贵。总之，要让货物钱币的流通周转如同流水那样变动不已。

范蠡指出“谷贱伤民，谷贵伤末”，出售粮的价格，每斗 20 钱，过贱则农民的利益就要受到损害；每斗 90 钱，过贵则商人的利益就要受到损害。商人的利益受到损害，就不会经营粮食商品；农民的利益受到损害，就不会去发展农业生产。商人与农民同时受害，就会影响国家的财政收入。最好的办法就是由政府把粮食价格控制在每斗 80 钱和 30 钱之间，这样农民和商人就可以同时获利，此所谓“三八价格”。他指出粮食平价出售，能平抑调整其他物价，如此关卡税收和市场供应都不缺乏，这是治国之道。

范蠡理财理论的现实意义

范蠡既有治国理财的理论，又有治国理财的实际经验，他提出这些主张，至今对现代的经济建设也有积极的现实意义。他的上述经济思想，既可以促进农业发展，又有利于工商业的发展，进而使国民经济各部门能够协调发展。范蠡主张通过调整价格这种经济手段而不是通过行政命令促进生产和流通，也是难能可贵的。范蠡主张丰收时国家可把粮食收购储藏起来，在歉收缺粮时国家再把粮食平价粜出，来起到平定粮食和其他物价的作用，这种“平粜齐物”的办法，也是值得肯定的。战国李悝推行的平粜法和汉代设立的“常平仓”都是范蠡这一思想的发展与实践。范蠡从实践中总结出来的这些经商思想和较为完整的经商理论，不仅影响春秋列国，而且一直延续到后代，及至今日，都有很大的影响。无论是经商的，还是为官的，都在他的思想宝库中汲取了健康的营养，为经商为从政服务。

范蠡治国经商的理论，得益最大的当数勾践，勾践按照计然、范蠡的这些策略治国十年，就做到了国富兵强，最终实现了报仇雪耻，灭掉吴国，继而耀武扬威于中原，成为春秋最后一位“霸主”。

范蠡墓祠

范蠡墓位于山东菏泽定陶东北一个叫崔庄的小村落。公元 2013 年被列为山东省级文物保护单位。墓地封土南北长 70 米，东西宽 100 米，最高处 2 米。墓项呈椭圆形，占地面积 700 平方米。墓地及其周围有大量春秋战国时期的陶器残片。据《史记》记载，范蠡辅越灭吴后，弃官经商，先到齐国，后定居于陶，自称陶朱公，曾三致千金。死后葬于此地。

范蠡祠共有四处，浙江诸暨范蠡祠，山东肥城范蠡祠，浙江德清范蠡祠，湖南沅江市赤山岛亦有范蠡祠。可见后人对他的敬慕。

二十六、桑间濮上唱新声

濮鄄温润利生产，农商发展走在前。
生活富庶精神爽，丰收欢歌舞翩跹。
林间采桑情歌浓，水岸耕作笑声欢。
思想活跃多创意，桑间濮上新声传。
纯洁民歌遭诋毁，靡靡之音标淫签。

濮鄄是卫国繁华之地

春秋时，卫国濮鄄地处中原，濮水岸畔，湖渠遍布，平野开阔，土地肥沃，桑树遍布，气候温和，环境优美，是当时农业较先进的地区。道路东西南北相连，工商业非常活跃，生活富庶，教育发达，文人荟萃，是春秋时期经济发达、文化繁华之地。

后因济水涸竭，黄河改道，濮水淤平，似已无迹可寻。然如今鄄城境内的崔家楼、临濮集、富春集一带之东无名河，及南边时家寨、孙村集、鱼骨一带之西无名河，实乃濮水故道。

这一时期铁制农具和牛耕普遍得到推广，农业生产有了较大发展。各诸侯国为壮大实力、争夺霸权竞相改革，大批优秀人才应运而生。卫之濮鄄就有政治军事家吴起、儒商子贡、改革家商鞅、政治家吕不韦、外交家张仪等等各种人才。

孔子“周游列国”十年在卫

孔子(公元前551年—前479年)，子姓，孔氏，名丘，字仲尼，春秋末期鲁国人，中国古代思想家、教育家，儒家学派的创始人。他开创了私人讲学的风气，倡导仁、义、礼、智、信。

孔子55岁时曾短时间做过鲁国大司寇，摄相事，七日而诛少正卯，曝尸三日，鲁国大治。因与掌实权的季桓子政见不同，孔子弃官出走。孔子为了实现自己的治国理想，开始带领部分弟子周游列国。

当时卫国是春秋时期经济发达、文化繁华之地，又与鲁国毗邻，同为周初分封的姬姓大国，而且孔子的许多著名弟子都是卫国人，在孔子看来，卫国是推行他政治理想最为适宜的地方。所以孔子在“周游列国”14年中有10年是在卫国度过的。孔子的后半生和卫国结下不解之缘，许多故事传为佳话。

孔子曾在卫长垣县城北5公里处的满村乡学堂岗村东讲学。据《名胜志》记载：“昔孔子聘列国与四弟子(子路、曾皙、冉有、公西华)弦诵于此,故曰学堂岗。"后人在孔子讲学的岗上建庙,以作纪念,这就是学堂岗圣庙。

此后孔子又先后到过郑、宋、陈、蔡、楚等国,力图使其政治主张得到实施,但未受到各国国君的重视。

晚年,孔子专事于教育和《诗》《书》《礼》《乐》《易》《春秋》等典籍的编订整理工作,成为我国古代私塾教育的开创者。

相传孔子曾问礼于老子,问官于郯子(即中国二十四孝中"鹿乳奉亲"故事的主人公),问乐于苌弘,有弟子三千,其中贤人七十二。孔子去世后,其弟子及其再传弟子把孔子及其弟子的言行语录和思想记录下来,整理编成儒家经典《论语》。

孔子在古代被人们尊奉为"天纵之圣""天之木铎",是当时社会上的最博学者之一;被后世统治者尊为孔圣人、至圣、至圣先师、大成至圣文宣王先师、万世师表。孔子被列为"世界十大文化名人"之首,其思想对中国和世界都有深远的影响。随着孔子影响力的扩大,祭祀孔子的"祭孔大典"也一度成为与中国祖先神祭祀同等级别的"大祀"。

而立、不惑、知命、耳顺

孔子说:"吾十有五而志于学,三十而立,四十而不惑,五十而知天命,六十而耳顺,七十而从心所欲,不逾矩。"这是说:我 15 岁就立志求学,专心致志;30 岁就有所成就,不为外力所摇动;40 岁,经过磨炼,对人生各种问题有了比较清楚的认识,不再疑惑。50 岁已明白世事艰难,谋事在人,成事在天,但求努力,不企结果,淡然名利,而知天命;60 岁,已能正确对待各种言论,都听得下去,做到耳顺;70 岁时,自己可以做到随心行事,也不逾越规矩了。后来而立、不惑、知命、耳顺遂成为年龄的代称。

孔子学琴

孔子在学习方面是很虚心的,尤其刻苦。有一次孔子随师襄子学鼓琴。曲名是《文王操》。孔子苦苦地练了很多日子,师襄子说:"可以了。"孔子说:"我已经掌握了这个曲子的弹法,但未得其数。"又练了很多日子,师襄子又说:"可以了,你已得其数。"可是孔子仍说:"不可以,未得其志。"又过了相当的时间,师襄子认为这回真的可以了,可是孔子仍然认为自己没有弹好这首乐曲。于是,孔子反复地钻研,体会琴曲的内涵,直到他看到文王的形象在乐曲中表现出来了,才罢休。

孔子师项橐

一日孔子乘着一辆马车周游列国。来到一个地方,见一个孩子用土围成了一座"城",坐在里面。孔子就问:"你看见马车为什么不躲开呀?"那孩子回答:"人们说您孔老先生上晓天文,下知地理,中通人情。可是,今天我见您却并不怎么样。因为自古到今,只听说车子躲避城,哪有城躲避车子的道理呢?"孔子愣了一下,问:"你叫什么名字?"孩子答道:"我叫项橐。"孔子为了挽回面子,就想出了一连串问题来难项橐,但是都被项橐巧妙地化解了。

孔子觉得这孩子知识渊博,连自己也辩不过他,只得长叹一声,俯下身子对项橐和蔼地说:"后生可畏,我当拜你为师。"回头对弟子们讲:"三人行必有我师矣。要不耻下问。"经孔子这一褒奖,项橐便名扬九州,震动朝野。以后《史》《志》等书有关章节都有记载。据《史记》记载,甘罗 12 岁拜丞相时,还拿项橐作比喻,说服文信侯吕不韦让自己出使赵国。南宋大儒王应麟编写的《三字经》劝诸后生说:"昔仲尼,师项橐,古圣贤,尚勤学。"盖出于此。

欹器与座右铭

《荀子·宥坐》记载:孔子观于鲁桓公之庙,有欹器焉。孔子问于守庙者曰:“此为何器?”守庙者曰:“此盖为宥坐之器。”孔子曰:“吾闻宥坐之器,虚则欹,中则正,满则覆。”孔子回头对弟子曰:“注水焉。”弟子挹水而注之,果中而正,满而覆,虚而欹。孔子喟然而叹曰:“吁!恶有满而不覆者哉!”

宥坐之器,即放在座位右边的器物,就是座右铭。欹器的底是尖的,故有此特点。

有时不必“较真”

孔子东游,来到一个地方感觉腹中饥饿,就对弟子颜回说:“前面一家饭馆,你去讨点饭来!”颜回就去到饭馆,说明来意。

那饭馆的主人说:“要饭吃可以啊,不过我有个要求。”颜回忙道:“什么要求?”主人回答:“我写一字,你若认识,我就请你们师徒吃饭,若不认识就乱棍打出。”颜回微微一笑:“主人家,我虽不才,可我也跟老师多年。别说一个字,就是一篇文章又有何难?”主人也微微一笑:“先别夸口,认完再说。”说罢拿起笔写了一个“真”字。颜回哈哈大笑:“主人家,你也太欺我颜回无能了,我以为是什么难认之字,此字我颜回5岁就认识了!”主人微笑着问:“此为何字?”颜回说:“是认真的‘真’字。”店主冷笑一声:“哼,无知之徒竟敢冒充孔老夫子门生,来人,乱棍打出。”

颜回就这样回来见老师,说了经过。孔子微微一笑:“看来他是要为师前去不可。”说罢来到店前,说明来意。那店主一样写下“真”字。孔子答道:“此字念‘直八’。”那店主笑道:“果是夫子来到,请!”就这样吃完喝完不出一分钱走了。颜回不解地问道:“老师,你不是教我们那字念‘真’吗?什么时候变‘直八’了?”孔子微微一笑:“有时候一些事是认不得‘真’的啊。”

卫懿公好鹤亡国

卫国自康叔历十三世至献公,此后便国力日衰,内乱不息。到懿公时,更加腐败不堪,终日只知奢侈淫乐,喜好养鹤,竟赐给鹤官位和俸禄,还让鹤乘轩车出入,而卫懿公本人又是靠残杀前太子而得位的,所以国人很痛恨他。

周惠王十七年(公元前660年),狄人伐卫,卫懿公准备发兵交战,国中将士异口同声地说:鹤有禄位,应该让它们去打仗。于是军队不战而溃,狄人攻入卫都,杀死卫懿公,将卫人追杀到黄河沿岸,卫残部700人南渡黄河,卫国为狄人所灭。

《诗经·国风·鄘风》中《载驰》《定之方中》二诗就是反映这一历史事件的。

载驰

载驰载驱,归唁卫侯(驾车驱马快驰骋,回国吊唁卫侯急)。

驱马悠悠,言至于漕(挥鞭赶马路遥远,恨不一步到漕邑)。

大夫跋涉,我心则忧(许国大夫奔波来,阻我行程令我戚)。

既不我嘉,不能旋反(纵然不肯赞同我,岂能返身回许地)。

视而不臧,我思不远(尔等认为这不好,我怀祖国思难离)。

既不我嘉,不能旋济(许既不能赞同我,无法渡河归故里)。

视而不臧,我思不閟(尔等认为这不好,我恋祖国情不止)。

陟彼阿丘，言采其蝱（登高来到那山冈，采摘贝母治忧郁）。

女子善怀，亦各有行（女子心柔虽多感，自有道理和情思）。

许人尤之，众稚且狂（许国众人责难我，实在狂妄又愚稚）。

我行其野，芃芃其麦（我在田野缓缓行，垄上麦子很茂密）。

控于大邦，谁因谁极（欲赴大国去陈诉，谁能依靠到哪里）？

大夫君子，无我有尤（许国大夫君子们，不要怪我生怨气）。

百尔所思，不如我所之（你们想的众法子，不如自己去一次）。

此诗为卫国被狄人占领以后，卫女许穆夫人心急如焚，星夜兼程赶往漕地，去吊唁祖国的危亡，路途受夫家许国人阻止所写的诗，表达了不能归国吊唁的忧思，体现了许穆夫人的爱国之情。

卫文公在南楚丘重建卫国

齐桓公考虑到卫国已是君死国灭，需要重新建国。齐桓公便将这些遗民收留，又集中共、滕两地居民5000人益之，于漕地（今滑县口镇东）帮助恢复卫国，立前太子申为卫君，即戴公，戴公在野外造草庵暂住，史称“庐于漕”。不幸戴公即位一月即死，逃到齐国的公子毁归来，被立为卫君，是为文公。桓公又于第二年（公元前658年）春，派公子无亏领兵帮助防守，并资助卫人于黄河南岸的景山另筑楚丘重建国都，让卫人安居下来，称南楚丘，在曹县东南楚丘亭，以与春秋卫旧楚邑（遗址在今滑县东60里）相区别。

南楚丘，夏时为楚先人季连的一支所居，虽然商朝将楚人赶至江淮间，然楚人仍以此为先人宗庙来此祭祖。项羽为西楚霸王时就称楚丘。刘邦改为成武县，意为完成武功之地。

桑间濮上之音

当时卫国处在齐、晋、楚大国夹缝之间，大国争霸，濮鄄一带战争频繁。卫国几代国君腐败无能，屡被强敌侵掠，国小力弱，国家统治宽松。原为西周第一大国的卫国，春秋时已降为中等诸侯国，到战国时更加衰微，最后仅剩濮阳城一弹丸之地。

这种情况，促进了思想的活跃，精神的解放，文化的发展与繁盛。当时的劳动人民，尤其是青年男女，或于濮水岸上起舞欢歌，或于桑林之中，一边采桑一边歌唱，传递自己的爱情，抒发丰收的欢乐，歌唱幸福的生活，就犹如今天少数民族的对歌。于是创造出一种崭新的民歌，号称“卫之新声”，一时风靡华夏，影响巨大。这种民歌因始发于濮水岸上，桑林之中，故又称为“桑间濮上”之音，简称“桑间濮上”。

《诗经·国风·鄘风》中有《桑中》一首，就是著名的情诗，即所谓“桑间濮上之音”。它写一名青年男子以轻快活泼的调子，歌唱了与恋人相思和欢会的快乐。诗曰：

爰采唐矣（到哪儿去采女萝呢）？
沫之乡矣（到那沫邑的乡野啦）。
云谁之思（问我的心中在想谁啊）？
美孟姜矣（姜家漂亮的大姑娘）。
期我乎桑中（约我等待在桑林中），
要我乎上宫（邀我相会在城楼上），
送我乎淇之上矣（送我远到淇水之旁）。

爰采麦矣（到哪儿去采麦穗呢）？
沫之北矣（到那沫邑的北边啦）。

云谁之思(问我的心中在想谁啊)?
美孟弋矣(弋家漂亮的大姑娘)。
期我乎桑中(约我等待在桑林中),
要我乎上宫(邀我相会在城楼上),
送我乎淇之上矣(送我远到淇水之旁)。

爰采葑矣(到哪儿去采蔓菁呢)?
沫之东矣(到那沫邑的东边啦)。
云谁之思(问我的心中在想谁啊)?
美孟庸矣(庸家漂亮的大姑娘)。
期我乎桑中(约我等待在桑林中),
要我乎上宫(邀我相会在城楼上),
送我乎淇之上矣(送我远到淇水之旁)。

这种民歌,节奏明快活泼,语句自由无忌,生活气息浓厚,嬉笑怒骂,犀利峰起,悦耳动心,优美感人,成为当时文坛上的奇葩。流行广泛,非常普及,数量巨大。在中国第一部不朽的诗歌总集《诗经》305 篇中,就有 39 篇之多。

就内容看,有讽刺贵族统治荒淫贪残的,有抨击权贵无义无行无礼的,有歌颂大好河山和为民为国的英雄事迹的,有描写男女悲欢离合爱情的。

被污名为“靡靡之音”

由于“桑间濮上”之音中的主体部分是反抗专制统治、背叛旧礼教、向往自由、热爱生活的,这样的思想与当时的纲常伦理是格格不入的,必然动摇当时的礼法制度。所以“桑间濮上”之音后来遭到一些人的诋毁,说什么是“亡国之音也”。还编出了“靡靡之音”的故事来抹黑。

传说春秋时卫灵公朝觐晋国,一行人走到濮水时,天色已晚,于是就在驿舍住下。卫灵公半夜睡不着,突然听到鼓琴的声音,卫灵公便披衣倚枕细听,其声甚微,然泠泠可辨,悦耳动心,有种前所未有的感觉。问左右的随从,众人也都说没有听过。卫灵公就把随行的乐师师涓叫来。师涓说,我能听个大概,并告诉灵公说,殷朝末年,纣王让乐师延给他创作靡靡之音,纣王听了以后迷恋忘倦,等到武王发兵讨伐,纣兵战败,纣王在鹿台自焚,师延抱琴自投于濮水之中,这琴声就是从濮水中传出来的靡靡之音。如果能再留一晚上,那么,我就能写下来。卫灵公果然又留宿一晚,到了半夜时分,师涓依曲记录,尽得其妙,然后为晋平公鼓琴奏之。

其实,“桑间濮上”之音都是当时纯洁的情歌与民歌,是群众的文学艺术,是母系社会的遗韵。母系社会婚恋比较自由,给其贴上后代的淫乱靡靡之音的标签,实在有失公允。遗憾的是,三人成虎,后来“桑间濮上”竟成了靡靡之音的代名词。

二十七、三家分晋乱战国

晋阳一战智氏亡，三家分晋各称王。
你征我伐乱战国，七雄一统归始皇。
昭侯修治任申子，韩国一时号小康。
疲秦反成助秦策，不知用贤丧家邦。
胡服骑射武灵王，整军经武赵国强。
持国有赖将相和，纸上谈兵致灭亡。
文侯招贤用李克，率先改革领世航。
惜将人才资敌国，终吃苦果惹祸殃。

韩赵魏三国祖先皆出古鄄

黄帝生长子为玄嚣(即少昊)，少昊生蟜极，蟜极生长子帝喾，都于古鄄帝丘，帝喾生后稷，是为周朝祖先。韩、魏的直接祖上为周文王。

蟜极又生次子业父，业父生大业(即皋陶)，皋陶生伯益，伯益生活在鄄城犬丘，是秦、赵的祖先。

韩国兴亡

当年周成王桐叶封弟叔虞于晋源，是为晋国之始。与周朝同为都于帝丘(鄄城旧城镇)的帝喾的后裔。

韩国是晋国大夫韩武子(晋武公叔父)的后代。始祖为曲沃桓叔庶子韩万，因协助曲沃武公由曲沃克晋，被武公封于韩原(今陕西韩城东北)。

韩武子后三世有韩厥，从封姓为韩氏。晋作六卿，韩厥为其一，号为献子。献子生宣子，宣子生贞子。春秋末年，贞子迁于平阳(今山西临汾市西南)。

传至贞子之曾孙韩康子，公元前 453 年，晋国的韩、赵、魏三家联手消灭了智伯荀瑶，这就是著名的晋阳之战。接着三家分晋。公元前 403 年，韩、赵、魏三家大夫得到周威烈王的承认，正式位列于诸侯，进入战国。

周王赐康子之孙韩景子为侯爵，是为韩景侯，韩国建立，景侯迁都于阳翟(今河南禹县)成为战国七雄之一。

公元前 397 年，韩列侯时，韩相侠累被刺客聂政所杀。公元前 375 年，韩哀侯灭郑国，迁都新郑(今河南郑州)。

公元前 351 年，韩昭侯以申不害为相，修术行道,韩国大治,诸侯不敢侵。

公元前341年,魏伐韩,韩求救于齐,是为马陵之战。(详见《二十九、亿城古寺葬孙膑》)

公元前337年:韩相申不害卒。张开地继为韩昭侯、韩宣惠王与韩襄王的宰相。其子张平在楚汉时期为韩厘王与韩桓惠王的宰相,与父亲张开地共同担任战国时代韩国五任韩王的宰相,被称为五代相国。张平之子即汉高祖刘邦的谋臣张良。

公元前334年,韩昭侯作高门,未出高门而卒。

公元前322年,韩宣惠侯始称王,是为韩宣惠王。

公元前318年:楚、赵、魏、韩、燕同伐秦,攻函谷关。秦人出兵逆之,五国之师皆败走。《过秦论》对此有较详论述。

公元前246年,韩国因惧怕秦国,遂派水利工程师郑国入秦,献策修渠,借此消耗秦国的人力资财,以削弱秦国军队,结果适得其反。

公元前237年,秦欲伐韩,韩王安使韩非使秦,秦扣韩非,后杀之。

公元前230年,韩王安被秦所俘,韩国亡。

韩国的著名弓剑

韩国以其著名的兵器——弩,为各国所畏惧。所谓"天下之强弓劲弩皆从韩出",韩国的弩能射800米之外,"远者括蔽(箭穿蔽体之物)洞胸,近者镝弇(深陷)心"。除此以外,韩国的剑也异常锋利,皆能"陆断牛马,水截鹄雁""当敌则斩坚甲铁幕"。

韩昭侯相申子

韩国国势最强时,是韩昭侯在位之间。他用法家人物申不害为相,内政修明,韩国成小康之治。然由于地处中原,韩国被魏国、齐国、楚国和秦国包围,完全没有发展的空间,国土也是七国之中最小的一个,所以韩国成为山东六国中第一个被秦所灭的诸侯国。

公元前230年韩国被秦国所灭,其地被设置为颍川郡。

晋阳之战

晋昭公以后,晋国形成强大的范、中行、知、韩、赵、魏六卿,晋公室已成摆设,六卿之间争斗更加激烈。晋定公时,范、中行两家首先败亡。晋国只剩智、韩、赵、魏四家。

公元前475年,赵简子卒,赵襄子继承卿位后,借丧服未满之机,设计宴请他的姊丈代王,将其杀死于酒宴之上,遂唾手吞并代国,增大了势力。

简子死后,晋国正卿由知伯取代。知伯竭力发展自己,成为知、韩、魏、赵中权力最大、实力最强的晋卿。随着权力的膨胀,知伯遂有独吞晋国之心。他假借晋侯之命,以恢复晋国霸业为由,向韩、魏、赵三家各索地百里。韩康子、魏桓子不敢与之争锋,曲意求全如数交出。而年轻气盛的赵襄子却不肯俯首帖耳,加之早与知伯有隙,便坚决回绝说:"土地是先人的产业,哪能随意送与他人?"知伯勃然大怒,遂自任主帅,挟韩、魏出兵攻赵,欲灭赵氏。襄子自知以赵氏之力与三家对抗,众寡悬殊,遂按父亲临终之嘱,退守晋阳,以地利之险,克敌疲之短,相机再战。

知伯率三家之军围困晋阳一年有余不下,便借山洪来临,掘汾河之坝,水灌晋阳,城中军民"悬釜而炊,易子而食",但晋阳仍"民无叛意"。在这关键的时刻,襄子估计韩、魏必有兔死狐悲之忧,遂命家臣张孟谈乘夜黑风高之时潜入韩、魏两营,晓之以"唇亡齿寒"

之利害，说服他们与赵氏结盟，乘知伯胜骄不备之机，内外夹攻消灭知氏，共分其地。结果韩、魏反戈，知伯功亏一篑，腹背受敌，遭到身败名裂、祸及九族的惨败，连颅骨也成了别人的酒器。从此，晋国四卿之争，变为三卿鼎足之势，奠定了三分晋室的局面。

聂政刺韩相侠累

聂政是战国轵县深井里人，为人侠义，因除害杀人，为避仇，与母亲、姐姐逃往齐国，以屠宰为业。当时，韩国大臣严仲子与国相侠累(名傀)因廷争结下仇怨，严仲子怕被杀害，遂逃走。他四处游访侠士，希望能找到可替他向侠累报仇的人。到了齐国，听说聂政是个勇士，严仲子便常登门拜访，还备办酒席款待他。待到酒酣耳热，严仲子亲自为聂政的老母敬酒，并以黄金百镒为贺礼祝老母长寿，意在求聂政为己报仇。聂政明白严仲子的意思，坚执不收礼物。他说："我屈身屠间，是为了奉养老母，母亲在世，我不敢以身许人。"后来，聂母去世了，聂政守孝三年后，忆及严仲子的知遇之恩，认为是报答他的时了。聂政便登门回访严仲子，并谢绝了严仲子给他派的助手，孤身一人前往韩国刺杀侠累。聂政到了韩国都城，找机会进了相国府。侠累正坐在堂上，周围有很多持刀荷戟的卫士。聂政大喝一声，挺剑便刺。卫士大乱，急上前保护，聂政威武神勇，一连击杀数十人，但终因寡不敌众倒了下去。聂政怕死后连累自己的姐姐，就自毁面容、挖出眼睛、剖开肚皮，壮烈赴死。其姊在韩市寻到弟尸，伏尸痛哭，后撞死在聂政尸前。此事古籍多有记载，或说是聂政刺韩王。后世晋葛洪创《嵇中散孤馆遇神》的故事，传下《广陵散》之名曲。

申不害请官

申不害本是郑国的一个卑微的小官，由于他学习和掌握了黄老刑名之学，韩昭侯很欣赏，就任命他为相国。在昭侯的支持下，申不害对内整治政教，对外应付各国，使韩成为强国，并著《申子》一书。

有一次申不害为他的叔叔请求官职，韩昭侯没答应，申不害很不高兴。昭侯对他说："你教我严格执法，不以情侵法。现在是听从你的请求而废弃你的学说呢？还是实行你的学说而废弃你的请求呢？你不是教导我必须审视功劳大小来任用人，而今你却在法外另有私求，那我听哪个话才对呢？"申不害知道自己错了，赶紧向昭侯请罪。

昭侯修高门楼

韩昭侯二十五年，韩国发生大旱，昭侯却修了一座高大的城门。楚国大夫屈宜臼说："韩昭侯不会走出这座门。为什么呢？因为不合时。韩昭侯处在有利的时候，不修筑高大的城门。去年秦军攻占宜阳，今年又有大旱灾，韩昭侯这时不体恤百姓，反而更加奢侈，这叫作'时运衰耗而行为奢侈'。"次年高大的城门落成，韩昭侯就去世了，果然真没有从这座城门走出。

韩昭侯明察

韩昭侯捂住自己的手，假装丢了一片指甲，急命人寻找。随从于是剪下自己的指甲献给他。韩昭侯以此知道随从会欺瞒自己。

于是韩昭侯派人骑马到下边县里巡视，使者回报，昭侯问道："见到过什么？"使者回答说："什么也没见到。"昭侯说："虽说如此，想想，到底见到过什么呢？"使者说："南门外有小黄牛在大路左边吃禾苗。"昭侯对使者说："不准泄露我问你的话。"就下命令说："正值禾苗生长时，本来就有命令禁止牛马进入农田里边，但官吏们却不把这当回事，有很多牛马进到农田里边了。立即把这个数目报上来；如有漏掉，将加重治罪。”于是东、西、北三面都报了上来。昭侯说：“还没报全。”经官吏再去细查，才发现南门外的小黄牛。官吏认为昭侯明察，都惶恐小心地对待职守，再不敢为非作歹了。

郑国渠“疲秦”策略

秦王政元年(公元前246年)，秦国攻占韩国上党郡全部，派蒙骜平定晋阳，重建太原郡。韩桓王在走投无路的情况下，采取了一个非常拙劣的所谓“疲秦”的策略。他以著名的水利工程人员郑国为间谍，派其入秦，游说秦国在泾水和洛水(北洛水，渭水支流)间，穿凿一条大型灌溉渠道。表面上说是可以发展秦国农业，真实目的是想借此消耗秦国的人力资财，削弱秦国军队。

秦人不知。秦王为了增强自己的经济力量，以便在兼并战争中立于不败之地，很需要发展关中的农田水利，以提高秦国的粮食产量。于是采纳了郑国的建议，立即征集大量的人力和物力，由郑国主持兴修这一大型灌溉渠。由于工程是郑国设计和主持施工的，故称为“郑国渠”。

在施工的过程中，韩国“疲秦”的阴谋败露，秦王大怒，要杀郑国。郑国说：“始臣为间，然渠成亦秦之利也。臣为韩延数岁之命，而为秦建万世之功。”秦王政是位有远见卓识的政治家，认为郑国说的有理，同时，秦国的水工技术还比较落后，在技术上也需要郑国，所以一如既往，仍然重用郑国。经过十多年的努力，全渠完工，人称郑国渠，这是古代劳动人民最早在关中建设的大型水利工程。

郑国渠西引泾水，东注洛水，长达300余里。泾河从陕西北部群山中冲出，流至礼泉就进入关中平原。平原东西数百里，南北数十里。平原地形特点是西北略高，东南略低。郑国渠充分利用这一有利地形，在礼泉县东北的仲山西麓谷口(今陕西泾阳西北王桥乡船头村西北)作石堰坝，抬高水位，拦截泾水进入干渠，使干渠很自然地分布在灌溉区最高地带，不仅可最大限度地扩大灌溉面积，而且能形成全部自流灌溉系统。干渠沿北面山脚向东伸展，流经今泾阳、三原、富平、蒲城等县，最后在蒲城县晋城村南注入洛河。沿途拦腰截断沿山河流，将冶水、清水、浊水、石川水等收入渠中，以加大水量。在关中平原北部，泾、洛、渭之间构成密如蛛网的灌溉系统，使高旱缺雨的关中平原得到灌溉。

韩国的“疲秦”策略，没想到适得其反。郑国渠修成后，大大改变了关中的农业生产面貌，使高旱缺雨的关中平原得到灌溉。也就是说，此举结果帮助了秦国农业跃进，税收大增，促进秦国更加强大。

故《史记·河渠书》说：“渠成，注填淤之水，溉泽卤之地四万余顷(合今110万亩)，收皆亩一钟(合今100公斤)，于是关中为沃野，无凶年，秦以富强，卒并诸侯，因命曰‘郑国渠’。”

韩非使秦

韩非是韩国的公子，与李斯同在荀子门下读书，学习用功，成绩很好。荀子很赏识他，李斯也自叹弗如。

韩非有些口吃，不善言谈，比不上伶牙俐齿的李斯，但善于著述。他写文章的功夫已达炉火纯青，其作品明白晓畅，雄辩有力，旁征博引，气脉贯通，是先秦诸子散文的上乘之作，在当时已流传甚广。

作品传到秦国，秦王嬴政读到，废寝忘食，爱不释手，一口气读完，不由得拍案连连叫好。秦王感慨地说：“我要是能见到这些文章的作者，跟他交游攀谈，就是死了也心甘情愿了！”李斯听了这话，在一旁讨好地说：“此书的作者我认得，他叫韩非，是我的同学，为韩国的公子。现在就在韩国。”秦王一听，兴奋地说：“真的吗？传我的命令，马上发兵攻韩，把韩国拿下来，我就能见到韩非啦！”

韩王见秦国大兵压境，慌了手脚。正仓皇间，忽然传来消息，说秦军此次攻韩，只为得到韩非。韩王这才擦把汗，镇定下来，下令说：“叫公子非赶紧给我收拾东西，立马到秦国去！”

韩非以韩国求和使者的身份到了秦国，秦王大喜，把韩非扣留在秦国，每天与他谈论治国之道。韩非向秦王阐释“法”“术”“势”等的治国方略，与秦王的想法一拍即合。秦王感慨相见恨晚，预备拜韩非做客卿。

李斯知道了，心下着急。李斯一直觊觎着秦之相位，如今来了才能超过自己的韩非，迟早会得到秦王的重用。于是李斯就三天两头在秦王耳边吹风，说韩非是韩国公子，不会为秦国所用，不像他李斯，虽也是外国人，但毕竟不是楚国公子。韩非与韩王血脉相通，打断骨头还连着筋呢，秦国要灭韩，韩非终究会有二心。

秦王政搁不住李斯的思想攻势，于是糊里糊涂地下令把韩非拿进大狱。李斯正好是负责刑狱的官员，在李斯的关照下，韩非的申诉状总递不上去，秦王每天听到的汇报却是韩非辱骂秦王、要求回国的恶言秽语。终于秦王政丧失了耐心，默许了李斯的请示：处死韩非。

韩非见李斯送来毒酒时，一切全明白了。他微笑着端起了毒酒，对李斯说：“世事有道，命运无常；乍死乍生，一存一亡。请你好自为之吧，不要落得同我一样的下场。”然后一饮而尽。

韩非刚咽气，秦王的使者就赶到了。原来秦王政发觉李斯动机不纯，也后悔下令处死韩非，于是急派人前来阻拦，可惜晚了。

李斯表面上做出很惋惜很为难的样子，内心里则非常高兴。但他万万没有想到，二十五年后，韩非对他的预言一语成谶，他也被腰斩处死。

赵国缘起

赵国王族是生活在鄄城犬丘的黄帝五世孙伯益之后，与秦王族是同一祖先，皆出少昊氏。少昊氏初以燕（玄鸟）为图腾，燕、嬴古同音，故少昊氏为嬴姓，是嬴姓的始祖。伯益因辅助大禹治水有功而被舜帝赐为嬴姓。

夏朝末年，伯益次子若木之玄孙费昌弃夏投商，为商汤驾车，辅助商汤灭夏立商，成为商朝的功臣。嬴姓部族也成为商朝贵族，世代辅佐商朝，为商朝名门。

商朝末年，周武王伐纣，嬴姓部族的恶来与父亲蜚廉因一起为纣王效力，恶来后被周武王所杀。周武王去世后年幼的周成王即位，商纣王之子武庚趁机挑唆发动三监（监视武庚及管、蔡、霍叔而建立的邶、鄘、卫三国）之乱，嬴姓部族卷入。周公姬旦平叛之后严厉地惩罚了参与叛乱之人，嬴姓部族因此被分割并被迫迁往各地，整个部族沦为奴隶。

赵国始祖

恶来的弟弟季胜是赵国的祖先。周穆王时期，季胜的曾孙造父为周穆王驾车，并在周穆王平定徐国徐偃王造反时立了大功，被周穆王封赏在赵城（今山西洪洞）。自此以后，造父一族遂称为赵氏，为赵国始祖。

造父善于御戎，侄子大骆（恶来之后）善于繁衍马匹。受造父之荐，周王室不计前嫌，启用罪臣恶来之后大骆，封于汧（qiān）河、渭河之间管理马匹。大骆孙秦仲封大夫，秦仲之子赵其是为秦庄公，故秦赵同宗。

造父以下六世至奄父，奄父救周宣王于千亩之战，其子叔带为周朝卿士，因不满周幽王的昏庸，离开周王，侍奉晋文侯。从此赵氏便在晋国落脚。叔带以下五世至赵夙，赵夙孙赵衰，即赵成子，事晋献公之子重耳。赵衰随重耳逃亡十九年，重耳返国为晋文公，赵衰任国政。

公元前633年，晋文公作三军设六卿起，六卿一直把握着晋国的军政大权。到晋平公时，韩、赵、魏、智、范、中行氏六卿相互倾轧。后来赵氏把范、中行氏灭掉后，剩下四卿争权。

赵衰卒，其子赵宣子赵盾嗣。赵盾是个好大臣，晋灵公不遵守做国君的规则，大量征收赋税来满足奢侈的生活，赵盾多次劝谏，使晋灵公感到讨厌，于是晋灵公便派人刺杀赵盾，又埋伏下武士，准备暗杀赵盾。(详见《二十三、晋楚争霸战城濮》)

赵盾卒，其子赵庄子赵朔嗣。景公近臣屠岸贾与赵氏不睦，进谗景公，遂灭赵氏一族，史称“下宫之难”。唯赵朔遗腹子(赵武)被赵朔门客公孙杵臼、程婴调包出城而幸免于难，即赵文子。

赵文子赵武，是赵朔的遗腹子，即所谓“赵氏孤儿”，于公元前546年，做了晋平公的正卿。赵武传赵景子赵成，赵成传赵鞅，即赵简子。赵简子传赵襄子赵毋恤。公元前453年赵襄子通过晋阳之战，串通韩、魏，共灭智伯，分其地，六卿只剩三卿，把持晋国政，晋国公室名存实亡。智伯家臣豫让为替智伯报仇多次企图刺杀赵襄子。

赵国正式建立

公元前403年，周威烈王正式封赵籍、韩虔、魏斯为诸侯。

赵籍即赵烈子，是赵襄子的曾孙，被封为赵烈侯，赵国正式建立，成为战国七雄之一。

到公元前376年，赵敬侯、魏武侯、韩哀侯进而废掉晋静公，把他迁到端氏(今晋城市沁水县)，将晋公室剩余的土地全部瓜分。因此韩、赵、魏三国又被合称为“三晋”。三家分晋是中国历史上具有划时代意义的重大事件，是春秋与战国的分水岭。

赵初都晋阳(今山西太原)，后迁到耿(今陕西龙门县南)，再迁到中牟(今河南鹤壁市境内)，最后敬侯于公元前386年迁到邯郸(今河北邯郸市)，历时最长。

赵国处四战之地，疆土主要有当今河北省南部、山西省中部和陕西省东北隅。西有秦国，南有魏国，东有齐国，东北有燕国，北方则是林胡、楼烦、东胡等游牧民族的地域。另外赵国附近还有小国中山国。至赵武灵王始称王。

赵国主要事件

公元前354年，魏伐赵，围邯郸。赵求救于齐。孙膑围魏救赵。事见《亿城古寺葬孙膑》。

公元前334年，苏秦至赵，说服赵肃侯合纵诸侯以拒强秦，遂率六国相印。

公元前326年，赵肃侯卒，子武灵侯(即赵灵王)继位。灵王年少，以阳文君赵豹为相，以故臣肥义等老臣辅政。公元前318年，五国互相称王。公元前307年，赵武灵王为加强军队战斗力，在楼缓、肥义的支持下实行胡服骑射，使赵国强盛起来。

公元前305年，赵攻中山，中山献地求和。

公元前299年，赵武灵王传位于少子何，是为赵惠文王，武灵王自号“主父”。主父欲观秦地及秦王，遂微服入秦。

公元前295年，主父与安阳君、惠文王游于沙丘。安阳君趁机攻惠文王并杀肥义，失败后逃入主父驻地。相国公子成（安平君）、司寇李兑率兵围主父行宫强行搜出安阳君并杀之，因担心主父问罪遂囚主父于宫内达三月，主父饿死。成为历史上三个（齐桓公、赵武灵王、梁武帝）被饿死的君王之一。

公元前283年，赵王得楚和氏璧。秦王闻之，诈以十五城换和氏璧，赵王使蔺相如携璧使秦，最终完璧归赵。

公元前279年，赵王与秦昭襄王会于渑池，蔺相如两次迫秦王屈服。

公元前270年，秦伐韩，韩求救于赵，赵奢力主救韩。于阏与大破秦军。赐赵奢为马服君。

公元前265年，秦攻赵，取三城，诸臣请救于齐，齐欲以长安君（惠文后少子）为质，惠后不允。左师触龙（詟）说服惠后遂使长安君质于齐，齐发兵救赵。这就是“触龙说赵太后”的故事。

公元前260年，秦使离间计让孝成王罢去廉颇，以赵括（赵奢之子）代其将。八月，赵括贸然进攻，在长平兵败身亡，四十万大军被秦坑杀。传下“纸上谈兵”的故事。（详见《三十一、秦祖伯益居犬丘》）

公元前259年至前257年，秦兵围邯郸，平原君偕毛遂等20人入楚求援，楚王不允，毛遂说以利害后楚王答应合纵抗秦。同时向魏求援。楚使春申君、韩使信陵君救赵败秦。这就是成语“毛遂自荐”的来源。

公元前229年，秦攻赵，行反间计，昏聩的赵王迁不加调查，就把大将李牧杀死。让赵忽、颜聚代其位，仅只三月，秦军破赵，赵王降秦。赵遗臣拥嘉为王。次年十月，邯郸城破。公子嘉逃往代，自立为代王。

公元前222年，秦俘赵王嘉，赵国灭亡。

士为知己者死

赵襄子联合韩、魏消灭了仇人智伯后，将其头骨涂上漆作饮具。豫让是智伯的家臣，他认为，一个有价值的人，应该为赏识自己的人，不惜牺牲性命，就好比一个女子，应该为喜欢她的人，做最美丽的打扮一样。于是下决心要为智伯复仇。即所谓“士为知己者死，女为悦己者容”。

他先是改名换姓，化装为罪人，怀揣利刃，混到赵襄子宫中打扫厕所。赵襄子上厕所时，忽然感到心动不安，令人搜查，抓获了豫让。左右随从要将他杀死，赵襄子说：“智伯瑶已死无后人，而此人还要为他报仇，真是一个义士，我小心躲避他好了。”于是释放了豫让。

豫让仍不死心，后来便又用漆涂身，弄成一个浑身癞疮的人，又吞下火炭，弄哑了嗓音，在街市上乞讨，连结发妻子见面也没认出来。路上遇到朋友，朋友认出了他，替他感叹道：“凭你的才干，如果投靠赵家，一定会成为亲信，那时你就可以为所欲为，报仇不是易如反掌吗？何苦要这样虐待自己呢？这样来图谋报仇，不是太困难了吗！”豫让说：“我要是委身于赵家为臣，就应该对他忠诚，绝不能够虚情假意；如果再去刺杀他，就是怀有二心，这太卑鄙了。我现在这种做法，是极困难的。然而之所以还要这样做，就是为了让天下与后世做人臣子而怀有二心的人感到羞愧。”

有天赵襄子乘车出行，豫让潜伏在桥下，准备在赵襄子过桥时刺杀他。赵襄子到了桥前，突然马惊跳起来，进行搜索，又将豫让捕获。赵襄子责备他说：“你以前曾经在范氏和中行氏手下工作，智伯消灭了他们，你不但不为他们报仇，反而投靠了智伯；那么，现在你也可以投靠我呀，为什么一定要为智伯报仇呢?”豫让说：“臣事范、中行氏，范、中行氏众人遇我，我故众人报之。至于智伯，国士遇我，我故国士报之。”意思是：我侍奉范氏、中行氏，他们都把我当作一般人看待，所以我像一般人那样报答他们。至于智伯，他把我当作最优秀的人才国士那样看待，所以我就像国士那样报答他。智伯是我的知己，我非替他报仇不可！

赵襄子听了非常感慨，便说：“你对智伯，也算是仁至义尽了；而我，也放过你好几次了。这次，我不能再释放你了，你好自为之吧！”

斩衣三跃

豫让知道这一次是非死不可，于是就恳求赵襄子：“希望你能让我完成我最后一个心愿，将你的衣服脱下来，让我刺穿；这样，我即使是死了，也不会有遗憾了。”

赵襄子答应了他的要求，豫让拔剑，跳起来连刺了衣服三次，然后就自杀了。豫让身死的那一天，整个赵国的侠士，都为他痛哭流涕。此即成语“斩衣三跃”的来历。此所谓燕赵自古多悲歌慷慨之士也。

赵武灵王胡服骑射

赵武灵王决心励精图治，公元前 307 年，他对谋士楼缓说：“我赵国东面有齐国、中山国，北边有燕国、林胡，西边有秦国、韩国和楼烦部族。如果不发奋图强，加强军事装备，武装国防军队，随时会有被邻国偷袭的危险。要发奋图强，就得采取军事改革措施。

我觉得咱们穿的服装，长袍大褂宽袖口，干活打仗，都不太方便，不如胡人短衣窄袖，脚穿皮靴，行动方便灵活。我打算仿照胡人的风俗，把服装改一下，你看怎么样?”楼缓听了很赞成，说：“咱们仿照胡人的服饰，就能学习他们打仗的本领。”赵武灵王说：“对呀！咱们打仗全靠步兵，进攻冲锋缓慢，就是打败游牧族骑兵，在追击的时候，他们骑马跑得快，很难追上他们；即使马拉战车，因道路不好走，也赶不上他们。要想学习胡人的服饰，就得学习胡人那样骑马射箭。”这个改革议论一经传开，就有不少大臣反对。赵武灵王只得再找军事将领肥义商量，说：“我想用胡服骑射来改革咱们国家军队的服装和装备，可是有人反对，怎么办?”肥义表示支持，说：“服装与装备的改革关系到国家的安危，要办大事不能犹豫，犹豫不决就办不成大事。大王既然认为这样做对国家有利，何必担心几个人的反对呢?”赵武灵王听了很高兴，说：“我看讥笑改革而反对我的是些蠢人，明白道理的人都是会赞成军事改革的。”

第二天上朝的时候，赵武灵王身穿胡人的服装，大臣们见到他短衣窄袖，穿着胡服，都吓傻了。赵武灵王把改穿胡服的设想讲述了一遍。大臣们议论纷纷，有的说不好看，有的说不习惯，有的说不穿本民族的服装，岂不是丢脸吗！最顽固的是武灵王的叔父赵成，带头反对服装改革。他是赵国一个很有影响的老臣，头脑守旧，他不但反对，而且干脆在家装病不上朝了。

赵武灵王知道要推行军事改革，首先要打通叔父的阻拦，就亲自上门找赵成，对他反复地讲解了胡服骑射的好处。赵成终于被说服。赵武灵王趁热打铁，立即赏给他一套新式胡服。次日朝会上，文武官员一见老将赵成也穿起胡服来上朝了，都没了话说，只好改穿胡服了。

接下来，赵武灵王就号令兵士学习骑马射箭。不到一年，训练了一支强大的骑兵队。次年春，赵武灵王亲自率领骑兵队伍打败了邻近的中山国，又收服了林胡和西北方的几个游牧部族。到了实行胡服骑射后的第三年，中山、林胡、楼烦都被收服了。赵国从此兴盛强大起来。

完璧归赵

战国时候，赵王得到了一块楚国丢失的宝玉——和氏璧。这事让秦王知道了，就派使者对赵王说，自己愿意用15座城池来换"和氏璧"。

赵王看了信，心里想：秦王一向是只想占便宜，不肯吃亏的人。这一次怎么这么大方？要是不答应他的请求吧，怕秦国兴兵来进攻；要是答应吧，又怕上当。他想来想去，拿不定主意，就和大臣们商量，但大臣们也想不出什么好办法来。

蔺相如知道了这件事，便对赵王说："大王，让我带着'和氏璧'去见秦王吧。到那里我见机行事。如果秦王不肯用15座城池来交换，我一定把'和氏璧'完整地带回来。"赵王知道蔺相如是个勇敢机智的人，就同意他去了。

蔺相如到了秦国，秦王在王宫里接见了他。蔺相如双手把"和氏璧"献给秦王。秦王接过来左看右看，非常喜爱。他看完了，又传给大臣们一个一个地看，然后又交给后宫的妃子们去看。蔺相如一个人站在旁边，等了很久，也不见秦王提起割让15座城的事情，他便知道秦王根本没有用15座城池换取宝玉的诚意。可是宝玉已经到了秦王手里，怎么才能拿回来呢？他想来想去，想出了一个计策。只见蔺相如走上前去，对秦王说："这块'和氏璧'虽然看着挺好，可是有一点小瑕疵，让我指给大王看。"秦王一听"和氏璧"有瑕疵，赶紧叫人把宝玉从后宫拿来交给蔺相如，让他指出来。蔺相如拿着"和氏璧"往后退了几步，身体靠在柱子上，气冲冲地对秦王说："当初大王差人送信给赵王，说情愿拿15座城来换赵国的'和氏璧'。赵国大臣都说，千万别相信秦国骗人的话，我可不这么想，我说老百姓还讲信义呐，何况秦国的大王哩！赵王听了我的劝告，这才派我把'和氏璧'送来。没想到方才大王把宝玉接了过去，随便交给下面的人传看，却不提起换15座城的事情来。这样看来，大王确实没有用城换璧的诚心。现在宝玉在我的手里，如果大王硬要逼迫我，我情愿把自己的脑袋和这块宝玉一块儿撞碎在这根柱子上！"说着，蔺相如举起"和氏璧"，面对柱子，就要摔过去。秦王本来想叫武士去抢，可是又怕蔺相如真的把宝玉撞碎，连忙向蔺相如赔不是，说："大夫不要着急，我说的话怎么能不算数哩！"说着叫人把地图拿来，假惺惺地指着地图说："从这儿到那儿，一共15座城，都划给赵国。"蔺相如心想，秦王常常会耍鬼把戏，可别再上他的当！他就跟秦王说："这块'和氏璧'是天下有名的宝贝。赵王送它到秦国来的时候，斋戒了5天，还在朝廷上举行了隆重的赠送宝玉的仪式。现在大王要接受这块宝玉，也应该斋戒5天，在朝廷上举行接受宝玉的仪式，我这才能把宝玉献上。"

秦王本不想这样做，但见蔺相如态度坚决，只得无奈地说："好！就这么办吧！"说完，他就派人送蔺相如到公馆去休息。

蔺相如拿着那块宝玉到了公馆里。叫一个手下人打扮成一个买卖人的样儿，把那块宝玉包着，藏在身上，偷偷地从小道跑回到赵国去了。至于秦王会把他怎么样，他一点也没有考虑。

后来秦王发觉这件事，后悔已经来不及了。想发兵攻打赵国吧，赵国在军事上作了准备，恐怕也打不赢。最后，秦王十分恼怒，可又见蔺相如机智勇敢，是位难得的人才，也没有为难他，便放他回到赵国去了。这件事情在历史上就叫作“完璧归赵”。

渑池之会

秦王派使臣告诉赵王，打算与赵王和好，在西河外渑（miǎn）池相会。赵王害怕秦王，想不去。廉颇、蔺相如商量说：“大王不去，显得赵国既软弱又怯懦。”赵王于是动身赴会，蔺相如随行。廉颇送到边境，跟赵王辞别时说：“大王这次出行，估计一路行程和会见的礼节完毕，直到回国，不会超过 30 天。如果大王 30 天还没有回来，就请允许我立太子为王，以便断绝秦国要挟赵国的念头。”赵王同意廉颇的建议，就去和秦王在渑池会见了。

秦王喝酒喝得高兴时说：“我私下听说赵王喜好音乐，请赵王弹弹瑟吧！”赵王就弹起瑟来。秦国的史官走上前来写道：“某年某月某日，秦王与赵王相会饮酒，命令赵王弹瑟。”蔺相如走向前去说：“赵王私下听说秦王善于演奏秦地的乐曲，请允许我献盆缶给秦王，也请秦王敲一敲，借此互相娱乐吧！”秦王发怒，不肯敲缶。于是蔺相如走上前去献上一个瓦缶，趁势跪下请求秦王敲击。秦王不肯敲击瓦缶。蔺相如说：“如大王不肯敲缶，在五步距离内，我能够把自己的颈血溅在大王身上！”秦王身边的侍从要用刀杀蔺相如，蔺相如瞪着眼睛呵斥他们，他们都被吓退了。于是秦王很不高兴，为赵王敲了一下瓦缶。蔺相如回头召唤赵国史官写道：“某年某月某日，秦王为赵王击缶。”秦国的众大臣说：“请赵王用赵国的十五座城为秦王祝寿。”蔺相如也说：“请把秦国的都城咸阳送给赵王祝寿。”

直到酒宴结束，秦王始终未能占赵国的上风。赵国又大量陈兵边境以防备秦国入侵，秦军也不敢轻举妄动。

渑池会结束后，回到赵国，因为蔺相如功劳大，赵王任命他做上卿，位在廉颇之上。

负荆请罪与刎颈之交

赵国宦者令缪贤的门客蔺相如，凭着智慧与勇气，完璧归赵，得到赵王的赏识，被封为上大夫。

这下廉颇就不乐意了，他认为自己英勇善战，为赵国拼杀于前线，是第一大功臣，而蔺相如只凭一张嘴，居然官居自己之上，很不服气，就决心要好好羞辱蔺相如一番。

蔺相如听到这个消息，便处处回避与廉颇见面。到了上朝的日子，就称病不出。有一次，蔺相如有事出门在回车巷遇到廉颇。廉颇就命令手下用各种办法堵住蔺相如的路，最后蔺相如只好打道回府。廉颇非常得意了，到处宣扬这件事。

蔺相如的门客们听说了，纷纷提出要离开蔺相如回家去，蔺相如问为什么，他们说：“我们为您做事，是因为敬仰您是个真正崇高的君子，可现在您居然对狂妄的廉颇忍气吞声，我们可受不了。”蔺相如听了，哈哈一笑，问道：“你们说是秦王厉害还是廉颇将军厉害？我连秦王都不怕，又怎么怕廉颇呢？秦国现在不敢来侵犯，只是慑于我和廉将军一文一武保护着赵国，作为赵王的左膀右臂，我又怎能因私人的小小恩怨而不顾国家的江山社稷呢？”

廉颇听说后，非常惭愧，便袒胸露背，背着荆条到蔺相如府向蔺相如请罪，说：“没想到将军如此宽宏大量。”从此，两人便成了同生死共患难的好朋友，齐心为国效力。这就是成语“负荆请罪”“刎颈之交”的来源，也是戏剧“将相和”的所本。

触龙（詟）说赵太后

公元前 265 年，赵惠文王死，其子赵孝成王继位，年幼，由赵太后摄政。

赵太后刚一掌权，秦国就加紧进攻赵国。赵国向齐国求救。齐国说：“一定要用长安君作为人质，才出兵。”赵太后不同意。大臣们极力劝谏。太后明白地对左右侍臣说：“有再说让长安君为人质的，我老太婆一定朝他脸上吐口水！”

左师触龙对侍臣说，希望拜见太后。太后气冲冲地等着他。触龙走入殿内就用快走的姿势慢慢地走着小步，到太后面前，谢罪说：“老臣的脚有毛病，竟不能快走，不能拜见您有很长时间了。我私下原谅了自己，但是又怕太后的福体有什么毛病，所以还是想来拜见太后。”太后说：“我也有脚疼不便行的毛病，要靠手推车行动。”触龙说：“您每天的饮食该不会减少吧？”太后说：“就靠喝点粥罢了。”触龙说：“老臣近来特别不想吃饭，于是强迫自己散步，每天走三四里，稍微增加了些食欲，身体也舒适些了。”太后说：“我不能像您那样散步。”这时太后的脸色稍微和缓了些。

左师公说：“老臣的犬子舒祺，年龄最小，不成器，可是臣已衰老，私心又疼爱他，希望您能让他补充黑衣卫士的人数，来保卫王宫。我冒着死罪来求您！”太后说：“我答应您！年龄多大了？”触龙回答：“15 岁了。虽然还小，但想趁我未死之前来托付给您。”太后说：“男人也疼爱小儿子吗？”触龙回答：“比女人爱得更厉害些。”太后笑着说：“女人爱得特别厉害。”触龙回答：“老臣认为老太太爱燕后超过爱长安君。”太后说：“您错了，不像爱长安君那样厉害。”左师公说：“父母爱子女，就要为他们考虑得长远些。老太太送燕后出嫁时，她上了车还握着她的脚后跟为她掉眼泪，惦念、伤心她的远嫁，这也够伤心的了。送走以后，不是不想念她了，但每逢祭祀您一定为她祈祷，祈祷说：‘一定别让她回来啊’这难道不是从长远考虑，希望她有子孙相继为王吗？”太后说：“是这样。”

左师公说：“从现在算起往上推三代，一直到赵氏建立赵国的时候，赵王的子孙凡被封侯的，他们的继承人还有在侯位的吗？”太后说：“没有了。”触龙又问：“不仅是赵国没有，其他诸侯国子孙被封侯的，其继承人有在侯位的吗？”太后说：“我没有听说过。”触龙说：“这种情况，是因为这些被封侯的，近点的灾祸直涉及到自身，远点的灾祸就涉及到他们的子孙。难道是国君的子孙就一定不好吗？根本的原因是他们的地位高贵却没有功，俸禄优厚却没有劳，而且拥有很多贵重的宝器。现在老太太让长安君的地位既高贵，又把肥沃的土地封给他，还给他很多贵重的宝器，却不趁现在您健在时让他有功于国，一旦您驾崩了，长安君凭什么在赵国立身呢？老臣认为老太太为长安君考虑得太短浅，所以认为您对长安君的爱不如燕后。”太后说：“您说得对。任凭您怎样支使他吧！”

于是为长安君备车一百乘，到齐国去做人质。齐国才出兵。

赵国一位叫子义的贤人听到这事说：“国君的孩子，可算是国君的亲骨肉了，尚且还不能凭靠无功的尊位、没有劳绩的俸禄来守住金玉宝器，更何况是人臣呢！”

毛遂自荐

公元前 260 年，秦军在长平一战，大胜赵军，赵割地议和，秦退兵后，赵又反悔不将城池交秦，秦王大怒，于是使王陵领兵攻打赵国，包围了赵国都城邯郸。

大敌当前，赵国形势万分危急。平原君赵胜，奉赵王之命，去楚国求救兵解围。平原君把门客召集起来，要挑选 20 个文武全才者

毛遂自荐图

一起去。经过挑选，最后还缺一个人。门下有个叫毛遂的人走上前来，向平原君自我推荐说："听说先生将要到楚国去签订'合纵'盟约，约定与门客二十人一同前往，而且不到外边去另寻找。现在还少一人，希望先生就以毛遂凑足人数前往吧！"平原君说："先生来到赵胜门下几年了？"毛遂说："三年了。"平原君说："贤能的人处在世上，好比锥子处在囊中，它的尖立即就能显现出来。现在，你处在赵胜的门下已经三年了，左右的人们对你没有称道，赵胜也没听到赞语，这是因为先生没有什么才能的缘故吧。所以先生不能一道前往，请留下！"毛遂说："我不过直到今天才有机会请求进到囊中罢了。如果让我早处在囊中的话，我会像锥子那样，整个锋芒都会露出来，不仅是尖梢露出来而已。"平原君终于同意让毛遂一道前往。

到了楚国，楚王只接见平原君一个人。两人坐在殿上，从早晨谈到中午，还没有结果。毛遂大步跨上台阶，远远地大声叫起来："出兵的事，非利即害，非害即利，简单而又明白，为何议而不决？"楚王非常恼火，问平原君："此人是谁？"平原君答道："此人名叫毛遂，乃是我的门客！"楚王喝道："赶快下去！我和你主人说话，你来干吗？"毛遂见楚王发怒，不但不退下，反而又走上几个台阶。他手按宝剑，说："如今十步之内，大王性命在我手中！"楚王见毛遂那么勇敢，没有再呵斥他，就听毛遂讲话。毛遂就把出兵援赵有利楚国的道理，作了精辟的分析。毛遂的一番话，说得楚王心悦诚服，答应马上出兵。不几天，楚、魏等国联合出兵援赵。秦军撤退了。平原君回赵后，待毛遂为上宾。他很感叹地说："毛先生一至楚，楚王就不敢小看赵国了。"

名将李牧

李牧，赵国柏仁（今河北邢台）人，战国时期的赵国军事家，与白起、王翦、廉颇并称"战国四大名将"。战国末期，李牧是赵国赖以支撑危局的唯一良将，素有"李牧死，赵国亡"之说。

李牧生平事迹大致可划分为两个阶段：先是在赵国北部边境，抗击匈奴；后以抵御秦国为主，因在宜安之战重创秦军，被封为武安君。

公元前229年，赵王迁中了秦国的离间计，听信谗言夺取了李牧的兵权，不久又将李牧杀害。李牧无辜被害，使赵国自毁长城，令后人无不扼腕叹恨。

李牧是战国末年东方六国最杰出的将领。深得士兵和人民的爱戴，有着崇高的威望。在一系列的作战中，他屡次重创敌军而未尝失败，显示了高超的军事指挥艺术。其破匈奴之战是中国战争史上以步兵大兵团全歼匈奴骑兵大兵团的典型战例；其击秦的肥之战，则是围歼战的著名范例。

李牧大破匈奴

李牧长期驻守代地雁门郡，防备匈奴，是赵国北部边境的良将。他有权根据需要设置官吏，防地内城市的租税都送入李牧的幕府作为军队的经费。他每天宰杀几头牛犒赏士兵，对战士待遇优厚；教士兵练习射箭骑马，小心看守烽火台，多派人员侦察敌情。他订出规矩说：“匈奴如果入侵，要赶快收拢人马退入营垒固守，有胆敢去捕捉敌人者斩首。”匈奴每次入侵，烽火传来警报，立即收拢人马退入营垒固守，不出应战。像这样过了好几年，人马物资都没什么损失。可是匈奴却认为李牧是胆小，就连赵国守边的官兵也认为主将胆小怯战。赵王责备李牧，李牧依然如故。赵王发怒，把他召回。

赵王另派别人代他领兵，结果此后一年多里，匈奴每次来侵犯，就出兵交战。出兵交战，屡次失利，损失伤亡惨重，边境上无法耕田、放牧。赵王只好再请李牧出任。李牧闭门不出，坚持说有病。赵王就一再强使李牧出来，让他领兵。李牧说：“大王一定要用我，我还是像以前那样做，才敢奉命。”赵王只好答应他的要求。

李牧来到边境，还是按照原来的规矩。匈奴好几年都一无所获，但又始终认为李牧胆怯。边境的官兵每天都进行训练，受到赏赐，可是没有用武之地，都愿意打一仗。

李牧认为条件成熟了，就精选了战车1300辆，战马13000匹，敢于冲锋陷阵的勇士5万人，善射的士兵10万人，全部组织起来训练作战。同时让大批牲畜到处放牧，放牧的民众满山遍野。匈奴小股人马入侵，李牧就假装失败，故意把一些牲畜丢弃给匈奴。单于听到这种情况，就率领大批人马入侵。李牧布下许多奇兵，张开左右两翼包抄反击敌军，结果大败匈奴，杀死十万多人马。灭了襜褴(chānlán)，打败了东胡，收降了林胡，单于逃跑。此后10多年，匈奴不敢接近赵国边境城镇。

李牧连却秦军

公元前246年以后，李牧因国事需要调回朝中，以相国身份出使秦国，订立盟约，使秦国归还了赵国的质子。这期间，赵奢、蔺相如已死，廉颇也因谗去了魏国，李牧成为朝中重臣。

公元前235年，悼襄王逝世，赵王迁即位。次年秦大将桓齮(yǐ)攻取赵国的平阳(今河北省邯郸市磁县东南)、武城(今山东省武城西)杀赵将扈辄，斩杀赵军十万。后又乘胜率军东出上党，越太行山自北路深入赵国后方，攻占了赤丽、宜安(今河北藁城西南20里)，直向邯郸进军，形势危急。赵王迁从代地雁门调回李牧，任命其为大将军，率所部南下，指挥全部赵军反击秦军，在宜安附近与秦军对峙。他认为秦军连续获胜，士气甚高，如仓促迎战，势难取胜。遂采取筑垒固守，避免决战，俟敌疲惫，伺机反攻的方针，拒不出战。

桓齮认为，秦军远出，不利持久。他率主力进攻肥下，企图诱使赵军往援，俟其脱离营垒后，将其歼击于运动之中。李牧洞悉敌情，不为所动。当赵将赵葱建议救援肥下时，他说“敌攻而我救，是致于人”，乃“兵家所忌”。秦军主力去攻肥后，营中留守兵力薄弱；又由于多日来赵军采取守势，拒不出战，秦军习以为常，疏于戒备。李牧遂乘机一举袭占秦军大营，俘获全部留守秦军及辎重。李牧判断桓齮必将回救，遂部署一部兵力由正面阻击敌人，将主力配置于两翼。当正面赵军与撤回秦军接触时，立即指挥两翼赵军实施钳攻。经激烈战斗，大破秦军。李牧因功被封为武安君。

公元前232年，秦军再次入侵，兵分两路攻赵，一部由邺(今河北临漳西南)北上，袭扰赵都邯郸，主力由上党出井陉(今河北井陉西北)，企图将赵军拦腰截断，进到番吾(现河北省平山县南)，因李牧率军抗击，秦军难以迅速突破。李牧遂决心采取南守北攻,集中兵力各个击破的方针。他部署司马尚在邯郸南据守长城一线,自率主力北进,反击远程来犯的秦军。两军在番吾附近相遇。李牧督军猛攻,秦军受阻大败。李牧即回师邯郸,与司马尚合军攻击南路秦军。秦南路军知北路军已被击退后,料难获胜,稍一接触,即撤军退走。

李牧惨遭冤杀

公元前229年,赵国由于连年战争,再加北部代地地震,大面积饥荒,国力已相当衰弱。秦王嬴政乘机派大将王翦亲自率主力直下井陉,杨端和率河内兵卒,共领兵几十万进围赵都邯郸。赵王任命李牧为大将军,司马尚为副将,倾全军抵抗入侵秦军。

王翦知道李牧不除,秦军在战场上不能速胜,遂禀告秦王,再行反间故计,派奸细入赵国都城邯郸,用重金收买了那个诬陷过廉颇的赵王迁近臣郭开,让郭开散布流言蜚语,说什么李牧、司马尚勾结秦军,准备背叛赵国。昏聩的赵王迁一听到这些谣言,不加调查证实,立即委派宗室赵葱和齐人投奔过来的颜聚去取代李牧和司马尚。一直信守"将在外,君命有所不受"且重视独立行事权的李牧,接到这道命令后,为社稷和军民着想而没有从命,于是赵王暗中布置圈套将李牧捕获并斩杀。赵王临战而信佞臣诛无辜忠诚良将,刚过了三个月,公元前228年,王翦乘势急攻,大败赵军。秦军攻下邯郸后,俘获了赵王迁,赵国最终灭亡。

魏国缘起

魏国的先祖是西周初周文王姬昌的第十五子姬高。周武王灭商后封于毕(今陕西省咸阳市)的姬高,以其封地为姓,故姬高又称毕公高,毕国在春秋前已灭亡。

毕公高的后代毕万在晋国为臣。公元前661年,毕万随晋献公讨伐魏、霍、耿等周围诸小国,事后,晋献公将魏地(今山西芮城)封给毕万,毕万始为晋国大夫,故毕万的后代以其封地为姓氏,乃魏氏之源。

魏国最初的疆域包括河东(今山西西南部)、河西(今陕西黄河与洛河之间)及河曲(今山西芮城风陵渡一带)地区。

公元前514年,春秋末期,第五代韩献子代韩宣子在晋国执政,是晋国权臣"六卿"之一。

进入战国前,晋国王室已微弱,六卿争权。结果,魏与韩、赵三卿先后灭掉其他三卿,最后于公元前453年将晋国瓜分。

魏文子开创霸业

魏文子(公元前472年—前396年),即后来的魏文侯,名斯,公元前445年即位,建都安邑(今山西夏县)。他是魏武侯的父亲,魏国百年霸业的开创者。魏国势力从此开始迅速发展。

魏文侯是一个有作为的君主,在他当政期间,用李克主政,支持李克实行变法,改革政治,依法治国,奖励耕战,兴修水利,发展封建经济,使魏国呈现出蒸蒸日上的旺盛生机,魏国的军事及经济力量都得到发展。

在战国时代,魏国西有秦韩,南有楚,北有赵,东有齐,地处中央,易攻难守。忧患的环境和勃勃雄心使魏文侯成为战国最早推行变法图强的君主,后来的秦国孝公和商鞅变法都是以魏国为蓝本的。

文侯在位50年,礼贤下士,师事儒门子弟子夏、田子方、段干木等人,任用李克、翟璜为相,乐羊、吴起等为将。选贤任能,内修德政,外治武功,富国强兵,开疆拓土,使魏国一跃成为中原的霸主,是最先强盛而称雄的国家。

公元前 413 年至前 409 年，魏国用吴起为将，向西连年进攻秦国，攻占了秦国河西地区，迫使秦国退守洛水以西。

公元前 409 年，魏国派遣吴起率领魏军攻打中山。此时翟璜的门客中有个叫乐羊的，主动请缨，向北越过赵国，伐灭中山国。

公元前 405 年至前 404 年，魏国与韩、赵两国联合进攻齐国，向东攻入齐国长城。

魏文侯尊师与西河学派

魏文侯夺取了秦的西河地区后，为了在西河建立了稳固的统治，在对秦的攻略中除了军事打击、政策攻心外，还进行了文化渗透，著名的西河学派就是在这个背景下产生的。

子夏是孔子的学生，名卜商，比孔子小 44 岁。他由于老年丧子，哭瞎了眼睛。

魏文侯知道子夏德高望重，是各国士人的灵魂宗师，决心一定要请他到西河坐镇讲学。于是亲自拜子夏为师，对子夏异常尊重。做“帝王师”是儒家的最高荣誉，子夏成了第一个享有这个荣誉的大儒，连孔子在生前也没有享受过如此尊高的荣誉。子夏被魏文侯的诚意感动了，孔子去世后，不顾年老决定亲自到西河坐镇讲学，传播中原的先进文化。这样，华夏文化的重点就转到了魏国，转到了西河，形成了著名的西河学派。

随着魏国把便民政策带到了西河，得到了西河百姓的拥护。魏国在西河实行的新政策对秦国百姓产生了巨大的吸引力，逼得秦简公为了安抚民心，被迫实行了初租禾。

子夏到西河的时候已是百岁老人，很少亲自讲授了。在西河真正教授的是其弟子齐人公羊高、鲁人谷梁赤、魏人段干木和子贡的弟子田子方。公羊高口授的《春秋》成为后来《春秋公羊传》的蓝本，谷梁赤口授的《春秋》成为后来《春秋谷梁传》的蓝本。子贡的学生田子方教授的不仅包括儒家的六艺，还包括子贡对儒学发展出的纵横术与经商的本领。纵横术是士人成为官员后，从事外交所必须具备的才能，而经商致富则是一个官员富国富民所必须要掌握的知识，这些发展是与当时的时代发展和各国对官员的要求相适应的。

子夏的政治思想并不像颜回、曾参那样恪守孔子之道。他是一位具有独创性因而颇具有异端倾向的思想家，具有法家倾向。他关注的问题已不是“克己复礼”，而是与时俱进的当世之政，从而发展出一套偏离儒家正统政治观点的政治及历史理论，体现出法家察势和用权的精神。后来吴起、商鞅的变法，采取示民以信的政治策略，就源出于子夏之术。子夏注重君王用权之术，认为君王必须注意研究政治历史。他主张治国者要学习《春秋》等史书，汲取历史教训，消除危机于萌芽状态，防止失权以至政变。所以，历史成了当时教育中最为重要的一个学科，而《春秋》是必讲的一门课程。但由于《春秋》只记结果，不记过程和背景，如何解释《春秋》记载的历史事件的真相就成了仁者见仁，智者见智的事了，于是出现了对孔子《春秋》不同的解释书籍。

子夏坐镇西河影响很大，不但对秦、楚、赵这些外族文化占上风的国家产生巨大的怀化作用，而且使魏国俨然成为中原各国中的文化宗主国。这样，魏国便取代鲁国成为中原各国的文化中心，从而使魏国在战国初期能够称霸百年。

子夏培养的是经世济用之儒，后来大量地进入到各国的官僚系统中，影响很大，谋求进身的士人也纷纷转入西河学习，学习后很自然地选择魏国为其效力的首选国家。这样,西河学派为魏国吸引、培养了大批官员,不少人成为魏国的治世良臣。各国的士人对西河都很向往,魏国无形之中成了他们理想的效力国家。

西河学派不仅弘扬和发展儒家思想,也对前期法家思想的成长起了很大作用。子夏的再传弟子荀况就提出了“隆礼尊贤而王,重法爱民而霸”的思想,并培养出韩非、李斯等著名的法家人物。

魏文侯开国建魏

公元前403年,魏文子魏斯、赵襄子赵籍、韩景子韩虔,终于被周威烈王正式承认为诸侯,各自建成封建国家。魏文子遂成为魏文侯,是战国时期魏国的开国君主。

公元前400年,魏文侯派西门豹治邺,取得成功。

公元前400年至前391年,三晋联军先后败楚国于乘丘、大梁和榆关等地,这时魏国的强盛达到极点。魏国强盛时的疆域据有今山西南部,河南北部,陕西东部及河北省大名、广平、山东冠县等地。

公元前396年,魏文侯卒,子武侯击继位,任吴起为西河守。公元前385年,魏筑城安邑(今山西夏县)。公元前380年,魏伐齐至桑丘。公元前378年,魏使吴起伐齐至灵丘。公元前369年,魏侯始称王。

魏惠王迁都大梁

魏国虽然强大,但所处地理位置在秦、赵、韩三个强国的包围之中,到战国中期,齐、秦等国崛起,自秦献公起就不断进攻魏国,逼得魏国不得不沿着洛水筑长城御防。为了不受秦国侵扰和加强对东部的统治,公元前361年,魏惠王迫于秦、赵压力,而安邑近秦,遂将国都由安邑迁到大梁(今河南开封),故魏国又称大梁。

公元前360年,魏惠王从黄河引水开大沟(运河)至大梁,后演变为鸿沟,既能灌溉又可航运,是中国最早的运河之一。

魏国走向衰亡

公元前354年,魏使庞涓率军伐赵,围邯郸,赵求救于齐。次年,齐军师孙膑袭魏,庞涓率军回救,被齐败于桂陵,传下“围魏救赵”的著名战法。

公元前341年,魏伐韩,韩求救于齐。齐将田忌、军师孙膑袭魏,惠王使庞涓、太子申率军击齐,军师孙膑用减灶之计于马陵道大败魏军统领庞涓,逼迫庞涓自杀,太子申被俘。魏国从此走向衰落,无法再抑制秦国的东进。(详见《二十九、亿城古寺葬孙膑》)

公元前340年,秦、赵、齐伐魏,公子卬被俘。公元前330年,秦伐魏、围曲沃、焦。魏献河西之地求和。公元前290年,魏又献河东之地四百里于秦。公元前289年,秦攻魏取六十余城。

公元前277年,魏昭王卒,子安厘王继位。公元前266年,齐、楚攻魏,魏求救于秦,秦迟不发兵,老者唐雎自荐入秦说秦王,秦王遂救魏。赵王以割地相酬请魏诛范痤,范痤求救于信陵君(无忌)。

公元前257年,魏信陵君窃符救赵,与楚春申君救赵共败秦军,解邯郸之围。魏国稍有起色。公元前247年,魏信陵君率五国攻秦,败秦河外。然信陵君却遭嫉妒被迫滞留赵国,十年不能归。

战国晚期,魏国不断受到秦国的蚕食,疆土日缩。到公元前225年,秦国大将王贲引黄河及大沟水灌大梁,大梁城被冲毁,魏王姬假被俘,魏国灭亡。

魏文侯守信

魏文侯与管理森林的一个小官约好了去打猎。这天，魏文侯与文武百官开怀畅饮，天又下起雨来，文侯准备去赴约。左右官员们说：“今天您喝了酒，天又下雨，您还要去吗？”文侯说：“我与小官约好了去打猎啊，虽然在这里很快乐，但怎么能不去赴约呢？”文侯于是前往，亲自停止了约会。魏文侯的守信，使魏国吸引来大批人才，于是开始变得更加强盛起来。

魏文侯问治国

李克（或说即李悝），古书或讹作“里克”“李兑”“季充”，濮阳人，受业于子夏弟子曾申（曾参之子）门下，是战国初期魏国著名政治家、法学家，曾任魏文侯国相，为文侯心腹之臣，对魏国的富强做出过很大贡献。魏文侯经常向他请教治国的问题。

有一次魏文侯对李克说：“先生曾说过‘家贫思贤妻，国乱思良相’，今所置非成则璜，二子何如？”李克回答说：“卑不谋尊，疏不谋戚。臣在阙门之外，不敢当命。”文侯说：“先生临事勿让。”李克说：“君弗察故也。居视其所亲，富视其所与，达视其所举，穷视其所不为，贫视其所不取，五者足以定之矣，何待克哉！”文侯说：“先生就舍，吾之相定矣。”

李克快步走出去，到翟璜家中拜访。翟璜说：“今天听说君主召见先生去选择宰相，结果是谁当宰相呢？”李克说：“魏成子当宰相了。”翟璜气得变了脸色说：“我哪一点比魏成子差？西河守吴起，我所进也；君以邺为忧，我进西门豹；君欲伐中山，我进乐羊；中山已拔，无人守之，我进先生；君之子无傅，我进屈侯鲋。我哪点不如魏成子？”李克说：“您向君主推荐我的目的，难道是为了谋求做大官吗？您怎么能跟魏成子相比呢？魏成子有千钟俸禄，十分之一用在家里，十分之九用在外边，从东方聘来了卜子夏、田子方、段干木。这三个人，君主把他们奉为老师。您所推荐的那五个人，君主都任他们为臣，您怎么能跟魏成子相比呢？”翟璜沉吟了一会儿，再拜说：“我翟璜是浅薄的人，说话很不得当，我愿终身做您的弟子。”

魏文侯问李克说：“如何才能治理好国家呢？”李克回答说：“我听说治理国家的方法：给付出劳动的人食物，给建立功勋的人俸禄，任用有才能的人，该赏就要实行，该罚就要得当。”文侯又问：“我赏罚都得当，但是百姓还是不归附我，是为什么？”李克回答道：“国内大概有放纵游乐的人吧！我听说：应该取消放纵者的俸禄，用来招揽国家的有志之士。父辈因为有功勋所以国家给他俸禄，他的后辈没有功勋却享受着父辈的待遇，出门就乘着车马、穿着华美的衣衫；在家则沉迷于竽琴钟石一类乐器，正因为这些人败坏了治国的原则。像这样的人，应当取消他们的俸禄，用来招揽国家的有志之士。”

魏文侯又问李克说：“吴国为什么灭亡？”李克说：“因为屡次得胜。”文侯说：“屡次得胜是国家的幸事，为什么竟会因此而亡国呢？”李克说：“屡次作战，人民就要疲困；屡次胜利，君主就容易骄傲。以骄傲的君主统治疲困的人民，这就是灭亡的原因。所以凡是沉溺于发动战争，使军队疲劳的人，没有一个不灭亡的。”

乐羊伐中山

中山国的前身是狄族鲜虞部落联盟，由鲜虞、肥（在今河北藁城一带）、鼓（在今河北省晋州市西）、仇由等几个部落组成。公元前530年，晋国消灭肥国。第二年破鲜虞中人城(今河北唐县西北)。公元前527年晋又攻打鼓国,六年后将其毁灭。公元前507年鲜虞出兵晋国平中,大败晋军,俘虏晋国勇士观虎,报了晋国灭肥国、鼓国及占领中人城的仇。公元前506年,鲜虞人在中人建国。因中人城中有山,故曰"中山",即战国时代初期的中山国。公元前489年,晋国派大夫赵鞅率师伐鲜虞,大破中山。公元前414年,中山武公率领部落离开山区,向东部平原迁徙到顾(今河北定州市)建立了新都。

公元前408年,魏文侯要灭中山,但因中山国与魏国并不接壤,魏文侯便希望赵国借路给魏国攻打中山国。赵烈侯赵籍想拒绝要求,大臣赵利得知,便劝说:"魏国攻打中山国,如果不能获胜,必定消耗重大,使国力衰弱。假如消灭了中山,因为我国位居中间,也无法长久保留中山的土地啊。"听了这番话后,赵烈侯于是答应借路给魏军。公元前409年,魏文侯派遣吴起率领魏军攻打中山。

翟璜的门客中有个叫乐羊的,主动请缨攻打中山。翟璜知道他是个将才,也向文侯举荐他说:"大王想谋取中山的话,臣推荐乐羊。"魏国文武群臣听说此事后强烈反对,认为让乐羊带兵一定会投降,因为乐羊的儿子乐舒在中山。翟璜以自己的身家性命担保乐羊不会背叛。于是在公元前408年,魏文侯便拜乐羊为主将领兵进攻中山。

乐羊包围中山国都顾三年之久,中山桓公把乐舒杀死,煮成肉酱送给乐羊。乐羊坐在帐幕下面,把整杯肉酱都吃完了。魏文侯对睹师赞说:"乐羊因为我之故,吃了他儿子的肉。"睹师赞说:"连自己儿子的肉都能吃,还有谁的肉不吃呢?"

谤书一箧

公元前406年,乐羊终于灭了中山国。乐羊回国之后,对这次的功绩免不了也有些骄横的情绪。文侯知道了,就把乐羊叫到宫里来,把那些毁谤他的一箧信件交给他看,乐羊赶紧跪拜磕头说:"这并不是臣的功劳,而是主君的功劳啊!"魏文侯奖赏他的功劳,把灵寿(今河北平山)作为封邑给乐羊,然从此也再没重用他。这就是"谤书一箧"的故事。史载:乐羊为燕名将乐毅之先祖。

中山是一个古老的国家,魏军虽然占领了中山,但中山人不服,叛乱时有发生,中山的局势仍然很动荡。魏文侯让能力超群的太子击来治理中山,任命李克为中山相,辅佐太子击治理,又把中山国的灵寿封给乐羊,让乐羊率部驻守中山。在三人的努力下,中山的局势逐渐得到稳定。

西门豹治邺

邺是抑制赵国南进中原与魏国争利的战略要地,必须要任用一位能独当一面的大臣,才能担当这个重任。魏文侯选择了赫赫有名的西门豹。

豹前往到邺(今河北临漳西南),会长老,问他们民之疾苦。长老曰:"苦为河伯娶妇,以故贫。"豹问其故,对曰:"邺三老、廷掾(yuàn)常岁赋敛百姓,收取其钱得数百万,用其二三十万为河伯娶妇,与祝巫共分其余钱持归。当其时,巫行视小家女好者,云'是当为河伯妇。'即娉取。洗沐之,为治新缯(zēng)绮縠(hú)衣,闲居斋戒;为治斋宫河上,张缇(tí)绛帷,女居其中,为具牛酒饭食,行十余日。共粉饰之,如嫁女床席,令女居其上,浮之河中。始浮,行数十里乃没。其人家有好女者,恐大巫祝为河伯取之,以故多持女远逃亡。以故城中益空无人,又困贫,所从来久远矣。民人俗语曰:'即不为河伯娶妇,水来漂没,溺其人民'云。"西门豹曰:"至为河伯娶妇时，愿三老、巫祝、父老送女河上，幸来告语之，吾亦往送女。”皆曰：“诺。”

至其时，西门豹往会之河上。三老、官属、豪长者、里父老皆会，以人民往观之者三二千人。其巫，老女子也，已年七十。从弟子女十人所，皆衣缯单衣，立大巫后。西门豹曰：“呼河伯妇来，视其好丑。”即将女出帷中，来至前。豹视之，顾谓三老，巫祝、父老曰：“是女子不好，烦大巫妪为入报河伯，得更求好女，后日送之。”即使吏卒共抱大巫妪投之河中。有顷，曰：“巫妪何久也？弟子趣之？”复以弟子一人投河中。有顷，曰：“弟子何久也？复使一人趣之！”复投一弟子河中。凡投三弟子。西门豹曰：“巫妪、弟子，是女子也，不能白事。烦三老为入白之。”复投三老河中。西门豹簪笔磬折，向河立待良久。长老、吏傍(旁)观者皆惊恐。西门豹曰：“巫妪、三老不来还，奈之何?”欲复使廷掾与豪长者一人入趣之。皆叩头，叩头且破，额血流地，色如死灰。西门豹曰：“诺，且留待之须臾。”须臾，豹曰：“廷掾起矣。状河伯留客之久，若皆罢去归矣。”邺吏民大惊恐，从是以后，不敢复言为河伯娶妇。

就这样西门豹以其人之道还治其人之身的办法，巧妙地制服了当地的三老和廷掾，废除了为河伯娶亲的陋习，止住了百姓的流失，为百姓节省了每年为河伯娶妇付出的大量赋税。

漳水经常泛滥涌向邺地，邺地的百姓深受水灾之苦。西门豹为了解决漳水泛滥和邺地盐碱化严重的问题，在漳水南岸开凿了十二条水渠，引河水灌民田，田皆溉。当其时，民治渠少烦苦，不欲也。豹曰：“民可以乐成，不可与虑始。今父老子弟虽患苦我，然百岁后期令父老子孙思我言。”至今皆得水利，民人以给足富。

由于这十二条水渠很好地完成了泄洪任务，消除了漳水泛滥对邺地的危害。西门豹从这十二条水渠引漳水灌溉邺地，反复冲刷，改善了邺地的耕地质量。西门豹的治漳成功，使从前以多水患、田地贫瘠闻名的邺地变成了著名的良田。邺地的经济开始复苏，原来逃走的百姓又回来了。邺地处于赵、魏之间，离卫、齐很近，西门豹利用邺地的这个地理优势，鼓励百姓从事商业，获利颇丰。

邺地的百姓对西门豹都很感激，十分拥护魏国的统治。邺地在西门豹的治理下，成为魏国巩固的制赵战略基地。赵国对邺曾经采取过多次的进攻，但是却无法巩固地占领，魏军在邺地百姓的支持下很快就能赶走赵军，夺回邺地。赵国由于无法突破邺地对邯郸的封锁，一直无法南进中原。

吴起守西河

吴起，字明，卫国左丘(今山东定陶西)人。吴起入魏后，依魏俗，称自己是卫国左氏人。魏文侯初年，闻说文侯爱才，吴起来到魏国。魏文侯不了解吴起，就问大臣李悝(kuī，又名李克)对吴起的评价。李悝回答，吴起这个人虽贪财好色，但是说到用兵打仗，即使是春秋时期的齐国名将司马穰苴也打不过他。于是，魏文侯任命吴起为将军，攻打秦国。果然，吴起一举攻克五城。魏文侯就在这五城所在的今陕西东部的沿河地区设置西河郡。

吴起领兵，与士兵同甘共苦。他和士兵穿一样的衣服，吃一样的伙食，睡觉不铺垫褥，行军不乘车骑马。有个士兵生了毒疮，吴起亲自为他吮吸脓液。这个士兵的母亲听说此事，号啕大哭。有人问她为什么哭，她说，当年吴起为儿子的父亲亲口吸脓，不久，孩子他爹就战死疆场了。现在，吴起又为儿子亲口吸脓，我不知道我的儿子会战死在哪儿啊！

所以，我才忍不住痛哭。

由于吴起善于用兵打仗，深受将士拥戴，魏文侯任命他为西河郡太守，抗拒秦国和韩国。

固国在德不在险

作为军事家，吴起善于带兵打仗；作为政治家，吴起也深知对百姓施德政的重要。

魏文侯死后，他的儿子魏武侯继位。魏武侯曾经和吴起等一帮大臣一块儿泛舟于西河（战国时黄河在今山西、陕西交界处之河段常被称为西河）。魏武侯看着滔滔的黄河对吴起说："山川如此险要、壮美，这难道不是我们很坚固的边防吗！"大臣王钟在旁边陪坐，说："这就是当年晋国强大的原因。如果我们再修明政治，那么我们魏国称霸天下的条件就具备了。"吴起回答说："我们君主的话，是危国的言论；可是你又来附和，这就更加危险了。"

武侯很气愤地说："你这话是什么道理？"吴起回答说："河山的险要是不能依靠的，霸业从不在河山险要处产生。国家政权的稳固在于施德于民，不在于地势险要。夏桀的领土，左临黄河、济水，右靠泰山，伊阙山在它之南，羊肠坂在它之北，因为不施仁政，所以商汤驱逐了夏桀。殷朝的领土，左有孟门山，右有太行山，常山在北，黄河在南，因为商纣王不施仁德，武王灭了他。所以，国家的稳固在于给百姓施恩，不在于地势险要。如果您不施德，同乘一条船的人也会变成您的仇敌！"武侯说："好啊。我今天终于听到明哲的政论了！西河的政务，就全托付给您了。"吴起为西河守，甚有声名！

吴起智取哨亭

吴起担任魏武侯时的西河郡守。秦国有个小哨亭靠近魏境，吴起想攻下它。不除掉小哨亭吧，会对魏国的种田人构成很大危害；要除掉小哨亭吧，又不值得为此征集军队。于是吴起就在北门外置了一根辕木，然后下令道："谁能把它搬到南门外，就赏给谁上等田地，上等住宅。"没有人去搬它。等到有了搬动它的人，立即按照命令行了赏。不久吴起又在东门外放了一担赤豆，并下令说："谁能把它搬到西门，赏赐如前。"人们抢着搬它。于是吴起下令道："明天将攻打哨亭，有能先上去的，任命他做国大夫，赏他上等田地住宅。"人们争先恐后。于是攻打哨亭，一个早上就拿下了。

吴起被挤对到楚国

公元前 387 年，公叔痤在田文死后，担任魏国相国，并娶魏国公主为妻。

公叔痤对吴起非常畏忌，便想法排挤吴起。公叔痤有个仆人对他说："吴起很容易除掉。"公叔痤说："如何下手？"仆人说："吴起为人有节操，廉洁而重视声誉，你可以先向魏武侯说：'吴起是个贤明的人，我们魏国属于侯爵一级的小国，而且和强大的秦国接壤，臣恐怕吴起不想长期留在魏国。'魏武侯必然要问：'那怎么办呢？'你就乘机向魏武侯说：'君侯可以把一位公主许配给吴起，他如果愿意留在魏国就必定欣然接受，如果不愿意留在魏国就必然辞谢。以此就可以试探他的想法。'然后你再亲自把吴起邀请到你的府上，让公主故意发怒而轻谩你。吴起看见公主那样轻贱你，他想到自己也会遭到轻贱，就会辞而不受。"于是公叔痤依计行事，吴起果然看见公主轻谩公叔痤就辞谢魏武侯。魏武侯因而对吴起有所怀疑而不信任他。吴起害怕魏武侯降罪，于是离开魏国而到楚国。从此，公叔痤稳踞相位，多年执掌魏国权柄。

范痤自救

范痤，是战国时期魏国大臣，曾任魏国国相。魏安釐王在位时，范痤被免去了国相职务。赵王非常憎恨范痤，派人对魏安釐王说："给我杀掉范痤，我愿意献出方圆70里的土地作为报酬。"魏安釐王说："可以。"

于是魏安釐王派人去拘捕范痤。拘捕范痤的捕吏包围了范痤的住宅，范痤发现有人来抓捕他，情急之中登上房顶，骑在屋脊之上。范痤向捕吏问明了魏王抓捕自己的原因后，对捕吏说："与其拿一个死范痤做交易，不如拿一个活范痤做交易。假如我死了，赵国不给魏国土地，魏王怎么办呢？不如先和赵国确定割地的办法，然后再杀范痤。"捕吏将范痤的话呈报给魏王，魏王说："有道理。"于是，命令捕吏暂时不要逮捕范痤。

范痤乘此机会上书给战国四公子之一的信陵君魏无忌说："范痤本是魏国免职的相国。赵国以割地为条件诱杀我，魏王居然答应了。如果强大的秦国也步赵国的后尘，如法炮制，请问您将怎么办？"信陵君魏无忌认为范痤的话很有道理，就求见魏安釐王，为范痤求情，魏安釐王听取了魏无忌的意见，没再抓捕范痤。

聪明的范痤在危急关头，运用缓兵之计滞迟魏王捕杀自己，先赢得喘息之机。然后，范痤以自己的遭遇为例劝说信陵君，触发信陵君"兔死狐悲"的恐惧心理，促使信陵君向魏王求情解救自己，终于使自己幸免于难。多么非凡的智慧啊！

卫鞅入秦

卫鞅即商鞅（约公元前395年—前338年），是战国时期著名政治改革家。他出身于卫国一个没落的贵族家庭，原是卫君后裔，以国为姓，故叫卫鞅，亦称公孙鞅，商鞅是他到秦国后被封于商而得名。

卫鞅年轻时喜欢刑名法术之学，受李克、吴起的影响很大，他还向尸佼学习杂家学说。卫国是个盛产人才的地方，但由于君王的懦弱，人才都往外面跑。卫鞅跑到魏国，后侍奉魏国相国公叔痤任中庶子，跟着处理各种内外行政事务，显露出很强的能力。公叔痤看在眼里，记在心里，知道他是个人才，但还未来得及向魏惠王推荐。

公元前361年，公叔痤病重，魏惠王亲自前去探望公叔痤，说："您的病如有不测，江山社稷将怎么办呢？"公叔痤回答说："我的中庶子公孙鞅，虽然年轻，但有奇特的才能，希望大王将全部国事交给他，听任他去治理。"魏惠王默不作声。魏惠王刚要离去，公叔痤屏退左右说："大王如果不任用公孙鞅，那就一定要杀死他，不能让他离开魏国到别国去。"魏惠王没有答应，出来后对左右大臣说："公叔痤恐怕病昏了头！凭公叔痤的贤能，竟然对我说在国事上一定要听从公孙鞅的，难道不是很荒谬吗？"魏惠王走后，公叔痤召来公孙鞅向他道歉说："今天大王询问我可以做相国的人，我推荐你，看大王的表情是没有答应我。我应当先尽忠君之礼，后尽人情之责，对大王说如果不任用公孙鞅，就应当杀死他。大王同意我的建议。你可赶快离开，不然将会被捉拿。"公孙鞅说："魏王不能听您的话任用我，又怎能听您的话杀死我呢？"公孙鞅始终不愿离开。

不久，公叔痤去世。当时公孙鞅得知秦孝公求贤，于是在埋葬完公叔痤后，向西投奔秦国，并得到秦孝公的重用，实施其著名的"商鞅变法"。（详见《三十一、秦祖伯益居犬丘》）

范雎逃秦

范雎，字叔，魏国人，著名政治家、军事谋略家，秦国宰相，因封地在应城，所以又称为应侯。

范雎本是魏国中大夫须贾门客，因为他在随同上级到齐国出差时受到齐王的重视和优待，结果，回国后被以通敌罪遭诬陷，被打断肋骨，打掉牙齿，他只好装死，被用席裹着扔到厕所里，任人便溺。他装死保住了小命，在看守和郑安平的帮助下，易名张禄，潜随秦国使者王稽逃入秦。

范雎见秦昭王之后，提出了远交近攻的策略，抨击穰侯魏冉越过韩国和魏国而进攻齐国的做法。他主张将韩、魏作为秦国兼并的主要目标，同时应该与齐国等保持良好关系。范遂被拜为客卿。之后，他又提醒昭王，秦国的王权太弱，需要加强王权。秦昭王遂于公元前 266 年废太后，并将国内四大贵族赶出函谷关外。范雎凭借出色的才能受到秦昭襄王的重用，被拜为相代替魏冉。范雎提出的“远交近攻”总方略，也使秦国第一次有了明确可行的消灭六国的具体方案。

绨袍之赠与擢发难数

范雎做了秦相国后，仍称张禄，魏国人对此毫无所知，认为范雎早已死了。魏王听到秦国即将向东攻打韩、魏两国的消息，便派须贾出使秦国。范雎得知须贾到了秦国，便隐蔽了相国的身份改装出行，他穿着破旧的衣服步行到客馆，见到了须贾。

须贾一见范雎不禁惊愕道：“范叔原来没有灾祸啊！”范雎说：“是啊。”须贾笑着说：“范叔是来秦国游说的吧？”范雎答道：“不是的。我前时得罪了魏国宰相，所以流落逃跑到这里，怎么还敢游说呢！”须贾问道：“如今你干些什么事？”范雎答道：“我给人家当差役。”须贾听了有些怜悯他，便留下范雎一起坐下吃饭，又不无同情地说：“范叔怎么竟贫寒到这个样子！”就取出了自己一件粗丝袍送给了他。须贾趁便问道：“秦相国张君，你知道他吧。我听说他在秦王那里很得宠，有关天下的大事都由张君决定。这次我办的事情成败也都取决于张君。你有没有跟张君熟悉的朋友啊？”范雎说：“我的主人很熟悉他。就是我也能求见的，请让我把您引见给张君。”须贾很不以为然地说：“我的马病了，车轴也断了，不是四匹马拉的大车，我是决不出门的。”范雎说：“我愿意替您向我的主人借来四匹马拉的大车。”

范雎回去弄来四匹马拉的大车，并亲自给须贾驾车，直进了秦国相府。相府里的人看到范雎驾着车子来了，有些认识他的人都回避离开了。须贾见到这般情景感到很奇怪。到了相国办公地方的门口，范雎对须贾说：“等等我，我替您先进去向相国张君通报一声。”须贾就在门口等着，拽着马缰绳等了很长时间不见人来，便问门卒说：“范叔进去很长时间了不出来，是怎么回事？”门卒说：“这里没有范叔。”须贾说：“就是刚才跟我一起乘车进去的那个人。”门卒说：“他就是我们相国张君啊。”须贾一听大惊失色，自知被诓骗进来，就赶紧脱掉上衣光着膀子双膝跪地而行，托门卒向范雎认罪。于是范雎派人挂上盛大的帐幕，召来许多侍从，才让须贾上堂来见。须贾见到范雎连叩响头口称死罪，说：“我没想到您靠自己的能力达到这么高的尊位，我不敢再读天下的书，也不敢再参与天下的事了。我犯下了应该烹杀的大罪，把我抛到荒凉野蛮的胡貉地区我也心甘情愿，让我活让我死只听凭您的决定了！”范雎说：“你的罪状有多少？”须贾连忙答道：“擢发难数。”意思是：拔下头发来数我的罪过，也不够数的。

睚眦必报

范雎说："你的罪状有三条。从前楚昭王时申包胥为楚国谋划打退了吴国军队，楚王把楚地的五千户封给他作食邑，申包胥推辞不肯接受，因为他的祖坟安葬在楚国，打退吴军也可保住他的祖坟。现在我的祖坟在魏国，可是你前时认为我对魏国有外心暗通齐国而在魏齐面前说我的坏话，这是你的第一条罪状。当魏齐把我扔到厕所里肆意侮辱我时，你不加制止，这是第二条罪状。更有甚者你喝醉之后往我身上撒尿，你何等的忍心啊？这是第三条罪状。但是你之所以能不被处死，是因为从今天你赠我一件粗丝袍看还有点老朋友的依恋之情，所以给你一条生路，放了你。"于是辞开须贾，结束了会见。随即范雎进宫把事情的原委报告了昭王，决定不接受魏国来使，责令须贾回国。

须贾去向范雎辞行，范雎便大摆宴席，请来所有诸侯国的使臣，与他同坐堂上，酒菜饭食摆设得很丰盛。而让须贾坐在堂下，在他面前放了一槽草豆掺拌的饲料，又命令两个受过墨刑的犯人在两旁夹着，像马一样喂他吃饲料。范雎责令他道："给我告诉魏王，赶快把魏齐的脑袋拿来！不然的话，我就要屠平大梁。"须贾回到魏国，把情况告诉了魏齐，魏齐大为惊恐，便逃到了赵国，躲藏在平原君家里。

范雎为人恩怨分明，掌权后先羞辱魏使须贾，之后又迫使魏齐自尽。又举荐郑安平出任秦国大将，举荐王稽出任河东守，还散发家里的财物，用来报答所有那些曾经帮助过他而处境困苦的人。凡是给过他一顿饭吃的小恩小惠他是必定报答的，而瞪过他一眼的小怨小仇他也是必定报复的。此所谓"睚眦必报"。

范雎辞归封地病死

公元前262年，长平之战爆发，两军对垒三年后，范雎以反间计使赵国启用无实战能力的赵括代廉颇为将，使得白起大破赵军。长平战后，范雎妒忌白起的军功，借秦昭王之命迫使白起自杀。

此后秦军遭诸侯联军所破，郑安平降赵，王稽也因通敌之罪被诛。范雎因此失去秦昭王的宠信，不得不推举蔡泽代替自己的位置，辞归封地，不久病死。

魏国衰亡事出有因

魏国的衰亡，与其后来不当的人才政策颇有关系。魏国本来是战国时期人才济济的国家，真是谋臣如云，良将如雨。可惜的是，魏国又是一个最留不住人才的国家。在战国的历史风云中，很多出自魏国的人才，不幸都因君王的昏庸不明没有被任用。吴起被翟璜挤走，卫鞅（商鞅）因不得任用而西奔秦，孙膑遭嫉妒东投奔齐，范雎被诬通敌西逃秦国，张仪在魏国穷困潦倒跑到楚国去游说；魏国甚至连自己有才华的子弟也不能容忍，"窃符救赵"的信陵君只好长期滞留赵国，"十年不归"；没离开的也得不到重用，谋士侯嬴在城东门看门，勇士朱亥混迹屠间杀猪。这些人，哪一位不是赫赫有名的顶级人才？但是，他们在魏国都不被赏识，反而遭到迫害，甚至被害得装死装疯才保住性命。但他们到了秦国、齐国、楚国，却一个个都成了担国的栋梁。这些从魏国流失的人才，反过来都给魏国带来巨大的伤害。从这些人才的流失，我们不难知道魏国的灭亡是事出有因了。

从古至今，人才都是事业成败的关键，所以，吸纳、重用人才是领导者的首要责任。

二十八、庄周垂钓在临濮

庄生垂钓濮水旁，曳尾泥中拒楚王。
隐居漆园读道德，誉称傲吏美名扬。
道法自然任逍遥，手著南华留芬芳。
思若汪洋恣无涯，文如波涛状万方。
想象奇特出意表，士人无不喜老庄。

庄子生于古鄄鄸邑

庄子（约公元前 369 年—前 286 年），姓庄名周，字子休。春秋宋国蒙地人，本是宋国第十一代国君戴公之后。宋戴公，名武庄，后裔遂以庄为姓。庄周是战国中期著名的思想家、哲学家和文学家。创立了重要的哲学学派庄学，是继老子之后道家学派的主要代表人物之一。

庄子像

蒙地在今鄄城西南部，本是春秋曹国之鄸邑。公元前 487 年，宋景公灭曹，宋之北境延伸至今鄄城古濮水之域。并入宋国后鄸邑改称蒙邑，音同所致，又因地临濮水，史称蒙濮，这种地名直到明清还为当地文人沿用。或以为蒙地在今商丘东北、曹县东南之蒙地，岂不知此蒙乃汉初所置之蒙县，春秋战国时此地称亳。最早的蒙地乃是今鄄城西南一带，众多古书及诗文都可作证，至今鄄城西南仍有庄子庙村，及南华观、庄子钓台遗址。曹县东南之蒙，乃是曹国内乱时，曹公孙会从鄸城南逃宋国时带过去的，以示不忘故土，汉人失察，误认为此乃鄸地，遂于此误设蒙县。

漆园傲吏

庄周隐居于甄（鄄）邑南部鄸之漆园。漆园在鄄城西南部孤峙山下，地处今临濮镇南境庄子庙村。鄄城雷泽湖畔是古代盛产桑漆的地方，自古其贡漆丝，这在《尚书·禹贡》中早有记载。漆园是古代经济学家计然创建的经济园林，作为道家的经济支柱，成为道家学派的基地。

计然有曾孙计都，见庄周聪明颖悟，便破例收其为徒，传授《道德经》，望其能光大道家学说。

庄子庙村，就是因庄周曾居此学道而得名。

时值战国争雄，互相攻伐，社会动荡，礼乐崩坏，各家学派蜂起，游说各国君王，以求重用。在这种社会剧烈的转型期，最易激发人新的创造力与想象力，催生新的文化体系与人格精神。

生活在这个时期的庄子，面对当时污浊的世态，他内心充满着悲愤与绝望，却又无能为力。他归隐不涉世事，他淡泊名利，他与世无争，他修身养性，但这并不能消除社会的不平等，他感到人生有太多不自由。于是他喊出齐物论、逍遥游，他游戏人生、玩世不恭。这种对社会深沉的悲愤与绝望，正是他对社会强烈关注与关爱的曲折反映。

在此状况下，庄子继承并发扬了老子的"道""一"思想，并提出了自己的"天""人"哲学理念，既奠定了日后道家学派的哲学思想、宇宙观及人性观的根基，同时也奠定了庄子在我国哲学史上的重要地位。

以庄子的才学取高官厚禄如探囊取物，然庄周崇尚自由，不愿出仕，生平只做过漆园小吏。他管理道家经济来源的漆林，作为隐居之地，著书立说，授徒讲学，传播道家思想。庄子的学问十分渊博，游历过很多国家，对当时的各学派都有研究，并进行过分析批判，成为当时一大显学。

庄子不愿与统治者同流合污，拒绝楚王卿相之聘，隐居漆园，研究学问，垂钓濮滨，逍遥自适，笑傲诸侯，名闻天下。司马迁送其"漆园傲吏"之美誉，意谓堪比"三吏"，给予崇高赞誉。古制，司徒、司空、司寇三职称"吏"，位比大国诸侯，不同于后代之胥吏。后代虽誉其为地方官吏之楷模，然"漆园小吏"恐非正式之吏。

曳尾泥中

楚威王听说庄周的才学很高，派使者带着厚礼，请他去做相国。使臣说："威王想将国内的事务劳烦先生您啊！"庄子拿着钓竿没有回头看他们一眼，笑着说："千金，重利也；卿相，尊位也。可你就没有看见祭祀用的牛吗？喂养它好几年，然后给它披上有花纹的锦绣，牵到祭祀祖先的太庙去充当祭品。到了这个时候，它就是想当个小猪，免受宰割，也办不到了。我听说楚国有一只神龟，死了已有三千年了，国王用锦缎包好放在匣中珍藏在庙堂上。这只神龟是愿意死去留下骨头让人们珍藏呢，还是宁愿活着在烂稀泥里曳尾爬行呢？"使臣说："当然是情愿活着在烂稀泥里拖着尾巴爬行啊。"庄子说："那就请回吧，不要侮辱我。我要在烂稀泥里拖着尾巴自由自在地爬行，永远自由快乐，也不受一国之君的约束，我一辈子不会做官的。"

这个故事表现了庄子淡泊名利、不慕权贵、向往自由的高尚品质，体现了他崇尚自然、追求人格独立、精神自由的思想。

道教祖师与道教四大真人之一

当时诸侯混战，争霸天下，庄子不愿与统治者同流合污，便隐居潜心研究道学，著书立说。他大大继承和发展了老聃的思想，与老子并称"道家之祖"，成为先秦道家学派的代表人物之一。被后世尊称为道教祖师、南华真人、道教四大真人之一。其他三位是通玄真人计然、冲虚真人列子、洞玄真人亢桑子。

当然，人是不能脱离时代与社会的，人格的绝对独立，精神的绝对自由是不存在的。他得吃饭、穿衣，才能活着。纵然他甘愿一生贫困，居陋巷，穿粗衣，甚至向人借粮过日子，还是得做个漆园小吏来养家糊口。即便如此,他的品格也比现在那些饕餮之徒高尚得多。

庄子钓台

濮水由西而东流经鄄城南境,位于今鄄城临濮镇南。庄子经常垂钓于濮水之上,留下了著名的"庄子钓鱼台"。遗址在今鄄城西南临濮乡庄子庙村北,也就是村后一里左右的小屯村西头。庄子钓鱼的地方俗称钓台,"古鄄八景"之一的"钓台阴雨"说的就是这里。有诗云:

遍地汪洋是水隈,蒙蒙阴雨不曾开。

姜严遗事今如在,屐齿依然印钓台。

钓台相传为庄周所居,台上建有庄子祠。明朝天启年间还可见"钓台巍峨"。至清末钓台尚存四亩多的一方高地,千百年中黄河多次泛滥都没有淹没,但 20 世纪 70 年代,为改良土质进行淤灌,遂使它淤为平地,已与四周无明显差异,难觅其痕迹了。

钓台左侧不远即漆园城故址,汉初于此置离狐县,本在濮水之南,城墙尝为神狐所穿,遂迁濮水之北,故曰离狐,离狐有桃城,即今李二庄。

全国十大著名钓台

庄子钓鱼台在全国十大著名钓鱼台中排第二,仅次于姜太公钓鱼台(在陕西宝鸡),与北京国宾馆的钓鱼台齐名。

其余钓台分别是:秦始皇钓鱼台,在河北昌黎碣石山的碣石门;韩信钓鱼台,在江苏省淮阴;孙权钓鱼台,在湖北省武汉市江夏区;李白钓鱼台,在安徽省池州市贵池区;乾隆瘦西湖吹台钓鱼台,在江苏省扬州市;严子陵桐庐钓鱼台,在浙江省桐庐县;闽侯钓鱼台,在福建闽侯县。

庄子坐化仙去

古漆园,庄子曾在此做管理漆园的小吏。相传常有狐狸精作祟,先后有几任县令人不知鬼不觉地便杳无踪影。庄子每天夜里看书,总有一位年轻女子为其掌灯照明,每看完一页,那女子就帮他翻过一页。待要仔细看那女子时,却又不见了,庄子感到很奇怪。联想到几任县令接连失踪,更感到疑惑。一天,他带两名书童沿濮水往下游一边游玩钓鱼,顺便寻找几位失踪县令的下落。当来到临濮南 10 里的地方,见河水清澈,杨柳滴翠,便在河南岸钓起鱼来。其间,到南边树林休息,庄子面南而坐,两个书童立于两侧。庄子久坐不起,原来已修道成仙去了。

庄子死后,葬于濮水之滨,钓台之前。后人在此建庙一座,祭祀庄子,名为庄子庙,其地也因此名为庄子庙村了。

南华观

唐朝皇帝姓李,故追认老子李耳(字聃)为远祖,崇奉道教,庄周的地位也随之提高。庄周家乡鄄城西南鄸(蒙)地,因在华胥国之南,故唐玄宗天宝初,诏封庄周为南华真人,称其《庄子》一书为《南华真经》,钓台亦改称为南华台。又下诏改离狐县为南华县,并在城东十里许的漆园修建了一座南华观,俗称庄子庙。有出土的《南华观记》残碑为证。

庄子庙

庄子庙村,因庙名村。村中凡上年纪的老人,无不称呼庄子为"爷"。庄子庙历朝香火极盛,每年农历正月初八至初十为纪念庄子的香火大会,不知纪生还是纪死,四方群众都来上香,远在 70 里外的东明县庄寨的庄子后裔,也纷纷赶来祭祖。此风不知起于何代,直至新中国成立后渐淡。

据村中老人讲:“庄子爷可灵啦!”抗日战争时期,邻村有一位唱戏的,在庙前为汉奸县长演“庄周梦蝶”,在台上对“庄爷”不敬,演出结束即吃了八路军的枪子。

庄子庙在劫难逃

庄子庙因黄河决口,屡被摧毁,钓台也渐被淹没,然周边民众不时翻修重建。明末重修庄子庙碑文就记述了一次重建的过程及宏大的规模。清咸丰年间,黄河决口发水,庄子庙湮于地下。民国初年周边民众又集资依明末规模重修,至 1951 年此庙尚有庞大的建筑群。

可惜 1952 年建临濮完小,由学生将其扒掉,砖瓦木料运往临濮建校,钓台也已淤为耕地,现今仅存遗址。据村上老人讲,庄子庙前那口大钟在“大跃进”时被拉走炼了钢铁。二十八通历代古碑,也在“文革”中被扫了“四旧”。悲哉!狂热的年代,愚蠢的行动;惜哉!民族的遗产,古老的文明惨遭破坏。

20 世纪 90 年代,村人集资在其地建庙三间,塑像以表纪念,但规模已大非昔比。

庄周的著作

司马迁评价说,庄周“其学无所不窥,然其要本归于老子之言,故其著书十万余言,大抵率寓言也”。就是说庄子善于借寓言以广其意,所以《庄子》一书中有大量的寓言故事。这部书的出现,标志着战国时代中国的哲学思想和文学语言,已经发展到非常高远、深奥、精妙的水平。因此,庄子不但是中国哲学史上一位著名的思想家,同时也是中国文学史上一位杰出的文学家。无论在哲学思想方面,还是文学语言方面,他都给予了中国历代的思想家和文学家以深刻巨大的影响,在中国思想史、文学史上都有极其重要的地位,《庄子》是中国古代典籍中的瑰宝。

庄子的哲学思想

庄子在哲学思想上继承和发展了老子的观点,使道家真正成为一个学派,也使他成为了道家的重要代表人物,与老子并称“道家之祖”,世称“老庄”。

如果说“仁义”是儒家思想的标志,那么“道德”则是道家思想的精华。

庄子的“道”指的是天道,是自然之“道”,不是人为的“人道”。“天道”代表着自然而然的,而“人道”则表示是“人为”的,也就是“伪”的、与自然相背离的,二者是相对立的概念。庄子的“德”指的是顺从天道,而摒弃“人为”,即抛弃人性中那些“伪”的东西。顺从“天道”,就能与天地相通,不凝滞于物,这就是庄子所提倡的“德”,这样就可实现其所追求的理想社会“至德之世”。

在庄子看来,真正的生活是自然而然的,因此不需要去教导什么、规定什么,而是要忘掉成心、机心、分别心。因此不需要什么政治宣传、礼乐教化、仁义劝导,这些都是人性中“伪”的东西,须要摒弃。庄子认为不应凝滞于任何思想、利益、事物,也就是要与自然无所违,从而达到圣人的最高境界。吾生有涯,而知也无涯,以有限的生命去极力追求无穷的知识、利益,而忽略身边一切美好的东西,这就是被思想、利益所奴役,所拖累,就不能全生。所以庄子认为人活在世上应须旷达,泰然处之;应该追求自由,保身全生。他不愿去做官,就是因为他认为伴君如伴虎,只能违性而装作“顺”,有违自然。

庄子还讲了一个“浑沌凿窍”的寓言故事,表达他反对人为,主张自然的观点。

浑沌凿窍

南海的大帝名叫倏(shū,同儵),北海的大帝名叫忽,中央的大帝名叫浑沌。倏与忽经常相约到浑沌所居的中央之地去游玩,浑沌款待他们十分丰盛。倏和忽在一起商量想要报答浑沌的深情厚谊,倏说:"别人都有眼耳口鼻七个孔窍用来视、听、吃喝和呼吸,唯独浑沌没有。"忽说:"我们试着替浑沌凿开七窍怎么样?"于是他们便每天替浑沌凿出一个孔窍,结果凿了七天浑沌也就被凿死了。这就是"倏忽"(即"儵忽")一词的来历。

当然,我们今天也可以理解为做事不应过于机械,要根据事物的内在规律来办。甚至可以理解为倏与忽为浑沌开凿出七窍,是要让他告别蒙昧,享受自由快乐的艺术人生。

庄子之"道"所指

庄子认为"道"是客观真实的存在,把"道"视为宇宙万物的本源。他认为不要为了人工而毁灭天然,不要为了世故去毁灭性命,不要为了贪得去身殉名利,谨守天道而不离失,这就是返璞归真。

他还认为"道"是无限的、无所不在的,庄子强调事物的自生自化,否认有神的主宰。他说"通天下一气耳""人之生,气之聚也,聚则为生,散则为死",这里包含着朴素的辩证法因素。但他只看到一切事物都处在"无动而不变,无时而不移"中,而忽视了事物质的稳定性和差别性。

庄子反对等级观念

庄子反对儒家的"君君臣臣父父子子"那一套等级观念,认为"道通为一"。主张万物只存在着无条件的同一,万物平等,即绝对的"齐",齐物我、齐是非、齐生死、齐贵贱,幻想一种"天地与我并生,万物与我为一"的主观精神境界。认为世间一切的事物并无本质区别,无论大小、贵贱、寿夭、生死、善恶、得失、荣辱都是相对的,主张保身全生,养亲尽年,安时处顺,逍遥自得,泯除一切差异。

无疑,这是后世平等自由思想的萌芽,但在当时的社会是办不到的,所以,他只能采取人活在世上应须旷达、泰然处之的态度。这也就是庄子为什么生活贫穷困顿,却鄙弃荣华富贵,不慕权势名利的原因,他图谋的是在乱世保持独立的人格,追求的是逍遥无恃的精神自由。

"无为"而治

庄周作为战国著名的思想家、哲学家,他将"贵生""为我"发展为"达生""忘我",归结为天然的"道""我"合一。庄子主张"天人合一"和"清静无为",反对推崇圣贤,反对"人为","人为"就是"伪"。他的学说涵盖了当时社会生活的方方面面。《庄子》中的许多寓言故事,便是这种天人合一思想的体现。

汉初,由于多年的征战之后,社会凋敝,民生艰难,在此情况之下,采取道家的"无为"思想治理国家,确曾取得了文景盛世的辉煌成就。后来汉武帝虽罢黜百家,独尊儒术,然道家学说的精髓已为儒家人物所吸纳。

作为道家学派始祖的老庄学说,对中国后世的哲学、艺术、宗教等都产生了深远的影响,在中国的哲学思想中,是唯一能与儒家和佛家学说分庭抗礼的古代伟大学说。它在中国思想发展史上所占有的地位可与儒家和佛家并驾齐驱,绝不低于儒家和佛家。

道家和儒墨的不同

在政治思想上,道家与儒墨有一点截然不同,儒家墨家推崇圣人,而道家则反对推崇圣贤。老子说："不尚贤，使民不争。不贵难得之货，使民不为盗。""绝圣弃智，民利百倍；绝仁弃义，民复孝慈；绝巧弃利，盗贼无有。"庄子认为"绝圣弃知，大盗乃止。擿(zhì)玉毁珠，小盗不起；焚符破玺，而民朴鄙；掊(pǒu)斗折衡，而民不争"。他主张销毁竽瑟，消灭文饰，抛弃规矩，排斥仁义，天下人的德性才能达到玄同齐一的境地，天下就不会迷乱邪僻了。他还举了田成子杀齐君而盗其国的例子，指出"圣人生而大盗起""圣人已死，则大盗不起，天下平而无故矣"。

文学的哲学，哲学的文学

现存的《庄子》有 33 篇，其中内篇 7，外篇 15，杂篇 11。

《庄子》一书不但反映了庄周的哲学思想，而且显示了他卓越的文学才华。所以他的作品被人称之为"文学的哲学，哲学的文学"。

庄子著作的核心思想，是游世思想，或者说是游戏人间、故意玩世不恭的生存态度，这是庄子作品的灵魂。在《庄子》33 篇中，大多数篇章都涉及这个以游戏态度解脱人生痛苦的主题，尤其以内 7 篇表现得更为集中深入。游世思想是种回避矛盾的消极思想，是隐者传统的弱意识的灰暗心情的体现，其实，学术界非常重视的"逍遥游"所体现的"追求精神自由"的较积极的思想，实质上仍然是"游世"思想的另一种表现形式。

这种游世思想，被庄子以轻视现实和躲避矛盾，甚至干脆故意不肯负责任的游戏态度的方式戏谑地表现出来。他游戏地对待现实世界，游戏地对待个人生死，游戏地对待人生的一切；他用带有自嘲意味的自我放逐的心情，用一切皆不在乎的姿态，用摆出直视黑暗世界的任何可能的恶意捉弄的架势，来与一个黑暗的世界对抗，并对这个黑暗的世界予以戏弄性地嘲讽，这就是庄子当人陷于天地之间走投无路这一绝望处境时，应该怎么办，所给的最无奈而深刻的回答，是对社会不满而又无能为力的反映。忽略了庄子的游世思想，将无从理解庄子著作的灵魂。

庄子的散文在先秦诸子中独具风格，大量运用虚构的寓言故事来说理，文字雄丽华美，想象奇特丰富，形象鲜明生动；又善于运用各种譬喻，行文跌宕起伏，语言活泼风趣，思想睿智深刻。这在古代散文中是罕有其比的，因而赢得了无数文人学士的仰慕，对后世文学有深远的影响。

庄子散文代表先秦散文的最高成就

庄子的文章写得非常出色，似随意流出，汪洋恣肆，不拘绳墨，变化万方，奇趣横生；又具有意象雄浑飞越、情致滋润旷达、构思曲折独特、气势恢宏磅礴的特点，充满了浪漫主义色彩和浓郁的诗意，给人以超凡脱俗与美妙崇高的感受。

庄子的文章语言运用自如，灵活多变，能把一些微妙难言的哲理说得引人入胜，极具表现力。尤其是，他思辨的哲学智慧常常令人神往，受到历代文士，尤其是潦倒失意的知识分子的推崇与喜爱。

庄子的文章在中国的文学史上独树一帜，体制已脱离语录体形式，标志着先秦散文已经发展到成熟的阶段，可以说，《庄子》代表了先秦散文的最高成就。

被封为微妙元通真君

后世东汉张道陵创立道教，继承道家学说，尊老子为教主，以《老子》《庄子》为道教经典。经魏晋南北朝的演变，老庄学派逐渐取代黄老学派成为道家思想的主流。庄子其人亦被神化,被奉为神灵,被后世尊称为道教祖师、道教四大真人之一。宋徽宗甚至封其为“微妙元通真君”。

《庄子》里的寓言故事举例

《庄子》里有许多寓言故事,都是为说明上述庄子的哲学思想的,今天看来或引申出新的寓意。试举几个与庄周相关的,来体会一下庄周的思想感情。

1. 濠梁之辩

一天,庄子和同乡的朋友惠施在濠水的一座桥梁上散步。

庄子看着水里的鯈(tiáo)鱼说:“鯈鱼在水里悠然自得,这是鱼的快乐啊。”惠子说:“你不是鱼,怎么知道鱼的快乐呢?”庄子说:“你不是我,怎么知道我不知道鱼的快乐呢?”惠子说:“我不是你,固然不知道你;你不是鱼,你不知道鱼儿的快乐,也是完全可以断定的。”

庄子说:“请回到我们开头的话题。你说:‘你怎么知道鱼快乐’这句话,就是已经知道了我知道鱼的快乐而问我,而我是在濠水河边上知道的。”

庄子说的“鯈鱼出游从容,是鱼之乐也”,这是一种审美感受,而惠子说“子非鱼,安知鱼之乐”,这是一种哲学认知。庄、惠二人说的不是一个层面的问题。庄子先暗地里扩大前提中可变项的外延,进行诡辩,接着又用强词夺理取得了这场辩论的最后胜利。两个彻底的主观唯心论者的无意义争论,反映了庄子物我为一的齐物和顺应自然思想。

2. 鸱吓鹓雏

惠施在大梁做魏国的国相,庄子去看望他。有人告诉惠施说:“庄子到大梁来,是想取代你做宰相。”于是惠施非常害怕,在国都搜捕三天三夜。庄子前去见他,说:“南方有一种鸟,它的名字叫鹓(yuān)雏,你知道它吗?那鹓雏从南海起飞飞到北海去,不是梧桐树不栖息,不是楝树的果实不吃,不是甜美的泉水不喝。在此时猫头鹰拾到一只腐臭的老鼠,鹓雏从它面前飞过,猫头鹰仰头看着,发出‘吓吓!’的怒斥声。现在你也想用你的梁国来‘吓’我吗?”

寓言嘲笑了惠子拿庸人卑陋的心态,以己度人,害怕他人抢夺自己的腐鼠,轻贱之极。表达了庄子视高官厚禄为粪土,不愿同流合污的追求逍遥自适的思想。

3. 材与非材

庄子在山中行走,看见一棵树长得很美很高大,枝叶很茂盛,伐木者停在那棵树旁却不伐它。庄子问他这是什么原因,伐木者回答说:“这棵树没有什么用处。”庄子说:“这棵树因为不成材,结果得以终其天年了。”庄子出了山,来到县邑,住在老朋友的家里。老朋友很高兴,准备酒肉,叫童仆杀一只鹅款待他。童仆请示道:“一只鹅会叫,一只鹅不会叫,请问杀哪只?”主人的父亲说:“杀那只不会叫的。”第二天,弟子向庄子问道:“昨天山里的树因为不成材而得以终其天年,现在这位主人的鹅却因为不成材而被杀死,先生您将在成材与不成材这两者间处于哪一边呢?”庄子笑着说道:“我将处于成材与不成材之间。成材与不成材之间,似乎是合适的位置,其实不然,所以还是免不了遭到祸害。如果遵循道德行事,就不是这样了。既没有美誉,也没有毁辱,时而为龙,时而为蛇,随时势而变化,而不肯专为一物;时而上,时而下,以顺应自然为准则,在万物的原始状态中漫游,主宰万物而不被万物所役使,如此怎么会遭到灾祸呢?这就是神农、黄帝所取法的处世原则。至于万物之情,人伦相传之道,就不是这样了。成功了就会毁坏，强大了就会衰微，锋利了就会缺损，尊贵了就会受到倾覆，直了就会弯曲，聚合了就会分散，受到爱惜就会被废弃，智谋多了就会受人算计，不贤德就会受人欺辱。怎么可以偏执一方而加以倚仗呢？”

这个寓言说明唯有顺应大道的变化、顺其自然而行，才能免于困扰！

4. **庄周梦蝶**

庄周梦见自己变成一只蝴蝶，飘飘荡荡，十分轻松惬意。他这时完全忘记了自己是庄周。过一会儿，他醒来了，对自己还是庄周感到十分惊奇疑惑。他认真地想了又想，不知道是庄周做梦变成蝴蝶呢，还是蝴蝶做梦变成了庄周呢？庄周与蝴蝶一定是有分别的。这便称之为物我合一吧。

这个故事，表现了庄子一种人生如梦的生活态度。他认为庄周也罢，蝴蝶也罢，本质上都只是虚无的道，是没有什么区别的。

5. **鼓盆而歌**

庄子晚年丧妻，惠施闻讯，前去吊唁。他是庄子的老朋友，此时已非梁国宰相，不必再摆官架子了，有必要去安慰庄子。庄子家居陋巷，马车进不去。惠施在巷口下了车，走了进去。庄子的长子跪在门外迎接吊客，口称：“俺娘给伯父道谢了。”惠施扶起孝子，说了两句按照礼仪应说的话，然后面罩悲悯之容，很严肃地进了大门，步入灵堂。

庄子坐守棺旁，两腿八字张开，簸箕似坐在那里很不雅观，手拍瓦盆伴奏，毫无愁容，放声歌唱。看见惠施吊丧来了，也不招呼，仍唱他的。

惠施说：“伉俪多年，同床共枕，她为你养儿成人，自己送走青春，老了，死了。你看得淡，不哭也行，可你，唉，竟然鼓盆唱歌。你不感到做得太过分了吗？”

庄子说：“你说错了。我也是人啊，哪能不悲伤。但我不能一味地受感情支配，还得冷静地想想呀。我想起从前，那时她未生，不成其为生命。后来恍惚之际，阴阳二气交配，变成一缕魂气。再后来呢，魂气变成一块魄体，于是有了胚胎。再后来呢，胚胎变成幼婴，她生下来，成为独立生命。生命经历了种种苦难，又变成死亡。回顾她的一生，我联想到春夏秋冬时序的演变，多么相似哦。现在她即将从我家小屋迁往天地大屋，坦然安卧。我不唱歌欢送她，倒去嗷嗷哭送，那就太不懂得生命原理了。这样一想，我便节哀，鼓盆唱起歌来。”

惠施双手奉上一袋赙金，放入瓦盆，暗自骂了一句“活见鬼”，便告辞了。在庄子看来，人生在世，要“安时而处顺，哀乐不能入”，这种乐观豁达，正是庄子齐生死思想的反映。

6. **螳螂捕蝉**

庄子在一个果园里，拿着弹弓弹雀儿，这时果园主碰上了，怀疑庄子偷了果子。

庄子说：“我刚才见到一个奇景。一只螳螂瞄准了一只蝉，迅速地伸出前足刚把蝉捕获，不料螳螂的背后早就伏着一只黄雀，趁螳螂不注意，一下子把它给吃了。黄雀正高兴，不想我一弹弓把它弹了下来。你知道这是怎么回事吗？”果园主说：“我怎么知道？”庄子说：“告诉你吧，这和世上的人是一样的，只顾眼前的一点利益，却不知道背后有很多危机在候着他呢！”这就是“螳螂捕蝉，黄雀在后”成语的来历。

这个故事告诉人们在考虑问题处理事情时，要深思熟虑考虑后果。讽刺了那些鼠目寸光、利令智昏，只顾眼前利益，不顾身后灾祸的人。

7. **相濡以沫**

一个泉水干涸之后，两条鱼未来得及迅速离开，于是受困于陆地的一个小洼坑里，两条鱼朝夕相处，动弹不得，互相以吐沫滋润着对方，用口气相互吹湿着对方，忍受着一转身便擦着各自身体的痛楚之处。此时，两条鱼不禁怀念起昔日在江河湖泊里，各自享受的那自由自在的快乐生活。心想：与其现在用湿气相互滋润，用唾沫相互沾湿，艰难互助，还不如各自忘掉对方，在江湖里独享自由自在的好。

庄子原本是要用这个故事说明，与其称誉尧的仁慈而非难(nàn)桀的斗狠，还不如恩怨两忘，与大道化而为一的齐物思想。如今则表示同在困难的处境里，要用微薄的力量互相帮助。有时也许是为了生存的必要或是无奈。

8. **涸辙之鲋**

庄周家里贫穷，常常是吃了上顿没有下顿。有一次，庄周家里断粮了，无奈之下，他到监河侯那里去借粮米。监河侯听了，故作大方地说：

“好啊，没有问题！不过，得等我收了租地的租粮，才能借给你300斤粮食，可以吗？”

庄周听了很生气，但他也不愿意直接戳穿对方的谎话，就讲了一个故事说：昨天我在路上走，忽然听见喊救命的声音。我四处张望，发现原来是车辙里的一条小鲋鱼。鲋鱼见了我，连忙大声喊道：“老先生！”我问它：“鲋鱼啊！你怎么啦？”它说：“我从东海里被冲到这里。我快要渴死了，您能给我一桶水，救救我吗？”我慷慨地点头答应道：“好啊！我去南方劝说吴王和越王，引来西江的水来救你，可以吗？那里是水乡泽国，水多得不得了啊。”

鲋鱼听了，非常生气地说：“你这是什么话！我失去了正常生活的环境。只要有一桶水就可以救活我，而你却要到南方之后，放西江的水来救我。照您这么说，到那时，你恐怕只有到干鱼店里来找我啦！”庄子说：“大抵富贵圣贤们的接济穷人，都像这个样子。”庄周讲完这个故事，头也不回地走了。这就是俗语“远水解不了近渴”的来历。

这个故事说明，当别人有困难的时候，要真心诚意地尽自己的力量去帮助，绝不能只说大话，开空头支票。辛辣地讽刺了假善人。

9. **朝三暮四**

宋国有一个养猕猴的人，他很喜欢猕猴，养了一大群猴子，他能理解猴子们的心意，猴子们也能够了解宋公的心思。那人减少全家的口粮，来满足猴子们的欲望。然而过了不久，家里缺乏食物了，他想要限制猴子们吃橡果的数量，但又怕猴子们不听从自己，就先瞒哄猕猴们说：“(我)给你们橡果，早上三颗，晚上四颗，够吗？”猴子们一听，都站了起来，十分恼怒。过了一会儿，他又说：“那好，给你们橡果，早上四颗，晚上三颗，够吗？”猴子们听后都转怒为喜，很是高兴。

这个故事本来的寓意是对管理与被管理者两愚的巧妙讽刺。告诫人们要放开计较得失的凡心，因为人的一生一死、一得一失都是一时的，到最后人们将会发现并没有失去什么，也没有得到什么。现在引申为反复无常，用来谴责那些说话、办事经常变卦、不负责任的人。

10. **屠龙之术**

有一个姓朱的人，一心要学会一种别人都没有的技术。于是，就到支离益那里去学习宰杀龙的本领。他花尽了家里资产，用了整整三年时间，终于把宰杀龙的技术学到手了。姓朱的得意扬扬地回到家里。可是，世间哪有龙可杀呢？结果，他找不到工作，学的技术一点也用不上。

这个故事告诉人们，学习必须从实际出发，讲求实效。如果脱离了实际，再大的本领也没有用。

11. **鹏程万里**

远古的时候，有一种鸟，名字叫鹏。大鹏鸟的背像泰山那样高，飞起来的时候，它的翅膀就像遮天蔽日的云彩。有一次，大鹏鸟向南海飞去。它在南海海面上用翅膀击水而行，扇一下就是三千里。它向高空飞去，卷起一股暴风，一下子就飞出九万里。它飞出去一次，要过半年才能飞回南海休息。当它飞向高空的时候，它的背靠着青天，而云层就在它的下边。

生活在洼地里的小安雀鸟，看见大鹏鸟飞得这么高，这么远，很不理解，就说："他还想飞到哪里去呢？我们往上飞，不过几丈高就落下来了，我们在蓬蒿里飞来飞去，也算是飞到极致了。大鹏鸟究竟想飞到什么地方去呢？"

这个故事反映了庄子追求自由的思想。如今则说明，一个目光短浅的人，是不能理解志向高远者的追求的。

12. **专心致志**

孔子前往楚国，路过一片树林，看到一个驼背老人，手里拿着一根长长的竹竿正在粘知了。老人的技术非常娴熟，只要是他想粘的知了，没有一个能逃脱的，就好像信手拈来一样轻而易举。孔子惊奇地说："您的技术这么巧，大概有什么妙法吧！"

驼背老人说："我这里的确是有道理的。夏季五六月粘知了的时候，如果能够在竹竿的顶上放两个球而不让球掉下来，粘的时候知了就很少能够逃脱了；如果放三个球不掉下来，十只知了就只能逃脱一只了；如果放五个不掉下来，粘知了就像用手拾东西那么容易了。你看我站在这里，就如木桩一样稳稳当当；我举起手臂，就跟枯树杈一样纹丝不动；尽管身旁天地广阔无边，世间万物五光十色，而我的眼睛里只有知了的翅膀。外界的什么东西都不能分散我的注意力，都影响不了我对知了翅膀的关注，这样怎么会粘不到知了呢？"

孔子听了，回头对弟子说："专心致志，本领就可以练到出神入化的地步。这就是驼背老人所说的道理啊！"

这个故事说明，一个人如果能够排除外界的一切干扰，集中精力，勤学苦练，就可以掌握一门过硬的本领。

13. **得心应手**

楚国的郢都有一个人，鼻子尖上沾了一片白石灰，这层白石灰薄得像苍蝇的翅膀一样。他请一个名叫石的工匠用斧子把它削去。于是工匠石挥动斧子，只听见呼呼一阵风响，手起斧落，白石灰削得干干净净，鼻子却没有受到一丝一毫的损伤。那个被削的人神情自若，一点儿也不感到害怕。

宋元君听说这件事后，就把工匠石叫了来，说："你再削一次让我看看吧！"工匠石说："我的确是会削的，但是，那个敢让我削的人已经死去很久了。现在已经没有这样的人了。"

这个故事说明，不管做什么事，都要有好的搭档。如果没有一个很好的搭档，便很难把本领完全发挥出来。

14. **骄傲的猴子**

有一次，吴王坐船在大江里游玩，攀登上一座猴山。一群猴子看见了，都惊慌地四散逃跑，躲到荆棘丛中去了；唯独有一只猴子，却扬扬得意地跳来跳去，故意在吴王面前卖弄它的灵巧。吴王拿起弓箭向它射去，那猴子敏捷地把飞箭接住了。于是吴王下令左右的侍从一齐放箭，那只猴子就被射死了。

吴王回过头对他的朋友颜不疑说："这只猴子夸耀自己的灵巧，仗恃自己的敏捷，在我面前表示骄傲，以至于这样死去了。警惕呀！不要拿你的地位去向别人要骄傲呀！”颜不疑回去以后，就拜贤人董梧为老师，尽力克服自己的骄气，远离美色声乐，不再抛头露面。过了三年，全国人都称誉他的道德高尚。

这个故事说明，不管有多大的本领，也不可当作骄傲的本钱。谦虚谨慎，才能获得人们的敬重。

15. **邯郸学步**

赵国邯郸人能歌善舞，走起路来非常优美。燕国寿陵地方有个少年，千里迢迢来到邯郸，打算学习邯郸人走路的美好姿势。结果，他不但没有学到赵国人走路的样子，而且还把自己原来走路的步子给忘记了，最后只好爬着回去。

这个故事说明，全盘否定自己的传统，生搬硬套别人的经验，不仅学不到别人的优点，反而会丢掉自己的长处。

16. **东施效颦**

西施长得很美丽，尤其是她心口痛的时候，捧着心口，紧锁着双眉，样子更美丽。邻居的一个丑女见了，觉得她这个样子太漂亮了。丑女回去以后，于是也学着西施的样子，捧着心口，皱着眉头，想让别人夸她漂亮。谁知乡里的富人看她这个样子，赶紧关闭大门不出来；穷人见了，也拉着自己的妻子儿女远远地躲开。这个丑女只知道皱着眉头的样子美，却不知道西施皱眉的样子之所以美，不在于皱眉，而是西施有美的本质。反映了庄子顺从自然、反对人为的思想。

这个故事今天则说明，做事情，如果不考虑自己的条件，盲目地模仿别人，很容易弄巧成拙，适得其反。

孟子庙

临濮十字大街东北隅有亚圣夫子庙，俗称孟庙。由孟子 54 代孙孟思安于明正德三年（公元 1508 年）始建，由六十二代孙孟闻山于明崇祯五年（公元 1632 年）重修。原有殿堂、断机亭、棂楹三小门、墓门、应门、月池、水井各一，为当地一大胜景。

孟子五十四代孙孟思安原任陕西榆林道佥士，正德初告老还乡，经濮赴邹，因家乡有兵变遂滞留临濮，后其子克谐试于濮，补弟子员，遂世居濮水。虑于每年回邹丁祭路远不便，因而建亚圣孟夫子庙于临濮，形成山东孟庙南北各一，至今 500 年。

史载，孟子曾游历鄄城，看到鄄城三皇五帝遗迹，颇有留恋不舍之意，未果。所谓“往卫至历山，见旧迹而欲田之”。然未果，后为梁惠王礼聘，遂适魏。

公元 1935 年庙毁于黄水。公元 1990 年孟氏族人修复孟庙。从原址出土碑刻 5 通，为天启元年翰林院清查祭祀整理庙貌赐族人冠带衣巾碑、崇祯五年知州刘锽新撰崇祯五年碑等。

孟庙是菏鄄地区关于亚圣孟子的唯一纪念。被列为县级重点保护单位，并于公元 1991 年设立了保护碑。

二十九、亿城古寺葬孙膑

孙膑师从鬼谷子，才过庞涓惹祸殃。
赛马取胜露头角，荣任军师名始扬。
桂陵设伏待魏兵，围魏救赵显锋芒。
减灶示弱运谋略，马陵斗法骄将亡。
功成身退修兵法，年老致仕归故乡。
齐王感念孙膑功，为修驿城花园旁。
常遣大臣来看望，迷糊村北使节忙。
改称仪城葬孙膑，又名义城缘左羊。
达摩传教静修此，始建亿城寺道场。
黄泛无情迷古迹，法师还愿重辉煌。

孙膑生平

孙膑（约公元前 382 年—前 316 年），字伯灵，孙武后世子孙，为避战乱其父移居鄄城。孙膑生于今鄄城县红船镇孙老家村，离北边孙花园村十来里。至今村内尚有孙氏祠堂，祠堂正中供奉着孙膑牌位，上写：“齐国军师晋封左丞始祖孙公讳膑字伯灵暨苏夫人之神位”。《孙氏族谱》《孙氏家祠序》书中也明确记载说：“战国齐国有孙膑号伯灵者，官为军师，辅政于齐，建立奇功，是为孙氏之祖也。”

孙膑像

伯灵自幼聪慧，不幸年幼丧父，二哥因兵乱走失。母亲靠给姓冷的地主家做活养家糊口，他与大哥也与冷家放牛。他一边放牛，一边刻苦攻读祖传的兵法，并常和小伙伴做布阵游戏，每次都是他赢，小伙伴无不佩服。

时值战国，战乱频仍，民不聊生。伯灵立志拜师学艺。当时楚国有个学识渊博的人，姓王名诩(xǔ,或作栩、利),又名王祥,精通兵法,武艺高强,隐居在鬼谷山中收徒传艺,世人尊称鬼谷先生。伯灵决心投奔鬼谷子学艺。伯灵一路风餐露宿,来到鬼谷山下。见山高涧深,云雾缭绕,泉水淙淙,古木奇洞遍壑,相传为鬼神聚居之处,伯灵不觉毛骨悚然。此时忽见山下来一少年,迎上前去,互道姓名,知来人名叫庞涓,也是前来学艺的。二人一见如故,便结拜为生死兄弟。庞涓年长为兄,伯灵为弟,一同进山拜师。伯灵勤奋好学,为人忠厚,与师兄弟和睦相处;庞涓心胸狭窄,骄傲自大,嫉贤妒能,大家都很讨厌他。

一天鬼谷子想要试一试二人的聪明才智,便将二人叫到跟前说:“我坐在洞内,你俩在洞外,看谁能把我诓出去。”二人出洞,庞涓想胜过伯灵,让伯灵叫他先诓老师。庞涓先以双头麻雀诓鬼谷子,鬼谷子不信,没出洞。又说伯灵打人,鬼谷子更不信;又说老虎下山吃人,想诓鬼谷子出来相救,鬼谷子说,使出你的武艺与它斗嘛,待你斗不过时,我再出去救你。三招使完,鬼谷子仍没出洞。庞涓无计可施。鬼谷子说:“伯灵,该你了。”伯灵装作非常为难地说:“我也没有办法把师傅诓出来。我看不如换个方法,师傅在洞外,俺俩在洞内,看谁能把您诓进洞里来。才算真有本事呢!”鬼谷先生说:“好!”于是走出洞来。从此先生更加看中伯灵。伯灵也更谦虚好学,远远超过了庞涓。

学艺三年,庞涓觉得自己武艺天下无人能比,辞别老师下山去了。恰逢魏王招贤,便投奔了魏国,用花言巧语骗得魏王信任,当了魏国大将军。但打了几仗都失败了,魏王十分不满。庞涓便骗师弟伯灵下山当自己的参谋。伯灵临走时,鬼谷子给他一个越国小竹筒说:“如遇上大灾大难,就取里面的竹简看一看。”

伯灵与庞涓一同师从鬼谷子学兵法。庞涓知道自己学问不如伯灵,甚是嫉恨,做了魏国将军后,将孙膑骗至魏国,诬告孙膑是奸细,对其处以膑刑(剜去髌骨),故孙伯灵遂称孙膑。为逃出魏国,孙膑打开老师的竹筒,他照老师的指点,便佯狂痴呆,庞涓放松了对他的监视,后经齐国使者救出,运载至齐。他曾帮齐国大将田忌赛马,赢了齐王,初露锋芒,被拜为齐军师,帮助田忌数败魏军。其指挥的桂陵之战,创下了中国历史上著名的“围魏救赵”的光辉战例。又在马陵之战诱歼魏军,杀死其统帅庞涓,终报膑刑之仇。

孙膑与皮靴

孙膑受膑刑后逃到齐国,成为齐国的军师。为了能够行走,他发明了一种鞋帮高硬的鞋,犹如现在的假肢,依靠这种鞋的支撑力就可以自己行动。于是他在公元前353年,乘车指挥10万大军,大破魏军,战胜了庞涓,这就是历史上著名的齐、魏桂陵之战。孙膑发明的这第一双高硬帮的皮鞋,就是后代皮靴的雏形,是制鞋史上的一大创举。孙膑于是被后人推崇为“制鞋始祖”。为了纪念他,一些制鞋名师便将孙膑的画像挂在家中,表达对孙膑的崇敬之情。由此,凡是家中挂有孙膑画像的,就表明是以制鞋为业的家庭。

孙膑墓的发现

孙膑墓位于箕山镇东宋楼乡孙花园村东北500米向阳河东岸。孙花园村坐落在向阳河与月厌河的交汇处,四面环水,鸭鹅戏波,荷叶挺碧,绿柳垂荫,百鸟和鸣,真无愧于“花园村”之名。

传说孙膑童年曾在这里的一片青草地为大户放牛,久之此地只长青草,不长庄稼。孙膑致仕后归隐故乡,起初住在红船老家孙老家村，看到这里背靠青山，东依灉水，南有月厌河，青山绿水，环境优美而安静，就在此建花园书院定居下来，潜心研究兵法战策，撰写他的《孙膑兵法》。这期间，他收徒授业，在这里摆下一座九宫八卦阵，除了讲演兵法，教授用兵打仗之道，闲暇时就带领弟子们按照阵式，并依春、夏、秋、冬的顺序，种植各季花草，逐渐形成一个花园。后来，孙氏一支遂从孙老家迁来建家立村，命村名为孙花园。

孙膑死后，即葬于今孙花园村北、李胡同村西。明代，坟墓被黄河泥沙淤埋地下。

1990 年，孙花园村民在村东北向阳河东岸挖出明代嘉靖三十七年“重修亿城寺碑”一块，碑文虽剥蚀严重，但细辨内容，发现上刻有亿城寺内有“孙膑墓址深遂（邃）”的字样。自此才找到孙膑墓的确切位置。

孙氏族人重修了坟茔，墓丘直径 4 米，封土高 3 米，四周以石围砌，墓前竖碑一栋，镌刻“孙膑墓”三个篆字。今为县级重点文物保护单位。

迷糊村

孙花园村的格局与其他村庄迥然不同。全村由一条直街、一条斜街、九条胡同连接所有建筑物而成。共有四个门，只有一个东门是正门，其余三个为西南门、西北门、东北门。大小胡同，无论从外往里看，还是从里往外看，条条胡同都是死胡同，不是被房挡着，就是被墙堵着。然而，走下去却是疑无路处却有路，东西南北皆可通行。原来村中大小胡同均为辘轳把形式，从外往里看均是“死胡同”，进去之后则四通八达。据传，孙花园乃是依照当年孙膑所布的九宫八卦阵势所建，人一走进去就犯迷糊，因此孙花园又叫“迷糊村”。今历经 2000 多年，格局犹存，真是一座世所罕有、独绝千古的杰作！孙花园村至今流传着这样一首歌谣：

月厌河边建花园，始祖兵法记心间。

九宫八卦传后世，荒乱岁月保平安。

这大概是孙膑当年的遗训，故世世相传，生生不息，代代不改，直到今天。当年在抗日战争中，正是这迷宫般特殊的村庄结构，曾把日本鬼子迷惑住，掩护了村里的乡亲们。

桂陵之战围魏救赵

桂陵之战遗址坐落在曹州牡丹园的东区，有桂陵纪念碑亭，有千年桂陵古井，当年军事家孙膑曾在此创下了“围魏救赵”的光辉战例。

公元前 354 年，魏国派大将庞涓率 8 万精兵进攻赵国。赵向齐求救，齐国应赵请求，派田忌为将，孙膑为军师，率兵八万救赵。起初，田忌准备直趋邯郸进攻魏军主力，以解赵围。孙膑认为，要解开纷乱的丝线，不能用手强拉硬扯，要排解别人打架，不能直接参与去打。派兵解围，要避实就虚，击中要害。

围魏救赵图

孙膑向田忌建议说，魏国长期攻赵，主力消耗于外，老弱疲惫于内，齐军应乘魏国国内防务空虚，我们如带兵向魏国都城大梁猛插进去，占据它的交通要道，袭击它空虚的地方，庞涓必然会放下赵国回师自救，齐军乘其疲惫，在预先选好的作战地区桂陵截击魏军于归途，可以达到既援救赵又打击魏的目的。

田忌采纳孙膑围魏救赵的计谋，庞涓果然中计，回师救魏。魏军进至桂陵突遭以逸待劳的齐军的突然截击，仓皇应战，终致惨败，庞涓被擒，然被其残害与之有仇的孙膑这次还是放过了他。结果赵国之围解除，邯郸亦失而复得。后来的军事家把孙膑在此战中创造的避实击虚、攻其必救这种战法誉为“围魏救赵”战法，成为两千多年来军事上诱敌就范的常用手段，被列为三十六计中的重要一计。

马陵之战减灶诱敌

桂陵之战后，魏国虽元气大伤，但经过几年的休整后，魏国逐渐开始恢复对外进攻，爆发了魏齐马陵之战。

孙膑运用诱敌之策，将决战地点选在了马陵。马陵之战的具体地点在哪里？多有争论。

有人说在山东中南部临沭县与江苏接界的郯城，真是大错特错。马陵之战是魏侵韩引起的，魏在河南开封，韩还在开封之西的新郑，魏侵韩应向西进攻，两国交战怎么会越过宋国跑到东边遥远的毫不沾边的鲁国东面去打呢，完全是风马牛不相及。即便是回头击齐，也当向东北前进，因为齐军撤退诱敌是向东北鄄城方向走的，魏国即使是追击齐军也只能朝开封东北追，那里既是魏国的领土，也与齐国接界。这种形势只要一看战国地图，即可一目了然。

马陵之战的正确位置当在鲁西鄄城（今鄄城旧城镇）东北部，那里是顺着黄河东北走向的青山低山丘地带。

东晋虞喜《志林》记载：“马陵在濮州鄄城县东北六十里，有陵，涧谷深峻，可以置伏。”唐张守节《史记正义》也赞成此说。此地正是鄄城东北阳谷之南，距西北部的范县不远。这也正是太史公寻访所得的马陵之战遗址，此地正位于孙膑的出生地“阿、鄄之间”，是孙膑极为熟悉的地方，所以孙膑才选择在此与魏军决战。魏齐马陵之战发生在这里，既合情合理也是事实。

公元前 341 年，魏国再次发兵进攻韩国，韩国向齐国求援。齐威王采用孙膑“深结韩之亲而晚承魏之弊”的主张，与韩结好却不急于发兵。待韩军五战五败，魏军也实力大损时，才于次年以田忌为主将，孙膑为军师，发兵救韩。

魏国眼见胜利在望之际，又是齐国从中作梗，非常恼怒愤懑。于是决定放过韩国，转将兵锋指向齐军，要好好教训一下齐国。魏惠王待攻韩的魏军撤回后，即命太子申为上将军，庞涓为将，率雄师 10 万余众，气势汹汹地扑向齐军，企图同齐军一决胜负。

齐军这时已进入魏国境内纵深地带，魏军尾随追来，孙膑针对魏兵蔑视齐军的实际情况，在认真研究了战场地形条件之后，定下减灶诱敌、在退却的路上设伏聚歼的作战方针，造成在魏军追击下，齐军士卒大批逃亡的假象；当魏军向东北追到鄄城东北部的马陵山区时，齐军在马陵利用有利地形，早已选择军中 1 万名善射的弓箭手埋伏在道路的两侧，并规定到夜里以火光为号，一齐放箭，还让人把路旁一棵大树的皮剥掉，在上面书写“庞涓死于此树之下”的字样。

庞涓在接连 3 天追下来以后，见齐军退却避战而又天天减灶，武断地认定齐军斗志涣散，士卒逃亡过半。于是命令部队丢下步兵和辎重，只带着一部分轻装精锐骑兵，昼夜兼程追赶齐军至马陵，时至傍晚，见剥皮的树干上写着字，但看不清楚，就叫人点起火把照明。字还没有读完，齐军便万弩齐发，给魏军以迅雷不及掩耳的打击，魏军顿时惊恐失措，大败溃乱。庞涓智穷力竭，眼见败局已定，遂愤愧自杀。齐军乘胜追击，又连续大破魏军，前后歼敌10万余人，并俘虏了魏军主帅太子申。马陵之战是中国战争史上设伏歼敌的著名战例。

亿城古寺葬孙膑

亿城寺，遗址位于鄄城县箕山镇东孙花园村北、李胡同村西。其北6公里处是燕楚交通要道，周围古迹群集，远处西南有尧王陵，东北有子房墓；近处东邻古廪丘城，南有羊左合葬墓，西南有汲黯墓，北侧有荆轲墓，西北有高庄遗址，西有箕山古遗迹许由洞。

亿城寺图

亿城寺北有青山，南有月厌河，沿岸杨柳依依，鸟语花香，风景秀丽。故当初孙膑致仕后便在此建花园书院，集中精力写作《孙膑兵法》。当地民谣有：

孙家花园月厌滨，四季风景各别论。

蜂戏蝶舞百鸟唱，不由想起孙老人。

齐王念及孙膑功高，常派大臣前来看望，为安排食宿，特在附近建了一座驿城，招待前来看望的大臣。孙膑死后，就葬于驿城前，并改名为“仪城”。仪，繁体作儀，金文作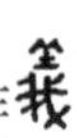（即義，宰羊祭祀），篆文作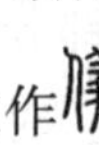，另加义符人，是人持祭牲致祭之意，故“仪城”乃“敬献牺牲致祭孙膑之城”之意，以表达对孙膑的敬仰。

魏晋时佛教传入鄄城，禅宗祖师菩提达摩渡江北上传教，闻仪城古迹，山水灵秀，遂于北齐皇建元年（公元560年）在仪城旧址建寺，名为“亿城寺”，取“亿”字的安静之义。辉煌时期佛像曾达万余尊，僧人曾达千余人，为中原寺庙之首，辉煌壮观第一。

盖因寺旁有义士羊左合葬墓和荆轲墓，取其义士之意，故后又改名为“义城寺”。后因黄河水患被毁。

公元1994年台湾地区法师天机曾经在中原大陆许下有关宏愿，为自己的师父圆融修一座寺院。她走遍了中国大江南北也没有发现一个适合她还愿的地方。她在离开大陆途经香港上空时，无意间打开中国地图，看到鄄城的“鄄”字，她眼睛一亮，虽不知读音，但从字形上看不就是“西方大耳佛”吗？她即刻乘飞机返回考察，发现这里曾是禅宗佛祖的发源地，是一代兵师孙膑的故里，而且古迹荟萃，认为是“天时、地利、人和”的风水宝地。于是不惜花费重金在此建造寺院还愿，建造圆融禅寺、孙膑旅游城。遂形成如今融佛教、军事、园林为一体的规模宏大的亿城寺名胜区——孙膑旅游城。

孙膑旅游城

孙膑旅游城位于箕山镇东北，建在孙膑墓和古亿城寺原址处，是如今新修复建的一

孙膑纪念馆图

个旅游项目。主要由孙膑纪念区、园林游览区和佛教文化区组成。孙膑纪念区有孙膑纪念馆、孙膑墓、佛塔、孙膑书院；园林游览区包括林荫道、公园、圆融湖、别墅区、花卉盆景区、文化娱苑、驿城宾馆等；佛教文化区主要有放生池、天王殿、圆通殿、药师殿、大雄宝殿、文殊殿、钟楼、廊、庑、法堂、斋堂等组成。整个旅游城内遍植各种树木花草，集山水、湖塔、林木于一体，是休闲避暑、观光旅游、览胜游乐的好去处，为我国北方继泰山、三孔之后又一旅游观光胜地。

东山禅寺

景点还有东山禅寺位于鄄城县城区孙膑路北段，现建有山门、大雄宝殿、斋堂、讲堂、南北配楼等。大雄宝殿内供奉的是释迦牟尼的佛像，是江北重要的佛教活动场所。鄄城东山禅寺只是为创建圆融禅寺而建的一个准备。由于鄄城圆融禅寺创建规模较大，必须先建一个寺院安定下来。这两个禅寺都是台湾地区的天机法师投资创建的，由其高徒释证道师太承办，释证溥尼师协助。师太和证溥师父都是从台湾地区来的，他们为大陆为鄄城的佛教事业立下了不可磨灭的功劳，为这个地区的人们造了福，为这个地区的社会安定做出很大的贡献。

三十、孙膑遗阵成水堡

古城廪丘鄄郓间，一片沃土产粮棉。
四面环水似水堡，金堤蜿蜒村北环。
曾为炎帝后裔居，立国生息颇滋蕃。
街巷布局似迷阵，入街转向行走难。
晨曦雾市影憧憧，传为孙庞战正酣。
孙膑幼牧牛舔碑，淡红痕迹今赫然。
又是宋江祖居地，心形大坑永难填。
幼年串亲曾一往，古村竟此藏机玄。

古廪丘为古羊角城遗址

炎帝的后裔散居于鲁西南鄄城县的东北部，并建立了一些小国，其中之一就在廪丘，地域原为炎帝族生活的羊角城遗址。后为春秋时齐国城邑，称为飞云驿。此驿或许就是当年孙膑退休后在(孙)花园著书，齐王特在附近建了一座方便官员来往看望孙膑的驿城，至少是在同一地。

汉朝于此置廪丘县。古廪丘故城又称“义城”，因有古烈士羊角哀与左伯桃合葬墓而得名，故址在今鄄城东北箕山镇东的亿城寺，即如今的孙膑旅游城。地处鄄郓之间。清末为郓、濮(鄄)、范三县分管，1928 年归属郓城县。

古廪丘，地势高耸，自古以来便是良田沃土、盛产粮棉的富足之地，素有郓城“西北粮仓”之称，故称“廪丘”，廪者，仓廪也。春秋时，齐景公曾以此处作为孔子封地，被孔子谢绝。

廪丘雾市

现在当地老百姓都知道在水堡东南有一座“廪王城”，甚是壮观。据说，在晨曦朝雾弥漫中，影影幢幢，似有亭台楼阁，人们还能隐约看到廪丘古城的城郭影像。此即所谓郓城十大景观之一的廪丘雾市。古曾有诗形容云：

旧迹知何处，犹有廪水埃。
荒畴衍黍稷，平野见楼台。
乍现时运没，擘空影复开。
蒙蒙烟雾里，疑是小蓬莱。

这一景象的出现，实因昔日古廪丘本为高地，后因黄河改道北徙，遂成沼泽，故时或出现海市蜃楼奇观。清朝县令陈良谟则认为是：

聚军鲁鄗汉时升，千载犹多瑞蔼凝。

无蜃如何有海市，遥瞻疑是彩云蒸。

孙膑与云燕

传说，郓城十景之一的荒塔云燕，是曾在廪丘布设迷魂阵的孙膑死后的精魂所化。因孙膑生前曾遭“膑刑”不能站立行走，所以，栖息在荒塔上的燕子，只有前爪而无后趾，落地不能起飞，落树不能抓枝，故而从不落地，不落枝，不远飞，“严冬不南迁，有足不成行”，滑翔出穴，飞闯入巢。偶有坠地的，则不能再起飞。

据说，登上塔顶，向西眺望，便可以看到廪丘古城和孙庞大战的幻影，这便是郓城的又一景观——廪丘雾市。

水堡之称的来历

水堡早先叫飞云驿。相传，在后晋开运元年(公元944年)时滑州河决，飞云驿受淹，四面环水，方圆数里，一片汪洋。一官员登高环视，大笑曰：“此地易守难攻，实乃水堡也。”飞云驿由此改名水堡。宋、元先后改名义东堡、水堡寨，明、清时期复称水堡。

水堡村北倚金堤，聚落呈长方形，东西稍长，南北略窄，由于明代以后，黄河频频泛滥的影响，现在的水堡村已不见往日堆突高耸，威严不可侵犯的气势，在金堤的衬托下，倒像是一个盆地，四周黄沙漫漫，到处留下黄河泛滥和风沙肆虐的痕迹。

青龙潭与仙人桥

在水堡村西南，赵王河内约有方圆20米的深潭，水呈绿色，深不见底，传说深夜有人看到潭水上面云雾缭绕，似有青龙伏在潭水上面，故名青龙潭。河上有一条约五丈长铁索做的浮桥，人们望而生畏，无人敢在此通过，认为只有神仙才能通过，故名“仙人桥”。

孙膑牛舔碑

据《濮州志》记载，在水堡村西头，原有一座真武庙，后殿称龙虎殿，原殿毁后，仅存禅门外古碑五，半淤土中，上仅三尺余，傍东一碑，为一不规则长方形青石，座上前边并有两牛蹄印。青石上有一牛舔刷的痕迹，宽似牛舌，长约一尺余，深二三分许，其舔处淡红色而滑，确似牛舔。传说，孙膑幼年放牧，常系牛于此青石上，他坐旁苦读，久之，牛便在青石上舔下一道舌槽，留此遗迹。后人为纪念他，将此石立起，被称为“孙膑牛舔碑”。是水堡二十四景之一，吸引许多外地人慕名而来。可惜此碑已毁于十年动乱，但碑座仍在。

水堡村原为迷魂阵

传说，孙膑外出随鬼谷子学艺前，就在家乡经常琢磨兵书，研究阵法，反复排练各种阵势。庞涓进攻赵国时，孙膑恐怕庞涓有害家乡，故在水堡村布下了迷魂阵，后代乃依其阵势修建房屋，安排道路，沿袭至今，形成这种特殊的村庄建筑格局。所以至今水堡村的街道布局和房屋建设，与我国北方其他村庄建设格局迥然不同。主街道呈东南及西北走向，房屋也偏向东南，非主要街道及小胡同因地势和房屋建设而朝不同方向拓展，呈不规则走向，人们进村后就迷失方向。故有“水堡集，真稀奇，十人来了九人迷，剩下一个不迷的，不知哪头是市集”的俗语。明明往西走入小巷，出巷时却已朝南，而巷中又感觉不曾转弯。到了夏天，还可看见不少水堡人在堂屋后边晒大酱的奇观。这是生活在北半球的人们所不能理解的事，多少年来，曾使无数游人大惑不解，摇头惊叹。远看时，水堡集尽收眼底，入村来，难分清南北东西。

水堡二十四景之一的“黑风口”一景，就是孙膑摆迷魂阵时留下的一条西北及东南走向的狭长建筑巷道，形成的狭窄隘口，风过此巷疾速而猛烈，飞沙走石浓雾迷漫，不辨天日，令人望而生畏，故后人谓之“黑风口”。

然而近几年，水堡镇新辟的街道，将这一景观破坏殆尽，甚为可惜。

孙膑营与孙花园

传说桂陵之战，孙膑发兵攻打庞涓时，曾率军途经故里，在村南偏西约 1 里处安营扎寨。出发前拔营时，留下部分帐篷供家乡人使用，有些村民便来此居住，后人遂称其为“孙膑营”。传说后来有人在夜间曾听到过人欢马叫之声。

传说孙膑童年时曾在水堡村西北约一公里处的一片青草地上，为齐家大户放牛，久之此地只长青草，不长庄稼，故有神仙草之称。后人为纪念孙膑把一片青草地变成花园，由姓孙的老叟看守，逐渐成了现在的孙花园村。

水堡乃宋江家乡

水堡是北宋农民起义领袖宋江的家乡。当地人传说，水堡村原来多为宋江之后，因为宋氏历来与官府作对，横遭迫害，流亡他乡，随着宋江后裔的去向不明，遗憾的是，在水堡村的居民中，如今竟然无一姓宋。

水堡村中有一个面积较大的土坑，相传为宋江故居遗址。传说宋江在梁山聚义后，统治阶级视之为“贼寇”。宋江被捕惨遭杀害，全家抄斩，房子被烧光，平地又掘 3 尺，日久沦为土坑。后人为纪念宋江全家，不忍毁去遗址，起名“忠心坑”“忠义坑”，保留至今。其中布满瓦砾，数百年来黄河发水也没能淤

宋江故里图

平。历史上附近村民曾多次想要填平，然而每一次总是垫土之人喘息未定，便一命呜呼。如此数次，水堡村便有了传世的歌谣，“宁愿住牛棚，别垫忠心坑”。水堡人说，这是宋江被皇帝毒杀之后悲愤含冤，死不瞑目，将一颗忠心变为老宅上的心形大坑，以昭世人，岂能往里填土？数百年来，忠心坑一直保留了下来，尽管四周建满民房，可是邻居们谁也不敢越雷池一步。

宋宅花园

由忠心坑往北 70 米，便是宋宅花园，占地约 5 亩。相传旧时园内百花盛开，宋江常陪父亲宋太公赏花。园内有一井，水位较深，历经千余年，从未干过。生水饮之，有落花香味，煮沸饮之，则清香可口。很久以来就供村人饮用，保留至今。宋宅被夷为平地，后花园也荒凉一片。如今留下来的，只有这一口水井和一个老树疙瘩。据说这棵古树，原是生长在宋家花园的墙内，宋太公有个习惯，午饭之后，总要躺在这大树下的椅子上闭目小憩，倘若惊醒，便再不能入睡。每当此时，宋江便早早将鸡犬逐出，携书陪读，以防人畜惊扰。倘太公身染小恙，更是请医问药，绕床侍奉，宋江孝子之名，由此不胫而走。

宋江演武场

在花园西北角，有约 500 平方米的平地，

相传为宋江演武场，宋江早晚在此练武，并以武会友，共同切磋武功。花园外面有一棵古老的槐树。传说约有千年，新中国成立后还存有一株光秃秃的树干，上面挂着红袍，人们烧香朝拜，所以保留时间很久。

明末清初以来，该村居民有制作和玩耍以《水浒》人物为图案的小纸牌的习俗。其中部分人物图案，所标序号是当时官府缉拿他们的赏银数量。如一万（贯）燕青，二万（贯）花荣……九万（贯）宋江等等。这种全国绝无仅有的木刻版油印纸牌，玩法甚多，男女老少都会，在广大农村中流行甚广。

蝎子山

水堡村西南有宋林遗址，占地 3 亩余。相传旧时林内坟墓和墓碑很多。宋江因造反被抄家后祖坟被刨掉，其他坟墓被刨平，故该林地至今没有坟头。被推倒的墓碑年久上面生有很多蝎子，人们见而生畏，没人敢动，故宋林的墓碑传说有蝎子山之称。

三十一、秦祖伯益居犬丘

伯益祖上出炎黄，秦赵先人畜牧长。
封在犬丘雷泽畔，西迁陕甘铸辉煌。
穆公招贤列五霸，孝公变法尊商鞅。
始皇雄才兼六国，同文同度同伦常。
改革封建行郡县，一统天下定华邦。

公元前221年，秦始皇吞并六国，建立中国历史上第一个大一统的中央集权的封建王朝。中国历史进入皇帝专权的中古时代。

秦国缘起

秦国是周朝时西迁的一支华夏族在西北建立的一个小国。其先祖嬴姓部族早在殷商时期就是镇守西戎的得力助手，颇受商朝重视，后遂发展为商朝西部的一方诸侯。

秦祖伯益，也作伯翳，又名大费，是黄帝的后裔。所以秦人以华夏自居，奉黄帝为始祖。秦灵公曾在吴阳（今陕西省宝鸡市吴山）建上畤（zhì），祭祀黄帝；建下畤，祭祀炎帝。秦人信仰西王母和女娲等中原神，崇拜伏羲、黄帝、炎帝、少昊四帝。

颛顼后裔的女修嫁给东夷少昊嬴姓为妻，生下大业，即皋陶，皋陶生伯益，所以伯益是高阳帝颛顼的外孙皋陶的儿子。（详见《十七、舜耕历山渔雷泽》）

伯益封于鄄城犬丘

史载：大业娶黄帝部落的女华为妻，生下伯益。舜在历山（在今鄄城）种地时就已认识了伯益，说明伯益居住在历山附近的犬丘，这已有共识。

伯益善于畜牧和狩猎，助禹治水有功，赐姓嬴，又佐舜调驯鸟兽，被舜任命为虞（一种负责开辟山林沼泽的官员），封于鄄城雷泽西岸的犬丘，又叫垂都（在今鄄城郑营乡刘堌堆），所以犬丘是秦、赵的发祥地，伯益则是秦、赵两国君主的嫡系祖先。中国古代文明西进，人走名随，秦人念及祖居地，故称陕甘之地的犬丘为西犬丘或西垂。此是后话。

传说，伯益能领悟飞禽鸟语，被尊称为“百虫将军”。他发明了我国最早的造屋、挖井技术，因此被民间尊称为“土地爷”“井神”，受到多种形式的供奉。

伯益本来被选为禹的继位人。禹死后，在夺权斗争中被启杀死。

伯益娶舜的亲属姚玉女为妻，生长子大

廉(称鸟俗氏)和次子若木(称费氏),二人是舜的外孙。次子若木被封到古代的徐城,建立了徐国。

秦人西迁

伯益长子大廉的9世孙为蜚廉。蜚廉有二子,老大恶来因事纣,后为周朝所杀,其后代为秦;老二季胜,季胜曾孙造父为周穆王驾车有功,封于赵城(今山西赵城县),其后代为赵。

恶来的玄孙大骆率族人迁居甘肃礼县,称西犬丘,表示不忘本之意。

大骆嫡子成,继承了大骆的酋长地位,仍居西犬丘,后被西戎灭族。

大骆的庶子非子给周孝王养马有功,被封于秦邑,在今甘肃清水县,清水上游为秦水,秦国因此而得名,为秦建国之始,从此嬴姓后裔遂被称为秦人或秦族。秦人此后世代为周王室养马并负责戍边对抗西戎,为周朝的附庸。周夷王以后,周王室越来越衰败,更不得不依靠秦人来稳定西部疆域的和平。

到非子的曾孙秦仲时,政治地位进一步提升,被周宣王任用为大夫。周厉王无道,西戎反叛,周宣王命秦仲诛伐西戎,先后与西戎厮杀20年,战死疆场。周宣王召来秦仲长子嬴其,即秦庄公,与兵七千,让其兄弟五人继续讨伐西戎,终于大破之,收复西犬丘。周宣王再次赏赐,封与西戎和西犬丘之地,庄公也被任命为西垂大夫,并将秦族首都迁回西犬丘,秦地域不断扩大。庄公卒,其子嬴开继立,是为秦襄公。

秦被封为诸侯

公元前771年,西戎攻占西周镐京,杀死周幽王。秦襄公将兵救周,并护送周平王东迁建都洛邑(今河南洛阳),被平王封为诸侯,并赐以岐山以西之地,秦国从此正式成为周朝的诸侯,秦襄公也成为秦国被列为诸侯的第一代君主,是秦国的缔造者。

襄公之子秦文公,逐渐收复了被西戎霸占的关中领土,统一了关中,秦人与周人遗众开始共处,才完全脱离游牧转向定居农业,并在周文化影响下向华夏化发展。

秦德公即位后,将国都迁至雍(今宝鸡凤翔),此后300年秦稳定地以此为都。秦国的各项制度在秦武公、秦德公在位时期大体有了雏形,国力也开始迅猛发展。这为秦穆公时期秦国的兴盛并进而与中原各国争霸奠定了坚实基础。

秦晋之好

秦穆公(公元前682年—前621年),胸怀大志,四处招揽贤才,西取由余于戎,东得百里奚于宛。在谋士由余、蹇叔等贤人的协助下,秦国成为仅次于晋国、楚国、齐国的二等强国。秦穆公很有雄心,决策参与中原争霸,为求将来与中原友好,使强邻晋国亲秦,于是向晋献公求婚,娶晋献公之女伯姬为夫人,开"秦晋之好"之端。后来,晋献公年迈昏庸,要立小儿子为继承人,杀了太子申生。另外两个儿子夷吾和重耳,分别逃往梁国和翟国避难。为达到控制晋国的目的,秦穆公先出手帮助小舅子夷吾做了晋君,即晋惠公。但不久,夷吾与秦失和,秦穆公又从楚国接来重耳,把女儿怀嬴改嫁给他,并帮他返晋夺得君位,即晋文公,再续"秦晋之好"。

"秦晋之好"原本是一种政治上的联姻,是国家之间暂时的联合。后来逐渐转化为称男女之间的婚姻结合。

"东道主"的来历

晋文公时,秦晋保持了一段良好关系。

城濮之战中，秦又出兵助晋，帮助晋文公登上了霸主的宝座。后秦穆公又与晋文公共同讨伐对晋怀有二心的郑国。郑文公为挽救国家危机，派特使烛之武劝说秦穆公说：“晋、秦围郑，郑国知道自己要灭亡了。但郑国灭亡对秦国并没好处，这只会增强晋国的力量。而晋国力量的增强等于秦国力量的削弱。如果不灭郑国，留下它作秦国东出的东道主，为秦国往来的使臣提供方便，对秦不是更好吗？何况，贵君曾有恩于晋君，晋君答应割地给秦，但晋君早晨渡河归国，晚上就对秦国设防，多背信弃义呀！晋如果向东并吞了郑国，那么向西不侵掠秦国，它又从哪里取得土地呢？所以灭郑显然是损害秦国而利于晋国的下策，请贵君考虑吧！”这就是“东道主”一词的来源。

烛之武一席话让秦穆公如梦初醒，他不再助晋灭郑，反而与郑国单独结盟，还留下杞子等三位大夫助郑戍守，自己就率兵归国了。

秦穆公本想借晋文公打开通向中原争霸的道路，不想晋文公反借秦之力巩固了君位，做强了晋国，成了中原霸主，穆公自己种下了苦果。

秦晋崤之战

后来秦穆公欲乘晋文公病逝之机争霸中原，不听大臣蹇叔等的劝阻，执意越晋袭郑。恰遇贩牛的郑国商人弦高派人回国报警。秦将孟明视以为郑国有备，不敢再进，就重过崤山劳师而还。

晋襄公得知，为维护霸业，决心打击秦国，遂秘密于崤山隘道设伏。晋军见秦军已全部进入伏击圈，立即封锁峡谷两头，突然发起猛攻。晋襄公身着黑色丧服亲自督战，将士个个奋勇杀敌。秦军因不知敌情，疏于戒备，身陷重围，进退不能，惊恐大乱，全军覆没。

“济河焚舟”的来历

崤之战，使秦穆公东进中原争霸的计划破产。穆公心有不甘，命孟明视率军再度伐晋。秦军从茅津东渡黄河后，孟明视为激发将士斗志，下令将乘船焚毁，以示断绝退路，与晋军决一死战，遂大败晋军，占领王官等地。此即“济河焚舟”的来历，成为后代军事思想的重要理论。

秦霸西戎

晋军鉴于秦军来势凶猛，遂坚守城池，拒不出战。秦军求战不成，遂班师回国。这就是秦晋王官之役，秦虽小胜，然此时晋国仍处于国富民强的时期。秦穆公遂果断地调整国策，将战略目标定在西向出兵攻打西戎的游牧部族。他在谋士由余的协助下，先后灭掉了西方戎族所建立的12个国家，开地千里，使秦国从一个小国发展为雄踞西戎的大国。周襄王于是命秦国为西方诸侯之伯，遂霸西戎，并成为春秋五霸之一，被视为最雄强的诸侯。为以后数百年中秦国向西灭西戎义渠(六盘山)等国，向南越秦岭灭巴蜀，开五尺道准备往滇中发展，向东南与楚争汉中及黔中奠定了基础。

秦国多位君王都死于讨伐西戎的征战中，秦人与戎人的常年交战也造就了秦人能征善战习俗。

老叟结草

公元前561年，秦穆公之曾孙秦桓公，派猛将杜回伐晋，晋军和秦兵在晋地辅氏(今陕西大荔县)交战，晋将魏颗与秦将杜回相遇，两军正在激战之时，魏颗遥见一老叟，将青草一路挽结，以绊杜回之足。杜回站立不稳，摔倒在地，当场被魏颗所俘，秦军大败。

当天夜里，魏颗做了一个梦，梦见白天的那个老人前来致揖说："将军知道杜回为什么被俘获吗？是老汉将草打结来绊住杜回，所以杜回才跌倒被俘获啊！"魏颗大惊说："素不识老人家之面，乃承蒙相助，我怎么报答您呢？"老人说："我是祖姬的父亲。你采纳先人正确的遗命，善嫁吾女，老汉九泉之下，感你活女之命，特效微力，助将军成此军功。"

原来魏颗的父亲魏犨(chōu)，有一爱妾，名曰祖姬。犨每出征，必嘱魏颗说："我若战死沙场，你当替我选择良配，把此女嫁出去，不要让她流离失所，我死也瞑目了。"但魏犨病重时，又嘱魏颗说："此女吾所爱，一定要用她为我殉葬，使我泉下有伴啊！"说完就死了。魏颗营葬了父亲，并没有用祖姬为殉。兄弟魏锜(qí)说："你忘了父亲临终的嘱咐吗？"魏颗说："父平日吩咐必嫁此女，临终乃昏乱之言。孝子从亲清醒之命，不从昏乱之命。"葬事毕，遂择一体面士人而嫁之。魏颗梦觉，述于魏锜曰："吾当时深入体察亲心，不杀此女，不意女父衔恩地下如此！"有此阴德，所以老人有结草以报之。

黄雀衔环

与"结草"经常连用的还有个"衔环"。相传东汉杨宝 9 岁时，从华阴山北救了一只受伤的黄雀，把它带回家饲养，伤养好后把黄雀放了。过后，杨宝梦见黄雀化作一个黄衣童子回来报恩，自称是西王母的使者，并口衔四枚白环，说杨宝的四个子孙将来都会像白环一样珍贵。后来，杨宝的儿子杨震、孙子杨秉、曾孙杨赐和玄孙杨彪果然都飞黄腾达。

由于这两个故事都含有知恩必报的意思，所以后人把它们合成一个成语"结草衔环"，用来形容知恩图报。

商鞅变法的背景与舆论准备

随着奴隶制的崩溃、封建制的逐步确立，新兴军功地主阶级要求在政治上进行改革，各国纷纷掀起变法运动。如魏国李悝、楚国吴起先后进行了变法。秦国井田制瓦解比六

商鞅像

国晚，社会经济的发展落后于六国。为了增强秦国实力，不被别国吞并，秦孝公即位后，决心改革图强，便下令招贤，积极引进人才。商鞅自魏国入秦，并提出了废井田、重农桑、奖军功、实行统一度量和建立县制等一整套变法求新的发展策略，深得秦孝公的信任，任他为左庶长，主持变法。

公元前 359 年，秦孝公怕国人议论，对变法犹豫不决，于是召开了一次朝会进行商议。旧贵族的代表甘龙、杜挚起来反对说："利不百不变法，功不十不易器。""法古无过，循礼无邪。"商鞅则针锋相对地指出："前世不同教，何古之法？帝王不相复，何礼之循？""治世不一道，便国不法古。汤、武之王也，不循古而兴；殷夏之灭也，不易礼而亡。然则反古者未必可非，循礼者未足多是也。"主张"当时而立法，因事而制礼"。用历史进化的思想驳斥了旧贵族所谓的"法古""循礼"等复古主张，为变法作了舆论铺垫。

立木为信

商鞅进行变法的法令已准备就绪，没有公布。他担心百姓不相信自己，于是在国都

集市的南门外竖起一根三丈高的木杆。告示说:有谁能把这根木杆搬到集市北门,就给他十两黄金。百姓们感到奇怪,没有人敢来搬动。商鞅又出示布告说:有能搬动的给他五十两金。有个人壮着胆子把木杆搬到了集市北门,商鞅立刻命令给他五十两黄金。以此取信于民。

公子虔被判劓刑

新法在民间施行了整一年,秦国老百姓到国都反映说新法不方便的人数以千计。正当这时,太子触犯了新法。卫鞅说:"新法不能顺利推行,是因为上层人触犯它。"将依新法处罚太子。太子,是国君的继承人,又不能施以刑罚,于是就处罚了监督他行为的老师公子虔,以墨刑处罚了给他传授知识的老师公孙贾。第二天,秦国人就都遵照新法执行了。施行了四年,公子虔又犯了新法,被判处劓刑(挖去鼻梁),随后闭门八年不出。过了五年,秦国富强,周天子把祭肉赐给秦孝公,各国诸侯都来祝贺。

商鞅变法

在公元前356年和前350年,先后两次实行变法。

第一次变法的主要内容有:

(一)实行魏国李悝的《法经》,增加连坐法,轻罪用重刑;(二)废除世卿世禄制,奖励军功,禁止私斗,制定按军功赏赐的制度;(三)重农抑商,奖励耕织、垦荒;生产粮帛多的,可免除本人劳役和赋税;(四)焚烧儒家经典,禁止游宦之民;(五)推行个体小家庭制度。

第二次变法的主要内容有:

(一)废除贵族的井田制,开阡陌封疆,废除奴隶制土地国有制,实行土地私有制,允许自由买卖;(二)推行县制,废除分封制;设县令主政,设县丞辅佐,设县尉掌军事;(三)迁都咸阳,修建宫殿;(四)统一度量衡制,颁布度量衡的标准器;(五)编订户口,五家为伍,十家为什;按户按人口征收军赋;(六)革除残留的戎狄风俗,禁止父子、兄弟同室居住,推行小家庭政策;男子到立户年龄而不分居的,加倍征收户口税。

经过商鞅变法,秦国的旧制度被彻底废除,封建经济得到了发展,秦国与日俱强,逐渐成为战国后期最强大的国家。周显王册封秦君为方伯,正式承认其霸主地位。为后来秦王朝统一天下奠定了坚实的基础。

商鞅冤死

商鞅,是战国时期政治家、改革家、思想家,法家代表人物,卫国(今河南内黄县)人,卫君的后裔,又称卫鞅、公孙鞅。因在河西之战中破魏有功,被封于商地十五邑,号为商君,故又称商鞅。

公元前338年,秦孝公去世,秦惠文王继位。变法侵犯了贵族们的利益,因之遭到他们的强烈反对。惠文王做太子时的老师公子虔在变法中触犯了法律,商鞅依法对他作了公正而严厉地处罚。这时,公子虔出来诬陷商鞅谋反。惠文王十分清楚商鞅决不可能谋反,他只是为了出气,于是下令逮捕商鞅。

"作法自毙"的来源

商鞅闻听,情知孝公死后,自己失去了靠山,早晚必遭杀身之祸,便打算只身逃往他国避祸。商鞅匆匆赶路,傍晚逃到关下,不想被守关军士拦住,称说:"商君有令,黄昏后非公事不得出城。"商鞅只得投宿住店。他来到一家旅店,要求住宿.老板走出来说:"请问您是谁,留宿无凭证的客人是要治罪的,这是商君的法令，违背不得呀。”商鞅当然不敢承认自己的身份，走出旅店，仰天长叹道：“我这是作法自毙呀！”这就是成语“作法自毙”的来源。商鞅最终被车裂处死，并且族其全家。商鞅虽然被害，但新法并未被废除，而得以继续施行下去。

毛泽东评价商鞅

毛泽东曾这样评价商鞅：他是首屈一指的利国富民的伟大的政治家，是一个具有宗教徒般笃诚和热情的理想主义者。商鞅之法惩奸宄以保人民之权利，务耕织以增进国民之福利，尚军功以树国威，惩贪怠以绝消耗。此诚我国从来未有之大政策。商鞅可以称为中国历史上第一个真正彻底的改革家，他的改革不仅限于当时，更影响了中国数千年。

司马错伐蜀

在商鞅变法的利好基础上，秦国明君贤相辈出，国势日盛。他们认识到巴、蜀在统一中国中的特殊战略地位。秦相司马错就说过，秦“得蜀则得楚，楚亡则天下并矣”。公元前 324 年，秦惠文公始称王，即惠文王。接着计划攻占汉中、巴蜀等地，这样，秦国的关中、汉中、巴蜀就可连成一大片，秦国就可以成为战国七雄中版图最大的国家，从而对六国构成居高临下的压迫形势。

于是公元前 316 年，秦惠文王设金牛计骗蜀王，使张仪、司马错寻路灭蜀。

金牛开道

公元前 316 年，秦惠文王欲伐蜀，但苦于山川险阻而不知路径，便作五石牛，以金置牛后窍中，骗蜀王说石牛能屙金，蜀王于是派遣士兵千人带领五丁力士拖石牛入川，开辟出道路，俗称金牛道，又称石牛道，自今陕西勉县起西南行，经剑门关直达成都，全程六百公里，秦于是得道。后来秦使张仪、司马错寻路灭蜀。后代又屡加修造，中间包含许多架设于悬崖峭壁间的栈道，地势十分险要，后通称南栈，又名蜀栈，成为古代西通巴蜀的要道。

另一传说是：上天为蜀国生了五丁力士，力能搬山。秦王献美女与蜀王，蜀王派遣五丁迎接。途中见一条大蛇钻入山穴中，五丁力士于是拽住蛇尾一起向外拉，结果山峦崩塌，压死了五丁，美女变石，山化五岭，栈道开通。李白《蜀道难》中所写的“地崩山摧壮士死，然后天梯石栈相勾连”，指的就是此事。

巴蜀号称天府之国。秦得巴蜀等于又得到一个比关中平原更大的粮仓，成为秦消灭六国，一统天下的物质基础。于是秦国虎视东方，待机兼并六国。

苏秦刺股

苏秦(公元前 337 年—前 284 年)，字季子，今河南洛阳人。师从鬼谷子，学成后，外出游历寻求发展。先去求见周显王，显王不理他。于是西见秦王，想游说秦王兼并列国，称帝天下。秦惠王刚处死商鞅，厌恶说客，觉得时机不成熟，也未采纳他的建议。苏秦又回头向东，到达赵国。赵相国奉阳君更不喜欢他。

苏秦在外游说多年一无所成，资用匮乏，黑貂裘敝，负书担囊，形容枯槁，面目黧黑，潦倒而归，状有愧色。进门“妻不下纴，嫂不为炊，父母不与言”。

于是苏秦闭门不出，出其藏书遍观之，得太公《阴符》之谋，发愤攻读，简练揣摩。以至“读书欲睡，引锥自刺其股，血流至足”。此即苏秦“锥刺股”苦读的故事。

苏秦游说六国合纵

秦惠文王时，随着秦国不断扩张势力，引

起了东方六国的恐慌。怎样对付秦国的进攻呢？有一些政客为六国出主意，提出地域南北排列的六国结成联盟，也就是合众弱以攻一强。这种政策叫“合纵”。其代表人物就是苏秦。

苏秦研究“合纵”成熟，遂一个个游说列国。公元前334年，苏秦首先到燕国，游说燕文侯，先分析了燕与赵地理位置上的相依之势；接着批评燕国战略之错误：担忧千里外之秦，却不担心百里内之赵；最后建议燕文侯与赵合纵，结为一体。燕文侯认为苏秦之议很有道理，答应苏秦“如能以合纵之计维持燕国安定，愿举国相报”。于是资助苏秦车马金帛，前去游说赵国。

苏秦再次来到赵国，游说赵肃侯，提出六国联合抗秦的主张。苏秦详细分析了赵国和其他诸侯国之间战略相依关系，说明韩、魏、齐、楚、燕、赵六国合纵共同抗秦的好处，建议赵国组建六国联盟，并力一体抗秦，秦定不敢出函谷关侵犯，赵之霸业也就成功了。赵肃侯采纳了苏秦的“合纵”主张，资助他去游说各诸侯加盟，以订立合纵盟约。

苏秦接着来到韩国，游说韩宣王。苏秦先分析韩国的优势：地势坚固，军队强悍，有善冶炼兵器之长；再陈述臣服秦国的弊端：侍奉秦国，秦必要求割让宜阳、成皋，一旦同意，秦会变本加厉，土地有限，秦之欲望无厌，韩离亡国就不远了；最后苏秦说：大王如此英明，又有优势，却甘居秦之下，我真替大王感到羞耻！韩宣王听了脸色大变，手按宝剑，仰天叹息道：“我虽没什么才能，但也决不能侍奉秦国。既然赵王已经有了主意，我愿意举国听从您的安排。”

苏秦又到魏国游说魏襄王。苏秦首先指出：魏国地方虽小，然田舍密集，人口众多，车马奔驰，国势与楚不相上下；如去侍奉秦国，每年纳贡，一旦秦国征伐魏国，没人愿意出兵相救。并以勾践灭吴和武王伐纣为例，说明以少可以胜多，提醒魏国，兵强马壮，不用惧秦；如去割地侍秦，未及作战，国已先亏损了。主张侍秦者皆是奸佞，要谨慎决策。《周书》有言，事不前虑，后必有患，大王如能从我建议，六国同心协力，定无强秦侵害之患。今赵王派我呈上合纵条约，等候您的差遣。魏王说：“我从没听过如此高明的指教，愿举国相从。”

苏秦东到齐国，游说齐宣王。先指出：“齐国四面天险，兵精粮足；都邑临淄富而殷实，人口众多，能迅速召集大军20余万，没有哪国能比齐强大。”接着指出：“齐国险要，易守难攻，秦孤军远征，不能对齐构成威胁。有如此形势，却想侍奉秦国，此乃战略过失。望大王留心考虑，以便决定对策。”齐宣王说：“我不聪明，且居偏僻海隅，从未听过您高明的教诲。如今您奉赵王之命来指教，我愿举国听从您的安排。”

苏秦又到西南游说楚威王说：“楚国地方五千余里，军队百万，战车千辆，战马万匹，存粮足够支用十年，此乃称霸之资；秦最大的忧患是楚，楚强则秦弱，秦强则楚弱，秦楚不能并存。合纵则楚王；连横则秦帝。故最好的策略是合纵以孤秦，否则秦兵分两路而下，楚鄢郢就危险了。”最后提醒楚王说：“秦乃虎狼之国，有吞并天下之野心，是诸侯的公敌。主张连横之人要割地给秦，是想外仗强秦，对内挟持君主，罪恶大极了。希望您能好好考虑。”楚王说：“秦楚接壤，素有吞并之意，我自料以楚抗秦，未必能胜。辗转反侧，无法安睡。如今您打算统一天下，团结诸侯，保护危国，我愿举国服从。”

苏秦激张仪入秦

苏秦在赵国时，秦派犀首攻打魏国，并打

算挥师向东挺进。苏秦担心秦打到赵国，盟约还没缔结就遭到破坏。于是决定智激同窗张仪入秦，维护萌芽期的联盟。苏秦派人去悄悄劝说张仪来投奔他，张仪到来后，苏秦却故意不理不睬，并当众羞辱后打发他离开。张仪又羞又气，想到各国诸侯中只有秦国才能威胁赵国，于是便前往秦国。苏秦暗中派人资助张仪到达秦国，并且帮助他见到秦惠王。秦惠王用张仪为客卿，与他共商攻打各国诸侯的大计。这时，帮助张仪的人才说是苏秦故意激怒他，为的是张仪今后有更好的发展。张仪知道后，感叹自己没有苏秦高明，并许诺在苏秦当权时不攻打赵国。

合纵成功

苏秦终于将六国诸侯说服，六国达成合纵联盟，愿联合起来，团结一致，共同西向抗秦。苏秦合纵六国后，返回赵国，被赵肃侯封为武安君。苏秦被任命为纵约长，佩戴六国相印，名震天下。并以盟军“纵约长”的身份，下“纵约书”与秦，迫使秦国 15 年不敢越函谷关出兵攻伐。这就是著名的合纵之策。苏秦遂成为战国时著名的纵横家、外交家和谋略家。

衣锦还乡

合纵成功后，苏秦自楚北上，向赵王复命，途经洛阳家乡时，车马行李、各诸侯送行的使者颇多，气派比得上帝王。周显王听到这个消息感到害怕，为他清扫道路，并派人到郊外犒劳。苏秦的妻子侧目而视，侧耳而听；嫂子蛇行匍匐，四拜自跪而谢。秦谓嫂曰：“何前倨而后恭?”嫂匍匐以面伏地，谢罪说：“见季子位高金多也。”苏秦感慨万千，说：“同样的一个人，富贵了，亲戚敬畏；贫贱了，连亲戚都轻视，更不必说一般人了。假使我当初在洛阳有二顷良田，现在又怎能佩带六国相印呢!”于是散发千金，赏赐给亲戚和朋友。

当初苏秦到燕国去时，曾向人借钱一百做路费，如今富贵，就偿还了百金。苏秦的随从人员中，只有一个人没得到报偿，就上前询问。苏秦说：“我不是忘记了你，当初你随我去燕国，在易水边你再三打算离开，那时正当我身处困境，所以最后赏赐你。”

苏秦死，纵约散

后来，秦国派使臣犀首欺骗齐国和魏国，和它们联合攻打赵国，打算破坏合纵联盟。齐、魏攻打赵国，赵王就责备苏秦。苏秦害怕，便请求出使燕国，发誓一定报复齐国。苏秦离开赵国以后，合纵盟约便开始瓦解。燕文侯去世，易王刚登基，齐宣王趁发丧之机，攻打燕国，侵占了十座城池。苏秦到了燕国，燕王请苏秦去游说齐王把齐侵占的十座燕国城池归还，苏秦到齐国，成功说服齐王归还了燕国的城池，苏秦重新得到燕国的重用。由于苏秦与燕王母亲私通，怕被迫害，于是用计“假装是燕国的叛徒”逃到齐国得到重用。齐国的大臣为了与苏秦争宠，派刺客刺杀苏秦。苏秦在伤重将死时，对齐王说，就说“我是燕国的间谍”并请齐王处死自己，这样就可以抓住前来领赏的刺客了。齐王照办，这一招果然有用，齐王把抓住的刺客也处死了。燕国人都称赞齐国为苏秦报了仇。

苏秦死后，燕、齐成了仇敌。后来燕国内乱，齐国趁机入侵燕国并杀掉燕王。再后来苏秦的弟弟苏代帮助新燕王杀入齐国，差点使齐国灭亡。这样一来，苏秦合纵对抗秦国的策略至此算是“纵散约解”，彻底失败了。

连横政策

秦惠文王为了对抗合纵政策，也有一些

政客帮助秦国到各国游说，要他们靠拢秦国，去攻击别的国家，即“事一强以攻众弱”。这就是“连横”。其中最出名的要数张仪。

张仪（约公元前 378 年—前 309 年），魏国安邑（今山西万荣县）人。传说他与苏秦同为鬼谷子的高足。张仪在魏国穷困潦倒，跑到楚国去游说，楚王没接见他。楚国的令尹把他留在家里作门客。还被当作小偷痛打一顿。后来跑到秦国长期为秦国服务，曾任秦相，封武信君。他向秦惠文王提出了对抗“合纵”的“连横”谋略。他分析说：要瓦解六国联盟，应该“举赵亡韩，臣荆、魏，亲齐、燕，才是成就伯（霸）王之名，朝四邻诸侯之道”。于是秦惠文王任他为相，推行连横谋略。第一步的目标是结交齐、楚，打击韩、魏，因为韩、魏是邻国。楚国虽是邻国，但是中原大国，齐国则远在东方。此即所谓“远交近攻”。第二步张仪又用欺骗手段收服了楚国，随后又先后到达齐国、赵国、燕国，说服各国诸侯“连横”亲秦。这样，六国“合纵”联盟终于被张仪拆散了。

今人认为这与史实不符。据考证张仪在前，苏秦在后，和张仪同时的是公孙衍、惠施、陈轸等人。苏秦是张仪死后才在政坛上初露头角的，在纵横家中张仪显然是苏秦的前辈。但这并不影响“合纵”“连横”是历史存在的事实。

长平之战

公元前 307 年，秦武王与力士任鄙、乌获、孟说斗力举鼎失手受伤，八月卒，因无子，燕送其异母弟归国继位，为昭襄王，是秦孝公之孙、秦惠王之子。

公元前 262 年，秦昭襄王（也称昭王）攻韩国，韩国割上党以赂秦，上党不愿降秦而降赵，赵纳之。秦昭王大怒，调关中之卒以攻赵，赵也起倾国之兵以拒秦，两军对峙于长平（今山西高平西北）。

赵将廉颇采取深沟高垒，坚守不战之法，跟远来的秦军对峙，作长期抵抗的打算。秦将王龁几次三番向赵军挑战，廉颇就是不出战。王龁没法，只好回报秦昭襄王，说：“廉颇是个富有经验的老将，不出来交战。我军老远到来，长期下去，恐粮草不济，咋办？”昭襄王请范雎出主意。范雎说：“要打败赵国，必须先叫赵国把廉颇调回去。让我来想办法。”于是他用反间计，散布谣言说：“廉颇年老畏战，就要降秦了。秦军最怕的是让年轻力强的赵括为将。”又用重金收买赵王宠臣郭开，让他进谗。

这里说的赵括，是赵国名将赵奢的儿子，从小酷爱兵法，谈起用兵理论，头头是道，连父亲也难不住他，自以为天下无敌。

赵王听信了谗言，立刻把赵括找来，问他能不能打退秦军。赵括说：“秦国要是派白起来，我还得考虑一下对付之法。如今派的是王龁，他只算廉颇的对手。要是换上我，打败他不在话下。”赵王听了很高兴，就拜赵括为大将，去接替廉颇。

蔺相如劝赵王说：“赵括只懂得读父亲的兵书，不会临阵应变，不能派他做大将。”赵王不听。赵括的母亲也上书，请求赵王别派赵括去，说：“他父亲临终时再三嘱咐说，‘赵括这孩子把用兵打仗看作儿戏似的，谈起兵法来，眼空四海，目中无人。将来大王不用他还好，如果用他，只怕赵军会断送在他手里’。”赵王还是不听。

纸上谈兵

赵括到达长平，接权统率四十万大军，一反廉颇的策略，改守为攻，主动全线出击，向秦军发起进攻。

范雎得知赵括已接替廉颇，就密遣大将白起为帅指挥秦军。白起布置好埋伏，故意打了几阵败仗，把赵军引到预先埋伏好的地区，派出精兵切断赵军的后路和粮道；然后直冲赵军大营，把赵军分割包围。赵括这才知道中计，赵军内无粮草，外无救兵，坚守四十多日，兵士都叫苦连天，无心作战。赵括只好带兵突围，秦军万箭齐发，赵括被射死，赵军纷纷投降，后被秦军坑杀。四十万赵军，就这样在只会“纸上谈兵”的主帅赵括手里全部葬送了。这就是“纸上谈兵”的来历。

一饭三遗矢

赵国由于屡次被秦兵围困，赵王就想重新起用廉颇，便派使臣去探望廉颇，看看他还能不能用。廉颇的仇人郭开用重金贿赂使者，让他回来后说廉颇的坏话。赵国使臣见到廉颇之后，廉颇当他的面一顿饭吃了一斗米、十斤肉，又披甲上马演示了一番，表示自己还可以征战。赵国使者回去向赵王报告说：“廉将军虽然已老，饭量还很不错，可是陪我坐时，一会工夫就拉了三次屎。”赵王认为廉颇老了，就没再把他召回。宋朝诗人辛弃疾《永遇乐·京口北固亭怀古》一词的最后一句“凭谁问，廉颇老矣，尚能饭否?”就引用了这一典故。

旷日持久的长平之战以赵国的惨败、秦国的胜利而告终，赵国一蹶不振。秦国的对手一一被击溃，统一天下终成定局。

李冰修都江堰

为使西蜀成为支持秦灭六国的经济后盾，公元前256年，秦昭王末年，委任知天文、识地理、隐居岷峨的李冰为蜀国郡守。李冰上任后，首先下决心根治岷江水患，发展川西农业，造福成都平原，为秦国统一中国创造经济基础。

岷江从岷山出口流出，进入成都平原落差很大，而一到成都平原，水速又突然减慢。古代每当岷江洪水泛滥，成都平原就是一片汪洋；一遇旱灾，又成赤地千里，是一个水旱灾害十分严重的地方。

之前的二三百年，古蜀国王杜宇以开明为相，曾在岷江出山处开了一条人工河流，分岷江水流入沱江，以除水害。

李冰在前人治水的基础上，依靠当地人民群众，在岷江出山流入平原的灌县，建成了都江堰。这项工程主要由鱼嘴分水堤、飞沙堰溢洪道、宝瓶口进水口三大部分和百丈堤、人字堤等附属工程构成，科学地解决了江水自动分流(鱼嘴分水堤四六分水)、自动排沙(鱼嘴分水堤二八分沙)、控制进水流量(宝瓶口与飞沙堰)等问题。都江堰，是全世界年代最久远、唯一留存至今且仍在一直使用的宏大的水利工程，尤其是其无坝引水的特点，使之成为世界水利文化的鼻祖，是中国古代劳动人民勤劳、勇敢、智慧的结晶。两千多年来一直在发挥着防洪、灌溉的作用，使成都平原成为水旱从人、沃野千里的“天府之国”。人们为了纪念李冰父子，为他们建了一座庙，即今二王庙。

周王朝灭亡

公元前256年，东周公与山东六国相约伐秦，秦昭王闻之大怒。命将伐周，周不能敌，东周公降秦，秦取九鼎而归。

公元前249年，东周公复欲趁秦丧伐秦，被秦相吕不韦擒获，置之于阳人，东周亡。

至此立国797年的周王朝灭亡了，为建立大秦帝国开了道。

奇货可居

谈到大秦帝国的建立，就不能不交代一

下吕不韦。

吕不韦，姜姓，吕氏，名不韦，卫国濮阳人。战国末年著名商人、政治家、思想家，官至秦国丞相。

阳翟大商人吕不韦常到邯郸去做生意，他了解到秦昭王太子安国君有个儿子叫子楚，在赵国做人质，因是庶出，给的日常车马、财用都不足，生活困窘，又由于秦国多次攻打赵国，赵国对子楚也不礼待，很不得意。他又了解到，安国君非常宠爱的妃子华阳夫人没有儿子。吕不韦很是高兴，说："子楚就像一件奇货，可以囤积居奇。以待高价售出。"这就是成语"奇货可居"的来历。

于是吕不韦就去拜访子楚，对他说："我能光大你的门庭。"子楚心知吕不韦所言之意，就拉他坐下深谈。吕不韦说："秦王已经老了，太子安国君非常宠爱的华阳夫人没有儿子，但她能决定选立太子。你在二十多个兄弟中又排行在后，不受宠幸，且长期在赵国当人质，一旦秦王死去，安国君继位，你也没机会与其他兄弟们争太子之位。"子楚说："是这样，那该怎么办呢?"吕不韦说："你很贫窘，又客居在此，拿不出什么来献给亲长，也无力结交宾客。我愿意拿出千金来为你西去秦国游说安国君和华阳夫人，让他们立你为太子。"子楚叩头拜谢说："如能实现，我愿分秦国的土地和您共享。"

游说华阳夫人

吕不韦当即拿出五百金送给子楚，作为日常生活和交结宾客之用；又拿出五百金买珍奇玩物，自己带着西去秦国游说。他先拜见华阳夫人的弟弟阳泉君和姐姐，把带来的东西统统献给华阳夫人。顺便谈及子楚聪明贤能，所结交的诸侯宾客，遍及天下。又说子楚常常说"我子楚把夫人看成亲母一般，日夜哭泣思念太子和夫人"。华阳夫人听了非常高兴。

吕不韦乘机又让华阳夫人姐姐劝说华阳夫人说："我听说用美色来侍奉别人的，一旦色衰，宠爱也就随之减少。现在夫人您侍奉太子，甚被宠爱，却没有儿子，不趁这时早一点在太子的儿子中结交一个有才能而孝顺的人，立他为继承人而又像亲生儿子一样对待他，那么，丈夫在世时受到尊重，丈夫死后，自己立的儿子继位为王，最终也不会失势，这就是人们所说的一句话'能得到万世的好处啊'。不在容貌美丽之时树立根本，假使等到容貌衰竭，宠爱失去后，虽然想和太子说上一句话，还有可能吗？现在子楚贤能，而自己也知道排行居中，按次序是不能被立为继承人的，而他的生母又不受宠爱，自己就会主动依附于夫人，夫人若真能在此时提拔他为继承人，那么夫人您一生在秦国都要受到尊宠啦。"

华阳夫人听了认为很有道理，就趁安国君方便的时候，委婉地谈到在赵国做人质的子楚非常有才能，来往的人都称赞他。接着就哭着说："我有幸能填充后宫，但非常遗憾的是没有儿子，我希望能立子楚为继承人，以便我日后有个依靠。"安国君答应了，就和夫人刻下玉符，决定立子楚为继承人，安国君和华阳夫人都送了好多礼物给子楚，而请吕不韦当他的老师，因此子楚的名声在诸侯中越来越大。

秦皇嬴政出世

吕不韦在邯郸娶了一个姿色非常漂亮而又善于跳舞的女子赵姬为妾，已经怀了孕。子楚有一次和吕不韦一起饮酒，看到此女后非常喜欢，就站起身来向吕不韦祝酒，请求把此女赐给他。吕不韦起初很生气，但转念一想，已经为子楚破费了大量家产，为了借以钓取奇货，于是就献出了赵姬。不久，赵姬于公元前259年生下一个儿子取名政，嬴姓赵氏，故名嬴政（即秦始皇），也称赵政，子楚遂立赵姬为夫人。

秦昭王五十年，派兵围攻邯郸，赵国想杀死子楚，情况十分危急。子楚找吕不韦密谋，拿出六百金送给守城官吏，这才得以脱身逃到秦军大营顺利回国。赵国又想杀子楚的夫人和儿子，幸得娘家人帮助隐藏起来，母子二人才得以活命。

吕不韦相秦

秦昭王在位56年去世，安国君继位，华阳夫人为王后，子楚为太子。赵国只得护送子楚的夫人和儿子回到秦国。

安国君继秦王位，一年后突发疾病去世，谥号为孝文王。子楚继位，即秦庄襄王。尊奉华阳王后为华阳太后。任命吕不韦为相邦（后代因避汉高祖刘邦讳改称相国），封为文信侯，赐他洛阳十万户为食邑。

庄襄王即位三年之后又死去，年幼的太子赵政继立为王，这就是秦王嬴政。尊奉吕不韦为相邦，称“仲父”，由吕不韦主政。

《吕氏春秋》和“一字千金”

当时，魏有信陵，楚有春申，赵有平原，齐有孟尝，被称为“四君子”，争相礼贤下士，结交宾客，名扬四海；诸侯各国又有许多才辩文士，著书立说，流行天下，所谓诸子百家。吕不韦认为秦国如此强大，自己是堂堂秦国丞相、秦王的仲父，不能比他们差。于是他也招来文人学士，致门下食客多达三千人。吕不韦给他们优厚的待遇，命他们将各自的所见所闻记下，综合成一书，计为八览、六论、十二纪，共二十多万字。吕不韦自认为其中包括了天地万物古往今来的事理，可与孔子的《春秋》媲美，故号称《吕氏春秋》。他还把书的内容写在布帛上，将之布列在咸阳城门，旁悬千金之赏，遍请各国游士宾客，若有人能增删一字者，就把千金奖给他。但是最后也没有一个人能够做到。这就是成语“一字千金”的来源。

《吕氏春秋》因是众多思想主张不同的学士的集体著作，“兼儒墨，合名法”，可说是博采众家之长而兼收并蓄之，然后用自己的主导思想加以贯穿，所以在先秦诸子著作中，被后代列为杂家，是吕不韦执政期间做的一件好事。

这部书以黄老思想为中心，主张在君主集权下实行无为而治。用这一思想治国，在当时对于缓和社会矛盾，使百姓获得休养生息，以恢复经济发展应当说是非常有利的。

吕不韦编《吕氏春秋》，既是作为他自己的治国纲领，又是为即将亲政的秦始皇提供执政的借鉴。可惜，由于吕不韦的宫廷秽闻，使秦始皇将这部书弃而不顾，没有发挥应有的作用。《吕氏春秋》作为了解战国诸子思想的重要资料，其价值是后人逐渐认识的。

秦王统一六国

公元前246年，秦王政即位。他任用尉缭、李斯等人，加紧统一的步伐，用金钱收买六国权臣，打乱六国的部署，连年发兵东征。经过多年的争战，从公元前230年秦国灭韩，至公元前221年灭齐，东方六国先后为秦统一，结束了自春秋起五百多年来分裂割据的局面，中国实现了华夏民族的统一，建立起中国历史上第一个以汉族为主体的统一的多民族的中央集权制国家，奠定了后来中国大一统王朝的统治基础，故有“百代犹得秦政法”的说法。

秦始皇称帝

秦王政，昭襄王之孙，公元前246年，13岁继承王位，公元前221年，39岁称皇帝，在位37年。他是中国历史上著名的政治家、战略家、改革家。他兼并六国，统一天下，是首位完成了华夏大一统的铁腕政治人物，建立了中央集权制的秦帝国。号称"千古一帝"。

秦皇像

秦王政自认为德兼三皇，功过五帝，所以他取三皇之"皇"和五帝之"帝"组成"皇帝"来做自己的称号，是中国历史上第一个称皇帝的封建王朝君主。不仅如此，他还希望皇位能万世万代地传下去，故称"始皇帝"。

秦始皇称帝后，短短的10年间，密集地做了不少事，颇多建树。

废分封，行郡县

秦始皇废除了分封制，实行郡县制，即在中央集权体制下，实行郡、县二级的地方行政制度，成为以后中国历代的基本体制，虽然历代稍有不同。

他首先建立了一套相当完整的中央集权制度和行政机构，中央设丞相、太尉、御史大夫。丞相有左右二员，是百官之首，掌政事。太尉掌军事，不常置。御史大夫是丞相的副贰，掌图籍秘书，监察百官。

在中央统领下，将全国分为三十六郡，每郡有守（相当于省长）、尉（相当于防区司令）和监（相当于监察专员）各一；郡下辖县；郡守与县令，皆由皇帝直接任命。

他更定名物制度，统一文字和度量衡、货币，规范交通、法令，推动民族文化融合，实现书同文，度同制，车同轨，行同伦，为维护国家的统一发挥了重大作用。

更"百姓"为"黔首"

他更名百姓曰黔首。秦始皇自以为得水德，水德尚黑。衣服旄旌节旗皆尚黑。平民以黑巾裹头，故名黔首。黔与黎同义，故也称黎（黑黍）民。黔，从黑今声，今（饮食）兼表烧火做饭供饮食之意。推其源，黔首或黎民，来自西周灭殷时所俘获的罪人，皆"墨面"以罚为奴隶，即古之人鬲，也称献（烧狗肉）民、献臣，盖即烧火做饭供饮食的奴隶之意。一说涿鹿之战时，战败被俘的九黎人，被称作"黎民"。总之，黔首与黎民，最初皆为战俘奴隶之义。

秦始皇统一六国后，为防止人民反抗而尽收天下之兵器，铸成12个大铜人像；又徙天下富豪12万户于咸阳，防其造反。

修阿房宫

秦始皇感到，随着咸阳人口的增多，觉得先王的宫廷有些窄小。他听说周文王建都在丰，周武王建都在镐（hào），他认为丰、镐两城之间，应是帝王都城的最佳所在。于是秦王政二十八年（公元前219年）40岁，调拨70多万受过宫刑、徒刑的人，在渭水南上林苑内修建朝宫。先在阿房（ē páng）建前殿，东西长500步，南北宽50丈，宫中可以容纳1万人,下面可以竖立起5丈高的大旗。四周架有天桥可供驰走,从宫殿下一直通到南山。在南山的顶峰修建门阙作为标志。又修造天桥,从阿房跨过渭水,与咸阳连接起来,以象征天上的北极星、阁道星跨过银河抵达营室星。或说因是修在山上的房子,故称之为阿房宫。至秦朝灭亡,阿房宫也没有建成。唐代杜牧所写《阿房宫赋》的描绘实乃想象拟构。

与此同时,他还分一部分人去骊山营建自己的陵墓。

北击匈奴

秦王政三十二年(公元前215年),燕国人卢生被派入海求仙回来了。为了鬼神的事,他奏上宣扬符命占验的图录之书,上面写着"灭亡秦朝的是胡"。据说这个"胡"字是指胡亥,可是始皇没有理解,以为指北方的胡人匈奴。

于是秦王政三十三年(公元前214年)春,为解除匈奴对秦的威胁,命蒙恬率30万大军北击匈奴。蒙恬统主力军从上郡(郡治肤施,今陕西榆林市南)北出长城攻其东;杨翁子率偏师由肖关(宁夏固原东南)出长城攻其西。匈奴败逃。秦遂取河南地(内蒙古乌加河以南及鄂尔多斯市)。沿河置44县,并迁移被贬谪的人,去充实新设置的县,进行垦守。因匈奴不断来攻,次年秋,秦始皇又命蒙恬军北渡黄河,取高阙(内蒙古狼山中部计兰山口),攻占阳山(内蒙古乌加河北的狼山、阴山)、北假(乌加河以南夹山带河地区)。匈奴不敌,向北迁徙。为巩固河南地区,秦置九原郡(郡治九原,内蒙古包头市西北)。并迁移被贬谪的人,让他们充实新设置的县。

匈奴被赶到北地,但没有真正解决问题,仍不时南侵。直到汉武帝时,国力得到恢复,才派飞将军李广、大将军卫青、骠骑将军霍去病连年征战,才比较彻底地打垮匈奴,并将其赶到漠北,以至部分远迁东欧。但中原与西北少数民族的问题仍未完全解决。后来的五胡乱华、辽金战乱、蒙古南侵、满清入关,仍是这一问题的延续。直到2000年后新中国的成立,才真正完成了大中华民族的融合统一。

修筑长城

为防止匈奴南下,蒙恬奉命征发大量民工在燕、赵、秦长城的基础上,修筑了西起临洮(甘肃岷县),东到辽东的万里长城,对巩固秦北部边地发挥了重要作用。秦朝反击匈奴的胜利,是对匈奴贵族侵扰势力的第一次沉重的打击。匈奴单于头曼不能胜秦,被迫北徙十余年。

移民充实北边

秦王政三十五年(前212年),又进一步增加了徙边的人数。除谪徙刑徒外,还鼓励一般民众移居边地。次年一次就从内地徙民三万家至北河、榆中定居,凡是去了的,均拜爵一级。这些迁去的民众与刑徒,一面屯垦,一面戍边,对于开发北方边地,充实武备,发挥了重要作用。同时也促进了这些边远地区经济文化的发展,保护了包括匈奴人民在内的各族人民生命财产的安全,进而对中国古代统一的多民族国家的形成,也有积极意义。

征南越与修灵渠

秦王政二十八年(公元前219年),45岁时,秦始皇又派军尉屠睢指挥50万大军,分5路南下,攻取陆梁地区(即五岭以南两广地区的南越和西瓯)失败。为了支援征服南越与西瓯的战争,解决进攻的秦军的供应问题,秦始皇遂派监察御史史禄在今广西兴安县开凿一条连接湘水和漓水的运河，以“通粮道”，这就是著名的灵渠。该渠选择湘水和漓水最近的地方开凿，全长30公里，沟通了江南的长江水系和珠江水系。该渠构思巧妙，故名灵渠。灵渠的修成保障了秦军作战的需要，为秦军取得统一南越的胜利创造了重要条件。到秦王政三十三年（公元前214年）末，秦军终于将包括西瓯（又称西越，指桂江、浔江流域）及南越在内的“百越”之地全部占领，设置桂林、象郡、南海三郡，并迁徙受贬谪之民五十万人戍守五岭，与越杂处。灵渠的建成，对中原地区同南方、西南的经济文化交流起了重要作用。被称为“三楚两粤之咽喉”。在世界航运工程史上占有光辉的地位，有“世界古代水利建筑明珠”的美誉。

焚诗书

秦始皇建立了我国历史上第一个封建大帝国后，进行了一系列的改革，其中最重要的是加强了中央集权，用郡县制代替落后的分封制。这在当时是具有进步意义的，对后世有很深远的影响，自秦以后的历代封建王朝，都采用了这一体制。但是，在郡县制刚刚开始实行的一段时间内，遭到了很多人的反对。

秦王政三十五年（公元前212年），秦始皇在咸阳宫设盛大宴会，大臣们纷纷上前祝酒，大臣周青臣赞扬秦始皇统一天下的功德和实行郡县制的好处。在座的一个叫淳于越的博士，主张继续实行分封，对周青臣的话十分反感，当即就向秦始皇提出了不同的意见。秦始皇听后不动声色，把淳于越的建议交给群臣讨论。丞相李斯明确表示不同意淳于越的观点。他起身对秦始皇说：“有些读书人，总觉得现在的制度没有古代的制度好，到处造谣惑众，利用古书上的记载来攻击现行的国家制度，这种情况如果不禁止，统一可能遭到破坏。”为了别黑白而定一尊，树立君权的绝对权威，他向秦始皇提出焚毁古书的三条建议：

（一）除《秦记》、医药、卜筮、农家之书外，其他经典、诸子和史籍，一律限期交官府销毁。令下三十日后不交的，处以黥刑并罚苦役四年；（二）谈论《诗》《书》者处死，以古非今者灭族，官吏见知不举者，与同罪；（三）有愿习法令者，以吏为师。

秦始皇认为李斯说的有道理，便采纳他的建议。下令焚烧《秦记》以外的列国史记，不属于博士馆的私藏《诗》《书》等也限期交出烧毁；所不去者，医药、卜筮、种树之书。此即所谓“焚诗书”。

坑儒士

秦王政三十五年（公元前212年），侯生、卢生自知弄不到长生不死药，不但携带求仙用的巨资逃之夭夭，而且诽谤秦始皇天性刚戾自用。秦始皇知道后大怒说：“吾前收天下书不中用者尽去之。悉召文学方术士甚众，欲以兴太平。卢生等吾尊赐之甚厚，今乃诽谤我，以重吾不德也。”加之有人举报咸阳的诸生中有人妖言惑众，扰乱老百姓的思想，于是始皇下令逮捕了一些散布“妖言”的读书人，并且严刑拷问，令其互相检举揭发，有四百六十多名术士儒生被牵连进来。秦始皇下令，将这四百多人活埋于咸阳，并公之天下，以惩其后。这就是所谓的“坑儒士”。

从史书记载看，秦始皇焚烧的主要是民间存有的像《尚书》《诗经》等记载上古圣王的治世理念和赞颂历代君王的，以及有以古非今、攻击新政、不利于统一的言论的书。这是为维护新政和国家统一而采取的必要的非常措施，是秦朝建立中央集权政治体系的需要。而且重要的典籍在焚烧前都已在国库归档，无损大局。至于坑儒，古今中外，一个新政权的建立，无不遭到旧势力的反抗、捣乱与破坏，也无不采取一些必要的措施予以制裁与镇压，秦始皇的做法也无可厚非。

修驰道等四大工程

秦始皇统一大业完成后，为了进一步安定天下，宣扬威德，考察军事和政务，祭祀天地，祈祷天神护佑其帝王基业，同时也为了求神问仙，寻找长生不老之药，秦始皇决定巡游全国。

为此，秦始皇开始大规模修筑以咸阳为中心通向四面八方的驰道。著名的有通山西的临晋道，通河南、河北、山东的东方道，通东南的武关道，通四川的栈道，通宁夏、甘肃的西方道，通九原的直道等 9 条。

秦王政三十五年（前 212 年），为了保证从京畿地区向北方调运兵将便利迅速，命蒙恬开始修筑一条直达九原的直道。从离秦都咸阳不远的云阳县（今陕西省淳化县北）的甘泉宫开始，经过陕北黄土高原、鄂尔多斯高原，并穿越黄河直抵塞北九原（今包头市西南）。沿途劈山填谷，历时两年半，全长 700 多公里，笔直贯通，故谓之直道。这应是世界上的第一条“高速公路”。

史载，驰道平坦之处，宽 50 步（约合 69 米），每隔 3 丈（约合 7 米）栽一棵树，路中间是专供皇帝出巡行车的“轨路”，枕木之间的距离正好和马步相合。马匹一旦拉车上了“轨道”，就不由自主地飞快奔跑，由于摩擦力减小，可以达到很高的速度和拉很多货物，类似现代的高速公路，直追今天的高铁。因为大路平坦宽阔，驱车驰马极为便利，故也称之为“驰道”。据说行进中，车子如有需要，可以随时上铁路，也可以随时由铁路上公路。

同时，秦始皇首创了驿站制度，作为古代供传递官府文书和军事情报的人或来往官员途中食宿、换马的场所。

秦直道与万里长城、秦始皇陵、阿房宫并称为“秦始皇的四大工程”。

秦始皇五次巡守

驰道修好后，秦始皇先后巡游 5 次，死于第五次巡游途中。

第一次，是在秦王政二十七年（公元前 220 年），统一的次年，巡守陇西，到达秦人祖先西迁的发祥地天水、礼县，再沿祖先东进路线回辇岐山、凤翔，归咸阳，目的在于巩固自己的后方，同时追怀创业的艰难。

第二次，是在秦王政二十八年（公元前 219 年），巡守东方原六国之地，目的是视察新设立的东方郡县，威服六国旧势力的反抗，巩固统一。巡行的途中，秦始皇进行了各种各样的活动，如登泰山封禅（就是在泰山顶上祭天，在泰山脚下祭地），勒石刻碑，歌颂秦功德等。

然后沿着渤海岸往东走，途经黄县、腄（chuí）县，攀成山，登芝罘（fú，今烟台）山，又往南走登上了琅邪（yá，今作琊，下同）山，十分高兴，在那里停留了三个月。

始皇返回，路经彭城，斋戒祈祷，想要从泗水中打捞出那只落水的周鼎。派了 1000 人潜入水底寻找，没有找到。

于是向西南渡过淮河，前往衡山、南郡。乘船顺江而下，来到湘山祠。遇上了大风，几乎不能渡河。始皇问博士说：“湘君是什么神？”博士回答说：“听说是尧的女儿，舜的妻子，埋葬在这里。”始皇非常生气，就派了三千服刑役的罪犯，把湘山上的树全部砍光，因当地是红土，所以使山变成了赭红色。最后从南郡经由武关回到咸阳。虽然当时有驰道，一路也经历了大风、恶波、暴雨、为盗所惊等不少风险，并不像隋炀帝游江都那样舒服。

五大夫松

据《史记》记载，在这次出巡的途中，秦始皇登泰山祭天的路上，突遇暴雨，避于一棵大松树下，因大树护驾有功，遂封该树为“五大夫”的爵位，即所谓“五大夫松”，位在泰山中天门御帐坪西北的五松亭前。后世讹为五株松树，实误。清雍正年间钦差丁皂保重修泰山时补种五棵松树，现今仅存两棵。

第三次，是在秦王政二十九（公元前 218 年），仍到东方巡游，至阳武博浪沙（在今河南原阳东南）这个地方，遭张良与大力士持重百二十斤铁椎（锤）袭击，为的是报灭韩之仇，结果误中副车。秦始皇大怒，大索天下十日，张良乃更名姓，亡匿于下邳。

始皇求贼弗得，便继续巡游山东半岛的沿海地区，登上芝罘山，刻石立碑。不久，又前往琅邪。返程经由上党回京城。这次巡游由于遇到刺客，时日不长。目的仍是去海上仙岛求取不老仙药。当时流传一首民谣说“帝若学之（仙）腊嘉平”，始皇有强烈的求仙之志，所以把腊月改名为“嘉平”。

第四次，是在秦王政三十二年（公元前 215 年），在歇了两年后，秦始皇开始第一次北巡，从潼关过黄河去山西，到了河北邯郸，东抵秦皇岛、碣石，在碣石山门刻石立碑。派燕国人卢生访求方士羡门、高誓。出山海关，到达辽宁绥中海滨。回途经内蒙古，陕西榆林、延安，回咸阳。

第五次，是在秦王政三十七年（公元前 210 年），向东南巡行，左丞相李斯跟随着，少子胡亥被允随从。十一月，走到云梦，在九嶷山遥祭虞舜。然后乘船沿长江而下，观览籍柯（或说即矶砢、磊砢，就是礁石滩），渡过海渚（zhǔ），经过丹阳，到达钱塘。到浙江边上的时候，水波凶险，就向西走了 120 里，从江面狭窄的地方渡过。登上会稽山，祭祀大禹，遥望南海。在那里刻石立碑，颂扬秦朝的功德。始皇返回，途经吴地，从江乘县渡江。沿海岸北上，到达琅邪。

东游以厌天子气

秦始皇在这次东巡的意图中，还有一个重要的政治目的，就是所谓“东南有天子气，因东游以厌（yā，压本字）之”。秦统一后，吴楚之地仍潜伏着浓郁的不满情绪和反秦的势力，秦始皇视之如心腹之患，故借巡游和视察政务，予以镇压抑制。后世有不少文献记载了他在巡行吴楚之地过程中，采取更改地名、挖断地脉、修筑厌气台等种种手段破坏“天子气”的活动。

沙丘之变

秦始皇一路上舟车劳顿，又身体不好，年纪大了，途中巡游至平原津（山东平原附近）时就病倒了。始皇恶言死，群臣莫敢言死事。七月丙申，始皇崩于沙丘平台（今河北省邢台广宗县）。丞相李斯为上崩在外，恐诸公子及天下有变，乃秘之，不发丧。为防泄密，车驾仍按原计划去了九原，并由直道运回咸阳，秦始皇走完了他人生最后的一段旅途。

秦始皇死后，赵高串通秦始皇的小儿子胡亥威胁李斯，篡改本由公子扶苏继位的遗诏，矫诏改为由胡亥继承皇位，还以秦始皇的名义下诏，指责扶苏为子不孝、蒙恬为臣不忠，让他们自杀，不得违抗。在得到扶苏自杀的确切消息后，胡亥、赵高、李斯这才命令车队日夜兼程，迅速返回咸阳。

鱼分龙臭

由于暑天高温，秦始皇的尸体已经腐烂

发臭。为遮人耳目，赵高命人买了许多鲍鱼装在车上，以混淆尸体的腐臭味，用所谓"鱼分龙臭"的伎俩，瞒天过海。

回到咸阳后，胡亥继位，是为秦二世，朝廷的大权实际上落到了赵高手中。此即为有名的"沙丘之变"。

秦始皇开帝王巡守之先例

秦始皇的巡游，继承了尧舜五年一巡守的传统，成为实践天子巡守四方的政治思想的第一位帝王，深深地影响着中国秦以后历代封建帝王的巡守行为，对中华民族多元文化生态产生着广泛而深远的影响。

秦始皇的巡游，也是他勤政的一种体现，史载他为政"夙兴夜寐""朝夕不懈""视听不怠"，以至形成他"以衡石量书，日夜有呈，不中呈不得休息"的勤政风格。秦始皇这种事必躬亲，到实地去体察民风民情，作政治巡游的做法，既出于其巩固帝业的政治目的，也是秦人文化传统和秦始皇本人性格使然。

今年祖龙死

秦王政三十七年(公元前 210 年)，有一天，秦朝使者从关东回咸阳，夜过华阴平舒道，有个人持玉璧拦住使者说："替我将此璧赠予滈(hào)池君。"又说："今年祖龙死。"使者听了不知所云，追问持璧人，持璧人转眼消失在夜幕中，玉璧却在他手里。使者只好捧着玉璧将这一神奇事件如实报告始皇，始皇良久不语。

原来持璧者所言均为隐语，"滈池君"是水神名，暗指以水德得天下的秦始皇；"祖龙"也暗指秦始皇，"祖"者，始也，"龙"者皇帝也。始皇命御府审察这块玉璧的来历，原来玉璧竟然就是八年前南巡到洞庭时沉入长江的那块璧。这使始皇惶恐不已，因为那次巡游时一怒之下他羞辱了湘君之神。于是赶快求神问卜，卦象显示"巡游吉利"。始皇不敢怠慢，立即决定南巡来弥补自己的过失。这就是他死在巡游路上的第五次也是最后一次巡守。

赵高其人

赵高，赵人，其父因犯罪被处以宫刑，其母被罚没为官家奴婢。后来其母与人野合而生下赵高。在秦灭赵后，赵高作为阉宦被掳入秦。由于他身体强壮，又粗通法律，很快得到了秦始皇的信任，被任命为中车府令。

胡亥继位后，赵高作为拥戴秦二世上台的头号功臣，理所当然受到了胡亥的宠信，被任命为中书令，身居列卿之位，成为朝中的实权人物。为了堵住众大臣与诸皇室公子对矫造诏书的怀疑与不满，赵高与胡亥对众人展开了残酷无情的诛杀。

他首先布下陷阱，把李斯逐步逼上死路。李斯发觉赵高阴谋后，就上书告发赵高。秦二世胡亥偏袒赵高，将李斯治罪，最后将李斯腰斩于咸阳。临刑时李斯无奈地对其次子发出了如下的感叹："吾欲与若复牵黄犬俱出上蔡东门逐狡兔，岂可得乎！"赵高升任丞相，特称可出入宫禁的"中丞相"。

指鹿为马

赵高当了丞相，大权独揽，可是他并不满足，还想篡权当皇帝。可朝中大臣有多少人能听他摆布，有多少人反对他，他心中没底。于是，他想了一个办法，准备试一试自己的威望，同时也可以摸清谁敢于反对他。

有一天，上朝的时候，赵高牵来一只鹿，献给秦二世。他当着大臣们的面，用手指着鹿故意说："这真是一匹好马呀！我特意把它献给陛下。"秦二世一看，心想：这哪里是马，这分明是一只鹿嘛！便笑着对赵高说："丞相

指鹿为马图

搞错了，这是一只鹿，你怎么说是马呢？”赵高说：“这的确是一匹好马，陛下不信吗？”赵高一转身，用手指着众大臣，大声说：“陛下，这是不是马，问问大臣们，就知道了。”

大臣们都知道赵高为人阴险狠毒，许多人畏惧他的权势，明明知道赵高说的“马”是一只鹿，但是为了拍赵高的马屁，有的就顺着赵高说：“是呀，这的确是匹宝马啊！”一些胆小又有正义感的人则低下头，不敢说话，因为说假话，对不起自己的良心，说真话又怕日后被赵高所害。有些正直的人，则坚持说是鹿而不是马。这就是“指鹿为马”成语的来源。

赵高之死

事后，赵高暗中对不承认是马的大臣加以迫害，将他们投入监狱。

后来，就连秦二世对长期专权的赵高也产生了不满。坏事做尽的赵高害怕二世追究他的过失，决定先下手为强，利用自己掌握的宫内外大权派亲信强迫秦二世自杀，然后操纵政局，去秦帝号，立秦二世之子公子婴为秦王。

秦王婴认识到赵高的险恶用意，经过周密的策划，在赵高督促其到宗庙受玺的时候，令早已埋伏好的手下挥剑杀死了赵高，结束了赵高罪恶滔天的一生。

秦朝灭亡

总的来说，秦始皇在最后十年，密集地做了许多事。修驰道改进交通，北击匈奴，修筑万里长城防守，南征百越，修筑灵渠沟通水系，颇有建树。但同时，他求仙寻药，梦想长生，造阿房，修陵墓，劳民伤财，苛政虐民，焚书坑儒，失去了民心，也动摇了秦朝统治的根基。

加之赵高把秦二世玩弄于股掌之中，骄横专权，指鹿为马，施行暴政，屠杀宗亲忠良，终于招致了陈胜、吴广揭竿而起，刘邦、项羽起兵反秦。不久刘邦率兵攻入关中，在位仅四十六天的子婴投降刘邦，秦帝国随即灭亡。

派徐福寻仙求药

清人丘琼山说：“始皇既平六国，凡平生志欲无不遂，唯不可必得志者，寿耳。”一些方士投其所好，编织神仙之说，声称海上有三神山，山上仙人有仙药，吃了便可长生不死。

秦始皇在第二次出巡时，便抵达渤海边，登上芝罘岛，见云海之间，山川人物时隐时现，蔚为壮观，令秦始皇心驰神往。这种景象，本来是海市蜃楼，但方士为迎合秦始皇企望长生的心理，将其说成传说中的海上仙境。徐福乘机给秦始皇上书，说海中有蓬莱、方丈、瀛洲三座仙山，有仙人居住，可以得到长生不老的仙药。秦始皇非常高兴，便派徐福出海求取仙药。他本人也在此流连忘返，候了 3 个月，不见徐福的消息，才怅然而回。

秦王政三十七年（公元前 210 年），秦始皇第五次出巡，准备再次去琅邪求仙寻药。这时徐福入海寻找仙药，空手而归，一直不敢来见秦始皇。始皇当即派人传召徐福，徐福连年航海，耗费很大，担心遭到重责，就骗秦始皇说自己见到了海神，海神以礼物太薄，拒绝给与仙药，并提出索取“百工之事”。徐福还骗秦始皇说：“蓬莱仙山确实有仙药，但出海时常遇大鲛鱼（鲸鱼）阻拦，所以不能到达。

请派弓箭手一同前往，射杀鲛鱼，才能上岸求药。”对此，秦始皇深信不疑。

于是始皇又令徐福第二次出海求仙寻药，提供了更多的人员物资，让徐福出海寻求仙人、仙山和仙药。并增派童男女3000人，给与大批百工、巧匠、技师，装带五谷种子、粮食、器皿等等。又下令入海时带足渔具、连弩，并配有武士、射手500多人，他也为自己准备了一张连弩。徐福要这些东西，显然已打算在海外打拼立足不再回来。始皇还蒙在鼓里。

海船由琅邪镇（在今山东省青岛市黄岛区）起程，继续向北航行到荣成山（又称成山角或天尽头，在威海市荣成市成山镇），一路都不曾遇见大蛟鱼。再前行到达芝罘（在烟台市芝罘区）的时候，果然见到了大蛟鱼，当即连弩齐射，大蛟鱼中箭而死，沉入海底。接着就沿渤海向西进发返回。

徐福开发日本

徐福继续率众出海东渡，没有找到“不老药”，却在日本熊野浦登陆，发现了“平原广泽”，即日本九州。

徐福来到“平原广泽”，发现这里气候温暖、风光明媚、土著友善，便停下来，不再返回，恐怕返回会遭杀身之祸，便自立为王，并把这个登陆的地方称为“九州”，表示他对故乡的思念。

徐福教当地土著人农耕、捕鱼、捕鲸、锻冶、制盐和沥纸等方法，向土著人传播了医疗技术等秦朝先进文化，促进了日本社会的发展，深受土著人的敬重。遂做了日本历史上第一位天皇——神武天皇，成为大和民族的祖先。传说中的横扫日本的“神武东征”，就是基于徐福登陆日本，南征北战统一日本的事迹。

日本人把徐福作为他们的先圣崇拜，尊他为司农耕、医药、桑蚕之神。在日本至今保存有徐福墓、徐福宫、徐福岩、徐福上陆纪念碑等遗址50多处。1991年，日本还在佐贺县诸富町建立了一座“徐福之路”公园。每年秋季，佐贺县人民都要向供奉在“金主神社”中的徐福敬献“初穗”。

徐福用华夏文明的清风，熏染了尚未开化的土著居民，成为日本民族的起源，中国文化对日本的影响几乎无处不在。日本古称东瀛，盖指东方海中的嬴姓之意。

日本国古名倭国，“倭”者，矮人也，是为传说中的矮人国。日本有山名“富士”亦名“蓬莱”，乃徐福至倭国后之称谓，其后代子孙皆曰秦氏。

徐福应当说是中国历史上的一位伟大的航海家，也是一大批移民的组织者，当然他们不是唯一的一批，更不是第一批。早在秦以前的殷商和春秋战国时代，中国向日本的移民便开始了。那时诸侯争霸，战乱频仍，北中国的齐、鲁、燕、赵之民，很多东逃朝鲜，也有的间接或直接逃至日本。

这些移民和东渡的徐福成为中国文化向日本辐射的传播者，为日本带去了当时先进的华夏文化，使日本从原始的绳纹记事时代迅速过渡到了文明的弥生时代（由发现弥生式陶器的东京都文京区弥生町而得名）。

徐福其人

徐福，也写作徐市（fú），字君房，齐地琅邪（琊）人，秦时著名方士。他博学多才，通晓医学、天文、航海等知识。徐福是鬼谷子的关门弟子。学辟谷、气功、修仙，兼通武术。传说还做过秦始皇的御医。

齐国濒临大海，在航海技术上十分发达，当初是一个海上强国，在海边人们常看到海

徐福像

市蜃楼的发生。齐威王、宣王和燕昭王时都曾使人入海寻求过蓬莱、方丈、瀛洲三神山。徐福作为齐国的一位方术之士，不但对东海三神山的传说很熟悉，对航海技术也十分精通，所以徐福把秦始皇引到胶东沿海作为起航的地点：一是因为这里有海市蜃楼；二是因为胶东沿海海上与辽东、朝鲜民间早有往来，很多渔民、商人都走过这条航路；三是因为这里的“黄、腄”地区也是秦军运粮船队的出发点，有现成的黄河营古港、芝罘古港，完全可以容纳庞大的东渡船队。不然他怎么知道一直往东航行就可以到达日本，而且还知道有几千人，加上强弓劲弩的高技术兵器，就可以征服这个地方的土著呢？显然，他对日本相当了解和熟悉，甚至可能已到过日本。

这就是他敢上书主动请求出海寻取仙药和让秦始皇相信的底气。

据说徐福还是齐国一个古老民族首领的后裔，在秦灭齐后，为了不让族人遭受秦朝的残暴统治，他早就想前往日本建立自己的王国了。作为以欺骗谋生的术士，他明知东海里没有什么仙山、仙人和仙药，却主动提出出海替秦始皇寻取仙药，无非是要骗取秦始皇的信任，让秦始皇拨发经费、调拨船只、组织人员、集结各种有用人士、准备粮食种子，为他东渡日本建立一个独立王国准备条件。因为东渡的不是江河，而是有惊涛骇浪的辽阔大海。这样大规模的东渡，得不到国家全力支持和帮助是办不到的。史载徐福东渡的船队，除了3000童男童女，还有众多百工巧匠、技师、驾驶船只的员工、指挥人员、护卫武士、大量的粮食种子等等，多达五六千人，楼船六七十只。这种规模比起发现美洲大陆的只有三艘船九十余人的哥伦布船队要大得多了。

只有这样的人员、物资、装备，才能实现他东渡占领日本，建立自己的小王国的愿望。

秦始皇派徐福出海的真正原因

就秦始皇来说，他虽然也想长生不老，但作为具有雄才大略的伟人，他知道历史上还没有一个长生不老的人，对于东海有仙山、仙人和仙药，他恐怕也不会全信。然而他还是大力支持徐福出海寻取，并提供了充足的物资装备。

很显然，始皇派徐福出海的目的，不单单是寻仙求药，而是暗合了秦始皇开疆拓土的雄心，是秦始皇开疆拓土的一次探险行为。这也就解释了徐福两次出海没有寻到仙药，而秦始皇却没杀徐福的原因。否则，徐福要想让秦始皇拿出这么大的血本来，不但不可能，只怕还会丢掉自己脑袋。

开疆拓土，一直是多代秦国君王的梦想。据《韩非子·十过篇》记载：秦穆公曾问大臣由余：“圣者国界若何？”由余对他说：“臣闻尧有天下，……其地南至交阯，北至幽都，东西至日月之所出入者，莫不宾服。”可见，秦穆公时，就有把东方疆土开拓至日出之地的理想。《吕氏春秋·为欲篇》也记载了秦国统治者的这种理想：“北至大夏，南至北户，西至三危，东至扶木，不敢乱矣。”“东至扶木”就是东至扶桑，即后来的日本。这也应该就是秦始皇对疆土四至的理想。

以秦始皇的雄才大略，继承其先祖的未

竟之业，一再派徐福等入海寻找三神山，决不是单纯为了寻取神药，而是为了把东方疆土开拓至日出之地。

至于传说中的蓬莱、方丈、瀛洲三山，虽不是什么神山，但却有其所指，那就是古人曾到过的日本九州、韩国的济州岛和古代的琉球（或说是今天的台湾）。古人之所以将这三座岛看作所谓的“三神山”，是受当时的科技条件及知识程度的限制得出的不正确认识。

徐福将华夏文明传到日本

在中国的战国时期，日本那时候还处于石器时代的绳纹文化之中，以采集和渔猎为生，尚处于原始氏族社会时期。但到了秦朝初年，日本突然开始使用青铜和铁制的生产工具，开始了农业生产，尤其是水稻种植技术毫无征兆地凭空出现。日本仿佛在很短的时间之内，便由新石器时代的绳纹文化过渡到早期铁器时代的弥生文化，而且与之前的绳纹文化看不出有什么传承关系。

这就从历史文物的证据上说明了徐福将秦朝的文明传到了日本，促成了日本弥生文化的形成，使日本由蛮荒时代跨进了文明社会，这对于一个弹丸岛国来说，无疑是个无量的福荫，对中日文化交流起到了巨大的影响。但是，这对当时以开拓疆土为主愿的秦始皇来说，却是绝没有想到的。

至于“不死药”也不是什么“仙药”。据日本“徐福会”理事重村定夫先生研究，本是产于日本祝岛深谷腹地的一种植物果实，俗名“窠窠”，日本古书中名为“千岁”，实际就是中国的猕猴桃。

中国园林造景艺术的滥觞

“意得欲从”的始皇帝，既没有见到海中的三神山，也没有得到长生不老的仙药，更没有实现把东方疆土开拓至日出之地的心愿，对这种结局是很不满意的。于是乃退而求其次，秦始皇遂下令引渭水为池，谓之兰池，也叫兰池陂，东西 200 里，南北 20 里，刻石为鲸，长 200 丈。在兰池中造蓬莱、方丈、瀛洲三山，模拟海上三仙山的形象，以满足他接近神仙的愿望。还在兰池北侧造宫殿一座，名曰“兰池宫”。大体地址在咸阳市东 45 里杨家湾之南。兰池陂在汉将周亚夫封地之境内，故后又称周氏陂。兰池水域宽广，可以荡舟，山水相依，宫阁掩映，实为园林佳境，成为皇家的游乐场所。

同样具有雄才大略的汉武帝在晚年和秦始皇一样也沉湎于求仙与求不死之药的活动之中。求仙不成，也在建章宫北面的太液池筑了几个岛，称为蓬莱、方丈、瀛洲；还雕刻了许多石鱼、石鳖排在上边。时或到此一游，权当是到了海上仙山。

岂料秦皇、汉武这种因崇神以自娱的造园活动，却奠定了中国古代园林文化模山范水的基本构想和造园方法，对后世园林景观营造产生了深远的影响，并逐渐演化为中国园林造景艺术的一种法式。

求仙之风在汉代之后，已日渐淡薄，但“一池三岛（或三山）”的宫苑格局却流传了下来，并在清朝达到顶峰。乾隆皇帝就在圆明园的福海中筑下了大小三座岛，并将其命名为“蓬岛瑶台”；而昆明湖景区，也是这种一池三岛的格局。一池指昆明湖，古称太液池；三岛，分别指位于东湖的南湖岛、位于西北团城湖中的治镜阁岛、位于西南藻鉴堂湖中的藻鉴堂岛，三岛呈鼎足之势，象征海中的蓬莱、瀛洲、方丈三座神山，寄托着入海求仙之愿。

传国玉玺的浮沉

秦王政十九年（公元前 228 年），秦破赵，得和氏璧。后来天下一统，嬴政称始皇帝，便命丞相李斯用和氏璧镌刻了传国玉玺(实际是用一块蓝田玉刻的)。由李斯用虫鸟篆(越国的一种文字)书写，即字形模仿成龙、蛇、鸟、鱼的形状，内容是“受命于天，既寿永昌”八个字，令咸阳玉工王孙寿把玉精研细磨，雕琢而成。外形为正方四寸，上纽交刻五龙，称传国玉玺，简称传国玺、传国宝，作为“皇权天授、正统合法”之信物。故秦以后成为中国历代皇帝相传之玺印，历代帝王皆以得此玺为符应，奉若奇珍和国之重器。得之则象征其“受命于天”，失之则表示其“气数已尽”。凡登大位而无此玺者，则被讥为“白版皇帝”，显得底气不足而为世人所轻蔑。

据传，秦王政二十八年(公元前 219 年)，始皇帝乘龙舟过洞庭湖，风浪骤起，龙舟将倾，始皇慌忙将传国玉玺抛入湖中，祈求神灵镇浪。玉玺由此失落。8 年后，华阴平舒道有人又将此传国玉玺奉上。传国玉玺复归秦。

秦子婴元年(公元前 207 年)冬，沛公刘邦军灞上，婴跪捧玉玺献于咸阳道左，秦亡。传国玺遂归刘汉。

从此历代欲谋大宝之辈你争我夺，致使该传国玉玺屡易其主，辗转于神州 2000 余年，数隐数现，扑朔迷离，至五代后晋石敬瑭引契丹军至洛阳，后唐末帝李从珂怀抱传国玺登玄武楼自焚，传国玺就此失踪，最终湮没于历史的漫漫长河之中，至今杳无踪影，令人叹惋。

毛泽东评秦始皇

尽管秦朝仅仅延续了 15 年，但秦始皇确立的统治模式却在中国一直延续了 2000 余年，其影响之深广，是任何其他帝王都难以相比的。

毛泽东对第一个把中国统一起来的秦始皇，是这样评价的：“秦始皇是个厚今薄古的专家。在中国历史上，真正做了点事的是秦始皇，孔子只说空话。我们应该讲句公道话，秦始皇比孔子伟大得多，可是被人骂了几千年。劝君少骂秦始皇，焚坑事业要商量。祖龙魂死秦犹在，孔学名高实秕糠。百代都行秦政法，《十批》不是好文章。熟读唐人《封建论》，莫从子厚返文王。历代政治家有成就的，在封建社会前期的，都是法家。这些人主张法治，犯了法就杀头，主张厚今薄古。儒家满口仁义道德，一肚子男盗女娼，都是主张厚古薄今的。秦始皇是中国封建社会的第一个有名的皇帝。中国历来分两派，一派讲秦始皇好，一派讲秦始皇坏。我赞成秦始皇，不赞成孔夫子。”

三十二、渐离葬荆鄄高庄

荆轲箕山识渐离，结为知己在高庄。
易水悲歌行刺秦，惜哉误用秦武阳。
报燕未成遭肢解，不失义士人称扬。
渐离心系朋友谊，运尸回葬在家乡。
不惜刺目为报仇，其情当赞亦可伤。

荆轲其人

荆轲是战国末期卫国朝歌（今河南淇县）人，人称庆卿，据说本是齐国庆氏的后裔，后迁居卫国，始改姓荆。卫人称他为庆卿，到燕后，燕人称他为荆卿。荆轲喜欢读书，擅长击剑，有勇有谋，为人慷慨侠义。本想在卫元君手下谋个职位，可惜卫元君没有重用他，荆轲便感到怀才不遇，就到处游访，结交朋友，寻找知己。鄄城箕山李胡同村西不远有个高庄，庄上有个以屠狗为业的高渐离，荆轲和高渐离便成了好朋友，两个人经常在一起饮酒作歌。

田光荐荆轲

荆轲后游历到燕国，认识了老将田光。

燕国的太子丹想报仇杀秦王，就四处打听有胆有识愿为他效力的人。有人推荐老将田光，太子丹就把田光召去，要他去刺杀秦王。田光说："我不是不敢去，是因为去也无济于事，我年纪大了，手脚不灵便，实在做不成这件事。不过，我可以向你推荐一个人……"太子丹忙问是谁，田光说："卫国人荆轲，年轻力壮，擅长击剑，很有胆量，且有谋略，让他去办这件事，准能行。"太子丹就让田光去找荆轲。田光找到荆轲并把他领到太子丹那里，太子丹就把刺杀秦王的事说了出来，荆轲听了，没说行，也没说不行，却很严肃地看了田光一眼。

太子丹看出，荆轲所以不马上表态，是怕走漏风声。就对田光说：让荆轲壮士去刺秦王的事，只有咱们三个人知道，可千万不能对外人讲。田光一听这话，明白了其中的意思，他为了表明对此事绝对保密，让荆轲消除顾虑，就拔出剑来当场自刎了。

太子丹天天好吃好喝，尽心招待荆轲，等待他出发。

荆轲刺秦王

秦国的将军王翦攻破赵国，俘虏赵王，占领了赵国大部分的国土，继而进军向北侵占土地，到达燕国南部的边界。

燕太子丹很害怕，就请求荆轲说："秦军早晚都会渡过易水，那么虽然我想长久地侍奉您，又怎么能够做得到呢？”荆轲说：“即使太子不说，我也要请求行动。现在去却没有什么凭信之物，那就无法接近秦王。现在的樊将军，秦王用一千斤金（古以铜为金）和一万户人口的封地作悬赏来购取他的头颅。如果真能够得到樊将军的首级及燕国督亢一带的地图献给秦王，秦王一定高兴地召见我，我就有办法来报答太子了。”太子说：“樊将军因为走投无路，处境困窘而来归附我，我不忍心由于自己个人的私仇而伤害可敬的人的心意，希望您另外考虑对策吧！”

荆轲知道太子不忍心，于是私下里会见樊於期（wū jī），说：“秦国对待将军，可以说是刻毒透顶了。父亲、母亲和同族的人都被杀死或没收入宫为奴。现在听说用一千斤金和一万户人口的封地作悬赏来购买将军的首级，您将怎么办？”樊将军仰天长叹，泪流满面地说：“我每当想起这一点，常常恨入骨髓，只是想不出什么办法罢了。”荆轲说：“现在有一个建议，既可以用来解除燕国的忧患，又可以报将军的深仇大恨，怎么样？”樊於期于是上前问道：“怎样对付这件事情？”荆轲说：“希望得到樊将军的首级来献给秦国，秦王一定高兴而又友好地接见我。我左手抓住他的衣袖，右手（用匕首）刺他的胸膛。这样，将军的仇报了，燕国被欺侮的耻辱也除掉了。将军是否有这个心意呢？”樊於期脱下一只衣袖露出一只胳膊，握住手腕，走近一步说：“这是我日日夜夜咬牙切齿、捶胸痛恨的事，现在才得以听闻（您的）教诲！”于是就自杀了。

太子听说了这件事，赶着马车跑去，伏在樊於期的尸体上大哭，非常悲伤。事已至此，没有办法挽回了，于是就收拾安放樊於期的首级，用匣子装好它。

于是太子预先寻求世上锋利的匕首，得到赵国徐夫人（人名）的匕首，用一百金把它买到，叫工匠在淬火时把毒药浸到匕首上。用人来做实验，沾血立即死亡。于是整理行装，派遣荆轲上路。

燕国有个勇士秦武阳，12 岁的时候就杀过人，人们不敢同他正眼相看，燕王叫秦武阳做助手。

荆轲要等一个朋友，想同他一起去。那个人住得很远，还没有赶来，因而停下等候他。

过了一阵还没动身，太子嫌荆轲走晚了，怀疑他有改变初衷和后悔的念头，就又请求他说：“日子已经不多了，您难道没有动身的意思吗？请允许我先遣发秦武阳！”荆轲发怒，呵斥太子说：“今天去了而不能好好回来复命的，那是没有用的人！现在光拿着一把匕首进入不可意料的强暴的秦国，我之所以停留下来，是因为等待我的客人好同他一起走。现在太子嫌我走晚了，请允许我告别吧！”于是出发了。

太子和知道这件事的宾客，都穿着白衣，戴着白帽给他送行。到易水边上，祭过路神，就要上路。高渐离敲着筑，荆轲和着节拍唱歌，发出变徵的低沉悲壮声音，众宾客无不流泪哭泣。荆轲又上前作歌唱道：“风萧萧兮易水寒，壮士一去兮不复还！”又发出慷慨激昂的羽声。众宾客都睁大了眼睛，头发都向上竖起顶起了帽子。于是荆轲就上车离去，始终不曾回头看一眼。

到达秦国后，拿着价值千金的礼物，优厚地赠送给秦王的宠臣中庶子蒙嘉。

蒙嘉替他事先向秦王进言，说：“燕王确实非常惧怕大王的威势，不敢出兵来抗拒，愿意全国上下都做秦国的臣民，排在诸侯的行列里，像秦国的郡县那样贡纳赋税，希望能守住祖先的宗庙。燕王诚惶诚恐，不敢自己来陈述，恭谨地砍下樊於期的头颅和献上燕国督亢一带的地图，用盒子封好，燕王在朝廷上行跪拜大礼送出来，派使者来禀告大王。一切听凭大王吩咐。”

秦王听了蒙嘉的话，非常高兴。于是穿了上朝的礼服，安排下隆重的九宾大礼仪式，在咸阳宫接见燕国的使者。

荆轲捧着装了樊於期头颅的盒子，秦武阳捧着地图匣子，按次序进宫。到达殿前的台阶下，秦武阳脸色都变了，十分害怕，秦国的群臣对此感到奇怪。荆轲回过头来对秦武阳笑了笑，上前替他向秦王谢罪说：“北方蛮夷地区的野蛮人，没有拜见过天子，所以害怕，希望大王稍微原谅他些，让他在大王的面前完成他的使命。”秦王对荆轲说：“起来，取来武阳所拿的地图！”

荆轲刺秦图

荆轲拿了地图捧送给秦王，打开地图，地图全部打开，匕首就露了出来。于是荆轲左手抓住秦王的衣袖，右手拿着匕首刺秦王。还没有刺到秦王的身上，秦王非常惊骇，自己挣扎着站起来，扯断袖子。秦王拔剑，剑太长，卡住剑鞘。当时情况十分危急，剑插得很紧，所以不能立即拔出来。

荆轲追逐秦王，秦王绕着柱子跑。秦国在殿上的臣子们都惊吓呆了，事情突然发生，意料不到，大家都失去了常态。按照秦国的法律，在殿上侍奉的臣子们，不能带兵器；那些持有武器的侍卫，都在宫殿的台阶下面列队站好，没有君王的命令不能上殿。当危急的时候，来不及召唤阶下的侍卫，因此导致荆轲追逐秦王，大家仓促间惊惶失措，没有武器用来击杀荆轲，仅仅用空手一起同荆轲搏斗。

这时，秦王的随从医官夏无且(jū)用他手里捧着的药箱投击荆轲。秦王还在绕着柱子跑，仓促间惊惶失措，不知道怎么办。侍臣们急喊：“大王负剑于背！大王负剑于背！”秦王于是如法才拔出剑来攻击荆轲，砍断了荆轲的左大腿。荆轲倒下了，就举起他的匕首投击秦王，没有击中，击中了柱子。秦王又砍击荆轲，荆轲被砍伤了八处。

荆轲自己知道事情不能成功了，靠着柱子笑着，像簸箕一样地张开两腿坐在地上，骂道：“事情没有成功的原因是想活生生地劫持你，一定要得到约契来回报燕太子啊！”

秦王的侍臣上前，斩杀荆轲。事后，秦王还头昏眼花了好长一段时间。

高渐离葬荆轲

荆轲刺秦王，终因副手不得力而败露，寡不敌众，被杀死在秦廷，暴尸郊野。其好友高渐离不忘旧情，偷偷把荆轲的遗体运回鄄城

荆轲墓遗址图

自己的原籍高庄村，在村东南择地予以安葬，并为立庙。荆轲墓的遗址在今山东省鄄城县箕山镇东部李胡同村西南不远处的高庄。附近有羊左合葬墓。由此后代还演绎出“二鬼战荆轲”的故事。(详见《三十七、羊左高谊结鄄城》)

疙瘩庙

李胡同村西南有座疙瘩庙，里面敬的是疙瘩神。始建于东汉，附近有羊角城和三国曹植愁台。据乡下一个古老传说，说这个疙瘩庙里的疙瘩神就是荆轲。当年荆轲刺秦王未遂，被秦王斩掉一只胳膊，荆轲并不求饶，反而痛骂秦王无道，只是惋惜没有刺死秦王。秦王惊叹荆轲是个刚烈的汉子，说："汝真铁疙瘩也。"秦灭六国后，人们不敢明着纪念荆轲，便当作疙瘩神来祭祀。据说人若长了疙瘩，只要到庙中诚心祈祷，摸一摸疙瘩神的手，再摸一摸自己的病疙瘩，病症便随即消失，且永不再复发。所以疙瘩神在当地百姓中享有极高的声望。所以当年羊角哀至庙中责备荆轲在阴间欺负好友左伯桃，要打碎神像取火焚庙，四方乡老再四哀求说："此乃一村香火，若触犯之，恐贻祸于百姓。"角哀拗不过乡民，只得罢了。由于当地百姓都在阴历二月初九自发到庙中朝拜，遂形成了流传至今的阴历二月初九的疙瘩庙大会。

唐玄宗封泰山过此，曾命重修过荆轲庙，宋代宋江也曾主持复修过。到近代只残存一个破砖碎瓦的小屋供人凭吊。如今荆轲墓及荆轲庙已重修，已成为孙膑旅游城内一个亮丽景点。

另一说法是：高庄有一位年轻的举人，名叫高飞，字凌云，家中历代行医，尤长外科。在元朝蒙古人统治下，汉人受到不平等对待，他见走科举入仕的道路无望，便弃学习医，继承祖业。不几年就成了当地名医，治疙瘩尤其拿手。他不但医术高明，且医德高尚，穷人治病拿不起药费，他就免费为其治疗，侠义心肠，深受百姓拥戴。年过八旬犹为百姓治病，人们都尊称其为高大爷，因其善治疙瘩，人们遂将"高大爷"亲切地称呼为"疙瘩爷"。疙瘩爷去世后，人们怀念他，遂集资为他建庙塑像，长期供奉，这庙就叫疙瘩庙。

高渐离击筑刺秦皇

荆轲死后，始皇帝下令通缉太子丹和荆轲的门客，门客们都潜逃了。高渐离也更名改姓给人家当酒保，隐藏在宋子这个地方。

高渐离，擅长击筑(是古代的一种击弦乐器，颈细肩圆，中空，十三弦)。时间长了，他觉得很憋闷劳累，听到主人家堂上有客人击筑，走来走去舍不得离开。常常张口就说："那筑的声调有好的地方，也有不好的地方。"侍候的人把高渐离的话告诉主人，说："那个用人懂得音乐，私下说是道非的。"家主人叫高渐离到堂前击筑，满座宾客都说他击得好，赏给他酒喝。高渐离考虑到长久地隐姓埋名，担惊受怕地躲藏下去没有尽头，便退下堂来，把自己的筑和衣裳从行装匣子里拿出来，改装整容来到堂前，满座宾客大吃一惊，离开座位用平等的礼节接待他，尊为上宾。请他击筑唱歌，宾客们听了，没有不被感动得流着泪而离去的。

宋子城里的人轮流请他去做客，这消息被秦始皇听到。秦始皇召令进见，有认识他的人，就说："这是高渐离。"秦始皇怜惜他擅长击筑，特别赦免了他的死罪，请他来王宫为他击筑，可是高渐离毕竟是荆轲的好友，秦王也就有所防备，事先命人熏瞎了他的眼睛，以为这样高渐离就没法刺杀他了。高渐离为始皇击筑，没有一次不说好的。高渐离渐渐地能更加接近秦始皇了。便把铅灌进筑中，趁秦王听曲正入迷时，使劲朝秦王砸去，想杀死他，但是很遗憾，没有击中，于是秦始皇就杀了高渐离。从此终身不敢再接近从前东方六国的人。

三十三、汉王刘邦菏鄄缘

汉祖大度有天缘，风云起事芒砀山。
让羽击邯背水战，一路西进先入关。
约法三章得民心，鸿门宴上终脱险。
忍下屈辱封汉王，善用良才纳谏言。
暗度陈仓定三秦，楚汉相争鸿沟边。
运智施计不斗力，垓下决战一统天。
汜水登基都长安，肇起大汉四百年。
华夏史上最强国，汉族汉语名始传。
削除异姓诸侯王，休养生息政策宽。
赵佗筹建南越国，陆贾游说使归藩。
贾谊过秦倡仁政，文景之治苏民艰。
相如临邛凤求凰，金屋藏娇彻接班。
汉武盛世国力强，嫖姚漠北封胥山。
张骞开辟丝绸路，千金买赋难回还。
苏武牧羊囚塞北，史迁腐刑甘蒙冤。
昭宣补过称中兴，明君出塞宁北边。
燕啄皇孙因争权，王莽篡政西汉完。

大汉王朝概述

大汉王朝是继秦朝之后的大一统王朝，从公元前 202 年至公元 263 年，历经 465 年，分为西汉、东汉、蜀汉三个阶段。

刘邦推翻秦朝后被封为汉王。在楚汉相争中获胜后称帝建立汉朝，定都长安，史称西汉。历经文景之治、汉武盛世、孝宣中兴。公元 8 年，王莽篡汉改称新朝，西汉灭亡。

公元 25 年，刘秀平定宇内称帝建立东汉，定都洛阳，统一天下后息兵养民，史称“光武中兴”，经明章之治、永元之隆，国力达到极盛。公元184年爆发黄巾起义，导致董卓之乱，东汉名存实亡。至公元220年曹丕篡汉，东汉灭亡。

后来刘备建立蜀汉延续汉室，中国进入三国时期。

汉朝是中国发展史上的第一个黄金时期，华夏族从此渐被称为汉族，由于文明程度较高，在中国各兄弟民族中一直处于主导地位，在以后的历朝历代，汉族作为中华主体民族的地位始终未变。

汉朝当时和大约同时的罗马帝国，同为世界上东西方最先进最强大的两大文明帝国。两汉极盛时东并朝鲜、南包越南、西逾葱岭、北达戈壁，基本奠定了以儒家文化为代表的汉文化圈。

汉王刘邦菏鄄缘

刘邦祖上出于菏鄄之地；夫人吕后生于菏鄄之地；起兵之初，转战于菏鄄之地；西向击秦，出发于菏鄄之地；与楚相争，往来于菏鄄之地；落难避民家，娶戚夫人于菏鄄之地；百战终兴，成就武功于菏鄄之地；登基汜水之阳，就皇位于菏鄄之地，所以高祖刘邦与菏鄄有着不解之缘。

刘姓源自尧王的后裔十九世孙刘累，刘累为夏帝孔甲在古鄄养龙（鳄鱼）而被封为御龙氏，为刘姓始祖。故刘邦祖上亦出于古鄄之乡。后其先祖迁于沛丰邑中阳里，刘邦就生于此，是帝尧第76代孙。

刘邦大额头高鼻梁，豁达大度，宽厚仁爱，性格十分开朗，平时不拘小节，常慕魏公子信陵君无忌之为人。在一次送服役的人员去咸阳的路上，碰到秦始皇大队人马出巡，远远看去，秦始皇坐在精美华丽的车上威风八面，羡慕得他脱口而出：“大丈夫就应该像这样啊！”

汉高祖刘邦像

刘邦自小不喜欢下地劳动，不事经营，常被父亲训斥，说他不如哥哥刘仲会经营。统一天下之后，刘邦还拿这事跟父亲开玩笑说：“您看我和刘仲到底谁创下的基业大？”

山东菏泽单县终兴镇西南的潘庄，有位吕公跟家乡的人结下了冤仇，因与沛令是好友，后来便迁到沛县定居。人们听说他和县令的关系，很多人便来上门拜访，套套近乎，刘邦听说了也去凑热闹。当时主持接待客人的是在沛县担任主簿的萧何，他宣布了一条规定：凡是贺礼不到一千钱的人，一律到堂下就座。刘邦不管这些，没带一个钱却对负责传信的人说：“我出贺钱一万！”吕公听说了，赶忙出来亲自迎接他。吕公平时喜欢给人相面，一见刘邦器宇轩昂，与众不同，就非常喜欢，敬重地请入上座。萧何说：“刘季一向满口说大话，很少做成什么事。”刘邦干脆就坐到上座去，一点儿也不谦让。酒后，吕公向刘邦递眼色，让他一定留下来。吕公说：“我从年轻的时候就喜欢给人相面，经我相过面的人多了，没有谁能比得上你刘季的面相，希望你好自珍爱，我有一个亲生女儿叫雉，愿意许给你做妻室。”吕媪非常生气，说：“你总想让这个女儿出人头地，把她许配给个贵人，沛令想娶这个女儿你不同意，今天你为什么随随便便地就把她许给刘季了呢？”吕公说：“这不是女人家所懂得的。”终于把女儿嫁给刘季了，这就是吕后。

泗水亭长

刘邦秦时任沛县泗水亭长。刘邦以亭长的身份为泗水郡押送徒役去骊山服役，徒役们有很多在半路逃走了。刘邦估计等到了骊山也差不多会逃光了，所以走到芒砀山时，就停下来饮酒，干脆趁着夜色把所有的役徒都放了。刘邦自己也要逃到到芒砀山里去，徒役中有十多个壮士愿意跟随他一块走。

醉斩白蛇

刘邦借着酒意，连夜抄小路通过沼泽地时，让一个人在前边探路。那人回来报告说："前边有大蛇挡路。"刘邦已醉，说："大丈夫走路，有什么可怕的！"于是赶到前面，挥剑把蛇斩成两截。继续往前走了几里，醉得太厉害了，就躺倒在地上休息。

后边的人走到斩蛇的地方，看见一个老婆婆在黑夜中哭泣。有人问她为什么哭，老妇人说："有人杀了我儿。"有人问："你的孩子被谁杀了？"老婆婆说："我儿是白帝之子，变化成蛇，挡在道路中间，如今被赤帝之子杀了。"众人认为老婆婆是在胡说，正要打她，老婆婆就忽然不见了。

后面的人赶上已酒醒的刘邦，把刚才的事告诉了他，刘邦心中暗喜，别人也渐渐地敬畏他了。

刘项联兵

陈胜起事后，刘邦也聚集了3000子弟响应起义，并攻占沛县等地，被推为沛公。不久刘邦投奔了从吴中起兵的楚国贵族的后代项梁和项羽，做了其手下的一员大将，被任为砀郡长，并封为武安侯，仍将砀郡兵马。

陈胜死后，项梁尽召诸将，采纳范增的建议，立战国时楚怀王的孙子芈心，仍号楚怀王。之后，项梁率军北上救齐赵，在亢父、东阿大破秦军。

项梁下令楚军分军，分别以刘邦、项羽为帅。刘项二人率军在菏泽境内转战，先后攻成阳、鄄城、杠里、句(gōu)阳、定陶、成武、宛朐(qú)、昌邑、亳等县。

这时秦将章邯大破项梁于定陶(在今菏泽)，项梁本人战死。刘项二人大惊。于是刘项二人分兵，北路军以宋义为主将，西路军以刘邦为主将。约定谁先入关中，谁就是关中王。

由于当时秦军势力尚盛，楚将皆不看好西征，便让沛公为西征军统帅西征，让"僄(piào，同慓)悍残贼"的项羽担任北路军的次将北上救赵。

沛公先北上收集陈胜、项梁的散卒，至成阳(在今鄄城)大破秦军，遂引兵西进。

高阳酒徒

高阳儒士郦食其(lì yì jī)60多岁了，认为沛公有远大谋略，是他真正想要追随的人，只是苦于没人替他介绍。正好刘邦行军至砀郡高阳时，访求贤士。沛公军中有一骑士家在高阳，回家探亲。郦食其便请他代为向刘邦引荐自己。骑士说："沛公傲慢而看不起人，尤其不喜欢儒生，儒生头戴帽子来见他，他就立刻把人家的帽子摘下来，撒泡尿扔掉；与人谈话时，动不动就破口大骂。所以您最好不要以儒生的身份见他。"郦食其说："那你就说，我是高阳酒徒。"沛公听说是高阳酒徒，便答应接见郦生。此时刘邦正踞床令两女子给其洗脚。郦食其大为不满，长揖不拜，直接斥责道："您是想帮助秦国攻打诸侯呢，还是想率领诸侯灭掉秦国呢？"刘邦骂道："你个奴才相儒生！天下的人同受秦朝的苦已经很久了，所以诸侯们才陆续起兵反抗暴秦，你怎么说我帮助秦国攻打诸侯呢？”郦生说：“如果您下决心聚合民众，召集义兵来推翻暴虐无道的秦王朝，那就不应该用这种倨慢无礼的态度来接见长者。”于是刘邦起身道歉，整理好衣服后以礼接待了郦食其，两人交谈甚欢。

刘邦入关亡秦

刘邦率军继续西行，夺取了丹水（今淅川）等地，军进至武关东。于是按照张良之计，使郦食其、陆贾游说武关秦将，夺取武关。之后，刘邦一面继续率军西进，一面令郦商别将攻取汉中、巴蜀等地。

刘邦军进至秦都咸阳附近的蓝田，一场大战，彻底击垮了秦军最后的抵抗力量。公元前 207 年 10 月，刘邦军进驻灞上，秦王子婴素车白马，以组系颈，在轵（zhǐ）道（亭名，在今西安东灞陵区）旁，向刘邦献上了传国玉玺。共立国 15 年零 47 天的秦朝至此灭亡。留下成语“轵道之灾”，借指亡国投降。

刘邦约法三章

刘邦进入咸阳城很是得意，乃以“关中王”自居。看着那富丽堂皇的宫殿，府库的无数财宝，便有些留恋起来，准备就此住下，享受一番。樊哙提醒他注意天下还没有平定，别忘了秦的前车之鉴。刘邦听不进去，直到张良亲自来劝，讲清道理，他这才认识到了问题的严重性。于是，刘邦率军退到了灞上，召集当地的名士，和他们约法三章：杀人者死，伤人及盗抵罪。其他秦朝的苛刻法制一律废除，这才使他得到了民心支持。

项羽破釜沉舟

秦将章邯围赵，救赵楚军将领卿子冠军宋义，因逗留 46 天不前进，项羽怒而将其杀死。楚怀王遂封项羽为上将军，并令英布和蒲将军两支楚军也归其指挥。

项羽已杀卿子冠军，威震楚国，名闻诸侯。乃遣当阳君、蒲将军将卒二万渡河，救钜鹿。战少利，赵将陈余又催促进兵。项羽乃统率楚国援赵大军进至今山东菏泽曹县东南，楚军以齐地为基点，经鄄城北进渡过黄河，奔钜（今作巨）鹿救赵。乃悉引兵渡河，皆沉船，破釜甑，烧庐舍，只带三日粮，以示不胜则死的决心，以迅雷不及掩耳之势直奔钜（今作巨）鹿，击败章邯部保护运粮甬道的秦军，断绝王离部的粮道，包围了王离军队。项羽的决心和勇气，对将士起了很大的鼓舞作用。楚军把王离的军队包围起来，个个士气振奋，以一当十，越战越勇。经过九次激烈战斗终于打退章邯，活捉了王离，杀死了秦将苏角，秦将涉间举火自焚，其他的秦军将士有的被杀，有的逃走，围困钜（今作巨）鹿的秦军就这样瓦解了。

楚霸王项羽像

作壁上观与明人胡寄垣长联

当是时，楚军的雄威压倒了诸侯军，楚兵冠诸侯。援救钜（今作巨）鹿的诸侯国的军队在钜鹿城下者有十多座壁垒，却都不敢发兵出击。待到楚军攻打秦军的时候，诸侯军的将领都从壁垒上观战，见楚军将士无不一以当十，呼声动天，诸侯军无不人人惴恐。于是已破秦军，项羽召见诸侯将，入辕门，无不膝行而前，莫敢仰视。项羽由是始为诸侯上将军，诸侯皆属焉。这也是成语“作壁上观”的出处。

明人胡寄垣，作一长联，赞扬了楚霸王项羽破釜沉舟和越王勾践卧薪尝胆的勇气与志气：

有志者，事竟成，破釜沉舟，百二秦关终属楚；

苦心人，天不负，卧薪尝胆，三千越甲可吞吴。

整副对联气势磅礴，说明笃志与奋进对成功的重要性。

项羽入关

项羽在用破釜沉舟之计打败章邯之后，也领兵直奔关中而来。谋士范增劝他趁机除掉刘邦，项羽就下令准备，在第二天发起进攻。这时刘邦的兵力只有十万，无法与四十万强大的项羽军相抗衡。紧急关头，恰巧项羽的叔叔项伯与刘邦的谋士张良很要好，于是连夜潜入刘营找到张良，让他赶紧逃走，以免被杀。张良不肯丢下刘邦，就将消息透露给了刘邦。惊慌之下，刘邦赶紧向张良问计，张良让刘邦快去见项伯。

刘邦依计请来项伯，说明自己并无称王野心，并当即和项伯约成儿女亲家。项伯让刘邦第二天一早来见项羽，就连夜返回，对项羽说：“沛公不先入关中破秦，我们怎能顺利进入函谷关。沛公是有功劳的，不应该猜疑他，应真诚相待。”项羽听了，便打消了进攻刘邦的念头。

鸿门宴项庄舞剑

鸿门位于陕西省临潼城东约 5 公里的新丰镇鸿门堡村。其地由于被骊山流下来的雨水冲刷，北端出口处状如门道，形似鸿沟，故名。

鸿门宴图

第二天，刘邦只带了樊哙、张良和 100 名精锐亲兵，来到项羽的鸿门大帐，当面向项羽赔礼道歉。项羽请刘邦入宴。项羽的谋士亚父范增，一直主张杀掉刘邦，在酒宴上，一再举起所佩玉玦示意项羽发令杀掉刘邦，但项羽却犹豫不决，默不作声，反倒把告密的曹无伤出卖了。范增随即召项庄借舞剑为酒宴助兴，好趁机杀掉刘邦。项伯为保护刘邦，也拔剑起舞，掩护刘邦，刺杀没有成功。此即成语“项庄舞剑，意在沛公”的由来。后来刘邦借上厕所离开鸿门，逃回到了大营，立即诛杀了曹无伤。

鸿门宴上，刘邦在张良、项伯、樊哙的帮助下，以其高度的沉着与冷静的应对，终于全身而退，免除了大难。

受封汉王

鸿门宴后，项羽领兵进入咸阳，烧阿房、杀子婴，分封各路将军为王。刘邦被封为汉王，领巴蜀和汉中地，削其军仅留三万人。同时封秦降将章邯、司马欣、董翳(yì)为雍、塞、翟(dí)三王，领关中地，以扼制刘邦。尊楚怀王心为义帝(后把义帝迁到郴县并杀害)。项羽拒绝了谋士自王关中的建议，坚决衣锦还乡，自称西楚霸王，掌握军队最高统帅权。项羽封刘邦于汉中这块本是秦朝流放犯人的地方，虽是一种羞辱和背弃盟约之为，然也给刘邦留下了喘息之机,使刘邦得以在汉中肥沃之地休养生息,厉兵秣马,扩充实力,为后来出定三秦,建立大汉天下奠定了基础。

韩信受胯下之辱

韩信很小的时候就失去了父母,主要靠钓鱼换钱维持生活。韩信的母亲死后,穷得无钱来办丧事,然而他却寻找又高又宽敞的坟地,要让那坟地四周可安顿得下一万家。此时已有封王封侯的志向。

当时下乡南昌亭长见韩信非凡夫俗子,曾多次让韩信去家里吃饭。一连数月,亭长的妻子嫌恶他,就一早把饭煮好,在床上就吃掉了。等开饭的时候,韩信去了,却不给他准备饭食。韩信也明白他们的用意。一气之下,最终离去没再回来。

韩信在城下钓鱼,有位老大娘在水边漂洗丝绵,看见韩信饿了,就拿出饭给韩信吃。几十天都如此,直到漂洗完毕。韩信很高兴,对那位大娘说:“我一定重重地报答老人家。”大娘生气地说:“大丈夫不能养活自己,我是可怜你这位公子才给你饭吃,难道是希望你报答吗?”

在淮阴有一群恶少曾当众羞辱韩信。有个屠夫对韩信说:“你虽然长得又高又大,喜欢带着剑舞弄,其实你胆子小得很哩!有本事的话,你敢用你的佩剑来刺我吗?如果不敢,就从我的裤裆下钻过去。”韩信停了片刻,于是看了屠夫一眼,便当着许多围观人的面,从那个屠夫的裤裆下钻了过去。在场的人都嘲笑韩信,认为他很胆小。此即“胯下之辱”的故事。

苏轼在《留侯论》中写道:“古之所谓豪杰之士,必有过人之节。人情有所不能忍者,匹夫见辱,拔剑而起,挺身而斗,此不足为勇也。天下有大勇者,卒然临之而不惊,无故加之而不怒。此其所挟持者甚大,而其志甚远也。”韩信可当之。

汉朝建立之后,韩信被封为楚王,有次衣锦还乡,找到了三个故事中的当事人,分别做了不同的处置。对于漂母,韩信赐以千金;对于南昌亭长,韩信当面指出他是小人,为德不终,只扔给他一百钱。对于当年侮辱了自己的恶少,韩信对部下说:“此人也是一位勇士。当年他羞辱我的时候,我难道不能一剑杀了他?不过,杀了他并不能扬名天下,只因忍受了下来,才有了我今天的地位。”说完这番话后,韩信下令,提拔这位恶少作楚国的中尉,负责都城下邳的警卫。

韩信知恩必报,敬重勇士,此其之所以为韩信乎?然韩信毕竟乃一介武夫,无政治头脑。也正由于其如此,最终为刘邦所杀,惜哉!

国士无双

韩信原本是楚霸王项羽手下的一名低级军官,因为得不到重用,转而投奔刘邦。

萧何与韩信交谈过几次,对韩信的才能感到惊奇,很是敬佩。刘邦被封汉王,走到南郑的时候,有很多将领都逃跑了,韩信估计萧何已多次向汉王推荐过自己,汉王还是不重用,于是也走了。萧何听说韩信逃跑了,来不及报告汉王,就径自去追赶。有人报告汉王说:“丞相萧何也逃跑了。”汉王极为生气,就像失掉了左右手似的。

韩信像

过了一两天，萧何回来拜见汉王，汉王又生气又高兴，骂道："你逃跑什么？"萧何答道："我不敢逃跑，我是追逃跑的人。"汉王说："你去追回来的是谁？"萧何说："韩信。"汉王又骂道："军官逃跑的有几十人，你都没有追；倒去追韩信，这是撒谎。"萧何说："那些军官容易得到，至于像韩信这样的人才，是普天下也找不出第二个来的，所谓'国士无双'。大王如只想在汉中称王，当然用不上他；如要想争夺天下，除了韩信就再也没有可以商量大计的人了。只看大王如何打算罢了。"汉王说："我也打算回东方，怎么能够忧愁郁闷地居住在这个地方呢？"萧何说："大王如果决计打回东方去，能够重用韩信，他就会留下来；假如不能重用他，那么，韩信终究还是要跑掉的。"汉王说："我因为你，让他做个将军。"萧何说："即使让他做将军，韩信也一定不会留下。"汉王说："任命他做大将。"萧何说："很好！"于是汉王想召韩信来授官。萧何说："大王一向轻慢无礼，现在任命一位大将，好像呼唤一个小孩子一样，这就是韩信走的原因。大王想授官给他，选择一个好日子，自己事先斋戒，建造坛台和场地，按照任命大将的仪式办理，才可以。"

韩信登坛拜将

刘邦答应了。于是先派一位将领率人造起一座高坛。众将得知刘邦要高坛拜将，任命一位大将，都引颈以待，以为自己能被拜为大将。

过了些日子，高坛造好了，刘邦登上高坛，举行拜将仪式，众将才知道被拜为大将的是韩信，不由都大吃一惊。

登坛拜将仪式结束。刘邦对韩信说："丞相几次向我推荐将军，不知将军可有什么好的计策教我？"

韩信侃侃而谈，分析天下大势，然后为刘邦策划了先进兵关中、取得三秦之地作为根据地、然后率兵东进和项羽争夺天下的大计。刘邦听了，十分高兴，只恨相遇太迟。

于是，刘邦立即听从韩信的计策，兵出陈仓，很快平定了三秦之地。第二年，兵出关中，攻占了魏地和河南，最后在垓下击败项羽，建立了汉王朝。这就是"登坛拜将"的典故。

暗度陈仓

诸侯罢兵离开项羽的指挥，各回封国。刘邦虽对项羽违背"先入关中则王之"的约定不满，也只好忍气吞声接受封号，并烧毁至汉中的栈道，以示再也无意东出，以麻痹项羽。同年五、六月份，齐国贵族后裔田荣不满分封，赶走齐王，杀了胶东王，自立为齐王。于是刘邦乘机挥军东出，拜韩信为大将，明修栈道，暗度陈仓（今陕西省宝鸡市东），重返关中，很快击败章邯，迫降司马欣、董翳，并用计欺骗项羽，使其相信自己取得关中后已心满意足，再也不会东进了。项羽放心去攻打田荣，遂陷入齐地泥潭无法抽身。由于对西边没加防范，便给了刘邦还定三秦的绝佳机会。

楚汉相争

公元前 205 年，刘邦在平定三秦后，东出与项羽争天下。他先出关到陕，慰问那里的父老。

3 月，又率军从临晋渡河，攻下河内，再南渡平阴津到洛阳。这时新城三老董公等向刘邦诉说了义帝死亡的经过。刘邦听后，大哭一场，遂为义帝发丧，举哀三日。然后向各诸侯王发布项羽大逆无道的罪状，并以此为借口号召各诸侯王率兵与自己一起讨伐项羽为义帝报仇。从而正式拉开了四年楚汉战争的序幕。

5月，刘邦乘项羽深陷于齐国无力抽身的机会，率领诸侯联军56万一举攻占西楚国都彭城。短暂的胜利让刘邦失去了理智，天天与诸侯们喝酒庆祝。项羽听说，急率轻骑兵3万回袭彭城，联军无备，一时被杀十万，淹死十万，刘邦仅率数十骑逃脱，以汉为首的反楚联盟瓦解。

韩信易帜佯败，击赵取齐

韩信请示刘邦："愿益兵三万，臣请以北举燕、赵，东击齐，南绝楚之粮道。"于是韩信率精锐之师，进兵赵地。韩信派轻骑两千人，各执红旗，绕道赵军后面，并告之"赵见我走，必空壁逐我，若疾入，拔赵帜，立汉帜"。然后背水陈兵，与赵军殊死决战。"赵军欲还归壁，壁皆汉赤帜，大惊，以汉皆已破赵王将矣，遂乱，遁走。赵将虽斩之，弗能禁。于是汉兵夹击，破虏赵军"，取得大捷。继之取齐，齐王虽然得到了楚将龙且(jū)的援助，但龙且失之轻敌冒进。韩信"令人为万余囊，盛沙以壅水上流，引兵半渡，击龙且"，佯败。龙且不知是计，渡河追赶。"信使人决壅囊，水大至。龙且军大半不得渡，即急击，杀龙且"，齐王被俘。又一次取得收复齐地的完胜。

刘邦被困荥阳

6月，刘邦率部退到荥阳，一路收集败兵，并派韩信击败楚追兵，才得以喘息稳住阵脚。然后遂重整军队，准备依托关中基地和有利地势与项羽长期抗争。年冬，项羽发动反攻，把刘邦围困在荥(xíng)阳，形势十分危急。刘邦用陈平反间之计，使项羽怀疑范增，不用其谋，迫使范增怒而归乡，背发疮死在半路。又用陈平声东击西之策，派纪信装扮成自己，出东门去项军诈降，刘邦则乘机从西门逃出荥阳。纪信被杀，后追封为城隍。项羽加紧围攻荥阳，并夺取了成皋。

急中生智封韩信为齐王

韩信平定齐国后，派使者去见正被楚军围困在荥阳的汉王刘邦，并带给刘邦一封信说："齐国人狡诈多变，反复无常，齐国南面的边境与楚国交界，不设立一个暂时代理的齐王来镇抚局势，一定不能稳定齐国。为了有利于当前局势，希望允许我暂时代理齐王。"

刘邦看了韩信的书信，不禁勃然大怒，厉声骂韩信道："我在这儿被围困，日夜盼着你来帮助我，你却想自立为王!"

此时，侍立在刘邦身旁的张良和陈平同时暗中用脚踩刘邦的脚，两人凑近刘邦的耳朵说："目前汉军处境不利，怎么能禁止韩信称王呢？不如趁机册立他为王，很好地待他，让他自己镇守齐国。不然可能发生变乱。"

刘邦立即醒悟过来，急中生智，故意当着韩信使者的面骂道："大丈夫平定了诸侯，就当做真王罢了，何必做个暂时代理的王呢?"于是刘邦派遣张良前往韩信军中，册立韩信为齐王，征调他的军队攻打楚军。

从此刘邦对韩信不再真心信任，只是利用而已。

鸿沟为界

为减轻楚军对荥阳的压力，刘邦命韩信率军到达黄河北岸，声援荥阳，彭越则积极进攻下邳。项羽被迫率军回救，刘邦乘机收复成皋。7月，项羽攻拔荥阳，再夺成皋。项羽寻汉军主力决战不成，屯兵广武(今荥阳北)与刘邦形成对峙。楚军和汉军在广武对峙，双方都感到疲惫。不久，项羽兵疲粮尽，遂与汉订盟，双方约定平分天下，以鸿沟为界，鸿沟以西的地方归汉，鸿沟以东的地方归楚。

鸿沟，古代运河，在今河南省荥阳市，是古代连接黄河与淮河的南北通道。是刘邦、项羽两军对峙的临时边界。现在比喻界线分明。

分一杯羹

项羽击退侵犯东河的汉军彭越部队，回驻东广武城，隔广武涧与汉西广武城对峙，两军相守数月。

正当此时，彭越几次返回梁地，断绝了楚军的粮食供应，项羽害怕了。当初，楚军曾攻取刘邦家乡沛地，太公逃奔汉王，途中被楚军所俘，就羁押在军中。这时项羽为逼刘邦投降，特地安置了一个高高的案板，把刘邦的父亲放在上面，对刘邦说："现在你不赶快投降，我就烹了你的父亲。"刘邦说："我与项羽曾经一起以臣属接受楚王心的使命。还都说：'你我约定为兄弟。'这样，我的父亲便如同你的父亲了，你一定要烹煮你的父亲，到时请分给我一杯肉羹吧。"项羽大怒，准备杀了太公。项伯说："天下的事情往往未可预料，而且争夺天下的人是不顾念家庭的。你虽杀了刘邦的父亲，不会有一点好处，只能加深祸害而已。"项羽听从项伯的话，最终没有烹杀太公。

答应封王解困

缔结和约后，项羽以为真的实现了和平，便领军退走。刘邦本也想领军退走，但谋士张良和陈平建议刘邦撕毁和约，趁楚军不备突袭楚军。刘邦接受了他们的建议，率领汉军突袭楚军，将楚军击败。刘邦率部追击楚军，一直追到阳夏南面。刘邦驻扎好军队，派人去与领军在外的汉军将领韩信、彭越联系，让他们率部前来会合，共同攻击楚军。可是，韩信和彭越出于自身利益的考虑，不愿意出兵援助刘邦。此时，楚军攻击汉军，大败汉军。刘邦只好深沟高垒，转入守势。

刘邦对韩、彭援军迟迟不来十分忧虑，问张良说："诸侯将领不遵从约言，怎么办呢?"张良回答说："楚军朝夕之间就会破灭，韩信、彭越没有确定的封地，所以不来。君王您如能与他们共分天下，现在就可以立刻招致他们。如果不能，情势发展，难以预料。"

刘邦按照张良的建议，派遣使者告诉韩信、彭越说："希望你们合力攻击楚国。楚国破灭之后，从陈县(今河南淮阳)以东直到海滨地区封给韩信，睢阳以北至榖城(今河南孟津)地区封给彭越。"韩信和彭越全都立即回应说："现在我就请立即进兵。"

垓下会战

公元前 202 年 1 月，刘邦、韩信、刘贾、彭越、英布等各路汉军的部队到达垓下，约计 70 万人与 10 万疲劳的楚军会于垓下(今安徽灵璧县南)展开决战。汉军以韩信率军居中，将军孔熙为左翼、陈贺为右翼，刘邦率部跟进，将军周勃断后。

韩信采用诱敌深入的战术，前军先诈败，韩信引兵后退，命左、右翼军包抄攻击楚军后部步军。楚后部步军久战疲劳迎战不利，汉军遂将楚后军与项羽前军骑士分割成两半，韩信再指挥全军反击，楚军大败，仅剩不足两万伤兵随项羽退入壁垒坚守，被汉军重重包围。

四面楚歌

楚军兵疲食尽。韩信又命汉军士卒夜唱楚歌云："人心都向楚，天下已属刘。韩信屯垓下，要斩霸王头！"遂使楚军士卒思乡厌战，军心瓦解。项羽只率 800 人突围，至乌江(今安徽省和县境)时项羽身边只剩下了 28 骑。乌江亭长撑船相待，对项王说："江东虽小，地方千里，众数十万人，亦足王也。愿大王急渡。今独臣有船，汉军至，无以渡。”项羽苦笑说：“天之亡我，我何渡为！且籍与江东子弟八千人渡江而西，今无一人还，纵江东父兄怜而王我，我何面目见之？纵彼不言，籍独不愧于心乎？”

项羽拒绝渡江，便带着 28 骑与汉军大战，最后全军覆没，项羽不愿被俘受辱，于是在乌江自刎而死。刘邦取得了楚汉战争的最后胜利。

《垓下歌》与《和项王歌》

《垓下歌》是西楚霸王项羽在垓下进行必死战斗的前夕所作的绝命词。司马迁在《史记·项羽本纪》中是这样描述项羽自刎前的悲情的：项王军壁垓下，兵少食尽，汉军及诸侯兵围之数重。夜闻汉军四面皆楚歌，项王乃大惊曰：“汉皆已得楚乎？是何楚人之多也！”项王则夜起，饮帐中。有美人名虞，常幸从；骏马名骓，常骑之。于是项王乃抚剑悲歌慷慨，自为诗曰：

霸王别姬图

力拔山兮气盖世，时不利兮骓不逝。

骓不逝兮可奈何，虞兮虞兮奈若何！

《垓下歌》是失败者的悲壮之歌。这支歌概括了项羽平生的业绩和豪气，也表达了他决死前对美人和名驹的怜惜，抒发了他在汉军的重重包围之中那种满腔的怨愤和人定无法胜天的悲情。全诗虚实结合，生动地显示出项羽叱咤风云的气概，既洋溢着无与伦比的英雄之气，又蕴含着对亲人和爱驹的满腔深情；既显示出罕见的自信，又流露了渺小的个人无可奈何的沉重悲叹。

项羽知道自己的死亡是无可避免的，他并不害怕，也没有悔恨，他唯一忧虑的是他所挚爱的、经常陪伴他东征西战的美人虞姬的命运。所以他用那深深地噬啮着他的心的难以忍受的悲苦，无限哀伤地唱出了歌的最后一句：“虞兮虞兮奈若何？”

虞姬也很悲伤，眼含热泪，拔剑起舞，边舞边歌，同样深情地唱道：

汉兵已略地，四方楚歌声。

大王意气尽，贱妾何聊生？

这就是虞姬的《和项王歌》，歌罢，虞姬先自刎身亡，同样的悲壮，一样的感人。

关于“天亡我也”

项羽自杀前曾慨叹“今卒困于此，此天之亡我也，非战之罪”。

其实项羽的死是必然的，这是由项羽的主客观条件造成的，既不是“战之罪”，也不是“天亡我”。项羽面对的刘邦，是个年近 50、有着丰富的社会经验、政治的智谋、聪明的头脑，而又豁达大度、宽厚仁爱、善于用人的带着几分流里流气的社会油子；这是一个 20 多岁的、缺乏社会经验的、头脑简单、优柔寡断，而又刚愎自用、血气方刚、勇武超人、各方面都还显得太嫩的、毫无政治头脑、傻乎乎的武夫很难对付的。

毛泽东曾指出项羽战败的三个错误：鸿门宴不听范增的话，放走刘邦；机械遵守鸿沟协定；以及建都徐州（当时叫彭城）。那么，项羽为什么不能纳谏和用人呢？这便和他主观上的弱点有关。

所以在解放战争取得胜利的形势下，毛泽东发出“宜将剩勇追穷寇，不可沽名学霸王”的警言。

定陶汜水登基

楚汉战争结束后，刘邦对统领三十万大军的齐王韩信非常忌惮，于是迅速回军驻地定陶，急驰入韩信的军营，夺取了韩信的军权。还借口韩信熟悉楚国风俗，又将他改封为楚王，让他建都下邳。刘邦也兑现了先前的诺言，封诸将为王。其实这也是无奈之举，后来借口谋反剿灭诸异姓王就是明证。

由于刘邦知人善任，注意纳谏，并能充分发挥部下的才能，又善于利用各种力量，终于反败为胜，击败项羽，统一天下。

公元前 202 年 2 月 28 日，刘邦于菏泽定陶汜水之阳的官堌堆举行登基大典即皇帝位，定国号为汉，建立西汉王朝，是为汉高帝，俗称汉高祖，初定都洛阳，不久后迁都长安。汉朝乃为汉族称谓之始。

今菏泽定陶县城西北仿山乡姜楼村南有一堌堆，因刘邦在此登基称帝，遂名官堌堆，俗称“受命坛”。

汜水，故道在今山东省曹县北，从古济水分出，东北流至定陶区北，注入古菏泽，今久湮。高祖即位于汜水之阳，取其汜爱弘大而润下之意。

刘邦之妻吕雉改称皇后，太子刘盈称为皇太子，定都长安（今陕西西安），取长治久安之意，开基肇始，史称西汉。

《史记》称说：“高后之时，黎民得离战乱之苦，君臣俱欲休息乎无为，政不出户，天下晏然。刑罚罕用，罪人是希（稀）。民务稼穑，衣食滋殖。”所以司马迁按帝王的身份为吕后写了《吕太后本纪》。其实吕雉为人刚毅，佐高祖定天下，所诛大臣多为吕后之力。

题词终兴，定名成武

菏泽单县有个终兴镇，得名于汉高祖刘邦在这里题词“千秋大业，百战终兴”。刘邦的夫人吕后就出生在这里，终兴镇西南的潘庄就是吕后的故里。

菏泽成武县古本为郜国地，周武王封异母弟姬载于此。由于西汉高祖刘邦在此“成就武功”，遂定名“成武”。

刘邦论成功

刘邦登基后，在洛阳南宫开庆功宴招待群臣。宴席上刘邦说：“诸位不要隐瞒我，都要说出实情。我拥有天下的原因是什么，项羽失掉天下的原因又是什么？”高起和王陵回答说：“陛下您傲慢使人感到受辱，项羽仁义待人宽厚。但是陛下派人攻城略地，将城池分给能攻下它的人，与天下共同享受利益。而项羽嫉贤妒能，谋害有功劳的人，怀疑贤能的人，战胜了不给人封赏，得到城池不与将领们分享利益，这就是项羽失掉天下的原因。”刘邦说：“尔等只知其一，不知其二。在帷帐之中出谋划策，决策着千里以外的胜利，我不如张良；镇守国家，安抚百姓，供给粮饷，使我军不断粮道，我不如萧何；带领百万大军，每战必胜，所攻必克，我不如韩信。这三个人，都是人才，我能够任用他们，这是我取得天下的原因。项羽只有一个范增却不能充分利

张良像

萧何像

用，这是他被我所擒的原因。”从这段话看，刘邦取得天下的原因有两点，其一就是高起、王陵所说的与手下分享胜利的成果，其二就是刘邦善于用人，并能信任人才。

稳定措施

等到政权稳固之后，为了防止所封功臣侯王反叛和皇权的长期稳定巩固，刘邦就又以种种罪名取消他们的王爵，或贬或杀，而另封刘氏宗亲为王，订立了“非刘氏而王者，天下共击之”的誓言。此举也埋下了“七国之乱”的祸根。

刘邦一面御驾亲征，镇压消灭了韩信、彭越、英布、臧荼等异姓诸侯王，一统天下；另外又裂土分封了九个同姓诸侯王，以巩固政权，稳定其封建统治秩序。同时，采用“休养生息”的宽松政策治理天下，实行“轻徭薄赋”，让士兵复员归家，豁免他们的徭役；采取重农抑商，大力发展经济，修复残破的社会经济的政策。又下“求贤诏”为国家广招管理人才，制定礼仪以巩固皇权，祭祀孔子并重用儒士，提倡以孝治理天下。对外则采取与匈奴和亲的政策，开放与匈奴之间的关市，以缓和双方的关系。这样，既安定了人民的生活，又促成了汉朝雍容大度的文化基础。

刘邦年轻时放荡不羁，一向鄙视儒生。他认为老子是马上得天下，《诗》《书》没有用处。陆贾说：“马上得天下，能马上治天下吗？”

于是，刘邦醒悟，天下既定，着手建立规模宏大的国家图书馆天禄阁、石渠阁等；命萧何次定律令，韩信申明军法，张苍定出章程，叔孙通酌制礼仪，陆贾编写《新语》，论述秦失天下的原因，作为借鉴。他奠定了中国古代社会在儒家思想影响下的文化制度，是汉民族和汉文化的伟大开拓者之一，他承继秦朝，对汉族的发展，以及中国的统一和强大有着诸多的贡献。

智擒韩信

项羽属下的将领钟离昧一向与韩信友好，项羽死后，钟离昧投奔韩信，韩信将他收留。刘邦非常怨恨钟离昧，听说他在楚国，便诏令韩信逮捕钟离昧。但韩信没有接受刘邦的诏令，而是将钟离昧保护起来。

汉王六年（公元前201年），有人向高祖刘邦上书控告楚王韩信谋反。刘邦与众将商议，将领们都说赶快发兵抗击就是了。刘邦沉默不语，征求陈平的意见，陈平再三推辞，不肯发表意见，反问刘邦说：“各位将领怎么说的？”刘邦将众将的意见告诉了陈平。陈平说：“有人上书揭发韩信谋反，另外有其他的人知道吗？”刘邦说：“没有。”陈平说：“陛下的精兵与楚王（韩信）的精兵相比哪个更强？”刘邦说：“我的精兵比不过他。”陈平说：“陛下的大将用兵打仗有能超过韩信的吗？”刘邦说：“没有人能赶得上他。”陈平说：“当今陛下兵不如楚王的精，而大将又赶不上楚王，却发兵去攻打他，这是促使他起兵反抗啊，我私下为陛下感到危险。”刘邦说：“这怎么办呢？”陈平说：“古时候有天子外出猎狩巡视，会见诸侯的传统。南方有处云梦泽，陛下只管假装出游云梦泽，在陈县会见诸侯。陈县，在楚国的西部边界。韩信听到天子以和平的方式出游，推测其势必会没有变故，而且将会到郊外迎接拜谒陛下。在他拜谒时，陛下趁机捉拿他，这不过是一位力士就能胜任的事罢了。”刘邦采纳了陈平的计策。

刘邦通告诸侯说要出游云梦泽，让各地诸侯都到陈县会见。刘邦将到达楚国时，韩信怀疑刘邦是想图谋自己，便想发兵反叛，但转念一想，认为自己并没有罪过，想去见刘邦，又怕被刘邦抓捕，一时之间犹豫不定。有人建议韩信说："杀了钟离昧去朝见皇上，皇上一定高兴，就没有祸患了。"韩信最终决定采纳这个人的计策。钟离昧临死前对韩信说："汉王（刘邦）所以不攻打楚国，是因为我在您这儿，您想逮捕我取悦汉王，我今天死，你也会紧跟着死的。"钟离昧骂韩信说："你不是个忠厚的人！"言罢，钟离昧刎颈而死。韩信拿着钟离昧的人头，前往陈县朝拜刘邦。刘邦命令武士将韩信捆绑起来，押在随行的车上。

韩信对刘邦说："果真像人们说的'狡兔死，走狗烹；高鸟尽，良弓藏；敌国灭，谋臣亡'。现在天下已经平安，我本来就应当遭到烹杀！"刘邦说："有人告发你谋反。"说罢，刘邦命人给韩信加上刑具。

多多益善

韩信被诱捕后，刘邦曾与韩信就为将的能力有过一次谈话，刘邦说："如我，能将几何？"韩信回答："陛下不过能将十万。"刘邦问："如公何如？"韩信答："如臣，多多益善耳。"刘邦讥笑他："多多益善，何为我禽？"信曰："陛下不能将兵，而善将将，此乃信之为陛下禽也。且陛下所谓天授，非人力也！"

羞与哙为伍

韩信被贬为淮阴侯之后，深知高祖刘邦畏惧他的才能，所以从此常常装病不参加朝见或跟随出行。韩信在家中闷闷不乐。对于跟绛侯周勃、颍阳侯灌婴等处在同等地位感到羞耻。一次韩信去拜访樊哙，樊哙行跪拜礼恭迎恭送，并说："大王竟肯光临臣下家门，真是臣下的光耀。"韩信出门后，笑道："我这辈子居然同樊哙等同列！"

解衣推食

楚已亡龙且，韩信取齐，项王恐。使盱眙人武涉往说齐王信曰："足下与项王有故，何不反汉与楚联和，参（三）分天下王之？今释此时，而自必于汉以击楚，且为智者固若此乎！"韩信谢曰："臣事项王，官不过郎中，位不过执戟，言不听，画不用，故倍楚而归汉。汉王授我上将军印，予我数万众，解衣衣我，推食食我，言听计用，故吾得以至于此。夫人深亲信我，我倍之不祥，虽死不易。幸为信谢项王！"

此言说明韩信并无造反之意。不管其有无造反之心，其被杀已成必然之势。

韩信之死

当初刘邦在被困荥阳急需韩信相救时，曾封韩信为"三齐王"，就是与天王齐，与地王齐，与君王齐。还封他"五不死"，就是见天不死，见地不死，见君不死，没有捆他的绳，没有杀他的刀。

抓获韩信后，刘邦不好食言。于是将韩信带到洛阳后，再想想韩信的功劳实在太大，也不忍自己看着将其杀死，就赦免了韩信的罪过，将他改封为淮阴侯。

但韩信毕竟是他的威胁，于是他想了个杀韩信的办法告诉了吕后，自己就出去平叛去了。

公元前196年，吕后在萧何的帮助下，把韩信骗进宫里，对韩信说："你犯下了谋反罪，君王叫我杀你。"于是在长乐宫密封的钟室里，让一群宫女用棒槌把韩信打死了。临死前，韩信感慨地说："吾悔不用蒯通之计，乃为儿女子所诈，岂非天哉！"

当初楚汉两军垓下会战之时，谋士蒯通知道天下局势的变化取决于韩信，想劝韩信背叛汉朝，就先用隐语暗示韩信说："我曾经学过相面术，观察您的脸谱，最多不过被封为侯爵，又总是处于危险之中；而看您的背形，则非常尊贵，难以说出。"蒯通深说以三分天下，鼎足而王之意。韩信不忍背汉，又自以功大，汉王不夺我齐，遂不听。死到临头，悔之晚矣！

成也萧何败也萧何

当初萧何月下追韩信，并极力推荐，使韩信登坛拜将，得到了建立功业的机会；又是萧何与吕后秘密联手，将韩信置于死地，因而"成也萧何败也萧何"的典故流传至今。

韩信被杀的必然

韩信是一个了不起的军事天才，但同时也是一个无知的政治白痴，其政治谋略等于零。他的被杀是早晚的事，从当初韩信倚仗武力胁迫刘邦封自己为王时，就埋下了遭杀的祸根。更何况功高盖主，有哪个帝王卧榻之侧能容他人安睡！"狡兔死，走狗烹；高鸟尽，良弓藏；敌国灭，谋臣亡"已成历史的铁律。悲哉，韩信，当断不断，反受其害！

刘邦的《大风歌》

公元前196年，淮南王英布看到韩信被杀，遂起兵谋反。鉴于英布的英勇善战，军势盛大，刘邦不得不亲自出征。他很快击败了英布，但自己也被流矢射中。在得胜还军的途中，刘邦顺路回了一次自己的故乡沛县，便把故乡的父老、尊长，以及昔日的好友、晚辈都请来，共同欢饮了十几天，还组织了一个120人的歌舞队助兴。一天酒酣，刘邦回想这次征战的激烈和最后的胜利，感慨系之，便情不自禁地即兴高唱起来，和着击筑声，激昂起舞，慷慨伤怀，泣数行下：

大风起兮云飞扬，
威加海内兮归故乡，
安得猛士兮守四方！

这就是有名的《大风歌》。加上120人的助唱，场面气氛极其热烈。这首歌仅有三句，这在中国诗歌史上是极为少见的。前两句直抒胸臆，雄放豪迈，抒发了刘邦的英雄气概和衣锦还乡、踌躇满志的悲壮情怀，充满着一股王霸之气；最后一句则表达了他对国事的忧虑与惆怅心情，以及维护天下统一的远大抱负和豪情壮志。

刘邦去世

汉高祖十二年（公元前195年），刘邦因讨伐英布叛乱时被流矢射中，其后病重不起，吕后派良医进行治疗。刘邦自知已经病入膏肓，赐医生金钱，把他们赶走，拒绝治疗。吕后见刘邦病已不治，出于国家政局稳定，她到刘邦病榻前问今后国家关键职位的人事。

吕后问："陛下百岁后，萧相国既死，谁令代之？"刘邦回答："曹参可。"吕后又接着问曹参之后的人选，刘邦说："王陵可。然少憨，陈平可以助之。陈平智有余，然难独任。周勃厚重少文，然安刘氏者必勃也，可令为太尉。"

吕后还想接着问，但是刘邦说："此后亦非尔所知也！"

同年刘邦驾崩，庙号太祖，谥号高皇帝，俗称高祖。

刘邦去世后，朝廷的重大人事基本上按照这次病榻问相的结果来安排。但实权在吕后手里。吕后当是中国历史上"垂帘听政"的第一人。

毛泽东评价刘邦

刘邦出身农家，是中国历史上第一位平民出身的帝王，汉朝的开国皇帝，是中国历史上杰出的政治家、战略家和指挥家。

毛泽东评价刘邦是“自古以来，能干皇帝大多是老粗出身。汉朝的刘邦是封建皇帝里边最厉害的一个”。还说“项王非政治家，汉王则为一位高明的政治家”。

汉族的形成

刘邦建立的西汉王朝，为汉族称谓之始。

汉族古名华夏族，是中国的主体民族。族源起自远古今菏泽鄄城雷夏泽地区的华胥氏伏羲龙族部落，后人取华胥氏之“华”与雷夏泽之“夏”组成“华夏”，遂成为该部族的称呼。随着部族的繁衍逐步扩大，至其子孙炎帝和黄帝时期，为争夺部落联盟首领而爆发了阪泉之战，炎帝部落战败，并入黄帝部落，实现了第一步融合，形成了华夏炎黄部落联盟。后来他们在涿鹿之战中打败了山东东夷集团的九黎族首领蚩尤，炎黄联盟与山东境内的部分东夷部落组成了更庞大的华夏部落联盟，把联盟势力扩大至今日的山东全境，华夏族源的主体基本形成。经过尧舜时期与南方苗蛮部族（东夷族南迁的部分）进一步的融合，华夏族得到了进一步发展与巩固，地域也向周边迁延扩展。后来黄河中下游的华夏族裔孙们，于公元前2100年至前770年先后建立了夏、商、周三朝。进一步融纳了周边一些小的部族，华夏族又得到进一步的扩大。当时中原的华夏族有华人、华族、夏人、夏族等多种称呼，统称诸华或诸夏，以与四方的少数民族“夷”和“裔”相对应。

到了春秋时期，民族融合，通过征伐、通婚等方式，扩张到了部分蛮、夷、戎、狄之间。进入战国时期，民族融合的进程，比春秋时期以更深的程度、更广的范围、更快的速度向四方进行着。

秦始皇的统一六国和对四方蛮夷的征伐，最终统一和巩固了华夏民族。

“秦人”之称

华夏民族因秦王朝的统一而又得“秦人”之名，西域及周边国家遂也称华夏民族为“秦人”。只是因秦王朝的短命，“秦人”之称后来便被人们遗忘，但是“秦”（Chin）作为中国的名称却流传下来，成为印度及欧洲多种语言中中国的语源，如英语“China”。

汉人、汉族、华人之称

汉承秦制，作为中央集权“大一统”的强大封建国家，在其长达400多年的国运中，平南越，征匈奴，继续完成着民族的融合。此后的五胡乱华，至隋唐的统一；从五代十国，到宋代的统一；从辽金元的战乱，到明清的开疆拓土，皆是中华民族继续融合的过程。

自汉朝建立之后，在对外交往中，汉朝之“汉”逐被其他民族用来称呼华夏民族，所以，自汉武帝、宣帝以后，“汉人”“汉族”遂又成为华夏族的别称，并一起使用至今。古代汉族往海外移民时常自称华夏人，简称“华人”。随着华夏文明扩展到全国以至世界各地，“华人”的概念遂渐由当初单指华夏族，扩展到所有受中华文明影响的周边少数民族身上，并成为了全体中华民族之人的代称，包括所有的中国人以及海外华侨。

中华民族自身人种的繁衍机制及其强大的同化能力，使中华民族成为世界历史上独一无二的具有着极大的稳定性、无比的凝聚力和强大的吸引力的民族，成为一个在世界历史上也从未中断过的、悠久的民族，更成为世界上人口最多的民族。“国泰民安”，方能“人丁兴旺”，人口的发展，是民族繁荣昌盛的一个重要标志。

从上述中华民族形成的历史，我们也就

清楚了我们自称为龙的传人和炎黄子孙的缘由。

中国自秦始皇建立了大一统的帝国起，表面上是统一的局面，然而历朝历代都少不了诸侯王叛乱、少数民族分裂、藩镇割据、军阀混战，并没有实现真正的统一。直到毛主席领导人民革命，建立了新中国，才彻底改变了这种局面，实现了中华民族的完全彻底真正的大一统。

白登之围与“和亲”政策

汉高祖六年，韩王信在大同地区叛乱，勾结匈奴企图攻打太原。刘邦亲自率领 32 万大军迎击匈奴，先在今山西沁县告捷，遂乘胜追击，直至今山西宁武一带。时值天降大雪，刘邦不顾前哨探军劝阻，轻敌冒进，直追到大同平城，中了匈奴诱兵之计。刘邦和先头部队，被围困于平城白登山 7 天 7 夜，完全和主力部队断了联系。后来，刘邦采用陈平的计谋，向冒顿(mò dú)单于的阏氏(yān zhī)(冒顿妻)行贿，才得脱险。所谓“汉下白登道”也。

“白登之围”后，刘邦认识到由于历经多年战乱，国力较弱，仅以武力手段解决与匈奴的争端不可取，所以，在以后的相当一段时期里，遂采取“和亲”与财宝政策，以笼络匈奴、维护边境安宁为主要手段，以便让百姓得以休养生息。

萧规曹随

刘邦死后，惠帝即位，但实际是吕后称制。吕后尊刘邦遗嘱用曹参为丞相。曹参做宰相，举事无所变更，一切都照萧何创立的成规办事，所谓“萧规曹随”，仍沿用刘邦无为而治的政策，收到了“天下晏然”的效果。但吕后同时又多用外戚，压制功臣，遂酿成“诸吕之乱”。

平定诸吕之乱与元宵节

惠帝病死后，吕后独揽大权，并违背刘邦“非刘氏勿王”的规矩，封吕氏子弟为王，刘氏天下变成了吕氏天下。朝中老臣，刘氏宗室深感愤慨，但因畏惧吕后残暴而敢怒不敢言。吕后病死后，诸吕惶惶不安，害怕遭到迫害，于是在上将军吕禄家中秘密集合，共谋作乱以彻底夺取刘氏江山。刘氏宗室齐王刘襄为保刘氏江山，决定起兵讨伐诸吕，遂与开国老臣周勃、陈平取得联系，设计控制了吕禄，诸吕不分男女老幼全部被处死，吕氏集团彻底被消灭。

平乱之后，众臣拥立刘邦的第二个儿子刘恒登基，是为汉文帝。文帝深感太平盛世来之不易，为庆祝周勃勘平诸吕之乱，便把平息“诸吕之乱”的正月十五日定为与民同乐日。每逢此夜，文帝必出宫游玩，与民同乐。在古代，正月又称元月，夜同宵，汉文帝就将正月十五日定为元宵节，这一夜就叫元宵，京城里家家张灯结彩，以示庆祝。从而迎来了“文景之治”的稳定时期。此即元宵节的来历。

赵佗筹建南越国

南越国，亦称南粤国，是秦时恒山郡真定(今河北正定)县人赵佗在汉朝岭南地区建立的一个政权。

先秦对长江中下游及以南地区的部族，一般统称为越，或称之为百越、诸越，包括苏南浙北的吴越、福建的闽越、江淮的扬越、广东的南越、广西北部的西瓯，以及越南北部和广西南部的雒越等。

秦始皇统一六国之后，开始着手前进岭南百越之地。秦王政二十八年(公元前 219

年),派屠睢为主将、赵佗为副将率领五十万大军平定岭南。由于屠睢滥杀无辜,引起当地人的顽强反抗,屠睢被当地人杀死,此次征战以失败告终。

秦王政三十三年(公元前 214 年),秦始皇重新任命任嚣为主将,与赵佗再次进攻百越各部族,终于完成了平定岭南的大业。整个岭南由此划入了秦朝的版图。秦始皇接着在岭南设立了南海、桂林、象郡三郡,任嚣被委任为南海郡尉统管一郡之事,而委赵佗任地理位置和军事价值都极其重要的龙川县令。

秦末,南海郡尉任嚣病危,他觉得自己的儿子不争气,正为接班人发愁,便想到旧时的部将赵佗,觉得他倒是个可托以大任的人才,便派人日夜赶赴龙川县,把他招来,然后驱散旁人,在病榻上向他面授机宜,之后便向全郡公开发下文书,指定赵佗为自己死后的继承人,并马上让他代理郡尉,行使尉权。

公元前 208 年,任嚣死后,赵佗继任,他乘秦亡之际,按照任嚣生前面授的策略,立即命人封锁了五岭上所有的交通要道,控制了横浦、阳山、湟谿三座关隘以断绝与岭北中原地区的一切联系,同时把郡内那些忠于秦朝的军政官员杀的杀,撤的撤,全部换上自己的心腹。

处理好自己郡内的问题后,他得知秦朝灭亡的消息,随即于公元前 206 年举兵西向,开始了为时数年的艰苦征战,先后吞并了桂林、象郡(雒越,即瓯雒国)。

赵佗遂于公元前 204 年正式建立南越国,自号“南越武王”,国都定于番禺(广州)。南越国全盛时疆域包括当今中国广东、广西大部分地区、福建一小部分地区,以及海南、香港、澳门和越南北部、中部的大部分地区。

赵佗治理南越,既极力安抚当地民众,又大力劝导士兵在当地养儿育女,促进中原人与岭南人同化,并上书皇帝要求遣送中原居民迁居南越以传播中原文化。由于他实行“和辑百越”的政策,将先进的中原文化引进南越之地,通过不断的渗透、交流和融合,促进了当地社会的和谐,使南越地区相继稳定,经济和文化也不断地繁荣发展起来。

南越王归藩

汉朝建立后,鉴于当时的情势,公元前 196 年夏季,高祖刘邦暂时承认南海、桂林、象郡三郡为赵佗所有,并派遣陆贾说服赵佗接受了汉高祖所赐南越王印绶,臣服汉朝,南越国遂成汉朝的藩属。

汉高祖刘邦去世后,吕后临朝,开始和赵佗交恶。这时的赵佗凭借着他的军队已扬威南越一带,使得闽越、西瓯纷纷归属南越,赵佗也开始以皇帝的身份发号施令,与汉朝对立起来。

公元前 180 年,吕后死后,汉文帝刘恒即位,他派人重修了赵佗先人的墓地,设置守墓人每年按时祭祀,并给赵佗的堂兄弟们赏赐了官职和财物。接着文帝重新任命高祖时曾多次出使南越的陆贾为太中大夫,令其再次出使南越说服赵佗归汉。陆贾到了南越后,向赵佗晓以利害关系,赵佗被再次说服,决定去除帝号复归汉朝,仍称“南越王”。

南越国灭亡与长寿皇帝

至公元前 112 年夏季,汉朝第七任皇帝刘彻出兵 10 万发动对南越国的战争,并于公元前 112 年冬季灭亡了南越国。

南越国从公元前 204 年开国君主赵佗起,至前 112 年亡国君主赵建德止,共历 5 帝,享国 93 年。

赵佗约生于公元前 240 年,死于公元前

137年，活了103岁，葬于番禺（今广州）。从前219年作为秦始皇平定南越的副帅，一直到去世，一共治理岭南81年。他不仅是世界上最长寿的皇帝，更是中国在位时间最长的皇帝和经历了九位皇帝的皇帝。

赵佗初到南越时，很多士兵因南越一带炎热和潮湿而水土不服，军中疟疾、瘟疫流行，甚至蔓延传染给当地土著人，一时得不到控制。相传当时深山古寺中的一位道士因被赵佗实行"和辑百越"的仁义之政感化而自献良方，一服草药让当时的疫情去危就安。道士并没有因此接受赵佗的封赏，仍然甘愿留在深山继续潜心修道，于是赵佗赐了他一个"就安堂"的名号，从此道士在深山幽谷中以"就安堂"为堂号，以中草药专治南方湿热气候引起的各种奇难杂症而造福一方。这让赵佗也懂得了一些养生之道，成为他活到百年长寿的秘密。

汉文登基与亲尝汤药

刘恒，刘邦第四子，最初被封为代王。刘邦死后，吕后专权，诸吕掌握了朝廷军政大权。吕后一死，太尉周勃、丞相陈平等大臣在平定诸吕之乱以后，经群臣廷议，迎立代王刘恒入京为帝，是为汉文帝。

文帝即位后重本抑末，兴修水利，农业生产有了较大发展；又削弱诸侯王势力，加强中央集权；驻兵北方，移民屯田筑城，增加粮食储备，加强北方防御力量，为后来全面反击匈奴作了准备。在汉文帝与其子景帝统治之下，政治清明，天下太平，被合称为文景之治。

汉文帝是一个有名的孝子，对他的生母薄姬，即后来的薄太后很是孝顺，从来也不敢怠慢。有一次，他的母亲患了重病，一病就是三年，卧床不起。刘恒日夜守护在母亲的床前，每次看到母亲睡了，才趴在母亲床边睡一会儿，所谓"目不交睫，夜不解衣"。刘恒天天为母亲煎药，每次煎完，自己总先尝一尝，看看汤药苦不苦，烫不烫，自己觉得差不多了，才端给母亲喝，尽心服侍，毫不懈怠。文帝遂以仁孝传闻于天下，人们都称赞他是一个仁孝之子。

文帝逝世后，群臣上庙号为太宗，加谥号孝文皇帝，省称文帝，葬于霸陵。由于孝文帝躬行孝道，又推广为治国方略，开创了汉代"以孝治天下"的教化模式，故每位皇帝的谥号皆加一"孝"字。

在孝文帝的影响和倡导下，两汉也真出了几个孝子，皆列为二十四孝之一。

卖身葬父

董永，相传为东汉时期千乘（今山东高青县北）人，少年丧母，后随父迁居安陆（今属湖北）。其后父亲亡故，家贫，无力安葬，董永卖身至一富家为奴，换取丧葬费用。上工路上，于槐荫下遇一女子，自言无家可归，二人遂结为夫妇。于是同至富翁家。富翁命其夫妇织绢三百匹，那女子心灵手巧，一月织成，得以提前偿债赎身。夫妻归家途中，走到相遇的老槐树下，其妻告诉董永："我是天帝第七个女儿，奉命助君还债，请勿留恋。"言毕告别董永凌空而去。从此，槐荫这个地方，遂改名为孝感。

董永卖身葬父孝感天地，盖为《天仙配》故事的源头。

刻木事亲

丁兰，相传为东汉时期河内（今河南黄河北）人。幼年父母双亡，想到未能奉养父母，又思念父母养育自己的辛劳，因此他经常思念父母的养育之恩，一直记挂于心。对父母的思念之情，无以表达，便用木头刻成双亲的雕像(这大概相当于后来的遗像),事之如生。凡事均和木像商议,每日三餐敬过双亲后自己方才食用,出门前一定禀告,回家后一定面见,从不懈怠。不仅自己这么做,丁兰还要求自己的妻子每日也要如此诚心敬父母。但作为儿媳,并未与丁兰的父母一起生活过,自然这孝心便会大打折扣。后来丁兰的妻子对木像逐渐不太恭敬,有一次还好奇地用针刺木像的手指,不料木像的手指竟有血流出,把丁兰的妻子着实吓了一跳。丁兰回到家中,见木像眼中垂泪,且手指上有血渍,便问妻子怎么回事,得知实情之后,便把妻子休弃了。

至今浙江还有丁兰的文化遗存的踪迹,距杭州市中心十多公里处,有个丁桥镇,据说此地就是汉朝孝子丁兰的故里。后人在此建丁桥、兰桥,遂以此为地名。又因镇旁有丁、兰二桥,所以此镇也以桥命名了。

行佣供母

江革,东汉齐国临淄人,字次翁。少年丧父,母子二人相依为命,他侍奉母亲极为孝顺。因此乡里称为“江巨孝”。当时王莽篡位,政治腐败,导致农民起义,战争频繁,天下大乱,各地盗贼四起。江革为了避乱,背了母亲弃家逃难。母亲年迈,腿脚不便,江革整天背着母亲奔波。一路上风餐露宿,还要躲避盗贼。长途跋涉,江革往往累得满头大汗。母亲心疼儿子,要下来自己走,江革总说:孩儿背着母亲,就像回到了小时候一样,感觉到母亲的温暖,心里很喜欢,很幸福。母亲渴了,江革马上去讨水给母亲喝;母亲饿了,他竭尽所能为母亲准备可口的食物;天色晚了,他想方设法让母亲能踏实地安歇。江革时刻想到的是母亲的安全,全然忘记了自己的饥饿和疲劳。

逃难中,江革多次遇到盗贼,他便向盗贼苦苦地哀求,叙说自己从小失去了父亲,孤苦伶仃,是母亲含辛茹苦,把自己拉扯成人。如果把自己掳去,留下孤零零的老母亲,兵荒马乱,举目无亲,母亲性命定然难保。恳请大王念我有老母在,没有人奉养,能放过自己。盗贼看到江革如此诚心诚意的哀求,无不被他的孝心所感动,所以也不忍杀害他母子。就这样,江革屡次感动盗贼,化险为夷。

后来盗贼被平息之后,江革背着母亲,千里迢迢流落到江苏省下邳县居住下来。身在异乡举目无亲,非常贫穷,衣不蔽体,没有鞋穿,打着赤脚给别人当用人,赚取微薄的收入来奉养母亲。江革总是省吃俭用,把最好的孝顺母亲。凡母亲需要的,总要尽最大努力办到,克尽为人子的孝道。

后来,母亲去世,他非常哀伤,在庐墓间哀泣守孝三年,连晚上睡觉也不除去孝服。感动了地方父母官,举荐他做了孝廉。

扇枕温衾

黄香,东汉江夏安陆人,9 岁母亲早逝,终日思念,极其深切,乡党们都夸他孝顺。他见父亲劳作辛苦,又专心一意侍奉父亲,非常尽心。在炎热的夏天,他用扇子先扇凉席子再让父亲去睡;寒冷的冬天则先钻进被窝温热被子再让父亲安眠。地方官刘护听到他的孝行,特别上奏朝廷表扬他的孝心。黄香知书达理,少年时即博通经典,文采飞扬。汉安帝时,他任魏郡(今属河北)太守,当地遭遇水灾,他拿出自己的俸禄和家产救济灾民。人们称他:“天下无双,江夏黄香。”著有《九宫赋》《天子冠颂》等。

拾葚异器

蔡顺,汉代汝南(今属河南)人,很小的时候父亲就去世了,家里只有老母和他相依为命。母亲为了养育他长大成人，一直守寡，吃了很多苦头。所以蔡顺对母亲特别孝顺。

当时正值王莽篡权，施行暴政，爆发了“赤眉军”起义。再加遇上荒年，兵荒马乱。为避战祸，老百姓大都外出逃难去了。蔡顺考虑母亲年老体衰，经不起逃荒之苦，便陪伴母亲留在了乡间。由于家中无粮，无奈之下，蔡顺只好到林中拾取桑葚充饥。

一日蔡顺提着竹篓来到林中，见桑葚都被采光了，很是焦急。忽见远处隐隐约约有一片桑林。他忙跑过去，看到地上落着不少桑葚，如获至宝。他把拣到的黑色桑葚放在一个篓里，把红色桑葚放在另一个篓里。正准备回家，刚走出丛林，忽然，一队人马到了跟前。一个士兵厉声问道：“你是何人？为什么一人在此？”蔡顺见这些人眉毛上都涂上红颜色，知道是赤眉义军，就回道：“我叫蔡顺，就住在山脚下。因为战乱，家中没粮充饥，只好上山拾些桑葚果腹。”士兵见蔡顺将黑色的桑葚和红色的桑葚分开，不知搞什么名堂，就把他带到头领面前。头领看了看蔡顺，问他为什么将黑色桑葚和红色桑葚分开盛。蔡顺说：“黑色的桑葚是熟透的，比较甜，是给老母吃的；红色的桑葚还没有熟透，发酸，给自己吃。”头领被蔡顺的孝心深深打动，命手下快去拿来两斗白米和一只熟牛蹄送给蔡顺，要蔡顺带回去供奉他的母亲。

涌泉跃鲤

姜诗，东汉四川广汉人(今四川德阳)，父亲去世早，丢下母子二人相依为命。姜诗长大后娶同郡庞盛的女儿为妻。姜诗对母亲极为孝顺，而妻子庞氏更是孝敬有加。婆婆喜喝长江水，庞氏就常到距家六七里的江边取水。婆婆爱吃鱼，夫妻就常做鱼给她吃，婆婆不愿意独自吃，他们又请来邻居老婆婆一起吃。一次因风大，庞氏取水很晚才回到家，姜诗怀疑她有意怠慢母亲，便将她逐出家门。庞氏寄居在邻居家中，昼夜辛勤纺纱织布，将积蓄所得托邻居送回家中孝敬婆婆。后来婆婆知道了这件事，狠狠地责备了姜诗，责令姜诗将庞氏请回家。在庞氏回家这天，院中忽然喷涌出泉水，口味与长江水相同，每天还有两条鲤鱼跃出。庞氏立即跪下拜谢上天。从此，庞氏便用这些供奉婆婆，不必远走江边了。这就是涌泉跃鲤的故事。

文景之治与“七国之乱”

吕后死后，诸吕被铲除，众臣迎立汉文帝。在汉文帝的窦皇后(窦猗房)的影响下，文帝和儿子景帝在位期间，继续采取黄老无为而治的手段，实行轻徭薄赋、与民休息的政策，恩威并施，恢复了多年战乱带来的巨大破坏，使人民负担得到减轻。

景帝时，御史大夫晁错提议削弱诸侯王的势力加强中央集权。景帝三年施行晁错的《削藩策》，先后下诏削夺诸侯国的封地。于是吴王刘濞联合其他六王，以“请诛晁错，以清君侧”为名，发动了“七国之乱”。景帝错听袁盎之计，于东市腰斩晁错，以换取诸侯退兵。然而叛乱并没停止，景帝只好降诏讨伐。由于梁王坚守和汉将周亚夫所率汉军的进击，叛乱很快在三个月内被平定，中央集权得到巩固和加强，而晁错则成了牺牲品。

晁错是贾谊稍后重要的汉初政论散文家。其文立论深刻，逻辑严密，说服力强，被后世称为“疏直激切，尽所欲言”，鲁迅称其为“西汉鸿文，沾溉后人，其泽甚远”。

“七国之乱”并未对社会带来多大影响，这期间匈奴虽有几次入寇，但大多数时间还是处在相对和平的状态。汉朝趁此通过一系列措施，发展经济，积极备战，不断积蓄国力，出现了中国一统王朝的第一个治世，被后世称为“文景之治”。

贾谊与西汉洪文

贾谊（公元前 200 年—前 168 年），世称贾太傅、贾长沙、贾生，洛阳人。西汉初期的政论家、文学家，师从荀况的学生张苍。年少即以能诵诗书、善著文闻名于当地。河南郡守吴公将其召致门下，对他非常器重。在贾谊辅佐下，吴公治理河南郡，成绩卓著，社会安定，时评天下第一。

汉文帝登基后，听闻河南郡治理有方，擢升河南郡守为廷尉，吴公因势举荐贾谊。汉文帝征召贾谊，委以博士之职，时贾谊 21 岁，在所聘博士中年纪最轻。出任博士期间，每逢皇帝出题让讨论时，贾谊每每有精辟见解，应答如流，获得同侪的一致赞许，汉文帝非常欣赏，破格提拔，一年之内便升任为太中大夫。

鉴于贾谊的突出才能和优异表现，文帝想提拔贾谊担任公卿之职。但绛侯周勃、灌婴等人都嫉妒贾谊，进言诽谤贾谊“年少初学，专欲擅权，纷乱诸事”。汉文帝也就逐渐疏远了贾谊，不再采纳他的意见。

文帝四年（公元前 176 年），贾谊被外放为长沙王太傅。贾谊长途跋涉，途经湘江时，写下了《吊屈原赋》凭吊屈原，借以发抒自己的怨愤之情。

长沙低洼潮湿，贾谊常自哀伤。一天，有只鵩鸟（猫头鹰）飞入房间，停在座旁，旧时视为不祥之兆，贾谊以为自己寿命不长了，伤感不已，遂作《鵩鸟赋》，以抒发忧愤不平的情绪。

谪居长沙三年后，汉文帝想念贾谊，征召入京，于未央宫祭神的宣室接见贾谊。文帝向贾谊询问鬼神的原本，贾谊详细讲述其中的道理，一直谈到深夜，汉文帝听得不觉前移坐席。谈论完了，汉文帝叹说：“我很久没看到贾生了，自以为超过他了，今天看来，还比不上他啊。”

贾谊这次回到长安，文帝没有对贾谊委以重任，只是任命他做了自己宠爱的小儿子梁怀王的太傅，勉强也算是一种重视吧。

汉文帝十一年（前 169 年），贾谊 32 岁，随梁怀王入朝，梁怀王刘胜不慎坠马而死，贾谊感到自己没有尽到太傅的责任，深深自责，经常哭泣，心情十分忧郁。汉文帝十二年（公元前 168 年），贾谊在忧郁中死去，年仅 33 岁。

西汉文帝时代，是汉代所谓的“太平盛世”，即“文景之治”。而贾谊以他敏锐的洞察力，透过表象，看到了西汉王朝潜伏的危机。当时权贵豪门大量侵吞农民土地，逼使农民破产流亡，苛重的压迫剥削和酷虐的刑罚，使阶级矛盾日渐激化。国内封建割据与中央集权的矛盾、统治阶级与劳动人民的矛盾以及民族之间的矛盾也都日益加剧，统治者的地位有动摇的危险。

为了调和各种矛盾，使西汉王朝长治久安，贾谊在《陈政事疏》《论积贮疏》及《过秦论》等著名的政论文中向汉室提出了一系列治国策略和改革制度的主张，他高瞻远瞩地规划了汉帝国的发展方向。他所提出的分封推恩、削弱诸侯国力，外御强敌匈奴、重农抑商、实行仁政等等政治主张，基本上被后来的汉景帝和汉武帝所采纳。

贾谊冲破文帝时道家、黄老之学的束缚，将儒家学说推到了政治前台，制定了仁与礼相结合的政治蓝图，得到了汉文帝的重视，在历史上产生了深远的影响。

《过秦论》

《过秦论》是贾谊政论散文的代表作，分

上中下三篇。全文从各个方面分析秦王朝的过失，故名为《过秦论》。此文旨在总结秦速亡的历史教训，以作为汉王朝建立制度、巩固统治的借鉴，是一组见解深刻而又极富艺术感染力的文章。

《过秦论》上篇先讲述秦自孝公至始皇逐渐强大的原因：具有地理的优势、实行变法图强的主张、正确的战争策略、几世秦王的苦心经营等。行文采用排比和铺陈的描写方法，极富气势。之后则写陈涉虽然本身力量微小，却能使强大的秦国覆灭，在对比中得出秦亡在于"仁义不施"的结论。中篇剖析秦统一天下后没有正确的政策，秦二世没有能够改正秦始皇的错误政策，主要指责秦二世的过失。下篇写秦在危急的情况下，秦王子婴没有救亡扶倾的才干，主要指责秦王子婴的过失。

总之，贾谊认为秦亡在于"仁义不施"，要使汉朝长治久安，必须施仁义、行仁政，其主要内容就是爱民。这种民本思想，让贾谊从秦的强大与灭亡中，看到了"民"在国家治乱兴衰中所起的至关重要的作用。

对贾谊的政论，鲁迅在《汉文学史纲要》中评价说："惟谊尤有文采，而沉实则稍逊，如其《治安策》《过秦论》，与晁错之《贤良对策》《言兵事疏》《守边劝农疏》，皆为西汉鸿文，沾溉后人，其泽甚远。"

贾谊的主要文学成就是政论文，著有《新书》十卷。代表作有《过秦论》《治安策》《论积贮疏》等。《汉书·艺文志》还著录其《吊屈原赋》《鹏鸟赋》等赋作七篇，皆为骚体，形式趋于散体化，是汉赋发展的先声。

毛泽东赋诗评贾谊

毛泽东一生中发表过百余首诗词，其中写到一些历史人物，如唐尧、虞舜、孔子、秦皇、汉武、项羽、曹操、华佗、陶渊明、唐宗、宋祖、成吉思汗等等，但都没有为他们单独写过诗词。毛泽东专门为古代个人赋诗歌咏的只有一人，而且写过两首，那就是贾谊。

一首为《七绝·贾谊》：

贾生才调世无伦，哭泣情怀吊屈文。

梁王坠马寻常事，何用哀伤付一身。

该诗大约创作于 1941 年。最早发表于中央文献出版社 1996 年 9 月版《毛泽东诗词集》。作者认为贾谊因梁怀王坠马死去而自伤，最终英年早逝，实在是不值得，甚为惋惜。

另一首是《七律·咏贾谊》：

少年倜傥廊庙才，壮志未酬事堪哀。

胸罗文章兵百万，胆照华国树千台。

雄英无计倾圣主，高节终竟受疑猜。

千古同惜长沙傅，空白汨罗步尘埃。

该诗系毛泽东于新中国成立后读史之作，咏赞西汉政治家、文学家贾谊。首联说他少年才气，豪爽洒脱，是国家的栋梁之才，只可惜才能还没得以施展即被排挤出政治舞台。颔联称赞贾谊文采飞扬，有政治远见。颈联具体叙述贾谊"壮志未酬"的悲哀。尾联指出历史上人们对贾谊命运的一致评价，表达了毛泽东对谗言佞臣的痛恨，对贾谊之死的慨叹与惋惜，哀其超凡的才华徒然空耗殆尽。

汉武盛世

汉景帝死后，其子刘彻即位，就是汉武帝。武帝即位面临三大困境：一是诸侯强大，威胁皇室中央政权；二是土地兼并严重，贫富分化，富者田连阡陌，贫者无立锥之地；三是外患匈奴入侵，边疆危急。

武帝是个有作为的帝王，在位期间采取了一系列改革措施，锐意进取，开疆拓土，奠定了汉朝强盛的局面。

汉武帝像

在政治上，汉武帝为加强皇权，首创年号制，年号是王朝用来纪年的一种名号，亦兼有表示年份的作用。公元前140年汉武帝首建年号为“建元”，此后每五六年换一年号。整个汉武帝时期共用11个年号。

武帝采纳主父偃的建议，施行推恩令，削弱诸侯王的势力，使他们不再能对中央构成威胁；后又以他们献上的黄金成色不纯为由，取消了百余位侯王的爵位，这就是“酎金夺爵”事件。这些措施使中央集权得到了极大的加强，奠定了中国大一统的政治格局。

汉初做丞相的都是用开国的功臣，多与汉武帝不合，且已经年老。武帝利用这个有利的时机遂让儒生代替元老们，掌握国家政权，这样就改变了以前总是由贵族来做丞相的惯例。为贯彻自己的命令，他又设立了中朝、尚书台来加强自己的权力。为加强对诸侯王和地方高官的监察，在地方设置十三州部刺史，令六百石级别的刺史督察2000石级别的郡国守相。

文化上，武帝废除了汉初以“黄老学说、无为而治”的治国思想，进行积极治国；他采纳董仲舒的建议，罢黜百家，重用儒术。汉武帝对儒家的推崇，提高了儒家的地位，于是以“仁”为核心、宣扬“君权神授”“天子至尊”的儒家思想，在以后遂成为中国两千年间的主流思想。这一举措，在当时国家衰退，危机四伏的形势下，确实起到了匡扶正统，树起了中国封建文化的脊梁骨，避免了中华民族的支离破碎，在几十年内发展进步为世界上独一无二的强大帝国，这应该归功于汉武帝的远见卓识，雄才大略，开拓创新；但这道无形的枷锁，也束缚了中华民族2000多年，以至近代沦落到受欺凌的半封建半殖民地社会。然就实际说，武帝时期兼用了儒、法、道、阴阳、纵横等各家的人才，汉朝真正采取的是霸道与王道相结合的治国方针。

武帝重视文化建设，兴办最高学府太学。开创察举制选拔人才，施行考试。他召集全国文士，亲自出题考试阅卷。他颁布求贤诏，量材授官。遴选司马迁、落下闳编制历书，下令民间献书，设立乐府，广采民歌。

武帝用人唯才是举、不拘一格。正因如此，汉武帝时人才济济。如皇后卫子夫是从奴婢中选拔出来的。将军卫青、霍去病分别是从奴仆和奴产子中选拔出来的。丞相公孙弘、御史大夫倪宽等人都是从贫苦平民中选拔上来的；御史大夫张汤、杜周和廷尉赵禹则是从小吏中选拔出来的。音乐家有李延年，辞赋家有司马相如，医学家有淳于意，农学家有赵过等等，所以班固就惊叹地说：“汉之得人，于此为盛！”

汉武《秋风辞》

武帝虽“略输文采”，然并非说他无文采。武帝亦颇有文学天赋和雅兴，他曾写下《瓠子歌》《天马歌》《秋风辞》《李夫人歌》等等，甚至他的诏书也被选入《昭明文选》。其即兴之作《秋风辞》，是中国文学史上“悲秋”的佳作，历来为人们所称道。上行幸河东，祠后土，顾视帝京欣然，中流与群臣饮燕，上欢甚，乃自作《秋风辞》曰：

秋风起兮白云飞，草木黄落兮雁南归。

兰有秀兮菊有芳，怀佳人兮不能忘。
泛楼船兮济汾河，横中流兮扬素波。
箫鼓鸣兮发棹歌，欢乐极兮哀情多。
少壮几时兮奈老何！

经济上，武帝改变汉初盐铁业自由经营的做法，采取盐铁官营的财政政策，实行由国家垄断经营，并设置行政机构具体管理，以增加政府财政收入。采取措施抑制土地兼并，施行仁政，轻赋役，以宽民力，促进国内民族和睦；兴修水利，发展漕运，使经济得到快速发展，总体上达到了民富国强、和谐安康的鼎盛局面，至西汉中期，人口已猛增至六千万。

军事上，汉武帝大幅提高军人的待遇，多次犒赏边防军。首先集中力量积极打击汉朝最大的外患匈奴。在卫青、霍去病、李广等优秀将领的多年征讨下，终于彻底击溃了匈奴的威胁，修建了外长城的光禄塞、居延塞，收复了河套并将河西纳入版图，逼迫匈奴远遁，从此漠南无王庭，使得匈奴由盛转衰，为日后匈奴的彻底覆灭奠定了基础。同时又先后吞并南越、闽越、夜郎、滇国、卫满朝鲜（由姬姓卫国宗室后裔卫满率千余人进入朝鲜，推翻箕子朝鲜自立的国家）等国，远征大宛，降服西域诸国，最终使西汉的版图达到了中华之最。

资料表明，当时西汉的疆域是：北部至新西伯利亚，贝加尔湖的最北端，漠河一线；东部至库页岛、乌苏里江以东，朝鲜半岛，东南沿海，台湾；南部至海南岛，越南北方，缅甸北方，不丹、尼泊尔北界；西部越过帕米尔，接近塔什干和阿拉木图。汉武帝奠定了汉朝的地域范围，使汉朝成为当时首屈一指的强国。祖先奋勇取得的这一光辉业绩，乃千秋功勋，不仅空前，至今仍是绝后。

外交上，与武力征伐的同时，武帝还两次派张骞出使西域，开通了东起长安，西至小亚细亚的土耳其，途经武威、敦煌、楼兰、阿克苏、塔什干、土库曼斯坦、德黑兰、巴格达等等很多地方的丝绸之路，成为东西方商贸、经济和友谊、文化交流的桥梁。如今更发扬光大，演绎为已成许多国家领导人共识的、誉满全球的“一带一路”。武帝又先后派两位翁主刘细君、刘解忧至西域乌孙和亲，以达到离间西域和匈奴并进而控制西域的目的。

这一系列措施的执行，终于造就了“汉武盛世”。这样，以汉族为主体的统一的多民族国家得到空前的巩固，汉文化的主流形态基本形成，开启了中华文明富强的序幕，其政治体制、经济形式和文化格局，对后世产生了重大的影响。

汉武帝金屋藏娇

金屋藏娇见《汉武故事》。“娇”指陈娇，小名阿娇，世人称陈阿娇。阿娇的父亲是堂邑侯陈午，为汉朝开国功臣堂邑侯陈婴的孙子，是平定豫章、建南昌（“昌大南疆”之意）城者；母亲是汉景帝刘启的同母姐姐馆陶公主刘嫖。阿娇自幼就深得其外祖母——汉景帝之母窦太后的宠爱。

汉景帝后宫有美人王娡，名姝儿，父为槐里王仲，母为臧荼之孙。仲死，母更嫁长陵田氏，姝儿遂少孤，始嫁与金王孙，并已生有一男。相工姚翁善相人，千百无失，见姝儿而叹曰：“天下贵人也。当生天子。”田氏乃夺回姝儿，送进太子宫，得幸，梦日入怀，遂有娠。景帝亦梦高祖谓己曰：“王美人得子，可名为彘。”果生男，因名为彘，是为武帝。

武帝七月七日生于猗兰殿。年 4 岁，少而聪明，有智术。与宫人诸兄弟戏，善征其意而应之，大小皆得其欢心。及在上前，恭敬应对，有若成人。太后下及侍卫咸异之。

汉景帝宠妃栗姬生皇长子刘荣。时薄皇

后无子,被废黜,遂立长子刘荣为太子,同时封后宫美人王娡所生子、排行第十的刘彘为胶东王。

馆陶长公主本打算将女儿陈阿娇许配太子刘荣,以期日后成为皇后。她让人问栗姬的意思,谁知栗姬恼怒长公主经常向景帝进荐美女分宠,竟然断然拒绝。馆陶长公主大怒,遂起废太子之心。此时,后宫美人王娡发现有机可乘,于是屈意迎合、百般讨好馆陶长公主,为自己的儿子刘彘谋划夺取太子宝座。长公主遂又想把女儿嫁给刘彘,而景帝并未允许。

一日,长公主来到未央宫,胶东王刘彘已经4岁。长公主把胶东王抱在膝上问:"彘儿长大了要讨媳妇吗?"胶东王刘彘说:"要啊。"长公主于是指着左右百余名宫女问刘彘想要哪个,刘彘都说不要。最后长公主指着自己的女儿陈阿娇,半开玩笑地征求他的意见问:"那阿娇好不好呢?"童稚的刘彘当场答曰:"好!若得阿娇作妇,当作金屋贮之也。"长公主非常高兴,觉得阿娇和刘彘年纪相当,从小相处和睦、感情也融洽,也就力劝景帝促成了这桩婚事。这就是"金屋藏娇"一词的来历。两人成年后便举行了大婚,结成夫妻。

薄皇后既废,栗姬按次应立,而长主伺其短辄白帝。景帝有一次身体不好,心中不乐,就把被封王的儿子们都托付给栗姬,对栗姬说:"我死了以后,你要好好照顾他们。"栗姬很生气,不肯答应,又骂景帝为"老狗"。景帝很气愤,只是怀恨在心而没有发作。

同时长公主天天称赞王夫人的儿子的好处,景帝自己也认为这个孩子有才能。再加上先前知道的这个孩子乃梦日而生的祥瑞之事,景帝心中思来想去,还没有拿定主意。

王夫人于是阴险地告诉长公主,让大臣们提议册封栗姬为皇后,景帝误以为是栗姬暗讽大行令上书奏事,遂发怒,说:"这件事是你应当说的吗!"就下诏杀掉了大行令,并废了太子刘荣,改封为临江王。栗姬无路自陈,遂忧惧自杀。于是册立王夫人为皇后,胶东王为太子,时年7岁。刘彘有惊人的记忆力,求知欲特别强,过目不忘,诵伏羲以来群圣数万言,无一字遗落,圣彻过人,景帝遂改"彘"为"彻",盖为智慧贯通,达到圣德之意。

太子年十四即位,改号建元,遂立阿娇为大汉孝武陈皇后。长公主伐其功。求欲无厌,上患之,皇后宠亦衰。皇太后王娡谓上曰:"汝新即位,先为明堂以朝诸侯,太皇太后已怒,今又忤长公主,必重得罪。妇人性易取悦,深慎之。"上纳皇太后戒,复与长公主和,皇后宠幸如初。

武帝即位后,陈皇后一直没有为他生个儿子。建元二年(前139年)三月上巳节,武帝从霸上祓禊归来,顺便到大姐平阳公主家。饮酒后,公主让讴者卫子夫进来献舞,武帝看见后,非常喜欢,公主趁机奏请把卫子夫奉送入宫。武帝怜爱亲幸她,卫子夫于是有了身孕,生下儿子刘据,而后尊宠日隆。武帝并召见她的哥哥卫长君和弟弟卫青任侍中。子夫后来得到大幸,有宠。

陈皇后自恃皇帝当初得以立为太子,母亲出了大力,于是骄横无礼,听说卫子夫"大幸"时,愤恨不已,数次寻死觅活。刘彻对她越发恼怒。

建元六年,太皇太后崩,上始亲政事。长公主自伐更甚,每有所求,上不复与,长公主怨望,愈出丑言。上怒,欲废皇后,王太后曰:"微长公主弗及此,忘德弗祥,且容之。"乃止。然皇后宠遂衰,骄妒滋甚。有女巫楚服,自言有术能博取皇帝的欢心令其意回,遂替皇后行巫蛊事,建立祠堂,祭祀邪神,诅咒皇帝,昼夜祭祀。巫著男子衣冠帻带,素与皇后寝居,相爱若夫妇。上闻事发，穷治侍御巫与后，牵连被杀者有三百多人。皇帝赏赐皇后一道文书，说："皇后不守礼法，祈祷鬼神，降祸于他人，无法承受天命。应当交回皇后的玺绶，离开皇后之位，退居长门宫。"于是废陈皇后，而立卫子夫为皇后。后虽废，供养如法，长门无异其宫也。

陈阿娇长门买赋

陈皇后被废，居于长门宫(汉代长安别宫之一，在长安城南，原是馆陶公主献给汉武帝的一所园林)，孤独寂寞，终日在长门宫愁闷悲思，以泪洗面。后来，馆陶公主帮助女儿想出一法，命一个心腹内监，带了黄金百斤，奉送司马相如及其夫人卓文君买酒喝，求这位武帝喜欢的大文士写一篇赋以打动武帝。司马相如果然不负重托，写下了流传千古的《长门赋》，把阿娇的愁闷悲思写得淋漓尽致。武帝看后，大为感动，此后对阿娇关心多了一点，但终于还是没有回心转意。

《长门赋》最早收于南朝梁萧统编的《昭明文选》。作品以一个受到冷落的妃嫔口吻写成：君主许诺朝往而暮来，可是天色将晚，还不见幸临。她独自徘徊，对爱的期盼与失落充满心中。她登上兰台遥望其行踪，唯见浮云四塞，天日窈冥，雷声震响，她以为是君主的车辇，却只见风卷帷幄。此赋以景写情，情景交融，描绘了陈皇后被遗弃后苦闷和抑郁的心情。行文反复重叠，极其细腻地表达了女性的感情，是一篇优秀的骚体赋。

汉代的乐府诗已专门把"长门怨"作为一个吟咏的题目，后代不少文人都写有同题材的诗歌，借以抒发自己的深意。

如李白的《妾薄命》：

汉帝宠阿娇，贮之黄金屋。
咳唾落九天，随风生珠玉。
宠极爱还歇，妒深情却疏。
长门一步地，不肯暂回车。
雨落不上天，水覆难再收。
君情与妾意，各自东西流。
昔日芙蓉花，今成断根草。
以色事他人，能得几时好？

又如辛弃疾《摸鱼儿·更能消几番风雨》词：

更能消、几番风雨。匆匆春又归去。
惜春长恨花开早，何况落红无数。
春且住。见说道、天涯芳草迷归路。
怨春不语。算只有殷勤，画檐蛛网，尽日惹飞絮。
长门事，准拟佳期又误。蛾眉曾有人妒。
千金纵买相如赋，脉脉此情谁诉。
君莫舞。君不见、玉环飞燕皆尘土。
闲愁最苦。休去倚危栏，斜阳正在，烟柳断肠处。

后世遂用"千金买赋、黄金买赋、量金买赋、买赋"等写极力寻求恢复宠幸或重用；或写文人的才华、作品被人赏识；或用"长门赋、千金赋、卖赋千金"等称誉文章价值高、文才美。

司马相如《凤求凰》

司马相如(公元前179年—前118年)，原名司马长卿，因慕战国时的名相蔺相如而改名，蜀郡成都人，是西汉辞赋家，号为赋圣。少年时喜欢读书练剑，20多岁做了汉景帝的警卫"武骑常侍"。景帝不好辞赋，没有受到重用，使他有不遇知音之叹。后来他辞官投靠了梁孝王，并与邹阳、枚乘、庄忌等一批志趣相投的文士共事，就在此时他为梁孝王写了著名的《子虚赋》。司马相如善鼓琴，其所用琴名为"绿绮"，乃梁王所赠，是名噪一时的古琴，在文学作品中成了古琴的别称。

景帝中元六年，梁孝王去世，司马相如失去依靠，遂返回成都。然而家境贫寒，没有可以用来维持生活的职业。相如一向同临邛县令王吉相好，王吉说："长卿，你长期离乡在外，求官任职，不太顺心，就来到我这里吧。"于是，相如前往临邛，住在城内的一座亭子里。临邛县令佯装恭敬，天天都来拜访相如。最初，相如还以礼相见。后来，他就谎称有病，让随从去拒绝王吉的拜访。然而，王吉却更加谨慎恭敬。

临邛县里有两个富人卓王孙、程郑，家皆有数百奴仆。二人商量说："县令有贵客，我们备办酒席，请请他。一并把县令也请来。"当县令到了卓家后，客人已有上百。到了中午，去请司马长卿，长卿却推辞有病，不肯前来。临邛县令亲自前去迎接相如。相如不得已，勉强来到卓家，满座的客人被司马相如的堂堂仪表和潇洒的风度所吸引。酒兴正浓时，临邛县令走上前去，把琴放到相如面前，说："我听说长卿特别喜欢弹琴，希望聆听一曲，以助欢乐。"

司马相如已知卓家有女名文君，美丽聪明，精通音律，善弹琴，有文名。16 岁嫁人，17 岁夫死，返回娘家守寡。于是相如假装推辞一番，便借机弹唱《凤求凰》琴曲两支，暗以琴歌以挑之：

有一美人兮，见之不忘。一日不见兮，思之如狂。

凤飞翱翔兮，四海求凰。无奈佳人兮，不在东墙。

将琴代语兮，聊写衷肠。何时见许兮，慰我彷徨。

愿言配德兮，携手相将。不得于飞兮，使我沦亡。

凤兮凤兮归故乡，遨游四海求其凰。

时未遇兮无所将，何悟今兮升斯堂！

有艳淑女在闺房，室迩人遐毒我肠。

何缘交颈为鸳鸯，胡颉颃兮共翱翔！

凰兮凰兮从我栖，得托孳尾永为妃。

交情通意心和谐，中夜相从知者谁？

双翼俱起翻高飞，无感我思使余悲。

这两首曲词《凤求凰》表达了司马相如对卓文君的无限倾慕和热烈追求。第一首，相如自喻为凤，比文君为皇（凰，雌凤），借此向文君求爱。第二首写得更为大胆炽烈，暗约文君半夜幽会，并一起私奔，并叮咛文君"不要使我失望，徒然为你感念相思而悲伤"。

全诗言浅意深，音节流畅明亮，感情热烈奔放而又深挚缠绵，融楚辞骚体的旖旎绵邈和汉代民歌的清新明快为一炉，为后人所不能逾越。后来的人根据二人的爱情故事，谱成了经久不衰的琴谱《凤求凰》，千年以来吟唱不已。

这两首琴歌也体现了强烈的反封建思想。相如和文君大胆冲破封建礼教的罗网和封建家长制的樊篱，成为后代男女青年争取婚姻自主、恋爱自由的一面旗帜，故赢得后人津津乐道，在后代的文学中产生了深远的影响。至于是否伪托之作，也就不必计较了。

文君夜奔与当垆卖酒

相如精湛的琴艺博得众人的好感，人们莫不为之倾倒。卓文君久慕司马相如之才，早已躲在帘后偷听，她听得如痴如醉，又见相如相貌堂堂，便产生了爱慕之情。琴中的求偶之意怎会听不出。

宴会完毕，相如又派人以重金赏赐文君的侍者，以此向她转达倾慕之情。两人深相爱慕，但受到了卓王孙的强烈阻挠，没办法。一天夜里，卓文君没有告诉父亲，就乘天黑逃出家门，私奔相如，相如便同文君急忙赶回成都结了婚。卓王孙得知，暴跳如雷，发誓不给文君钱财。这就是有名的“文君夜奔”的故事。

文君与司马相如回成都之后，面对家徒四壁的境地没法生活，只得又回临邛老家。相如把自己的车马全部卖掉，买下一家酒店，做卖酒生意。文君站在垆前卖酒，相如穿起犊鼻裈，端酒送菜，洗碗刷碟子，与雇工们一起操作忙活。日子虽然清苦，但两口子相敬如宾，过得和和气气。这就是“文君当垆”的故事。

要面子的卓王孙在朋友的一再相劝下，也终于也消了气，承认了他们的爱情，只好分给文君家奴一百人，钱一百万，以及她出嫁时的衣服被褥和各种财物。文君就同相如回到成都，买了田地房屋，过起归隐田园的生活。

数字诗与《白头吟》

据说司马相如做官后，久居京城，竟然起了弃妻之意。曾经患难与共，情深意笃的日子早已忘却，哪里还记得千里之外还有一位日夜倍思丈夫的妻子。

终于某日，司马相如给妻子送出了一封十三字的信：“一二三四五六七八九十百千万。”聪明的卓文君读后，泪流满面。一行数字中唯独少了一个“亿”字，意即“无亿(忆)”，无忆岂不是表示夫君对自己“无意”的暗示吗?

文君心凉如水，十分伤心。想着自己如此深爱对方，对方竟然忘了昔日月夜琴挑的美丽往事。她怀着万分悲痛的心情，也回了一首数字《怨郎诗》：

一别之后，二地相悬。
虽说是三四月，谁又知五六年。
七弦琴无心弹，八行书无可传。
九连环从中折断，十里长亭望眼欲穿。
百思想，千系念，万般无奈把郎怨。

这首数字诗是卓文君一生的代表作，爱恨交织之情跃然纸上。司马相如看完妻子的信，不禁惊叹妻子的才华横溢。遥想昔日夫妻恩爱之情，羞愧万分，从此不再提休妻之事。

这之后还有一件事，司马相如一度曾迷上了茂陵某才女，欲纳为妾。卓文君得知后，忍无可忍，因作《白头吟》呈递相如相劝：

皑如山上雪，皎若云间月。
闻君有两意，故来相决绝。
今日斗酒会，明旦沟水头。
躞蹀御沟上，沟水东西流。
凄凄复凄凄，嫁娶不须啼。
愿得一心人，白首不相离。
竹竿何袅袅，鱼尾何簁(shī)簁！
男儿重意气，何用钱刀为！

此诗塑造了一个个性爽朗，感情强烈的女性形象，表达了主人公失去爱情的悲愤和对真正纯真爱情的渴望，肯定真挚专一的爱情态度，贬责喜新厌旧、半途相弃的行为。随诗并附一书云：“春华竞芳，五色凌素，琴尚在御，而新声代故！锦水有鸳，汉宫有水，彼物而新，嗟世之人兮，瞀(mào)于淫而不悟！朱弦断，明镜缺，朝露晞，芳时歇，白头吟，伤离别，努力加餐勿念妾，锦水汤汤，与君长诀！”

据说，司马相如阅毕这一诗一书后，忆及当年恩爱，也断绝了纳妾之念，夫妇和好如初。

卓文君用自己的智慧挽回了丈夫的背弃。她用心经营着自己的爱情和婚姻，终于苦尽甘来。他们之间最终没有背弃最初的爱恋和最后的坚守。这也使得他们的故事千转百回，传为世俗的爱情佳话。

相如题志驷马桥

后来《子虚赋》被汉武帝看到，大为赞赏，以为是古人的文章并以不得见此人为憾。宫中有个负责养狗的太监叫杨得意，也是成都人，跟司马相如认识，就说："皇上，这个作《子虚赋》的人我认得，如今就住在成都哩。"汉武帝一听，大喜，立即召见司马相如。

东晋《华阳国志·蜀志》记载：成都城北十里有座升仙桥，建有送客观。相传司马相如离开成都进京时，曾走过这座升仙桥，面对即将离别的妻子和前来送行的朋友，相如发誓说："我这次赴京，不乘坐高车驷马，决不过此桥回来见故乡的父老乡亲。"

司马相如进京后，对武帝说："《子虚赋》写的只是诸侯打猎的事，算不了什么，请允许我再作一篇天子打猎的赋。"这就是内容上与《子虚赋》相接的《上林赋》，文字辞藻也更华美壮丽。好大喜功的武帝读毕非常高兴，惊为天人，立刻封他为侍从郎官。后来又再拜为中郎将，命他全权代表朝廷回成都处理西南问题。

司马相如遂衣锦荣归，真的乘驷马高车回到成都。消息传到成都，当地官员特意把原来那座木升仙桥加宽为五丈五孔的大桥，成都县令以上的官员都身背弓矢，为司马相如鸣锣开道。为纪念司马相如，升仙桥从此被人们改称为驷马桥。自然也着实让岳父卓王孙风光了一气。

古佛寺畔升仙桥

据传，有家财主收养了一个名叫何仙姑的童养媳，除财主对她还可以外，家里所有人都虐待她，让她干牛马活，吃猪狗食。有一次，何仙姑被打得皮开肉绽，一心想离开这个家，但身为一个弱女子又往哪里去呢？真是上天无路，入地无门呀！

有一天，何仙姑在门前干活，发现对面走来一位骨瘦如柴的要饭花子，突然昏倒在地。她连忙把他扶起，又从厨房里端出一碗稀饭，给花子喂饭，不一会，花子苏醒过来。就在这时，心狠毒辣的财主老婆从屋里出来，破口就骂："不要脸的东西！"从此把她赶出家门。

走投无路的何仙姑扑通跪在花子面前，苦苦哀求花子带自己走，花子一再拒绝，何仙姑还是紧跟在花子身后。原来花子就是天上八仙之一的汉钟离，特奉观音菩萨之命，前来收她为仙。汉钟离为了进一步了解何仙姑的诚意，嘴上就是不答应带她走。汉钟离走到哪，她就跟到哪。第五天，汉钟离发现何仙姑已累得筋疲力尽，举步难行。下午，他俩来到古佛寺，在寺旁边一座小桥上歇脚时，汉钟离发现何仙姑面色苍白，目光痴呆，暗想：她再也没有力气前往了。便试探地问："你若能吃下我吐的东西，我就带你走。"何仙姑使劲地点头说："可以！"汉钟离脖子一伸果真吐了一地，何仙姑二话没说趴下就吃，吃完后她抬头一看，发现汉钟离已在半空中，何仙姑两袖一甩也腾空而起。据传，何仙姑起初升仙地点就是古佛寺旁边的这座小桥，后来当地百姓遂把它命名为升仙桥。以后又流传说：仙人桥上走一走，大病小病都没有；仙人桥上稍停留，升官发财不用愁。

司马相如出使巴蜀

建元六年（公元前135年）武帝派大将军唐蒙征南越，通夜郎。派司马相如出使巴蜀，对当地的少数民族进行安抚。他到达后发布了一张《谕巴蜀檄》的公告，采取恩威并施的手段，收到良好的效果。第二度他又奉命出使巴蜀，这次回到成都他受到当地士绅热烈的欢迎。他写了一篇《难蜀父老》，以解答问题的形式，阐明为什么要和少数民族相处的道理，文章气宏优美，说理透彻，成功地说服了众人，使少数民族与朝廷合作，为开发西南边疆做出贡献，可惜好景不长。

相如晚年出任了管理皇帝墓园的闲差“孝文园令”。他看到武帝喜好神仙之术，因此上了《大人赋》，欲以讽谏，想不到效果适得其反。他受陈皇后之请，为其写了《长门赋》，意图帮助陈皇后挽回皇帝对她的爱，也抒发了自己际遇不幸的感叹。元狩五年（公元前118年）的《封禅文》，则是司马相如的绝笔之作。

霍去病封狼居胥

西汉初年，匈奴仰仗自己的铁骑之雄和鸣镝之利（冒顿鸣镝弑父，励精图治）屡屡犯边，劫掠中土。

公元前121年春，武帝任命霍去病为骠骑将军，率骑兵一万出陇西，进击匈奴右贤王部。他6天连破匈奴五王国，越过焉支山一千多里，与匈奴鏖战于皋兰山下，歼敌近万人，杀匈奴卢侯王和折兰王，俘虏浑邪王子及相国、都尉多人。同年夏，霍去病再率精骑数万出北地郡，越过居延海，在祁连山麓与匈奴激战，歼敌3万余人，俘虏匈奴王5人及王母、单于阏氏、王子、相国、将军等120多人，降服匈奴浑邪王及部众4万人，全部占领河西走廊。匈奴为此悲歌：“失我祁连山，使我六畜不蕃息；失我焉支山，使我嫁妇无颜色。”

公元前119年春，汉武帝为了彻底消灭匈奴主力，发起了规模空前的“漠北大战”。他命卫青、霍去病各将五万骑，连随军步兵数十万人，分两路分别出定襄和代郡，深入漠北，寻歼匈奴主力。霍去病出代，率兵横越大漠，突入匈奴腹地2000多里，越过离侯山，渡过弓闾河，与匈奴左贤王部接战，歼敌7万多人，俘虏匈奴屯头王、韩王等3人及将军、相国、当户、都尉等83人，乘胜追杀至狼居胥山（今蒙古国北部的肯特山），在狼居胥山举行了祭天封礼，在姑衍山举行了祭地禅礼，并在山上立碑纪念。又继续追击到翰（后作瀚）海（今贝加尔湖），方才回兵。史称“封狼居胥山，禅于姑衍，登临翰（后作瀚）海，执卤（虏）获丑七万有四百四十三级”，此即“封狼居胥”成语的来源，后成为对将军们最大战功的旌表。经此一战，“匈奴远遁，而漠南无王庭”。霍去病因功授大司马，威望超过了卫青。

此役匈奴大受打击，浑邪王投降汉朝，匈奴遂分为南北两支，再也没有能力对汉朝进行大规模的侵略，北部边境几十年没有发生战争。南支的一部分与汉族融合，北支的一部分向西迁移，到达东欧，成为今天匈牙利人的祖先。

由于匈奴战败向西狼狈逃遁，张骞遂出使西域开辟“丝绸之路”，西域臣服，从而开拓了“北绝大漠、西逾葱岭、东达朝鲜、南至大海”的广袤国土，奠定了现今中华的版图。

匈奴未灭，何以家为

霍去病是平阳（今山西临汾西南）人。他是武帝卫皇后的姐姐少儿和霍仲孺的私生子，其舅父是抗击匈奴的名将大将军卫青。武帝时国力强盛，开始对匈奴的侵略进行反击。公元前123年，年仅18岁的霍去病以校尉的身份，随卫青出征，任嫖姚校尉，率领800骑兵长途奔袭，斩获匈奴2000余人，战功冠全军，显露出杰出的军事才能，被武帝封为冠军侯。公元前119年在与匈奴军的战斗中，又共斩俘匈奴10万余人。武帝很喜欢这个名将，曾下令给他建造府第，但霍去病却拒绝了。他说：“匈奴未灭，何以家为?”这句洋溢着爱国激情的名言，为世代传颂，激励着无数后人。

公元前117年，年仅24岁的霍去病猝然去世。武帝十分痛惜，为了哀悼他，调动军队穿上黑色的衣服，组成“玄甲军”，列队一直从长安排到正在为自己修建的茂陵，在陵旁为霍去病修建了一座高大巍峨、形似祁连山的坟墓，用以表彰他抗击匈奴的卓著功绩。

霍去病短暂的一生，在军事上打造了一个不败神话，他的封狼居胥山的事迹一直成为将军们追求的最高战绩目标，历史上无数的人想要效法他的封狼居胥，然而做到的也只有东汉的窦宪。

张骞开辟丝绸之路

西域早期指玉门关至葱岭地区，后泛指包括今新疆与葱岭以西地区。西汉前期，西域诸国皆臣属匈奴。汉武帝于建元三年（公元前138年）派张骞出使大月氏以联合夹击匈奴。张骞在路上一度被匈奴扣押，并在匈奴娶妻，十余年后才逃出，经大宛等国到大月氏，但未能取得夹击匈奴的答复。后来张骞东返，又被匈奴扣押。直到元朔三年（公元前126年）才返回长安，回来时只剩他和随从堂邑父两人，他的匈奴妻子也一并来到长安。

元狩四年（公元前119年），汉武帝第二次派张骞出使西域，约乌孙共击匈奴。张骞虽然未能说服乌孙国王夹击匈奴，但是张骞却与其使节先后游历了大宛等国。张骞曾经到达大宛（今锡尔河上游）、大月氏（今阿姆河中流）、康居（锡尔河下游）等国。后来张骞携同各国使节一同返回长安，而张骞的副使则到达过大夏（今阿富汗）、安息（今伊朗）等国。此后的汉使还到达过奄蔡（今黑海以北）、条支（今叙利亚），最远越过罗马帝国，到达犁轩（今埃及亚历山大城），这是汉朝到达的最远国家。

此后，汉与匈奴反复在西域地区争夺。元封六年（公元前105年），汉武帝以细君公主与乌孙和亲。细君死后，汉又在太初四年（公元前101年）以解忧公主续嫁。同年，汉朝大破大宛，西域南道各国都转投汉朝。汉武帝在乌垒设使者校尉，又在渠犁屯田。到汉宣帝神爵二年（公元前60年），又驱逐匈奴驻在西域的僮仆都尉，控制西域北道，设立西域都护，总管西域事务，并在乌孙国都赤谷一带屯田。元帝时，又增戊己校尉，在车师前王庭屯田。西汉末年，西域分有五十五国。

随着西域局势的逐步趋于稳定，商旅往来日多，张骞开辟的丝绸之路在西汉后期终于形成，成为世界历史上最重要的商道之一。中国和中西亚各国的经济文化交流日益频繁，亚欧诸国也派遣使者到西汉访问和通商。汉朝遣使者至安息、奄蔡、条支和身毒等国，一年多则十余批，少则五六批，携带金帛等物品，需要至少两三年，甚至八九年才能返回长安。中国运往西方的物产以丝绸、铁器和漆器为主；西域的良马、骆驼、香料、葡萄、石榴、苜蓿、胡麻、黄瓜、胡豆和胡桃等也源源不断进入中国。

民间传说，则谓张骞开通西域，曾到了“西天”的黄河源头，会见了牛郎和织女，并带回了天马。

司马迁蒙冤受“腐刑”

司马迁，字子长，汉景帝中元五年（公元前145年）出生于龙门山下，即今陕西省韩城市。

司马迁的家族世代掌管太史的官职，父亲司马谈一直准备写一部贯通古今的史书。他在病危时，拉着儿子的手说：“我死了以后，你一定要接着做太史，千万不要忘记我一生希望写出一部通史的愿望。你一定要继承我的事业，不要忘记啊！”司马迁流着泪，坚定地应允道：“儿子一定完成您的志愿。”

司马迁著史记图

元封三年（公元前108年），司马迁继承父亲司马谈的遗志，当上了太史令，开始从皇家藏书馆中整理选录历史典籍。他除了从一大堆的木简和绢书中寻找、整理和考证史料外，还到史料相关发生地进行实地考察。他决心效法孔子编纂《春秋》，写出一部同样能永垂不朽的史著。公元前104年，司马迁正式动手写他的伟大著作《史记》。

天汉二年（公元前99年），正当司马迁全身心地撰写《史记》之时，却遇上了飞来横祸。这年夏天，武帝派自己宠妃李夫人的哥哥、贰师将军李广利领兵讨伐匈奴，另派李广的孙子、别将李陵随从李广利押运辎重。李陵带领步卒五千人出居延，孤军深入浚稽山，与匈奴单于遭遇。匈奴以八万骑兵围攻李陵，经过八昼夜的战斗，李陵斩杀了一万多匈奴兵，但由于他得不到主力部队的后援，结果弹尽粮绝，不幸被俘。

李陵兵败的消息传到长安后，武帝本希望他能战死，后听说他却投降了，愤怒万分。满朝文武官员察言观色，趋炎附势，几天前还纷纷称赞李陵的英勇，现在却附和汉武帝，指责李陵的罪过。汉武帝询问太史令司马迁的看法，司马迁一方面安慰武帝，一方面也痛恨那些见风使舵、落井下石、夸大其罪名的大臣，尽力为李陵辩护。他认为李陵平时孝顺母亲，对朋友讲信义，对人谦虚礼让，对士兵有恩信，常常奋不顾身地急国家之所急，有国士的风范。他对汉武帝说：“李陵只率领五千步兵，深入匈奴，孤军奋战，杀伤了许多敌人，立下了赫赫功劳。在救兵不至、弹尽粮绝、走投无路的情况下，仍然奋勇杀敌，就是古代名将也不过如此。李陵自己虽陷于失败之中，而他杀伤匈奴之多，也足以显赫于天下了。他之所以不死而降了匈奴，一定是要想寻找适当的机会再报答汉室。”

司马迁的直言触怒了汉武帝，汉武帝认为他是在为李陵辩护，贬低劳师远征、战败而归的李广利，于是下令将司马迁打入大牢。司马迁被关进监狱以后，案子由当时名声很臭的酷吏杜周审理，杜周严刑审讯司马迁，司马迁忍受了各种肉体和精神上的残酷折磨，他始终不屈服，也不认罪。不久，有传闻说李陵曾带匈奴兵攻打汉朝。汉武帝信以为真，便草率地处死了李陵的母亲、妻子和儿子。司马迁也因此事被判了死刑。

据汉朝的刑法，死刑有两种减免办法：一是拿五十万钱赎罪，二是受“腐刑”。司马迁官小家贫，自然拿不出这么多钱赎罪，他当然也不愿意受这种既残酷摧残人的肉体和精神，又极大地侮辱人格的刑罚，他悲痛欲绝，甚至想到了自杀。可后来他想到，人总有一死，但“死或重于泰山，或轻于鸿毛”，他觉得自己如果就这样“伏法而死”，毫无价值。他想到了文王、孔子、屈原、左丘明、孙膑、吕不韦、韩非子等人，想到了他们所受的屈辱以及所取得的骄人成绩，他毅然选择了受腐刑。他只有一个信念，那就是一定要活下去，一定要把《史记》写完，就这样为完成《史记》，他忍辱负重地活了下来。他这时的痛苦心境，我们可从他的《报任安书》及《太史公自叙（序）》两文中体会到。

司马迁从元封三年(公元前 108 年)为太史令后开始阅读、整理史料,准备写作,到太始四年(公元前 93 年)基本完成全部写作计划,共经过十六年。他用一生的精力、艰苦的劳动,并忍受着肉体上和精神上的巨大痛苦,拿整个生命写成了《史记》这部永远闪耀着光辉的伟大著作,被鲁迅誉为“史家之绝唱,无韵之离骚”。

苏武塞北持节牧羊

苏武是代郡太守苏建之子,早年以父荫为郎。公元前 100 年,匈奴新单于即位,尊大汉为丈人。汉武帝为了表示友好,派遣刚 40 岁的苏武率领一百多人出使匈奴,持旄节护送扣留在汉的匈奴使者回国,顺便送给单于

苏武牧羊图

很丰厚的礼物,以答谢单于。不料,就在苏武完成了出使任务准备返回时,匈奴上层发生了内乱,苏武一行受到牵连,被扣留下来,并被要求背叛汉朝,臣服单于,苏武严词拒绝了。匈奴见劝说没用,就决定用酷刑。当时正值严冬,大雪纷飞,单于命人把苏武关进一个露天的地穴,断绝食品和水,苏武在地窖里受尽了折磨。渴了,他就吃一把雪;饿了,就嚼身上穿的羊皮袄。单于见劝说苏武投降完全没希望,又不想放他返回,于是把苏武流放到人迹罕至的贝加尔湖边,让他去牧羊。临行前,单于召见苏武说:“什么时候这些羊生了羊羔,就让你回到大汉去。”但给他的全是公羊。苏武就这样每天拿着这根使节放羊,心想总有一天能够拿着回到自己的国家。渴了,他就吃一把雪;饿了,就挖野鼠收集的野果充饥;冷了,就与羊挤在一起取暖。这样日复一日,年复一年,过了 19 年之久,使节上挂着的旄牛尾装饰物都掉光了,苏武的头发和胡须也都变花白了,囚禁他的匈奴单于也死了,汉武帝也去世了,汉昭帝已继任即皇位。

公元前 85 年,匈奴发生内乱,单于没有力量再跟汉朝打仗,又打发使者请求和好。汉昭帝派出使者来到匈奴,要求放回苏武、常惠等人。匈奴骗使者说苏武已经死了。

后来,汉朝又派使者到匈奴去。常惠买通了单于的手下人,私底下告诉了使者底细,使者严厉地责备单于说:“我们皇上在上林苑射下了一只大雁,大雁的脚上拴着一条绸子,是苏武亲笔写的一封信。他说他在北海放羊。您怎么可以骗人呢?”单于听了吓了一大跳,说:“苏武的忠义感动飞鸟了!”他向使者道歉,答应一定送回苏武。

当初苏武出使时,随从的一百多人,这次跟他回来的只剩了常惠等几个人。公元前 81 年,苏武终于回到了长安,百姓都出城门迎接,称赞他是个有气节的大丈夫。昭帝死后,苏武因为参与了拥立汉宣帝,被赐爵关内侯。苏武墓在陕西省咸阳城西武功县武功镇龙门村。

苏武归汉时,李陵很羡慕,曾置酒相送,可见李陵的苦闷心情。在司马迁笔下,除了投降一事外,李陵可以说是个完美的人。司马迁说自己与李陵同在宫中为官,相互间关系一般,志趣也不同,更没有酒桌上的交情。但观其人,讲孝道、守信义,为国家不顾生死。正因为李陵不是那种“坏透了”的叛徒,因此,他虽然背负千古骂名,不得归汉,死在匈奴,

而他心里的苦楚也就成了后代一些文人的着墨点。于是，他们杜撰了诗文，托名李陵，抒发思国怀乡之情，因此，李陵也博得后世不少人的同情。作为一个悲剧人物，李陵的一生同样值得人们了解研究一下。

开凿白渠

白渠是关中平原继郑国渠之后又一条引泾水的重要灌溉工程，建于汉武帝太始二年（公元前 95 年）。因出于赵中大夫白公的建议，故名白渠。白渠在郑国渠之南，两渠走向大体相同，白渠至下邽（guī）注入渭水，而郑国渠的下游注入洛水。故也常将二渠合称为郑白渠。

白渠首起谷口，尾入栎阳，注入渭河，中间经泾阳、三原、高陵等县，长二百里，溉田四千五百余顷。白渠在改善土肥条件、促进生产发展、提高人民生活等方面发挥了巨大作用，因此广大群众编歌谣广为传颂："田于何所，池阳谷口。郑国在前，白渠起后。举臿为云，决渠为雨。泾水一石，其泥数斗。且溉且粪，长我禾黍。衣食京师，亿万之口。"

巫蛊之祸

巫蛊之祸是汉武帝晚年发生的一次政治事件。巫蛊作为一种巫术，指当时人们认为使巫师祠祭或以桐木偶人埋于地下，诅咒所怨恨的人，被诅咒者即有灾难。

征和二年（公元前 91 年），丞相公孙贺之子公孙敬声被人告发为巫蛊咒武帝，并与阳石公主通奸，公孙贺父子下狱死，诸邑公主与阳石公主、卫青之子长平侯卫伉，皆坐诛。武帝宠臣江充奉命查此案，用酷刑和栽赃迫使人认罪，大臣百姓惊恐之下胡乱指认他人犯罪，数万人因此而死。

江充与太子刘据有隙，遂趁机陷害太子，并与案道侯韩说、宦官苏文等四人诬陷太子，太子恐惧，起兵诛杀江充，后遭武帝镇压兵败，皇后卫子夫和太子刘据相继自杀。后壶关三老和田千秋等人上书讼太子冤，清醒过来的武帝遂夷江充三族，烧死苏文。又修建"思子宫"，并于太子被害处作"归来望思之台"，以志哀思。此事件牵连者达数十万人，史称巫蛊之祸。

征和三年，内侍郭穰密告丞相刘屈氂（máo）夫人诅咒汉武帝，并与贰师将军李广利共祷祠，欲令昌邑王刘髆（bó）为帝。后刘屈氂被腰斩于东市，其妻则是枭首华阳街，李广利妻子被捕。李广利当时正在前线打仗，得知消息后仓促出击匈奴，兵败后投降，后来在卫律的运作下被杀。

巫蛊之祸实乃外戚卫族与李族争夺继承权的一场政治斗争。戾太子刘据的自杀，让刘氏接班人大量受牵连，朝中大臣也多受株连，遂导致后来的霍光专权。

汉武帝死后，幼子刘弗陵登基，是为汉昭帝。汉昭帝早逝无子，霍光等人于是立汉武帝之孙刘贺为帝。刘贺是昌邑哀王刘髆之子，生于昌邑（今山东省菏泽市巨野县），为西汉第九位皇帝。刘贺登基不久，因为品行恶劣，仅仅在位 27 天，又被霍光废掉，成为西汉历史上在位时间最短的皇帝，后又贬到江西为海昏侯。然后，霍光又立了刘据唯一幸存的孙子刘病已为帝，汉朝帝位仍回到刘据的后裔手上。

昭宣中兴

汉武帝晚年，发生了著名的"巫蛊之祸"，太子刘据因此冤死。汉朝经历多年战争，使经济生产受到巨大冲击，前朝的积蓄被挥霍殆尽，导致国力虚弱。为此，汉武帝晚年深悔之，曾发表著名的轮台之诏，宣布弃轮台之地，并下诏罪己，表示不再穷兵黩武。为挽救经济，汉武帝还采取一系列政策，将铸币、盐铁收归中央管理，加强农业生产，实行和籴(dí)法，开凿白渠，并创立均输、平准政策稳定物价，加强对经济的控制。

武帝死后，年仅7岁的刘弗陵即位，是为汉昭帝。汉昭帝登基之初，由上官桀、金日磾(mì dì)、田千秋、桑弘羊和霍光5人共同辅政。在元凤元年(公元前80年)，汉昭帝清醒地诛杀了上官桀等一批阴谋权臣，避免了霍光被冤杀，此即"元凤政变"，从而使霍光得以继续辅佐汉昭帝治国，史称霍光辅政。

霍光遵循汉武帝晚年的国策，对内继续休养生息，得以让百姓安居乐业，四海清平。汉昭帝病死，无后，霍光把刘贺扶上帝位，27天后即被废。霍光又迎立刘询即位，是为汉宣帝。公元前68年，霍光去世后，汉宣帝方亲理政事。后因霍氏一门飞扬跋扈，汉宣帝遂将意图谋反的霍氏戚族一网打尽。

汉宣帝摒弃了不实际的儒学，采取道法结合的治国方针。在位期间关心民间疾苦，并借公田来安置流民，时常派遣官吏巡查民生，以此减免赋税赈济受灾百姓；又设置常平仓供应边塞军需及平衡粮价，并多次下诏扶助鳏、寡、孤、独、高龄老人、贫困百姓等人群。经汉宣帝的治理，国家经济得到恢复，国势达到西汉极盛，四夷宾服，万邦来朝，使汉朝再度迎来了盛世，史称"昭宣中兴"或"孝宣之治"。

西汉历史学家刘向评论孝宣皇帝时称赞他"政教明，法令行，边境安，四夷亲，单于款塞，天下殷富，百姓康乐，其治过于太宗(文帝)之时"。在一定程度上反映了当时的客观事实。

公元前60年，汉宣帝于西域乌垒城置西域都护府，汉朝政令又得以颁行于西域。汉宣帝时期，匈奴进一步衰落和分裂，南匈奴臣服于汉朝。汉元帝建昭三年(公元前36年)，北匈奴郅支单于被陈汤斩杀，并发出"明犯强汉者，虽远必诛！"的时代强音，自此百年汉匈战争告一段落。

昭君出塞

汉宣帝时，匈奴因败而分裂，其中一部首领呼韩邪单于主动要求向汉称臣，并三次到长安入朝，向汉元帝请求和亲。元帝同意了，决定挑选一个宫女当公主嫁给呼韩邪单于。后宫里有很多从民间选来的宫女，整天被关在宫里，很想出宫，但却不愿意嫁到匈奴去。管事的大臣很着急。这时，有一个宫女毅然表示愿意去匈奴和亲。她名叫王嫱(qiáng)，就是昭君，长得十分美丽，又很有见识。管事的大臣很快上报元帝。元帝就吩咐选择吉日，让呼韩邪与昭君在长安成了亲。单于得到了这样年轻美丽的妻子，又高兴又激动。

临回匈奴，昭君向元帝告别，元帝看到她又美丽又端庄，可爱极了，很是后悔，但已经晚了。元帝回宫后，越想越懊恼，后宫有这样的美女，怎么会没发现呢？他叫人从宫女的画像中再拿出昭君的画像来看，才知道画像上的昭君远不如本人美丽。为什么会画成这样呢？原来宫女进宫时，一般都不是由皇帝直接挑选，而是由画工画了像，送给皇帝看，来决定是否入选。当时的画工毛延寿给宫女画像，宫女们要送给他礼物，这样他就会把人画得很美。昭君对这种贪污勒索的行为不满，不愿送礼物，所以毛延寿就没把昭君的美貌如实地画出来。元帝极为恼怒，惩办了毛延寿。

昭君到了匈奴，一面劝单于不要打仗，一面把中原的文化传给匈奴，使匈奴和汉朝和睦相处了60年。被封为"宁胡阏氏"(yānzhī，即王后)，意为她将给匈奴带来和平、安宁和兴旺。这就是“昭君出塞”的故事。昭君死后葬在大青山，匈奴人民为她修了坟墓，即青冢，并奉她为神仙。后为避司马昭之讳，昭君改称了明君。

王安石的《明妃曲》即写此事：

明妃初出汉宫时，泪湿春风鬓脚垂。
低徊顾影无颜色，尚得君王不自持。
归来却怪丹青手，入眼平生几曾有。
意态由来画不成，当时枉杀毛延寿。
一去心知更不归，可怜着尽汉宫衣。
寄声欲问塞南事，只有年年鸿雁飞。
家人万里传消息，好在毡城莫相忆。
君不见咫尺长门闭阿娇，人生失意无南北。

还有杜甫《咏怀古迹》，也是咏昭君的名篇：

群山万壑赴荆门，生长明妃尚有村。
一去紫台连朔漠，独留青冢向黄昏。
画图省识春风面，环佩空归夜月魂。
千载琵琶作胡语，分明怨恨曲中论。

到了东汉时，汉车骑将军窦宪大破北匈奴，北单于遁逃，窦宪在燕然山刻石纪功而还。此后北匈奴继续西逃至欧洲，成了匈牙利人的祖先。基本上彻底解决了困扰汉朝的匈奴扰边问题。

赵昭仪与燕啄皇孙

赵飞燕(公元前 45 年—前 1 年)，姓赵氏，号飞燕，古阳阿(今山西泽州大阳)人，出身平民，家境贫穷，后在阳阿公主处学舞，为汉成帝刘骜(ào)的第二任皇后。

野史《飞燕外传》中则另有如下一说：江都中尉赵曼的家伶冯万金与江都王孙女姑苏郡主通奸，生下一对双胞胎女儿，这就是赵氏姐妹。为了尊严，姑苏郡主无法自养，便趁深夜将两个私生女儿抛弃到野外。姑苏郡主回家后老是梦见两个女儿望着她哭，三天后，她忍不住悄悄去看两姐妹的下落，发现她俩还活在草丛中。毕竟母女连心，她心如刀割，又将她们抱了回来交给冯万金抚养。后来，冯万金去世，冯家衰败，姐妹俩遂流落到长安。姐妹俩用刺绣讨好阳阿公主的总管赵临，成为他的义女，分别取名赵宜主和赵合德。年纪稍长后，赵氏姊妹以良家女子的身份进宫为宫女，住在阳阿公主家，学习唱歌和舞蹈，因赵宜主舞姿轻盈如燕，故得名“飞燕”，反而忘了她的真实姓名。这大概就是赵飞燕“出身平民，家境贫穷”说的来历。

鸿嘉三年(公元前 18 年)，汉成帝即位十多年，已过而立之年，还无一个存活的皇子。一天，郁闷的汉成帝来到阳阿公主府，阳阿公主把养在府中的良家女都叫出来取悦汉成帝。赵飞燕姊妹俩表现突出，被汉成帝选中，带回皇宫，备受宠幸。

永始元年(公元前 16 年)，赵飞燕被封为皇后，赵合德被封为昭仪。绥和二年(公元前 7 年)春，汉成帝死于赵合德床上，赵合德被迫自杀。汉哀帝刘欣即位，赵飞燕被尊为皇太后。

元寿二年(公元前 1 年)，汉哀帝驾崩。与汉哀帝不睦的王氏外戚集团(太皇太后王政君及其兄王凤、侄子王莽)东山再起，汉哀帝时期的宠臣和外戚遭到了严厉的打击，赵太后被废。王莽又以太皇太后王政君的名义，下诏将赵皇后贬为庶人，发配她去看守汉成帝的陵园。当天，赵飞燕自杀。

王莽把赵飞燕贬为庶人的理由是，赵飞燕“姊弟(娣)专宠锢寝，执贼乱之谋”“残灭继嗣，以危宗庙”，就是说，她们是抱着篡权谋反的目的，残杀汉皇室继承人来危害汉室江山的。

在汉成帝死前，还有人编了个童谣说："燕燕，尾涎涎，张公子，时相见。木门仓琅根（指宫门），燕飞来，啄皇孙。皇孙死，燕啄矢。"意思是说，燕子尾光鲜润，皇帝常与富平侯张放微服出宫，在阳阿公主家遇上了赵飞燕，赵飞燕进宫了，谋害皇子，皇子都死了。这就是"燕啄皇孙"的来历，此后遂成了宫妃残害皇族的著名典故。

皇室及大臣都认为汉成帝绝嗣，主要责任在赵飞燕姊妹。实际上汉成帝绝嗣与赵飞燕并没有多大的关系。在赵飞燕得到汉成帝宠幸之前，汉成帝曾宠幸过许妃（许皇后）和班婕妤。许妃为成帝生下一儿一女，但都不幸夭折了。班婕妤是班固的姑奶奶，在汉成帝刚即位时就被选入后宫，深得汉成帝宠爱，封为婕妤，曾在外舍生了个男孩，几个月也夭折了。这时赵飞燕还只是阳阿公主府里的一个小宫女，与此事没有半点的关系。

另据《汉书》记载，元延元年（公元前 12 年），有一名曹姓宫女被汉成帝御幸，曾生下一个儿子；还有一个受宠幸的许美人，元延二年也为成帝生下一个男孩，汉成帝很是高兴。据说这两件事被赵昭仪知道了，她非常愤怒，又打自己又撞柱子，哭哭啼啼不吃饭。汉成帝无奈，只好让人把许美人生的孩子处理掉了，曹宫女所生的孩子也下落不明。汉成帝此时若能坚持，他或许就不会绝嗣了。

这两件事就是童谣说"燕啄皇孙"和王莽把赵飞燕贬为庶人的依据。但这时赵飞燕已是皇后，而不是昭仪。王莽很可能把妹妹赵合德的罪责扣在了赵飞燕的头上，显然是有意栽赃陷害。

因为赵飞燕在永始元年（公元前 16 年）已被封为皇后，按照古例，在元延元年或元延二年，称赵飞燕应该用赵皇后。所以，这里的赵昭仪明显是赵飞燕的妹妹赵合德，而不是赵飞燕。

赵飞燕没能为汉成帝生下孩子，这是事实，但硬说"燕啄皇孙"，汉成帝绝嗣都怪赵飞燕，这恐怕是一桩莫须有之罪。

燕瘦环肥及四美图

赵飞燕一直以瘦美人著称，所以她和杨玉环便有了"燕瘦环肥"的雅号，后来"燕瘦"遂成为体态轻盈瘦弱美女的代称。南宋平阳木刻年画《四美图》，画的是王昭君、赵飞燕、班姬、杨玉环四位古代美女。历代文人在形容美女时，也往往借用赵飞燕的形象。如李白的《清平调》词之二：

> 一枝红艳露凝香，云雨巫山枉断肠。
> 借问汉宫谁得似，可怜飞燕倚新妆。

王莽篡政西汉灭亡

汉宣帝死后，汉元帝刘奭（shì）即位，西汉开始走向衰落。汉元帝柔仁好儒，导致皇权旁落，外戚与宦官势力兴起。汉元帝死后，汉成帝刘骜即位。汉成帝好女色，先后宠爱许皇后、班婕妤和赵氏姐妹。据说由于赵氏姐妹不能生育，汉成帝与其他妃嫔所生的子女均为赵飞燕姐妹害死，史称"燕啄皇孙"。因为"酒色侵骨"，汉成帝最后竟死在温柔乡中。汉成帝不理朝政，为外戚王氏集团的兴起提供了条件，太皇太后王政君权力急剧膨胀。汉成帝死后无嗣，由其侄（定陶恭王刘康之子）刘欣即位，是为汉哀帝。汉哀帝有断袖之癖，终日与男宠董贤厮混玩耍，不理朝政。外戚王氏的权力进一步膨胀。

此时西汉已呈一片末世之象，民间"再受命"说法四起。公元前 1 年 8 月 15 日，汉哀帝去世，17 日太皇太后王政君派王莽接替董贤成为大司马，并迎接刘衎（kàn）即位，是为汉平帝，实际已成王莽的傀儡。公元 6 年 2

月 3 日，年仅 14 岁的汉平帝病死，王莽立仅两岁的刘婴为皇太子，自任“摄皇帝”。公元 8 年 12 月，王莽干脆废掉孺子婴的皇太子之位，自己当皇帝，建立了新朝，西汉灭亡。

汉哀帝断袖之癖

西汉建平二年，有一天，汉哀帝下朝回宫，看到殿前站着一个人，名叫董贤，是御史董恭的儿子。董贤在汉哀帝刘欣还是太子时曾当过太子舍人。哀帝发现，几年不见，董贤长得越发俊俏了，遂命他随身侍从。从此对董贤日益宠爱，同车而乘，同榻而眠。董贤不仅长得像美女，言谈举止也十足地像女人，且性柔和，善于为媚，哀帝对董贤爱之弥深。一天，两人午睡，董贤枕着哀帝的袖子睡着了。哀帝想起身，却又不忍惊醒董贤，随手拔剑割断了衣袖，然后悄悄出去。待董贤醒来，见身下压着哀帝的断袖，也感到哀帝的深情，从此越发柔媚，须臾不离帝侧。后人将同性恋雅称为“断袖之癖”，便是源出于此。

三十四、光武中兴建东汉

王莽篡政西汉完，绿林赤眉齐揭竿。
刘秀兴兵扫豪强，大汉中兴得续延。
山高水长子陵风，拒招高卧富春山。
明章之治称殷实，白马驮经佛教传。
今古文争白虎观，谶纬托神示预言。
班超投笔平西域，窦宪驱匈勒燕然。
班昭奉旨续汉书，劳谦有终赞永元。
缅北哀牢内附汉，中国从此收云南。
外戚日益逞跋扈，戚宦斗争皇权残。
党锢之祸清流尽，天下扰攘不得安。
黄巾举义群雄起，东汉实亡剩残喘。

绿林军起义

西汉末年，封建统治阶级和官僚地主疯狂地兼并土地，贪官污吏巧取豪夺，加紧对农民进行残酷的经济剥削和政治压迫，逼得农民难以得生，小规模农民起义不断发生。

大地主为了维护其摇摇欲坠的统治，就把政治野心家王莽抬出来，打着改革政治的招牌欺骗百姓。王莽乘机发动宫廷政变，夺取汉朝政权，改国号为“新”。王莽上台后大搞复古倒退活动，大封诸侯王，复辟分封制，废除了封建土地所有制，把汉代的封建社会拉回到西周时期的奴隶制社会。王莽还采取一套搜刮人民的经济政策，残酷地剥削，野蛮地掠夺，造成“农商失业，食货俱废”的恶果，遭到了人民的强烈反对。为了转移视线，王莽又对兄弟民族发动掠夺战争，增加了内地人民的负担。再加上自然灾害连年不断，农田荒废，农民倾家荡产，逼得农民走投无路，纷纷起义。

公元 17 年，南方荆州闹饥荒，饥民们在新市人（今湖北京山）王匡、王凤兄弟的领导下发动起义，以绿（lù）林山（今湖北大洪山）为根据地，故称绿林军。队伍得到广大民众和附近起义军的响应，迅速扩大。

公元 21 年，王莽发兵进攻绿林军，绿林军出山迎击获胜，部众增至 5 万多人，战斗意志高涨。

公元22年，绿林山中疾疫流行，义军只好离开绿林山，一支由王常、成丹等率领，西入南郡（治今湖北江陵），称下江兵；另一支由王匡、王凤、马武等率领，北上南阳，称新市兵；新市兵攻随县时，平林人陈牧、寥湛率众响应，于是绿林军中又增添了一支平林兵；西汉宗室刘玄，这时也投身于平林兵中。

农民起义的迅速发展，在社会各阶层中引起了极大的震动。各地一些豪强地主和刘氏宗族便开始自寻出路。他们纷纷结寨自保，甚至聚兵割据，尤其是刘氏宗族更纷纷打出反莽的旗号。

这年11月，刘縯（yǎn）、刘秀兄弟在南阳集合宾客子弟七八千人，也起兵反抗王莽政权。刘縯自称“柱天都部”，成为这支“舂陵兵”的首领。起义之初，“舂陵兵”遭到王莽10万大军的围剿，形势十分危急。刘縯成功加入王常的下江兵，并于公元23年，集结几路军队，在昆阳大破王莽10万大军。

这些钻进革命队伍内部的地主阶级野心家，为了夺取农民革命胜利成果，炮制出了“刘氏复兴”的谶语，大造反革命舆论，在农民军中影响很大。因此在绿林军建立政权时，就一定要立一个姓刘的当皇帝。以王匡、王凤为首的农民将领，认为刘玄单身投入平林军，人单势孤，不敢违背农民军的意志；而刘縯有南阳地主集团作支柱，有舂陵兵作后盾，有复辟地主政权的野心。因此，王匡、王凤一马当先，坚持要立刘玄。刘玄，南郡蔡阳（今湖北枣阳西南）人，自称是西汉皇裔，汉景帝刘启之子长沙定王刘发之后，东汉光武帝刘秀的族兄。

公元23年2月，绿林军领袖王匡、王凤等拥立刘玄为皇帝，恢复汉朝国号，史称玄汉，改元更始。更始帝拜王匡、王凤为上公，刘縯为大司徒，刘秀为太常偏将军，其他将领也各有其封号。

刘秀的哥哥刘縯因反对刘玄称帝，被刘玄、王匡等设计杀死。刘秀得知其兄刘縯被杀后，自知兵力薄弱，没敢公开反抗，而是忍辱负重，表示忠顺于起义军，并大要“韬晦”之计，既不给他哥哥服丧戴孝，也不和刘縯的部下私自交谈，“饮食言笑如平常”，经常对人说自己有过错，表示愿意悔改。刘秀这种以屈求伸的手法竟起了作用，刘玄上了他的当，认为刘秀很老实，不仅没有杀他，反而拜他为征虏大将军，封武信侯。不久又派刘秀到河北去招收农民军，给了刘秀以独立发展的机会。

疾风知劲草

刘秀很高兴，于是就让王霸随他前往河北。当时，更始帝的势力未能达到河北，到那里去招抚是很危险的。

当初刘秀加入绿林起义军，行军途中，有个名叫王霸的带领一批人来投奔刘秀，受到了刘秀的欢迎。不久，王霸因父亲年老体弱，辞别了刘秀回家侍奉老父。后来刘秀率军又路过王霸老家的时候，特地去看望他。王霸深受感动，请求父亲让他离家再追随刘秀。他父亲深明大义，告诫王霸说：“既然刘将军如此看重你，你就跟他干下去吧，不要半途而废。”

刘秀一行进入黄河以北后很不顺利，处境非常危险，也非常困乏。随从中许多人对前途失去了信心，又害怕艰苦，纷纷离开了刘秀。先前和王霸一起投奔刘秀的几十个人，都陆续不辞而别；只有王霸还和以前一样，忠诚地跟着刘秀。刘秀见王霸至今还忠于自己，感慨地对他说：“从前在颍川跟随我的人都跑了，唯有你独留在我身边。只有在迅猛的风中才能看出坚韧的草，这话现在得到了验证。”此所谓疾风知劲（jìng）草，板荡识诚臣。王霸因忠义，始终都很受刘秀的器重。

王莽新朝覆灭

更始元年(公元 23 年)九月，绿林军兵分两路，王匡、王凤率军进攻洛阳，另一路由申屠建等进攻长安。长安市民发生武装起义，攻入未央宫，王莽逃至渐台，被杀死，王莽新朝在赤眉、绿林起义下覆灭。

公元 24 年(更始二年)，刘玄由洛阳进入长安。但是他很快变质，生活腐朽，政治专制。为了达到独揽政权的目的，刘玄杀死众多起义军将领，又剥夺了王匡等人的军权。义军将领与刘玄为首的贵族集团发生冲突，王匡率领部分起义队伍投靠了另一只著名的起义军赤眉军。

赤眉军起义

这期间，东方的起义军也壮大起来。琅琊(今山东诸城)有个姓吕的老大娘，儿子是海曲(今山东省日照市)的一个公差，因为不肯依县官的命令毒打没钱交税的穷人，被县官杀害了。这一来激起了公愤。有上百个穷苦农民起来替吕母的儿子报仇，杀了县官，跟着吕母逃到黄海，有机会就上岸打击官兵。

同时，另一个起义领袖樊崇也带领几百个人占领了泰山。吕母死了后，她手下的人都投奔了樊崇的起义军。不到一年工夫，就发展到一万多人，义军攻占泰山郡(今山东泰安)，并在青州(今山东中部)和徐州(今江苏北部)之间来往打击官府、地主。

樊崇的起义军很讲纪律，规定谁杀死老百姓就要被处死，谁伤害老百姓就要受罚。所以，百姓都拥护他们。

为剿平樊崇领导的起义军，公元 22 年，王莽派太师王匡(非绿林军的王匡)和将军廉丹率领十万大军去镇压樊崇起义军。樊崇已作好准备跟官兵大战一场。为了避免起义兵士跟王莽的兵士混杂，樊崇叫他的部下都在自己的眉毛上涂上红颜色，作为识别的记号。这样，樊崇的起义军遂又叫“赤眉军”。

两军在成昌(山东东平西)展开激战，双方兵力都在十万左右。由于王匡轻敌冒进，被义军打得大败，廉丹及其部下汝云、王隆等二十余名将领被击毙，王匡仓皇逃走。成昌大捷使赤眉军改变了从前被围剿的局面，乘胜向西发展，控制了东至莒城、西至陈留、南达汝南、北到濮阳的广大地区。

原来想和绿林军合作的赤眉军，看到更始政权已经变质，便向西发动了进攻，这时已进军到离长安很近的高陵。绿林军首领王匡、张昂遂与赤眉军联合进攻长安。

军中有齐巫者，乃说崇等曰：“更始荒乱，政令不行，故使将军得至于此。今将军拥百万之众，西向帝城，而无称号，名为群贼，不可以久。不如立宗室，挟义诛伐，以此号令，谁敢不服?”崇等以为然，乃相与议曰：“今迫近长安，而鬼神如此，当求刘氏共尊立之。”公元 25 年 6 月，赤眉军樊崇立西汉刘氏王朝远族后裔 15 岁的放牛娃刘盆子(这时正与兄刘恭、刘茂被掠入赤眉起义军中，从事放牧)为帝，建元建世，刘盆子即建世帝，沿袭汉朝国号，史称赤眉汉，随后击败绿林军。

公元 25 年九月，赤眉军攻入长安，已成了孤家寡人的刘玄，走投无路，只好向赤眉军投降，后来被赤眉军处死。更始政权灭亡。

王匡、王凤、张昂与赤眉军联合推翻刘玄政权后，仍坚持斗争。由于没有建立起有效的政权，公元 27 年赤眉军撤出长安东归，在崤底、宜阳被刘秀的军队袭击，赤眉军大败，樊崇和刘盆子投降。

刘秀身世

刘秀是汉高祖刘邦的九世孙，出自汉景

帝子长沙定王刘发一脉，到他父亲刘钦这一辈，就只是济阳县县令这样的小官了。

西汉建平元年十二月初六（公元前5年1月15日），刘秀出生在济阳县济阳宫后殿第二间屋里（在今菏泽东明城关镇满城村），据传他出生的当晚没有灯火，却有红光照满一室，故名满城。父亲感到奇怪，立即召来功曹史充兰，派他去问会占卜的王长孙，王长孙卜卦后说："这是件吉利的事情，不用多说了。"这年，在刘钦房前有小米长了出来，共有三株，每株一根茎上有九个穗，比一般小米要长一二尺，真是吉兆。刘钦因此为其取名为"秀"。

元始三年（公元3年），刘钦在南顿县（今河南省项城市南顿镇）县令任上去世，年仅9岁的刘秀与兄妹便成了孤儿，生活无依，被远在南阳郡蔡阳县的叔父刘良所抚养。由于刘秀勤于农事，而其兄刘縯好侠养士，经常取笑刘秀，将他比作刘邦的兄弟刘喜。新朝天凤年间（公元14年—19年），刘秀到长安，学习《尚书》，略通大义。

光武中兴建东汉

新朝末年，海内分崩，天下大乱，刘縯、刘秀兄弟在南阳郡乘农民军之势起兵。经过昆阳一战，刘氏兄弟的势力得到发展。更始政权的内部矛盾也更趋尖锐。在刘縯被更始帝

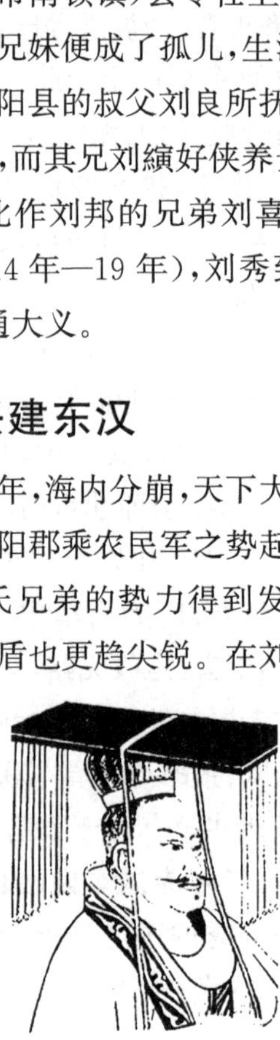

汉光武帝像

杀害后，刘秀骗得更始帝的信任，被刘玄派往河北进行招抚。使得刘秀终于摆脱了刘玄对他的直接控制，开始了自由施展的机会。刘秀在河北，考察官吏，平反冤狱，释放囚徒，废除王莽苛政，恢复汉朝的官吏名称。对于当时河北地区规模最大的农民军"铜马"，刘秀采取分化、瓦解、击败、收编的政策，短短半年多就招得数十万大军，大大加强了自己的军事实力。经过一年多的苦心经营，刘秀终于完全控制了河北地区。

在更始帝企图削弱他的势力，夺回他的权力时，刘秀与刘玄公开决裂，并抓住赤眉攻下长安、刘玄败逃的机会，安排了夺取关中及争夺天下的措施。安排妥当以后，刘秀又带领一支军队回到冀中、冀北一带。在将领们纷纷给刘秀上尊号，要他称皇帝之下，刘秀遂于更始三年（公元25年），在鄗（hào，今河北柏乡县）南千秋亭登基称帝，即汉光武帝，为表刘氏重兴之意，仍以"汉"为其国号，年号为建武，定都洛阳，史称东汉，仅仅三年就入主洛阳成就帝业。

扫平割据成一统

此后，刘秀定关中，灭赤眉，复两京，征隗嚣，伐公孙述等，又经过长达12年之久的统一战争，先后平灭了关东、陇右、西蜀等地的割据势力，结束了自新莽末年以来长达近20年的军阀混战与割据局面，实现了全国的统一。

刘秀是中国历史上的一位有作为的开明君主，在位33年，面对断壁残垣、江山破碎的社会状况，他勤于国政，励精图治。政治上改革中央官职，整治官场风气，精简结构，优待功臣；经济上解放生产力，采取休养生息政策，大力发展经济；文化上大兴儒学，推崇气节。终于使东汉王朝在一片焦土废墟中恢复

和发展起来，被后世史家推崇为中国历史上“风化最美、儒学最盛”的光武中兴时代。刘秀享年62岁，死后葬于原陵，定庙号世祖、谥号光武皇帝，后人多呼之为光武帝。

得陇望蜀人性贪

东汉初年，隗嚣割据陇地，公孙述割据蜀地，自立为王，二人相互勾结，对抗朝廷。建武八年(公元32年)，光武帝刘秀亲征陇西的隗嚣，与大将岑彭率军攻破天水，岑彭又与偏将吴汉把隗嚣包围在西城。公孙述派兵来援救隗嚣，驻扎在上邽(guī)，光武又派盖延、耿弇包围之。

光武帝见一时也攻不破城池，自己先回京城去了。留了一封诏书给岑彭，岑彭接到诏书一看，上面写着：如果攻占了陇地两城，便可率军攻打蜀地的公孙述。人总是不知足的，我也一样，已经得到陇地，又希望得到蜀地。这就是“得陇望蜀”成语的来历。如今则形容得寸进尺，贪心不足了。

山高水长子陵风

严光(公元前39年—41年)，又名遵，字子陵，本姓庄，后因避汉明帝刘庄之讳改其姓为同义词严。会稽余姚人，东汉著名隐士。

严光少有高名，与东汉光武帝刘秀同学，又是好友。他曾积极帮助刘秀起兵。事成后归隐设馆授徒。刘秀即位后，于建武元年(公元25年)多次聘请严光，严光于是隐名换姓，隐居在桐庐富春江畔不出，每日垂钓，此地后为桐庐严子陵钓台。刘秀思贤念旧，就下令按照严光的形貌在全国查访他。齐地报称有一男子披着羊裘在泽中垂钓，刘秀怀疑那就是严光，即遣使备置安车、玄纁，三聘而始至京都洛阳。

司徒侯霸与严光是老相识，派人送信给严光。送信的人对严光说：“侯公听说先生到了，一心想立刻就来拜访，限于朝廷的有关制度不便，所以不能来。希望能在天黑后，亲自来向你表达歉意。”严光不说话，将书简扔给送信的人。口授说：“君房先生：官位到了三公，很好。怀着仁心辅助仁义，天下都高兴，拍马屁看人脸色办事可就要身首异处了。”侯霸收到信看过，封好了再上奏刘秀。刘秀笑着说：“这狂家伙还是老样子。”当天就亲自来到严光居住的馆舍，严光睡着不起来，刘秀就进了他的卧室，摸着严光的腹部说：“哎呀！子陵，就不能相帮着做点事吗？”严光又睡着不讲话，过了好一会儿，才睁开眼睛，看了好一会，说：“过去唐尧那样显著的品德，巢父、许由那样的人听说要授给官职尚且去洗耳朵。读书人本各有志，何以要到强迫人家做官的地步？”刘秀说：“子陵，我竟然不能使你作出让步？”于是便上车，叹息着离开了。

后来，刘秀又请严光到宫里去，叙说过去的交往的旧事，两人在一起相处好多天。一次，刘秀随意地问严光：“我比过去怎么样？”严光回答说：“陛下比过去稍稍有点变化。”说完话便睡在一起。严光睡熟了把脚压在刘秀的肚子上。第二天，太史奏告，有客星冲犯了帝座，很厉害。刘秀笑着说：“我的老朋友严子陵与我睡在一起罢了。”后授谏议大夫，严光不肯屈意接受，于是仍归隐富春山耕读垂钓，后人把他垂钓的地方命名为严陵濑。

建武十七年(公元41年)，朝廷又一次征召他，严光仍不就。严光80岁时，在家中去世。刘秀倍感哀伤，诏郡县赐钱百万、谷千斛安葬，墓在陈山(客星山)。

范仲淹撰作《严先生祠堂记》赞曰：“先生，汉光武之故人也，相尚以道。及帝握《赤符》，乘六龙，得圣人之时，臣妾亿兆，天下孰加焉？惟先生以节高之。既而动星象，归江湖，得圣人之清。泥涂轩冕，天下孰加焉？惟光武以礼下之。在《蛊》之上九，众方有为，而独‘不事王侯，高尚其事’，先生以之。在《屯》之初九，阳德方亨，而能‘以贵下贱，大得民也’，光武以之。盖先生之心，出乎日月之上；光武之量，包乎天地之外。微先生，不能成光武之大，微光武，岂能遂先生之高哉？而使贪夫廉，懦夫立，是大有功于名教也。云山苍苍，江水泱泱，先生之风，山高水长！”

1949年3月28日夜，国民党左派诗人柳亚子作了一首诗《感事呈毛主席一首》，称有感于国民党的混乱现状，要回家乡分湖隐居。4月，毛泽东写了《七律·和柳亚子先生》一诗回赠，就用了严子陵隐居垂钓富春江畔的故事，劝柳亚子先生留在北京继续参加建国工作，不要回家消极隐居遁世，并且安排柳亚子居住到颐和园昆明湖边，使他认识到党对他是照顾周到、优待有加的。

毛泽东《七律·和柳亚子先生》：

饮茶粤海未能忘，索句渝州叶正黄。
三十一年还旧国，落花时节读华章。
牢骚太盛防肠断，风物长宜放眼量。
莫道昆明池水浅，观鱼胜过富春江。

强项令董宣

董宣，字少平，陈留郡圉（yǔ）地人。东汉光武帝刘秀时期，被特例征召为洛阳县令。当时湖阳公主的家奴白天杀了人，藏匿在公主家里，官吏无法抓捕。等到公主出门，而用这个家奴陪乘，董宣就在夏门外的万寿亭等候，拦住公主的车马，用刀圈地，大声数落公主的过失，呵斥家奴下车，接着便把家奴打死了。公主立即回到宫里向光武帝告状。光武帝极为愤怒，召来董宣，要用鞭子打死他。董宣磕头说：“希望乞求说一句话再死。”光武帝说：“想说什么话？”董宣说：“皇上您因德行圣明而中兴复国，却放纵家奴杀害百姓，将来拿什么来治理天下呢？臣下我不需要鞭子打，请求能够自杀。”当即用脑袋去撞击柱子，顿时血流满面。光武帝命令宦官扶着董宣，让他向公主磕头谢罪，董宣不答应，光武帝命宦官强迫他磕头，董宣两手撑地，挺着脖子，终究不肯就范。公主说：“过去弟弟做百姓的时候，隐藏逃亡犯、死刑犯，使官吏不敢到家门。现在做了皇帝，威严还不能施加给一个县令吗？”光武帝笑着说：“做皇帝和做百姓不一样。”于是下令放了董宣，赞扬董宣执法无私，直言敢谏，赐钱30万以资嘉奖。董宣不肯受禄，请求将这些钱分赏部下，奖励廉正忠贞的官员。

刘秀听了，一想他刚才倔强刚直，挺直脖子不肯磕头的样子，不禁脱口赞道：“你真不愧是个挺立朝班的‘强项令’啊！”从此“强项令”就成了董宣的代称。当时，刘秀还赐董宣御旨一道，以后无论公卿贵戚，有敢违法犯纪者，准他依法惩处。并命内侍送“强项令”出宫。从此捕捉打击倚仗权势横行不法之人，没有谁不害怕得发抖。京城称其为“卧虎”。人们歌颂他说：“没人击鼓鸣冤的是董宣。”

董宣当了五年洛阳县令。74岁时，死在任上。光武帝召令派遣使者探望，只看见粗布覆盖着尸体，董宣的妻子和儿子相对而哭，家里只有几斛大麦，一辆破车。光武帝知道后很伤心，说：“董宣廉洁，到他死我才知道。”因董宣曾经做过俸禄为2000石的官员，便赏赐系印纽的绿色丝带，并按大夫的礼节安葬。

举案齐眉

东汉光武建武初年至和帝永元末年间，扶风平陵（今陕西咸阳）有一人名梁鸿，字伯鸾。少孤，受业太学，家贫而品性高尚。学毕，牧豕上林苑，误遗火延及他舍。鸿悉以豕偿舍主,不足,复为佣以偿。

后归乡里,有权势之家敬慕其高节,多想把女儿嫁给他,梁鸿全都拒绝。同县姓孟的有个女儿,貌丑而贤,挑剔配偶一直没嫁,年已三十。父母问她原因,她说:“我要嫁像梁伯鸾那样贤德的人。”梁鸿听到后就向她下聘礼求婚。

她要求父母准备好布衣,草鞋,纺织用的绩具。出嫁时,她却精心打扮之后进门,七天过去了梁鸿也没搭理她。她于是端跪在床边,说道:“我私下曾听说夫君品德高尚,拒绝过数位女子。我也曾刁难了几位男子,如今却不知道为什么被你责怪,特地过来向你请教我的过失。”

梁鸿说道:“我想求娶的是那种朴实的,能勤俭持家的伴侣,是能够和我一起归隐到深山里生活的人。可现在的你衣着华丽,脸上涂满粉黛,怎么会是我希望找的那个人!”妻子说:“我这是要考察你的节操而已。我也有能隐居深山的服饰。”于是将发髻梳成椎髻,穿上布衣,提着器具来到梁鸿面前。梁鸿非常开心地说:“这才是我梁鸿妻子的真正样子。”梁鸿为妻子取名孟光,表字德曜。

于是他们共入霸陵山中,荆钗布裙,以耕织为业,咏诗书弹琴以自娱。每天,妻子为他准备饭菜吃食,在梁鸿跟前从不仰视,总是把装满食物的托盘高举到眉毛处,恭敬地侍奉梁鸿。这就是“举案齐眉”的故事。

有次梁鸿因事东出关,过京师,作《五噫歌》:

陟(zhì)彼北芒兮,噫(登上那高高的北芒山,啊)!

顾瞻帝京兮,噫(回头把皇城帝都遥看,啊)!

宫阙崔嵬兮,噫(高大的宫殿多么雄伟,啊)!

民之劬劳兮,噫(都是百姓的辛苦劳作,啊)!

辽辽未央兮,噫(人民的苦难无尽无边,啊)!

全诗字里行间充满了对帝王穷奢极欲的谴责,以及对人民苦难的深切同情,表现了对国家和人民的深切关怀和忧伤。

明章之治

汉明帝和汉章帝在位期间,东汉进入国力恢复期,史称“明章之治”。永平十六年(公元 73 年),汉明帝遣窦固率军攻伐北匈奴,窦固大破呼衍王于天山并占据伊吾,因此西域各国皆遣子入侍,第二年复置西域都护府,于是“西域自绝六十五载,乃复通焉”。然而不久焉耆、龟兹复叛,攻陷西域都护府,汉章帝即位后,不欲因西域疲敝中国而罢遣都护。

章和二年(公元 88 年)十月,车骑将军窦宪领军出塞,大破北匈奴,登燕然山刻石勒功而还,史称燕然勒功。汉和帝永元三年(公元 91 年)窦宪再次率军出击,出塞五千里进攻金微山,大破北单于主力,北匈奴仓皇逃窜不知所踪。章帝后期,外戚窦氏日益跋扈,揭开东汉后期戚宦之争的序幕。

位于今云南、缅甸北部一带的哀牢国于永平十二年(公元 69 年)内附中国,汉明帝于其地设永昌郡,初步奠定了中国对整个云南的统治,使古哀牢境内的各民族从此融入中国。

明、章两帝共统治三十一年(公元 57 年—88 年),秉承光武帝遗规,采取一系列内外措施:对外威胁臣严加防范;屡下诏招抚流民,赈济鳏寡孤独和贫民前后凡九次;修治汴渠完成,消除西汉平帝以来河汴决坏;经营西域,再断匈奴右臂,复置西域都护府和戊己校尉。史载“天下安平,百姓殷富”,号称“明章之治”。

白马寺与佛教传入中国

公元前565年，释迦牟尼在古印度诞生，35岁开悟后创立了佛教。目的是引导众生了知宇宙人生的真相、苦乐的真谛，以及离苦得乐的方法，给人类以和平、幸福和智慧。

汉建元二年至元朔三年（公元前139年—前126年），张骞出使西域期间，曾在大夏见到过从鳊贩运去的蜀布、邛竹杖，说明当时中印之间已有民间往来，可能那时佛教也随之传入汉地。汉武帝还开辟了海上航道与印度东海岸的黄支等地建立联系。

佛教由官方引入中国，大约在东汉初明帝时期（公元67年左右）。

有天晚上，明帝刘庄做了一个奇怪的梦，梦见一高大的金人，头顶上放射出白光，降临在宫殿的中央。刘庄正要开口问，那金人又呼的一声腾起凌空，一直向西方飞去。梦醒后，百思不得其解。第二天朝会时，他向群臣详述梦中所见，大多数人都不知其由。后来博学的太史傅毅回答说：“陛下，我听人说那是西方的圣人佛陀！”明帝听说西域有神佛，于是派蔡愔、秦景等十余人出使西域，去天竺国迎请佛法、佛经。他们经过戈壁滩、丝绸之路，直达现在的阿富汗境内，过去这里属北印度地区，在中国古称“西域”。印度古称“天竺国”，他们到达北天竺国时，遇到印度高僧摄摩腾、竺法兰，并见到了佛经和释迦牟尼佛白毡像，就恳请二位高僧东赴中国弘法布教。

永平十年（公元67年），二位印度高僧应邀和东汉使者一道，用白马驮载佛经、佛像同返国都洛阳，所以称“白马驮经”。汉明帝见到佛经、佛像，十分高兴，对二位高僧极为礼重，亲自予以接待，并安排他们在当时负责外交事务的官署“鸿胪寺”国宾馆暂住。

皇帝经常去听他们讲课，觉得很有道理，认为这个文化应该永久留在中国。永平十一年（公元68年）为这两位圣者专门建了一座寺院，这就是中国第一古刹有名的白马寺，位于洛阳市洛龙区白马寺镇内，为世界著名伽(qié)蓝，号称中国佛教的“祖庭”和“释源”。

由于佛教是由皇帝以国家行为迎请进中国的，所以寺庙的建筑级别极高，跟皇帝的金銮殿相同，用黄琉璃瓦建造。可见，佛教在我们中华民族的传统文化中具有很崇高的社会地位。

佛教传入中国被称为浮屠教，佛像可能也同时传入。但在中国西部的新疆及甘肃河西走廊地区（古称西域），佛教和佛教艺术的传入要更早一些。印度的佛教艺术，经过中国的艺术家和民间工匠的吸收、融合和再创造，形成了更具中国特点的佛教艺术，从而更容易在中国社会流传和发展。形形式式的佛像，主要是作为佛教徒供奉和礼拜的对象，因此佛像艺术的发展和流行，基本上是伴随着中国佛教的兴衰而兴衰的。

佛教传入中国，经长期传播发展，而形成具有中国民族特色的中国佛教。由于传入的时间、途径、地区和民族文化、社会历史背景的差异，中国佛教形成三大系，即汉地佛教、藏传佛教和云南地区上座部佛教。

佛教在中国的南北朝时期得以弘扬、发展和创新，至唐代达到鼎盛，并外传朝鲜、日本和越南。而在印度，佛教却于公元13世纪初消亡，被商羯罗赶出了印度。

白虎观会议

自汉武帝时，董仲舒提出“罢黜百家，独尊儒术”以来，儒家思想逐渐成为汉朝君主的统治思想。

汉武帝时，对当时有名的儒家学派，采取

兼容并蓄的态度，皆为其在大学设一讲座，谓之学官。《汉书·儒林传赞》称："自武帝立五经博士，开弟子员，设科射策，劝以官禄。讫于元始，百有余年，传业者渐盛，支叶蕃滋，一经说至百余万言，大师众至千余人，盖利禄之路使然也。"

汉宣帝甘露三年（公元前 51 年），鉴于当时诸经分派分支太多，对经义的解释也各有差异的状况，宣帝乃"诏诸儒讲五经同异，萧望之等平奏其议，上亲临制决"，史称石渠阁（未央殿北藏秘书的地方）奏议。

西汉末年，哀、平之际，刘歆于皇家图书馆秘（今作密）室中发现古字体《春秋左氏传》《毛诗》《易礼》等，在王莽时代被立为学官。自此以后，儒家内部发生经今、古文派之争，斗争激烈，你消我长。

至东汉光武帝刘秀时，又于中元元年（公元 56 年），宣布把谶纬之学正式确立为官方的统治思想。

所谓谶纬，是谶书和纬书的合称。谶是秦汉间巫师、方士编造的预示吉凶的图录隐语，后来演变为民间庙宇或道观里的求神问卜，进而简化为拜神求签；纬是汉代迷信附会儒家经义衍生出来的解说，被汉光武帝之后的人称为"内学"，而原本的经典反被称为"外学"。

谶纬之学就是被当作神灵启示对未来的一种政治预言，实为古代中国官方的国教，即儒家神学，是盛行于秦汉时代的一种重要的社会思潮，成为传统文化的重要组成部分。谶纬将作为神灵启示的一种预言与对儒家经义神化的解说相交织在一起，使圣人的教条与神灵的启示合二为一，这样，经典变成了天书，孔子就变成了神人。

纬书就是上古这种谶纬思想学说的辑录，是长期形成的，并非出于某一作者之手，其中保存了大量关于神话民俗文化的记载，也是对中国思想文化大综合运动中一个重要环节的记录。

东汉初年，由于当时各家儒学派传承不同，今文经学与古文经学的门户之见日益加深，对于儒家经典的版本、内容多有争议。虽然此前汉宣帝时曾召开"石渠阁会议"加以统一，但是经历王莽新朝的战乱之后，各家的歧异再次抬头。

为了巩固儒家思想的统治地位，使儒学与谶纬之学进一步结合起来，章帝建初四年（公元 79 年），依议郎杨终奏议，仿西汉石渠阁会议的办法，召集各地著名儒生于洛阳白虎观，讨论五经异同，这就是历史上有名的"白虎观会议"，白虎观遂成为朝廷修缮儒学的处所。

当年冬，章帝邀各名儒、诸王集于白虎观，由五官中郎将魏应代表皇帝发问，其后各家儒生加以讨论，形成共识后由侍中淳于恭加以回答，此后章帝再亲自决定对此答案是否满意。会议连续举行了一个多月，会后，班固奉旨对会议内容加以总结，写成《白虎通义》四卷，又称《白虎通德论》或《白虎通》。

这次会议肯定了"三纲六纪"，三纲即：君为臣纲，父为子纲，夫为妻纲。六纪即：诸父有善，诸舅有义，族人有序，昆弟有亲，师长有尊，朋友有旧。并将"君为臣纲"列为三纲之首，使封建纲常伦理系统化、绝对化，同时还把当时流行的谶纬迷信与儒家经典糅合为一，使儒家思想进一步神学化，成了作为解释封建社会一切政治制度和道德观念的依据。

班超投笔从戎平西域

班超字仲升，东汉扶风安陵人，是班彪的小儿子。永平五年（公元 62 年）。哥哥班固被征召做校书郎，班超和母亲一起跟到洛阳。

因家里穷，班超找了个替官家抄书的差事挣钱养家。长期抄写，非常劳苦，有天，他停下手中的活儿，扔了笔，感叹说：“大丈夫没有更好的志向谋略，也应该像傅介子、张骞那样，立功异地，博得个封侯，怎么能长期在笔砚间忙碌浪费生命呢！”旁边的人都嘲笑他。班超说：“小人物怎么能了解壮士的志向呢？”后来，显宗问班固“你弟弟在吗？”固说“为官写书，奉养老母”。于是皇帝任班超为兰台令史。

后来，他当上一名军官，在对匈奴的战争中，得到胜利。接着，他建议和西域各国来往，以便共同对付匈奴。公元 73 年，朝廷采纳他的建议，就派他带着数十人出使西域。他以机智和勇敢，克服重重困难，联络了西域的几十个国家，断了匈奴的右臂。永元三年（公元 91 年）汉和帝任命班超为西域都护。永元六年（公元 94 年）七月，西域都护班超大破焉耆、尉（yù）犁彻底收复西域，打通了荒废已久的丝绸之路，使汉朝的社会经济保持了相对的稳定，也促进了西域同内地的经济文化交流。班超一直在西域待了 31 年。其间，他靠着智慧和胆量，度过了各种各样的危机。他为当时的边境安全，东西方人民的友好往来做出了卓越的贡献。班超成为东汉一个很有名气的将军，被封定远侯。

永元九年（公元 97 年），班超派甘英出使大秦（即罗马帝国）。甘英经条支、安息等国，到大秦西界望海而还。永宁元年（公元 120 年）掸（shàn，在今缅甸北部一带）国王遣使朝贺并献上乐工与幻人（即魔术师），幻人自诩来自海西大秦。延熹九年（166 年），罗马皇帝安敦遣使造访中国。

窦宪燕然勒石

窦宪，字伯度，扶风平陵（今陕西咸阳西北）人，大司空窦融曾孙，东汉外戚、权臣、名将。

建初二年（公元 77 年），汉章帝立窦宪之妹为皇后。窦宪、窦笃兄弟亲幸，“赏赐累积，宠贵日盛，自王、主及阴、马诸家，莫不畏惮”。永元元年（公元 89 年）窦宪派遣刺客刺杀太后幸臣刘畅，嫁祸蔡伦，后因事泄获罪，被囚于宫内。窦宪恐惧，请求出击北匈奴以赎死罪。

适逢南匈奴单于请兵北伐，乃拜窦宪为车骑将军，以执金吾耿秉为副手，各领 4000 骑，合南匈奴、乌桓、羌胡兵 3 万余出征。窦宪遣精骑万余大破北匈奴于稽落山（外蒙古额布根山），北单于逃走。窦宪、耿秉乘胜追击，深入瀚海沙漠 3000 里，出鸡鹿塞（内蒙古磴口县西北 70 公里），南单于出满夷谷，度辽将军邓鸿出稒阳塞（今固阳），三军在涿邪山会师，大败北匈奴于稽洛山，至达和渠北鞮海（屠申海），杀 13000 多人，俘虏无数。窦宪、耿秉遂登燕然山（外蒙古杭爱山），刻石记功，纪汉威德，令班固作铭。史称“燕然勒石”。朝廷拜宪为大将军，位高三公。燕然山大捷，使窦宪坚定了消灭北匈奴的决心。

永元三年（公元 91 年）窦宪派兵再次出击，出塞五千里进攻金微山（今阿尔泰山），大破北匈奴单于主力，斩名王以下 5000 余人，俘虏北单于皇太后。

经过窦宪对北匈奴的两次大战，北匈奴主力被彻底歼灭。至于其残部的去向，《后汉书》的说法是“北单于仓皇逃窜不知所终”。而按照英国历史学家爱德华·吉本在《罗马帝国衰亡史》中的说法，当时“这些从获胜的敌人面前逃跑的匈奴人”，采取了“转而向西方进军”的战略。他们先是长途奔袭到欧洲的黑海和多瑙河一带，成为匈牙利人的祖先。接着又同这里的原住民哥特人等一起，继续向西侵袭，直到兵临罗马城下，最终导致了这个古老帝国"在众多'蛮族'的强大军事压力下"，一朝覆亡。从这个角度不妨说，窦宪对北匈奴的作战不仅影响了中国历史，也间接推动了欧洲的历史进程。

窦宪既破匈奴，权震朝廷，遂阴图篡汉。汉和帝知其阴谋，与中常侍郑众计划铲除窦宪。永元四年(公元 92 年)，和帝命令逮捕其党羽，没收大将军印绶，改封为冠军侯，后将窦宪赐死。

班昭续写《汉书》

班昭，又名姬，字惠班，出身儒学世家，父亲是当时远近闻名的学者班彪。在父辈的影响熏陶下，班昭与兄长班固、班超，皆学问广博，很有才干。班昭 14 岁时，嫁于同郡人曹世叔。班昭博学高才，多次召入宫，被皇后和贵人们视为老师，故后世称为"曹大家(gū，古对女子的尊称)"。曹大家能言善辩，粗览历史典籍，有远大志向。

其兄班固著《汉书》，汉和帝永元元年(公元 89 年)因被窦宪擅权牵连，死于狱中，《汉书》未成。班昭奉旨入东观藏书阁，续写《汉书》，她整理、核校父兄遗留下来的散乱篇章，并在原稿基础上补写了八表，终于完成了《汉书》。

其兄班超久居西域异地，年迈思念故土，上书朝廷请求回国。班昭为兄请命，上疏和帝说："班超出塞，立志捐躯为国，时逢汉朝都护陈睦被焉耆杀害，至今已有 30 年了。今年已 70，衰弱多病。因此我冒死请求陛下让班超归国。"

班昭晚年，担心家中女子不懂妇女礼仪，辱没了宗族，于闲暇时作《女诫》七章，以作勉励，书成后，对宫内妇女的教育很有帮助。其中教人持家和睦、勤俭、慈幼等项，有一定的意义。然其提倡妇女要有"三从四德"，强调男尊女卑、顺从等，则不足取。后列入《女四书》(《女诫》《内训》《女论语》《女范捷录》)之一，成为中国封建社会对妇女进行教育的教材。

班昭丈夫曹世叔之妹曹丰生，也有才惠，对《七诫》表示不同意，曾写书反驳，文辞也很可观。

班昭还仿其父班彪《北征赋》写成《东征赋》传世，并曾为班固《幽通赋》作注。

永元之隆与戚宦争斗

公元 88 年，汉章帝驾崩，年仅 10 岁的汉和帝继位，由窦太后临朝称制。窦氏戚族的跋扈引起汉和帝的不满，永元四年(公元 92 年)，汉和帝联合宦官郑众扫灭窦氏戚族。后汉和帝重用郑众、蔡伦等贤宦，故《后汉书》称"中官用权，自众始焉"。汉和帝亲政后，每日早起临朝，深夜批阅奏章，从不荒怠政事，故有"劳谦有终"之称。任内多次下诏赈济灾民、减免赋税、安置流民、勿违农时、招纳贤士，在法制上也主张宽刑。对外方面，击溃北匈奴使其西迁，并在西域复置西域都护府，任命班超降服西域诸国。元兴元年(公元 105 年)，垦田面积达 732 万多顷，为东汉之最，在籍人口达 5325 万多人。汉和帝亲政后使东汉国力达到极盛，时人称为"永元之隆"。

元兴元年(公元 105 年)冬 12 月，年仅 27 岁的汉和帝病逝。出生仅百日的少子刘隆即位，是为殇帝。汉殇帝在位 8 个月后离世，又迎立汉章帝之孙刘祜为帝，是为汉安帝，由太后邓绥临朝听政。邓太后勤俭节约、任用贤良，使东汉度过"水旱十年"的艰难局面，同时对自己家族的势力也有所限制，但对宦官势力有所纵容。

建光元年(公元 121 年)，邓太后逝世，汉安帝亲政，族灭邓氏戚族。安帝依赖外戚宋氏和阎氏以及宦官的力量，宠信奸臣，肆意妄为，朝政日益腐败。延光四年三月，汉安帝在南巡途中死于叶城。外戚阎氏秘不发丧，拥立汉章帝之孙济北王刘寿之子刘懿，史称汉前少帝，但在位仅200余日就病死了。

少帝死后，阎氏家族密谋再立傀儡，但被中常侍孙程识破，阎氏家族被诛杀。孙程迎立济阴王刘保，是为汉顺帝。在顺帝执政早期，宦官势力膨胀，引发了社会各界的反弹。阳嘉元年（公元132年），贵人梁妠立为皇后，从此梁氏外戚势力开始崛起，梁妠的兄弟梁冀被任命为大将军。汉安二年（公元143年）八月，顺帝病逝，太子刘炳即位，年仅2岁，由梁太后执政。永憙（xǐ）元年（公元145年），汉冲帝驾崩，年仅3岁。

梁冀拥立汉章帝玄孙刘缵（zuǎn）即位，是为汉质帝。质帝非常聪颖，称梁冀为"跋扈将军"，因此质帝不久就被杀害，年仅8岁。汉章帝曾孙刘志即位，是为汉桓帝，帝年少，继续由梁太后临朝执政。汉桓帝即位之初，梁冀势力庞大，其残害忠良，公饱私囊，无恶不作，汉桓帝对他暗中也颇为不满。延熹二年八月初十，汉桓帝与宦官谋划，派兵士包围梁宅，梁冀与妻子双双自杀，梁氏外戚势力土崩瓦解。后宦官成为新的权力中心，单超、徐璜、具瑗、左悺（guàn）、唐衡五人被封为县侯；单超食邑两万户，后又封为车骑将军，其他四人各一万户，世称五侯。

党锢之祸

党锢之祸指中国古代东汉桓帝、灵帝时，士大夫、贵族等对宦官乱政的现象不满，与宦官发生党争的事件。事件因宦官以"党人"罪名禁锢士人终身而得名。前后共发生过两次。两次党锢之祸都以反宦官集团的失败而结束，反宦官的士大夫集团受到了严重的打击，党人被残酷镇压。当时的言论以及日后的史学家多同情士大夫一党，并认为党锢之祸伤了汉朝根本，为黄巾起义和汉朝的最终灭亡埋下伏笔。

东汉桓帝、灵帝时，当权者分为宦官、外戚两派，交替专权。宦官党有侯览、曹节、王甫等，他们任用私人，败坏朝政，为祸乡里，夺人宅舍土地，构陷无辜，聚敛财富。相对而言，外戚一党的窦武等人却比较清正，因此贵族李膺、太学生郭泰、贾彪等人与外戚一党联合，对宦官集团进行激烈的抨击。这些人通常被称作士人，也就是后来所说的士大夫。他们品德高尚，称为君子，并有"三君、八俊、八顾、八及、八厨"等外号。其中以"三君"窦武、刘淑、陈蕃为领军人物，堪为一世之所宗。

当时人以这些人为君子，朝中大臣自公卿以下，都畏惧被他们指责贬损，皆登门拜访他们。如李膺，《后汉书·党锢列传》称："是时朝廷日乱，纲纪颓陀（源自'颓沱'，本指江河日下，借指废弛），膺独持风裁，以声名自高。士有被其容接者，名为登龙门。"

延熹九年（公元166年），宦官赵津、侯览等党羽与张泛、徐宣等人为非作歹，并故意在大赦之前犯罪，期望以此逃脱惩罚。而官员成瑨、翟超、刘质、黄浮等不畏权贵，在大赦以后仍然按律处置了这些人。宦官等人向桓帝进言，桓帝听信一面之词，重处了这些官员。

同年十二月，桓帝窦皇后的父亲槐里侯窦武，同情士人，于次年（即公元167年）上书求情。同时，负责审理此案的宦官王甫等人也为党人的言辞所感动，取消了对他们的酷刑。李膺等人在狱中故意供出宦官子弟。宦官等害怕牵连到自己身上，向桓帝进言，说天时到了大赦天下的时候了。于是同年六月庚申日，改元永康，大赦天下。党人等获得释放，但放归田里，终身罢黜，史称“第一次党锢之祸”。

第二次党锢之祸

建宁元年（公元168年），汉灵帝即位，窦皇后被尊为皇太后。窦武因身为皇太后父亲而被任命为大将军，陈蕃再度被任命为太尉，两人与司徒胡广一起掌握朝政。名士李膺、杜密、尹勋、刘瑜等人得以重新被起用，民间大多认为，贤人在朝，太平盛世快要来了。

宦官首领曹节、王甫等人则在窦太后面前谄媚侍奉，窦太后多次在他们怂恿下乱下命令。陈蕃、窦武等人认为宦官这样干涉朝政，不是了局，于是私下商议，趁日食的天象上书太后，要求革除宦官参政，但窦太后认为从汉元帝时就有宦官参政，是正常现象。虽在窦武等人建议下处死了宦官侯霸、苏康等，却保护曹节等人，不愿士人处罚他们。

后来，窦武等人准备利用天象的不祥之兆动手除去宦官曹节、王甫一党。不想计划竟被宦官得知，宦官们遂与皇帝的乳母赵娆一起发动政变，蒙骗年幼的灵帝，假传诏令，劫持窦太后，追捕窦武、陈蕃等。

年过八旬的陈蕃闻讯，率太尉府僚及太学生数十人拔刀剑冲入承明门，因寡不敌众被擒，当日遇害。

窦武驰入步兵营起兵对抗，也被不明真相的中郎将张奂率军围困，无奈自杀，其宗亲宾客姻属等众人皆被族灭，窦太后被软禁，李膺等再次被罢官，并禁锢终身。凡为窦武、陈蕃等人鸣冤者也被宦官贬职或杀害。

宦官等见窦武、陈蕃、李膺、杜密等名望仍在，不肯罢休，于是向灵帝进谗言，诬陷党人意图谋反。年仅14岁的汉灵帝被他们欺骗，因而大兴大狱，追查士人一党。

李膺、杜密、翟超、刘儒、荀翌、范滂、虞放等百余人，皆被下狱处死。在各地陆续被逮捕、杀死、流徙、囚禁的士人达到六七百名。汝南督邮吴导奉诏前往逮捕范滂，到了范滂的家乡，竟趴在驿舍的床上大哭，范滂听说后说：“一定是因为我（才会这样）。”便要自己前往监狱。汝南县令郭揖听说后解掉印绶，跟范滂一起逃跑。范滂说：“我死了祸事就结束了，怎么敢连累您呢？”范滂与母亲诀别，范母对范滂说：“儿今日能与李膺、杜密齐名，死亦何恨？”遂与李膺、杜密等百余人被执，死在监牢。此为第二次党锢之祸。

十常侍之乱

中平元年（公元184年）春，黄巾起义，汉灵帝怕党人与黄巾一同作乱，遂于4月大赦天下，免除了亲属关系与党人在小功以外者的禁锢。

中平六年（公元189年），汉灵帝病死，少帝刘辩继位，外戚何进担任大将军，执掌朝政大权。何进图谋诛除擅权的宦官张让、赵忠等人，反被宦官诱入后宫杀害。为替何进报仇，豪族出身的官僚袁绍领兵冲入皇宫，把宦官杀戮殆尽，结束了外戚宦官长期专权的局面，史称十常侍之乱。

张俭望门投止

《后汉书·张俭传》记载说：张俭字元节，山阳高平人，是赵王张耳的后代。张俭最初被荐举为茂才，因为荐举他的刺史不太好，便托病不去就职。

延熹八年（公元165年），太守翟超请他出任东部督邮（官名，代表太守督察县乡，宣达教令，兼司狱讼捕亡等事）一职。当时，有一个专权的宦官侯览是山阳防东人。侯览家里的人依仗侯览的权势在防东残害百姓，无恶不作。为此，张俭写信告发了侯览和他的母亲，请朝廷诛杀侯览。因为侯览整天在皇帝身边转，这封信没到皇帝手中就被侯览扣下了。从此侯览和张俭结了仇。

张俭有个同乡叫朱并，是个奉迎拍马的小人，历来为张俭所不齿，朱并因此怀恨在心，为了讨好侯览，便上书告发张俭与同郡二十四人私结党羽，图谋不轨。侯览见后，立即下令逮捕张俭等人。张俭见官府人马来势汹汹，只好匆匆逃亡。张俭被迫逃命，困顿窘迫，四处奔藏，看到谁家可以避难，就投到人家门下。因为当地老百姓都知道张俭历来很正直，名声很好，都愿意冒着家破人亡的危险收留他。后来流转到东莱郡，藏在李笃家。外黄令毛钦率兵到李笃家搜捕，李笃把毛钦叫到一旁对他说："张俭知名天下，虽然逃亡，并非有罪。即使张俭可以抓到，难道你就忍心拘捕他吗？"毛钦拍一拍李笃的肩膀说："蘧伯玉以独自当君子为可耻，足下怎能以仁义自专？"李笃说："我虽然向往道义，今天尊驾也得到一半了。"毛钦叹息而去。

李笃趁此机会将张俭送出塞外，因此能够幸免于党锢之难。他所经过的地方，有几十人遭受极刑，宗族亲戚都被灭绝。

中平元年，党事解除，张俭回到家乡。大将军、王公都征召他，又荐举他为敦朴，公车特征，从家中请出，任少府之职，他都没有应召。献帝初年，百姓遭饥荒，而张俭家资产略能维持温饱，于是拿出所有的财产，与邑人共同享用，靠张俭活下来的有几百人。

建安初年，朝廷征召他做卫尉，不得已而就职。张俭看到曹氏的德运已经显现，就辞官不做，闭门谢客，不问政事。一年多后，张俭在许县去世，时年八十四。

后来，人们便将"望门投止"引为成语，形容在急迫情况下，见有人家就去投宿，求得暂时的存身之处。

东汉灭亡

中平六年（公元 189 年）三月灵帝死，九月董卓掌权，废少帝立献帝。董卓掌权后，大肆淫乱后宫，施行暴政，弄得民怨沸腾，百姓怨声载道，各地诸侯纷纷讨伐，直到王允利用貂蝉和吕布以美人计和反间计才将其杀死。事隔整整 22 年，东汉朝廷才算正式为陈、窦等人平反。

"党锢之祸"本质上虽然是统治集团内部权力斗争激化的一种形式，但是，面对宦官专权造成的官场腐朽，政治黑暗，一些有见识的士大夫敢于挺身而出，扬清激浊，也反映了人民群众的呼声，因而带有一定的正义性。

两次党锢之祸后，清正的官员不是被害就是被禁锢，宦官更加为所欲为，残害百姓，因而激起民变，导致黄巾起义。士大夫、豪强离心，于是黄巾之乱后，群雄并起，东汉最终走向了灭亡。

一屋不扫，何以扫天下

陈蕃，字仲举，东汉汝南平舆人也。祖父曾任河东太守。不过到了陈蕃一辈，家道中落，不再显赫乡里。陈蕃 15 岁时，曾经独处一个庭院习读诗书。一天，其父的一位老朋友薛勤来看望，看到院里杂草丛生、秽物满地，就对陈蕃说："孺子何不洒扫以待宾客？"陈蕃当即回答："大丈夫处世，当扫除天下，安事一室乎！"这回答让薛勤颇为惊奇，知道陈蕃虽然年少却胸怀大志，有澄清天下之意。感慨之余，薛勤也劝道："一屋不扫，何以扫天下？"用以激励他应从小事、从身边事做起。这件事在《后汉书·陈王列传》里并没有只字片语提及，盖为后人赞扬陈蕃所杜撰。

然而两句对话，却成了后人教子育人的名言：一方面激励人要从小树立大志；另一方面也告诉人,大志应从做好小事、身边事做起,否则,定然流为空谈。

陈蕃的一生,始终都处在东汉戚宦宫廷争斗的动荡之中。作为东汉的大臣,正像《后汉书·陈蕃传》的作者范晔评价时说的:“桓、灵之世,若陈蕃之徒,咸能树立风声,驱驰险厄之中,与刑人腐夫同朝争衡,终取灭亡之祸者。彼以遁世为非义,故屡退而不去;以仁心为己任,虽道远而弥厉。功虽不终,然其信义足以携持民心。汉世乱而不亡,百余年间,数公之力也。”

范晔的话,道出了陈蕃作为东汉王朝走向衰亡时的平舆人,为朝廷乱而不亡做出了独特贡献。这其中,陈蕃不避强权、犯颜直谏的做法最让世人感叹。

徐孺下陈蕃之榻

陈蕃,特别尊重知识,尊重人才。唐人王勃在他那篇著名的《滕王阁序》中有两句话:“物华天宝,龙光射牛斗之墟;人杰地灵,徐孺下陈蕃之榻。”其中的徐孺就是陈蕃最尊敬的学者朋友。当初,陈蕃还在做豫章太守时,就请过徐孺出来做事。陈蕃一生不喜欢应酬,更不招待宾客,然而,只有对徐孺例外。他每次请徐孺过来,两人相谈甚欢,以至忘了时间。为此,陈蕃特意给徐孺准备了一张卧榻,让他留下过夜。等徐孺一走,陈蕃就把卧榻悬挂起来,直到徐孺再来,他才放下来。陈蕃在汉顺帝即位时,因太尉李固的举荐而走上仕途,因此深知人才对国家的重要,在做尚书令时就力荐了许多天下名士。

陈蕃在内忧外患的情况下,苦苦地支撑着,最后捐躯死国,给后人留下了无尽的惋惜和“大丈夫当扫除天下”而事却未竟的悲壮。

三十五、刘备艰难续蜀汉

刘备祖上为靖王，当今皇叔名头响。
借助黄巾起义机，初露头角附豪强。
桃园结义举大旗，兴复汉室作标榜。
董卓专权肆残杀，诸侯联军讨伐忙。
貂蝉承担连环计，吕布刺卓威名扬。
群雄逐鹿定三国，曹丕篡位东汉亡。
曹刘联手除吕布，闻雷失箸雄心藏。
投袁依曹无定所，暂寄荆州刘表旁。
徐庶走马荐诸葛，三顾茅庐请智囊。
借得东风烧赤壁，始得荆州立足疆。
西取益州作根基，失计自称汉中王。
关羽大意失荆州，西蜀称帝续汉邦。
火烧连营遭惨败，托孤白帝何其伤。
诸葛报恩辅阿斗，七擒孟获稳后方。
六出祁山难有为，独木怎支濒危房。
鞠躬尽瘁五丈原，千载犹令士涕滂。
邓艾一袭成都破，乐不思蜀举国降。
刘备终非大气局，哭出江山岂久长。

刘备其人

刘备(公元 161 年—223 年)，字玄德，东汉末年幽州涿郡涿县人，西汉中山靖王刘胜的后代，三国时期蜀汉开国皇帝、政治家，俗称先主。传说刘备身长 7 尺 5 寸，两手过膝，两耳垂肩。

刘备早年颠沛流离，备尝艰辛，与公孙瓒是好友，少年时曾拜卢植为师。刘备不怎么爱读书，而能善待下人，喜怒不形于色，喜欢

刘备像

结交豪杰，当地豪侠都争着依附他。中山大商人张世平、苏双等贩马至涿郡，曾给以资助，使刘备得以用来集结人马。

桃园结义

历史上，刘关张三人关系，据《三国志》记载仅为：关羽亡命奔涿郡，刘备正在乡里聚合徒众，关羽、张飞便投其门下。后来刘备为平原相，又以羽、飞为别部司马，分统部曲，刘备和二人“寝则同床，恩若兄弟”。关羽经常于稠人广坐，侍立终日。后来徐州失守，关羽被擒，曹操派人劝降，关羽说：“吾受刘将军厚恩，誓以共死，不可背之。”说明三人关系确实非同一般。从关羽“誓以共死”的话看，似乎他们当年有过某种誓愿，但史书也并没有说他们在桃园结拜之事。

可能后人根据三人“恩若兄弟”这一点，加以想象发挥，形成了民间“桃园结义”的传说。故事轮廓最早见之于《三国志平话》，而后完成于《三国演义》。“桃园结义”的大体情节为：先是关羽杀了贪财好贿、酷害黎民的县令，逃往涿郡，张飞见他状貌非俗，谈吐有志，遂邀至酒店共饮。恰好刘备卖履后也进了酒店，几杯酒共饮之后，三人情投意合，遂共邀至张飞庄后桃园，各序年甲，“宰白马祭天，杀乌牛祭地”“同行同坐同眠，誓为兄弟”。

桃园结义的故事虽为虚拟，倒也不是空穴来风，三国时代确有杀白马为盟的习俗。由于后世以三国故事为题材的杂剧很多，几乎是三国的主要人物都被搬上了戏剧舞台，影响非常广泛。所以，我们应当承认，“桃园结义”等类很多三国故事虽为虚构，然已经成为留给后世的精神财富，历史文化，是无法改变和超越的，我们完全可以当它们是真实的存在。

刘备从镇压黄巾起义起家

中平元年(公元 184 年)，23 岁的刘备因镇压黄巾起义有功，被任为安喜县尉、下密县丞、高唐令等职。后高唐县被攻破，刘备于是往奔公孙瓒，被表为别部司马。

初平二年(公元 191 年)，刘备因对抗冀州牧袁绍，升为平原国相。刘备乐善好施，即使普通百姓，都可与他同席而坐，同簋而食，深得人心。例如郡民刘平曾唆使刺客暗杀他，刘备因不知情，还对刺客十分礼遇，刺客深受感动，不忍下手，便坦露实情而去。

兴平元年(公元 194 年)，刘备先后率军救援过北海相孔融、徐州牧陶谦等。陶谦表刘备为豫州刺史，叫他驻军在小沛。陶谦病亡后，将徐州让与刘备。

董卓专权作恶

三国时代，群雄割据，汉帝名存实亡。当时宦官弄权，天子孤立于上，家奴挟制于下。外戚何进欲除宦官，轻召外兵，命西凉董卓入朝。董卓还在路上，何进已被宦官谋杀。董卓进入洛阳后尽杀宦官，不久控制了朝政。

董卓取得朝廷大权，废少帝，幽太后，进而将他们用鸩酒毒死，然后立年仅 9 岁的刘协为汉献帝当傀儡。董卓自封为郿侯，加斧钺虎贲，出入僭天子仪仗；不久又晋位相国，入朝不趋，赞拜不名，带剑履上殿。汉献帝完全成了木偶，百官见到董卓，也均须伏地迎送。董卓有义子吕布，骁勇善战，二人割据于长安。

董卓想迁都长安，以避诸侯讨伐兵锋。于是草草整装，让汉献帝与文武百官先走，驱洛阳人民数百万口尽徙长安。董卓严定限期，不准挨延，官民皆弃去田园庐舍，扶老携幼，仓皇就道。路上盗贼乘隙窃夺，以致饿殍载道，暴骨盈途。董卓令军士纵火，尽毁洛阳的宫庙民庐，200 里内鸡犬不留，皆成赤地。又让吕布发掘历代帝陵及公卿以下坟墓，收取墓中珍宝。

董卓役民夫 25 万人，建筑郿坞，城郭规模如长安。又派亲吏四出，采选民间少女八百人，藏在郿坞中。金玉珍宝，锦绣绮罗，逐日运积，不可胜数。

温酒斩华雄与三英战吕布

董卓的暴行引起了全国官民的一致愤慨。以袁绍、曹操等人组成的关东十八路诸侯共同讨伐董卓。然而前锋孙坚在进军汜水关时被华雄击败，华雄耀武扬威、不可一世，在潘凤等大将接连被华雄斩杀之后，关羽主动请缨去战华雄，在温酒还未冷却的极短时间内就斩杀了华雄。

当讨董联军进到虎牢关时，又遭到天下第一名将吕布的阻击，联军将领死伤惨重，眼看公孙瓒败下阵来，张飞挺丈八钢矛出击，战他不过；关羽挥舞青龙偃月刀，进来夹攻吕布，不胜；刘备掣双股剑出击，三兄弟围住吕布，转灯儿般厮杀，八路人马都看呆了，吕布不支，大败，退回关内。此即《三国演义》中写的“三英战吕布”。从此刘关张名著诸侯。

王允连环计，吕布戏貂蝉

司徒王允见董卓荒淫无度，早有杀戮董卓之意。王允平时故意曲意取容，凡事多告知董卓才施行，好让董卓对他不加提防，以便设法除去董卓。董卓时刻有吕布护卫，一般人难以接近。王允遂决定先从吕布打开缺口。

王允以珠宝馈送吕布，渐渐与吕布互相往来，结成好友。但珠宝不足以使吕布与董卓反目。王允愁思莫展，貂蝉感念王允厚遇，一直希图报答，此时见王允心事重重，于是乘左右无人时问王允为何忧虑。王允便引貂蝉至密室，谈了他欲除去董卓的意图。

貂蝉应声说：“愿听尊命，虽死不辞！”王允附耳与语，欲安排貂蝉色诱两人。貂蝉犹豫片刻说：“若与国家有益，贱妾亦何惜一身？但唯司徒筹划。”王允又怕她轻自泄谋，再三叮咛，于是貂蝉对天设誓，最后王允向貂蝉下拜，并认貂蝉为义女。

貂蝉，山西忻州人，东汉末年流落洛阳为歌伎。后为司徒王允收留在府中，王允对她十分照顾，像自己的亲生女儿一样看待。貂蝉为中国古代“四大美女”之一，长得明眸皓齿，玉骨冰肌，秀外慧中，堪称人间的绝色，其美素有“闭月”之称。传说她的容颜月亮都羞与相比，只要貂蝉出来，月亮就会躲到云彩后面不敢与她争辉。

第二天，王允邀吕布夜宴，酒至数巡，召貂蝉侍席，吕布听见环佩声响，一阵芬芳飘到筵前。不久貂蝉姗姗而来，行同拂柳，翩若惊鸿，到了吕布座前，轻抬玉手，提壶代斟。吕布见她一双柔荑（tí，草木嫩芽），已不觉销魂，再看那闭月羞花的容颜，早不知身在何处了。貂蝉秋波频送，吕布魂魄俱散。王允连呼数声，吕布才隐约听见，方觉似梦初醒。酒一杯接一杯，不觉已大醉。王允再令貂蝉歌舞侑觞，貂蝉展莺喉，舞柳腰，长袖飘香，吕布耳眩目迷，心神俱醉。忽然歌罢舞歇，貂蝉脸上略现红晕，至吕布座前告辞，临走前凝眸一笑，随即返身退去。

吕布目送芳踪，痴望不已，早瘫软在座中了。好半天，他才回头问王允："此女何人？"王允说是义女貂蝉。吕布又问及曾否嫁人，王允又答言未嫁；吕布还在叹不绝口。王允直说道："将军如不嫌小女鄙陋，谨当使侍巾栉！"吕布一跃而起："司徒可是真话？"王允微笑说："美女当配英雄，天下英雄唯有将军，还恐小女不配，怎得说是虚言呢？"吕布倒身下拜说："承司徒见赐，恩重如山，布誓当图报！"王允即与吕布约定迎亲的吉期。吕布欢喜而去。

过了两三天，王允伺吕布外出，请董卓过来赴宴，王允大排筵席，水陆毕陈。董卓高坐正位，王允在一旁相陪，边饮边谈，说了许多阿谀的话，待董卓已微醉，仍令貂蝉出来侑酒。待貂蝉出来，董卓还以为姑射(yè)山神人，汉宫飞燕也为之逊色，她未语先笑，董卓早心旌摇荡，连饮酒也忘了。便问王允此女来历，王允说是一个歌伎。(不说义女，大概知道自己不配做董卓的丈人)董卓赞叹说："真是绝世无双！"王允即说："既蒙太师见赏，便当献与太师！"董卓不禁大喜，待至酒阑席散，便携貂蝉回了董府。

不久事为吕布所知，责备王允负约，王允却佯装说："太师过来为将军接取义女，允怎敢推阻？只好使小女随行，想来太师看重将军，故有此举，将军且去问明太师，与小女结婚即可！"吕布半信半疑，返入董卓府中，探听貂蝉的下落，谁知心上人竟被董卓占住。吕布怒气填膺，又去责问王允。王允劝解说："这大概是府中人误传，太师望重一时，怎会奸占儿媳？难道是因为吉期未到，以此迟留，请将军再去问问。"

吕布听了王允的话，又回去探问。正巧董卓入朝不在，他步入凤仪亭，正与貂蝉相遇。貂蝉见了吕布，便泪流泣下，哽咽不止；吕布看她泪容满面，好似带雨梨花，怒气早已化为乌有，便替她拭泪。貂蝉且泣且语："将军别污了手，妾身已为太师所占，只望可见君一面，死也甘心。今幸如妾愿，从此与君永诀！妾为王司徒义女，侍君箕帚，生平无憾，不意堕入诈谋，被人强占，此身已污，不能再事将军，罢了！罢了！"说着竟撩起衣裾向荷花池内跳。吕布忙抢前一步，抱住纤腰，曲意温存；貂蝉若迎若拒，顺势依偎在吕布怀里，吕布遂决然道："空为一世英雄，却不能庇一女子，生又何趣？此生不娶貂蝉，布誓不为人！"

正缠绵间，突有一人快步跑进来，声如牛吼，吕布转身一看，正是董卓，他慌忙向外逃走。董卓顺手取得一支戟，挺戟直刺吕布，吕布眼疾手快，把戟格开，飞步跑了出去。董卓身肥行慢，追赶不上，用戟遥掷吕布，吕布早已走远，戟在半空中落下。董卓怒责貂蝉，貂蝉说是吕布来调戏。董卓欲杀吕布，李儒急忙劝谏说："昔日庄王绝缨之会，不追究调戏爱姬的将领，后来庄王终得其相救。今太师欲成大事，却为一貂蝉而去手臂，大事不可为矣。貂蝉，一女子耳。吕布，天下猛将也。"董卓反问："你的妻子肯给吕布吗？"李儒脸红无言。不过董卓也将此事搁过，不再追究。

吕布跑到王允府中，王允佯装叹息，说了几句深浅莫测的话，挑动吕布的怒气。吕布拍案大骂董卓，冲动地嚷着要去杀董卓，转念又泄气地说："若非情系父子，布即当前往！"王允微笑说："太师姓董，将军姓吕，本非骨肉，掷戟时难道有父子情吗？"这几句话提醒了吕布，他奋身欲行，前去杀董卓。王允急忙拦住，与他密议多时，遂定约而去。

吕布除董卓

初平三年，献帝在未央殿召见群臣。董卓预备入朝，提前安排卫士临时护卫，令吕布随行。董卓恐吕布记念前嫌，好言抚慰，吕布也接连道歉，两下和好如初。这天夜里有十几个小孩子，在城东唱歌："千里草，何青青？十日卜，不得生！"这是个字谜，其意是"董卓十日必死"。有人传报董卓，董卓不以为意。

第二天清晨，甲士毕集，吕布也全身甲胄，手持画戟，守候在门前。骑都尉李肃入内请命，吕布与李肃打了一个照面，以目示意，李肃会意，匆匆径入。原来吕布与李肃要同谋诛董卓。

又过了一会儿，董卓内穿铁甲，外罩朝服，缓步出来，两旁的护卫兵士夹道如墙。吕布跨上赤兔马，紧紧相随。忽然前面有一个道人，手执长竿，竿上缚着一块布，布两边各写一个"口"字，嘴里不停说："布！布！"董卓虽觉诧异，但以为陈兵夹护，自府中直至阙下，防卫周密，谅无他虞。将至北掖门前，马忽然停住，昂首长嘶，董卓至此也不禁怀疑，打算折回。吕布说："已至阙前，势难再返，倘有意外，有儿在此，还怕什么？"说着便下马扶车，直入北掖门。卫兵多在门外站住，只有吕布驱车急进，忽见李肃从门旁突出，持戟直捌董卓，董卓重甲在身，戟刺不进；李肃移刺董卓的颈项，董卓用手臂一遮，腕上受伤，仰倒在车上。他大呼吕布因何对自己痛下杀手。吕布在身后厉声说："有诏讨贼！"董卓怒骂："庸狗也敢如此！"话未说完，吕布一戟刺入董卓咽喉，枭取了首级。吕布从怀中取出诏书，向众宣读说董卓大逆诛之，余皆不问。于是内外董卓吏士的骚动渐渐平息。司徒王允使吕布回抄董家，又令御史皇甫嵩，率兵往屠郿坞。

吕布其人

东汉章帝年间北匈奴进犯汉朝领地，吕布祖父吕浩，奉命留守边塞，率部驻扎五原郡地。吕布祖父去世后，其父吕良继任，娶妻黄氏，系五原郡补红湾开染房的一户富豪财主之女。黄氏生有四女，苦于无子。一日，随夫到白马寺拜佛求子，归来当晚，黄氏梦见有一猛虎扑身而来，不日黄氏即身感有孕，怀孕12个月未见生产，十分焦虑。这日黄氏来至染坊，突然屋外人声嘈杂。众人纷纷外观，但见西北上空彩虹映现，光彩夺目，随之五原山地崩裂，地动山摇。黄氏腹中疼痛难忍，寸步难行，随卧于布匹之上，不久产下一男婴。

男婴出世脐带自断，双目有神，两拳紧握，即站立面前，黄氏惊奇，急擦去污物抱于怀中。丈夫吕良心中大喜曰："吾儿神也。"因出生布上，故起名为吕布。

吕布从小生性好斗，力大过人，喜舞枪弄棒，身高体重超出常儿，同龄孩童都不敢和他玩耍，唯有同女孩在一起温顺体贴，判若两人。吕布5岁起常随牧马人野外放马，非常喜爱马，他骑在马上能手持一根木棍刺击野鸡野兔，酷似一名勇士。7岁时即能单独骑马追击野狐山鹿，经常将重于他几倍的小马驹抱起玩耍。

9岁那年，随父母到补红湾拜见外公，外公杀羊招待，大人们在羊群中逮羊总不得手，他却上去生擒两只，外公见状大喜，当即送与好马一匹。从此吕布与马为伴，爱马如痴，从不离胯。吕布11岁时，曾在赛马比赛中，一举取得了骑手荣誉。

由于吕布擅长骑射，武力过人，闻名并州。刺史丁原招布为主簿。董卓入京后，想笼络吕布为己所用，赠给了他一匹赤兔马，此马浑身颜色如火，日行千里，又另送了许多数不清的珍宝。古语有"人中吕布,马中赤兔"用以形容吕布的英雄气概。吕布为财物所动,遂刺死了丁原,转而依附董卓,遂做了董卓的骑都尉,随侍左右,拜董卓为义父并将丁原旧部招诱董卓麾下,从此董卓的声焰益炙。

董卓常因小忿而欲杀布,布惧,终于在司徒王允的教唆下杀掉了董卓。卓党李傕(jué)等啸聚为贼,攻打长安,布不能拒而逃,先后投靠袁术、袁绍、张杨;最后在张邈、陈宫的策划下入主兖州,与曹操展开数度激烈的争夺战;后败遂投靠徐州的刘备,屯兵小沛。吕布趁刘备攻袁术之机夺取了徐州。

后曹操和刘备联军攻打,布困守下邳。布虽骁猛,然无谋而多猜忌,不纳群下之谏。曹操围之三月,布军上下离心,其将侯成等缚吕布而降;吕布遂被缢死于白门楼。吕布虽勇,然性情轻狡反复,唯利是图,注定了其只能称雄一时而不能成就大业的命运。

群雄逐鹿定三国

永康元年(公元 167 年)汉桓帝驾崩,无嗣,由河间王刘开曾孙刘宏继位,是为汉灵帝。灵帝骄奢淫逸,为填补财政公开卖官,朝政腐败到了极点,遂导致了公元 184 年的黄巾起义(详见《三十九、亘古清泉解水荒》)。

黄巾起义虽然不久便平定下去,但汉朝由此也国力大减。中央政府为顺利平叛,又将军权下放给各地州官。各地豪强大族从此开始慢慢拥兵自重,加以其原本已具有强大的经济实力,最终演变成东汉末年袁绍、袁术、曹操、孙坚、董卓等众豪强军阀割据一方、群雄逐鹿的局面。

汉灵帝死后,刘辩继位,史称少帝,汉灵帝皇后何氏为太后,一切政事取决于临朝称制的母后和手握兵权的大将军何进。随后不久,外戚何进和宦官双双火并而亡,终于结束了戚宦之争。

董卓掌权后,废少帝刘辩为弘农王,改立刘协为汉献帝。董卓被吕布诛杀后,军阀割据完全表面化,出现了把持中央的曹操、位于河北的袁绍、位于淮南的袁术、位于江东的孙权、位于荆州的刘表、位于益州的刘璋等几大势力,还有在夹缝中奋斗的刘备。其中曹操"挟天子以令诸侯",以汉朝丞相的名义讨伐各路军阀,在官渡之战中消灭了最大的敌人袁绍军的主力,同时架空汉室权力,全权代理皇帝处理朝政,东汉皇帝此时已经是空有其名而无实权了。

曹操像

前期曹操虽连战得胜,但在赤壁之战中被孙刘联军击败,刘备借机占据了荆州,三分之势渐趋雏形。公元 220 年正月,曹操死后,子曹丕袭位,十月逼迫汉献帝让位,改国号为魏,东汉灭亡。

而后,刘备随即在蜀地宣布继承汉朝法统,建立了沿用汉朝国号的政权,史称蜀汉。江东孙权虽向魏称臣,然内政外交皆出自主,几年后孙权亦称帝,国号为吴,正式形成三国鼎立的局面。

吕布辕门射戟

建安元年(公元 196 年),袁术派大将纪灵带领三万人马征讨小沛的刘备,刘备向吕布求援。吕布认为:"袁术如果占据了小沛,自己就会被袁术包围,不能不去救刘备。"于是领步兵千人、骑兵二百，飞速赶往小沛。吕布在离小沛西南一里的地方扎下营寨，派卫士去请纪灵等一起饮酒。吕布对纪灵等人说："玄德，是我吕布的贤弟。如今他被诸位所围，我特意赶来救他。我吕布不爱看别人互相争斗，只喜欢替别人解除纷争。"吕布命门候在营门中竖起一支戟，说："诸位看我射戟上的小支(枝)，如一发射中，诸君当立即停止进攻，离开这里，如射不中，那你们就与刘备决一死战。"他引弓向戟射出一箭，正好中了小支(枝)。诸将大为震惊，夸赞说："将军您真是有天神般的威力呀！"第二天，吕布与诸将欢会宴饮，然后各自回兵。此即辕门射戟。

白门楼吕布殒命

不久，吕布率军进攻小沛，刘备战败，前往许都投奔曹操。曹操给与刘备兵马粮草，让刘备做豫州牧。故后人遂称之为"刘豫州"。

曹操率大军亲征徐州，吕布兵败，退入下邳城坚守。吕布因久战乏力在睡觉时被手下人捆住献于曹操，被带至白门楼上。当曹操下楼时，吕布求刘备说："公为座上客，布为阶下囚，何不发一言而相救乎？"刘备点头应允。一会儿曹操上楼，吕布表示愿投降并认曹操为义父，辅佐曹操定天下。曹操回头问刘备说："何如？"刘备却回答："公不见丁建阳、董卓之事乎？"气得吕布大骂刘备："大耳儿，最叵信！不记得辕门射戟时了吗？"曹操于是下令将吕布缢死，一代名将，就此殒命。

青梅煮酒论英雄

建安四年(公元 199 年)，刘备从曹操还许。一日曹操与刘备至小亭小酌：青梅盘置，煮酒一樽。二人对坐，开怀畅饮。酒至半酣，忽阴云漠漠，骤雨将至。从人遥指天外龙挂，操与玄德凭栏观之。操曰："使君知龙之变化否？"玄德曰："未知其详。"操曰："龙能大能小，能升能隐；大则兴云吐雾，小则隐介藏形；升则飞腾于宇宙之间，隐则潜伏于波涛之内。方今春深，龙乘时变化，犹人得志而纵横四海。龙之为物，可比世之英雄。玄德久历四方，必知当世英雄。请试指言之。"玄德曰："备肉眼安识英雄？"操曰："休得过谦。"玄德曰："备叨恩庇，得仕于朝。天下英雄，实有未知。"操曰："既不识其面，亦闻其名。"玄德曰："淮南袁术，兵粮足备，可为英雄？"操笑曰："冢中枯骨，吾早晚必擒之！"玄德曰："河北袁绍，四世三公，门多故吏；今虎踞冀州之地，部下能事者极多，可为英雄？"操笑曰："袁绍色厉胆薄，好谋无断；干大事而惜身，见小利而忘命：非英雄也。"玄德曰："有一人名称八俊，威镇九州：刘景升可为英雄？"操曰："刘表虚名无实，非英雄也。"玄德曰："有一人血气方刚，江东领袖——孙伯符乃英雄也？"操曰："孙策藉父之名，非英雄也。"玄德曰："益州刘季玉，可为英雄乎？"操曰："刘璋虽系宗室，乃守户之犬耳，何足为英雄！"玄德曰："如张绣、张鲁、韩遂等辈皆何如？"操鼓掌大笑曰："此等碌碌小人，何足挂齿！"玄德曰："舍此之外，备实不知。"操曰："夫英雄者，胸怀大志，腹有良谋，有包藏宇宙之机，吞吐天地之志者也。"玄德曰："谁能当之？"操以手指玄德，后自指，曰："今天下英雄，唯使君与操耳。"刘备一惊筷子掉地。时正值大雨将至，雷声大作。玄德乃从容俯首拾箸曰："一震之威，乃至于此。"操笑曰："丈夫亦畏雷乎？"玄德曰："圣人迅雷风烈必变，安得不畏？"遮掩过去。

身在曹营心在汉

建安五年(公元 200 年)春季，诛曹的衣带诏事发，刘备为参与者之一。曹操亲自东征刘备，刘备军在小沛被曹操击败，刘、关、张失散。其中关羽被曹军包围。曹操非常欣赏关羽的英武才华，希望招降关羽，遂派张辽去游说关羽，关羽出于对兄长刘备的结拜誓言，以及保护兄嫂不被侵犯和与张辽的情谊，同意暂时归降曹操，但提出了三点要求：一是降汉不降曹；二是要确保兄嫂安全；三是如有刘备消息要立即离去，曹操不能阻拦。曹操爱才心切，只得同意，希望通过自己的努力感化影响关羽真心归降。在关羽"归降"曹操的日子里，关羽受到了极高的待遇，上马金，下马银，将缴获的吕布的"赤兔马"也赠予他。

斩颜良诛文丑

关羽也并非毫无报答，曾为曹操斩颜良诛文丑，立下大功。官渡之战时，袁绍命大将颜良攻曹，进兵白马坡，所向无敌，既斩曹将宋宪、魏续，又败徐晃，曹军大震。曹操只得请出关羽，关羽匹马单刀，直奔敌营，立斩颜良于马下，白马之围得解。曹请汉献帝封羽为汉寿亭侯。袁绍因颜良阵亡，又遣文丑及刘备袭曹，兵至延津，文丑连败张辽、徐晃，关羽又斩杀文丑。恰在这时刘备知道关羽下落。

过五关斩六将

原来刘备失小沛兄弟失散后，去投了青州的袁绍。同年七月，袁绍使刘备领兵寇略许都以南。就在此时，关羽得知大哥刘备的消息，遂立即向曹操请辞，护送二位嫂子，前往河北寻找兄长。但曹操避而不见，最后，关羽只能留柬不辞而别。由于没有得到曹操的手谕，因此一路之上遭到了层层拦阻，关羽冲过了五个曹操所辖关隘，立斩曹操六员大将。这就是《三国演义》讲的关云长"过五关斩六将"的故事，成为关羽忠肝义胆的象征，也是其被称为"义绝"的表现之一。

其实历史上，当时曹操的部下有人要发兵追赶关羽，曹操回答："各为其主，不必追赶了。"并没有下令追赶，显示了曹操的王霸胸怀。很可能是各地的守兵，自行拦截关羽的。

古城会立马斩蔡阳

古城在今河南驻马店。袁绍怪刘备兄弟杀其上将，就要杀刘备。刘备借说让关羽来投，于是让孙乾去密会关公。关公遂留柬挂印封金，过五关斩六将，千里走单骑寻刘备而去。曹操爱惜人才，命各隘放行。等关羽行到古城时，听百姓说此地被一黑头将军占了，本想除害。殊不知出来的正是三弟张飞。张飞怪关羽投了曹操，也不容关羽解释，拍马就杀过来。正巧曹军中蔡阳恨关羽杀其外甥秦琪而追来。张飞疑为关公勾引曹兵，来赚古城，要关羽杀蔡阳以证桃园之义。关公无以自明，请张飞擂鼓助威，关羽提刀，回战立马斩杀了蔡阳。张飞疑团尽释，迎接关公与二嫂入城。此即传说的古城会。

刘备"髀肉之叹"

建安六年(公元 201 年)，刘备想要离开袁绍，遂假借去联结刘表为由，带兵往投刘表。刘表亲自到郊外迎接刘备，待以上宾之礼，让其屯于最北边的新野防备曹操。荆州豪杰都前往归附刘备，引起刘表的猜疑，遂暗里提防刘备。

建安七年(公元 202 年)，刘备客居荆州，安稳地度过了几年太平时光。一天，刘表请刘备喝酒聊天，其间刘备起身上厕所，他摸了摸自己的大腿，发现上面的肉又长起来了，不禁掉下泪来。回到座上的时候，脸上还留着泪痕。刘表见了很奇怪，问他道："贤弟这是怎么啦?”刘备长叹道:“我以前南征北战,不离马鞍,大腿上肥肉消散,精壮结实;到这里来后,很久没有骑马作战,闲居安逸,髀肉复生。一想起时光如水,日月蹉跎,人转眼就老了,而功名大业尚未建成,因此悲从中来。”此为“髀肉之叹”。

刘备跃马过檀溪

刘备的坐骑,名的卢,又作的颅。一说乃曹操所赠。古人认为此马“眼下有泪槽,额边生白点,骑则妨主”。刘备不信,见其极其雄骏,赞曰:“此必千里马也!”

刘备在荆州,刘表待之甚厚。表欲废长立幼,备劝止之,建议其徐徐削蔡氏之权。刘表后妻蔡夫人早疑刘备,这时正在屏风后窃听,闻备此言甚是忌恨,命弟蔡瑁在襄阳设宴,欲借机杀备。至期,伊籍暗告备,备得知便借更衣之故,从酒宴退出,急飞身上了“的卢”,驱马撞出襄阳城,正是慌不择路,走错了路,结果便撞到了阔达数丈的檀溪,人马俱陷水中。后追兵已至,刘备一边疯狂地抽打着的卢一边大叫:“的卢,的卢,妨吾!”言毕,马忽从水中涌身而起,一跃三丈,飞上对岸,救了刘备一命。

此后刘备更不相信“的卢妨主”的预言了。后来出兵入蜀之际因见庞统的坐骑老弱,为表示对庞统的重视而将自己珍爱的宝马“的卢”赠送给了庞统。谁知庞统无福消受,刚骑上的卢便被敌人当作刘备在落凤坡乱箭射死。

后世“的卢”被传诵为“义马”救主,并成了快马的代名词。辛弃疾在《破阵子·为陈同甫赋壮词以寄之》一词中曾大加赞赏:

> 醉里挑灯看剑,梦回吹角连营。
> 八百里分麾下炙,五十弦翻塞外声。
> 沙场秋点兵。
> 马作的卢飞快,弓如霹雳弦惊。
> 了却君王天下事,赢得生前身后名。
> 可怜白发生!

徐庶走马荐诸葛

徐庶,字元直。颍川郡长社县(今河南许昌长葛)人。本名徐福,寒门子弟。中平六年(公元 189 年),徐庶为人报仇被抓住,获救后改名徐庶,遂拜师求道,不再舞枪弄棒。初平三年(公元 192 年),徐庶为了避乱,与同郡石韬南下至荆州居住,结识了诸葛亮,遂与石广元、司马徽、诸葛亮、崔州平等道友来往密切。

建安六年(公元 201 年),刘备驻扎新野抵御曹操。徐庶以刘备是汉室皇亲,而且信义著于四海,前往投奔,刘备见徐庶后,非常器重他,任徐庶为军师。这时曹操派曹仁领军进攻新野,先锋李典被刘备军打败,曹仁亲自出马摆下八门金锁阵,徐庶指点赵云带兵破阵打败了曹仁。曹仁退守,徐庶又用计做好埋伏等曹仁偷袭,并趁此机会攻下樊城,彻底打败曹仁。

建安十二年(公元 207 年),徐庶对刘备说:“诸葛孔明乃是卧龙,将军愿意见他吗?”刘备说:“你可和他一起来。”徐庶说:“这个人可以见,但不能委屈他前来,将军应该放下自己的身份亲自去见他。”

徐庶进曹营,一言不发

后来建安十三年(公元 208 年),徐庶在随刘备南下时,母亲被曹操设计抓到,徐庶不得已只得向刘备辞行,刘备无奈只好答应,于是徐庶为了保全母亲与石韬同往曹营。徐庶发誓自己虽然身在曹营,决不为曹操献一谋。后来“徐庶进曹营一言不发”与“关羽降汉不降曹”两件事被演化为成语“身在曹营心在汉”和歇后语“徐庶进曹营,一言不发”,被广为流传。而徐庶也成为孝子的典范被加以称赞。

孝道一直是中华民族的传统美德，此后各代皆有大孝之人列为“二十四孝”。再列举数人于下。

怀橘遗亲

陆绩，三国时吴郡吴县华亭（今属苏州，或说今属上海市松江区）人，字公纪。6岁的时候，随父亲陆康到九江拜见袁术，袁术拿出橘子招待，他悄悄把两个橘子揣到怀里。在告别跪拜的时候，不小心橘子掉到地上。袁术便嘲笑说：“陆郎来我家做客，走的时候还要怀藏主人的橘子吗？”陆绩跪着说：“我母亲一直很喜欢吃橘子，我想把它拿回去孝敬母亲。”袁术见他小小年纪就懂得孝顺母亲，大以为奇，非常赞赏。陆绩成年后，博学多识，通晓天文、历算，曾作《浑天图》，注解《易经》，撰写《太玄经注》，还是个科学家。

哭竹生笋

孟宗，字子恭，三国时期江夏（今湖北阳新县阳辛村）人，因避孙权之孙皓（字元宗）之讳，后改为孟仁。年少时父亲早早去世，只有年老体衰的母亲与他相依为命。生活虽然困苦，但寡母仍尽力设法让他读书，多与读书人结识，希望他能出人头地。到了县试时，有些考生贫困，无力住客栈，孟母就请他们到自己家里住宿，传遍了各地。孟宗对母亲非常孝顺，他感到欠母亲的地方太多了。

一日母亲偶感不适，经过求医问药，得知只要用新鲜的竹笋做汤就可以医好母病。而当时正值凛冽寒冬，何处去寻鲜笋？小孟宗无计可施。他又非常希望母亲很快好起来，在忧愁中，孟宗不知不觉独自一人跑到竹林，扶竹痛哭。可能哭声打动了竹魂，于是奇迹发生了，只听嘭的一声，他看见地上迅速长出了许多嫩笋。孟宗别提心里有多高兴了，他小心地挖取了竹笋，欢天喜地地回到家里，马上用竹笋为母亲熬好了笋汤。母亲喝了笋汤之后身体果然大有好转，不几日就完全康复了。

后来，孟宗更加努力读书，终于成为一位学者，并官至司空，替国家做了许多有益的事情，受到了人民的爱戴。至今在孝感市孝昌县周巷镇青山村还留有孟宗遗址、孟宗书屋、孟宗哭竹港、泣笋台及双峰山滴翠园等。

闻雷泣墓

王裒（póu），字伟元，魏晋时期营陵（今山东昌乐）人。东汉大司农郎中令王脩之孙，司马王仪之子，西晋学者。因父亲为司马昭所杀，终身不面向西坐，三征七辟皆不就，表示永不做晋臣。于是王裒携其母，将其父灵柩运回家乡，隐居起来，自耕自食，并以教授为生。他身长八尺四寸，容貌绝异，博学多能，德操高尚，言行必遵礼法。侍奉母亲至孝。

他的母亲活着时，性极胆小，畏惧打雷，死后埋葬在山林中。每当风雨天气，听到雷声，他就即刻奔向母亲的墓地，跪拜哭泣，并安慰母亲说：“裒儿在这里，母亲不要害怕。”他教书时，每当读到《诗经·小雅·蓼莪》之诗句：“蓼蓼（长大）者莪（美菜），匪莪伊蒿（贱草）。哀哀父母，生我劬劳。”（喻子靠父母生养而长大，却不能终养父母之遗憾）就常常泪流满面，思念父母。以至后来他的门人甚至避开此诗篇而不诵读。后人有诗云：慈母怕闻雷，冰魂宿夜台（坟墓）。阿香（推雷车的女神）时一震，到墓绕千回。

孝子王裒是历代儒学和官方教化民众与学子、倡导孝文化的榜样。明代昌乐知县范威于王裒故里昌乐县营丘镇王裒院村增筑王裒墓，并刻碑“魏孝子王裒之墓”记之，以表其德。

民间传说，王裒墓有仙方活人的灵气，能治重病。还传说王裒的孝心感动了玉皇大帝，特赐免雹照牌一面，所以王裒院附近很少发生雹灾。

卧冰求鲤

王祥，字休征。琅邪（琊）临沂人。东汉末年隐居20年。后仕晋官至太尉、太保。王祥早年丧母，继母朱氏并不慈爱，常在其父面前数说王祥的是非，因而失去父亲的疼爱。总是让他打扫牛棚。王祥愈加恭谨。父母生病，他忙着照顾父母，常衣不解带，汤药必亲尝。一年冬天，继母朱氏生病想吃鲤鱼，但因天寒河水冰冻，无法捕捉，王祥便赤身卧于冰上，忽然间冰面化开，从裂缝处跃出两条鲤鱼，王祥喜极，捉住鲤鱼回家供奉继母。继母又想吃烤黄雀，但是黄雀很难抓，在王祥担心之时，忽然有数十只黄雀飞进他捕鸟的网中，他大喜，立即又用来供奉继母。家有丹奈结实，继母命他看守，每遇风雨，王祥就抱树而泣。其笃孝至此。他的举动，在十里乡村传为佳话。人们都称赞王祥是人间少有的孝子。

卧冰求鲤发生地在临沂城北白沙埠镇的孝友村孝河，又称孝感河，因王祥卧冰得鲤而得名。至今有“王祥卧冰处”在。

恣蚊饱血

讲述了一个8岁孩童孝亲的故事。吴猛，字世云，以孝行闻名，晋朝豫章（今江西南昌）人。他从小就非常孝顺父母，伺候父母极其周到细致。他家里很贫穷，没有钱购买床上的蚊帐。南方蚊子又多，每到夏天，又黑又大的蚊子咬得一家人睡不好觉。

吴猛年方8岁，心疼劳累了一天的父母，为了让他们睡个踏实觉，他想到了一个办法：每到晚上，吴猛就赤身躺在父母身旁，让蚊子咬自己。小孩子细皮嫩肉的，蚊子于是都集聚在他身上，且越聚越多。吴猛一动不动，更不驱赶，任蚊子叮咬吸血。吴猛认为蚊子吸饱了自己身上的血，便不会去叮咬父母。8岁孩童的这种做法虽有些好笑，但其对父母的真爱则达到了极点，这是一颗多么纯净的童心对父母的孝啊！这是最纯真的人性的体现。

扼虎救父与曹娥投江

扼虎救父的杨香，晋朝顺阳（今河南淅川县东南）人。杨丰之女。她很小的时候，母亲去世，父亲含辛茹苦把她拉扯成人。杨香是在苦难中长大的，心眼好，懂事早。她知道父亲抚养自己不容易，既当爹又当娘，吃了很多苦头。因此，她对父亲非常孝顺，可以说是关心备至，体贴入微。

杨香14岁这年，曾随同父亲去山田里割谷，突然蹿出一只老虎，扑向杨丰，一口将他叼住。杨香急坏了，她一心想的是父亲的安危，完全忘了自己与老虎的力量悬殊，勇敢地猛扑过去，用胳膊死劲勒住老虎的脖颈。任凭老虎怎么挣扎，她双臂始终像一把钳子，紧紧勒住老虎的咽喉不放。老虎终因喉咙被卡，呼吸困难，被迫撒开嘴逃去，父女遂得以幸免于难。一个小女孩，徒手扼虎，救出父亲，其孝心和勇气真令人赞叹。

也是14岁的孝女曹娥的浪漫传说，与此有异曲同工之妙。曹娥，浙江上虞人，她的父亲曹盱是一个巫祝，能奏乐祭祀神灵。在东汉汉安二年的五月五日，其父在溯江而上迎神时，不幸为江水淹没，一直找不到尸体。14

岁的曹娥，沿江寻找，呼号哭泣，并投瓜于江，祝祷神灵说："父尸所在，瓜当沉。"她沿江奔波17天，至一处，瓜果然沉下，遂投水寻父。又经过5天5夜，江上奇迹出现，曹娥背着父亲的尸体浮出了水面，颜色如生。邑人为立曹娥孝女庙，并改称此江为曹娥江，有曹娥碑为证。至孝的胆量和力量是巨大的，甚至是难以想象的。

尝粪忧心

庾黔娄，南齐高士，任孱陵县令，也是一个有孝心的人。他在外做县令的时候，一直挂念着家中的父亲。在其赴任不满十天时，忽觉心惊流汗，心想是不是家中有什么事情发生，当即辞官返乡。回到家中，方知父亲已病重两日，处于弥留之际。医生告诉庾黔娄，要想知道病人的吉凶，可以尝一尝病人粪便的味道，如果是苦的，则表示还有好转的希望。黔娄于是就去尝父亲的粪便，发现味甜，内心十分忧虑。庾黔娄白天悉心照料着父亲，夜里便跪拜北斗星，为父亲祈祷，希望病情能够有所好转，如不可能，并表示愿以身代父去死。然而，愿望是好的，现实却是残酷的，几天后庾黔娄的父亲还是死去了。庾黔娄安葬了父亲，并为父亲守孝三年。庾黔娄的故事就此便流传开来，成为人们学习的典范。

乳姑不怠

崔山南，名琯，字从律，唐代博陵（今属河北）人，因其曾做过山南西道节度使，人称"崔山南"。其曾祖母长孙夫人，年事已高，牙齿脱落，祖母唐夫人十分孝顺，每天梳洗后，就跑去用自己的乳汁喂养婆婆。这样数年如一日，长孙夫人虽然没有进食任何固体食物，但因为媳妇的细心照料，身体仍然能维持健康。有一天，长孙夫人终因年老而病危时，将全家大小召集在一起，说："我无以报答新妇（唐夫人）之恩，但愿新妇的子孙媳妇也像她孝敬我一样孝敬她。"后来崔山南做了高官，果然像长孙夫人所嘱，孝敬祖母唐夫人。

弃官寻母

朱寿昌，宋代天长人，是个很有名的孝子。他的父亲朱巽是宋仁宗年间的工部侍郎，其生母刘氏是朱巽之妾。寿昌幼时，正妻妒忌刘氏有了小孩，将其母刘氏赶出了朱家。自此母子骨肉分离，50年未能相见。寿昌长大后，荫袭父亲的功名，出而为官，几十年的仕途颇为顺利。然而50年来，他无时无刻不在想念母亲，忧思之情萦萦于怀，以至食不甘味，言辄流涕。每到一地为官，他都到四处查找母亲的踪迹。可是人海茫茫，查找谈何容易。到宋神宗时，他听人说他母亲流落到陕西一带，嫁为民妻，就再也没有心思做官了，决定辞掉官职去寻找母亲。临行时，他告知家人，发誓说："找不到母亲，今生今世绝不回家！"后来，历尽千辛万苦，终于在同州（今陕西大荔县）找到了自己的母亲。当时刘氏已经70多岁了，寿昌自己也年过半百。原来，母亲刘氏被迫离开家后，改嫁党氏，又有子女数人，寿昌视之如亲弟妹，全部接回家中共同生活。从此寿昌弃官千里寻母之事遍传天下，孝子之名闻于遐迩。有人将此事上奏宋神宗，朝廷恢复了他的官职，直到70岁去世。天长旧有朱孝子墓，明代曾立碑于墓侧，并建孝子祠。

涤亲溺器

黄庭坚，北宋分宁（今江西修水）人，著名诗人、书法家。元符中为太史，性至孝。自小侍奉父母极真诚而且无微不至。因为母亲有洁癖，受不了马桶的异味，所以他从小就每天亲自倾倒并清洗母亲所使用的马桶，数十年如一日。即使日后身为朝中显贵，也丝毫未尝忽略照顾侍奉母亲，尽管当时仆从甚多，大可不用亲自为母亲清涤马桶，但是他认为孝事父母是为人子女亲自该做的事，不可以委托他人之手，尽心侍亲和当不当官时是没有什么关系的。

当母亲病危的时候，黄庭坚更是衣不解带，日夜侍奉在病榻前，亲尝汤药，没有一刻未尽到人子的孝道。所以在史书上，苏轼赞叹他“瑰伟之文，绝妙当世；孝友之行，追配古人”。

孔子在《孝经》中说：“孝子之事亲也，居则致其敬，养则致其乐，病则致其忧，丧则致其哀，祭则致其严。五者备矣，然后能事亲。”可见，孝敬父母之事不分大小，唯有出自真心的恭敬，方能做得圆满。

在中华民族悠久的历史长河中，人们推行孝道，滋养着民族的道德和精神。有关感天动地的尽孝故事传说历代皆有。南北朝时花木兰代父从军、唐代孙思邈学医疗亲、宋代岳飞精忠报国、明代宋显章孝父受农民起义军保护、清代崇明吴性人家四子夫妇争孝，数不胜数，非“二十四孝”所能概括。

三顾茅庐

诸葛亮（公元 181 年—234 年），字孔明，号卧龙（也作伏龙），徐州琅邪（琊）阳都（今山东临沂沂南县）人。三国时蜀汉丞相，是杰出的政治家、军事家、文学家、发明家。早年随叔父诸葛玄到荆州，诸葛玄死后，诸葛亮就在襄阳隆中隐居。

刘备听说诸葛亮很有才识，于是在徐庶的建议下，前往拜访诸葛亮，带着礼物到隆中卧龙岗去请他出山辅佐。头一次恰巧诸葛亮

诸葛武侯像

不在，只能失望而回。不久，刘备又和关羽、张飞冒着大风雪第二次去请。不料诸葛亮又出外闲游去了。过了一些时候，刘备斋戒三天，准备再去请诸葛亮。关羽说诸葛亮也许是徒有虚名，未必有真才实学，不用去了。张飞却主张由他一个人去叫，如诸葛亮不来，就用绳子把他捆来。刘备把张飞责备了一顿，又和他俩第三次拜访诸葛亮。到时，诸葛亮正在睡觉。刘备不敢惊动他，一直在外边站到诸葛亮自己醒来，才进去彼此坐下谈话。

诸葛亮见到刘备有志为国家做事，而且诚恳地请他帮助，遂答应出山全力协助刘备恢复汉室重建大汉皇朝，并向刘备献上了《隆中对》的具体谋划，成为三分天下的蓝图。这就是三顾茅庐的故事。现在常用来比喻真心诚意拜访，一再邀请有专长的贤人来帮忙。

鞠躬尽瘁，死而后已

蜀汉建立后，诸葛亮被封为丞相、武乡侯，他对内抚百姓，示仪轨，约官职，从权制，开诚心，布公道；对外联吴抗魏，为实现兴复汉室的政治理想，数次北伐。但因多种因素而终无成效，最后于蜀汉建兴十二年（234年）病逝于他最后一次北伐时的五丈原（今陕西宝鸡岐山境内）前线，享年 54 岁。刘禅追谥其为忠武侯，后世常以武侯、诸葛武侯尊称

诸葛亮。东晋政权因尊崇其军事才能特追封他为武兴王。

诸葛亮的代表作有《出师表》《诫子书》等。曾发明木牛流马、孔明灯等，并改造连弩叫作诸葛连弩，可一弩十矢俱发。诸葛亮一生“鞠躬尽瘁，死而后已”，是中国传统文化中忠臣与智者的代表。

杜甫在《蜀相》这首咏史怀古诗中，借游览古迹，表达了对蜀汉丞相诸葛亮的雄才大略和忠心报国的称颂之意，以及对他出师未捷而身死的惋惜之情：

丞相祠堂何处寻，锦官城外柏森森。
映阶碧草自春色，隔叶黄鹂空好音。
三顾频烦天下计，两朝开济老臣心。
出师未捷身先死，长使英雄泪满襟。

新官上任三把火之一：火烧博望坡

博望坡位于今河南省南阳市方城县博望镇。建安五年（公元 200 年），官渡之战爆发，原先与关、张失散的刘备借此机会重逢，并于汝南与当地领袖刘辟、龚都等合兵，企图于背后奇袭曹操。次年（公元 201 年）在官渡和仓亭大获全胜的曹操，决定回头铲除位于背后的威胁。刘备在穰山一役失利后，被迫逃往荆州投靠刘表，被委以守卫荆州北方的重任，驻屯于南阳新野。

建安七年（公元 202 年），刘表企图趁曹操北上攻击袁尚的契机，袭取许都，乃派遣刘备领军出击，刘备于是发兵北伐，一直打到叶县，严重威胁中原安全。曹操令夏侯惇（dūn）为都督领兵十万，直奔新野征讨刘备。刘备在初出茅庐的诸葛亮的安排下，将阵线后撤，选择在博望与曹军对峙。

夏侯惇引兵至博望坡后，诸葛亮首次指挥分兵派将，让赵云佯装败走，夏侯惇轻敌冒进，被赵云引入博望坡峡谷。这时背后火光冲天，两边芦苇也跟着烧了起来，曹军被烧得人仰马翻，夏侯惇从小路拼死逃走。此时，关羽见火起，出兵截住粮草，一把大火，将粮草全部烧掉。张飞见火起，又领兵在博望城放火烧了辎重。这一仗曹军死伤无数。刘备在诸葛亮指挥下赢得了前所未有的第一次全胜。这是“新官上任三把火”的第一把。

之二火烧新野

建安十三年（公元 208 年）秋七月，曹操发兵五十万南征刘表，病中的刘表闻此惊吓身亡，次子刘琮即位，并以荆州投降曹操。驻扎在新野的刘备和诸葛亮得知曹军已到宛城（今南阳市），遂放弃新野而奔樊城。撤离时诸葛亮设下火烧新野之计。曹操的部将曹仁领兵到新野，见城门洞开，城中无人，因为刘备已经带着所有百姓、军队、辎重离开新野城。曹仁便引军进城中驻扎。夜来时分，全城火起，曹仁引众将突烟冒火，寻路奔出东门。军士自相践踏，死者无数。曹仁大败，率军夺路而奔至白河时，又被关羽放河水溺死极多。曹仁溃不成军无法继续追杀，撤离的百姓才得以安全逃脱。这就是“新官上任三把火”的第二把火。

长坂坡之战

据史书记载：东汉建安十三年（公元 208 年）八月，曹操在消灭北方群雄之后，挥师南下荆州。此时刘表病逝，其子刘琮不战而降。屯兵樊城的刘备知道时，曹军已到宛城，刘备感到形势孤危，被迫带领人马和不愿降曹的荆州百姓向荆州军器钱粮的囤积重镇江陵转移。路经襄阳时，诸葛亮建议刘备攻打刘琮，可占据荆州，但刘备因和刘表同宗，不忍相夺。刘琮的部下以及很多荆州士人投靠刘备的很多，到达当阳时，竟有十万余众，辎重数千辆，日行十余里。或劝刘备："应该迅速去保住江陵，带着这么多人，士兵又少，若曹操追来，怎么阻挡？"但刘备说："想要成大事必须以人为本，现在这么多人背井离乡跟着我，我怎么忍心抛下他们！"这大概就是刘备的"仁厚"吧。于是率众同行，速度非常缓慢。另一方面，刘备另派遣关羽率水军，从水路向江陵进发。

九月，曹操听闻刘备逃走，恐其得江陵获得军实成为后患，令精骑五千急追，一日一夜行300余里，追至当阳长坂坡，两军遭遇。刘备仓促应战，兵溃，刘备辎重军队损失惨重，两个女儿被俘虏。张飞仅率二十骑断后，据水断桥，阻挡曹军，刘备因此赢得时间，遂弃妻子仓皇出逃。而担任护卫刘备眷属的赵子龙在危难中奋不顾身地与曹兵展开了一场大战，救出甘夫人及幼主刘禅，才幸免于难。战后刘备放弃转往江陵的计划，转为前往江夏和刘表长子刘琦会合。

此战张飞、赵云声威大震、名扬天下。从此长坂坡便成了闻名遐迩、令人神往的胜地。明代在此竖立"长坂雄风"碑，以供世人凭吊。

诸葛亮舌战群儒

曹操在消灭了大多较有实力的军阀、基本统一了北方后，还剩刘备和孙权的势力，曹操自知一下子吞并这两股势力还比较难。于是曹操就派人拿着他的书信去威胁东吴，想逼孙权联手消灭刘备。

多年来刘备势力弱小，在诸侯夹缝里东投西投谋生存。这次被曹操赶得走投无路，也想去投靠东吴孙权，以便联吴抗曹，遂派诸葛亮去做说客。

孙权手下的谋士大都主张降曹自保，只有鲁肃等数人主张联刘抗曹。但鲁肃自知难

孙权像

以说服孙权和东吴的文臣，所以也愿意请诸葛亮来当说客。

鲁肃引诸葛亮见了东吴的一群谋士，这些人皆非泛泛之辈，个个都是有学问的人。东吴第一大谋士张昭首先发难，说："听说刘备到你家里三趟，才把你请出山，以为有了你就如同鱼得了水，想夺取荆襄九郡做根据地。但荆襄已被曹操得到，你还有什么主意呢？"

诸葛亮心里想，如果不先难倒张昭，就没办法说服孙权联刘抗曹了。诸葛亮说："刘备取荆襄这块地盘，易如反掌，只是不忍心夺取同宗的基业，才被曹操捡了便宜。现在屯兵江夏，另有宏图大计，等闲之辈哪懂得这个。国家大事，社稷安危，都要有真才实学的人拿出好主意。而口舌之徒，坐而论道，碰上事儿，却拿不出一个办法来，却主张投降，只能为天下人耻笑。"一番话，说得张昭哑口无言。

之后，一个谋士问："曹操屯兵百万，列将千员，你说不怕，吹牛吧！"诸葛亮答："刘备退守夏口，是等待时机，而东吴兵精粮足，还有长江天险可守，却都劝孙权降曹，丢人吧！"

东吴的谋士一个接一个地向诸葛亮发难，先后有七人之多，都被诸葛亮反驳得有口难辩。

结果诸葛亮凭着他的满腹经纶舌战群儒，说得他们个个哑口无言。在鲁肃协助下，

终于说服孙权联合起来抵抗曹操。诸葛亮、周瑜并定下了火攻之计。

铜雀台

曹操消灭袁氏兄弟后，夜宿邺城，半夜见到金光由地而起。隔日掘之得铜雀一只，荀攸言昔舜母梦见玉雀入怀而生舜。今得铜雀，亦吉祥之兆也，曹操大喜，于是决意建铜雀台于漳水之上，以彰显其平定四海之功。台成曹植作《登台赋》，借吟咏铜雀台展开对父亲曹操的歌颂与赞美。

《三国演义》中还写了一段诸葛亮智激周瑜联刘抗曹的故事：孔明故意篡改曹植的《铜雀台赋》，将其中“连二桥于东西兮，若长空之蝃蝀（dì dōng，也作螮蝀，是‘虹’字的慢声）”，改成“揽二乔于东南兮，乐朝夕之与共”。众所周知，二乔，指大乔、小乔，分别是孙策、周瑜的妻子（或妾）。孔明为了促使周瑜联合起来抗击曹操，特用激将法来激怒周瑜，周瑜听了孔明背诵完他修改的《铜雀台赋》后，果然马上被激怒，离座指北而骂曰：“老贼欺吾太甚！”并当即表示：“吾承伯符寄托，安有屈身降操之理？适来所言，故相试耳。吾自离鄱阳湖，便有北伐之心，虽刀斧加头，不易其志也！望孔明助一臂之力，同破曹贼。”孔明的激将法奏效了。

唐代诗人杜牧的《赤壁》一诗，歌咏的即是此事：

折戟沉沙铁未销，自将磨洗认前朝。

东风不与周郎便，铜雀春深锁二乔。

诸葛亮借东风

赤壁之战前夕，周瑜已经做好了准备，要发动火攻一举烧毁曹军的战船，打败曹操。但周瑜忙中出错，竟然没有想到火攻对风向的要求很高，而隆冬时节长江中游一带多刮西北风，没有东南风。如果就着西北风放火，曹军处于上风头，刚好烧了自己，根本烧不到曹军。周瑜想不出办法，一下子病倒了。诸葛亮当时正在周瑜军中帮着出谋划策，他知道周瑜的病因，便给周瑜开了一个“药方”：“欲破曹军，须用火攻。万事俱备，只欠东风。”周瑜让诸葛亮想办法“搞”来东风，诸葛亮当即答应：“可以借。”于是周瑜让人建起一座七星坛，诸葛亮装模作样地上坛作法，要“借东风”。到了作战那天，果然东南风大起，周瑜乘机发动进攻，一举击败了曹军。其实，诸葛亮善于观测天气，他是通过预测知道这一天有东南风的，根本就不是借来的。

草船借箭

周瑜对诸葛亮的才干很是妒忌，总想害他。一天周瑜在商议军事时，提出让诸葛亮在10天内赶制10万支箭，想以此谋害他。不想诸葛亮竟答应三天就造好，并立下了军令状。周瑜暗喜。诸葛亮事后请鲁肃帮他借船、军士和草把子用。两天过去了还不见诸葛亮造箭，鲁肃很着急。第三天，诸葛亮请鲁肃一起去取箭。这天，大雾漫天，对面看不清人。天还没亮，诸葛亮便下令开船，并让军士擂鼓呐喊。曹操不知底细，命令弓弩手朝来船射箭。船两边草把上都插满了箭。诸葛亮下令回师，这时曹操明白过来，想追也来不及了。10万支箭“借”到了手。充分显示了诸葛亮有胆有识、才智过人。周瑜得知借箭的经过后长叹一声：“我真不如也！”并怪上天：“既生瑜，何生亮！”

之三火烧赤壁

赤壁之战，是曹操、孙权、刘备在今赤壁市赤壁古战场（原蒲圻市）进行的一次争夺“汉鼎”的大战，故称“赤壁之战”。

东汉建安十三年（公元 208 年），曹操大军又收编了刘表的部众，号称八十万向长江推进。孙权命周瑜为主将，程普为副将，率三万精锐水军，联合屯驻樊口（今湖北鄂州境）的刘备军，共约五万人溯长江西进，迎击曹军。十一月，孙刘联军与曹军对峙于赤壁。

周瑜先施反间计，让曹操误斩了懂水战的降将蔡瑁、张允，并任命前青州军陆军都督于禁担任水师都督。

接着周瑜让庞统诈降曹操，并向曹操提出把战船连在一起的“连环计”。此计虽被徐庶看破，但他没说破。

曹操的士兵多是北方人，不习水性，在颠簸的船只上面水土不服、晕船、呕吐、生病，甚至病死。于是曹操接受了庞统的建议，把战船连接起来，使战船平稳如陆地。但没想到面对周瑜的火攻却是坐以待毙的火化场。自此“连接战船”便成了水军大忌。

曹操高兴地在结为一体的战船上演练水军，伺机攻战。周瑜又采纳部将黄盖所献的苦肉计，令其致书曹操诈降，曹操中计。黄盖届时率蒙冲（艨艟）斗舰乘风驶入曹军水寨纵火。曹军船阵被烧，火势延及岸上营寨，孙刘联军乘势出击，曹军死伤过半，曹操留下征南将军曹仁固守江陵。自己遂率部向北退去。此为“新官上任三把火”的第三把火。

赤壁决战，曹操在有利形势下，自负轻敌，指挥失误，终致战败。孙权、刘备在强敌进逼关头，结盟抗战，扬水战之长，巧用火攻，终于以弱胜强。联军乘胜扩张战果，孙刘两军分占荆州要地。此战为日后魏、蜀、吴三国鼎立奠定了基础。

华容道关羽放曹

曹操领残兵败将狼狈逃命，一路上连遭伏兵劫杀，最后只剩 300 余骑朝华容道逃去。此时人饥马乏，衣甲不全，旗幡不整，鞍辔衣服，尽皆抛弃。正值隆冬严寒之时，苦不堪言。

行不数里，曹操在马上扬鞭大笑。众问何故，曹操道：“人言周瑜、诸葛亮足智多谋，我看到底是无能之辈。若在此处埋伏一军，我等皆束手受缚矣。”

言未毕，一声炮响，两边 500 校刀手摆过，大将关羽提青龙刀，跨赤兔马，截住去路。曹军见了，魂飞魄散，面面相觑。曹操说：“既到此处，只得决一死战！”众将道：“人纵然不怯，马已乏力，安能复战？”

谋士程昱说：“关羽一向恩怨分明，信义素著。丞相旧日待他有恩，今日须是亲自求情，方可脱得此难。”曹操从其言，纵马向前，欠身问道：“将军别来无恙？”关羽也欠身答道：“我奉军师将令，等候丞相多时了。”曹操说：“我今日兵败势危，到此无路，望将军以昔日之情为重。”关羽道：“昔日虽蒙丞相厚恩，然已奉报。今日之事，岂敢以私废公？”曹操说：“大丈夫以信义为重。五关斩将之时，将军还能记否？”

关羽是个义重如山的人，想起当日曹操许多恩义与后来五关斩将之事，不觉动心。又见曹军惶惶，个个垂泪，心中越发不忍，于是勒回马头，命众军四散摆开。曹操见关羽回马，便和众将一齐冲将过去。

关羽回身时，曹操已与众将过去了。关羽大喝一声，曹军皆下马，哭拜于地。关羽越加不忍。正犹豫间，曹将张辽纵马而至。关羽和张辽是故友，今日见了，又动了故旧之情，长叹一声，并皆放去。

后人有诗曰：

曹瞒兵败走华容，正与关公狭路逢。

只为当初恩义重，放开金锁走蛟龙。

甘露寺刘备招亲

甘露寺雄踞在长江之滨的北固山后峰顶上，故又称“寺冠山”。可说是一座充满了英雄豪气的山。《三国演义》里孙刘联姻的故事就发生在这里。刘备来甘露寺招亲，当他看到北固山雄峙江滨，水天开阔，风景壮美，不禁赞叹道：“此乃天下第一江山也！”

赤壁之战后，刘备借东吴的荆州不还，周瑜向孙权献计，以其妹孙尚香为饵，设下美人计，诱骗刘备来京口联姻招亲，趁机扣为人质，以讨还荆州。诸葛亮将计就计，使孙刘联姻弄假成真，让东吴赔了夫人又折兵。京剧《龙凤呈祥》唱的就是这段故事。

千百年来，无数文人墨客，登临北固，即景抒情，壮怀激烈，留下了无数气吞山河的壮丽诗篇。最有名的当数公元 1205 年，南宋大词人辛弃疾登上北固山观景抒怀时，留下的千古绝唱《南乡子·登京口北固亭有怀》：

何处望神州？满眼风光北固楼。
千古兴亡多少事？悠悠。
不尽长江滚滚流。
年少万兜鍪，坐断东南战未休。
天下英雄谁敌手？曹刘。
生子当如孙仲谋。

刘备西取益州

刘备与周瑜率领联军大败曹操于赤壁之后，从孙权手中借得荆州，又南收荆州四郡，刘备遂占有荆州五郡。

建安十六年(211 年)，刘璋听从张松建议，派法正邀请刘备入川襄助自己对付张鲁，法正、庞统遂劝刘备图取益州。刘备遂留诸葛亮、关羽等守荆州，自将数万步卒入蜀。这期间张松、法正、庞统皆劝刘备袭杀刘璋，刘备以初到蜀地，人心尚未信服，不宜轻举妄动为由拒绝。刘璋配给刘备白水军士兵，令他攻击张鲁。刘备北至葭萌，驻军不前，厚树恩德以收众心。

建安十七年(公元 212 年)，张松事情败露被杀，刘备于是与刘璋反目。刘备依庞统计谋，召白水军的杨怀到来并将其斩杀，吞并其部队，遂派黄忠率军南下进攻刘璋，占领涪城。

建安十八年(公元 213 年)，刘璋派遣吴懿等阻击刘备，都被刘备打败，吴懿投降。刘璋又派李严阻击刘备，李严率众投降。刘备军力益强，分军平定各县。同时调诸葛亮、张飞、赵云等率军入蜀。庞统率军攻打雒城时为流矢所中死于落凤坡。

建安十九年(公元 214 年)，雒城被攻克，刘备乃与诸葛亮、张飞、赵云等共围成都，城中震怖。刘备于是派简雍劝降了刘璋，遂领，益州牧。

刘备自封汉中王

建安二十年(公元 215 年)，曹操取汉中，留夏侯渊、张郃(hé)等镇守汉中。建安二十三年(公元 218 年)，刘备率兵进攻汉中，占领阳平关，与夏侯渊、张郃相拒。

建安二十四年(公元 219 年)，刘备放弃阳平关，南渡沔水，扎营定军山，夏侯渊率军前来争夺，被黄忠所杀。而后曹操亲提大军来争汉中，刘备敛众拒险，黄忠、赵云又在汉水截取了曹军粮草，曹军逃亡的越来越多，不得已退军。刘备取得汉中之战的胜利。同年，刘备进位汉中王。

汉中之战，刘备得到战略要地汉中郡。此时他已经占据了益州的全部地区，以及荆州最重要的南郡、武陵郡、零陵郡。关羽也奉命北伐襄樊，水淹七军，擒于禁，斩庞德，围曹仁于樊城，威震华夏，中原震动。这时候的刘备势力，也从荆州时代的“进退狼跋”，壮大到“翻然翱翔、不可复制”，达到了实力最巅峰时期。

刘备在势力步入鼎盛期时，自封汉中王，这实在是政治上的一个方向性错误。这使他失去了举义兴复汉室的道德制高点，把自己等同于曹操、孙权等割据势力，过早地暴露了自己的野心，向天下人昭示了自己器局的不广，令天下仁人志士对他大失所望。使他失去了一个统一天下的政治声誉。

关羽败走麦城

建安二十年（公元 215 年），孙权认为刘备已经占据益州，想要讨回荆州，刘备回应说：“等得了凉州，就把荆州给你。”孙权非常愤怒，于是派遣吕蒙袭取长沙、零陵、桂阳三郡。

关羽（约公元 162 年—220 年），字长生，后改云长（cháng），河东解良（今山西运城）人。刘备起兵时，关羽跟随刘备，忠心不二，深受刘备信任。刘备、诸葛亮等入蜀，留关羽镇守荆州。刘备夺取汉中后，关羽也乘势北伐魏国，威震华夏。原来的盟友东吴孙权怕刘备势力威胁到自己，于是反水投入了曹魏阵营，合伙对关羽进行夹攻。

孙权派遣吕蒙取荆州，吕蒙先装病，表面由陆逊代守陆口。关羽得知，不再防备江东，将荆州大部分兵马调走。实际吕蒙派士兵伪装成客商，把精锐士卒都埋伏在船舱里，骗过荆州守军，长驱直入，白衣（不带甲胄）渡江，兵不血刃，袭夺了荆州。关羽大意失荆州，遂败走麦城，为东吴所擒，拒不投降，被杀。

刘备荆州军团覆灭，失去荆州三郡，又连失关、张（被部下所害）二主将，元气大伤，从此蜀汉便走向下坡路。又失去一个统一天下的条件。

关羽去世后，逐渐被后世神化，被民间尊为“关公”；历代朝廷多有褒封，清代奉为“忠义神武灵佑仁勇威显关圣大帝”，尊崇为“武圣”，与“文圣”孔子齐名。《三国演义》称其为蜀国“五虎上将”之首，清代毛宗岗称其为“《演义》三绝（奸绝曹操，智绝孔明，义绝关羽）”之“义绝”。这盖因其过五关斩六将、决不背弃刘备等多个义举。

刘备成都称帝

章武元年（公元 221 年），刘备在曹丕篡汉建魏后，也于成都称帝，以汉室宗亲的身份重新建立汉朝，继续汉之大统，年号“章武”，史称蜀汉，汉朝又一次被局部复兴。

陆逊火烧连营

蜀汉章武元年（公元 221 年），刘备刚刚称帝后，就在同年急于统率大军报吴夺荆州、杀关羽之仇。孙吴派遣使者前来请和，刘备大怒不许。

章武二年（公元 222 年）春季，刘备亲率进军。秋七月，吴将陆逊为避其锋芒，坚守不战，双方成对峙之势。蜀军远征，不能速战速决，补给困难，又加上入夏后天气炎热，士气低落。刘备为舒缓军士酷热之苦，命蜀军在山林中安营扎寨以避暑热。陆逊看准时机，命士兵每人带一把茅草，到达蜀军营垒时边放火边猛攻。蜀军营寨的木栅和周围的林木易燃，火势迅速在各营蔓延。蜀军大乱，被吴军连破四十余营，蜀军遭到惨败，损兵折将。陆逊火烧连营，决定了夷陵之战〔也称猇（xiāo）亭之战〕蜀败吴胜的结果。刘备最终撤退到白帝城。孙权派使者请和，刘备只得同意。

刘备托孤诸葛亮

章武三年春，刘备败后，退驻白帝，遂得

了重病，知道来日无多，便把诸葛亮从成都召到白帝城，逝世前，把自己的儿子刘禅托付给孔明。对诸葛亮说："你的才能是曹丕的十倍百倍，一定能安邦定国，成就大业。我儿子值得辅佐就辅佐他。如果真的不成器，你就是成都的主人。"

对刘备的这个遗嘱，历史上有各种理解。或说刘备是用忠义约束住了诸葛亮，或说这是在试探诸葛亮，众说纷纭。《三国志》的作者陈寿以为："及其举国托孤于诸葛亮，而心神无贰，诚君臣之至公，古今之盛轨也。"对刘备托孤于诸葛亮大加赞叹，明确表示，刘备是真心对待诸葛亮的，这一行为，是古往今来，君臣交往之中最了不起的举动。

历代的君主都把打下的天下当作自己的产业，不管刘备是真心还是假意，能说出此话，也是需要勇气的。

章武三年（公元 223 年）三月，刘备在泣血托孤于诸葛亮后，于四月二十四日病逝，享年 63 岁。谥号昭烈帝，庙号烈祖，葬惠陵。结果桃园梦断，饮恨抱憾而终。

刘禅继位，诸葛亮恢复经济

章武三年（公元 223 年）五月，刘禅在成都继位称帝，时年 17 岁，改元建兴，尊诸葛亮为尚父，把一切事情都交给诸葛亮处理。诸葛报知遇之恩，辅佐阿斗继续刘备的未竟之业，苦撑残局，知其不可为而为之。

刘禅刚即位，就不断传来南中地区（今云南一带）一些蛮夷豪帅起兵反叛的消息。诸葛亮考虑到刘备伐吴大败，蜀汉元气大伤，刘禅又刚刚即位，未便立即用兵。因此，决定努力说服争取南中叛酋。同时，出兵驻守险要，遏阻其向蜀中蔓延，待条件成熟后再加以解决。他把整顿内政、发展蜀中经济和与孙权修复联盟作为首先必须解决的几件大事。

蜀汉建兴元年（公元 223 年）十一月，诸葛亮派尚书郎邓芝出使东吴。邓芝不辱使命，说服孙权和曹魏断绝关系，专与蜀汉联和。

在恢复吴蜀联盟的同时，诸葛亮又集中精力整顿内政，奖励生产，积聚粮草。过了两年，蜀汉的经济状况好转，诸葛亮见条件成熟，遂于建兴三年（公元 225 年）亲率大军平定南中叛乱。

诸葛亮七擒孟获

建兴三年（公元 225 年），诸葛亮七擒孟获，平定南中多郡的叛乱，并利用怀柔政策降服了南中少数民族部落势力，解决蜀汉的后方问题。孔明南征，双方首战，诸葛亮擒住南蛮首领孟获。孟获不服，诸葛亮放了他。孟获回去后，决定夜里去劫营，却中诸葛亮的埋伏，孟获又被擒住，但孟获不服。诸葛亮又把他放了。孟获令其弟孟优去向孔明献宝，想里应外合杀了孔明。孟优来后，孔明在酒内下药，让孟优等蛮人烂醉如泥，当夜，孟获带 3 万兵来捉孔明，中计大败，被马岱截获。孟获仍不服，诸葛亮又放了他。孟获借了 10 万牌刀獠丁军来战。诸葛亮下令关闭寨门不战，等到蛮兵威势已减时，出奇兵夹击，孟获又大败被擒。孟获仍不服，孔明放他回去。孟获向秃龙洞求援，银冶洞洞主杨锋感激日前诸葛亮不杀之恩，捉了孟获，送给诸葛亮。孟获还是不服，诸葛亮又放了他。孟获的妻弟将孟获押来诈降，被诸葛亮识破，全部被擒。孟获不服，诸葛亮放了他。孟获又请来乌戈国的藤甲军，与孔明决战。孔明用油车火药烧死了无数蛮兵，孟获第七次被擒，才真心投降。

诸葛亮失、空、斩

诸葛亮恢复了与吴联盟并平定南中后，

遂于蜀汉建兴六年(公元 228 年)春,第一次北伐曹魏。他令赵云等作疑兵,摆出由斜谷(今陕西眉县南)攻郿城(今眉县北)的态势,以吸引魏军;自己则率主力向祁山(今甘肃陇南礼县祁山堡)方向进攻,陇右的天水、南安、安定等郡相继叛魏降蜀,又收服了姜维,一时关中大震。

诸葛亮料定魏军必夺汉中咽喉要地街亭,特选将防守,众人建议用魏延为先锋,诸葛亮不听,任命自己赏识的参军马谡领诸军前往。行前,诸葛亮再三嘱咐,切须慎选营地,当道扎寨,切勿疏虞,并命王平同往相佐。

马谡刚愎自用,不听王平谏言,舍弃水源,扎营山顶据守,遂遭魏军围攻,断绝山上水源,大举进击,马谡军溃,街亭失守,司马懿统兵乘胜直逼西城。

此时蜀军兵将俱被调遣在外,西城空虚。诸葛亮难以抵御,如立即撤退必被所擒。危难时刻诸葛亮显示出超人的胆量和智谋,冒险使用空城之计,将城门大开,稳坐城楼,抚琴饮酒,镇定自若。司马懿疑有伏兵,未敢进城,率军退去。等得知西城是空城回去再战时,赵云已赶回解围。此后"空城计"遂被用作三十六计之一,成为虚而示虚的心理战疑兵之计,多用于己弱而敌强的情况下。

马谡贻误军机,诸葛亮为严明军纪,虽惜马谡之才,终于挥泪斩之,然亦于事无补。诸葛亮以己任人不当,奏明后主,自请罪责,贬降三级。此即为失、空、斩。

丢了街亭,诸葛亮失去重要据点,进退无据,无法再战,只得退回汉中。不久,天水、南安、安定三郡又复叛汉附魏。

同年冬,诸葛亮乘陆逊在石亭打败曹休之机,二次出散关,包围陈仓(今陕西宝鸡西南),攻打 20 多天未破,魏国援军赶到,诸葛亮不得已又退回汉中。

发明孔明灯

第三次北伐是建兴七年(公元 229 年),诸葛亮进攻武都(今甘肃成县)、阴平(今甘肃文县西北),打败魏援军,占了这两郡,留兵据守,自己率部回师。次年,魏军进攻汉中,诸葛亮加强防守,又增调援军,再因连续大雨,子午谷、斜谷等道路不通,蜀军撤退。

相传诸葛亮当年,被围困,无法派兵出城求救。他便算准风向,制成会飘浮的纸灯笼,系上求救的讯息,其后果然脱险,于是后世就称这种灯笼为孔明灯,俗称许愿灯,又称祈天灯。古代多做军事用途,现代人放孔明灯多作为祈福之用。一般在元宵节、中秋节等重大节日施放。

在科技不发达的三国时代,诸葛亮能懂得热气球空飘的原理,真不愧是卧龙!

使用木牛流马运粮

第四次北伐是建兴九年(公元 231 年),蜀军包围祁山,魏军统帅司马懿迎击,诸葛亮准备决战。司马懿知蜀军远来,军粮不多,凭险坚守,拒不出战。诸葛亮想用退兵的办法引诱敌人,但司马懿追赶很谨慎,蜀军一停,他就扎营拒守。此时刘禅听信诸葛亮早晚欲称帝的谣言,下旨令武侯退兵,加上蜀军粮草将尽,诸葛亮只得班师,只在归途中以伏兵杀了魏国名将张郃。

史载从这次北伐起,诸葛亮开始使用他发明的木牛与流马运输粮草,为蜀国十万大军提供粮食,共三次。其载重量为"一岁粮",即一匹大约载四百斤以上,每日行程为"特行者数十里,群行三十里"。到底是什么样式,怎样使用,今已无法知道。

诸葛亮病逝五丈原

第五次北伐在建兴十二年(公元 234 年)春,诸葛亮率 10 万大军出斜谷口,到达眉县,在渭水南岸五丈原扎营。司马懿也筑营阻拦,不与蜀军作战,料知蜀军远来,粮草运输困难,想把蜀军拖垮。诸葛亮也有准备,在渭水分兵屯田,作长期战争的打算。诸葛亮在这次出兵前曾与孙权约定同时攻魏,五月吴军 10 万攻魏,不胜,撤回江东,所以蜀军只得与魏军单方面周旋。诸葛亮屡向司马懿挑战,但司马懿就是避而不出。诸葛亮无可奈何,便派人给司马懿送去了“巾帼妇女之饰”,一来泄愤,二来借以嘲弄司马懿没有男子汉的英雄气概。八月间诸葛亮因积劳成疾,病情日益严重,不久就在前线与世长辞。死后,姜维等遵照他的遗嘱,秘不发丧,整军退入斜谷。

诸葛亮出师北伐共为五次,正史中诸葛亮没有六出祁山。真正出兵祁山只有二次;还有一次是魏军进攻汉中,而不是诸葛亮主动出击。后世概而言之,说成是“六出祁山”。

死诸葛吓走活司马

诸葛亮病逝后,蜀国的军队撤军回国。司马懿派兵追击,但是由于诸葛亮死前料到司马懿的这一招,因此他提前命人做了一个他自己的木雕像,坐在他的四轮车上。等到司马懿追兵一到,姜维就把那个有雕像的四轮车推出来。司马懿看见木雕,以为诸葛亮没死,吓得马上逃走了。因此蜀中人谚曰:“死诸葛能走生仲达。”

过了两日,乡民告曰:“蜀兵退入谷中之时,哀声震地,军中扬起白旗,孔明果然死了,只留姜维引一千兵断后。前日车上之孔明,乃木人也。”司马懿叹曰:“吾能料其生,不能料其死也!”

蜀汉灭亡

诸葛亮多次北伐,虽然进占了原来曹魏的一些地方,但终因补给线太长粮草不能及时接济而被迫撤军,致使北伐始终无法获得重大成效。

建兴十二年(公元 234 年),诸葛亮于第五次北伐中病死在五丈原,之后由蒋琬、费祎(yī)、董允等接手执掌朝政,由于诸葛亮打下了基础,蜀汉仍保持了一段政治清廉时期。

到蒋琬、费祎、董允死后,刘禅开始自摄国政,因宠信宦官黄皓和陈祗,令朝政开始变坏;而大将姜维在 247 年至 262 年间不断地北伐,使得蜀汉政治压力加剧,宫中政事无人处理,力量日渐消耗。内廷逐渐为宦官黄皓把持,使得前方战事不为刘禅所知,最终导致邓艾偷袭成都成功,刘禅举国而降。后来姜维“诈降”,意图借助钟会之力复国,但是计划失败被杀,蜀汉灭亡,终致 400 多年大汉祚运告终。

乐不思蜀

蜀汉亡,刘禅作了俘虏。司马昭有次宴请刘禅,故意安排蜀国的节目,在旁的人都为刘禅的亡国感到悲伤,而刘禅却欢乐嬉笑,无动于衷。司马昭看见这种情形就对贾充说:“想不到刘禅竟糊涂到了这种地步,即使诸葛亮活到这时,也不能辅佐,何况是姜维呢!”贾充说:“不是如此,殿下您又怎么能吞并他呢。”

有一天,司马昭问刘禅说:“是否会思念蜀地?”刘禅回答说:“此间乐,不思蜀。”知道了这事,随侍刘禅的郤(xì)正就指点他说:“如果司马昭再问起时,你应哭泣着回说:‘先人的坟墓都葬在蜀地,我是天天都在惦念着。'"后来司马昭再次问他时,刘禅便照着郤正教他的话回答。司马昭于是说:"为何像是郤正的语气呢?"刘禅听了大惊,睁眼望着司马昭说:"您的话确实没有错。"左右的人都笑了。

刘备为何未能复兴汉室

刘备从一个贩草鞋的小贩到雄霸一方的蜀汉开国之君,其过程是很艰辛的,一直在夹缝里谋发展,直到40多岁还是居无定所,没有一块属于自己的地盘。

先主刘备,就后世的知名度而言,比其两位各开创两百年帝业的祖先汉高祖刘邦和汉光武帝刘秀,可说是有过之而无不及。可是论生平基业,刘备就远不能与这两位英雄的先祖相提并论了。两汉时皆占有天下十三州之地,而刘备最鼎盛时也只有边远益州加上荆州一部分,且取汉中时已让出荆南;等到自己称帝时,更已损失了荆州关羽军团,仅剩益州一地。而此时曹魏占据中原九个州,东吴也占据交州全部、扬州、荆州的绝大部地区。

刘备一生无数次出生入死苦战搏杀,到底也没有完成匡扶汉室、中兴汉统、继承高祖和世祖的大业,而仅仅做了一个自封的"皇帝",实为一个益州州长而已。

刘备,凭着皇叔身份的光环,高举"兴复汉室,还于旧都"的大旗,顶着"宽仁忠厚"的声誉,占据着道德的制高点;又有关羽、张飞、赵云等一流战将的相助,还有顶尖军师诸葛亮的出谋划策,却不能像刘邦、刘秀那样,扫灭群雄一统天下,反而局促于西蜀一地,抱憾而终。为什么？这既不能怪曹操起家条件太强,也不能怪孙权反水太坏,更不能怪运气太差。根本原因还在刘备自身。

陈寿《三国志》评价刘备说:"先主之弘毅宽厚,知人待士,盖有高祖之风;机权幹(干)略,不逮魏武,是以基宇亦狭;然折而不挠,终不为下者。"意思是说:刘邦性情弘毅宽厚,知人待士,有高祖刘邦之风。只是"机权幹(干)略",也就是个人才干、举措能力、格局气宇、战略眼光不如对手曹操,因此所建立的基业也就不如曹操大。当然更赶不上其先祖刘邦、刘秀,在三五年之内就完成了开基大业,那就更遑论与"汤以七十里而王天下,文王以百里而臣诸侯"相比了。

刘备作为汉室宗亲的杰出代表,汉室复兴势力的一面大旗,这声望也确实让其受过曹操、袁绍、刘表、孙权这些诸侯的以礼相待,无不隆而重之,以至曹操在青梅煮酒论英雄时对刘备说"今天下英雄,唯使君与操耳"。其实这言外之意就是"刘备你要与我争天下我就杀了你"。于是吓得刘备假装"闻雷失箸",赶快逃离了曹营。

刘备也因此曾自诩地说:"今之与吾为水火者,曹操也。操以急,吾以宽;操以暴,吾以仁;操以谲,吾以忠。每与操反,事乃可成耳。"然这种"宽、仁、忠"的"声誉"乃世俗之誉,非真正的政治声誉,也不会有巨大的号召力,只能博得世俗的浅浅称誉而已。故不能创汉高、光武之业。

三十六、谋圣张良世传扬

搏浪沙刺秦始皇，未遂逃亡下邳藏。
圯桥纳履得奇遇，获赠兵法佐帝王。
列汉三杰封留侯，千古谋圣世传扬。
功成名遂早退身，天道人生成辉煌。
遗骸长埋侯咽集，功业永存留芬芳。
贤圣宇内紫檀像，金心一颗惜盗亡。
东北高堤金线岭，万柳垂丝迤逦长。
西北无盐梳洗楼，钟离嫁时此梳妆。

圯下纳履

张良（公元前 262 年—前 189 年），字子房，战国时韩国人，出身于韩国贵族。本姓姬，五世相韩。秦灭韩后，张良决心为韩国复仇，以万金家产之资求刺客，谋刺秦王。与刺客一起狙击秦始皇于博浪沙中，但误中副车，被始皇搜捕。于是改名张良，逃亡到下邳。

圯桥纳履图

相传，在下邳张良信步桥上，一老父故意把鞋掉到桥下，叫张良下桥取鞋并令给他穿到脚上。张良忍气照办了。老父认为“孺子可教”，遂授予太公兵法一书，说：“读此可以为王者师……十三年后见我于济北谷城山下，黄石即我矣。”这就是“圯下纳履”的故事。

受封留侯

秦二世元年，陈胜、吴广首先举义反秦。项梁、刘邦等响应起义，张良也聚青年百余人，参加刘邦义军。在反秦、消灭项羽和建立西汉王朝的斗争中，张良功绩卓著，与萧何、韩信齐名，被人称为汉兴三杰。

公元前 201 年，汉高帝刘邦封功臣。张良多病“未尝有战斗功”，刘邦却对他从优封赏，说：“运筹策帷帐中，决胜千里外，子房功也，自择齐三万户。”张良推让说：“臣始起下邳，与上遇留，此天以臣授陛下。陛下用臣计，幸而时中，臣愿封留侯足矣，不敢当三万户。”乃封张良为留侯。

智保太子

刘邦定都长安，张良随从西行入关，多病，杜门不出岁余。

刘邦在逃难的时候，曾流落在菏泽定陶区杜堂乡戚姬寺村一个姓戚的平民家中，戚氏父女热情地款待了他。就这样，年方十八的戚姑娘遂嫁给了刘邦，后来进宫被封为戚夫人，深受刘邦宠爱。刘邦还想把刘盈的太子之位废去，改立戚夫人的儿子如意为太子。

太子乃吕后所生，吕后得到这一消息后，十分着急，欲保太子，但又无计可施，知道张良多谋，便使人强要他为之设计。张良对吕后并没有好感，同时也不讨厌戚夫人，且不想卷入皇室家事，所以一直采取回避的态度。但经不住吕后的再三恳求，张良只好答应。

不过他仍不想自己出面劝阻刘邦，于是他就对吕后说：“对于这件事，我也没有办法劝阻皇上，但有四个人可能会帮上大忙，不过这四个人当初受到了皇上的轻慢，他们便逃到了山野，发誓永不在汉朝为官。后来皇上认为他们行为高尚，不重名利，非常看重他们，曾多次派人对他们进行邀请，但并未如愿。这四个人的年纪已经很大了，须发皆白，并称‘商山四皓’，现今可派能言善辩之人，带着太子的亲笔书信，请他们出山辅佐太子，此事或有可为。”听了张良的话，吕后想尽一切办法将“商山四皓”接到长安。

商山四皓

平定英布之乱后，刘邦回到了京城，因为箭伤复发，病情越发严重了，废太子改立如意之心越来越迫切，很多大臣竭力劝阻，但刘邦不为所动。

一天，刘邦在宫中设宴，并打算宣布废太子的事。这时太子也在酒宴之间陪坐，刘邦忽见太子身后侍立四位老人，便问他们的姓名。四人忙报上自己的名字，分别是夏黄公、东园公、角(lù)里先生、绮里季，正是他仰慕已久的“商山四皓”。刘邦问道：“为什么我请你们出山，你们却不加以理会，而现在却来陪侍太子。”四人回禀道：“皇上喜怒无常，轻侮士人，我们不愿受到这种侮辱，而太子礼贤下士，仁慈孝顺，天下有才之人莫不翘首相盼，甘愿为他效劳，我们也因此而来。”

刘邦长长地叹了一口气，认为太子已得人心，羽翼已成，只说了句：“望你们好好辅佐太子吧！”刘邦终于未能改换太子。

刘邦《鸿鹄歌》

刘邦因为嫌吕雉的儿子太子刘盈为人过于仁厚软弱，性格不像他自己，担心他难以继承皇位。他认为爱妾戚夫人的儿子赵王如意的性格很像自己，因此常想废掉刘盈而立刘如意为太子。

戚夫人常常跟从高祖左右，也想让高祖立自己的儿子为太子，因此日夜啼泣求告。

但是，刘盈是“嫡出”，为皇后吕雉所生。刘如意是“庶出”，为妃子戚夫人所生。废嫡立庶，是件大事；况且，吕雉又是他的元(原)配，曾经患难与共，他一时委决不下，多次征求亲近大臣的意见。大臣中多数是刘邦的故交，和吕雉也有情面；而戚夫人，除了皇帝的恩宠以外，绝没有吕雉那样的“群众基础”。所以，包括留侯张良在内的一班老臣，都劝刘邦不要免去刘盈的太子地位。

再加吕雉为人刚毅，采用了张良的计策，以商山四皓辅佐太子，使得高祖的想法未能实现。

刘邦病重以后，自知大限不远，曾又一次和大臣们提到接班人问题。大臣们除了陈说利害以外，都对刘盈极口称赞，使刘邦最终打消了改立太子的念头。

当他把这一情况告知戚夫人时.戚夫人十分悲伤，泣不成声。刘邦宽慰她说："尔为我兹舞，吾为若楚歌。"于是刘邦便以情意绵绵而又爱莫能助、无可奈何的心情为戚夫人唱了这支《鸿鹄歌》：

鸿鹄高飞，一举千里。

羽翮(hé)已就，横绝四海。

横绝四海，当可奈何？

虽有矰缴(zhuó)，尚安所施？

从赤松子游

张良不重富贵，常辟谷不食，道引轻身，自言："以三寸舌，为帝者师，封万户，位列侯，此布衣之极，于良足矣。愿弃人间事，欲从赤松子游耳。"不久高帝崩。张良鉴于韩信等人的结局，也避祸洒脱地隐居起来，据说跟着传说中的"仙人"赤松子修仙去了。公元前189年，张良去世，享年73岁，被谥为文成侯。

张良葬埋侯咽集

张良死后葬于山东省郓城的侯咽集镇东北3公里处，墓南3里有一座贤圣宇，宇内供有紫檀木制作的张良雕像。原雕像的心脏是用黄金铸造的，安放于雕像腹中。传说燕王扫北时，被匪兵盗走，故今雕像背后出现一个方洞。墓前立碑三通：中间碑系明朝正德六年立，左碑是清康熙二年立，右碑是清光绪十四年立。世传碑前有一石香炉，有一能工巧匠，用乌金铸一金雀置于香炉之内。后来一江南蛮子游至留侯墓周围，口中念念有词："金漆里，银漆里，真金还在漆漆里。"如此反复几天，众人不解。几天后，江南蛮子不知去向，石香炉也不见了，事后人们方知宝物被其盗走。今遗址尚存。

侯咽集村位于梁山西南30公里，清朝康熙年间，为防泊水南溢，筑了一道东北朝西南走向的高岭，即著名的金线岭。侯咽集村到梁山呈西高东低之势，故有歌谣相传"黄水淹了梁山顶，这里淹不了金线岭"。

无盐娘娘钟离春梳洗楼

侯咽集镇西北5公里还有一个梳洗楼，建于战国时期。传说无盐娘娘出嫁时，曾在此梳洗打扮，后人为纪念她，在此修建了楼房，名梳洗楼，此地遂叫梳洗楼村。

无盐娘娘，复姓钟离，名春，齐无盐邑(今山东东平)人，故又名无盐。因貌奇丑，40岁不得嫁，又因与无艳相谐音，故遂戏称无艳，后人就用无盐形容极丑之人。

无盐是中国古代四大丑女〔黄帝妻嫫(mó)母、与梁鸿举案齐眉的孟光、曹魏中领军许允所娶之阮氏〕之一。但她饱读诗书，很有才华，关心政事，有治国的远大抱负。她的父亲曾做过齐军基层军官，钟离春受她父亲的影响，自幼不爱女红(gōng)，喜耍枪弄棒，并习《易》术。当时无盐邑为桑蚕区，钟离春最爱干的活就是采桑。为了采桑、习武两不误，她用百斤铁杵打造了一把桑钩，整天玩弄在手上。

丑胜无艳与自荐枕席

时当齐宣王执政初期，宣王日日歌舞，夜夜欢乐，政治腐败，纲纪不振，全国上下怨声载道。钟离春冒死自请见齐宣王，陈述齐国四条危难曰："今王之国，西有衡秦之患，南有强楚之雠，外有二国之难，一旦山陵崩弛，社稷不安，此一殆也；渐台五重，万人罢极，此二殆也；贤者伏匿于山林，谄谀者强于左右，此三殆也；饮酒沉湎，以夜继昼，外不修诸侯之礼，内不秉国家之政，此四殆也。”并指出如再不悬崖勒马，将会城破国亡。

齐宣王大为感动，采纳了她挽救齐国危难之建议。为表自己悔改之心，乃“罢女乐，退谄谀”，散尽后宫，立无盐为后，称无盐娘娘，以彰自己不贪美貌，自此勤政改革，从此齐国大治。这就是“丑胜无艳”“自荐枕席”两个成语的来源。

当时秦、燕二国都想制服齐国，故意以难题刁难，让齐国派人解开玉连环，弹响蒲弦琴。钟离春凭着智慧解决了这两个难题，并故意羞辱使者，激待两国发兵。

齐王诏命钟离春为无盐将军，淳于髡为监军，率无盐邑守军与钟离春的三百姐妹，组成无盐军，前往收复鄄邑。钟离春排兵布阵打败了敌人，获得成功，使齐国无忧。

“巾帼”的由来

春秋战国时期，女子头饰流行插笄，汉画像石上犹有此清晰的刻画。东汉妇女尚实行“花钗制”，皇后常要在高髻上插上六支笄，或再另加步摇，盖本于周朝的古制，即《诗经》所咏之“副笄六珈”“副彼六笄”。彼时贵族妇女的发式皆以高大为美，所谓“城中好高髻，四方高一尺”。头上要插那么多笄，自然需发髻高厚才插得着，所以要在真发中掺入假发，才能梳成浓密高耸的发髻。钟无盐娘娘要插六支笄，头上就要戴上一种用丝织品和假发丝制成的头饰，这种头饰就是巾帼，也叫髢(tì)，即俗所称假发。为什么戴假发？一是爱美，二是假发上才可以插许多珠宝笄簪，三是可以节省梳头的时间，匆忙时像帽子一样往头上一戴，就打扮好了。

巾帼是女性的专用物，后来遂引申为女子的代称。诸葛亮送一个巾帼给司马懿，就是讥笑他闭门不出战，有如女子。当然如果“巾帼不让须眉”，那就是女中豪杰了。钟无盐就是不让须眉的巾帼。

影视剧、三十六计等里面说，孙膑和钟离春十分相爱，但因政治原因钟离春嫁给了齐宣王做王后。盖纯属虚构，史无此事。

三十七、羊左高谊结郢城

崇儒重道楚元王，招贤纳士谋国昌。
羊左联袂往应聘，伯桃让朋途冻亡。
角哀生死标高谊，辞官寻尸为发丧。
梦得挚友遭轲欺，自刎黄泉义相帮。
合墓葬于李胡同，荣瘁同尽感青苍。

羊角哀和左伯桃的故事

相传战国时期(实为汉朝)，楚元王崇儒重道，招贤纳士。燕国人左伯桃，自幼父母双亡，勤奋读书，学成济世之才，习就安民之业。那时左伯桃已近50岁了，鉴于当时诸侯王行仁政的少，恃强逞霸的多，一向不愿做官的他，听说楚元王行仁为义，遍求贤士，决心辞别家乡，前往楚国应聘。

一日行至燕南之地，时值严冬，雨雪霏霏，狂风如刀，伯桃走了一天，看看天色渐晚，望见远处竹林中，有一间茅屋，窗中透出一点灯光，伯桃大喜，就跑过去叩门求宿。屋里走出一个40多岁的书生来，知道了左伯桃的来意，便表示欢迎，请他进到屋里。

左伯桃进得屋内，上下打量一看，只见屋中家具既简单又破陋，床上满堆了一些书卷，便知也是个读书人。左伯桃请教那人姓名，知道叫羊角哀，也是自小死了父母，平生只爱好读书，同样是个有心救国救民的人。一经交谈，便十分投机，大有相见恨晚之意，当下两人便结为异姓兄弟。

左伯桃见羊角哀一表人才，学识又好，就劝他一同到楚国去应聘，羊角哀也正有这个心思。待到天晴，两人便带了干粮往楚国而去，晓行夜宿，自非一日。

这天走到卫地郢邑，眼看干粮将尽，天又降下大雪来。左伯桃平时就身体不好，这些日子长行，得不到休息，寒冷加饥饿，几乎寸步难移。伯桃说："这点干粮，二人俱去，即不冻死，亦必饿死途中，与草木同朽，何益之有？不如我将身上衣服脱与贤弟穿了，贤弟独持此余粮，于途强挣而去。我委实走不动了，宁可死于此地。待贤弟见了楚王，必当重用，那时却来葬我未迟。"角哀曰："焉有此理！我二人虽非一母所生，义气过于骨肉。我怎忍心独去以求进身啊？"坚执不许，强扶伯桃而行。

伯桃曰："风雪越紧，如何去得？且于道旁寻个歇处。"见一株枯桑，朽洞颇可避雪，然仅可容得一人，角哀遂扶伯桃进入洞中坐下。伯桃让角哀去捡些枯枝，敲石燃火以御寒气。等到角哀取柴回来，只见伯桃脱光衣服，冻作一团。角哀大惊，忙将衣服拥住伯桃说："吾兄怎可如此？"伯桃说："我寻思别无他计，贤弟不要自误了，速穿此衣，负粮前去，我只在此守死。"角哀抱持大哭说："吾二人死生同处，岂忍分离？"伯桃说："如皆饿死，白骨谁埋？"角哀说："若果如此，弟情愿解衣与兄穿了，兄可赍粮前去，弟宁死于此。"伯桃说："我平生多病，身子不好，贤弟少壮，比我强多，再加学问在我之上。若见楚君，定登显宦。我死不足惜！弟勿久滞，可宜速去。"角哀说："今兄冻死桑中，弟独取功名，此大不义之人也！我不为之。"角哀抱住痛哭，欲再上前劝解时，但见伯桃神色已变，四肢冰冷，口不能言，闭目仙逝。角哀寻思："我若久恋，亦必冻死矣，死后谁葬吾兄？"角哀不及掩埋伯桃，遂拿起雪中枯枝将伯桃遮掩，哭拜说："不肖弟此去，望兄阴力相助。但得微名，必当厚葬。"向伯桃再拜哭别，取了衣粮，悲泣而去。

羊角哀至楚

羊角哀挨着寒冷，半饥半饱，到达楚国。见说宫门外设一宾馆，有上大夫在那里接纳天下之士。角哀径投宾馆前来，正值上大夫下车。角哀向前而揖，上大夫见角哀虽衣衫褴褛，然器宇不凡，急忙答礼，角哀说明来意，上大夫邀入宾馆，酒食招待。

次日，上大夫到馆中探望，将胸中疑义盘问角哀，试他学问如何。角哀有问必答，谈论如流。上大夫非常高兴。入奏元王，即时召见，问以富国强兵之道，角哀上陈治国十策，皆切中当世急务。元王大喜。设御宴以待，拜为中大夫，赐黄金百两，彩缎百匹。角哀再拜流涕，元王大惊而问："卿为何痛哭？"角哀将左伯桃脱衣赠粮之事，一一奏知。元王闻言，为之感伤。诸大臣亦皆为之痛惜。元王说："卿有何打算？"角哀曰："臣请告假，到彼处安葬伯桃已毕，再回来事奉大王。"元王遂赠已死伯桃为中大夫，厚赐葬资，并差人跟随角哀车骑同去。

角哀葬伯桃

角哀辞了元王，径奔郢邑地面，寻到往日枯桑之处，见伯桃尸身尚在，颜貌如生。角哀再拜而泣，呼左右唤集乡中父老，父老告知，此地乃郢城箕山李胡同村，于是卜地择吉，以香汤沐浴伯桃之尸身，穿戴好中大夫衣冠；置于棺椁之内，安葬起坟，四周筑墙栽树，旁侧建享堂等物，并盖瓦屋一座，令人看守。事毕，设祭于享堂，哭泣甚哀。乡老从人无不下泪。祭罢，各自散去。

伯桃诉苦移坟

角哀是夜明灯燃烛而坐，感叹不已。忽然一阵阴风飒飒，烛灭复明。角哀视之，见一人于灯影中，或进或退，隐隐有哭声。角衰叱曰："何人也？辄敢夤夜而入！"其人不言。角哀起而视之，乃伯桃也。角哀大惊！问："兄阴灵不远，今来见弟，必有事故。"伯桃说："感贤弟记忆，初登仕路，奏请葬吾，更赠重爵，并棺椁衣衾之美，凡事十全。只是坟地与荆轲墓相连近，此人在世时，为刺秦王不中被戮，高渐离以其尸葬于此处。其神极是威猛，每夜仗剑来相欺，说吾坟夺其风水，若不迁移他处，定发墓取尸，掷之野外！有此危难，特告贤弟。望改葬于他处，以免此祸。"角哀再欲问之，忽然不见。角哀一梦惊觉，尽记其事。

天明，再唤乡老，问："此处有坟相近否？"乡老说："松阴中有荆轲墓，墓前有庙。"角哀说："此人昔刺秦王，不中被杀，缘何有坟于此？"乡老曰："高渐离乃此间高庄人，知荆轲被害，弃尸野外，乃盗其尸，葬于此地。每每显灵。土人建庙于此，四时享祭，以求福利。"

角哀闻其言，遂信梦中之事。便引从者径奔荆轲庙，指责其神说："汝入秦行事，有负重托，丧身误国，却来此处惊惑乡民，而求祭祀！吾兄左伯桃，当代名儒，仁义廉洁之士，汝怎敢逼之？若再如此，吾当毁尔庙，而发尔冢，永绝汝之根本！"责毕，来到伯桃墓前祝曰："如荆轲今夜再来，兄当报我。"

角哀是夜秉烛以待。果见伯桃哽咽而来，告曰："感贤弟如此，奈荆轲从人极多，皆土人所献。贤弟可束草为人，以彩为衣，手执器械，焚于墓前。吾得其助，使荆轲不能侵害。"言罢不见。角哀连夜使人照办，并祝曰："如其无事，亦望回报。"归至享堂，是夜闻风雨之声，如人相斗。角哀出户观之，见伯桃奔走而来哭诉："弟所焚之人，不得其用。荆轲又有高渐离相助，不久吾尸必出墓矣。望贤弟早迁移他处殡葬，免受此祸。"角哀曰："此人安敢如此欺凌吾兄！弟当力助以战之。"伯桃说："弟，阳人也，我乃阴鬼；阳人虽有勇烈，尘世相隔，岂能与阴鬼战？稻草之人，但能助喊，不能退此强魂。"角哀曰："兄且去，弟来日自有区处。"次日，角哀再到荆轲庙中相责，打毁神像。方欲取火焚庙，只见乡老数人，再四哀求说："此乃一村香火，若触犯之，恐贻祸于百姓。"须臾之间，土人聚集，都来求告。角哀拗他们不过，只得罢了。

角哀自刎助友

回到享堂，角哀修一道表章，上谢元王，言："昔日伯桃赠粮与臣，因此得活，以遇圣主。重蒙厚爵，平生足矣，容臣后世尽心图报。"词意甚切。表付从人，然后到伯桃墓侧，大哭一场。与从者曰："吾兄被荆轲强魂所逼，相助无门，吾所不忍。欲焚庙掘坟，又恐拂了土人之意。吾今当一死为泉下之鬼，力助吾兄，战此强魂。汝等可将吾尸葬于此墓之右，生死共处，以报吾兄赠粮之义。回奏楚君，万乞听纳臣言，永保山河社稷。"言讫，掣取佩剑，自刎而死。从者急救不及，速具衣棺殡殓，埋于伯桃墓侧。

是夜二更，风雨大作，雷电交加，喊杀之声，闻数十里。清晓视之，荆轲墓上，震烈如发。乡老大惊，都往羊、左二墓前，焚香展拜。从者回楚国，将此事上奏楚王。楚王感其义重，差官往墓前建庙，加封上大夫，敕赐庙额曰"忠义之祠"，就立碑以记其事。至今香火不断。荆轲之灵自此绝矣。土人四时祭祀，所祷甚灵。"羊左"故事遂演绎成一曲流传千古的义气赞歌。有古诗赞云：

古来仁义包天地，只在人心方寸间。

二士庙前秋日净，英魂常伴月光寒。

"羊左"的故事最早见于《后汉书·烈士传》，后来《文选》《独异志》《六朝事迹编类》等皆有记述，《金兰谊》已经演变成了小说体故事；到明代冯梦龙的《羊角哀舍命全交》已经完成了由历史人物纪传向小说虚构的转变，给传说熔铸进了浓烈的情感，塑造了鲜明的形象，表现出丰富的想象力。通过一个感人至深的故事，演绎了一曲流传千古的义气赞歌，在古郓大地上得以广泛流传。

当然，由于故事在广泛流传中的不断艺术加工，致使在历史年代、人物、地址上多有舛误。但作为故事，并不影响其表达的意义。

按：楚元王刘交，秦汉之交人，汉高祖刘邦异母弟。刘邦即帝位后，封刘交为楚王。在位 23 年，刘交去世，谥号元王。

羊左合葬墓

古籍记载，春秋战国时，燕楚古道途经郓城县李胡同村和张大人庄一带，那里有古廪丘、羊角城，羊角哀左伯桃冢、管公明冢旧迹仍存。羊角城在山东郓城东北 50 里，一名义城，即现孙膑旅游城内亿城寺。

据《濮州志·古迹》载："羊角哀墓在张大人庄东，墓前有碑。"左伯桃、羊角哀合葬墓位于今鄄城县东北20多公里的箕山镇李胡同村南半里许，与荆轲墓相去不远。西北距张大人庄约600米。合墓封土现存直径3米，高2米。墓室结构不详。墓前有清嘉庆十四年(公元1809年)所立"范县义士左伯桃表墓碑"一通。

碑文系清代著名学者孙星衍所撰。碑文记述了羊角哀、左伯桃二人的义行和对羊左合葬墓的考证。作者凭今思古，感世风日下，叹人心不古。乃慨然曰："呜呼！士夫居安乐时，礼让自喜，征逐酒食，遭颠沛，掉臂不相顾，或负交。誓天曰：'不负。及趋功名，争利己，挤人至死又下石。'"碑文的最后为铭，曰："吾读琴操，哀三十穷，猗嗟羊左，淳淳古风，一诺不谕，荣瘁同尽，死交千古，令闻不殒，梁山永峙，瓠河半湮，死士之陇，重于生人，立石旌义，惟令之德，吕历国俗，保此封域。"

通过碑文，我们看到了对古人重友谊、轻利禄之言行的赞扬和对争名夺利、不惜落井下石之小人的鞭挞。在羊左墓附近旧有忠义二贤庙，"文革"时期拆除。原羊左墓东北数十米处有荆轲墓，后墓平而成荆轲庙。张大人庄西南有古高庄遗址，为高渐离故里。

羊左墓周边箕山、左营、红船方圆几十里区域内的葬俗中至今仍保留着与这个故事有关的内容，即人去世入殓后，棺木上要放一蓝色小瓦，上用红绳绑一箭镞，箭镞头对荆轲墓方向，瓦上刻"箭射荆轲"四字。以保逝者不被荆轲所扰。

1979年羊左墓被鄄城县人民政府公布为重点文物保护单位。

张大人庄与唐槐、义井

亿城寺是箕山通商古道上的驿站，过往商人很多。唐天宝年间，曾有一位珠宝商人路过此地，天热口渴，到井边饮水，不慎把包袱盘缠遗忘井边。有位老人到井边打水时发现包袱，打开一看全是金银珠宝、翡翠玛瑙。心想丢东西的人一定很着急，就坐在井边天天等，一连等了个把月，直到商人把自己的东西取走，他才了却了一桩心事。后来商人飞黄腾达，回来看望老人，遗憾的是老人已经过世。为了缅怀这位老人，便在这个地方栽了一棵槐树。乡人知道后，皆赞老人为大仁义，槐树后面的村庄也遂称作张大仁义庄，今简称张大人庄。这就是唐槐、义井的来历。

卜师管公明

管辂(公元210—256年)，字公明，三国时期魏国平原郡(今德州平原县人)，是历史上著名的术士，容貌粗丑，不讲礼仪，性好嗜酒，言谈无常，人皆爱之而不敬之。从小就喜欢仰视星辰，每与小儿做游戏，就在地上画天文，人们叹为奇才。成人后，精通周易、风角(通过观察自然界之风来占卜吉凶)、占相，远近闻名。被后世卜卦观相的人奉为祖师。他透过天文、周易，能预卜人的命理。曾被曹操召去占卜，预言蜀国攻势、夏侯渊战死、鲁肃病死、许昌火灾等事情都应验了。管辂一生著述甚丰，主要有《周易通灵诀》2卷、《周易通灵要诀》1卷、《破躁经》1卷、《占箕》1卷，给后人留下了宝贵的文化遗产。

三十八、社稷直臣出箕山

汲黯家在箕山旁，生就忠直嫉恶肠。
仗义行侠重气节，逆鳞谏诤不避殃。
武帝称其社稷臣，刚正不阿权贵戕。
卧理淮南天子重，矫制救民古称扬。
愚直徒兴积薪叹，后来居上人事常。

汉廷第一直臣

汲黯，字长孺，西汉鄄城县箕山镇南边观音寺人。是武帝朝中名闻遐迩的第一流人物。武帝即位，为谒者。他为人倨傲严正，不讲情面，容不得别人的过错，士人也因此不愿依附他。但是汲黯为人好学，又仗义行侠，很注重志气节操。他平日家居，修行品德，美好纯正，又生性耿直，守节死义，难惑以非，“招之不来，麾之不去”，威武不能屈。入朝，忠直敢谏，从不逢迎主上、屈从权贵，以此令朝中上下皆感敬畏。曾多次当众指责汉武帝过失，气得武帝愤然罢朝。有一次，汉武帝说要实行儒家的仁义之政，为老百姓办好事。没等皇帝把话说完，汲黯就说：“陛下内心里那么贪婪多欲，表面上却要装得实行仁政，这是何苦呢？”一句话把皇帝噎了回去。汉武帝登时脸色大变，宣布罢朝，满朝文武都为汲黯捏着一把汗，担心他会因此招来大祸。武帝回到宫里以后，对身边的人说，汲黯这个人也未免太粗太直了。但武帝还是称赞说：“古有社稷之臣，像汲黯这个样子，就算差不多了。”

假传圣旨救灾民

东越的闽越人和瓯越人发生攻战，武帝派汲黯前往视察。他未到达东越，行至吴地便折返而归，禀报说：“东越人相攻，是当地民俗本来就如此好斗，不值得烦劳天子的使臣去过问。”

河内郡发生了火灾，绵延烧及一千余户人家，皇上又派汲黯去视察。他回来报告说：“那里普通人家不慎失火，由于住房密集，火势便蔓延开去，不必多忧。我路过河南郡时，眼见当地贫民饱受水旱灾害之苦，灾民多达万余家，有的竟至于父子相食，我就趁便凭所持的符节，下令发放了河南郡官仓的储粮，赈济当地灾民。现在我请求缴还符节，承受假传圣旨的罪责。”皇上认为汲黯贤良，免他无罪。

无为而治

由于屡次向皇帝直言谏诤，他遂不得久

留朝中，被外放当了东海郡太守。汲黯崇仰道家学说，治理官府和处理民事，喜好清静少事，把事情都交托自己挑选出的得力的郡丞和书吏去办。他治理郡务，不过是督查下属按大原则行事罢了，并不苛求小节。他体弱多病，经常躺在卧室内休息不出门。一年多的时间，东海郡便十分清明太平，人们都很称赞他。

后来居上

东海大治。不久汲黯又被召为主爵都尉，位列九卿。汲黯从不把权贵放在眼里，别人谒见傲慢的丞相田蚡(fén)，都是卑躬屈膝俯首下拜，而他偏只拱手作揖；群臣见大将军卫青时行跪拜之礼，汲黯却依然行揖礼，卫青不但不生气，反而更加尊重汲黯，经常向他请教国家和朝中的疑难之事，看待他胜过平素所结交的很多人。

汲黯当初享受九卿待遇时，公孙弘、张汤不过还是一般小吏而已。等到公孙弘、张汤日渐显贵，和汲黯官位相当时，汲黯又责难诋毁他们。不久，公孙弘升为丞相，封为平津侯；张汤官至御史大夫；昔日汲黯手下的郡丞、书吏也都和汲黯同级了，有的被重用，地位甚至还超过了他。汲黯眼见从前手下的官吏，靠逢迎拍马尊宠超过自己，对这种现象，不可能没有一点儿怨言，在朝见武帝时，他很是愤愤不平，便对武帝说："陛下用群臣，如积薪耳，后来者居上。"此为成语"后来居上"的来历。

卧而治之

当时楚地民间偷铸五铢钱的情况比较严重，武帝想起用汲黯为淮阳太守，来加以制止。汲黯则以常有狗马之病，伏谢不受印。武帝说："你看不上淮阳郡太守这个职位吗？过些时候我会召你回来的。只因淮阳地方官民关系紧张，我只好借助你的威望，请你躺在家中去治理就行了。"数召才赴任。居淮阳，七岁而卒。

汲黯墓

汲黯死后葬于故里，墓址在今箕山镇南边观音寺王庄北1里许，墓直径约2.5米，封土高约1.5米。为县级文物保护单位。

司马迁评价汲黯

司马迁怀着极其钦敬的心情为汲黯树碑立传，不多叙其政绩，而倾全力表彰他清廉秉正、疾恶如仇、忠直敢谏、守节死义及从不逢迎主上、屈从权贵、难惑以非的杰出品格，这既是太史公精神的抒发，也是鄄城人性格的写照。汲黯出于鄄城岂偶然哉！

三十九、亘古清泉解水荒

魏武屯兵古鄄乡，征讨吕布战濮阳。
收编黄巾青州兵，发掘古泉解水荒。
依据鄄城根据地，完成霸业定北方。
终成三国鼎立势，遗恨未能统华邦。
甘泉清洌酿酒美，一斗十千留余香。
百姓商贾崇兴集，亘古清泉名传扬。
鄄城向为征战场，刘邓战鄄强渡黄。

崇兴集与王堌堆

鄄城镇古称王堌堆，因该地有两三个大土堌堆，明正德年间，因兵灾水患，外地人逃到此处择高居住，遂在土堌堆上安家落户，其中王姓最多，因称王堌堆。后因亘古清泉酿的酒香甜味美，四方商贾逐渐云集，人烟阜盛，都在土堌堆周围居住，遂成集市，称王堌堆集，后改称“崇兴”集。清末为濮州崇兴里。1950 年后，先后为城关乡、城关镇，1985 年更名为鄄城镇至今。

亘古清泉

据传，古时这里原是一汪泉水。由于黄河经常决口，后泉水被泥沙淤埋为平地。

东汉末年，曹操任兖州牧后，移兖州治所于鄄城，即今旧城镇。曹操在此屯兵时，为解决兵马用水，令士兵依据百姓提供的线索，在王堌堆被淤平的清泉上挖出了一口大水井，取名“亘古清泉”。虽不见当年汩汩喷涌之貌，却也取之不尽，用之不竭，且水质清爽甘洌。人们不仅用泉水做饭沏茶，而且用以酿酒、造醋。

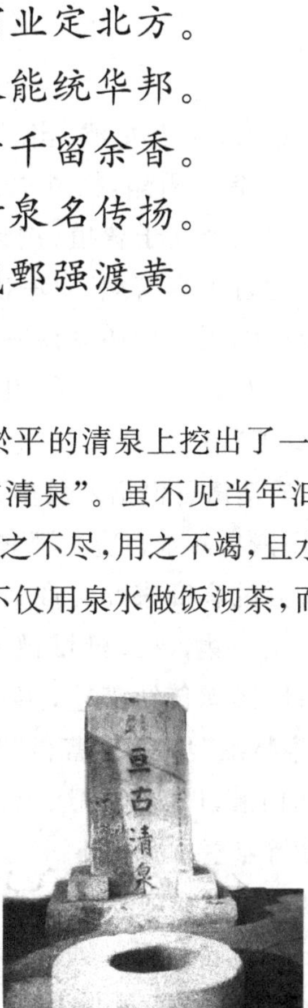

亘古清泉图

亘古清泉位于今鄄城老城区南大街中段、路西通往老一中的路口处。笔者 1951 年在老鄄一中读书时必过其处，学校食堂用的饮水就是此井的泉水。当时井口很大，井口上架着一个像田的十字木梁，将井口分为四口。如今因离路太近，为安全起见，井口用水泥板覆盖，仅留直径约50厘米小圆口。井边有明代万历四十八年(公元1620年)所立石碑一通，上书四个斗方大字："亘古清泉"，为井立碑，实不多见，而冠以"亘古"二字，则更为古今罕有。碑上刻"重修"字样。可见此泉历史悠久。亘古清泉当与济水共生，鄄城是济水经流之域，且时伏地下，溢出地面则为泉水。济水以其清甘，玉成了鄄城的特酿，也造就了东阿的阿胶。

"陈王"酿

有道是好水方可出好酒，当时，人们用亘古清泉的水酿造的酒醋，格外香醇，深负盛名。曹操的第三个儿子曹植，被封为鄄城王后，经常饮此"亘古泉特酿"。一次他饮过用亘古泉水酿造的酒之后还赋诗一首，其名句道："归来宴平乐，美酒斗十千。"因此鄄城酒品之一有"陈王"酿。

泉水水质清澈甘冽招来众多百姓就近而居，又由于用清泉井水酿造的酒非常好，以此招来四面八方的客商来此经商贸易，形成了闻名遐迩的崇兴集，即今鄄城镇的旧名。如今鄄城县酒厂继承传统工艺，用亘古清泉酿造的"亘古泉特酿""陈王""曹盛""魏皇醉"等亘古泉系列白酒，以其醇香浓郁、绵柔甘甜、余香悠长等特点享誉海内外。

风云变幻，沧海桑田，370多年过去了，亘古清泉石碑虽受风雨剥蚀，但泉水清澈甘冽却依然如故。目前，鄄城县已将"亘古清泉"列为重点文物保护单位。

建议把井口扒开，恢复原状，在此建清泉园，立为景点，经营酒水，定能游客如织，生意兴隆。

旧城镇

鄄城县城北25里有个大村镇叫旧城镇，旧城是鄄城县过去的旧城址所在地，故名"旧城"，古亦称帝丘。它历史悠久，地处中原，背临黄河天险，是古代兵家必争之地，素有古鄄之称。春秋鲁庄公十四年(公元前680年)单伯会齐侯、宋公、郑伯、卫侯于鄄。齐国大政治家管仲曾向齐桓公提议，鄄城"襟带河济，控扼鲁宋"十分重要，所以齐桓公多次召集诸侯在鄄城会盟。(详见《二十二、齐桓首霸盟葵丘》)

曹操其人

曹操(公元155年—220年)，字孟德，一名吉利，小字阿瞒，沛国谯县(今安徽亳州)人。东汉末年杰出的政治家、军事家、文学家、书法家，三国中曹魏政权的奠基人。曹操曾任东汉丞相，后加封魏王，去世后谥为武王。其子曹丕称帝后，追尊为武皇帝，庙号太祖。

东汉末年，天下大乱，曹操以汉天子的名义征讨四方，对内消灭二袁、吕布、刘表、马超、韩遂等割据势力，对外降服南匈奴、乌桓、鲜卑等，统一了中国北方。同时实行一系列政策恢复经济生产和社会秩序，扩大屯田、兴修水利、奖励农桑、重视手工业、安置流亡人口、实行"租调制"，从而使中原社会渐趋稳定、经济出现转机。在其治理下，政治渐见清明，经济逐步恢复，阶级压迫逐步减缓，社会风气有所好转。

曹操除精通兵法、重贤爱才、注意收纳人才外，他还擅长诗歌，既借以抒发自己的政治抱负，也客观反映了汉末人民的苦难生活，气魄雄伟，慷慨悲凉；散文亦清峻整洁，开启并繁荣了建安文学，给后人留下了宝贵的精神财富。鲁迅评价其为"改造文章的祖师"。曹操的书法也不错，唐朝张怀瓘(guàn)的《书断》评其章草为"妙品"。

曹操少年机警，有权衡应变能力，任性好侠、放荡不羁，不修品行，不究学业，时人谓之没什么特别才能。然桥玄(也作乔玄)却对曹说："天下将乱，非命世之才不能济也，能安之者，其在君乎?"何颙(yóng)也说："汉室将亡，安天下者，必此人也!"而许劭则更断定曹为"清平之奸贼，乱世之英雄"。

然而曹操特好武艺，尤喜兵法，曾抄录古代诸家兵法韬略，并有《魏武注孙子》传世。这些为他后来的军事生涯打下了稳固的基础。

初露锋芒

熹平三年(公元174年)，曹操被举为孝廉，不久，被任命为洛阳北部尉。洛阳是皇亲贵戚聚居之地，很难治理。曹操一到职，就申明禁令、严肃法纪，造五色大棒十余根，悬于衙门左右，"有犯禁者，皆棒杀之"。皇帝宠幸的宦官蹇硕的叔父蹇图违禁夜行，曹操毫不留情，将蹇图用五色棒打死。于是"京师敛迹，无敢犯者"。

后因镇压黄巾军功，迁为济南相。济南相任内，曹操治事如初。政教大行，一郡清平。

中平五年(188年)，汉灵帝为巩固统治，设置西园八校尉，曹操因其家世被任命为八校尉中的典军校尉。

中平六年(189年)曹操见董卓倒行逆施，不愿与其合作，遂改易姓名逃出京师洛阳。曹操到陈留后，"散家财，合义兵"，并首倡义兵号召天下英雄讨伐董卓。

黄巾起义

东汉末年，由于政治黑暗，官场腐败，土地高度集中，农村经济凋敝，广大农民困苦不堪。公元184到192年，巨鹿人张角，以《太平经》传教，号称太平道，自称"大贤良师"，以"苍天已死，黄天当立，岁在甲子，天下大吉"为口号，号召起义。天下36郡几十万义军同时起义，声势浩大。由于起义军以头裹黄巾为标志，故史称"黄巾起义"。义军队伍迅速扩大，遍及黄淮流域。他们攻城略地，斩擒郡守县令，从东、南、北三个方向，对京师洛阳很快形成了钳形包围之势。

为了镇压黄巾起义，汉灵帝动员举国兵力，分头进剿。八月，汉军主力攻打东郡，杀义军上万人，义军将领张曼成战死。10月，主帅张角病故，黄巾军因主力被歼，主帅亡故，由此一蹶不振。

曹操镇压黄巾义军并收降青州兵

公元189年，青、徐黄巾军复起，聚众上百万进攻兖州、东平州，杀贪官、斩污吏，接连大破汉军，致使朝野惊恐，遂封拜曹操为骑都尉，受命镇压黄巾义军。曹操针对黄巾军无后勤辎重，全靠抄掠为军食的弱点，采取连续袭击战术，使其疲于抵抗，无暇抄掠，终于一举将其击败。曹操遂收降其卒30万，连同其家属，共获近百万之众。曹操将其健壮精卒30万众训练成了主力军，后来成了曹操的精锐部队，称为"青州兵"，其余人等均安置屯田。

迁兖州治所至鄄城旧城镇

从此，曹操便拥有了兖州根据地，还拥有了30多万精锐之师，为后来统一北方奠定了基础。曹操上任兖州刺史后，将兖州治所由昌邑(今巨野南)迁到今鄄城县旧城镇。曹操到鄄城后，就注意保护和发展农业生产，为军事征战奠定了物资基础。曹操比较重视人才，提倡"唯才是举"，广泛招贤纳士，地方豪强李乾和李典叔侄、典韦、吕虔、乐进等先后率兵投奔曹操。为了找到别人推荐的七个贤士，曹操派人四处寻访，对荀攸、满宠、郭嘉等这些有才能的人，他都委以重任。甚至对那些出身低微的下级军吏，或是从敌人阵营中过来的降将，只要战功显著，曹操都给以信任，大胆提拔。这期间曹操的武装力量也有了很大发展，在鄄城建立了根据地，屯兵四十万，遂称雄兖州，独霸一方。曹操由于重视选拔人才，手下谋士济济，兵多将广，阵容强大，又有了精锐的“青州兵”作为资本，遂与群雄征战角逐而最后完成了统一北部中国的大业。所以，鄄城是曹操成就功业的发迹地。至今鄄城县的一些村子如军屯、西营、东营，相传都是当年曹操驻军的地方。

曹操割据兖州逐鹿中原

公元193年春，袁术与刘表作战失利，被迫率部北撤，移驻封丘。袁术招降纳叛，扩充实力。当时，曹操驻军今鄄城县，他不容袁术在兖州扎根发展，亲自率兵攻打匡亭（今河南长垣东北）袁军刘详部。袁术来援，被曹军击败，退守封丘。曹操乘胜追击，包围封丘，袁术弃城突围，退走襄邑（今河南睢县）。曹操穷追不舍，又追击袁术到宁陵。袁术被赶出兖州地界，曹操遂割据兖州。

曹操攻徐州失败

公元193年秋，曹操驻军定陶。其父曹嵩，年老后辞官，在琅琊（今山东临沂北）郡躲避战乱。曹操派泰山郡守应劭前往琅琊，去迎接父亲及其家眷。曹嵩及其家眷、家资，乘车百余辆西行。徐州牧陶谦为了结好曹操，派阴平（今山东枣庄南）都尉张闿（kǎi），率骑兵200人沿途护送。士兵们见财起意，在费县一带斩杀曹嵩及家眷百余口，劫走了其全部金银财宝，逃进山林。曹操得悉，悲痛至极，加之他本来就想攻占徐州，于是迁怒于陶谦，借机兴师讨伐。曹操哀兵作战，连下徐州十余城，以迅猛之势兵临彭城，陶谦退守郯县（今郯城西北），并向青州刺史田楷求救。田楷与刘备率军来援，曹操攻郯城不克，乃还。过拔取虑、睢陵、夏丘，大肆屠掠男女数十万。曹操因残暴屠掠平民以泄私愤，遂大失民心，所占城池，后来均背叛曹操。曹操待粮草耗尽之后，不得不引军还兖州，占领徐州的图谋未能得逞。

荀彧智勇保鄄城

第二年夏天，曹操派荀彧（yù）、程昱守鄄城，陈宫守东郡，东郡太守夏侯惇（dūn）守濮阳。又亲率主力征伐陶谦，攻城略地，一直打到东海（今山东昌乐县）。当初，兖州陈留郡太守张邈，曾当众指责袁绍“骄横跋扈”而归曹操，袁绍令曹操杀张邈，曹操没听，张邈一直畏惧曹操诛杀自己，陈宫也对曹操不满，趁曹操二打徐州时，说服张邈叛曹。于是，两人合谋，推吕布为兖州牧，并联合豫州刺史郭贡，乘兖州空虚之机，袭取兖州。张邈一面派人到鄄城通知荀彧说：“吕布将派兵帮助曹操攻打徐州”，麻痹荀彧，一面使吕布率大军进攻濮阳，使郭贡进击鄄城，陈宫自率军攻东阿，氾嶷进袭范县。荀彧发觉苗头不对，急忙在鄄城布兵设防，并急召夏侯惇率兵来鄄城合兵守城。夏侯惇连夜赶赴鄄城，当即诛杀谋叛者数十人，稳定了鄄城城内的局势。此时，郭贡已率军数万，兵临鄄城城下，要求荀彧出城相见。夏侯惇劝阻说：“你出城危险太大。”荀彧说：“郭贡火速前来，并未来得及与张邈合谋。趁此未合谋之机，我出城劝其退兵，不为张邈所利用，可使之保持中立。如果先怀疑他与张邈合谋，必会弄假成真，正中张邈下怀。”于是，荀彧出城会见郭贡。郭贡见荀彧毫无惧色，知鄄城不易攻取，于是引兵退走，保持中立。就这样，荀彧以一己智勇，退去了郭贡的数万大军。由于“后院起火”，曹操也引兵回救鄄城。

曹吕战鄄城

吕布攻克濮阳后，见郭贡引兵离去，于是亲自率兵攻打鄄城。夏侯惇、荀彧等率兵固守，不与其交战。吕布屡攻不克，引兵退回濮阳。当时，除鄄城、东阿、范县三城没被攻克外，兖州其余各城，都背叛曹操而投降了吕布。程昱是东阿人，在当地很有威望。荀彧于是派程昱去东阿，帮助县令枣祗（zhī）守城。路过范县时，程昱劝范县令靳允坚守县城以待曹操回救。氾嶷引兵到达范县时，靳允设伏兵刺杀氾嶷，夺其军率众坚守范县城。曹操回到鄄城，握着程昱的手说：“如果没有你们坚守三城，我今天就无所归矣。”曹操回兵后，即发兵进攻濮阳。两军时战时停，相峙百余天。吕布军因粮草耗尽，遂退出濮阳，移兵乘氏（今巨野县西南）。乘氏人李进，率部攻打吕布，吕布战败东走山阳（今山东成武东）。

公元195年春，曹操因东阿缺乏粮秣，而引兵袭击定陶。吕布退守济阴南城，曹军屡攻不克。此时，吕布率军来救定陶，曹操随机应变，采取围点打援战术，一举将吕布军击溃。吕布退兵巨野。夏，曹操进攻巨野的吕布部将薛兰、李封。吕布引兵来救，为时已晚。曹操打败薛兰、李封之后，进据乘氏。

荀彧谏曹保兖州

此时，陶谦已死，刘备接任陶谦，当了徐州牧。曹操大怒，欲克日起兵去打徐州，想先进军攻刘备，然后回军再打吕布。荀彧献策说：“昔高祖保关中，光武据河内，皆深根固本以制天下，进足以胜敌，退足以坚守，故虽有困败而终济大业。将军本以兖州首事，平山东之难，百姓无不归心悦服。且河、济，天下之要地也，今虽残坏，犹易以自保，是亦将军之关中、河内也，不可以不先定。今已破李封、薛兰，若分兵东击陈宫，宫必不敢西顾，以其间收熟麦，约食畜谷，一举而布可破也。破布然后南结扬州（刘瑶），共讨袁术，以临淮泗。若舍布而东，多留兵则不足用，少留兵则民皆保城，不得樵采；布乘虚寇暴，民心益危，唯鄄城、范、卫可全，其余非己之有，是无兖州也。若徐州不定，将军当安所归乎？且陶谦虽死，徐州未易亡也，彼惩往年之败，相为表里。今东方皆已收麦，必坚壁清野已待将军；攻之不拔，略之无获，不出十日，则十万之众，未战而先自困耳。前讨徐州，威伐实行，其子弟念父兄之耻，必人自为守无降心，就能破之尚不可有也。夫事故有去之取彼者，以大易小可也，以安易危可也。权一时之势，不患本之不固可也。今三者莫利，惟将军熟虑之！”曹操认为，荀彧此策，切实精要，深谋远虑，因而听从了荀彧的建议。

曹操智败吕布

为筹军饷，曹操令将士帮助百姓收麦，吕布、陈宫趁机率军万余突犯鄄城。曹操设计让百姓守城，而他亲自率军埋伏在城外，吓退了敌人后，曹操连夜召回收麦将士。屯营的北面有一条大堤，堤内树木茂盛，曹操绕开树林将大军埋伏在大堤内外，而树林中只插许多旗帜。吕布果然又来，疑林中有伏，放火烧了树林。吕布认为曹兵已进火海，率军大胆推进，曹在堤上令一支人马诱敌，将吕布全军陷入伏击圈。曹操亲率步骑两军打击，吕布兵大败。吕布、陈宫趁夜逃走，前往下邳（今江苏邳州市）投奔刘备。曹操在占领了定陶城后，又回师相继收复了州府鄄城附近的几个县城，遂收复了兖州全境。

经过两年征战，曹操进一步巩固了以鄄城为中心的根据地，为征战中原，统一北方打下了基础。

挟天子以令诸侯

曹操挥军自定陶向南进击，攻克雍丘，于是曹操占据了豫州全域，并离开鄄城以许县为首府。

曹操占据了中原兖、豫二州之后，想统一天下。建安元年（公元196年），汉献帝正由长安逃回洛阳，身在许县的曹操，准备迎驾。谋士毛玠、荀彧先后献“奉天子以令诸侯”之策。曹操采纳了他们的建议，派中郎将曹洪引兵西进，前往迎接汉献帝东还洛阳。由于曹操势大，因而很快赢得了朝廷多数政要的赞赏。在众人的拥戴下，曹操名正言顺地引兵进了洛阳。汉献帝封曹操为司隶校尉录尚书事。自此，曹操便执掌了朝中大权。刘协赐曹操节钺，标志着曹操“奉天子以令不臣”时代的开始。

同年，曹操掌握朝政后，迁汉献帝及国都于许县。而后曹氏父子雄踞许地，大兴屯田，广纳人才，数年间猛将如云，文臣如雨，仓廪皆满。许县成为当时的政治、经济、文化中心，成为曹操图谋霸业、抗衡蜀吴、统一北方的大本营。曹丕定都洛阳后，因“魏基昌于许”遂改“许县”为“许昌”。

官渡之战

袁绍是当时北方最强大的一股势力，也是曹操统一北方最强大的敌人。袁氏一门，自袁绍曾祖袁安以下，“四世居三公位”“门生故吏遍于天下”，势力本就很大，后袁绍取得冀、并、幽、青四州之地，实力大增，有军队数十万人，后方稳固，兵精粮足，根本不把曹操放在眼里。他挑选精兵十万、战马万匹，志在一举消灭曹操。

建安五年（公元200年），袁绍命大将颜良等人进兵白马（今滑县），自率大军进屯黎阳（今浚县东），向曹操发动进攻。曹操的实力比袁绍弱得多，曹操所占的大河以南地区，地盘既小，又是四战之地，残破不堪，还没有完全恢复，物资比不上袁绍那样丰富，兵力不过几万，也远不及袁绍。

袁绍大军来攻，许都震动。曹操安慰众将说：“吾知绍之为人，志大而智小，色厉而胆薄，忌克而少威，兵多而分画不明，将骄而众令不一，土地虽广，粮食虽丰，适足以为我奉也。”

二月，袁绍大将颜良等人围攻白马。四月，曹操亲自率兵北上解白马之围，采纳谋士荀攸声东击西之计，杀得袁军措手不及，颜良被关羽斩首，袁军大败，白马之围遂解。曹操遂沿黄河西撤。袁绍立命文丑、刘备渡河追赶曹操。曹操命军士解鞍放马，弃置辎重于道。袁军追至，争抢辎重，阵形混乱。曹操率骑兵突击，大破追兵，阵斩文丑。曹操初战得胜，主动撤军，继续扼守官渡。

八月，袁绍大军连营进逼官渡。曹操分兵坚守营垒。袁军先是作高橹、起土山，由上向曹营中射箭，接着又挖地道，欲从地下袭击曹营，皆被曹操以设投石机、挖掘沟壑之法破解。两军一攻一守，相持近两个月。久战之下，曹操处境极为困难。

十月，袁绍从河北运来粮草万余车，屯于离袁绍大营40里的乌巢。曹操偷袭乌巢，命四面放火，袁军大乱。袁绍急派兵救援，曹军士卒拼死力战，大破袁军，尽烧其粮草。大将张郃、高览等人又率部投降曹操，袁军溃散。袁绍弃军逃回黄河以北。曹军大获全胜，尽获袁军辎重图书珍宝。曹操清点袁绍书信，得到自己部下勾结袁绍的信，尽烧之，说："当绍之强，孤犹不能自保，而况众人乎！"

官渡之战，曹虽处于劣势，但由于他能正确分析客观条件，善于听取别人的正确意见，所以能扬长避短，采用正确的战略战术，经过主观努力，终于赢得了胜利。此战曹操击溃了最大的敌人袁绍，因此他统一北方已是大势所趋。官渡之战也是中国战争史上以少胜多、以弱胜强的著名战例。

远征乌桓及控制南匈奴

建安九年（公元 204 年），曹操进军围攻邺城（今河北临漳西），袁尚乘夜逃跑，袁军溃散。邺城守军斗志崩溃，邺城遂被攻破。从这一年起，曹操把自己的据点北迁到了冀州邺城，政令军队此后皆从此出，而汉献帝的都城许县则只留些许官吏。

建安十年（公元 205 年），曹操上表让还兖州牧，改任冀州牧。袁尚、袁熙逃奔三郡乌桓。

建安十二年（公元 207 年），曹操为了肃清袁氏残余势力，也为了彻底解决三郡乌桓入塞为害问题，决定远征乌桓。汉末，辽西、辽东、右北平三郡乌桓结合，是为三郡乌桓，其首领为辽西部的蹋顿。三郡乌桓与袁氏关系一直很好，并屡次侵扰边境，掳掠人口财物。

五月，曹操亲率大军到达无终（今蓟州区）。时正雨季，道路积水，"浅不通车马，深不载舟船"。曹操从无终人田畴之议，改从一条久已断绝，但"尚有微径可寻"的路线进军。曹操大军登徐无山（今河北玉田北），出卢龙塞（今河北喜峰口附近），"堑山堙谷五百余里"，直指乌桓老巢柳城（今辽宁朝阳南）。

八月，曹军进至离柳城不足 200 里时，乌桓才发现，于是蹋顿与袁尚、袁熙等人率数万骑兵迎击。时曹军辎重在后，被甲者少，而乌桓军军势甚盛。曹操登高瞭望，见乌桓军虽多，但阵势不整，遂命大将张辽为前锋，乘乌桓军阵稍动之机，向乌桓军发动猛攻。乌桓军大乱，曹军阵斩蹋顿，大获全胜。袁尚等人逃奔割据平州的公孙康。这时，有人劝曹操乘势进击公孙康，曹操说："吾方使康斩送尚、熙首，不烦兵也。"遂率军还师。不久，公孙康果然斩杀袁尚、袁熙，并将其首级献与曹操。诸将不明所以，曹操说："彼素畏尚等，吾急之则并力，缓之则自相图，其势然也。"于是，曹操攻破三郡乌桓，彻底肃清了袁氏势力，也促进了乌桓人同汉族逐渐融合，这对巩固北方社会秩序、使人民生产与生活安定有着积极的作用。

建安二十一年（公元 216 年）四月，汉献帝册封曹操为魏王。七月，南匈奴单于呼厨泉来朝贺，被扣留在邺城，曹操借机将南匈奴分为五部，选汉人为司马加以监督。

曹操《观沧海》

建安十二年（公元 207 年）曹操北征乌桓得胜回师途中，行军到海边，途经碣石山，登山观海，一时兴起遂作古诗《观沧海》：

东临碣石，以观沧海。
水何澹澹，山岛竦峙。
树木丛生，百草丰茂。
秋风萧瑟，洪波涌起。
日月之行，若出其中。
星汉灿烂，若出其里。
幸甚至哉，歌以咏志。

可以想见，作为大军统帅的曹操，登上当年秦皇、汉武也曾登过的碣石，又当秋风萧瑟之际，他的心情定会像沧海一样难以平静。他将自己宏伟的抱负、阔大的胸襟融汇到诗歌里，其踌躇满志，渴望建功立业的心境，借着大海的形象淋漓尽致地表现了出来。这首诗用饱蘸浪漫主义激情的大笔，勾勒出了大海吞吐日月、包蕴万千的壮丽景象；既描绘了祖国河山的雄伟壮丽，刻画了高山大海的浩瀚广阔，更表达了诗人以景托志，胸怀天下的进取精神。《观沧海》是以景托志的名篇。

毛泽东曾说："北戴河、秦皇岛、山海关一带是曹孟德(操)到过的地方。他不仅是政治家，也是诗人。他的碣石诗是有名的。"还说自己"很喜欢曹操的诗，气魄雄伟豪迈，慷慨悲凉，是真男子，大手笔"。

毛泽东写的《浪淘沙·北戴河》一词就提到了曹操的《观沧海》：

大雨落幽燕，白浪滔天，秦皇岛外打鱼船。

一片汪洋都不见，知向谁边？

往事越千年，魏武挥鞭，东临碣石有遗篇。

萧瑟秋风今又是，换了人间。

毛泽东的《浪淘沙·北戴河》这首词展示了无产阶级革命家前无古人的雄伟气魄和汪洋浩瀚的博大胸怀，比曹操的《观沧海》有更鲜明的时代感、更深邃的历史感、更辽阔的宇宙感和更丰富的美学容量。这首词生动描绘了北戴河海滨夏秋之交的壮丽景色；展示了一代伟人前无古人的雄伟气魄和汪洋浩瀚的博大胸襟。

晋封魏王

建安十七年(212 年)，汉献帝准许曹操"参拜不名、剑履上殿"。

建安十八年(213 年)，汉献帝册封曹操为魏公，加九锡、建魏国，定国都于邺城。魏国拥有冀州十郡之地，置丞相、太尉、大将军等等百官。

建安二十一年(216 年)四月，汉献帝册封曹操为魏王，邑三万户，位在诸侯王上，奏事不称臣，受诏不拜，以天子旒冕、车服、旌旗、礼乐郊祀天地，出入得称警跸，宗庙、祖、腊皆如汉制，国都邺城。王子皆为列侯。他名义上还为汉臣，实际上已是皇帝。

建安二十二年(217 年)，汉献帝又赐予曹操王冕十有二旒，乘金根车，驾六马，设五时副车，曹操以五官中郎将曹丕为魏太子。

曹操为何终生称相不称帝

按当时形势，东汉政权已名存实亡。然而，"义士有存本之思，北民有感旧之哀"，社会各界人士，并不希望改朝换代，曹操看透天下大势，遂"拥帝以求自展"，终生称相而不称帝，挟天子以令天下，名正言顺地征服了中原群雄，完成了统一中国北方的大业。司马迁曾说："秦失其鹿，天下共逐之，于是高材疾足者先得焉。"曹操在角逐中原的过程中，挟天子以令天下，可谓高材捷足，不失是一种明智的政治选择。

三国鼎立

山东省菏鄄及其周边地区，位于中原腹地，故有"天下中"之称。在角逐中原、统一中国北方的决战中，曹操以鄄城为基地，亲自指挥了 30 多场著名战役，彰显了其卓越的军事才能。

曹操还是中国第一位诠注《孙子兵法》的人，并肇起了建安文学，真可谓是文武兼备。在华夏史上，曹操是一位杰出的民族精英。

曹操在统一中国北方的战争中，深谋远虑，善纳良策；利用汉室的名义，争取民心，恩威并用，征抚兼施；重视战略基地建设，推行屯田制，发展经济，减轻民赋，安定社会秩序；治军严整，赏罚分明；善用将吏，兼容并蓄；用兵灵活，力争主动，面临危局，临阵若定，善于捕捉战机，抓住作战关键，出奇制胜，终于取得了战略性决战和内线作战的节节胜利。但在外线作战中，曹操大军，因赤壁之败而未能登陆江南，刘备则因赤壁之战迅速掠取荆州各郡，作为自己的立足点，由此，魏、蜀、吴三分天下的鼎足之势便形成了。

谯水击蛟

曹操10岁那年，在谯水中游泳，突然遇到一条凶猛的鳄鱼。鳄鱼张牙舞爪地向曹操攻击，但曹操毫不畏惧，沉着地与鳄鱼周旋。鳄鱼无法下口，于是逃掉了。曹操回家后，没有向家人提起鳄鱼的事。后来，有个大人看见一条蛇而恐惧畏缩，曹操大笑，天真地说："我在谯水碰到鳄鱼都不怕，你却怕一条蛇，真是可笑！"众人询问，曹操以实相告，众人无不惊叹少年曹操的胆略。

望梅止渴

有次曹操带兵出征，途中找不到有水的地方，士兵们都很口渴。于是曹操叫手下传话给士兵们说："前面就有一大片梅林，结了许多梅子，又甜又酸，可以解渴。"士兵们听后，嘴里都流口水。他们凭借着这个，得以到达前方有水源的地方。

割发代首

有一年庄稼丰收之时，曹操奉皇命率军经过麦田，下令说："士卒不要弄坏了麦子，有违反的处死！"军中凡是骑马的人都下马，用手相互扶着麦子走。未想曹操自己所坐的马竟然尥蹶子窜进了麦地，曹操招来手下的主簿来论罪，主簿用春秋的典故应对说：自古刑法是不对尊贵的人使用的。曹操反而说："自己制定的法律而自己违反，如何能统率属下呢？然而我身为一军之帅，在完成任务前是不能够死的，请求对自己施予刑法。"于是拿起剑来割断自己一截头发投掷在地上以代斩首。

横槊赋诗

赤壁之战前夕，曹操率大军饮马长江，与孙权、刘备联军决战。是夜明月皎洁，他在大江的战船上置酒设乐，欢宴诸将。酒酣，曹操操取槊立于船头，慷慨而歌。歌词就是下面有名的《短歌行》：

对酒当歌，人生几何？
譬如朝露，去日苦多。
慨当以慷，忧思难忘。
何以解忧？唯有杜康。
青青子衿，悠悠我心。
但为君故，沉吟至今。
呦呦鹿鸣，食野之苹。
我有嘉宾，鼓瑟吹笙。
明明如月，何时可掇？
忧从中来，不可断绝！
越陌度阡，枉用相存。
契阔谈讌，心念旧恩。
月明星稀，乌鹊南飞。
绕树三匝，何枝可依？
山不厌高，水不厌深，
周公吐哺，天下归心。

唐代元稹称："曹氏父子鞍马间为文，往往横槊赋诗。故其抑扬怨哀悲离之作，尤极于古。"苏东坡在《前赤壁赋》里称其"酾（shī）酒临江，横槊赋诗，固一世之雄也"。清代张玉谷说："此叹流光易逝，欲得贤才以早建王业之诗。"陈沆指出："此诗即汉高《大风歌》思猛士之旨也。"表达了珍惜有生之年，思及时努力，干一番轰轰烈烈的事业之意。故魏源说："对酒当歌，有风云之气。"全诗气魄宏伟，感情充沛，表现出统一天下的雄心壮志和进取精神。在古代诗人中，也只有曹操这样一位雄才大略、睥睨一世的人物才写得出来，至今读之，犹觉豪气逼人。乃悲歌慷慨，千古绝调。

迎回蔡文姬

曹操在平定北方后，出于对故人蔡邕的怜惜与怀念，“痛其无嗣”，于是在建安十一年(公元206年)派遣使者用金璧将其女蔡文姬从北方匈奴之地赎回国中，重嫁给陈留人董祀，并让她整理蔡邕所遗书籍四百余篇，为中国文化的传播做出了一定贡献。

绝妙好辞

曹操曾经途经曹娥碑下，杨修随行。石碑的背面题写着“黄绢、幼妇、外孙、齑臼”八个字。曹操问杨修说：“你知道这是什么意思吗？”杨修回答说：“知道。”曹操说：“你先别说，等我想一想。”走出30里远的时候，曹操才说：“我已经知道了。”命令杨修单独写出他所知道的。杨修写道：“黄绢，色丝也，于字为‘绝’；幼妇，少女也，于字为‘妙’；外孙，女子也，于字为‘好’；齑臼，受辛也，于字为‘辤’(辞字异体)；所谓‘绝妙好辞’也。”曹操也写下了自己的想法，和杨修一样，于是赞叹道：“我的才能比不上你，走了30里路才明白碑文的意思。”

分香卖履

曹操临终前，留下《遗令》说：“我的婢妾和歌舞艺人都很辛苦，让她们住在铜雀台(遗址在今河北临漳县西南20公里邺城遗址内)，好好安置她们，在台正堂上放六尺床，挂上灵帐，早晚上食物燃香供祭，每月初一、十五两天，从早至午，要向帐中歌舞奏乐。你们要时时登上铜雀台，看望我西陵的墓地。余下的香可分给诸夫人，不用它祭祀。各房的人无事做，可以学着制作带子、鞋子卖。”

祢衡恃才击鼓骂曹

祢衡年少时就有文采和辩才，但是性格刚直高傲，喜欢轻视别人。

汉献帝建安初期，祢衡到许都来游学。有人问祢衡说：“为什么不去投奔陈长文(陈群，三国政治家)、司马伯达(司马朗)？”祢衡回答说：“我怎么能和杀猪卖肉的人结交呢！”有人又问他：“荀文若(荀彧)、赵稚长(赵融)怎么样？”祢衡说：“荀文若可以借他的脸去吊丧(指荀彧长着哭丧脸)，赵稚长可以让他管理厨房膳食。”

祢衡只和鲁国的孔融以及弘农的杨修交情好。他经常说：“大儿孔文举，小儿杨德祖。其余的人平平庸庸，不值得提。”

孔融也非常欣赏祢衡的才能。虽然孔融年长40岁，但两人还是结为忘年之交。孔融多次向曹操称赞祢衡。曹操也想见他，但祢衡一向看不起而厌恶曹操，就自称狂病，不肯前往，还对曹多有狂言。

曹操因此怀恨，但因为祢衡颇有才气和名声，又不好杀他。曹操听说祢衡擅长击鼓，就召他为鼓吏。时遇八月中大会宾客，要检阅鼓吏们的鼓曲。各位鼓吏经过时都要脱掉原来的衣服，换上鼓吏专用的服装。轮到祢衡上场，他径直来到曹操面前停下，下吏呵斥说：“你这鼓吏为何不换衣服，就胆敢轻率进见！”祢衡说“好！”于是先脱掉近身的衣服，接着脱掉剩下的衣服，赤身裸体站在那里，又慢慢取过鼓吏专门的衣服穿上，完了，他挥动鼓槌演奏《渔阳掺挝(càn zhuā)》鼓曲，容貌姿态与众不同，鼓声深沉，节奏悲壮，有金石之音。满座的人都为之动容，无不感慨。之后祢衡离开，脸色一点都不惭愧。曹操笑着说：“本想羞辱祢衡，没想祢衡反而羞辱了我。”

回来后，孔融就数落祢衡，顺便说了曹操对他的诚意。祢衡答应去给曹操赔罪。孔融再次拜见曹操，说祢衡得有狂病，如今祢衡请求亲自来谢罪。曹操大喜，命令守门的有客人来就通报，直等待祢衡很晚。祢衡却穿着普通单衣、缠着普通头巾，手里拿着三尺长的大杖，坐在大营门口，用大杖捶着地大骂曹操。曹操很生气。大概是吸取了以前杀边让的教训，故虽受辱于祢衡，也只对孔融说：“祢衡这小子，我杀他就像杀死鸟雀、老鼠罢了。但这个人一向有虚名，远近的人会认为我不能容他，现在把他送给刘表，你认为怎么样？”于是派人马把祢衡送走。

祢衡傲物难免一死

刘表和荆州的士大夫，先前就佩服祢衡的才气、名声，祢衡来后非常尊敬他，写的文章、言谈议论，没有祢衡的意见就不能定下来。有次，刘表和几个文人共同草拟奏章，大家都极尽才力。祢衡进来，看了他们拟的奏章，就撕掉扔在地上。于是要来笔纸，立刻写成，言辞、语义甚为可观。刘表十分高兴，更加器重他。后来祢衡又侮辱、轻慢刘表，刘表觉得羞耻，不能容忍，认为江夏太守黄祖性情急躁，所以把祢衡又送给黄祖。

黄祖初也善待祢衡。祢衡替黄祖做文书方面的事，都处理得很恰当。黄祖拉着祢衡的手说：“先生，这正合我意，和我心中要说的话一样啊。”黄祖的长子黄射，为章陵太守，和祢衡尤其友善。黄射一次宴请宾客，有人送给他一只鹦鹉，黄射举着酒杯对祢衡说：“希望先生以鹦鹉为题作一篇赋，让嘉宾高兴高兴。”祢衡提笔就写，文不加点，一气呵成，文辞色彩很华美。后来黄祖在大船上，宴请宾客，但祢衡出言不逊，使黄祖很难堪，就斥责祢衡。祢衡更是紧紧地盯着黄祖，说：“死老头！”黄祖非常生气，想要打他。祢衡更是大骂，黄祖气愤到极点，就下令要杀祢衡，因为黄祖的主簿一向恨祢衡，即刻就杀了祢衡。黄祖得知消息后光着脚来救，但没赶上。黄祖也很后悔，就厚葬了他。祢衡死时年仅26岁。

祢衡恃才傲物，这种人实不可取，被杀乃咎由自取。真正有才华有骨气的人不是此种作派。

小时了了，大未必佳

孔融4岁让梨，家喻户晓。10岁那年随父亲到达京城洛阳。当时，名士李膺在洛阳任职，如果不是名士或者他的亲戚，门人一般不通报。孔融想看看李膺是个什么样的人，就登门拜访。他对门人说：“我是李君的亲戚。”守门人通报后，李膺接见了他。李膺问他说：“请问你和我有什么亲戚关系呢？”孔融回答道：“从前我的祖先孔子和你家的祖先老子有师资之尊（孔子曾向老子请教过关于周礼的问题），因此，我和你也是世交呀！”当时很多宾客都在场，对孔融的回答十分惊奇。后来太中大夫陈韪来到李膺府第，宾客把这件事告诉他，陈韪却不以为然地说：“小时候聪明，长大了就不一定聪明。”孔融立即反驳道：“那么您小时候一定很聪明吧。”陈韪无话可说。此所谓“小时了了，大未必佳”也。李膺大笑，说：“你这么聪明将来肯定能成大器。”

想当然耳

北宋嘉祐二年（公元1057年），苏轼以一篇《刑赏忠厚之至论》得到梅尧臣赏识，其中有一句的内容说：“皋陶曰杀之三，尧曰宥之三。”当时考官皆不知其典故，主考官欧阳修问苏轼出于何典。苏轼回答在《三国志·孔融传》中。欧阳修翻查后仍找不到，苏轼答道：“曹操灭袁绍，以绍子袁熙妻甄宓(fú)赐子曹丕。孔融云：‘即周武王伐纣以妲己赐周公。’操惊，问出于何典，融答：‘以今度之，想当然耳。’”欧阳修听毕才恍然大悟。

覆巢之下安有完卵

孔融被害时，他的女儿7岁，儿子9岁，因年幼得以保全。寄居别人家中。二子下棋，孔融被捕，不为之动。左右的人说：“父亲被逮捕，不起，为什么?”答说：“覆巢之下安有完卵(哪里有巢毁坏了卵不破的呢)?”主人由此给肉汁喝，男孩口渴喝了。女孩说：“今天这样的祸，难道能够久活，还要知道肉味吗?”哥哥号哭而止饮。有人对曹操说了，于是决定都杀掉。等到捉拿的人到了，女的对哥哥说：“如果死者有知，得见父母，难道不是我们最大的愿望吗!”于是引颈就刑，颜色不变，没有人不为之悲伤的。

菏鄄古来征战地

鄄城自古为征战之地。远古的阪泉之战、涿鹿之战、鸣条之战，以及后来的城濮之战、桂陵之战、马陵之战等等，都发生在这里。前文已谈到。

后代在鄄城也发生过不少战争，例如秦汉三国时，项羽追击章邯、刘邦初起转战、曹操夜袭吕布都曾来往这里。

1946年8月10日至10月7日，在解放战争中，刘邓发起鄄南战役，在妙刘庄粉碎了蒋介石扼守黄河，控制鲁西南的梦想。

1947年6月30日晚，刘邓率13万大军在东至东阿、西至临濮150公里宽的黄河正面强渡黄河，解放鄄城，随即从这里进军大别山。

四十、曹植读书杏花岗

曹植高才生鄄乡，号称八斗受赞扬。
嗜酒放纵终失宠，七步成诗免死亡。
忠诚报国遭忌恨，贬至鄄城空为王。
一腔幽愤凭谁诉，化作诗赋歌愁肠。
筑台读书且行乐，遗迹今留杏花岗。

曹植读书台

曹植(公元192年—232年)，字子建，沛国谯人(今安徽省亳州市)。曹操任兖州牧后，将治所移到古鄄邑，即今鄄城县旧城镇，屯兵于鄄城，作为发展的基地。在此期间，卞皇后为其生下了第三个儿子曹植，并为其修建了读书台，名曰“曹植读书台”。

曹植生而聪慧，才华出众，10岁便诵读诗文、辞赋数十万言，出言为论，下笔成章，深得曹操的赏识与宠爱，曹操曾认为曹植在诸子中“最可定大事”，几次想要立他为太子，可以说志得意满。

曹操有四个出名的儿子，各有所长。一是长子曹丕剑术高超，二是次子曹彰，力大无比，三是三子曹植诗写得极好，四是四子曹冲智商过人，借船称象的就是他。四个儿子中最有才华的是曹植。

才高八斗

晋朝著名的山水诗鼻祖谢灵运，很有才华又清狂高傲，对人不屑一顾。他酷爱穿一双木制的钉鞋登山，这就是著名的“谢公屐”。李白就颇受谢灵运的影响。他在《梦游天姥吟留别》中写道“脚著(着)谢公屐，身登青云梯”。

有一次，谢灵运在酒宴上自叹道：“天下才共一石(十斗)，曹子建独得八斗，我得一斗，自古及今共分一斗。”意思是说天下人的才华都不在他眼里，只有曹植文才卓越，可使他由衷折服。由此，后世便称才学出众的人为“才高八斗”或“八斗之才”。

失宠遭迫害

曹植虽才华横溢，但个性怯懦，又嗜酒放纵，行为不检点，屡犯法禁，引起曹操的震怒；而他的兄长曹丕则很能矫情自饰，曹操认为笃厚恭谨，终于在立储斗争中渐占上风，并于建安二十二年(公元217年)得立为太子。曹植最终失败。

建安二十五年，曹操病逝，曹丕继承魏王位，不久又称帝。曹植的生活从此发生了根本性的改变。他从一个过着优游宴乐生活的贵公子，变成处处受限制和打击的对象。曹丕做了皇帝，因从前为争作太子的事，一直对曹植深怀忌恨，横加压抑与迫害。

七步成诗

《世说新语》记载着这样一个故事：曹丕做了皇帝以后，对才华横溢的胞弟曹植一直心怀忌恨，有一次，他命曹植在七步之内作诗一首，如做不到就将行以大法处死，而曹植不等其话音落下，便应声而吟出六句诗来：

煮豆持作羹，漉豉以为汁；

萁在釜下然(燃)，豆在釜中泣；

本自同根生，相煎何太急。

这首诗脍炙人口，由于限止在七步之中作成，故后人称之为《七步诗》。据说曹丕听了以后"深有惭色"：一为曹植在咏诗中体现了非凡的才华，具有出口成章的本领，使得文帝自愧不如；二为诗中以浅显生动的比喻说明兄弟本为手足，不应互相猜忌与怨恨，晓之以大义，自然令文帝羞愧万分，无地自容。这个传说很能说明曹植当时的处境和心情：屡遭疑忌，忧谗畏讥，临深履薄，名为藩王，实同囚虏。

被封鄄城王

曹植于魏文帝黄初二年被贬为鄄城侯，黄初三年三月虽又晋封为鄄城王，实际是被逐出京师。在鄄城县王国，曹植又重修了当年的读书台。台前有十数级台阶，台上有读书厅、藏书室和会文亭，从住所王府到读书台有长廊相通。曹植常在台上读书会友，吟诗作赋，抒发自己的幽愤与苦闷，写下许多辉煌的诗章。他经常用亘古清泉酿造的美酒约友会文，借酒浇愁，打发时光，并写下了"归来宴平乐，美酒斗十千"的名句。只有此时，曹植才能从郁闷和痛苦中解脱出来，感到一些快乐。

曹植的创作

曹植的生活和创作，以曹丕即帝位分为前后两个时期。前期有少数作品表达出社会动乱和自己的抱负，诗的基调是开朗、豪迈的。如《白马篇》《送应氏》等；后期作品则反映其所受压迫的苦闷。

曹植是三国时期著名文学家，建安文学的代表人物，可以说是建安文学的集大成者，在两晋南北朝时期，他被推尊到文章典范的地位。他虽不是建安七子(孔融、陈琳、王粲、徐干、阮瑀、应玚、刘桢)，但成就高于七子，与有"七子之冠冕"之称的王粲并称为"曹王"。其代表作有《洛神赋》《白马篇》《七哀诗》等。后人将他与曹操、曹丕合称为"三曹"，其诗以笔力雄健和词采飞扬见长。南朝宋文学家谢灵运赞其"才高八斗"。钟嵘在他的《诗品》中称赞曹植"骨气奇高，词彩华茂，情兼雅怨，体被文质，粲溢今古，卓尔不群"。清初著名诗人王士祯则说，汉魏以来两千年间诗家堪称"仙才"者，曹植、李白、苏轼三人耳。

曹植的诗善用比兴手法，语言精练而词采华茂，比较全面地代表了建安时代诗歌的成就，对五言诗的发展颇有影响。如《洛神赋》抒情优美，富于神话色彩，影响很大，是建安时期抒情短赋的代表作品。散文也有名篇，如《求自试表》等。其五言诗《白马篇》《名都篇》《吁嗟篇》等迄今脍炙人口。他的《七步诗》，更是妇孺皆知。

曹植的诗歌流传下来的有 80 余首，赋作名篇有 55 篇。其作品选集今存南宋嘉定六年刻本《曹子建集》10 卷，辑录诗、赋、文共 206 篇。

关于曹植愁台遗址

愁台或说即陈台。曹植在鄄城度过了三年愁肠百结的日子。曹植忧虑文帝曹丕猜忌，常登台赋诗以见意，所谓“高台多悲风”也，其著诗多叙悲愁，故名愁台。曹植著名的《释愁篇》即在愁台所作。至今，在曹植愁台遗址上似乎仍能听见《洛神赋》那愁肠百转的哀婉泣诉。

《濮州志》记曰：“愁台在羊角城内，陈思王所筑。”遗址在古羊角城内，即今鄄城箕山镇宋楼乡亿城寺西南百步。但查无迹可寻，可能是把杏花岗的陈台方位弄错了，向东移了几十里致误。

曹植忧郁而死

曹植在文帝、明帝当政的 12 年中，曾被迁封过多次，最后又以陈郡(今淮阳)四县被封为陈王。但终因不能得到任用，于公元 232 年，最后忧郁而死，时年 41 岁，死后谥曰思，所以陈台俗又称“陈思王读书台”，简称“陈台”。

曹植出生在鄄城，在此度过了最美好的一段时光。后又封为鄄城侯、鄄城王，他一生封地“六易三迁”，然对鄄城情有独钟，就连被封为临淄王令其就国时，他也没到临淄去，而是仍住在鄄城。他的著作不少都是在鄄城陈台写的。如《杂诗六首》《野田黄雀行》《赠白马王彪》《责躬诗》《七哀诗》《帝尧赞》等。最有名的则是《洛神赋》。

陈台故址在今鄄城县旧城镇东北约 2 里地的杏花岗村三官庙西南 20 米。20 世纪 20 年代，读书台尚存半米高台基，残砖断瓦隐约可见。遗址左侧，三官庙大门右前方，仅存一口古井，传为曹植时代所掘，古井今在，井深数米，井水清澈甘甜。三官庙后十米处有一冢，为三官庙住持羽化的顾教颜法师之墓，墓碑尤在，碑文清晰了然。铭文文辞生动，情真意切，感人泪下。

濮鄄一带属黄泛区，黄河多次决口，读书台渐被淤没。由于曹植的影响较大，读书台虽屡屡受损，却时常得到加固、修复，只是难保当年面貌。从历代官吏、文人诗作中可以看出，陈台这一古迹存在了相当长的时间。现虽已夷为平地，然遗址尚可辨知，仍不断有人前往觅踪、凭吊。

曹植《洛神赋》及参考译文

据序所言，曹植此赋系其于魏文帝黄初三年(公元 222 年)入朝京师洛阳后，在回封地鄄城途中经过洛水时，“感宋玉对楚王神女之事”而作。当时，曹丕刚即帝位不久，即杀了曹植的密友丁仪、丁廙二人。曹植本人在就国后也为监国谒者奏以“醉酒悖慢，劫胁使者”，被贬安乡侯，后改封鄄城侯，再立为鄄城王。这些对决心“戮力上国，流惠下民，建永世之业，流金石之功”的曹植来说，无疑是接二连三的沉重打击，其心情之抑郁与苦闷，是可想而知的。

《洛神赋》并序

黄初三年，余朝京师，还济洛川。古人有言，斯水之神，名曰宓妃。感宋玉对楚王神女之事，遂作斯赋，其辞曰：

余从京域，言归东藩，背伊阙，越轘辕(huán yuán，道路环曲险阻之山，在河南)，经通谷，陵景山。日既西倾，车殆马烦。尔乃税驾乎蘅皋，秣驷乎芝田，容与乎阳林，流眄乎洛川。于是精移神骇，忽焉思散。俯则未察，仰以殊观。睹一丽人，于岩之畔。乃援御者而告之曰：“尔有觌于彼者乎？彼何人斯，若此之艳也！”御者对曰：“臣闻河洛之神，名曰宓妃。然则君王所见，无乃是乎？其状若何，臣愿闻之。”

余告之曰：其形也，翩若惊鸿，婉若游龙，荣曜秋菊，华茂春松。髣髴（仿佛）兮若轻云之蔽月，飘飖（摇）兮若流风之回雪。远而望之，皎若太阳升朝霞。迫而察之，灼若芙蕖出渌波。秾纤得衷（中），修短合度。肩若削成，腰如约素。延颈秀项，皓质呈露，芳泽无加，铅华弗御。云髻峨峨，修眉联娟。丹唇外朗，皓齿内鲜。明眸善睐，靥辅承权。瓌（瑰）姿艳逸，仪静体闲。柔情绰态，媚于语言。奇服旷世，骨像应图。披罗衣之璀粲（璨）兮，珥瑶碧之华琚。戴金翠之首饰，缀明珠以耀躯。践远游之文履，曳雾绡之轻裾。微幽兰之芳蔼兮，步踟蹰于山隅。于是忽焉纵体，以遨以嬉。左倚采旄，右荫桂旗。攘皓腕于神浒兮，采湍濑之玄芝。

余情悦其淑美兮，心振荡而不怡。无良媒以接欢兮，托微波而通辞。愿诚素之先达兮，解玉佩以要之。嗟佳人之信修兮，羌习礼而明诗。抗琼珶以和予兮，指潜渊而为期。执眷眷之款实兮，惧斯灵之我欺。感交甫之弃言兮，怅犹豫而狐疑。收和颜而静志兮，申礼防以自持。

于是洛灵感焉，徙倚彷徨。神光离合，乍阴乍阳。竦轻躯以鹤立，若将飞而未翔。践椒涂之郁烈，步蘅薄而流芳。超长吟以永慕兮，声哀厉而弥长。尔乃众灵杂遝（沓），命俦啸侣。或戏清流，或翔神渚。或采明珠，或拾翠羽。从南湘之二妃，携汉滨之游女。叹匏瓜之无匹兮，咏牵牛之独处。扬轻袿（guī）之猗靡兮，翳修袖以延伫。体迅飞凫，飘忽若神。凌波微步，罗袜生尘。动无常则，若危若安。进止难期，若往若还。转眄流精，光润玉颜。含辞未吐，气若幽兰。华容婀娜，令我忘餐。

于是屏翳收风，川后静波。冯夷鸣鼓，女娲清歌。腾文鱼以警乘，鸣玉鸾以偕逝。六龙俨其齐首，载云车之容裔。鲸鲵踊而夹毂，水禽翔而为卫。于是越北沚，过南冈，纡素领，回清阳（扬），动朱唇以徐言，陈交接之大纲。恨人神之道殊兮，怨盛年之莫当（匹偶）。抗罗袂以掩涕兮，泪流襟之浪浪。悼良会之永绝兮，哀一逝而异乡。无微情以效爱兮，献江南之明珰。虽潜处于太阴（神居之水府），长寄心于君王。忽不悟其所舍，怅神宵而蔽光。

于是背下陵高，足往神留。遗情想像，顾望怀愁。冀灵体之复形，御轻舟而上溯。浮长川而忘反（返），思绵绵而增慕。夜耿耿而不寐，沾繁霜而至曙。命仆夫而就驾，吾将归乎东路。揽騑辔以抗策，怅盘桓而不能去。

参考译文

黄初三年，我来到京都朝觐，归渡洛水。古人曾说此水之神名叫宓妃。因有感于宋玉对楚王所说的神女之事，于是作了这篇赋。赋文云：

我从京都洛阳出发，向东回归封地鄄城，离了伊阙，越过轘辕，途经通谷，登上景山。这时日已西下，车困顿而马疲乏。于是就停在长满杜蘅草的岸边卸了车，在生着芝草的地里喂上马。自己则漫步于阳林，纵目眺望水波浩渺的洛川。于是不觉精神恍惚，思绪飘散。低头时还没有看见什么，一抬头，却发现了异常的景象，只见一个绝妙佳人，立于山岩之旁。我不禁拉着身边的车夫对他说：“你看见那个人了吗？那是什么人，竟如此艳丽！”车夫回答说：“臣听说河洛之神的名字叫宓妃，然而现在君王所看见的，莫非就是她！她的状貌怎样，臣倒很想听听。”

我告诉他说：她的形影，翩然若惊飞的鸿雁，婉约若游动的蛟龙。容光焕发如秋日下的菊花，体态丰茂如春风中的青松。她时隐时现啊像轻云笼月，飘忽摇曳啊似回风旋雪。远而望之，明洁如朝霞中升起的旭日；近而视之，鲜丽如清波间绽开的新荷。她体态胖瘦适中，高矮合度，肩窄如削，腰细如束，长而秀美的颈项露出白皙的皮肤。既不施脂，也不敷粉，发髻高耸如云，长眉弯曲细长，红唇鲜润，牙齿洁白，一双善于顾盼的闪亮的眼睛，两个面颧下甜甜的酒窝。她姿态优雅妩媚，举止温文娴静，情态柔美和顺，语辞得体可人。洛神服饰奇艳绝世，风骨体貌与图上画的一样。她身披明丽的罗衣啊，耳戴精美的玉环。头戴金银翡翠首饰，缀以周身闪亮的明珠。她脚着饰有花纹的远游鞋，拖着薄雾般的裙裾，隐隐散发出幽兰的清香啊，在山边徘徊徜徉。忽然又飘然轻举，且行且戏，左面倚着彩旄，右面有桂杆旗庇荫，在河滩上伸出素手啊，采撷水流边的黑色芝草。

我钟情于她的淑美（又担心不被接受），不觉心旌摇曳而不安。因为没有合适的媒人去说情啊，只能借助微波来传递话语。但愿自己真诚的心意能先于别人陈达啊，我解下玉佩向她发出邀请。慨叹佳人实在美好啊，既明礼义又善言辞，她举着琼玉向我作出回答啊，并指着深深的水府以为期会。我怀着眷眷之诚啊，又恐受这位神女的欺骗。因有感于郑交甫曾遇神女背弃诺言之事啊，心中不觉惆怅、犹豫和迟疑，于是敛起笑容定下心神啊，以礼义约束自我控制。

这时洛神深受感动，流连低回徘徊，神光聚散不定，忽暗忽明。她像鹤立般地挺起轻盈的躯体，如将飞而未翔；又踏着弥漫着花椒浓香的小道，走过杜蘅草丛而使芳气流动。忽又怅然长吟以表示深沉的思慕啊，声音凄凉尖锐而悠长。于是众神纷至沓来，呼朋引类，有的嬉戏于清澈的水流，有的飞翔于神异的小渚，有的在采集明珠，有的在俯拾翠鸟的羽毛。洛神身旁跟着娥皇、女英南湘二妃，她手挽汉水之神女，为瓠瓜星的无偶而叹息啊，为牵牛星的独处而哀咏。时而扬起随风飘动的上衣啊，用长袖蔽光远眺，久久伫立；时而又身体轻捷如飞凫，飘忽游移无定。她在水波上细步行走，罗袜溅起的水沫如同尘埃。她动止没有规律，像危急又像安闲；进退难以预知，像离开又像回返。她双目流转明亮，容颜焕发润泽，话未出口，就已气香如兰。她的体貌婀娜多姿，令我看了茶饭不思。

在这时风神屏翳收敛了晚风，水神川后止息了波涛，冯夷击响了神鼓，女娲发出清泠的歌声。飞腾的文鱼警卫着洛神的车乘，众神随着叮当作响的玉鸾一齐离去。六龙严整齐头并进，驾着云车从容前行。鲸鲵腾跃在车驾两旁，水禽绕翔护卫。车乘走过北面的沙洲，越过南面的山冈，洛神转动白洁的脖颈，回过清秀的眉目，朱唇微启，缓缓地陈诉着往来交接的纲要。只怨恨人神有别啊，彼此虽然都处在盛年而无法如愿以偿。说着不禁举起罗袖掩面而泣啊，止不住泪水涟涟沾湿了衣襟，哀念欢乐的相会就此永绝啊，如今一别身处两地，不曾以细微的柔情来表达爱慕之心啊，只能赠以明珰作为永久的纪念。自己虽然深处太阴水府，却时时怀念着君王。洛神说毕忽然不知去处，我为众灵一时消失隐去光彩而深感惆怅。

于是我舍低登高，脚步虽移，心神却仍留在原地。余情绻缱，不时想象着相会的情景和洛神的容貌；回首顾盼，更是愁绪萦怀。满心希望洛神能再次出现，就不顾一切地驾着轻舟逆流而上。行舟于悠长的洛水以至忘了回归，思恋之情却绵绵不断，越来越强，以至整夜心绪难平无法入睡，身上沾满了浓霜直至天明。我不得已命仆夫备马就车，踏上向东回返的道路，但当手执马缰，举鞭欲策之时，却又怅然若失，徘徊依恋，无法离去。

洛神指谁？

曹植《洛神赋》中的“洛神”到底指谁，向来有不同说法。一说指的就是自己的嫂嫂甄氏（本是袁熙之妻，曹操攻陷邺城后成为曹丕的妻室）。当年曹植年纪尚小，又生性不喜争战，未随父兄去征战，遂得有机会与甄妃朝夕相见，进而生出一段情意。后来魏文称帝，甄氏被封为后，后因遭嫉恨失宠，最后被赐死，口塞猪糠，披发垢面，死状惨然。甄后死的那年，恰巧曹植到洛阳朝见哥哥，甄后生的太子曹叡陪皇叔吃饭，并赠与甄后生前的玉镂金带枕。曹植看着侄子，想起甄后之死，心中酸楚无比。曹植睹物思人，在返回封地鄄城时，夜宿舟中，恍惚之间，遥见甄后凌波御风而来，曹植一惊而醒，原来是南柯一梦。回到鄄城，曹植脑海里还在翻腾着梦中与甄后在洛水相遇的情景，于是文思激荡，写了一篇《感甄赋》。

明帝曹叡继位后，为避母名讳，遂改为《洛神赋》。由于此赋的影响，再加后人想象出的曹植与甄氏的初恋悲剧，遂把赋中的洛神认为甄后了。

二说是指曹植的亡妻崔氏。这是近几年，学术界提出的另一种观点。崔氏为名士崔琰兄之女，嫁给曹植为妻室，后因穿衣太过华丽被曹操所杀。之后好多年，曹植都没续正室。《洛神赋》其实是曹植在失意时，为怀念当年与妻子崔氏一同度过的美好时光有感而作，其形象鲜明而具体，绝不似出于想象。其中“叹匏瓜之无匹兮，咏牵牛之独处”，都是反映由成对而分开的情形，用来形容曹植与崔氏极其合适，用来形容甄氏明显不妥。

可见，梦中之人并非甄后，而是亡妻崔氏；“感甄赋”的“甄”，也不指“甄后”之“甄”，而是指今鄄城之古称“甄（juàn）城”之“甄”，“感甄赋”，实即“因有所感而写于鄄城的赋”之意。曹丕娶甄后时曹植才 10 来岁，不可能“欲求为妻”。《感甄赋》乃“托词宓妃以寄心文帝”，抒写的是抱负不得伸展与无由效忠王室的抑郁心情，以及在不得意之时更加对亡妻的思念。实与甄后无关。

四十一、杏冈春色野飘香

映潭云影展春光，红花烂漫杏花岗。
亭台依稀月明里，夜色朦胧野飘香。
陈王殷勤会诗友，东风和煦传逸响。
盛行祈雨商羊舞，民俗文化古韵长。
三官庙祭尧舜禹，托梦村民显灵光。
一担挑着两条龙，竟是开国宋两皇。
解放鄄城渡黄河，刘邓两次住庙堂。

杏冈映潭

鄄城旧城镇东北 3 里许有一个陈刘庄，据村民说，一千多年前庄东北有一土冈，漫山遍野都是杏树。古时，这里每到阳春三月，杏花如云，争艳斗红，吸引的游人络绎不绝，故连陈刘庄也都改叫了杏花岗。自古“杏冈春色”就是鄄城八景之一。古无名氏写有《杏冈春色》一诗，生动描写了杏花岗春天杏花盛开的古韵景色：

争妍万树斗芬芳，花粉风吹十里香。
飞落满村红似锦，春色先到杏花岗。

杏花岗附近，古有三国曹植读书的地方，叫曹植读书台，后因曹植徙封陈王，又改称陈王台，简称陈台。

陈台附近，还有一汪清潭，水清见底，平如明镜，秋夜明月映潭，景色迷人，故称映潭。“映潭明月”也是鄄城有名的一景。古有无名氏《清潭明月》诗一首，描写映潭的月夜秋色：

溪潭一道水澄清，四季温和堪濯缨。
鱼跃萍开天弄影，楼台俯视月明中。

杏冈春色起源

传说，曹植做鄄城王时，一日春晨，他站在读书台上，放眼远望，眼前隐约出现了一片花海，在微风的吹拂下，落英缤纷，似朝霞浮动。定睛再眺，见一棵棵杏树万花绽放，千枝竞秀，花团锦簇，香气扑鼻。立马回室与妻子崔氏言说，崔氏出门看时，却一无所见，只有烟霞浮动。

曹植看到的虽是虚幻的美景，倒诱发出他的灵感，他在凝思中，产生了一个念头：何不发动周围黎民百姓，广种杏树，既可美化读书台的环境，又可让百姓多些经济收入。于是下令方圆 10 里之内，广植杏树。果然三四年后，杏林长成，每到春天，杏花烂漫，出现了“杏冈春色”的美景；夏果累累，百姓也因卖果致富。这就是“杏冈春色”的来历。

“杏冈春色”的美景延续了千年以上，到了清朝周围杏林面积缩小，只有杏花岗村还有杏林盛开。直到20世纪60年代，杏花岗村周围仍有300多亩杏园。可惜，由于1976年引黄淤灌改壤，杏树全部被淹死。改革开放后，当地政府又发动群众种植杏树，发展古杏产业，希望恢复“杏冈春色”的景观，1996年又种植了400多亩杏树，又因当年的夏季大雨积涝而被淹死。

听说杏花岗村的群众仍有发展杏林的愿望，但愿此愿早日实现。并望将附近的相关景点一并恢复起来：开挖映潭，堆出杏冈，重修陈台，扩展三官庙，把“杏冈春色”“映潭明月”打造成人们的乐游园。

商羊舞

杏花岗村不仅是著名风景之地，还是流传于李进士堂镇、旧城镇一带的商羊舞发源地。每年春天都会在这里举行盛大的商羊舞大会。时至今日，商羊舞大会仍每年春天在这里按时举行。商羊舞如今已被列为国家级非物质文化遗产名录中的民间舞蹈。（详见《四十九、古郓民俗传统长》）

三官庙

杏花岗村西百米处还有一座著名的古庙宇，始建年代不可考。据传唐肃宗时重修过，修庙如今也已不存，现有的是更后重修的，这便是古之三官庙。此庙后靠黄河大堤，坐北朝南，掩映在枣林之中，青砖蓝瓦，虽不宏丽，然还古朴典雅，古色古香，颇有文化气息。奇怪的是这里的枣树圪针都是倒长着的。

庙中供奉着尧舜禹三位上古帝王。之所以称三官庙，是因为尧葬榖林，舜耕历山，禹治水九河之南，其地皆在古鄄邑境内。鄄邑百姓感念三位造福桑梓的恩德，故于杏花岗立庙祭祀，以表崇敬之意。庙虽不大，也不堂皇，但却终年香烟缭绕，拜者如云。据说这种盛况已传千年之上，至今经久不衰。

杏花岗村是个有着深厚的文化底蕴的自然村落，据村民世代传说，此庙最初本名三皇庙或三帝庙，在百姓眼里，皇也好，帝也好，离百姓的生活都太远，百姓能感受到的是身边的官员，好官、清官、能造福百姓的官，于是百姓便把治理国家有功而又道德高尚的尧舜禹视同清官，这样在百姓口中便称作了三官庙，这一名称体现了百姓对官员作为人民公仆的期望，也反映了尧舜禹生于鄄、都于鄄、治于鄄的事实。

打金枝

郭子仪是唐朝的大功臣，被封为汾阳王。为拉住郭子仪，唐代宗招郭子仪的第六子郭暧为驸马，将升平公主嫁之为妻。且说升平公主嫁到郭家后，不改往日金枝玉叶的作派，动不动对丈夫和公婆发脾气。一般说来，中国传统社会里媳妇见了公婆是要行大礼的，但公主是皇帝女儿，是君，公婆虽是长辈也是臣，所以那时郭子仪夫妇反过来倒要向公主下跪。郭暧对此十分不满，父母尚且向公主行礼，自己岂非矮了两辈下去？平日在颐指气使的公主面前，他倒也不敢有所造次，虽有不满，但也无可奈何。

时值汾阳王花甲寿辰，子、婿纷纷前往拜寿，唯独升平公主不往，引起议论，郭暧兄嫂戏嘲他惧内。郭暧在家宴上多喝了几杯，气愤之下回宫与公主评理，当即要求升平公主应该遵守妇道，给郭子仪夫妇祝寿并行下跪礼，结果被升平公主严词拒绝还当面训斥了他。郭暧忍无可忍打了公主一掌。公主大怒，便向父王、母后哭诉，为她出气，逼求唐皇治罪郭暧。代宗和皇后了解事因后，责备女儿不该不去拜寿。但公主一味撒娇不肯认错，代宗假意要斩郭暧为她出气，公主反被吓得没了主意。郭子仪闻之大惊，立缚其子，负荆上殿请罪。唐皇明事理，顾大局，笑着说："不痴不聋，不作家翁。儿女琐屑事，何必过问?"反而加封郭暧，郭子仪心里这才稍为安定。父子再拜谢恩而退。皇后也劝婿责女，小夫妻消除前隙，和好如初。

传说，代宗因女儿如此骄横无理，便让她到三官庙去，跪在三帝的神像面前，反省忏悔。后来公主果然思过行善，从此变得贤淑无比，有不少世人称赞的事迹流传下来。俗话说，小夫妻打架不记仇。尽管这场家庭纠纷闹腾的动静儿挺大，结果却皆大欢喜，郭暧和升平公主的感情从此反而加深不少。

一担挑着两条龙

传说，五代十国时期，后周有一员大将叫赵宏殷，一次在商地与敌人作战中战败，全军覆没，只身突出重围，按律当斩。他不敢回去交旨，便潜回家中，草草收拾了行囊，扮作平民百姓，带着妻子，用扁担挑着两个儿子和行李，悄悄逃走，欲回老家暂避一时。赵宏殷一行沿途历尽磨难，辗转来到郓城陈刘庄，见红日西坠，暮鸦归林，正叹"断肠人在天涯"之悲，猛抬头见杏花岗下有一座庙宇，心中大喜，急带一家妻小到庙内安身。

这天夜里庄里不少村民都做了同一个奇怪的梦：梦见一个金甲神人站在床前对他们大声说："一个老头不服穷，一担挑着两条龙。家西庙里把身停。"说罢用力击打床头，转瞬不见。第二天一大早不少村民怀着好奇的心情到三官庙里去看，见一个男子带着两个小孩在庙前玩耍，都十分惊讶，都说这家人有来头，能得神人相助，将来一定不简单。于是纷纷送来吃的，生活富裕的人还拿来衣被。这两个小孩就是未来的宋朝太祖赵匡胤和太宗赵光义。后来赵匡胤发动陈桥兵变，建立了宋朝，果然当上了皇帝，并传位给弟弟赵光义。

枣树圪针倒长着

这一家人得到村民的照顾，就在三官庙中住了下来。当时赵匡胤兄弟二人都还小，晚上常常尿湿裤子，白天需要晾晒，他母亲就把裤子搭在枣树上，风一吹就掉，他母亲埋怨地说："你枣树的圪针咋就不会倒长着啊!"第二天他母亲再晒裤子时，枣树的圪针果然都倒长着了，像许多小钩子一样钩着裤子，风再吹也吹不掉了。村民说这是皇帝命大，感动了上苍。

现在的三官庙，正厅三间为后来建的，庙门右前方有两棵百年枣树，说枣树的圪针就是倒长着的，只因树龄实在太长，已无圪针，可见此庙的古老。

历史悠悠，三官庙经历了千年沧桑，虚幻的神话也好，真实的历史也好，三官庙都给郓城留下了彪炳历史的篇章，它在屡毁屡建的过程中，能够延续到今天，美好动人的神话故事能够流传不断，说明为国家立下功勋、造福民众的尧舜禹，永远是人民敬仰的崇高形象。

刘邓两住三官庙

1947年，刘邓大军过黄河，刘伯承、邓小平当时就住在三官庙内，指挥了解放军渡河的全过程。

1949年3月5日至13日，中国共产党七届二中全会在河北省平山县西柏坡召开。召开前，刘伯承、邓小平、陈毅三位将军在过河北去参加会议的前一天，也同样住在了三官庙内办公，随后通过大邢庄渡口顺利渡河，直达西柏坡。后来群众遂把这个渡口誉称位“将军渡口”。

三官庙还是鄄城第一个党支部——杏花岗支部建立的地方。

四十二、廉吏榜样吴隐之

东晋廉吏吴隐之，清官楷模人称扬。
不信一歃怀千金，赴广治贪封龙骧。
亲饮贪泉破胡言，赋诗无改清正肠。
禄赐多以赈亲族，聘女卖狗筹嫁妆。
坚守清贫拒贿赂，身无长物归故乡。

破贪泉之说

吴隐之，鄄北人。鄄城历史上像汲黯这样的官员不少，吴隐之就是其中一个。他一生廉洁俭朴，是东晋末年著名的廉吏，堪为清官楷模。他曾为龙骧将军，广州刺史。赴任时，听说广州的石门，有一“贪泉”，传闻人喝其水就会变得贪得无厌。隐之不信，说：“人若无贪欲，就不会见钱眼开，说什么过了岭南就会丧失清廉，纯是一派胡言。”说罢走到泉边，舀了一碗泉水就喝，并赋诗一首说：

古人云此水，一歃怀千金。
试使夷齐饮，终当不易心。

清廉俭朴榜样

吴隐之到任后，牢记自己的誓言，处处严格要求自己。平时，他不沾酒肉，吃的只是蔬菜；穿的，仍是过去那些旧衣服。他还下令将前任太守使用过的豪华丝帐、帷幕以及各种贵重饰物统统撤除，一并归入国库中。其清廉俭朴令当地不少官员都难以相信，认为这些不过是他装出来的。隐之在广州任上，除自己始终保持廉洁俭朴之外，还革旧布新，兴利除害，严惩了一大批贪官污吏和不法商人，使当地社会风气日渐好转，百姓安居乐业。

卖狗嫁女

吴隐之每月领到的俸禄，除了留下一小部分作为家庭的基本开销外，其余大都用来接济亲戚和族人。

吴隐之的女儿要出嫁，谢石知道他家穷，便吩咐手下人带着办喜事所需的各种物品去帮忙操办。到了吴家，只见冷冷清清，毫无办喜事的气氛，唯见婢女牵了一只狗要去市上卖。原来吴隐之要靠卖狗的钱来筹办女儿的嫁妆！却对赠送的礼物，一概谢绝。

他家穷，原来是他始终保持清廉的操守，又乐善好施造成的。众所周知，两晋时的官风，是相当腐败的。何曾父子日食万钱，石崇与王恺比阔斗富这类丑闻，都是发生在那个时代。在那种环境和条件之下，吴隐之能够清廉自守，确实难能可贵。

四十三、岸柳帆影忆红船

瓠河岸柳翠如烟，红花遍地映蓝天。
洪浪滔滔称洪川，漕运穿梭走千帆。
繁华码头洪川口，万盛桥曾两岸连。
大红官船常泊此，遂改渡口为红船。
昔日盛景没泥沙，今唯孙膑故里传。

"洪川"变"红船"

红船在鄄城东部的鄄郓交界处，早在战国时期就已存在。村落附近有瓠子河，明代叫灉(滽，yōng)河，清代改名赵王河，俗称红沟，由西南向东北流去。宋末金初，该处是个渡口码头，水流湍急，洪浪滔滔，故当初叫"洪川"或"洪川口"。传说，经常有漆成红色的官船在此停留，景象壮观，老百姓因此后又称为"红船口"。

红沟是宋代的重要漕运河道，既可解决南北旱情，也可为战争调兵遣将之用。当年两岸杨柳依依，田禾翠绿，红花遍地，帆船如梭，风光如画。清光绪年间，赵王河被大水淤平，又省称红船。20 世纪笔者从北京回乡探望父母，坐济宁到鄄城的汽车，有时就在红船下车，步行 15 里即可到家。

龙涎万盛桥

据说，古代在红船镇有一座很大的桥，经过的船只不放桅杆也能从桥下通过。有一年黄河发水将其冲垮，只留下当初建桥时的一块石匾，被村民从当年的桥上拆下来盖房子当了地基。后来，被于姓村民发现，为保存石匾，将其砌在墙上，至今还赫然镶嵌在一座废弃的旧房子的砖墙上，上面刻着"龙涎万盛桥，康熙二十八年孟春重建"的字样，落款为"左总领会首于耀姓等"。

据说，于姓是当地的大家族，"从鄄城到菏泽，不吃别家的井水"。于姓的先人于印川，是大清诰封武功将军，二品顶戴赏花翎优先总镇，他的儿子正是修建此桥的于耀姓。这块石匾表明了至少在清代，沉船的这片区域还是一条大河。

孙膑故里

红船历史悠久，文化灿烂。红船镇北边的孙老家村是战国军事家孙膑的故里，现存孙膑家祠、孙膑传影、孙氏族谱、孙氏家祠序、孙膑墓址残碑、孙膑书画院遗址等众多历史古迹，如今新建了孙膑纪念堂。正在建设的还有孙膑农家乐园。

“红沟绿岸”为鄄城八景之一

随着元军铁骑的消失，终于在明代中叶，河道淤塞不通，但河仍在。20 世纪 70 年代，“文革”后期，红船镇北于庄村曾发现过元代沉船，即可证明。当时村生产队组织村民挖红薯窖，在红薯窖即将完工掏气眼时，生产队长于法恩突然感觉地下有硬物，挖出来一看，居然是船上面的桅杆！于是大家就继续往下挖，挖到大约 3 米深时，发现了船舱。大家都以为船里会有宝贝，就没日没夜地挖了 20 多天，却没有找到宝贝。于玉奎记得当时挖出过两个瓷碗、一个陶制的坛子、粮食、铁钉以及还有些不知道有什么用的生铁疙瘩。大家都很失望，觉得浪费这么多天不值得，就又埋了起来。可惜在那时，没人重视文物，沉船的一些船板，被百姓拿去打了几副门板、拖车，还有些被村民盖房子当了椽子。

红沟虽湮，仍为鄄城八景之一。昔日红船口春风吹绿两岸的盛景，如今只有借古人留下的《红沟绿岸》一首笼统的诗句，去想象了：

绿柳森森两岸垂，红花沟满趁春开。

秋高叶落随流水，一菊酿成酒数杯。

四十四、苏述牌坊北王召

义王逃鄄避战乱，临濮立村北王召。
隐姓埋名改姓苏，建有宗祠祖庙高。
后出贤臣名苏述，治民理政有功劳。
将兵平定云贵乱，敕建牌坊示旌褒。
濮水古渡有席桥，年久失修木已糟。
追昔相如题桥志，共建奋发司马桥。

北王召村

今鄄城临濮镇东北的北王召村和苏老家村（今属什集镇），聚居住着一支自称元朝后裔的苏氏蒙古族人。始祖为苏克明，本是元朝义王，名叫和尚，是元朝蒙古贵族皇室成员，元世祖忽必烈的玄孙，元威顺王宽彻普化之季子，末代皇帝元顺帝的皇叔，封为义王，属蒙古孛尔只斤氏。

1368 年 8 月，元朝崩溃前夕，元朝皇帝集三宫后妃、皇太子、皇太子妃等，开健德门仓皇北逃。义王和尚的五个兄长皆死于战乱，义王和尚则携家眷设法秘密逃出大都，寻找僻静之处，维持生计。当时濮州（即今鄄城）土地荒芜，人烟稀少，适宜生存。相对于北方也较为安宁，没有受到各路起义军的直接冲击，因此便选择南边山东濮州安身，即今鄄城北王召村和苏老家村一带。

义王和尚逃到濮州后，以“速克明”招募屯垦，聚乡兵万人。听到京都失陷，和尚晕倒在地，良久方醒。自此，遂改称姓苏，起汉名为克明，意为死而复苏，并决心快速克明复国，沿袭至今。

义王和尚隐居濮州，一方面收集人马，招募乡勇，以拥兵自卫，维持地方秩序，一方面进行屯垦，借军力控制州县，以为耕田立业扎根之计。明朝建立后，义王在濮州戍城守土，治安平寇，遂逐渐得到明朝朝廷的承认，他所领导的乡兵被编为朝廷的正规军。洪武四年六月二十三日，以苏氏乡军为基础“置平山卫于山东”，苏克明次子苏义做了平山卫第一任指挥使。

义王占据这一带平原时，并不知此为古青丘之地。后在高处施工建房时，掘出一块志石，上刻“临濮之东，清丘之原。熙宁四年”。见为北宋所立的标志，方知为清丘（即青丘）之地。今经钻探发现苏老家地下有山，是青丘遗址无疑。

“北王召”庙

今鄄城北王召村现存蒙古苏氏宗祠一座，明初所建，亦名“北王召”。蒙古语称寺庙为“召”，顾名思义，“北王召”即“北王庙”，意为从北面大都王室迁徙来的义王之庙。

北王召庙图

宗祠为砖木结构，三合古院，占地约两千平方米，正殿三间，门前两侧各有一座石狮。堂内雕梁画栋，金柱闪屏。该庙曾屡遭黄河水患，几经重建，仍保留了始建时的建筑风格与特点，门前一对石狮据鉴定还是明初建时之物。此外，宗祠院内现存《祖庙碑》两通，落款为清光绪二十二年(公元 1896 年)。宗祠中挂有苏克明的巨幅画像一轴，据传是明初人所绘，距今已有 600 多年。画的是苏克明全身立姿像，头戴五梁冠，额前有玉博山，身着右衽盘领绯袍，衬以白中单，宽袖青缘，白带黄绶，玉佩珠饰，手执象笏，足登白腰云头兰靴。这与碑文中所记苏克明当时的形象及所任职务基本相符。

蒙古苏氏迁鄄虽然已有 600 余年，且居住在汉文化发达的齐鲁大地，受汉文化的影响颇深，着短衣、食粮薯、说汉语、写汉字，但是在他们的心灵深处，仍保有蒙古文化的特质。他们代代无声无息地传承着那些最古老、最有代表性的蒙古民俗。据说他们现在已向政府有关部门提出申请，要求恢复蒙古族身份。

苏述牌坊

苏述(公元 1580 年—1625 年)，字绍尼，号彭符，今鄄城县什集镇北王召村人，苏氏后裔。明朝万历丙午年举人，丁未年进士。随后出任河南浚县县令，在任职期间建造了著名的江北“石头城”。后出任陕西巡案、浙江道监察御史，加封资政大夫。天启二年，文人出身的苏述曾率军平定了云贵叛乱，为国家安定做出了重要贡献。长途跋涉，积劳成疾，是年回乡养病，朝廷为褒扬其功，钦赐敕建石坊一座，荣耀族里。

牌坊位于北王召村南北大街中段，横跨 14 米，高 15 米，横架大石梁 3 个。横梁上，阳面书“苏述御史牌坊大明万历丁未年立”，阴面刻“陕西巡抚、浙江道监察御史进士苏述”字样，横梁正中立书“圣旨”二字，极有气魄。延请嘉祥名工巧匠，精雕细琢，二载而成。风格古朴浑厚，威严庄重，气势恢弘。雕图或蟾宫折桂，或桑梓渔猎，或官宦宴乐，或花鸟虫鱼，或猛禽走兽，皆线条细致鲜明，无不惟妙惟肖，栩栩如生，精美壮观，极富立体感，为世所仅见。一时轰动乡里，百里扶老携幼负食往观者络绎不绝。由于黄河泥沙淤积，后牌坊大部分被埋在地下。又因遭遇地震等自然灾害及日寇破坏，三梁石雕大部分被破坏，中层又被日寇炸毁，唯存下部，原淤于地下。今已掘出，重新立于原处。

席桥横渡

北王召村，是古濮水席桥渡口。北临司马桥，古桥流水，烟雨霏霏，渔翁独钓，扁舟横斜，是古鄄八景之一。前人有《席桥横渡》诗一首描写当时小舟往来的情景：

愧无司马题桥才，折荻留诗扫绿苔。

写到更深无侣伴，小桥横渡故人来。

共建司马桥

相传在什集镇西苏老家村西南，席炉村西北，明初有座木桥，因在席炉村西北，故名席桥。由于年久腐朽，影响交通，苏氏八世孙苏光耀、苏焊二人为首，募集资金，改建为三拱石桥。石桥上装石栏、石狮、华表等，宏丽壮观。历六年始成，起名“司马桥”。并刻碑一通，记苏氏、李氏、张氏和睦相处，共修司马桥之事，后为黄河泛滥淹没。

碑在北王召村北苏氏祖庙东侧。碑座为赑(xì)龟形；碑帽为二龙戏珠透雕，工艺细腻；碑身正面下部正中雕一立匾，上书阴文篆体“司马桥记”。《记》中有“昔司马相如奋题桥之志，而竟乘驷车，吾族党履此桥而奋此志也，则策励前修，科不乏人，益莫大焉”之语，说明了命名“司马桥”的原因，含有缅怀先人以启迪后世奋发进取之意。

取意司马相如驷马桥

桥名用的是司马相如驷马过升仙桥的故事。相传古时成都北门有座升仙桥，汉代成都文人司马相如赴长安求取功名途经此桥时，在桥廊上大书立誓：“大丈夫不乘驷马车，不复过此桥。”天遂人愿，司马相如到长安后名动京师，汉武帝十分赏识其才华，委派他返回成都出使西南夷。这样，司马相如果然乘着驷马高车重过此桥，印证了自己的豪言壮语。后来，他与临邛(今邛崃)才女卓文君结缘，功成名就，衣锦还乡，传为佳话，升仙桥也就改名为驷马桥了。

四十五、帝赐李迪遗直碑

春柳堌堆青山旁，洪拂一寺柳中藏。
阳春三月絮如烟，李迪遗冢映夕阳。
公明亮直多颖慧，博学高中状元郎。
身起布衣为冢宰，直言敢谏嫉恶肠。
不附权贵怒弹劾，帝赐故里遗直乡。

旧城古镇

鄄城旧城镇地处鄄城县北部，是全县第一大镇，素有“菏泽北大门”之称。旧城镇为“古鄄”所在地，是古老而文明的集镇。春秋单伯、齐桓公会诸侯于该镇之葵丘堌堆。东汉曹丕封其弟曹植为陈王，后改为鄄城王，并建有陈王读书台。1947 年刘邓大军也是在此横渡黄河挺进大别山的。

陶丘堌堆

旧城镇西南的陶丘堌堆村内有陶丘堌堆遗址，紧靠黄河大堤，为商周文化遗存，其上建有陶丘寺。相传为尧妃中山夫人葬处，今墓址仍在；又是尧子丹朱封地，死后也葬于此。陶丘堌堆北有自然洞穴一处，人称双龙无底洞，其深难测，称“陶丘一窦”，即古籍所说为濉、沮二水之源泉。古籍记载，尧舜禹皆在此瓠河之滨的陶丘堌堆烧制过陶器。可惜 1995 年修复龙王庙时被填平，现仅存明代悬云水井一眼，水位常年高于周边农田 20 厘米，今修一六角亭保护。

春柳堌堆

旧城镇西北为青山，古时山上山下遍植杨柳，故称春柳堌堆，是“古鄄八景”之一。古时有洪拂寺一座，杨柳环围，阳春三月，柳絮乱飞，如雪飘舞，极富诗意。原山前有北宋状元、宰相李迪家族墓群。如今青山已被黄河水泛淤于地下，难觅踪迹。然有古人《春柳杨花》一诗让人想象其当时美景：

春来美景赛秋烟，绿柳垂金最耐观。
因风但见絮飞舞，满地杨花铺白毡。

遗直之碑

李迪，字复古，宋濮州（今鄄城旧城镇）人。聪明颖慧，博学多才，景德二年中状元。入仕后，曾在多处任地方官，两度任宰相，也数次因得罪当权派遭到贬谪。但这位山东汉子的性格却一贯直来直去，快人快语，从未因个人利益或前途稍有改变。他对皇帝，不是曲意奉迎，而是敢说敢言。边帅曹玮上疏请求增兵固防，真宗以为懦怯，欲斩之；李迪力陈曹玮有勇有谋，乃忠臣良将，他日定能边关奏捷，后来果如其言。

时丁谓擅权，进谗言打击寇准，寇准遭贬。李迪愤而抵制，针对丁谓结党营私、擅权专政，怒对真宗说："臣愿与丁谓同时罢相并交御史台弹劾驳正。"真宗罢二人相位，贬李迪出知郓州。仁宗亲政后，再复相位，又遭吕夷简忌恨。赵元昊犯边，李迪以古稀之年，请求戍边，仁宗盛赞其爱国壮志。

李迪，公明亮直，疾恶如仇，眼里揉不得半点沙子。李迪死后，赠太子太傅，仁宗亲为其撰写墓碑曰"遗直之碑"，所葬之乡也改为"遗直乡"，可谓是对他一生的高度概括和评价。

四十六、唐皇梦筑沙土庙

临濮沙河横鄄南，红荷映日芦接天。
蛙声唱和渔歌里，披蓑垂纶涟漪边。
河畔千年沙土庙，缘于唐皇禅泰山。
曾为三教大中心，惜乎历遭兵水残。
如今河道淤积甚，有待治理开新篇。

沙河风光

临濮沙河是鄄城县南部的主要河流，是黄河在鄄城决口冲刷形成的自然河流。源头西起临濮的黄河引水闸——苏泗庄闸，东止于阎什口申位庄，流经临濮、什集、彭楼、阎什等乡镇，于牡丹区胡集镇汇入徐河，再入洙赵新河，在鄄城境内长达 28.8 公里，境内流域面积有 103 平方公里。

沙河东西横贯鄄城南境，这里碧芦接天、红荷映日，鸟鸣啾啾、渔船悠荡，蝶语花香、蜓飞蜂舞，四季皆彩；尤其是咯咯蛙鸣，此起彼伏，或深沉独奏，或相应唱和，像一支天然的乐队，另有一番逸致。

沙河又是一处绝佳的休闲垂钓宝地。如遇微阴，细雨披蓑，垂纶涟漪，如诗如画，耳享蛙歌，目赏云幻，意畅神逸，良多情趣。

唐太宗敕建沙土庙

沙河岸边的阎什口村还有一座历史悠久的沙土庙。

相传唐太宗东游泰山时，一日，出豫入鲁，来到古曹州东北 60 里处，一条碧带横贯驾前，只见清流潺潺，波光粼粼，莲浮水面，鱼翔浅底，近观垂柳葱郁，远望沃野无垠，百花点缀其间，林间众鸟争鸣，一派田园风光，令人心旷神怡。君臣停驾观景，流连忘返。时值晚霞夕照，游兴未尽，太宗谓左右曰："此地何等去处？"丞相魏征答曰："此地处古雷泽之北，此河为古濉水，周边圣迹遍布，尧葬之榖林，舜耕之历山，禹疏水之雷夏，均傍此处。该地圣贤辈出，地灵人杰，实为一方宝地。"君臣闻之无不赞叹。此时已届暮色降临，遂停驾就寝。

是夜，太宗忽梦泰山圣母飘然而至。太宗急忙起身相迎，骤然梦醒，看天已是曙光初照，即唤百官复述梦境，众人惊叹不已。皆曰："皇上泰山封禅，圣母中途迎驾，真乃是洪福齐天也。"太宗为谢圣母迎驾之恩，堆沙为庙，设碧霞元君之神位，鼓乐齐鸣，率众礼拜，并立召地方官员，颁旨修建泰山行宫。于是在太宗堆沙为庙处，大兴土木，数月即成，建泰山行宫一座,东西廊房十间,院墙,山门及辅助设施一应齐全,此即沙土庙之由来。

自此大唐李氏岁岁派员朝拜,为方便过往官员住宿,在沙土庙东建有馆驿,丞相魏征代君去曲阜祭孔,亦多在此居住,后来馆驿形成两个村庄,李庄为太宗李氏后裔,孔魏庄乃为魏征后代子孙,此乃后话。

沙土庙遭毁重建

沙土庙始建至今已有 1000 余年,历经兵灾水患,多次遭毁又多次复修,并逐渐扩建,至清末民初,沙土庙已成为集儒、释、道为一体的鲁西南第一综合大庙,为冀、鲁、豫、皖宗教活动中心。民间相传"南京北京都走到,不如看看沙土庙"。20 世纪,日寇侵华,14 年抗战,又 3 年内战,沙土庙再次毁于战乱,沙土庙遂不复存在。

沙土庙图

20 世纪末叶,国家改革开放,落实宗教政策。在广大群众迫切要求下,阎什口众位乡贤耆德秉承众意,倡议重修沙土庙,得到各界人士拥护。为修庙募捐,纷纷慷慨解囊,共襄义举,历经十五个春秋,沙土庙重建已初具规模。现今建成各式殿阁多间,神佛雕塑千余尊。

每年农历正月、三月、十月为沙土庙传统庙会。会期皆长达六天,届时有戏剧、杂技、民乐等民间传统文艺活动为庙会助兴。如今沙土庙已成为一个宗教祭祀、旅游观光、休闲娱乐的场所。为发展旅游产业、构建农村和谐社会发挥了积极促进作用。

沙河河道现已淤积严重,堤防残缺,每到汛期大雨来临,就会形成农田积水,低洼地区造成严重涝灾,已远远不能满足工农业生产发展的要求,当地政府与群众迫切要求对临濮沙河进行治理,保障社会经济的持续稳定发展。现在沙河治理工程已得到批准。

四十七、神品金蝉仝仁庄

鄄城沙壤林木茂，气候适宜产知了。
五月鸣蜩出黑暗，四年地下炼成宝。
自古视为唐僧肉，延年益寿可不老。
特色村子仝仁庄，树多林密条件好。
或炸或烧味鲜美，绿色食品开发早。

金蝉、知了、知了龟

金蝉俗称知了，幼虫乡俗叫“知了龟”，读作 dū lāo guī。“知”古音读 dū，先秦汉语音系里声母只有“端透定”，“知彻澄”还没有从“端透定”中分化出来。如今粤语“知”声母仍读 d。

蝉是同翅目蝉科昆虫的总称。全世界已经发现 3000 多种，据最新统计，我国也已经发现了 227 种。

金蝉这种昆虫自古为我国民众所熟知。《诗经》里说“五月鸣蜩”，《庄子》里说“蟪蛄不知春秋”，这里的“蜩”“蟪蛄”就是蝉。蝉有不少别称，如蚱蝉、寒蝉、鸣蝉、山蝉等等。早在《尔雅》里就列出了蝉的八个名字。一本介绍方言的书中甚至列举出了蝉的 25 个别名，比如蝍蜩、螗蜩、茅蜩、马蜩、麦蚻、蜓蛛、蛉蛄、蝭蟧（dì láo）、蜺、蚨、蠀……这还不包括我们熟知的“知了”和“蚱蝉”。

蝉的生活

法国生物学家法布尔对蝉有专门的研究，其作品《昆虫记》还被我国中学节选为教材，题目叫《蝉》。

法布尔写道：“四年黑暗的苦工，一月日光中的享乐，这就是蝉的生活，我们不应厌恶它歌声中的烦吵浮夸。因为它掘土四年，现在忽然穿起漂亮的衣服，长起与飞鸟可以匹敌的翅膀，在温暖的日光中沐浴着，那种像钹（bó）的声音能高到足以歌颂它的快乐，如此难得，而又如此短暂。”

被喻为“唐僧肉”

作为药材和食材的金蝉，指的是其幼虫“知了龟”。由于其对人体有多种滋补药效功能，民间早有把吃金蝉子比喻成可以让人长生不老的“唐僧肉”。

经科学分析，金蝉子体内含有丰富的氨基酸、蛋白质及微量元素，人体必需的氨基酸占氨基酸总量的 46.63%。

现在，金蝉子已以其绿色无污染、营养价值高、味道鲜美、口感独特、价位低廉的独特优点，逐渐走进了城里人的菜篮子。

近年来，有的公司还大量收购蝉，制成油炸、红烧的罐头出口日本、韩国，或袋装以供旅游区的游客尝鲜。

摸“知了龟”

金蝉的生长周期为四年，而每年的出土高峰期仅有夏季一个月，鄄城的十余个乡镇都产金蝉。笔者小时候，在家乡箕山谷庄，夏天都会去树林摸“知了龟”。“知了龟”一般晚上开始咬破地皮爬出，趴在草棵或树干低处，所以要晚饭后或第二天太阳未出前去抓，等太阳出来去抓，它已爬到高处，就抓不到了，即使抓到，也已经脱壳成知了，如左图，正是知了龟脱壳成蝉的过程，所谓“金蝉脱壳”，就不能吃了，所以，抓“知了龟”叫摸。

蝉蜕皮图

盛产“知了龟”的专业村

鄄西、鄄南的葛庄、董口、双庙、临濮、仝仁庄等乡镇，树木浓密茂盛，十分适宜金蝉生长，繁育量多、个儿又大。为扩大销售，如今在地方政府的鼓励下，扩大了资金投入，已搞起贩运、储藏一条龙服务。

尤其是鄄南3公里处有一个特色村庄叫仝仁庄，全村1000多人85%都姓仝，据说是从辽东迁来的靺鞨(mò hé)族的后裔。

仝仁庄，原名叫高庄。距今六百多年前，于洪武四年(公元1371年)有一姓高的山西移民到此开荒，建有一座宅院，取名高庄。其后，随着沧海桑田，姓高的人口逐渐少了，姓仁的多了起来，后遂改名仁庄。新中国成立后，由于和临近的一个村庄重名，外人经常搞错，再加此时姓仝的为大姓，为方便起见，又改叫仝仁庄。

仝仁庄周围长满了柳树、杨树、槐树，几乎家家院里都有树，冬暖夏凉，等于是生活在绿色的海洋里。这种自然条件，让仝仁庄成了著名的盛产“知了龟”的专业村。

四十八、滩区风光民善良

鄄城西北滩区长，沟渠纵横宜林粮。
飞鸟满天风光美，沙洲落日景辉煌。
蛙鸣鱼肥香草鸡，鲁西黄牛青山羊。
防浪柳林傍长堤，鸡腿蘑菇散芬芳。
石硪飞起堤防固，号子高亢精神昂。
历史悠久俩村镇，文化灿烂民善良。

滩区风光

黄河下游宽河道河槽两侧有广阔的河滩地，或称黄河湿地。而湿地是陆生生态系统和水生生态系统的过渡带，在维持生态平衡等方面具有重要作用，被形象地誉为“生命的摇篮”“地球之肾”和“鸟类的乐园”。

滩区面积广大，地势平坦，土地肥沃，沟渠纵横，蛙鸣鸟啭，环境优美；芳草匝地，绿树成荫，气候温润；黄河鲤、香草鸡、青山羊，肉鲜味美；各种果品栽培，大棚蔬菜种植，皆绿色无公害。总之，粮食资源、林木资源、畜牧资源，都很丰富。

滩区群众利用沿黄滩区沙质土壤的特点，尤其大力发展沙地西瓜和山药种植业，形成了良好的生态经济区。

巍巍黄河大堤，育有防浪柳林、银杏林，浓荫郁郁，隔天蔽日。春暖花开，桃园、苹果园，花香四溢，景色迷人。秋日里，黄昏时分，金色的夕阳光洒在黄河的河面上，是那样的静谧。远处，被夕阳染成微红的天空，满天的归鸟，与晚霞中流金溢彩的河滩构成了一幅美好的油画。到处的金黄，令人感到丰收的喜悦。

黄河滩区图

“渡口”“董口”与《老残游记》

鄄城这一滩区有两个重要乡镇，一个是西部的董口镇，东距鄄城县城 9 公里，西隔黄河与中原油田相望。历史悠久，文化丰厚。因西靠黄河渡口，原村名“渡口”，后讹为“董口”。有黄河浮桥连接鲁豫两省，是鄄城县的

“西大门”，也是东西交通的要道。董口是山东省商品粮生产先进镇，杨树丰产林发展先进镇，青山羊、小尾寒羊、鲁西黄牛饲养先进镇，又是大棚鸡腿蘑菇盛产地。

董口人淳朴、善良、豁达、好客，始终保持着朴实守信的品格。

董口村北的黄河堤旁，有一座宋氏孝子堂。原是明代所建褒扬宋显章夫妇孝贤德行的庙堂，记载的是明正德年间秀才宋显章孝父及其妻自缢殉夫的事迹，因此也称为孝烈祠。公元1511年赵风子领导的农民起义军到达董口一带，有士兵砍伐了宋显章祖茔的树，赵风子知道后，惩罚了那个士兵，并晓谕部下：这是孝子的家乡，不许扰害百姓，于是董口一带的百姓纷纷来到这里避乱，得以安定生活。反映了人们对孝道的敬重。

董口就是《老残游记》里说的董家口，书中写到，老残“第四日便到了董家口，仍在船上住了一夜。天明开发船钱，将行李搬在董家口一个店里住下。这董家口，本是曹州府到大名府的一条大道，故很有几家车店。这家店就叫个董二房老店。掌柜的姓董，有60多岁，人都叫他老董”。在董家口，老残与客店掌柜老董进行了长谈，察访了曹州府酷吏玉贤(隐喻“毓贤”)的所谓“政绩”。

李进士堂镇

另一个是北部的李进士堂镇，历史同样悠久，文化灿烂，是中华民族文化开发较早的区域之一，拥有陈王读书台、杏花岗，民间艺术商羊舞。

李进士堂镇是明朝进士李先芳的故乡。李先芳，字伯承，号北山。祖籍湖北监利，其祖迁居濮州李庄(今李进士堂村)。先芳生而早慧，美风姿，20岁中举，明嘉靖二十六年中进士，翌年任新喻知县。历官户部主事、刑部曹郎、尚宝司丞、陛少卿等职。后因耿直忠厚，得罪权要，辞官回归故里。李先芳性格秉直，崇尚信义，乐善好施，世人非常敬仰他，家乡父老为有他这样的才子而自豪。李先芳中进士后，曾经在本村建有孝祠堂，去世之后，后人将李庄改名李进士堂。

先芳急公好义，热心乡里事业，联络郡人名士编修《濮州志》，万历十八年(公元1590年)志成，先芳为之序，自号“北山野史”。先芳才华横溢，以诗作著称于世，留有《李氏山房诗选》《江右诗稿》《十三省歌谣》《东岱山房稿》《来禽馆集》《读书私记》《李先芳杂撰》《清平歌集》《周易折衷录》《医学须知》《急救方》等多部著作。

李进士堂镇是鄄城县的“北大门”，也是菏泽北部的一个重要门户。为弘扬历史文化，继承古人美德，近年来，李进士堂镇群众自发筹资修建了李先芳雕像，在李进士堂镇政府驻地东二三百米，下方有一块长方形的石碑，上面刻着“明朝进士李先芳”的字样。

由于这里土地肥沃，物产丰富，人民勤劳朴实，所以村民们的日子普遍比较殷实。

夯硪号子

李进士堂镇著名的还有黄河滩区的夯硪(wò)号子，一种激情燃烧的黄河民谣。夯硪号子由夯号演变而来。我国夯号历史悠久，最早可追溯到远古先民懂得建房夯筑地基时期，是人们打夯时用以统一动作的口号，后来演变为一种助劳的徒歌，一直延续到清末民初。

后来用以夯实房屋地基的石夯，被借用到修筑黄河大堤的工地上，就改造成了石硪，比石夯有力。硪，通常是一块圆形似磨扇而小的饼状石头，重量在数十斤到百余斤不等，后来间或也有铁质的，周围系着若干根拉绳。

打硪(也叫行硪)时,众人随着硪号有规律地同时拉起到一定的高度,然后借硪的自重和众人的下牵力让其落地将虚土夯实,效果的好坏,取决于号头(领唱人)的指挥和硪工之间的默契配合,以及正确的用力。打硪也是打夯的一种形式,在我国黄河中下游地区广泛使用,主要是在修堤、筑坝、打桩、铺路的时候用于夯实地基。年复一年的筑堤工程让黄河硪号日趋成熟,成为修堤工地一种不可缺少的劳动文化现象。

夯硪号子图

黄河硪号,仅分布于菏泽地区河段的就有大平号、长号、短号等等100多种,按区域划分又有东明号、临濮号、鄄城号、郓城号之别。硪号有强烈的时代气息和艺术感染力,是一种独具魅力的黄河文化。硪号夯歌的内容十分广泛,常常是把历史人物、传说人物胡乱地拉扯在一起,形成一种怪诞不经的滑稽笑料,既能提高人们的劳动兴趣,同时也能依照歌的节奏协调动作。甚至临时把某个夯手的特征、轶闻、笑料编成夯歌随口而出,又或掺杂一些土语、俚语,非常幽默诙谐,使打夯这一重体力劳动变得气氛活泼场面热烈。例如:

“吆吆嗨吆……高高山上一座楼,姐妹三人比梳头;老大梳个盘龙须,老二梳个舞凤楼;剩下小三没啥梳,梳个狮子滚绣球;绣球滚到东海洋,挡住黄河不让流。”

但随着社会进步和机械化施工的普及,硪,这种见证过往昔激情岁月和历代人精神力量的工具已无用武之地,在今天治理黄河中已淡出了历史舞台,硪号也渐渐淡出了人们的视野。据了解,目前菏泽会唱硪工号子的人基本上都是70岁以上的老人,且人数越来越少,打硪和硪号面临着后继无人的失传危机。

四十九、古鄄民俗传统长

古鄄风俗出尧王，文化传统历史长。
生子兴吃红鸡蛋，火镰取火斗鸡羊。
搿蹬搿蹬跳鶔鶔，源自祈雨舞商羊。
打跆打腊加击壤，起于习猎本领强。
舞龙舞凤祭三皇，先民生活折射光。

民俗源自先民的生活习惯

鄄城的民风习俗源远流长，许多都源自三皇五帝时的生活习惯，是先民生活的真实写照。

火镰取火

燧人氏打猎时看到石斧误击在山石上会迸出火星，据此发明了火镰取火的方法。这种方法一直流传到现在，新中国成立前，鄄城农村缺少火柴，大都还使用这种用火镰撞击火石取火的方法，既省钱又不怕下雨。（详见《六、燧皇薪火传菏鄄》）

盛行斗鸡

燧人弇兹合雄氏以玄鸟为图腾，称青鸟氏。其后代非常崇拜凤鸟，并以凤为图腾。鸟与鸡同类，遂演变为鄄城悠久的斗鸡传统。鄄城盛行斗鸡应非偶然，是鸟崇拜的反映。（详见《八、龙凤呈祥古鄄乡》）

斗羊成俗

炎帝部族崇尚羊，以羊为图腾，故鄄城特产有青山羊、小尾寒羊，又有斗羊的风俗。（详见《十、神农炎帝生尚羊》）

吃红鸡蛋

帝喾次妃简狄吞燕卵而生商祖契，流传下了鄄城至今仍盛行的结婚、生子吃红鸡蛋的习俗。（详见《二十、商汤祖上起菏鄄》）

如此许多民俗上文已经谈到，这里再重点介绍数则。

二月二龙抬头风俗种种

传说尧母庆都从神母庙求子回来后，一天夜里，她梦见一条赤龙追随，从此就怀了孕。到了第二年的二月二，就生下了一个男孩，就是后来的尧王爷。

帝尧每到自己生日的二月二这天，就同百姓一起开始春耕，这样就形成了帝王亲耕的习俗并传了下来。后世遂演变为民间的一个重要的传统节日“龙抬头节”。这天农民告别农闲，开始下地劳作，所以，“二月二”又叫作“春耕节”，俗话说“二月二，龙抬头，大家小户使耕牛”。

“二月二”这天，民间有各种风俗活动。

龙抬头。山东有的地方，这天各家都要把凿有龙形的石磨的上扇用砖支起来，叫作龙抬头，据说只有这样，才能“细雨下得满地流，一年吃穿不发愁”。

龙抬头图

这天，人们还要到龙神庙或水畔，焚香上供，祭祀春龙起蛰，祈求龙神兴云化雨，保佑一年五谷丰登。

吃春饼。这天还要吃春饼迎接春天的到来。龙是百虫之神，龙来了，毒虫就会躲起来，不会来为害人体健康和作物生长。为此，人们用面粉制作寿桃、牲畜等等，蒸熟后用竹签插在田间，借以祭祀百虫之神和祖先，希望神不要让毒虫出来危害庄稼，祈求祖先驱赶虫灾，保护人畜不得病。有的地方，人们还燃烧熏香，希望凭借烟气驱走毒虫。

扒猪头。过去农家辛苦忙碌了一年，到腊月二十三日过小年时杀猪宰羊，祭祖敬神，初一、十五过完，正月就过去了。“二月二”是春节期间最后一个节日，腊月杀的猪，肉基本上吃光了，最后剩下一个猪头，所以在“二月二”龙抬头之日，家家户户都煮猪头，俗称“扒猪头”或“扒猪脸”，表示春节过去，预示一年的农事活动又即将开始了。

撒灰围仓。撒灰也是这天的重要活动，一般是从井边开始，一路逶迤撒来，引入宅厨，环绕水缸，用灰在地面上画一条龙，俗称引钱龙。表示请龙回来，把财富引到家中。

或将灰撒在门前，谓之“拦门辟灾”；或将灰撒在墙角，意在“辟除百虫”；或用灰在院中，围作大小不等的圆圈，在当中放一把杂粮，叫作“围仓”，也叫“打灰囤”，象征丰年。有的用白面或豆面做成小龙，谓之神虫，放在粮囤和面缸里，祈愿粮面用之不尽。

打灯笼照房梁。这天，起床后还要打着灯笼照房梁，边照边念“二月二，照房梁，蝎子蜈蚣无处藏”。有的则是用竹木棍敲击房梁或炕沿，借以惊走蛇、蝎等毒虫，勿使为害。

剃龙头。民间传统“正月不剃头，剃头死舅舅”，因此，就要一直等到“龙抬头”的日子才能理发，俗称“剃龙头”，据说可带来一年的好运。此说虽很荒唐，但影响颇深，民间多有遵守。

吃炒蝎豆。山东风俗这天还要炒蝎豆，就是将黄豆裹上糖面，在盐水中泡过，炒出来香脆可口；还有的把面棋子（菱形面片）和蝎豆一块炒。据说吃了炒蝎豆，一年不被蝎子蜇；有的也叫“炒蝎子爪”，孩子们边吃边唱道：“吃了蝎子爪（zhuǎ），蝎子不用打。”传说，吃蝎豆不仅可以辟蝎，还说谁要是吃了七家的蝎子爪，谁就能长命百岁。

这天，人们把吃的食品都要加上“龙”的头衔。水饺叫“龙耳”，春饼叫“龙鳞”，面条叫“龙须”，米饭叫“龙籽”，馄饨叫“龙眼”，馍馍叫“龙蛋”等等。

行开笔礼，占鳌头

民俗，儿童在二月二这天要行开笔礼，开

始正式学习、写文章，这是人生的第一次大礼，为读书人四礼（开笔、进阶、感恩、状元）之首。仪式内容主要有拜孔子像、讲授人生最基本的道理、赠文房四宝等。

孩子这天入学谓之占鳌头，图个吉利。因为二月初三是主宰功名之神文昌君的诞辰，文人雅士都要敬奉文昌君，以求科举登第。

踏青节与花朝节

相传在唐代，这一天，人们还相邀结伴，至野外踏青，谓之“迎富”，顺便挖些野菜，带回家尝鲜儿，叫作“挑菜”。到宋代，逐渐演变为挑菜节、踏青节。“二月二”在宋朝还是“花朝节”，即百花的生日。

民间禁忌

二月二，民间也有不少禁忌。比如，妇女不许做针线活，以防不小心扎伤“龙目”，使龙不能观望天下。妇女起床前，要先念“二月二，龙抬头，龙不抬头我抬头”。有的地方这天不吃面条、不喝小米粥，因为面条叫龙须，小米叫龙籽，吃了怕影响龙的健康。

有的地方，这天早晨不能汲水，怕触了“龙头”，惹龙王爷发怒。妇女停止洗衣服，怕伤了龙皮，等等不一而足。

“龙抬头节”，最早见于元末熊梦祥撰写的《析津志》一书，可以断定，龙抬头节正式形成于元代。（详见《十六、尧陵钟韵响穀林》）

农闲击壤与打腊

击壤这种古老的投掷游戏，在鄄城很流行，笔者小时候就和小伙伴玩过。据传，帝尧之世，天下太平，生活富足，百姓无事。连80多的老人也于道中玩击壤的游戏。人们认为，这是伟大帝尧的功德，带给了人们恬静闲适的太平盛世生活。下边是老人唱的《击壤歌》：

日出而作（我太阳出来起床去劳动），

日入而息（太阳落山就回家来休息）。

凿井而饮（打井就有水喝），

耕田而食（种地就有粮吃）。

帝力于我何有哉（这跟帝尧有什么关系呢）！

击壤图

推其源，这种古老的游戏，盖与狩猎有关。远古时代，初民主要靠投击石块木棒来捕猎野兽，为了提高投掷的命中率，需要进行准确的投掷训练，这就是击壤的来历。后来，狩猎工具得到改进，有弹弓和弓箭，不再依靠木棒掷击野兽，但训练准确性还是必要的。于是这种练习便演变成一种游戏。

记得小时候，这种游戏有两种玩法：一种是手执一根一头粗一头稍细的约一尺半的木棒，然后在一丈开外的开阔地上横置或纵放一根长木棍，以手中木棒遥击之，看谁将木棍击起击远。纵放的要击准木棍的头才能击飞，非常难。由于要击棍棒下方的地上才能将木棒击起，所以叫击壤。乡俗叫打跆。

还有一种玩法叫打腊，是儿童游戏的一种：就是拿个一拃来长的小木棍，两头削尖如枣核形，置地而以棒或板击其尖头，一击蹦起，随之迅速再接着击之令其飞远。吾乡俗叫打腊(là,繁体作臘,獵也,意谓猎取禽兽以祭神祖),有的叫打板,是击壤的一种。

打腊图

商羊舞

史载,商汤建国不久,就遇到一场大旱,一连旱了7年,旱得河干井涸,草木枯焦。人民没吃的,叫苦连天。汤用各种方法求雨,占卜祭祀求雨,杀牲歌舞娱神求雨,曝烧旱魃求雨,都不能得到霖雨。以至商汤剪去指甲代替自己当作牺牲,亲自到桑林野外去祈求下雨。这就促生了商羊舞。

鄄城县李进士堂镇杏花岗村西百米处古有一座三官庙,始建年代不可考,古庙虽已不存,后修者尚在,商羊舞就产生于此地。

东汉王充《论衡·变动》记载说:"商羊者,知雨之物也,天且雨,曲其一足起舞矣。"意思是说,天将大雨,商羊便从高山树林中飞集出来,屈其一足起舞,进行各种蹦跳活动,直至降雨方散。故传说,商羊为一足之鸟,实误。

可见商羊鸟的出现是一种下雨的吉兆,人们见商羊鸟出现,就知道要下雨要了。所以每当天久旱不雨时,人们就盼望商羊鸟的出现。

大概春秋时商羊鸟就绝迹了。故《孔子家语·辨(辩)政》上有这样的记载:"齐有一足之鸟,飞集于宫朝,下止于殿前。齐侯大怪之,使使聘鲁问孔子,孔子曰:'此鸟名曰商羊,水祥也。'"天降大雨,商羊鼓舞,所以商羊舞也叫商羊鼓舞。

商羊鸟不出现怎么办?于是人们就自扮商羊鸟,戴上面具,拿着响板,结起彩铃,模仿商羊鸟的动作,舞蹈蹦跳,来祈求下雨。

所以商羊舞,是因应天旱求雨而演变来的一种舞蹈。后遂成为一种祭祀求雨的传统仪式。后代这一舞蹈除了用于天旱求雨外,还逐渐演变成一种民间娱乐活动,并且固定在每年三月三举行,世代相传以至于今。

商羊舞图

据杏花岗的老艺人说:每逢大旱天,十里八乡的人们都会聚在这里,从庙里抬出关二爷,扎上大棚,大棚上画上龙的形象,什么时候把关二爷晒出汗,天也就要下雨了。

商羊鼓舞就是在接送关二爷的路上跳的,舞者手拿响板,头戴柳枝圈,挽裤赤足,脚腕手腕有串铃圈,边行边舞。

蒲松龄《聊斋志异·跳神》中就有商羊舞的记载:"妇束短幅裙,屈一足,作商羊舞。"

瘸蹬鸉鸉和碰拐

商羊舞的动作也出现在儿童游戏中,成为孩子的一种有益的健身活动。春秋之时,就有儿童模仿商羊鸟跳求雨舞的习俗。

一种游戏是儿童屈一腿振卂两臂用单腿蹦跳,叫"瘸(gé)蹬鸉(yáng,即商羊鸟)鸉",

还要唱"天将大雨，商羊鼓舞"的童谣："翋蹬翋蹬鸈鸈，翋蹬老娘庄晌。老娘不管饭吃，拾个羊粪蛋吃。"女童多喜好玩这一游戏。比赛看谁坚持的时间长，后来演变为单腿跳方城，或兼踢沙包。

翋蹬鸈鸈图

还有一种儿童游戏，是两儿童各将一腿抱起，单腿跳跃，用抱起的膝盖相互撞击，直到把对方撞得双脚落地为胜，叫"碰拐"，男童多喜欢玩。一般在傍黑喝完汤（即吃了晚饭），聚在大街上或空地处游戏，直到大人来叫睡觉。

碰拐图

三皇舞

李进士堂镇杏花岗一带陈刘庄还有一种民间祭祖、求雨、祀神的三皇舞，相传源自上古三皇时代。古代文献曾有所记载，明清之际仍十分兴盛，但在新中国成立前几近绝迹。解放后，由于国家重视文化建设，三皇舞得到重新挖掘和整理，并被搬上文艺舞台。这一悠久、古老的民间舞蹈，又逐渐被人们所认识了解。这里不但跳三皇舞，还要跳龙凤舞、麒麟舞、仙鹤舞、踩高跷、划旱船、二鬼摔等等。

三皇舞描写的是上古原始人从爬行到直立行走的过程，出场时演员是爬着出场的，大致内容是人类穿着树叶、兽皮到葵丘山顶玩耍，遇见一头怪兽"夔"，将其杀死，吃掉肉后，用它的皮蒙成一面大鼓，手拿着夔的大腿骨敲起来跳起来，据说声闻五百里，所以三皇舞也叫夔舞。

菏鄄地区，史称"天下中""中原腹地"，是华夏民族五千年来一直繁衍生息的地方。三皇先后在这里治理天下，尧、舜、禹、汤先后在此地建都。以渔、牧、农业为主要生产方式的远古，为了祈求神祖保佑和丰收，逢节祭祖、逢旱求雨，是当地最为广泛和隆重的祭祀活动，所以三皇舞，是流传至今的中国最古老的祭祖祀神求雨的民俗舞蹈。

三皇舞分 8 段进行，分别描写：先民从爬行到直立行走的过程、集体围剿野牛的狩猎活动、舒展双臂下山到平原定居的欢乐、表现播种五谷的农耕、模仿采桑养蚕的活动、祭祀三皇和祖先的仪式、年终群舞联欢的庆祝和皆大欢喜的尾声。这在《诗经》里都有反映。

五十、古鄄沧桑铸民性

濮阳得名濮水阳，治在鄄城出圣王。
三皇五帝生息处，君子之乡古卫邦。
孔子弦诵学堂岗，御井甘泉助宋皇。
黄河流贯鄄北地，冲积沃壤孕华光。
频繁泛滥多灾难，历古战场征伐忙。
文化遗迹几泯灭，拊膺长叹意彷徨。
迫于生存闯关东，习武防身不畏强。
豪情侠骨重友情，急公好义热衷肠。
拼搏精神有传统，舞龙斗鸡喜觝羊。
勤俭朴厚守贫道，忠直不阿敦性刚。
张泳断案秉公正，史公抗清共城亡。
刘忠爱民为立碑，地灵人杰出贤良。
先民创下彪炳业，子孙可能更辉煌？

鄄城变迁沧桑史

鄄城本指今鄄城北边25里的旧城镇，是春秋卫国之地，原称甄邑，起于制陶，意为制陶之城。作为华夏的发祥地已有万年以上的历史。

古鄄这块神圣的土地，人杰地灵、英才辈出。不仅养育了三皇五帝及禹汤等开国帝王，历史上还出现了很多政治家、军事家、文学家和贤士良臣。

三皇燧人、伏羲、神农皆出生于鄄城雷泽周边地区。鄄城有文字记载的历史可追溯至五帝时期，在《左传》《吕氏春秋》《太平寰宇记》等古代典籍中对鄄城多有提及。

黄帝、颛顼、帝喾、唐尧、虞舜皆生于鄄，治于鄄，立都于鄄。夏禹治水于此，商汤灭夏于此。故古菏鄄之地号称“天下中”，是华夏文明的滥觞地、发祥地、发展地。

在鄄城的大地上，历史上曾先后建立过八个王国，设置过八座县城，发生过许多大事。即便从卫国正式定名为鄄邑起，也已有3000来年历史，素有“古鄄”之称，号称“千年古县”。

燧人在这里发明了人工用火。

华胥、伏羲母子在这里创建了华夏第一国——华胥国。

炎帝在羊里水开发农业生产，并在今鄄东北建有伊耆国，简称伊、耆，或称黎，为古部落“九黎之后”。尧的后裔承之称为黎侯国，为商之附庸。商末西伯戡黎，黎人四散远走他乡，周武王灭黎后，另封殷商遗民到黎国开垦。春秋时，黎侯为狄所逐，遂迁都于山西黎地。

今鄄城县西南的李二庄一带为古桃城遗址，是真正的黄帝出生的寿丘所在地。

今鄄城县旧城镇古称帝丘，是五帝之一的颛顼国之遗墟，古昆吾国之旧壤。夏朝时，昆吾氏又有子孙在今鄄城县东北被封为顾国，世称顾伯，是夏的重要同盟国之一，夏末被商汤攻灭而徙国。

周初分封诸侯，周武王封九弟康叔于卫国，据有古鄄之地，并正式定名古鄄为鄄邑。周成王东征后，又移封姬叔武（周武王五弟）于今鄄城县东北，建立郕国，其都城称郕都，郕或简作成。

卫国是孔子周游列国的主要地区，在14年期间，有10年时间在卫之濮阳。

战国时期，古鄄归齐国管辖，称甄（juàn）邑。

秦始皇统一天下后将甄邑改为甄城，治所在今鄄城西北25里的旧城镇。秦时还在今鄄城县东北部设置过都关县，是鄄城县境内设置较早的行政区划之一。县城治所在今鄄城县箕山镇彭庙村一带。

西汉初年始定甄城为鄄城县。此为鄄城设县的开始，距今也已有2000多年的历史。

西汉在今鄄城西南，始置离狐县，属东郡，初在濮水南，常为神狐所穿穴，遂移城于濮水之北，故曰离狐。

东汉时沿袭西汉建制，并废都关县（约存240余年）仍入鄄城县。

三国时为魏兖州东郡鄄城县、齐阴郡城阳县之地。其间曾两次立为鄄城县王国。

西晋时曾在今鄄城县北部旧城镇设立濮阳国，南部则为济阴郡城阳县分管。

东晋十六国时，先后属兖州济阴郡、东郡，均治鄄城。

南北朝时，古鄄或称濮阳国或称濮阳郡，皆治鄄城。

隋朝时，于鄄城设置濮州，始有濮州之名，辖鄄城、雷泽、临濮三县。雷泽县原为秦汉时始设的成阳县，晋代改名为城阳，隋代更名为雷泽县，在今鄄城县东南境内。

唐时，属濮州或濮阳郡，分鄄城（其间曾析置永定县）、雷泽（其间曾析置长城、安邱二县）、临濮三县。唐天宝元年改离狐县为南华县，后城毁于河患而废。

五代十国时期承袭鄄城县未变。

宋、金、元基本因之，或称濮郡或称濮州，分置鄄城县、临濮县和雷泽县三县。

朱元璋建立明朝后，废除鄄城县而并入濮州，仍治鄄城，并在鄄城设千户属东昌府。明代宗景泰年间因黄河水患，濮州治所由鄄城迁至今黄河西岸的王村集，即今河南范县濮城，鄄城古城遂称为旧城，一直沿用至今。

清初鄄城仍属山东省东昌府濮州地，清雍正十三年濮州改属曹州府。光绪时属兖沂曹济道的曹州府濮州地。

辛亥革命后，公元1913年改濮州为濮县，公元1931年濮鄄分治，今黄河西部仍沿袭濮阳之名，而于黄河东部的王堌堆复设鄄城县，县政府驻王堌堆，即今鄄城镇至今。

古濮阳不是今濮阳

“濮阳”之名，始于战国时期，因位于流经

鄄城南部的濮水之阳(北边)而得名,本为地区之称,古属卫国,中心地区是鄄城。这才是历史上说的濮阳,即古濮阳,也就是古鄄之地。《礼记》中说的“桑间濮上”的“濮”,即指古濮阳,距今也已有2000多年历史。

由于那时的黄河是经今河南省北部的新乡、安阳,再向北流入河北省的邢台、石家庄东部一带,向东北方向流至天津南部进入渤海的,鄄城还没有现在的黄河河道,所以“古濮阳”这一概念也包括今鄄城以北及今河南东北部一些地方,也正因为如此,才有今河南濮阳之名。可见今河南濮阳与古濮阳不是同一概念。

古濮阳,治所在今鄄城的旧城镇,是一座历史文化名城,历史悠久,源远流长,是华夏族的滥觞之地,拥有7000年以上的古老文明。

今濮阳指现在的濮阳市,是清代的“濮阳县”的治所,位于今河南省东北部的黄河下游西岸,本属直隶大名府;中华民国时期设“濮阳专署”,属河北省,辖区包括长垣、延津等地。新中国成立后濮阳诸县才划归河南省。

今“濮阳”之名,不是古书记载的“濮阳”,而是五代时期的“夹河”或“德胜城”。据今人研究,这里此前不但不是古城,甚至连一个集镇都不是,只是黄河岸边的一片荒村。五代时,后晋天福三年(公元938年),大将李存审在此驻军,“夹河为栅”,修筑“南北二城”,史书称其为“夹河”或“德胜城”。并把澶州治所东移到夹河,将“夹河”易名为“濮阳”。此为今濮阳之始。

“古代濮阳”则指五代后晋天福三年以前的“濮阳”,它与现在的濮阳市是两个不同的历史地理概念,除同名外二者没有关系。

秦王嬴政三年(公元前244年),派兵攻取了卫地,始置濮阳县,治在鄄城。后归东郡管辖。

此后历代,鄄城或称濮郡或称濮州。直至公元1931年濮鄄分治,于黄河东部的王堌堆复设鄄城县,“濮阳”之名遂由河西之地沿袭,成今濮阳。

古濮阳地区,人杰地灵、英才辈出,历史上就有不少政治家、军事家、文学家和贤士良臣。政治家商鞅、军事家吴起、贤人柳下惠,以及孔门72贤之闵子骞、公西华,还有卫国名臣蘧伯玉、历史上最成功的大商人吕不韦、直臣汲黯、元代作曲家宫天挺等都生于濮阳或长于濮阳,因此,古代就有“卫多君子”之誉,留下了不少古迹。孔子在卫国讲学处之学堂岗就是其中之一。

孔子周游列国

孔子55岁时做过鲁国大司寇。因与掌实权的季桓子政见不同,孔子弃官出走,开始带领弟子周游列国。鲁国和卫国为周初分封的姬姓大国,不仅国土相毗邻,而且孔子的许多著名弟子都是卫国人,所以在孔子看来,卫国是推行他政治理想最为适宜的地方。所以孔子在“周游列国”十四年中有十年是在卫国度过的。孔子的后半生和卫国结下不解之缘,许多故事传为佳话。

此后他又先后到过郑、宋、陈、蔡、楚等国,力图使其政治主张得到实施,但未受到各国国君的重视。以后,他专事教育和典籍的编订整理工作,成为我国古代私塾教育的开创者。

古濮阳又是历来的兵家必争之地。楚晋“城濮之战”、秦末的“项羽击章邯之地”、宋辽的“澶(chán)渊之战”等都发生在濮阳之地。留下了“桑间濮上、退避三舍、澶渊之盟”等历史典故。

澶渊之盟与回銮碑、御井甘泉

回銮碑，又名契丹出境碑，坐落于濮阳县城御井街，是记载宋辽订立澶渊之盟的唯一实物。公元1004年，契丹族的辽圣宗耶律隆绪和他的母亲萧太后率兵二十万进攻北宋，兵临澶州。宋真宗在宰相寇准等主战派的督促下，御驾亲征，于澶州大败辽兵，双方议和，订立澶渊之盟。在班师回京之前，宋真宗曾赋诗以志这次亲征胜辽之事，由寇准书丹，镌石于城内，也就是现存的回銮碑。

御井甘泉，御井位于濮阳县城南大街，即今御井街西侧，相传宋真宗赴澶州抗辽驻跸时饮用过此井之水，因井水甘洌，故称御井甘泉。用御井水酿造的酒，曾助宋真宗打败过辽军，至今民间还流传着“御井甘泉助圣威”的传说。旧志称“御井甘泉”，为濮阳八景之一。

菏鄄古称“君子国”

《史记·货殖列传》说：“昔尧作于成阳，舜渔于雷泽，汤止于亳。其俗犹有先王遗风，重厚多君子，好稼穑，虽无山川之饶，能恶衣食，致其蓄藏。”

这是说，菏鄄之地的民众，继承了上古三皇五帝时代淳朴的古风，形成了淳厚平和、讲文修德、仁义厚道、与世无争、处事以恭、交往以礼、勤劳耕稼、吃苦耐劳、俭省持家的民风，自古有“君子国”之誉。

古鄄沧桑铸民性

民性是一个地方历代相传，积习已久而形成的一种文化形态，是一个民族的重要标志之一。它表现了这个地方人们的思想感情和生活情趣，且受到社会制度、经济条件和自然环境的影响与制约。鄄城县地处黄河岸边，历史上多灾多难，旧社会地薄民贫，经济落后，人民养成了吃苦耐劳，崇尚节俭，忠厚朴实，讲究实惠的习性。

鄄城县民性特点是：勤劳俭约，朴厚质直，刚烈劲悍，廉洁奉公，重乡爱国。其民情特点是：尊老爱幼，急公好义，热情好客，乐于助人，讲信用，重人情。鄄南鄄北亦有所不同之处：鄄北人刚悍不畏祸，乐贫守道，不善贸易。黄河滩区居民，长期与黄水作斗争而养成一种顽强的拼搏精神和视祸为常的乐观情绪，鄄人喜斗鸡觝羊，就是这种精神的反映。鄄南人视野开阔，善于经商，崇尚奢华，待客热情大方。近年来，在改革开放，振兴经济的大潮中鄄城民众皆振奋精神，开阔眼界，亦农亦商，择善而从，鄄南鄄北之民情民性已有渐趋融合之势。

为官清正不阿

历史上，鄄人为官多秉持其刚直不阿之民性。前文已有所介绍，下边再举数例。

“纸币之父”张咏。张咏，宋代濮州鄄城人，官至工部尚书。咏自幼刚强自信，不拘小节，好为奇计，自号乖崖，取“乖则违众，崖不

张咏像

利物”之意。为官后体察民情，关心百姓疾苦，秉公断案，深受百姓敬仰。张咏治蜀政绩突出，真宗对张咏说：“得卿在蜀，朕无四顾之

忧也。"公元1014年卒，赠右仆射，谥号忠定，著有《乖崖文集》。张咏出生在贫寒之家，幼时买不起书，只好到有书的人家恳求借阅，借到后抄下来苦读。读书没有书桌，就在院子里背靠着大树读，一篇文章读不完，决不进屋歇息。张咏发明了世界上最早的纸币——交子，因此，被誉为"纸币之父"，比美国、法国等西方国家发行纸币要早六七百年。

被立"安民碑"的刘忠。刘忠，今鄄城县彭楼镇刘垓村人。明景泰二年任广西道御史，后任职台州。为人正直磊落，为政宽严适度，政绩卓著，人皆悦服。朝廷以其有功升任山西右参政。时值当地连年灾荒，有些青壮年聚众山中抢掠，省臣商议发兵进剿，刘忠争辩说："这些人是迫于饥饿，可以安抚，使之回乡。"众官同意了刘忠的意见。刘忠单人匹马到山中去劝说，谕以祸福，这些人都跪在地下感动地哭泣，第二天即各自散去。垣曲人为歌颂刘忠的功德，立"安民碑"以纪念。朝廷为刘忠记了抚民功，遂提升为四川右布政使。后再转山西左布政使，政绩更为突出。不久，升任都察院右副御史，巡抚榆林等地。因积劳成疾，遂坐忤权贵致仕，居家三年去世。葬于今鄄城县彭楼镇刘大楼村北400米处。

刘忠像

民族英雄史可法籍贯之谜

史可法，字宪之，号道邻，汉族，明末抗清名将、民族英雄。祖父为史应元，父亲叫史从质。传说母贾氏，梦文天祥入室，醒后生下可法。此乃后人为赞扬史可法而作的联想。

关于史可法的出生地，据《鄄城史萃》记载："明朝万历三十年壬寅（公元1602年），史可法生于濮州大史庄。"即今山东省鄄城县梁屯乡东史庄。村人对此从未张扬过，故鲜为人知。《明史》："史可法，字宪之，大兴籍，祥符人。"对此由于今人的误解，遂产生了史可法籍贯的不同说法。有人或许不知道，在古代，"籍"指一个人及其祖先所从事的职业，即役籍，相当于今天的职业身份，与居处无关；"贯"古称乡贯，指一个人的出生地或祖辈居住地，才相当于今天的籍贯。由于史可法祖上对朝廷的功勋，得以世袭锦衣百户，称北京锦衣卫籍，以此今人遂误认为史可法是顺天大兴县（今属北京市）人；又由于史可法的父亲曾长期在开封经商，据此今人遂又误认为史可法是河南祥符县（今河南开封市）人。此二说皆为今人的错误认知。

史可法像

史可法早年以孝闻名于乡，师从左光斗。其父史从质，因屡试不第而去开封经商，颇积钱财。因自己屡试不第而终生遗憾，故厚资延师教子读书。可法聪慧过人，遂于崇祯元年戊辰（公元1628年）考中进士，任西安府推官，后转各地平叛，因为长时间没有平定叛乱而获罪，朝廷令他戴罪立功。其父史从质因李自成军进入河南，遂抛弃开封商业，而回老家大史庄。去世后葬于祖茔。

崇祯十七年，史可法听闻李自成进攻北京，率军进京勤王。军队抵达浦口时，传来北京失陷、崇祯帝自缢的消息，史可法向北痛哭失声，遂为朱由检发丧。

张慎言等人要立福王朱由崧为君。史可法指出其七大缺点，主张应立潞王朱常涝为君。凤阳总督马士英暗地勾结阮大铖硬立福王朱由崧，并发兵护送弘光帝朱由崧到仪真，史可法只得迎接。

朱由崧监国，朝廷推选内阁大臣，大家都推举史可法。刘孔昭推选阮大铖，史可法说："先帝亲自定他为违逆案犯，不要再说了。"可法掌管兵部的事务，马士英仍然督军镇守凤阳。

弘光元年(公元 1645 年)，清军大举围攻扬州城，不久后城破，史可法被俘。清军多铎劝降，史可法说："我中国男儿，安肯苟活！城存我存，城亡我亡！我头可断而志不可屈！"拒绝投降，慷慨就义。当时正值夏天，尸体腐烂较快，史可法的遗骸无法辨认，其义子史德威与扬州民众随后便以史可法的衣冠代人，埋葬在城外的梅花岭上，至今尚存，后南明朝廷谥之曰"忠靖公"。

清全祖望在《梅花岭记》中叙述了当时的情景："二十五日城陷落了，史可法拔刀要自杀，将军们果然争着上前抱住，史可法大声呼唤：'德威！'德威流着眼泪而不忍拿刀，于是史可法被将军们簇拥着走到小东门，清军的兵士像树林般密密麻麻地来到，兵马副统帅马鸣騄、扬州太守任民育、都督刘肇基等都死了。史可法就瞪大眼睛对敌人说：'我就是史阁部。'于是他就被抓住并带到南门，和硕豫亲王用'先生'来称呼他，劝他投降，史可法大骂敌人而被杀。当初史可法曾留下遗言：'我死后，应把我葬在梅花岭上。'到此时，史德威找他的尸骨却找不到，就把他的衣帽葬了。"

菏鄄习武成民俗

黄河屡决，战乱破坏，使鄄城的经济难以恢复，终未达到古代鼎盛时期的水平。鲁西南陷入长期贫困的境地，竟成为山东的贫困县。

正由于如此，新中国成立前下关东讨生活的人很多，再加社会比较混乱，群众为安全起见，许多人都喜欢练武术防身，至今武术在菏鄄仍有群众基础。目前流行的武术门派很多，比较大的武术门派是梅花拳，从清末传入已有百多年历史，有名的拳村有什集镇的王坊，箕山镇的仪楼等。有代表性的是鄄郓之间水堡，自古以尚武、豪爽侠义而出名，历为武林志士云集之地。水堡是水浒故事的发祥地，素有"梁山一百单八将，七十二名在郓城"之说。笔者小时也接触过此拳。在北大求学时，正好有一位体育老师教梅花拳，由于笔者练得比较规范，还当过领练。

五十一、菏泽独享牡丹城

菏山雷泽合城名，山东西南天下中。
四泽六水风水聚，三皇五帝此处生。
天厚从来孕物华，地灵自古多贤能。
一区八县历史久，文化丰厚启文明。
古称曹州名早传，享誉中国牡丹城。
品种繁多甲海内，雍容华贵色香浓。
天姿国色葩中王，高雅风范莫与京。
百花摧眉尽折腰，牡丹坚贞独峥嵘。

菏泽之称来历

菏泽，作为古湖泽名，在今山东省西南部定陶区东北黄河南岸。原是古济水东出，潴积为天然古泽，旁有菏山，故名菏泽。唐更名为龙池，又名九卿陂，清称为夏月湖。菏泽又向东流出成菏水，遂为连通古济水、泗水两大水系的通道。

菏泽，最早见于《尚书·禹贡》："导菏泽，被孟潴（单县浮龙湖即其遗址）。"唐《元和郡县图志》"曹州济阴县"下载："菏泽在县东北九十里，故定陶城东北，其地有菏山，故名其泽为菏泽。"后来济水断流，菏水又为黄河泛道，菏泽遂被黄河泥沙所淤平，如今已湮没。

菏泽，作为地名，盖因古时这里南有菏山北有雷泽，遂称"菏泽"。

源于清朝雍正十三年（公元1735年），曹州升为府，附郭设县，因其地南有"菏山"北有"雷泽"，遂赐其地名为菏泽，这是菏泽正式被用作地名之始。

附郭县

所谓"附郭县"，为古代行政术语，专指中国古代没有独立县城而将县治附设于府城、州城的县。历朝历代都不少见，尤其是明清时期，内地各省的绝大多数府城至少有一个附郭县。

菏泽历史文化

菏泽域处山东西南部中原腹地，史称"天下中"，数度成为中原地区重要的政治、经济、文化中心。是伏羲之桑梓，尧舜之故里，先为商汤之京畿，后属曹国之疆土，所以古称曹州。

战国至隋建置数度变迁。隋文帝即位后，废郡以州辖县。境内分属曹（治济阴县）、濮（治鄄城）、郓（治郓城）、戴（治成武）4 州。

菏泽历史悠久，文化底蕴深厚，历史人文景观灿烂，历代名人辈出。

三皇五帝、禹汤等著名氏族部落首领都曾生活在这一地区。

商代的三朝元老伊尹辅政、商界鼻祖范蠡经商、刘邦登基称帝、曹操成就霸业、黄巢起义、宋江聚义等都发生在菏泽。

历史上著名的相马专家伯乐孙阳、谋圣计然、道家庄周、军事家孙膑、汉初大将彭越、三国曹魏大将李典、农学家氾胜之、经济学家刘晏、文学家王禹偁（chēng），以及苏门学士晁补之、温子升等大批名贤，都出生在这里。还有清乾隆年间的兵部尚书刘峨、两江总督马新贻、武状元张宪周，老家也都在这里。

菏泽境内至今仍保留着伏羲故里、尧王墓、舜帝庙、蚩尤冢、陈王台、范蠡湖、孙膑故里、孙膑墓（在孙滨旅游城）、秦王洞、宋江故里、永丰塔、百狮坊、仿山、冉家祠堂，等等遗址 100 多处名胜古迹。

菏泽又是我国著名的牡丹城、书画之乡、戏曲之乡和武术之乡。被称为“三乡一城”。

冀鲁豫边区革命纪念馆位于菏泽市城区赵王河畔。1946 年刘邓大军在东明以东，鄄、郓一线渡黄河南下，发起定陶战役，进军大别山，均在这里。

天下牡丹出菏泽

菏泽，古称曹州，是驰名中外的牡丹之乡，“菏泽牡丹甲天下，天下牡丹出菏泽”。菏泽牡丹区，因境内盛产牡丹而得名，并名扬四海，被誉为“中国牡丹城”。是全国最大的牡丹生产、科研、出口基地和观赏旅游区。

牡丹在中国有数千年自然生长和两千多年的人工栽培历史。有鼠姑、鹿韭、白芍药、百两金，又有洛阳花、富贵花等多个别名。

牡丹文化

若从《诗经》牡丹进入诗歌与文学发生关系，算起距今已约有了 3000 年历史。秦汉时代以其药用而载入《神农本草经》，牡丹又与药物学结下了不解之缘。

东晋顾恺之的名画《洛神赋》中已经出现牡丹的形象。南北朝时画家杨子华画牡丹，牡丹便进入了绘画园地，又与艺术紧密结合起来。

隋炀帝曾在洛阳建立西苑，将牡丹移于西苑之内，开始人工栽培，自此牡丹进入园林，并与园艺学发生了关系，大大提高了它的观赏价值。

唐代大量涌现了牡丹诗，刘禹锡的“唯有牡丹真国色，花开时节动京城”，李白的“云想衣裳花想容，春风拂槛露华浓”，白居易“花开花落二十日，一城之人皆若狂”等千古绝唱，皆描述了牡丹的盛况。蒲松龄《聊斋志异》中则有两篇写及了曹州牡丹。

随之也出现了许多有关研究、记录牡丹的专著。如欧阳修的《洛阳牡丹记》、陆游的《天彭牡丹谱》等。明人高濂有《牡丹花谱》、薛凤翔有《亳州牡丹史》、清人汪灏有《广群芳谱》、余鹏年有《曹州牡丹谱》等。至于散见于历代诗词文赋及民间通俗文学以及雕刻、音乐、绘画、服饰、食品等方面的牡丹文化现象，比比皆是，不可胜数。

这样，便形成了包括药物学、植物学、园艺学、地理学、历史学，以及文学、艺术、戏剧、民俗学等多种学科在内的牡丹文化，是中华民族文化的一个组成部分，通过它可以窥视出中华民族文化的一般特征，了解中华民族文化的起源与发展。

被誉为花中之王

牡丹文化是中华民族文化的一个独特方面，它是几千年来围绕着牡丹而产生的物质文化与精神文化的总和。

唐代特别看重牡丹，牡丹成了国运昌隆的标志，成为国花，被誉为“国色天香”“花中之王”。其富丽堂皇、雍容华贵，故自古我国人民就视牡丹为“富贵、吉祥、幸福、繁荣”的象征，为历代许多著名诗人所吟咏，在无数艺术佳品中留下了令人难忘的卓越风采。

菏泽栽培牡丹始于南宋，盛于明清，改革开放后得到快速发展。菏泽牡丹花大、色艳、型美、香浓，是观赏牡丹中的上品。观其外形，有单瓣、重瓣、千瓣三类，有葵花型、荷花型、玫瑰型、半球型、皇冠型、绣球型等六型，有红、白、粉、黄、紫、蓝、黑、绿、复色九大色系，其中尤以黑牡丹和绿牡丹最为罕见。

菏泽牡丹雍容华贵，明清时已“誉满齐鲁”“甲于海内”。

著名牡丹园

最大的牡丹园是曹州牡丹园，占地千亩。著名的有凝香园，也称“正春园”，位于菏泽城东岳程办事处岳楼行政村。原为元代“袁家堂”花园，后来袁家败落，被明代何楼村人何应瑞购得，又称“何园”，著名的“何园白”“何园红”牡丹，为此园所出。这所花园一直繁衍四百来年，花事极盛。直到 1937 年底，日寇侵占菏泽后才败落下来。目前只剩下 10 多亩，专植牡丹不足 3 亩，牡丹品种 70 多个，其他杂花 40 余种，如刺梅、刺桐、玉果、白果、凌霄、黄芽球、紫薇、月季、看石榴、木瓜、柿子、龙头枣、铁梗海棠等等。园中有百余年的刺柏、几百年的蜡梅、紫丁香，千年翠兰松和一块假山石。凝香园附近的何应瑞墓地古柏成林，苍郁参天。

新中国成立以后，在党和政府的关怀下，曹州牡丹得到了长足的发展。曹州牡丹品种越来越丰富，每年四月牡丹花开，争奇斗艳，花香四溢，美不胜收，是菏泽最值得观赏的花。菏泽如今已成为最大的商品牡丹基地，面积、数量、销售量均居全国首位。

每年谷雨前后，曹州牡丹园内花海一片，登楼举目四望，五颜六色的牡丹花犹如彩浪翻涌：红牡丹艳若蒸霞，粉牡丹色香兼备，白牡丹清纯高雅，黄牡丹姿色绝伦，绿牡丹色奇出众，紫牡丹雍容华贵，蓝牡丹姿容清香，黑牡丹墨中透红。

更有同株可开粉色和紫红色不同花朵的花，一朵兼有粉色和紫红色花瓣的“二乔”花，鲜艳夺目；花大洁白的“白玉兰”，奇品牡丹“首案红”，绝世喜人。

徜徉在华丽的万花丛中，不禁使人想起当年百花均摧眉折腰，独有牡丹坚贞不屈、宁可被贬也不向权贵低头的高贵，以及它令人敬佩的众多美丽而神秘的传说。

牡丹坚贞独峥嵘

相传唐武后则天在一个隆冬大雪纷飞的日子饮酒作诗，有憾于有酒无花，她乘酒兴醉笔写下诏书：“明朝游上苑，火速报春知。花须连夜发，莫待晓风吹”。百花慑于此命，一夜之间绽开齐放，唯有牡丹抗旨不开。武则天勃然大怒，遂将牡丹贬至洛阳。刚强不屈的牡丹一到洛阳就昂首怒放，这更激怒了武后，便又下令烧死牡丹。枝干虽被烧焦，但到第二年春，牡丹反而开得更盛。

今日菏泽牡丹盛况

与此相伴的是牡丹乡的旅游业也是盛况空前。尤其是一年一度的菏泽国际牡丹花会，吸引了大批国内外游客、外商，洽谈生意，赏花旅游，领略菏泽的风俗民情。所以说，菏泽牡丹花会是民俗文化的重要市场，通过它可以窥见牡丹文化的大概面目。

曹州牡丹园是菏泽最大的牡丹、芍药培育和输出中心。从北京中南海到全国各大中城市，都植有该园的牡丹、芍药，并远销美、日、韩、英、法、荷兰、南非等国。

曹州牡丹园也是菏泽牡丹民间科研中心，科研成果近百项，分别获国家、部委和省、市奖。公元 1994 年代表国家参加法国波尔多国际花卉博览会，获得大奖。在“昆明世界园艺博览会(1999 年)”上，获牡丹单项奖 81 项，占世界牡丹总奖项的 73%。在公元 2002 年全国牡丹催花大赛中，获得奖项 114 个，高居榜首。

菏泽人喜欢说，曹州牡丹甲天下，只是和古都洛阳比，因为城市的名气不够大，那么在外地人看来，洛阳的牡丹更知名而已。

五十二、好汉之乡古郓城

鲁为驻军筑郓城，千年古县防欺凌。
民风豪侠多壮士，忠义尚武有传统。
水浒一百单八将，七十二名在郓城。
传统文化源流长，书山戏海刁庄筝。
黄堆集存黄泥冈，水泊近傍郓城东。
智劫贪官生辰纲，晁盖抗捐招英雄。
自古官逼民才反，除暴安民国乃兴。
堆突坦荡今不见，村头巨碑夕阳中。
盘沟夜月自然明，荒塔云燕因蚊虫。
潘溪晓渡济贫者，梁渠凫影非真形。
线岭秋烟垂堤柳，五岔渔歌传盛景。
独山缘于玉皇怒，冷水芙蓉迎寒生。

古郓由来

郓城，商王祖乙曾廷都于此，史称庇（故城在城北肖堌堆一带）。春秋时为鲁国东郓地，是鲁国西部边境，地临曹、卫，为防侵掠，曾于此驻军。鲁成公四年冬，为加强防御，筑城名郓。这就是郓城得名的起源和由来，也是构造上从“军”取得声义的原因。

秦时郓城县境内有郓、廪丘等城邑。西汉时于郓邑西分置黎县（治今陈坡）、廪丘县（治今水堡）。境内有肖堌堆商代古文化遗址、苏庄汉墓群、五代唐塔、元代名相史惟良墓等。

水浒故事的发祥地

郓城人自古以尚武、豪爽侠义而出名，历为武林志士云集之地。

郓城是水浒故事的发祥地，素有“梁山一百单八将，七十二名在郓城”之说。一些与《水浒传》有关的遗迹、遗址较多，如宋江故里宋家村，晁盖故里东溪村，吴用老家车市，智取生辰纲之地黄泥冈等都分布在郓城，今古迹犹存。

水浒文化

郓城水浒文化旅游资源十分丰富。宋江武校投资 2 亿多元建设的一处水浒文化城，是个集宋江武校的武术交流、水浒文化街风情展示和狗娃艺术团精彩表演于一体的综合性人文景观，景点内容包括英雄之门、状元宿舍、宋江武馆、朱贵酒店、忠义祠、古筝坊、天王祠、鲁锦作坊、水浒纸牌印刷、水浒文化博物馆、戏楼等 20 多个景点，集中展示了水浒文化的博大精深和“大块吃肉，大碗喝酒”这一水浒英雄故里的遗风。

郓城被评为山东省首批旅游强县，荣膺“中国好汉之乡”称号。优秀的传统文化和民间艺术源远流长，是闻名全国的戏曲之乡、武术之乡、书画之乡和古筝之乡。享有“书山戏海，筝琴之乡”之称，山东戏曲界有句俗话“无郓不成戏”。

黄泥冈智劫生辰纲

黄泥冈遗址，位于郓城县城东 35 里黄堆集村。至今村东还有一个大土冈，上有明朝石碑一座。

黄泥冈古为水浒南岸，地势土圭堆突坦荡，素有“梁山泊打鱼，黄泥冈晾网”之说。因黄水时常泛滥，人们避水患于土圭之上，逐渐将原来的辛河村、南尚贤村与黄泥冈连成一片，三村合到了一起，便于冈上建庙起集，始称黄土圭集。至清末因“土圭”之字生僻，故改称黄堆集。

“黄”取土色而然，堆表地势高起。此堆形势起伏，北顾比肩梁山之巅，南瞰下卑巨野之陵，东襟通汶河、济水之津，西带接廪丘、帝丘之墟，中央堆突坦荡，四周隐隐伏伏，纵缩广袤，支连于金线岭之脉。

黄泥冈图

在宋徽宗崇宁年间，环梁山 80 里皆水，堆北距梁山 60 里许。正是这片水泊为晁盖、宋江、李逵等英雄提供了进可攻、退可守的天然战场，而这黄泥冈则是他们出入水泊、纵横江湖、打官军、劫贪官的重要出入通道之一。这里流传的故事代代相传，最后传入了施耐庵的耳中，才在他的笔下生成了那段波澜壮阔、脍炙人口的水浒故事。

黄泥冈既是渔人休憩之地，又处宋时水陆交通要塞。由于后人取土和黄河淤积，此地已不见往日堆突坦荡，但一进村口，仍可看出高于四周之地。一块镌有“黄泥冈”字样的巨石，立于村头路边，旁边一块石碑上详细记载了晁盖、吴用等人智取生辰纲的经过。

附近白庄就是当年白胜所在的村庄，当年白胜的酒作坊处建起了“黄泥冈酒厂”，塑有白胜卖酒、七星聚会和杨志押运的塑像。

如今这里已被列为重点文物保护单位，古老的黄泥冈幸免于被 400 亩的窑场吞噬。

郓城八景是处佳

盘沟夜月

遗址即现在郓城的盘沟路。当年盘沟自西而东，迤逦盘旋，东通冷庄湖，沟内绿水潺潺，岸边杨柳曳姿，花芳草细。春和景明之际，天高云淡，皎月入水，玉镜镶黛，美不胜收。现政府院南有一大坑，方圆十亩之多，碧水盈池，即是古郓十景之一的“盘沟夜月”遗址。每当入夜霓虹幻彩，玉弓印潭，周边垂杨，芙蓉倒影水中，如今仍不失为郓城的一大景观。因与县政府正对，而县府又人才辈出，民间或谓之“龙潭”。此坑始自远古，历尽沧桑，虽备遭蚕食，然仍水幽芦碧，清澈见底；秋高气爽，夜月冉冉，晚风吹拂，芦林瑟瑟；围岸绿蒲中，蚰蛉弹琴，蟋蟀争唱，万千萤火，时隐时现；最是柳林深深，倩影幢幢，欢声隐隐，仍是一休闲佳处。

荒塔云燕

传说荒塔是当年玉皇大帝赐给托塔天王李靖用来降服儿子哪吒的宝塔。由于李靖与哪吒父子感情的日益加深，终于有一天，托塔天王挥剑将宝塔断为三截，弃下天门，霎时狂风四起，直刮得天昏地暗，三截断塔，塔基降于郓城，塔身落在巨野，塔顶飘往汶上，故此三县之塔，如出一辙。

塔原高七级，砖砌，塔身为八棱四门楼阁式。建于五代后唐，故称“唐塔”。由于地震等原因塔顶倒塌，荒废已久，至清朝末年，塔顶残破呈官帽状，所以也有人叫它“荒塔”或“幞(fú)头塔”。现存几盘断塔类似层台，上面自古以来栖息着数千只独特的燕子，翅膀似燕，头及脚腿似蝙蝠，只有前爪而无后趾，落地不能起飞，落树不能抓枝，故而永不落地，不落枝，不远飞，不外迁，滑翔出穴，飞闯入巢。

这种云燕每年入伏后休眠于塔内，休眠时间长达八九个月，来年清明前后起蛰而出。春夏之交，晨昏时刻，数千燕子翔集，绕塔飞鸣。周围碧水辉映，绿树成荫，苇蒲丛聚，蚊虫滋生，飞集塔顶，远看如缕缕青烟，袅袅上升，远观若云，成为云燕的食物。故名“荒塔云燕”，堪称佳景。

潘溪晓渡

昔日在郓城北溪村头有座湮没在淤泥中的石拱桥，桥头常年有一汪清水，就是古潘溪渡口的遗址。后来，人们修了桥，才不用渡船了。再后来，黄河水把这里冲积成平原，潘溪渡口只剩下这座桥头。桥下的这汪清水从来没人敢下去。

据说，里面有千年乌龟，有时晚上出来觅食。隋朝开皇十八年，凿河做渡，通郊溪沟而成渡口。为方便行人，村民筹资置舟船摆渡，形成潘溪渡口。相传明朝永乐年间，曾有个叫潘溪的渔人在此摆渡。潘溪为人朴厚，待人和善，尝无偿摆渡接济贫者。附近居民及来往客商无人不晓，为感其恩德，遂命此渡口为潘溪渡。每天早晨旭日东升，河水平静如镜，晨渡潘溪，行舟于河，曙光晓色，杨柳倒置，鹭声雁影，水绿如蓝，跳虾游鱼，逐波随影，风景幽雅宜人，若江南水乡。潘溪晓渡遂被誉为郓城县“十大胜景”之一。

梁渠凫影

郓城县张营镇有个十二里铺村，古称梁渠铺。明朝初年，于姓祖先从外地迁此建村，因为依傍梁渠而居，故取村名为梁渠铺。

明正统十三年(公元 1448 年)，古老的梁渠发生了巨变。就在这一年的春天，梁渠铺村前的梁渠河岸边，突然平地喷涌出流沙，汩汩不断，迅速蔓延到百亩之余。波光粼粼的河水与波浪般的沙丘相依，奇特的景观引来野鸭、大雁来此休憩、嬉戏，空中的白鹭也盘旋时鸣。沙浪、渠水、凫雁、鹭鸟倒映水中，从远处观看，水光凫影，颇有诗情画意。罕见的美景让文人墨客蜂拥而来，留下了“百亩流沙傍水滨，蹁跹凫雁往来频。遥观疑是蟾蜍影，是影非光莫认真”的诗篇。从此，梁渠铺村的“梁渠凫影”，遂成为郓城古十景之一。

然而好景不长，也正是在明正统十三年，在河南荥阳发生了黄河决口事件。当年七月，郓城县沦陷在水灾中，“梁渠凫影”不复存在。

后来，明朝政府从郓城到济南修了一条官道，并在官道旁建军事防御设施——烟墩，以郓城城内的观音寺塔为起点，每十里一烟墩，一旦有敌人侵，白天燃烟、夜间点火，火速将敌情通报军事部门。官道穿梁渠铺村而过，距离观音寺塔12里，官兵为方便起见，便将梁渠铺更名为十二里铺。如今，在该村西南1公里处，仍有一处土堆，当地村民称，该土堆就是当年的“烽火台”——烟墩。

线岭秋烟

明《郓城县志》记载：“金线岭在县东十里许，自梁山发脉，东西横亘三十余里，高低不齐，上多官柳，垂条如丝，故名。”这说明，金线岭在明代，仍是真实的地理存在。

金线岭低低高高，隐若虹桥，岭上杨柳，垂条如线，其色如金，烟雾霭然，称为线岭秋烟。每到春夏，垂线袅袅若碧丝，近观如青帘，远望如绿瀑；夕阳西下时，其色若金，柳线倒映水中，其形柔媚，其色斑斓，异彩纷呈，景色可观。如今“线岭秋烟”被列为郓城十景之一。

南宋初年黄河南徙，梁山泊被淤平以后，梁山一带遂成为黄河自然滞洪区。金线岭由于地势高，遂成为黄水南侵的天然屏障。新中国成立后利用古金线岭北线的较高地形，修筑了金线岭堤。公元1958年东平湖堤完成后，金线岭堤失去防洪作用，国家遂放弃管理，群众逐年取土，平毁种地，致使金线岭堤日渐高低不平，参差不一，但形迹仍存。

朱贵酒店

金线岭上至今还能找到与水浒相关的一些遗迹。地处金线岭上的蔡家林村西有一片高地，传说宋江起义军的水师鏖战凯旋，常在此处晾晒盔甲，故名“晒甲林”，后来讹为“蔡家林”；村西曾有“歇马亭”，现已不存；金线岭上还有个拳铺村，传为宋江起义军靠船的码头，原称“船住堡”，后简称“船堡”，又讹为“权铺”，清末改为“拳铺”。传说《水浒传》中所描写“朱贵酒店”即在此处，当时投奔梁山的各方义士，常以此处为落脚点，由朱贵派船接送，渡水泊，上梁山，加入义军。《水浒传》中著名的“金沙滩”就是在这里。

五岔渔歌

古郓西北有冷庄，距城四十余里。冷庄河注廪丘入鲻河，以达于淮河，水在此处分为五岔，称五岔口，犹如湖泊，水深岸阔，蜿蜒曲折，苇绿莲红，鸥飞帆行，渔船遍布。几点野火点斜径，乃是渔人煮槭莲。夏秋之夜，渔火隐隐，渔歌自芦荡中传出，水月相映，一片仙境，别有一番村塘野趣。古人多有诗词描绘五岔盛景，最著名的一首诗是一无名舟子所作，诗曰：

河分五岔归芦洲，岸口渔家聚上流。

夜静何声惊客梦，高歌都在渔舟中。

独山樵夫

独山古时属郓，在县东北50里，与染山接垄。现独山已划归梁山县。据传天皇怒鞭梁山，用劲过猛，以至山头跌落郓城，后复原无望，遂成一景，曰“独山樵唱”。古时独山孤峰矗立，林深草茂，沟渠纵横，林壑深处，尝有樵夫一面砍柴，一面唱歌，尽享山林之乐。春和景明之时，文人骚客亦相约寻幽探盛，故留有诗句颇多。清著名知县陈良谟有诗云：

孤峰独耸势峥嵘，路仄偏多樵子行。

朝采暮还能自乐，紫芝亦曲少一庚。

冷水芙蓉

郓城西南30里，古有冷水河与盘沟之水相汇，水绿如绸，飘飘若带，常年涓涓不断。河中植有大量水芙蓉（即荷花），翠盖荫荫，粉莲亭亭，香闻十里，艇开浮萍，景色宜人。当时不少迁客骚人到此赏花，把酒赋诗，流连忘返。有诗云"才看水面簇于锦，转向天边散作霞"，亦郓城县"十大胜景"之一。

五十三、光武降生雾东明

秦皇东巡至户牖，因遭霾雾命东昏。
改称东明始莽朝，随处胜迹多名人。
张良辟谷白云山，光武降生满城村。
黄巢起义西瓜乡，菊花诗吟英雄心。

东明来历

东明县位于山东省西南部，是黄河入鲁第一县，东临菏泽市，东南与曹县搭界，又与河南省兰考县接壤，西和北与河南省长垣县、濮阳市隔河相望，缘黄河北流之势，当豫鲁两省之交，素有“三省通衢”之称。

东明县，有史记载可追溯至夏朝。秦时为阳武县户牖乡，秦始皇东巡至户牖，霾雾四塞，遂命此地为“东昏”。西汉建元元年置东昏县。公元 9 年莽新朝元年改称东明县，名称始于此。

东明县历史悠久，文化遗址、历代胜迹、名人、文物、石刻很多。

东明有许多新石器时期晚期（龙山文化）至汉代的文化遗址，如窦堌堆古文化遗址、荆台古文化遗址、朱岗寺古文化遗址、牛王庙古文化遗址、庄寨古文化遗址、东台寺古文化遗址、小东湖古文化遗址、来庄古文化遗址、沙土堌堆古文化遗址。

东明县旧有“七十二牌坊”之称，实立牌坊 57 座。惜乎“文化大革命”期间多被破坏。

东明有众多的在历史上留下重大影响的名人遗址。

张良辟谷处

据《东明县志》记载：“相堆为白云山，汉代张良辟谷之处。”传说张良多病，常辟谷不食，道引轻身。白云山，即为张良辟谷之处。

西汉丞相陈平故乡

陈平，汉族，阳武户牖乡人，西汉王朝的开国功臣之一。少喜读书，有大志，曾为乡里分肉，甚均，父老赞之，他感慨地说：“使平得宰天下，亦如此肉矣！”

秦二世元年，陈胜、吴广起义后，六国贵族也纷纷起兵，陈平往事魏王咎。不久受谗亡归项羽，随从入关破秦。刘邦还定三秦时，又归汉，拜为都尉，使参乘、典护军。后历任亚将、护军都尉。先后参加楚汉战争和平定异姓王侯叛乱诸役，成为汉高祖刘邦的重要谋士。

陈平善于计策，曾用声东击西之计，救出刘邦出任汉中王，并最终帮刘邦夺得天下，建立汉朝。陈平离间项羽、范增君臣，削弱了项羽的实力；刘邦被项羽围困于荥阳，陈平使人顶替刘邦出东门向项羽请降，刘邦趁机出西门脱身，解荥阳之围；建议封韩信为齐王，实现了联齐灭楚；建议刘邦伪游云梦，智擒韩信，消灭异姓王而稳固了刘家天下；刘邦为匈奴困于平城（今山西大同北部）七天七夜，又献策重贿冒顿（mò dú）单于的阏氏，才得以解白登之围。又智释樊哙出任汉相。陈平因功先后受封为户牖侯和曲逆（今河北顺平东）侯。

汉高祖死后，吕后以陈平为郎中令，傅教惠帝。惠帝六年，为左丞相，后升右丞相。吕后死，陈平与太尉周勃合谋平定诸吕之乱，迎立代王为汉文帝。文帝初，陈平让位周勃，徙为左丞相，因明于职守，受到文帝赞赏。不久周勃罢相，陈平专为丞相。孝文二年死，谥为献侯。

刘秀出生地

公元前5年1月15日，刘秀出生在今东明城关镇满城村，据传他出生的当晚没有灯火，却有红光照一室，故名满城。（详见《三十四、光武中兴建东汉》）

黄巢点将台

黄巢，唐末农民起义领袖，冤句（今东明东南部）人。公元875年，王仙芝起义占曹、濮，黄巢起义响应，在凤嘴堌堆阅兵点将，向义军讲话作动员，被称为“黄巢点将台”。台在今菏泽城西郊菏泽学院西校区农校教学部院内北端。东明是义军的发源地，义军很快发展到数万人，横扫千里，所向披靡。黄巢出身盐商，有才华，善骑射，爱扶贫济困，有伟大抱负和造反精神。其《题菊花》诗二首，正是其抱负的写照：

一

待到秋来九月八，我花开后百花杀。
冲天香阵透长安，满城尽带黄金甲。

二

飒飒西风满院栽，蕊寒香冷蝶难来。
他年我若为青帝，报与桃花一处开。

单雄信墓

位于东明县城北门里西侧200米东明湖南岸。墓葬封土已不明显，据考查此墓为衣冠冢。单雄信，曹州济阴人。勇武过人，与徐世勣关系友好，誓同生死。隋末与徐世勣一起加入翟让的瓦岗义军反隋。后翟让被杀，单雄信归降王世充，徐世勣投奔李唐。王世充被李世民击败后，徐世勣为单雄信求情，单雄信拒不降唐而被杀，后人造墓以作纪念。1929年尚有墓碑存在，碑上题诗曰：

“漂泊残魂土一丘，断碑千古共松楸。
寒鸦啼落陵前月，疑诉当年汗马愁。”

孙敦化墓

县城东南37公里马头乡后寺村西北有明万历二十年进士孙敦化墓。孙敦化系官居山东布政使司分巡辽海东宁道右参议，曾因战果被授予元帅衔并赐御赐金匾三块及神兽陵，神兽种类颇多，实属罕见，主要有石马、石人、石狮子、石麒麟，以及石旗杆、石牌坊、石华表等数十对。

卞壶、李勣、刘晏、石星等的家乡

卞壶，字望之，冤句（今东明）人，晋代政治家。历任中郎御史中丞、吏部尚书、领军将领、宰相等职。

李勣，字懋功，东明人，后客居卫南楚丘城。本姓徐，李世民即位，赠以李姓，并改单名为勣。隋末参加瓦岗起义，后归唐，为开国功臣，官至宰相，封英国公。

刘晏，字士安，曹州南化（今东明）人。唐代著名经济改革和理财家。自幼天资颖悟，7岁即举为“神童”。

石星，字拱辰，号东泉，东明城内人，明嘉靖己未进士。他从政四十年，经嘉靖、隆庆、万历三朝，历任给事中、大理寺左丞、太仆寺卿、左副都御史、工部尚书和太子太保等职。

宋晟守城拒金兵，北宋宣和七年，金人大举进犯，东明陷入重围，知县宋晟督兵力战，坚守县城达一年之久，宋钦宗对其褒奖。

这些人都为东明增添了灿烂的光辉。

由于黄河多次决口，大批文物古迹多被埋没地下。新中国成立后，县政府重视文物古迹的搜集和保护，使不少古迹重见天日。

西瓜之乡

东明县不仅历史文化悠久，又是全国著名的西瓜之乡、武术之乡、书法之乡。

东明盛产西瓜，以皮薄、汁多、味正、含糖量高著称，1995年被国家命名为“中国西瓜之乡”。1959年，产一特大西瓜，状如石磙，重51.5公斤，名扬全国。

东明黄河湿地公园是在省级湿地公园的基础上升级建设的，位于山东省东明县焦园乡。公园规划分为生态保育区、科普宣教区、合理利用区、管理服务区四大功能区，集保护、开发、恢复、科研、宣教、观光于一体。

五十四、刘邦称帝在定陶

曹伯建国都陶丘，百姓安居称定陶。
中原要道古都会，人才辈出竞妖娆。
三冉吴起左丘明，各凭才华立一标。
范蠡成就儒商祖，刘邦称帝汜水郊。

“定陶”含义

定陶，尧、舜时期为古陶国，简称陶，又名陶丘。《汉书·地理志》：“禹贡陶丘在县西南，有陶丘亭。”是一座历史悠久的中原古城，早在4000多年前的新石器时代，人类就在这里渔猎耕种，繁衍生息。

自春秋至西汉800多年间，一直是中原地区的水陆交通要道和古代重要都会，也享有“天下中”的美誉。

公元前12世纪，周武王封其六弟振铎为曹伯，建曹国，都陶丘。西汉建元三年（公元前138年）改济阴郡，后又改为定陶国。《说文解字》曰：“定，安也。”定陶之名由此而始。

定陶，是菏泽市下辖区县之一，北距菏泽市区20公里，西距古都开封100公里，南与曹县毗连，东与成武县相邻，西与东明县交界，东北与巨野县交界。

三冉故乡

冉耕、冉求、冉雍三兄弟，世称三冉，父名叫冉离，鲁国陶（今山东菏泽定陶冉堌镇）人，周文王第十子冉季载的嫡裔。家贫，以牧为业，人称“犁牛氏”。母公西氏，闻孔子设教阙里，命三子往从学，皆为孔子门徒，是中国春秋时期著名学者。**冉耕**，字伯牛，世称“冉伯牛”或“冉子”。为人质朴，擅长待人接物。有郓侯、东平公、郓公、先贤冉子等封号。以德行与颜渊、闵子骞并称，惜乎早逝。**冉雍**，字仲弓，品学兼优。为人度量宽宏，仁而不佞，孔子称其“可使南面”，即可担任封国之君。有薛侯、薛公封号。**冉求**，字子有，通称冉有，以政事见称。多才多艺，尤擅长理财，曾担任季氏宰臣。

范蠡经商地

范蠡，字少伯，春秋末期楚国宛（今河南南阳）人，著名的政治家、军事家和商业家。范蠡助越灭吴后，辗转至陶定居经商，“十九年间，三致千金”，号陶朱公。被后人尊为商界鼻祖，死后葬于陶。定陶城往东北走5里，有一个叫崔庄的小村落，村北200米，有一土冢，即为范蠡墓。

吴起家乡

吴起，战国时期卫国左氏（今定陶区力本屯乡左岗）人。是战国初期著名的政治改革家，卓越的军事家、统帅。著有《吴子》，与《孙子》又合称《孙吴兵法》，在中国古代军事典籍中占有重要地位，后世把他和孙武连称"孙吴"。吴起善于用兵，廉洁而公正，和最下层的士卒同衣同食，能得到士卒的拥护，因而军士皆能效死从命。

吴起为吴国王族之后，曾祖为吴王夫差，祖为太子友，友为越人攻杀。

左丘明出生地

左丘明，曹国左氏（今定陶区力本屯乡左岗）人，《左传》的作者。他自幼聪明倔强，勤奋读书，知难而进，被乡邻称为神童。左丘明长大成人，当了鲁国史官，精心研究历史资料。后来双目失明，但身残志不残，立志传《春秋》。他呕心沥血，秉公直书，采各国史记作《左传》。

谷梁赤老家

谷梁赤，字元始，《谷梁传》的作者，战国时鲁（今定陶区陈集镇西谷庄村）人。他精明能干，思维敏捷，是一位语言学家和史学家。《谷梁传》与《公羊传》体裁相近，主要从思想上阐释《春秋》，是研究这一时期儒家思想的重要资料。

汉高祖称帝处

定陶还是汉高祖刘邦称帝之处。公元前202年二月甲午，七异姓诸侯王上尊号汉王，二月初三，刘邦于山东定陶汜水之阳举行登基大典，即皇帝位，建立西汉王朝，为汉族称谓之始，初定都洛阳，不久后迁都长安。今定陶城西北仿山乡姜楼村南有一堌堆，因刘邦在此登基称帝，遂名官堌堆，俗称"受命坛"。

戚夫人的故乡

定陶又是刘邦的爱妃戚夫人的故乡。戚夫人，又称戚姬。生于今定陶杜堂乡戚姬寺村。戚夫人能歌善舞，尤擅常跳"翘袖折腰"之舞。遭吕后残害，砍去手足、灼烂耳朵、挖掉眼珠，灌以哑药，扔进厕所，称为人彘，数天之后惨死，后被北方部分民众奉为厕神。村西北建有戚姬寺。在"文革"期间遭到破坏。

项梁墓

定陶城东北刘堌堆村南有个椭圆形土丘，是项梁墓，为鲁西南著名古迹。公元前209年，陈涉揭竿起义，项梁、项羽斩会稽（今浙江绍兴）郡守，举兵响应。项梁借楚将声威，节制起义军各部联合反秦。他自号武信君，在定陶、东阿一带屡破秦军。由于连打胜仗，项梁开始骄傲轻敌，秦将章邯乘机来攻。公元前208年9月，项梁与秦军大战于定陶，兵败身死，就地埋葬。

定陶镇贾楼村西北有汉初梁王彭越的点将台遗址。

五十五、曹县商汤第一都

曾为商汤第一都，名缘曹国旧乡土。
历史古迹遍地有，帝王将相群贤出。
禹汤涂山会诸侯，伊尹名相兼厨祖。
项羽发迹龙须岗，黄河故道景观独。

曹县简史

曹县，古称北亳，后称磐石镇，建县于明朝洪武四年。新中国成立初期由曹县、复程县、齐滨县三县合并而成。

夏朝前属东夷之地，境内有许多大汶口、龙山、岳石文化遗迹，为尧舜禹中原活动之地。

夏朝为莘国、亳邑和贯国之地。

公元前1600年，商汤在此立国建都，成为商朝早期的政治经济文化中心，被历史学家称为“华夏第一都”，境内为王畿之地，中兴之君盘庚居地名盘庚村，在今城南10里王老林一带。

西周，今境域南部属宋国，北部属卫国，西北有左氏、安阳邑，北境为曹国南山。

南北朝时，北部属济阴郡，南部属沛郡。北魏孝昌三年（公元527年），设西兖州，辖济阴、沛二郡。

北周宣政元年（公元578年），改西兖州为曹州。

宋朝，曹州改为兴仁府，济阴、宛亭二县属之。

元朝，东南属楚丘县，西南属考城县，北属济阴县，并隶曹州。

明朝，洪武二年（公元1369年），曹州治因水患再迁于楚丘县盘石镇（今曹县城）。

洪武四年，降曹州为曹县，属济宁府，为设曹县之始。

正统十年（公元1445年）十二月，分黄河北十八都，复置曹州，辖曹县、定陶县（今为菏泽市定陶区）。曹县应更名而未更，沿用至今。

曹县位于鲁、豫两省八县交界处，交通便利，北接牡丹区、定陶区，东邻成武县、单县，南隔黄河故道与河南省商丘市相望，西与兰考县、东明县接壤。

著名历史人物

曹县历史悠久，民风淳朴，是中华民族古代文化发祥地之一。历史上先后涌出了一大批叱咤风云的帝王将相和对人类做出重大贡献的著名专家学者，许多大事发生在这里。

夏禹，父鲧，黄帝二十九世孙，封崇伯（今山东鄄城县富春乡)。帝尧时,洪水滔天。鲧由四岳群臣推举,受命治水。他用筑堤防水的方法治水,无效被舜流放到羽山而死。他娶有莘氏(在今鄄城西南,一说在今曹县莘冢集一带)女为妻,生禹。鲧死后,禹受舜命,继承父业,与益、后稷一起率领被罚服劳役的罪人分治九州。在涂山(今山东曹县南),娶涂山女为妻。婚后四日,即动身外出治水。

商汤,子姓,名履,始祖契。汤继位商侯,为夏之方伯,得专一方征伐。汤有大志,自商北迁于蒙,建亳于涂山(今山东曹县南)之南,娶有莘氏女为妃。建立商朝。

伊尹,名挚,生于伊水,幼随其母避水逃至有莘。不久,其母又亡,他为有莘氏采桑女于空桑中拾得,由莘仲君庖人收养长大。其身虽为奴隶,却聪明好学,乐尧舜之道,有显才用世之志。是汤的谋臣,后为商汤宰相,历佐商朝五代帝王执政,官拜阿衡之职。他的地位非常高,权柄很大。在那个时期被称为相圣。《皇览》曰:“己氏城有平利乡,乡有伊尹冢,即此,在楚丘西南二十余里。”

伊尹不仅辅弼商朝五代帝王执政,还在中国烹饪文化史上享有“中华厨祖”的盛名。

氾胜之,氾水(今山东曹县韩集乡)人,著名农学家。汉成帝时为议郎,以轻车使者身份,在三辅地区(今陕西关中平原)指导农业生产,关中大丰收。

燕肃,字穆之,祖籍青州益都,父燕俊迁曹州生肃,肃 6 岁丧父,勤奋好学,曾经游学睢阳学舍(今河南商丘市)。宋淳化年间,燕肃举进士,补凤翔府观察推官,主管司法事务。

曹县还出过三位状元、几百位进士、功臣名将数不胜数。

遗迹和墓葬

曹县还有许多名人留的遗迹或安葬于此,如商汤王陵,在曹县南土山集村;盘庚陵、箕子墓、伊尹墓、莱朱墓、穰侯魏冉墓、春申君墓、澹台子羽祠等众多古迹,自然形成了星罗棋布的地下历史博物馆。

涂山是夏禹会万国诸侯之地,又是商汤会三千诸侯之地。

景山是商汤受命之地,青山是项羽发迹之地。春秋战国之世,诸侯争霸会盟亦多在此地。

烈士陵园,曹县红色旅游资源也很丰富,如鲁西南烈士陵园、素有“小延安”之称的三村抗日联防遗址、王厂战斗遗址等。

山东省“三都二圣一山半岛”总体规划

曹县商都文化开发已列入山东省“三都二圣一山半岛”总体规划。“三都”是儒学文化发祥地鲁都,齐文化发祥地齐都,殷商文化发祥地商都;“二圣”是“文圣”孔子、“武圣”孙子;“一山”是泰山自然文化遗产区;“半岛”是胶东半岛及其三千公里海岸线所形成的沿海风景名胜带。

五十六、单县源于帝师居

曾为舜师单卷居，单父县名源于此。
子贱掣肘谏鲁君，政清民安弹琴治。
刘邦题词千秋业，终兴原是吕后里。
包公捉妖张固堆，吕井仙桥多古忆。

单县来历

单县，古称单父，由舜帝的老师单卷居住地而得名。位于山东省西南部，苏鲁豫皖四省八县交界处。

周成王封少子臻于此，为单子国。春秋初期，属宋国，后为鲁国单父邑。战国初期，复属宋国。宋灭，改属齐国。秦置单父县，属砀郡，此为单县建县之始。汉代三次为县侯国，一次为县王国。隋朝恢复单父县。唐末置辉州。明洪武元年（公元 1368 年）撤单父县，其地直属单州。次年降单州为单县，单县由此定名，一直沿用至今。现属菏泽市。

单县地处华北平原中心地带，是国家商品粮棉基地县、油料基地县、平原绿化标准县，单县又是武术之乡、楹联之乡、中国西红柿之乡、中国青山羊之乡。2013 年，被评为“中国长寿之乡”。

宓子贱治单父与“掣肘”典故

单父曾经有个著名的县宰，姓宓（今读mì），名不齐，字子贱。春秋末期鲁国人。宓子贱有才智，讲仁爱，他“仁民、举贤、孝亲、尊师”，孔子赞其为君子。是孔子七十二贤弟子之一。鲁定公曾任命其为单父宰，派他去治理单父。

临行他向老师辞行，孔子向他传授为官的经验说：“做官的人不能轻易表明态度，更不能别人说什么马上就同意，这样会显得你没有自己的立场。也不要轻易否定人家的观点，否则，别人就不愿向你透露自己的想法，如此许多实情你就不能了解。你要像高山深渊，抬头不见顶，俯首不见底。”

宓子贱风尘仆仆地刚到单父不久，该地的大小官吏都前往拜见。宓子贱叫两个副官拿记事簿把参拜官员的名字登记下来，这两人遵命而行。当两个副官提笔书写来者姓名的时候，宓子贱却在一旁不断地用手去拉扯他们的胳膊肘儿，使两人写的字一塌糊涂，不成样子，以此把两个副官赶走，借以向鲁君进谏，留下了“掣肘”的典故。

两个副官回去后，向鲁君作了汇报。想

要鲁君为他们出气。然而鲁君竟然负疚地叹息道:“这件事既不是你们的错,也不能怪罪宓子贱。他是故意做给我看的。过去他在朝廷为官的时候,经常发表一些有益于国家的政见。可是我左右的近臣往往设置人为的障碍,以阻挠其政治主张的实现。你们在单父写字时,宓子贱有意掣肘的做法实际上是一种隐喻。他在提醒我今后执政时要警惕那些专权乱谏的臣属,不要因轻信他们而把国家的大事办糟了。若不是你们及时回来禀报,恐怕今后我还会犯更多类似的错误。”

鲁君说罢,立即派其亲信去单父。钦差见了宓子贱后,说道:“鲁君让我转告你,从今以后,单父再不归他管辖。这里全权交给你。凡是有益于单父发展的事,你可以自主决断。你每隔5年向鲁君通报一次就行了。”

宓子贱很赞赏鲁君的开明许诺。很快宓子贱把单父各个方面都治理得井井有条。

鸣琴而治

宓子贱治理单父时,每天弹琴取乐,悠然自在,很少走出公堂,却把单父治理得很好,留下“鸣琴而治”的佳话和“琴台夜月”的景观。

巫马期(名施,字子期)也治理过单父,他每天星星还高挂在天上时就出门工作,直到星星又高挂天上时才回家,日夜不得安宁,事事都亲自办理,这样才把单父治理好。巫马期向宓子贱询问他能够治理好单父的缘故。宓子贱说:“我的办法是凭借众人的力量,你的办法是依靠自己的力量。依靠自己力量的当然劳苦,依靠众人力量的人当然安逸。”

诚乎此者刑乎彼

孔子想印证一下子贱的治绩,于是专门差派巫马施乔装为贫民到单父作实地调查。巫马施奉先生之命,身穿破旧衣服进入单父境内,沿途仔细观察,到处与人交谈。一日傍晚,他经过河边,看见一位夜渔老人,抓到鱼却仍旧放回河中。巫马施很诧异,上前问道:“捕鱼人志在得鱼,您为什么把捕得的鱼又放掉呢?”渔翁回答说:“我们邑宰明令禁止任何人捞取尚未长成的小鱼。我刚才捕到的就是一条小鱼,所以就放弃了。”巫马施对单父令行禁止的风气异常佩服。他再往各地调查了几日,只见男耕女织,不见失业游民,县衙也无狱讼,心里更加佩服子贱的才德。于是他取道回转,将观察所得详告孔子,并说:“宓子的德政达到了最高境界。那里的百姓遵守法令,已经成为自觉的行为,就像随时有严刑在身边一样。”接着他又问孔子,为何子贱能取得如此成绩。孔子听了巫马施的汇报,心里也非常高兴,说:“我曾经给子贱讲过为政的道理,即‘诚乎此者刑乎彼’,以德行刑,则能令行禁止。宓子一定是在单父推行了这一方针,方使他取得如此政绩。”

单县胜景

琴台夜月,单县八景之一,位于古单城南堤之上,春秋时单父宰宓子贱曾在此抚琴。后人在原址修筑琴台,以示怀念之情。台高数丈,呈半月形,每当皓月当空,登台远眺,银辉洒处,朦胧如水,令人心旷神怡,有置身仙境之感。

唐天宝年间,著名诗人李白、杜甫、高适、陶沔,常联袂登半月台古迹,饮酒赋诗,被后人誉为“半月台四君子”,不但在单县写下了大量诗篇,还留下了“四君子酒”文化。

终兴镇,单县有个终兴镇,得名于汉高祖刘邦在这里题词“千秋大业,百战终兴”。刘邦的夫人吕后就出生在这里,终兴镇西南的潘庄就是吕后的故里。

吕井寒泉，单父城内，水井虽多，但多为苦水，居民百姓，要到城外担水吃。但古城北关(今为城南关)，护城堤内有一口古井，水却是甜的，群众叫它“仙人井”。井的来历与吕洞宾有关。相传一天傍晚，吕洞宾出游归来，路遇一位白发苍苍的老妈妈艰难地提着一瓦罐水，非常吃力。吕洞宾上前问道：“老妈妈，您这是从哪里提来的水?”老人说：“我家就住在城北关，房前虽有一口井，可井水苦涩难吃。城里没有甜水井，只好从堤外提水吃。我无儿无女，只有自己提，年岁大了，不行喽!”说着掀起衣襟，擦擦脸上的汗水，又提起水罐艰难地向前走去。

吕洞宾看着老妈妈渐渐远去的背影，顿时起了怜悯之心，急忙追上去说：“老人家，从明天起，您就不用到城外提水了，您房前的那口井会变甜的!”说完就先走了。等老妈妈赶到家门口时，见这位过路客人向她房前的那口井内投入几把沙子，转眼就不见了。

老人觉得奇怪，想起刚才过路客人的话，半信半疑地从井里打了一罐水，一尝惊呆了。井水的苦涩味没有了，变得甜滋滋的，比城外提来的水还甜。

此事顿时传开了，大家都说老妈妈遇上了仙人。从此，大家都从这口井里打水吃，再也不用跑到城外去取水了，并把这口井取名“仙人井”，成为单城八景之一。今此井位于古单城北堤之下，至今井泉旺盛，可以饮用。

仙桥流水，古单城北堤跨汉王河有一石拱桥，相传为吕洞宾、蓝采和所建，故名仙人桥。桥下流水潺潺，碧波荡漾，水桥相映成趣。为古单城八景之一。

栖霞晚照，古单城护城堤西南角有一土台叫栖霞山，又名老山堤顶。每当夕阳西下，台上余晖灿然，缤纷如锦，蔚为壮观。

玕山积雪，古单城东南有张堌堆，土台高耸，柏树成荫，野枣丛生，人称玕山。寒冬时节，大雪初霁，玕山冰雕玉琢。踏雪登高，观赏古城雪景，另有一番景象。

涞河归帆，涞河穿古单城北堤而过，向东北方向流去。刘邦起义时曾从此经过，歇马饮水，所以又称汉王河。当时河身广阔，大水浩渺，碧波千顷。每当夕阳西下，归帆点点，舟楫相连，颇富诗情画意。

青冢暮云，古单城西南隅有一片荒冢，青草覆盖，翠绿葱茏，人称青冢。傍晚在此观云，青烟紫气皆呈龙凤之形。

普照晨钟，古单城西北有大佛寺，又名普照寺，为单父最大庙宇。寺内藏经阁，有明代大书法家雷鲤所书藏经阁碑文、藏经阁石匾。每当曙光初现，寺里钟声阵阵，传闻数里，闻者有超凡脱俗之感。

光阴流逝，时过境迁，古单城八景，多已不复存在。但流传下来的诗篇，却把古单城的美景展现在今人面前，令人向往，令人留恋。

千山公园，是单县在建的大型园林工程。该公园以东沟河为依托，园内分开山湖、青少年乐园、千山古韵、春华秋实园等多个景区。公园集中反映了单县独特的单父、吕后、堌堆、包公捉妖和四君子等地域文化，是地域文化同自然景观特色的全面融合。景区内有千山湖、景观跌水、花坛、廊架、单县展览馆主体、捉妖洞、人物雕塑、四君子文化园，为单县群众的业余文化需求提供了一个全新的休闲娱乐场所。

包公捉妖洞，单县城东南有个张堌堆，下边有洞深不见底。传说宋朝的包拯曾在这里捉过妖。

百寿坊与百狮坊

百寿坊，因正中间上方心环雕刻一百个不同书体的“寿”字而闻名。

百狮坊，俗称张家牌坊，是清朝乾隆年间为文林郎张朴妻朱氏建造的。此坊刻有100只形态各异的狮子，故名百狮坊。两坊皆以其雄伟的气势鹤立于牌坊之林，两坊结构精巧，宏伟壮观，雕刻精细，玲珑剔透，主次分明，繁而不乱，是全国罕见的典型清代石雕建筑，可谓清代石雕艺术的珍品。

五十七、汉祖成就武功地

汉祖成就武功地，县名成武缘此起。
夏商盛产古陶器，周初封为郜都邑。
三冉会文文亭山，伯乐相马故乡里。
桓公伐宋约诸侯，盟台斗鸡庆胜利。

成武简史

成武县隶属菏泽市，位于菏泽市东南部，鲁、苏、豫、皖四省交界处，是四省主要的货物集散地。

成武县早在新石器时期就有人类在此生息繁衍，由于远古的自然环境十分艰苦，先民为抵御各种灾害和猛兽侵袭，多以亲缘关系结成原始群落，傍水择高筑台而居。故县境内现存文亭山、大台、小台、吕台、斗鸡台、晏堌堆、高左堌、董堌堆、记河寺堌堆、盆罐窑堌堆等大汶口文化遗址30余处。可见，早在公元前4000年左右，成武就已成为新石器时代文明的一大中心。

大禹治水成功后，先民开始"下丘居土"，一批小规模的城邑慢慢出现，成武也逐步成为夏商时期陶器制作的中心之一。陶器作坊以文亭山为中心，广布各处。由文亭湖中发掘出的大量官窑、陶井群、陶弯管，足见当时成武制陶业的盛况。

位于成武城西20里处的"江山府"驿站，是专程转运"官窑之陶器"的集散地。

武王灭纣立周之后，为了便于统治，于公元前1041年，在全国实行第一次大分封，成武被封为郜姓诸侯国郜国，定都郜城，即今山东成武郜鼎集村。郜国的第一位国君——郜国公硕父，是周文王的第十一个儿子、周武王的异母兄弟姬载，于是郜国公硕父便成了天下郜氏的鼻祖，成武便成了郜氏家族的发源地。

秦始皇统一中国后，在此置县，隶属东郡。"成武"一名缘于西汉高祖刘邦在此"成就武功"而得名。

成武古迹

成武历史悠久，资源丰富，物华天宝，人杰地灵，人才辈出。是春秋时期著名相马师伯乐(孙阳)、汉朝名贤孙期、宋朝名相庞籍的故乡。成武文物荟萃，文亭山、文亭湖、齐桓公斗鸡台、伯乐墓、晏堌堆、秦汉大堤、唐代田塔、五代屯军大碾等遗迹众多。

文亭山，文亭山位于成武城区西北部的文亭湖中，原系先民避水时所筑高台，后演变为人们祭祀、聚会、游玩之所。高17米，传说春秋时孔子的弟子曾参与“三冉”（冉雍、冉耕、冉求）在此会文，后人于山上建亭纪念，名曰“文亭”；山因亭名，故曰“文亭山”。

文亭湖在文亭山下，原来叫城湖。因环抱文亭山故又名文亭湖。万亩湖水，碧波荡漾。

伯乐故乡，伯乐本名孙阳，一说他乃赵简子御者，善相马，字子良，又称王良，春秋中期郜国（今山东省成武县）人。后西出潼关到达秦国，成为秦穆公之臣。伯乐在秦国富国强兵中立下了汗马功劳，并以其卓著成绩得到秦穆公信赖，被封为“伯乐将军”。

伯乐还为秦国举荐了相马专家九方皋，写成我国第一部相马学著作——《伯乐相马经》，留下了“牝牡骊黄”和“按图索骥”的历史故事。伯乐本是传说中天上管理马匹的神仙，在人间人们也把精于鉴别马匹优劣的人称为伯乐。由于孙阳对马的研究非常出色，人们便忘记了他本来的名字，干脆称他为伯乐。孙阳去世后，葬于故里，墓地就在今成武县伯乐集镇驻地伯乐村。

按图索骥

《列子·说符》记载了这样一个故事：伯乐晚年，有一天，秦穆公召见伯乐说：“你已年长，在你的后人中有能继承你的相马术的吗？”伯乐答道：“对于一般的良马，其特征很明显，从外表、筋骨就能观察得出来。而天下难得的千里马，其特征就很难捉摸，若有若无，若隐若现。千里马奔跑起来，又轻又快，从你眼前一闪而过，看不到飞扬的尘土，寻不着它奔跑的足蹄印。我的儿子都才能不高，只能鉴别好马，而不能相千里马。”接着他讲了儿子的一个笑话：

儿子把我用经验写的《相马经》背得很熟，以为自己也有了相马的本领。一天，儿子在路边看见了一只癞蛤蟆。他想起书上说的，额头隆起、眼睛明亮、有四个大蹄子的就是好马。他想：“这家伙的额头隆起来，眼睛又大又亮，不正是一匹千里马吗？”于是他兴冲冲地来告诉我说：“我找到一匹（千里）马，其他条件都符合，就是蹄子有点不够大！”伯乐知道儿子很笨，被他气得苦笑了起来，说：“你找到的马太爱跳，不能骑啊！”这就是成语“按图索骥”的来源。比喻办事机械、死板。

牝牡骊黄

伯乐接着对秦穆公说：“不过，同我一起挑菜、担柴的人当中，有一位叫九方皋的，他的相马技术不在我之下，请大王召见他吧。”秦穆公便召见了九方皋，叫他到各地去寻找千里马。

于是九方皋起身到各处去寻找千里马，3个月后，他回京城报告说：“我在沙丘那个地方为大王找到了一匹千里马。”秦穆公问他是怎样的马，九方皋回答：“那是一匹‘牝而黄’（母的黄马）。”于是派人去买。买回来一看，却是一匹“牡而骊”（公的黑马）。这时候秦穆公很不高兴，召见伯乐，对他说：“你推荐的人连马的毛色与公母都不能分辨，又怎能识别千里马呢？”

伯乐问明原委，不禁大大赞叹：“想不到他果真有如此高超的相马技术，实在罕见。九方皋看到的，是天机，他得其精而忘其粗，在其内而忘其外；见其所见，不见其所不见；视其所视，而遗其所不视。九方皋所相之马远远超过了千里马。”意思是说，九方皋所注意的是马的风骨品性、内在精神，那些外表他已不去留心，这正是他善于相马的证明。等到有人将那匹马从沙丘牵到秦穆公和伯乐面前时，果然名不虚传，是天下稀有的千里马。

这个故事告诉人们不要只注意表面、拘

于外形而忽视实质。

斗鸡台，斗鸡台在文亭山后，周僖（釐）王二年（公元前 680 年），齐桓公因宋国违背北杏之会的盟约，遂约诸侯们讨伐之，周大夫单伯与诸侯会盟于宋国的北境成武（当时成武属宋国的北边境），并于成武文亭山后，以斗鸡庆祝这次讨伐的胜利。从此以后，“斗鸡台”就成为成武一带百姓斗鸡娱乐的活动场所。

吉祥寺，始建于南北朝时期，皇帝诏敕赐为吉祥院。大唐大历七年曾予重修或扩建。当时寺中有塔，其色白，故今犹传为白浮图云。

卧化塔，位于成武县大田集镇田塔村东，始建于唐朝初期，为鲁西南地区地面上现存最早的古建筑。

棂星门，旧为文庙大门，现是成武县干休所大门，建造于元代。

五十八、巨野沧桑帝王迹

大野泽水变桑田，形成巨野渔耕园。
上古帝王留足迹，蚩尤丘陇庙村前。
西狩获麟葬仁兽，金山春晓朝霞鲜。
始皇东巡避暑洞，昌邑遗址隐雨烟。

巨野缘起

巨野县，是菏泽市所辖的一个县。位于菏泽东部，是菏泽地区的东大门，因古有大野泽（也称巨野泽）而得名。境内田野平阔，土壤肥沃，属黄河冲积平原，东南部有少部分山丘，主要河流有万福河、洙水河、洙赵新河和郓巨河。

原始社会时期，伏羲氏族曾在大野泽周边农耕渔猎。上古帝王尧、舜、禹，都在此留下了宝贵足迹。

春秋时期，巨野为武城地，是鲁国的西境。秦始皇二十七年设置昌邑县，治所在今巨野大谢集镇前昌邑村。西汉汉景帝置山阳国，治昌邑县。汉武帝改山阳国为山阳郡；后又改山阳郡为昌邑国，作为昌邑王刘髆（bó）的封国，仍治昌邑县。汉宣帝又改昌邑国为山阳郡。新朝王莽元年改山阳郡为巨野郡。始有巨野之名。唐武德四年置麟州，故巨野又称麟州。

巨野文化古迹

巨野历史悠久，文化底蕴深厚。秦末汉初大将彭越、三国曹魏大将李典、北宋文学家王禹偁、苏门学士晁补之，清末武状元田在田皆诞生在这块土地上。境内现存有蚩尤墓、麒麟台、齐鲁会盟台、秦王洞、古昌邑城遗址、永丰塔、屏盗碑及明代建造的大成殿等众多名胜古迹。

蚩尤墓，又称蚩尤肩髀冢，位于巨野县城东北郊堌堆庙村前。此墓历经夏商周及秦汉，岁月荒远，地貌变迁，墓冢面积不断缩小，元明时期丘上曾建有庙宇，清代以后冢丘屡遭破坏。

为了弘扬优秀历史文化，增强中华民族凝聚力。2002 年，中共巨野县委、县人民政府对蚩尤墓进行了抢救性修筑，墓四周以净边蘑菇石围砌。高 1.9 米，周长 81 米，上设护栏，周匝环绕石板路，并在冢上栽植苍松翠柏，以象征中华民族源远流长。

在氏族社会晚期，氏族部落之间常常为了掠夺财富和出于自卫的目的，而不断发生战争。大约在4500年前,黄帝部落先打败了炎帝部落,又与生活于中原地区的蚩尤部落发生了激烈的战争,黄帝征师诸侯,与蚩尤战于涿鹿之野,遂擒杀蚩尤,统一了各部落,为中华民族的融合和形成奠定了基础。所以蚩尤与黄帝、炎帝同是华夏民族的始祖。

蚩尤被杀后,他的部下偷偷地将尸体分尸葬埋,头葬在寿张县阚乡(今河南省台前县)城中,其肩髀葬在巨野县城东北8里。

当时,蚩尤部族已率先进入了以家耕为主的定居生活,并且掌握了冶铜技术。蚩尤作为中华三始祖之一,他重农耕、冶铜铁、制五兵、创百艺,在中华文明史上有着重大贡献。早在秦汉之前,蚩尤一直被尊奉为"兵主""战神",受到人们的大礼祭祀。史记中就有刘邦"祠黄帝,祭蚩尤于沛庭"的记载。由于受"胜者王侯败者寇"的观念的影响。蚩尤在一些史书中被描绘成"不用帝命,类鬼似妖"的暴虐之徒,被视为反面历史人物。但蚩尤后裔和他活动地区的人们,则一直将他作为先祖祭祀,当成英雄崇拜。

蚩尤的主体冢位置在哪里,如今经专家们认定,阳谷境内的"皇姑冢"就是人们寻求已久的蚩尤冢。

麒麟台,位于麒麟镇陈胡庄村东750米处,史称麒麟冢,是春秋"西狩获麟"之"麟"的葬处。

鲁哀公十四年(公元前481年)他领着一帮大臣们到西部嘉祥南部山区围猎,突然惊起一只神兽,神兽被惊之后仓皇逃窜。鲁哀公和他的大臣们见到这只从来没见过的神兽感到非常的好奇,于是在后面拼命追赶,其中叔孙氏的车夫鉏商的马跑得较快,鉏商从后面对神兽射了一箭,神兽中箭后继续向西奔跑,直到巨野,最终神兽因负伤而被捕获,发现是一只从来没见过的母兽,等鲁哀公等人赶到时,大家围在一起议论,谁也不能确定这个神兽到底叫什么名字。后来请博物大师孔子来鉴定,孔子看到麒麟负伤惊魂未定的样子,心中万分悲痛,告诉他们说此乃麟也,天下第一仁兽。仁者爱天下所有的生命,孔子悲悯之情见于颜色,就建议鲁哀公将麒麟带回去疗伤,不想麒麟因惊吓过度不吃不喝很快就死了,于是葬在今巨野县的麒麟镇,故现在麒麟镇有麒麟冢。

相传,孔子的《春秋》一书也至此而辍笔,这时孔子已71岁,从此不再著书。这就是"孔子获麟绝笔"的故事。

孔子获麟绝笔而死

孔子之所以获麟绝笔,客观上说,是年纪大了精力不佳;但主观上感麟而忧也是个重要原因。传说孔子的母亲颜征在怀孔子时,曾祈祷于尼丘山,遇一麒麟而生孔子。而孔子降生时,头顶长得有点像尼丘山,故取名为丘,排行老二,故字仲尼。孔子遇麟而生,又见麟或死,他认为是个不祥之兆,立即挥笔为麒麟写下了挽歌:

唐虞世兮麟凤游,
今非其时来何求?
麟兮麟兮我心忧。

由于孔子感麟而忧,再加他唯一的爱子孔鲤的早逝,让他难过极了。仅过了两年,孔子便于公元前479年,72周岁时去世了,虚岁则为73。孔子临死的前七天,他拄着拐杖在门口哀叹:"太山坏(崩倒)乎!梁柱摧(折断)乎!哲人萎(枯死)乎!"七天后,孔子就去世了。孟子被尊为亚圣,于公元前289年去世,享年83周岁,虚岁则为84岁。后世认为:就连孔子、孟子这样的圣人都闯不过"七十三,八十四"这两道命坎,更何况凡夫俗子呢!因此"七十三八十四,阎王不请自己去"

这一俗语便应运而生了，并成了人生的两个“坎”，多为老人所忌讳。当然，这种说法只是巧合，也可以说是封建迷信。其实，人生七十古来稀，在医学不发达和生活条件很差的古代，七八十岁实际已是很高寿了。

孔子死后，获麟绝笔的故事广为流传。

麒麟，也作“骐麟”，简称“麟”，是中国古籍中记载的一种动物，与风、龟、龙合称“四灵”是神的坐骑。古人把麒麟当作仁兽、瑞兽，雄性称麒，雌性称麟，常用来比喻才能杰出的人。

麟渡古流

明代知县方时化在获麟处建一瑞麟寺，其寺建造宏伟，规模壮观。寺南有一古流名曰八里河，东西流向，流水潺潺，碧波荡漾，岸柳成行，绿草如茵，芊芊翠碧，鸟语花香。春之晨，秋之夕，夏之风，冬之雪，一年四季，士农工商，均可随时来此进香游览。每逢佳节，僧俗男女，乃至商贩卖浆者流，无不蜂拥而来，比肩接踵，聚会于此，或焚香礼佛，或赏节购物。河上有一渡口，颇负盛名，渡口烟霭氤氲，美景难于言表。这就是著名的“麟渡古流”景观。

海昏侯

昌邑古城，始建于秦，成于西汉，是西汉山阳国、昌邑国的都城。昌邑王有父子俩，父亲刘髆（bó）是汉武帝第五子，史称昌邑哀王，其子刘贺，即汉废帝，汉朝第 9 任皇帝，也是汉朝历史上在位时间最短的皇帝。他是汉武帝刘彻的孙子。5 岁袭父爵为昌邑王。汉昭帝于公元前 74 年四月病卒无后，霍光迎刘贺继位，年 19 岁，27 天后因荒淫无度，不能保社稷而被废去，依旧回故地巨野做昌邑王，后又被废为海昏侯，移居豫章国（今江西南昌），客死他乡。死后葬于江西省南昌市新建区大塘坪乡观西村，称海昏侯墓。经发掘是中国发现的面积最大、保存最好、内涵最丰富的汉代列侯等级墓葬，2015 年入选中国十大考古新发现。

昌城烟雨

昌城烟雨，位于县城南 27 公里的大谢集镇前昌邑村的“昌邑古城遗址”。昌邑古城，又是西汉梁王彭越的故乡，也是魏武帝曹操的封地。是古代兵家必争之地，秦二世二年的“楚汉之战”，汉景帝二年的平叛“七国之乱”的战争，均发生在这里。自西汉至魏晋，许许多多著名的文臣武将如彭越、郦商、仲长统、许广汉、杨震、龚遂、张俭、刘表、伊籍、李典、王粲、王叔和等皆云集于此。地上地下的文物古迹极为丰富，有汉昌邑王刘髆之墓、梁王彭越墓、汉荆州刺史李刚墓、汉御史大夫卜式墓。由于后来黄河多次泛滥，这座雄伟的古城便长眠于地下了。昔日繁华精美的建筑群，成了人们心灵里一种美好的想象。现在，每遇阴雨或多雾天气，特别是清明时节，人们远远望去，似乎能隐隐约约看到昌邑古城的城门、城垛、佛塔和宫殿等等，有时还会看到熙熙攘攘的人影，故有著名的“昌城烟雨”之称，为巨野八景之一。

营里集卜式墓

巨野县营里集北路东侧，有一座高大的石碑，碑额刻着“御史卜公庙碑”六个大字。这就是营里乡卜楼村的七世祖——放羊出身的西汉御史大夫卜式的庙碑。

卜式，原是西汉河南郡（今河南温县）人，是孔子的门生——战国时著名文学家卜子夏的七世孙。自幼家境贫寒，上不起学，与弟弟种田放牧为业。弟弟成家后，他把所有的家产都给了弟弟，自己只要了一部分羊，进住深山，放牧为业。十年后，卜式的羊，由原来的10余只，增加到1000多只，成了富有的牧户。而其弟，却家业衰败，一贫如洗。为使弟弟免于饥寒，他不惜重新干起，把自己的财产，多次救济弟弟，受到邻里的称赞。

当时，西汉王朝正在进行一场反击匈奴侵略的战争，军费开支很大，财政困难。卜式得知此情后，即上书朝廷，表示愿将家产的一半献给国家，支援边疆。汉武帝刘彻知道后，感到非常惊讶，心想，一个小小老百姓，竟有如此的报国之心，实在是难能可贵。

汉武帝元狩三年，黄河中下游发生了大水灾，朝廷无钱救济灾民，就把72万5千口贫民，迁到西北和东南开荒自救。可是贫民远迁，路上的花费仍需政府解决，地方上无法满足灾民的需要。这时，卜式又捐出20万钱献给河南郡太守，让他资助迁移的灾民。卜式的爱国行动，使汉武帝从心眼里感到高兴，称赞卜式确实是个忠顺朝廷的好人。然后向全国发出告示，表彰卜式的为人。又拜卜式为齐王太傅、齐国相。可是，卜式不愿为官仍辞官回家务农。

卜式回家后，想到在齐国（今济南市）的老朋友，便决定东游。因年老力衰、体弱多病，路过山阳郡昌邑县境（即今巨野营里）时，突然得病死去。卜式的子孙闻讯后，立即赶来奔丧。因念先祖子夏墓地在句（gōu）阳（今菏泽市境），此地又是文明之邦的山阳郡地，便就地挑选个好地方安葬了。为了看护好先人的坟墓，卜式的子孙们，从此也就在这里安家落户。后又在这里建立了卜式庙，正殿五楹，金碧辉煌，十分壮观。元末明初，由于黄河大决口，再加战争的破坏，整个庙院变成废墟。今仅存御史卜公庙碑一座。

秦洞云霞

秦王避暑洞位于巨野县金山南坡。传为秦始皇东巡泰山时建造的驻跸行宫，劈山凿成，故称之为秦皇避暑洞。因洞内冬暖夏凉，又名清凉洞。传说唐太宗李世民（未登基前封秦王）18岁时，曾率兵转战于此，正值盛夏，天气炎热，曾在此歇兵避暑与观景。或说此洞为昌邑国王刘髆的儿子刘贺为自己造陵所开，因刘贺淫乱被废，贬为海昏侯，迁豫章郡（江西南昌）。豫章离此遥远，关山相隔，已不可能来此厚葬，最终成为废冢。洞内阴凉，自古曾流传着“三月赏景看日出，六月纳凉在洞天”的赞语。

此洞背风朝阳，晨雾暮霭常穿射而入，使洞内云雾缭绕，犹如仙境一般，由此得“秦洞云霞”之美称。

永丰塔

永丰塔，为平面等边八角四门楼阁式砖塔，唐人所建，未合尖而止，宋人续之。塔东邻建有一寺，占地20余亩，因寺内建有丈八铜佛，故名大佛寺。寺内古柏林立，遮天蔽日，游客僧人纷然而至，烟绕霞蔚，香火旺盛，是当时著名的游览圣地。风景尤以清晨为佳，朝霞初染，金光辉映，云淡风轻，众野竞秀，树树赤橙黄绿，霞霓映枝，如繁花锦绣。先贤据其朝霞云烟之变化无穷的特点，定为“梵塔朝晖”为“巨野八景”之一。

文庙，位于巨野县城东南隅，永丰塔北约100米处。宋金时期巨野文庙原建于城北，屡经河患，废立不一。明洪武十五年县丞吕让移建于今址.历代多次增修扩建，至清康熙四十一年，县令章弘鼎新正殿，续成诸祠，规制乃备，占地30余亩。

齐鲁会盟台，位于县城西郊大李庄村北，为春秋齐鲁会盟处。原台崇数仞，广可蔽二亩。会盟台，是齐鲁友好的象征，也是齐鲁文化交融汇通的标志。秦汉时期，此处成为重要祭祀场所和埋葬之地。

金山旅游区，位于县城东南 23 公里处，因凿石得金故名曰金山。金山南北长 2 华里，东西宽 1.5 华里，海拔高度 133.2 米。古代金山，林木茂密，树檀参天，登道蜿蜒，殿宇嵯峨，涌泉涓涓。春日金山，绿草如茵，山花烂漫，花香缕缕，生意盎然，晨曦微露，朝霞轻染，“金山春晓”由此而名闻遐迩。